工程先锋

——中国石油和化工勘察设计行业发展纪实

（1949—2019）

中国石油和化工勘察设计协会　组织编写

化学工业出版社
·北京·

内 容 简 介

本书是一部展示石油和化工勘察设计行业和企业发展历史的纪实性书籍，以石油（海油）、石化、化工勘察设计行业发展为主线，以大中型勘察设计企业和行业协会为主体，记录了新中国成立70年来石油和化工勘察设计队伍的发展壮大历程、取得的辉煌成就和对国民经济建设作出的突出贡献等。本书还首次汇总遴选了石油和化工勘察设计行业发展中的重大事件，编纂了行业大事记。

本书清晰地梳理了石油和化工勘察设计行业和企业的发展节点、发展脉络和发展成就，为行业今后的发展提供了有益的借鉴和参考，可供石油和化学工业各领域、尤其是勘察设计行业的技术人员和管理人员阅读参考。

图书在版编目(CIP)数据

工程先锋：中国石油和化工勘察设计行业发展纪实：1949—2019/中国石油和化工勘察设计协会组织编写. —北京：化学工业出版社，2021.10
ISBN 978-7-122-39882-6

Ⅰ.①工… Ⅱ.①中… Ⅲ.①石油工程－工程勘测－工业史－中国－1949-2019②化工工程－工程勘测－工业史－中国－1949-2019③石油工程－工程设计－工业史－中国－1949-2019④化工工程－工程设计－工业史－中国－1949-2019 Ⅳ.①F426.22②F426.7

中国版本图书馆CIP数据核字（2021）第184304号

责任编辑：傅聪智　仇志刚　　　装帧设计：王晓宇
责任校对：宋　夏

出版发行：化学工业出版社（北京市东城区青年湖南街13号　邮政编码100011）
印　　装：大厂聚鑫印刷有限责任公司
787mm×1092mm　1/16　印张43　字数943千字　　2022年1月北京第1版第1次印刷

购书咨询：010-64518888　　　售后服务：010-64518899
网　　址：http://www.cip.com.cn
凡购买本书，如有缺损质量问题，本社销售中心负责调换。

定　　价：198.00元

七十年硕果累累
新时代再创辉煌

顾秀莲
2021.25/9.

编 写 组

主　　编：荣世立

副 主 编：魏　然　王繁泓

编写人员：荣世立　魏　然　王繁泓　王　利　王桂根　陈熹璆　童永梅
刘林林　程齐舫　陈　儒　李小爽　郭　晓　芮蔚茂　陈　岑
张明君　张　谛　樊德贵　卜金城　王坤敏　金晓清　邢志东
马燕星　黄智刚　付国英　程书昌　许敏杰　刘　畅　肖　阳
金永青　易文虎　信明亮　王　萍　陶　亮　贺　颖　施福富
骆　勇　马　旭　张千昌　李　毅　刘乾昕　吴　军　满文聪
刘阳阳　臧庆立　骆　敏　倪剑毅　宋东方　林　敏　陈声芳
王宁之　池凌云　朱慧萍　张万福　郭志君　戴洁娉　腊　悦
李金阳　孙海英　刘建兵　陆　坤　陈　莉　陆建敏　王祖元
贾　萄　何　平　王晓红　李梓明　孙　羽　雷震名　王永兴
江兴平　李　兵　谷元明　张长银　郭光宇　白焰初　谢普立
李　森　黄志刚　郑小满　姜从斌　朱先捷　邵春宇　简　军
史　飞　张根山　梁小敏　史育文　熊川淇　赵群莉　徐荣高
王淑梅　陈占都　康　敏　李凤先

序一

石油和化工勘察设计企业是为石油和化工以及相关行业工程项目提供建设规划、前期咨询、工程勘察、工程设计、造价咨询、招标代理、工程监理、项目管理、工程总承包等多种技术和管理服务的技术密集、知识密集、人才密集型企业。对于工程建设项目来说，勘察是基础，设计是灵魂，勘察设计决定着工程建设的质量，决定着石油和化学工业的发展和未来，堪称工程建设的先锋。

70 年来，中国石油和化工勘察设计行业从无到有，由弱到强。从新中国建立初期成立首批勘察设计机构、从业人员不足千人，发展到如今工程技术人员达 7 万多人，年营业收入超 2000 亿元规模，建立了完整的勘察设计体系，取得了一批重大科技创新成果，工程市场已经走出国门，某些领域实现了从技术输入到技术输出，国际竞争力和影响力显著提高。

70 年来，勘察设计企业依靠技术创新，开发了适合中国油气资源和化工矿产资源特点的一系列工程技术，建成了大庆油田、胜利油田、辽河油田、克拉玛依油田、塔里木油田、任丘油田、江汉油田、长庆油田等一批国内具有重大影响的油田；建成了昆阳、开阳、瓮福、荆襄、宜昌等几大磷矿生产基地和格尔木盐湖、罗布泊盐湖两大钾肥生产基地。依靠技术创新，掌握了千万吨以上规模炼油技术和大型乙烯、尿素、橡胶、三酸两碱、精细化工、煤化工等生产装置的工程技术，努力实现石油和化工装备国产化，建立了门类齐全的石油、石化、化工工程技术体系，走出了一条适合我国资源、技术特点的石油和化工勘察设计发展之路。

石油和化工勘察设计行业 70 多年的发展实践告诉我们，没有共产党的坚强领导和中国特色社会主义制度的充分保障，就没有石油和化工勘察设计队伍的强大；没有勘察设计企业、科研单位和广大工程技术人员的不断技术创新，就不可能实现石油和化工工程建设的独立自主；没有勘察设计队伍提供先进的工程技术支撑，就不可能把我国建设成为石油和化工产业强国。

《工程先锋——中国石油和化工勘察设计行业发展纪实（1949—2019）》忠实记录了中国石油和化工勘察设计行业发展的脉络和脚步，展现了行业和企业 70 多年发展、特别是改革开放以来取得的巨大发展成就，提炼了行业在改革开放中形成的宝贵行业精神，这是一部难得的记录行业发展风采的经典之作。

回顾历史，是为了开创未来。站在“两个一百年”历史的交汇点上，中国石油和化工勘察设计行业应该清醒地看到，未来，我们肩上的任务更重，责任更艰巨。为早日建成世界石油和化学工业强国，我们必须努力学习贯彻习近平新时代中国特色社会主义思想，始终坚持新发展理念，大力推动高质量发展，不断深化体制机制改革，适应市场需求，优化业务和人才结构，加速提升数字化、智能化水平，为石油和化工以及相关行业提供更好、更优的技术和管理服务，为新时代社会主义现代化建设发挥更大作用。

面向未来，我们激情满怀；面向未来，我们高歌猛进！

李寿生

中国石油和化学工业联合会会长

2021 年 10 月 10 日

序二

石油和化学工业是国民经济的基础产业和支柱产业，工程勘察设计队伍的发展壮大和作出的贡献，为石油和化学工业的建设和发展提供了重要的工程技术和管理支撑作用。

新中国成立初期，石油和化学工业十分薄弱。为满足石油和化学工业的建设需要，一大批复转军人、知识分子、归国学者投入到石油和化工勘察设计队伍中，学习借鉴苏联模式，自力更生，艰苦奋斗，勘察、设计了一个又一个重大石油和化工项目，使得我国石油、石化、化工等产业初具规模。

经过 70 年的发展，我国已经发展成为名副其实的石油和化学工业大国。石油和化工勘察设计企业也发生了重大变化，在工程技术领域从学习、追赶到实现独立自主；业务范围从单一勘察设计到全过程工程咨询和工程总承包服务；勘察设计手段从手工绘图到计算机三维设计、数字化交付；服务领域已经涵盖石油、石化、化工、医药、轻工、纺织等多个行业，工程服务已经走出国门、走向世界。石油和化工勘察设计队伍已经成为具有技术研发、勘察设计、项目管理、工程总承包等工程建设全过程服务功能的重要技术力量。

我国石油和化工勘察设计企业认真贯彻执行党的改革开放战略方针，积极深化改革，在创建国际型工程公司、大力开展工程总承包方面，一批大型设计单位成功地实现了设计院向工程公司转型，建立了与全过程工程咨询和工程总承包相适应的组织体系、人才队伍、项目管理标准体系、信息化技术支撑平台，为全国勘察设计行业积累了改革与发展的经验。

我国石油和化工勘察设计行业积极实施“走出去”发展战略，努力开拓国际工程市场，中国寰球工程有限公司、中国成达工程有限公司、中国天辰工程有限公司等企业连续入选美国《ENR》杂志国际设计承包商 225 强和全球设计承包商 150 强。

我国石油和化工勘察设计行业高度重视技术创新，科技活动年支出超过 70 亿元，累计拥有专利 14000 多项，一批大型工程公司经国家批准设立了国家认定企业技术中心，涌现了一批国家勘察设计大师和行业勘察设计大师，技术创新能力大幅提升。

我国石油和化工勘察设计行业高度重视质量、职业健康与安全管理，最早开展

ISO 9001 质量体系认证，随着“走出去”发展的不断推进，引入国际机构认证正在兴起，质量意识、安全意识、环保意识、高质量发展显著增强。

化工勘察设计行业采用设计技术中心站模式，建立了各专业技术基础工作体系，极大地促进了工程设计的标准化、信息化发展。中国石油和化工勘察设计协会分支机构的建立和完善，使得各专业技术基础工作得到了进一步加强。

中国石油和化工勘察设计协会坚持为会员单位和政府服务，积极推动行业标准化、信息化建设和工程总承包，联合相关行业和集团公司建立了由化工、石化、医药、轻工、纺织五个行业组成的全国勘察设计注册工程师化工专业管理委员会和专家队伍，已注册化工工程师达 7000 多人。

70 年发展取得的成绩是巨大的，发展经验十分可贵，需要不断总结和发扬光大。进入新时代，石油和化工勘察设计队伍要肩负起产业转型升级、实现“双碳”目标、建设绿色产业的新使命，勇于创新，不断改革，为实现中华民族的伟大复兴作出新的更大贡献！

袁纲

中国石油和化工勘察设计协会名誉理事长

2021 年 8 月 16 日

序三

2021年是中国共产党建党100周年。经过百年奋斗，中国共产党带领中国人民实现了从站起来、富起来到强起来的伟大飞跃，迎来了实现中华民族复兴的伟大征程。值此建党百年之际，中国石油和化工勘察设计协会本着“以史为鉴、开创未来”的精神，组织撰写了《工程先锋——中国石油和化工勘察设计行业发展纪实（1949—2019）》一书。

本书以石油（海油）、石化、化工勘察设计行业发展为主线，以大中型勘察设计企业为主体，记录了新中国成立70年来石油和化工勘察设计队伍的发展壮大历程、取得的辉煌成就和对国民经济建设作出的突出贡献，梳理了石油和化工勘察设计行业和企业的发展节点、发展脉络和发展成就，首次汇总遴选了石油和化工勘察设计行业发展中的重大事件，编纂了行业大事记，是一部展示石油和化工勘察设计行业和企业发展历史的纪实性书籍，对研究认识石油和化工勘察设计队伍的发展，促进企业相互交流、相互了解、相互学习，谋划未来发展等，具有十分重要的意义。

中国石油和化工勘察设计协会对这项工作高度重视。为了做好编纂工作，协会成立了顾问委员会、编委会和编写组。2019年12月17日召开了顾问委员会座谈会议，确定了本书的基本框架。编撰工作得到了六十多家会员单位的大力支持，各单位按要求为本书提供“企业发展纪实”稿件和“大事记”材料，每家企业都确定了编写负责人、撰稿人，为本书的顺利出版提供了坚实保障。编委会副主任魏然在翻阅大量资料的基础上编写了“行业发展纪实”，袁纽、陈蔚、李文绮、李国清等老领导和顾问们对“行业发展纪实”进行了认真审阅并提出了修改意见，朱春田、高学武、焦公社等信息化专家对行业发展纪实第五节“信息技术助力行业发展”提出了修改意见。在此，对各位领导、专家以及参与编写的各单位人员表示诚挚的感谢！

在本书即将出版之际，十届全国人大常委会副委员长顾秀莲欣然为本书题词，中国石油和化学工业联合会会长李寿生、中国石油和化工勘察设计协会名誉理事长袁纽为本书作序，这是对石油和化工勘察设计人的极大鼓舞和鞭策，也充分体现了领导对石油和化工勘察设计企业的支持和关怀。

创新驱动发展，设计创造未来。广大石油和化工勘察设计企业肩负着绿色发展、安全发展、高质量发展和实现“双碳”目标的重要历史使命，我们必须深入学习贯彻习近平新时代中国特色社会主义思想，不断开拓创新，勇于应对挑战，努力再创辉煌。一要加强人才队伍建设，积极培育一支与国内国际市场相适应的具有创新活力的高素质勘察设计人才队伍；二要不断提升技术创新能力，以市场为导向，努力占领技术制高点；三要不断提升企业运营管理和工程项目管理能力，努力为工程建设提供全生命周期的、高质量的技术和管理服务；四要加快标准化、数字化、智能化建设，积极参与到第四次工业革命中去；五要不断深化改革，努力探索与现代工程勘察设计咨询企业相适应的、具有更大活力的体制、机制，为建设社会主义现代化国家、实现中华民族伟大复兴中国梦作出新的更大贡献。

本书的编写时间跨度大、涉及企业面广。由于协会编制此类书籍经验不足，在结构、内容等方面难免存在欠缺和不足，恳请业内同仁和读者朋友们批评指正！

希望在编撰此书的基础上，广泛听取意见，不断总结经验，让辉煌的历史鼓舞石油和化工行业广大勘察设计人员，满怀信心，走向未来。

中国石油和化工勘察设计协会理事长

2021 年 10 月 15 日

目　录

第一篇　行业发展纪实

第二篇　企业发展纪实

第三篇　行业大事记

第一篇

行业发展纪实

砥砺奋进 承载辉煌

——中国石油和化工勘察设计行业发展纪实

石油和化工勘察设计行业是石油和化工工程建设的龙头，直接服务于石油天然气、石化、化工工程建设，是使石油和化工科研成果转化为生产力的桥梁和纽带，对于全行业固定资产的形成具有决定性作用。

中国石油和化工勘察设计行业主要由中石油集团公司所属石油工程勘察设计系统、中海油总公司所属海洋石油工程勘察设计系统、中石化集团公司所属石化工程勘察设计系统、原化工部主管的化工工程勘察设计系统企业，以及其他行业与地方石油和化工工程勘察设计企业、外资工程服务企业等组成。

新中国成立以后，石油和化工勘察设计行业在国家宏观经济政策引导下，在旧中国石油和化工基础极其薄弱的背景下，根据国家经济建设、社会发展和人民生活水平提高的需要，经历了自力更生和艰苦创业、引进技术和自主创新、改革开放和拓展海外、体制改革和技术进步、巩固提高和再创佳绩等不同的历史发展阶段，成为石油和化工行业的开路先锋。

石油和化工勘察设计队伍在中国共产党的领导和坚持走有中国特色社会主义理论的指导下，从 20 世纪 50 年代开始组建，从小到大、从弱到强，严谨求实、精益求精，不断发展壮大，经历了国家从计划经济到社会主义市场经济的转变，参与了国内外石油和化工勘察设计市场，承接和完成了数十万个国内外石油和化工工程建设勘察设计任务，克服了石油和化工史上一道又一道难关，取得了辉煌灿烂的工程业绩，为社会主义现代化建设和服务中国及世界人民的民生福祉作出了巨大贡献。

第一章 在基础薄弱和艰难环境中开辟新天地（1949—1978年）

第一节　开发建设油气田和炼油厂，历练石油勘察设计队伍

一、勘察设计新中国第一个大油田

中国是世界上最早发现和利用石油的国家之一。距今2000多年前的《汉书》记载了石油的发现和利用，宋代发明了石油制炭黑技术并开始世界上最早的炼油生产。中国古代石油的发现、生产和使用，为发展近代石油工业奠定了基础。

中国近代石油工业诞生于19世纪中叶，1878年台湾猫里钻凿第一口油井产出原油。20世纪40年代之前，延长油矿延一井日产原油2吨，玉门油矿第一口油井投产，独山子油矿原油产量达6900多吨，四川油矿巴县石油沟开钻第一口探井获得工业天然气流。中国现代石油工业起步较晚，发展缓慢，远远落后西方发达国家。

新中国成立后，国内石油生产企业基础薄弱，没有建立专门的石油勘察设计机构和专业队伍，石油勘察设计工作总体上没有形成体系，一切都要在一穷二白的基础上依靠自力更生和奋发图强改变落后面貌。

1952年毛泽东主席签发命令，将中国人民解放军19军57师成建制改编为石油工程第一师，通过到延安枣园学习钻井技术，赴玉门参与基建工程，在汉中训练汽车驾驶等，半年后8000名官兵全部奔赴石油第一线，为当时全国还不到1万人的石油队伍增添了新鲜血液。到1952年底，全国原油产量达43.5万吨，为1949年的3.6倍；天然气产量800万立方米，比1949年增加100万立方米。

按照国家“一五”计划安排，中国油气勘探首先在西部展开。1955年克拉玛依第一口井——克1井喷油，1956年集中勘探力量在大盆地和地台上进行区域勘探，很快探明克拉玛依油田，实现了新中国成立后石油勘探史上的首次突破。1958年石油部在乌鲁木齐成立新疆设计院，成为石油行业最早成立集勘察、设计、科研于一体的综合性设计院之一。勘察设计人员和石油干部工人在“没有草没有水、连鸟儿也不飞”的戈壁荒原克服万难、开拓奋进，以坚韧不拔的毅力完成新中国第一个大油田——克拉玛依油田和第一座石油城——克拉玛依市初期建设的勘察设计任务。

1957年新中国第一个天然石油基地——位于甘肃省的玉门油田基本建成。1959年玉门油田生产原油140.5万吨，占全国原油产量的50.9%。玉门油田率先发展成为一

座拥有地质勘探、采油、炼油、油田建设和石油科研部门的大型石油联合企业，培养了一大批石油技术工人和工程勘察设计人员，为大庆等大油田的建设输送了骨干技术力量，为中国石油工业发展做出了突出贡献。

1958 年青海石油勘探局在冷湖 5 号构造上打出日产 800 吨的高产油井。在四川发现东起重庆、西至自贡、南到叙永的天然气区。同年成立的石油部四川设计院，参加了四川石油天然气基地的勘察设计和工程建设。

到 20 世纪 50 年代末，全国已初步形成玉门、新疆、青海、四川 4 个石油天然气基地，每个油田都有设计院、所为其服务。1963 年四川巴渝输气管道建成，拉开了中国天然气管道工程发展的序幕。到 1975 年，全国天然气年产量从 1949 年不到 1000 万立方米，增长到 100 亿立方米。到 1978 年，中国年原油产量突破 1 亿吨大关，加工能力增长 5 倍多，进入世界产油大国行列，天然气产量增至 138 亿立方米。

二、在东北、华北油田会战中锻炼成长

从 1955 年起，地质部和石油部合作，先后在华北平原与松辽盆地展开全面综合地质调查。1959 年松基三井出油，随后位于大庆长垣上的葡 7 井出油，表明这里是一个含油面积很大的油田。

根据党中央指示，1960 年一场关系石油工业命运的大规模石油会战在大庆打响。全国 200 多个勘察设计和科研单位提供技术支持，5000 多家工厂企业为大庆生产机电产品和设备，3 万多名复转官兵参加会战，石油系统 37 个厂矿院校的精兵强将和大批物资陆续集中大庆，参加会战的有 5 万多人，石油部领导亲临现场指挥会战。“宁肯少活 20 年，拼命也要拿下大油田”，成为当时会战职工的豪迈誓言。到 1960 年 4 月底，大庆长垣从南到北七个构造部位均获工业油流，并且长垣北部是高产区。于是会战领导小组决定挥师北上，到年底基本探明这一个世界级大油田。后来用 3 年多时间，在大庆探明 860 多平方千米的特大油田，建成年产原油 500 万吨的生产能力。

大庆油田的发现是中国石油工业发展史上的奇迹，石油工业由此进入快车道，原油产量急剧增长。1963 年全国原油产量达到 648 万吨，同年 12 月周恩来总理在全国人大二届四次会议上庄严宣布，中国需要的石油已经可以基本自给，中国人民使用洋油的时代即将一去不复返了。

1960 年安达设计院成立，同前来参加大会战的各勘察设计单位一道，承担了大会战中多个井矿场和电站等的设计工作，在地面工程前期规划、勘察设计、工程现场施工、解决生产技术难题等方面做了大量工作。1961 年，安达设计院改称石油第五设计院。

1961 年华北地区石油勘探的第一口见油井——位于山东东营的华 8 井获得日产 8 吨的工业油流，首次发现东辛油田。1962 年，营 2 井获得日产 555 吨的高产油流，打出了国内当时产量最高的一口油井。这些为组织胜利油田会战提供了可靠的依据。

根据华东地区石油勘探形势发展的需要，石油部先后于 1963 年和 1965 年从石油第五设计院抽调 67 名勘察设计人员援建胜利油田，先是组成石油第五设计院驻山东设计

室、处，1975年改称胜利油田设计规划研究院，承担胜利油田地面工程建设的勘察、规划、设计和科研任务。

从1963年至1987年底，胜利油田设计规划研究院共完成胜利油田辖属胜坨、宁海、利津、王庄、垦西、河滩等40个油田的规划设计任务。完成了油田外输油气管道、石油库、矿区建设规划设计，以及中原油田、华北油田、甘青藏石油勘探开发会战指挥部敦煌基地、青海柴达木盆地跃进一号油田试验井组等规划、勘察和设计任务。完成胜利油田各种设施和装置设计有：井口装置10360套，各种管线13459千米，各种油水站库1739座，各种电力线路7410千米。共完成勘察设计项目2061项，设计概算总投资17亿多元，工程地质钻孔4909个，工程测线5429千米、测图15691公顷。

经党中央批准，1964年在天津以南、山东东营以北的沿海地带开展了华北石油会战。1965年在山东探明了胜利油田，1966年产油130多万吨，1978年接近2000万吨，成为仅次于大庆的第二大油田。同时在天津探明大港油田，1978年原油年产量达到315万吨。20世纪70年代在复杂的地质条件下，勘探开发了辽河的兴隆台、曙光和欢喜岭油田，探索出一套勘探开发复杂油气藏的工艺技术和方法，1978年原油产量达到355万吨。

根据石油工业发展的需要，按照毛泽东主席的批示，1970年开始“八三会战”，成立了“八三管道指挥部”，并设立了“八三管道设计研究所”，负责设计大庆至抚顺、铁岭至大连、铁岭至秦皇岛等长输原油管道。1973年4月16日成立了石油工业部廊坊管道局。1975年成立了石油工业部管道设计研究院，负责全国的长输油气管道的设计和研究工作。

1978年前，石油第五设计院承担工程项目5286项，其中大庆至辽宁抚顺输油工程（八三管道）为国内第一条输油管道，开创了国内区域性大口径、长距离输油管道的先河。获得省部级以上科技进步奖项18项，其中单管密闭油气混输流程获国家发明一等奖，原油脱水工艺技术获全国科学大会奖，油田含油污水处理及应用获全国科学大会奖。

经过大庆和华北油田会战，石油勘察设计队伍受到极大锻炼，勘察设计能力明显增强，完全掌握了油田集输设计、长输油气管道设计、原油脱水及含油污水处理等一系列工艺技术。

三、不断提高石油炼制设计水平

新中国成立后，炼油工业基础十分薄弱，石油勘察设计人员在设备、材料、人才严重缺乏的情况下，用两年半的时间恢复了抚顺、桦甸、锦州等几个东北人造油厂生产。先后扩建、新建了上海、克拉玛依、冷湖、兰州、大连、锦州等8个年加工能力为10万～100万吨的炼油厂。1956年成立的石油部抚顺设计院，为抚顺和辽宁等炼油厂改建扩建作出了贡献。

20世纪50年代，在自身努力和苏联专家指导下，石油部抚顺设计院先后完成了抚顺石油二厂53—05工号的油页岩干馏装置及相应系统工程，以及茂名、桦甸、锦西、大同等9个人造油炼油厂的设计工作，取得页岩干馏焦油加工、合成液体燃料等多项重要科技成果。

60年代，石油部抚顺设计院扩建了上海炼油厂和大连甘井子石油七厂，将抚顺石油一厂、抚顺石油二厂、葫芦岛石油五厂和茂名石油公司，由生产人造油改造为主要加工天然原油，大力开发新工艺、新技术、新产品。先后完成被称为五朵金花的流化催化裂化、催化重整、延迟焦化、尿素脱蜡、炼油催化剂和添加剂技术等5个攻关项目，研究、设计和建设了加氢裂化等装置，明显缩小了同当时国外炼油技术水平的差距。

70年代，为发挥中央和地方两个积极性，以石油部为主陆续兴建了茂名、大庆、南京、胜利、东方红、荆门、长岭等7个大型炼油厂。以地方为主先后建设了天津、武汉、安庆、浙江、广州、九江、乌鲁木齐、吉林、鞍山、石家庄和洛阳等11个大中型炼油厂。

1974年成立的石油部勘察设计研究所第一代勘察设计人员，参加了山东胶州半岛黄岛地下油库的选址、勘察、设计和建设，此项工程勘察获全国科学大会奖和国家优秀勘察奖。该所还先后承揽了临邑石化厂氧化沥青装置、中原石油勘探局第二气体处理厂、胜利油田临盘指挥部油库工程、辽河油田曙一联合站10万标准立方米/日轻烃回收装置、胜利储备油库、石油部第七工程公司黄埠岭基地等20多项工程设计任务。

到1978年，全国原油年产量突破1亿吨大关，年加工能力已达9291万吨，加工能力增长5倍多，天然气产量增至138亿立方米，保证了国家的需要，缓和了能源供应的紧张局面。从1973年起，中国开始对日本等国出口原油，成为石油出口国，为国家换取了大量外汇。

第二节　开发南海、渤海油气田，积累海洋石油勘察设计经验

海上油气田开发工程建设是海洋石油工业的重要组成部分，它伴随着海洋石油工业的发展而不断发展壮大。新中国海洋石油工业始于20世纪50年代。1954年地质学家李四光在《从大地构造看我国的石油资源勘探远景》报告中，首次将渤海湾列入中国石油勘探远景区。1957年中国开始在海南岛南面莺歌海岸外组织作业，追索海面油苗显示，后在渤海湾荣城至大沽口一段沿海地带调查油气苗。

60年代开展海上地震、重力、电法的物探试验，完成了渤海全海区的地震概查并安排远景较好的辽东湾海域普查和重力调查。随着海上油气勘查的逐步展开，渤海油气勘查取得了突破，发现了海上油田。当时全国陆地和海上各油田均归口石油部管辖，勘察设计工作也由石油部管理。为了加快勘探海上油气田，尽早获得海上原油和天然气产量，石油部提出石油下海战略并决定从陆地油田和陆地工程建设单位调集一批工程技术人员，集中在渤海进行渤海海域海洋油气田开发的工程设计和工程建设。1965年641厂海洋勘探室在天津北仓筹建，1966年石油部华北石油海洋勘探指挥部在天津塘沽正式成立，同年完成中国第一座桩基式钻井平台的设计、建造。1967年海1井试获日产

原油 30 吨，成为中国海域第一口出油井。

70 年代后，由海 1 号钻井平台改建的 1 号试验采油平台投入生产，从此揭开中国海上生产原油历史，开创中国海洋油气田勘探开发新局面。此后，在渤海海域共建造 4 座固定式钻井平台，钻探井 14 口，发现 3 个含油构造，为海上石油勘探积累了经验。在国内建造和从国外购进了一批自升式钻井船、三用（拖航、起抛锚、供应）工作船和地球物理勘探船等，在渤海进行勘探、开发试验。1973 年基本完成综合地质、地球物理调查，预测北部湾是一个有良好前景的含油气坳陷。1977 年涠西南一号构造带湾 1 井试获日产原油 20 吨、天然气 9490 立方米。区域研究建议，将珠江口外海域地区作为今后油气勘查的主要战场。

1973 年美越两国签订《巴黎协定》结束越南战争，南海海域恢复平静。同年燃化部再次成立南海石油勘探筹备处，恢复南海石油勘探。对南黄海进行了地震大剖面测量，利用自行设计、改装的双体钻井船进行施工钻井，取得了重要的地质资料。

到 1978 年，海洋勘探指挥部在条件十分艰苦的情况下，坚持学习、摸索和试验，自行设计建造国内第一座钢质固定式钻井和采油平台、第一艘在 40 米水深的渤海海域可自动升降和移动的钻井船、第一座可移动沉浮式钻井平台、第一艘大型导管架下水驳船等海上工程施工船舶、第一套钢臂式单点系泊系统、第一艘国内起吊能力最大的 500 吨级浮吊。这一期间，设计建造钻井平台 11 座、采油平台 7 座、工程船舶 3 艘和大型船坞和码头。

渤海石油基地的建设，培养锻炼和造就了一支从海洋石油工业设计到建造安装门类初步齐全的海上和基地工程建设队伍，摸索和积累了海洋石油开发建设的实际经验，为以后海洋石油工业的发展和对外合作奠定了良好基础。

第三节　发扬艰苦创业精神，开展石油化工工程建设

一、不畏技术封锁开展炼油工程设计

新中国成立之初，国内石化工业基础薄弱，油品极度匮乏，而西方国家又对中国油品和炼油技术采取严格封锁政策。在严峻形势下，1953 年成立的国内第一个炼油和化工专业设计公司——化学工业设计公司，不畏国外反华势力技术封锁，自力更生，攻坚克难，承担和完成了大连、锦西、上海高桥、锦州、抚顺、兰州炼油厂等一批老炼油厂的恢复和扩建设计任务。

化学工业设计公司 20 世纪 60 年代全面承担了大庆炼油厂的设计任务，完成了锦西石油五厂和南京炼油厂的设计工程。设计人员认真吸收国外先进技术，进行科技攻关和设计，完成了当时具有世界水平的现代化炼油装置，并配套、定型、建设了若干座加工原油 250 万吨/年以上的炼油厂，实现了中国炼油技术上的首次飞跃。

在生产建设和科技研发受到“文化大革命”冲击的情况下，石化设计人员没有停止

工程设计和技术攻关，先后完成东方红炼油厂、胜利炼油厂、荆门炼油厂、武汉石油化工厂等大型炼油厂的设计任务，与有关单位协作研发了多金属重整、分子筛提升管催化裂化等现代炼油新技术，使中国炼油工业有了新的突破。同时还完成了中国援建朝鲜和阿尔巴尼亚炼油厂的工程设计。

60年代，洛阳设计院与北京设计院等单位紧密合作，设计并建成了抚顺石油二厂60万吨/年流化催化裂化装置和30万吨/年延迟焦化装置，使中国炼油技术水平向前迈进了一大步。完成上海炼油厂5套装置设计、石油二厂50万吨/年常减压蒸馏装置设计。承担的国家重点项目——中压铁剂合成反应器的试验取得研究结果，设计的流化催化裂化装置耐磨、耐高温衬里材料、高效旋风分离器、页岩沸腾燃烧炉试验成功。

60年代～70年代，在国内社会环境复杂、科技工作不被重视的情况下，洛阳设计院先后完成了长岭、安庆、九江、广州、吉林、锦州、林源等炼油厂900余项设计任务，完成炼油实验厂同轴式提升管催化裂化反应系统等一大批工业放大试验和装置国产化试验，承担完成格尔木-拉萨长距离成品油输油管线的设计任务。设计的国内第一套硫酸法烷基化装置在兰州炼油厂和抚顺石油二厂陆续建成投产、第一套具有60年代先进技术水平的大庆炼油厂加氢裂化制氢联合装置一次投产成功、第一套硫醇氧化脱臭装置在胜利炼油厂建成投产、第一台钢带式硫黄成型机在山西长治化工厂试运成功、第一套高效再生提升管催化裂化装置等，与北京设计院共同设计的国内第一套常减压蒸馏-流化催化裂化-延迟焦化联合装置在胜利炼油厂建成投产。

二、在化工和石化工程设计领域开拓

1953年成立的重工业部化学工业管理局化学工业设计公司是新中国最早建立的化工专业设计院之一，1955年改为化学工业部化学工业设计院，1965年改名为化学工业部第一设计院。

20世纪50年代，该公司完成了大连化工厂合成氨生产装置、永利宁厂的恢复和扩建工程的设计建设。完成了国内第一座以焦炭为原料的大型氮肥厂——四川化工厂，以及大连、永利塘沽、四川鸿镇纯碱工程设计，承担了株洲、衢州、吉林、福州、广州和北京化工二厂氯碱及硫酸工程设计。开展了染料、农药、己内酰胺、氯丁橡胶及以电石乙炔为原料的醋酸工程设计。在苏联援建的东北吉林、华北太原和西北兰州三大化工基地建设中，该公司投入了大量的技术力量，从翻译全部设计文件和图纸到分赴现场配合外国专家工作，承担了101、201、304、102、202、302和103等工程的配套项目设计工作。苏联专家撤走后，这些工程均由公司自行完成设计和建设。1958年公司编制了3套定型设计，即5万吨/年合成氨、0.75万～1.5万吨/年电解烧碱和0.6万吨/年聚氯乙烯装置，供各地因地制宜采用，为自力更生发展中国的化肥和氯碱工业作出了贡献。

60年代，该公司开发设计了吉林四平联合化工厂国内第一套0.1万吨/年维尼纶生产装置。与有关单位协作开发、设计了燕化1.5万吨/年顺丁橡胶生产装置，获国家科技进步特等奖。在聚氯乙烯技术方面，与有关研究院合作，开发、设计了4项新工艺、新技术、新设备。

1971年燃化部决定将化工部第一设计院、北京石油设计院的一部分组建成北京石油化工总厂设计所，1979年改名为燕山石油化学总公司设计院，1983年更名为中国石油化工总公司北京石油化工工程公司。

70年代，北京石油化工工程公司从规划、总体设计、技术引进谈判到施工建设，全面承担了国内第一个特大型石化联合企业——燕山石化公司的设计任务，并参与和配套设计了国内第一套30万吨/年乙烯以及聚丙烯、聚酯、苯乙烯、聚苯乙烯等装置。对援建阿尔巴尼亚和越南项目设计，参与埃及、阿富汗和缅甸的工程建设，也作出了贡献。

第四节 建立化工勘察设计体系，为化工基本建设提供技术支持

一、组建化工勘察设计机构和队伍

中国化工的开发和利用，是一项古老而又新兴的事业。中国古代四大发明中的火药和造纸，举世闻名的秦兵马俑身上的彩色颜料，都是古人运用化学方法创造的科技奇迹。中国古代的化工成果，无疑为近代化工的兴起奠定了早期基础。

中国近代化工企业，建立于第一次世界大战期间。1915年以后，中国沿海城市陆续建起油漆厂、肥皂厂、染料厂等一些小厂，成为民族化学工业的萌芽和基础。真正由中国民族资本创办的化工企业，当属范旭东于1917年在天津塘沽创办的永利系统和吴蕴初于1929年在上海创办的天原系统，生产合成氨、化肥、纯碱、烧碱等，成为中国民族化工的先驱。在抗日战争和解放战争时期，各革命根据地为适应战争需要创办了一些化工企业，为前线提供急需的军用化学品，对人民解放事业作出了重大贡献。

新中国成立前，国内化工生产企业基础薄弱，没有专门化工勘察设计机构，没有形成专业的化工勘察设计队伍，勘察设计人员和业务分散在数量很少的生产企业之中，化工勘察设计体系总体上可以说是一片空白。

新中国成立后，中央人民政府重工业部化学工业管理局、东北工业部化工局以及华东工业部化工局，先后成立设计处、室和勘察队，大连化学厂、永利宁厂等化工企业设立了设计组。这些设计单位先后完成大连、天津、吉林、沈阳等地化工企业的恢复和改扩建任务。

1952年中央财经委员会颁发《基本建设工程暂行办法》（财经计建字第24号命令）。为促进新中国化学工业发展，重工业部于1953年作出《关于加强与调整各设计机构的决定》，将全国主要化工设计力量集中起来，在沈阳成立重工部化工局化学工业设计公司。该公司以重工部化工局、东北化工局和华东化工局设计处室为基础，同时抽调部分化工生产企业的技术骨干组成。还将1950年在太原和吉林组建的两支勘察队伍合并成立设计公司下属勘察队。化工设计公司的正式成立，诞生了全国第一个化工专业设

计单位，当时共有职工 400 人。

1954 年化学工业设计公司从沈阳迁到北京，更名为中央人民政府重工业部化学工业设计院，职工总数 1389 人。1956 年化学工业部成立后，设计院更名化工部化学工业设计院。10 月，以该院测量队、地质队和试验室为基础组建化工部勘察公司。1957 年化工部将化学工业设计院和设计公司撤销，成立化工部设计局，原化学工业设计院一分为四，分别成立氮肥、有机化工、基本化工 3 个设计院和一个化工勘察设计公司，统一由设计局领导。同时，原属轻工部领导的橡胶和医药设计力量划归化工部，分别成立了橡胶和医药设计院。各设计院和勘察公司总人数达到 3200 人，主要职能是承担全国化工建设勘察设计任务。

为适应社会主义建设新形势和全国各地发展化工需要，化工部 1958 年发布《关于调整勘察设计机构的决定》，调整改组设计机构，下放充实地方设计力量。化工部将原部属氮肥、基本化工和有机化工 3 个设计院合并，组建化工部化工设计院，并在院内设立国防化工设计室。抽调 1000 多人与当地的化工设计力量合并，组建吉林、大连、锦西、华东、华中、华北、西北、西南 8 个区域性设计研究分院和分属 5 个分院的综合勘察队。化工设计院在化工部领导下，代行全国化工设计管理机构职能。其主要任务除了完成自身的设计任务和试验研究工作外，代部安排化工勘察设计任务，对分院进行业务领导，参与全国化工发展规划工作和化工生产技术经验总结与交流，负责收集国内外技术情报，向分院和省院提供设计资料，组织援外项目的设计工作等。

同时，化工部抽调 660 人到 27 个省区市，组建地方化工设计机构。1958 年成立化工设计机构的有吉林、黑龙江、内蒙古、天津、河北、山东、新疆、河南、湖南、湖北、江苏、浙江、江西、福建、广东、广西、贵州、陕西等 18 个省区市，设计队伍总人数约 14000 人，主要任务是为本地区“大办小化肥”和地方化工建设服务。1962 年在江苏省连云港成立化工矿山设计研究院。

经化工部、各大区和各省区市的努力，基本形成了中央和地方相结合的化工勘察设计体系，勘察设计队伍遍及全国，适应了当时全国经济建设和各地发展化学工业的需要。

1964 年，化工部成立基本建设总局，归口领导勘察设计工作，并对部属设计和勘察单位进行调整。调整后，将设计与研究分开，成立 12 个直属化工设计院和勘察公司。化工设计院 9 个，其中第一设计院（原化工部化工设计院）在北京，第二设计院（原太化公司设计研究院）在太原，第三设计院（原化工部淮南化工设计院）在淮南，第四设计院（原化工部中南氮肥设计研究院）在武汉，第五设计院（原兰化公司设计研究院）在兰州，第六设计院（原化工部化工设计院七室）在茂陵，第七设计院（原南化公司设计研究院）在南京，第八设计院（原化工部西南化工设计研究院）在成都，第九设计院（原吉化公司设计研究院）在吉林。矿山、橡胶、医药设计院各 1 个，分别设在连云港、北京和上海。12 个单位总人数 8400 人，明确了各院专业分工。1966 年在南京组建化工部勘察公司，1975 年在沧州组建石化部勘察公司。1978 年石化部在涿州成立化学矿山规划设计院和化学矿山地质研究所，同年化工部批准组建长沙化学矿山设计研究院。至此，全国化工勘察设计队伍得到加强，管理体制进一步完善。

二、在学习苏联经验中开展化工勘察设计实践

20世纪50年代的化工设计工作，主要是学习苏联经验，参与苏联援助的化工重点项目建设。“一五”期间苏联援建的156个项目中有化工项目15项，其中包括国家重点建设的吉林、太原、兰州三大化工基地。其中吉林化工区由化肥厂、染料厂、电石厂和热电厂组成；太原化工区由肥料厂、化工厂、制药厂和热电厂组成；兰州化工区由化肥厂、合成橡胶厂、炼油厂和热电厂组成。此外，还有华北制药厂、保定电影胶片厂和抚顺石油二厂。

1953年国家计委批准兰州肥料厂设计任务书，年产合成氨5万吨、粗甲醇1万吨、硝酸铵8万吨。1954年吉林肥料厂、吉林染料厂、吉林电石厂开始建设。该项目由周恩来总理于1952年批准设计任务书。1954年太原化工区正式开工建设。

在吉林、兰州、太原三大化工区和华北制药厂等项目的建设中，化工勘察设计人员在苏联专家指导下，圆满完成厂址选择、勘探测量以及设计所需的原始资料的收集工作，满足了苏方施工图设计的需要。化工设计人员承担了大量的国外设计翻译和技术校对工作，并协助苏联专家配合施工和生产单位解决化工厂的工程技术问题。化工勘察设计人员边学边干，刻苦钻研，配合苏联专家完成了156项重点工程中的吉林、兰州、太原化工基地和华北制药厂的项目建设。

通过配合三大化工基地建设，使勘察设计人员学到了大型化工项目建设的规划、选址、勘察、设计的内容、程序和方法，以及与施工和投产的衔接配合，特别是对大型合成氨厂和有机化工厂的设计有了初步了解，培养了设计人员，积累了经验，为以后自行设计建设大型化工项目打下了基础。

在此期间，逐步建立了化工工程设计各项管理制度。在1954年至1956年间，重工业部化工局从苏联有关设计院聘请了20多位专家陆续来到化工设计公司（院）指导工程设计。这些专家来自合成氨、硫酸、磷肥、染料、塑料、氯丁橡胶、化工机械、电气、自控、建筑、结构、施工组织、技术经济等化工各个专业和领域。苏联专家把苏联化工设计部门的组织机构、工艺规程、设计手册、设计标准规范和管理制度等资料作为专家建议提供给化工设计院。同时，在吉林、太原、兰州三大化工基地建设中，化工设计院得到了苏联氮肥工业设计院、染料工业设计院的初步设计、技术设计和施工图设计三个阶段的整套设计资料和图纸。在学习和配合苏联专家工作中，设计公司（院）按照其不同阶段的设计内容建立和健全了一系列管理制度，加强了计划管理、技术管理和工程经济核算制等，对各项设计和设计指导资料的审核等作出具体规定。

参照苏联一些技术资料和参加三大化工基地建设积累的经验，化工设计院开始走上自力更生、独立设计的发展道路。1953年国内自行设计建设的第一个抗生素——青霉素的生产厂上海第三制药厂建成投产。1955年设计并制造的2400马力、200大气压的高压氮气压缩机在大连化工厂试制成功，为合成氨产业和技术的发展创造了条件。

四川化工厂7万吨/年合成氨装置，是化工设计院依靠自己的技术力量自行设计的

第一个大型化肥厂。该项工程1953年选址，1956年进行初步设计。设计人员对原永利宁厂和苏联引进的吉林化肥厂进行研究分析，根据国情，取长补短，对一些重大技术问题和厂区布置进行了科学、合理修改。在总图布置上，既学习苏联设计考虑厂区安全和留有扩建余地的设计思想，也改变了车间布局分散、厂区过大的缺点，使占地面积比吉林化肥厂减少近一半。在工艺方面，从本地资源出发，采用永利宁厂焦炭固定层煤气发生炉，代替吉林化肥厂的劣质烟煤沸腾层气化炉；采用苏联立式变换炉和国产的耐硫变换催化剂，强化了变换炉生产；选用捷克的往复式高压压缩机代替苏联的往复式高压压缩机，适应了当时国内制造水平，并有利于维修操作；采用永利宁厂130大气压醋酸铜铵液净化技术代替苏联320大气压碳酸铜铵液净化方法，缩短了工艺流程，提高了净化效率；采用单合成塔系列，取消苏联氨合成塔系统中的精制塔，减少了高压设备和高压管线，有效地降低了能耗；根据四川潮湿气候，将氨加工改为硫酸铵。在技术经济和建筑结构方面，按国内核定能力改为7.2万吨/年合成氨，采用联合厂房、露天化布置或半敞开式建筑，将钢结构改为预应力钢筋混凝土结构等。这样，通过减少占地、采用先进工艺和优化流程等，有效降低成本，节约大笔投资，提高了综合效益。

四川化工厂的建成投产，标志中国已经基本具备自力更生独立设计氮肥厂的能力。随后又自行设计了一批中型氮肥厂，投产后运转情况良好。

与此同时，各化工设计院（公司）在苏联专家的指导下，参照一些不完整的技术资料自行完成了17个新建项目设计和11个扩建项目的设计。如铜官山塔法硫酸、抚顺接触法硫酸、山西普通过磷酸钙、株洲隔膜法烧碱、长寿悬浮法聚氯乙烯和氯丁橡胶、锦西有机玻璃和四乙基铅及卡普隆、吉林乙炔制醋酸、重庆酚醛树脂和酚醛塑料、保定醋酸纤维胶片等装置的设计。这些项目均顺利建成，投产后生产正常。

三、自主创编定型设计，加快化工建设步伐

国家“一五”计划提出，要积极发展化学肥料工业，相应发展酸、碱、橡胶、染料等工业，加强化工与炼焦、石油、有色金属工业的配合。“一五”计划实施以后，全国各地发展化学工业的积极性很高，纷纷建设化肥、硫酸、烧碱等化工厂。但当时设计队伍组建不久，设计力量不足，设计程序又采用苏联的模式，一个大项目仅设计就需要好几年时间。当时化工设计院院长冯伯华带领设计人员进行了大胆改革。

一是简化设计程序。把过去学习苏联的初步设计、技术设计和施工图设计三个阶段的做法，改变为扩大初步设计与施工图设计两个阶段。这样，每个建设项目的设计减少一次上报审核程序，一般可提前一年交出设计图纸。

二是编制定型设计。为既加快设计速度、又保证设计质量，化工设计院开始编制定型设计，也称通用设计，使设计做到定型化、标准化、系列化。有了定型设计，各地只要根据建设地点的具体条件进行因地制宜的修改，就可以开工建设。定型设计也为设备的定型化生产和缩短制造周期创造了条件。

化工部氮肥设计院根据四川化工厂和永利宁厂的生产经验，编制了5万吨/年合成氨的省级氮肥厂定型设计。根据编制的定型设计，建设了衢州、吴泾、广州、开封、云

南、石家庄和淮南等 7 个省级氮肥厂。1958 年初又编制出了 1 万～2.5 万吨/年合成氨和 4 万～10 万吨/年碳酸氢铵专区级氮肥厂定型设计，并在北京建设化工实验厂。用这个定型设计建设起来的有贵州都匀和陕西宝鸡 2 个化肥厂。同年化工专家侯德榜率领县级氮肥厂设计组，赴上海化工研究院进行县级小氮肥厂定型设计。经过县级氮肥厂设计组和上海医工设计院、南京化工设计院、华东化工学院等单位 80 多人的共同努力，历时两个月完成县级氮肥厂 2 千吨/年合成氨配 8 千吨/年碳酸氢铵定型设计。在上海化工研究院建成第一套示范性装置后，在全国各地普遍推广。同时又编制了 0.75 万～1.5 万吨/年烧碱和 0.6 万吨/年聚氯乙烯定型设计，供各地因地制宜采用，为自力更生发展化肥和氯碱工业作出了重要贡献。

为满足全国各地加快化学工业发展的需要，除了编制省、地区、县级合成氨厂定型设计外，还编制了 8 万吨/年硫酸装置、20 万～40 万吨/年普通过磷酸钙厂、10 万吨/年高炉法钙镁磷肥厂、2 万吨/年电石厂等的定型设计，以及氯丁橡胶、醋酸、己内酰胺、有机原料等不同规模的定型设计。江苏省化工设计院 1965 年完成年产 5000 吨碳化流程合成氨厂通用Ⅲ版设计，为全国小化肥建设提供了技术支持和通用设计模板。这些定型设计的推行，缩短了设计周期，对加快氮肥、磷肥、硫酸、氯碱、橡胶企业建设起到很大推动作用。

20 世纪 60 年代末，化工部中南化工设计院在总结经验的基础上，完成了国内第一套自行设计 11 万吨/年水溶液全循环法尿素装置的通用设计，后来采用这套通用设计在全国各地建成了几十套同类尿素装置。70 年代该院联合承担国内自行设计、自行制造成套设备的吴泾化工厂 30 万吨/年合成氨装置工程设计，1979 年建成后一次试车成功并达到设计能力，获得国家重大技术装备成果一等奖。

四、完成自主开发和引进重大项目勘察设计任务

由于受到“大跃进”和“文化大革命”的影响，化工勘察设计工作的正常秩序一度被打乱，一些从实践中总结出来、符合化工勘察设计工作规律的规章制度和标准规范遭到质疑，使勘察设计工作一度走了弯路，化工工程建设也受到一定影响。但化工勘察设计战线的科技人员坚信知识就是力量、科技是关键、实践出真知，在艰难条件和复杂环境中，克服困难，坚守岗位，兢兢业业工作在化工工程建设第一线，使自主开发和引进技术装备的多个化工重大项目，在祖国大江南北拔地而起，有力支持了工农业生产、国防建设和整个国民经济的发展。

20 世纪 50 年代，由化工设计院自行设计的重点化工项目有：与上海天原化工厂合作设计研制成功国内第一台大容量立式吸附隔膜电解槽，使中国的电解技术从 20 年代水平提高到 50 年代水平，这项重大科技成果受到国务院表彰。开发设计的 2 千吨/年氯丁橡胶生产装置在四川长寿化工厂建成投产。开发设计的 1 千吨/年苯酚法己内酰胺生产装置在锦西化工厂建成投产，生产出国内第一个合成纤维产品——锦纶。自行设计的 6 千吨/年聚氯乙烯定型装置在天津化工厂建成投产。化工部桂林橡胶工业设计院 1957 年设计了新中国第一个新建轮胎厂——重庆轮胎厂，1964 年设计了河南轮胎厂。这些

成果，显示中国化工勘察设计能力已经发展到了一个新水平。

大庆油田开发以后，中国于1965年提前实现了油品自给。当时世界石油化工发展迅速，党中央国务院对此高度重视。毛泽东主席和周恩来总理先后提出要引进和建设一批化工、化纤、化肥装置，以解决人民的吃穿用问题。化工勘察设计人员由此参与到了引进成套化工装置、学习国际先进设计技术和方法的全过程。

1966年国家批准引进第一套10万吨/年合成氨装置在泸州天然气化工厂建设，1972年国家作出了成套引进化纤、化肥技术和设备的决定。同年中国从日本引进4套石油化工联合装置，其中3套以合成纤维为主的装置分别建在上海、辽阳和重庆，另一套30万吨/年乙烯和4.5万吨/年丁二烯的成套装置建在北京燕山。此后，又从日本、美国、联邦德国引进配套产品高压聚乙烯、聚丙烯、乙二醇、对二甲苯、对苯二甲酸、聚酯、苯酚、丙酮、间甲酚等成套装置，还配套引进聚丙烯酸酯装置建在北京通县东方化工厂。从1973年开始，中国从美国、荷兰、日本、法国引进了13套30万吨/年合成氨和48万～52万吨/年尿素的成套装置，分别建在四川泸州、黑龙江大庆、辽宁辽河、河北沧州、云南水富、贵州赤水、湖南岳阳、湖北枝江、四川成都、山东淄博、广东广州、江苏南京、安徽安庆。1975年至1977年，从联邦德国引进乙醇、丁苯橡胶、丁辛醇和乙烯4套石油化工装置，建在吉林化学工业公司。1978年引进了4套30万吨/年合成氨大化肥装置和4套产30万吨/年乙烯及其配套装置。其中4套大化肥装置分别建在山西、浙江、新疆和宁夏，4套30万吨乙烯分别建在黑龙江大庆石化总厂、山东齐鲁石化公司、江苏扬子石化公司和上海金山石化总厂。这些引进装置的技术，都属于20世纪70年代世界石油化工先进水平。

大批引进的化工建设项目，急需一大批设计人员参与配套设计和设计管理工作。1969年搬出北京的化工设计院从山西娘子关迁回北京，部属各化工设计院和有关省院也都与美国凯洛格、日本东洋、法国赫尔梯等公司合作，参与这些大项目的建设之中。引进装置从合同生效到工厂全部建成，总的期限一般为36个月，建设工期很短。参与项目建设的设计人员密切配合，精心设计，按时完成了任务，为工程顺利建设创造了条件。化工设计人员在参与引进项目实践中，系统学习了美国、日本、法国等国先进设计管理技术和工程建设的国际通行模式，增长了知识，积累了经验，提高了设计技术和管理水平，同时也培训、储备了一批化工设计新生力量。与国内其他行业相比，化工勘察设计在这一时期率先前行，在行业内起到了先导作用。

“文化大革命”期间，部分化肥厂处于停产和半停产状态，农民迫切需要化肥，产需矛盾十分突出。针对这种情况，化工部对发展化肥工业提出贯彻大中小并举方针。由于大、中型化肥厂受资金、技术、设备制造等因素限制，短时间难以搞上去。而小氮肥厂具有建设周期短、设备制造容易、投资少、便于地方集资兴办等特点，并且一般属于县级管辖、自产自用，因此各地对兴办小化肥厂的积极性很高，也都努力扩大省区市设计院设计队伍建设，以承担小化肥厂的设计建设工作。因此在这一时期，省区市化工设计院得到了较快发展。

60年代中后期，省区市化工设计院的主要任务是为化肥、农药工程建设布新点、建新厂。70年代中后期，这些设计院的主要任务转到为小化肥厂的技术改造和扩建服务，发展联醇、联尿、联碱工艺，开发余热利用、余热发电，副产城市煤气及新型炉、机、塔等新设备，以及节能降耗新技术的推广等。除了发展小化肥以外，各省区市化工设计院还为配合发展小氨碱、小石油化工等五小企业建设、推广节能降耗新技术等，做了大量工作。天津化工设计所先后承担大连21万吨/年纯碱扩建、永利久大年产42万吨/年纯碱扩建工程设计。云南化工设计院完成的褐煤蜡及浅色蜡提取工程获1978年全国科学大会二等奖。这一时期，河北、辽宁、山东、广西、广东等省区化工和石化设计院，还完成了本地区中型氮肥厂的技术改造、填平补齐和扩建以及多种经营、产品深加工等工程设计和建设任务，参与了本地区大化肥引进工程的配套设计。

70年代，化工地质勘查队伍也得到加强。1972年燃化部决定重新组建化工地质队伍，在河北、内蒙古、辽宁、吉林、山东、河南、浙江、福建、安徽、湖南、湖北、广东、贵州、四川、广西、云南等省区建立16个化工地质队。1978年石化部决定成立化工地质勘探公司，承担大型化学矿的地质勘探任务。该公司下设河北、黑龙江、吉林、内蒙古、辽宁、江苏、安徽、福建、贵州、云南、河南、湖北、广东、广西、陕西、钾盐、物探等17个地质勘探大队。

根据中央关于加强三线和内地建设的部署，化工部制定了搬迁和建设规划，从沿海搬迁一部分化工企业到内地，又规划新建一批化工大中型项目。如在陕西、甘肃新建了一批氮肥厂，为洛阳拖拉机厂配套建设10万条/年轮胎的洛阳橡胶厂，为第二汽车厂配套建设100万条/年轮胎的东风轮胎厂和钢丝厂，还有陕西华山制药厂和河南第二胶片厂等。搬迁到“三线”的化工部炭黑研究设计所设计了上海2000吨/年湿法造粒中试装置、武汉4000吨/年炭黑等装置，开发了“高结构中超耐磨炭黑”“汽车用装饰涂料——红旗牌轿车用黑面漆及超色素炭黑”，获得全国科学大会重大贡献奖。这样，在豫西、鄂西、湘西以及西北、东北等一些山区都有了化工厂，对改变化学工业的布局、加快内地化学工业发展、满足经济和国防工业发展需要起了重要作用。

通过工程建设实践锻炼，省区市化工勘察设计院的力量明显增强，能力和水平得到很大提高。到1983年，除青海和西藏外，各省区市都建立了专业化工设计机构，总人数达6000多人，完成了大量的地方建设项目的勘察设计任务，取得了一批优秀的设计和科技成果。

五、建立设计技术中心站

鉴于全国化工设计力量尤其是专业设计力量过于分散、技术优势难以发挥、设计质量不易保证的情况，为加强设计基础工作，保证设计质量，化工部于1960年决定成立化工部设计技术中心站。

化工部批准成立的第一批中心站有：设备、总图、起重运输、自动控制、给排水、建筑、热工和模型等8个设计技术中心站，开展工作后效果良好。从1964年至1989年，化工部又先后批准成立了工艺配管、化学工程、计算机应用、环境保护、橡胶加工、电气、概算、小合成氨、工业炉、化工设计情报、矿山情报、化工工艺、现代化管理等 13 个设计技术和管理中心站，以及标准编辑、氮肥、硫酸和磷肥、煤化工、纯碱和氯碱、天然气化工等 6 个设计技术中心。后来又批准成立化工暖通设计技术委员会。经过调整，保留了 24 个专业技术中心站（中心）。

各设计技术中心站（中心）成立后，坚持面向工程设计和建设项目，编制国家和行业标准、标准图、规范及规定，编制设计手册、图册和技术资料，开发应用软件和数据库，举办学术会议和专业培训，出版发行刊物，提供国内外技术经济信息，为完善化工设计基础工作、推进设计技术开发做了大量富有成效的工作。化工部撤销后，委托中国化工勘察设计协会按照有关规定管理中心站（中心）的工作。

化工专业设计技术中心站（中心）是化工部的独创，得到了挂靠设计院（公司）的重视、关怀、帮助和支持，受到了勘察设计单位和人员的肯定和信任，得到工程设计界的公认和好评。

六、承担援外化工建设项目

从 20 世纪 50 年代开始，中国政府决定采取无偿方式向受援国家提供成套装置建设的援助。到 1963 年，化工部承担了 13 项援外化工成套装置任务。1964 年周恩来总理提出援外八项原则后，根据一些国家要求，化工部又承担了一大批国家援外建设任务。到 1972 年，化工设计单位共向越南、阿尔巴尼亚、朝鲜、罗马尼亚、柬埔寨、缅甸、巴基斯坦等国家，先后提供了包括化肥、农药、医药、橡胶等 20 多个项目的工程设计。

北京橡胶工业设计院承担了越南金星橡胶厂工程设计、朝鲜浦满橡胶制品厂耗胶 2200 吨/年和顺川轮胎厂 30 万条/年工程设计和阿尔巴尼亚都拉斯橡胶制品厂工程设计等援外项目。江苏省化工设计院先后承担了越南化肥厂（1. 5 万吨/年纯碱、氯化铵和 8500 吨/年硝铵、4000 吨/年浓硝）设计项目、柬埔寨 5000～10000 吨/年乙烯（重油蓄热炉裂解分离制乙烯、丙烯）装置小石油化工项目和 3000 吨/年烧碱并配六六六农药工程援助项目等。桂林橡胶工业设计院先后为朝鲜、越南、古巴、缅甸等国设计了轮胎工厂或其他橡胶制品生产厂。天津市化工设计院合作完成建设马里制药厂援外工程建设获得国家科学进步二等奖。化工勘察单位在斯里兰卡、安哥拉和利比里亚参与了中国援建工程地基基础检测及矿山水文地质勘察。

第二章 在改革开放和全面振兴中书写新篇章（1978—1999 年）

第一节 优化石油勘察设计资源，加快现代石油工程体系建设

一、整合石油系统勘察设计力量

1980 年经国务院批准成立中国石油工程建设公司。公司由原中国石油工程建设公司和中国石油集团工程设计有限责任公司为基础整合。成立之初，中国石油工程建设公司与石油部基建局合署办公，除从事对外工程承包业务外，兼行石油部基建局行政管理职能。

1988 年石油部撤销，成立中国石油天然气总公司。中国石油工程建设公司与基建局分别建制，专门从事对外工程承包、劳务合作和出口贸易等业务。1997 年，中国石油天然气总公司决定成立中国石油工程企业建设（集团）公司，中国石油工程建设公司作为核心企业（母公司）代行企业集团职能。中石油第一、第六、第七建设公司和石油部华东勘察设计研究院划归该集团管理，保持各自法人地位和经营自主权。1998 年中国石油工程建设公司更名为中国石油工程建设（集团）公司，并在人民大会堂举行成立暨揭牌仪式。

二、全力投入国内油气田建设

随着中国成为第一大石油进口国和第二大石油消费国，发展现代石油工业的要求愈加迫切。党的第十一届三中全会以后，石油战线的广大干部职工经过艰苦努力，战胜十年“文化大革命”带来的严重困难，使石油工业进入了一个新的发展时期。

为加快新疆油田发展，石油部在准噶尔盆地勘探开发了一个又一个油气田，在新疆广袤大地上留下了工程勘察设计人员艰苦创业的足迹和丰硕的创业成果。1982 年新疆石油管理局油田规划设计院在设计处的基础上正式成立。1986 年开发建设红山嘴油田，1987 年开发建设火烧山油田，1992 年开发建设彩南油田，1995 年开发建设石西油田。其中彩南油田是中国第一座百万吨级的沙漠整装油田，该项目获全国优秀工程设计金奖。设计完成中国第一条原油长输管道、中国第一条长距离高温超稠油管道、中国最大库容 107 亿立方米油藏型天然气储备库、中国最大稠油污水处理厂、中国第一个 400 万吨超稠油全生命周期开发油田。1992 年，国内第一条横跨塔克拉玛干的沙漠公路——

塔里木沙漠公路建成通车，项目设计获得“九五”期间十大科技成就奖和全国优秀工程设计铜奖。

改革开放以后，大庆油田勘察设计人员和建设者，继续发扬大庆人战天斗地的创业精神，为大庆油田的深入发展贡献力量。改革开放以后20年间，先后完成龙虎泡油田产能建设工程、油田稳产5000万吨工程、大庆油田三次采油地面工程、乙烯原料工程等。获国家和省部级工程项目奖116项，其中大庆油田稳产5000万吨工程获国家优秀工程设计特等奖，大庆油田三次采油地面工程获国家优秀勘察设计金奖。同时获国家和省部级科技进步奖87项、专利技术40项，为大庆油田多年稳产、高产作出了贡献。

辽河石油勘探局油田建设规划设计院1978年承担欢喜岭油田地面建设工程规划设计，集中各地石油建设力量抢建，半年后投产，当年生产140万吨原油，工程获得国家优秀设计金奖。“牛居-青龙台地面建设工程”规划设计项目1985年获国家优秀设计银奖。先后完成了“一、三级布站、单管热输流程”“二、二级布站、掺稀原油双管流程”和其他集输流程的工艺技术研发和设计工作，其中油田油气投球冷输新工艺1988年被石油部推荐为国家级科研成果。20世纪80年代联合研制2万立方米/日热分离机轻烃回收装置获部级科技进步三等奖，先后建成投产10万立方米/日、15万立方米/日和20万立方米/日轻烃回收装置和完成7套天然气净化厂设计建设任务。

四川是国内最早发现天然气流的地区之一，中国石油工程建设（集团）公司西南分公司承担了勘探开发和建设大天池气田任务。大天池构造带是四川盆地发现的最大含气构造带，也是国家九五期间的三大重点工程之一。天然气田的开发和建设，为类似气田提供了一种可借鉴模式，整套工艺技术对其他气田开发建设具有较大参考价值。长庆勘察设计研究院主要承担油气田地面工程勘察设计、EPC项目总承包和一体化集成装置研制等业务，设计建成了国内陆地最大油气田——长庆油田，参与了西气东输管道、西部成品油管道、中缅管道等国家重点工程，为国家天然气开发和西气东输作出了贡献。该公司苏里格第三天然气处理厂工程获中国建设鲁班奖，长庆气田第二天然气净化厂工程获国家优质工程设计铜奖。

胜利油田设计规划研究院担负着油田地面工程建设规划、勘察、设计和科研任务。受胜利油田委托，根据油田的勘探开发情况，编制汇总油田地面工程建设长远和近期的总体规划。按照胜利油田总体规划和滚动勘探开发建设要求，进行油田地面建设油气集输与储运、供水与注水、电力、通信、道路、排水、矿区建设和机修与附属企业等八大系统所属建设项目的工程勘察和工程设计工作。1978年以后，胜利油田设计规划研究院陆续规划勘察和设计建成胜利油田第一套水力真空脱氧装置——王家岗净化站，孤东油田地面建设工程，孤东油田500万吨产能建设二期工程，胜利海滩油田海堤防护工程，国内第一座浅海采油平台——胜新1号项目，第一座浅海大型综合平台群——埕岛中心1号平台工程，埕岛中心1号平台登陆海底管线。设计建成新疆东河塘油田地面工程，新疆吐哈油田红南—连木沁产能建设工程，浅海最大的采油平台——埕岛中心2号平台，胜利海上埕岛油田30万吨/年产能建设工程，科威特GC28号集油站工程等。胜利油田设计规划研究院的化学防蜡剂、含油污水处理及利用、原油脱水工艺技术等3项新技术荣获全国科学大会奖。辛一污水处理站工程、辛一污水处理站改造工程、东营压气站深冷分离工程分别获得国家优秀设计金奖。埕岛中心三号平台及海上配套总承包项目获国家优质工程奖。这是该院获得的首个国家优质工程奖。

中国石油天然气管道勘察设计院 20 世纪 80 年代积极消化吸收国外的先进技术，总结积淀自主创新技术和经验，掌握了 10 万立方米原油罐的设计施工技术，勘察设计的中沧线大大缩小与国际先进水平的差距，铁大线密闭输送改造工程等项目达到同期国际先进水平，采用多种现代技术设计的库鄯线成为管道设计的里程碑项目。历经数十年艰苦奋斗，形成一系列国内先进的技术体系，主要包括 D1422 管道线路设计、输气管网优化设计与调峰、管道自动焊接的应用设计、基于应变的管道线路设计、基于可靠性的管道系统设计、管道线路三维数字化协同设计、长距离输气管道压气站设计、无人站设计、放空系统设计、危险识别与风险评价、管道并行敷设、河流穿跨越设计等技术，被中石油确定为行业指导院。

据统计，到 1999 年，全国原油产量已经达到 1.6 亿吨，居世界第 5 位。天然气产量 251 亿立方米，居世界第 15 位。

三、建好国内炼化基地

位于山东省的石油部勘察设计研究所，是专门从事炼油设计的勘察设计单位，为新中国炼油厂的恢复、建设和发展作出重要贡献。为加强石油炼制勘察设计力量，石油部 1984 年从洛阳、兰州和大庆等地石油勘察设计院选调一批业务和技术骨干充实到石油部勘察设计研究所，组成了 300 多人的勘察设计队伍，正式成立石油部华东勘察设计研究院，成为石油部所属最大的石油炼制工程勘察设计院。

20 世纪 80～90 年代，石油部华东勘察设计研究院人员奔赴胜利、中原、华北、大港等油田进行调研，在中石油工程建设公司支持下，引进 3 套撬装式轻烃回收装置，承揽了泰州炼厂、胜利稠油厂设计工作，在小型炼厂装置设计、油田地面工程、天然气处理等方面积累了技术和经验，确定了集中力量搞炼油设计和储运设施设计的发展方向。到 90 年代，累计完成 500 多套炼油化工装置、80 座油气库的工程设计，先后荣获省部级以上优秀工程勘察奖、设计奖、科技进步奖、技术创新奖等 120 多项。

随着改革深入，石油部华东勘察设计研究院业务领域不断拓宽，已从炼油为主，发展到炼油化工、煤化工、油气储运、长输管道、油田地面等工程的规划设计、可行性研究、工艺包设计、基础设计和详细设计等业务领域。

第二节　采取自营和合作开发方式，勘探设计建设海洋油气田

一、自主勘探设计海洋油气田

党的十一届三中全会后，国家确定采取对外合作与自营相结合“两条腿走路”方针

开发建设海洋石油工业。1982国务院发布了《中华人民共和国对外合作开采海洋石油资源条例》，同年中国海洋石油总公司成立，负责对外合作业务，享有合作海区勘探开发、生产销售专营权。

中国海洋石油总公司成立后，从石油和石化设计院分离出来的中海油勘察设计单位和人员，自主设计建成了埕北油田8、渤中34等一批开发难度很大的自营油田，实现了中国海洋石油工程设计水平历史性突破。按照国际标准规范，对中国海上主要油气田构造进行了工程和经济评价，有的还作了可行性研究。到2000年，中海油系统勘察设计单位累计承担45个工程项目，其中国内第一个现代化海上油气田——渤海埕北海上油气田工程、渤海稠油油气田开发工程——渤海绥中36-1项目成为有代表性意义的重大工程。

这一时期工程项目累计获国家奖9项、省部级奖8项。其中渤海埕北A区油田建造工程、渤海绥中36-1Ⅱ油田开发工程、5.2万吨浮式生产储油船项目、海洋丛式钻井技术、惠州26-1深水导管架建造技术分别获国家科技进步一等奖。运用海洋工程移动式平台设计技术自行设计的渤海五号钻井船、渤海七号钻井船、铺管船法铺设海底管道施工技术分别获国家科技进步二等奖。获国家科技成果奖4项、省部级奖11项。

二、在对外合作中建设海洋石油工程设计队伍

改革开放结束了中国海洋石油工业闭关自守的状态，国际船级社的介入、中日和中法合作油田开发工程陆续展开，海洋石油行业成为率先对外开放和合作的窗口。采用双边谈判方式与外国公司签订南海、黄海的南部地球物理勘探协议和渤海、北部湾石油勘探开发合同。

为适应国内外海洋石油工程市场激烈竞争的形势，整合工程勘察设计力量，1992年中国海洋石油总公司从陆地油田和设计院抽调了一批骨干、从各石油院校和重点大学吸收了一批生力军充实海洋石油工程队伍，成立海洋石油开发工程设计公司，后更名中海石油工程设计公司，下设北京、塘沽和湛江3个设计分公司。

中海石油工程设计公司从海洋工程关键技术、计算机应用和英文的听、说、读、写和企业管理等方面着手，抓紧对公司内部设计和管理人员进行培训。同时采取请进来、派出去的办法学习国外先进经验，掌握国际先进的海油工程设计技术和项目管理方法，对西江24-3、惠州21-1等10多个合作开发的油田工程设计进行了与外国公司平行作业的可行性研究、概念设计和基本设计。投入一千多万美元购买引进工程设计、项目管理所需现代化设施、国际工程设计通用的计算机系统和应用软件，为建设国际先进工程公司奠定物质基础。

合作开发海上油气田以来，中海石油工程设计公司先后与国外40多家同行及机构围绕海油工程开发进行多方面富有成效的合作，完成如渤中28-1油田工程、渤中34-2/4油田工程、绥中36-1油田工程等一批高水平设计项目。这些项目均取得美国船级社、挪威船级社和中国船级社颁发的审批证书。通过技术交流和参加设计与建造实践，设计人员已能按国际标准规范自行设计、制造和安装海上导管架、平台组块、海底管线等。

还与新加坡三巴旺公司、远东造船厂合作完成了一些海油项目，积极打入新加坡海洋石油市场。

第三节 建立现代石化工程建设体系，创建国际型石化工程公司

一、健全完善现代石化工程建设体系

改革开放以后，中国石油化工总公司发挥集中力量办大事的体制优势，以石化勘察设计为先导，扩建和新建了一批炼油装置，启动并建成了一批乙烯、化纤、化肥工程，推进了石油、石化、化纤、化肥一体化发展，逐步建立起门类齐全、品种配套、技术先进、具有相当规模的现代石化工业体系。

20 世纪 80～90 年代，是中国石化工业快速发展时期。国家批准中石化建设大庆、扬子、齐鲁 39 万吨/年乙烯项目，镇海、宁夏、乌鲁木齐 30 万吨/年合成氨及 52 万吨/年尿素和上海石化总厂二期工程等 7 个大型项目。90 年代，中国自行研究、设计和制造的首套 80 万吨/年加氢装置在镇海炼化建成，国内首套年产万吨级溶聚丁苯橡胶装置在燕山石化成功投产，完成扬子巴斯夫乙烯系列 12 万吨/年苯乙烯、10 万吨/年聚苯乙烯等工程。到 90 年代末，中石化原油年加工量提高到 1.3 亿吨，原油一次加工能力的世界排名上升到第 4 位；乙烯年产量提高到 280 万吨，乙烯生产能力的世界排名也上升到第 4 位。

北京石化设计院并入中石化以后，设计水平不断提高，国产化能力逐步增强。80 年代先后与有关科研设计单位合作，研究开发了常减压装置节能技术、常压渣油催化裂化技术、催化裂化预混合提升管带外循环管的烧焦罐式高效再生技术、MTBE 合成系列新技术、烟气轮机系列技术、电液控制滑阀技术等，取得一系列科技成果。90 年代加大了设计工作中的技术含量，先后设计和建成了福建炼化等 4 座新炼油厂，其中福建炼化的改扩建工程获得全国最佳工程设计特奖。先后承担广州芳烃抽提装置、天津 100 万吨/年延迟焦化和 40 万吨/年汽柴油加氢装置和聚酯芳烃联合装置工程总承包任务。与有关单位合作和自行开发完成 100 万吨/年中压加氢改质技术、移动床催化重整技术攻关项目和催化裂解技术，使绝大部分炼油工艺技术实现了国产化。

1978 年以后，中国石化总公司洛阳设计研究院不断深化改革，设计国内第一套高低并列式分子筛提升管及旋转床烧焦工艺的 120 万吨/年催化裂化装置在浙江炼油厂建成投产，设计第一套高效再生提升管催化裂化装置在乌鲁木齐炼油厂一次投产成功。建立了工程总承包和项目管理模式和运行机制，对洛阳炼油厂 500 万吨/年炼油工程中的 15 个工程项目实行了全过程总承包。承担国内第一套同轴催化裂化工业装置、第一套 2 万吨/年膨胀床低醇烯比炼油型甲基叔丁基醚（MTBE）装置、第一套加氢固定床冷态中试装置等的设计工作。先后完成了镇海、抚顺、金陵、上海、兰州、大庆、长岭、安

庆、茂名等炼油厂工程设计1300多项。累计获得国家优秀工程设计奖6项，省部级优秀工程设计奖25项，其中茂名炼油厂酸性污水汽提装置、兰州炼油厂50万吨/年同轴催化裂化装置获国家优秀工程设计金奖。累计完成科研项目200多项，获全国科学大会奖12项、国家科技进步奖9项、省部级科技进步奖63项、国家级发明奖7项、省部级发明奖4项。其中常减压蒸馏装置节能技术的应用与推广项目获国家科技进步一等奖，与有关单位联合开发成功的电脱盐成套技术工业应用获第14届世界发明展银奖。

胜利炼油厂设计所1978年承担国家“六五”重点项目——齐鲁石化公司30万吨/年乙烯工程，1988年设计的22万吨/年缓和加氢裂化装置是国家“七五”重点攻关项目，为30万吨/年乙烯生产提供优质原料，经济效益极其可观。燕山石油化工公司设计所1989年采用燕化研究院技术设计建成5000吨/年丁苯胶乳装置，产品特性指标达到了国内外同类产品的先进水平，获得国家优秀设计铜奖。该所1994年参与了燕山石化30万吨/年乙烯改扩建工程，获得了中国建筑工程鲁班奖。长岭炼化岳阳工程公司70年代设计建成了国内首套10万吨/年汽油的焦化汽油选择性加氢装置获得湖南省重大科技成果二等奖；80年代合作开发的含硫污水单塔侧线抽出工艺获石油部科技进步二等奖和国家发明奖。1986年，北京石科院“柴油非临氢降凝”中试技术进行工业生产装置的设计获全国优秀工程设计银质奖，开发的国产化电脱盐成套设备技术获国家发明三等奖。

二、创建与国际接轨的石化工程公司

1985年，中石化成立中国石化工程建设公司，归口组织国外工程承包和劳务合作业务，承担完成了科威特炼厂的维修等工程，在国际石化工程建设市场打开了局面。1999年中石化将中国石化工程建设公司、中国石化北京设计院、中国石化北京石化工程公司等3家公司合并，重组为中国石化工程建设公司，为加快现代石化工业体系建设作了重要组织准备。

20世纪80年代，随着项目投资、项目建设的全球化，工程项目总承包、项目管理承包等先进的项目建设管理理念、模式和方法已日益广泛被接受和运用。石化勘察设计单位开始按照新体制改革专业设置、设计程序和方法，努力创建国际型工程公司。新体制在发挥设计的主导作用、加深设计深度、强化项目管理、实现“质量、进度、投资”三大控制等方面发挥了积极作用。

北京石化工程公司并入中石化以后，1987年成为国家批准的12个总承包试点单位之一，开始组建以设计为主体的、实行工程总承包的工程公司。公司承接北京燕山石化公司双苯天津石化重整-芳烃联合装置、金陵石化公司苯酐和不饱和树脂工程总承包并取得成功。90年代以后，承担完成燕山（国内第一套）、齐鲁和大庆30万吨/年乙烯改造成45（48）万吨项目，承担茂名30万吨/年乙烯工程总体设计等6套装置设计。自行开发设计国内第一套年产2.5万～10万吨系列乙烯裂解炉（北方炉）并6次获奖。承担设计大连国内第一套国产化4万吨/年聚丙烯装置，还承担和完成了长岭、九江、福建、武汉、荆门等5套7万吨/年聚丙烯装置的总承包。研制设计国内第一套5万吨/年C5分离示范装置。1995年取得中国石化第一家ISO 9001质量体系认证，成为初具规模、与国际接轨的石化工程公司。

1988 年划归中石化管理的齐鲁石化工程有限公司，完成了黄岛油库一期工程总承包、齐鲁石化 45 万吨乙烯改扩建、氯碱改造和炼油改扩建工程的项目管理总承包。仅齐鲁石化改造工程总投资 80 多亿元，工程质量合格且优良率 90% 以上，安全无事故，一次开车成功。

第四节　化工系统率先实行工程总承包，努力创建国际化工程公司

一、进行设计体制和设计方法改革

1978 年，党的十一届三中全会确定把工作重点转移到社会主义现代化建设上来，作出了实行改革开放的战略决策，化工勘察设计工作开始进入新的历史发展时期。

化工部从 1979 年开始探索基本建设和勘察设计改革创新之路，在全国勘察设计行业是起步最早、进展最快的部门之一。通过从西方国家引进成套化肥和石油化工装置，使勘察设计人员了解到国际上通用的勘察设计管理体制、工作程序和技术方法的科学性与先进性。于是依照国外按合同控制建设周期、包死费用、做好过程调控、一次试车成功、以最快速度达标等做法，进行设计程序和方法的改革实践。在以化工部第四设计院为主承担浙江镇海石化总厂 52 万吨/年大型尿素工程中，运用凯洛格大陆公司一买三合作（即购买技术，合作设计、采购和制造）建设方式，采用新设计程序和方法进行联合设计、联合采购，完成了工程设计工作，取得良好效果。与以往引进成套设备相比，不仅节约工程投资，并且全面掌握了比较完整的国际通用的工程设计程序和设计方法。

1979 年，党中央国务院批转国家建委党组《关于改进当前基本建设工作的若干意见》，明确提出勘察设计单位由事业费开支逐步实行企业化，收取设计费。随后国家计委、国家建委和财政部在 4 部委 8 省区市 18 个勘察设计单位进行改革试点。化工部系统的第一、第三、第八 3 个设计院被安排为第一批设计收费试点单位。

在总结试点经验和组织出国考察基础上，化工部于 1981 年在沧州召开会议，决定进行设计体制和设计方法改革，并选择第四、第八设计院为改革试点单位，借鉴国际工程公司做法，从机构设置、专业划分、设计程序、设计深度和图面表示等方面入手，把设备材料采购也纳入设计程序，进行设计体制改革试点工作。

这次设计体制和设计方法改革的主要内容：一是改革设计方法，按照专业化的要求调整专业设置，制定新的专业设计内容和设计方法，加深设计深度。二是改革机构设置，参照国外工程公司的模式设置业务经营部门，为改变单纯技术型设计院为多功能型工程公司创造条件。三是改革设计程序，把设备采购纳入设计程序，实行基础工程设计和详细工程设计相互衔接、连续完成的做法。四是改革管理方式，采用矩阵式管理机制，实行项目经理负责制，对项目的进度、费用、质量进行有效控制。五是改革设计基

础工作，编制一整套设计手册，为设计程序、设计方法提供科学依据。为此，化工部基建局组织有关单位和专家，在学习吸收国外先进设计工作方法和总结国内实际经验基础上，从设计管理和设计技术两个方面，编写了 15 分册、约 400 万字的《化工设计手册》，对推动设计新体制的试点工作起到了关键性指导作用。

经过 4 年改革，在管理体制和设计方法试点和实践取得成功经验的基础上，1984 年在全国勘察设计行业全面推行技术经济责任制。主要内容为：改按人头拨付事业费为按承担任务数量、质量和实物工作量收取勘察设计费，勘察设计单位承担任务要与委托方签订合同以明确双方的权利、义务和技术经济责任，各单位内部实行按劳分配制度，勘察设计单位在完成主管部门下达重点项目勘察设计任务后可直接对外承接任务，勘察设计单位实行盈余分成等。

化工部于 1984 年在部属勘察设计单位全面推行技术经济责任制，实行企业化管理。从 1985 年起，化工勘察设计单位按照国家规定经过招标投标承担勘察设计任务。这一改革，促进了勘察设计单位干部职工思想观念的转变，逐步克服任务靠上级下达、花钱靠国家拨款、工资靠论资排辈的传统观念，树立了市场观念、投入产出观念和竞争观念，推动了内部经营机制的转变和劳动、人事、分配制度的改革，强化了经营管理、成本核算和竞争激励机制，有效调动了单位和职工的积极性，增强了企业活力。化工勘察设计单位由此走上了自收自支、自己找项目、自己求生存的企业化改革道路，促进了化工勘察设计行业的较快发展。

二、率先推行工程总承包

化工部在 1982 年召开的全国化工基本建设会议上，率先提出进行化工建设项目管理体制改革，实施工程总承包。同年化工部印发《关于改革现行基本建设管理体制，试行以设计为主体的工程总承包制的意见》，提出进行以设计为主体的工程总承包管理体制的试点，决定第四、第八设计院为工程总承包和建设工程公司试点单位。化工部提出，以设计院为主组成工程公司，实行工程总承包，把技术、采购、工程组成三位一体，进行质量、费用、进度三大控制，可以保证工程质量，缩短建设周期，取得较好经济效益。

根据化工部部署，化工部第四设计院改建为中国武汉化工工程公司，化工部第八设计院改建为中国成都化工工程公司，并按工程公司模式试行工程总承包。1984 年中国武汉化工工程公司承担的江西氨厂改产尿素工程，成为化工部第一个以设计为主体的总承包试点项目。公司对工程进度、质量和费用进行有效控制，一次试车成功，生产出合格尿素，充分显示出工程总承包的优越性，该工程设计获化工部科技进步二等奖和国家优秀设计铜质奖。中国成都化工工程公司对四川富顺、乐山 2 个 4 万吨/年联碱工程进行总承包，化工部第一设计院承担了山东潍坊 60 万吨/年纯碱的工程总承包，使工程进度、费用和质量等都得到较好控制。

1987 年国家计委和财政部等 4 部门印发《关于设计单位进行工程总承包试点有关问题的通知》，公布全国第一批工程总承包试点单位，中国武汉化工工程公司、中国成都化工工程公司成为全国第一批12个试点单位之一。1989年建设部和国家计委等5部门联合发文，公布61个设计单位为第二批工程总承包试点单位。中国天辰化学工程公司、中国寰球化学工程公司、化工部第六设计院被列入全国第二批工程总承包试点。1992年中国寰球化学工程公司成为全国勘察设计行业第一个由事业单位改为企业的单位，这是勘察设计行业体制改革的一项重大突破。随后中国五环化学工程公司、中国成达化学工程公司、中国天辰化学工程公司先后改制为企业。原部属大型工程公司（院）先后取得甲级工程总承包资格证书，省区市勘察设计单位先后领取乙级工程总承包资格证书，开展工程总承包进入一个崭新阶段。

1995年化工部根据国务院《关于工程勘察设计单位改建为企业问题的批复》和建设部、国家计委等5部门《关于工程设计单位改为企业若干问题的意见》，明确提出化工勘察设计单位改建企业的模式：大型设计单位宜采取工程公司模式，勘察设计单位采取岩土工程公司模式，其他设计单位可采取专业设计院（所）模式。根据国家关于勘察设计单位改建为企业的要求，化工部各部属勘察设计公司（院）从实际出发，大型设计单位采取工程公司模式，勘察设计单位采取岩土工程公司模式，其他设计单位采取了专业设计院（所）模式，为进一步实行项目管理和工程总承包奠定了基础。

三、提高承建大型化工工程项目能力

改革开放以后，各化工勘察设计单位积极进行设计体制、程序和方法改革，采用先进的项目管理办法，实行工程总承包，勘察设计总体水平明显提高，承建大型工程建设项目的能力得到增强，承担了一大批大中型化工项目的勘察设计任务，促进了大型合成氨、尿素、乙烯、合成橡胶、磷铵、离子膜烧碱、子午线轮胎以及精细化工等重要产品的结构调整和快速发展，全国各地建成大型化工建设项目捷报频传。

从20世纪70年代末到90年代，由上海化工设计院和化工部第四设计院合作完成、自行设计制造的国内第一套国产大型化肥成套装置——吴泾化工厂30万吨/年合成氨、24万吨/年尿素工程试车成功。吉化公司设计院自行设计的国内第一套大型乙烯装置——吉化有机合成厂11.5万吨/年乙烯装置和6万吨/年芳烃抽提装置一次试车成功并生产出合格产品。化工部第一设计院承担设计的第一个大型有机化工项目——北京东方化工厂3.8万吨/年丙烯酸酯项目投料试车成功。化工部第二设计院设计的太原焦化厂45万吨/年焦炭工程竣工验收。上海医药工业设计院设计的国内最大东北制药总厂1000吨/年维生素C建成投产。南化公司设计院设计当时国内最大南化公司磷肥厂20万吨/年硫酸装置建成并投料试生产。南化公司设计院设计的太仓鲍利葛1000吨/年克百威工程竣工投产，这是世界上第一套生产高效、低毒、低残留农药的工业化生产装置。湖南化工设计院设计的全国最大规模玉溪南亚6000吨/年丙二醇工程投入生产。

80年代，各化工勘察设计单位承担了化工部同国外签订的8个以石油为原料的化工成套引进项目和1个以煤为原料的化肥项目。其中5套30万吨/年乙烯及其配套装置和3套以渣油为原料的30万吨/年合成氨及配套尿素装置，分别建在江苏南京、山东、黑龙江大庆、上海、浙江、新疆和宁夏；1套以煤为原料的30万吨/年合成氨及配套硝酸、硝酸磷肥装置建在山西。还承担了山东潍坊、河北唐山、江苏连云港三大碱厂建设，并承担瓮福磷矿、大峪口磷矿、黄麦岭磷矿、云浮硫铁矿、青海钾肥、开阳磷矿、晋宁磷矿等现代化大型化学矿山基地的建设和扩建工程。

随着国家各种科技奖励制度的恢复和建立，化工勘察设计单位广泛开展科技创新活动，严把勘察设计项目质量关，工程项目和科技开发成果大量涌现。80到90年代，中国西安化工设计公司设计的产品重水项目获国家三部委“六项科技成果”特等奖，中国成都化工工程公司总体设计的山东齐鲁30万吨/年乙烯工程获中国建筑工程鲁班奖、四川化工厂20万吨/年合成氨国产化工程获国务院重大技术装备成果特别奖，中国武汉化工工程公司设计的镇海石化总厂52万吨/年尿素装置获国家嘉奖和国家优秀设计奖、塔式造粒旋转喷头获专利权和中国首届十大专利发明金奖，中蓝连海设计研究院的王集磷矿同步形成间隔矿柱的中深孔房柱采矿法获国家科技进步二等奖。北京橡胶工业设计院设计的上海大中华橡胶厂引进30万条/年全钢载重子午胎生产线项目获国家优秀工程设计金质奖、桦林橡胶厂引进10万套/年全钢丝载重子午胎工程获国家优秀设计银质奖、青岛第二橡胶厂30万套/年全钢载重子午胎和引进米其林尤尼劳尔半钢子午线轮胎技术项目获国家优秀工程设计铜奖。桂林橡胶工业设计院合作完成引进德国50万套/年子午线轮胎成套技术装备及国内配套工程项目设计获化工部优秀工程设计奖，设计的上海240万套/年子午线乘用胎厂一期工程（140工程）接近国际水平，完成的上海140万条/年半钢子午胎工程项目获国家优秀设计金奖。化工部炭黑研究设计院设计的全国产化万吨级炭黑生产装置获国家科技进步二等奖，研发的塑料（导电）炭黑技术获省级科技进步二等奖和优秀新产品一等奖。

山西省化工设计院成立以来承担省内合成氨、化肥企业的工程设计，规模从最初的年产3千吨、4万吨发展到后来的40万吨、60万吨大型合成氨装置，完成100多家化肥厂的设计任务，独立完成国家和地方大型基本建设项目及技术改造项目工程设计、工程咨询2000多项，有100余项工程荣获省部级以上优秀称号。湖南化工设计院承担的株洲化工厂2500吨/年禾草丹工程获国家科技成果奖和化工部科技成果二等奖，临湘农药厂2000吨/年叶蝉散工程项目获国家科技发明奖和优秀工程设计金奖。江苏省化工设计院扑虱灵杀虫剂、吡虫啉（蚜虱净）和粉锈宁等20多个农药新产品获国家和省部级科技进步奖、科技攻关奖和科技成果奖，南京栖霞山树脂厂3000吨/年三聚氰胺、上海合成洗涤剂二厂破乳剂装置工程等10多个项目获省部级优秀工程设计奖。

青海省化工设计研究院研制的青燕灵1号、25号除草剂和燕麦敌2号除草剂1978年获全国科学大会奖，青燕灵1号、25号同时获青海省科技大会奖，酸法和铵法分解柱硼镁石制取硼酸、广谱化学除草剂镇草宁、化学除草剂燕麦畏研制及中间体氧硫化碳合成等13项科研成果，分别获省部级科技大会奖、科技成果和优秀成果奖。四川省化工设计院设计的106工程低浓度尾气制酸项目获国家优秀设计银质奖，成都化纤厂1500吨/年以天然气为原料非催化反应制备二硫化碳工业性试验生产装置工程设计获国家科技进步二等奖、部级科技进步一等奖和省级优秀设计一等奖，合作完成的二水法磷酸-中和料浆浓缩法制磷铵新工艺获得国家和部级科技进步一等奖，邛崃磷肥厂液体磷铵车间等3个项目获得四川省优秀设计奖。天津市化工设计院完成第一套联碱装置工程——天津碱厂15万吨/年联碱工程设计，1987年承担的天津碱厂60万吨/年纯碱扩建工程获国家优秀设计金奖，1996年合作完成国内第一套4万吨/年离子膜烧碱造粒装置填补国产粒碱空白。重庆医药设计院600万瓶/年气雾剂工程获全国医药优秀工程设计二等奖。贵州省化工设计院承担镇远黄磷厂2000吨/年黄磷设计获国家优秀设计奖、“节油王”柴油/重油添加剂技改项目获国家设计银奖。云南化工设计院1000吨/年百菌清工业试验装置获“六五”国家科技攻关奖、光明磷矿15万吨/年钙镁磷肥工程获全国优秀工程设计铜奖。

从1993年到1997年，化工部组织优秀工程勘察设计奖评选活动，其中优秀工程设计（含基础工作）一等奖27项、二等奖74项、表扬69项；勘察一等奖6项、二等奖62项、三等奖18项。

四、努力开拓勘察设计新领域

勘察设计单位实行企业化管理后，化工部在1984年就对化工勘察设计行业提出“一业为主、两头延伸、多元化经营”的战略，要求各设计单位在市场经营中依托主业向多元化方向延伸发展。1995年化工部又明确提出四个延伸：即向工程咨询、工程设计、工程监理和工程总承包延伸，向化工行业外的建设、市政、电力、电信、医药、建材、轻工、纺织、环保、能源等设计领域延伸，向技术和效益型科技实体方向延伸，向国际工程建设市场延伸。

经过多年实践和努力，各化工勘察设计单位在面向社会、走出化工、两头延伸、多元化经营方面取得很大进展。一些原部属大型工程公司（院）和许多省区市设计院（公司）逐步建立和完善了勘察设计科技服务体系，拓宽业务领域，实现跨地区、跨行业、全方位、多元化发展。如中国成达化学工程公司业务范围从化工逐步扩展到石化、轻工、医药、电力、民用建筑等工程领域，开始在全国各地承接大型建设项目。上海医药工业设计院从医药设计逐步发展到农药、农药中间体和化肥等工程设计领域。吉化公司设计院在全国20多个省区市开展了煤化工、石油化工、化肥、染料、轻工、化纤、医药、建材、企业自备电站、工业及民用建筑、水处理及“三废”治理、市政工程等工程项目服务。南化公司设计院在做好硫、磷、合成氨及深度加工产品设计的同时，大力发展石油化工、建筑工程、精细化工、医药化工的设计业务。

一些省区市化工设计院在跨行业、跨地区服务方面走得更快也更加灵活。1984年以后，各院除工程设计以外，逐步开展了工程咨询、工程监理、工程建设总承包，有的院还开展了环境监测、环境评价、安全评价、技术中介、化工监测等服务。各院建立起以勘察设计为主业的服务体系，承接的设计项目从化工领域扩展到轻纺、商业、农业、医药、建筑和环保等领域。如湖南化工设计院承担的大型轻工项目——年产1000～5000吨味精装置设计，在津市味精厂顺利建成。吉林省石油化工设计研究院设计的国内规模最大日处理净化1000吨玉米淀粉加工项目，在长春大成玉米公司建成投产。

一些基础较好、实力较强的化工勘察单位率先向两头延伸，开辟岩土工程设计与咨询、岩土工程治理与施工、岩土工程监测与监理、岩土工程环境评价等新业务，增强了企业的活力，走上了有自己特色的发展道路。中国化学工程南京岩土工程公司 1996 年成为全国工程勘察行业第一家通过 ISO 9001 国际质量体系认证的单位，先后被评为全国工程勘察先进单位和全国化工优秀施工企业。

五、积极参与国际工程建设市场竞争

20 世纪 80 年代，化工部提出勘察设计企业要走出化工、走出国门、走向海外、走向世界，创建国际型工程公司。1990 年化工部进一步提出，化工设计单位要加快改革步伐，尽快走向国际工程建设市场。从 90 年代初开始，部分化工勘察设计单位取得了对外经营权，与国外工程公司及专利商开展了多种形式的合作，参加国外工程市场的竞争投标，为创建国际型工程公司打下了基础。

1994 年化工部印发《关于创建国际型工程公司的规划意见》，组织介绍部直属单位创建国际型工程公司工作的经验，受到建设部的肯定和支持。各部属勘察设计公司（院）普遍制定了创建规划，逐步建立国际型工程公司应具备的管理体制和运行机制，直接承揽国外设计业务。

在 90 年代，北京橡胶工业研究设计院承接泰国轮胎厂炼胶车间工程设计项目，首次实现用技术出口带动设备出口。中国成达化学工程公司承担海外工程总承包项目——香港天厨味精公司年产 1 万吨离子膜烧碱精制盐水工程一次试车成功，中国五环化学工程公司向越南化肥厂出口尿素造粒装置成套设备、签订巴基斯坦 70 万吨/年尿素溶液浓缩和造粒系统设计、采购和技术服务合同，化工部第三设计院设计的伊朗日产 10 吨三聚氰胺、30 吨硫铵项目通过验收。中国寰球化学工程公司在孟加拉国调压站总承包项目开车验收合格，中国天辰化学工程公司总承包泰国凝析油分离装置竣工投产，中蓝连海设计研究院磷矿选矿技术成功打入美国市场并申请了美国专利。中国成达化学工程公司 1995 年国外业务收入已占公司总收入 50%。湖南化工设计院通过国际竞标，承接了巴基斯坦 5000 吨/年冰醋酸、4000 吨/年醋酸酯工程，迈开国外承包工程的步伐。

六、成立中国化工勘察设计协会

党的十一届三中全会以后，我国经济体制开始从计划经济向社会主义市场经济体制转变。国务院于 1984 年以〔1984〕157 号文印发了《国务院批转国家计委关于工程设计改革的几点意见的通知》，要求各地区、各部门逐步建立勘察设计协会，组织技术交流和行业协作。1985 年，由化学工业部基本建设管理局和化学矿山局发起，经过多次研究，一致认为成立中国化工勘察设计协会对适应改革形式和促进行业发展是十分必要的。因此，化学工业部基本建设管理局于 1985 年向化工部提出尽快成立中国化工勘察设计协会的报告，部领导批复原则同意报告内容。与此同时，化工部基建局也以（85）化基字第 360 号文向国家计委设计局提出成立中国化工勘察设计协会的请示报告，国家计委于 7 月 6 日以计设发〔1985〕13 号文批复同意成立中国化工勘察设计协会。1985 年 11 月 1 日，中国化工勘察设计协会第一次会员大会在成都召开，会议讨论通过了协会章程，产生了第一届理事会和理事长、副理事长、秘书长及顾问，中国化工勘察设计协会宣告正式成立。

协会成立以后，主要配合政府部门抓化工设计体制改革工作，召开各种专业会议，交流改革经验，举办以设计为主体的工程项目建设总承包项目经理研讨班和采购经理学习研究班等。同时参与组织、编制、审查、出版《化工设计手册》《项目管理手册》《外国工程项目管理手册》和《工程总承包文件资料汇编》等，为推行化工设计新体制起到了重要的引导作用。

1986 年，协会设立了矿山设计、化工勘察、工艺配管设计、电气设计、化学工程、建筑设计、计算机应用、设备设计专业委员会。

1991 年 4 月，化工部转发了民政部《关于社会团体复查登记有关问题的通知》[民社函〔1991〕71 号]，协会先进行了自查，并经化工部批准同意复查登记，民政部于 1992 年 7 月 24 日批准注册登记。

经化工部批准，中国化工勘察设计协会第二次会员大会于 1993 年在北京召开，会议审议通过了第一届理事会工作报告和财务收支报告，选举产生了第二届理事会和理事长、副理事长、秘书长及顾问。

1994 年 7 月，化工部建设协调司和协会在山东济南组织召开“全国省市甲级化工设计院院长经验交流会”，由山东省化工规划设计院承办。本次会议的召开，为协会省院院长交流平台建设打下了重要基础。同年 11 月，协会“全国化工设计院院长经验交流座谈会”在云南昆明召开。从此以后，基本形成了每年召开一次省院院长交流会的工作模式。

1997 年 10 月，协会在西安召开了第三次会员大会，会议通过了《中国化工勘察设计协会章程》及章程修改说明，以及《中国化工勘察设计协会专业委员会工作办法》，选举产生了第三届理事会和常务理事会、理事长、副理事长、秘书长及顾问。

1998 年 2 月，化工部印发了《关于调整化工设计技术中心站（中心）有关工作的通知》，将各中心站（中心）的名称改为“全国化工×××设计技术中心站（中心）”，委托中国化工勘察设计协会按照有关规定管理和组织好中心站。

1998 年 3 月 10 日，全国人大九届一次会议审议通过了《关于国务院机构改革方案的决定》。根据改革方案，撤销化工部，成立国家石油和化学工业局。1998 年 11 月，国家石化局印发国石化政发〔1998〕342 号文，决定将化工工程建设设计和施工标准的管理工作委托中国化工勘察设计协会和中国工程建设标准化协会化工工程委员会归口管理。从此，中国化工勘察设计协会进入独立运行、自我发展阶段。为发挥中国化工勘察设计协会在推动设计单位开展工程总承包的引领作用，中国勘察设计协会于 1998 年 8 月 5 日正式行文，决定将中国勘察设计协会建设项目工程总承包工作委员会调整挂靠在中国化工勘察设计协会。

1999 年，中国化工勘察设计协会组织制定了《全国化工技术中心站工作规定》，开展了化工行业建筑工程设计资质换证和优秀工程咨询、优秀勘察设计奖评选等工作，举办了中国勘察设计协会建设项目工程总承包工作委员会全体委员会议。

第三章

在优化结构和优质高效中开启新征程（2000—2019年）

第一节　提高石油勘察设计技术水平，开拓国内国外石油工程两个市场

一、改革调整石油勘察设计体制机制

进入新世纪，中石油对系统内石油勘测勘察设计企业进行了资源整合和资产重组，各勘察设计企业不断深化企业内部体制机制改革，基本建立起产权清晰、权责明确、政企分开、管理科学的适应石油工业发展的现代企业制度。

2000年后，中国石油工程建设（集团）公司与第一建设公司、华东设计院重组，组建中国石油工程建设公司（CPECC，简称中油工程公司）。公司内部业务整合，组建了中油工程华东、北京、第一建设、重工制造、技术服务5个国内专业分公司，后将乌鲁木齐石油化工总厂设计院也整体划入该公司。

2001年，中国石油天然气集团公司规划设计总院未上市部分、四川石油勘察设计研究院、吉林化工工程公司、华北石油勘察设计研究院4家单位重组成立中国石油集团工程设计有限责任公司（CPE，简称中油工程设计公司），陆续将大连石化设计院、抚顺石化设计院、青海石油勘察设计研究院、辽阳化纤设计院、新疆石油勘察设计研究院、新疆石油工程建设有限公司划归中油工程设计公司管理。中油工程设计公司东北分公司和环境工程公司分别划归东北炼化工程公司和中石油安全环保技术研究院管理，抚顺分公司、辽阳分公司分别划入中国寰球工程公司和昆仑工程公司管理。

2016年，中石油决定对工程建设业务实施重组，以原中油工程公司（CPECC）和原中油工程设计公司（CPE）为基础，整合油气田地面建设工程设计和施工业务，组建中国石油工程建设有限公司（CPECC，简称中油工程公司）。公司下设10个国内分公司和16个国外分公司，拥有工程设计综合甲级、施工总承包特级、工程勘察综合甲级等资质，具备为油气田地面工程建设提供全套解决方案的能力。

中国寰球工程公司2005年整体进入中石油后，先后将第六建设公司和兰州、抚顺、独山子工程公司纳入公司管理，后与东北炼化公司合并重组，整合中石油炼化设计和部分施工、制造等资源，使公司拥有15家直属企业、13个海外全资子公司、3个海外合资公司和16个海外办事处。重组后公司充分发挥专业化、规模化和区域优势，工程建

设能力大幅度提高，2011 年和 2012 年营业额在全国勘察设计行业排名第一。

大庆油田工程有限公司 2002 年实行了公司制改造，2010 年与原大庆油田建设集团进行了重组合并，成为集工程咨询、工程勘察、工程设计、工程总承包、工程开发研究和高新技术产业化于一身的综合性技术服务企业，位于中国勘察设计综合实力百强单位前列。

二、圆满完成国内石油工程建设任务

中油工程公司（CPECC）在国内以重点油气田基地和重点炼化基地为主战场，2017 年公司重组正式运行第一年就承揽国内项目 2987 项，重点项目 26 项，总承包项目 50 个。陕京四线一和三标段、中靖线一标段、山西大同液化调峰和克拉玛依油田 530 井区等项目顺利投产，呼图壁储气库采气系统完善保供项目按时完工，塔里木凝析气轻烃回收、中海油惠州二期催化裂化装置、云南石化重整芳烃联合装置和华北、大连、大港、宁夏等地石化检维修项目安全投产。

2008 年后，中油工程公司各分公司经过资产和业务重组，充分利用各自优势，在全国各地承建油田和炼油工程项目。华东分公司完成大港油田、大庆炼化等炼化勘察设计项目 29 项，格林输油管道油气库储运、黄岛地下储库等石油工程 8 项，抚顺石化 240 万吨/年焦化装置、呼石化 500 万吨/年炼油改造等总承包项目 9 个，实现 1000 万吨/年炼厂设计能力，成为石油炼油设计指导院。新疆分公司开发建设了克拉美丽气田、风城油田和环玛湖油田。西南分公司完成高含二氧化碳长北气田、威远页岩气地面集输工程等 10 多项重点工程。华东环境岩土分公司完成中俄东方石化 1300 万吨/年炼油工程场地地震安全性评价、西气东输三线（中卫—吉安）大型穿跨越等勘察项目。

2000 年后，大庆油田工程有限公司业务领域遍布国内 23 个省区市，承担工程项目 1.2 万多个，完成大庆敖南油田产能建设工程、大连国家石油储备基地工程、英买力气田群地面建设工程、南疆天然气利民工程等重大项目。中国石油天然气管道工程有限公司在新世纪承担了大批国家重点工程项目。其中西气东输工程横贯新疆到上海等 10 个省区、全长 4200 千米，中国—中亚天然气管道工程横跨土库曼斯坦和乌兹别克斯坦及中国、全长 1833 千米，中缅油气管道工程始于缅甸终至云南、全长 1700 多千米，舟山国家石油储备基地是国家战略石油储备基地之一、总库容 500 万立方米，兰郑长成品油管道是途经 5 省、国内最大的一条成品油管道工程、全长 3214 千米。中油辽河工程有限公司 2012 年全年完成总承包重点项目 14 项，在建项目 16 项，建设油气管线 539 千米、站场 36 座、安装设备 812 台（套）。

广东寰球广业工程有限公司设计完成了包括当时国内最大的 LPG 球罐（汕头和阳江 2×6000 米^3）、低温乙烯球罐（神华宁煤－45℃，3000 米^3）、丙烯球罐（神华宁煤 3000 米^3）以及广西石化 10 万吨级码头库区、云南炼油 1000 万立方米原油和中间罐区等大型储运项目，已掌握 3 万、5 万、10 万系列的常压油品及化工品储罐的设计技术。进入 LNG 及低温工程领域后，承接多项天然气液化、中小型 LNG 接收站、中小型 LNG 气化站、低温丙烷储运和冷能利用工程。上海寰球工程有限公司开发的先进技术“BV”

法，即从烟道气中回收二氧化碳补在转化后，大大降低油气的消耗。该技术应用到大庆油田甲醇厂生产装置（当时国内第一套以油田气为原料、规模最大的甲醇装置）上，取得良好的经济效益。

北京石油化工工程有限公司承担的重点项目——陕西延长石油天然气有限责任公司安塞 20 万吨/年 LNG 项目、延安煤油气资源综合利用工程总承包项目获全国化学工业优质工程奖，榆林炼油厂 15 万吨/年重整装置技术改造及配套设施改造项目获中国安装工程优质奖。

三、积极开拓海外石油工程市场

在新世纪，中油工程公司承担了中石油海外 80% 以上油气田地面工程和国际公开招标炼油工程，业务辐射全球 27 个国家和地区，成功进入阿联酋、伊拉克等国外高端油气市场，成为国际化运营经验丰富、国际高端市场表现突出的工程建设企业。仅 2017 年就执行海外工程 93 项，重点项目 12 项，国外 EPC 项目 49 项。相继在阿联酋、哈萨克斯坦、乌兹别克斯坦、土库曼斯坦、伊拉克、乍得、巴基斯坦等多国完成一大批国外石油公司的油气田设施和炼油项目。

中油工程北京分公司作为海外业务主力军，服务于壳牌、BP、美孚、SOC、KOC、ADNOC 等多家国际石油公司及国家石油公司，能够在全球范围内为客户提供油田地面工程技术全套服务领域，承担的国外重点项目就有苏丹油田、尼日尔油田、伊拉克油田、阿联酋油田综合设施项目和科威特瓦拉污水处理项目等。新疆分公司承担了哈萨克斯坦、土库曼斯坦、巴基斯坦等中、南亚多国油气地面建设及配套工程，在巴基斯坦承担了国家天然气处理厂和卡西姆港 LNG 项目。华东分公司承建了阿尔及利亚、尼日尔和乍得 6 个炼油厂项目。华东环境岩土分公司先后承担阿尔及利亚、阿联酋、尼日尔等国炼厂勘察和岩土工程，开辟了乍得、土库曼斯坦和伊朗油气工程市场。

中国寰球工程公司 2003 年与越南签订海防（磷酸二铵）项目管理 PMC 总承包合同并按期完成，开创了国内工程公司成功实施国外大型工程项目管理总承包的先河。在 40 多个国家和地区开展国际经营业务，承接了古巴、委内瑞拉、马来西亚、乌兹别克斯坦等一批国大型工程总承包项目。上海寰球工程有限公司 2010 年在欧盟国家完成意大利倍耐力公司年产 450 万条轿车胎项目总承包工程，还与著名的巴斯夫、拜耳、雪佛龙、杜邦、福陆等大型国际工程公司进行了合作，工程项目与合作伙伴遍及美国、英国、法国、俄罗斯、日本等 20 多个国家。广东寰球广业工程有限公司设计完成斯里兰卡 10×6000 米^3 大型 LPG 球罐，马来西亚 GPS LPG 项目（2 台 6 万立方米低温 LPG 双壁全包容储罐）。

中国石油天然气管道工程有限公司与国际接轨的一体化管理体系上线运行后，逐步形成了辐射欧洲、非洲、中东、东南亚、大洋洲和南美洲的国际化战略布局，承揽了泰国压气站、巴基斯坦浮式 LNG、伊拉克国家调控中心、沙特阿美压气站等多项国际咨询高端项目，与全球 50 余家知名公司展开合作，业务遍布 20 多个国家和地区。

大庆油田工程有限公司先后进入巴基斯坦、孟加拉国、伊拉克、哈萨克斯坦、土库曼斯坦、蒙古、阿尔及利亚、沙特、阿曼、缅甸等国家和地区，承接多项石油和化工工程设计、基础建设等海外工程。中油辽河工程有限公司承揽和执行了乍得 2.2 期 EPCC 油田地面工程、伊朗北阿扎德甘油田地面工程 TMC、壳牌长北气田一、二期地面建设等海外 EPC 工程。北京石油化工工程有限公司 2006 年承接尼日利亚东方石油资源公司 250 万吨/年炼油厂总承包项目。

2000—2019 年，中石油在海外建立了美洲、非洲、中东、中亚、亚太 5 大油气合作区，建成连通俄罗斯、缅甸、中亚、海上的 4 大油气战略通道，构建了亚洲、欧洲、美洲三大油气运营中心，在国际油气市场中的影响力日益凸显，抵御能源安全风险的能力不断增强。

四、不断提高技术创新和科研开发能力

中油工程公司具有雄厚的勘察设计技术实力和研发能力，拥有各种专利 312 项、技术秘密 101 项、技术利器 8 项、国家重点新产品及中石油自主创新产品 20 项。研发了 5 大系列 62 种科技产业化产品，形成了大型油田集输处理、超稠油油田开发、天然气集输处理、天然气净化、LNG 等油气田地面工程领域 10 大核心技术，具有雄厚的勘察设计技术实力和研发能力。2000 年以来，勘察设计技术和项目累计获省部级以上奖励 592 项，其中中国建设工程鲁班奖 6 项，全国优秀勘察、设计、咨询和软件成果奖 10 项，省部级优秀勘察设计奖 67 项。伊朗北阿扎德甘油田地面设施开发项目、中缅天然气管道工程（缅甸段）获国家优质工程金质奖，广西钦州 1000 万吨/年炼油项目获 IPMA 国际项目管理最高奖——特大型项目金奖。兰州国家石油储备基地工程、大庆石化乙烯改扩建工程、抚顺石化扩建项目 80 万吨/年乙烯等工程获国家优质工程奖。开展科研项目 100 多项，获国家科技进步奖 6 项、省部级科技进步奖 27 项、专利授权 62 项、发明专利 26 项。

中国寰球工程有限公司坚持“产学研设”科技创新结构体系，有效提升了技术实力和市场竞争能力。到 2018 年底，公司拥有 204 项成套、单项和工程化技术，其中包括千万吨级炼油系列技术、百万吨级大型乙烯工业化成套技术、3052～4580 万吨大型合成氨尿素成套技术、大型 LNG 接收站和液化技术、16 万～30 万立方米大型 LNG 储罐设计建造技术。先后完成了 40 多套聚丙烯、30 多套聚乙烯建设项目，丙烯酸、丙烯酸酯、ABS 树脂等技术达到国际先进水平，先后完成了 40 多套聚丙烯、30 多套聚乙烯建设项目。获国际奖 4 项，国家级科技进步奖 32 项，省部级科技进步奖 184 项，国家和省部级工程项目奖 891 项。公司拥有专利 710 件，其中发明专利 266 件、技术秘密 323 件。东北分公司形成以环氧乙烷、丙烯酸及酯、合成氨、ABS、生物燃料乙醇、乙丙橡胶、煤制烯烃、丙烯腈、甲基丙烯酸甲酯（MMA）等为代表的核心技术，有 30 多个项目分别获得省部级优秀工程勘察设计奖。

大庆油田工程有限公司掌握 7 大配套主营业务技术、35 项技术专长。2000 年以来获省部级以上工程项目奖励 595 项，省部级以上科技进步奖 171 项。其中大庆敖南油田产能建设工程获全国优秀工程勘察设计金奖，大连国家石油储备基地工程获全国优秀设

计二等奖，南疆天然气利民工程获得全国优质工程银质奖。

第二节　开展海洋石油工程技术创新，开拓海内外海油工程市场

一、为四大海域油气田提供一体化工程服务

进入 21 世纪，中国海洋石油集团有限公司（简称中海油）在中国海上拥有渤海、南海西部、南海东部、东海和黄海 4 个海域油气主产区，其中渤海油田产量最高、规模最大，南海西部海域油气资源蕴藏丰富，南海东部海域是重要的原油生产基地与对外合作海域，东海和黄海海域油气资源勘探开发前景广阔。这 4 个油气主产区，成为中海油系统勘察设计企业在国内大显身手的主战场。

2000 年，经原国家经贸委批准，由中海油 5 家全资子公司——中海石油平台制造公司、中海石油海上工程公司、中海石油工程设计公司、中国海洋石油南海西部公司、中国海洋石油渤海公司共同发起成立了海洋石油工程股份有限公司（OOEP，简称海油工程公司），成为国内唯一集设计、建造和安装为一体的大型海洋工程企业，具有国家甲级工程设计、国家工程总承包甲级和一级施工资质。经过资产和业务重组，公司围绕工程设计、平台建造、海上工程这 3 个海油工程主要环节，依托对大型海洋工程的总承包和项目管理能力，向建设方提供高附加值一揽子总承包服务。2000—2019 年，累计承担各类工程项目 291 个。其中包括国内第一个深水油气田、最大水深达 1460 米的南海荔湾 3-1 项目、有海上大庆之称的秦皇岛 32-6 海上大型油田建设工程、流花 11-1 油田复产项目，重达 9200 吨的渤中 34-1CEPA 组块拖拉装船和海上浮托安装按时完成，总承包的渤海风力发电示范平台一次并网成功等。

海油工程公司设计公司的工程设计业务，从渤海湾扩展到辽东湾、东海和南海，基本涵盖了中国的全部海域。其中乐东 22-1/15-1 气田开发工程、西江 23-1 油田开发工程、海上高凝点油（气）田建设工程等具有典型代表意义。

山东省化工规划设计院 1999 年由事业单位改为科技型企业加入中国化工建设总公司，2006 年随中国化工建设总公司并入中国海洋石油总公司。2016 年 8 月，经集团党组同意，炼化公司决定将山东院、海工英派尔整合，重组为中海油石化工程有限公司。在保持化工、石化工程设计优势的同时，进入炼油、油气储运、油气田地面工程、地下水封洞库、LNG 等炼油和油气田工程设计领域。2008 以来，完成工程设计项目 462 个、工程咨询项目 313 个，多种模式工程总承包 40 多个。联合设计了国内首个大型地下水封石洞油库——黄岛洞库，开展了 LNG 接收站设计技术和工程总承包。

二、加快海洋石油工程技术创新步伐

随着中国海油工业现代化、国际化步伐加快，海油工程公司科技创新能力不断增

强，在海上固定平台、海底管道工程和铺设、海洋工程移动式平台、海洋工程建造安装施工、海上结构物安装施工、海上结构物、海底管道的检测和维修等方面拥有核心技术。

2000年以来，海油工程公司获国家级优秀工程和科技奖10项、省部级优秀工程和科技奖近200项，其中超深水半潜式钻井平台研发与应用获国家科技进步特等奖、总承包的崖城13-1气田陆地终端——南山气体处理厂工程获中国建筑鲁班奖、百万吨级海上油田浮式生产储运系统研制与开发和秦皇岛32-6海上大型油田建设工程分获国家科技进步二等奖、南海乐东22-1/15-1气田开发工程和南海西江23-1油田开发工程分获全国优秀工程设计二等奖，以实际行动为中国海洋油气工业蓬勃发展助威助力。

海油工程公司设计公司在海洋油气开发高等技术上取得了突破性进展，导管架设计水深由不足百米跨入300米量级，导管架重量从几百吨提升至3万多吨，具备组块浮托施工方法的独立设计能力，开发了海上工程设施三维设计技术等，形成300米水深海洋油气田开发成套设计技术体系，具备1500米水深海上油气田开发设计能力。2000年以来，工程项目和科技成果获国家级奖4项，省部级奖42项。中海油石化工程有限公司获得国家优秀工程设计金奖5项、科学技术奖7项、省部级工程设计奖近百项次。拥有专利授权158项，实用新型专利139项。

三、积极开拓国际海洋石油工程业务

海油工程公司以具有国际先进水平的近海作业技术和价格优势，在国际海洋石油工程市场上显示出强劲的竞争力。先后为菲利普斯、雪佛龙、BP、壳牌、现代重工株式会社等国际知名客户提供优质海油工程服务，多次到中东、东南亚和韩国海域成功进行工程施工作业，在印尼SES项目中提前完成了168公里海底管线铺设。获得科麦奇、壳牌、菲利普斯、阿科等多个国际能源公司授予的优质工程、安全施工证书和最佳承包商等荣誉。

海油工程公司设计公司成功进入东南亚和中东等海域的国际海油工程技术服务市场。中海油石化工程有限公司合作完成了伊拉克米桑油田地面工程-BUT UPGRADE&NEW CPF和天然气处理厂的详细设计和工程总承包。

第三节 实行工程项目管理和总承包，攀登石化工程建设新高峰

一、开展石化工程项目管理和总承包

世纪之交重组的中国石化工程建设公司，在中石化系统实现了勘察设计企业强强联合，成为石化系统勘察设计的领军企业，具备了以设计为主体的全功能、实体性、国际型工程公司的坚实基础，在新世纪发展速度明显加快。从2002年起，以设计为主体的

工程总承包和项目管理承包（PMC）方式成为公司经营的主要组成部分。总承包业务形式多样，既有设计、采购、施工（EPC）承包，也有设计、采购（EP）承包；既有独立承包，也有与国际工程公司合作承包；既有石化项目总承包，也有环保、煤液化项目的总承包，进入全球225家工程承包商和200家设计公司行列。2008年获得国家首批工程设计综合甲级资质，工程总承包业务快速发展，大型化技术取得明显突破，工程项目成果丰硕。相继建成青岛大炼油等一批千万吨级炼油项目、武汉乙烯等一批百万吨级乙烯项目、福建炼油乙烯等一批大型炼化一体化工程、神华煤制油和普光天然气等一批替代石油资源工程和黄岛国家石油储备基地，中天合创煤化工项目、涪陵和天津等地液化天然气（LNG）项目相继建成，还承担了中海壳牌南海石化工程项目管理总承包（PMC）等。

中石化洛阳工程有限公司2012年完成公司制重组改制，设立中石化广州工程有限公司，与中石化洛阳工程有限公司实行一体化管理，拥有国家综合设计甲级资质和工程总承包、工程监理、工程咨询和环境影响评价等甲级资质，先后完成国内石油炼制、石油化工、天然气、医药及化工领域的工厂、装置、油库、长输管道及市政设施等大中型工程建设项目任务800多项，业绩遍布全国29个省区市。

中石化石油工程设计有限公司作为油田主力设计企业之一，先后完成国内首例15万立方米储油罐地基与基础监测、川气东送天然气管道工程设计、总承包月东油田A1、A2平台海上设施工程、总承包广西液化天然气（LNG）项目粤西支线工程、新疆煤制气外输管道工程项目、高含硫化氢气田开发集输工程——元坝气田天然气增压输送工程、大牛地气田—东胜天然气输气管道工程、潜江—韶关输气管道工程等勘察设计任务。仅2017年就完成重点工程70多个项目。山东三维石化工程公司参与总承包建设的中国石油广西石化1000万吨/年炼油项目，在2013年第27届国际项目管理协会国际项目管理全球大会上，获IPMA国际卓越项目管理最高奖——特大型项目金奖。中国石化集团上海工程有限公司，以上海医药工业设计院为核心、联合中石化上海金山工程公司和上海高桥石油化工设计院，于2002年以设计为主体进行重组，成为具有EPC总承包能力及融资功能的工程公司，完成化工、石化、石油天然气和市政建设等多项总承包和项目管理任务。

中石化宁波工程公司是中石化大型非标设备制造基地，先后完成岳阳、湖北、安庆三大化肥煤气化项目，以及青岛大炼油、四川达州化肥、福建炼油乙烯、镇海45万吨/年聚乙烯、武汉80万吨/年乙烯等工程项目。齐鲁石化工程公司参加了国内多项大型乙烯工程及部分大炼油、大氯碱、大型煤化工、多晶硅等工程项目的监理和设计。

二、不断提高石化工程技术水平

中国石化工程建设有限公司致力于先进炼化技术的工程转化，全面掌握具有国际先进水平的大炼油、大乙烯、大芳烃以及天然气净化、液化与储运的工艺和工程技术，成功实现了煤直接液化、煤制烯烃、生物柴油、生物航煤等自主研发技术的工业应用。“十二五”时期，乙烯裂解、分离成套技术实现了乙烯技术的完全国产化，甲醇制烯烃

（S-MTO）成套技术是国内第一套具有自主知识产权的全流程技术，达到国际领先水平。逆流连续重整、生物航煤、新一代 S Zorb、第三代聚丙烯及气液法聚乙烯等技术开发取得多项成果，在系统用能优化、低温余热资源优化利用、工业炉强化传热等节能技术取得重要进展。特大型超深高含硫气田安全高效开发技术及工业化应用和高效环保芳烃成套技术开发及应用项目先后荣获国家科技进步特等奖。

中石化洛阳工程有限公司在催化裂化、加氢裂化、连续重整、加氢精制、油气储运等领域形成了有自己特色的工程技术，掌握大型炼油厂、大型化工厂的工程设计技术。研发出重油催化裂化、渣油加氢、延迟焦化、超低压连续重整、灵活多效催化裂化（FDFCC）、重油直接裂解制乙烯（HCC）、甲醇制低碳烯烃（DMTO）、煤间接合成油、煤直接液化、可再生法催化裂化烟气脱硫（RASOC）等工艺和工程技术。中石化石油工程设计有限公司具有自主知识产权的油气田地面工程数字化集成设计系统（SIES）项目，经中石化鉴定达到国际领先水平。胜利油田海上埕岛油田 200 万吨/年产能建设工程获全国优秀工程设计金奖，外钓岛—册子岛—镇海海底管线穿越工程获全国工程总承包银钥匙奖。

上海石化工程公司华北制药 1500 吨/年青霉素生产线工程获全国优秀工程勘察设计金质奖；中石化南京设计院 80 万吨/年硫黄制酸装置方案设计、250 万条/年轮胎工程、综合利用低温转化法硫基氮磷钾副产盐酸联合生产聚氯乙烯新工艺等，分获国家和部省级奖；齐鲁石化工程公司 8 万吨/年丁苯橡胶装置等 6 个项目获中国建筑工程鲁班奖，镇海炼化 100 万吨/年乙烯装置获国家优质工程金质奖；北京燕山玉龙石化工程有限公司的 3.5 万吨/年甲基叔丁基醚（MTBE）裂解制聚合级异丁烯成套技术获得全国优秀工程设计铜奖和中石化科技进步一等奖，镍系顺丁橡胶成套技术、异戊橡胶成套技术、稀土顺丁橡胶成套技术获得中石化科技进步一等奖；山东三维石化工程有限公司总承包的神华包头煤制烯烃回收硫黄工程项目，被确认为国家重点环境保护实用技术示范工程；长岭炼化岳阳工程设计有限公司开发国内首套 WSA（Wet gas Sulphuric Acid）工艺技术装置，总承包的江苏兰精纤维公司 10 万吨/年硫酸装置获得中国优秀工程总承包项目铜钥匙奖。

三、“走出去”与“一带一路”倡议紧密对接

中国石化工程建设有限公司拥有国家进出口企业资格证书、劳氏管理体系转版认证等对外业务资质，多年来积极拓展海外市场，承接和完成了一大批大型石油、炼油和石化工程项目。2000 年从承担里海周边国家石油串换项目（CROS 项目）开始，陆续完成伊朗阿拉克炼厂扩建和产品升级项目总承包、伊朗 ARUP 总承包、马来西亚 RAPID 项目和 TITAN 乙烯裂解炉总承包项目，以 EPCC 模式承建泰国聚丙烯工程项目，将 BL-R 型 9 万吨/年气体裂解炉首次全套出口至马来西亚。

中石化洛阳工程有限公司自主或与国内外工程公司合作，先后承担一批具有国际影响力的海外大型 EPC 项目，项目分布亚、欧、非洲等国家和地区。其中阿尔及利亚 SKIKDA 500 万吨/年凝析油项目，是公司执行的第一个综合性全厂工程设计项目。完成

了苏丹港炼厂延迟焦化和合同金额超过10亿美元的哈萨克斯坦阿特劳炼厂芳烃项目总承包。中石化石油工程设计有限公司先后承揽和执行了科威特、伊拉克、秘鲁、委内瑞拉、巴基斯坦、阿塞拜疆、哈萨克斯坦、肯尼亚、沙特阿拉伯、加蓬、加纳、孟加拉、泰国等10多个国家的油气田地面工程、储罐工程和改造项目的工程设计，完成印度尼西亚SES天然气项目、美国EDC项目等工程总承包及阿尔及利亚扎尔则油田地面建设工程项目管理。

中石化上海工程有限公司加大海外工程市场拓展力度，合作完成荷兰阿克-克瓦那项目，自主完成沙特阿拉伯聚酯项目、沙特阿拉伯西部延布工业区42万吨/年聚酯项目、沙特阿拉伯东部朱拜耳商业码头大型港口物流项目、哈萨克斯坦石油化工一体化项目、马来西亚国家石油聚烯烃自动化立体仓库总承包项目等。中石化宁波工程公司承接了沙特比克变电站EPC、俄罗斯AMUR项目、沙特IBB等项目，完成了韩国三星化工、印度爱莎石油焦制氢、哈萨克斯坦KPI等总承包项目。中石化南京设计院完成了孟加拉侯赛因化肥有限公司15万吨/年粒状普钙、6万吨/年硫酸项目，承担完成德国、荷兰、美国、韩国、意大利、加拿大、日本等国的20多项国际招标外资工程。

2013以后，中石化勘察设计系统把实施企业“走出去”发展与国家“一带一路”倡议紧密结合，积极参与国际工程市场竞争，用优质工程质量向工程所在国充分展示了中国企业和工程技术人员的科学严谨作风和诚实守信品格。

第四节　全面提升化工勘察设计能力和水平，创建国内外优质重点工程

一、全面推行国际通行的工程公司体制机制

进入新世纪，根据改革开放的新形势和全面建设小康社会的新要求，国家决定加快推进勘察设计行业体制改革步伐。2000年国务院办公厅转发建设部等十部委《关于中央所属工程勘察设计单位改革的实施方案》，要求勘察设计单位与上级行政主管部门脱钩，调整管理体制，核销事业单位编制，进行企业法人登记，由事业单位改为科技型企业，逐步建立现代企业制度，成为符合社会主义市场经济要求的法人实体和市场主体。工程勘察设计单位参照国际通行的工程公司、工程咨询设计公司、设计事务所、岩土工程公司等模式进行改造。国有大型勘察设计企业逐步建立现代企业制度，中小型勘察设计单位可以改制为有限责任公司、股份制合作企业等法律、法规允许的各类企业。

根据国家关于勘察设计单位改企建制、建立现代企业制度的要求，化工勘察设计单位在产权结构方面进行了积极探索。完成资产重组的化工勘察设计单位建立起多种企业形式。中国华陆工程公司改制成立职工持股的股份制公司，中国天辰化学工程公司兼并黑龙江省化工设计院。以化学工业部第三设计院为主发起人、联合4家单位共同发起成立的东华工程科技股份有限公司，2007年公司股票在深圳股票交易所成功挂牌上市，

成为国内原部属设计院中的第一家上市公司。各大型设计院（公司）根据市场经济特点，逐步建立和完善了以设计为主业的服务体系，实现工程前期、可行性研究、勘察设计、项目管理、工程总承包、开车、监理等多功能服务。

浙江省石油化工设计院改制为国有法人和企业法人股与职工自然人股组成的股份公司。云南省化工设计院、内蒙古轻化工设计院等以及无锡、常州、青岛等地方化工设计院则先后改制为以自然人入股为主要股份的民营或民营股份公司。河南省化工设计院先改制为民营股份公司后又被民营公司重组收购。黑龙江省化工设计院战略重组全资划入中国天辰工程有限公司。上海市化工设计院、广东省石油化工设计院战略重组由中国寰球工程公司控股。山东省化工规划设计院先加入中化建，后被整体划入中海油。河北省化工设计院先被中国电子系统工程第四建设公司整体收购，后由中国电子系统工程第四建设有限公司与福斯特惠勒亚太公司共同出资成立中外合作公司，即福斯特惠勒（河北）工程设计公司。

据统计，到 2019 年 50 家省区市设计院中已经完成改制为民营独资、民营控股参股、国有资产和其他资产参股等产权多元化的有 45 家，约占 90%。化工勘察设计企业已形成了以公有制为主体、多种所有制经济形式并有的格局。

各化工勘察设计企业在进行产权制度改革、建立现代企业法人治理结构的同时，也从生产经营体制和内部机制两个方面进行深入改革和探索。中国寰球工程公司、中国五环工程有限公司、中国成达工程有限公司、中国天辰工程有限公司等大型设计企业创建国际型工程公司取得成功经验，全面推行国际通行的设计程序、设计方法和深度，在项目管理和项目控制上积极与国际接轨。一部分省区市设计企业努力按国际通用设计方法进行设计。绝大多数设计企业不断扩大业务范围，调整服务领域，开展工程咨询、工程监理、项目管理等业务，由原来单一设计功能院向综合性工程咨询设计公司转变。

原化工部直属大型化工勘察企业经过改革、改组，组建化学工业部第二勘察设计院，开展岩土工程的勘察、设计、治理和监测，向着企业化、国际化的方向发展，2008 年更名为化学工业岩土工程有限公司。2019 年 4 月，国资委批复了公司的“双百工作”方案，中国化学工程集团公司同意开展公司混合所有制和股权多元化改革工作，同年 11 月集团公司批复了公司混合所有制和股权多元化改革工作方案，改革以增资扩股方式引入外部投资方，并同步引入员工跟投计划。同月公司引战增资项目在上海产权交易所挂牌，通过交易所公开挂牌方式引入战略投资人。同年 12 月公司进行了存续分立，分立后化学工业岩土工程有限公司将继续存续，分立后新设的公司名称为南京宁岩工程建设有限公司，由中国化学工程股份有限公司 100% 持股。同年 12 月 27 日南京扬子石油化工工程有限责任公司在上海产权交易所摘牌成为公司战略投资者。

化学工业第一勘察设计院有限公司在 21 世纪后陆续承揽孟加拉、斯里兰卡等国家的工程勘察和监理任务。2012 年后确定了建设国际型岩土工程公司的目标，先后参与了越南、尼日利亚、哈萨克斯坦等多个国外项目的经营和施工工作，在创建国际型岩土工程公司的道路上迈出了坚实步伐。中小化工勘察企业努力转换内部经营机制，积极扩大业务范围，企业经营活力和业务能力显著增强。

二、集成创新提升化工勘察设计能力和水平

各大型化工工程公司（院）和省区市设计院（公司）利用体制机制改革带来的活力，在学习借鉴引进技术装备的同时，结合工程建设实际组织对关键技术进行攻关和创新，相继研发出一大批高水平的勘察设计技术成果，使化工勘察设计业务涵盖了化肥工业、石油化工、天然气化工、煤化工、盐化工、精细化工等各个领域，品种繁多、门类齐全，形成了以特色优势和技术专长为核心的竞争能力，具有为大型生产装置和高新技术产业固定资产投资提供全过程技术性和管理性服务的综合实力，推动了化工工程勘察设计全面进步。

化工勘察设计人员积极配合科研单位和生产企业，自行设计建设了大、中、小型合成氨、烧碱、纯碱、磷肥、硫酸装置，攻克了合成氨“三触媒”、顺丁橡胶、联合制碱、聚四氟乙烯、重水、液氢、偏二甲肼、有机硅、抗生素新发酵法等科研和工业化等许多技术难关，完成了数万个工程项目的勘察设计任务。其中大型合成氨、尿素、乙烯、合成橡胶、磷铵、离子膜烧碱、纯碱、子午线轮胎、胶磷矿选矿等设计技术已接近或达到了国际先进水平。

化肥工业设计，掌握了煤、油、气为原料和多种工艺路线生产体系，后加工有尿素、硝铵、碳铵、硫铵、磷铵、硝酸磷肥、普钙、钙镁磷肥、硫酸钾、氯化钾、微量元素等 10 多个化肥品种。自行开发设计的 50 万吨/年二氧化碳汽提法尿素装置达到国外同类装置水平，对引进的 30 万吨大化肥采用各项新技术成功进行了改造和扩建，24 万吨/年磷铵、20 万吨/年合成氨生产技术装备国产化达到较高水平。农药工业设计，经过基建、扩建和技术改造，不断更新换代，进行新的品种设计，高效、低毒、低残留农药取代高毒、高残留农药，形成了比较完整的农药生产体系。

基本化工原料设计，掌握了以乙烯为龙头的有机化工原料和烧碱、纯碱、硫酸等无机化工原料的生产技术。对引进年产 30 万吨乙烯成功进行改造和扩建，年产 4 千吨级聚四氟乙烯、万吨级有机硅、聚氯乙烯以及氯化法钛白等具有重大意义的科技开发成果实现了工业化，年产 20 万吨硫酸、1 万吨离子膜烧碱等生产技术装备国产化达到较高水平。橡胶工业设计，子午线轮胎生产技术国产化取得重大突破，形成了以 30 万套/年子午线轮胎工业性生产技术。医药工业设计，在抗生素、合成药、制剂和洁净技术、中药、农药、生物工程等各类药物工程设计技术一直处于国内领先水平。

为国防尖端技术和新兴产业提供了各种特殊性能的专用化工产品设计，如高能燃料、高分子材料、生物化学品、精细化学品等，为国家的国防建设、航空航天、医药卫生、汽车、通信、电子等新兴产业的发展作出了突出贡献。一批精细化工勘察设计技术开发成果也向工业化推进。“三废”治理、综合利用、环境保护等设计技术也有显著进步和提高。

中国五环工程有限公司设计的 30 万吨/年大颗粒尿素装置、60 万吨/年尿基氮磷钾项目顺利投产。中国石化集团南京设计院设计的 30 万吨/年尿基氮磷钾项目和多个 30 万～40 万吨/年硫黄制酸项目，上海华谊工程有限公司设计完成的多个 40 万吨/年聚氯

乙烯、50万吨/年氯乙烯和60万～120万吨/年烧碱等大型项目陆续建成投产。蓝星工程有限公司先后完成包括山东三角成山集团、上海轮胎橡胶（集团）、广州丰力橡胶轮胎公司在内的全国40多项全钢载重子午胎、半钢轿车轻卡子午胎、工程子午胎和工程巨型子午胎工程。中蓝长化工程科技有限公司设计的国内首套用盐湖卤水生产2万吨/年硫酸钾工业装置在新疆罗布泊试车成功。

天津渤化工程有限公司作为纯碱联碱行业开拓者，设计重庆宜化国内首套60万吨/年大型化联碱工程、天津碱厂世界首套80万吨/年大型化联碱工程、江苏100万吨/年联碱项目配套120万吨/年真空制盐装置等大型工程项目。宁夏工业设计院有限责任公司先后完成宁夏45万吨/年甲醇综合利用和天元锰业集团60万吨电解金属锰技改、哈密70万吨/年甲醇轻烃制聚丙烯等工程项目。神华工程技术有限公司安徽分公司承接了40万吨/年乙二醇、180万吨/年甲醇、大雁油库等多项工程的工艺包、基础设计、详细设计及EPC任务。云南化工设计院有限公司继中标贵州瓮福40万吨/年磷酸二铵总承包（EPC）工程后，相继承接内蒙古120万吨/年缓控释肥项目一期60万吨/年缓控释肥装置、贵州5万吨/年黄磷节能环保磷电一体化项目等多个省外EPC总承包项目。中化明达（福建）地质勘测公司先后承担福州国际机场停机坪工程、东南汽车厂房、宁波机场互通立交工程等6000多项建设项目的岩土工程勘察设计等任务。

三、努力创建优质工程，不断创新科技成果

化工勘察设计企业通过对管理体制、经营机制和设计方法不断进行改革，综合素质和工程勘察设计能力得到有效提升，总体业务水平明显提高，在国内工程建设市场上的竞争能力显著增强。

2000年以后，由化工勘察设计企业承担的大型、重点工程项目在全国各地建成投产。华陆工程科技有限责任公司设计的国内第一套国产化2万吨/年苯酐装置、国内第一套炔醛法生产丁二醇三维2.5万吨/年1,4-丁二醇装置一次开车成功。该公司作为化工行业唯一具有国防化工甲级资质的企业，努力开拓相关业务领域，在包括肼类及四氧化二氮、润滑油类、有机类、重金属类及酸碱类在内的危化品处理取得技术突破。赛鼎工程有限公司设计的全国第一座70万吨/年焦炭临汾炭化室高4.3米大型捣固型焦炉和多个60万～100万吨/年焦炭和180万吨/年洗煤工程相继投产。

在新世纪，有一大批优质高效工程勘察设计项目分别获得国家和省部级奖励。西南化工研究设计院有限公司的变压吸附气体分离技术及成套装置获国家科技进步一等奖。东华工程科技股份有限公司用低级烯烃连续生产仲醇的工艺方法发明专利获中国专利金奖，宁波万华16万吨/年MDI工程获国家优质工程金奖，参与5项国家“863”计划课题和1项国家科技支撑计划。中国成达工程有限公司在保持化工和石油化工等优势项目同时，开辟了电力、造纸、食品、民用建筑等新领域，其中多晶硅设计工艺技术在国内具有领先优势，天然气制乙炔专有技术具有国际水平。赛鼎工程有限公司河北沧州2万吨/年TDI装置获国家优秀设计银奖，国内第一套8万吨/年焦炉煤气制甲醇装置获云南省科技进步二等奖，与中科院山西煤化所合作开发的一步法甲醇制汽油新工艺3500吨/年

合成油装置获得山西省科技进步二等奖。中国化学工业桂林工程公司合作完成的特种高性能橡胶复合材料关键技术及工程应用项目获国家科技进步二等奖，联合研发的集约型超大规模高性能轿车子午线轮胎生产系统及工程关键技术项目获省部级科技进步二等奖，复合橡胶挤出机头和侧面锁紧复合橡胶挤出机头获中国专利优秀奖，参与研发的超大规模三维立体绿色轮胎智能化生产系统及工程关键技术获行业科技进步一等奖。中昊黑元化工研究设计院有限公司完成了6万吨/年炭黑生产装置设计、精密喉管、富氧燃烧扩能、热裂黑炭黑装置、低热值有机废液焚烧处理、脱硫脱硝等新领域技术开发和拓展。

航天长征化学工程股份有限公司拥有完全独立自主知识产权的航天粉煤加压气化技术，广泛应用于煤制合成氨、煤制甲醇、煤制烯烃、煤制乙二醇、煤制天然气、煤制油、煤制氢、IGCC发电等多个领域，被列入国家发改委《国家重点节能技术推广目录》和工信部《重点行业清洁生产技术推行方案》；一种燃料分配装置和燃烧器、高效洁净含碳物质干粉加压气化装置及方法项目，2014年荣获国际发明展览会发明展金奖。20世纪末成立的惠生工程（中国）有限公司是中国能源工程行业最大的民营企业，总承包的中石油独山子石化改扩建炼油及新建乙烯工程、中石油抚顺石化扩建80万吨/年乙烯工程、渭北煤化工园区180万吨/年甲醇和70万吨/年聚烯烃项目、山东阳煤30万吨/年聚氯乙烯原料路线改造等项目，分别获得国家优质工程金质奖和国家优质工程奖。中国医药集团联合工程有限公司的江西江中制药厂植物药生产线技术改造工程获全国优秀工程设计银奖，苏州胶囊迁建项目获全国优秀工程设计铜奖。浙江工程设计有限公司在氟化工领域先后获得数十项国家和部省级优秀设计和科技成果，先后承接平煤神马己内酰胺一二期、巨化5000吨/年氟化学品联产项目、巨化R32一二期项目、阳煤太化己内酰胺和环己酮提产提质改造项目等一系列工程总承包项目。四川省化工设计院承担的达州40万吨/年合成氨、45万吨/年尿素装置设计项目，40万吨/年硫酸亚铁和硫黄、硫铁矿混合酸工程设计，四川锂电正极材料3000吨/年锰酸锂及2000吨/年磷酸亚铁锂项目和德阳3000吨/年高性能电池材料生产线等设计项目，分别获省部级优秀工程设计奖。

中蓝连海设计研究院有限公司贵州瓮福磷矿工程和青海100万吨/年氯化钾工程设计分别获国家优秀工程设计金奖，新疆罗布泊120万吨/年钾盐工程矿石采输与水采船设计工程获得国家科技进步一等奖，青海100万吨/年氯化钾工程获得国家科技进步二等奖和全国优秀工程设计金质奖。化学工业第一勘察设计院有限公司薄膜点滴填料混装的横流冷却塔获国家科技进步三等奖。连云港化工矿山设计研究院高镁磷矿选矿技术开发取得成功、高镁卤水提锂技术获国家发明专利。中化地质郑州岩土工程有限公司的三门峡黄河提水工程四泵站站址及滑坡勘察获全国优秀勘察铜奖。湖南化工地质工程勘察院的长沙县固体废弃物处置场防渗帷幕灌浆（北段）工程、龙王港流域河道综合整治工程之湖泊工程等40多个项目获得省部级优秀项目奖。山西华晋岩土工程勘察有限公司山西焦煤集团五麟100万吨/年焦化工程、山西贺西煤矿选煤厂高边坡及前缘滑坡工程等近20个项目获得省部级或行业优秀工程勘察奖。

四、积极践行“一带一路”倡议

2000年国务院转发外经贸部、外交部等四部委《关于大力发展对外承包工程的意见》，要求国内承包公司开发占领国际工程市场。已经进入国际工程市场的化工勘察设计企业认真总结经验，进一步完善适应国际工程市场要求的体制机制。其他大中型企业按照创建国际型工程公司标准和要求改革体制机制，陆续承揽海外工程设计业务。到2003年，化工勘察设计企业在近30个国家和地区承揽业务，对境外项目进行全过程的工程总承包和项目管理服务，中国成达工程有限公司和中国天辰工程有限公司跻身全球225家工程承包商和200家设计公司行列。大型化工勘察企业坚持以岩土工程勘察为龙头，完善岩土工程系列化服务功能，努力向国际型岩土工程公司方向迈进。

进入21世纪，中国天辰工程有限公司在“一带一路”沿线国家在建项目超过110个，合同额超过100亿美元，营业收入对公司贡献率达到70%。在阿尔巴尼亚、加蓬、哈萨克斯坦、巴基斯坦、格鲁吉亚、土耳其和沙特阿拉伯等国承接化工、石化、能源等多个总承包项目，至今海外业务已遍布30多个国家和地区，并在巴基斯坦捐赠15兆瓦太阳能电站，为平民百姓家庭免费提供电能。中国成达工程有限公司在国家进出口银行支持下，以“建设-租赁-转让”（BLT）模式承建印尼KALTIM公司尿素储运系统项目，以“建设-拥有-经营-转让”（BOOT）模式承建印尼巨港燃气蒸汽联合循环电站项目，对印尼芝拉扎2×300兆瓦燃煤电站和缅甸纸浆总承包；又承建了美国西湖化学烧碱项目、越南沿海三2×600兆瓦电站项目、俄罗斯日产5400吨天然气制甲醇项目、沙特阿拉伯SABIC化学品储罐项目并实现数字化交付等；对12个海外项目开展融资，融资额超过35亿美元；将有自主知识产权的国产1000兆瓦超超临界燃煤机组出口印尼。

2000年后，东华工程科技股份有限公司相继签约伊拉克乌姆盖萨尔（UM-QASR）自来水及管网工程、越南海防33万吨/年磷酸氢二铵（DAP）项目和伊朗288吨/日洗衣粉装置总承包项目，还先后在智利、印度尼西亚、孟加拉、韩国、突尼斯、刚果（布）、俄罗斯等10多个国家承揽硫酸、磷酸、磷复肥、钾肥、乙二醇等20项工程。中国五环工程有限公司在21世纪总承包巴基斯坦10万吨/年氮磷钾复合肥料（NPK）装置，设计越南河北氮肥技改工程，承接巴基斯坦新建1500吨/年尿素造粒塔和蒸发系统改造等项目。华陆工程科技有限责任公司承接哈萨克斯坦50万吨/年丙烷脱氢（PDH）制丙烯/聚丙烯（PP）石化一体化综合体（IPCI）总承包项目和巴基斯坦国家炼油界区内/外升级改造等工程。四川晨光工程设计院先后在波兰、韩国、印度尼西亚、哈萨克斯坦、土耳其等国家和港台地区承接海外工程20多项。蓝星工程有限公司先后承担尼泊尔喀尔尼廓轮胎厂设计和部分装备的供应、缅甸年产30万条子午线轮胎厂总承包项目和德通轮胎厂改造项目、乌兹别克斯坦安格连轮胎厂项目、泰国曼谷高性能子午胎等项目的设计任务，进入了国外工程设计和总承包市场。江苏省化工设计院有限公司积极参与“一带一路”建设，先后在伊拉克、也门、南非、孟加拉、印度尼西亚、巴基斯坦等国承担柴油发电机、有机颜料、煤气站总承包（EPC）等项目。天津渤化工程有限公司与巴基斯坦公司签订纯碱及食用小苏打EPCM合同，合作承担哈萨克斯坦氯碱一体化项目，将氯碱技术延伸至海外。

第五节　信息技术助力行业发展

计算机技术在石油和化工勘察设计行业的应用始于20世纪70年代，原化工部所属设计院相继建立了计算站。1974年8月，经化工部批准，化工部电子计算应用技术中心站成立。近40年来，信息技术在工程勘察设计行业得到了广泛应用并且不断深化。尤其是2000年以后，互联网技术广泛应用，三维设计软件得到进一步推广，网络化、数字化、智能化应用逐渐成为设计技术发展的主导方向。

一、单体软件应用阶段

石油和化工勘察设计行业的信息化起步较早，在20世纪70年代，一部分实力较强的设计院就利用国产小型机研发并应用结构和设备应力计算、工艺单体模拟计算软件。80年代初期，大型设计院从国外引进了更为先进的小型机，并陆续引进、研发和应用大型应力计算、工艺单元计算以及全工艺流程模拟等关键设计计算业务软件，计算机辅助设计计算业务不断拓宽和深入，解决了手工无法精确计算的难题，精确设计方法的发展极大地促进了设计质量和效率的提升。

20世纪80年代中期，实力强的设计院引进了小型机和二维、三维CAD软件，进行CAD软件的研发和探索应用，开启了计算机辅助制图和设计的先河。90年代初期，国内大型设计院紧跟国际先进技术，把握了设计软件的发展趋势，陆续引进价格昂贵的、更为先进的设计工作站和三维设计软件，并进行了多专业CAD软件的探索、研发，二维、三维CAD软件步入成熟期，初步产生了生产力。同时，工作站用于大型设计计算开始普及。

20世纪80年代后期至90年代中期，伴随着微型计算机的快速发展，掀起了设计计算软件，CAD软件从小型机、工作站向微机移植以及研发覆盖全专业软件的高潮，基于微机的CAD、CAE软件得到了大发展，成本逐步降低，具备了全行业推广的基础，行业设计手段变革启航。在这种形势下，90年代初，原建设部启动并逐步推进“甩图板”工程，设计院的微机装备逐步普及，“甩图板”工程加快了二维CAD的普及应用，实现了由传统纸质图纸向电子CAD文件的跨越，设计院的绘图质量大幅提升，同时为工程复用提供了极其便利的方式，可以说是设计手段的一次革命。

自90年代初期起，采取移植以及自主开发与外部引进相结合的方式，陆续开发应用了微机版本的工艺、管道、土建、设备、仪表、电气等工程计算软件和CAD软件，计算机辅助设计的优势逐渐显现，二维CAD应用迅速普及，进一步提高了设计效率。伴随着网络技术的发展和CAD应用的普及，大型设计院先后建立起局域网络，使单机应用走向网络应用，基于计算机网络的计算机辅助设计模式越来越受到重视，逐步实现了所有设计人员由图板设计向计算机辅助设计的革命性跨越。

二、集成化应用阶段

20 世纪 90 年代中期，伴随着网络技术的发展和微机普及，软件商采取移植及研发相结合的方式，迅速形成了微机版三维 CAD 软件，并向多专业设计协同和系统集成发展，三维设计具备了普及基础。国内大型设计院抓住变革机会，陆续引进微机版三维 CAD 软件，并基于小型机和工作站上研发和应用三维 CAD 软件的经验，进行了适应国内设计规范的二次开发工作，大力推进三维设计。三维设计实现了基于工厂对象的数字化协同设计，创新性地改变了传统的图纸表达方式，突破了让计算机完全适应人的观念，大幅度提高了设计效率和设计质量，体现了设计院改革创新的勇气和前瞻性。

大型设计院经过大约五年时间的二次开发、经验积累、设计流程优化，三维设计软件得到了普及应用，实现从二维设计到三维设计的又一次跨越，使设计走向可视化、数字化，现场碰撞大幅减少，工程材料统计的准确性显著提高，为减少工程投资和提高设计效益发挥了重要作用。三维模型设计体现了配管、结构、仪表、电气等多专业协同设计。进入 21 世纪后，随着三维设计软件的逐步成熟，在大型设计院的带动下，中小型设计院的三维设计也得到逐步普及。

进入 21 世纪后，随着网络和数字技术的大发展，大型设计院开始研究并实施专业较为齐全的集成化设计系统和支撑总承包业务的一体化材料管理系统、项目管理系统，以推进集成化设计，业务链和产业链协同工作，进一步降本增效。如：以工艺为龙头涵盖工艺、设备、仪表、管道等专业的工艺设计集成系统逐步成型并应用；数字化的智能工艺、智能仪表、智能电气系统设计系统逐步完善并推广应用；以布置设计为核心的涵盖设备、配管、仪表、电气、建筑、结构、给排水、暖通等专业的工程设计集成系统逐步完善和普及；工艺设计、系统设计和布置设计等系统之间实现了初步的集成和数据贯通；一体化材料管理系统实现材料主数据（材料编码、材料等级库）、设计（材料表、请购）、采购（供应商、询报价、订单）、物流（监造、催交、检验、运输）、现场材料管控（材料接收与检验、入库、库存、盘点、退库、转库、出库、配料、发料、领料、预测、预留、代用、配套率）等工程材料生命周期业务环节的一体化管理；项目管理系统以现代项目管理理论模型为基础，实现了集成、范围、计划、成本、合同、质量、风险、人资、沟通等管理要素的一体化、量化管理；与此同时，OA、人力资源、财务、后勤等企业管理系统逐步得到完善、集成和广泛应用，工程设计、材料管理、项目管理、企业管理的信息化同步推进，部分领域实现了数据同源、信息共享，使信息化应用上了一个新台阶，促进了设计院或工程公司的发展，提高了国内外市场竞争能力。

三、数字化与智能化应用阶段

2015 年前后，随着集成化系统建设的不断深入以及人们对数字化认识的不断加深，先进工程公司开始了数字化转型工作，研究并逐步搭建基于云架构的数字化、智能化系统，挖掘数据资产的新价值，促进工厂生命周期的数字化和智能化，探索数字时代工程建设和工厂运维的新模式和新手段。

工程公司大力推进数字化转型，全面开启了数字工程建设，按照建设数字工程和智能工厂的思路，充分利用“云计算、大数据、物联网、移动通信、智能硬件”等新兴信息技术，全面开展业务链和产业链优化以及数据治理工作，开展工艺和工程设计、一体化材料管理、可视化施工管理、调试与移交管理、工程项目管理等工程类系统以及企业管理类系统的整合、优化、提升工作，开展提升这些系统的数字化程度、数据贯通能力、支撑工程业务链和产业链在线协同工作能力的工作。开始探索性地建设工程数据仓库和工厂数据管理平台，以积累、管理和应用工程数据资产，支撑业务协同，支撑数字工程和智能工厂的实现，并开始探索智能化应用。工程公司的云计算得到了初步应用，基于平板电脑和手机的移动应用逐渐普及，大幅提高了设计和管理效率，高效支撑了生产经营活动。数字化带来的工作模式的巨大变革，已经成为推动工程公司发展的重要因素。

为了发挥工程数据资产在工厂运维中的作用，有效支撑智能工厂建设，工程公司开启了数字化工厂的研究和开发工作，本着工程设计是工厂的基因理念，探索实施了工程数字化交付，2018 年国家标准《石油化工工程数字化交付标准》的发布实施，极大地促进了石油化工行业的工程数字化发展和数字工程建设，是石油和化工工程建设领域进入数字化时代的重要标志。该标准发布之后，我国几乎所有新建石油和化工项目都实施了数字化交付，在国内率先实践了产业数字化和数字产业化，数字化应用发展到了工厂全产业链和全生命周期，涵盖了工程设计、材料与设备供应、现场施工、调试与移交，为生产企业的智能工厂建设提供了必要支撑。

2020 年后，先进工程公司的数字化转型和数字工程建设已经由探索期步入实施和推广期，这是必由之路，将有更多的工程公司步入数字化转型和数字工程建设之路，逐步实现转型升级。

第六节　协会发展进入新阶段

进入新世纪以后，中国化工勘察设计协会坚持“全方位、宽领域、多层次”服务方针，在承接原化工部行业管理职能、推动勘察设计单位深化改革、加强行业标准化建设和技术交流、积极打造服务平台、引导企业改革发展等方面做了大量工作。1999 年末，《国务院办公厅转发建设部等部门关于工程勘察设计单位体制改革若干意见的通知》（国办发〔1999〕101 号）发布，2000 年 8 月，协会在内蒙古召开省市设计院院长会，袁纽理事长做重要讲话，学习贯彻有关文件，引导企业领会精神，结合实际，深化改革，走企业化的发展道路。2000 年 10 月，协会在怀柔召开全国化工设计技术中心站工作会议，国家石油和化学工业局李勇武局长、中国化工勘察设计协会袁纽理事长在会上分别做了重要讲话，这次会议对稳定中心站队伍、促进中心站在新形势下创新发展起到重要作用。2001 年 10 月，在协会指导下，全国化工现代化管理中心站三届二次技术委员会议在四川乐山召开，这是以行业大院院长为主的交流平台，原化工部副部长潘连生、国家经贸委助理巡视员陈世海莅临会议做重要报告，袁纽理事长做重要讲话。其他各中心站和协会分支机构通过举办年会等形式，有效地促进了各专业领域的技术进步。通过各方面努力，协会不同领域、不同层次的交流平台逐步形成。

2002 年 1 月，中国化工勘察设计协会第四届会员大会选举产生了新一届理事会，并通过了协会更名的决议。2 月，经原国家经贸委和民政部批准协会更名为中国石油和化工勘察设计协会（简称协会）。近 20 年来，协会认真学习和贯彻中央精神和国家方针政策，不断加强党的建设，发挥党员模范作用，以为会员服务为宗旨，积极搭建服务平台，拓宽服务领域，不断取得新成绩。

一、承担政府部门委托事项

2000 年至 2018 年，受原国家质量监督检验检疫总局委托，协会先后组织专家完成了 180 多家企业的压力容器设计资格鉴定评审；完成了 420 多家企业的压力管道设计资格鉴定评审。

根据人事部、建设部联合印发“关于发布《勘察设计注册工程师制度总体框架及实施规划》及《全国勘察设计注册工程师管理委员会组成人员名单》的通知”（人发〔2001〕5 号）精神，国家注册工程师专业划分总体框架中包括注册化工工程师，其涵盖的工程内容包括化工、石化、化纤、医药、轻化五个行业。2002 年，由中国石油和化工勘察设计协会牵头，负责组建成立了由 5 个行业勘察设计协会参加的全国勘察设计注册工程师化工专业管理委员会，袁纽任主任，秘书处设在中国石油和化工勘察设计协会。受国家政府部门委托，全国勘察设计注册工程师化工专业管理委员会承担注册化工工程师的专业考试、执业注册终审以及注册执业监管等相关政策研究，2018 年开始实行政府购买服务，秘书处继续承担注册化工工程师的专业考试、执业注册终审等工作。截至 2019 年底，共有 9059 名工程技术人员取得注册化工工程师执业注册资格，有 7269 名人员已进行执业注册。

二、标准化工作进一步加强

协会充分发挥全国化工设计技术中心站、化工施工标准化管理中心站和协会各分支机构作用，积极开展标准化工作。2005 年，协会成为中国工程建设标准化协会化工工程委员会依托单位，同年将化工工程委员会更名为化工分会，共同归口管理化工工程建设标准和相关标准化组织。2017 年，中国石油和化工勘察设计协会被工信部正式委托为技术委员会或技术归口单位并负责行业标准备案和出版工作。2018 年，中国石油和化工勘察设计协会正式被住建部委托为国家标准制修订的组织单位、国家标准复审的承担单位。2016 年 8 月，协会制定了《中国石油和化工勘察设计协会团体标准管理办法（试行）》，2017 年 9 月 24 日在国家标准委员会主办的全国标准信息服务平台注册成功，标准代号为 T/HGJ。2018 年按照住建部要求启动了团体标准工作。受住建部委托，协会作为组织单位，承担了 7 项化工强制性规范的研编工作。到 2019 年底，协会已经建立了比较完善的标准体系和组织体系，协会管理的国家标准 42 项、行业标准 341 项、本协会团体标准4项。

三、化工工程造价管理组织作出新调整

2017年，为进一步促进化学工业工程造价服务管理工作专业化，不断满足化学工程建设市场对化工工程造价咨询业务和计价依据的需求，经中国石油和化学工业联合会同意，中国建设工程造价管理协会（以下简称中价协）与中国石油和化学工业联合会协商一致，确定中价协下属的化工工程委员会改由中国石油和化工勘察设计协会主管。据此，中国石油和化工勘察设计协会经七届一次常务理事会审议，决定在上述化工工程委员会的基础上设立“中国石油和化工勘察设计协会工程造价管理委员会”（中石化勘设协〔2017〕151号），作为协会分支机构对其进行管理。

四、不断推出优秀勘察设计成果

为贯彻落实科学发展观，推动工程勘察设计行业技术创新，提高会员企业工程勘察设计水平，引导、鼓励工程勘察设计单位和工程勘察设计人员创作出更多质量优、水平高、效益好的工程勘察设计项目，协会根据建设部《全国优秀工程勘察设计奖评选办法》，不断修订和完善《化工行业优秀工程勘察奖评选办法》和《化工行业优秀工程设计奖评选办法》，面向会员企业开展优秀工程勘察和优秀工程设计奖评选工作。2001年至2015年，每年评选一次，共评出优秀工程勘察奖203项，优秀工程设计奖394项，优秀建筑设计奖37项，优秀基础工作奖36项。其中获得行业一等奖的可以申报国家优秀工程勘察设计奖。15年中，共有27项工程勘察、55项工程设计获行业一等奖。

五、积极推动会员企业开发专有技术、专利技术

自2007年以来，为推动会员企业技术创新，鼓励企业自主开发先进技术、新设备、新工艺，协会根据建设部关于行业协会开展专有技术评审和认定的有关要求，成立了专有技术认定委员会，建立了专家队伍，制订了《勘察设计专有技术评审办法》。2018年该办法在协会七届三次理事会上审议通过，为协会自主开展相关服务奠定了基础。10多年来，经协会组织专家评审，会员企业申报的600多项自主开发的科技成果被认定为企业专有技术。协会积极参与国家专利局“中国专利奖”的申报组织工作，建立了有效的申报渠道和评审推荐制度。自2018年以来，经协会推荐，中国寰球工程有限公司发明的“一种浇灌式现场发泡阀门深冷绝热材料”、中国石油集团东北炼化工程有限公司吉林设计院发明的“丙烯两步加氧法制丙烯酸的改进工艺”、中国天辰工程有限公司和天津天辰绿色能源工程技术研发有限公司发明的“一种具有介微孔的ZSM-5分子筛的制备方法及应用”先后获得中国专利优秀奖。

六、为工程建设项目实现本质安全提供技术支持

为加强危化品工程建设项目的本质安全，协会组织专家队伍，出国考察发达国家职业健康、安全、环境管理经验，为政府部门提出工作建议。受原国家安全生产监督管理

总局委托，组织编制了《化工建设项目安全设计管理导则》（AQ/T 3033），由国家安全生产监督管理总局作为行业标准发布后，协会编写了培训教材，并在全行业进行宣贯。2012年协会组织专家编写《危险化学品建设项目安全设施设计专篇编制导则》并在全行业实施。应国家应急管理部要求，参与化工生产企业事故案例分析、政策措施研讨等工作。作为中国化学品安全协会的理事单位，积极参与有关安全设计的交流活动。自2018年新修订的《标准化法》施行以后，协会响应国家号召，积极开展勘察设计团体标准的制定工作，先后组织专家编制了《烧碱安全设计管理导则》《石油化工建设项目现场安全管理导则》等团体标准，为我国化工企业实现本质安全作出了积极贡献。

七、全面推动建设项目管理和工程总承包发展

2000年，依托协会设立的中国勘察设计协会建设项目总承包工作委员会更名为“中国勘察设计协会建设项目管理和工程总承包工作委员会”，2004年更名为“中国勘察设计协会建设项目管理和工程总承包分会”（以下简称总承包分会）。在中国勘察设计协会的领导以及中国石油和化工勘察设计协会的大力支持下，总承包分会积极承担国家推动工程总承包发展的相关政策研究和《建设项目工程总承包管理规范》《工程总承包合同示范文本》的编制，开展全国勘察设计行业工程项目管理和工程总承包营业额排名、全国勘察设计行业优秀工程项目管理和优秀工程总承包项目评选、全国勘察设计行业工程总承包项目经理资格考评等专项工作。2002年至2016年，为全国勘察设计行业推出优秀工程项目管理76项，优秀工程总承包360项。通过典型案例交流和项目经理业务能力考核评估，引导勘察设计企业开展工程总承包逐步走向科学化、规范化、国际化，并帮助企业打造一支高水平的工程项目经理人才队伍。2005年，中国石油和化学工业协会建设项目管理专业委员会依托中国石油和化工勘察设计协会成立，该委员会在制定行业标准《石油和化学工业工程建设项目管理规范》、组织经验交流和信息服务、开展业主项目管理培训方面做了大量工作。

八、积极为行业培育勘察设计大师等领军人才和专业人才

为解决会员企业勘察设计大师年龄老化、在职勘察设计大师逐年减少等问题，协会经中国石油和化学工业联合会批准，中国石油和化工勘察设计协会联合中国石油和化学工业联合会建设项目管理专业委员会分别于2011年、2013年、2015年在会员企业中开展石油和化工行业勘察设计大师评选，共评出行业勘察设计大师114名，其中3名已获得国家勘察设计大师称号。协会充分发挥专业优势，适应市场需求，不断补充完善培训教材，强化教师队伍，为行业培训工程项目经理2万余名，培训压力管道设计人员近2万人次。为提高中小设计院后备干部业务能力，协会发挥省市设计院核心院长作用，依托浙江天正设计工程有限公司，组织业内专家和社会资源，根据企业需求，为35家中小设计院、66名青年干部进行了集中培训，使他们增长了知识、提高了领导能力，为走向新的领导岗位奠定了基础。

九、会员队伍不断扩大

随着国家改革的不断深入，企业的重组、分离、注销等，协会的单位会员也在不断变化中。协会会员由从协会成立之初的化工系统扩大到从事石油和化工工程咨询、工程勘察、工程设计、项目管理、工程总承包等工程服务的中石油、中石化、中海油、医药、轻工、纺织、有色、电子、核工业、航空等系统企业及为之服务的相关机构和专家。从企业资本情况看，有国有独资企业、国有控股企业、国有参股企业、民营企业、中外合资企业、外资企业等。截至2019年底，协会会员共有309个，其中单位会员268个，个人会员41个。

结束语：在机遇和挑战中开创美好未来

进入新世纪，国际环境和国内经济建设发生了深刻变化。世界和国内经济正在进行深层调整，新一轮产业变革和科技革命风起云涌，战略性新兴产业不断涌现，新技术新产业正在成为国内外各行各业激烈竞争的制高点，未来经济和产业竞争的实质将是相互间的科技实力和创新能力的竞争。

作为发展中国石油和化学工业的排头兵和先遣队，石油和化工勘察设计行业是实施国家科技创新战略、践行创新发展理念的骨干力量。面对国内外新形势、新机遇、新挑战和新要求，石油和化工勘察设计行业将继续面向国计民生需求、面向经济主战场、面向科技前沿，进一步提高工程勘察设计创新能力，走体制机制改革和技术创新发展道路。

各石油和化工工程企业将继续通过政策引导、制度创新、研发投入、平台建设、人才培育等战略支撑，做好产业、运营、管理、创新和人才结构的调整，推动产学研设相合作，提升工程技术研发能力，掌握过硬工程总承包及项目管理本领，积极参加国家重大科技项目，广泛寻找国内外合作伙伴，满足国内外工程建设市场需求，为中国石油和化学工业高质量可持续发展提供强有力支撑。

在中国石油和化学工业创新和转型发展的关键时期，石油和化工勘察设计行业和企业将坚持以习近平新时代中国特色社会主义思想为指导，不忘初心、牢记使命，树立和践行创新、协调、绿色、开放、共享的发展理念，以提高发展质量和效益为中心，以先进科技和严细管理为引领，持续推进国际、国内市场一体化发展，建设更多具有较强核心技术和竞争力的国际化工程公司，向中国和世界贡献更多的石油和化工精品工程、科技成果、石油和化工勘察设计人员的聪明才智。

第二篇

企业发展纪实

与新中国共成长
——中国寰球工程有限公司创新发展纪实

2019年是中华人民共和国成立70周年，也是寰球公司成立的第66个年头。70年风云变幻，66载岁月变迁，伴随着新中国的成长，寰球公司在改革发展的道路上一路前行，每一天都记录着变迁的历程，定格着寰球人奋进的身影。

1953年，国内第一个五年计划开始施行，新中国第一家化工设计单位——重工业部化学工业设计公司在沈阳诞生，她就是今天的寰球公司。60多年来，寰球公司沐浴着党和国家的亲切关怀，担负起推动中国石油化工建设事业发展的重任，规模实力也获得了长足的发展。

从成立组建到“事改企”，到走向海外，再到并入中国石油，再到工程建设业务的重组改制上市，几代寰球人不懈努力，成就了一个又一个业界第一，创造了良好的经济及社会效益，见证并书写了中国石油化工事业的壮美篇章。

回顾寰球公司发展的历程，是一部锐意改革、不断进取的历史，是一部顽强拼搏、艰苦创业的历史，是一部矢志不渝、迈向国际的历史，同时还是一部科技引领、自主创新、以人为本、科学发展的历史。

66年弹指一挥间，如今寰球公司改革发展已迈上新的征程。站在新的历史起点上，寰球公司以新风貌、新定位，积极投身改革与发展，建设国际一流炼化工程综合服务商。

第一节　创业崛起（1953—1983年）

一、艰辛创业时期

1953年初，为了促进化学工业的发展，原重工业部做出了迅速集中全国化工设计力量的决定，以中央化工局、华东化工局和东北化工局所属的设计处（室）为主，于当年3月27日，由中央人民政府重工业部化学工业管理局下文组建“化学工业设计公司”，共有职工397人。从此，在沈阳诞生了全国性的第一个化工专业设计单位，成为我国化工设计事业的摇篮，开始了她极不平凡的漫长历程。

1954年1月，化工设计公司由沈阳迁至北京和平里（当时的御路16号），职工总数达1389人。

化工设计公司创建初期，技术力量薄弱，专业不全，主要从事吉林、兰州、太原三大化工区的配套设计，以及新中国成立前遗留下来的一些化工企业的恢复建设和改建的设计工作。当时这一代化工设计事业的开拓者，发扬了高度的责任感和积极性，以他们的聪明才智和刻苦努力，迅速掌握了设计本领，并逐步在设计程序、专业分工和设计管理等方面，建立了一整套制度。

1955年，该公司已经能够独立承担四川金堂化工厂年产7.2万吨合成氨装置的中国新一代大型化工企业的设计。那个时期设计的国内第一个大型的有机玻璃、聚氯乙烯、苯酚、氯化苯装置，以及吉林化工区配套的合成醋酸装置，成为建国初期我国有机合成工业有代表性的一批典型工厂。

1956年2月，苏联设计顾问、专家陆续来到化工设计公司，负责指导工程设计，同时把苏联化工设计部门的组织机构和设计管理制度，作为专家建议交给设计公司。

6月，化学工业部成立。化学工业设计公司改名为化学工业部化学工业设计院，这时已发展成为一支拥有2300多人、专业齐备的勘察设计队伍。为了便于管理，在院内按行业划分为4个分部——氮肥部、有机部、基本化学部和勘察部。院本部曾一度兼有化学工业部设计司的职能。8月，该院承担了援越工程设计。10月，将设计院的4个分部改为3个设计分院和1个勘察公司。12月，又将3个分院改为氮肥工业设计院、有机化学工业设计院、基本化学工业设计院3个独立的设计院。

为了适应大规模化工建设发展的需要，1957年开始进行了以年产5万吨合成氨省级氮肥厂为代表的一大批定型设计（后称“复用设计”）。用这些定型设计和技术建设起来的大批化工企业，奠定了我国化学工业的初步基础。

1958年，设计院进行了体制改革，将4个独立的勘察设计单位合并，复名为化学工业部化学工业设计院，在院内还设立了专门从事国防化工项目开发的第七设计室，全院职工达3200多人。根据化工部的委托，这个时期的化工设计院，实际上还承担着设计总院的管理工作；代部安排化学工业的设计任务；组织重大技术路线和技术方案的讨论审查；对全国各设计分院进行业务领导等。北京化工实验厂也曾一度在业务上划为化工设计院领导。

化工设计公司创建以来，迅速发展和培养设计队伍，这支年轻而朝气蓬勃的设计力量，一方面积极参加新中国成立前遗留下来的大连化学厂、永利宁厂、永利沽厂、吉林化工厂、沈阳化工厂、天津化工厂等企业的恢复和改扩建工作；另一方面在工作实践中学习苏联的设计经验，锻炼了独立进行勘察设计的能力，开始承担规模较大的化工工程设计任务，逐步掌握了中小型化工生产装置的设计，着手开展省级氮肥厂定型设计的编制工作，并开始接受国外化工厂的设计，为“一五”“二五”期间化学工业的发展作出了重要贡献。

在此期间，化工设计公司和化工设计院自行完成了新建项目的设计17个，扩建项目的设计11个。其中包括氮肥厂，硫酸厂、磷肥厂，氯碱厂以及聚氯乙烯、有机玻璃、醋酸、氯丁橡胶、己内酰胺等工业装置。这些开创性的工作，对促进化学工业的发展起了重要作用。

同期，公司和院还参加了苏联援建的156项中的吉林肥料厂、染料厂、电石厂，太原化工厂、氮肥厂，兰州肥料厂、合成橡胶厂三大化工区的厂址选择、勘察、收集设计原始资料，以及国外设计配合工作和国内配套设计，承担了一批新建工程设计，如四川化工厂、山西磷肥厂、南京磷肥厂等；编制了不同规模的各类品种定型设计，如年产5万吨氨省级氮肥厂定型设计、年产5万吨氨省级氮肥厂硝酸定型设计等。

1960年以后，化工部对下放后过于分散的设计力量做了适当的调整和集中，化工设计院的力量也有了相应的调整和加强。在业务上，对前两年完成的通用设计进行复查和清理，并开始从煤化工向石油化工扩展。

二、在困难中发展

1965年3月，化工部勘察设计机构进行新的调整，并按序列更改设计院名称。化工设计院改名为"化工部第一设计院"，将从事国防军工项目设计的第七室独立组建为"化工部第六设计院"。

20世纪60年代，这支设计队伍在实践中得到了锻炼和提高，为了适应社会主义经济建设发展的需要，解放思想，扎实工作，大力进行设计创新，在工程设计中积极采用新原料、新工艺、新技术，开展了较大规模的工程设计，承担了一些国外化工设计和与国外公司合作设计，并编制出一批采用新技术的复用设计。

1971年，燃料化学工业部军管会决定对当时第一设计院进行解体，将1300多名职工中的大多数分别调到石油化工规划院、北京石油化工总厂设计院、山东胜利石油化工总厂设计所，以及天津市化工设计院等单位，仅留下362人改名为"石油化工设计所"，划归化工部第十二化工建设公司领导。

1972年，石油化工设计所脱离化工部第十二化工建设公司，并吸收北京橡胶设计院及九化建设计所，成为一个独立的设计单位并恢复使用"燃化部化工设计院"名称。1975年，改名为"石化部化工设计院"。

尽管受到"十年动乱"的冲击和严重破坏，设计公司几经折腾，到1971年仅剩362人，但身处困境的设计人员仍然坚守岗位，忘我工作，完成了一大批设计任务。期间，公司领导参与赴美国大化肥考察团，为后来我国引进13套大化肥建设工作打下基础。随后，公司承担了辽河化肥厂（30万吨/年合成氨、52万吨/年尿素）的国内配套设计和建设工作，还参与了30万吨/年乙烯的引进谈判，并完成了大庆石化总厂的部分设计和建设任务。这些工作使设计人员受到锻炼，技术水平得到提高，为以后来进行大型化工装置的设计创造了有利条件。

三、改革开放新发展

1977年6月，石化部又决定将原北京橡胶设计院人员与橡胶研究院合并，原九化建设计所人员在天津单独组院，沿用石化部化工设计院名称，原石油化工设计所人员则从北京迁往大庆，参加组建大庆石油化工设计院。

1978年2月，五届全国人大会议决定恢复化学工业部，化工部撤销了上述迁往大庆的决定，撤回原石油化工设计所的全部人员，并在北京恢复启用当年创建时的名称——化工设计公司，直属化工部领导。

1979 年 6 月，国家计委等部委《关于勘察设计单位实行企业化取费试点的通知》，拉开了行业改革开放的序幕。

1981 年 10 月，经化工部批准，化工设计公司兼用“北京化工工程咨询公司”名称，以适应国内外工程咨询业务的需要。同年，因开发含 10% 烯烃的炼厂尾气为原料制合成氨获得成功，齐鲁公司 6 万吨/年合成氨装置项目获得国家建委颁发的 70 年代国家优秀设计奖。

化工设计公司在北京化工大学东侧征地 10 亩，为建设办公大楼创造了条件。

1982 年 8 月，中国国际工程咨询公司成立，北京化工工程咨询公司成为最早的成员单位之一。

第二节　转型升级（1984—1994 年）

一、向工程公司转型

1984 年 9 月，为了落实改革开放的政策，适应国内外工程任务的需要，经化工部批准，在原化工设计公司的基础上，组建“中国寰球化学工程公司”，并根据国家计委和化工部的要求，进行设计收费和事业单位企业化管理的试点。同时，按照国际上工程公司的通用模式，进一步对设计体制、程序、方法和管理进行一系列改革，逐步由单一的设计院向以设计为主体的，具备咨询、设计、采购、施工管理、开车指导、项目管理等多功能的国际型工程公司过渡。

12 月，公司签订第一个工程总承包合同，即柳州化肥厂氨合成热能回收工程。同年，卢焕章的论文“高压低温含氢系统汽液平衡”在国际上发表，并获化工部科学技术进步一等奖。

1985 年，寰球公司组织编制的“工业建设防腐腐蚀设计规范”获国家科学技术进步奖。1986 年 10 月，在盘锦乙烯工程中，寰球公司在设计行业率先与外商签订了第一个设计返包合同。同年，公司获欧洲企业家协会国际贸易金奖，滇池地区磷矿资源开发研究获国家科技进步二等奖，EVA 开发研究以及通用化工流程模拟系统及化工物性数据库获化工部“六五”国家科技攻关项目奖。

1988 年 10 月，公司首次与外商签订第一个派遣设计技术人员出国长期工作的合同，成为同行业中第一个设计技术劳务出口合同。此后，寰球公司每年派遣 10～20 名年轻技术及管理骨干赴国外工程公司工作和培训两年，坚持长达 10 年之久，为公司培养了 100 多名年轻的技术和管理骨干，为公司的改革与发展和开拓国际市场提供了良好的人力资源。

二、改制为企业

1989 年 4 月，国家计委、财政部、建设部、物资部、建设银行联合发文，批准寰球公司在全国范围内实行工程总承包试点。

1991年10月中旬，经外经贸部、化工部批准，寰球公司与台塑美国公司在北京组建合资工程技术公司，与日本东洋工程公司、中国技术进出口总公司在日本东京组建合资公司。10月29日，经国务院生产办公室、人事部、化工部批准，寰球公司从“工程总公司的下属单位”中解脱出来。

1992年3月16日，寰球公司已获国家工商行政管理局核准，颁发了设计行业第一份企业营业执照，一个历时38年之久的事业单位体制改为化工部直属企业，成为全国第一个“事改企”的设计单位，这是寰球公司，也是全国设计行业体制改革上的一项重大突破，比其他设计单位改为企业提前了10年。

5月19日，经化工部批准，寰球公司成为化工部的综合改革试点单位，进一步开展全面、深入的改革。6月5日，经经贸部批准，寰球公司首批获得对外经营权，至此寰球公司成为设计行业中第一个具有企业法人资格、拥有对外经营权的工程公司。

1992年11月，经外交部批准，寰球公司又成为全行业唯一一家获得“通知签证权”的单位，即授予寰球公司派遣人员临时出国（境）和邀请国外经贸人员来华事项的审批权，为“走出去”和“引进来”创造了有利条件。

在改革开放方针的指引下，寰球公司重点进行了设计体制、程序和方法的改革，进行结构性、功能性调整，将设计院改造为具有工程项目管理和工程总承包功能、为建设项目全过程服务的国际型工程公司。加速与国际通行模式接轨，实行设计收费，实行事业单位企业化管理，向彻底改为企业过渡，试行工程总承包和项目管理服务承包等。

第三节　进军海外（1995—2004年）

一、走向国际市场

1995年，经过艰苦努力，在激烈的国际公开招标竞争中，寰球公司完全依靠自己的力量，在孟加拉国市场夺得第一个国外EPC总承包项目，开创了设计单位独立进入国际市场开展总承包业务的先河。

同年9月26日，经有关部门批准，寰球公司与新加坡胜宝旺公司合资的胜宝旺寰球工程有限公司成立。同年10月27日，北京京华昌工程建设监理有限公司成立。

1996年12月，寰球公司在国外成立了第二个办事处——驻斯里兰卡办事处。斯里兰卡办事处的成立，以及寰球公司对斯里兰卡市场的大力开发和正确抉择，使斯里兰卡发展成为寰球公司对外业务的一个重要基地。

1997年，据经贸部有关部门统计，在全国设计行业中，寰球公司境外项目的合同额和营业额首次名列第一，表明寰球公司已经从数十年来只做国内设计，发展到国际、国内两个市场，从工程设计发展到工程项目总承包，而且在开拓国际市场方面处于全国设计行业的领先地位。

1998年11月8日，中共中央办公厅、国务院办公厅发出《关于中央党政机关与所办经济实体和管理的直属企业脱钩有关问题的通知》，国家石化局将原化工部的所有直属勘察、设计单位交由中国化学工程总公司管理。

1998年，寰球公司首次被美国《工程新闻记录》（ENR）评选为全球最大的225家工程承包商之一，列191位，同时还被评为全球最大的200家设计公司之一，列194位，表明寰球公司在建设国际工程公司方面迈出了历史性的十分重要和可喜的一步。

从1998年2月开始，寰球公司针对斯里兰卡炼油厂改造项目，经过艰苦努力，尤其是在项目投融资方面做了前所未有的大量工作，终于在2000年12月，与斯里兰卡锡兰石油公司签订了炼油厂改造工程总承包合同，不仅开创了中国政府第一次对外提供有竞争力的“混合贷款”的先例，而且首次实现了寰球公司投融资的重大突破，为今后在国际国内两个市场的更大发展奠定了坚实基础。

二、进一步走向国际化

2000年9月28日，根据国务院《关于中央所属工程勘察设计单位体制改革实施方案的通知》的精神，寰球公司成为中央直接管理的全国10家设计单位之一。按照上述国务院文件规定，原化工部华北规划设计院划归寰球公司领导。

同年10月，经国务院批准，寰球公司成为中央直接管理的境内169家企业、全国十家勘察设计单位之一。这是寰球公司体制改革的一次重大突破和转折。

2002年7月23日，北京中寰工程项目管理有限公司成立，该公司是寰球公司的参股公司，也是全国第一个正式注册的“工程项目管理（PMC）”公司。从此，国家工商行政管理总局将“工程项目管理”作为一个新的行业准予注册。

同年9月26日，经有关部门批准，中国寰球化学工程公司更名为中国寰球工程公司。

同年12月9日，寰球公司在南海石化工程项目的国际公开招标中，继与日本JGC公司联合投标得到当时世界上最大规模之一的80万吨/年乙烯工程总承包后，又与意大利TECNIMONT公司联合投标得到25万吨/年高压聚乙烯、20万吨/年低压聚乙烯、24万吨/年聚丙烯等三套生产装置的总承包任务，该公司负责装置的设计、国内采购和施工管理等工作，标志着寰球公司已进入具有世界先进技术水平、世界级规模的大型石化工程总承包领域。

2003年3月，寰球公司与越南化工总公司签订海防（磷酸二铵）项目管理PMC总承包合同，并按合同要求顺利完成，开创了国内工程公司成功实施国际大型工程项目管理总承包的先河，具有示范和引领作用。

寰球公司不断调整改造旧有模式，创建并完善与国际接轨的、适应工程总承包和项目管理承包的新模式，在海外市场连续拿到并高质量地完成一批工程总承包和项目管理承包项目，国际业务的收入逐年提高并占据主导位置，从国内工程公司发展为国际知名工程公司。

第四节　飞速发展（2005—2015 年）

一、并入中国石油

2005 年 6 月，经国务院批准，寰球公司整体进入中国石油集团公司，这是寰球公司体制的又一次重大变革。

通过深度融入世界级的大型油气产业集团，充分利用集团公司的资源优势和市场格局，为建设世界一流工程公司和实行工程总承包提供了新的有利条件和良好机遇，翻开了寰球发展史上的新篇章。

同时，中国石油通过寰球公司的工程建设项目投资决策咨询服务和重点炼化工程建设，增强了海外发展的技术和资源实力，提升了炼化业务的竞争能力，优化了产业布局。

中国石油与寰球公司在明确的目标定位和集团整体战略指引下，重组双方高处着眼、大处着手，审慎做好重组整合方案顶层设计，围绕集团提升炼油化工关键技术自主开发能力和核心竞争力，公司开拓炼化工程建设市场，带动炼化建设企业共同发展，把寰球公司打造成炼油化工工程建设领域的主力军和全球百强工程公司，为寰球公司勾勒科学发展的锦绣蓝图。

更重要的是，寰球公司获得了多项技术首套平台使用的宝贵机会。如在大型乙烯装置工业化成套技术开发、液化天然气（LNG）关键技术研究、大型氮肥装置工业化成套技术开发等重大技术创新项目，都在集团投资项目上得到了直接实施、运用、改进以及提升，极大地促进了公司的自主创新工作。

寰球公司重组并入中国石油以后，以重组整合为契机，以集团支持为载体，大力实施为集团提供服务保障和切实提升自身市场开拓能力的“双轮驱动”策略，在创新能力、服务保障、市场拓展等诸多方面实现了跨越发展。

二、重组整合

按照中国石油的战略部署，寰球公司先后重组并购了胜宝旺寰球、广东省石化设计院，成立项目管理公司。2008 年，中国寰球工程公司与中国石油天然气第六建设公司重组，成立了新的寰球公司。2009 年，兰州石化工程公司、抚顺工程公司、独山子石化工程公司相继划转中国寰球工程公司。

寰球公司陆续对华北院、上海院、广东院、六建公司、兰州院、抚顺院、独山子院进行整合，集中优势资源和优良资产，实现了规模实力的迅速壮大，成为下辖国内外多家子分公司的大型工程建设公司，形成了集科研、咨询、设计、采购（招标）、施工、装备制造、开车、检修一体化的工程建设业务全功能服务链。

同时，寰球公司强化国际资本运作，在海外设立新加坡、沙特阿拉伯、加拿大、美国、意大利、阿联酋等子分公司。通过一系列重组，寰球公司跨越式赶超国内和国际知名工程公司，实现了多方互利共赢，提升了中国石油整体的工程建设能力和水平。经过多年发展，寰球公司构建了完整的 EPC 业务链，发展成为拥有 12 家子分公司、员工总数近万人的炼化一体化、国际国内一体化、服务功能一体化的国际型工程公司。

第五节 重组整合之路（2016—2019 年）

一、专业化重组

2016 年 6 月 28 日，中国石油对工程建设业务重组改制，推动了寰球公司的重组整合之路。

按照集团公司工程建设业务重组决定，以中国寰球工程公司和中国石油集团东北炼化工程有限公司为基础，整合归口成员企业炼化设计力量，退出油气工程上游业务，划出矿区等相关业务，组建中国寰球工程有限公司。主要重组措施如下：

——划入工程建设公司所属华东院、新疆院以及大连院除环境工程外的相关业务；

——划入昆仑工程公司所属大庆石化设计院、辽阳石化设计院；

——划出寰球项目管理公司，六建公司矿区等业务；

——划出东北炼化梦溪工程管理公司、吉林设计院所属环境分院。

专业化重组涉及东北工程、工程建设、昆仑工程等多家公司及分公司、子公司，重组改革涉及的范围广、时间紧、压力大、政策要求高，企业情况复杂，各项工作繁重而艰巨。

根据集团公司重组改革部署的精神和要求，新寰球公司积极推动企业内部改革重组，成立寰球和创公司，对困难企业、僵尸企业等不上市企业进行统一管理；对分、子公司进行全盘整合；取消东北工程公司机关，精简二级单位；成立北京寰球公司，继承原寰球公司所有的生产经营职能，作为新寰球的排头兵，突出炼化一体化技术优势和 LNG 业务国内领先优势。通过整合，形成了以北京、大连、青岛、吉林、上海、大庆、乌鲁木齐、广州、兰州九大区域工程中心，六建公司、吉林化建两大施工基地，一家寰球技术研究院为主力阵容的“9+2+1”新格局。

2017 年 1 月 19 日，寰球公司召开管控模式启动大会，开启了发展新征程。在“创新驱动、技术领先、国际化、一体化”的总体战略思路下，从战略实施向战略管控转型，构建了“总部和二级公司”两级管理层级的集团化管控架构。

专业化重组后的寰球公司重点发展炼油工程、石油化学工程、LNG 接收存储工程等业务，努力打造国际一流的炼化工程综合服务商。

二、迎来新发展

专业化重组以来，寰球公司对内部资源进行整合，形成了“9+2+1”市场新格局，规模实力显著增强，盈利能力稳步提升。

按照中国石油《2017年企业发展能力评估报告》，公司以74.61的综合得分，发展能力位居工程建设板块第一名。

2018年，在盈利能力方面，公司人均利润分别是集团公司平均水平的1.5倍，工程建设板块平均水平的3.7倍；在竞争能力方面，公司连续3年保持领先水平。

从1998年开始，寰球公司已经连续20年进入美国ENR250强国际承包商和225强国际设计公司行列。

纵观寰球公司改革发展的历程，从事业单位发展为科技型企业，成为国家能源液化天然气技术研发中心、中国石油炼油工程技术中心、中国石油烯烃工程技术中心；从单一设计功能的设计公司发展成为具有工程总承包能力的多功能的国际工程公司；从工程技术发展到工程技术、项目管理与投融资相结合；从国内业务发展到在40多个国家和地区开展国内外经营的多元化市场；成为“新中国成立60周年全国勘察设计行业十佳工程总承包企业”。

2019年正值中华人民共和国成立70周年，寰球公司紧紧围绕2025年基本建成世界一流炼化工程综合服务商、2035年全面建成具有中国特色世界一流炼化工程综合服务商、进入国际能源工程公司前十强的目标，高质量发展，高起点奋进。

第六节　公司所属企业

经过60多年的发展，中国寰球工程有限公司已拥有16家下属企业。因中石油华东设计院有限公司、中石油吉林化工工程有限公司、上海寰球工程有限公司、大庆石化工程有限公司、新疆寰球工程公司、广东寰球广业工程有限公司在本书中单独成篇，本文不再详述。

一、北京公司

中国寰球工程有限公司北京分公司（以下简称北京公司）是以技术为先导，以设计为龙头，集咨询、研发、设计、采购、施工管理、开车指导等多功能于一体，具有工程总承包综合能力的国际工程公司。

60多年来，北京公司先后完成了2000多项跨行业的国内外大中型项目的咨询、设计和总承包建设任务，在国际规模的大型乙烯、大型炼油、大型LNG、大型化肥、大型煤化工和大型聚丙烯等15大类装置上具备总承包能力并拥有丰富业绩。业务遍及全国30个省、市、自治区，以及东南亚、西欧、美洲、中东的近30个国家和地区，是国内同行中国际化程度较高、项目运营国家较多的企业，也是独立率先进入美国、沙特阿拉伯、新加坡、加拿大、意大利等炼化工程建设高端市场的国际工程公司。

北京公司工程领域涵盖化工、炼油、石油化工、化肥装置及储运工程、精细化工、天然气液化与接收、煤的清洁利用、新能源、轻工、纺织、医药、化学矿山采选、交通、电信、城市燃气、民用建筑、市政工程、热电工程、给排水工程等多个行业和领域。

北京公司现有员工 1897 人，高层次技术人才阵容强大。北京公司拥有行业设计大师 12 人，享受政府特殊津贴专家 27 人，高级技术专家 18 人，专业带头人 300 余人，高级别国家注册执业资格人员 996 人。90% 的专业技术人员具备用英文按美国、欧洲、日本标准和中国国标进行设计和建设的工作能力，公司拥有教授级高级工程师 77 名，高级工程师 707 名，在欧洲、美国、日本的国际工程公司工作和培养两年以上的人员 200 多名，具有硕士（含双学士）和博士学位的人员 579 名，有丰富经验的高级项目管理人员 300 多名。

北京公司拥有雄厚的科研实力，承担了多项大型化工装置的科技攻关任务，累计获得国家受理或授权专利总数达 323 项；有 30 项具有竞争优势的专有技术，20 余项自行开发或正在开发的具有市场价值的工艺创新技术，41 项自行开发的计算机软件。荣获国际和国家级、省部级发明奖、科技进步奖、优秀工程设计奖等奖项 356 项；主编和参编的国家标准规范 43 项、行业标准规范 85 项、中国石油天然气集团公司企业标准 163 项、协会及其他标准 17 项。为大型化工装置的国产化及以高新技术带动国际工程承包和机电产品出口奠定了坚实基础。

北京公司建立了系统的、与国际接轨的总承包项目管理体系和项目运作管理模式，建立了 ISO 9001 质量保证体系、ISO 14000 环境管理体系和 OHSAS 18000 职业健康安全管理体系；拥有工程设计综合甲级资质，可承担所有行业工程项目的设计任务；形成了“一个平台、三大系统”的信息化体系，拥有国际先进水平的网络硬件系统、工程应用软件系统、工程项目管理集成系统和各种数据库；组织和参与行业技术中心的建设，国家和行业的若干工程技术标准规范的编制及管理机构均设在北京公司。

凭借先进的技术、丰富的工程业绩和良好的企业资信，北京公司被评为国庆 60 周年全国勘察设计行业“十佳工程承包企业”，获得首批“AAA 级信用企业”和北京市“高新技术企业”称号，被国家能源局批准成为国家天然气领域唯一的国家级技术研发中心——国家能源液化天然气技术研发中心，2011 年和 2014 年公司工程总承包完成合同额在全国勘察设计行业百强排序中连续位居第一。

二、东北工程

中国石油集团东北炼化工程有限公司是以工程咨询、设计、工程总承包、专有技术和专有设备研发为核心业务的炼化工程公司，拥有工程设计综合甲级资质、环境影响评价甲级资质、石油化工工程总承包一级资质。

公司在炼油装置的设计和总承包方面具有优良业绩。着重发展油品质量升级核心技术；持续研发和推广重油加工特色技术；拥有国内领先的润滑油加工工程技术；具有按世界一流标准设计的油品调和智能化工厂技术；干气制乙苯、丁烯氧化脱氢制丁二烯等化工技术处于业内领先地位；在炼油、润滑油、化工等方面拥有 6 项国际先进、10 项国内领先技术。

东北炼化工程公司2007年6月组建，隶属中国石油天然气股份公司，2010年12月隶属中国石油天然气集团公司，2016年7月决定重组炼油化工工程业务，设立新东北炼化工程公司，2017年1月正式成立新东北炼化工程公司。

原大连设计分公司1962年成立，原为大连石油化工设计院，2001年10月划归CPE更名为CPE大连分公司，2009年11月划归CPECC更名为CPECC大连设计分公司，2017年1月与原东北炼化公司机关组建新东北炼化工程公司。

沈阳分公司1985年成立，原为抚顺石化设计院，2003年11月划归CPE更名为CPE抚顺分公司，2009年11月划归寰球工程公司，更名为寰球辽宁分公司，2017年1月重组划入新东北炼化工程公司。

辽阳分公司1978年成立，原为辽阳石油化纤工业总厂设计院，2004年5月划归CPE更名为CPE辽阳分公司，2009年11月，划归昆仑工程公司更名为昆仑辽宁分公司，2017年1月重组划入新东北炼化工程公司，2018年8月划入昆仑工程公司。

锦州分公司1952年成立，原为锦州石油六厂设计室，1993年更名为锦州石油化工公司设计院，2007年8月划归东北炼化公司更名为锦州设计院，2017年1月与原东北炼化公司共同划入新东北炼化工程公司。

葫芦岛分公司1955年成立，原为锦西炼油化工总厂设计院，2007年8月划归东北炼化公司更名为葫芦岛设计院，2017年1月与原东北炼化公司共同划入新东北炼化工程公司。

2016年6月30日，以中国寰球工程公司和中国石油集团东北炼化工程有限公司为基础，整合炼化设计及施工业务，组建中国寰球工程有限公司。新东北炼化工程公司列入中国寰球工程有限公司所属单位管理。

截至目前，公司承接并执行了400余项国内外大中型项目设计、EPC总承包、PMC管理承包、施工总承包和前期咨询项目，涉及工程建设投资近100亿元。

三、河北公司

河北寰球工程有限公司成立于1978年，原名化学工业部化学矿山规划设计院，是中国寰球工程有限公司所属具有独立法人资格的全资子公司，是由中国寰球工程有限公司北京分公司托管的工程设计中心和矿山业务中心。

河北寰球公司是一家具有化工和建筑专业乙级工程咨询资信；化工石化医药行业（化工工程、石油及化工产品储运、化工矿山）和建筑行业（建筑工程）甲级工程设计资质证书，并持有国家质量监督检验检疫总局颁发的《特种设备设计（压力管道）许可证》证书和《中国石油天然气集团公司工程建设承包商准入证》证书的工程公司。

河北寰球公司主营业务为工程设计和工程咨询。业务范围包括石油和化工行业各类大、中型项目的工程设计和服务；化工矿山行业资源开发规划与研究、各类大、中型项目的矿区规划与研究、工程设计和咨询；各类民用建筑的工程设计和技术咨询等。

河北寰球公司现有工程技术人员552人。建企40多年来，累计完成各类工程项目设计和咨询800余项，行业规划、资源开发与研究等项目100余项，共获国家和省部级优秀工程设计、优秀工程咨询和科技进步奖等奖项100余项。

河北寰球公司的磷矿浮选及重介质选矿、矿石长距离胶带输送、多水平深大竖井及自动化提升的设计和服务均在国内化工矿山设计行业处于领先地位，并拥有“胶磷矿重介质旋流器选矿工艺”设计等专有技术。

四、六建公司

中国石油六建公司是国家大型骨干施工企业，年施工产值能力超百亿元，在国内30多个省（市、自治区）和国外19个国家承建2000多项工程，均实现安全、优质、高效一次开车成功。

2008年，根据中国石油集约化管理、专业化重组、一体化发展的改革安排，中国石油六建公司与中国寰球工程公司进行专业化重组整合。2016年，更名为中国石油天然气第六建设有限公司，实行公司制改革并在中油工程旗下实现整体上市，走上新征程。

六建公司获得全国文明单位、全国五一劳动奖状、全国优秀施工企业、全国用户满意施工企业、全国科技创新先进企业等无数荣誉，赢得众多海内外业主和合作方的信任和赞许。

五、吉林化建

中油吉林化建工程有限公司成立于1950年，其前身为化工部第一建设公司，2016年划转成为中油寰球工程公司投资的法人独资企业，是国内建筑业中拥有资质级别最高、类别最多、综合实力最强的企业之一，被誉为“中国化工建设第一军”。

作为中国最早从事化工、石油化工建设的大型综合型工程施工特级总承包企业，具有化工、石油工程施工总承包特级资质，同时拥有房屋建筑工程施工总承包、市政公用工程施工总承包、机电安装工程施工总承包一级等多项资质，拥有商务部对外经营权资质，A级援外施工企业资格，业绩遍及国内近30个省、市、自治区和国外十几个国家和地区。

69年来，公司相继建成化工、石油化工、煤化工、炼油、建筑、电子、电力、环保、医药等多行业领域大中型生产装置及建筑工程千余套。

吉林化建现有机关部室10个，直属机构11个，分公司、直属项目部27个，专业公司5个。员工4700余人，其中工程技术、管理人员1800余人；拥有国家注册各类执业资格人员308人，其中50人次同时获得两项以上执业资格，获得国际工程项目经理资格人员21人。

公司先后荣获国家级优质工程奖27项，其中包括中国建设工程鲁班奖5项，荣获省、部级优质工程奖142项；创造了12项全国施工新纪录。公司先后被评为全国用户满意企业、全国五一劳动奖状、全国文明单位、中国建筑业领先企业、全国最佳施工企业、全国质量奖提名奖、全国质量效益型先进施工企业、全国实施卓越绩效模式先进企业、全国企业文化建设先进企业、创鲁班奖工程特别荣誉企业等荣誉。

六、吉林亚新

吉林亚新工程检测有限责任公司成立于 1952 年，前身为原化工部第一建设公司施工技术研究所。2000 年 11 月改制为具有独立法人资格的专业检测公司；2008 年 1 月，划为中国石油集团东北炼化工程有限公司直管企业，为其全资子公司；2017 年 8 月，成为中国寰球工程有限公司管理企业。

公司专业人才优势明显，现有员工 209 人，学历、职称、持证等充分满足检测施工需要，公司检测施工装备精良，拥有专业设备 264 台（套），装备实力稳居国内同行前列。

公司检测施工技术先进，现拥有 3 项国家级工法、7 项部级工法、3 项发明专利、8 项实用新型专利、5 项部级技术成果奖。

公司拥有多项特色业务，代表业主第四方监督抽检业务以业主的视角提升检测水平；专业技术服务业务可以为业主提供无损检测、理化建材试验及热处理等专业技术支持；撬装试验室业务为理化建材试验提供“现场一站式服务”，高效便捷。

公司国际经验丰富，分别在苏丹、乍得、阿尔及利亚等多个国家成功参加建设了十余项涉外工程，并被美国威曼高登锻造技术公司指定为黑皮管冶金学检验实验室。涉外工程得到了国际知名承包商极高的评价。

公司先后参加石油化工、煤化工、机电、电力、冶金、电子、轻工、医药、房建、市政、公路、铁路、兵器工业等行业 600 多项工程项目检测施工工作，多次被评为检测施工先进单位，荣获 20 多项 QC 成果奖。

七、吉林机械

吉林寰球和创机械制造清洗有限公司（以下简称寰球机械公司）始建于 1958 年，前身为吉林化学工业公司机械厂，2000 年改制为吉化集团机械有限责任公司。2007 年 6 月，经中石油重组划归到中石油东北炼化工程有限公司，更名为中石油东北炼化工程有限公司吉林机械制造分公司，2012 年 3 月再次更名为中国石油集团东北炼化工程有限公司吉林机械制造分公司。2016 年 9 月因中油工程公司上市重组需要，将吉林机械制造分公司资产、负债从中国石油集团东北炼化工程有限公司无偿划转至寰球和创科技服务（北京）有限公司，2017 年 1 月，由寰球和创科技服务（北京）有限公司注资 800 万元成立吉林寰球和创机械制造清洗有限公司。

寰球机械公司是以装备制造为主导，集设计、研发、制造、检维修为一体的综合公司。几十年来为中石油、中石化、中海油、大唐、神华、中国北车集团等提供了包括塔器、反应器、沉降器、再生器、换热器、搅拌设备、铁道罐车、离心机、专用聚合釜及双相钢、ALLOY20、哈氏合金、钛合金、904L 等特材设备。公司先后与韩国三星公司、日本三菱公司、加拿大费罗丹尼尔公司、蒙古乌兰巴托电厂、德固赛公司、印度 L&T 公司等进行了优质、高效的国际合作，所生产的非标压力容器产品已出口到阿尔及利亚、尼日尔、蒙古等国家。

八、吉林清洗

吉林清洗公司前身为中国石油集团公司东北炼化工程有限公司吉林机械清洗分公司，成立于2010年。在后续的发展中，企业实现从无到有、由小到大的转变，至2016年，项目部数量扩展至25个，拥有完善的地埋罐、拱顶罐、外浮顶罐、内浮顶罐的清洗技术，具备清洗原油、甩油、渣油、蜡油、成品油等介质的能力，清洗储罐容积从500立方米到10万立方米，业务范围已经遍布全国30个省市自治区，占中石油储罐清洗份额的70%，是集团公司内部指定专业化机械清洗公司之一。

2017年寰球公司重组整合，上级公司重新调整确定吉林清洗新一届领导班子，与吉林机械分立运行。2017年1月，吉林清洗完成新一届领导班子组建，当年实现扭亏。2018年1月15日，吉林清洗与吉林机械分开，独立运营，并设立独立党委，直接由寰球公司管理。

公司现有员工116人，机关设立4个职能部室，直属单位设置6个区域分公司。拥有中国工业清洗协会颁发的最高物理清洗A级资质，是国内注册最早的储罐专业机械清洗公司之一，主要从事原油、成品油及加油站地埋罐储罐的机械清洗。负责起草了集团公司原油、成品油《储罐机械清洗作业规范》。与集团公司炼化板块中的19家企业、销售板块中的43家企业开展合作，平均业务覆盖率达75%，是目前集团公司内部业务范围最广的清洗公司，已成为集团公司内部名副其实的清洗行业第一军！

吉林清洗公司目前拥有清洗设备32台，公司服务范围遍及全国（除港、澳、台、新疆），形成网络，设备调遣半径不超过500公里，能做到朝发夕至，可在24小时内到达业主指定的任何地点。大型储罐清洗的年清洗能力500万立方米，加油站地埋罐的年清洗能力可达5000个站。

九、中东公司

寰球中东公司成立于2010年，目前有四个分公司、一个办事处和五个职能部门，主要分布在阿联酋、沙特阿拉伯、伊拉克、伊朗和科威特等国家和地区。公司2007年进入沙特阿拉伯以来成功注册了沙特阿拉伯分公司，进入了SABIC市场和Aramco市场；2010年初春之际，寰球阿布扎比分公司正式注册完成，形成了以市场开发、项目管理为主要功能的中东公司；2011年3月14日，中东公司正式进入伊拉克市场，并成立了伊拉克分公司，调进公司最精干技术和管理人员，全心投入到集团公司在伊拉克的建设当中。

中东公司利用技术和服务优势，努力做好公司海外的技术支持和服务，炼油与工程服务并举，上下游一体化，相继取得SOC（伊拉克南方石油公司）、ROO（中英伊操作联合体）、BP（英国石油公司）、BGC（壳牌和SGC联合体）、KAR（库区卡尔集团）、SABIC、阿美及中石油伊拉克公司的肯定和认可。历经风雨砥砺，成为宝石花旗帜下的一支难得劲旅。

中东公司在中东市场先后完成了SABIC公司HDPE项目、PK-UI项目，沙特阿美公司的火炬消烟和消防水改造项目，沙特矿业公司的磷矿选矿项目；阿联酋中联油富查伊拉成品油罐区的可研项目；鲁迈拉油田伴生气利用调研项目；鲁迈拉油田 Shamiyah、Janubia 脱气站火炬消烟项目；鲁迈拉油田设计采购服务项目；伊拉克库区 KAR 泵站项目；寰球伊拉克综合营地建设等。

十、东南亚公司

寰球胜科工程公司是中国寰球工程公司与胜科海事工程公司于 2007 年 3 月联合成立的合资公司，寰球公司占股 81%，胜科海事占股 19%。该公司在新加坡商业注册局正式注册，是中国寰球工程公司的控股子公司。

公司通过多年的工程积累，在当地取得了较为完备的工程资质，包括：一级工程总承包资质、L2 级机电安装资质及 Bizsafe Star 等级的企业安全资质，获得了新加坡当地认证机构审核颁发的 ISO 9001、ISO 14001 及 OHSAS 18001 管理体系认证证书。

为大力实施国际化战略，推进海外业务发展，加强对东南亚地区的市场开发和综合协调管理，寰球东南亚地区管理公司于 2018 年 7 月正式成立，主要负责对东南亚地区的市场开发、部分中小型项目的执行和地区实体公司的协调管理工作。总部设在新加坡，基于新加坡公司及马来西亚公司两家实体公司开展相关业务，下设印度尼西亚、马来西亚、越南、缅甸、孟加拉、斯里兰卡、巴基斯坦 7 个办事处。

公司目前拥有员工逾 110 人。公司的主营业务范围涉及海上陆上一体化的石油化工工程设计、采购及施工服务。自成立以来，成功执行了英国 Lucite 公司的甲基丙烯酸甲酯项目的机械安装总包工程、埃克森美孚公司（ExxonMobil）新加坡双线乙烯工程芳烃回收和异丁烯装置的机械安装总承包项目、康菲石油公司（ConocoPhillips）挪威北海海上公用工程和生活平台的设计服务项目、SOME 印尼模块、预制车间总承包项目、新加坡炼油厂海水提升及消防水系统升级改造工程项目、新加坡大市电力公用工程管廊三期总承包工程项目、斯里兰卡 LAUGFS LPG 罐区总承包项目、斯里兰卡清洗项目。目前正在执行的项目有马来西亚恒源欧四升级改造总承包项目、马尔代夫机场油库施工分包项目、马来西亚维多 ATB 总承包项目、马来西亚 GPS 罐区总承包项目、美孚裕廊岛罐区采购服务项目。

（中国寰球工程有限公司　王利）

弘扬知识报国志　与共和国共成长

——中国石化工程建设有限公司发展纪实

中国石化工程建设有限公司（SEI）诞生于1953年，是我国首家石油炼制与石油化工工程设计单位。1999年，由原中国石化工程建设公司、中国石化北京设计院、中国石化北京石化工程公司重组而成，隶属于中国石油化工集团有限公司。半个多世纪以来，SEI始终以振兴中华为己任，服从国家使命、服务国家需要，为我国炼油化工行业做出卓越贡献，已发展成长为国内领先、国际知名的工程公司。

第一节　夯实石油化工设计根基（1953—1983年）

1953年，在“石油产品三年过关，五年立足国内”的总体部署下，SEI的前身燃料工业部石油管理总局设计局（以炼油设计为主）和重工业部化学工业管理局化学工业设计公司（以化工设计为主）相继成立。

一、学习借鉴，探索前进

（一）炼油设计部分

1953年4月28日，中央人民政府燃料工业部石油管理总局以原设计处为基础，从东北石油管理局和玉门矿务局调入人员，集中部分国内和留学归国的炼油专家，在北京德胜门外六铺炕，组建了新中国第一个石油工业设计院——石油设计局。1956年6月，为适应炼油工业发展的需要，更名为石油工业部北京设计院（BDI）。

20世纪50年代，北京设计院集中了一批设计骨干配合苏联专家，全程参与了从选择厂址到一期工程建成。通过兰州炼油厂建设的工程实践，设计技术人员逐步掌握了区域规划、厂址选择、工艺方案确定、施工图设计、配合施工等规范标准和程序方法，为以后开拓自己的炼油厂设计奠定基础。

北京设计院从建设兰州炼油厂成长起步，完成了一批老厂（上海炼油厂、石油七厂、石油五厂等）的恢复或改扩建，并新建了锦州石油六厂合成甲苯车间，为军工生产提供了重要原料，也为新中国国民经济恢复作出了贡献。1958年，北京设计院独立设计了独山子炼油厂和10万吨/年的克拉玛依炼油厂。

（二）化工设计部分

1953年3月27日，重工业部将当时全国的主要化工设计力量集中起来，以北京、华东和东北地区3个政府机关化工局设计处、室的力量为基础，并抽调化工生产企业的一些技术骨干，组建成新中国第一个全国性的化学工业设计公司——重工业部化学工业管理局化学工业设计公司，地址定在北京，人员暂时集中在沈阳办公。1955年2月，改名为重工业部化学工业管理局化工设计院。

1956年5月12日，化学工业部成立，设计院改名为化学工业部化学工业设计院。同年10月，将院下设的4个部改为3个设计分院和1个分公司。1958年8月，重新建立化学工业部化学工业设计院（简称化工设计院）。

“一五”期间，化工设计院重点建设了苏联援建的东北吉林、华北太原和西北兰州等厂的染料、氮肥、电石、橡胶建设项目。

化工设计院还积极参与“三大化工基地”的建设，完成大连化工厂合成氨装置生产的恢复和扩建的工程设计，完成永利宁厂扩建工程设计，独立自主完成我国第一座以焦炭为原料的大型氮肥厂——四川化工厂的工程设计；完成大连、永利塘沽、四川鸿镇纯碱工程设计，开展了株洲、衢州、吉林、福州、广州和北京化工二厂的氯碱及硫酸工程设计；开始染料、农药、己内酰胺、氯丁橡胶和以电石乙炔为原料的醋酸工程设计。

在此期间，化工设计院在借鉴苏联设计思路的基础上，按照“初步设计”“技术设计”和“施工图设计”不同阶段的设计内容和深度，制定了一套相应的设计管理制度。同时，还遵照中央关于加速发展化肥和氯碱工业的要求，编制了三套定型设计（5万吨/年合成氨装置、7500吨～1.5万吨/年电解烧碱装置、6000吨/年聚氯乙烯装置）供各地因地制宜采用，为中国自力更生发展化肥和氯碱工业作出了贡献。

二、独立自主，刻苦攻关

（一）炼油部分

1. 攻克“五朵金花”，推动国内炼油技术达到当时世界水平

20世纪60年代，中国开发了大庆油田，炼油工业迎来了独立自主、自力更生大发展的时期。

北京设计院与科研、设计、制造、建设等兄弟单位协作，克服国外对中国石油产品的技术封锁、3年自然灾害等困难，攻克具有当时世界水平的“五朵金花”（流化催化裂化、催化重整、延迟焦化、尿素脱蜡、炼油催化剂和添加剂技术），并设计建设了大庆、南京、东方红、胜利四大炼油厂，实现了中国炼油工业的一次跃进，造就了我国自力更生发展炼油技术的典范。

2. “庆出于兰而胜于兰”，自主设计了新中国第一座炼油厂

1961年，北京设计院承担设计大庆炼油厂的重任。当时，国内炼油技术比较成熟的只有从苏联进口的兰州炼油厂。石油部决定按照兰州炼油厂100万吨/年的模式来设计，但了解到当时苏联的技术并不先进时，希望技术人员在设计上能有一些改进，提出了口号：“庆出于兰而胜于兰”。“庆出于兰”意思是大庆的技术是从兰炼来的，“胜于兰”是希望在兰炼技术的基础上结合掌握的操作经验，找出不足并改进，让大庆炼厂比

兰州炼厂更先进。

大庆炼油厂一期工程1962年开始施工，历时18个月顺利投产，各装置均一次投产成功，揭开了中国独立自主建设大型炼油厂的序幕!

3. 建成“四个一”炼厂，赶超世界先进水平

1966年初，北京设计院开始设计山东胜利炼油厂，并于当年10月实现常减压蒸馏装置试车。当时称为“四一”炼油厂，即一套装置（一套由常减压、催化裂化、焦化、叠合等紧密组合而成的装置）、一亿元投资、一年时间、一次投产成功，被石油部作为赶超世界炼油水平的项目。该厂从布置上、工艺流程上、物料上、热量上全面实现联合，节约能源，减少了用地和投资，工厂能耗指标当时在国内最低。

4. 自主设计东方红炼油厂，为新中国成立20周年献礼

1967年春，北京设计院按照“靠山、分散、隐蔽”的方针，进行北京东方红炼油厂全厂设计。为确保首都近郊这一重大国家项目顺利实施，石油部先后从全国调集7支建设队伍和3个科研单位参加建设，而北京设计院设计人员在全厂建设中挑大梁，发挥了十分突出的作用。东方红炼油厂全部采用国内自主技术，自行设计和制造的设备，标志着当时中国炼油技术的综合实力和水平。

（二）化工部分

1965年3月，化工部决定将化学工业部化学工业设计院改名为化学工业部第一设计院。1969年10月，化工部军管会紧急动员第一设计院成建制全部迁到山西省阳泉市平定县娘子关公社程家村（大队）。

1970年7月，国务院决定将煤炭部、石油部、化工部合并为燃料化学工业部。燃料化学工业部决定将化学工业部第一设计院改名为燃料化学工业部化工第一设计院。

（1）奋战维尼纶。在“二五”计划期间，第一设计院在对国外资料分析和试验研究的基础上，根据天津有机化工试验厂取得的数据，为吉林四平联合化工厂设计了中国第一套年产1000吨维尼纶（聚乙烯醇）生产装置。该装置于1965年5月，先于从日本仓敷公司成套引进建设的北京有机化工厂维尼纶装置投料试车，并顺利投产成功。

（2）开发顺丁橡胶。20世纪60年代初，国家科委决定组织有关设计、科研和生产单位，自力更生开发合成橡胶技术，并选定锦州石油六厂为试验基地。化工设计院派出技术骨干参加了全流程的大会战，于1969年终于开发出了以抽余油为溶剂、以环烷酸镍-烷基铝-三氟化硼乙醚络合物为催化剂的顺丁橡胶生产工艺技术路线。1970年，化工设计院仅用100天就完成了1.5万吨/年顺丁橡胶生产装置的整套设计，并于1971年在燕化公司建成并顺利投产。该项“顺丁橡胶工业生产新技术”获国家科技进步特等奖。

（3）聚氯乙烯技术。1963年，设计院与锦西化工研究院合作，开发了采用盐酸脱吸法获取精制氯化氢气体，使副产盐酸又变成化工原料，得以重复利用的新工艺。1964年，设计出了全浸式隔膜电解槽；开发了国内第一台1.6万千伏安电石炉变压器。1965年，开发和设计出了10万安培水银电解槽；开发了聚氯乙烯生产的加压蒸馏工艺。

（4）援外工作。设计院完成了援助阿尔巴尼亚制碱装置、5万吨/年合成氨装置、11

万吨/年硝铵装置和密闭电石炉装置；援助越南北江氮肥厂的 5 万吨/年合成氨装置的工程设计。1965 年，还为埃及和阿富汗王国提供了烧碱、甲醇、酚醛塑料、酚醛树脂等设计建议书，并为缅甸雪当造纸厂提供食盐电解、液体烧碱和漂白粉等产品的方案设计。

三、饱尝艰辛，一路前行

1. 下放到荆门和娘子关

1970 年，北京设计院参加江汉油田会战的职工被整编为五七油田八分部设计研究大队，负责设计建设荆门炼油厂和武汉炼油厂。1969 年 10 月，化工部第一设计院从北京迁到山西娘子关程家村。

2. 组建北京石油化工总厂设计院

1971 年 5 月，化工部第一设计院将大部分员工撤回北京燕山，与北京设计院留在北京的职工组建成北京石油化工总厂设计所，先后更名为北京的石油化工总厂设计院、燕山石油化学总公司设计院。这是当时国内唯一既可承担石油炼制、又可承担石油化工设计的综合设计院。

北京石油化工总厂设计院承担了东方红炼油厂二期和援外工程（阿尔巴尼亚巴尔什炼油厂和朝鲜新义州烽火化工厂）。1976 年，完成援助阿尔巴尼亚的巴尔什炼油厂全部设计，先后派出了 40 多名工程技术人员赴阿，解决了该国高硫原油加工问题。1981 年，援朝的新义州烽火化工厂移交朝方，前后七年里共派出 30 多人赴朝。建成后的朝鲜新义州烽火化工厂，设计规模 150 万吨/年，共有 7 套工艺装置；阿尔巴尼亚巴尔什炼油厂，设计规模 100 万吨/年，共有 13 套工艺装置，它是中国援阿三大项目之一。

1974 年初，根据燃料化学工业部的指示，赴荆门的北京设计院员工返京，参加北京石油化工总厂 30 万吨/年乙烯工程会战，住宿和办公的地点位于北京燕山区羊耳峪。

在此期间，公司人员分散、驻地数度变迁，工作和生活动荡艰苦，条件十分困难，但全体干部员工积极响应中央号召，服从国家使命、服务国家需要，义不容辞地完成各项设计任务。北京设计院在荆门城郊宝塔山下的沟壑中，设计建成了一座加工能力 250 万吨/年，具有 13 套装置的燃料-润滑油型炼油厂。

3. 炼油和化工“分家”

1978 年，石油部、化工部重新成立。原并入北京石油化工总厂设计院的人员回归北京设计院，单位名称为石油工业部北京石油设计院；化工部第一设计院部分员工回到化工部，单位名称为燕山石油化学总公司设计院。

1978 年 3 月，北京设计院攻关的“大庆原油合理加工”等 12 项技术获全国科学大会成果奖；燕山石油化学总公司设计院研发的“顺丁橡胶成套生产技术”等 6 项技术获全国科学大会成果奖。

1978 年春季，北京设计院承担了上海炼油厂 1 号蒸馏装置技术改造任务。设计人员决心在常减压装置上瞄准世界先进水平，为老装置的技术改造搞出个样板来，为全国炼油厂的节能带一个好头。改造于 1979 年 11 月完成并全面标定，装置能耗从每吨

24.6 万千卡降至 16.1 万千卡，而当时全国平均水平是 28.9 万千卡。改造的成功推动了全国炼油工业的节能，截至 1982 年底就有 28 套常减压装置参照上海炼油厂完成了改造工程，成为 20 世纪 70 年代末祖国炼油战线上一道亮丽的风景。

4. 加强国际交流，引进国外先进技术

20 世纪 70 年代，北京设计院与北京石油化工总厂设计院加强国际交流，相继引进了多套炼油技术和成套设备。

1972 年，北京石油化工总厂设计院承担引进 30 万吨/年乙烯装置及配套装置的规划、总体设计、引进装置的技术谈判和分交设计。在燕化聚酯项目引进对二甲苯装置时，采用了只购买专利技术和部分关键设备的方式。总厂设计院承担全部设计任务，并参与建设和设备制造工作。该项目建成后被评为国家级优秀设计奖。

1975 年，燕化公司“四烯”（30 万吨/年乙烯、18 万吨/年高压聚乙烯、8 万吨/年聚丙烯、4.5 万吨/年丁二烯）正在建设中。总厂设计院技术人员认真贯彻中央关于对引进装置“一学、二用、三改、四创”的方针，对大型石化装置的设备制造拟进行会战。技术人员便夜以继日地工作，在消化吸收的基础上进行一系列工艺测算，在不到一年时间完成了以“四烯”为代表的 7 套大型石化装置的初步设计，完成了“四烯”翻版设计任务，形成了自己的技术。

1978 年，北京设计院与日挥公司合作采用美国环球油品公司技术建成天津石油化纤厂，与日本千代田公司合作采用美国联合油公司技术建成齐鲁石化总厂柴油加氢装置、采用美国飞马公司技术建成齐鲁石化总厂柴油临氢降凝装置等。通过技术引进，使设计人员逐渐开阔视野，接触国外标准规范，初步了解国外工程公司的有关情况。

1978 年，美国鲁姆斯（LUMMUS）公司来总厂设计院进行现代设计方法与管理的技术交流，使设计人员对国外的设计工作方法、设计组织、设计管理等有了比较系统的了解；1979 年，派出了 5 名富有设计经验的同志赴美国凯洛格（KELLOGG）大陆公司进行培训，学习了国外先进技术和经验。

1980 年，化工部提供了赴荷兰尿素学习的机会，技术人员抓住难得的学习机会，较系统地学习掌握了凯洛格（KELLOGG）大陆公司的设计资料。通过学习消化以上资料，对总厂设计院的设计机构、设计方法、设计组织、设计管理及设计装备的改进，起到了较大的促进作用。

第二节　改革创新，发展壮大（1984—1998 年）

1983 年 7 月 12 日，中国石油化工总公司成立。北京设计院更名为中国石油化工总公司北京设计院（简称北京设计院，BDI）。1984 年，燕山石油化学总公司设计院更名为中国石油化工总公司北京石油化工工程公司（简称北京工程公司，BPEC）。

从此，两个设计院沐浴在改革开放的春风里，迎来了欣欣向荣的新发展，为中国石油化工发展起到了将科技成果转化为生产力的主力军作用，同时在引进国外石油化工先进技术、消化吸收基础上推进国产化，促使石油化工实现跨越式发展方面，起到了桥梁和纽带的作用。

一、步入办公现代化

1991 年和 1996 年，在集团公司的关心和支持下，分别建成了位于安德路 67 号和安慧北里安园 21 号的办公楼，不仅迎来全面、持续发展的新时期，而且也具备了现代化办公环境，为新时期开始创建国际型工程公司奠定了良好的硬件基础。

二、推进国产化

1984 年春，中国石化总公司决定进行国产化试点，选择了以炼厂气丙烯为原料，采用高效催化剂连续式本体法聚丙烯装置作为国家重大技术装备国产化的起步项目。承担这一试点任务的设计人员与科研、制造单位相结合，克服了重重困难，于同年完成了大连有机合成厂 4 万吨/年聚丙烯装置可行性研究报告，同时完成了兰州炼油厂、广州石化公司 4 万吨/年聚丙烯项目建议书，并开发了炼厂气精制技术。

1991 年 10 月，第一个国产化试点工程——大连有机合成厂 4 万吨/年聚丙烯装置建成，并一次投料试车成功。这标志着公司的聚丙烯装置设计从可行性研究开始到设计、安装、试车、考核完成了一个全过程，为国产化工程设计积累了经验。

三、设计技术水平跃上新台阶

1985 年，开始投入大量人力、物力开发新型乙烯裂解炉。到 2003 年，已经拥有年产 2.5 万吨、3 万吨、4.5 万吨、6 万吨、10 万吨系列的高收率和节能型乙烯裂解炉成套技术。该技术获得中国石化科技进步一等奖、国家重大技术装备成果特等奖、国家“七五”科技攻关成果奖，在国内乙烯装置上发挥了很大作用。

1990 年，与石科院合作为济南炼油厂建成的 6 万吨/年的催化裂解装置提供了一条新的以生产丙烯为主的工艺路线。该技术 1994 年获总公司科技进步特等奖。1995 年，采用该技术的 40 万吨/年催化裂解装置在安庆石化公司顺利投产。该技术还出口到泰国。

1991—1998 年期间，设计和建成了 4 座新炼油厂（石家庄、济南、福建及大庆助剂厂）和 210 套炼油工艺装置。其中，福建炼油厂在设计时打破传统模式，开拓性采用装置和罐区密集布置、运用 DCS 集散型控制技术、节约工厂用地、实现热能高效率利用等，被国家建设部评为“最佳工程设计特等奖”。

1995 年下半年开始，开展了环管法聚丙烯工艺的国产化开发设计工作。该技术投资低、建设周期短、技术新、产品质量好，特别是以炼油厂副产的大量丙烯为原料，增加炼油厂效益的特点，受到业内普遍欢迎，并在国内设计市场中占据绝对优势。2000 年，该技术荣获国家科技进步一等奖。

同期，在工艺装置设计中，与兄弟单位合作开发出常压渣油催化裂化的成套技术，并首次在石家庄炼油厂投产成功。该技术解决了大庆渣油中沥青质、残碳和有害金属含量高、裂化困难等若干难题，随后进一步发展为减压渣油催化裂化技术，在燕化公司炼油厂开车成功，并将该技术推广到全国 30 多套新建或改建的催化裂化装置。

四、技术基础工作不断增强

编制了炼油工程设计方面的国家标准 2 项，中国石化炼油工程设计行业标准 60 多项、700 多项炼油企业标准、300 多项炼油企业管理规定。同时，还主编或参编了石油化工工程设计国家标准、行业标准 39 项，主编中国石化化工工程设计标准 21 项，石化企业标准、标准图 781 项。

五、“甩掉图板”，推行计算机辅助设计

1986 年，引进了 IBM-4381 中型机和 CV 工作站，在扬子聚丙烯和燕化公司聚苯乙烯装置详细设计中，用三维软件模式设计技术成功抽取单线图和自动统计配管材料。同时，对引进的 PROCESS 软件进行二次开发，用于多个工程的工艺计算和方案优化。到 20 世纪 90 年代初，95% 的工艺设备、压力管道、土建结构采用计算机进行工艺计算和应力计算。

1994 年，在炼油工程设计和石油化工工程设计两方面都分别建立了以 IBM ES9000 大型机为核心，以 AS/400、RISC/6000 和 18 台微机为服务器，以 1200 多台微机工作站和 57 台 Intergraph 三维工作站为客户机的 Client/Server 结构的局域网，并配有 9 台绘图仪、50 多台 HP 激光打印机和扫描仪等外围设备。同时，建立 Internet 系统，可与国内外客户和施工现场交换信息。同年，用 Intergraph 的 PDS 软件开发，完成了炼油厂、石化厂主要装置的三维设计模型、自动抽取管段图，三维设计也上了新台阶。

1995 年底，设计人员甩掉图板，开始采用网络和数据库技术，全面推行计算机辅助设计。1997 年，计算机应用实现单机单项向集成化、系统化发展，开始进入外设、软件、信息共享，专业设计条件自动传输的设计技术改革新阶段。1998 年末，已拥有一大批国内外著名软件和自行开发的软件，特别是炼油厂、石化厂工程设计的工艺总流程优化软件，如 GRTMPS 和 CAL-Ⅱ，工艺流程模拟软件 AspenPlus、Pro Ⅱ、Prs，传热传质软件包 HTRI、HTFS 和 FRI，应力分析软件 Ansys 和 Caesar Ⅱ 等 300 多个，使工艺设计水平再上新台阶。

六、中外合作顺利推进

在中国石化总公司的支持下，1984 年与美国福陆公司签订合同组建华福工程有限公司，1986 年，与美国鲁姆斯公司合资成立华鲁工程有限公司。

两个合资公司成立后，按国际上通用的项目管理方法和技术标准，先后完成了胜利炼油厂 56 万吨/年加氢异构裂化、胜利炼油厂 84 万吨/年减压渣油加氢处理、抚顺石化公司乙烯厂 8 万吨/年线性低密度聚乙烯、齐鲁石化公司聚丙烯等装置的工程设计。设计都采用当时世界先进水平的国外专利技术，完全按照国外标准和国外工程公司项目管理方法进行设计，设计文件和图纸全部采用英文。

通过这些项目实践，培养了首批对外合作的复合型技术人员，扩展了设计领域，提高了设计水平，增进了国外工程界对SEI的了解，提高了知名度。同时也使设计人员得到国际上同行的工程项目设计和建设管理方法的实践锻炼，拓宽了视野，为公司走向国际工程建设市场打下一定的基础。

1993年，正式成立国外项目部。这期间，负责或参与完成了九澳油库、阿哈迈迪炼油厂修复、新加坡SRC炼油厂催化裂化外取热器设计供货和苏丹喀土穆炼油厂等项目。

七、工厂设计模式改革

1992年，在茂名30万吨/年乙烯工程总体设计中，对工厂设计模式进行了成功的改革，使工厂设计在整体设计布局上（占地由原计划400公顷降至160公顷）、在管理体制上（由厂部直接管到装置）、在依托老厂及借用社会力量减轻企业负担上（把原计划新建的原油输送系统、机械仪表维修设施、产品及原料运输等都改由依托老厂及社会力量解决）、在大幅度减少定员上（由原计划1.5万人减少到3000人）等多方面进行了重大改革，实现重大突破，受到总公司的高度评价。

八、工程总承包全面展开

1984年，公司成为国家计委批准的首批全国十三个项目建设总承包试点单位之一。同年，在燕山石化苯乙烯、聚苯乙烯装置实行工程总承包，获得很大成功；之后，又承担金陵石化公司的苯酐、增塑剂、不饱和树脂等一批总承包任务，使公司在以设计为主体的工程总承包的采购、仓储、施工管理及生产准备等方面积累了相当的经验。

1993年，承包广州乙烯10万吨/年芳烃抽提装置；1995年，承包天津石化100万吨/年延迟焦化和40万吨/年汽油-柴油加氢精制两套装置；1996年到1998年，先后承接并顺利完成福建、武汉、长岭、九江、荆门、大连等6套聚丙烯装置的总承包任务，总承包合同额突破30亿元；1997年执行天津石化重整-芳烃联合装置（PX）的总承包，EPC合同总额达到9.6亿元人民币。以上总承包项目的成功执行，对丰富工程建设全过程管理的经验，培养一大批采购、施工管理和项目管理人才，加快创建国际型工程公司的步伐具有重大意义。

1991年，成立监理公司，开拓施工监理业务，成为国内第一批甲级监理单位。先后承揽了广东惠阳熊猫汽车公司、广东亨联食品公司、湖北神龙汽车公司、广州乙烯工程等大型建设工程的施工监理任务。

第三节　重组SEI，跨入国际型工程公司行列（1999—2011年）

1999年3月，中国石化集团公司决定由原中国石化工程建设公司、中国石化北京设计院、中国石化北京石化工程公司等6家公司合并，重组为新的中国石化工程建设公司（新SEI，简称石化工程公司）。1999年7月14日，在中国石化集团公司总部举行中国石化工程建设公司（SEI）重组大会。

按照国际型工程公司的管理模式，SEI建立了以矩阵式项目管理为核心，以项目组和专业部室为基础的生产组织系统，能够同时运作大型炼油化工联合工厂的总体设计、炼化装置设计以及大中型炼油化工EPC或PMC项目。公司特色的管理模式使得公司设计、采购和建设等专业技术人员及其他员工能够充分发挥自己的优势和潜能。

2008年，SEI获得国家住房和城乡建设部首批颁发的工程设计综合资质甲级证书。2009年，在中国对外承包工程商会发布的对外承包工程企业信用等级评价中，SEI获得最高级别的AAA信用等级。2011年，在美国《工程新闻纪录》（ENR）发布的“全球最大的工程设计公司150强”排名中，SEI名列第43位。同年，在该杂志发布的“最大的国际工程承包商225强”排名中，SEI名列83位。

一、工程总承包能力居国内一流

2002年以来，SEI在工程总承包业务开拓上取得较大进展，承包形式多样，既有EPC承包，也有EP承包；既有SEI的独立承包，还有与国际工程公司合作承包；既有石油化工项目的总承包，也有环保项目、煤液化项目、天然气项目的总承包。在中国勘察设计协会、中国工程咨询协会组织评选的优秀总承包项目中，SEI承包的上海石油化工股份有限公司20万吨/年聚丙烯装置、天津石化公司聚酯二阶段工程芳烃联合装置和福建炼油乙烯项目80万吨/年乙烯装置均获最高奖——工程总承包金钥匙奖，再次证明SEI在以设计为主体的工程总承包同行中处于全国领先水平。

二、开创大型项目PMC管理模式先河

SEI是国内开展EPC工程总承包业务最早的工程公司之一。SEI与美国BECHTEL公司、FOSTER WHEELER公司组成联合体，按照国际通行模式进行了当时国内最大的石油化工项目——中海壳牌南海石化工程的项目管理承包（PMC），这是我国工程公司首次承担总投资达40亿美元之多的PMC，这不仅开创了我国大型项目PMC管理模式之先河，而且标志着SEI在项目管理市场开拓方面迈出了跨越性的一步。2006年，在由中国勘察设计协会和中国工程咨询协会联合主办的中国第二届优秀项目管理评选中，该项目被评为优秀项目管理奖。

SEI还牵头与ABB鲁姆斯公司组成联合体，作为福建炼油乙烯项目管理承包商（PMC）。这是SEI首次以SEI为主承担的特大型项目的项目管理承包（PMC）。在项目执行阶段，与业主联合成立IMPT，共同完成项目管理工作。2009年8月26日，核心装置80万吨/年乙烯装置打通全流程，生产出合格乙烯、丙烯，炼化一体化项目全面投料试车成功。

三、海外市场稳步推进

SEI坚持“立足国内，开拓海外，内外并举，胜在海外”的市场战略方针，逐步形

成了辐射全球的营销网络，先后承接了东南亚、中东、北美和非洲地区的十几个大中型工程设计项目和承包项目。

1. 海外项目执行实现新突破

1992年，承接科威特阿哈迈炼油厂修复项目，迈出了走向海外的第一步。

1997年，40万吨/年催化裂化装置专利技术出口泰国，实现了炼油技术“走出去”的目标；承担苏丹喀土穆250万吨/年炼油厂基础设计和详细设计工作；2002年，承担该厂二期扩建工程设计工作。目前，该炼油厂已经成为苏丹国民经济的重要支柱之一。该项目的成功为SEI在非洲地区树立了良好的品牌。

2000年，里海周边国家石油串换项目（CROS项目）是SEI在海外实施的第一个EPC总承包项目。SEI通过三年多的艰苦努力，圆满完成项目各项合同内容，获得了业主高度评价。2004年该项目获得中国勘察设计协会及中国工程咨询协会颁发的全国工程总承包项目金钥匙奖。

2006年，SEI签署了某中东炼厂扩建和产品升级项目的总承包合同，包括360万吨/年渣油加氢、480万吨/年重油催化、90万吨/年重整及全厂控制系统等关键工艺装置和系统设施。SEI所承建的炼厂装置全部一次开车成功，充分展现了SEI在海外执行大型EPC项目的实力。

2006年，SEI与美国JACOBS公司联合参加了加拿大北极之光项目油砂改质厂DBM（Design Basis Memorandum）阶段的工作。该项目是SEI第一次涉足北美市场，第一次涉足油砂改质项目，为SEI未来开拓新的市场领域与业务领域打下了良好的基础。

2. 对外技术出口成绩喜人

在海外工程项目顺利实施的同时，以SEI技术为代表的中国石化炼油和石化技术也逐渐得到了国际市场的认可。2008年，SEI向中东某炼油厂提供了焦化专利技术并承担了基础设计工作，并将催化裂化三旋成套技术和外取热器技术输出国外。

四、科技创新硕果累累

在此期间，SEI初步形成了炼油做精扩张，化工做强突破，业务有序拓展，竞争能力显著增强的良好局面。在石油炼制方面，实现了以自有技术为主体建设千万吨级炼油厂并满足成品油质量升级的要求，部分炼油技术达到国际先进水平；在石油化工方面，基本能够依靠自主技术设计建设百万吨级乙烯及下游生产装置，部分化工技术达到国际同类水平；在煤制油、煤化工、天然气净化等新资源新能源利用方面，技术开发也实现了突破。

1. 千万吨级炼油技术

21世纪千万吨/年炼厂的概念设计（研究）大型软课题研究，首次将清洁化、智能化和高价值作为炼厂技术发展的系列目标。SEI采用了当时国内外炼油工业的最新工艺和技术，总承包的首套单系列、高度集成化的800万吨/年海南炼厂投入商业运营，完成了加工含硫原油的1000万吨/年青岛大炼油、加工高含酸原油的惠州1200万吨/年炼油厂的建设；完成了燕山石化千万吨级炼厂改扩建，向北京市场供应“国Ⅳ”标准的汽油；完成了高桥等千万吨炼厂的改造，保障了北京奥运会、上海世博会清洁油品的质量，同时节能降耗水平大幅提高。其中，2010年投产的惠州炼油项目，是中国首座单系列最大规模炼厂，也是世界首套100%加工高酸重质原油的炼厂，获得2015年度工程项目优秀奖。

2. 百万吨级乙烯技术

百万吨乙烯等石油化工重大工艺技术依托“十一五”大型乙烯工程建设稳步推进。SEI完成上海SECCO（赛科）90万吨/年乙烯工程、镇海炼化100万吨/年乙烯工程。其中，上海赛科乙烯工程从开工到正式投入运行仅用时3年多，创了世界石化工业建设史上的奇迹；从正式投料到产出合格产品历时10小时45分钟，创造了乙烯装置首次开车速度最快的世界纪录。镇海炼化乙烯工程不仅在2012年获得获国家优质工程金奖，而且获得“菲迪克2014年工程项目优秀奖”。

3. 大型炼化一体化技术

作为福建炼油乙烯项目IPMT的主要成员，SEI承担了该项目的可行性研究、总体设计、基础设计、PMC及乙烯、芳烃联合、聚丙烯、化工罐区、火炬设施等的EPC总承包工作和大部分公用工程的详细设计工作。同时，SEI作为总体设计院，完成天津石化百万吨乙烯及配套项目，从可研开始到乙烯装置投料一次开车成功，创了工程设计周期最短、开车时间最短和北方寒冷条件下一次开车成功的多项纪录。

大型炼油和石化装置工程技术实现了与世界水平同步，完成了一系列世界规模的工程设计。结合重点工程项目建设，SEI会同有关单位完成了一批重大装备国产化的开发，如15万立方米原油储罐、5000立方米大型液硫储罐、大型加氢反应器、乙烯氧化反应器、气相法聚乙烯反应器等专有设备；百万吨级乙烯装置裂解气压缩机组、丙烯制冷压缩机组、20万吨/年大型聚丙烯挤压造粒机组、新型高效催化烟气轮机等重大装备均经受了工业运行的考验。

4. 替代石油资源及资源的综合利用

SEI把替代石油资源、资源综合利用领域的技术创新作为公司发展的一个战略重点，并取得了阶段性成果。

——神华煤制油工程。该项目是国内最大的煤制油项目，也是世界上第一套采用煤直接液化方法制油的工业化示范项目。SEI承担了一期工程中100万吨/年直接煤液化装置的EPCM总承包与服务。2008年，世界首套煤直接液化工程在神华建成投产，并生产出合格油品，奠定了中国在煤制油领域的工程化技术领先地位。

——中国石化普光天然气净化厂项目（EPC）。SEI总承包的普光气田天然气净化厂是国内“川气东送”工程的重要组成部分，天然气净化厂工程处理能力为120亿立方米/年，设计处理规模位列亚洲第一、世界第二，其原料为高含剧毒硫化氢天然气。普光天然气净化厂加工高含硫天然气，是SEI首次涉足高含硫天然气处理的领域。经过两年多的努力，于2012上半年顺利实现了项目一、二、三联合装置和全厂公用工程中交，其中一联合顺利投料试车成功。

——中国石化中原乙烯原料路线改造项目。中国石化中原乙烯原料路线改造项目是能源替代并提高产能的能源战略性项目，是中国石化自主开发的第一套 MTO 工业化示范项目，工艺技术具有完全自主知识产权。SEI 在承担项目所有设计任务的同时，肩负项目核心装置 S-MTO 的 EPC 任务。

——湖北化肥 20 万吨/年合成气制乙二醇工业示范装置。湖北化肥 20 万吨/年合成气制乙二醇工业示范装置采用天然气或煤为主要原料生产乙二醇，不但具备与传统乙烯路线相竞争的优势，并具有良好的经济性和竞争力。SEI 负责核心部分的加氢和精制两个单元。该项目作为中石化“十条龙”科技攻关重点项目不仅可以验证中国石化自有催化剂及工艺技术的可靠性，同时还可以为后续工业装置的建设提供设计基础，进而为今后煤制乙二醇技术的工业推广奠定基础，为中国石化进军煤化工领域、建设大型煤制乙二醇工业化装置做好技术和人员准备，具有积极的战略意义。

——中国石化杭州石化生物航煤实验装置。该项目结合中国石化目前急需的生物航煤产品，SEI 从工艺流程、产品生产方案和产品利用等方面进行全方位统筹。在充分利用现有装置的厂房及设备的基础上，将杭州石化 2 万吨/年白油加氢装置改造为植物油加氢提质生产生物航煤工业试验装置，形成中国石化的生物航煤生产技术，为进一步大规模工业应用奠定基础。2013 年，该装置生产的生物航空煤油通过航空公司客机试飞成功。

——神华 829 工程。神华新建的 18 万吨级合成油品的煤间接液化工业化试验和示范工程（简称神华 829 工程）是采用费托合成工艺制取油品的煤间接液化的示范工程。SEI 承担该工程总体设计及下列内容的基础工程设计和详细工程设计，负责编制基础设计文件、详细设计文件、设计范围内的竣工图，以及采购服务。该工程采用中国科学院山西煤化所自主开发的费托合成油品技术，打破了国外在煤炭间接液化技术方面的垄断，对我国拥有自主知识产权的煤炭间接液化技术的发展与产业化具有重大实践意义。

5. 国家石油储备基地

黄岛国家石油储备基地工程是国家第一期石油储备工程，是四个地上储备基地之一，为国家重点工程。SEI 总承包黄岛油库项目首次在沿海软土地基上大规模采用振冲碎石桩复合地基+ 充水预压处理大型储罐地基，取得很好效果，获得中国石化优秀工程设计奖、工程总承包银钥匙奖、国家优质工程奖。

6. 强化技术创新和技术储备

多年来，以国家重点攻关项目和集团公司“十条龙”攻关项目为载体，在石化产业核心技术领域的创新上取得了丰硕的成果。

——汽油吸附脱硫（S-Zorb）技术。汽油吸附脱硫（S-Zorb）技术是中国石化 2007 年从康菲（Conoco Phillips）石油公司整体收购的专为汽油脱硫开发的新技术。SEI 在充分消化吸收的基础上，进行了攻关开发，提出了以反应器过滤器降尘器专利技术为核心的整体解决方案，攻克反应器过滤器反吹频繁、再生器内吸附剂结块、进料换热器结垢等影响装置长周期稳定运行的问题。其中镇海炼化 150 万吨/年 S-Zorb 装置创造了连续运行达 26 个月的工业纪录。

——PO/SM共氧化法生产环氧乙烷技术。镇海炼化PO/SM装置是中国石化建设的第一套共氧化法生产环氧丙烷装置，为国内最大的PO装置，同时也是世界规模的PO装置。镇海PO/SM装置的成功实施，使SEI积累了宝贵的设计经验，为后继烟台万华24/78万吨/年PO/MTBE装置、金陵石化24/78万吨/年PO/MTBE装置的执行，在市场和技术上奠定了坚实基础。

——连续液相柴油加氢技术。石家庄260万吨/年连续液相柴油加氢装置是由SEI、石科院和石家庄炼化共同开发的连续液相加氢技术首次实现工业化应用的第一套装置。连续液相加氢技术取代了传统滴流床加氢技术的循环氢系统，在满足产品质量的前提下装置具有更低的投资、更少的能耗和更简单的操作。该项目获得集团公司2012年度重点工程项目优秀团队奖。

——溴化丁基橡胶技术。2008年，SEI成功开发溴化丁基橡胶技术工艺包并通过集团公司验收。2010年，用该工艺包在燕山石化建成我国第一套3万吨/年溴化丁基橡胶工业化装置并投产。该装置的投产结束了溴化丁基橡胶依赖进口的历史。

——丁烯氧化脱氢制丁二烯技术。该技术最早于20世纪70年代开发，SEI在原有万吨级技术的基础上进一步优化，具有中国石化自主知识产权。

——己内酰胺成套新技术工艺包。SEI与石科院共同承担了20万吨/年己内酰胺成套新技术工艺包开发项目于2012年5月立项，2012年9月底完成所承担的工艺包开发任务，并于2012年11月16日通过集团公司科技开发部组织的鉴定。

——高密度聚乙烯技术。SEI采用中国石化GPE工艺技术首次承担齐鲁石化25万吨/年高密度聚乙烯装置工艺包设计，并首次采用了国产循环气压缩机和挤压机。装置于2012年11月20日中交。

五、全面推进标准化集成化

SEI以建设国际型工程公司为目标，开展了公司标准体系规划研究工作，精心组织、深度谋划，创造性地开展标准体系规划工作，于2002年12月5日正式发布融运营管理、项目管理和技术标准为一体的公司标准体系。

1. 标准化工作成绩斐然

SEI站在国家改革发展和行业进步的高度，始终站在标准化战线的前沿，勇于承担国家和行业标准化研究、标准编制、标准宣贯工作，取得了令人瞩目的成绩。在标准体系规划方面，承担了国家工程建设标准体系（石油化工部分）、石油化工行业工程建设标准体系的研究及制修订项目；在标准化研究方面，承担了国家级“工程建设标准对国民经济及社会发展的影响——石油化工部分”“中外工程建设技术法规对比研究”“炼化工程本质安全对比研究”等课题工作。与此同时，还承担了大量的国家标准、行业标准和中国石化标准的制修订及宣贯释疑工作；在业内率先建立了以运营管理、项目管理、技术标准三大分体系为标志的、覆盖公司所有业务、全面系统配套的企业标准体系；在具有世界级规模的中外合资福建炼油乙烯项目中，创新编制了以我国标准为基础的项目技术标准，并获得国外合资方的认可，作为项目设计建设的技术标准，开创了我国石化工程建设技术标准成体系获得世界大型能源化工公司认可的先河；在世界规模第二、加工世所罕见的普光气田天然气净化厂设计建设中，创新编制形成了工程建设标准体系，解决了工程设计建设缺乏标准体系的关键难题。

2. 集成化应用取得显著成效

信息技术的应用正在向标准化、系统化、集成化方面发展，经过不断探索和研究，在协同设计平台建立方面，已取得显著成效，实现了核心业务“工程设计、项目管理和运营管理”的初步集成化应用；全面启动了涵盖设计、采购、施工、开车和项目管理过程中所有信息（数据、模型、文档）的“数字化工厂”建设；开发了基于 COMOS FEED 的工艺设计集成系统（i-process），实现了与主要工艺设计软件的集成应用，促进了智能和协同设计；开发了工程设计集成系统，实现了与主要工程设计软件的集成应用，促进了多专业协同设计；三维工厂设计系统开发应用逐步深化，建立了基于 PDMS 和 PDS/SP 3D 的两条工厂设计“生产线”，协同设计能力和智能化程度不断提高。

3. 不断推进标准化采购

SEI 在立足国内市场的同时，着力推进国际市场的开拓，“内外并举，胜在海外”，“国际接轨，IT 先行”。十年来，以工程项目为载体，通过项目的实践，建立了集成化项目信息管理系统，打造了多个系统的材料与采购管理平台，实现了工程项目全过程的材料管理；构建了标准化项目管理体系，打造了国际化项目信息化建设队伍，为开创国际化经营新局面奠定了坚实的基础。

4. 持续强化信息技术标准体系建设

编制了《项目 IT 管理手册》和《项目 IT 执行手册/标准》，形成了一整套的有关网络系统及各应用系统的标准管理程序。由 SEI 主编的国标《石油化工工厂信息系统设计规范》（GB/T 50609—2010）填补了国内空白。

第四节　重组上市，打造国内领先国际一流炼化工程承包商（2012—2019 年）

2012 年，为全力推进专业化、一体化整体协调发展，全面提升炼化工程板块综合实力、市场竞争力和可持续发展能力，中国石化做出重大决策，组织实施炼化工程专业化重组，将炼化工程公司与 8 家直属工程建设企业进行整合重组，组建中石化炼化工程（集团）股份有限公司，面向国内外市场，发挥整体优势，打造国内领先、国际一流的炼化工程承包商。

2012 年 5 月 1 日，公司名称变更为中国石化工程建设有限公司。

2012 年，党的十八大胜利召开。SEI 在前 60 年基础上的延续、深化、演进，在前 60 年发展方略基础上的持续发力、持续用功、持续作为，为中国石化整体发展和石化行业持续进步作出了新贡献，踏上了建设世界一流工程公司的新征程。

一、实现“中国工程设计企业 60 强”排名六连冠

SEI 顺应大势、把握大势，深入学习贯彻习近平新时代中国特色社会主义思想，党的领导和建设水平不断提升，综合实力持续提升，生产经营业绩保持较高水平，连续 6 年荣膺“中国工程设计企业 60 强”榜首，在日益激烈的市场竞争中保持了国内领先地位。先后获得国家级优秀设计奖 6 项、优质工程奖 7 项，省部级科技进步奖 70 项、技术发明奖 3 项、优秀设计奖 28 项、优质工程奖 22 项，工程总承包金钥匙奖 1 项、银钥匙奖 2 项、铜钥匙奖 1 项，2 次获得菲迪克奖，以及其他各类奖项 18 项，收获了最丰硕的奖励成果，继续保持了将科学技术转化为卓越生产力的领先水平。

二、183 个装置一次开车成功

SEI 全力投身石化事业，服从服务大局主业，积极参与国家七大石化基地和中国石化四大基地规划建设，累计完成各类项目 2000 多个，183 个装置（系统）全部一次开车成功。其中，开发自主知识产权技术并成功应用，先后建成了海南芳烃、武汉乙烯、济南逆流连续重整等装置，彻底打破了国外专利公司的垄断地位；建成了世界最大的煤制烯烃项目中天合创 MTO 和具有自主知识产权技术的元坝天然气净化厂，建成了山东 LNG、天津 LNG、重庆页岩气液化项目，形成了催化汽油吸附脱硫和轻烃烷基化新产能等为代表的油品质量升级装置，为提升能源综合利用水平、助力“数字中国”“美丽中国”建设提供有力支撑；还为中石化、中石油、中海油、神华、中化、延长等国有骨干企业，万华、恒力等合资、民营企业，马来西亚国家石油公司、泰国石化公司、台塑美国等国际石油化工公司设计建设了一批优质工程，以先进的工程设计和卓越的工程转化，赢得了合作伙伴的高度信任。

1. 中国石化武汉乙烯百万吨乙烯项目

SEI 联合兄弟单位自主研发了绿色高效乙烯成套技术并应用于多套百万吨级乙烯装置的新建和改造中，使中石化成为世界五大乙烯技术专利商之一。SEI 总承包的武汉石化 80 万吨/年乙烯装置（含低温罐）是我国第一套完全采用自主知识产权的乙烯装置，实现了多项突破。该项目是集工艺技术国产化、设备国产化、关键催化剂国产化的超大型乙烯装置，真正实现了大型乙烯成套技术的国产化。

2. 中国石化元坝天然气净化厂项目

SEI 总承包的元坝气田天然气净化厂是中国第一座具有自主知识产权的大型净化厂，采用中国石化自主知识产权的工艺技术，于 2015 年 5 月建成投产，年处理酸性气能力 40 亿立方米，年产净化气能力 34 亿立方米，年产硫黄能力 30 万吨，是国内第二大高含硫天然气净化厂，实现了天然气净化技术和关键设备全部国产化，填补了国内空白。该项技术由 SEI 牵头开发，整体技术水平达到国际先进水平。

3. 中国石化济南炼化逆流连续重整项目

2013 年 10 月 20 日，世界上首套采用中国石化逆流连续重整技术的催化重整装置——中国石化济南分公司 60 万吨/年逆流连续重整装置一次投产成功。该装置的成功

投产标志着世界上又诞生了一种新的连续重整工艺技术，使中国石化成为世界上继美国和法国公司之后拥有完全自主知识产权和独立商业运作权的又一新的连续重整技术的公司，使我国的催化重整工艺技术水平跨入国际先进行列。济南60万吨/年逆流移动床重整装置改造项目的可行性研究报告、基础工程设计、详细工程设计全部由SEI完成。

2019年3月，沧州炼化40万吨/年逆流连续重整装置一次投料开车成功。该装置是在石家庄炼化半再生重整装置搬迁利旧基础上的技术改造，是世界上首套由半再生重整改造为逆流连续重整的装置，不仅创造了奇迹，也为以后冲出国门，把国外的连续重整或者半再生重整改逆流床连续重整提供了可能。

4. 中石化海南炼化对二甲苯项目

2013年12月27日，海南炼化60万吨/年对二甲苯工程最后一套工艺单元异构化单元投运，吸附分离单元稳定产出99.80%的高纯度对二甲苯，一次投料试车成功。这标志着中国石化芳烃成套技术大型工业化装置应用成功，总体技术达到了国际领先水平。该项目的成功运行彻底结束了我国芳烃核心技术依赖国外引进的历史，也标志着中国石化成为继美国和法国公司后，全球第三家拥有芳烃成套生产技术的专利商。2016年1月8日，“高效环保芳烃成套技术开发及应用”项目荣获2015年度国家科技进步特等奖。2019年9月27日，SEI总承包中国石化海南炼化公司100万吨/年2号芳烃项目打通全流程，对二甲苯产品分析合格，标志着2号芳烃项目实现一次开车成功。

5. 中天合创鄂尔多斯煤炭深加工示范项目

2016年10月17日，SEI总承包的中天合创鄂尔多斯煤炭深加工示范项目180万吨/年甲醇制烯烃（MTO）装置成功产出合格乙烯和丙烯，实现装置安全、环保投料试车，一次开车成功，标志着中国石化具有完全自主知识产权的首套S-MTO装置大型化取得成功。

该项目采用中国石化自主研发的S-MTO工艺技术和自主研发、制备的催化剂和特种设备，主要设备全部实现国产化，共申请专利150多项，并建有相应的下游生产装置。它的建成投产，标志着中国石化自主研发的甲醇制烯烃成套技术步入产业化阶段，为中国石化资源多元化战略和煤化工发展战略提供可靠的技术支撑。2018年1月8日，“高效甲醇制烯烃全流程技术（S-MTO）”项目荣获2017年度国家科学技术进步一等奖。

6. 液化天然气（LNG）储罐区工程技术

SEI负责的山东LNG低温储罐区EPC工作是中国石化首个LNG项目，共有3座16万立方米的储罐，是集工艺过程、储罐、公用工程系统、控制与通信等为一体的设计。该项目于2014年12月13日投入运行。

7. 液化天然气（LNG）项目接收站工程

SEI承担天津LNG接收站工程项目总承包工作，采用的工艺技术在吸收青岛LNG技术的基础上实现全面国产化，是中国石化第一套具有完全知识产权的LNG项目。2014年9月30日一期工程开工，2018年2月6日投入运营；2019年11月，二期接收站工程仅用8个月就建成投产。

8. 燕山石化丁基橡胶装置

SEI在我国第一套丁基橡胶装置——燕山石化3万吨/年基础上，与燕山石化共同进行了工艺优化和技术开发，形成自主知识产权的9万吨/年丁基橡胶成套工艺技术。2014年，燕山石化9万吨/年丁基橡胶装置中交投产。该装置从技术到设备全部由国内开发完成，标志着我国丁基橡胶技术向工业化、大型化迈出了一大步。

三、境内外市场开拓不断取得突破

SEI辛勤耕耘、奋力开拓，坚决落实走出去战略，境外业务取得历史性突破，初步形成了“中东市场巩固成熟、东南亚市场全面开花、北美市场稳扎稳打”的境外市场格局，为打造炼化工程技术国家名片作出了特有的贡献。

1. 沙特阿拉伯延布炼厂项目

2016年1月20日，国家主席习近平和沙特阿拉伯国王萨勒曼共同出席了延布炼厂投产启动仪式，标志着延布炼厂正式进入商业运行阶段。延布炼厂项目是我国在沙特阿拉伯的最大投资项目，由中国石化和沙特阿美石油公司共同出资合资建设的一座现代化大型炼油厂。2014年10月装置一次开车成功，2015年1月进入试运行阶段。该炼厂拥有世界一流的炼油技术与装备，采用了世界一流的管理模式，创造了中东地区同类规模项目投资、施工周期和安全管理效果最佳的业绩。2015年获得了国际能源界最高奖——普氏年度能源项目奖，2016年获得了MEED最佳海湾地区油气项目和重大项目两项大奖。

2. 马来西亚RAPID项目

马来西亚RAPID项目是SEI在马来西亚执行的第一个大型海外EPCC项目，是马来西亚国家石油公司兴建的大型炼油和化工一体化项目，合同总额13.29亿美元，是中国石化炼化工程公司在马来西亚中标的首个大型工程总承包项目。SEI负责该项目1500万吨/年常压蒸馏装置、880万吨/年渣油加氢装置、氢气收集与分布装置及燃料油系统的设计、采购、施工等全部工作。2014年8月29日，中石化炼化工程公司与马来西亚国家石油公司PRPC炼油公司签署总承包合同。2018年11月22日，包括两套渣油加氢在内的最后几套装置全部中交，SEI成为整个RAPID项目第一个实现中交的EPCC总承包商；2019年1月1日，常压装置正式点火投产，SEI成为该项目第一个实现全装置机械完工并装置投产的EPCC总承包商。

3. 泰国聚丙烯项目

SEI总承包泰国石油精制石油化学企业（简称IRPC公司）聚丙烯项目包括两套装置，其中改建现有聚丙烯（简称PPE）装置，产能由原来的22.5万吨/年，采用反应器并联的方法，增产16万吨/年，改造后的产能为38.5万吨/年。新建聚丙烯（简称PPC）装置，年产12万吨/年聚丙烯产品。2017年8月8日，改扩建的PPE装置打通全流程，标志着SEI在海外执行的第一套聚丙烯装置一次开车成功；同年10月10日，PPC装置一次性开车成功，整体操作平稳，标志着SEI承接的首个海外化工EPCC项目成功开车。

4. CBL裂解炉出口马来西亚TITAN公司

CBL裂解炉从CBL-Ⅰ型发展到CBL-Ⅶ型，能力从最初的2万吨/年发展到30万吨/年，原料可以适应从乙烷到加氢尾油。既有裂解气体原料的气体裂解炉，也有裂解液体原料的液体裂解炉，而且已得到大面积推广应用，并出口到马来西亚。2012年11月9日，SEI设计的我国首次全套出口到马来西亚TITAN公司的CBL-R型9万吨/年气体裂解炉一次开车成功。

四、技术创新能力不断提升

SEI因时而进，因势而新，贯彻落实新发展理念，秉承“五朵金花”的创新精神，大力开展科研攻关，历史性地实现了大乙烯、大芳烃、逆流连续重整、甲醇制烯烃、天然气净化液化与储运、生物航煤等一系列技术的国产化，取得了丰硕的创新成果，为我国现代化经济体系建设作出了贡献。致力于建设美丽中国，创新应用并积极推广以S Zorb为代表的清洁油品技术和以烟气脱硫脱硝、全厂能量优化为代表的节能减排技术，通过SEI人的努力，让大地遍染青翠，让天空湛蓝清新。不断强化工程咨询技术创新，使SEI65年来积淀形成的经验能够为更多的用户提供更好的服务，从传统炼化领域向煤化工、新能源等领域不断拓展，通过构建集成设计平台和桌面炼厂系统，逐步实现动态检测和诊断，咨询服务的质量和效率显著提高，“智库”作用有效发挥，高端咨询品牌效应益发凸显。SEI积极推进“两化”融合，在集成化设计和数字化工厂建设领域迈出了坚实的步伐，牵头编制的国标《石油化工工程数字化交付标准》填补了国内空白，引领了行业数字化交付的发展，成为数字化交付和工程建设新模式的定义者和引领者。

同时，SEI还不断加强知识产权管理工作，加强核心技术和新领域技术的专利保护，增加发明专利申请，“十三五”以来累计申请发明专利达到324项，是“十二五”期间的1.17倍，实际授权发明专利184项，是“十二五”期间的1.18倍。完成集团公司级以上技术创新项目300多项；完成国家科技课题14项；承担中国石化“十条龙”项目56项，其中出“龙”项目26项，为赢得工程市场提供了坚强的技术支撑。

2012年以来，累计荣获国家科技进步奖7项、技术发明奖1项，其中“特大型超深高含硫气田安全高效开发技术及工业化应用”“高效环保芳烃成套技术开发及应用”获国家科技进步特等奖，“高性能甲醇制烯烃催化剂及SMTO成套技术开发”“极端条件下重要压力容器的设计、制造与维护”“煤制油品/烯烃大型现代煤化工成套技术开发及应用”获得国家科技进步奖一等奖；获得省部级科技进步奖111项、技术发明奖5个，其中“高性能甲醇制烯烃催化剂及SMTO成套技术开发”“芳烃关键技术开发及应用”“绿色高效百万吨级乙烯成套技术开发及工业应用”获中国石化科技进步特等奖，“绿色高效百万吨级乙烯成套技术开发及工业应用”获得中国石油和化学工业联合会科技进步特等奖。

第五节　前景展望，建设世界领先石油化工工程公司

经过60多年的发展，SEI已经具备了较强的竞争实力，在石油石化行业部分领域可与国际著名工程公司论伯仲、比高低，具备率先打造一流的基础和条件。

当前及今后一个时期，SEI 坚定实施“创新驱动、融合共生、服务增值、文化强基”发展战略，持续推进科技创新和管理创新，持续强化“三基”工作，大力推动质量变革、效率变革、动力变革，切实增强核心竞争力，扎实推进建设打造世界一流的进程。

2018 年，SEI 在中国石化提出的“两个三年、两个十年”的基础上立足实际，制定了“3·3·10·20”发展规划，分四个阶段推进世界一流工程公司建设。

2020 年，是“十三五”规划收官之年，也是完成第一个三年目标、实现高质量发展的决胜之年。要实现高质量发展目标，SEI 将在健全管理体系，完善创新机制，强化风险防控，提升工程咨询、工程设计、工程转化、国际化经营和数字工程建设水平等方面取得更大进步，实现一站式高效整体解决能力、人均劳动生产率显著提升，竞争优势更加明显。为此，SEI 要聚焦重点、破解难点、狠抓落实，强根基、补短板，在关键领域取得标志性成果，实现重大突破，确保建设世界领先石油化工工程公司发展目标顺利实现。

（中国石化工程建设有限公司　王桂根、陈熹璆）

与共和国化工勘察设计行业共生长
——中国天辰工程有限公司发展纪实

中国天辰工程有限公司（简称天辰工程公司）前身为化工部第一设计院，诞生于1953年。1973年，设计院迁入天津，现在隶属于中国化学工程集团有限公司。天辰工程公司是新中国首批成立的大型国家级专业设计院之一，在国内化工勘察设计行业一直发挥着“领头雁”作用，伴随着共和国化工行业成长。

第一节　石油和化工勘察设计体系形成（1949—1978年）

一、应运而生

这一阶段是公司应运而生、萌芽发展的奠基阶段。

天辰工程公司的前身可以追溯到1953年原重工业部在沈阳成立的第一个全国性的化工专业设计单位——化学工业设计公司。1954年，化学工业设计公司迁到北京。1955年，化学工业设计公司更名为重工业部化学工业管理局化学工业设计院。

1956年，化学工业设计院发展成为由氮肥部、有机部、基本化学部和勘察部4个分部组成的队伍。同年6月，化学工业部成立，化学工业设计院更名为化学工业部化学工业设计院。同年10月，4个分部改名为3个设计分院和1个勘察公司。同年12月，3个分院和勘察公司又分别组建为氮肥工业设计院、有机化学工业设计院和基本化学工业设计院3个独立的设计院和1个勘察公司。1958年，4个独立的勘察设计单位重新合并，恢复化学工业部化学工业设计院名称。

1965年，化工部对勘察设计机构进行新的调整，按序列更改设计院名称，化学工业设计院定名为化工部第一设计院。

经历整整合合，迁迁搬搬，天辰工程公司最终在1965年确定为化学工业部第一设计院。工作方向主要围绕新中国起步国家需要，重点在氮肥、有机、基本化学和勘察等领域。承担了国家在基础工业起步阶段许多重点项目，特别是苏联援助中国的9套大型装置中的石化装置。

这一阶段公司为国家的化工行业培养了一大批设计队伍，为奠定中国化工基础、推动化工发展作出了重大贡献。

二、在探索与曲折中成长

这一阶段是公司命途多舛、步履维艰的成长阶段。当时国家正处在“文化大革命”

时期，公司受到史无前例的冲击，原有的设计队伍层层下放，人才流失严重，正常的设计工作基本停顿。1969 年，部分人员被分配到河南太康“五七”干校，其余人员“战备搬迁”至山西省阳泉市平定县娘子关公社程家村。

1970 年，石油、煤炭、化工三部合并，成立燃料化学工业部，第一设计院也随之改名为燃料化学工业部化工设计院。

1971 年，燃化部将化工设计院解体，1300 多名职工中的大多数人员被分配到石油化工规划设计院、北京石油化工总厂设计院、山东胜利油田石油化工总厂设计所和天津市化工设计院等单位，仅留下 362 人，改名为石油化工设计所，划归十二化建公司领导。

1972 年，国家开始恢复建设，着手引进大化肥等化工装置。当时的燃料化学工业部为把分散在全国各地的化工设计队伍集中起来，决定重建部直属的化工设计院。起初曾决定将山西程家尚存的原化工部第一设计院人员与尚留在北京半壁店的原化工部橡胶设计院的人员合并，在河北省石家庄市建院。5 月决定，石油化工设计所脱离十二化建公司，与北京橡胶设计院和九化建设计所合并，恢复被拆散前的名称——燃料化学工业部化工设计院，定址在天津。

1973 年 2 月，燃化部致函天津市，要求帮助解决化工设计院 1000 名职工及家属迁津落户和协助建院等事宜。同年 9 月，在获得天津市同意后，在北辰区原址买下三栋住宅楼，山西程家和贵州清镇两地的 223 名职工陆续迁入天津，开始了在天津的重建历程。

1975 年 5 月选址工作最终确定，设计院迁津重建基建工作正式启动。1976 年，由职工义务劳动建成了 500 平方米的简易平房，解决了临时办公用房问题。正当建院工作刚刚起步，1976 年的唐山大地震波及天津，全体职工住进临时搭建的抗震棚，全力投入抗震救灾工作，刚刚开始的建院基建工作也被迫停止。直到 1977 年，建院基建工作才得以重新启动。到 1981 年，办公楼、单身宿舍、1～5 号住宅楼、电算站、职工食堂、礼堂、幼儿园及其他生产、生活配套设施等 20 多项建筑相继建成，办公区和家属区建设及其绿化初具规模，具备了较为完善的工作生活条件。

1975 年，在燃料化学工业部解体并成立石油化学工业部后，化工设计院随之更名为石油化学工业部化工设计院。

1977 年，石油化学工业部决定将化工设计院一分为三，将原北京橡胶设计院人员与橡胶研究院人员合并，组建北京橡胶研究设计总院；尚留在北京的部分人员全部调往大庆；天津部分的人员，沿用石油化学工业部化工设计院名称，继续在天津建院。

1978 年，国家恢复了化学工业部建制，取消了北京部分的人员去大庆的决定。北京部分和天津部分重新合并，总部设在天津，并恢复使用化工部第一设计院名称（简称化一院）。随后，北京部分再次分出，在北京和平里组建了化工部化工设计公司。

由于职工来自不同的单位，在工作方法、应用标准和相互协调等方面急需进行统一。1978 年，为规范各方面的工作，狠抓了建章建制工作，设计院制订了一整套规章制度和技术规定，并广泛组织职工进行学习，有力地推动了设计和管理工作的科学化、规范化、制度化，逐步使各项工作做到有章可循。

第二节 在改革开放中前进（1979—1999 年）

这一阶段是化一院稳中求变、砥砺前行的转型阶段。党的十一届三中全会后我国进入改革开放时期，1979 年初，国家建委在全国勘察设计工作会议上提出设计单位要实行企业化、推行合同制，拉开了中国勘察设计业改革的序幕。这一阶段是化一院进入市场、完善管理、积蓄力量的阶段，也是公司不断拓展业务领域，开始从设计院向工程公司过渡的阶段。经过 20 多年发展，化一院很快恢复成化工部设计大院编制，人才队伍建设、现代化企业体系、机制得到了相应的完善，职工素质和管理水平得到普遍提高，业务领域得到扩展，工程业绩迅速增加，职工收入稳步提高，项目管理水平和工程经验不断加强，综合实力得到增强，开始跻身于化工勘察设计系统的先进行列。

一、人才队伍建设，注重培养内生力量

1979 年化工部第四设计院、第八设计院近百名职工成批调入，再加上陆续从各地调入的人员，到 1981 年，化一院职工人数迅速增至千人。

为改善职工的学历结构，分批选送 200 余名中专、技校毕业生到大专院校进行再学习，同时在院内举办各种学习班、培训班和技术讲座，采取“缺什么补什么”的做法，大力抓职工教育工作，使职工的技术业务素质迅速提高。

1982 年起，随着恢复高考制度后新大学生的逐年进入，技术人员中本科生的比例不断增加，院内人员结构逐渐得以改善。1984 年，化工部第一设计院更名中国天津化学工程公司。

1986 年，随着工程领域的拓展、业务范围的扩大和引进技术的增加，为使职工的知识水平跟上发展的步伐，公司提出知识更新的口号，开始有针对性地进行外语、计算机应用和有关专业知识等方面的培训。通过在公司内举办提高班和送外培训等措施，全方位培养各方面的人才，提高了职工队伍的整体素质。

1995 年，公司信息化迅速发展，作业模式发生巨大变化，全员放弃手绘图纸，开启电脑画图时代。鼓励员工学习英语，苦练内功。

1997 年初，为解决公司对不同层次人才的需求，成立了天津市协力技贸公司。随着公司在改善人员的学历结构方面的不断努力，通过原则上只招收本科以上学历人员的策略，经过 20 多年的调整，硕士研究生从无到有，本科学历人员成数倍增加，为公司迈入 21 世纪扬帆海外积蓄了人才和技术力量。

二、现代化企业体制机制建设雏形搭建

长期以来，国内化工工程项目设计工作，基本上是由专门从事工程项目设计的设计院承担，尤其是改革之前由化工部的 9 大设计院承担。在化工建设的项目管理模式上，

沿袭苏联的平行承包模式，设计院主要承担勘察设计环节的工作任务，项目其他环节由其他机构或企业承担。

80年代末期，国有企业改革进入深入阶段，建设部发布了《关于进一步抓好建筑勘察设计改革试点工作的通知》，要求建筑勘察设计单位由事业管理的办法改为按项目或劳务收取设计费，实行企业化经营模式。化工部第一设计院在此阶段也发生了重大变化。

1984年，化工部决定在部属设计院推行事业单位企业化管理，公司成为自收自支的经济实体。自此，上级不再直接下达设计任务，逐步停拨事业费，公司开始正式实行设计收费，进入市场开展经营工作。

1992年，随着国家改革开放不断深化和市场化进程的加快，为改革内部机制，加速自身发展，提高市场竞争力，经国家经贸办批准，公司由事业单位企业化管理正式改制为自主经营、独立核算、自负盈亏和具有独立企业法人资格的化工部直属企业，更名为中国天辰化学工程公司。

从1995年开始，公司进入全面企业化改制阶段，《关于工程设计单位改为企业若干问题的意见》中原则同意实行事业单位企业化的工程勘察设计单位逐步改建为企业，使工程勘察设计单位走上了“产权清晰、权责明确、政企分开、管理科学”的现代企业发展道路，大量的民营设计公司出现，行业内部分龙头企业成长为国际性公司。

公司积极投身改革，进入一个新的阶段。1999年，为占领市场，扩大公司经营辐射范围，按照依托主体、发展两翼、辐射全国的方针，公司先后将原黑龙江省化工设计规划院和江苏省化工设计院整建制并入，成为公司在两地的分公司，开创部属设计院整合省级设计院的先例，增强了公司的综合实力。

三、规制、设施改革完善，综合能力不断发展

1981年和1984年，公司获得化工部颁发的勘察设计证书；1984年1月获得化工部颁发的化工行业工程设计甲级证书。

1983年，在学习国外工程公司先进方法的基础上，先后编制了各类技术和管理的标准、规定以及其他相关的规章制度，从内部机构设置、专业分工、设计程序与方法等方面入手，开始逐步进行设计程序的改革。

从1985年开始，为提高公司装备水平，从国外引进了VAX计算机系统，以更换原来的TQ-16机，配置了40多台计算机终端，购置了100余台各类微机、兼容机和各类国内外软件，广泛应用于工程设计计算。1987年以后，CAD应用迅速发展，公司在推动微机二维CAD绘图的同时，购进了Apollo三维CAD工作站，开始了三维CAD的应用尝试。

1987年，公司成立全面质量管理领导小组，设立了TQC办公室，开始推行全面质量管理。一线部室把工序管理纳入设计管理的正常轨道，职能部室推行“程序化、标准化、制度化”管理。在全面开展QC小组活动的基础上，真正使TQC的科学方法应用于公司的各项工作，有多项QC小组活动获得国家及省部级的奖励。1990年，获得全

面质量管理《合格证书》。

1993年以来，以PC机为主体的工程2D设计应用得到了快速发展，使计算机成为设计工作的基本工具。1998年，建立起公司计算机局域网络，网络化的工程设计计算及数据信息共享得到了广泛应用，开始了基于PC机的3D设计。

1993年，开始贯彻国际上通用的GB/T 19000—ISO 9000系列标准，制订了“使工程用户真正满意是天辰服务的唯一标准”的质量方针。

1994年，修订、编制完成了包括《质量保证手册》、程序文件、作业文件在内的一整套质量体系文件。12月，在全国勘察设计系统首家通过ISO 9001质量体系认证，使公司取得了进入国际工程市场的一个通行证。

1994年，为配合公司国际化步伐，开始有计划地对办公区进行全面改造。十年间，相继完成了办公楼主楼改造、工程楼与广场的建设、商务楼改扩建以及礼堂和食堂改造等一批建设工程与小区绿化，加上办公楼进出管理、禁烟、办公室物品摆放等一批办公软环境建设规定的出台，使公司办公区的秩序和面貌焕然一新，极大地改善了公司对外形象。

在综合管理能力不断完善的基础上，公司发展走上快车道。1999年，提前一年完成了《公司“九五”发展规划》确定的各项指标。从1994年到“九五”末，公司天津部分的营业收入平均每年增长近20%，职工个人收入平均每年增长21%，为公司的进一步发展奠定了坚实的基础。

四、首家试点总承包模式

通过几年的努力，逐步打开了市场，工程业绩迅速增加，先后完成了10多个领域的300多个工程项目，形成多项拳头产品和专有技术，业绩遍布全国20多个省区市，使公司的技术水平和设计能力迅速提高，积累了工程经验，锻炼了技术队伍。

20世纪70年代末，公司开始承接国外工艺包或引进装置的设计项目，其中1976年承接的天津石油化纤厂聚酯切片项目由公司承担总体设计及十二项配套设计，总体设计57项，国内配套工程52项，引进装置5项。该项目工艺复杂、规模大，主体装置引进德国、日本、美国几家公司的技术，达到70年代国际先进水平，该项目1983年开车成功，先后获得化工部优秀设计奖和1985年度国家银质奖章。

公司不断加强创新能力，积极参与国家重点攻关项目，在常州有机化工厂光气法聚碳酸酯中试装置、天津化工厂氯化法钛白中试装置、化工部煤浆加压气化中试装置等几个国家“六五”重点攻关项目中，充分发挥工程技术人员的聪明才智，与天津化工厂、天津石油化纤厂、中国科学院化学冶金研究所及力学研究所等科研单位通力合作，创新先进工艺、采用特殊技术，解决了一个又一个技术难题，圆满完成了国家交给的任务，1986年荣获化工部“六五”国家科技攻关项目奖。

同时，公司为扩大业务范围，与国际基本建设模式接轨，开始实行以设计为主体的工程总承包模式。1985年，公司承揽的山东潍坊年产60万吨纯碱工程，是当时国内最大规模纯碱厂之一，也是国内首次试行以设计为主体工程总承包模式运行的项目，从而开启了由设计院向工程公司的转型实践。

工程总承包是国际上普遍采用的一种先进模式，在当时的中国是非常不简单的，公司作为化工部工程总承包的试点单位，取得了工期最短、质量最好、造价最低的纪录，此项目的顺利竣工投产也成为天辰公司承揽总承包建设工程项目的里程碑。通过山东潍坊纯碱厂和随后相继完成的多项总承包工程，锻炼了队伍，积累了丰富的工程管理经验，编制了符合公司实际的总承包项目管理规定，为公司项目管理水平的进一步提高奠定了基础。

五、接轨国际，开启国际化进程

天辰公司开启了国际化进程，开始承接境外工程项目的尝试，当时中国援建巴基斯坦、阿尔巴尼亚的化工厂、化肥厂工程项目都留下了天辰公司的身影。

其中1974年5月至1982年5月援建的巴基斯坦哈扎拉尿素肥料厂项目，采用了17项新技术及措施，在国内原有技术的基础上加以改进提高，使技术更先进、经济更合理，居当时国内同规模厂的先进水平。1982年3月27日一次投料试车成功，在巴基斯坦和发展中国家引起很好反响。1984年此项目获得国家优质工程银质奖、化工部优秀项目奖，巴基斯坦时任总统齐亚哈克亲自主持了工厂建成投产仪式，他说："这座化肥厂的建成是中巴友谊史上的有一座里程碑"，并将厂名改为"巴中化肥厂"。

1987年党的十三大后国家允许外商在中国直接投资建厂，在这样的政策鼓励下，外商投资在中国如雨后春笋般成长起来。外资大举进入以后，由于技术国有化率低，大部分依赖于进口，国内石化化工行业的情况变得非常复杂。

在这样的时代背景下，天辰公司抓住机遇，不断尝试。在走出去方面，首先积极服务于境内的外资业务。1993年，公司正式提出创建国际型工程公司的目标，确定了以境内外资工程为重点，积极承揽境外项目的经营策略，并开始从组织机构、质量体系、项目运行模式、人才培养、经营机制和公司形象设计等方面，为进入国际市场进行全方位的努力。

起初，客户对中国工程公司和设计院并不信任，更倾向于使用欧美和日韩的设计院，比如东洋、日辉、福陆等，在项目中天辰公司只做这些公司的分包。后来随着业主的逐渐认可，公司开始和欧美日韩的工程公司同场竞技。在此期间，公司做了一些国际标准体系认证方面的准备和尝试，开始按照国际通行模式进行设计体制、程序和方法的改革探索。

为了更早适应国际化发展，公司在本阶段派出了多名技术骨干到西班牙进修学习，培养了一大批具有国际视野，熟悉国外项目运作流程、技术标准的人才。这些人才很快成为公司未来发展的支撑。国内外业务得到同步发展，为公司逐步走上百亿平台打下坚实基础。

1993年，公司利用平顶山尼龙66盐工程和天津乙烯工程等项目的反包设计，派出部分专业技术骨干与国外工程公司进行合作设计，了解国外工程公司的设计程序和设计方法。同年，获得直接对外经营权。国内市场也开创新的工程方式，以深县磷铵项目为起点，开始了固定价工程总承包（EPC），使公司的工程总承包业务发生了质的飞跃。

1994 年，为进一步深化设计体制改革，按照国际工程公司的模式，公司在专业的设置、主要专业的分工和设计程序上进行了较大的调整。

1995 年，随着境内外资项目的增加，业主的需求也发生了较大变化。为此，公司成立了项目经理部，确定了项目经理负责制实施方案，应用赢得值原理对工程项目的进度、质量和费用进行综合控制并在天津法液空项目中进行试点。同年，以壳牌天津润滑油项目为标志，开始承接通过国外工程公司分包的外资项目；以泰国凝析油项目为起点开始了境外工程总承包，随后又承接了以两个中东纯碱项目为代表的一批境外工程。

1996 年，承接诺和诺德生物酶工程，开始直接为国外业主服务。

1997 年，与三菱重工签订的印度尼西亚设备采购合同是公司第一个利用对外经营权与外商签订的设备出口合同。以埃克森美孚在广东番禺华南增塑剂项目为标志，公司第一次在国际竞标中打败了来自欧美和日韩的工程公司中标本项目。华南增塑剂项目也成为埃克森美孚在中国的第一个模范工厂，与北京罗迪亚东方表面活性剂工程分别获得国家优秀工程总承包金钥匙、银钥匙奖，此后公司开启了与埃克森美孚的长期战略合作。通过宁波沥青、东方表面活性剂和华南增塑剂等工程的实施，开始了以跨国公司为服务对象的国际模式的工程总承包，公司的项目经理负责制及其对项目的管理水平得到了业主和国外工程公司的认可。

第三节　“一带一路”引领“走出去”发展（2000—2019 年）

千年风沙漫漫，万里驼铃声响。千百年来，伟大的丝绸之路上记录了中华民族史诗般的雄壮和沧桑。时至今日，“一带一路”倡议的提出得到国际社会特别是沿线国家积极响应，使得古老的丝路重新焕发生机。

天辰公司作为“一带一路”倡议的主力军和践行者，从 20 世纪 80 年代就走出国门，目前在海外有上百项工程业绩，遍布 30 多个国家，“一带一路”沿线业务营业收入对公司贡献逐年提高，从最初的不足 10%，到现在的 70%。从群雄逐鹿的沙特阿拉伯工程市场到唯一入选“一带一路”国际典型的化工项目的土耳其天然碱项目；从黑海沿岸的格鲁吉亚电力能源库项目到实现中国化学已落地的最大合同额的哈萨克斯坦 IPCI 项目，天辰公司为“一带一路”沿线国家的民生改善、劳动就业、经济发展作出了积极的贡献。公司综合实力显著增强，在 ENR/《建筑时报》“中国工程设计企业 60 强”排名逐年上升，被天津市授予科技型小巨人领军企业称号；公司社会知名度、美誉度和影响力大幅提升，职工满意度和获得感不断增强。

一、走上发展快车道，迈入百亿平台

迈入 21 世纪，公司不断加强海外布局，随着市场变化和需要，公司在经营结构、管理机构、人才结构调整等方面不断调整，力求通过不断深化体制改革，提高企业活

力，以及市场战略、人才战略、技术发展战略的有效实施，逐步推进国际化进程，不断开拓境内外市场，拓宽业务领域，把公司建设成在境内外具有一定竞争力和综合实力的国际型工程公司。

公司提出“以市场为导向，以项目为中心”的方针开展各项工作，落实了专业部室和项目经理在矩阵式管理模式中的职责，建立了以项目为中心的管理工作流程，主动将管理工作向项目延伸，推动了公司生产经营和项目管理工作的开展。

公司在资质方面不断提升，2008 年公司在全国首批获得了建设部颁发的工程设计综合甲级资质，可承接所有 21 个行业的设计和工程总承包业务，并且在工程规模上不受限制，为公司拓展业务领域创造了条件。抓住这一机遇，积极拓展非传统业务领域，并积极推动北京、天津、上海、黑龙江四个板块的运行。同年，积极开展 EPC 类项目设计方案优化工作，推动从设计（D）向工程（E）的转变，提高工程设计水平。同年，改制为中国化学工程股份有限公司（简称中国化学）全资持股子公司，更名为中国天辰工程有限公司。

在多轮驱动的影响下，公司发展走向快车道，2001 年公司营收首次突破 1 亿。经过短短 6 年发展，在 2007 年营收首次过 10 亿，并在“十二五”期间登上百亿平台。发展至今，天辰公司新址又叫中国天辰科技园，坐落在北辰区柳滩地界，南起中环线，西临北运河，东靠京津公路，是天津市规划的“黄金走廊”在市区的起点。现有职工 2100 余人，各类工程技术人员占到职工总数的 85%，其中在职全国工程勘察设计大师 1 名，行业勘察设计大师 4 名，享受国务院政府特殊津贴专家 30 余名，教授级高工 170 余人，国际项目管理专家 50 余人，专业技术带头人 200 余人，各类注册工程师 500 余人，各学科博士、硕士等 700 多人，形成了人才结构合理、功能配备科学、创新活力旺盛的优势力量。

公司先后荣获“全国五一劳动奖状”“全国文明单位”“全国实施卓越绩效模式先进企业”“国家科技进步二等奖”和“中国工业大奖提名奖”等荣誉，多次入选美国《工程新闻纪录》（ENR）杂志公布的国际设计承包商 225 强和全球设计承包商 150 强，连续入选中国承包商 80 强和中国设计企业 60 强，并获得“中国最具国际拓展力工程设计企业”称号。

二、精心设计大手笔，与“一带一路”共命运

天辰公司既是在国内外建立大经营格局的积极践行者，也是中国化学大经营格局中的受益者，天辰与“一带一路”同呼吸、共命运。

2000 年，在上海德希尼布-天辰合资公司的基础上成立了上海办事处。2004 年，在原上海办事处的基础上，成立了上海分公司，发挥其在地域上的优势，开拓外资市场，同时管理公司上海运作的项目。2005 年 2 月，为满足公司进一步开拓国际市场、创建国际型工程公司的需要，按照集团公司做精、做强、做大的总体部署和公司的要求，在北京设立公司总部，并成立了海外经营部、海外项目部。2015 年，在“一带一路”倡议指引下，公司又成立了海外经营二部，同时把境外市场划分为俄语区、非洲区、泛南

亚区、美洲区、中东区等五个大区，细分全球市场。天辰公司已在俄罗斯、美国、巴基斯坦、哈萨克斯坦、土耳其、沙特阿拉伯等 18 个国家设立境外机构，形成了境外机构“走出去”对接市场经营，海外经营部“走出去”负责项目经营的立体化海外市场开拓格局。

伴随着习近平主席“一带一路”倡议，天辰公司审时度势、精心谋划，统筹企业发展布局，研究制订了“一带一路”建设发展规划，实现国际工程多点开花，项目体量越来也大。

1. 整合技术资源，中国制造转变为中国创造

天辰公司在多年的工程实践中积累了丰富的工程技术，在盐化工、煤化工领域国内领先。瞄准世界领先的工艺技术，结合国际市场的需要，采用“产学研设”有机融合的方式，以化工新材料为主攻方向，形成天辰公司独特的核心竞争力和核心技术优势。

土耳其天然碱项目采用天辰公司自有纯碱技术，该项目年产纯碱 250 万吨，食品级小苏打 20 万吨，是全球最大的天然碱项目，也是以 11 亿美金的合同额刷新了中资企业在土耳其承接工程的纪录。土耳其总统埃尔多安等多位领导出席项目竣工典礼。仪式上，埃尔多安特别感谢天辰公司为项目实施作出的突出贡献。外交部网站、搜狐网、新华网等国内主流、官方网站对本次活动相继进行报道。

2. 整合人才资源，汇集各方智慧

天辰公司注重国际化人才的培养，实施积极的人才策略，充实公司业务结构调整需要的高端项目管理人才、商务人才、复合型人才和采购人才以及融资、法律人才；不断提高外籍员工招聘力度，继续推动境外机构本土化招聘、属地化运营；针对非传统领域在全球范围内选聘高端领军人才，对需重点攻关的业务领域，探索人才团队整体引进模式；采用更加灵活的合同方式与薪酬模式，不断拓宽选人用人渠道和视野。

3. 整合资金资源，助力国际工程落地

天辰公司承接的几个大的境外项目都是中国金融机构助力的结果。土耳其卡赞天然碱项目中天辰公司协助业主融资，银团由中国工商银行（ICBC）、中国进出口银行（CEXIM）、德意志银行 Deutsche Bank 三大银行组成，该项目是当时中国对土耳其融资支持力度最大的一个项目。同时天辰公司也积极和国际金融机构对接，包括世界银行、亚洲开发银行等。天辰公司也考虑以投资带动项目的模式，如 BT、BOT、PPP 等模式，承接一些前景好、经济效益好的项目。

三、不忘央企担当，为“一带一路”献力量

“常思奋不顾身，而殉国家之急”。天辰公司作为中国化学旗舰企业，时刻不忘自己作为央企的责任与担当，成为第一批走出海外的化学人。在中国化学这面旗帜的引领下，天辰公司勇往直前，用“立德、担当、创新、进取”的企业精神打造出中资企业的模范形象，“天辰”这个名字不仅在“一带一路”沿线国家熠熠生辉，还极大地造福了沿线国家民众福祉，实现了双赢。

1. 履行社会责任，共享发展成果

*承接项目多与当地国计民生息息相关。*比如土耳其地下储库项目，既可以解决当地天然气短缺问题，作为调峰使用，又可以作为战略储备；土耳其天然碱项目，装置产能占欧洲市场的十分之一，这使得 Ciner 集团成为全球第二大的天然碱生产商。

*承接的项目提升当地生态安全环保能力。*SADAF 环保改造项目为天辰公司在沙特阿拉伯承接的第一个化工环保类总承包项目，该项目确保向环境排放污染物满足沙特阿拉伯法规、满足用户要求以及安全和环境准则。

*积极开展社会公益活动。*在巴基斯坦捐献的 15 兆瓦太阳能电站，为当地 140 余户家庭提供免费的电力能源；邀请当地大学教授及项目周边群众来工程现场参观，展示项目执行能力与环境保护措施；资助当地贫困学生、在工程项目现场雇佣当地残疾人在生活区从事简单劳动；在 2015 年习近平主席出席 G20 峰会期间，公司土耳其现场派出 52 名工作人员参与有关工作，收到时任驻土大使郁红阳亲笔签发的感谢信，感谢天辰公司员工优秀的政治业务素质和过硬的工作作风，为确保习主席代表团出席峰会安全和圆满成功作出了重要贡献。

天辰公司连续三届当选为土耳其中资企业商会会长单位，服务中资企业，沟通协调土耳其当地资源，建立当地与中资企业沟通平台，受到中资企业和土耳其相关方高度认可。

2. 发扬天辰精神，增进民众情谊

中国人自古就好客友善，然而到了境外，陌生的环境、不同的语言文字、不同的种族、不同的文化差异与生活习惯……这些不仅考验着每一个亲赴海外的天辰人的适应及学习能力，也是一项必须完成的任务，因为，每一个天辰人就是天辰的“流动展室”，就是打造天辰品牌的“施工员”，而天辰人也出色地打赢了这场硬仗，用他们的担当、责任与真诚拉近了与当地民众的距离，维护了中国化学的品牌形象，用实际行动履行了天辰在当地的社会责任，用中国智慧收获了四海友谊！

土耳其项目小镇上的景点对中国人免费开放，小镇上的商铺甚至制作了中文的牌匾和标签。项目人员经常应邀参与小镇人的婚礼，一起载歌载舞庆贺。天辰公司还多次与土耳其的孔子学院合作，弘扬中华文明和文化。天辰人在海外的一举一动，不仅展示了中国人海纳百川、包容互鉴的优良品质，也加深了土耳其与中国两国之间的传统情谊。

他们作为“一带一路”倡议的信使，不远万里奔赴异国他乡，带来技术、资本、工程经验，帮助当地发展经济，改善生产生活条件，当地民众从心底里充满了善意和谢意。天辰员工从与他们接触的点点滴滴的细节中都能够感受到，这也是支撑天辰人坚守岗位、敢于担当、积极融入当地文化的强大动力。

3. 形成发展合力，塑造央企形象

天辰公司将“以人为本、本质安全、绿色循环、持续发展”的 HSE 方针贯穿于工程全生命周期，致力于打造精品工程，打造好中国化学名片。通过承接典型项目在当地市场打响了工程品牌，形成了良好的企业口碑；利用强强联合、品牌叠加战略，借力用力开拓境外市场；通过与国外知名工程公司开展战略合作不断拓展俄罗斯市场；通过与其他行业知名厂家合作，在格鲁吉亚、土耳其、巴基斯坦等多个电站项目上成功中标；通过整合钻井固井、溶腔咨询、声呐检测、输配电、长输管线等领域的一大批世界知名品牌技术成果，总包建设的土耳其天然气储库项目，实现了真正意义上的全球采购。

中国天辰作为积极响应习近平主席“一带一路”倡议的国有企业，秉持“铁肩担道义”的大经营格局，做足“内功”，为化工行业国企的国际化进程打开局面。

第四节　“一核多元”绘就发展蓝图

自 1953 年起，天辰已经走过 67 年的发展历程。曾经的“化工部第一设计院”发展至今已成为集技术创新、工程总承包、实业运营、国际贸易和投融资五大能力于一体的国际型工程企业。回顾过去一段时间，公司科技创新水平、项目管理水平、资本运作水平、风险管控水平和多元化业务能力持续提升，各项经济指标实现显著增长。

2018 年以来，天辰公司以中国化学“三年五年规划，十年愿景目标”为指引，对中长期发展战略完成了优化升级，提出“一核多元”发展战略，即以技术研发为“核”为“芯”，驱动工程、产业、贸易体系协同发展的发展格局，着手进一步推进“技术+产业”一体化开发格局。

一、全面贯通产学研设销一条链，内外兼修，构建大经营格局

1. 技术创新打造核心竞争力

贯彻技术创新这一战略性、前瞻性的规划，是天辰公司为实现转型升级和可持续发展埋下的重要伏笔。2006 年，为提高公司技术创新和技术研发能力，天辰公司成立了中国化学集团内第一个研发中心。2010 年为推动公司技术创新，培养高层次技术人才，成立了博士后科研工作站，开展科研工作。

天辰公司在坚持做强做优工程勘察设计这一传统业务的同时，持续增加技术创新投入，密集实施并完成技术创新带动转型升级的战略布局，在机构建设、课题遴选、技术培育、工艺开发、工业转化等一系列流程中积极探索实践。深入实施创新驱动发展战略，抓紧布局核心技术攻关，一批研发先锋搭建了从实验室小试、工程放大到市场转化的技术创新平台，突破了一批“卡脖子”问题。

己内酰胺“十一五”期间国内自给率不足 20%，列入“十二五”高端石化化工产品发展重点。中国天辰从 2008 年开始从事己内酰胺工艺技术研究，十年间，先后有近三十个技术研发项目立项，投入了大量财力、人力和智力资源。在不断尝试和反复实验，攻克技术难关，打通整个工艺路线，实现了从催化剂研制、到工艺流程开发、开车运维的一系列突破，终于使得绿色己内酰胺生产技术落地生根，并在国家“十二五”期间开花结果。中国天辰的绿色己内酰胺技术已经成为国内主流工艺技术，为国内市场贡献了 100 万吨以上的产能，带动己内酰胺自给率达到 90% 以上，促进中国尼龙 6 行业的长效发展。

另一个重要突破是己二腈产业，国外对己二腈技术垄断和全面控制，采用配给制供给，导致国内己二腈全部依赖进口，极大限制了中国下游产业的发展。国家多部门将“己二腈技术”列为“新材料关键技术产业化实施方案”。中国天辰从2006年开始，组建队伍开始对己二腈催化剂及全流程工程开发，先后经小试、中试、放大研究，终于攻克了丁二烯法合成己二腈技术，国内首创了具有自主知识产权的崭新路线，彻底打破了国外技术垄断，为民族自有产业贡献力量。

经过十几年积累，天辰公司已成为国家火炬计划重点高新技术企业，拥有国家认定的企业技术中心，先后承担并完成一批国家和省部级科技攻关课题，成功开发和掌握了包括己内酰胺、HPPO、环氧氯丙烷、己二腈在内的一系列先进技术，共获得国家科技进步奖、省部级科技进步奖数十项，持有授权专利及专有技术近400项。公司技术研发中心先后荣获“天津市五一劳动奖状”“天津市青年安全生产示范岗”“模范职工小家”“天津市工人先锋号”“先进党支部”等多项荣誉称号，2019年更是荣获“中央企业先进集体”荣誉称号。

2. 工程市场奠定生存供给力

公司作为原化工部第一设计院，始终将工程作为生存之本、立命之源，在不断优化业务结构、不断推动工程公司转型升级的大背景下，积极利用科技创新平台，整合内外资源，实现市场布局和业务领域全球化。同时，公司秉持着“以人为本、本质安全、绿色循环、持续发展”的HSE管理方针，将绿色可持续的发展理念与管理体系纳入每一个工程项目中，协同智能制造提升、精细化管理推动企业创新管理转型升级。

公司确定了以精细化管理为手段，打造核心竞争力，将精细化管理体系全面应用于工程项目管理，推进项目管理方式、盈利模式、运行机制等获得根本转变，实现项目管理由项目经理管项目转变为法人管项目，消除“项目经理一人决定项目成败”的现象，实现由“前台”管理向“后台”管理转变，人治管理向制度管理转变，经验管理向科学管理转变，推进工程管理转型升级。

天辰公司以国际化经营为目标，不断扩大国内、国际两个市场，进军传统、非化两个领域，致力于打造精品工程，打造好中国化学品牌。在传统化工领域，如盐化工、天然气化工、煤化工等领域持续开拓并保持优势之外，关注境外非化领域类项目机会，平衡业务结构，增加收入来源。目前公司在海外热电、公路等非化工传统领域逐步实现突破。

公司承接的项目保持多项之“最”：在哈萨克斯坦承接了中国化学已落地单个合同额最大的海外总承包项目——哈萨克斯坦石油化工综合体项目，合同金额近20亿美元；在土耳其以公司自有技术和综合工程实力承接了全球单线产能最大的土耳其卡赞天然碱项目、承接了世行公开招标的全球最大的地下盐穴天然气储库项目；在被称为“工程公司坟墓”的沙特阿拉伯市场，从2013年10月至今承接了10个总承包项目，2019年签下了公司乃至国内工程承包企业在沙特阿拉伯境内执行的最大石化项目；在格鲁吉亚承接了号称该国的电力能源库的电站项目，点亮格鲁吉亚；在巴基斯坦，在化工、电站、化肥、烧碱、纯碱、罐区、码头、太阳能电站、污水厂等多方面全方位融入当地建设，累计开展项目近30项。

同时，为了更好地与国际接轨，公司以智能制造为导向，以“四化”为引领，推进“互联网工程”创新管理转型升级。自21世纪初，公司逐步建立涵盖公司生产、运营、管理的信息化系统。随着信息化工作的不断深入发展，公司信息化管理水平全面提升，通过IT服务管理体系信息安全管理体系国际认证。2010年被中国石油和化工勘察设计协会表彰为“十一五”期间工程勘察设计行业实施信息化先进单位。2015年获得全国石油化工行业两化融合创新示范奖。在继往基础上，公司开展专业标准化工作，进行工程设计智能化应用开发，引入模块化工程应用，完善了数字化交付和智能工厂的服务和基础工作研究，以“四化”为引领，在优化设计与报价、采购、施工的衔接流程，提高设计效率，提升设计质量等方面为“互联网+工程”打开全新局面。

在项目实施期间，公司每年均有稳定的信息化建设费用投入，自2014年至今，针对该项目的持续总投入共计约1.4亿元。公司屡屡在国际大赛中获奖，其中流程行业结构设计、电力电缆自动敷设等开发蝉联美国鹰图公司世界级大赛——铂金管道奖大赛Smart 3D类别一等奖。

中国天辰先后完成了两千多项跨行业的国内外大中型项目的技术开发、咨询、设计、施工和总承包建设任务，业绩遍及全国各地以及东南亚、中亚、中东、非洲、美洲等30多个国家和地区，相继为50余家世界500强企业提供工程产品及解决方案，获得200余项工程和专业技术获国家及省部级奖励。

3. 产业发展培育转型源动力

将技术延伸到产业，从源头培养创新发展，形成“产业反哺、研发支撑、工程优化、产业提升”的有机结合，是天辰公司当前及未来一段时间内最为重要的发展理念。

天辰公司于2014年依托技术优势、资本运作与工程建设能力，投资建成集团内第一个产业试点基地——福建天辰耀隆己内酰胺产业基地，并在后续的几年中，以产业升级需求引领，以催化剂技术更新为核心，以工艺工程技术创新为配套，完成了己内酰胺全系列工程技术的升级换代，使天辰的己内酰胺工程技术始终处于行业领先地位，吸引了大量的市场需求。天辰公司先后承揽了山东海力、唐山中浩、福建永荣、山西兰花等工程建设，成为国内市场首屈一指的己内酰胺“技术创新+ 产业发展”一体化开发的综合服务商。

天辰耀隆产业基地作为天辰公司“产-学-研-设-产”的承载实体，经过短短几年的发展，凸显出在工艺性能、技术管理、产业经营方面的显著实力，也成为公司持续创新的摇篮，显著提高了天辰公司抗击市场风险的能力。更为重要的是，天辰耀隆的成功进一步验证了以“技术引领+ 产业反哺”带动的转型升级之路，是天辰公司实现高质量发展的必经之路，也是天辰公司从业务单一化模式到多元化发展的必由之路。

4. 贸易贯通开拓扬帆发展力

天辰公司2016年在天津自贸区成立国际贸易公司，围绕核心“3+1”业务模式，即商品贸易、工程贸易、技术贸易和金融服务，带动天辰公司现有产业、工程总包、研发业务，进行产业链延伸。同时，围绕“一带一路”工程项目所在地，开展电子商务，引入特色商品，促进文化交流。国际贸易有利拓展上下游客户，实现规模的同时反哺工程与产业。

目前在巴基斯坦项目、加蓬项目、土耳其项目等项目中，开展海外备品备件运维保障业务，建立合作关系带动工程贸易延伸；依托自有技术建设的工厂，推进公司催化剂销售并逐步形成基础商业模式；以工程和产业为依托，发展产业中相关产品，如硫酸铵、己内酰胺切片等大宗贸易，形成一定市场规模。

二、“一核多元”迎挑战，科技改革赢未来

没有一成不变的市场，最怕一成不变的选择。天辰公司作为新中国首批成立的大型国家级专业设计院之一，从建院之初即肩负起化工兴国的使命。改革与创新是融入天辰品牌的文化基因，自 20 世纪 90 年代转企开始，公司一直处于市场竞争的最前沿，一直以市场需求为根本，积极探索改革发展方向，适时推动转型升级进程。

天辰公司近年来的发展有力证明，在当前及未来一段时期内，“技术创新+产业发展”一体化开发将成为助推传统工程公司转型升级的高效引擎。

在技术创新方面，天辰公司将成立高新材料研究院，以化工新材料为主攻方向，通过自主研发、兼并收购、战略合作等多种形式，加强公司技术储备工作，形成独特的核心竞争力和核心技术优势，打造开放式创新合作平台。

在工程业务方面，天辰公司将利用科技创新平台积极整合内外资源，通过新材料技术转让和工程总承包，提供工程项目全方位、全过程服务；把握新形势下互联网+、中国制造 2025 等产业发展趋势和机遇，实现市场布局和业务领域全球化。

在国际贸易方面，天辰公司将大力开展化工新材料贸易，成为新材料销售为主的贸易商，主要包括化工新材料成品、原料及海外物资贸易等，为工程、产业提供强有力支撑，成为公司新的收入增长点。

在产业发展方面，天辰公司将进一步发挥技术和资本撬动力量，围绕高温尼龙、特种工程塑料、己二腈等关键核心技术的成功开发，采用控股或参股方式建成高附加值的示范产业项目，努力打造企业转型升级和企业可持续发展的高效引擎。

天辰公司以国家发展为己任，加强研判当前所处的内外部发展环境，时刻准备承担更大的使命任务。2019 年底，国务院印发了“百户科技型企业深化市场化改革，提升自主创新能力专项行动方案”的通知。天辰公司经过集团公司推荐，通过积极申报、备案，成功成为 204 户通过备案的企业之一。这次“科改示范行动”对于公司来说机遇无限，同时挑战空前。天辰公司全体干部职工以昂扬的斗志，做好充分的准备，迎接企业“脱胎换骨”，全身心地投入到这场关乎公司百年发展、关乎国有企业进一步深化市场化改革、不断提升自主创新能力的改革春天！

（中国天辰工程有限公司　童永梅）

创新发展　追求卓越

——中石化上海工程有限公司发展纪实

中石化上海工程有限公司的前身是上海医药工业设计院（简称上海医药院），成立于1953年，是国内最早从事石油化工、医药、化工工程设计和工程总承包的大型综合性工程公司之一。公司曾先后归属轻工业部、化工部、国家医药管理总局领导，2000年12月整体划归中国石化集团公司。2002年6月，按照集团公司专业化重组部署，以上海医药工业设计院为核心，联合中石化上海金山工程公司和上海高桥石化设计院进行重组，并于2003年4月更名为中国石化集团上海工程有限公司。2012年更名为中石化上海工程有限公司。

在66年的发展历程中，公司先后参加了高桥石化、上海石化、扬子石化、兰州石化、大庆石化、齐鲁石化、燕山石化、辽阳石化、吉林石化、上海赛科、海南炼化、福建炼化、青岛炼化、天津石化、镇海炼化、武汉石化等大型石油化工基地的建设；承担了我国众多大中型医药生产基地和一批援外医药工程项目设计任务；完成了一批作为我国“第一”的石化、化工、医药、环保等领域的开创性装置、项目。此外，公司发扬传统优势、创新特色领域，加大从事石油化工、煤化工、医药和精细化工、大型储油罐区及地下洞库、轻工、化纤、环保、烟用丝束、民用建筑、电子、加气站等行业的工程设计和总承包力度，积极参与生物质能源和天然气化工等新领域的工程总承包或总承包服务，取得了良好业绩。

公司重组以来，连年名列全国工程勘察设计、工程项目管理、工程总承包企业营业额百强前列，荣获“全国先进工程勘察设计企业”“全国创新型优秀企业”“中国石油和化工行业技术创新示范企业”“中国石油化工集团公司创新型企业”“上海市高新技术企业”“上海市创新型企业”等称号。迄今已连续9次（18年）被评为“上海市文明单位”，连续6次（12年）被评为“上海市劳动关系和谐职工满意企业”，连续5次被评为“全国‘安康杯’竞赛优胜单位”，2017年荣获“上海市五一劳动奖状”，2019年被评为“新中国成立70周年医药产业脊梁企业”。

第一节　建立与发展（1953—1978年）

一、设计院的创建

公司创建于1953年，时称轻工业部基本建设局设计公司东北分公司。1955年1月11日，改名为轻工业部设计公司沈阳分公司。1956年1月更名为轻工业部设计公司石家庄分公司。

1956 年 6 月公司划归化学工业部，9 月更名为医药工业设计院。1957 年 1 月定名为化学工业部医药工业设计院，10 月搬迁上海市，更名化工部上海医药工业设计院。1958 年 8 月，与上海市化工设计院合并，成立上海化工医药设计院。

1965 年 10 月，更名为中国医药工业公司医药工业设计院。

1972 年 3 月，更名为上海化学工业设计院。

二、设计技术的发展

20 世纪 60 年代末、70 年代初，计算机技术在设计技术领域开始崭露头角。1963 年，借用华东计算所的机器，上海医药院最先从简单的法兰强度计算开始，逐渐到土建的框架、基础计算、工艺的乙烯模拟流程、设备的强度计算等开始应用于工程设计。

1973 年化工部拨款，上海医药院建立了计算机房，并成立计算机站。至此大部分设计计算改为上机进行，开创了设计计算的先河。

三、工程技术的发展

上海医药院前期主要从事医药工程设计。1957 年立足上海后，成为国内最早从事石油化工工程设计的公司之一。因此，在公司的主要业绩中，前 10 年以医药类占主要的比重，接下来的 10 年虽然还是医药为主，但农药、化工、石油化工都占相当比重。

（一）医药工程设计

抗生素自 20 世纪 50 年代初在国内问世，1954 年上海第三制药厂青霉素生产车间及无菌操作室建成。这是上海医药院参与的国内第一个青霉素项目，被誉为国内抗生素摇篮的上海第三制药厂，也为上海医药院培养了第一批从事抗生素项目设计的技术人才。

1953 年，上海医药院开始承担沈阳东北制药总厂的氯磺酸、磺胺噻唑、氯霉素、维生素 C 等一系列中间体和原料药的工程设计。这一批项目是国内医药行业第一批经正规设计的规范化医药生产装置。

1962 年 8 月 10 日，上海医药院承担首次援助阿尔巴尼亚抗生素厂工程设计。1964 年 12 月，承担首次援助印度尼西亚抗生素厂工程设计。1965 年 5 月 28 日，承担首次援助马里共和国制药厂抗生素四环素厂等工程设计。20 世纪 60 年代，上海医药院承担了蒙古、越南、阿尔巴尼亚、罗马尼亚、埃及、马达加斯加等国家 17 项工程、46 个医药项目的援外设计。

1977 年，上海医药院完成杭州中药二厂年产 2000 吨糖浆车间设计，这是国内第一个中成药项目，投产一次成功，当时处于国内领先水平。

（二）农药、化肥工程设计

1957 年底，上海医药院部分人员迁到上海，就接到化工部直接投资的一个大项目——上海农药厂1000吨/年敌百虫项目，该农药是国内开发的第一个高效低毒有机磷杀虫剂。1960年7月，承担首次援助越南六六六杀虫剂项目设计。1964年5月，上海医药院设计的国内第一个新型含氯1000吨/年敌百虫农药生产装置项目获国家计委、国家经委、国家科委联合颁发的敌百虫新产品开发奖。

1959年，上海医药院为上海润华染料厂设计了年产800吨合成氨车间，该装置配套设备均为国内制造，60年代初即在上海10个县推广。同年，为上海吴泾化工厂设计年产2.5万吨合成氨、8万吨硫酸及8.8万吨硫铵等装置，在国内化肥工业的发展史上也留下了值得称道的业绩。

（三）石油化工工程设计

在石油化工方面，上海医药院从事乙烯工程设计有悠久的历史，长期的工作经历和实践积聚了一支较强的乙烯设计队伍。

1959年，该院与生产厂合作攻下了聚四氟乙烯技术质量关。在此基础上，于1961年设计了国内第一个年产30吨聚四氟乙烯生产装置。

1958年，上海医药院以自有知识产权设计完成我国第1个石油化工项目——高桥化工厂6750吨/年乙烯装置。1953年留美工程硕士王有辉带领设计人员完全依靠自己的力量研究开发与设计了6750油吸收乙烯装置，同时培养了院第一批石油化工方面的专业人才，为我国石化工业的发展作出贡献。

1959年，上海医药院在高桥化工厂研究开发和设计年处理炼厂气6750吨的裂解分离装置。至60年代后期，由该院自行设计，国内制造、安装的年产1.2万吨乙烯装置，于1964年12月建成投产，填补了石油化工空白。

1959年，完成了国内第一套自有知识产权聚苯乙烯装置——高桥化工厂2000吨/年聚苯乙烯装置。

1960年，完成了国内第一套自有知识产权乙烯装置——上海高桥化工厂烯烃气体分离车间设计。

1963年6月20日，承担第一套国内自行设计的上海石油化工研究所50吨/年丙烯腈装置。

1964年，承担我国第一个石油化工引进装置设计——兰州石化公司303厂乙烯装置。

1966年，完成我国第一套乙烯装置——高桥化工厂2万吨/年乙烯装置工程设计。

1972年，承担我国首个大型石化工程项目——上海金山石化总厂设计，该项目获得国家优秀设计奖和上海市优秀设计一等奖。

1973年，上海石化总厂从日本引进一套11.5万吨/年乙烯装置，上海医药院为合作设计单位，这是国内第一次引进的较大型裂解分离装置。1976年一次投料成功，运转正常。

1978年，在承担大庆石化总厂7万吨/年醋酸装置设计中，上海医药院将外循环冷却改为内外循环相结合的双塔氧化新工艺，提高了乙醛转化率，产品中不需要再回收乙醛，简化了流程，为国内首创。蒸馏采用先脱高沸后脱低沸，不需后处理就能生产纯度高达 99.9%的醋酸，接近当时的国际先进水平。

（四）大小三线工程项目设计

从 60 年代开始，上海医药院做了大小三线项目、国防工程项目设计 60 多项。其中，四川长征制药厂成为西南地区的大型抗生素厂。

（五）环境保护工程设计

60 年代中期，化工部指示由兰州化工厂、杭州农药厂、上海农药厂和上海医药院 4 家单位合作研究农药甲基 1605 生产的废水处理问题，这是上海医药院首次从事的污水处理工程。会同其他 3 个单位从小试开始，接着中试，直到生产足足花了 3 年的时间，完成了化工部的任务，建成了第一个真正意义上的废水处理车间。

第二节　在改革开放中前进（1979—1999 年）

一、管理体制改革之路

1979 年 8 月，上海医药院改为国家医药管理总局上海医药设计院。

随着改革开放的发展，国家计委要求加强工程建设前期工作，成立委属国际工程咨询公司。经国家医药管理局批准，1985 年 1 月正式成立了上海东方工程咨询公司。

1987 年 3 月，国家医药管理局批准上海医药院为医药甲级工程设计单位，同时核准化工、石油化工的甲级工程设计资格。

1987 年 12 月，经国家环保局批准成立了上海医药设计院环境评价中心，对外承接环境评价业务。

1993 年 7 月 24 日，国家外经贸委批准上海医药院开展对外技术合作业务。10 月 9 日，国家医药管理局和建设部批准并颁发甲级工程总承包资格证书。上海医药院业务扩展为外经、咨询、设计和工程总承包。年内还进行了设计资格复查换证，分别由建设部、国家医药管理局和国家环保局颁发了医药、化工、石化、建筑和环境评价五项甲级资格证书。

二、设计技术的进步

1982 年，上海医药院引进了交互式计算机系统，这是全国首先装备 CAD 系统的几家设计院之一。首先开发应用的是工艺流程图，该应用软件曾获国家医药管理局科技进步三等奖。以后，在土建、设备等专业中亦有应用。

1986 年上海医药院引进了 IBM 中型计算机系统、1986 年，计算机站的 CAD 系统、IBM-4361 系统，王安计算机系统和 719 机系统全部投入运行，工作正常。

1989 年，该院编制的 IBM-PC 兼容机压力容器设计计算程序软件包荣获国家级科技进步优秀软件一等奖。编制的乙烯裂解装置数字模型和电算软件包荣获国家级科技进步优秀软件三等奖。

1993年，上海医药院完成了“院生产计算机管理系统”，普及CAD绘图，把CAD出图率作为对部门考核内容之一。1994年，投资100万元添置计算机装备，计算机应用在生产管理广泛使用，同时着手建立全公司局域网。

根据需要，上海医药院还先后引进了Apollo工作站和Intelgraph工作站开展软模型设计工作，完成项目配管设计——轴测图和材料统计。PC机从几十台增至几百台，在六七年内达到人手一台，在大型工程项目中建立了多个局域网。设计成品的CAD出图率在1999年就达到100%，设计手段实现了质的变化。

三、工程技术的进步

（一）医药工程设计

1978年，上海医药院首次按GMP要求，将上海信谊药厂（原上海第七制药厂）原灌封间改建为空气洁净度为1万级的洁净室。这是我国第一个按GMP要求设计的医药洁净室。

1980年，承担中日合资天津中国大塚制药有限公司大输液工程设计，此项目为改革开放以来，上海医药院承担的第一个合资项目，该项目获国家优秀设计金质奖。

1982年，完成牡丹江制药厂淀粉、葡萄糖引进装置配套设计，葡萄糖规模达45000吨/年，创国内之最。

1986年12月10日，承担的浙江省海门制药厂阿霉素6.6千克/年工程设计是采用该院专有技术。

1986年，完成东北制药总厂年产1000吨维生素C车间设计，其规模系当时国内之最。

上海医药院设计的华北制药厂青霉素钠盐工程荣获1990年国家级优秀设计银质奖；设计的东北制药厂1000吨/年维生素C工程荣获1992年国家级优秀设计金质奖；设计的西安杨森制药有限公司制药工程荣获1994年国家级优秀设计金质奖；设计的华北制药厂青霉素分装车间荣获1996年国家级优秀设计金质奖；设计的昆明制药厂蒿甲醚工程荣获1996年国家级优秀设计金质奖；承担的上海第四制药厂GMP改造工程荣获1999年国家级优秀工程设计银质奖；设计的山东新华制药厂片剂车间技术改造工程荣获1999年国家级优秀工程设计银质奖。

1985年，在国家医药管理局的组织下，上海医药院承担了《医药工业洁净厂房设计规范》的主编工作。该规范由国家医药管理局于1986年颁布，在全国医药行业执行。这是国内第一个医药洁净厂房设计的行业规范，是医药工程设计必须遵循的标准。

（二）石油化工工程设计

上海医药院相继承担多个石油化工工程项目设计任务。

1. 承建上海石化二期工程

1978—1986年，上海石化二期工程指挥部组织建设了上海石化二期工程。1981年春，二期工程被正式列入国家基建计划，作为国家“六五”期间按合理工期组织建设的重点项目之一。

二期工程有103项单项工程。1983年11月，聚酯装置投料试车一次成功。1985年4月，芳烃联合装置投料试车一次成功。涤纶短丝工艺、设备填补国内空白，通过国家验收，受到国务院嘉奖。1990年，涤纶二厂氧化、聚酯、短丝装置获国家优质工程金质奖，芳烃联合装置、涤纶长丝装置、海运码头获国家优质工程银质奖。

2. 承担上海石化30万吨/年乙烯装置设计

1984年底，上海金山石油化工工程公司成立，上海石化总厂开始建设三期工程，该工程共六十多项单项工程。1987年装置正式施工，1989年12月一次投料成功，经16小时45分钟就产出合格乙烯，创造世界同类装置投料试车的最好成绩。

3. 承担扬子石化30万吨/年乙烯装置设计

1978年，南京化学工业公司从日本引进两套30万吨/年乙烯装置，上海医药院为合作设计单位。1983年，南京扬子石化公司成立后，由上海医药院承担施工图设计。除完成全部土建及配套设施设计外，在压缩机厂房设计中，上海医药院采用了垂直桩与斜桩并用的方式，解决了日方也无经验的透平式与往复式两种压缩机基础相邻振动相互影响的问题。建成投产后，生产能力没达标。后来，上海医药院又承担了达标改造，自行设计增建裂解炉和裂解炉在线清焦系统。

4. 承担大庆石化总厂30万吨/年乙烯工程配套装置设计

80年代初，上海医药院承担了大庆石化总厂30万吨/年乙烯工程中的5个配套项目工程设计，其中14万吨/年高密度聚乙烯项目是国家计委决定从扬子石化公司向大庆石化总厂的搬迁工程。设计人员坚持了4年，按质按期完成了任务。该项目在1986年6月一次投料试车成功。30万吨/年乙烯工程装置获得国家质量金质奖和优秀设计铜质奖，其中就包含完成工程设计的上述5套装置。

70年代至90年代上海医药院参加国家重点化工、石油化工工程设计30多项。除承担上海石油化工股份有限公司和南京扬子石油化工公司等上述大型石化装置外，还承担了山东济南涤纶厂精对苯二甲酸（7.5万吨/年）装置、辽阳化纤公司精对苯二甲酸（22.5万吨/年）装置、大连石油化工公司苯乙烯装置等项目基础设计和关键设备施工图设计。

5. 九十年代的业绩腾飞

1993年，与扬子设计院协作，上海医药院总负责为北京燕山石化公司完成14万吨/年高密度聚乙烯装置的国产化设计，提高了生产能力和自动化水平。1996年，承担设计的北京燕山石化公司30万吨/年乙烯技术改造和扩建工程荣获国家级中国建筑工程鲁班奖（国家优质工程）。

1996年，完成与美国第一个合作设计项目——辽阳石油化纤公司二期工程精对苯二甲酸（PTA）装置。

1996年，开始承担上海化学工业区23.4+6平方千米总体设计，由此担当整个化学工业区总体设计院职责。在上海化学工业区内，公司还承担了区内“龙头项目”、国家重点工程上海赛科90万吨/年乙烯工程建设阶段的总体设计，取得了优异的成绩。

1999年，参加扬子石化65万吨/年乙烯装置改扩建工程，与日本东洋工程公司（TEC）合作完成了基础设计并承担全部详细设计工作。2002年，装置一次投料试车成功。2003年9月，扬子石化65万吨/年乙烯改造工程乙烯装置，经过一年稳定运行，顺利通过性能考核，各项指标均达合同规定值，达到20世纪末世界先进水平。

承接的上海石化70万吨/年乙烯改扩建工程和扬子石化65万吨/年乙烯装置改扩建工程，获建设部2008年全国优秀工程设计金奖。

（三）工程设计中的技术创新

1989年4月18日，上海医药院设计间歇式聚丙烯气相流化床脱氯反应器，于1988年1月22日申请实用新型专利，经中国专利局批准，授予专利权。

1989年4月18日，设计三足式离心机出料机构，于1988年4月12日申请实用型专利，经中国专利局批准，授予专利权。

在从事乙烯工程设计之初，上海医药院就把裂解炉列为技术开发的重点。在1979年成立工业炉组，开始对裂解炉技术研究。1989年，开发设计SH-1型万吨/年乙烯新型裂解炉。该裂解装置于1989年11月建成投产，开车一次成功。该项目获1991年国家重大技术装置成果特等奖，1992年国家科技进步一等奖。

在乙烯领域，1995年承担了中国石化集团公司“十条龙”攻关项目——年产16万吨乙烯装置国产化分离技术工艺包开发，1997年，该技术在兰州石化公司乙烯装置成功应用，为当时国内采用自主工艺技术完成的最大规模乙烯装置的扩能改造工程。

四、管理水平提升

（一）实行全面质量管理

1980年初，上海医药院成立了技术处，经几年努力，形成了一套初见成效的管理模式，其核心是“设计工作基本程序”，把一个工程项目从接受任务一直到完成初步设计文件、图纸和施工图的所有设计步骤，按顺序详细列出，并针对全过程中的各个步骤，辅以相应规定。

1991年10月，推行全面质量管理工作。1999年4月26日至30日，上海质量体系审核中心对上海医药院质量体系进行正式认证审核，6月9日颁发质量体系认证证书。7月26日取得荷兰RVA颁发的认证证书。

（二）开展项目管理

自50年代到80年代初，设计任务由上级下达，计划科（处）接到任务后按任务的主导专业属性，安排到相关设计室并与其室主任商定项目负责人。90年代初业务范围扩大，开展了工程总承包业务，并着手进行建立国际型工程公司的探索。

1994 年 10 月，上海医药院组建了项目经理室，汇集资深又有项目管理经验的技术骨干到该室，承担大型和重要项目的项目经理，为推行项目经理负责制做准备。1996 年 6 月进一步对生产管理机构实施改革，撤销综合设计室，重新建立专业设计室，组建了设计部、项目管理部（项目经理室归并到该部）和工程部，试行矩阵式管理。试行一段时间发现管理部门之间联系烦琐而又不顺，进而将三部归并成一个部门——项目部，项目经理室单设。

（三）加强人力资源管理

1957 年开始设立人事科，到 80 年代初人事管理相对现在比较单一。1986 年 7 月，国家医药管理局批准该院列入专业技术职务首次聘任制度的试点单位，专业技术人员由任命制改为聘任制。该院建立专业技术职务聘任资格评审委员会，评审与聘任归口人事部门管理。

1987 年 9 月 15 日，成立了教育委员会，负责职工的培训。1992 年，对人事制度进行了改革，贯彻多劳多得和按“质量、产值、进度”完成情况进行考核。

1994 年，在用人制度上进行了重大改革，实施了全员聘用合同制，由国家用工改为单位用工，采用全员聘用合同和岗位聘用双重合同。

1999 年，强化人事制度管理，同时对干部考核工作与监督等做了明确的规定，完善和健全了干部管理考核制度。

第三节　深化改革，跟随“一带一路”“走出去”(2000—2019 年)

一、国企改革不断深入

2000 年 5 月 12 日，根据国务院办公厅转发的建设部等 6 部委的要求，进行管理体制的改革、推进内部制度改革。10 月国务院办公厅下达通知，明确公司划归中国石化集团。12 月 18 日国家药品监督管理局与中国石化集团公司举行了公司的交接签字仪式，企业更名为中国石化集团上海医药工业设计院。

2002 年 6 月 26 日中国石油化工集团公司批复，同意《中国石化集团上海工程公司重组方案》，并指出以上海医药工业设计院为核心，联合中石化上海金山工程公司和上海高桥石油化工设计院组建中国石化集团上海工程有限公司。

2003 年 1 月 10 日中国石化集团上海工程有限公司正式成立。

2013 年 5 月，公司作为中石化炼化工程（集团）股份有限公司（SEG）子公司之一在香港上市。公司重组以来，不仅成功转型成为工程公司，而且通过 EPC（工程总承包）、PMC（项目管理）和海外工程的实践，自有知识产权成套技术不断增加，向国际一流工程公司目标不断迈进。

二、生产经营稳步增长

公司贯彻落实新发展理念，坚持稳中求进工作总基调，紧紧围绕提高发展质量和效益，加快深化改革，推动转型发展，强化从严管理，坚持“走高端、创特色、夯基础、保稳定”方针，落实“夯实基础、追求卓越、创新驱动、强化职责”工作要求，综合实力持续提升，谱写了公司改革创新发展的新篇章。

主营业务大幅攀升——2002 年公司重组时主营业务收入为 3.1 亿元，2019 年达 40.04 亿元，增长了 11.9 倍；2002 年新签合同额近 10 亿元，近年最高达 60.69 亿元，增长了 5 倍多；2002 年完成工程设计投资额 63 亿元，近年最高达 148.5 亿元，增长了 1.4 倍。

经济效益逐年提高——公司现有资产总量和净资产与重组初期相比，结构、质量、效益均发生了重大变化。2002 年实现利润 1050 万元，近年最高达 4.404 亿元，增长了 42 倍。

EPC 总承包和 PMC 项目管理能力取得长足进步——2002 年 EPC 合同额占新签合同额的份额不到 10%，2014 年 EPC 合同额占新签合同额的 95%；PMC 合同额最高超过 1 亿元。工程总承包和项目管理能力有了长足进步，成为推动公司向更高阶段发展的主要动力。

三、工程技术显著提高

（一）医药工程设计

2000 年 11 月 26 日，第六届全国医药优秀工程设计项目评选中公司有 5 个项目获奖，其中罗氏泰山（上海）维生素有限公司 VA 项目（二期），麒麟鲲鹏（中国）生物药业有限公司项目获优秀工程设计一等奖。

2003 年 7 月 21 日，公司参加设计的华北制药集团年产 1500 吨青霉素生产线工程获金质奖。

2005 年，公司设计的国家新药筛选中心、国家上海新药安全评价研究中心获国家级优秀工程勘察设计银质奖。

2005 年，住建部委托公司主编国家《工程建设标准体系（医药工程部分）》，并于 2008 年颁布实施。此举开辟了我国医药工程建设标准规范新纪元，为医药工业建设标准规范编制迈出一大步。

2009 年，公司主编的《医药工业洁净厂房设计规范》正式实施，该规范是我国医药行业第一个工程建设国家级标准、强制性国家级医药工程建设法规。

（二）石油化工工程设计

2000 年公司与美国斯通公司合作完成了上海石化 70 万吨/年乙烯装置改扩建工程的基础设计，并承担全部详细设计工作。该装置于 2002 年一次投料试车成功。

2005年，公司海外项目实现“零”的突破——联合阿克-克瓦那承接沙特SABIC聚烯烃工程总承包项目。这是公司参与的首个海外大型EPC总承包项目，也是中国石化炼化工程在中东地区的第一个真正意义上的EPC总承包交钥匙工程。

2009年，公司以EPC形式完成世界最大规模EO/EG装置——镇海炼化65万吨/年EO/EG装置。

2010年，公司完成国内第1个煤化工示范工程EPC项目——神华包头煤制烯烃项目。

（三）工程设计中的技术创新

公司发挥传统优势，创新特色领域，以创新支撑各领域持续发展，在乙烯、苯乙烯、PTA、聚烯烃、苯酚丙酮等传统领域，以工程技术中心为支撑，形成了一大批具有特色的专有技术。

公司在消化吸收引进技术的基础上，开发自己的专有技术和专利，是公司跻身国际工程公司所做努力的一部分。这一阶段，公司获得烯烃多段聚合法、三足式离心机出料机构、乙烯裂解炉、大管径套管式急冷换热器等发明和实用新型专利。

在加强产学研用方面，公司以“走高端、创特色”为指导方针，加强与高等院校和科研院所的产学研合作，在主营业务领域建立并保持了行业优势地位，并建立技术研发与工程实施一体化的集成平台，以机制创新和团队建设提升核心竞争力。自2002年重组以来，上海工程公司联合高校和研究院，牵头承担多项国家科技开发项目，承担中国石化科技部技术开发项目270项，完成200项，165项技术成果通过中国石化技术审查、鉴定，148项技术成果成功实现工业应用。迄今，公司拥有有效专利301件，其中发明专利184件。

公司组建成立了乙烯、苯乙烯、PTA、聚烯烃、苯酚、丙酮、环氧化物、煤化工、生物化工及生物质能、粉粒料输送、LNG及大型储运、环保节能等11个工程技术中心，进一步强化核心技术的工程化研究与开发，加快科技成果转化，增强公司技术创新能力。2009年起获“上海市高新技术企业”、2010年起获“上海市创新型企业”称号并保持至今。公司还被命名为“中国石油化工集团公司创新型企业”。

四、市场开发多管齐下

公司持续推进高端化、差异化、多元化发展战略，结合自身特点和市场定位，巩固传统业务，拓展新的领域，发展高端业务。同时，坚持核心技术即是核心竞争力的经营方针，促进核心技术对市场的引领和培育。

公司立足传统的石油化工、医药、精细化工、环保等业务领域，重点关注公司具有技术优势和工程化经验优势的乙烯、聚烯烃、苯乙烯和聚苯乙烯、苯酚丙酮、环氧乙烷/乙二醇、环氧丙烷、丁辛醇、丙烯酸及酯、大型石化储罐区、生物制药等领域。坚持以技术引领、方案优化为导向，争取大型石化和煤化工基地的前期方案规划和总体工程的设计、总承包业务。

公司利用自身技术优势，大力拓展煤化工市场业务，承接了一批大型煤化工 EPC 项目，系统外如神华包头、神华榆林、中煤榆林、中煤蒙大、青海大美项目，系统内如中天合创、中安联合项目，部分项目已顺利开车生产，为业主创造了良好的经济效益。

公司发挥医药设计、GMP 领域专长，以重大的高技术含量工程和中外合资、外资医药工程为重点，建成了一大批富有技术含量的知名制药企业项目，主编和参编了一系列国家医药工程建设标准，以标准、技术、质量和服务等优势品质长期保持医药工程领域的领先地位。

在精细化工领域，将市场向高附加值聚合物产品如高性能树脂材料等方面拓展，着重碳四碳五分离产品的精细化应用及环氧化合物下游相关产品的技术开发和工程化。

在环保节能领域，依托公司环保节能工程技术中心的成立，在高氮污水回用和达标排放、高盐污水回用和零排放、脱硫脱硝、炼化一体化企业 VOCs 综合治理和减排、低 NO_x 排放、污泥减量化、无害化和资源化利用等领域，大力推广业绩和技术，全力向市政示范性项目延伸。公司完成了上海石化外排污水深度处理及回用工程二期项目、上海赛科大型丙烯腈污水处理回用技术工业应用、中天合创高含盐水浓缩及结晶装置、上海城市生活垃圾处置调研，为“碧水蓝天”、绿色环保贡献了力量。

具有可再生和绿色环保特点的生物质能源的开发，也成为公司新一轮发展的重点。借助于医药工程中生物发酵技术的优势，公司成功开发了工程应用利用秸秆、木薯等制生物乙醇，已承担了 10 多套年产 10 万吨级的生物乙醇项目。

利用在低温储运方面的技术优势，积极开拓 LNG 业务，承担了新疆广汇、兰州燃气化工集团、宁夏哈纳斯等一系列天然气液化和储运工程。上海石油分公司在上海地区新建、改建加油站的设计工作均由公司执行。

在原油储运方面，日照原油商储库、海南成品油保税库、海南原油储备基地等一大批重大 EPC 工程按期建成，成功开车或投入商业运行，在建湛江地下水封洞库等工程。

五、海外开拓成效显著

公司于 2004 年设立了海外工作组，并借助外经合作平台，积极组织多项涉外项目的报价与跟踪，派出人员赴外国公司培训、积极开展与外国公司或机构的互访交流等，为以后的进一步合作打下了良好基础。

公司重组的 3 年起步期，借助于中外合资的上海赛科和扬巴项目的总承包，特别是与国外工程公司联合总承包的上海赛科 60 万吨/年聚乙烯装置的顺利交付，极大地提升了公司按照国际工程承包的项目管和方法，执行项目管理的信心和能力，为争取海外项目打下了坚实基础。

2005 年初，与国际知名的荷兰阿克-克瓦那公司联合竞标沙特 SABIC 延布聚烯烃联合装置，经过联合体各方的艰苦努力，于当年 7 月份成功中标沙特聚烯烃项目，具有划时代的意义，也成为响应国家和总部关于工程承包企业“走出去”战略的典范。

公司积极实施“走出去”战略，加大海外市场开发力度，海外项目执行能力也得到进一步提升，海外市场开发、项目执行人才队伍不断壮大。2010 年，公司承接沙特

SABIC公司在沙特西部延布工业区投资的42万吨/年聚酯项目。这是公司首次独立承担海外高标准EPC总承包项目，最终成功实现了高标准机械完工交付，装置最终性能考核超过了合同规定的设计值，业主给予了高度赞扬。2011年5月公司承接沙特SABIC公司在沙特东部朱拜耳商业码头内的大型港口物流项目。

随着“一带一路”倡议的提出，大量国内工程公司走向海外，国际工程建设市场竞争更加激烈。公司作为执行主体，完成了哈萨克斯坦KPI石油化工一体化项目基础设计和透明价估算（OBE）工作，执行海外工程的理念更为稳健。

公司不断总结积累海外项目总承包经验，努力接轨国际工程公司先进理念。2016年8月公司承接马来西亚国家石油公司聚烯烃自动化立体仓库EPCC（加试运行的工程总承包模式）项目，继沙特市场之后又开辟了一个新的市场新领域。该项目也是公司执行的首个带装置试车commissioning责任的总承包项目，工作内容包括设计、采购、施工、预试车、试车，并具备开车条件。2019年3月15日，公司总承包的马来西亚国家石油公司自动化立体仓库项目顺利完成并通过竣工验收。

2018年3月，公司承接沙特SABIC公司2.8亿美元的大型空分装置总承包项目，为公司在沙特及海外市场业务开发可持续发展奠定了坚实的基础，对公司生产经营产生了积极的推动作用。

六、项目管理精益求精

公司于2013年建成投用“项目管理信息系统”。该系统贯穿立项、策划、执行、控制、关闭等项目全过程，涵盖立项管理、目标规划、人员管理、工时管理、进度管理、费用管理、质量管理、安全管理等各环节。2014年开始，新签项目均进入该系统运行。

在此基础上，公司持续加强项目管理信息系统模块及功能的开发和运用，建立图纸目录数据库，完善安全、质量和施工管理模块；开发图纸目录和人工时定额相结合的人工时预测流程、外借人员管理流程；更新图纸工时定额及请购书定额数据库；完善项目管理模块人工时管理，为项目、专业及部门的人力使用考核奠定了基础。建立了以工程产品为主线的项目工程量及费用数据库，分析整理已完工EPC项目历史数据和资料，为项目报价提供支持。项目信息上线运行，加强了项目管理目标的过程控制，提高了项目管理的规范化、标准化程度，对强化项目全过程管理产生了积极作用。

项目管理以风险识别和防控为主线，成立境外项目风险管控专家小组，建立项目执行阶段的风险管理体系，建立项目立项、投标报价、执行三个不同阶段的项目风险库，强化海外市场开发和项目执行风险管理。在国内EPC项目执行阶段，公司定期实施风险监控，取得较好效果。2016年，公司建立了全面风险管理体系，涵盖所有主营业务，开展全面风险评估，形成公司风险事件库。

这一阶段，一批工程项目荣获国家级优秀工程总承包奖、国家级和省部级优质工程奖、国家级和省部级优秀工程设计奖等各类奖项。其中，福建炼油80万吨/年聚乙烯装置获工程总承包银钥匙奖，镇海炼化65万吨/年EO/EG装置、神华包头煤制烯烃项目60万吨/年烯烃分离装置获工程总承包铜钥匙奖；镇海炼化65万吨/年EO/EG工程获国家优质工程金奖、全国工程建设项目优秀设计成果一等奖，中石油独山子石化改扩建炼油及新建乙烯工程获国家优质工程金奖、全国工程建设项目优秀设计成果一等奖，黄岛国家石油储备基地工程获国家优质工程银奖；上海实验动物资源公共服务平台项目获住建部全国优秀工程勘察设计银质奖；苏州西山药物安全评价研究有限公司新研发中心项目获中国医药工程设计协会优秀设计一等奖。

七、信息化建设稳步提升

2012年，公司成立信息管理部门，具体负责公司信息系统的建设、管理、运维及安全等各方面的技术工作。建成“综合信息平台”，综合管理信息系统和项目管理信息系统上线运行。企业管理、党建管理、项目管理、采购管理、文档管理、施工管理等业务实现信息化目标，为下一步深入推进流程再造、大数据及云计算运用打下了坚实基础。

公司致力于搭建数字化工厂，以数据库为核心，集工艺、配管、结构、电气、仪表等专业为一体的大型工厂三维模型设计软件得到广泛应用，以COMOS和SmartPlant为代表的国际主流化工工程设计信息系统投入应用。公司注重对基于Intergraph SmartPlant Enterprise系统的工程设计数据集成（数字化工厂设计系统）进行部署和开发，并于2012年起结合沙特聚酯项目对SPE进行二次开发，深化了以SmartPlant Foundation为基础的工厂设计信息集成系统在沙特PET项目中的应用，相关项目设计、采购和施工均围绕该系统展开。SPE设计信息集成理念和技术成功应用于沙特聚酯项目，在炼化工程集团系统内首次实现了海外项目的数字化工厂设计及数字化交付。

在软件开发应用方面，公司依托大型储罐、低温储罐和LNG冷能利用等技术研发课题，开展了SP-PID、SP3D、HTRI、COMOS等大型软件应用二次开发及应用研究，取得显著成效；相继开发了SW6、PVCAD、SCAD、灌区基础设计等各专业设计/计算软件，并在行业内得到广泛应用。中石化料仓计算软件V1.0有效提升了料仓设计的效率与计算准确性，填补了该行业空白，获国家计算机软件著作权登记证书。

作为中石化工程建设走向海外的先驱者之一，公司在信息化建设中高度重视对海外项目IT技术服务和支持的探索，公司逐步形成了适应海外工程项目的用户技术服务和IT技术支持的管理和技术体系，先后建立了北美和中东地区海外项目现场信息系统，同时建立了“一站式”技术服务体系，为公司员工以及参与项目建设的业主、合作伙伴、分包商等外部人员统一提供方便、快捷的IT技术服务。该服务体系的管理模式获得了中石化集团公司管理现代化创新成果二等奖。公司在海外现场IT技术服务的做法，也以编写总部《国际EPC总承包项目管理程序文件》中的施工现场通讯和IT实施计划的形式得到广泛共享。

八、从严管理全面开展

2012年，按照集团公司战略部署，炼化工程板块重组上市，公司认真开展并完成了SEG重组并在香港上市的各项相关工作。上市3年时间里，公司逐步向上市公司的生产经营管理要求靠拢，在多个领域探索深化改革的新思路，提高生产经营能力和管理水平。

为更好发挥质量和HSE管理体系对公司发展的推动作用，公司决策整合两大体系，经过充分准备，于2014年顺利取得英国劳氏公司颁发的QHSE体系认证证书。此举成为公司提升管理和从严管理的良好契机，真正将QHSE体系与公司管理充分融合，为公司业务发展起到更好的保驾护航作用。

公司完善内控手册与细则，加强内控执行力度；结合公司上市运作，不断提升财务管理水平；全面深化预算管理和成本管理，做好EPC项目的财税筹划和财务管理，加强成本控制，深入挖潜增效。

公司以风险为导向，以内控为主线，以促进精细管理和提高经济效益为目标，积极发挥审计监督的促清廉、免疫系统和建设性作用。认真完成各类审计，公司经营管理和内控风险总体受控，薄弱环节得到有效整改，促进了经营管理的规范、有序、合规，促进了内控制度的健全和有效执行。

公司合同的法律审查达到100%，为项目投标、合同谈判和履行提供法律支持，防范法律风险；强化合法合规经营观念，加强知识产权保护。

公司按照国际项目技术和管理要求，进一步健全标准化体系，吸收国内项目建设的成功经验，总结提炼海外项目的有益做法，标准化工作上新台阶。近年来，认真编制项目管理手册，制修订公司管理和技术标准、中国石化物装部采购技术标准、炼化工程集团技术标准，主编或参编多项国家标准、行业标准。

九、人力资源精益管理

2001年，公司开始推进现代企业制度，深化“三项制度”改革。2001年7月，将原事业性质的工资制度改为企业岗位工资，拉开了技术岗位和一般岗位，一线人员和二线人员，专业骨干和一般技术人员的差距。2002年重组后，公司制定了“劳动合同”，根据国家《劳动法》有关规定实施劳动合同管理。

在科学技术为第一生产力和市场经济日趋完善的今天，人才竞争已成为市场竞争的焦点。公司重视人才培养、人力资源的开发工作，并建立人才开发计划。针对人员断层情况，认真选拔中青年优秀人才，建立各专业技术带头人队伍；不断完善专业技术职称评、聘工作，在评聘中引入竞争机制，实行评、聘分开，打破了论资排辈情况，调动专业技术人员积极性；加强培养教育，注重注册人员的再教育，通过举办各类培训班，院“学术活动日”及“培训学分制”等方法强化培训工作，开展继续教育工程；加强人员考核，优化人才配制，鼓励院内人员合理流动，积极引进优质、急需人才，努力创造良好的人才成长和作用发挥的环境，提高人员综合素质。

在育人聚人选人用人上，公司一直在不断创新，在2006年3月正式创办企业培训学校，确立全员培训和终身学习的理念，使职业培训进入了系统化、正规化的新阶段。

公司不断强化人才队伍建设，拓展人才成长通道，实施各项人才激励措施，深化用工制度改革，员工队伍结构进一步优化，一批符合EPC、PMC要求的复合型项目管理人才，一批具有技术开发能力的技术型人才，一批有技术应用能力、有组织管理行业内人力资源从事工程设计、工程建设能力的领军型人才脱颖而出。

根据当前企业发展需求，公司将基本建立一套人尽其才、才尽其用，符合国际型工程公司发展要求的人才工作机制，培养造就总量适当、结构合理、专业配套、素质优良的国际化人才、经营管理人才、项目管理人才和工程技术人才四支队伍，强化青年人才的培养和使用。

十、精神文明和企业文化建设扎实推进

公司加强和改进党组织自身建设，在党风廉政建设中履行党委主体责任和纪委监督责任，强化基层党支部建设和企业文化建设，营造健康向上、和谐稳定的发展环境。

公司加强党建和思想政治工作，带动党员和职工创先争优建功立业，涌现出一大批先进党支部、优秀共产党员和党务工作者。加强基层党支部建设，探索在总承包项目中建立党的支部，开展党的工作，发挥支部的战斗堡垒作用。开展支部重点工作立项，解决工作中存在的突出问题。切实抓好党员和干部的日常教育和管理。

公司落实党风廉政建设责任制，将党风廉政建设责任制的落实情况纳入干部、部门、支部年度绩效考核范畴，强化廉洁从业风险控制。持续推进总承包项目效能监察、业务公开和廉洁风险防控工作，推进巡视整改工作，严格执行党的政治纪律和政治规矩，严格组织纪律和财经纪律，确保权力运行和经营业务的合规、合法和风险受控。

公司着力推进企业文化建设，广泛深入宣传企业的发展战略、企业精神和价值观。制定《企业文化建设纲要》，编制《企业形象标识手册》，颁布《企业文化手册》，倡导“一家人、一条心、一股劲、一个目标”的企业理念，倡导“讲诚信、负责任”的职业道德，开展文化艺术节、体育节、职工论坛等主题活动，丰富职工精神文化生活。实施员工帮助计划（EAP），加强对员工的人文关怀和心理疏导。开展“送清凉、送温暖”活动，慰问项目现场员工，为职工做好事、办实事、解难事，增强企业凝聚力。积极履行社会责任，塑造高度负责任、高度受尊敬的企业形象。

在青年员工中深入开展突出青年特色的品牌工作，开展青年优秀论文评选、青年文明号、青年突击队、青年岗位能手、职业生涯导航等活动，增强青年“打造世界一流，争当青年先锋”的责任感，激发青年与公司同发展、共命运的使命感。

（中石化上海工程有限公司　程齐舫、陈儒）

改革创新铸辉煌　和谐发展谋未来
——中石化广州（洛阳）工程有限公司发展纪实

中石化广州（洛阳）工程有限公司创建于1956年，是国内能源化工领域集技术专利商与工程承包商为一体的高新技术企业。公司拥有中国综合设计甲级资质，为国家首批业务涵盖21个行业的工程咨询企业之一，拥有工程总承包、工程设计、工程监理、工程咨询和环境影响评价等甲级资格证书，是国内第一批授权实施工程总承包的全国基本建设管理体制改革试点单位之一，2013年被认定为国家级企业技术中心。2014年入选ENR“中国承包商80强”，名列2014年最具效益承包商排名第1位。

60多年来，中石化广州（洛阳）工程有限公司从辽宁抚顺起步、在洛阳宜阳竹园沟积淀、在洛阳李屯基地壮大、在洛阳七里河跨越发展、在广州中石化大厦走向未来。60多年来，公司不断改革创新，披荆斩棘，一路前行，创造了一系列国内第一和世界之最，创造了许多骄人业绩，铸就了几多辉煌。近年来，公司进军国际市场，成功实施了哈萨克斯坦阿特劳炼油厂芳烃和石油深加工等项目，为践行“一带一路”倡议作出贡献，也为未来发展奠定了坚实基础。

第一节　披荆斩棘，艰苦创业（1956—1965年）

公司前身——石油工业部抚顺设计院，1956年经石油部批准在辽宁省抚顺市开始筹备，于10月份正式成立。之后陆续从东北各石油炼油厂、北京设计院、广州设计院抽调技术人员，并从大中专院校分配一批学生到院工作，1956年底设计院有职工241人。创业初期公司克服困难，在苏联、捷克专家帮助下，先后完成了茂名、桦甸、抚顺、锦西等人造油炼油厂的设计。随着大庆油田的开发，设计工作开始由人造油炼油厂设计向天然油炼油厂设计转变，设计人员深入实践、刻苦钻研、积极参加石油部组织的会战，设计出以流化催化裂化、延迟焦化等为代表的具有现代炼油先进技术的“五朵金花”新型装置，为石油工业腾飞作出了贡献。

随着大庆油田的开发，在石油部炼油新技术攻关小组领导下，抚顺设计院与北京设计院紧密合作，与生产企业、设备制造厂紧密配合，设计并建成了被誉为“五朵金花”之首的抚顺石油二厂60万吨/年流化催化裂化装置，使中国炼油工业技术水平提高了一大步，缩小了与国外先进水平的差距。

这期间该院还先后设计建成了50万吨/年蒸馏装置、30万吨/年延迟焦化等装置，实现了由人造油炼油厂设计向天然油炼油厂设计的转变，为石油工业的腾飞作出了重要贡献。

到1965年底，设计院职工人数为930人，成为中国石油工业的一支骨干设计队伍。

第二节　扎根洛阳，恢复振兴（1966—1985年）

1966年开始，抚顺设计院在“文化大革命”运动中，设计工作受到干扰。1969年12月根据石油部军管会的决定，抚顺设计院搬迁“三线”，成建制地搬迁到河南宜阳和湖南临湘，承担红旗炼油厂和长岭炼油厂的设计任务。搬迁后，广大职工住窑洞、居民房、在竹席棚里搞设计，在干打垒土坯房子里办公，克服了一个又一个困难，经受住了严峻的考验和锻炼，坚持设计不间断。1973年，根据燃化部和总后勤部的决定，将原河南和湖南的两支队伍合并，于1975年前后迁到洛阳市郊区李屯，职工人数为1864人。

这10年间，设计院先后完成了长岭、安庆、九江、广州、吉林、锦州、林源等炼油厂的设计任务，还承担完成了在“世界屋脊”建设“格尔木—拉萨”长距离成品油输油管线的设计任务（即“530”工程）。组织150多人进行技术大调查，完成了常减压蒸馏-催化联合工艺（即“一顶二”）的设计。设计建设了原油加工能力为15万吨/年的炼油实验厂，以开展炼油新工艺、新设备、新材料试验，以创建我国第四代炼油新工艺。

1976年，河南和湖南的两支设计队伍合并迁到洛阳郊区李屯后，又先后从湖北荆门炼油厂和辽宁锦西石油五厂成建制将炼制研究所和设备研究所调入，还从一些炼油厂抽调一些技术工人充实到炼油实验厂，初步形成设计、研究、实验生产“三位一体”的三结合体制。几年间开展了5万吨/年同轴催化裂化高效再生、内外取热、提升管催化裂化、进料喷嘴、掺炼渣油的工业试验，取得了一大批工程设计、工业实验和科研成果。公司的工程设计水平由此提高到了一个新高度。

1977年9月，正式成立石油部炼油设计研究院，从石油部第一石油化工建设公司分出，直属石油部，以后又更名为第二炼油设计研究院。为适应设计体制改革，于1984年底正式成立“洛阳石油化工工程公司”。体制逐步理顺，党群各级组织逐步健全，1981年公司建立了职工代表大会制度，设计与科研都取得了很大成绩。

到1985年底，公司累计完成79个炼油厂230多套装置和其他工程的设计，完成设计投资26亿元，同时也培养造就了一大批高素质的科研设计人才，职工人数达到3500人。

第三节　科技领先，发展壮大（1986—1995年）

1986年，公司机构进一步理顺，成立了工程设计部党委，加强了技术交流和外事来往。

1987年4月，国家计委、财政部等四部门批准公司为全国基本建设体制改革12个试点单位之一，并明确试点期间实行企业化管理。1990年经石化总公司核定，公司具有企业法人资格，确认公司工程设计甲级设计单位资质。

洛阳石化工程公司成立以后，公司坚持两个文明建设一起抓，全体职工振奋精神，献身石化的积极性空前高涨，工程设计、工程承包、科研开发和实验生产都取得了丰硕成果和较好的社会效益及经济效益，公司实力有了很大提升，先后完成了洛阳、镇海、抚顺、金陵、上海、兰州、大庆、长岭、安庆、茂名等炼油厂工程设计1148项，完成工程总投资146.5亿元，同时开展了洛阳炼油厂500万吨/年一期工程总承包。

10年间，公司完成国家科技攻关项目10项，承担并完成石化总公司技术开发课题166项，通过技术鉴定179项，获国家级科技成果奖30项，获省部级科技成果奖189项，获专利授权49项。

10年间，公司外事来往频繁，多次与美国、德国、法国、日本、韩国、俄罗斯、阿联酋等国的企业和专家进行技术交流。职工队伍不断发展壮大，达到4380人，陈俊武被评为国家工程建设设计大师和中国科学院院士，汪景砺被评为国家工程勘察设计大师。1993年公司在全国勘察设计单位综合实力百强中排名第15位，1995年被河南省评为研究设计单位综合实力30强第一名。

技术方面依托中国石化总公司“十条龙”攻关平台，公司与科研院所、生产企业、设备制造厂紧密合作，发挥工程设计的桥梁纽带作用，进一步扩大了公司在催化裂化领域的优势，设计并建成了兰州炼油厂50万吨/年同轴催化裂化装置、上海炼油厂100万吨/年高速床与密相床烟气串联新型催化裂化装置，攻克了催化裂化掺炼渣油的难关。在加氢裂化领域，设计并建成了国产化的具有里程碑意义的镇海80万吨/年加氢裂化装置，开始设计茂名200万吨/年渣油加氢脱硫装置，使公司的炼油工程设计水平开始进入世界先进行列。

第四节　改革创新，成果丰硕（1996—2005年）

1996年至2005年，是公司的改革创新期。这10年，公司深化劳动、人事、分配制度改革，改制分流、移交企业办社会职能、减员增效，是改革力度最大、改革范围最广、取得成果最明显的十年；是公司工程设计、工程承包、工程监理、科技开发等各项事业蓬勃发展取得显著成绩的十年；也是公司继往开来，与时俱进，物质文明和精神文明建设取得较大进步和发展的十年。

按照1999年国务院发布的关于勘察设计单位进行体制改革的决定，公司积极与地方政府联系，在洛阳市大力支持下，2001年完成了企业化改革。之后，逐步完成了辅业改制分流移交，成功瘦身。

10年间，公司业务不断扩大，累计签订工程设计、承包和“四技”合同1404份，合同额69.63亿元，合同投资额446.6亿元。公司共完成了63个炼油厂314套炼油装置以及其他设计 1888 项，完成设计投资 517.48 亿元，公司的工程技术水平进一步提高，在国产化、大型化方面取得了突出的成绩，除设计并建成了大连 350 万吨/年重油催化裂化装置、镇海 180 万吨/年蜡油加氢脱硫和 300 万吨/年柴油加氢精制联合装置、茂名 200 万吨/年渣油加氢脱硫装置外，还作为总体设计院设计了一大批 1000 万～2000 万吨级炼油基地，公司的炼油工程设计水平跨入世界炼油的先进行列。公司获省部级以上的优秀工程设计奖项目共 52 项，其中上海高桥石化炼油厂 1# 催化裂化掺炼渣油改造工程、镇海炼化 120 万吨/年加氢精制装置、上海石化股份公司渣油加工联合装置，分获 1999 年国家优秀设计金、银、铜奖；大连西太平洋石化有限公司 200 万吨/年重油催化裂化装置、惠州大亚湾华德石化有限公司原油码头及配套设施项目，分获 2000 国家优秀设计银、铜奖。完成重点科研项目 282 项，有 135 项获国家和省部级奖励。

10 年间，公司坚持不懈开拓海外市场，共参加海外项目投标报价 50 多项，与国外 45 家用户、大型工程公司或专利商进行了卓有成效的合作。2005 年连续在阿尔及利亚 500 万吨/年凝析油项目和罐区项目、也门亚丁炼油厂质量升级改造可行性研究项目、马来西亚和苏丹投资兴建的苏丹 320 万吨/年延迟焦化的专利技术转让及工艺包设计项目中标，分别实现了成套工程技术出口、国外前期项目和出口技术方面的突破，以新的姿态进入国际市场。

公司工程承包已列入美国杂志 2003 年顶级设计公司前 60 名排行榜，入选中国工程设计企业 60 强。

2005 年，公司对经营战略做了重大调整，提出以“R&D（科研＋设计）、R&P（炼油＋石油化工）、A&D（国内+ 国外）” 3 大战略为主线，依托 R&D 结构优势，强化炼油领域的技术特色，加强石油化工领域的技术创新，继续巩固中国石化、中国石油两大集团系统内市场，积极开拓国内、国外两个市场，不断推动三大战略的实施，增强公司的抗风险能力，保证公司持续有效发展。

10 年间，公司主营业务收入 77.77 亿元，是 1986—1995 年（16.1 亿元）的 4.8 倍；实现利润总额 1.60 亿元，上缴各种税费 5.69 亿元，合计 7.29 亿元，是 1986—1995 年利税总额（4.3 亿元）的 1.7 倍。2005 年末公司资产总额达到 12.37 亿元，是 1996 年（2.43 亿元）的 5.1 倍。十年间，经济效益年均增长率为 21%，“十五”期间年均增长率达 45.5%。

随着公司经济效益的稳步增长，职工的奖酬金水平也逐年提高，实现了发展成果职工共享。

第五节　战略重组，跨越发展（2006—2016 年）

2006 年至 2016 年，是公司实现跨越发展的时期。

2012 年，根据炼化工程板块重组改制和中国石化集团公司华南战略布局需要，公司核心业务由洛阳整体迁至广州，实行广州洛阳两地一体化管理。

这10年，公司改革创新力度加大，实现改制上市、洛阳广州一体化管理、两地协调发展。这10年，是公司大力推进战略引领，创新驱动，加大走出去步伐，生产经营指标不断增长，核心竞争力与综合实力显著增强，实现了跨越式发展。这10年也是公司两个文明同步发展、职工收入稳步增长、发展成果全员共享、实现和谐发展的十年。

10年间，公司共完成设计投资2800亿元，实现营业收入626亿元，实现利润100亿元，上缴税费44亿元，完成重点科研开发课题272项，获专利授权594项。

10年间，公司完成了公司制改制，作为中国石化炼化工程（集团）股份有限公司子公司在香港联交所主板挂牌上市。公司成功中标哈萨克斯坦、科威特的海外大型EPC项目，国际市场开发取得历史性重大突破。

10年间，公司自主创新能力不断增强，参与开发的甲醇制取低碳烯烃（DMTO）技术获国家技术发明一等奖，总承包建设了全球第一套180万吨/年甲醇制低碳烯烃（DMTO）装置。

在“三大发展战略”基础上，公司根据总体发展环境和长远发展目标的需要，进一步强化“四大发展战略”：创新战略（R&D，研究＋设计）、全球化战略（A&D，国内＋国外）、一体化战略（R&P，炼油＋能源化工）、价值最大化战略（H&S，高端＋服务）。工程设计水平进一步向大型化、智能化、炼化一体化的方向发展，承接了一批2000万吨级炼油化工厂的总体设计。

10年间，公司获得多项荣誉。2008年被授予“全国五一劳动奖状”，2009年被中国石油和化工勘察设计协会评为自主创新品牌十佳企业，2011年获全国模范劳动关系和谐企业称号，2012年荣列中国勘察设计百强企业第10位、完成EPC合同额第6位，荣列ENR/建筑时报中国工程设计企业60强第16位和最具总承包实力工程设计企业第6位，2014年入选ENR“中国承包商80强”，名列2014年最具效益承包商排名第1位。2015年再次通过国家高新技术企业申报认定。

第六节　走向世界，面向未来（2017—2019年）

2017年后公司认真贯彻落实集团公司和炼化工程集团的决策部署，站在广州新发展平台上，也迈出了新征程，开创了走向世界、面向未来稳定发展的新局面。

公司大力实施全球化战略，坚定不移“走出去”，持续开拓海外市场，已独立或与国内外工程公司合作完成海外前期咨询、工程设计以及工程总承包项目50余项。2010年以来，公司在“一带一路”沿线承揽了哈萨克斯坦阿特劳炼厂芳烃和石油深加工、科威特阿祖尔炼厂等项目，境外合同额累计达46亿美元，海外营业收入占比达到30%以上。

公司不仅承揽了中石化“十三五”期间正式开工建设的第一个世界级炼化基地——中科炼化一体化项目，镇海沸腾床渣油加氢、洛阳石化、石家庄炼化、荆门石化烷基化等中石化油品质量升级重点项目，同时完成了大连恒力、浙江石化、恒逸文莱、盛虹炼化等国内特大型炼化一体化项目，公司在中国勘察设计协会公布的工程总承包营业额2019年排名中位列第3名，境外工程总承包营业额2019年排名中位列第5名。

2019年，公司陈俊武院士被中宣部等单位先后授予“最美奋斗者”和“时代楷模”称号，称他是我国石油化工技术的杰出开拓者、爱国奋斗奉献精神的模范践行者。

一个甲子的前行，60多年的发展积淀，公司在中国石油石化工业这张纸上画出了最美的图画，创造了共和国石油化工建设史上的辉煌业绩，也成就了公司在炼油领域和能源化工领域不可替代的地位。公司已发展成为国内能源化工领域集技术专利商与工程承包商为一体的高新技术企业，迈出国门，走向世界，加快国际化发展，正向着“世界一流工程公司”目标而努力奋斗。

（中石化广州（洛阳）工程有限公司　李小爽、郭晓）

勘基固本　源远流长
——化学工业岩土工程有限公司发展纪实

化学工业岩土工程有限公司的前身是 1950 年由中央人民政府重工业部组建的第一批工程勘察队伍之一。1956 年正式独立建制为化学工业部勘察公司。1958 年公司撤销，队伍下放到全国各大区，南京是其中一个重要分支得以保存，1965 年化工部又在南京恢复重建化学工业部勘察公司。几经风雨，公司与共和国一同走过了曲折而辉煌的发展历程，现已成为我国化工、石油化工生产建设战线上的一支尖兵。

第一节　化工部勘察公司的建立和成长(1950—1978 年)

这一阶段是公司前身——新中国第一批化工勘察队伍应运而生、萌芽发展的奠基阶段，先后经重工业部、化学工业部、燃料化学工业部、江苏省化工厅、石油化学工业部、化学工业部，最终于 1978 年在沧州原址组建化学工业部勘察公司。工作方向主要是围绕国民经济恢复、大规模经济建设高潮、全国化工基本建设，重点在工程测量、工程地质、水文地质，承担了全国化工建设所需要的勘察任务，为中国化学工业的发展作出了重大贡献。

一、化工勘察队伍的起源

新中国成立刚满一周年，为适应国民经济恢复时期化工老厂改造和扩建的需要，重工业部化工局设计处于 1950 年 10 月，在太原市组建了一支 10 多人的勘测队；与此同时，东北局化工局设计处在吉林组建了一支 20 多人的勘测队。这两支队伍都是以工程测量专业为主、工程地质专业为辅，主要是为太原和吉林两大化工基地的恢复建设提供测量图纸和工程地质资料。

这两支队伍虽然人数不多，专业单一，但它是新中国化工勘察队伍的起源和先驱，起到了化工勘察事业从零开始和奠定基础的重要作用。

二、最早国家级勘察机构的组建

1953 年，随着我国三年国民经济恢复时期的结束，国家颁布和执行第一个五年计划。在此期间，当时的苏联援建我国 156 个重点建设项目，其中 11 个属化工基地建设项目，主要是集中建设吉林、兰州、太原三大化工联合企业。

为了迎接大规模经济建设高潮，中央人民政府重工业部于 1953 年 3 月发文，做出迅速集中全国勘察设计力量的决定。同年6月，以中央化工局、华东化工局、东北化工局所属的设计处为主，在沈阳正式成立"化学工业设计公司"。同时将太原、吉林两支勘察队伍合并迁入沈阳，成立"化学工业设计处勘察队"。这个勘察队的主要专业是工程测量和工程地质，水文地质专业也开始筹组，队伍的规模迅速发展到200多人，各专业都是在苏联专家的参与和指导下工作。

1954年1月，化学工业设计公司由沈阳迁往北京和平里，随之改名为"化学工业设计院"，勘察队也随迁北京并改名为"化学工业设计院勘察部"。这时勘察部的功能已比较齐全，已发展成为工程测量、工程地质和水文地质三大专业，主要职能是承担全国化工建设所需要的勘察任务。

三、计划经济时期部属勘察公司的起落变迁

1956年5月，第一届全国人大常委会第四十次会议决定，重工业部分解，化学工业部正式成立，其直属的化学工业设计院按行业划分为氮肥部、有机部、基本化学部和勘察部。

（一）第一届部属勘察公司的组建与解体

1956年12月，化工部决定将化学工业设计院勘察部从设计院划出，成立化学工业部勘察公司，独立建制，直属化工部领导。这个勘察公司就是业内人士通称的第一届部属勘察公司。这时，三大专业更加完善，功能齐全，技术、管理和专业生产层次分明，队伍规模已发展到500多人，其职能仍然是服务于全国化工基本建设。

1958年8月，为了迅速发展地方工业，中央各部委决定撤销部属勘察设计机构，下放大批勘察设计人员到全国各地，化工系统也不例外。成立不到两年的第一届化工部勘察公司就此解体。大部分勘察人员分散到华东（南京）、东北（大连）、西北（兰州）、西南（成都）、华中（武汉）等五个设计研究分院管辖下的勘察队。还有一些勘察人员下放到有关省市并入地方化工勘察设计队伍。

1959年，化工部又决定将过于分散的勘察队伍相对集中到南京、兰州、吉林三地，分别重新组建分属于华东、西北、吉林化工设计研究分院的综合性勘察队。1960—1964年，化工部决定又将华东、西北、吉林化工设计研究分院及其所辖的勘察队分别划归南京化学工业公司、兰州化学工业公司、吉林化学工业公司领导。

（二）第二届部属勘察公司的组建与解体

1964年12月，化工部决定成立基本建设总局，归口管理勘察、设计、施工工作。化工部第七（南京）、第五（兰州）、第九（吉林）3个化工设计院各辖有一支勘察队伍。

1965年9月，化工部决定将南京、兰州、吉林三地的化工勘察队合并，第二次组建化学工业部勘察公司，公司地址设在南京市大厂镇（即本公司老基地）。这个公司即所谓的第二届部属勘察公司。公司下辖南京、兰州、吉林三个队，职工总数达640余人。各队都有工程地质、水文地质、工程测量三大专业。公司职能仍然是承担全国化工

建设的勘察任务。

第二届部属勘察公司成立不到一年，“文化大革命”开始，公司又一次受到冲击和干扰，领导机关瘫痪。但一线勘察队员坚守阵地、坚守岗位，千方百计努力完成国家下达的各项勘察任务。1970年初，化工部军管会下文撤销化工部勘察公司，保留原公司基地的南京队，改名为化工部综合勘察队，继续归部直管。兰州、吉林两队，又分别回归兰化公司、吉化公司管辖。至此，第二届部属勘察公司宣告解体。

公司解体后，归部直管的南京队，1970年下半年改名为燃料化学工业部综合勘察队；1971年划归江苏省化工厅主管，改名江苏省化工综合勘察队；1973年又划归南京化学工业公司管辖，改名为南京化学工业公司勘察工程队。虽然这支队伍的名称、隶属关系、资金供给渠道发生多次变化，但却一直坚守原来的基地大院，队伍规模、专业设置没有发生变化，服务范围仍然是全国化工基本建设。

（三）第三届部属勘察公司的组建和解体

1975年2月，石油化学工业部成立后，决定第三次组建石油化工部勘察公司，公司地址选定河北省沧州市新建。将原属化工部的南京队和兰州队，原属石油部的徐水（河北省）队收编到该公司旗下，分别命名为一大队、二大队、三大队。这个公司即所谓第三届部属勘察公司。公司机关和三个大队的总人数达到1500人左右，各队的专业设置齐全，管理模式基本相同，服务方向为全国化工和石油化工基本建设，重点是承担大型化工、化肥和石油化工基地建设的工程勘察任务。

1978年4月，石化部分解为石油部和化工部后，石油化工部勘察公司撤销。原三大队及公司机关中从石油系统过来的职工，回归河北徐水，组建石油工业部勘察公司。原一大队、二大队在沧州原址组建化学工业部勘察公司。

第二节　在改革开放中改制转型（1979—1999年）

党的十一届三中全会后，我国进入改革开放时期，1979年初，国家建委在全国勘察设计工作会议上提出：“勘察设计单位也要按客观经济规律办事，逐渐由事业单位改为企业单位，把开支事业费改为收取勘察设计费，按企业颁发来管理勘察设计单位”，从而拉开了中国勘察设计业改革的序幕。

这一阶段是勘察公司进入市场、完善管理、积蓄力量的阶段，也是公司不断拓展拓宽业务领域，彻底摆脱生存发展靠国家的逐渐独立阶段。在20世纪末的十多年中，公司在企业化管理、参与市场竞争直至彻底改变为科技型企业的重大变革中，走过了艰苦了历程，经受住严峻的考验，积累了丰富的经验，为改企转制奠定了坚实的基础。

（一）化工勘察队伍体制与机制转变

为适应逐步深入的经济体制改革形势、激烈竞争的市场经济环境和单位生存发展的需要，化工部直属的北、南两家勘察单位先后分别更名为中国化学工程总公司沧州勘察公司和中国化学工程总公司南京勘察公司、化工部第一勘察设计院和化工部第二勘察设计院、中国化学工程第一岩土工程公司和中国化学工程南京岩土工程公司。

1978 年底到 1979 年底，二大队大部分人员从兰州迁入沧州，二大队建制撤销。至此，化工部直属勘察队伍集中在南京和沧州两地，总人数 1100 人左右。

1983 年 7 月，化工部发文 [（83）化基设字第 470 号文]，将化工部勘察公司一大队（即南京队）从化工部勘察公司划出，改名为化学工业部勘察大队，独立建制，与化工部勘察公司并列，都归部直管。

1983 年，第三届化工部勘察公司一分为二。同年，国家计委等部门以“计设〔1983〕1022 号文”发出了《关于勘察设计单位试行技术经济责任制的规定》的通知。改革的主要内容是经费来源由原来的全额拨款制改为自收自支、自负盈亏制；工作任务由化工部下达指令性计划改为自己进入市场、自己寻求和承揽任务；单位性质由事业型单位改为企业化管理型单位。

1985 年 4 月，化工部发文 [（83）化基字第 396 号文]，将所属基建系统各单位统一冠名为中国化学工程总公司某某公司（院、校、所）。南京化工勘察院成立之初，属于事业单位性质，仅设有工程测量、工程地质、水文地质勘察三个专业，由主管上级下达生产任务，国家全额拨款实报实销。经过多年的艰苦奋斗，公司已发展壮大成为功能齐全的包括岩土工程勘察、岩土工程设计、岩土工程治理施工、岩土工程监测、岩土工程咨询与监理系列化服务的岩土工程公司。随着专业的日趋完善，化勘院初具规模，为体制改革奠定了基础。

1990 年，化工部发文 [（90）化人字第 506 号文]，决定将事业性质的南京化工勘察院改名为化学工业部第二勘察设计院；1995 年又改名为中国化学工程南京岩土工程公司。

化工部撤销后，中国化学工程总公司进入中央企业序列，并逐步成为国有上市公司，该公司成为总公司勘察专业唯一的子公司。

（二）率先实现向综合性岩土工程公司转型

20 世纪 80 年代初，我国经济体制由计划经济逐渐向市场经济转变，中央开始对国营企业进行全面整顿，事业费拨付逐年大幅度减少，工程项目的来源也发生了根本的变化，业务逐步走向市场化。1984 年起，南京化工勘察院正式实行事业单位企业化管理，当年勘察专业收支基本维持平衡略有盈余，但水文、物探等专业任务不饱和，大量人员、设备闲置。

事业单位的企业化改革是管理体制和经营机制的一次深刻变革，是一次生产关系的大调整，给公司带来了强烈的冲击和思想观念的急剧转变。面对生存和发展的压力，公司领导班子意识到：随着改革开放的不断深入，国家基础建设进入了一个空前的发展期，基于苏联模式建立的单一工程勘察体制已远不能满足市场需要，必须要进行体制改革，走岩土工程之路，由工程勘察资料的提供者向使用者转变，才是公司未来的发展方向。

在经济体制和工作机制大变革的过程中，公司逐步控制人数规模，加大内部机制和服务功能的调整力度，对管理机制、专业结构、经营方式、服务方向等都作了重大调整。

1995 年，化工部发文（化政发〔1995〕832 号文），将南京化工勘察院改名为中国化学工程南京岩土工程公司。在专业设置和服务功能上突破单一工程勘察专业的界限，竭力向两头延伸，推行国际型岩土工程一体化体制，在原岩土工程勘察专业的基础上增设岩土工程设计、岩土工程治理与施工、岩土工程检测与监测和岩土工程监理等多种专业；在服务方向与服务范围上突破化工和石油化工建设界限，成功地向交通（公路、铁路、民航）、电力、城建、矿山等行业拓展；将经营触角伸向海外，把岩土工程整体服务功能推向国外，先后在越南、文莱等国家树立信誉、赢得市场、站稳脚跟。

第三节　新世纪公司取得跨越式发展（2000—2019 年）

进入 21 世纪以来，由于市场准入门槛降低，岩土工程从业队伍数量快速增长，市场良莠不齐，竞争日益激烈。公司领导清醒地认识到：经济增长有其客观规律，过快的增长速度有可能掩盖了一些隐形的、深层次的问题，比如管理、文化、创新等。片面追求速度，最终可能会制约经济的健康发展。因此，进行管理创新，建立先进、科学的管理模式成为公司当务之急。

在管理工作中，岩土公司注重运用信息化技术提升管理水平，将互联网、人工智能、大数据分析手段等应用到经营、生产管理中，搭建起了一套结构智能、调控合理的现代化管理体系。公司拥有种类齐全的勘察、测量、设计、施工、测试、检测所需的精良设备和先进仪器，重要勘测成果和岩土参数的采集、各类专业技术成果数据资料的统计计算和处理、各种曲线图表的绘制、各类工程项目的管理与控制等全部实现电脑化，CAD 出图率达到 100%。

内部管理得到提升后，公司进一步按照国际型岩土工程公司的要求出台了与其功能相适应的管理制度。公司各项管理以工程项目为中心，以专业部室为基础，实行项目经理负责制和以项目为单位的成本核算，通过矩阵式管理，采用赢得值原理，有效实施对项目进度、费用的管理，确保以质量、服务赢得用户满意，保证了工程项目的顺利实施和企业盈利。

在经营工作中，公司通过把握市场脉搏，创新经营思路，牢固树立建一个项目、交一批朋友、拓一方市场的经营理念，建立起全员经营的三级网络经营模式，实施“远、中、短”期三类项目信息储备战略，实行各专业经营信息共享的一体化、规模化经营策略，取得了良好效果。

公司以雄厚的技术和规范的管理为基础，始终突出强调工程实施过程中的质量和安全保障意识，建立和贯彻质量与安全保证体系。公司于 1996 年 10 月成为全国工程勘察行业第一家通过 ISO 9001 国际质量体系认证单位，2002 年通过江苏省计量局的计量认证。1992年被评为全国工程勘察先进单位，2002年被评为全国化工优秀施工企业和项目建筑安全文明施工管理先进集体。

在抓好企业管理的同时，岩土公司始终牢记科技创新才是市场竞争取胜的法宝，2000年公司正式改为科技型企业，2012年通过江苏省高新技术企业认定，创新体系分为两个层次进行建设，第一层次为技术委员会及技术研发中心，重点研究国家产业政策、行业技术进步发展纲要及国内、国际岩土工程发展前沿课题，同时开展高层次的科研开发工作；第二层次为所属专业公司，根据各自的专业特点及发展方向，开展中小型技改项目的研究。主要举措包括：一是调整专业结构，重点发展高质量、高效益的核心专业，提高市场竞争力；二是建立完善的创新管理制度，保证经费投入，激发员工创新意识；三是坚持开发与引进并举，确定高、精、尖科研项目，实施系统开发策略；四是努力提高标准化工作水平；五是加强信息化建设；六是加速人才培养和引进步伐，优化人才资源配置，确保企业健康、稳步发展。通过实施“以科技为引领、以创新作动力”系统化开发战略，取得丰硕成果。

2008年公司更名为化学工业岩土工程有限公司。

2019年4月，国资委批复了公司的“双百工作”方案，集团公司同意开展公司混合所有制和股权多元化改革工作，11月股份公司批复了公司混合所有制和股权多元化改革工作方案，改革以增资扩股方式引入外部投资方，并同步引入员工跟投计划。同月公司引战增资项目在上海产权交易所挂牌，通过交易所公开挂牌方式引入战略投资人。12月公司进行了存续分立，分立后化学工业岩土工程有限公司将继续存续，分立后新设的公司名称为南京宁岩工程建设有限公司，中国化学工程股份有限公司持股100%。12月27日南京扬子石油化工工程有限责任公司在上海产权交易所摘牌成为公司战略投资者。

公司以优化资源配置为原则，在内部建立了按市场化要求运作的管理机构和管理模式，实行扁平化、集约化、精细化、信息化管理。通过实行岩土工程勘察、设计、治理、检测监测测试、咨询等专业化分工来构建资源共享、市场配置资源的项目运作平台，通过实施管理层与作业层的有效分离来减少中间管理环节，通过深化三项制度改革来提高职工的竞争意识和市场意识，进一步精简机构后使企业管理迈上了精干、高效的台阶。

第四节　展望未来，创建国际一流岩土工程公司

近年来，受国际政治、经济环境的影响以及我国自身经济发展方式调整的需要，市场环境发生了很大变化，更有利于规模化企业的发展。我国经济发展进入新常态，由高速增长阶段转向高质量发展阶段。经济增长方式的转变将会给化工、石化等工程建设领域带来影响，但基础设施建设、城市建设以及节能减排、环境治理、新能源建设将有很大的增长空间。国家提出“一带一路”倡议以及产业向西部转移、振兴东北、中部崛起

的政策不会改变，长江经济带发展、长江大保护、粤港澳大湾区建设正迅猛推进，京津冀一体化发展新定位、雄安新区的建设都为岩土公司的发展提供了很好的机遇。

2017年习近平同志在党的十九大报告中重提“两个一百年”奋斗目标，对“三步走”战略进行了细化与发展。结合公司实际情况，岩土公司大胆提出了“做优做强做大”的目标，通过实施“三年五年规划、十年三十年愿景”，努力创建技术管理型、国际一流的综合性岩土工程公司的发展战略。

公司已完成混合所有制改革，正在全面推进与混合所有制企业相适应的生产经营运行模式改革，建立符合多元化股权结构的市场化组织机构，建立与职业经理人制度相适应的考核激励制度，完全与市场接轨，使人才队伍建设步入良性循环，进一步扩大业务范围，通过构建新型产权关系，健全法人治理结构，放松束缚、轻装上阵，使公司真正成为自主经营、自负盈亏、自我发展、自我约束的市场竞争主体。在业务范围上，致力于公司的适度多元化、国际化、证券化，以岩土工程技术、项目管理能力、高素质的人力资源为核心竞争力，向全过程咨询、市政工程总承包、地下空间综合开发、生态修复及相关实业等领域拓展，实现集项目管理、技术研发、实业运营、投融资一体化，国内领先，国际知名的工程公司。

作为走岩土工程之路的先行者，公司在改革开放的大潮中奋勇拼搏，逐步形成了具有鲜明行业特色的管理模式，营造出良好的企业文化氛围，推动了企业健康、良性发展。今后，在“三年五年规划、十年三十年愿景”的战略引领下，全体员工必将齐心协力，解放思想，再创辉煌，更好地为我国工程建设事业贡献自己的力量！

（化学工业岩土工程有限公司　芮蔚茂、陈岑）

发扬传统精神　建设国际一流工程公司

——中国五环工程有限公司发展纪实

1958 年 8 月 1 日，中国五环工程有限公司（简称五环公司）的前身——化学工业设计院华中设计研究分院在江城武汉诞生了，斗转星移，至今已有 60 多年。

从 1958 年创建到 20 世纪末，五环公司历经创业、改革和发展，形成了氮肥、磷肥设计“拳头”，完成了“四个第一”开创性改革，初步建成国际型工程公司。进入 21 世纪以来，五环公司的发展步入快车道，尤其是近十年来，五环公司呈现出跨越式发展，经济体量和综合实力有了质的飞跃，实现了从业内到业外，从国内到海外，从单纯的设计业务为主到工程总承包为主，从一般的化工行业工程到超大型和高新技术工程，再到项目融资、设计、承包、运营管理的跨越式发展，已初步成为全球知名的国际工程公司，并朝着全球化工程公司的愿景迈进。

公司拥有工程设计综合甲级资质，是国家高新技术企业，设有国家能源低阶煤综合利用研发中心、氮肥行业废气资源化回收利用环保工程技术中心、国家级企业技术中心、省级企业技术中心、博士后科研工作站等研发平台和实验室。公司现有员工近 1300 人，工程技术人员占职工总数 97%，各类注册工程师 400 余人，是“全国文明单位”。

公司在氨及氨加工、磷化工、煤化工等领域居全球一流水平，在低温罐区、新型材料、工业环保等领域业界领先。60 多年来，公司累计完成境内外 3000 余项大中型设计项目、200 余项工程总承包项目，业务遍及中国大江南北和五大洲 20 余个国家和地区，实现全球化拓展，连续多年进入美国《工程新闻记录》ENR/《中国建筑时报》排序中国承包商 80 强。

第一节　艰苦创业，形成氮肥设计“拳头”（1958—1978 年）

这个阶段，面对“大跃进”、三年自然灾害和十年“文化大革命”，五环人不怕累、不怕苦、不怕曲折，以强烈的事业心和责任感走过了艰苦创建的 4 年、全力开创氮肥设计新局面的 10 年、努力学习创新并形成全国氮肥设计“拳头”的 5 年；培养和造就了一支善于学习、勇于创新、敢争“老大”的设计队伍；带出了具有五环公司传统特色的实干作风和创新精神；开发并取得了一大批科技成果；形成了全国氮肥设计“拳头”和深冷中心；设计并建成了一大批大、中、小型化工工程项目；为我国化肥工业的发展作出了显著贡献。

1. 艰苦创业打基础

1958—1962年是公司艰苦创建打基础的4年。当时正值“大跃进”的年代，化工部为了尽快发展我国的化工事业，发挥中央和地方两个积极性，决定从部属单位抽调力量到地方有关省市组建化工厅局和设计研究机构，于是五环公司于1958年在武汉创建。在这样困难的年代里，大家吃不饱却没有怨言，仍然是“鼓足干劲，力争上游”，克服困难，努力工作。一方面继续学习苏联的设计和管理方法，建立必要的设计规章制度；另一方面开展了三酸两碱、氮肥、磷肥、农药、有机化工等项目的设计工作。通过4年的艰苦创建和起步阶段的设计研究工作，完成了一批小型的设计研究任务，了解了当时的华中资源，熟悉了某些项目的新技术、新工艺、新设备、新材料，锻炼了人才，提高了水平，为下一步转为专业设计院和大规模开展氮肥设计工作打下了基础。

2. 开创氮肥设计新局面

1963—1972年是公司全力开创氮肥设计新局面的10年，也是从1962年11月正式改名为化工部中南氮肥设计院到1972年完成国内最早的全循环法尿素装置引进、翻版、通用设计3大任务的10年。遵照化工部党组指示，公司由综合的设计研究院“调整”为氮肥专业设计院，开始向氮肥设计的方向发展，并按要求形成全国氮肥设计“拳头”。为全力开创氮肥设计新局面，五环公司的开创者们采取了一系列有效措施，进行了坚持不懈的努力。

为集中全力向氮肥专业方向发展，公司调整专业结构，完善设计管理，充实技术力量，狠抓设计技术，即使在“文化大革命”中遇到曲折，开发新技术的工作也基本上没有松懈。1965年，设计院明确提出：设计要积极采用“四新”（即新工艺、新设备、新结构、新材料）、努力提高“两化”（即机械化、自动化）、争取实现“三无”（即无有害废气、无有害污水、无废渣）的要求；并且具体列出了开发新技术、新流程、新设备的课题，使开发工作落实到人；还抽调了专门力量，采取设计单位与研究单位和生产单位三结合的有效方式，在大连、上海、云南等地长时间地坚持进行中间试验，直到取得“五朵金花”（即低温甲醇洗、劣质煤加压溶渣气化炉、双身碎煤气化炉、空分氮洗、中压联尿）的成果。与此同时，还加强了专业基础工作建设，编制了各专业的设计标准、规范、手册近百项。

这10年间，合成氨设计迈出两大步，尿素设计迈出三大步。1965年，公司承担了首钢化肥厂和本溪化肥厂的设计任务。前者开发和采用了以焦炉气为原料的深冷法新流程，即以钢厂空分的纯氮与化肥厂深冷装置分离的氢合成为氨。这是中国第一套国产化焦炉气深冷分离制氨装置，从而首创了钢铁化工联合企业；后者开发和采用了蒸气转化法新流程，这是中国第一套焦炉气蒸气转化制氨装置。一个冷法制氨新流程、一个热法制氨新流程，这是公司在合成氨技术上率先迈出的两大步。五环公司设计了大批以氨加工为尿素、碳铵、硝铵、联碱、氯化铵的年产6万吨合成氨的中型氮肥厂，占全国55个中型化肥厂的三分之一，从而为中国大力发展中型合成氨厂作出了重要贡献。不仅中型氮肥技术不断创新，而且小化肥技术也不断发展和提高，完成了年产5000吨小化肥的通用设计，被全国新建的200多家小化肥厂所采用。这些由五环公司设计的合成氨厂的产量占全国产量的二分之一以上。此外，公司还设计了难度较大的全部利用库存设备生产年产4.5万吨合成氨的江西氨厂，建成后被评为全国先进厂。

尿素设计迈出三大步。1964年初，五环公司承担了由荷兰引进的水溶液全循环法尿素工程配套设计项目——泸州天然气化工厂尿素工程。这是中国引进的第一套年产16万吨尿素装置。这套装置的建成，使国内从此有了自己的尿素产品。这项工程配套设计的完成，使公司从此成了国内最早从事尿素装置设计的单位。

60年代末，五环公司在总结设计、施工、设备制造和生产经验的基础上，完成了年产11万吨水溶液全循环法尿素装置的通用设计。这是全国第一套自行设计的尿素装置通用设计。后来，各地建成的几十套同类尿素装置，都采用了这套通用设计图纸。由于在合成氨技术上迈出了两大步，大大提高了五环公司在全国的知名度。

3. 形成氮肥设计“拳头”

1973—1978年，是公司初步形成全国氮肥设计“拳头”的5年。这个阶段，公司又迈出了第三步——开发出了重油加压气化配废热锅炉制氨新流程，先后在鄂西化工厂、湖北化工厂和南化公司氮肥厂建成投产。其中，为南化公司氮肥厂设计的盘管废锅，运行寿命和各项技术经济指标达到当时国外同类设备的水平。在应化联合制碱装置设计中，又采用了污氮配适量CO_2为清洗气的先进工艺，这是当时国内第一套最大、最先进的联合制碱法年产18万吨纯碱（包括盐、碱、氯化氨和热能综合利用）联合化工装置。

在小型氮肥装置设计中，合成氨技术也不断创新，采用了带中置式废热锅炉的合成塔新工艺，从而实现了合成-变换-精炼自热平衡。此外，还在国内首次采用了无油润滑循环机置于合成塔进口处的新流程；第一次将电炉成功地应用于变换催化剂的升温还原新工艺，这是小氮肥厂升温还原工艺上的一次重大突破。这时，公司还设计制造了国内第一台电子动态轨道衡和塔式造粒喷头，并荣获首届中国专利和发明创造金奖。

这个阶段的学习与创新，不仅表现在中、小型氮肥装置设计上，更突出的是反映在引进的大型化肥装置工作中。对引进大型化肥装置技术的学习与创新，经历了一个由引进成套装置进行配套设计、到变成套引进为技术引进并以我为主合作设计的过程。

首先是对成套引进作配套设计。五环公司是国内最早与国外公司合作承担大型化肥装置设计的单位。早在1973年，五环公司就开始与国外厂商接触，参与引进13套大化肥装置的工作。先后与美国、荷兰、法国相关公司签订了以轻油和天然气为原料，年产30万吨合成氨配年产52万吨尿素和年产28万吨合成氨配年产48万吨尿素的两套大化肥装置的引进配套设计合同，用于广州石化总厂化肥厂和湖北省化肥厂的建设。通过1973年和1974年分别完成以上两套大化肥引进装置的配套设计，不仅使国内能够与国外引进工艺水平相适应，而且还消化吃透了引进的大化肥装置的设计技术，并在设计上开始逐步加以应用。特别是从法国引进的广州石化厂的这套合成氨尿素装置，由于本身存在某些设计问题和设备的质量问题，建成后未达到设计能力，但是经过广州石化厂和五环公司共同合作，进行技术改造和完善，合成氨达到日产1000吨的设计能力，尿素则完全达到日产1740吨的设计能力。

1974年，公司又参照、学习荷兰尿素的先进技术，单独承担了上海吴泾化工厂年产24万吨CO_2气提法尿素装置国产化工程设计；以及学习参照凯洛格大陆公司合成氨的先进技术，联合承担了吴泾化工厂年产30万吨合成氨装置工程设计。这是国内70年代自行设计、自行制造成套设备的第一套国产化大型氮肥装置，1979年建成，一次试车成功，达到设计能力。该项目设计荣获上海市优秀设计二等奖，国家重大技术装备成果一等奖，成为五环公司形成氮肥设计"拳头"的标志性工程。

公司自1962年正式改为氮肥专业院以后，经过10年全力开创和10年学习创新，已经真正实现了能够承担并能出色完成国内外多种原料（煤、气、油）、多种生产方法、多种规模、多种产品（尿素、硝铵、碳铵、硫铵、氯化铵等）的氮肥装置设计的宏伟目标，特别是在各种合成氨和尿素装置的设计中，技术水平一直处于全国领先地位，并编写出版了《氨合成塔》和《化肥工业丛书——尿素》等著作，是化工部氮肥设计技术中心和《氮肥设计》编辑部所在地。从而真正形成了化工部党组在1962年对五环公司明确提出的要形成"全国氮肥设计拳头"的目标。

4. "化工"和"深冷"齐头并进

五环公司在形成氮肥设计"拳头"的同时，还形成了"深冷中心"。1958年，公司在创建时，化工部就将国内第一代深冷工作者成建制地抽调到当时的"华中分院"，使五环公司一开始就形成了"化工"和"深冷"两大技术优势。五环公司的深冷技术，始终以服务于化工工程为宗旨，坚持并形成装置设计与工程设计同时发展、相互促进的特色。同时，还成功完成了小型氧气厂（站）的通用设计及数十项中大型深冷工程设计。五环公司深冷技术的开发与应用一直处于国内领先水平，并紧跟世界发展的步伐。担任过国际制冷协会A3（气体液化与分离）委员会副主席的张均生先生的"大型空气分离装置分析"一文，曾在国际制冷学会、中国化工学会和中国制冷学会联合召开的煤气化净化与空气分离国际会议上发表，并收编在该会议的论文专集中。他主编的《深冷手册》（上、下册），一直是深冷行业的主要工具书。

第二节　改革创新建设国际型工程公司（1979—1999年）

打开国门，改革开放，为国家注入了无限生机与活力。面对改革开放的新形势，五环公司积极进取，勇于开拓。20世纪70年代末在承担技术引进的项目中，五环公司与国外工程公司和专利公司开始合作。20世纪80年代，率先在国内采用国际工程公司通行的设计程序与工程管理方法，在全国化工系统最早一批进行设计体制改革和承担国家基建体制改革试点的任务，做出了许多开创性的工作，受到化工部和国务院领导的重视，直至在国务院总理主持的会上进行专题汇报。与此同时，在设计技术和设计品种上不断创新，一方面继续保持全国氮肥设计"拳头"地位，另一方面又大力开辟新的技术领域，特别是在磷酸和磷铵方面有较大的突破，为五环公司形成新的技术优势奠定了基础。因而，五环公司被化工部誉为是一支“思想过硬、作风过硬、善打硬仗、敢打硬仗”的设计队伍。

进入 20 世纪 90 年代后，五环公司又开始创建国际型工程公司，至 20 世纪末，公司项目管理体制已基本全面与国际接轨，并在东南亚承接了一批工程项目建设。

1. 建设具有国际先进水平的大型尿素装置

1979 年，镇海改进型 CO_2 气提法年产 52 万吨尿素装置和宁夏化工厂年产 52 万吨尿素装置，就是采用以五环公司为主的方式设计的。这种方式概括起来就是“一买三合作”，即“只买国外的专利技术，在详细工程设计、设备制造、设备和材料采购三方面进行合作”。镇海工程就是由专利商斯太米卡邦公司向五环公司提供基础工程设计；在凯洛格大陆公司的顾问和指导下，由五环公司按凯洛格公司的标准、规定、方法，承担详细工程设计，并向国外和国内制造厂商采购设备、仪表和材料。这是一种新的引进方式，也是国内第一次新的尝试。采用这种引进与合作的方式，目的在于：一是改变过去引进成套装置为引进专利技术。通过外国公司的指导与协作，学习现代化的设计技术、设计方法和采购方法，从而改变我国在这方面的落后状态。二是自行采购设备和材料。除少数设备和特殊材料在国外采购外，在满足设计要求的基础上，尽量采用国产设备和材料，以节省国家的外汇。在工程设计中，五环公司通过校核引进工艺软件，进行消化吸收，改进和创新。特别是创新提出的 CO_2 压缩机闭路循环试验方案，既能保证装置安全，又可节省大量单机试验费用，比国外惯用的运行性机械性能试验具有明显的优点。这套装置的建成投产，证实了设计是合理的，技术是先进的，国产关键设备质量是好的。为此，《中国化工报》曾在头版头条宣告：“我国已经完全可以依靠自己的力量设计制造具有国际先进水平的大型尿素装置。”该装置设计荣获化工部优秀设计一等奖、国家科技进步一等奖、国家优秀设计金奖和国家重大技术装备嘉奖。这是五环公司真正形成氮肥设计“拳头”的标志性工程。

通过镇海大型尿素装置的设计，不仅为国内改革引进方式、实现大型尿素装置的设计和设备国产化闯开了新路，而且使五环公司掌握了国际先进技术，提高了设计水平，学习和掌握了一整套凯洛格公司的先进设计方法。在此基础上，化工部于 1981 年 7 月在五环公司举办了学习凯洛格公司的研究班。从而，为五环公司和全国的设计体制改革作了准备，创造了条件，打下了基础。

2. 完成“四个第一”开创性改革

1982 年党的十二大召开，全国正在以经济建设为中心，走改革开放之路。同年 5 月，化工部要求五环公司结合江氨工程进行改革试点，以求为全国化工设计体制改革闯出一条新路。

面对新形势和新任务，五环公司率先走上了化工设计改革之路，积极进取，勇于开拓，锐意改革，卓有成效地做出了许多开创性的工作。概括起来，主要是完成了“四个第一”的开创性改革。

——第一个在全国化工系统进行设计体制改革。公司原有的设计体制、程序和方法，基本上是建国初期的苏联模式。这种模式与国际通行的先进设计体制、程序和方法比较，主要差距在于：专业分工不细，阻碍了设计水平、设计效率的提高和专业人才的成长；静态孤立的设计程序，不利于缩短建设周期和节约建设资金；经验型的管理方式，设计工作因人而异，难以体现整体的智慧和水平，也不能有效地控制设计进度和质量。为了适应新形势发展的需要，五环人大胆探索，率先改革。在设计组织方面，按照矩阵方式组织设计人员进行工作，既保证专业技术的交流和提高，又有利于加强工程项目的管理；在设计程序方面，按照基本建设的客观需要，尤其是把设备、材料采购纳入设计程序之中，将设计、设备制造和用户密切结合起来，保证了质量和进度；在设计方法方面，按照专业化的要求，调整了专业设置，制定了新的专业设计内容和设计方法，加深了设计深度，使设计工作实现了表格化、规范化、程序化，提高了设计质量和效率。从此，五环公司告别了苏联的老一套模式，在设计体制改革上迈出了重要的一步。

——第一个在全国化工系统进行工程建设总承包。原来设计院的功能只搞设计，唯一的任务是为建设项目提供设计文件和图纸资料。1982 年 5 月 17 日，五环公司遵照国家计委和化工部的指示，要在设计程序和设计方法改革的基础上，开始以江氨工程为试点，率先试行以设计为主体的工程建设总承包。该工程从 1982 年 7 月开始设计，1983 年 5 月开工建设，1985 年 8 月建成投产。建设工期 28 个月，工程投资控制在修正概算之内，一次试车成功，生产出合格的尿素。通过试点，充分显示了以设计为主体工程建设总承包的优越性，从而为我国改革基本建设管理体制、推进以设计为主体工程建设总承包提供了经验和范例。该工程设计荣获化工部科技进步二等奖、优秀设计二等奖和国家优秀设计铜质奖。五环公司于 1987 年被国家计委、财政部、建行、国家物资局正式批准，为全国首批进行工程总承包试点单位。

通过 10 多年的总承包工作，五环公司走过了试点、建设和完善三个阶段，初步探索和建成中国式的工程公司，主编出版了《工程项目建设总承包实施办法》。1987 年，美国西方石油公司来五环公司考察设计和承包工作，认为基本符合国际工程公司通行的组织和做法，表示可以直接使用他们的专利承包建设工程。按照国际工程公司通行的模式，组建中国武汉化工工程公司，试行以设计为主体的工程建设总承包，是设计体制改革的又一重大步骤。

——第一批在全国化工系统由设计院的事业单位实行企业化管理。原来的设计院，经费靠国家拨，任务由国家下，吃的是“皇粮”，完成的是“计划”。1982 年国务院提出了“设计单位要逐步实现企业化”。对此，五环公司在化工部的领导下，率先进行了改革，几年不断的改革和探索，为五环公司以后由事业单位正式改为独立的设计企业作了各方面的准备，打下了坚实的基础。1992 年 7 月 29 日，经国务院经贸办批准，“同意化工部第四设计院改名为中国五环化学工程公司。该公司隶属化工部领导，是自主经营、独立核算、自负盈亏、具有法人资格的全民所有制企业”。从此，五环公司由事业体制正式改为企业体制，化工部第四设计院正式改为五环公司。这是全国化工系统第一批由设计院改为独立的设计企业。实现事业体制向企业体制的根本转变，这是五环人在改革的道路上率先迈出的重要一步。

——第一个成为全国化工系统具有自己专利技术的化工工程公司。1985 年，国家专利局批准五环公司的“水-气喷射抽气机”获专利权。接着“塔式造粒旋转喷头”又获专利权，并荣获世界知识产权组织和中国专利局联合颁发的中国首届十大专利发明金奖，这是全国化工系统的唯一金奖。特别是在尿素技术上，公司还是国内第一个拥有自己尿素专利技术的工程公司。

3. 拓宽技术领域，形成磷肥设计“拳头”

公司在氮肥设计技术上不断创新，继续保持着全国氮肥设计“拳头”地位的同时，在设计品种上不断创新，进一步拓宽技术领域，尤其是在以磷酸、磷铵为主的磷复肥方面，又形成了新的磷肥“拳头”。

1988 年，五环公司承担了贵溪化肥厂年产 12 万吨磷酸、年产 6000 吨氟化铝装置及其配套项目设计。这是中国引进的第一套大型磷酸和氟化铝装置，公司承担详细设计和工程建设总承包。由于规模大，国内又无同类装置可借鉴，配套工程设计遇到了很多新问题。经过三年设计、采购、施工安装和试车的连续奋战，于 1991 年顺利建成并一次试车成功，各项技术指标均达到或超过设计要求。当时，新华社在《人民日报》上赞扬说：“这套装置生产工艺成熟，技术先进，产品质量可靠，为引进技术设备国产化的方针提供了范例，标志着我国磷肥生产跨入世界先进行列”。

1990 年，五环公司承担了湛江化工厂年产 3 万吨磷酸、年产 10 万吨 NPK 复肥装置设计和工程建设总承包。这是中国第一次以购买专利技术许可证、引进工艺软件包方式建设的化工项目。这种方式不但能节约大量外汇，而且提高了五环公司的技术水平。从而，把五环公司的引进和消化工作提高了一大步。

在贵溪和湛江工程取得重大突破的基础上，又接连通过黄麦岭、鹿寨、瓮福等几套大型磷复肥项目的设计、工程总承包或工程监理，逐步形成了五环公司新的技术优势。

1992 年，五环公司承担了黄麦岭年产 9 万吨磷酸、年产 18 万吨磷铵、年产 28 万吨硫酸、年产 6000 吨氟硅酸钠装置工程设计与工程建设总承包。这既是国家利用世行贷款的“八五”重点项目，又是我国第一个大型矿肥结合项目。公司承担全部详细工程设计。这个以设计为主体的工程总承包项目，经过连续四年的奋战，于 1996 年 6 月全面建成，一次试车成功。通过黄麦岭工程，五环公司的硫酸、磷肥技术得到了进一步提高。

1994 年，五环公司承担了鹿寨化肥厂年产 12 万吨磷酸、年产 24 万吨磷铵、年产 6000 吨氟化铝、年产 8 万吨合成氨装置工程设计。1995 年，五环公司又承担了瓮福磷肥厂年产 30 万吨磷酸、年产 80 万吨重钙装置工程设计。这是中国乃至亚洲最大的磷肥生产基地及矿肥结合工程。

通过十几年来对装置设计、设备材料采购招标、施工安装、试车投产等全过程的实践，公司对世界上先进可靠、有代表性的二水法湿法磷酸技术，既掌握了它们的特点和关键所在，又熟悉其中的不足之处，比较全面地进行了消化、吸收和总结提高，使五环公司的磷肥技术一跃处于全国领先水平，是目前国内唯一的一家承担过当代世界上所有最先进的二水法工艺工程设计的工程公司。从而形成了五环公司又一大技术优势和新的“拳头”产品。1998 年，通过激烈的国际竞争，公司一举夺标，又承接了秦皇岛年产 8

万吨磷酸工厂的交钥匙工程。

4. 加快建设国际型工程公司步伐

进入 20 世纪 90 年代后，公司积极创造条件，加快与国际接轨，把创建国际型工程公司始终作为改革目标。

1995 年，五环公司为了适应国际市场的要求，学习贯彻质量管理和质量保证国际标准，设立了质保处，健全和完善了质量管理体系，确定了“用户满意的服务，先进适用的技术”的质量方针。1995 年 12 月和 1996 年 6 月，分别通过北京 9000 质量认证中心和德国莱茵公司的认证，成为我国设计行业中首家一举通过 ISO 9000 国内国际双重认证的工程公司，实现了工程建设质量管理标准与国际接轨。

1991 年，为了进一步开拓国际市场，开展对外经营，公司积极向国家申请对外经营权。1992 年经国家对外经济贸易部批准，公司正式获得了对外经营权，这是全国取得对外经营权的首家试点单位之一。

1994 年，公司设立越南办事处。充分运用国家赋予的外经贸权，开拓国际市场，特别是在东南亚市场取得了重大进展。1991 年，签订了印尼碱式氯化铝装置设计和主要设备采购合同，开始实现对外经营合同项目零的突破。1991 年还通过与多个国外工程公司的激烈竞争，签订了巴基斯坦年产 70 万吨尿素溶液浓缩和造粒系统详细工程设计、采购和技术服务合同。1994 年，五环公司通过独立的国际竞争招标，击败了国内外几家强劲的对手，一举中标承担了亚行贷款项目——黑龙江化工厂年产 30 万吨尿素装置的基础工程设计、设备和材料采购、技术服务工作。1997 年，经国家经贸部批准，五环公司的对外经营权进一步扩大。

为进一步提升工程项目管理能力，公司开始推行先进的工程项目综合管理系统，设立了项目管理部，切实按工程项目管理手册和项目管理软件运行，以加强项目控制，让项目管理水平迈上一个新台阶。

同时，为适应境内外资和境外工程业务的需要，开拓国内外两个市场，公司大力培养一批技术精、懂经济、会外语的复合型人才。通过各类培训，到国外考察学习，与国外知名工程公司通过国内外工程项目交流与合作，培养了一批又一批复合型人才。

到 20 世纪末，五环公司初步建成了国际型工程公司，已能够通过国际竞争招标的方式，参与国际工程市场竞争。

第三节　以煤化工优势征战国际工程市场（2000—2012 年）

进入 21 世纪后，在第一个 10 年，公司敏锐地抓住国家鼓励煤化工发展的契机，以发展煤化工业务为主导，通过率先引进壳牌洁净煤气化技术、率先参与实施国家新型煤化工重大产业示范项目建设、率先开发具有自主知识产权的洁净煤气化技术，形成煤化工技术领先优势，一举确立了五环公司在中国现代煤化工发展中的排头兵地位。

同时，公司坚持走改革创新之路，加快建立现代企业制度，发展和壮大工程总承包业务，不断健全国际型工程公司功能，实现了经济体量快速累积，公司发展规模跃上新的台阶。

1. 确立中国煤化工工程科技领域排头兵地位

以煤为基础的中国能源结构决定了煤化工在中国能源经济中的战略地位。进入21世纪后，中国煤化工产业进入大规模发展阶段，成为世界第一的煤化工大国，全球在该领域的尖端甚至是空白工程——煤直接液化制油、煤制烯烃、煤制乙二醇、煤制天然气等工业化项目全面启动。公司抓住了这一历史契机，开创性地实现煤化工发展的“三个率先”。

第一，率先引进、推广壳牌洁净煤气化技术。从20世纪90年代中期起，公司便组织工程技术骨干开始关注、研究国际上先进的煤炭气化技术。这一时期，公司在认真研究、反复比选、谨慎求证的基础上，引入先进的壳牌干煤粉加压气化技术，这是最早进入中国的先进煤气化技术之一。为使壳牌粉煤气化技术在国内推广应用，公司结合国内煤化工产业特点，对其做了大量的工程科技创新。此后，五环公司几乎垄断了国内壳牌干粉煤气化市场，共承担了18套（国内17套、越南1套）壳牌煤气化装置的设计或总承包建设工作。

第二，率先参与实施国家新型煤化工重大产业示范项目和重点工程建设。公司参与了包括煤制油、煤制烯烃、煤气化多联产、煤制大化肥、煤制大甲醇等一大批替代石油及煤制洁净能源等领域的重大项目建设，是当时国内承接煤化工工程项目最多的工程公司，成为中国煤化工工程领域的领跑者，为促进中国现代煤化工产业的起步与发展发挥了至关重要的作用。其中包括：设计了全球第一套采用壳牌洁净煤气化技术用于生产化学品的装置——湖北双环化工股份公司年产20万吨合成氨项目；总承包建设了全球规模最大的煤制氢装置——神华集团全球第一套工业化煤直接液化制油项目的煤制氢装置；设计了全球第一套工业化煤制烯烃装置——大唐国际内蒙古多伦煤基烯烃项目；总承包建设了国内第一套大型煤基氨醇醚联合生产装置——贵州天福化工年产30万吨合成氨、22万吨甲醇、15万吨二甲醚项目；总承包建设了全球规模最大的煤基合成氨项目——云南云维集团年产50万吨合成氨项目，设计了全球规模最大的煤基合成氨项目——云南云天化集团天安化工有限公司年产50万吨合成氨项目。这些项目的实施对中国现代煤化工产业发展具有十分重大的意义，也使公司在煤制氢、煤制化肥、煤制甲醇以及煤制烯烃等领域的设计和建设能力走在了同行前列。

第三，率先开发具有自主知识产权的洁净煤气化技术。公司在大力推广应用壳牌煤气化技术的同时，通过工程技术集成创新，在大型煤制氢、大型煤制合成氨、大型煤制甲醇和万吨级一步法合成二甲醚等项目应用上形成了多项国内乃至国际首创的工程技术，极大地拓展了洁净煤技术应用和煤化工、碳一化工的新领域，确立了在煤炭气化技术领域内的先发优势和强大实力。同时，为避免重复引进国外煤气化技术，公司联合国内单位开发出多套适应不同原料路线的高效、清洁煤气化技术。2006年，联合承担的国家“863”课题——“二段炉”粉煤气化技术通过国家科技部验收，其核心技术和整体工艺居国际领先水平，具有支持中国绿色煤化工产业发展的重大意义，采用这一重大科技成果实施的我国电力行业第一套整体煤气化联合循环（IGCC）发电示范项目——华能绿色煤电项目，对中国减少温室气体排放具有深刻的产业导向作用，为世界瞩目。

2008 年以后，公司利用自身在煤气化技术方面积累的丰富经验，开发了具有自主知识产权的五环炉（WHG）干煤粉加压气化技术，与神华宁煤集团合作开发神宁炉干煤粉加压气化技术，依托大唐华银项目开发了具有自主知识产权的褐煤提质技术，与湖北化学所、鹤壁宝马集团合作开发了 WHB 煤制聚合级乙二醇技术。

公司通过“三个率先”的开创性工作，应用洁净煤气化技术在煤制氢、合成氨、大型甲醇、二甲醚、烯烃以及联合循环发电和整体煤气化及多联产等方面树立了先发优势，承担了许多国内重要的煤化工示范项目，一举确立了公司在国内现代煤化工领域的排头兵地位。

2. 创新技术，打破垄断，走向国际

在磷复肥领域，公司通过多年的引进消化吸收再创新，在掌握当时世界上先进的各种二水法磷酸工艺和半水法工艺以及磷铵和 NPK 复肥工艺、重钙工艺的基础上，形成了五环公司独有的自主知识产权工程技术，并在工程规模化方面取得显著进展。

从 1987 年到 2000 年的十几年间，国家引进了约十套大型磷复肥装置，其中磷酸装置总能力约 100 万吨/年，并且花费了国家大量外汇。2000 年，公司开发出具有自主知识产权的二水法磷酸专利工艺技术和年产 30 万吨大型磷酸装置配套的关键设备，实现了大型磷酸装置国产化，打破了国外对磷酸生产技术的垄断，对节省工程建设投资、缩短建设周期和促进设备材料的国产化，具有十分重大的意义。该自主知识产权工艺技术获得国家专利授权，并在国内外成功推广十余套装置，仅五年时间利用该技术建设的大中型磷酸装置总生产能力就突破了 200 万吨，是前十几年引进项目中磷酸装置生产能力的近 2 倍，带动了近 400 万吨/年磷复肥 DAP 的发展，为国家的产业结构调整和农业发展作出了重大的贡献。

2004 年，公司又独立开发了 30 万～60 万吨/年大型尿基 NPK 装置工程技术，标志着公司在磷复肥领域里也拥有了自己的知识产权，实现了大型复合肥装置自主化，对于提高国内大型复合肥装置的设计水平和设备制造水平以及节省工程建设投资，有着划时代性的意义。该项专有工程技术在巴基斯坦尿基复合肥项目及多个国内工程中获得成功应用，并第一次向业主收取了专有技术使用费，使得五环公司成为国内第一家将具有自主知识产权的 NPK 技术出口至国外的工程公司。由于公司在磷复肥工程技术领域的不断创新，并为国家磷复肥工业建设作出了突出贡献，在 2005 年全国化工石化科技进步大会上受到国家表彰。

在尿素工程领域，五环公司通过几十年的引进和消化吸收再创新，形成了具有自主知识产权的尿素工艺专有技术，设计建成了 10 多套 48 万～80 万吨/年尿素装置、总能力超过 500 万吨/年的尿素工厂，并且积极支持关键高压设备的国产化制造创新，使原需引进的关键泵、阀等设备材料也基本上立足于国内，为国家节约了大量的外汇，为业主节省了大量的投资。2005 年，通过与国外著名的尿素专利商进行技术谈判，使国外尿素专利商认识到五环公司的尿素技术确有自己的特点和独到之处，承认了五环公司在尿素技术领域中所占的一席之地，并签订了相关协议。通过引进、消化吸收和再创新，公司成为国内拥有尿素专利技术和专有技术最多的工程公司，继续保持和巩固了公司在尿素产品上的“拳头”优势。

此外，公司坚持以工程项目为依托，联合国内大专院校、科研机构，在聚甲醛、碳酸二甲酯、二甲醚、干煤粉加压气化、尼龙 11 树脂技术等领域取得了诸多开创性成果。其中，在新材料工程领域，公司设计和总承包建设的聚甲醛装置，一举打破了国外技术垄断，有效填补了国内市场短缺，在国内市场份额超过 90%，处于绝对主导地位。

3. 持续提升企业核心管理能力，强化国际化发展基本功

早在 20 世纪 90 年代末，公司就建立了基于 ISO 9001、ISO 14001、QHSAS 18001 三个标准的 QHSE 管理体系。2002 年将三个标准的管理体系融为一体。此后，又对管理体系持续进行升级升版，将质量、环境、职业健康安全、内控、全面风险管理等要求与业务过程深度融合的管理体系，建立了以经营生产为核心，以过程管理为基础，按照流程管理的模式，基于风险的思维，紧盯关键控制环节，加强过程监控，涵盖公司的经营、生产、项目管理、技术管理、企业运营等全过程，提高公司运营管理和战略管理能力，并获得英国劳氏质量认证有限公司颁发的认证证书。

公司项目管理体系遵循“集约化、规范化、标准化、全过程控制、全员参与、全覆盖”的原则，对项目实施分级管理，实行公司后台管控、项目主管领导下的项目经理负责制，项目经理和所在部门对项目组成员实施双重管理的矩阵式管理模式。通过制度和流程设计，利用信息平台管控，加强关键要素资源的后台审查和监控，确保实现各项目的管控目标。

公司技术管理体系坚持不断改进，持续提高工程设计技术能力。建立了技术标准规范管理、作业文件管理、作业流程管理、技术方案管理、技术案例管理等一系列技术基础管理流程和制度，并建立技术质量检查系统，以保证公司的工程项目质量。

4. 鏖战海外，重点突破，国际知名度快速提升

在开拓国际工程市场过程中，公司以传统业务优势为敲门砖，用化肥、磷肥、煤化工等拳头产品在国际市场上开疆拓土，保证优势业务拳头能伸得出去，打得赢，把五环的品牌影响力带到更多的国家。公司承接的国际工程项目开始向大型化迈进，部分项目无论是装置规模，还是合同金额，均创下项目所在国同类产品之最。

2008 年，公司成功签订了越南金瓯年产 45 万吨合成氨、80 万吨尿素和突尼斯年产 36 万吨磷酸两个项目的总承包合同，其中金瓯大化肥项目是当时越南最大的化工投资项目，也是中国公司在境外承接的单项合同最大的化工总承包项目。突尼斯磷酸项目是当时中资公司在突尼斯承接的项目合同金额最大的工程项目。这两个项目的成功实施，极大地提高了公司境外大型总承包项目的执行能力和水平，彰显了公司的国际竞争力。2010 年签订越南北江氮肥厂改扩建 EPCC 总承包合同，实现了煤化工项目竞争优势走出国门、向国际市场延伸。

5. 技术带动中国标准和装备走出去

依托公司在合成氨、尿素、磷肥、磷化工、煤化工等大中型工程项目的技术优势，积极把国内优势引向国际市场，同时充分发挥中国工程要素的比较优势，大力开拓国际工程市场，赢得海外工程项目。在自主技术走向海外的同时，公司积极带动中国标准和中国装备走出国门，一批中国标准在公司承接的越南、突尼斯、印尼、伊朗、伊拉克、印度、巴拿马等国家的工程项目中被采用，同时带动了一大批中国装备制造走向海外工程市场。

第四节 对标国际一流实施国际化发展战略（2013—2019年）

面对时代转换和形势发展，公司一方面积极应对国际金融危机的严峻考验，抢抓国家产业政策的重大机遇，推进公司创新发展、快速增长；另一方面着眼中长期可持续发展，实施以国际化为导向的战略转型和“二次创业”，加快转型升级，发展提质增速，国际化发展水平和综合竞争实力明显提升，开辟了适合五环公司特点的全球化工程公司发展道路，初步建成具有较强国际影响力的知名工程公司。

2013年，公司确立了“国际化发展”战略，核心内容是继续巩固国内市场，大力拓展国际市场，抢占发展中国家市场先机，将公司主要客户对象由“国内化工行业的大中型项目客户”调整为“发展中国家化工、石化大中型项目客户”。2013～2015年，公司连续三年开展“国际化年”主题活动，分别确定为“国际化发展年”“国际化推进年”“国际化提升年”，每年围绕“强化国际化发展能力”主题，部署和推动国际化发展重点任务。

通过行之有效的策略措施，公司国际经营能力不断提升，相继获得海外项目合同，实现了国际化发展的“三个跨越”，即实现了从经营单个项目向开发区域国家市场的跨越，从传统业务领域向多领域市场拓展的跨越，从现汇项目向投融资撬动工程市场的跨越。

2015年，在国际化发展战略基础上，公司确定了“全球化工程公司”愿景目标。国家“一带一路”倡议提出后，公司紧跟国家号召，贯彻共商、共建、共享原则，聚焦“一带一路”沿线工程市场，布局全球化发展，在五大洲共设立19个常设驻外机构。

经过10年来的拼搏奋斗，公司海外业务不断成长壮大，业务范围从传统的氮肥、磷肥、煤化工等领域，逐渐向石油化工、天然气化工、能源领域拓展，并实现了海外大型石化、基础设施领域经营新的突破。业务拓展由东向西不断推进，从最初集中在东南亚承接项目，接着开拓南亚印度市场，到中东市场初步打开局面，再到非洲市场项目稳步推进，逐步涉足美国、布局中北美洲，海外市场经营网络得到不断完善，形成五大洲全有项目跟踪或实施的局面。同时，公司在组织架构、管理体系、人才队伍、技术创新、商业模式等方面也跟随着国际化的步伐而不断快速进步。目前，公司国际业务比重持续稳定在50%以上，成功建设了一批与国际知名工程公司同台竞技赢得的项目，五环品牌在国际工程市场开始崭露头角。

1. 加强国际化人才培养

为满足国际化发展的需要，公司高度重视国际化人才培养。2013 年至今，公司已连续举办了近 30 期英语业余培训班、近 20 期英语全脱产培训班，共计 700 余名员工参加了英语培训。2015 年出台了国际化人才队伍建设实施方案，开展国际化人才考核认定，目前有 200 余名员工成为专业水平突出、工程经验丰富、英语水平高的公司国际化人才，为公司国际化发展奠定了坚实基础。

2. 提高自主知识产权获取能力

公司不断构建高层次的创新平台，提升自主研发能力，组建了技术开发研究院，获得了国家能源低阶煤综合利用研发中心、氮肥行业废气资源化回收利用环保工程技术中心、国家级企业技术中心、省级企业技术中心、博士后科研工作站等挂牌和授权。高层次的创新平台为公司的科技创新持续注入资源和活力。

同时，公司加强与大专院校、科研院所产学研用合作，加大投入力度，公司获取自主知识产权能力显著提升，在全流程技术创新上实现了历史性的突破。

过去 10 年间，公司申报专利 300 余项，在煤化工、氮肥、磷化工、新材料、新能源、环境工程、低温储罐领域均形成全流程工艺包技术，其中多项技术达到国内领先或世界一流水平，一批技术能够开展技术转让业务，收取专利费。迄今为止，完全拥有自主知识产权的“高效合成、低能耗尿素技术”“新型半水-二水磷酸技术”等已为公司带来越南金瓯化肥项目、越南北氮改扩建项目、突尼斯磷酸项目、印尼磷酸项目等一批海外工程项目，并且获得业主的一致好评，带动了当地化工行业的发展。

技术创新极大地巩固了公司的业务优势，实现以差异化的竞争优势抢占新的市场，加快公司转型发展。同时也有力地推动了国家相关产业的转型升级和技术进步。

3. 强化国际采购供应链管理

公司的国际采购及协作，坚持以客户需求为核心，持续创造客户价值，坚持优势互补、互利共赢原则，进行全球范围的供应资源整合与协同。

构建国际采购网络，首先充分发挥中国供应链优势。中国逐步成为世界制造大国，中国工程物资供应链的集成度、完整性、可控性均有着独特的优势。这是中国工程公司国际化的根基。向客户推荐中国供应商，携手中国优质供应商向国际客户交付中国解决方案，是发挥中国工程公司优势不可或缺的关键环节。其次，发挥国际品牌供应商及境外供应商的优势。由于国际客户通常对工程物资的品牌、特定原产地，甚至供应商资格提出要求，以及存在对关键设备及材料的特殊技术需求。境外供应商，特别是国际知名品牌供应商，成为国际工程不可缺少的重要部分。

在国际采购过程中，原则上要求与国外供货商直签，一般不接受代理商报价，以减少中间环节，提高沟通效率，降低采购成本。对于确实不能直签的，要求在签约前对代理商进行资质审查和备案，并加强过程管控，尽量降低合同和履约风险。

欧洲作为国际工程项目主要设备的供货地，项目境外采购量相对集中。为配合欧洲地区的国际采购工作，公司于 2015 年成立了欧洲代表处，负责在欧洲及周边地区收集供货商信息，协助采购部建立和维护海外合格供货商名录，协助和参加在欧洲及周边地区采购货物的催交和检验工作。

在国际工程项目中，第三方机构成为构建客户与工程公司相互信任的一座桥梁，为工程公司提供设备监理与工厂检验、地方许可强制检验、产品认证、系统安全评价等工作。

五环公司与多家国际知名第三方机构建立了长期合作关系，其中与 SGS、BV 等多家国际知名检验机构签订了服务框架协议。在境外 EPC 项目中，通过与国际第三方机构保持密切合作，确保境外采购的设备材料检验工作满足项目业主和国际标准的要求。这些国际知名第三方检验与认证机构的参与，提升了五环公司作为国际知名工程公司的国际影响力和认可度，获得项目业主和国际工程领域的广泛信任与好评。

4. 推进信息化、数字化、智能化应用

公司经过多年的努力，先后经历了信息化基础建设期、信息化应用升级期、全面管理信息化提升期，已进入了企业业务数字化、网络化、智能化阶段。公司依托先进适用的信息基础设施，建立了功能完善的项目集成管理系统、设计协同及数字化交付系统、人力资源管理系统、财务管理系统、文档管理系统、技术支持系统等多个业务系统，为公司的业务发展和运营管理提供了全方位的信息化支撑。2018 年，五环公司获得了两化融合（工业化和信息化融合）管理体系认证证书。

公司全力推进数字化交付及智能工厂建设。通过多年的不懈努力，建立了数字化工厂数据交付的标准和规范，并在多个项目实现了数字化交付，成功将资料的交付和数据管理方式由传统的非结构化数据向结构化数据转变，加强了数据的识别，提高了数据的质量和价值，有力支撑了生产管理的优化和大数据技术应用。

数字化交付工作的推进，为后期公司拓展服务范围提供了更大的空间，极大降低了业主运维成本、提高了管理效率。

5. 提升项目投融资能力

公司十分重视在国际工程项目中的资本运作，借此转变传统的经营模式。通过多措并举提高投融资能力，在保持和银行、中信保良好沟通的基础上，进一步拓宽融资渠道，接触更多融资机构，以资本撬动项目。

6. 加强海外风险防控

强化全面风险管理，尤其是强化新业务新市场开拓中涉及的投融资、商务、价格、技术、法律、信用、政治、安全、汇率、劳工等方方面面风险的分析和评估，加强风险预警应对，及时排查风险隐患，做好突发事件风险管控。

7. 国际工程项目向着大型化、高端型稳步迈进

2012 年，公司进入印尼市场并实现快速拓展，2014 年签订印尼 PKG 日产 2000 吨合成氨、1725 吨尿素项目总承包合同，一举打破了日本工程公司垄断印尼化肥高端工程市场半个世纪的局面。以东南亚地区为起点，公司国际市场开拓步伐由东向西不断推进，2014 年进入中东市场，签订伊朗马苏化肥项目（公司首个融资项目合同），2015 年进入埃及市场，2017 年进入美洲市场，2019 年进入俄罗斯等独联体国家市场和南亚印度市场。尤其是 2019 年签订的印度塔奇尔化肥项目，总合同额近 80 亿元人民币，项目业主为印度石油天然气公司。该项目是印度第一座现代化大型煤化工项目，同时也是目前世界上单系列产能最大的煤制合成氨尿素项目，对印度的煤化工发展，甚至整个印度化工市场的发展具有重要的示范意义和导向作用。同年还签订了建设地在印尼的炭黑EPC项目，项目业主为美国卡博特公司，是公司第一个西方发达国家的EPC项目，成为公司开拓国际工程市场又一里程碑项目。

回顾五环公司走出国门、走向世界所走过的路，从学习参观，到借船出海，再到国际化发展，直到今天建设全球化工程公司，是一个持续沉淀、积累、成长、提升的奋进过程。从20世纪80年代开始，做劳务输出，送自己的工程技术人员到发达国家的工程公司去学习工作，接着是公司从国际知名工程公司那里分包工程业务，再到公司与国际知名工程公司组成联合体共同竞标业务，之后公司依托国内总承包项目的经验、业绩和能力的深厚积累，以及与国际知名工程公司在国际项目上的合作锻炼，公司开始独立走出国门承包工程，从小型项目，到中型项目，再到大型项目的总承包。公司的技术能力不断提升，从采用专利商的工艺包开展工程设计，到开发自主知识产权工艺技术，采用自己的工艺技术承接境外总承包项目。目前，公司不仅承包工程，还实现了技术输出和管理输出，同时投融资也开始成为撬动市场的杠杆。随着公司在国际工程市场承接的项目越来越多，项目的影响力越来越大，五环公司在国际工程界的声誉同样在不断提升，也不断朝着具有全球竞争力的世界一流企业目标迈进。

在新时代科学发展的道路上，五环公司将以全球化工程公司为愿景目标，继续奋斗新时代，在国际工程市场扬帆远航，必将建成具有全球竞争力的世界一流企业，为伟大复兴的中国梦作出贡献。

（中国五环工程有限公司　张谛）

坚持改革创新　勇攀行业高峰
——中国成达工程有限公司发展纪实

中国成达工程有限公司的前身是化工部第八设计院（简称化八院），1958 年成立以来，始终以振兴民族工业为己任，以引领工程行业发展为使命，栉风沐雨，努力拼搏。伴随着国家及世界经济发展和工业化进程，几代成达人披荆斩棘，敢为天下先，传承着敢于创新、勇于进取、力臻卓越的企业精神。

第一节　初创打牢基础（1958—1978 年）

化八院通过 20 年的建设，发展成为化工部在西南地区化工设计的骨干单位，培养和锻炼了一批化工设计的技术队伍，培育了一些基础性的化工技术，尤其是为后来的天然气化工和盐化工技术发展和化学工业现代化打下坚实基础。

一、艰苦创业

化工部于 1958 年 8 月决定调整勘察设计机构，将原来的氮肥、基本化学、有机化学 3 个设计院撤销，组建吉林、大连、锦西、华东、华中、华北、西北、西南八个区域设计研究分院，化工部化工设计院西南设计研究分院就是在这样的大背景下成立的。

1958 年 9 月，由北京抽调的技术人员与当地四川化肥厂的部分技术人员分期分批到达新成立的西南分院，位于成都中西顺城街八号原四川省商业厅院内。当时的主要任务是支援农业；支援轻工，为轻工开辟第二条原料来源；配合工业交通运输；为国防尖端技术发展做好准备。西南分院还同时利用四川天然气资源，开展以天然气为原料生产化工产品技术的研究（中试）和设计。

西南化工设计研究分院受化工部和四川省双重领导。来自化工部化工设计院的北京部分技术人员，初期共计不到 200 人，全院广大职工知难而进，白手起家，认真学习模仿苏联的设计方法，逐渐建立了一套适合中国当时建国初期的设计体制和科研方法。根据化工部关于大力开展小土群化工群众运动的指示精神，在四川建设了一批千吨级到万吨级的小化肥、小纯碱、小甲醇、小磷肥和小烧碱项目。这不仅缓解了当时地方对化工产品的需求，也为地方化工的发展打下了基础。

在开展科研设计建设的同时，1960 年分别在自贡邓关、泸州纳溪建设了两个天然气化工实验站，开展了以天然气为原料生产合成氨、甲醛、乙炔、氢氰酸等，从天然气中提取稀有气体，以及有关催化剂研究制备的中试工作。

为了办好化工设计研究院，西南化工设计研究院陆续开展了国外考察、文献研究、实验室实验、中间试验等。经过多年的努力，成为国内天然气化学工业的科研和设计的重要基地，培养了大量天然气化工设计和研发人才，为后来引进技术，发展我国的天然气化学工业奠定了基础。

在开发利用天然气的过程中，党和人民时刻关心着成达。1963 年 3 月 29 日，国家副主席、全国人大常委会委员长朱德同志，亲临化工部西南化工设计研究院视察，并挥笔题词："掌握综合利用天然气的最新技术，为祖国社会主义建设服务。"

20 世纪 60 年代初，公司承担了泸州天然气化工厂年产 10 万吨合成氨、16 万吨尿素装置一期工程。1960 年 6 月，化工部决定将分院改名为化工部西南设计研究院。7 月份，位于成都的新的办公楼开始建设。

1960 年 7 月，化工部总图运输设计技术中心站在西南分院成立。后来陆续在化八院还成立了现代化管理、天然气化工设计和纯碱氯碱设计技术中心站。同年 10 月，根据化工部"关于大力开展小土（洋）群化工设计数据献宝运动"的部署，组织若干个工作组下厂调查研究，最终整理出有推广价值的技术 121 项报化工部。

从 1958 年到"文化大革命"前的 1964 年，化八院对于共和国的贡献主要在以下几个方面：

① 创建了国家级的专业化工技术开发和工程设计团队，建立和发展了天然气化工、盐化工等基础性、重化工的科研和设计力量。

② 开创性地开发和建设了以天然气为原料生产氮肥、甲醇等农业和工业所需要的化工生产技术。

③ 参与部分对国民经济有重大影响的工程项目建设，对西南地区的化工建设和化学工业发展作出了重要贡献。

④ 最早一批承担和参与了为全国化工和石化勘察设计行业开展基础性和标准化的工作。

二、曲折前行

1965 年，化工部决定进行勘察设计机构和科研机构的调整，在全国组建若干设计院和研究院，将设计与研究分离。1965 年 2 月将化工部西南化工设计研究院更名为化工部第八设计院，3 月将大连化工研究设计院、锦西化工研究设计院的设计部分和四川化工厂、泸州天然气化工厂设计科并入；将西南化工设计研究院的研究部分迁往四川泸州，成立化工部西南化工研究院。

组建后的化工部第八设计院在几个技术领域处于优势。当时的大连设计队伍是全国最专业的纯碱设计专业队伍，锦西设计队伍是最专业的氯碱设计专业队伍，原西南化工研究设计院的设计队伍擅长氮肥、基本有机化工和天然气化工等化工设计。因此，成立之初，就形成了全国最有实力的天然气化工和盐化工技术设计力量，具有氮肥、基本有机、纯碱、氯碱等专业特长。组建后的总人数 1135 人，配备有氮肥、有机、烧碱、纯碱、设备、自控、土建、公用工程及辅助工程等专业，分设 9 个综合设计室，2 个生产辅助室。

1966 年到 1977 年，公司名称和隶属关系几经变化，由于上级领导机构的变化，先后更名为燃料化学工业部第八设计院、四川省化工第一设计院、石油化学工业部第八设计院等。

（一）队伍建设

“文化大革命”时期，领导干部和广大工程技术人员在十分困难的情况下，还完成了多项具有标志性的化工项目设计和建设。先后承担和出色完成了国家当时引进的 13 套大化肥装置中的 3 套和 1 套大化纤厂的国家重点任务的设计任务。并荣获了国家优质工程银质奖。

1970 年，化八院积极主动申请参加了北京燕山乙烯工程。通过 3 年建设过程的锻炼，培养了几十名石化方面的技术骨干，学习和掌握了石油化工现代技术，从此化八院在原来的天然气化工和盐化工设计技术的基础上，增加了石油化工的设计经验，积累了石油化工的知识和技能。

（二）工程建设

1. 氮肥工业

20 世纪 60 年代，化八院结合国内工业水平还很落后，高合金材料还不能国产的特点，成功地开发了天然气间歇蒸汽转化（CCR）工艺，1965 年获化工部革新成果奖，并于 1969 年在四川化工厂建成了第一套 3.5 万吨/年合成氨的造气炉。同时，将合成氨的铜洗净化工艺改为三催化剂净化流程，开发了当时先进的二合一、三合一的三套管式合成塔，形成了具有中国特色的以天然气为原料的合成氨全套工艺技术。

本着大中小并举的建设方针，运用该项技术，实施小氮肥在四川遍地开花的战略，完成了县级氮肥厂定型设计，在西南地区先后建设了 50 余套小型氮肥厂，缓解了四川化肥的严重短缺，为我国氮肥工业的迅速培育、成长、壮大，满足农业发展的需要，提高农业产量作出了历史性贡献。

1966 年，完成了国内第一套引进技术以天然气为原料的泸天化 10 万吨/年合成氨（英国引进）、16 万吨/年尿素（荷兰引进）工程建成。

70 年代初期，中央决定引进技术在全国范围建设 13 套大化肥，化八院承担了川化、泸天化、云天化 3 个年产 30 万吨合成氨、48 万吨尿素装置的总体和配套设计，这几套装置均在 1977 年下半年建成并顺利投产。

2. 氯碱工业

20 世纪 60 年代初期，公司承接国内氯碱装置设计。在 20 世纪 70 年代初，公司开发设计出 30-Ⅲ型金属阳极电解槽。因其结构合理、电耗低，在国内大中型氯碱厂新建和改扩建工程中得到广泛采用。

3. 纯碱工业

早在20世纪50年代，公司技术人员参加了著名制碱专家侯德榜博士提出的联合制碱法（简称联碱法）中间试验，并设计建成了8万吨/年的工业规模示范装置。该项目自行设计国内第一台内热式蒸汽煅烧炉，使蒸汽煅烧炉的热效率由50%提高到90%以上。该设计获1978年全国科学大会奖。

1968—1972年，化八院设计的自贡鸿化氨碱改联碱工程为国内第一个完全独立的大型联碱装置项目，解决了联碱水平衡的难题，首次采用烟道气清洗碳化塔，在国内纯碱行业中率先实现自动化控制，碳化塔、结晶器等大型设备首次采用露天化布置。该项目荣获20世纪70年代国家优秀设计奖。

20世纪70年代国内纯碱供应紧张，每年需从国外进口大量纯碱，为解决纯碱短缺的局势，化八院承担了一些小型合成氨厂改产纯碱的设计任务。在湖南冷水江制碱厂的设计中首次采用1. 2MPa变换气加压碳化工艺、1. 8MPa自身返碱蒸汽煅烧炉等多项新技术、新设备，使该厂成为具有国内优秀示范效应的联碱厂。

4. 石油化工

1973年化八院审时度势、主动请缨，派出以缪大为任组长的技术骨干及其家属职工组成的技术团队参加到燕山石化业主的指挥部团队，连续3年从合同签订后开始执行的建设全过程，代表业主开展技术服务和技术指导，涵盖了乙烯、丁二烯、聚乙烯等三个工艺装置。项目完成后，以这批人员为主，完成了所有技术资料的整理，编写出版了“轻柴油裂解年产30万吨乙烯技术数据”共8册约600万字，这是我国第一套大型石油化工技术数据。

20世纪70年代初，在国家引进4套技术的石油化工装置中的四川维尼纶厂年产4. 5万吨维尼纶装置中，化八院参与引进了英国ICI的9. 5万吨/年以乙炔尾气制甲醇的技术。在设计过程中，院专家坚持在引进的同时必须消化，他们在认真做好详细设计的过程中，发现了ICI的甲醇精馏工序对含醇工艺水的处理不够完善，于是技术专家们经过认真研究讨论，分析计算，提出设计了一台甲醇回收塔。该项措施的应用使装置投产后各项技术指标均完全达到了设计要求。通过该项目的建设，技术专家们进行了大量深入的总结、验算工作，不仅掌握了大型甲醇装置的精馏技术，还成功开发了浮阀塔设计计算软件。

5. 有机化工

在1963年前后，院组织了专门的氯丁橡胶研发设计团队，在苏联的援助下，引进技术和部分关键设备，进行了千吨级的技术攻关，此后建设了四川长寿、山东青岛和山西大同3个氯丁橡胶生产基地。

1971年，化八院设计的湖南维尼纶厂3500吨/年甲醇（高压法）装置投产；1977年化八院为成都天然气化工厂开发设计了以天然气为原料，采用梯台型天然气蒸汽转化炉的2000吨/年联醇装置。

化八院还陆续参加了全国各地86个大小工程的设计项目，包括甲烷氯化物、硝酸硝铵等，获得了1项70年代优秀设计奖和3项国家优质工程银质奖。

(三) 计算机应用起步

1974年，按照化工部决定在所属设计院开展电子计算应用技术的安排，化八院建立了DJS-6电子计算机房，开启了设计院使用计算机的时代。

技术人员对计算机的应用产生了强烈的兴趣和创新欲望，自编了一些计算程序，解决了手算尤其是迭代运算的问题，提高了效率。

第二节 改革开放大发展（1979—2008年）

党的十三届四中全会开启了中国改革开放的新篇章，化八院先后进行了以市场经济和改革开放为导向的企业化试点、设计体制改革、工程总承包试点、开拓国际市场等重要改革。

一、改革开放起步初期

1978年8月，化工部决定恢复化工部第八设计院名称，直属化工部领导。

按照化工部的总体部署，化八院作为第一批试点企业率先开展了企业化改制、设计体制改革、工程总承包试点和工程公司建设。1979年12月，经国家计委、建委和财政部批准，化八院为全国勘察设计单位设计收费两个试点单位之一；1980年9月经化工部批准，化八院率先试行设计体制改革、按工程公司和开展总承包的单位要求进行设计生产系统调整、试行设计新体制改革；1982年6月经化工部批准，化八院和化四院两个单位成为按照工程总承包目标组建工程公司的试点；1985年2月化工部批准首个开展工程总承包试点的设计单位，对四川乐山、富顺两个联碱项目试点工程总承包。

1986年，化八院开启了专业技术人员考核工作，同时，化工部技术职务聘任制试点工作组来公司进行高级工程师评定工作。从此开启了自行评定职称的历史。

1987年4月国家计委等四部委批准了全国第一批“设计单位进行工程总承包试点”12个单位，化八院再次成为首批试点单位。

1986年底公司位于成都市人民南路四段28号的办公楼建成投用，办公面积近30000米^2。

1. 企业化试点

1979年6月，国家计委、国家建委、财政部发出了《关于勘察设计单位实行企业化收费试点的通知》，化八院被国家计委确定为第一批实行设计收费试点单位。

1983年，化工部任命了新的领导班子，新班子积极推进设计体制改革和企业化试点。1984年9月化工部决定在化八院试行以设计为主体的工程公司改革，将化工部第八设计院更名为中国成都化工工程公司（简称成都工程公司），开启了由设计院向工程公司转型的征程。

1985年2月化工部宣布，公司正式实行经理（院长）负责制，同时对领导班子进行了换届。化八院从一个靠“吃皇粮”“端铁饭碗”的事业单位，率先在勘察设计行业，走入市场，参与市场竞争，走上了自收自支、自己找项目、自己求生存求发展的企业化改革道路。

2. 设计体制改革

化八院于 1980 年开始对设计体制进行了改革，一是从组织机构入手，把综合室改为专业室。二是进行了新的专业化分工，参照国外工程公司模式，改变了传统的专业分工，做了更加合理的专业设置，成立了工艺开发室、工程室（负责装置和设备布置、管道设计、管道应力分析和材料设计）、设备室、自控室、电气室、土建室（负责总图、建筑、结构和暖通等专业设计）和公用工程室（负责安全、环保、热工、水道等专业设计）和设计经理部。三是改革了设计程序和方法，实行基础工程设计和详细工程设计相互衔接、连续完成的做法，并把设备采购纳入了设计程序。四是工程项目实行了以项目管理为中心，专业室为基础的矩阵式管理，实现项目经理负责制，对项目的进度、费用、质量进行有效控制。

3. 试行以设计为主体的工程总承包

1984 年，化工部批准在几个有条件的设计单位成立化工工程公司，开展以设计为主体的工程总承包试点，化八院被列入首批试点单位，名称改为中国成都化工工程公司。公司从此建立了设计、采购、施工、开车全功能的机构，从内部机制上按照由事业型向企业型、技术型向经营技术型、单纯技术型设计院向具有 EPC 多功能型工程公司转变。

公司于 1985 年 6 月和 8 月分别签订了四川乐山和富顺两套年产 4 万吨联碱装置的工程建设总承包合同，开始了总承包试点。从设计开始直到交钥匙，项目严格实行质量、进度和费用三大控制。

4. 开拓国际市场

1984 年，化工部提出了“一业为主，两头延伸，多元化经营”的发展战略。为了生存和发展，公司在立足国内的基础上，积极寻求对外拓展的机会，实现全方位、多元化的发展。

当时公司还没有对外经营权，在四川省政府的支持下，公司成立了中美合资四川成达工程服务有限公司，开始与中国香港友华行、印尼丰华等中介公司进行接触和交流，并达成发挥各自的优势、拓展业务的合作意向，为公司走出国门做好了充分的准备。同时利用该公司，在美国以相对较低的价格和更快的速度采购了先进的计算、分析和制图软件。

5. 购置新的计算机，建立信息化基础

公司于 1985 年 12 月引进了美国 DEC 公司的当时世界上性能先进的 32 位超级小型机 VAX11/785、DEC3185 和国内当时涉及多专业的、先进的软件系统。

为工艺专业购置了 ASPEN Plus、PROⅡ、PFR 等工艺软件，解决了工艺过程模拟流程计算、大型合成氨装置的物料热力学平衡计算、分离过程计算、换热器计算等难题；结构和设备专业移植了 SAP-5 通用结构分析软件，开发了 VAX-11 平面杆系通用程序。

公司积极响应化工部号召，鼓励计算机出图，部分青年积极自学AutoCAD，开始了PID、管道布置图、空视图、原理图等的计算机绘图，并利用LISP语言编制本专业的制图程序，推进了计算机辅助设计工作。

开发和二次开发了管道布置CAD软件包、管道空视图CAD软件包、工艺系统CAD软件包、压力容器施工图软件包、土建结构CAD软件包、电气CAD软件包、设备布置CAD软件包。

使用CALMA CAD系统完成了四川化工总厂20万吨/年合成氨装置的PI&D，建立了41个包括土建和设备的三维管道模型并对全部模型进行了碰撞检查。通过模型抽取了管道平面图、单管空视图，完成了全装置的管道材料汇总表。

6. 培养适应新体制的人才队伍

积极响应化工部建设国际一流工程公司的号召，自1984年开始化八院就坚持每年选送2～6人参加化工部的外语人才强化培训班。

购买了当时较先进的ASPEN、HTFS等软件后，派出骨干到这些软件公司接受培训，使得公司在很短的时间里就培养了一批掌握这些先进工具的员工骨干队伍。通过软件二次开发，公司培养了一大批计算机应用人才和三维设计的专业人才队伍。

通过设计体制新体制和总承包体制改革和项目实践，培养了一批适应设计新体制、工程总承包和按照国际惯例开展项目管理的干部和员工队伍。

1982年经化工部、教育部批准，对原“七·二一”大学，更名成立化工部第八设计院职工大学，为化工部各主要设计院提供急需的专业技术人员。

7. 制度建设与标准化工作

1980年11月根据化工部安排，邀请荷兰K·C公司设计经理索特来院介绍K·C公司的设计体制和设计方法。1981年7月化工部基建局决定由化八院与化四院在武汉共同举办第一期设计体制改革研究班。化八院与化四院从1981年起，用3年时间编制了包括专业分工、设计文件编制深度规定、设计条件关系、管理制度等内容的《化工设计手册》共15册，750多份文件，约400万字。

1988年8月，受中国勘察设计协会、中国化工勘察设计协会委托，成都工程公司负责编制《工程建设总承包文件及资料汇编》，共两册约22万字。

8. 工程项目硕果累累

（1）石化工业　1978年承担国家重点工程齐鲁乙烯工程总体规划设计。化八院派出了强有力的专家团队，承担了齐鲁石化13个装置的8个主要装置的设计工作，包括乙烯、低压聚乙烯、丁二烯、芳烃、烧碱、VCM、PVC、甲醇和全厂总体设计。齐鲁乙烯工程后获国家优秀设计金奖。

1988年公司承担设计并建成新疆独山子16万吨/年乙烯工程，包括乙烯、聚乙烯、丁二烯等装置和全厂总体设计。

（2）纯碱工业　先后完成了几十个从年产万吨级到60万吨的纯碱工程，填补了国内纯碱工业的多项空白，技术水平不断提升，能耗不断降低，形成了公司自主开发的具有国际水平的纯碱工艺技术。后获国家优秀设计金奖和科技进步奖。

（3）氯碱工业　1978 年到 1988 年先后完成了几十个年产千吨级到万吨级的烧碱和 PVC 工程的设计和建设，包括齐鲁石化、天津化工厂、上海吴泾化工厂、沈阳化工厂（万吨级 PVC 树脂国产化装置获国家科技进步一等奖）等遍布全国主要工业发展地区。

（4）氮肥工业　先后完成了四川化工厂、泸州天然气化工厂、云南天然气化工的 30 万吨/年大化肥引进技术的配套设计和建设。

1986 年又承担了四川化工厂 20 万吨/年国产化、锦西和大连和海南东方 30 万吨/年合成氨装置设计等。

二、在改革开放中探索前行

（一）探索自负盈亏的企业改革之路

1992 年，经国务院经济贸易办公室批准，公司由事业单位转制成为隶属化工部的全民所有制企业，更名为中国成达化学工程公司（简称成达公司）。

10 年间，公司大力开拓国内市场，区域占有率和产能规模持续扩大。

10 年间，公司努力做好外资在国内的投资项目，1996 年公司开始大量赢得天津 LG 的大沽化工厂的 10 万吨/年 PVC 项目设计、采购和施工服务合同等外资在国内的独资或合资项目。

10 年间，公司尝试开拓国际市场，1991 年 5 月与印度尼西亚 KSB 签订了年产 15 万吨联碱成套技术及设备出口合同，这是国内第一项完全利用国内技术，采用国产设备和材料，承担国外大中型交钥匙工程的一个突破，也是中国第一项化工商业成套出口项目。

（二）持续推进和完善设计新体制

公司陆续建立起了符合国际惯例的设计管理制度、规定和程序。建立了对分包商的严格管理制度，设计分包管理、采购文件管理、施工现场管理等都在不断完善和提升。

（三）探索以设计为主体的工程总承包

1990 年 12 月与四川化工总厂联合承包的四川化工总厂年产 20 万吨合成氨老系统技术改造工程。

1995 年 10 月建成四川天华股份有限公司年产 30 万吨合成氨、52 万吨尿素工程，这是公司实行以设计为主体工程总承包的第一个大型化肥项目。受到了国家计委、建委、化工部、四川省政府的好评。

1997 年公司通过竞标赢得了美国尤尼卡公司在张家港合资建设的罐区服务合同，这是公司第一个 PMC 项目。

公司通过工程总承包，不断发现设计体制的问题和缺陷，加深对以设计为主体的工程总承包模式的探索。

（四）探索“走出去”发展道路

1990 年 3 月，经四川省人民政府批准成立了中美合资四川成达工程服务有限责任公司，搭建公司与美国等发达国家的桥梁，开展国际采购、购买美国先进的工程设计和分析软件、培养国际化人才等。

1990 年成达公司和中国化工建设总公司合作，与香港天厨味精有限公司签订年产 1 万吨离子膜烧碱一次盐水精制工程技术及设备成套出口合同。

1991 年签订以自有技术带动成套国产设备出口的印尼 KSB 15 万吨/年联碱合同。

1992 年 11 月获得经贸部颁发的对外经营权许可，从此开启自我做主对外开展工程。

1993 年 7 月公司中标印度尼西亚托拉萨公司买方信贷的 2 台 2.5 万千瓦机组电站项目。之后连续在印尼签订了 4 套 4 万吨/年的烧碱装置。陆续在印尼赢得合成氨、碳铵和漂粉精项目。

1995 年和 1997 年在苏丹、巴基斯坦获得烧碱和合成氨项目。

1995 年首次尝试《美国工程新闻纪录》（ENR）排名，进入到全球最大 225 家工程承包公司的第 186 名，1996 年排名第 177。1997 年尝试设计公司排名，进入世界最大 200 家国际工程设计公司第 182 名。

（五）探索项目管理为核心管理方法

为科学管理项目，提高项目管理的效率，公司实施了一系列的措施：开展以项目为核心的奖金管理体系，建立项目经理在项目执行中的核心地位；开展以设计新体制为基础的定额体系；建立项目进度计划管理的三级计划管理方法，将赢得值原理应用到项目的控制过程；严格按照矩阵管理方法，实施以项目为核心的人力资源分配体系，规定了部门负责专业质量的管理和人员管理，专业负责人是项目管理矩阵元素。

（六）做好技术创新，保持技术优势

成达公司在传统技术方面持续改进和创新，保持行业的领先地位。主要的有：

（1）由成达公司 1986 年承担工程设计和国产化的全国首套购买工艺包建设的四川化工厂 20 万吨/年合成氨国产化工程 1990 年 12 月一次开车成功，这标志着中国大型化肥工业的设计和设备国产化取得了巨大成功。公司因此获得了国务院重大技术装备成果特别奖，同时获国家科技进步一等奖、国家优秀工程设计金质奖。

（2）公司自 1983 年开始设计的唐山和连云港两个亚洲最大的 60 万吨/年氨碱工程在 1989 年 9 月建成投产，是成达公司坚持纯碱技术持续创新的结果，是成达公司全部采用自有技术和国产设备建设的第一批大型纯碱装置。

（3）1991 年 5 月出口到印尼的 15 万吨/年联碱成套技术及设备是中国第一项完全利用国内自主技术、采用国产设备和材料的成套化工装置出口，体现了成达公司纯碱技术为世界认同。

（七）探索搭建信息化技术平台，为企业发展助力

1994 年公司开始实施微机局域网的建立，解决了计算机及外部设备之间的通信、信息传递和共享的矛盾。随后公司对 20 多个二级部门的部门级微机 NOVELL 网络，设计计算软件的单机版进行了二次开发及网络化，解决了公司各二级部门内部计算机及外部设备之间的通讯、信息传递和共享的矛盾，使公司级的计算机资源共享和数据的快速传递得以实现。

1997 年公司开始建立总部与现场的网络联系。首先建立了基于 Windows NT 的宁波现场计算机网络系统。1998 年，建立了张家港现场计算机网络系统并与总部计算机网络实施了互联互通。

（八）探索培养新型人才，助力市场开拓

（1）外语人才培训。在以往每年派出人员参加化工部组织的外语培训的基础上，公司自 1989 年开始与四川大学外语培训中心的合作，每年组织 20 人左右的英语培训班。

（2）国际性人才培训。公司先后与美国 KBR、法国 TP、意大利 TPL 和日本等国际著名工程公司通过外资项目的项目团队合作，频繁往来、合作和交流，积累了对外交往的经验和方法。1997 年还派出专门团队到美国 KBR 学习 LNG 技术。

1991—1992 年先后选派了两批包括工艺、系统、管道、设备、自控、电气和土建等专业的优秀员工到意大利的 SNAM 工程公司和 TPL 公司工作和学习。

（3）注重年轻人才培养。从 1992 年开始，公司特别注重年轻人的培养和使用，提拔了一批年轻中层干部和项目经理，最年轻的不到 30 岁。把他们安排在公司重要的管理、生产和经营第一线培养。

三、在改革开放中发展

1999 年根据中央有关中央机关与直属企业脱钩的决定，国家石油和化学工业局下发《关于明确中国化学工程总公司所属单位的批复》，决定将中国成达化学工程公司交由中国化学工程总公司（集团）管理。

2000 年，公司研究确定了“工程立业、技术优先、多元发展”的新发展战略，大力开拓以 EPC 为主，同时大力开发海外市场。

因公司的业务范围已超出化工领域，拓展到轻工、电力、能源、建筑等领域，2003 年 5 月公司更名为中国成达工程公司。

2008 年 9 月公司随中国化学工程集团公司整体上市，更名为中国成达工程有限公司。

2008 年公司获“工程设计综合甲级资质”，成为全国首批 9 家综合甲级之一。公司于 2008 年春节后搬入位于高新区核心地带的天府大道中段 279 号的新办公楼，建筑面积近 5 万平方米。

这期间，公司的经营、生产、管理和企业改革取得巨大发展，主要体现在以下方面：

（一）市场大幅度拓宽，业绩创历史新高

1. 传统领域继续保持优势

分别承接海南中海油化学、中石油塔里木、内蒙古鄂尔多斯、重庆建等数十个大型化肥项目和甲醇项目。

采用自有纯碱技术先后承接了唐山三友、四川和邦、江苏华昌等数十个大型纯碱项目。

承接了内蒙古亿利、天津 LG 渤海、安徽淮北矿业等数十个大型烧碱、VCM 和 PVC 项目。

承接了中石油辽阳化纤乙烯改造、宁波 LG 甬兴 ABS、张家港 PS 和 LETEX、中石化齐鲁石化乙烯改造、中海壳牌乙烯总体及公用工程、上海联合 MDI、新疆美克 BDO 等数十个大型石油化工和有机化工项目。

2. 新领域创出佳绩

承接了福建中海油、湛江东海、大亚湾欧德油储、南沙泰山，浙江宁波华东 BP、辽宁锦西化工等数十个大型 LNG 接收站及罐区、LPG、燃料和化学品罐区项目。

承接了乐电天威、峨嵋半导、亚洲硅业、宁夏阳光、内蒙古神舟、云南冶金、新疆特变电工、国电宁夏、山西潞安等数十个从年产 500 吨到 3000 吨的多晶硅项目，曾经一度市场份额达到 70%。

在民用建筑项目上承接了深圳的东海花园、四川的九寨天堂、成都新会展中心片区等多家洲际旅游度假酒店。

3. 海外业务迅猛发展

自 1999 年以后，成达公司在海外业务区域也从印尼市场，拓展到非洲、欧洲、缅甸、乌兹别克斯坦、土库曼斯坦和越南等国家和地区，海外收入的比例快速上升，最高时超过总收入的 70%。

项目品种从过去的电站、联碱、合成氨等又增加了炭黑、储运、纸浆厂、氨碱法纯碱，项目模式有 EP、EPC、BLT、BOOT，承接的电站项目规模不断扩大。2004 年 1 月公司在印尼赢得 CILACAP 2×300 兆瓦燃煤电站项目 EPC 合同，单个合同总价 5.1 亿美元。

（二）从技术经营向资本经营发展

成达公司大胆尝试了海外租赁投资（BLT）和海外经营投资（BOOT）等模式，印度尼西亚巨港 150 兆瓦燃气电站项目是公司以 BOOT 形式在海外进行的大型投资项目之一，也是我国第一个以 BOOT 模式承建的大型海外投资工程建设项目，受到印尼政府的高度重视。总统苏西诺曾亲临巨港 150 兆瓦燃气蒸汽联合循环电站项目现场参加并网发电剪彩仪式。印尼 PLTU2 BANTEN 2×300 兆瓦 LABUAN BARU 电站项目，是成达公司

以总承包方式再次承建的两套规模为30万千瓦机组的电站项目，合同金额为5.43亿美元。印尼总统等政府及商界贵宾参加了该项目的合同正式签约仪式。

（三）发展与社会各界的合作关系建立战略联盟

（1）以成功的业绩和周到的服务，与业主建立互相信任、相对稳定的合作关系。以信誉迎来回头客，是成达公司的营销战略之一。

（2）加强与海外中介公司的合作，对公司争取海外项目起到非常重要的作用。

（3）实现跨行业合作对双方的多元化扩张产生重大影响。

（4）成达公司与金融机构、分包商、供应商之间形成伙伴关系并发挥各自的优势，在合作中达到双赢或多赢。

（5）注重对外交往，加强企业宣传。

2004年11月印度尼西亚巨港150兆瓦电站项目开环发电成功并已向PLN送电，印尼总统苏西洛印尼国家矿产能源部部长、国电公司总经理及中国驻印度尼西亚大使视察了印度尼西亚巨港现场，提高公司在印尼的知名度。

2005年4月公司曹光总经理、刘一横副总经理出席在印度尼西亚首都雅加达召开的“亚-非商业峰会”。峰会上播放了公司印度尼西亚中爪哇2×300兆瓦电站项目和巨港150兆瓦电站项目执行情况的录像，并产生巨大反响。当时的商务部长还亲自接见和听取了专题汇报。

为了加强国际知名度，从1995年开始连续参加ENR排名。在世界最大200家国际工程设计公司排位最靠前排位达到2006年的第28位，全球顶级150家设计公司排位最靠前排位达到2015年的第34位，中国顶级60家设计公司排位最靠前排位达到2010年的第1位。

在中国对外承包工程商会主办的“2006年中国对外承包工程人物”和“2006年中国对外承包工程/劳务合作优秀企业”评选活动中，曹光总经理被评为“2006年中国对外承包工程人物”；公司获“2006年中国对外承包工程企业市场开拓奖”。

2007年12月公司获得由中华全国工商业联合会等单位颁发的2007年《中国十大自主创新品牌证书》。

（四）形成适合国际型工程公司要求的项目管理体系

为了规范项目管理水平，提高公司项目管理的整体水平，成达公司2000年发布了《项目管理大纲》，并根据实际情况适时进行修改完善。

（五）做好技术创新，保持核心竞争能力

公司把技术创新放在公司发展战略中的重要地位，建立专业部室技术分中心，以工程为依托进行技术开发，加强与高等院校、科研机构、生产厂家的合作，开发一批有市场，具有创新价值和先进水平的自主知识产权的技术，与很多国际专利商及国外工程公司保持密切的技术合作关系。

公司注重技术创新平台的建设，2008 年 6 月被国家人力资源和社会保障部批准设立博士后科研工作站。同年 9 月还被四川省经信委认定为省级企业技术中心。2008 年 12 月，被认定为国家级高新技术企业。

（六）提高质量管理水平，确保企业可持续发展

在公司多年推行 IS09000 全面质量管理的基础上，2006 年 6 月，依据国家标准 GB/T 19001—2000、GB/T 24001—2004、GB/T 28001—2001，将原先的质量管理体系整合了环境和职业健康安全体系，建立了公司的《质量、环境和职业健康安全管理体系》，并顺利通过中国质量协会的认证。为了从专业角度保证设计在安全环保和健康方面的质量，公司很早就成立专门的 HSE 中心，培养专业化的工程师，全面负责从设计策划开始到详细设计和开车试车过程的安全环保和健康设计的制度、检查和监督。

（七）提升信息化能力，跟上时代前进步伐

2000 年公司级的项目和文件服务器投入运行，所有项目的数据和员工的重要工作数据得以在后台保存。成达公司的企业级网络在 2000 年获得中国石油和化工勘察设计协会计算机软件一等奖，中国化工报亦以“撑起国际性工程公司的脊梁”为题对成达公司的计算机网络和应用进行了专题报道。

2005 年公司全面采用 Intergraph 产品，全面推进三维设计。

2008 年公司搬迁到成达大厦，公司网络系统升级到带冗余的万兆主干、千兆到桌面，并集成了楼控、门禁、监控及信息发布等建筑智能化系统。通过网络建设和优化，成达公司总部与国内外分公司、办事处及项目现场的网络连接更加快速和稳定。

此后，公司所有的国内外大中型项目现场都会建立局域网并与总部计算机网络实施互联互通，信息的实时共享得以实现。随后公司对计算机及网络技术在工程项目现场的应用与韩国 LG、日本千代田等世界级工程公司处于相当水平，远远领先于国内同行业其他企业。

为了建立良好的社会信誉，公司在正版化方面花了很大力气，2007 年 11 月成达公司与微软（中国）有限公司在成都签订了 EA 企业协议（Enterprise Agree-ment），是最早与微软签订的大型设计院，体现了正逐步国际化的成达公司对知识产权的尊重，受到四川省政府和省专利局的高度赞赏并亲临签约仪式。

2008 年被国务院国资委信息化办公室确定为“全国软件正版化工作示范单位”10 家企业之一，走在化工勘察设计行业最前列。

（八）建立符合市场经济的人才机制

成达公司充分挖掘内部人力资源，采取各种有效措施，加强员工培训和人才培养工作，鼓励员工利用业余时间参加与岗位有关的学习培训和参加国家各类执业（职业）资格证书认证。人才的培养、使用与员工职业生涯设计相结合，以岗位实践、干部交流、轮岗任职、内外培训等方式进行职业化培养，选派优秀人才赴国外工程公司工作、培训

和攻读 MBA、EMBA、工程硕士、PMP 等学位，促使各类人才尽快脱颖而出，对业务突出的优秀人才予以破格晋升。

（九）弘扬企业文化，确保企业健康成长

成达公司的企业文化在不同的历史时期有着不同的内涵和表现。建院初期，职工服从需要，艰苦创业，任劳任怨，展现出老一代员工胸怀祖国、无私奉献的精神风貌。随着我国经济体制改革和对外开放，公司引导员工树立“求生存、谋发展”的责任意识，大力倡导“团结、拼搏、求实、创新”的企业精神。成达公司把实施“可持续发展”战略作为建设公司企业文化的主题，将有成达特色的注重企业质量信誉、以人为本、关心职工健康等精神融入企业文化中，使之成为广大职工的行动指南。

为了回报社会，2008 年开始先后在四川大学和西南财经大学设立“成达奖学金”，每年提供一定数量的资金奖励和资助优秀学生。

第三节　在改革开放中壮大（2009—2019 年）

截止到 2018 年底，公司海外项目合同总金额突破 90 亿美元，其中热电站项目 15 个，化工类项目 20 余个，海外投资项目 3 个，设立海外办事和分支机构 6 个。

公司逐步形成了国内外两个市场并重、平衡发展的稳定格局。2014—2018 年间，海外市场平均营收占总营收的 51. 96%，且海外营收占比呈现逐年增高的趋势，2018 年海外营收占比为 53. 6%。

一、完善内部组织机构，建立现代企业制度

2008 年公司成立了董事会，开展董事会决策程序，建立和完善内控制度，建立和提高风险防控能力。

1. 董事会决策

按章程规定，公司成立了董事会。自 2008 年开始，陆续成立董办、投资部、审计部、法律部等企业决策、审计、风险防控等职能部门。2012 年设立了总法律顾问。

逐渐完善“三重一大”议事规则、董事会议事规则、总经理办公会议事规则和监事会议事规则等制度。

2016 年以来，逐渐完善了党委会对重大决策的前置要求，完善董事会决策和经理层的执行程序，加强了重大决策的法律审核和过程监督。

2. 内控制度建设

公司自 2012 年 8 月开始以风险管理为导向，以流程梳理为基础，以财务内部控制为切入点，以关键活动控制为重点，开始内控体系的建设与实施。

2013 年组建了审计部，健全了投资、法律和资产管理等职能机构。

内控体系建设共有 202 个制度文件。

3. 法律风险管理

2013 年组建了综合管理部，与投资管理部、法律风险部合署办公，专门负责公司的战略管理、预算管理、投资管理和法律风险管理。

4. 投资管理

2010 年 10 月成立了投资管理部，与经营部合署办公。建立之初即编制了《中国成达工程有限公司投资管理制度》；2014 年 12 月发布了《对外投资管理规定》；2017 年先后发布了《境外全资子公司管理规则》《境外控股子公司管理规则》《股权投资管理规定》；2018 年先后发布了《对参股、控股公司借款管理规定》《股权投资激励实施细则（试行）》《违规经营投资责任追究实施办法（试行）》。

投资最成功的是以 BOOT 模式建设的印尼巨港电站项目，该项目年均分红 2300 余万元。

二、业务范围不断扩大，业绩再创历史新高

公司 2008 年的收入和资产分别为 33. 8 亿元和 45. 7 亿元。通过十年建设，到 2018 年，收入和资产分别达到 66. 3 亿元和 120. 8 亿元。

1. 国内总承包业务大幅度突破

2009—2018 10 年间，成达公司承建的国内 EPC 项目的数量和规模超过以往所有 EPC 项目之和。2009 年签订了安徽华塑 100 万吨/年聚氯乙烯及配套项目、四川石化 100 万吨/年乙烯全厂总体、电站和公用工程；2011 年签订了中煤榆横 360 万吨/年煤制甲醇装置、内蒙古东源 10 万吨/年 BDO 项目；2012 年签订了新疆圣雄 50 万吨/年 PVC 项目二期；2013 年签订了新疆蓝山屯河 16 万吨/年生物降解工程塑料项目，美克美欧 10 万吨/年甲醇、24 万吨/年甲醛、10 万吨/年 BDO 项目，新疆神华 68 万吨/年煤基新材料项目；2014 年签订了青海盐湖 30 万吨/年钾碱装置、延安煤油气 180 万吨/年甲醇装置和 5 万吨/年乙丙橡胶装置；2016 年签订了玉门鑫能光热熔盐塔式 5 万千瓦光热发电熔盐储热系统；2017 年签订了中煤陕西榆能化甲醇装置、南京诚志 60 万吨/年 MTO 项目、内蒙古荣信 180 万吨/年甲醇装置；2018 年签订了万华化学 40 万吨/年聚氯乙烯装置等。

2. 国际业务不断扩大

2008 年 4 月进军越南，签订了越南汪秘热电厂Ⅱ期扩建 1×330 兆瓦电站 EPC 项目；2009 年 2 月再次在印尼签订南加利曼丹 2×65 兆瓦燃煤电站 EPC 项目；2010 年 2 月首次进入孟加拉国，签订了羌德普 150 兆瓦联合循环电厂 EPC 项目。

2011 年签约的美国西湖化学烧碱项目，是中国勘察设计系统企业首次在发达国家市场承揽工程项目，具有重要的里程碑意义；同年，成功赢得合同额超过 10 亿美元的越南沿海三 2×600 兆瓦电站项目，按期建成后获得越南国家电力公司和验收委员会的高度赞誉，被称为“越南电力市场同等机组规模工程项目上工程进度和工程质量最好成就”。

2012 年 3 月与中成进出口有限公司合作，在孟加拉国赢得沙迦拉化肥厂项目总承包合同（1000 吨/日合成氨和 1760 吨/日大颗粒尿素）。同年 11 月公司与中石化合作，

在南美巴西赢得 UFN 3 化肥项目（2200 吨/日合成氨和 3600 吨/日尿素），该项目是当时巴西国内规模最大的氮肥项目。

2013 年 2 月签约的沙特阿拉伯 SABIC 化学品储罐项目让成达公司首次进入中东市场，并在该项目上采用数字化交付技术，首次实现业主满意的工厂数字化交付。

2015 年成达公司与印尼 S2P 公司签约成功，首次将具有我国自主知识产权的国产 1000 兆瓦超超临界燃煤机组出口海外。

2016 年 7 月，进军马来西亚，签订了马来西亚斗湖 RANGGU 房建 EPC 项目，占地 104.44 英亩（634 亩），建筑面积 17.5 万平方米。这是成达公司首次在海外承接民用建筑项目。

2016 年 11 月，在印尼赢得印尼芝拉扎Ⅲ 1×1000 兆瓦燃煤电站项目，这是出口到印尼的首套采用中国技术和中国设备、单系列最大的超超临界的燃煤电站。同月成达公司在印尼东加里曼丹投资自己 EPC 建设 Kaltim-2 2×125 兆瓦燃煤电站项目。

2018 年 6 月，在沙特阿拉伯赢得年产 30 万吨纯碱氯化钙 EPC 项目，这是采用成达公司自身的纯碱技术，并首次在中东全面采用中国标准出口的 EPC 项目。

2019 年 1 月 30 日，签署了俄罗斯日产 5400 吨天然气制甲醇项目 EPC 总承包合同。

2019 年 2 月 25 日，由成达公司总承包的印尼芝拉扎二期 660 兆瓦电站举行了正式运营典礼。

2019 年 6 月 5 日，中国国家主席习近平和俄罗斯总统普京共同见证了成达公司承担的俄罗斯纳霍德卡化肥公司年产 180 万吨甲醇项目的签约，合同总金额近 15 亿美元。

三、创新建设取得新成果

2008 年，公司获国家人力资源和社会保障部批准组建了博士后科研工作站，于 2009 年以周光耀院士领衔成立企业的院士工作站。

公司博士后科研工作站选择“四氯化硅催化转化三氯氢硅技术研究”作为博士后研究的课题，与四川大学联合组成“四氯化硅催化转化三氯氢硅”研究团队，取得发明专利等科研成果。公司在 2012 年 10 月被国家发改委、科技部、财政部、海关总署和税务总局联合认定为国家级企业技术中心，这证明成达公司的创新能力、创新环境和创新成果具有国家级水平。

2016 年起公司博士后科研工作站与中国科学院成都有机化学研究所联合培养博士后研究员，开展“乙炔法羰基合成丁二酸技术”研究开发，有望大幅降低丁二酸的生产成本，改善我国石油化工原料不足的现状。

2016 年 12 月，公司提出了组建产品/领域技术团队的创新举措，制定了“服务经营、传承技术、培养人才”的宗旨与目标。2017 年初，公司成立了 6 个产品/领域技术团队，建立了《成达公司产品/领域技术团队管理办法》等相关配套制度，鼓励员工努力探索，积极创新。

（中国成达工程有限公司　樊德贵）

紧跟时代 自强不息 谋求发展
——中海油石化工程有限公司发展纪实

中海油石化工程有限公司（简称海油石化工程公司）是中国海洋石油集团中下游业务领域以设计为主体具有 EPC 总承包功能的工程公司，由原中海油山东化学工程有限责任公司和海工英派尔工程有限公司整合重组而成。

中海油山东化学工程有限责任公司前身是山东省化工规划设计院（下称山东院），成立于 1958 年，原隶属于山东省石油化学工业厅，1999 年由事业单位改为科技型企业加入中国化工建设总公司，2006 年随中国化工建设总公司并入中国海洋石油总公司。

海工英派尔工程有限公司前身是青岛化工设计院，成立于 1977 年，2007 年 12 月与海洋工程股份有限公司合资成立海工英派尔工程有限公司。2013 年 2 月中海石油炼化有限责任公司收购海工英派尔工程有限公司为全资子公司。

海油石化工程公司在石油化工、煤化工、聚氨酯、LNG、地下水封洞库、油气田地面工程等方面具有工程技术优势，获国家优秀设计金奖 2 项、银奖 1 项，全国化工优秀设计一等奖、全国化工科技进步一等奖、优质工程金奖等 20 余项。海油石化工程公司在服务中海油的同时，积极服务社会，为我国化工事业发展作出积极贡献。

第一节 起步合成氨设计，建立省院设计体系（1958—1978 年）

为支持农业，1958 年初山东省委决定成立山东省氮肥厂设计组（次年改为山东省化工局设计室），在全省抽调技术人员，选派 18 名技术人员到大连化工厂学习设计技术。同时，化工部选派 20 名设计人员参加山东省化工局设计室组建。山东院承担完成了山东省首套年产 800 吨合成氨装置和首套年产 2000 吨合成氨装置的设计任务。

1965 年，山东院组成两支现场设计队伍，深入企业车间，通过总结年产 2000 吨合成氨的设计技术，开发出年产 3000 吨合成氨的定型设计，为小合成氨在省内广泛推广提供了技术保证，3000 吨合成氨的定型设计成为山东省小氮肥发展史上第一座里程碑。

以 1966 年参加国内首批中氮企业鲁南化肥厂年产 6 万吨合成氨设计和 1969 年参加国家重点工程胜利石油化工厂第一化肥厂年产 6 万吨合成氨设计为标志，山东院合成氨设计技术达到了参与国家重点工程建设的新水平。到 1978 年，山东小合成氨厂发展到 132 家，其中 123 家由山东院设计，同时还承担了北京、新疆等地化肥厂的设计任务。

山东院还承担了化肥（氮肥、磷肥），“三酸（硝酸、硫酸、盐酸）两碱（纯碱、烧碱）”、农药（六六六、敌百虫）、橡胶（丁钠橡胶、丁苯橡胶、氯丁橡胶）、有机化工（苯酚、丙酮、成色剂、洗涤剂等）等设计项目，到 1977 年已具有较为完备的设计体系，在计划经济条件下，为山东省化工建设作出了重要贡献。

1978 年，国家决定在山东烟台建设合成革厂，该项目技术和设备由日本引进，受化工部、轻工业部和山东省政府安排，山东院承担了该项目技术和设备引进的谈判、设计“总院”，该项目的成功引进和建设，使山东院整体实力跨上一个新台阶。该项目建成后，通过消化吸收再创新，烟台合成革厂（后来改为烟台万华）MDI 由 1 万吨/年逐步发展成为年产 16 万吨，一直由山东院承担设计开发，山东院为我国聚氨酯工业发展作出了重要贡献。

这个时期，山东院在济南东郊的小平房办公，条件异常艰苦，干部员工不怕困难，发扬艰苦奋斗精神，与设计作品一起书写在山东省化学工业的史册上。

第二节　在改革大潮中，在省院中脱颖而出（1979—1998 年）

1979 年，山东院作为牵头总院，组织省电力、轻工等多家工业设计院配套设计，烟台合成革项目设计“会战”热火朝天。

1980 年，山东院由济南东郊的平房搬入市区的七层大楼，办公条件发生根本性变化。

1984 年，山东院作为山东省勘察设计行业首批事业单位企业化管理改革试点单位，实行院长 3 年任期负责制，自主经营，自负盈亏。停拨事业经费后，山东院通过与企业横向联合获取项目、开展多种经营增加营业收入，实现了良好的营业收入，职工个人收入取得大幅增长。在内部管理上，打破事业单位管理机制，按照设计企业特点创新内部经营机制，打破平均分配和论资排辈，通过全员聘任制、职称评聘分开、内部转岗等措施，激活了全员劳动积极性。

以总承包、监理为两翼，与设计咨询主业形成“一体两翼”格局，服务工程建设。按照化工部“一业为主，两头延伸，多种经营”的要求，山东院于 1988 年成立工程承包公司，通过管理型承包的探索和实践，锻炼了队伍，为后来承接伊朗三聚氰胺、苏丹硝酸等项目积累了经验。山东院承担了绿源化工、禹城尿素、金乡化肥等数 10 个总承包项目，其中禹城 13 万吨尿素装置荣获国家工程总承包银奖。山东院于 1992 年成立监理公司，承担了化工、石化、医药、市政、热电、民用建筑等多领域的建设监理，成为活跃于全国建设市场的监理队伍。

这个时期，山东院抓住化肥升级改造、企业自建热电厂等市场机遇，承接了全国 130 余项合成氨生产装置，40 多项尿素生产装置，10 多项复合肥生产装置设计项目，为发展化肥工业、支援农业生产作出了积极贡献。承担了全国 50 多座热电厂设计、监理项目；培育了合成氨、尿素、复合肥、钛白粉、己二酸、甲酸、三聚氰胺、硝酸硝盐、甲醇、二甲醚、MDI、TDI以及热电联产等技术优势项目。全国合成氨设计技术中心站、硝酸硝盐技术协作网、《氮肥技术》期刊等依托在山东院。

期间，山东院设计手段发生根本变化，由传统的图版绘图全部实现CAD设计，建立起公司的计算机局域网络，图面质量和生产效率显著提高；通过开展全面质量管理、ISO9000体系认证，全员质量意识显著增强；适应市场需求，功能不断拓展，发展成为以化工设计咨询为主业、跨行业承接设计咨询项目，集设计、咨询、工程总承包、工程造价、工程监理、安全评价、环境影响评价于一体的工程公司。

这个时期培育起来的改革、竞争、服务，特别是适应市场的理念，影响深远。

第三节　融入央企，转型升级，全面提升业务能力（1999—2019年）

1999年6月，山东院被山东省建设厅列为全省勘察设计行业体制改革示范企业，9月经山东省政府批准，山东院改制为科技型企业，12月底完成事业单位改制，全资进入中国化工建设总公司，成为央企集团所属的科技型企业，自此开启了在中央企业管理框架下的发展之路。

一、加入中化建开阔了视野，适应市场能力显著增强

*确定了中小型工程公司发展目标。*中国化工建设总公司（简称中化建）是国务院国资委管理的集科工贸一体化的集团公司，山东院进入中化建，补强中化建国际工程公司技术支撑的短板。按照中小型工程公司目标，山东院将设计咨询与工程承包公司合并，设置了设计室、采办部、施工管理部等专业部室及项目管理部、商务部、国际业务部等部门，搭建起中小型工程公司的组织架构。

*建立了灵活的内部经营机制。*为了培育山东院的能力，中化建采取“蓄水养鱼”的扶持政策，将干部人事、财务管理等权力下放，由山东院完全自主经营管理。山东院完成了劳动用工制度企业化改革，引入市场竞争机制，实行竞争上岗；按照“效率优先，兼顾公平”的原则，建立了与工作能力、个人绩效相关联的9级工程师工资体系；按照“多劳多得”的分配原则，建立了与个人产值、管理成效相关联的技术经济责任制。通过“一年一浮动，两年一定级”的工资机制和“上不封顶，下不保底”的奖励机制，极大地激活了生产要素。

这个时期，山东院活跃于全国化工设计市场，承担了潍坊亚星国外搬迁项目水合肼项目、济南裕兴钛白粉、久泰能源二甲醚、东明己二酸、兵总TDI装置等项目，市场覆盖全国20多个省市。承担的单套年产100万吨尿素装置开发设计，标志着山东院具有较强的大型尿素装置设计能力。借助中化建海外市场，承接了伊朗三聚氰胺、苏丹硝酸等工程总承包项目。开发设计的烟台万华12万吨/年MDI荣获全国勘察设计金奖、全国

化工科技进步一等奖，山东院成为同时掌握 MDI、TDI 设计技术的工程公司。

二、进入中国海油成为能源型企业集团成员，发展跃上新平台

2006 年 10 月，山东院随中化建整体并入中国海洋石油总公司，成为石油能源集团的大家庭成员。发展环境、承担的使命、管理理念等发生重大变化，山东院确立了“融入海油、服务海油、服务社会”，“积极培育海油市场，成为海油中下游工程建设的技术支撑”战略定位。从此，山东院的发展进入一个新的历史阶段。

2007—2012 年是适应海油，积极培育海油内部市场阶段。按照统一要求，山东院劳动用工和薪酬管理并入海油体系，增强干部员工对海油大家庭的归属感；山东院设计咨询、工程总承包、造价咨询、工程监理、质量监督进入海油内部市场。山东院自主承揽项目，承担了海南生物柴油项目、焦炉气制 LNG 项目开发设计，参与深圳等 LNG 项目建设。承担了 20 万吨/年煅后焦 EPC 总承包。造价咨询为集团公司投资管理、工程结算审计职能管理提供了技术支持，承担了中下游工程定额标准编制、工程结算审计等业务；监理公司承担了惠州炼油核心装置、南通生物柴油等重点监理项目，得到系统内业主的认可。

但此时，山东院独立承担大型石化装置设计的能力不足，服务海油中下游产业主业的能力迫切需要加强。

2013—2017 年是转型升级，蓄力发展阶段。为了“有效集成，贴近主业，培育总公司炼化产业工程设计资源和能力”，在中国海油“二次跨越”的战略背景下，集团公司党组决定将山东院、海工英派尔管理权由海洋石油工程股份公司调整到中海石油炼化有限公司，通过依托中海炼化的中下游工程项目，培育中国海油炼化产业工程设计能力。

按照“贴近主业，转型升级”要求，中海炼化将惠炼二期 4 套乙烯装置、4 套炼油装置分别交给山东院、海工英派尔进行设计；加大了海油系统内项目的协调、支持力度；放宽了用工编制的限制，工资总额逐年有所增加；实行差异化考核，把科技创新和能力提升作为主要考核指标，利润指标考核权重仅占 10% 等积极的扶持政策，山东院进入快速发展的车道。通过转型升级，工程设计和总包能力得到显著增强。

2017 年以来，进入大发展阶段。2016 年 8 月，经集团党组同意，炼化公司决定将山东院、海工英派尔整合，重组为中海油石化工程有限公司。整合重组后，海油石化工程公司确定了“依托海油，服务行业，国内一流”的发展定位和“建设国内一流工程公司”的发展目标，在中国海油内部上游有海油工程，下游有海油石化工程，以专业化的工程技术，服务中国海油上下游产业工程建设。

三、融入央企后的发展成果

加入央企集团的 20 年，山东院紧盯发展目标不放松，遵循设计行业发展规律，一茬接着一茬干，取得了丰硕的发展成果。主要体现在以下几个方面：

（一）贴近集团主业，形成了 LNG、炼油化工、油气田地面工程三大核心业务领域

在 LNG 领域，自 2009 年开始，公司以承担 LNG 课题研究为标志，走过了从无到有的技术创新之路，与海油气电研发中心共同掌握了 LNG 储罐的核心设计技术；以承担粤东、深圳项目为标志，迈过了初步设计、详细设计的门槛；以承担福建 LNG 项目 5#、6# 储罐 EPC 总承包为标志，实现由设计向以设计为主体的 EPC 总承包转型，打破了国外工程公司对海油 LNG 总承包的垄断；2017 年，总公司创新管理，推动内部三方联合体总承包模式，海油石化工程公司成为内部三方联合体重要组成单位，参与内部所有 LNG 项目的工程总承包；2018 年作为三方联合体牵头方，承担了江苏 LNG 总承包任务，合同额达 32 亿元，22 万立方大型储罐是目前国内最大的单体低温大型储罐，海油石化工程公司 LNG 大型储罐设计、EPC 总承包能力实现历史性突破。

在炼油化工领域，2015 年首次参与国内大型化、一体化石化工程设计，完成惠炼二期线性低密度聚乙烯等 4 套乙烯装置设计和酸性水气体等 4 套炼油装置设计，设计费总计 1.41 亿元，单个项目设计费首次突破 1 亿元，总承包合同额 8.28 亿元。继惠炼二期项目后，2019 年在炼油化工板块又承揽了大榭石化投资 25 亿元聚酯原料（PX）项目的总承包，在此基础上，为支持石化工程公司发展，集团公司又明确了炼化板块的内部设计合同额不低于 50% 的扶持政策。

在油气田地面工程领域，于 2014 年承担了伊拉克米桑油田地面工程项目，整合重组后，海油石化工程公司又相继承担了二期、三期油田地面工程总承包和渤西油田地面工程的总承包，逐步取代系统外工程公司，成为海油油气田地面工程领域总承包的主导力量。

在社会市场投资增长减弱的经济形势下，2013—2018 年，海油内部合同额占到公司合同总额的 83%，较好地坚持了依托海油的发展定位。

（二）主要经营指标大幅提高

合同额：1999 年 1730 万元，2019 年 60 亿元。

经营收入：1999 年 1100 万元，2019 年 14.6 亿元。

利润总额：1999 年 5.4 万元，2019 年 1.09 亿元。

（三）队伍和人才规模不断壮大

1999 年，山东院加入中化建时员工总数在 260 人左右，至“两院”重组前，人员规模达到 538 人，“两院”重组后，海油石化工程公司人员规模达到 968 人。

海油石化工程公司以能力提升为主导，以人才培养为根本，通过建立三序列、七职级员工职业发展办法，拓宽了专业设计和项目管理人员在海油的发展通道。“两院”重组后，海油石化工程公司拥有山东省设计大师 2 名，总公司专家 6 名、总公司青年科技英才 7 名、总公司国际化核心人才 4 名，公司专职项目经理 8 名、专职设计经理 16 名、

总承包项目专业经理16名，主任工程师57名、资深工程师26名、国家各类注册工程师337人次，人才队伍不断壮大。

（四）科技创新和成果转化，助力市场开发

加入央企以来，共获得授权专利160项，其中发明专利19项，中国石油和化工勘察设计协会专有技术2项，获得国家设计金奖2项，银奖1项，省部级科技奖4项。2016—2019年完成总公司级科研课题2项、炼化公司级科研课题5项。

大型LNG储罐设计技术、地下水封洞库设计技术、两段式粉煤加压气化设计技术、TDI新型轻溶剂反应技术、大型尿素装置二氧化碳汽提工艺技术的成果转化，巩固并提升了公司在该领域的市场优势。

（五）高起点谋划信息化建设，数字化设计走在行业前列

2014年，海油石化工程公司编制了信息化发展规划，高起点谋划信息化建设，六年总投资达1.2亿元。

在管理信息化方面，建设了协同办公系统，实现79个模块的管理信息化；建设了GS财务报销与预算管理系统，实现了财务管理信息化；依托海油集团HER系统，实现了人事管理信息化；建设了资产管理系统，实现了资产管理信息化。

在设计数字化转型方面，建设了工程云平台和桌面虚拟化平台的建设，实现异地设计和大数据储存。设计手段实现了从CAD到三维设计的完全转型，由三维设计到协同设计（鹰图PDS和剑维PDMS两套系统）的转型，由协同设计到数字化设计交付的初步转型，按照海油集团数字化转型要求，公司已在江苏LNG项目进行数字化设计，2021年将正式交付。

在总承包项目管理方面，公司采用POWER ON建立了多项目管理平台，并于2016年福建LNG总承包项目成功应用。2019年升级为B/S架构的POWER M3，开发、优化了市场开发、设计管理、施工管理、质量管理、HSE管理、沟通、文档管理等模块，目前正在进行各模块流程测试，年内即将上线运行，将实现公司对项目全生命周期的精细化管理。

（六）总承包业绩和管理能力大幅提升

总承包管理队伍基本成型，设计人员626人，采办和项目管理人员147人，外协施工管理人员74人，目前正在执行的总承包项目合同额75.69亿元；总承包管理体系基本形成，以伊拉克米桑油田项目为支点，设计上采用国际规范，采办上掌握了信用证支付、单据确认、国际物流运输等全部操作细节，施工管理上掌握了国际标准规范的要求，海外总包项目运营能力大幅提升。

以福建LNG项目总承包为支点，通过消化吸收美国CBI在同类项目上的管理制度体系文件，形成了较为完备的管理体系，建立了POWOR ON项目管理平台和智能化工地管理系统；安全生产是公司第一竞争力的管理理念和文化深入人心，海油“人本、执

行、干预”的安全理念已成为总承包项目参建全员的安全共识，万工时事故隐患数量控制在 4.09、可记录事件率控制在 0.045，有效防范了安全风险。

第四节　站在新起点，向更高目标攀登

进入 2020 年，海油石化工程一边克服国际低油价、新冠肺炎疫情对生产经营造成的不利影响，努力把损失降到最低，一边务实肯干，在服务海油、服务社会工程建设有更大的担当和作为。

经过几年来的苦练内功，海油石化工程公司夯实了向一流工程公司发展的基础，转型升级更加贴近海油主业，在海油中下游产业工程技术的支撑作用日益加强。进入 2020 年以来，海油石化工程公司任务饱满，干部员工一心一意谋发展，在巩固 LNG、油气田地面工程、地下水封洞库、传统化工项目市场优势的基础上，认真落实集团公司《提升核心设计能力行动纲要》的决策部署，瞄准海油内部大型石油化工项目，竭力补齐大型石化项目设计短板，站在新的起点，迎着一流工程公司的曙光奋勇前进。

（中海油石化工程有限公司　卜金城）

踏波西子水　逐浪钱塘潮
——浙江省天正设计工程有限公司发展纪实

浙江省天正设计工程有限公司（简称天正设计）的前身为成立于1958年的浙江省石油化工设计院。公司成立61年来，荣获国家银质奖、省部级优秀咨询设计奖等共计200多项。在国内市场，公司业务以华东为中心，辐射全国23省市；在国际市场，自20世纪90年代起，公司积极争取承接国外工程项目，积累境外工程项目的设计经验，先后完成了伊朗、泰国、新加坡、印尼、巴基斯坦等国的7项工程总承包项目，提供从设计、设备制造、改装安装、生产调试及技术培训的全过程服务。工程设计项目遍及美国、德国、法国、日本等18个国家共300余项，赢得外商的好评与赞誉。

天正设计诞生在美丽的西子湖畔，带着锦绣江南赋予的灵秀之气，带着三吴都会赋予的厚重之积，带着华美之城赋予的高贵之质，踏过西子波的水光潋滟、山色空蒙，追逐钱塘潮的千军怒吼、万马奔腾，无惧艰险，勇立潮头，书写了灿烂的华章。

第一节　从学习模仿到自主开发创新（1958—1978年）

一、建立和变迁

浙江省化工厅于1958年11月开始筹建设计院。1959年10月1日，浙江省化工石油设计院正式在浙江杭州西子湖畔的开元路86号杭州炼油厂筹建处挂牌。1965年省级机构调整，省化工厅撤销，原工业设计院、化工石油设计院、冶金工业设计院合并成立浙江省工业设计院，化工石油设计院成为省工业设计院的化工室（一室）。1977年省石油化工局（1980年更名为省石油化工厅）成立，同年浙江省化工石油设计院回归原建制，并更名为浙江省石油化工设计院，隶属省石油化工厅领导。

二、学习模仿与自主设计

设计院建院后承接的第一个项目是杭州农药厂60吨/年黄磷工程。在初创期承接的一些项目设计，基本是靠仿照他人设计图纸仅做些因地制宜的修改设计。为尽快改变这种被动的局面，承担起浙江省化工建设的设计重任，尤其是做好支农化工项目，该院通过从化工部第一设计院、第八设计院等几个部属院引进技术骨干、参加化工部在江苏南京组织的全国小化肥通用设计（三版设计）的编制、送员工到部院学习培训及组织工程技术人员在实践中学习等措施，提高了工程设计能力和水平。

20世纪60年代，小化肥厂遍地开花。在这一特定的环境下，1965年该院开始编制浙江省小化肥通用设计。在编制的过程中，工艺设计人员对当时国内小合成氨厂采用的产品方案和工艺过程，即常压变换、常压碳化（生产固体）的氨洗流程或常压变换、高压水洗（生产液体）的水洗流程中存在的流程长、设备多、投资大、氨利用率低等缺点和不足，进行了改进和创新，形成了“低压水洗串联加压碳化生产碳化氨水”的新工艺流程等技术，据此编制完成《浙江省 3000 吨/年合成氨通用设计》。此工艺以氨洗替代水洗、串联替代并联、加压替代常压，这一流程使建设投资降低 15%，电耗降低 27%，成本降低 22%，氨利用率提高 10%。1965—1968 年间，在浙江省由该院按此流程设计建设的小氮肥厂就有 15 座，均取得了满意效果。1974 年燃化部在杭州召开的小化肥技术交流会上，对这一新工艺流程给予了充分肯定，按此流程建设的桐乡化肥厂成为全国小氮肥行业的标兵。该工艺 1977 年在全省科学工作会议上获得表彰奖励。

小化肥设计锻炼培育了自己的设计队伍，实现了该院从模仿设计向自主独立设计的转变。此后，随着我国经济建设和社会发展，该院自主设计能力不断增强。

三、开展自主技术开发

（一）真空喷射装置的技术开发应用

20 世纪 60 年代国内硝铵生产中，蒸发结晶系统关键设备之一的真空泵，全部采用的是机械真空泵，由于真空泵的阀片与活塞很容易磨损，引起真空度下降而影响到硝铵产品的质量。为此，技术人员设想运用真空喷射装置取代机械真空泵解决这一问题。经过多次设计改进，1968 年在河北邯郸化肥厂结晶系统中，首次采用二级蒸汽喷射泵取代机械真空泵获得成功，不久又将二级蒸汽喷射泵进一步改为汽-水串联喷射泵，技术更加先进成熟。这一技术经化工部科技司组织推广，先后在大寨氮肥厂、石家庄化肥厂、商丘化工厂及嘉兴、桐乡、海宁等地的数十家化肥厂、化工厂中得到应用。该技术后来又成功应用到制冷、真空除氧、分子筛制取富氧重油气化制气的生产工艺中。

继真空喷射装置获得成功后，该院技术人员又把目光转向用喷射装置取代众多高大笨重塔设备的技术开发上。从 1973 年开发成功质、热传递喷射装置起的六年中，先后在桐庐、临安、萧山、义乌、绍兴等地的化肥厂中应用这项技术，分别取代湍球脱硫塔、填料冷凝塔、脱硫再生塔、填料水洗塔等塔器设备，既节省了投资，又提高了效率。该技术成果多次在小氮肥行业会议上交流，并在国内数百家合成氨厂中得到应用，为我国化工建设战线的技术进步作出了贡献。该技术中的自吸空气喷射氧化装置和喷射水洗装置技术，还推广应用到城市煤气、热电、化纤、电镀污水处理和冶金焦炉气脱硫工程等多个领域。

（二）联碱工程领域的技术开发应用

20 世纪 70 年代后期，玻璃工业的发展导致纯碱一度十分紧缺。1977 年，该院利用本省龙山化工厂既有合成氨又生产纯碱的有利条件，应用侯氏制碱法设计了国内第一套 4 万吨/年联碱生产装置，期间设计人员克服资料匮乏、无同类装置参照等各种困难，完成了这一任务，得到省计经委的充分肯定，被认为“具有工艺新、设计合理、投资低、设计符合中小联碱厂的特点，防腐有独到之处”。此后，该院又相继为良渚化工厂、嘉兴化工厂和江苏昆山化肥厂设计了同等规模的联碱生产装置，创造了良好的社会效益和经济效益。

第二节　从设计体制到公司体制改革（1979—2002 年）

一、改革开放后的发展

1978 年党的十一届三中全会以后，设计院的生产和各项经济工作都取得了长足发展。1980 年经省石化厅批准成立了勘察队，使设计与勘察的矛盾得到了缓解，勘察队为院承揽项目发挥了积极的作用。

1985 年，位于省府路 9 号的 4500 米^2 的办公大楼落成，设计院首次拥有了属于自己的办公楼，结束了自 1977 年回归原建制、院独立后生产、技术、行政管理分散在杭州炼油厂内、省建筑设计院内及临时用房内三处办公的局面。

从 1978 年到 2002 年的 25 年里，设计院无论是技术水平、技术装备和质量管理，还是职工的工作条件和生活条件都得到了极大的提高和改善，全院生产持续稳定增长，连续创出人均设计产值的新水平。80 年代以后，依靠设计收入不仅解决了职工的工资福利，而且建造了办公楼及总计 10000 余平方米的三幢职工宿舍，添置了 200 余台计算机和服务器、绘图仪以及一批现代化的设计文件制作出版设备，满足了生产、工作和职工生活的需要，更为公司在 2002 年的成功改制打下坚实基础。

二、企业化试点

建院开始，设计院为行政拨款的事业单位，设计任务由政府按计划下达，事业经费由省财政拨给。1980 年，浙江省政府决定该设计院与另两家设计院为企业化试点单位，实行自收自支，自负盈亏，使该院成为国内最早进入市场的设计单位之一，对全院观念的转变、今后的发展及改革都产生了深远的影响。

实行企业化管理以后，极大地调动了职工的积极性，1980 年当年完成的设计投资额比 1979 年增加了 58%，当年设计收入为 1979 年事业拨款的两倍多。设计院为新组建的勘察队购置了钻机和测量、分析仪器，为各设计室增添了防暑降温、防冻保暖设施和 80 台电子计算器，职工人均也得到了 125 元的生产奖金（当时职工月人均工资不到 60 元）。

三、股份制改革

随着社会主义市场经济的建立和发展，经历了近 20 年的事业单位企业化管理的体制、机制，在生产组织、生产经营、管理模式和激励机制等方面暴露出许多问题和矛盾。这些矛盾和问题的存在，使大家意识到，必须通过体制机制的转换，使设计院的组织行为、经营行为、分配行为与市场经济规律的要求相符合，以适应社会主义市场经济的需要。

1998 年 3 月，设计院组织专人外出调研、参加学习和研讨，启动体制改革。1999 年 2 月，设计院和另两家设计院一起被省建设厅列为改制试点单位。1999—2000 年，设计院重点对改制后的组织形式、组建程序、运行机制及与之相适应的内部管理、发展方向等进行策划准备，提出需要解决的问题和建议，得到省石化集团公司和省财政厅等有关部门的支持。2001 年 1 月，省人民政府浙政办发〔2001〕2 号《浙江省人民政府办公厅转发省体改办等部门关于浙江省工程勘察设计单位体制改革实施意见的通知》下达，改制中遇到的主要问题得到解决，改制工作全面展开。该院组织完成了改制所需的各项工作：一是对国有资产进行评估，资产处置方案提经省国资委确认；二是确定公司的组织形式为国有法人股、企业法人股和本院职工自然人股共同组成的有限责任公司，拟定公司法人治理结构，董事会、监事会的人数及构成方案，制定公司章程；三是确定公司股权设置；四是召开院七届五次职工代表大会讨论审议通过《浙江省石油化工设计院体制改革实施方案》；五是办理全院职工进入社会保障系统的各项事宜，落实已离退休职工的各项政策、待遇等工作。

2002 年 1 月，省石化集团公司向省政府经济体制改革办公室转报了本院《关于浙江省石油化工设计院体制改革实施方案的申请报告》，经省政府经济体制改革办公室审核后，2002 年 2 月省石化集团公司批复本院原则同意体改实施方案。

2002 年 6 月 25 日，公司第一次股东大会召开，选举产生了公司第一届董事会、监事会。至此，浙江省石油化工设计院整体转制成为一家股份制科技型企业——浙江省天正设计工程有限公司。

四、深入开展技术创新

（一）农药领域的技术创新

20 世纪 90 年代初，该院相继承担了将农药三环唑原药中试放大、三唑磷、多效唑原药二项小试技术进行工业化放大设计，以及将杭州东风农药厂 300 吨/年甲基托布津原粉放大为 1000 吨/年的工程设计任务。为完成这几项放大设计，工艺设计人员深入现场收集数据，进行比照分析，确保设计达到如期的要求。通过这些项目的实践，锻炼培养了设计队伍，积累了农药设计的宝贵经验，使设计院农药设计能力和技术水平有了很大提高。

1991 年，设计院先后参加了化工部组织的农药新品种螨死净与乙氧氟草醚两项“八五”国家重点科技攻关项目。这两个项目的科研攻关分别由上海农药研究所和中科院上海有机所及浙江化工研究所负责，工程开发攻关均由设计院负责。经过几年的努力，1994 年 6 月设计院完成了 250 吨/年螨死净原药及 1250 吨/年 20% 螨死净水悬浮剂生产装置基础设计的攻关目标，1996 年该装置在杭州农药厂投入生产；1995 年 6 月又圆满实现了 25 吨/年乙氧氟草醚概念设计的预定目标，经中试生产成功。1998 年 5 月进一步完成了该产品 250 吨/年的工程设计，并于 2000 年在兰溪农药厂投入生产。

1992 年，桐庐农药厂委托该院进行 1000 吨/年井冈霉素新剂型技改工程设计。该工程生产的井冈霉素产品当时只有日本能生产，技术封锁十分严密，40% 井冈霉素 A 粉剂国内仅桐庐农药厂有一工业试验生产装置。接受这一任务后，该院工艺人员和厂方的同志一起密切配合，经过多方论证试验及各种努力，不仅圆满完成了设计任务，而且成功开发了“双效降膜式蒸发浓缩工艺”和“垂直下降并流型压力喷雾工艺”两项新技术，不仅降低了消耗、提高了自动化水平，而且使操作环境和劳动强度也大为改善。

（二）喷射技术从化工向生物工程应用拓展

喷射装置在化工领域得到广泛应用后，20 世纪 80 年代中期，这一技术又有了新的发展，新一代气-液型喷射装置先后在制药、农药、食品、轻化工等生物发酵工程中应用获得成功，这项好氧发酵罐技术突破了传统的通用式发酵罐传质机理与设计技术，能在不增加原材料、人力和不改变现有发酵生产工艺、菌种的条件下，达到增产、节能、降耗的显著效果，具有很好的经济社会效益，1990 年被国家科委列为国家科技成果重点推广项目，1996 年被国务院生产办公室列为国家重点新技术推广项目。至今，该技术已在国内外 50 余家医药、农药、食品、轻化工生产厂家的 10～400 米^3 发酵罐上推广应用，取得了巨大的社会效益和经济效益。

第三节　从工程设计到工程全周期服务（2003—2019 年）

一、实行一体化运营机制

改制前的 45 年，设计院的生产运营机制一直实行的是专业设计室的机制。2003 年 2 月，天正设计对运作了 45 年的专业设计室管理机制进行了重大改革，开始实行综合设计所管理机制。公司设立了二个综合设计所和一个专业设计室，综合所作为一个独立运行经济体运行，负责所的生产经营全部工作，生产运行一体化，并相应引入部门竞争机制。公司设立项目管理部，以统一协调管理为主并强化技术质量职能管理。

综合所模式充分发挥了灵活、高效的运行优势，为公司的生产奠定了组织、机制上的保证。改制后第一年，公司年收入比上年增长 61%，经济收入达到新高。当时的年收入指标进入了杭州市设计企业 20 强，在石油化工行业位于省级同类设计院的前茅。

2008 年中国中化集团重组浙江省石化建材集团，浙江省石化建材集团成为中国中化集团的成员企业。2009 年，浙江省石化建材集团正式更名为中化蓝天集团公司，天正设计成为中化蓝天集团公司下属成员企业。

为适应市场发展，2008 年天正设计适时提出了从设计院向工程公司转型的战略。2009 年 3 月，公司开始实施功能性改革，在项目实施上采取与工程公司相适应的组织机构，在专业室的基础上另外设立采购和施工管理部，整个生产系统设立工程总包部和设计咨询部，机构调整分阶段实施，首先进行总包部的调整，其次完成设计咨询部的结构调整。设计咨询部采用专业室设置，并由设计咨询部统一协调管理。整个机构调整后对公司的升级转型起到了重要的作用。

天正设计转型后年复合增长率达到了 40% 以上，成功步入了高速发展阶段。2010 年 1 月，公司开始按功能性改革第二阶段方案对设计咨询机制进行调整改革；3 月，公司设计咨询运行体系正式实行专业室管理模式。

2013 年公司实施经营、生产、技术一体化运行的事业部制运行机制，并提出公司业务向技术集成服务和工厂运行服务的两端延伸，朝着工程产品全生命周期的服务商发展。

2018 年 4 月，天正设计对一体化运行体系进行深化改革，成立了 8 个利润中心、8 个资源支持保障部门、2 个综合管理部门、8 个职能部门和 2 个资源平台执行中心，从而使得更多的部门、团队直接面对市场。建设相对独立运行的业务单元，减少运行管理协调成本；实施公司总部、经营单元业务部门和项目团队的三级管理构架，完善项目执行体系，提升管理、控制和执行能力，提高项目执行效率；采用技术集中管理、质量分级管理的方法，发展特色技术，全面提升产品质量；实施公司总包业务运行职业化，发展公司总承包业务；推进总部管理向战略管控型转变，提升公司发展水平和能力。

深化改革一年来，较好地激发了公司干部员工的工作激情，公司经营生产技术发展一体化运行成效显著，整体经营业绩有了较大提升。

二、应用和发展信息技术

天正设计一直重视信息技术的应用和发展。自 20 世纪 80 年代中期开始，走过了从小型机、工作站到人手一机，实现网络化，从 CAD 辅助设计到应用计算机进行信息管理，从购买软件到自行开发应用系统的发展历程。计算机在生产和管理中的拥有量和应用范围不断突破。2001 年 9 月国家科技部授予该院全国 CAD 应用工程示范企业称号。

2003 年，公司易地搬迁，从省府路 9 号搬迁至武林巷 2 号。利用搬迁的机会，公司投入超过 500 万元的资金，对服务器、网络、机房设备、个人电脑进行了大规模的改造升级，购置了激光绘图仪，使出图速度提高至少十倍。2004 年，公司信息中心成立，公司自行研发的信息管理系统实现了技术输出。2005 年，随着成本管理模块应用的稳定和成熟，公司取消了实施多年的内部支票管理方式，改为全信息化的成本控制和管理；开通了以 zpcdi. com 结尾的公司自己的邮件系统。2006 年，公司投资近三十万引进英国 AVEVA 公司三维工厂设计系统 PDMS，在与国际知名工程公司的项目合作中获得成功应用。PDMS 的应用缩小了公司与国内先进工程公司之间的差距。2007 年，在成功应用 PDMS 的鼓舞下，公司再接再厉，租赁了美国 Intergraph 公司的 PDS 三维工厂设计系统。虽然该系统比 PDMS 系统应用困难，经公司员工共同努力，在当年通过模拟项目的实践，掌握了该系统的应用，建立了满足项目需要的数据库，为项目实际需要做好了技术储备。

天正设计掌握了国际通用的两大工厂设计系统后，已具备面对任何业主、各种需求的工程设计能力。

2008年，公司D4系统彻底改版成为基于数据库的、C/S架构为主、B/S架构为辅的、并与公司门户合并成为统一的单点登陆的管理系统。系统功能日渐丰满，在公司日常管理中承担了愈来愈重要的角色。2009年，建立了与中化蓝天集团公司的专线连接，引进视频和电话会议系统；同年对公司关键业务服务器进行升级，采用双机容错系统，首次采用光纤磁盘柜，使系统的运行稳定性、完全性以及性能获得了极大提高。

2010年，公司参与了中国石油和化工勘察设计协会信息化水平评价标准的起草编制工作。这项工作的参与，标志着公司信息化应用能力和水平获得了业界领先同行的认可。同年，公司引进了全球领先的化工流程模拟系统AspenPlus，继续夯实公司技术领先的基础。2011年，在中国石油和化工勘察设计协会组织的专家对公司信息化水平评价中，公司获得了按评价体系中第三类指标A级水平。公司还确定了信息化四层标准模型；对核心交换机系统进行升级改造，实现了双机容错永不停机，主干万兆、桌面千兆的网路交换速度。2012年，经过多年的技术跟踪与实践积累，公司采用虚拟技术对服务器群进行大规模技术改造，旨在打造一个可以支撑未来5年信息化运行并保持领先的基础设施；同时引进国内工程管理知名企业为公司建设新一代信息化业务平台“数字天正”；开始研究SPID和SPI的应用，持续提高工厂设计能力，形成基于数据库的协同工作模式。

2016年，天正设计投入1000多万元的“数字天正”信息化综合业务平台开始运行。“数字天正”是一个覆盖公司业务运行和管理保障体系的综合业务信息化支撑平台。业务运行包括：商务经营、进度计划、设计/咨询管理、采购管理、合同费用、施工管理、质量管理、风险管理等多个方面；管理保障包括：人力资源、战略规划、QHSE、信息化、财务、企业文化等多个方面。公司所有的业务、管理均按ISO 9000标准在此平台上开展，实现生产、管理全面信息化应用。

2017年，公司由武林巷2号搬迁至杭州市西湖区双龙街199号金色西溪2号楼。在新大楼，投资近700万建设了全新的网络系统。该网络系统采用罗森博格楼宇综合布线系统，信息中心机房集成了华为12708核心交换机、E9000/Ch220刀箱服务器及18500存储等核心设备。实现了网络系统万兆骨干、千兆交换到桌面，核心设备采用双机容错以及数据存储系统、服务器群运用虚拟化技术，达到72TB磁盘容量，公司网络系统的应用扩展、运行稳定性获得了极大提升。

公司信息技术的应用取得了令人瞩目的成绩，也为公司的发展贡献了力量。

三、技术进步的多元化应用

天正设计自改制以来便有组织、有系统地进行工程技术研究开发工作，着眼于公司核心技术产品，专注于化工石化医药行业，发挥精细化工、医药、仓储、石化中下游产品、氟化工、新能源和环境工程等领域的专业优势，有目标、有重点地进行技术开发，为公司巩固和开拓业务市场提供了强有力的技术支持和保障，实现了公司经营业绩的稳步增长。

目前公司拥有国家发明和实用新型专利 38 项、专有技术 3 项、软件著作权 6 项，专利、专有技术有力支撑公司主营业务。公司被评为浙江省高新技术企业，是省级高新技术企业研究开发中心和杭州市企业高新技术研发中心。

在生物工程及其产品精制领域，公司对工程化生物培养的各工序，在多年的工程实践中进行了大量的改进和优化。专利产品“喷旋式好氧发酵罐”有效地利用空气的参与压力能，在降低了生产能耗的同时提升了产能。新一代“高效节能好氧发酵罐”专利在制药、农药、食品、轻化工等领域应用广泛，实现增产、节电的多重效果，入选《浙江省节能技术、产品推广导向目录》。专有技术“原料药工厂能量综合利用技术”则是巧妙地回收了压缩空气的热量用于后续冷却工艺中，达到节能减排的效果。

在合成原料药及中间体领域，公司研发了格式废水资源利用工艺，还有固体密闭投料、连续萃取、高真空连续精馏、废气集中处理等工程化技术。在医药原料药领域，公司拥有多功能柔性车间的工程设计技术，可为多产品的订单式生产企业提供高效率柔性化生产车间工程方案，包括设备选型、柔性化流程配置、公用系统配套、在线清洗系统选配、交叉污染控制等完整的系统性解决方案，已为合资企业埃斯特维华义公司、上市公司重庆博腾药业公司提供了多个车间的设计服务。

在氟化工行业，公司投入大量人力物力研发创新，目前已拥有气体喷淋冷冻脱水设备、一种适用于液相强放热反应的等温反应器、一种立式过滤洗涤干燥一体机、塔节式内置光源光化反应设备、一种含不凝性气体的精馏排放气回收装置等多项专利。公司通过引进技术、集成创新和自主研发完成了 HFC-32、VDF、PVDF、CTFE、全氟酮等多个产品的工艺包设计，其工程技术水平在国内保持领先地位。

在物流仓储领域，公司在储罐基础、物流储运、油气回收方面取得了一系列专利技术。防止雷达液位计导波管开孔泄漏的环保装置适用于内浮顶储罐，避免气体泄漏并保证测量准确；多点喷射搅拌装置特别适用于特大型原油储罐搅拌；现浇空心楼盖式和现浇趾式钢筋混凝土储罐基础在确保安全可靠的同时降低投资。在长期的实践中，公司对特化品、油品仓储的工程建设具有深刻理解、积累了丰富经验，研发了拥有独立知识产权的专利和专有技术，在工程项目中推广应用，取得良好效果。设计能力达到单罐罐容 15 万立方米，最大单项目罐区总容量 460 万立方米，在国内油品仓储设计行业处于领先水平，享有盛誉。

在精细化工领域，公司主要以高温、高放热、高腐蚀反应条件下的危险工艺反应器设计为对象取得了多项专利技术。适用于液相强放热反应的等温反应器、液相光化反应设备、伸缩型固体粉料密闭加料器等专利设备的应用，可大幅提高反应的稳定性和安全性，提升产能。

在化工安全环保领域，公司相关专利技术系统地解决化工企业三废处理难题。发明专利双层液封恒压安全环保呼吸器，有效解决外部火源进入系统内或介质外泄引发的环境问题和安全问题；含不凝性气体的精馏排放气回收装置利用排放尾气残余压力实现回收，减少产品气排放，不需要外界冷源；高浓度镁盐废水处理技术，实现格氏废水的低能耗处理和资源化利用，彻底解决困扰各生产企业的格氏反应高盐废水处理问题。

天正设计还与浙江大学、中科院、天津大学等建立战略合作关系，以成立工程联合实验室、签订项目合作协议等形式开展合作，使得新技术顺利实现工程应用。依托浙江大学、哈尔滨工业大学等科研力量，公司先后开发出仿生催化氧化技术、TZT 生物环流反应器、高效抗冲击厌氧反应器、厌氧氨氧化技术、格氏废水资源化工艺、危险废物/有机废气焚烧工艺等环境工程领域新技术，完成各类化工医药废水、废气和固废焚烧典型工程等数十项。

在高新技术产品中，公司取得丰硕的成果。其中具有代表性、效果最好的是特色氟化工环保集成技术服务，该技术为氟化工产品产业化发展提供技术支持，而且工艺环保节能，同时系统满足氟化工关键装置的安全要求，提高了项目设计和建设本质安全水平，极大地节约成本。

四、员工发展和人才队伍建设

天正设计坚持人才资源是第一资源的理念，科学管理和全面开发人力资源，通过系统、有针对性的培训管理，全面提升员工职业素养与专业素质，激发公司发展内生动力，满足公司发展和员工发展的需要、实现员工与公司的同步发展。

2011 年，公司制定并发布了《公司岗位级别与专业序列管理规定（试行）》，规定了岗等岗级，设定了专业序列。2018 年公司细化专业序列，分为专业技术、项目管理、行政、技能四大序列，取消了岗等，丰富了岗级体系，打破了条框，岗级晋升从原来的以资历为主转为以能力为主，同时还增加了奖励晋升，使员工职业发展通道更加完善。

2012 年公司建立了新员工培训课程体系，将新员工培训分为通识课堂培训、素质拓展培训、职业素养网络培训、项目现场参观学习、专业基础知识培训五个模块进行。2013—2014 年，公司建立了专业技术人员专业提升课程体系，编制了 2～5 年设计人员专业提升培训教材并实施集中培训。2015—2018 年逐步完善设计项目管理岗位课程体系，通过主题讲座、经验分享的形式实施项目经理能力提升系列培训，系统提升公司项目经理业务能力和素质。2018 年，为加强公司干部队伍建设，实施干部综合能力提升培训，通过实施管理能力讲座、网络学习、干部主题演讲、制度宣贯、廉洁培训等全方位、多维度的专项培训，增强公司干部队伍的综合素质和管理能力。

与此同时，选拔、培养内部讲师队伍，通过 TTT 培训、实践锻炼等加强内训师队伍建设，提高内训师队伍课程开发能力、授课技巧，充分激发公司内部培训资源，为员工提供更具针对性和应用性的专业课程。

在人才培养方面，2012—2015 年期间，公司组织开展青年人才的盘点，并制定了专项性的培养计划。2013 年首批、2015 年第二批公司“综合能力培养与实践班”开班。“实践班”采用体验、交流、聆听、学习、分享等形式，提升青年员工综合能力和水平；2014 年开始实施“双星培养计划”，2014 年首批、2015 年第二批“双星培养计划”开班。“双星班”通过责任制、培训、轮岗、项目锻炼、对外交流学习等形式，促进青年骨干人才队伍快速成长。

五、开拓工程总承包业务

2008 年，天正设计在公司战略规划中首次明确提出“以技术为核心的工程设计咨询和工程总承包业务并举的科技型企业”的发展定位。2009 年，提出向工程公司战略转型的发展目标，启动对总承包体制的改革，成立项目总承包部。2010 年，完成制度建设和项目管理体系文件的编制，初步建立起适应工程总承包和工程项目管理要求的技术标准体系和管理标准体系，当年公司总承包项目合同额超过设计咨询业务。2011 年，设立项目管理部，强化工程业务的一体化运行体系。2013 年，实施事业部制改革，开拓项目总承包的专业化发展。2019 年，推进工程总承包业务单元深化改革，整合原工程建设部、采购部、造价部等专业部门，成立工程总承包事业部，制定经济责任制，激励管理团队和项目团队发挥主观能动性，推动公司总包业务的持续健康发展。

期间，公司先后承接了金义菜鸟项目、杭州长江汽车有限公司纯电动新能源客车工程项目、新疆国泰新华矿业股份有限公司空分装置项目、陕西有色天宏瑞科硅材料有限责任公司工业气体成套装置项目、浙江化工院科技有限公司年产 2000 吨全氟己酮新建项目、浙江昌海生物有限公司一期项目（口服固体制剂及软胶囊车间）、中化云龙有限公司饲料磷酸盐干燥热源节能技术改造项目、中化蓝天霍尼韦尔新材料有限公司 Super-3 项目 B 包 OSBL、江苏瑞恒新材料科技有限公司一期工程仓储罐区项目等一系列工程总承包项目，公司的工程总承包及管理的业绩和实力实现了稳步增长。自 2008 年以来，公司连续进入全国工程项目管理百强排行榜。2014 年 12 月，公司成为浙江省工程总承包第一批试点企业。2018 年首次进入全国工程总承包排行榜。

六、未来发展定位和目标展望

2014 年以来，公司提出在传统工程业务基础上向两端延伸服务拓展。即在工程项目建设前期提供技术集成服务，在工程项目建成以后提供工厂运营服务，成为具有行业及专业特色的“工程产品全生命周期”服务商。

公司坚持以提高公司核心竞争力（人才、技术、质量）为原则，走业务专业化和产品细分化的技术发展道路。深化运行体制改革，以总部管控为平台，整合和优化资源，走业务多元化发展道路。以市场需求为导向，发挥综合优势，从工程建设向两端延伸，建立多业务板块之间的协同整合能力，提供工程产品全生命周期的服务，挖掘延伸价值。

公司秉承“超前、效率、创新”的发展理念和“科学至上，知行合一”的核心价值观，以“创建科技领先、安全环保、优质高效的工程产品”为使命，努力达成“成为客户信赖、社会尊重的工程公司”的企业愿景。

公司确立的发展定位是：以技术为核心，质量为生命，人才为根本；专注于化工石化医药行业，发挥化工、医药、仓储物流、石化中下游产品等领域的专业优势，发展氟化工、新能源、节能和环境工程业务市场，成为有行业及专业特色的“工程产品全生命周期”服务商。

公司确立的发展目标是：以“员工满意、顾客满意、股东满意”为宗旨，建设具有专业技术优势的工程公司，成为中化蓝天工程建设服务平台，进入国内同行业工程公司先进行列。

回首走过的道路，天正人已经开辟出公司的新天地；面对机遇和挑战，天正人信心百倍踏上新征程；展望未来，天正人一定会续写出更加辉煌的新篇章。

（浙江省天正设计工程有限公司　金晓清）

从大庆油田走出的行业第一方队
——大庆油田工程有限公司发展纪实

大庆油田工程有限公司的前身为石油工业部第五设计院，成立于大庆石油会战初期的 1960 年 4 月。1964 年 5 月更名为石油工业部油田建设设计研究院；1965 年更名为松辽石油勘探局油田建设设计研究院；1975 年 4 月更名为大庆油田科学研究设计院；2002 年 6 月实行公司制改造，2004 年 10 月更名为大庆油田工程有限公司。

公司拥有国家、省级、石油行业各类技术专家称号 43 人，国家注册执业资格工程师 258 人，工程高级项目经理 69 人。公司设有机关部室 12 个，设有基层单位 34 个。

公司持有黑龙江省唯一的工程设计综合甲级资质，持有工程勘察、工程咨询、工程总承包等甲级资质 21 项；拥有三次采油注采及处理配套技术、天然气深冷工艺技术、特大型浮顶油罐设计建造技术、地下储气库地面工艺技术、大型储油库工程技术、长距离油气混输工艺技术、多年冻土地区原油管道工程技术、天然气大流量实流检定技术、中国石油地理信息系统与数字管道技术等多项自主知识产权的核心技术，在油气田地面工程建设、大型储油储气库建设、油气长输管道建设、地理信息技术服务领域具备行业比较优势，先后获得国家级工程勘察设计大奖、科技进步奖、发明奖共计 68 项。

公司自创建以来，党和国家领导人多次视察公司（设计院），著名科学家、知名专家、合作伙伴及社会各界友人多次莅临公司考察和交流。公司凭借诚信服务和技术产品，在国家石油和化工行业、勘察设计行业享有良好美誉。

第一节　在大庆油田会战中诞生，发展成大中型工程设计院（1960—1983 年）

1959 年 9 月 26 日，随着松基三井喷出工业油流，宣告了大庆油田的诞生。为解决不断出现的油田地面工程建设规划设计问题，负责油田规划设计工作的机构——松辽石油勘探局安达设计院应运而生。

10 月，石油工业部决定，在四川设计院抽调 10 名专业技术人员，到黑龙江省安达县开展松辽地区的石油勘探规划设计工作。12 月，成立设计综合小组，分为 6 个专业。

1960 年 2 月，为了高速度开发油田，党中央批准石油工业部组织石油会战。3 月 11 日，北京勘察设计院和抚顺设计院的勘察设计专业技术人员、资料出版人员到安达县参加石油会战，设计综合小组人员增加到 30 人，壮大了队伍，增加了勘察规划设计力量，开展了图纸资料出版及管理工作。25日，石油工业部党组决定，由参加会战的部机关干部和松辽石油勘探局机关工作人员，组成石油会战领导机关各职能部门。30日，松辽石油勘探局下发《关于松辽会战指挥部自四月一日起在安达开始办公的通知》。4月1日，松辽石油勘探局安达设计院成立，负责松辽地区的石油工程建设规划勘察设计工作，直属松辽石油会战领导小组基建指挥部领导。党组织关系隶属于中共松辽石油会战临时工委基建指挥部委员会。

建院初期，由于勘察设计任务重、时间紧、人力不足，主要采用“大会战”形式完成各项工作任务，后来又采用“突击队”形式解决重点问题，组织“游击队”形式完成一般设计任务。在实践中，安达设计院逐步摸索形成建院初期的管理方法和体系。

1960年4月29日，大庆油田地面工程建设中的第一个油气集输工程——萨尔图66井集油工程完成了施工图设计，为党和国家交上了一份满意的答卷。5月1日，安达设计院设计室在大庆会战万人大会上受到表彰奖励。5日，萨尔图油气集输流程正式提出，在萨尔图油田试验区运用。31日，大庆油田地面工程建设第一座水源站——喇嘛甸水源完成施工图设计。6月7日，设计完成了大庆油田地面工程建设第一个萨尔图流程集油井排——中三排集油管线工程。7月8日，设计完成了大庆油田地面工程建设第一座原油库工程——东油库。7月15日，设计完成了大庆油田地面工程建设第一座转油站——中1转油站。8月30日，设计完成了大庆油田地面工程建设第一条输油干线——中3转油站至萨尔图油库3.5千米输油干线。10月，编制出《1961年松辽地区原油生产、地质勘察基本建设规划》。

期间，安达设计院屡创佳绩，相继设计完成了第一条供水管线——八一输水干线，我国第一座早期注水开发油田的注水设施——中一注水站，在干打垒简易土房基础上设计出大庆油田第一座35千伏变电所——中四变，第一座机修厂——萨尔图综合机修厂。

1961年5月8日，松辽石油勘探局安达设计院更名为石油部第五设计院（简称石油五院）。

1961年5月至1964年5月，石油五院坚持以“两论”（指毛泽东同志的《实践论》和《矛盾论》）为指导，在条件十分有限、环境百般恶劣的背景下，顽强地构建起大庆油田地面工程建设科技战线。以“万点调查”“万里测温”“萨尔图流程”为代表，对大庆油田“三高”原油集输、储运设计进行不懈探索、开拓创新，为优质高速拿下大油田发挥了重大作用，奠定了油田快速上产的基础。

1961年，石油五院完成了萨尔图至大连港、葫芦岛2600千米长距离输油管线的选线勘察工作；在萨尔图油田试验区北一区三排，设计注水量为10000米^3/日的东西两座注水站及输水管线51.8千米；在成功测取土壤导热系数“λ”值基础上，求得总传热系数“K”值；在4-16井建立起第一座水套炉，对原油进行加热试验；相继解决原油脱水、油井计量、油气混输计算公式中的水摩阻力系数修正等问题，使单管密闭油气混输萨尔图流程逐步完善。全年共计完成设计勘察项目135项。

1962年，石油五院总结出《油田建设设计准则》，把设计工作人员的思想、行动、工作方法、规章制度统一到准则上，使勘察设计工作开始了良性循环。

1963年，石油五院及时总结出油田建设规律，形成定型化、模式化设计，实现多快好省完成地面工程建设任务。根据已经建设的规模和投入生产的建设项目，大庆油田建设具有面宽、量大、分散、重复项目多的特点，及时把集输工程井口装置、转油站、注水站、配水站、变电站等转向定型化、模式化设计，节省了人力、加快了速度、提高了质量。

1964年，石油五院进一步创新，把油田星罗棋布的计量站、转油站、注水站、脱水站、变电站等多种地面站综合设计在一起，创建了油田第一座联合站。在南三联注水站设计中，第一次实现与变电所联合建站，节约建筑面积7200米^2，节约投资60万元；在南四联设计中，实现了转油、脱水、注水、变电四合一联合建站。

在这期间，石油五院创造了闻名石油工业界的“万里测温”佳话；第一次以两个钢筋混凝土预制结构井房，替代砖木结构井房，迈出了井口房预制的第一步；在北一、北二、中三和南一等四座注水站中采用离心泵作注水泵，实现了排量大、压力稳、维修少，彻底改变了注水站面貌。

1964年5月20日，石油部第五设计院更名为石油工业部油田建设设计研究院（简称油田设计院）。

1964年5月至1965年9月，是设计院组织机构理顺和稳固时期。这一时期经历时间也较短，组织机构变化不大。该院坚持“两分法”前进，尊重科学，勇于实践，充分调动专业技术人员积极性，艰苦奋斗，攻克难关，绘出了一张张设计蓝图，建成了一座座站库井场，多快好省地完成油田地面工程建设勘察规划设计工作，为大庆油田的建设和发展作出了应有的贡献。

油田设计院总结勘察设计工作经验与教训，在设计工作中提出了“三符合”“五正确”“五便”“五步”的工作标准和要求。引导专业技术人员，既搞设计又搞科研，获得了单管密闭油气混输流程、水套式加热炉、极盘式交流电脱水器、油气混输泵多项重大技术革新成果，解决了一系列国内外没有解决的技术关键问题。获得了150米^3/时的油气混输泵、小型水套炉等17项科技成果；单管密闭油气混输流程荣获1965年国家科委一等发明奖；水套加热炉获1965年国家科委发明奖。

1964年，全年累计完成设计勘察项目411项，完成建筑面积98410米^2，产能建设300万吨。

1965年，全年累计完成产能建设300万吨。

1966年，全年累计完成建筑面积82512米^2，产能建设200万吨。研制成功泡沫塑料防腐保温的基础配方，在油田大面积推广使用；设计建成第一座地下油水电联合站-南四联合站。

1967年底，研制出国内第一台卧式分离器，即缓冲罐、分离器、电脱水三合一联合装置，中国油气分离器由此进入第二代。

1969年，在东油库建成第一座含油污水处理站和回注污水的注水站，首次将处理后的含油污水回注油层；在萨北过渡带实验区采用双管掺热液流程进行工程试验，双管掺热液流程被油田广为采用。

1971年，编制出大庆油田建成年产原油4792.9万吨规模的《第四个五年计划大庆油田地面建设规划》。

1972年，在任务重、时间紧、要求急的情况下，提前64天完成了大庆370万吨油田增建规模的设计任务。在科研工作上，全年共开展科研项目29项。其中有6项首次在油田推广或进行工业性试验。地质测量，共测各种线路近1000千米，测各种比例尺地形图36平方千米。钻孔164个，总进尺1300多米。还完成了八大重点项目的设计概算，为进一步加强经济核算创造了条件。

1973年，在萨尔图油田北区开展污水处理及混注实验，对中三站、西一注水站进行总结，并开始筹建和安装中三污水处理站现场实验室。

之后，石油工业部油田建设设计研究院更名为大庆油田设计研究院（简称大庆油田院）。

大庆油田设计研究院规划设计完成的我国第一条大口径长距离输油管线工程——八三输油管线，全长667千米、管径720毫米、年输油量一期为2000万吨、二期为4000万吨。1970年8月开始选线设计，1971年10月投产输油一次成功。为大庆油田稳产5000万吨立下了汗马功劳，是中国长输管道的里程碑，为中国石油史揭开了新的一页。

1975年3月至1983年12月，是大庆油田勘探开发研究院和大庆油田设计研究院合并、整合为大庆油田科学研究设计院时期。这一阶段，更新观念，大胆搞活，推行内部经营核算制，建立完善经济责任制，以提高设计科研成果的社会、经济效益为目标，把整顿同促进设计科研工作和改进设计科研管理有机结合起来，向科学技术现代化进军。使油田勘探开发研究和油田地面建设设计研究很快走上正轨，为大庆原油的高产和稳产作出了应有的贡献。

大庆油田科学研究设计院成立时，由于受到“文化大革命”的干扰和破坏。1975年初，重新恢复工作的邓小平，对石油部提出了“要大力开采石油，尽可能多出口一些”的要求。石油部领导对大庆领导提出，大庆油田能不能年产5000万吨，并实现一定时期的稳产，以解国家燃眉之急。大庆领导人感到了压力，大庆职工感到了压力。大庆油田三大主力油田已经开采了15年，经过努力，年产5000万吨是可能的。但是，能稳产多少年，谁也不敢肯定。这是一个世界性的难题。国外许多油田只开采了几年、十几年，产量就急剧下降，甚至关井。这些油田最终采收率也只达到百分之二十几到三十。要高产稳产，大庆人就要在剩下的这百分之七十原油上做文章，还要在那些薄、差油层上挖潜力。为此，大庆石油管理局动员上万名石油工人和科研人员进行地下大调查活动，从每一口井、每一个区块、每一个油层查起，分析油层地下潜力。大庆油田科学研究设计院科研人员分18个课题进行调查分析，认识到，只要攻下一些科技难关，高产稳产是可能的。1975年下半年，由大庆油田科学研究设计院编制的《年产5000万吨、稳产十年》的规划诞生了。

1976年，大庆油田进入“年产5000万吨、稳产十年”的刻苦攻关时期。由于平反冤假错案，大批科研人员和技术专家回到工作岗位，更由于1978年全国科学大会的召开，科研人员积极性空前高涨。为了实现“年产5000万吨，稳产十年”的宏伟目标，广大科研人员迈开双腿、深入现场调查研究。同时，还派出考察队到美国、苏联、加拿大、尼日利亚等国外注水开采的油田调查。“新时期铁人”王启民同志深入油田中区西部一待就是10年，对中区西部油层进行解剖，并制定油田接替稳产的措施和办法。这个时期，科研人员先后完成了“大庆油田稳产趋势及油田开发规划研究”“对喇、萨、杏油田油层特征和水驱效果的认识”“大庆油田含水期开采方式转变的研究”等科研报告，为油田稳产十年提供了坚实的实践依据和办法措施，确保了十年稳产目标的实现。在各采油厂和广大工人的配合下，群策群力、大力挖潜，终于实现了1975至1985年第一个稳产十年的目标。

1978年，水驱油开发室内研究自动流程、松辽陆相盆地油气田勘探、100道能谱分析仪、油田开发中油层细分沉积相的研究及应用，均获全国科学大会奖。

1981年，共完成勘察设计项目56项，完成施工图1277张，突破了近5年来月平均出图最高水平。

1983年11月，勘察设计图纸重复利用率达63.87%，创院平均图纸重复利用率最高纪录。

1975年至1983年期间，地面工程建设勘察规划设计系统共完成工程建设项目2601项，完成产能建设919万吨，完成工业与民用建筑面积889756.77米^2。原油脱水工艺技术、油田含油污水处理技术、非金属油罐、流量计量自动定量控制装置、季节性冻土地区浅基础研究等9个项目获全国科学大会奖，北三区地面建设工程获国家优秀设计银奖，DQ-125原油破乳剂、YTD-79型原油电脱水电压自动调节器获国家科委三等发明奖，YTJ-79型原油脱水界面调节器获国家科委四等发明奖，喇嘛甸油田油气技术流程、高含水原油两段脱水等8个项目获黑龙江省科学大会奖，中央大街道路设计项目获黑龙江省优质工程奖，大庆机关办公楼结构获黑龙江省优秀设计奖，原油高含水分析仪、油罐烃蒸汽回收装置、高台子油田产能建设工程等19个项目获省部级优秀成果、技术改进等一、二、三等奖。

第二节 设计院向工程公司转型，成为中国石油知名工程公司（1984—2002年）

这一阶段，是大庆油田建设设计研究院与大庆油田勘探开发研究院分立后，历时较长、建设发展壮大的时期。时逢国家改革开放、经济高速增长，随着大庆石油管理局不断深化的企业内部改革，油田建设设计研究院组织机构进行了多次较大规模的调整，发展变化比较大。油田建设设计研究院以经济建设为中心，不断深化改革，坚持社会主义精神文明和物质文明一起抓，继承大庆优良传统和作风，发扬铁人精神，加强各项管理，使设计科研生产各项工作，都取得了可喜的成绩。

在1984年1月至1986年12月的3年中，油田建设勘察设计速度和管理水平不断提高，完成设计的产能建设规模为1297万吨，完成施工图（折合1号图）32030张；

完成《大庆油田 1986—1990 年地面建设规划纲要》等总体规划方案 11 项；完成线路测量 2524 千米，完成测图 149 平方千米，地质总进尺 90879 标米。三年来有 6 项工程设计获国家级优秀设计奖，7 项获省（部）级优秀设计奖，35 项获市（局）级优秀设计奖。三年中，开展科研项目 205 项，取得成果 78 项；取得技术革新成果 79 项。

在 1986 年 1 月至 1995 年 12 月的 10 年中，共完成勘察设计 3208 项，设计成品折合 1 号图 170328 张，工程测量 1492 标准平方千米，工程地质 33. 90 万标准米；共取得科研成果 384 项，新技术推广 269 项，科研成果推广率达到 87. 5%；完成了全国 14 个油气田、81 个点的计量检定任务，完成的油气评价、分析化验和施工质量检测等项目均有大幅度增加。在大庆之外，总共完成国内近 40 个地区和油田的勘察设计与技术服务项目，同国内外 26 个国家和地区建立了技术协作关系。自 1986 年以来，共荣获国家级优秀设计、科技进步奖 20 项，省（部）级优秀设计、科技进步奖 99 项，“大庆油田 5000 万吨稳产工程”荣获全国最佳工程设计特等奖。

1996 年，勘察设计方面，完成了油田“九五”期间油田地面建设，油田化工，城市建设规划，大庆油田注聚合物工程总体设计，油田 1997 年产能区块规划设计，大庆油田稳产 5000 万吨技术改造工程预可研报告；完成了大型工程技术经济评价 13 项，环境保护专题 30 篇。工作量超过了“八五”期间的任何一年。工程设计方面，完成施工图设计 405 项，是“八五”期间年均工作量的 107%；完成施工图（折 1# 图）18575 张，是“八五”期间年均出图量的 103%；完成单项工程初步设计及概算 517 项，总投资达 75 亿多元。工程勘察方面，测量、调绘和加密地形图 750 幅，钻工程地质孔 8823. 75 标准米，全面超过“八五”期间的年均水平。科学研究方面，共完成科研成果 39 项，是年计划的 130%；新技术推广应用率 87%，比年计划增长 2 个百分点，合同履约率 100%，比年计划增长 5%；计划完成率 98. 9%，比年计划增长 3. 9%。安装和加工完成工程 9 项，零件 18054 件。课题立项方面，已获得一批较高层次的研究任务，包括中国石油天然气总公司先导技术研究项目 10 项、单项研究项目 6 项、推广项目 2 项。另外，还在新疆塔里木和海洋石油总公司争取到了“沙漠油田地面建设工程技术”“黑油上岸技术”两项研究课题及“吐哈油田技术监督中心”的可研编制任务。对外检定和服务方面，共检定标准体积管等油气水轻烃计量装置和器具 2151 台（次），静态容器 84 座、罐车 170 辆；在吉林、江苏、胜利等 10 个油田和大庆 78 个站点取油气样品 485 个，测得评价数据 12000 个，出具检测报告 35 份。同时，根据土壤腐蚀试验取得的数据，为秦山核电站、三峡工程等国家重点项目提供了重要资料。

1997 年，在勘察设计任务量大大超过往年、周期短、难度大的情况下，油田建设设计研究院积极主动，合理运筹，科学组织，改进方法，提高效率，高质量高水平地超额完成了任务。规划编制方面，完成了各类经济评价 39 项，投资估算 522 项，环境保护专题 40 项。工程设计方面，完成施工图设计 592 项，是 1996 年的 146%；完成施工图（折 1# 图）21778 张，是 1996 年的 117%；完成单项工程初步设计及概算 551 项，总投资 99. 88 亿元，投资额比 1996 年增长了 33%。工程勘察方面，测地形图和线路总计达 124. 768 千米，地质钻孔 1615 个，总进尺 11719. 05 米；分析土样 5839 个，平均是 1996 年的 131%。科学研究在世界性前沿研究课题多，油田急需解决技术难题多、省部级以上立项课题多的情况下，拓展技术发展思路，积极扩大交流，协调各方面力量，坚持现场试验与室内试验并重，精心组织攻关，取得了丰硕的成果。课题立项方面，在已取得国家、总公司级专题研究项目 19 项的基础上，又获得一批高层次的研究任务，包括国家“九五”科技攻关项目 1 项，总公司先导技术项目 14 项。完成任务方面，取得科研成果 39 项，是年计划的 111%；新技术推广应用率达 87%，比年计划增长 2 个百分点；科研计划完成率比院下达的考核指标高出 2 个百分点。试验室建设方面，完成了流量仪表产品质量监督检验试验室，扩建了油气集输及混相输送技术现场试验基地，初步建成了“仿真”试验室，开展了三次采油试验室和三元复合驱现场试验及泡沫复合驱现场试验站 3 个试验室（站）的建设工作。已建成各专业试验室并投入使用有 13 个。在检定服务方面，计量检定共完成强检计量站点 59 个，计量检定标准体积管、各种流量计和器具共 2082 台件，检定各种容器、罐车 112 台座；原油评价在吉林、胜利等 6 个油田取油气样品 175 个，共检测数据 8758 个，出具检测报告 30 份。

1998 年，全年完成油田产能、炼油化工、矿区建设中长期规划 30 项，完成工程设计 567 项，完成工程概算 752 项（投资额 94.19 亿元），完成工程勘察 447 项，取得科研成果 34 项，新技术推广效益 4000 多万元。

1999 年，全年完成油田产能建设 376.77 万吨，完成聚南Ⅱ-1 放水污水处理站工程，聚喇 400 转油放水注水变电站工程、新中 604 转油放水注水站及系统工程、台肇联合站工程，新一联合站工程等共计 160 项施工设计图设计。

按照党中央、国务院关于深化国有企业改革的部署和要求，油田企业加快了建立现代企业制度的步伐，大庆石油管理局主营非主营业务分开分立，油田建设设计研究院划归新成立的大庆油田有限责任公司。1999 年 11 月至 2002 年 6 月，是设计院适应油田公司改制和酝酿本身改制时期。为适应油田公司在组织机构、管理体制、运行方式等方面的变化，设计院进一步转变观念，理顺关系，适应新的形势，谋求新发展，加强企业管理、加强人才培养、加强市场开发，加快现代企业制度建设，不断提高市场竞争力，成为适合市场经济发展的工程公司。

2000 年，大庆油田院完成设计任务 566 项，完成勘察项目 328 个，测地形图 26.3 平方千米，地质钻孔总进尺 17627.21 米，完成环境评价 5 项，技术经济评价 72 项，编制工程概算 310 项，完成概算总投资 62.09 亿元。地面规划积极采用新技术、新工艺 11 项，降低能耗约 25%～30%，节省建设投资 2617.5 万元。完成工程总承包项目 2 项，监理工程项目 22 项。共承担各类科技项目 156 项，取得科研成果 49 项，其中 36 项全部通过油田公司验收，5 项重大攻关项目都按计划正常进行，3 项现场科学试验项目全部完成试验内容，2 项国家“九五”重大装备课题通过国家经贸委对整个课题的验收鉴定。通过招标承担的集团公司“九五”重点攻关课题的 7 个沙漠专题已通过专家验收。承担的国家级“九五”科技攻关项目“大庆油田年产 5300 万吨至 2000 年稳产技术研究”的 5 个专题全部通过集团公司和股份公司组织的专题验收，并全部被评为优秀。完成新技术推广项目 10 项，计量检定工作共完成各类检定 3542 项，质量监督检测完成

71种产品、站点共2000余项标定测试任务。

2001年，大庆油田院完成勘察设计任务469项，完成概算投资76.37亿元。承担科研项目134项，取得科研成果57项，其中获省部级奖4项、市局级奖26项。

2002年，大庆油田院完成勘察设计任务524项。承担各类科技项目138项，取得科技成果39项。获油田公司技术创新奖26项、股份公司技术创新奖1项、省科学技术进步奖1项、省自然科学技术成果奖13项。

第三节 改革重组开拓创新，成为国内具有较强竞争力的工程公司（2003—2019年）

2002年6月至2019年12月，时逢实行公司制改造、石油管理局与油田公司整合重组等重大事件，形势、体制、队伍等都发生了重大变化，大庆油田建设设计研究院更名大庆油田工程有限公司（简称大庆工程公司）跨入了一个新的发展阶段。经历了企业改制的考验，成功地构建了公司制模式；经历了市场经济的考验，成功地实现了跨越式的发展；经历了攻关瓶颈的考验，成功地实现了若干技术上的突破；经历了观念碰撞的考验，成功地推进了企业文化建设；经历了社会矛盾的考验，成功地保持了企业的和谐稳定；经历了经济形势的考验，成功地实现了公司科学平稳有序发展。取得了令人振奋的工作成果和经营业绩，开创了企业发展建设的新局面。

一、主营业务成就辉煌

大庆工程公司积极谋划，统筹兼顾，科学组织，勤奋努力，开拓创新，主营业务的绩效稳步增长，典型工程的影响彰显实力。

在大型油气田、大型油气储库、油气管道等工程建设领域，打造了一批独具特色的全国首创工程：国内第一条穿越永冻土地带的国家石油战略干线“中俄原油管道漠大线工程”；国内第一座大型盐穴储气库“西气东输金坛储气库地面工程”；国内第一座亚洲规模最大的“西气东输南京计量检测中心工程”；国内第一座凝析油含量最高、集油半径最大、分离工艺最复杂的“塔里木英买力气田群产能工程”；国内第一座单罐罐容为十五万方的大型原油储库“大庆南三油库工程”。

二、外部市场逐步扩大

面对大庆油田产能项目逐步减少，工程公司把开发和拓展外部市场作为谋求发展的新途径，坚持“立足大庆市场、拓宽国内市场、挺进国际市场”的方针，进一步加大拓展国内外市场的力度，积极拓展新的服务领域和区域。采取借助外力，强强联合，锲而不舍，周到服务，摆正位置，提高水平，树立“大庆院”形象等措施，使外部市场份额逐步扩大。

三、技术发展势头强劲

一是着眼长远、夯实基础，技术实力显著增强；二是突出重点、努力攻关，关键技术不断突破；三是通过采取加强设计前期质量控制、加强设计项目回访、开展三维设计、改进发图方式等有效措施，进一步提升了设计水平和工作效率。使得持续发展的根基更加牢固，形成了石油行业十二大优势技术体系，有八项自有技术达到国内领先乃至国际先进水平；依托技术优势，大型油气田和油气储库建设领域的设计能力和水平大幅提高、长输管道建设又创新佳绩、化学药剂服务进入世界高端石油市场、在地理信息技术领域被中石油确定为专业信息技术支持中心；5 个由国家认证的大型质量检验机构和 14 个大型科研基地和实验室，已成为中油股份公司和大庆油田在科技研发和技术服务领域的主要力量；国家石油天然气大流量计量站，在石油天然气国内外贸易交接计量和国家重大油气工程建设中，发挥了不可替代的作用；勘察设计获得工程设计综合甲级资质，公司获得国家高新技术企业称号。

在巩固和发展原有核心技术的基础上，不断加大技术创新力度，打造八项新的核心技术，为公司持续发展提供技术支撑。八项新核心技术为：三元复合驱地面工艺技术、高效油水分离技术、高压气田及凝析气田集输工艺技术、成品油管道顺序输送技术、永冻土地带常温油长输管道敷设技术、滩海与海洋油田地面工艺技术、地下水封储油洞库技术、大型储油储气库技术。

四、科技攻关成果显著

工程公司以油田的需要为己任，重点攻关，持续创新，努力破解稳产关键难题。始终保持攻占前沿的姿态，立足于多层次梯级配套地面工艺技术体系建设要求，围绕长垣水驱二次开发、海塔盆地开发、深层气田、三次采油等地面工程领域，加强科研攻关。经历了攻关艰辛的考验，成功地实现了若干技术上的突破。

大庆油田开发 50 年建设工程设计，荣获新中国成立 60 周年“十佳感动中国工程设计大奖”“百项经典暨精品工程大奖”；敖南油田产能建设工程荣获全国优秀工程设计金奖；大连国家石油储备基地工程和西气东输金坛地下储气库地面建设工程荣获集团公司和省优秀工程设计一等奖；双螺带杆搅拌器荣获中国国际专利与名牌博览会金奖；油田联合站污油回收处理装置荣获第十六届全国发明展览会银奖。为创建百年油田提供了地面工程建设方面的有力的技术支撑。

五、外部市场形势喜人

坚持以特色技术为引领，发挥整体优势，开展战略合作，初步构建了覆盖京津唐、环渤海、西北、东南沿海地区和中东、中亚、东南亚市场的战略布局，“走出去”步伐铿锵有力，外部市场继续呈现蓬勃发展的态势。

六、总承包业务快速发展

经过不断的努力探索和实践，总承包管理体系和管理流程逐步完善，总承包能力显著增强。一是总承包管理能力进一步提升。经过重组整合，具有丰富经验的监理人员和决算人员调整充实到项目管理中，总承包项目的施工管理能力和预决算审查能力得到进一步加强，降低了管理风险，提高了项目预算评估和决算的准确性。二是总承包项目运行效率大幅提高。在不断完善内部管理模式和运行机制的基础上，有效推进集成化管理，实现了设计、采购、施工、开车的有序衔接，缩短了采购周期和工程建设周期；在充分调查和研究的基础上，启动总承包管理平台的建设工作，使之成为辅助业务发展的重要手段；公司内部选派经验丰富的操作人员参与项目开车投运，编制操作手册和应急预案，保证了顺利投产。北五联合站扩建工程实现了“当年设计、当年施工、当年投产”；哈拉哈塘临时处理设施工程仅仅用五个月的时间，实现了提前投产。在油田外部新获取了冀东油田高浅北区聚合物驱先导试验项目、南疆利民工程和田—泽普段总承包项目；阿穆尔—黑河边境油品储运与炼化综合体项目签订总承包框架协议。

七、技术基础工作成果丰硕

立足当前，着眼长远，扎实有效地开展技术基础工作，使工程公司可持续发展的基础更加牢固。

在基础工作课题方面，以工程设计集成管理平台专项工作为重点，完成设计项目模板类、技术管理规定类、软件开发类、技术规格书类、设计统一规定等基础工作课题197项，充实了基础工作数据库，提升了规划设计工作质量。在标准制修订方面，主编和参编了《石油天然气工程设计防火规范》等国家标准12项，《非金属管道设计施工及验收规范第四部分》《油气田地面工程数字化建设规定》等行业及企业标准21项，提升了行业技术主导地位。在标准化设计方面，按照“三步走”的工作程序，采用“四递进”的设计方法，继续深化标准化设计工作，完成定型图308套，中、小型站场标准化覆盖率分别达到了76%和95%，获得股份公司标准化设计先进集体称号。

扎实推进《新时期加强三基工作的实施方案》，使基础工作更加坚实。集中编制和修订规章制度74项，完成设计通用图、标准图等模板类课题67项，开展设计科研工作应用软件开发及数据库15项，制订设计统一规定、专业分工规定等37项，主编和参编了国家标准、行业标准、企业标准32项。

八、核心主导技术持续创新

以提升市场竞争力为重点，积极做好技术研发和储备。长输管道斜拉管桥跨越技术取得了新突破，具备了单管300～500米斜拉管桥跨越的设计能力；开展了大型燃气发电设计技术理论研究，已基本具备自主设计较大规模燃气发电站的技术能力；研发储备了天然气脱酸性气体（CO_2、H_2S）工艺设计专项技术。公司油田油气混输工艺技术、航空数字摄影测量技术等5项技术被评为石油化工行业勘察、设计专有技术。

九、综合实力不断增强

50 年来，大庆工程公司一直承担油田地面建设的主体设计，形成了高寒、沙漠、滩海地区地面工程、三次采油地面工程、油气长距离混输、大型储罐、石油工程数字化与地理信息等 12 项地面优势技术体系和多项系统配套技术，累计完成规划设计 17000 多项，取得科研成果 2500 多项。公司荣获国家级奖励 68 项、省部级奖励 556 项。公司拥有国家授权专利 116 项，创造了多项中国石油第一。在三次采油地面技术方面，研发了多项先进的工艺技术和设备，建成了世界上最大规模的注聚工程。公司是“国家一级科技事业单位”“国家 AAA 级信用企业”。

20 世纪 90 年代至今，公司一直位于“中国勘察设计综合实力百强单位”前列。持续巩固了大庆油田工程有限公司在国内工程设计行业的领先地位。大庆油田工程有限公司被中国石油和化工勘察设计协会评选为行业技术创新示范企业。

公司工程设计方面的业务发展成功通过了全面、严格的审核，工程设计综合资质延续获得了国家住房和城乡建设部正式发文批准，标志着大庆油田工程有限公司继续位于国内工程设计行业第一方队。

（大庆油田工程有限公司　邢志东）

开创高质量发展新局面
——华陆工程科技有限责任公司发展纪实

华陆工程科技有限责任公司的前身为化工部化工设计院七室，成立于1958年，后为化工部第六设计院，2009年重组合并更名为华陆工程科技有限责任公司（简称华陆科技），现隶属于中国化学工程集团有限公司，是中国化学工程股份有限公司的全资子公司。1965年11月1日自北京化工设计院分出正式成立化工部第六设计院，华陆科技已走过了50多年的风雨历程。

经过50多年发展，华陆科技已成为集投融资、技术研发、技术咨询、工程设计、采购施工、项目管理、开车指导、运行维护等业务于一体的，具有工程总承包能力的国际型工程公司。公司具有工程设计综合甲级资质，可承接各行业、各等级的建设工程设计业务，可从事国内外相应的建设工程总承包及项目管理业务和相关的技术与管理服务。

华陆科技自创立以来，一直专注服务于石油和天然气化工、煤化工、精细化工、材料能源、基础设施等业务领域，致力于将最先进的科技成果转化为能够为客户创造最佳效益的优质生产力，积淀了雄厚的技术开发实力和丰富的工程建设经验。50多年以来，通过整合全球资源，累计完成了包括近百项总承包在内的1800余项大中型建设项目，设计产品200多种，新工艺、新技术开发100余项，拥有专有技术和专利技术180多项。尤其为国防化工和航空航天事业以及大型化工基地和大化肥装置、现代煤化工项目建设作出了重大贡献，多次受到国务院、中央军委通令嘉奖，先后获得国家科技进步特等奖3项，国家科技进步一等奖3项，其他国家和省部级奖励350余项。

华陆科技在编职工1300余人。其中，全国工程勘察设计大师1人，陕西省勘察设计大师1人，行业勘察设计大师3人，教授级高级工程师132人，高级工程师423人。享受国务院特殊津贴38人。研究生学历占比41%，本专科学历占比57%。现设有全国博士后流动工作站。

华陆科技制定了“三年五年规划，十年三十年愿景目标”中长期发展战略，创新工作机制，加快公司转型升级步伐，推进工程项目精细化管理和职能管理提升，实现经营规模与经济效益稳步增长，正在为建设成为技术领先、工程立业、管理卓越、多元发展的国际一流工程公司而努力奋斗。

第一节　立足国防尖端工程，争创大庆式企业和行业排头兵（1958—1978年）

20世纪50年代，随着国防工业的发展，国家明确提出对国防化工产品的需要，为此化工部于1958年10月1日在北京化工设计院建立了化工设计室——七室。1965年又以化工部化工设计院七室（国防尖端设计室）为基础成立化工部第六设计院。其后又先后更名为燃料化学工业部第六设计院（简称化工六院）、石油化学工业部第六设计院。

化工六院是为保卫国家安全、加强国防力量、建设国防化工成立的唯一设计院。这一阶段，化工六院的工作性质为化学工业部国防尖端设计院，承担化工部有关国防尖端工程的设计工作，主要的业务范围为稳定同位素分离、低温工程、防化、高能推进剂以及生氧物质等的生产厂和工业试验厂的设计等。

一、化工部第六设计院的诞生

1957年10月25日人民日报发表社论——《我们要建设强大的化学工业》。当时，国家向化工部提出研制、生产多种国防化工尖端技术产品计划，主要包括重水、液氢、偏二甲肼等高能燃料和推进剂。经过一年的紧张筹备，化工部于1958年10月1日在北京化工设计院建立了化工设计室——七室，主攻产品为重水，主要任务是各种生产工艺技术路线的探索性试验、小型试验和中间工厂试验装置的开发设计、大厂方案（概念）设计、中试装置的建设试车，直至拿出合格产品，满足军工需要。七室建立时，员工绝大多数是刚步入设计院的年轻人，他们不怕失败和挫折，刻苦钻研，深入实际、勇于实践，参与新型材料的设计和建设，先后完成了重水、液氢等28个品种、46个生产装置的开发、试验和设计任务。其中建成投产的有28个工程；填补了国家12项空白。特别是在当时极其困难的条件下，他们走前人没有走过的路，研制成功重水等多项国防军工急需产品，为中国在1964年试验成功第一颗原子弹，1967年试验成功氢弹作出了重要贡献。

为了适应国防化工迅速发展的需要，1965年1月31日，化工部决定，以七室为基础，成立化工部第六设计院。1965年11月1日，化工部第六设计院正式对外办公。

二、因势“西迁”，搞好国防化工尖端设计

新成立的化工六院，除承担化工尖端设计外，为促进国防化工更快地赶超世界先进水平，也做一些科学研究工作，院内设立一个小型研究室。研究和工程开发方向为高能燃料、重水、液氢及低温、火工及新材料、公用工程、化学工程等。这一阶段的研究和开发历程铸就了化工六院人重视塑造工程开发能力的秉性，为专注于低温工程、材料能源等业务领域，奠定了扎实基础。

1. 被评为大庆式企业和全国勘察设计行业排头兵

经过3年多的建设，化工六院于1969年由北京搬迁到陕西咸阳茂陵边上的马跑泉村。全院职工发扬艰苦奋斗的延安精神，学习吃苦耐劳、勇猛顽强、敢打敢拼的军人作风，克服一个个困难，艰苦创业，自己动手、丰衣足食。

即使在“文化大革命”期间，化工六院连续几年都顺利地完成了国家下达的一系列军工配套工厂的建设任务，满足了国家对产品的需求。1975年，经化工部批准，建成化学工程试验车间，有力地加强了化工六院的工程开发能力。化工六院在1977年被评

为“全国大庆式企业”，1978年光荣出席全国科学大会，得到多项国家最高奖励，成为全国设计行业的排头兵。

2. 建设化学工程中心站和电子计算应用设计技术中心站

1972年4月17日，化工六院和石油化工设计院共同主持，在咸阳茂陵召开了化学工程技术经验交流会，着重交流了化学工程所取得的经验和成果，讨论了化学工程工作方面存在的问题和建议。这次会议拉开了化学工程中心站面向全国开展工作的序幕。同年，《化学工程》刊物创刊。由化工六院编辑出版的《化学工程》期刊，是国家科技部中国科技核心期刊（中国科技论文统计源期刊）、中文核心期刊，为被引频次最高的500种中国科技期刊之一。

1969年11月，化工部军管会决定将计算站搬至化工六院，从国内早期第一代靠穿孔打眼编程的121机、TQ-16机开始，发展到后来的PC机个人电脑、Apollo Intergraph工作站，奠定了化工六院在20世纪70—90年代期间，一直成为化工部系统电子计算机管理和应用技术中心地位。同时也有力地推动了化工六院在新产品技术开发、工程设计过程中计算机技术的应用，较好地支撑了化学工程中心站的发展。

化学工程中心站和计算机站的发展，促进了化工六院在军工产品设计中不断技术进步，也成为促进化工六院涉足并发展石油化工、新材料等多个业务领域，实现设计军转民的有力工具，为承接国家“六五”“七五”的引进项目打下了坚实基础。

3. 在全力保障国防化工项目的前提下，适度转向民用项目

1970年6月，国家合并成立燃料化学工业部，根据燃化部基建会议精神指示，化工六院的业务仍以军工为主，有力量可以搞一些民用。自此，化工六院逐步开始承担民用大化肥项目、石化项目等工程设计。

1973—1978年，化工六院除了集中精力出色完成国家安排的820工程等项目外，还承担了国家13套引进大化肥项目之一——沧州化肥厂、第一胶片厂、哈尔滨石油化工厂、青岛呈色剂等工程项目，以及援助罗马尼亚的聚四氟乙烯、援助越南的永富氯碱厂等的设计任务。

4. 重视技术研发，铸就卓越工程开发能力

从一无资料，二无经验，到助力中国1964年第一颗原子弹、1967年第一课氢弹爆炸成功，化工六院历来重视新产品研发和工程技术开发。

1977年12月，化工六院召开第一次科学大会，全面总结了十几年发展、设计、科研工作的主要成绩和收获体会。化工六院先后完成了44个化工产品的72项工程设计，建成44项设计工程，有43项达到一次试车成功，为国家填补了14项化工产品的空白，为国防有关部门提供了18种合格、足量的专用化工产品，并使几项重要国防化工产品的生产技术迅速跨进世界先进水平的行列。这次科学大会表彰了820、324等29项设计科研成果。

1978年4月，全国科学大会在北京人民大会堂召开。化工六院的双温交换制820技术、高效金属丝网波纹填料塔、《机械设计手册》的编制和修订、大型炼油设备塔盘和换热器的改进研究以及低温推进剂原料-140工业化技术、820工程等六项成果，获全国科学大会重大贡献奖。

1978 年 10 月 18 日，化工部下文《关于化工部第六设计院的规划意见》，充分肯定了六院的工程技术优势，指明了未来的发展方向。即：一是承担国防化工产品、低温工程和胶片磁带等新型材料的工程设计，并承担一些民用工程的设计。二是承担部内化学工程和电子计算业务，建设中心站的工作。三是承担新型材料的规划工作。四是承担新型材料的部分研究工作与化工新工艺、新产品的技术开发工作。

第二节　乘改革开放之风，成功实现军转民，努力创建国际型工程公司（1979—1999 年）

改革开放以后，国家建委在 1979 年全国勘察设计工作会议上指出，设计单位要实行企业化、推行合同制，拉开了中国勘察设计业改革的序幕。化工六院与陕西省化工设计院合并，组建并先后更名为化学工业部第六设计院、中国华陆工程公司。这一时期，化工六院积极改革，走进市场开展经营，进行组织机构调整，完善管理制度，重视技术开发，重视人才队伍建设，不断拓展业务领域，完成了从设计院向工程公司的过渡。

一、探索设计院体制改革，加快现代企业体制机制建设雏形搭建

根据国家统一部署，化工六院于 1980 年 8 月 1 日向化工部报告《关于化工六院实行企业化试点的申请报告》，拉开了六院进行设计院体制改革的序幕。

按照化工部要求，从 1983 年 7 月起，化工六院开始试行技术经济责任制，凡承担各项任务都签订合同，均按国家收费标准收费。此后，根据生产组织需要，化工六院完成组织机构调整，其中设计生产科室设工艺、开发、设备、电控、土建、公用、概算、实验、完成、计算站、档案等 11 个科室。如此的机构设置，在当时的勘察设计行业，已经是专业分工非常明晰。

随着改革开放的深入，在完成引进项目过程中，化工六院通过与国际工程公司的合作和学习，逐步探索设计院设计程序、方法和体制的改革。同时，积极探索化工装置设计新程序与方法，开始实行设计新体制。经过两年多的准备和向兄弟单位学习，结合与法国 TP 等国外工程公司的合作的体会，特别是总承包项目的实践，院内组建工艺室、工程室、采购部等，并调整了专业分工。这标志着化工六院改革设计新体制迈出了实质性的一步。

1994 年 2 月 28 日，化工六院成立企业管理部、国际事业部。1995 年 12 月，化工六院《改企转制实施方案》《关于试行岗位技能工资制实施细则及其动态管理暂行规定》《职工聘用合同制、待岗人员和下岗人员管理暂行规定》等一系列制度相继实施。

1996 年 1 月 1 日，中国华陆工程公司（简称华陆公司）正式宣告成立，从此化工六院成为真正的设计企业，开始全面实行企业化经营管理的新机制。中国华陆工程公司

的成立也标志着化工六院在实行企业化和创建国际型工程公司的道路上迈出了关键的一步，并取得实质性进展。与此同时，其全资子公司陕西诚信建设监理有限责任公司于1月10日宣告成立，并开始运营。

成立公司制企业以后，华陆公司持续推进生产组织改革，强化执行设计新体制的专业分工，经过一轮轮摸索和体制改革，现代企业体制机制的雏形基本建成。

二、传承国防人特别能吃苦的作风，出色完成下达的军转民任务，进军石油化工领域

到1980年，化工六院专门承担化工部下达军工配套项目设计任务的局面已基本结束，逐步调整为军转民的业务方向。一方面接受化工部基建局下达的化工设计项目，另一方面主动发挥自己的实力，每年都安排大量的人力、物力投入新产品、新技术的开发研究和技术基础工作，以加强自己的技术储备和技术实力。

化工六院从国防化工向民用化工转轨期间，承担并出色地完成了上级下达的浙江11.5万吨/年乙烯项目科研、四川合江有机硅、扬子石化乙烯工程总体和联合芳烃、醋酸、齐鲁石化乙烯工程丁辛醇-苯酐-环氧氯丙烷、大庆丁辛醇、大连脂肪醇、大沽环氧丙烷、杭州磁带厂、杜桥电站、茂名石油工业公司页岩沸腾炉电站工程、北京丁辛醇、吉化芳烃和苯酐等许多国家重点工程设计，而且全都按照与甲方签订的合同规定日期如期或提前交出了图纸，保证了工程建设进度的需要，受到了上级和建设方的好评。

尤其是经过“八年抗战”完成的扬子石化乙烯总体和联合芳烃、醋酸项目的工程设计，既出色完成了中国最大的石油化工基地的建设，获得了国家级工程设计金奖和银奖，同时也锻炼和培养了一大批技术人才，积累了承担建设特大型石化项目的本领。此后，扬子芳烃二期扩建到85万吨/年，三期扩建到140万吨/年的设计任务均是只购买国外专利商的工艺包，由化工六院完成基础设计和工程设计。

三、探索经营，在大化肥、煤化工等基础化工领域硕果累累

随着化工设计体制改革的不断推进，化工六院也在快速融入市场。1986年1月18日，院与核工业部建峰化工厂正式签订八一六工程设计合同，至1993年10月14日产出合格尿素，这是化工六院通过投标、答辩、核工业部批准，从5家设计单位竞争中脱颖而出，中标的气头年产30万吨合成氨、52万吨尿素的引进大化肥项目，是继沧州大化肥项目后配套设计完成的又一套以天然气为原料而引进的大化肥项目。项目执行期间，有一年多的时间与国际工程公司在国外合作设计，这一难得经历助推了化工六院快速走向国际工程公司的步伐。此后，化工六院又完成了渭河化肥厂年产30万吨合成氨、52万尿素大化肥项目的工程设计。其后的数十年，六院设计建设的大化肥越来越多，为国家农业发展和保障粮食安全贡献了智慧和力量。

20世纪90年代，中国引进了多套醋酸装置。化工六院承担了国内首套引进的、以甲醇和一氧化碳为原料的上海吴泾化工厂10万吨/年醋酸装置的工程设计。1993年2月26日在北京人民大会堂，上海吴泾化工厂与英国BP公司签订引进10万吨/年羰基合成

醋酸装置合同。1996 年 8 月 25 日，上海吴泾化工厂 10 万吨/年醋酸试车成功，产出合格产品。项目的顺利投产，进一步促进了化工六院工程业务向化工产品下游的延伸。

四、重视技术开发和质量管理，在精细化工和新材料领域铸就品牌

1. 重视技术开发，形成一批具有核心竞争力的拳头产品

如果说重水、液氢、偏二甲肼等化工产品是中国 20 世纪 50～60 年代发展核工业、航天、航空工业急需的国防化工尖端产品，那么有机硅、有机氟、特种工程塑料、特种胶卷、特种涂料、特种纤维等也是发展国防工业不可缺少的具有独特性能的新型材料。“六五”到“九五”期间，化工六院投入大量的人力、时间研发这些材料，并加快了这些新型材料的工业化生产。

化工六院在“六五”期间与锦西等有关科研单位共同开发异丁醛制甲基丙烯酸甲酯，获得化工部“六五”国家科技攻关奖。

早在 50 年代，化工六院就开始研发无水氟化氢（AHF）的生产，但工业化的规模只有 100 吨/年。而到 1966 年，化工六院的年产 3000 吨无水氟化氢技术便获国家科技进步一等奖。经过多年的完善和发展，自有技术“一种无水氢氟酸生产工艺”已成功应用于国内外多套大型工业化装置中，多次获得了业主的好评，为企业赢得了多项工程项目总承包合同，取得了良好的经济效益。

60 年代，化工六院已经攻克了四氟乙烯单体合成、悬浮法与分散法聚合、成型加工等一系列技术难关，并建成第一个 PTFE 车间。到 80 年代，随着化学工业的全面发展，空调制冷行业的迅速兴起，化工六院采用自主开发的技术为国内 10 多个厂家设计了 3000 吨/年无水氟化氢，小规模的 F11、F12、F22 等氟里昂制冷剂及 1000 吨/年四氟乙烯单体、聚四氟乙烯（PTFE）装置。此后通过参与引进项目，并进行技术创新，化工六院已将 AHF、F11、F12、F22 等氟制冷剂生产装置做到万吨级规模，四氟乙烯单体、聚四氟乙烯（PTFE）的设计规模也达到 5000 吨/年，还开发了氟产品的残液焚烧技术。这些都已成为化工六院的专有技术。“九五”以来，化工六院又设计建成了梅兰等几套大型装置，完成了巨化氟化厂的改扩建，开发了全氟丙烯、氟里昂代用品 134a 及氟化铝等新氟产品的设计，设计建设了聚三氟氯乙烯生产装置。其中，国家“六五”科技攻关项目千吨级聚四氟乙烯技术开发于 1986 年 1 月 13 通过化工部技术鉴定，1993 年获国家科技进步奖一等奖。

1983 年 2 月 19 日化工部向化工六院下达了开展“万吨级有机硅工业技术任务”的研发任务，同时下达了开展邻二甲苯氧化制苯酐技术、进行反应器冷模试验及气液平衡数据测定（具体项目是羰基合成及原料气净化用催化剂）、乙烯低压合成制丙醛和丙酸研究、沸腾床合成苯基氯硅烷、精馏吸收方法及塔板填料的研究等任务。

1995 年，化工六院千吨级四氟乙烯生产技术、邻法苯酐 60 克工艺氧化技术、甲胺生产技术，获化工部发布的第二批化工专有技术。

在 1985 年，化工六院的重大配套化工新材料项目获得国家科技进步特等奖。1986

年，743、659工程分别获1985年国家科学技术进步一等奖、二等奖。1987年又获得国家科技进步特等奖。

2.重视体系管理和信息化应用，为建立现代企业奠定基础

化工六院凭借丰富的承担国防化工的经历，在保密管理、科研、技术开发、设计、工程定额、电子计算机辅助设计等方面，组织编写了大量的规章制度、管理办法，很多制度被推广使用，为促进行业制度化建设做了大量有益的工作。

1985年9月18日，根据国家计委和化工部的有关文件要求，化工六院结合资历信誉，技术力量、技术水平、管理水平等情况，向中国化学工程总公司申请为甲级设计单位。1988年开展了全面质量管理（TQC）准备工作，并于9月通过了中国化学工程总公司组织的达标验收。此后，化工六院更加重视质量体系建设，均顺利通过历次质量体系复审工作，顺利通过压力容器、压力管道设计资格换证工作。

多年来，化工六院重视计算机技术在新产品技术开发、工程设计过程中的应用。1985年，化工六院计算机应用软件“建筑工程设计软件包”荣获全国计算机应用一等奖。1991年1月，管道轴侧图生成程序获化工部优秀软件一等奖，先后向国内5个甲级设计院转让；1992年管道轴测图自动生成软件获化工部科技进步二等奖。化工自控计算机辅助设计软件包获1990年化工部科技进步二等奖；大型列管式固定床反应器冷模试验和5项计算机软件项目分获1992年化工部科技进步二等奖和三等奖。

早在20世纪90年代，化工六院已经在东营1,4-丁二醇项目中开始采用PDS系统进行管道设计。随着计算机应用的推动，院率先成立信息管理中心，充分发挥专家和集体智慧，高效协作，于1999年实现了公司计算机网络全覆盖，计算机达到789台，生产科室578人实现了人手一机的目标。

五、重视人才队伍建设，形成了一支技术过硬、勇于创新、敢打硬仗的设计队伍

“崇尚技术、尊重人才”的企业文化和价值理念。化工六院重视人才队伍建设，注重培养和教育，为新时期化工人才的培养打下坚实基础。从70年代开始，为培养各类专业技术人才和管理人才，化工六院采取院内院外培训（如选派员工赴高校参加英语、日语培训）、工作实践锻炼相结合的办法，造就了一批既会设计又能管理，又懂英语的复合型人才，成为化工六院发展的主力军，形成了一支团结奋斗、敢打硬仗、勇于创新、无私奉献、热爱六院的职工队伍。

尤其是在20世纪80年代，化工六院为化工部和地方培养输送了不少领导干部和技术骨干，越来越多的六院人在新的不同岗位上为国家和社会主义事业建设作出了突出的贡献。

六、对标国际一流工程公司，走工程总承包之路

师夷长技以自强。自从1973年承担沧州大化肥项目，化工六院人获得了对标境外先进工程公司的更多机会。随着改革开放的深入，在完成引进项目过程中，通过与国际

工程公司的合作和学习，化工六院更加坚定了走工程总承包之路的决心，并不断走向国际化。

1989年4月7日，化工六院历史上第一个工程总承包项目——山东潍坊化工厂6000吨/年氯化聚乙烯项目工程总承包项目经理部正式成立。历时一年多，该装置便试车成功，打响了化工六院走上工程总承包之路的第一枪。

随着改革的推进，对外开放有了重大突破。化工六院成为全国最先取得对外经营权的单位之一。1992年7月29日，国家经贸部批准发放化工六院外派劳务人员许可证书，对外事经营权的补充和完善。同年10月经外贸部、陕西省政府、中国驻阿联酋大使馆批准，化工六院与陕西省经贸公司等三家联合兴办的境外企业“皮革世界”正式办理了营业执照，这是化工六院首次尝试在国外办企业。化工六院在1995年首次参加国际招标，便一举斩获了沾益、乍浦（壳牌）、青岛（汽巴）三个项目，实现了工程总承包商零的突破，并真正开始全面实施设计、采购、施工、工程建设管理的工程公司运作机制。

1996年，更名后的华陆公司对专业部室进行调整，逐步全面推行与国际工程公司接轨的新体制，增设和完善国际事业部等有关职能机构。生产管理机制按国际通用的模式实行项目管理为主，并积极开展工程项目总承包业务。

1998年6月华陆公司承担的由亚行贷款、国际招标的8个项目之一——云南沾益尿素建成投产。1998年成功签约合肥尿素和无锡香精两个总承包项目。同年，美国德士古开发公司致函公司，同意华陆公司具有在中国为德士古煤气化工艺进行工程设计和工程建设承包商的资质。12月华陆公司取得由经贸部颁发的“中华人民共和国进出口企业资格证书”，从此不但有出口资格，也有了进口资格。这一年，华陆公司有六个总承包项目在运行实施，使其向国际型工程公司迈进了一大步，不但推动了向工程公司功能过渡和转换，培养锻炼了人才，而且创造了很好的经济效益，为企业争得了信誉。

1999年党的十五届四中全会提出，为适应全球产业结构调整的大趋势和国内外市场需求的变化，必须加快国有企业的技术进步和产业升级。华陆公司审时度势，充分把握国家实施西部大开发战略、加入WTO、对勘察设计行业体制改革政策出台等机遇，开拓前进，努力创建具有竞争力的国际型工程公司。

第三节 坚持工程立业、技术创新，坚定不移走总承包之路，走专业化、国际化、多元化发展道路（2000—2019年）

进入新世纪，随着石化产业、化工产业规模迅速扩大、结构逐步优化，勘察设计企业的发展也是跨越式的。与此同时，“一带一路”倡议、中非产能合作等提出并得到国际社会的积极响应，使得古老的丝路重新焕发生机。华陆科技继承和发扬化工六院的优良传统，坚持深化改革，在体制创新、机制创新、管理创新、技术创新和创建国际型工程公司等方面取得了显著的成绩和长足的进步。

一、不断深化企业改革，加快建设现代企业制度

1. 完善法人治理结构，建立现代企业制度

按照国家大力促进国有企业的体制改革、机制转换、结构调整和技术进步的要求，公司一直在不断地进行企业组织机构的调整和管理制度的改革。2003 年作为原外经贸部职工持股改革试点企业，华陆公司根据国有企业建立现代企业制度的要求，按照主辅分离、做强主业、搞活辅业的基本精神，采取控股分立式改制方式，发起设立了产权多元、自主经营、自负盈亏、有内部职工持股的华陆工程科技有限责任公司，由此翻开了华陆科技发展史上新的篇章。并在 2009 年进行了组织机构重置，在 2010 年实现中国华陆工程有限公司和华陆科技的合并，合并后的公司名称为华陆工程科技有限责任公司。2010 年 1 月 7 日，华陆科技作为中国化学工程股份有限公司骨干企业，实现整体上市。

在多年的改革发展中，华陆科技坚持党对国有企业的领导，保证党和国家方针政策、重大部署在国有企业贯彻执行。按照现代企业管理制度完善自身建设，建立了规范的法人治理结构，通过权力机构、决策机构、执行机构、监督机构形成各自独立、权责分明、相互制约的管理体系。重点推进党委和董事会建设，在公司制的治理关系中，建立健全权责对等、运转协调、有效制衡的决策、执行和监督机制，充分发挥董事会的决策作用、监事会的监督作用、经理层的经营管理作用，促使职工代表大会、工会紧密围绕公司生产经营开展工作，企业治理体系日益完善，治理能力不断提升。公司持续优化调整业务结构和经营布局，持续深化改革提高企业活力和效率，企业核心竞争力显著增强。

2. 加快企业改革，调整组织结构，适应企业发展的内外部需求

华陆科技不断推进机制改革，全力推进精干主体，剥离辅助，逐步实现主辅分离，为推行全员劳动合同制，改变沿用几十年的用工制度，打破“大锅饭”，工资、奖金向技术一线职工大幅度倾斜，从而极大地激励了技术人员的工作积极性，也更好地稳定了队伍。建立和实施质量、环境及职业健康安全管理体系，顺利通过船级社认证公司的审核并获得由中国船级社颁发的质量、环境和职业健康安全管理体系认证证书，领到了承揽重大工程、进军国际市场的通行证。从商务经营到项目交付，工程项目精细化管理水平全面实施。建立了完善的总承包项目费用控制管理办法，提升了项目管控能力，理顺了机制。基于项目管理的流程，开发完成了 HLMS 采购信息化管理软件系统，实现了采购工作全流程的管理，提高了工作准确性及效率，不但满足了总承包项目材料管理的需求，还实现了首次对外转让。同时，开展两个体系融合工作，使制度、流程不再重叠冲突，保证了管理上的一致性。通过以上工作，华陆科技实现了制度体系建设的目标，标志着工程项目全面精细化管理达到一个新的高度。

为了提高企业竞争力，继续加快信息化建设，全面推动网络建设和网络应用，目前计算机工程软件应用和国际接轨，虚拟工作站云平台建立完成。持续推进工厂三维设计和数字交付方面，硕果累累，具备了在鹰图和 AVEVA 两个国际主流数字化平台上实现项目交付的能力。

与此同时，华陆科技实施多元化发展战略，强化资金管理和资本运作，成立了投融

资部，开展现代金融服务业务，推进产融结合，通过资本运作，整合内外部资源，创新商业模式，实现金融资本与实业产业的充分融合与协同，大力推进产业发展。继成立华陆实业（香港）公司之后，正在以科研技术创新、体制机制改革为依托，发展化工新材料实业，积极推动高回报率实业领域发展成为公司的重要业务板块和利润中心，从而降低建筑工程行业周期性对公司经营、财务方面的影响，增强企业的抗风险能力以及盈利能力，形成实业推动企业发展的新局面。

二、坚持工程立业、技术领先的发展理念，大力实施专业化战略

在参与激烈的国际、国内市场投标竞争中，华陆科技深切地体会到，作为国际型工程公司，除设计程序、方法、标准、规范、装备、人才等条件必须与国际接轨外，还必须不断地进行技术创新，拥有自己的技术专利、专有技术、拳头产品，才能具有竞争优势，这是企业可持续发展和走向国际的重要条件。华陆科技专注于石油和天然气化工、煤化工、精细化工、材料能源、基础设施等业务领域，致力于将最先进的科技成果转化为能够为客户创造最佳效益的优质生产力。

1. 做好传承，在石油和天然气化工领域深耕

尽管国内石油化工勘察设计行业格局变幻，但华陆科技一直在该领域深耕。凭借参与国内炼油工程及石油化工等项目建设积累的经验，基于强大的工程开发能力，华陆科技培养了一支专业化的工程设计、管理人才队伍，在炼油工程方面，逐步具备了承担150/300/500/800/1000万吨及以上规模的炼油项目实力，并已经在海外市场建立了良好的口碑。以EPC总承包模式建设的巴基斯坦国家炼油有限公司升级改造项目自2015年3月合同生效以来，历经26个月建设，制氢装置、柴油加氢装置、异构化装置投料开车一次性成功并产出合格产品，彰显了华陆科技优秀的管理水平和精湛的技术实力。该项目被中国勘察设计协会评为2019年“全国勘察设计行业海外工程经典项目”。

在石油化工方面，丁辛醇、石油焦气化工程市场份额到达半成以上；在粗苯加氢、苯酐、环氧氯丙烷、液氢、大型低温储罐领域都拥有自有技术，并占据了较好的市场份额。在丙烷脱氢、聚丙烯业务方面，华陆科技承建了全球首套、迄今为止世界上投产运行能力最大的张家港扬子江丙烷脱氢项目，同时与LUMMUS（鲁姆斯）、UOP、GRACE（格雷斯）、Lyondellbasel（利安德巴塞尔）、INEOS（英力士）等多个国际专利商均有合作。

2. 发挥区域优势，做强做优煤化工业务

在煤化工领域，华陆科技是国内最早涉足该领域的工程公司之一，先后完成了近百项大型煤化工项目，是涉及煤气化技术最广泛、气化压力及气化炉规格最齐全的工程公司。在水煤浆气化领域优势明显，拥有4.0兆帕、6.5兆帕、8.7兆帕全压力煤气化工程设计经验，拥有“水煤浆气化工程设计技术改进”和“水煤浆气化炉安全仪表系统”两项行业设计专有技术。承担了国内47套水煤浆气化装置的143台气化炉的工程设计。其中，包含了多个技术及应用的“首套”业绩：首套6.5兆帕气化压力的ϕ2800毫米、ϕ3200毫米、ϕ3600毫米、ϕ4000毫米业绩，首套和规模最大的8.7兆帕气化业绩，首

套水煤浆水冷壁的业绩、首套煤油共气化业绩、首套水煤浆和粉煤耦合气化技术示范项目业绩等。同时，华陆科技也是较早承担粉煤气化装置的工程公司之一，2002 年采用中科院太原煤化所开发的灰融聚流化床粉煤气化技术，为陕西城固化肥厂放大设计成功煤气量为 9240 米^3/时的灰融聚粉煤气化装置。

华陆科技与陕煤天元成功开发出了大型工业化低阶粉煤回转热解成套技术，2019 年 11 月通过了中国石油和化学工业联合会组织的科技成果鉴定会，被评为国际领先。华陆科技完成了与中科院工程热物理研究所合作，开发循环流化床固体热载体技术 6 吨/时中试设计及验证工作，并在此基础上完成了该技术 60 万吨/年热解工艺包。依托粉煤热解技术，华陆科技完成了粉煤热解整个板块的技术储备，包括煤气净化工艺、液化制取 LNG、燃气生产等。

华陆科技在煤化工领域的工程业绩主要包括：煤制氢、煤制合成气、煤制甲醇、煤制天然气、合成氨、尿素、乙二醇、醋酸、二甲醚、煤焦油加氢、煤制油、煤制烯烃、煤热解等。华陆科技首次整合变换单元工艺技术形成工艺包，持续对低温甲醇洗技术进行开发并实现多次转让。多年来，凭借着领先的技术和丰富的经验，华陆科技率先完成了全球最大的煤（石油焦等）制氢装置；中国第一套自主知识产权和装备的大型合成氨尿素装置；中国第一套四喷嘴对置式气化装置；中国第一套自主知识产权的百万吨级煤制油装置；中国第一套水煤浆水冷壁气化装置；中国第一套规模最大的煤制乙二醇装置；中国目前单套规模最大的煤制甲醇装置；中国第一套大型羰基合成醋酸装置；全球首套煤、油、气资源综合利用生产甲醇的巨型装置，其中天然气转化系统中的装置规模是目前亚洲在运行的最大的天然气一段蒸汽转化装置。如 2004 年由华陆科技完成设计的德州第一套国产化水煤浆造气大化肥工程开创了国内十个第一。2019 年由华陆科技作为总体院及核心装置总承包单位参建的“渭北煤化工园区 180 万吨甲醇 70 万吨聚烯烃项目”荣获“2018—2019 年度国家优质工程金奖”，该项目首次采用 8.7 兆帕水煤浆加压气化技术，实现大型甲醇等压合成工艺，大幅降低装置投资和装置消耗，创造了水煤浆气化压力世界最高、单炉生产能力世界最大、气化装置总生产能力世界最大等三个世界之最。

3. 持续创新，做中国精细化工工程设计的领航者

作为中国精细化工领域的领航者，华陆科技除了在有机氟、有机硅行业具有领先优势外，还承担了众多精细化工产品生产装置的工程设计与建设，如蛋氨酸、尼龙系列、柠檬醛、三氯蔗糖、PBAT、丁二酸、橡胶助剂、二胺、呋喃等百余种产品。设计建成了中国首套万吨级甲胺装置和全球最大的单套 10 万吨甲胺装置；中国首套 8000 吨级二甲基甲酰胺装置和全球最大的单套 1 万吨二甲基甲酰胺装置；形成了具有自主产权的甲烷氯化物专有技术，并在全球转让近 10 套，中国 80% 以上的甲烷氯化物项目由华陆科技设计建设。近年来，华陆科技依托丰富的工程设计经验，采用先进的计算软件和控制系统，结合生产操作经验，对原有的无水氟化氢、有机氟、有机硅、甲胺、DMF、甲烷氯化物、1，4-丁二醇、甲基氯硅烷、苯酐等优势技术进行了工艺技术升级，使这些优势技术始终在国内保持领先地位，并实现了向国外厂商的授权。

4. 发力新材料新能源化工产品，建设绿色化工工程

新材料能源是华陆科技擅长的业务领域，也是国家政策重点发展的领域。历经技术积累、自主创新和开发，华陆科技拥有自主研发的材料能源相关专利技术近 20 项，产品 10 余系列。在新材料方面，2001 年 11 月经过激烈的竞争投标，华陆科技以优良的方案、雄厚的实力在烟台万华 16 万吨/年 MDI 工程设计与项目管理承包招标中中标，从此开启了华陆科技与万华化学战略合作的新篇章。2007 年 12 月，华陆科技参与的万华化学年产 20 万吨大规模 MDI 生产技术开发及产业化技术获得 2007 年度国家科技进步一等奖。2019 年 12 月，华陆科技与万华化学等单位合作完成的脂肪/环族异氰酸酯全产业链技术获中国石油和化工行业科技进步特等奖。

从自主开发设计全国首套多晶硅工程装置建设以来，如今华陆科技已经设计建设了中国 80% 以上的多晶硅项目。从千吨级到万吨级，不断创造了建设周期短、单位产量造价低和技术先进的压倒性技术优势，为国内太阳能光伏产业和电子产业的发展提供了必要的基础保证。在新能源方面，华陆科技拥有自主知识产权的液氢技术，聚焦氢气液化、液氢储运、液氢加注等液氢相关技术开发，推进氢能产业业务拓展；还承担了多个碳酸锂、磷酸铁锂、三元电池等能源材料技术合作开发与工程服务。

5. 拓展基础设施和环保业务，推动化工园区高质量发展

随着国家产业调整的政策变化，华陆科技成立了基础设施事业部、环保事业部，逐渐形成了以石油及化学工程业务为主，以化工园区建设等基础设施和环境治理业务为切入点，向其他建筑工程领域拓展辐射的新经营格局。公司充分把握经济发展态势，利用化工园区退城入园、长江大保护、黄河生态保护、粤港澳大湾区建设、化工项目入园等政策，充分发挥自身技术及专业优势，以“专业+ 投资”为驱动，大力拓展基础设施板块业务。作为最早进行化工园区规划的单位之一，华陆科技积极参与大产业基地和大产业集团的规划工作，有烟台万华化学化工工业园区、延长石油集团靖边能源综合利用项目产业基地、陕煤集团渭北煤化工园区煤制烯烃基地、阳煤集团新疆国泰新华准东地区煤基精细化工基地、青海盐湖集团金属镁一体化产业基地、宁东国电英力特煤基多联产产业基地、东华能源集团张家港和宁波丙烷脱氢产业基地、山东德州华鲁恒升集团产业基地和三门峡陕州区产业集聚区、榆神清水工业园等，取得了巨大成功。

华陆科技自主开发的 8 万立方米低温储罐及辅助系统工艺技术及储罐本体设计技术已成功工程化应用，并储备了 16 万立方米 LNG 储罐技术。在基础设施建设领域，华陆的工程建设产品以高品质为特点，凭借着经济、安全、可靠的设计，在业内树立了良好的品牌口碑。业务涵盖码头、大型罐区、海水淡化工程、长输管线、工业园区规划、综合管廊、工业燃气/城市燃气、城市供热/供暖/供水、固废处理、市政污水处理/工业废水处理、民用建筑/楼宇设计/智能建筑、城市交通等。

三、提升工程项目管理水平，坚定不移走总承包之路

作为国内为数不多的具有工程设计综合甲级资质的工程公司，华陆科技坚定不移走总承包之路，持续提升工程项目管理水平，在国内外相应的建设工程总承包及项目管理

业务和相关的技术与管理服务方面取得了丰硕的经营成果，建设了一批优质工程，已经发展成为具有较强工程总承包能力的国际型工程公司。境内外总承包业务合同额已占公司的95%以上。

华陆科技总承包或管理总承包建设的项目荣获诸多国家级、省部级、行业级优秀工程总承包、项目管理奖。烟台万华聚氨酯股份有限公司16万吨/年MDI工程获得全国工程勘察设计行业第三届优秀工程项目管理奖金奖，天津化工厂2.4万吨/年环氧氯丙烷工程获得全国优秀工程总承包银钥匙奖，宁波万华MDI技改扩能项目获得全国工程勘察设计行业第八届优秀工程项目管理奖金奖，神华煤直接液化项目空分装置获得全国工程勘察设计行业第八届优秀工程总承包项目奖银钥匙奖……

四、开拓海外市场，大力实施国际化战略

随着改革开放的不断深入，尤其是“一带一路”倡议的提出，华陆科技审时度势、精心谋划，统筹企业发展布局，研究制订了“一带一路”建设发展规划，实现国际工程多点开花，项目体量越来越大，国际化战略推进成效显著。

从技术引进到技术出口，从承担涉外工程设计到以总承包模式承建海外项目，华陆科技的国际化之路越走越宽广。华陆科技自主开发的苯酐、甲烷氯化物、聚醚多元醇、AHF、TFE-PTFE等专有技术多次实现了技术出口和授权。承担扬子石化-巴斯夫有限责任公司的扬巴一体化二期项目工程设计，与由Fluor、Toyo、Daelim等3家国际工程公司和业主项目管理组共同组成的联合执行团队（IET）共同管理一并建设该项目，华陆科技工程人员的国际化沟通和协作能力大幅提升，并增强了承担涉外项目的本领。

自2014年以来，华陆科技先后与巴基斯坦国家炼油有限公司签订巴基斯坦国家炼油有限公司界区内升级项目总承包合同，与巴基斯坦巴阿炼油有限公司签订中部炼油厂升级改造项目EPC合同，与巴基斯坦国家炼油有限公司成功签订常减压改造项目总承包合同……

在非洲，签约尼日利亚Indorama公司大颗粒尿素项目EP合同，成功开启了公司进军非洲市场的序幕。在俄语区，2015年12月13日，在哈萨克斯坦前总理马西莫夫先生的见证下，中国化学、华陆科技、中国天辰联合投标的哈萨克斯坦阿特劳州石油化工综合体项目在北京钓鱼台国宾馆成功签约。哈萨克斯坦阿特劳州石油化工综合体项目包含一套年产50万吨PDH装置和一套年产50万吨PP装置。项目的成功签约，为公司进一步推动国际业务转型，进军海外市场奠定了基础，为华陆科技建设国际型工程公司树立了信心。

第四节　努力建设成为技术领先、工程立业、管理卓越、多元发展的国际一流工程公司

回顾公司发展历程，华陆科技伴随共和国成长壮大，是改革的见证者、亲历者和受

益者。展望未来，华陆科技仍将是中华民族实现伟大复兴的参与者、推动着、建设者。华陆科技将坚持以技术创新和体制机制改革为动力，以工程立业、技术创新为基础，稳步发展石油和天然气化工、煤化工、精细化工、材料能源、基础设施等业务，实施“1359”战略举措，努力建设成为技术领先、工程立业、管理卓越、多元发展的国际一流工程公司。

毫不动摇实施专业化战略。围绕石油及天然气化工、煤化工、精细化工、材料能源等化工工程全价值链进行定位、布局和核心技术开发，充分发挥工程技术优势和项目管理能力，同时积极探索在投融资、整体规划、试车开车、运行维护、产品销售、技术升级等方面的全产业链服务，发挥技术引领优势，积极跟进未来行业的发展方向，提升资源配置和资源整合能力，强化人才培养和储备，不断提升设计、采购、施工、开车的有机融合，注重设计优化、模块化和撬装化的能力，不断提升品牌美誉度，打造核心竞争力，稳固保持公司在石油及化学工程领域市场的领先地位。

坚定不移实施国际化战略。根据自身的特点和技术优势，沿着区域市场和产品链两个维度，将海外经营理念从“经营项目”转为“经营市场”。区域市场方面，紧盯“一带一路”沿线国家，持续在境外设立分支机构，加强属地化经营；产品领域和产品链方面，集中于油气领域、煤化工、精细化工、材料能源和基础设施等五大业务领域，不断向产品链上下游延伸，掌握核心价值链，形成核心竞争力。加强国际化资源整合，推进市场、资源、人才的国际化进程，提高人才属地化比率，形成与国际接轨的运营模式，提高国际市场营收占比，使海外业务成为公司发展的重要支柱。

开拓创新实施多元化战略。巩固化工工程主业，在石油化工的传统领域之外，将基础设施、节能环保等作为业务拓展的重点，不断向产业链、价值链上下游延伸，同时在油气储运、军民融合、产园一体化、生物化工等领域进行布局，通过有效的商业模式，促进业务的多元发展，形成多产业板块协调发展的新格局。加快发展实业，以科研技术创新、体制机制改革为依托，积极推动高回报率实业领域发展，使其成为公司的重要业务板块和利润中心，降低建筑工程行业周期性对公司经营、财务方面的影响，增强企业的抗风险能力以及盈利能力，形成实业推动企业发展的新局面。

站在新的历史起点，肩负新的时代使命。华陆科技将以习近平新时代中国特色社会主义思想为指导，深入贯彻“创新、协调、绿色、开放、共享”五大发展理念，发挥自身优势，加快转型升级，推动化工行业和工程建设高质量发展，奋力谱写新时代壮丽新篇章。

（华陆工程科技有限责任公司 马燕星）

匠心绘蓝图　管道连世界
——中国石油天然气管道工程有限公司发展纪实

中国石油天然气管道工程有限公司（CPPE，简称石油管道公司）的前身是中国石油天然气管道勘察设计院，诞生于1970年，总部位于河北廊坊，隶属于中国石油集团工程股份有限公司，是中国石油管道局工程有限公司的全资子公司。CPPE具有工程勘察综合甲级、工程设计综合甲级、工程咨询甲级、工程造价甲级、工程测绘甲级等多项资质，业务涵盖石油、天然气、成品油与化工介质管道工程、储气库工程、地下水封洞库工程、矿浆管道工程、建筑工程、市政工程、海洋工程等各类工程项目前期的规划、勘察、设计、咨询、项目管理、EPC总承包。公司在辽宁沈阳、上海、珠海、成都、新疆及北京等多地设有分公司，在廊坊设有勘察事业部，专业从事工程勘察、测量、岩土工程；设有国际项目中心，全面国际化战略的实施，在中东设阿布扎比分公司，在泰国设东南亚设计咨询中心，业务范围分布在世界各地，已累积勘察设计咨询国内外各类管道10万多公里、储罐储库超过3000万立方米，是中国首批工程勘察、设计“双综甲”设计企业，迄今为止中国唯一的长输管道工程勘察设计咨询专业企业，唯一全部参与中国四大能源通道建设的行业指导设计企业，工程业绩遍布20多个国家和地区。

第一节　艰苦创业，使命担当（1970—1978年）

一、绘制中国油气大口径长输管道首张蓝图

1970年8月3日，沈阳军区燃料化学工业部遵照国务院、中央军委联合发出的《关于建设东北输油管线通知》，组建“八三工程”领导小组，下设会战指挥部具体组织工程建设，由大庆油田设计院和四川油田设计院派人组建管道勘察设计小分队，开始勘察设计国家第一条长距离大口径原油输送管道，即大庆—抚顺输油管线（简称庆抚线）。

庆抚线年输量2000万吨，大庆原油属高凝固点油，经工艺计算，管道直径为720毫米，壁厚8～9毫米，设计压力为4.32兆帕，管材为16Mn钢的螺纹管。管道干线长506.166千米，抚顺支线长43.82千米。此外，从大庆油田的集油站至首站有支线108千米（3#站至首站是双线），从康乐屯至各炼油厂和装车场有支线43.82千米，为Φ426毫米×8毫米钢管。管线北起黑龙江省大庆市大同区葡萄花镇，取名为太阳升首站，途经新庙、牧羊、农安、垂杨、蔡家、泉头、铁岭等7座中间热泵站，末站设在抚顺市康乐屯，输向抚顺石油一、二、三厂及前甸站装火车外运（称为支线35.3千米）。

全线工艺流程：罐—泵—罐开式流程，共有以太阳升首站工艺流程的10大流程。

二、国内首家油气管道勘察设计院诞生

1971年“八三工程”会战指挥部在原勘察设计小分队基础上正式组建了勘察设计大队（主要由四川院、大庆院、石油系统其他单位和辽宁省建筑设计院、国家测绘总局二分局等单位约150人组成）。1972年10月，会战指挥部将勘察大队扩编为428人的设计所。1975年1月经管道局党委批复，由东北输油管线指挥部设计研究所和管道局设计处合并组成中国石油天然气管道勘察设计研究院（简称管道院）。1975年8月，经石油化学工业部批准，成立石油化学工业部管道勘察设计研究院。由此，国内首家油气管道专业设计院诞生。

当时，国内长距离、大口径管道建设刚刚起步，管道院秉持着“管道为业、四海为家、艰苦为荣、野战为乐”的创业精神，白手起家、勇闯新路，编制了国家首个长输管道建设技术标准，出规范、树标杆，引领行业迈入规范化发展轨道，先后设计了东北管网、秦京线、马惠宁线、鲁宁线、任京线等工程，对中国管道运输业的发展作出了历史性的贡献。至此，国内首个特色突出、专业齐全的油气储运勘察设计专业机构从这里诞生。

1976年，唐山大地震，秦京线滦河管线公路桥震垮，管线震断，管道院积极主动参加抗震抢险、确保修复投产工作。

第二节　与时俱进，提升壮大（1979—1999年）

伴随改革开放的不断深入，管道院坚持“抓质量、上水平、增效益”的发展思路，积极消化吸收国外的先进技术，总结积淀自主技术、标准体系，勘察设计水平直线跃升，1987年被确定为全国甲级勘察设计单位。

一、走出去请进来，中外合作

1980年2月26日，管道院派人赴美国参加机械工程师协会压力容器和管道分会一百周年学术报告会，并作“长距离石油管线的震害和抗震计算”报告，让世界听到中国管道人的声音。

1983年2月，国家计委批复了铁大线密闭输送技术改造项目建议书，确定与外商合作设计。合作单位是美国福陆（FLOUR）公司。改造后的铁大线具有中心控制、站控和就地操作三级控制功能。在沈阳设控制中心，随时监控全线各站工艺运行参数和设备运行状态，根据需要可随时切换任意站工艺流程，启停任一台机组，可进行泵站停输、闭锁以及调节进出站压力、温度。实现了遥测、遥调、遥控，保证在满负荷条件下安全、平稳、高效地密闭输油。其技术特点是：实现了泵到泵密闭输送，可使全线形成统一的水力系统，消除了进站余压损失，减少了出站截流损失，有利于优化运行；建立了

水击保护系统，确保安全输油；每隔一座泵站使用了调速电机，避免了压力调节的截流损失；减少了5座中间罐轻质油呼吸损耗644.35吨/年；实现了先炉后泵工艺流程，减少摩阻，提高了泵效；完成了清管系统改造，铁岭首站设发球筒，大石桥中间站设收发球系统，鲅鱼湾末站设收球筒，其余4站安装引进的通球单向阀取代原来的干线液压球阀，实现了清管自动化；将方箱炉改用热媒炉，首次实现了原油间接加热，提高了加热炉效率；完成了输油泵的改造，改并联泵为串联泵，既简化了流程又节约了电力。

改造是在不停输条件下进行，自1986年热媒炉投产到1993年全线实现SCADA系统密闭输油，历时八年。这一项目的实践为改造旧管道积累宝贵的经验。

1985年1月11日，石油工业部批复建设东黄复线，确定与国外合作建一条达到国际20世纪80年代先进水平的全自动化输油管道。1月24日开始编制可行性研究报告，初步设计分为一、二期，于5月完成施工图设计，1990年建成投产。合作单位为加拿大NOVA公司。

东黄复线起自山东省东营市胜利油田，途经垦利、广饶、寿光、昌乐、潍坊、安丘、昌邑、高密、胶县、胶南，到青岛市黄岛区末站油库，共11个县市。管线总长246.321千米，东黄复线设计管道外径711.2毫米，材质为API5LX60，壁厚采用变壁管，为8.74毫米、7.92毫米、7.14毫米三种直缝焊接钢管。管线设计压力6.7兆帕，输量2000万吨/年。东黄复线设首站1座，中间热泵站2座，末站1座，平均站间距80千米以上。全线采用泵到泵密闭输油工艺，工艺流程采用大小泵级差匹配的串联泵流程，间接加热，设有SCADA系统。按照水击模拟分析报告，综合应用“液流泄放”“压力自动调节”“水击波拦截”的压力自动保护等措施超前控制水击，达到了国际20世纪80年代先进水平。

通过东黄复线设计，使技术人员掌握了原油管道的密闭输送技术和油气储运工程的国际先进标准、计算方法，以及设备、材料订货技术规格书和采办程序，设计水平上了新台阶。

1995年5月，管道院与意大利SNAMPROGETTI公司合作设计库尔勒-鄯善输油管道（简称库鄯线）。库鄯线干线长491千米，管径610毫米×(7.1～12.7毫米)，壁厚因地段而变壁分布，管材采用API5LX65，UOE直缝与螺旋管相结合的管型，全线设首站、末站、中间泵站、减压站各1座。管道操作和运行系统采用先进的管道自动化系统PAS，是在SCADA系统上增加在线实时控制系统、运行优化系统、泄漏检测系统及培训模拟系统。通过PAS对全线各输油现场，线路遥控截断阀、阴保站、通信站、减压站，进行数据采集和控制，满足了输油工艺安全、平稳、高效的要求。全线采用密闭输油工艺，从泵到泵中间不加热的常温输送工艺流程，国内尚属首例。而在每年的11月份到来年的5月份，在输油管内注入8微升/升GY-3降凝剂。库鄯线在认真总结国内管道建设经验的同时，结合国情消化吸收了国外的先进技术，应用新技术、新材料、新工艺、新设备，满足了总公司提出的“高速度、高质量、高水平、高效益”的四高要求。其设计特点是：干线设计压力是8兆帕，是20世纪国内油气管道中最高的设计压力；管道通过石方段时，采用了柔性阳极保护并与带状加棒镁阳极保护同沟敷设的新技术，保护效果好；合理设置减压站，以消除大落差地段给管道带来的危害，国内属首例；首、末站的变配电系统单独设置电气逻辑控制器（EPLC）控制，高压开关采用 SF_6 气体绝缘全封闭开关，选择具有事故诊断、记忆、数据通信功能的智能性低压开关柜，取代了常规继电器和变送器；全线采用 SCADA 控制系统，增加了控制功能；站控采用 DCS（分散型）控制系统；输送的原油采用两段加热，使油温从 10℃升至 55℃时添加降凝剂，再通过冷热油掺和的方法将出站温度降至 35℃后输送；首末站消防系统设计采用了美国消防协会（NFPA）标准，针对不同消防对象分别采用固定式水、泡沫消防系统（采用带压循环泵）和气体自动灭火系统。

库鄯线设计自动化水平较高，达到中间站无人值守，创造每公里用 0.5 人的记录。该设计经过国际咨询公司专家组评估及肯定。

苏丹黑格林格-苏丹港输油管道（简称苏丹管道）起自黑格林格首站经木格莱洗盆地，黑格林格热带雨林、沼泽、过萨亚沙漠，横穿世界第二长河——尼罗河，跨越红海小区，北到苏丹港，全长 1506 千米。管径为 28 英寸。

1996 年 12 月起，管道院先后有 241 人参加该项目的前期信息跟踪、投标和项目实施工作。从准备资料、预审材料、编制投标书及中标后的工程设计，先后完成了 3 版概念设计。全线设有泵站及清管装置 11 座（一期 6 座预留 5 座），分输计量站两座即喀土穆和奥贝依德，含原油计量、燃料油供应、仪表风系统、发供电系统、站场给排水、阴极保护站等。干线管材采用 APISLX65 螺旋缝及直缝埋弧焊钢管，管径 28 英寸 [ϕ711.2 毫米×(10.72～16.36 毫米)]，管线的工作压力分别为 9.722 兆帕和 14.844 兆帕。

苏丹管道项目标志着管道院已能够成规模地承揽国际工程项目。

二、精心打造“生命线”

1998 年 4 月，管道院开始编制兰州—成都—重庆成品油管道（简称兰成渝线）预可研报告，1999—2001 年间，完成并正式出版预可研、可研报告共 9 版，先后经各级领导、专家组审查数十次。2001 年 10 月初步设计开工，2002 年 10 月建成。

兰成渝线始于甘肃省兰州市西固区北滩油库的首站，沿途经过甘肃省临洮县、渭源县、陇西县、固城县、康县，陕西省宁强县，进入成都分输泵站，并向东延伸，经简阳、资阳、内江、隆昌、永州、巴县，到达重庆伏牛溪油库附近的重庆末站。全线设有 16 座站场，调度中心 1 座，设在成都。成都调度控制中心具有完成批量计划、批量跟踪、泄漏检测、罐区管理、优化运行，对输油泵、仪表的故障诊断功能。全线采用 SCADA 数据采集、监控系统和模拟仿真系统，三级控制和管理。利用卫星信道与沿线的各分站场的站控系统进行数据通信，并将有关信息用卫星信道传送给廊坊管道公司的调控中心，接受其下达的命令。设计中采用了油品集中分输、混油处理、高精度计算软件、变频调速电机、撬装计量设备等新技术，新工艺，新材料，新设备。

兰成渝线每年可以从首站密闭顺序输送 500 万吨汽油、柴油等多品种成品油，满足川、渝及云、贵部分地区成品油的需求。干线长为 1247 千米，管径 508 毫米，壁厚分别为 7.1 毫米，7.9 毫米，8.7 毫米，9.5 毫米，11.1 毫米，12.7 毫米；管径 457 毫米，壁厚为 7.1 毫米，8.7 毫米；管径 323.9 毫米，壁厚为 7.1 毫米，10.3 毫米。壁厚随着管段所处地域的实际工作压力，或敷设条件而变。设计压力为 10 兆帕。采用 X60、X52 材质的螺旋埋弧焊钢管。2002 年 10 月，投产一次成功，标志着公司成品油输送管道的设计处于国内领先地位并达到了国际先进水平。

2008 年经历四川汶川大地震袭击，又经历了惊心动魄的堰塞湖泄洪考验，西南地区唯一成品油管道——中国石油兰成渝管道安然无恙。自 2008 年 5 月 13 日起，这条管线日平均向川渝地区输送成品油 1.59 万吨。时任国家发改委副主任、能源局局长张国宝感言："抗震救灾，兰成渝管道立了大功。"因此，兰成渝管道被称为川渝地区能源保障的"生命线"。

2008 年 5 月 12 日，四川汶川突发里氏 8.0 级大地震，山体滑坡、泥石流肆虐，道路塌陷、通信中断……穿越整个地震灾区的兰成渝管道安然无恙。强烈地震造成河道堵塞，形成多个堰塞湖。特别是位于四川省绵阳市的唐家山堰塞湖水量突破 2 亿立方米，受余震、上游降雨量、坝体地质构造等不确定因素影响，堰塞湖溃坝对下游约 60 千米的兰成渝输油管道涪江穿越构管线成严重威胁。2008 年 6 月 10 日，举世瞩目的唐家山堰塞湖泄洪开始。在历经 7 米多深浊浪洪峰近 8 个小时的冲刷之后，兰成渝管道再一次承受住了考验。这是因为在工程可实行性研究阶段，管道院的专家及设计人员就已经根据现场勘查调研情况，制定出了一整套应对地质灾害的预案并实施到设计中，以减少或降低地质灾害对管道带来的危害。在建设运行阶段，施工单位精心组织、严密施工，运营单位的悉心维护，分阶段动态的区域治理，都是保障这条生命线能够经受住严峻考验的必备条件。特别是在兰成渝管道穿越涪江段，设计的最大抗洪水能力是 1.5 万立方米/秒。根据绵阳市应急指挥部的测算，6 月 10 日，唐家山堰塞湖泄洪洪峰经过涪江兰成渝穿越管线时的最大泄洪流量是 7000 立方米/秒，结果当然安然无恙。兰成渝管道是管道院独立踏勘设计完成的成品油管道工程，2006 年获创"线路最长、落差最大、压力最高成品油管道工程中国企业新纪录"，荣获国家设计金奖。

三、实现毛主席"川气出川"夙愿

1998 年，管道院启动忠县—武汉输气管道（简称忠武线），2002 年 12 月完成初步设计，2004 年 8 月完成全部设计，历时 6 年。

忠武线前身是 1975 年毛泽东主席圈阅建设的川沪线，后因故停止，1998 年重新启动"川气出川"，实现毛泽东等前辈"川气出川"夙愿。

忠武线起自重庆忠县，沿途经利川、恩施、宜昌市红花套、枝江、荆州、潜江、仙桃，终点武汉市江夏镇，由一干三支组成。干线长 715 千米，管径 711 毫米，管材材质 X65，年输气量 $(20\sim30)\times10^8$ 标准立方米。3 条支线：枝江—襄樊输气支线，长 240 千米，管径 406.4 毫米，管材材质 X52；潜江—湘潭输气支线，长 420 千米，管径 610 毫米，管材材质 X60；武汉—黄石输气支线，长 80 千米，管径 355.6 毫米，管材材质 X52。全线设工艺站场 23 座，在武汉留有与"西气东输"管道接口。

20 世纪 80 年代勘察设计的中沧线大大缩小与国际先进水平的差距，铁大线密闭输送改造工程等项目达到同期国际先进水平。1987 年首次在阿赛线实施以设计为龙头的工程总承包。90 年代，采用多种现代技术设计的库鄯线，使站场具备 SCADA 功能，运行自动化水平达到同期国际先进水平，成为管道设计的里程碑项目。

四、开启企业改革新篇章

随着国家经济体制改革推进，管道院积极探索企业改革路子。1984 年，管道院成为实行勘察设计任务承包经济责任制的试点单位，采用百分计奖考核办法，指标完成情况与奖金挂钩。局内设计任务由计划处下达，按石油行业标准取费，对局外自行承揽的设计任务，以实际财务收入为准。

1985 年管道院起成为勘察设计行业实行企业化试点单位，管道局决定自 8 月 1 日起，对管道院实行企业化试点。

1988 年至 1999 年，管道局对管道院实行内部管理和院长长期目标责任制，3 年为一任期，考核各项指标的完成情况，同工资总额增长挂钩。

1995 年对经营者实行风险抵押金制度。1995 年，管道院被国家建设部确定为全国 30 个大型勘察设计单位为现代企业制度试点单位，至此管道院开启探索改建现代企业的途径。

五、勇于担当的“大师”

管道院勘察大队周亮臣等与国家、河北省地震局等有关单位共同合作，于 1982 年 5 月至 1984 年 12 月间，分别进行了由勘察大队提出的“廊坊基地抗震加固地基液化及危害性分析”开展廊坊基本烈度复核及地震危害性分析课题研究。经国家地震局地震烈度评定委员会评审，河北省地震局冀震字 90 号文经国家地震局确认，同意将廊坊市区地震基本烈度由九度改为八度。这对市区整个“七五”期间，经济受益估计可达 2 千万元左右。1990 年周亮臣被评为国家勘察大师。

曲慎扬 1957 年毕业于清华大学土木工程专业。从 1957 年我国修建的第一管道，到举世瞩目的西气东输管道工程，半个多世纪以来，他参与设计的油气管道近万公里。中国版图上已建成的大部分油气管道都曾留下过他的足迹。1994 年被评为管道行业唯一国家设计大师。他的工作经历犹如一部中国管道的发展史。

第三节　引领行业发展，管道连接世界（2000—2019 年）

2000 年实行公司制改革，推行现代企业制度，成立中国石油天然气管道工程有限公司；同年与东北管道设计研究院合并重组，2004 年与中油大港油田集团石油工程有限责任公司重组，成为同时具有管道、油田地面两大业务的综合性勘察设计企业。

兰成渝管道工程荣获全国优秀设计金奖，举世瞩目的西气东输管道工程展示了公司强大的综合实力，使中国的管道设计达到国际先进水平。公司先后承担了被称为“国脉工程”的中亚天然气管道、西气东输二线、中缅油气管道、江苏 LNG 等国家能源通道建设项目，成为国内唯一一家全部参与国家四大能源通道建设的勘察设计企业。

在国外，加大国际市场开发力度，承揽非洲、中亚等二十几个国家的管道工程，扩大 CPPE 品牌国际影响力。2012 年，阿布扎比分公司挂牌成立，管道全生命周期和云计算技术应用启动研究和试点，标志着公司国际化和信息化进程迈入新阶段；2014 年，首次参与 ISO 国际标准制定，数字化设计由信息平台建设向体系化建设发展，牢牢把握全球产业发展潮流；2017 年，“全面国际化”战略正式提出；2018 年，国内首条智能管道设计启动，国际项目中心载梦启航，逐步形成了辐射欧洲、非洲、中东、东南亚、大洋洲和南美洲的全面国际化战略布局。

与国际接轨的一体化管理体系上线运行，国际技术标准体系逐步成熟，先后承揽了泰国压气站、巴基斯坦浮式 LNG、伊拉克国家调控中心、沙特阿美压气站等多项国际咨询高端项目，与全球 50 余家知名公司展开合作，足迹遍布 20 多个国家和地区，向着“全球可信赖的油气工程勘察设计咨询服务商”砥砺前行。

CPPE 连续 13 年入围“国际工程咨询商 225 强”，连续 12 年入围“中国工程设计企业 60 强”，荣获“全国工程勘察、设计综合实力双十强”，先后被评为“全国守合同重信用企业”“中国石油和化工行业技术创新示范企业”。连续 8 次被评为河北省精神文明建设先进单位，荣获全国五一劳动奖。

一、担纲“西气东输”国脉工程

由 CPPE 牵头设计的“西气东输”管道工程是一项国脉工程。2000 年 2 月国务院第一次会议批准启动“西气东输”工程，这是仅次于长江三峡工程的又一重大投资项目，是拉开“西部大开发”序幕的标志性建设工程，也是我国距离最长、口径最大的输气管道。它西起塔里木盆地的轮南，东至上海，全线采用自动化控制，供气范围覆盖中原、华东、长江三角洲地区。自新疆轮台县塔里木轮南油气田，向东经过库尔勒、吐鲁番、鄯善、哈密、柳园、酒泉、张掖、武威、兰州、定西、宝鸡、西安、洛阳、信阳、合肥、南京、常州等地区。东西横贯新疆、甘肃、宁夏、陕西、山西、河南、安徽、江苏、上海等 10 个省区，全长 4200 千米。管道线路经过西北戈壁、沙漠、黄土地区，穿越吕梁山、太岳山和太行山，三次穿（跨）越黄河，一次穿越长江，并穿越江南水网，干线管道全长 3843 千米。西气东输干线直径 1016 毫米，材质是 X70 钢，设计输气压力 10 兆帕，全线设 10 座压气站、17 座分输站、8 座清管站和 138 座阀室，其中包括首末站各 1 座。管道控制采用 SCADA 系统，实现对全线管输过程的监控、调度管理及优化运行，管道通信采用 VSAT 卫星为主要通信方式，依托电信公网作为备用通信方式，工程完成后年输商品天然气能力达到 170 亿立方米。

西气东输工程投资巨大，整个工程预算超过 1500 亿元人民币，经济和社会效益十分显著。就工程本身来讲，据初步测算，与进口液化天然气相比，塔里木天然气到上海的价格大概便宜 6 分钱以上，具有很强的竞争力。与东部地区大量使用的人工煤气相比，虽然煤气价格便宜，但其热值远低于天然气。按同等热值计算，塔里木天然气到东部的供气价每立方米只相当于煤气的三分之二。按此价格，气田开发企业和管道运输企业的经济效益应是有保障的。

该项目在2008年荣获全国优秀工程勘察设计奖金质奖；2009年荣获全国勘察设计行业国庆60周年“十佳感动中国工程设计”大奖。2014年“西气东输管道一线工程”项目获“菲迪克2014年工程项目优秀奖”，这是中国石油首次获得该奖项，该奖项也被称为世界工程咨询界的“诺贝尔奖”。

二、四国元首共同关注的管道

2009年12月14日，国家主席胡锦涛和土库曼斯坦总统别尔德穆哈梅多夫、哈萨克斯坦总统纳扎尔巴耶夫、乌兹别克斯坦总统卡里莫夫共同出席在土库曼斯坦阿姆河右岸天然气处理厂举行的中国—中亚天然气管道通气仪式。四国元首共同转动天然气管道启动阀门。

2014年9月13日，国家主席习近平和塔吉克斯坦总统拉赫蒙共同出席中国—中亚天然气管道D线塔吉克斯坦境内段开工仪式。

由CPPE勘察设计的中国—中亚天然气管道横跨三国管道分AB双线敷设，单线长1833千米，是世界上最长的天然气管道。C线也已铺设完毕，起点位于土库曼斯坦与乌兹别克斯坦边境的格达伊姆，经过乌兹别克斯坦中部和哈萨克斯坦南部，终点位于中国新疆的霍尔果斯镇。该管道全长1833千米，其中乌兹别克斯坦境内长529千米，哈萨克斯坦境内长1300千米，中国境内长4千米。管道设计输量为300亿立方米/年，设计压力为9.81兆帕。全线共建设8座压气站、4座跨国贸易交接计量站、12座清管站及156座阀室。作为我国第一条引进境外天然气的陆上能源通道，中国—中亚天然气管道工程难度大、工程地位高。

该管道采用ϕ1067毫米双管并行敷设，压气站联合运行，并通过跨接保证管道系统运行的安全性。全线压气站采用国际先进的15兆瓦、30兆瓦等级大型燃驱压缩机组以及其他技术成熟设备，确保管道系统稳定运行。全线采用SCADA控制系统实现在调度控制中心对全线进行自动监控，在各类型工艺站场设置站控系统，在部分阀室设置远传监控，通过SCADA系统实现远程数据采集、监视控制、安全保护和统一调度管理，整体达到“远程监控、有人值守、无人操作”的控制水平。全线采用光纤通信为主数据通信信道，采用卫星通信为备用通信的通信方式，有效保证跨国通信及数据传输。该管道建设达到国际先进的技术水平，实现了“安全、先进、适用、经济”的建设目标。

中国—中亚管道的建成对优化国内能源消费结构，提高能源保障能力意义重大。从中亚进口的天然气，通过该管道接入西气东输二线管道，已覆盖25个省、市、自治区和香港特别行政区的用户，造福5亿多人。该管道进口的天然气使我国天然气消费在能源消费结构中比重提高近2个百分点，每年减少二氧化碳排放约1.3亿吨、二氧化硫排放约144万吨、烟尘排放约66万吨、氮氧化物排放约36万吨，为提高国内清洁能源利用水平、优化能源结构、改善大气污染、促进节能减排、改善民生作出了重大贡献，具有显著的经济效益及社会效益。2018 年该管道项目荣获第十六届中国土木工程詹天佑奖。

三、破解“马六甲困”的中缅管道

2010 年 6 月 3 日，国务院总理温家宝和缅甸联邦政府总理登盛共同触摸标志中缅油气管道开工的电子球，中缅石油天然气管道工程正式开工建设。至此，我国陆上三大油气进口通道——东北方向中俄原油管道、西北方向中亚天然气管道、西南方向中缅油气管道已经全部开工建设，再加上正在积极构建的东部海上通道，我国多元化油气进口渠道初步成型。

中缅油气管道包括原油管道和天然气管道，可以使原油运输不经过马六甲海峡，从西南地区输送到中国。管道路径：原油管道起点位于缅甸西海岸皎漂港东南方的微型小岛马德岛，天然气管道起点在皎漂 Kyaukpyu 港。经缅甸若开邦、马圭省、曼德勒省和掸邦，从云南瑞丽进入中国，在贵州安顺实现油气管道分离。原油管道国内全长 1631 千米，曾一度被“油荒”困扰的重庆，成为其原油管道的末站。天然气管道则南下到达广西，缅甸境内全长 771 千米，国内全长 1727 千米。运送能力：这条管道每年能向国内输送 120 亿立方米天然气，原油管道的设计能力则为 2200 万吨/年，CPPE 承担的中缅管道工程勘察设计，历经 8 年建成。这条始于缅甸西海岸沿至中国云南省 1700 多千米的天然气管道将满足中国四分之一的天然气需求，一条并行的原油管道也将中东石油经由印度洋直接输送到中国内地。内地一条成品油管道业已同沟敷设而成。这项总耗资约 30 亿美元的工程，CPPE 是中国唯一的、从始至终负责全程规划、负责全设计的队伍。

中缅油气管道项目作为中缅两国建交 60 周年的重要成果和结晶，得到了中缅两国领导人及政府有关部门的高度重视和大力支持。

中缅天然气管道工程（缅甸段）获得 2016 年度中国建设工程鲁班奖。

四、引领行业快速发展

改革开放初期，国家主管部门确定 CPPE 为行业指导院。历经数十年艰苦奋斗，CPPE 在油气储运领域引领优势不断巩固，形成了针对油气储运工程的一系列国内先进的技术体系，主要包括 D1422 管道线路设计技术、输气管网优化设计与调峰技术、管道自动焊接的应用设计技术、基于应变的管道线路设计技术、基于可靠性的管道系统设计技术、管道线路三维数字化协同设计技术、矿山采空区管道设计技术、长距离输气管道压气站设计及节能技术、无人站设计技术、放空系统设计技术、危险识别与风险评价技术、管道并行敷设技术、河流穿越跨设计技术等。

1. 以工程建设为依托，开展重大科技专项研发，填补行业领域技术空白

——针对西气东输二线管道通过强地震区和断裂带的难题，开展了基于应变的设计方法研究，形成了管道应变设计的应用方法和设计导则，保障了西气东输二线管道的安全运营。

——针对中缅管道通过 9 度及以上级强震区和活动断裂带地段的难题，开展了管道抗震设计与施工技术研究，形成了管道在地震波和断层位移作用下的应变计算模型和设计导则、地震监测和报警系统设计、X70 大变形钢管的化学与力学性能测试、焊接接头性能实验等一系列研究成果，填补了国内管道行业的空白。

——针对中缅澜沧江大型跨越控制性项目，开展了复杂荷载工况下大型管道悬索跨越工程设计技术研究，形成了复杂荷载工况下的风洞试验技术、跨越动力影响分析计算模型和原油跨越河流定量环境风险评价技术，填补了管道跨越在抗风、抗震和移动荷载下响应研究的空白。

——针对中缅油气管道（缅甸段）海底管道所面临的大口径、高压力、大流速和淤泥质地质等难点，开展了海底管道敷设方式及关键施工技术研究，形成了海底管道稳定性分析、敷设方式、管道保护、悬跨分析以及施工等一系列关键技术，研究成果为解决淤泥质地质条件下的海底管道建设提供了技术支持。

——针对西气东输二线渭河穿越工程首次采用 OD1219 管道定向钻穿越的技术难题，开展了大口径定向钻穿越配套技术攻关研究，形成了大口径定向钻穿越泥浆体系、钻具组合、砂层地质成孔机理、钻具检测及孔洞剖面测量等系列核心专有技术，研究成果填补了国内大口径定向钻穿越的设计与施工技术的空白。

——针对第三代大输量天然气管道工程关键设计技术，开展了天然气管道基于可靠性的设计和评价方法研究、X90/X100 管道试验段/示范性工程施工配套技术研究、输气管道提高强度设计系数工业性应用研究、OD1422mm、X80 管道工程设计研究等工作，形成了天然气管道基于可靠性的设计和评价方法、0.8 设计系数管道设计方法等，填补了国内大口径、高钢级天然气管道设计技术空白。

2. 以工程实际中迫切需要解决的难点技术问题为目标，进行基础性技术科技攻关，提高设计技术水平

——针对惠银线黄河定向钻穿越地层松散、复杂、穿越难度大的技术难题，开展了松散砂砾层的定向钻施工工法研究，形成了穿越过程中钻具受力分析、回拖过程中的管道系统的受力分析等计算模型，从设计和施工方面降低了定向钻穿越的风险，保证了质量。

——针对新建管道和已建及待建管道进行物理衔接的关键技术，开展了天然气管网工艺系统分析与优化研究，形成了基于 SPS 软件的天然气管网物理模型，为全国天然气管网的经济、平稳、安全发展保驾护航。

——针对以往管道通过采空区采取避让为主、投资增加的现实问题，开展了矿山采空区管道设计研究，形成了采空区沉陷预测方法、管道在沉陷状态下受力分析的数值模拟计算以及不同的沉陷条件下的管道敷设措施等系列研究成果，为采空区管道设计提供了科学依据。

——针对管道高峰期建设和大口径、高压力管道的需求，作为唯一的设计单位，全面参与了油气管道关键设备国产化研制工作，包括 20 兆瓦电驱压缩机组、30 兆瓦燃机压缩机组、高压大口径全焊接球阀（class900 48 英寸、class900 56 英寸）、2500 千瓦级输油泵机组、油气管道关键阀门、油气管道计量和非标设备。进一步增强了CPPE在行业中的话语权并巩固了行业引领院的地位。

——针对中俄东线寒冷地区站场钢管、管件及焊接的需求，开展了中俄东线寒冷地区站场钢管、管件及焊接技术研究，解决了站场在-45℃环境温度下，站场用低温钢管、感应加热弯管、管件相关技术条件，开发出站场-45℃用D1422X80钢管、感应加热弯管和三通新产品及管道现场焊接技术。课题研究成果为中俄东线天然气管道工程的开展提供技术支撑。

——针对输油管道线路基于可靠性的设计和评价方法进行研究，重点建立管道失效后果模型、研究目标可靠度构建方法和全生命周期费用计算方法及模型。通过对输油管道与天然气管道可靠性设计的差异性研究，确立输油管道可靠性设计方法。为国内陆上输油管道的设计提供更加完善的手段和方法，改变单一的传统许用应力设计方法，保障管道的安全运行，降低投资。

3. 以业务发展和国外新技术为着眼点，强化前瞻性技术研发，夯实未来发展的技术基础

——针对国内LNG接收站建设业务发展的需要，开展了LNG接收站建设设计技术研究，全面掌握了LNG接收站储罐、工艺、自控设计及风险分析等关键技术，形成了能够满足LNG接收站建设要求的施工图、计算书、施工技术要求、设备材料技术规格书等系列成果，使CPPE具备了承担大型LNG接收站工程设计的能力。

——针对非金属管道所具备的优异的自防腐性、良好的韧性和挠性、便利可靠的连接性、低成本等特点，结合近年来非金属管道在国内外市政、海工、建筑、低压燃气等诸多工程领域迅猛的发展的局面，探索性开展了非金属管道技术在长输、中高压管道领域的适应性分析研究，初步熟悉了非金属管道的制造与配套设备、设计、施工与配套装备、检测与维修等方面的系列技术，为管道院今后非金属管材的应用，提供了技术积累。

——针对目前国际上先进的顶管设计与施工技术，开展了大口径管道顶管技术适应性分析及业务发展建议研究，了解了长距离大口径管道顶管技术的现状、关键技术及发展趋势，熟悉了顶管穿越适用条件、应用范围，提出了管道局今后顶管设计、施工业务的发展建议。

——针对国内外区域管网、国家管网乃至洲际管网的建设形成，开展了工艺技术水平及工艺设计方法的对比调研，形成了国内外管道在工艺系统设计、站场主要设备及辅助系统设备的选择、管道安全保护系统设置、管道系统控制及操作四方面的比对结论，提高了管道院的管道工艺设计技术，为以后工艺技术的发展方向提出了指导性意见。

——针对砂岩地质条件地下储油库的建设技术开展研究，通过砂岩区地下水封洞库选址适宜性、勘察技术、水封设计技术、地下工程结构设计技术、监测系统设计技术、施工技术等研究，攻克砂岩区选址适宜性评价、分层渗透性及不同方向渗透性勘察技术、具有明显分层差异性砂岩区水封和大型地下洞室群稳定性分析及支护设计技术、止水注浆技术、监测系统设计技术、高性能纤维混凝土在特殊地质段施工应用技术，掌握了砂岩区地下水封洞库建设技术，满足了砂岩区地下水封洞库建设需要。

——伴随着天然气水合物的技术革命，开展了天然气凝析液水合物浆液管道输送研究，重点研究浆液水力边界条件和计算模型的建立。通过对天然气凝析液水合物浆液管道输送的水力计算模型的研究及计算软件的开发，掌握凝析液水合物浆液管道输送作为深海天然气凝析液开采后的主要输送方式的技术特点、管道计算方法，超前储备未来国际能源发展新技术。

——同时，针对中亚管道 D 线沿线各国复杂的地形地貌，开展了针对大坡度盾构技术的研究、针对世界上最大的逆错断层的研究、针对地质复杂的隧道的研究等多项研究，为跨国境大口径高压输气管道经过特殊地段和地质条件的设计技术开展了有针对性的研究。

4. 完善标准体系，铸就技术引领，实现 CPPE 技术标准、企业标准、行业标准和国家标准的逐步提升

——搭建了公司级技术标准体系，包括油气储运技术标准、工程勘察技术标准、油气田地面工程技术标准和国际技术标准，从 2011—2017 年共计完成技术标准和标准图 779 个、模块化标准设计 6538 个、撬装化标准设计 103 个，实现了覆盖全业务、全专业和全种类的技术标准体系。

——作为中油管道“三化”秘书长单位，负责主持“三化”标准的编制工作，并负责主要标准的编制，从 2011—2017 年累计完成标准 202 项，涉及长输管道、LNG 接收站等，广泛应用于西气东输二线、中缅油气管道、兰郑长、西三线等大型工程。拥有专利 110 项，拥有专利技术 46 项，计算机软件著作权 30 项。累计完成国家标准 17 项、行业标准 56 项、中石油集团公司标准 26 项，形成了公司级标准、企业标准、行业标准和国家标准的阶梯型结构，不断将自身的技术和经验形成共识。

5. 设计理念变革

自 2012 年起，CPPE 加强数字化设计能力发展，扩展站场、线路数字化设计平台，新建建筑、经济造价平台，各平台基本覆盖了管道项目的主要设计内容，涵盖了多专业间的协作关系，具备了满足管道全生命周期管理的数字化移交的基本能力。深化、扩展管道全生命周期管理的研究与实践。并抽调各方人员成立数字化管道技术研究中心集中精力攻关。同期积极开展管道全生命周期管理的研究工作，主持编制了中国石油天然气管道工程数字化移交数据规定系列文件，成为行业的数据标准领导者。数据规定明确了不同阶段、关键业务的数字化移交要求，指明了各业务信息化的发展方向，提供了系统开发、多系统融合接口的数据标准，有力推动了管道全生命周期管理各项工作的落地实施。以数据标准为基础，2015 年集中力量开展在役管道数字化恢复业务研究，通过试点项目，确定了合理业务流程，定义了最终输出成果，并就管道数字化运营进行了初步探索。

五、匠心绘蓝图，成果创纪录

进入 21 世纪，随着国家油气管道建设快速发展，CPPE 连创国内企业新纪录，

2000—2010年有19项工作被中国企业联合会认定为中国企业新纪录。

（1）以石油管道公司为主体的设计联营体，从2001年4月27日正式开始，经过5个月的时间完成了西气东输4000千米的初步设计、勘察两个标的，创国内输油气管道年度设计长度新纪录。

（2）在2002年共勘察、设计各类长输管道5723千米，创国内石油行业长输管道勘察、设计新纪录。

（3）于2002年4月承揽的格尔木—拉萨成品油输送改造工程，在平均海拔4000米高原上，完成了管道勘察、测量345千米，创国内石油行业管道勘察新纪录。

（4）于2002年12月设计的忠线—武汉输气管道工程，总长度为1400千米，全线1次穿越汉江，4次穿越长江，4处大型河流江底隧道，大中型跨越山谷8处，大型河流跨越20处，山体隧道27处，中型河流穿越130处，穿越铁路11处，高速公路20处，均创国内输气管道设计史上新纪录［入选中国企业新纪录（第九批）十项重大创新项目］。

（5）于2002年12月设计完成的忠线—武汉输气管道工程中城陵矶长江穿越工程，全长4600米，采取“定向钻+大开挖+钻爆隧道+盾构隧道”四种穿越方式穿越长江，为国内首创。

（6）自1970年至2003年12月31日承担了国内31000千米的大口径长输各种介质管道工程的勘察设计工作，占我国目前建成及在建管道的80%，创国内长距离大口径管道工程勘察设计新纪录。

（7）于2001年7月在西气东输工程勘察设计过程中系统运用遥感技术，为我国跨区域大型管道工程建设首创。

（8）于2001年完成钱塘江2308米定向钻穿越的设计，创国内最长的水平定向钻穿越设计记录。

（9）于2003年10月承揽的西气东输冀宁支线工程设计中，全面采用航空数字摄影测量和卫星遥感等数字化技术进行选线和定线，为国内长输管道设计首创。

（10）于2001年至2004年完成的大张坨、板876、板中北高点三座地下储气库设计，以及该地下储气库群的建设与完善工程设计，已整体形成注气能力950万立方米/日，采气能力2800万立方米/日，储气调峰能力22.7亿立方米，创国内商业调峰地下储气库设计的新纪录。

（11）于2003年2月完成的东北原油管线大规模改造工程，全线17个站点，970千米长，创国内长距离、多站点不停输原油管道改造工程设计和施工的新纪录。

（12）于2005年10月完成的西部原油成品油管道1858千米的设计任务，管道口径ϕ813毫米和ϕ559毫米，该管线采用的原油和成品油管道同沟敷设技术，为国内首创。

（13）于2005年9月设计完成了阿拉山口—独山子原油输送管道工程，与境外哈—中原油输送管道同步建设，管道全长246千米，管径ϕ813毫米，为国内第一条跨国原油输送管线。

（14）于2006年承担的西部原油成品油管道工程设计，全线各站场设置加热炉23

台，其中 14 台 11000 千瓦加热炉，9 台 8000 千瓦加热炉，全部采用导热油间接加热系统，管径采用 ϕ812 毫米、ϕ711 毫米两种，设计压力 8.0 兆帕，管材 X65（L450），全线设 9 座中间泵站，在冬季采用加热和综合热处理相结合的密闭顺序输送工艺，为国内原油管道输送工艺首创。

（15）于 2006 年承担设计的西气东输及增输工程，途经全国 9 个省，全长 3868 千米，全线共设置 22 座压气站，创国内油气管道单项工程压气站设计数量新纪录。

（16）于 2007 年承担的国家重点工程西气东输二线管道工程总体设计，采用 ϕ1219 毫米、X80 材质、12 兆帕设计压力的管径，管线全长 9000 千米，共设 25 座压气站，输气能力为 300 亿立方米/年，创国内天然气管道建设综合设计难度最大新纪录。

（17）于 2008 年负责初步设计和 EPC 设计的重点工程——中亚天然气管道工程，全长 1815 千米，全线采用 ϕ1067 毫米双管敷设，跨越 3 个国家（乌兹别克斯坦、哈萨克斯坦和中国），均创国内输气管道设计新纪录。

（18）于 2007 年承担设计的国家重点工程——兰郑长、抚郑成品油管道工程，输量最大（1500 万吨/年）、管道干线长度最长（3693 千米）、线路落差最大（2759 米）、注入点和分输点最多（7 个注入点、30 个分输点）、水力系统最复杂，创国内成品油管道建设综合设计难度最大新纪录。

（19）于 2004 年至 2005 年 12 月，完成了哈萨克斯坦—中国的跨国原油管道一期工程的设计和配合施工工作，管线全长 976 千米，管径 DN800 毫米，创国内第一条陆上跨国原油长输管道工程设计和配合施工新纪录。

六、女大师登上央视

2017 年 5 月 14 日，中央电视台“开讲了”主讲人是 CPPE 国家设计大师张文伟，她演讲题目为“世界这么大，用管道连接”。

张文伟出生于 1969 年 5 月，1991 年 7 月毕业于中国石油大学机械系石油矿场机械专业，2006 年 7 月取得中国石油大学石油与天然气工程专业硕士学位，教授级高级工程师。现任中国石油天然气管道工程有限公司副总经理兼总工程师。2004 年被评为西气东输管道工程建设先进个人，并获得全国“三八”红旗手称号；2011 年被评为国家能源局国产化突出贡献者；2016 年获批享受国务院政府特殊津贴；2016 年获得全国工程勘察设计大师称号。

七、弘扬史航精神

2007 年 CPPE 提出发扬史航精神的口号。史航出生于 1958 年 9 月，1985 年 1 月毕业于管道职工学院管道线路工程专业，2004 年取得天津大学材料工程专业工程硕士学位，教授级高级工程师，2007 年获得国务院“政府特殊津贴”，2011 年被评为全国工程勘察设计大师，2015 年当选全国劳动模范。30 年来，他参与设计的国内外重点工程达 150 多项、管线长度超过 6 万千米。在中国能源四大战略通道之一中缅管道 2000 多千米的线路勘察设计以及近两年的中亚 D 线管道工程设计中，他认真研究了沿线的各种资料，并带领设计组翻山越岭进行全线定线，一个月之内确定了线路具体走向和48条隧道洞口位置。还主持了拟建水库区高陡边坡稳定性研究、隧道穿越活动断裂带研究等科研课题，解决了工程中的关键技术问题。史航精神就是大庆精神、“八三”管道精神与匠心设计的集合。

（中国石油天然气管道工程有限公司　黄智刚、付国英）

努力创建国际一流岩土工程公司
——化学工业第一勘察设计院有限公司发展纪实

化学工业第一勘察设计院有限公司（以下简称化勘院）组建于1953年，原名化学工业部勘察公司，2019年底完成混合所有制改革，是以岩土工程勘察、设计、治理、物探测试检测监测、地基基础工程、环保工程和工程测量为主业的专业化岩土工程公司。化勘院下设中国化学工程第一岩土工程有限公司和沧州中化桩基检测有限公司两个独立子公司。

化勘院现有正式职工238人，其中专业技术人员195人，各类注册人员71人。持有工程勘察综合类甲级、地基基础工程专业承包壹级、工程测量甲级、地基及复合地基承载力检测和桩基础承载力及完整性检测等资质证书。

新中国成立70年来，化勘院先后承担了国内外3000余项大中型工程的建设任务，获得过国家优秀勘察金奖、银奖及国家优质工程奖8项，省部级优质工程奖94项，国家科技进步奖1项，省部级科技成果奖34项，并多次获得全国工程勘察先进单位、全国优秀施工企业、中国勘察设计综合实力百强单位等荣誉称号，持续保持了全国工程勘察与岩土行业诚信单位、中国石油和化工勘察设计行业AAA信用等级、河北省诚信企业等资格，2013年起被认定为国家级高新技术企业。

第一节　化勘院的组建与发展（1950—1978年）

我国化工勘察事业起源于1950年10月，当时中央人民政府重工业部化学工业管理局设计处和东北人民政府化学工业管理局设计处分别在太原市和吉林市组建了勘察队。1953年6月，为迎接大规模的经济建设，重工业部在沈阳组建化学工业设计公司，并将两支勘察队合并为化学工业设计公司勘察队。1955年2月，化学工业设计公司更名为化学工业设计院，勘察队改名为化学工业设计院勘察部。

1956年10月，在化学工业设计院勘察部的基础上，在北京正式成立由化学工业部直属、独立建制的化学工业部勘察公司。此后20年间，化学工业部勘察公司几经解体、重组、合并、分立。

1975年1月，当时的石油化工部以河北省沧州市作为总部基地重新组建了石油化学工业部勘察公司，统辖一大队（江苏南京）、二大队（甘肃兰州）、三大队（河北徐水）三个大队，服务方向为全国大型化工、化肥基地和石油化工基地建设的工程勘察任务。1978年石油工业部和化学工业部分开后，三大队划归石油工业部并更名为石油工业部勘察公司（北京东方新星勘察设计有限公司前身），其余部分复名化学工业部勘察公司。

化勘院成立之初，属于事业单位性质，仅设有水文地质、工程地质、工程测量三个专业，由主管上级下达生产任务，国家全额拨款实报实销。这一时期，我国工程地质勘察专业刚刚起步，勘察规范、勘察方法均沿用照搬苏联模式，勘察方法单一，勘察整体水平不高。期间，化勘院先后完成了吉林、太原、兰州、大连、南京等化工基地相关工程的水文、勘察、测量等任务。

1953 年开始，化勘院选派技术人员分批参加了重工业部组织的专业技术培训班。1954 年，一批来自长春地质学院、南京大学的毕业生相继加入。1958 年，化勘院组织考察组分赴 18 个其他行业勘察单位进行考察调研，拟订了科技发展规划。此后，随着专业技术队伍的充实，化勘院技术水平有了较快的发展，在取土钻探、原位平板载荷试验和较常规的室内土工试验的基础上先后发展应用了电法勘探、地震法勘探、轻便静力静探及电测十字板等手段。期间，化勘院先后完成了具有特殊性施工难度的青海光明化工厂滑坡、鲁沪输油管线穿越长江、渤海湾海上钻井平台等工程的勘察工作。后期，化勘院又增设了工程物探、环境影响评价、地质灾害治理、冷却塔填料等专业，逐渐在水文地质凿井、电法物探等领域奠定了技术优势。随着专业的日趋完善，化勘院初具规模，为体制改革奠定了基础。

第二节　向岩土工程公司转型发展（1979—1999 年）

1978 年底开始，化学工业部勘察公司二大队大部分人员从兰州迁往沧州，二大队随之撤销；1983 年一大队划归化学工业部直接领导并更名为化学工业部勘察大队（化学工业岩土工程有限公司前身）。1990 年 8 月，化勘院更名为化学工业部第一勘察设计院。1998 年化学工业部撤销，化勘院转属国家石油和化学工业局。

这一时期，化勘院技术实力雄厚。1978 年，副总工程师高国瑞率领团队在国际同行业首先利用扫描电子显微镜对中国黄土、海洋土、红土和膨胀土进行了系统的微结构研究，1982 年在印度新德里召开的第四届国际工程地质大会上宣读《黄土的微结构特征》论文，这是我国工程地质界第一次以国际工程地质协会正式成员国的身份参加国际学术交流会，引起国际同行们的极大重视。20 世纪 80 年代初，我国经济体制由计划经济逐渐向市场经济转变，中央开始对国营企业进行全面整顿，事业费拨付逐年大幅度减少，工程项目的来源也发生了根本的变化，业务逐步走向市场化。1983 年首届全国化工系统工程勘察科技经验交流会在化勘院召开；1984 年借引进英国剑桥自钻式横压仪的机会邀请英国专家到化勘院开展授课交流活动；1988 年全国第二届桩基无损检测学术会议由化勘院承办。1984 年起，化勘院正式实行事业单位企业化管理，当年勘察专业收支基本维持平衡略有盈余，但水文、物探等专业任务不够饱和，大量人员、设备处于闲置状态。事业单位的企业化改革是管理体制和经营机制的一次深刻变革，国内外的先进经验给我们带来了强烈的冲击和思想观念的急剧转变。面对生存和发展的压力，化勘院以超前的思维预感到，随着改革开放的不断深入，国家基础建设进入了一个空前的发展期，基于苏联模式建立的单一工程勘察体制已远不能满足市场需要，必须要进行体制改革，走岩土工程之路，由工程勘察资料的提供者向使用者转变，才是公司未来的发展方向。

目标确定后，1984 年化勘院开始自行改造生产设备，1985 年成立岩土工程队，通过投标方式承揽了公司历史上第一个岩土工程治理项目——安徽铜陵磷铵堆载预压地基处理工程，通过自行设计制造施工设备，多角度进行技术革新，最终圆满完成了施工任务，由此走上了岩土工程的发展道路。此后近 30 年间，预压法成为公司的传统技术优势，年均完成产值超亿元，1995 年主编出版了国内首部预压法行业标准《真空预压法加固软土地基施工技术规程》。1988—1993 年间，公司又先后购置振动沉管桩机、长螺旋钻机、回转钻机等大中型设备 60 多台套，引进、应用多种桩基施工和地基处理技术，水文地质专业全面向岩土工程转型。在刘兴辰、高国瑞等知名专家的带领下，化勘院培养骨干力量，逐步建立了专业化的岩土工程队伍。

1991 年，化勘院抽调技术骨干组建岩土工程研究所，负责新技术、新工艺的开发和引进，先后与清华大学、中国地质大学等高校及化工设计、施工企业进行了广泛的技术交流。1995 年 3 月，中国化学工程总公司成立岩土工程研究会，成员包括系统内两个勘察单位和七个设计院，研究会秘书处挂靠化勘院，同时出版会刊《化工岩土工程》。

1993 年 8 月，化勘院注册成立河北省永成岩土公司（现已注销）。1996 年 4 月，经化学工业部批准，以岩土工程队为基础，化勘院按照现代企业制度要求组建了化学工业部沧州岩土工程有限公司（1998 年 3 月更名中国化学工程第一岩土工程有限公司），为改企建制和创建国际型岩土工程公司奠定了基础。

公司成立伊始，便把技术创新作为开拓岩土领域的重点工作来抓，在振动沉管灌注桩的基础上开发的“引孔压浆沉桩成桩法”1995 年获国家发明专利，该技术先后成功应用于北京乙烯、中原乙烯、茂名乙烯、内蒙古化肥厂、海南化肥厂、广西鹿寨磷铵工程、秦皇岛 NPK 复合肥技改工程等数十项大中型工程中，累积成桩 2 万余根；“螺旋提土压灌水泥砂浆桩复合地基及其施工技术”1999 年获化工部技术发明奖，在黄岛港矿石码头、山东炼油厂、潍坊中以溴化物等工程中得到推广和应用，累积成桩 2.6 万根。应用上述两项技术累计完成的工程产值超亿元，取得了显著的经济效益和社会效益。除此之外，化勘院在强夯法、复合地基、基坑支护、地面抬升、基础托换等领域也逐步奠定了行业领先优势。

在大力发展岩土工程治理技术的同时，从 1992 年起，公司对中小型项目尝试开展岩土工程设计工作，并逐步使之发展为公司的一个专业。期间完成了齐鲁石化滑坡防治处理工程、沧州炼油厂原油罐地基处理工程、广西鹿寨磷铵卸料厂房基坑支护工程、安徽海螺集团试桩工程等多个项目的岩土工程设计任务。1999 年，公司集中骨干力量成立了岩土设计室，进一步促进了岩土工程设计专业的发展。岩土工程设计市场的开拓，为承揽后续岩土工程施工打下了基础，天津 SEW 项目、大港油田 50000 米^3 原油罐区、长江石化 80000 米^3 储罐区等项目的实施就是很好的佐证。

实例一：广西鹿寨24万吨/年磷铵工程是国家“八五”和“九五”重点期间建设的五个大型磷肥基地之一，化勘院在该工程中先后完成了前期技术服务、工程勘察、地形图测量以及主装置区的桩基施工等任务。该工程中卸料厂房基坑长30.5米，宽21米，深度15米，基岩裂隙发育且起伏大，地下水位高且丰富，地质条件复杂。鉴于化勘院良好的信誉，业主又委托公司进行该基坑的设计和施工任务。经过数次方案论证及模型计算，最终采用人工挖孔桩锚支护方案，施工期间克服了地层复杂、流泥流砂、岩缝漏浆等难题，总结出一套行之有效的“二次注浆法”施工工艺，顺利完成施工，至今经20多年的运行，状况良好。在该项目中，化勘院承担了包括岩土工程咨询、勘察、设计、施工、监测、检测等在内的岩土工程全过程服务，积累了经验，取得了成功。

在转型过程中，化勘院牢记质量是企业的生命宗旨，1987年开始着手实施全面质量管理（TQC），并于1988年通过验收成为全国甲级勘察单位首家达标单位。1993年起筹备推行ISO9000管理体系，1996年在全国同行业中首批一次性通过质量管理体系认证，科学、规范的管理模式以及工作方式的转变使公司质量管理上了一个台阶，整体面貌焕然一新。1997—1999年，化勘院投入大批人员参与了中国化学工程总公司组织的《岩土工程项目管理与控制实用方法》的编写工作，总结出一套先进、科学的岩土工程项目管理模式与方法，标志着岩土工程项目管理进入了一个新阶段。

1986—1995年间，化工部原部长秦仲达、化工部部长顾秀莲、河北省副省长郭世昌等领导同志多次赴化勘院调研创建岩土工程公司经验，事迹材料在建设部2000年第十四次全国勘察设计工作会议上获得较大反响。

1987年乌鲁木齐石化总厂米泉水源地凿井工程获国家优秀勘察金质奖；1992年化勘院被建设部评选为全国工程勘察先进单位；1993年被国家统计局、建设部联合评选为中国勘察设计综合实力百强单位；1996年薄膜、点滴填料混装的横流冷却塔获国家科技进步三等奖。

第三节　以创新驱动引领强企之路（2000—2019年）

2000年9月，国务院下发《国务院办公厅转发建设部等部门关于中央所属工程勘察设计单位体制改革实施方案的通知》，化勘院脱离国家石油和化学工业局直接领导，划归中国化学工程总公司，2001年4月正式由事业单位改制为企业，进行市场化运作，2003年3月更名化学工业第一勘察设计院。此时公司专业已经涵盖岩土工程勘察、岩土工程设计、岩土工程治理、岩土工程测试监测检测（化学工业部桩基检测中心，现名沧州中化桩基检测有限公司）、岩土工程监理（沧州昌华工程建设监理有限公司，现已注销）、岩土工程咨询、工程测量、环境影响评价等岩土工程领域全范围。通过走岩土工程公司的发展道路，短短17年，公司年产值较企业化管理之初增长了29.4倍，由单一勘察院向岩土工程公司转型取得初步成效。

进入21世纪以来，由于市场准入门槛降低，岩土工程从业队伍数量快速增长，市场良莠不齐，竞争日益激烈。2001 年改制为企业后，化勘院领导清醒地认识到，经济增长有其客观规律，过快的增长速度有可能掩盖了一些隐形的、深层次的问题，比如管理、文化、创新等问题，片面追求速度，最终有可能会制约经济的健康发展。因此，进行管理创新，建立先进、科学的管理模式成为当务之急。

一、管理创新

化勘院在通过质量管理体系的基础上，相继于 2006 年、2007 年分别通过了职业健康安全管理体系和环境管理体系认证，进一步规范了管理，提高了工作效率。

公司以优化资源配置为原则，在内部建立了按市场化要求运作的管理机构和管理模式，实行扁平化、集约化、精细化、信息化管理。通过实行岩土工程勘察、设计、治理、检测监测测试、咨询等专业化分工来构建资源共享、市场配置资源的项目运作平台，通过实施管理层与作业层的有效分离来减少中间管理环节，通过深化三项制度改革来提高职工的竞争意识和市场意识。在优化管理模式的基础上，公司通过主辅分离，关闭了长期亏损的机修厂（华远工程机械厂），将资产优良但与主业关联不紧密的冷却塔填料专业分离（现名中化工程沧州冷却技术有限公司）。在进一步精简机构后使企业管理迈上了精干、高效的台阶。

在管理工作中，化勘院注重运用信息化技术提升管理水平，将互联网、人工智能、大数据分析手段等应用到经营、生产管理中，搭建起了一套结构智能、调控合理的现代化管理体系。

化勘院在 2005 年建成局域网，开发了 OA 办公自动化平台，并通过 VPN 实现了异地办公，初步实现了以网络为支撑、专业 CAD 应用技术为基础、工程信息管理为核心、工程项目管理为主线的一体化的应用集成系统，通过分布式办公，增强了领导监控能力，节约了办公费用支出。近年来，公司又大力推广 BIM 技术与岩土技术的深度融合，通过 BIM 三维仿真、智能监测、大数据分析等手段，建立了互联互通的信息数据平台，基本实现了岩土工程全过程数字化、可视化监管。

内部管理得到提升后，公司进一步按照国际型岩土工程企业的要求出台了与其功能相适应的管理制度。公司各项管理以工程项目为中心，以专业部室为基础，实行项目经理负责制和以项目为单位的成本核算，通过矩阵式管理，采用赢得值原理，有效实施对项目进度、费用的管理，确保以质量、服务赢得用户满意，保证了工程项目的顺利实施和企业盈利。在经营工作中，公司通过把握市场脉搏，创新经营思路，牢固树立建一个项目、交一批朋友、拓一方市场的经营理念，建立起全员经营的三级网络经营模式，实施“远、中、短”期三类项目信息储备战略，实行各专业经营信息共享的一体化、规模化经营策略，取得了良好效果。

实例二：天津某搬迁改造项目占地 305 万平方米，属人工吹填形成陆域，前期已经过真空预压处理但效果不理想。由于在其他项目中合作关系良好，建设单位向公司咨询处理措施。在对前期处理设计方案和施工过程详细了解的基础上，经多次专家论证认为原设计方案基本合理，但个别参数需要调整，处理效果不理想的原因主要是施工控制不严导致。在对场地进行具有针对性的补充勘察后，专家团队对部分参数进行重新调整出具了新的设计方案，在施工过程中委派技术人员对施工全过程进行了指导，并独立承担了该工程真空预压施工过程中的监测、检测项目及后期的桩基施工任务。目前该项目土建、安装工程已完成形象进度的 70%，处理效果达到了预期目的。

二、科技创新

在抓好企业管理的同时，化勘院始终牢记科技创新才是市场竞争取胜的法宝。创新体系分为两个层次进行建设，第一层次为技术委员会及技术研发中心，重点研究国家产业政策、行业技术进步发展纲要及国内、国际岩土工程发展前沿课题，同时开展高层次的科研开发工作；第二层次为所属专业公司，根据各自的专业特点及发展方向，开展中小型技改项目的研究。主要举措包括：一是调整专业结构，重点发展高质量、高效益的核心专业，提高市场竞争力；二是建立完善的创新管理制度，保证经费投入，激发员工创新意识；三是坚持开发与引进并举，确定高、精、尖科研项目，实施系统开发策略；四是努力提高标准化工作水平；五是加强信息化建设；六是加速人才培养和引进步伐，优化人才资源配置，确保企业健康、稳步发展。在抓好科技创新的同时，公司培养了一批优秀的青年技术人才，唐立梅同志就是其中的杰出代表。唐立梅在化勘院成长起来后选择继续深造，博士毕业后成为我国首位兼具搭乘“蛟龙号”西太平洋深潜和搭乘“雪龙号”南极科考经历的女科学家。

2012 年起，化勘院先后与河北工业大学、天津城建大学、河北水利电力学院等京津冀高校建立了产学研合作机制。通过实施“以科技为引领、以创新作动力”系统化开发战略，取得丰硕成果。继总工程师刘兴辰 1994 年被建设部授予“国家勘察大师”称号后，2011 年总工程师刘文东被授予石油和化工行业勘察设计大师称号。2012—2019 年间，化勘院先后获得发明专利 7 项，实用新型专利 23 项，主编或参编行业、地方标准 8 项，自主开发的 22 项软件获著作权证书。2013 年公司顺利通过国家级高新技术企业资格认定，2014 年又先后通过了河北省科技型中小企业和河北省科技小巨人企业资格认定。

化勘院早在 1976 年就走出国门，曾参与援建柬埔寨、越南等国家的多个炼油厂、化肥厂的建设工程。自 2001 年起也曾陆续通过市场承揽过孟加拉、斯里兰卡等国家的工程勘察和监理任务。但这些项目均为中小型项目，收入在总业务量中占比例较小。2012 年提出创建国际型岩土工程公司的目标以后，公司重新组建了国际工程部，负责国际市场的开拓。近年来先后参与了越南、尼日利亚、哈萨克斯坦等多个国家相关项目的经营和施工工作，在创建国际型岩土工程公司的道路上迈出了坚实的一步。

实例三：丹格特 2000 万吨/年炼油项目位于我国“一带一路”战略的合作伙伴国家尼日利亚，是该国最大单体炼油项目，由印度某公司承担工程设计和项目管理工作。化勘院与其接触后，认为该项目的桩基设计方案和施工工艺有较大改进空间，在多次交流后对其提出了合理化改进建议，得到项目管理方的认可。后通过“借船出海”的方式承揽到化勘院有史以来最大的境外项目，工作内容包括振动沉管灌注桩 90 万延米、振冲碎石桩 45 万延米、钻孔灌注桩 1.2 万延米，以及全过程的桩基检测任务，总合同额达 48251 万元。

三、体制创新

2007 年 4 月，根据中国化学工程集团公司的决定，按照主业整合、资产划拨、行政归属的方式，进行了中国化学工程第十三建设公司、化学工业第一勘察设计院的重组，重组后化勘院保留独立法人地位，划归中国化学工程第十三建设公司管理。2008 年 9 月，化勘院更名化学工业第一勘察设计院有限公司。2010 年 1 月，整体随中国化学工程股份有限公司在上海证券交易所上市。

由于体制僵化、管理层级增多，导致化勘院归属变更后内部活力不足、办事效率较低、掣肘时有发生，很难适应市场的快速变化；加之公司地处三线城市，长期薪酬待遇较低，很难吸引和留住高质量人才。此外，开拓国际市场和技术创新能力不足、筹资渠道单一等因素也严重制约了公司的发展。

2013 年 11 月，党的十八届三中全会提出“积极发展混合所有制经济”，2014 年国务院《政府工作报告》进一步提出“加快发展混合所有制经济”。化勘院的混改设想最早在 2018 年 2 月提出，2019 年 3 月被列入集团公司混改工作试点企业，混改工作迈上快车道。化勘院混改的目的是引入民营资本的战略投资者达到互补、提高和放大的目的，通过骨干员工持股实现利益共享、风险共担、激发内生活力的目的。混改后的新化勘院将以国企的体制、民营的机制在市场中参与竞争。

混改前，化勘院首先对管理部门和生产机构进行了大幅度整合，优化了干部队伍；本着“轻资产改制”的原则对土地和房产进行了分立（新设河北化勘岩土工程有限公司）。2019 年 12 月完成混改后的工商变更登记注册，标志着混改工作顺利完成。

混改后的股权结构为：国有股占 66%、战略投资者占 15%、骨干职工通过跟投平台占股 19%。董事会和监事会中引入战略投资者和职工代表，法人治理结构初步建立。

体制、管理和科技创新工作的稳步推进极大地促进了化勘院经营、生产工作的开展，在渡过 2001—2012 年的平稳发展期后再次驶上高速发展的快车道，2019 年新签合同额、主营业务收入、净利润及资产总额均创历史最好水平。

2011 年和 2014 年化勘院两次被授予“全国优秀施工企业”称号；2012 年在全国勘察设计行业工程总承包完成合同额排名中跻身百强；2013 年获国家级高新技术企业资格认定；2014 年“地层分层沉降自动监测系统”分获行业科技创新成果一等奖和部级科技创新成果二等奖；2015 年被评为化工行业创优质工程先进单位；2019 年乌鲁木齐石油化工米泉水源地凿井工程入选“庆祝新中国成立 70 周年优秀勘察设计项目”。

第四节　努力创建国际一流岩土工程公司

2020 年 1 月，混改后的化学工业第一勘察设计院有限公司在沧州基地隆重揭牌。

2020年1月23日，中标化勘院史上最大单项工程勘察项目——中委合资广东石化2000万吨/年重油加工工程化工区及火炬区详细勘察，为新阶段的启程奠定了良好的基础。2020年4月15日，中国化学工程集团（股份）有限公司总经理、党委副书记刘家强率队赴化勘院调研，要求公司继续深化改革，对标先进企业寻求更大发展。2020年4月27日，作为联合体主要成员之一中标150.45亿元的安庆产城融合项目，标志着公司在基础设施领域迈出了坚实的一步。

2017年习近平同志在党的十九大报告中重提“两个一百年”奋斗目标，对“三步走”战略进行了细化与发展。结合公司实际情况，化勘院大胆提出了“做优做强做大”的目标，通过实施“三年五年规划、十年三十年愿景”，努力创建技术管理型、国际一流的综合性岩土工程公司的发展战略，力争在专业化、差异化、国际化上有新的突破，到2049年新中国成立一百周年之际基本建设成为具有鲜明行业特色的国际一流岩土工程公司。

化勘院的发展目标和指导思想确定为：坚持创新、协调、绿色、开放、共享“五大发展理念”，统一思想、规范管理，继续优化资源配置，实施国际化经营和人才强企战略，不断开辟新的业务领域，加强风险管控，弥补短板，持续提升公司核心竞争力，到2049年将公司建设成为技术管理型、国际一流的综合性岩土工程公司。

公司专业发展方向：一是瞄准国内领先、国际先进的目标，继续巩固现有优势技术、重点发展岩土工程咨询、设计专业；二是向产业链两端延伸，跨专业涉足建筑设计、土建施工等专业；三是结合化工产业“退城入园”，着力发展环境岩土工程，特别是与化工行业密切相关的污染土壤、地下水污染的检测与治理等新兴领域；四是顺应“互联网+ ”信息技术发展，加速岩土工程技术信息化与智能化的融合。

公司将着力改善发展环境、理顺分配机制、科学使用人才、增强职工凝聚力，坚持科技创新、提高装备水平，扩大经营成果、提高融资能力，以保护环境、发展绿色岩土为己任，重点实施“1336”战略举措，提高企业核心竞争力。即瞄准一个目标：建设成为技术管理型、国际一流的综合性岩土工程公司。

实施三大战略：专业化、差异化、国际化。

明确三条关键路径：混合所有制改革、技术创新、机制创新。

抓好六项重点工作：党的建设、人才队伍建设、体制机制改革、国际化经营、精细化管理、风险管控。

作为走岩土工程之路的先行者，化勘院在改革开放的大潮中奋勇拼搏，逐步形成了具有鲜明行业特色的管理模式，营造出良好的企业文化氛围，推动了企业健康、良性发展。在“三年五年规划、十年三十年愿景”的战略引领下，化勘人也必将齐心协力，解放思想，再创辉煌，更好地为我国的石油和化工工程建设事业贡献自己的力量！

（化学工业第一勘察设计院有限公司　程书昌）

与新中国橡胶工业同步成长壮大
——中国化学工业桂林工程有限公司发展纪实

中国化学工业桂林工程有限公司（简称中国化学桂林公司）的前身为1956年在北京成立的化学工业部橡胶工业设计院，1969年搬迁至广西桂林市，自1996年起隶属于国资委管辖的上市央企中国化学工程股份有限公司。中国化学桂林公司在国民经济第一个五年计划中期成立，伴随着我国橡胶工业的成长，引领着我国橡胶工程领域及橡胶工业装备的发展。

第一节　橡胶工业设计体系的形成(1949—1978年)

随着国家经济建设和政治形势的发展，经历整合搬迁，先后经轻工业部、重工业部、化学工业部，最终在1956年成为化学工业部橡胶工业设计院（简称橡胶设计院）。

国家赋予橡胶设计院的任务是：橡胶工业的基本建设项目的设计，包括工厂设计和设备的设计，是国家基本建设系统中的专业设计单位。建院初期，也是国家实行计划经济时期，该院设计任务由上级主管部门下达。

1957年，由橡胶设计院设计了新中国第一个新建轮胎厂——重庆轮胎厂；同年，首次承担国外轮胎厂设计；随后，1964年设计了河南轮胎厂，在设计中采用了当时国内最先进的技术。在这个时期，随着设计队伍的扩大和机构的加强，设计技术水平也不断提高，并开始了援外橡胶工程项目的设计工作。

到70年代中期，橡胶设计院先后为朝鲜、越南、古巴、缅甸等国设计了轮胎工厂和其他橡胶制品生产厂，这些工厂无论是设计水平还是提供的橡胶装备水平在这些国家当时都处于最先进水平。

援外橡胶工程项目的设计工作，锻炼了设计院的设计队伍，以后又完成了上海正泰橡胶厂、湖北东风轮胎厂、四川橡胶厂、广州轮胎厂、云南轮胎厂、银川橡胶一厂、曙光研究所等工程设计任务。与此同时，为了满足各地方发展轮胎工业的需要，还进行了年产10万套轮胎的通用设计工作。

建院以来，橡胶加工机械的设计开发工作一直占有重要地位，除了复制生产中急需的现有设备外，主要是消化依据中苏技术合作协定从苏联取得的近百套橡胶机械设备图纸资料，根据国内橡胶工业生产的需要进行符合国情的设计，以满足橡胶工业发展的需要。这些橡胶机械技术资料已成为当时橡胶机械发展的技术基础。1958年开发研究出国家第一台密闭式炼胶机，而后还根据需要设计了开炼机、密炼机、压延机、胎面挤出联动装置、内胎挤出生产线、轮胎成型机以及其他橡胶制品生产设备等。

60年初期，橡胶设计院还开展了轮胎设备等的研究工作，其中有钢丝帘布缠绕设备、钢丝轮胎成型设备、钢丝帘布压延设备、炭黑输送设备等的研究。与此同时，也积极与生产厂联合开展新设备的研究设计工作，包括尼龙热伸张设备、子午线轮胎硫化机、子午线轮胎活络模等设备的研究设计工作。到1969年，共设计了1000多套橡胶机械图纸资料，基本上解决了有无问题，为中国橡胶工业的发展提供了必要的条件，同时也为国内橡胶机械的发展奠定了基础。

1969年，化学工业部按照国务院“战备搬迁”的指示决定，将橡胶设计院搬迁至广西桂林，搬迁人数达240多人。搬迁至桂林后，兴建了1000多平方米的加工、试制车间，为橡胶机械的加工和试验提供了最基本的条件，还自行开展了油料泵、炭黑输送、翻胎硫化机中心机构、力车胎机械包边、丁基胶内胎接头机、仿型磨胎机、文氏喷射管等研究试验项目。以上试验项目大部分都形成了成果或中间试验成果，丁基胶内胎接头机和油料泵等项目还通过了部级鉴定。1972年7月，广西革委会燃化局下文改名为桂林橡胶工业设计研究院（简称桂林橡胶设计院）。

70年代初期，国内一些轮胎厂开始引进国外先进的橡胶机械设备，使桂林橡胶设计院得到了学习国外先进技术的机会，通过吸收国外先进技术提高了自主开发水平。

第二节　在改革开放中迅速发展（1979—1999年）

党的十一届三中全会后中国进入改革开放时期，1979年初国家建委在全国勘察设计工作会议上提出设计单位要实行企业化、推行合同制，拉开了中国勘察设计业改革的序幕。国家改革开放的不断深入和该院管理体制的改变促进了院经营思想、经营观念、经营作风、经营方式的深刻变化，改革开放成就了公司高速发展，公司不断拓展业务领域，开始从设计院向工程公司过渡。

一、体制和机制改革是发展的动力

20世纪80年代末期，国有企业改革进入深入阶段，桂林橡胶设计院开始探索事业单位企业化管理。

1980年，桂林橡胶设计院根据化工部的有关精神，开始实行技术经济责任制管理，制订了考核奖惩办法，奖金首次出现于职工的收入构成中，从而打破了计划安排单靠行政手段的局面，为后来推行经营承包责任制奠定了基础。

1984年，化工部决定桂林橡胶设计院由国家拨款的事业单位转为自收自支的企业化管理的事业单位。至此，桂林橡胶设计院走上了自主经营、自负盈亏的企业化管理道路，开始推行经营承包责任制，当年的设计收入首次达到100万元。

国家改革开放的不断深入和该院管理体制的改变，促进经营效果逐步得到改善，主营业务收入连年不断提高，1992年超过800万元；1993年超过了1000万元；1995年实行承包经营涉及的职工人数超过全院在职职工总人数的83%以上，承包经营的力度也大大加强；1996年开始试行资产经营承包，进一步将承包经营推向科学化和现代化；1999年实现改企建制，标志着设计院由事业单位转制为科技型企业，正式成为市场的主体，获得了经营管理的自主权。

为了使主业工程设计向国际工程公司发展，桂林橡胶设计院在内部改革机构设置成立工程部，培训项目管理人员，成立监理公司。在外部设立分院，开展工程总承包（以1992年大连诺迪克为例）。主业设备设计，实施科技成果产业化战略，成立新技术开发公司，直接向用户提供产品和服务，提高了经济效益。

进入90年代，随着社会主义市场经济体制改革的不断深入，市场竞争也日益激烈。为了适应这种变化，桂林橡胶设计院坚持在确保主业的前提下，积极拓宽经营领域，提出坚持以设计为主导，横向、纵向延伸的策略。1995—1999年，公司承接了国内众多大型轮胎项目的设计和监理工作，包括国际知名轮胎公司如普利司通、韩泰、锦湖、正新、建大、佳通等。

1989年，桂林橡胶设计院成立了化学工业部桂林橡胶工业设计研究院新技术开发实业公司，开始实施技、工、贸一体化的产业化经营策略，以设计、制造、销售（售后服务）为主要经营手段，逐步实现了生产、积累、再生产、再积累的良性循环。1995年新技术开发实业总公司营业收入超过了1800万元。

1994年，桂林橡胶设计院成立了民用建筑设计所，同年11月又成立了华厦建设监理公司，进一步拓宽了工程建设行业的经营空间。1995年这两家公司的创造了近200万元的收入。1995年1月桂林橡胶设计院组建了院工程公司，实行项目管理体制。1996年通过ISO 9000认证，把工程公司推向国际市场，成为国际型工程公司。

二、工程技术领先，主业多元发展

随着国民经济高速稳定发展，作为国民经济支柱产业之一的汽车工业水平不断提高，对轮胎工业的技术要求也越来越高，发展子午线轮胎势在必行。桂林橡胶设计院承接了大量子午线轮胎工厂的工程设计，为国家轮胎子午率提升到90%以上作出了卓越贡献。桂林橡胶设计院还在大型联合厂房、大容积空调、无紫外线照明、自动消防和综合管线布局等技术上取得了巨大进步。桂林橡胶设计院与上海正泰橡胶厂合作，完成了引进德国年产50万套子午线轮胎成套技术装备及国内配套工程项目的设计，于1983年建成投产，成为国内第一个大批量生产轿车子午线轮胎的橡胶工厂，该项目设计荣获化工部一级优秀工程设计奖。90年代，该院为上海轮胎橡胶集团公司设计的年产240万套子午线乘用胎厂一期工程（140工程），采用了轻钢结构大型联合厂房，建筑面积约6万平方米，该项目设计周期短，进度快，技术先进，设计合理，整体效果好，接近国际水平，可与国际同类厂家媲美，受到各方好评。桂林橡胶设计院为东风轮胎集团公司设计的年产30万套载重子午线轮胎项目和大连国际诺迪克轮胎有限公司引进瑞典子午线轮胎成套技术的年产100万条轿车及轻卡子午胎项目均已投产。该院陆续还设计了云南轮胎厂子午胎工程，杭州中策橡胶有限公司年产100万套、东风轮胎集团公司年产150

万套、山西双喜轮胎公司年产500万套等子午胎项目，为韩国投资的南京锦湖轮胎公司和天津锦湖轮胎公司设计子午线轮胎。

在体现设计水平的子午线轮胎工厂的设计方面，桂林橡胶设计院解决了工艺、建筑、结构、暖通空调、自动消防等多项综合技术问题。在工艺设计方面，完全能按照用户提供的产品生产软件技术来设计生产流水线、车间或整个工程。在大型无窗式联合厂房的设计中，该院解决了大容积空调、无紫外线照明、自动消防系统、综合管线布局等诸多技术问题。在厂房建筑结构设计方面，该院一直十分注重采用新技术，经过多年积累，不仅能提供各种预应力和现浇非预应力结构设计，还可以承担多层多跨度的曲线张拉部分预应力结构的设计工作以及各种形式的大跨度钢结构，如：各种大型屋架、网架和变断面的钢架的设计工作和各种高层建筑结构的设计工作。当时的国内巨型工程轮胎厂都系桂林橡胶设计院设计，其中河南轮胎厂年产6000条巨型工程轮胎工程、天津国际联合轮胎橡胶有限公司年产5万条工程轮胎项目、桂林轮胎厂年产2.5万条工程胎项目等，这些工程轮胎厂的建成，使我国工程胎生产形成了一定规模，基本满足了国内生产建设的需要。

桂林橡胶设计院不仅重视轮胎工业，也十分重视其他橡胶产品的发展，如管带、自行车胎、翻胎、胶鞋、胶乳制品及其他橡胶制品、钢丝帘子线、电缆加工等。多年来设计的项目有：宜昌中南橡胶厂（管带），重庆中南橡胶厂（管带），广州南方橡胶厂（胶鞋），广州橡胶一厂（自行车胎），上海胶管厂，上海力车胎厂，上海大孚橡胶厂（胶鞋），乳胶研究所等，湖北钢丝厂引进意大利GCR公司年产3500吨钢丝帘线工程是具有代表性的工程项目。

另外，桂林橡胶设计院还完成了多个医药、轻工等工程项目的设计工作，设计了宾馆、陈列馆、国际学术报告厅、医院、商场、影剧院、大型写字楼、高层住宅多种民用建筑项目。

三、装备设计探索创新，填补国内空白

“八五”“九五”和“十五”期间，桂林橡胶设计院陆续开发出适应国内橡胶工业生产所需要的橡胶机械设备，其中，双模外胎定型硫化机有：40.5″A、42″B、46″A、55″B（平移）、63.5″B（联合）、75″B等六种规格。由该院开发的外胎自动定型硫化机已基本形成系列，这些图纸和资料成为国内橡胶机械厂发展轮胎定型硫化机生产的基础。

70年代初期，一些企业开始引进国外先进的橡胶机械设备，得到了学习国外先进技术的机会，通过吸收国外先进技术提高了自主开发的水平。在市场经济浪潮中不断探索创新，桂林橡胶设计院在这个时期取得了一大批自主研发成果，提升核心竞争力，创造出众多中国第一，填补国内空白。1981年，完成了中国第一个全套引进设备和技术的上海正泰橡胶厂年产50万条半钢子午胎工程项目，实现了中国半钢子午胎批量生产零的突破；1986年完成了中国第一个全套引进技术的辽宁朝阳长征轮胎厂年产15万条全钢载重子午胎工程项目，实现了中国全钢子午胎批量生产零的突破；1987年完成了中国第一个全套引进设备和技术的天津国际联合轮胎公司年产5万套特种工程轮胎工程

项目，实现了中国巨型工程轮胎批量生产零的突破；1985 年研制出中国第一台销钉冷喂料挤出机；1989 年研制出中国第一台密炼机上辅机系统；1992 年研制出中国第一台双复合挤出机组；1995 年研制出我国第一台锥形双螺杆挤出机；1997 年研制出我国第一条工程机械轮胎缠绕线；1998 年研制出中国第一台双复合挤出机生产线。1991 年完成了中国第一个现代化全新的上海正泰橡胶厂年产 140 万条半钢子午胎工程项目，获国家建设部颁发的设计领域最高殊荣——优秀设计项目金奖。

这一时期该院共完成装备开发成果 480 余项，涉及轮胎、胶管、胶带、胶鞋、乳胶、力车胎、橡胶制品等橡胶工业生产领域。设计开发了炼胶、挤出、压延、涂胶、成型、硫化、翻胎等产品的生产线，为我国橡胶工业的发展作出了自己应有的贡献。

四、技术管理走向正轨，积蓄和培养内生力量

桂林橡胶设计院的技术管理工作是随着国家经济建设和现代科学技术的发展而不断完善的。

1978 年，编制了设计院的第一个科技发展规划。为进一步提高设计科研水平，桂林橡胶设计院在化工部的大力支持下，集中财力于 1978 年购置了一台国产 TQ-16 中型电子计算机，并于 1979 年 1 月举办了首次电子计算机学习班，为各专业培养了骨干，奠定了计算机应用的基础。工民建专业借助于计算机进行结构分析计算，开创了院计算机应用的先例。1989 年集中力量抓了 CAD 的应用工作，各专业 CAD 应用全面铺开，取得了明显成效，1995 年 CAD 出图率达到了 68.9%。1995 年桂林橡胶设计院又开始了信息网络的建设工作，对电子信息的应用与管理提出了更高的要求。

进入 80 年代，桂林橡胶设计院着重抓了设计统一技术措施工作。在与橡胶加工设计技术中心站协商分工下，陆续编制轮胎车间、炼胶车间、力车胎车间（包括摩托车胎、自行车胎、力车胎）工艺设计统一技术措施；建筑及结构设计统一技术措施；技术经济及工程经济统一技术措施及工厂设计制图标准等。这些工作为进一步提高设计质量和水平，培养专业人才打下了坚实的基础。

1996 年，桂林橡胶设计院更名为中国化学工业桂林工程公司（简称中国化学桂林公司）；1996 年，中国化学桂林公司成立宣贯 ISO 9000 国际标准办公室和院质量管理部，同年 12 月首次取得长城（天津）质量保证中心质量体系认证证书，该质量体系适用于工程咨询、工程设计、工程总承包、设备开发和服务，成为广西首家通过质量体系认证的勘察设计单位。

第三节　搭乘“一带一路”发展快车，推进海外布局（2000—2019 年）

这一阶段是中国化学桂林公司成为国内橡胶轮胎行业设计能力最强的综合设计企业，同时已成为全球橡机装备制造业 20 强，拥有国内最大的橡胶挤出装备研发生产基地，是我国橡胶装备及工程领域的开拓者和领先者。

一、构建大经营格局

1. 以技术创新为强大引擎，打造核心竞争力

中国化学桂林公司坚持以改革和创新为动力，构建以企业为主体、市场需求为导向、产学研深度融合的技术创新体系。公司与知名大学、科研院所共建产学研联盟，全力以赴攻克共性关键技术，重点开展高端装备、绿色智能工厂、橡胶工业废气收集及治理等技术研发，取得了良好的科技创新成果，也取得了多项具有行业重大影响力的科技成果，累计完成了450余项橡胶加工设备的研发任务。

进入到21世纪后，公司装备业务获得了长足而迅猛的发展，从20世纪末年销售合同额不足两千万元的小公司，迅速成长为年销售合同额达到近5亿元的科技创新型企业。公司研发实力始终处于国内领先、国际先进水平，打破了国外高端橡机装备企业的技术垄断，已成为国内外设计、研发橡胶装备的著名企业。

公司完成了“十五”期间国家“载重子午线轮胎成套设备及工程子午线轮胎关键设备研制项目”重大技术装备攻关项目35个项目中的5个项目；2001年中国第一台三复合挤出机组研制成功；2003年研制出四复合挤出机组（生产线），并于2004年在米其林罗马尼亚工厂安装使用，一次开车成功，该生产线是我国首创的产品；2005年中国第一条全钢内衬层风冷双挤出机生产线研制成功，标志着橡胶重大技术装备国产化取得圆满成功，为我国子午胎技术和装备国产化快速发展奠定了坚实基础；2005年中国第一条四复合挤出机组研制成功；2009年第一条宽幅挤出生产线研制成功；2012年五复合挤出机组研制成功填补了国内高端装备空白；2013年公司立项研发单辊筒挤出机组（生产线）；2008年立项研发宽幅挤出压延机组（生产线），主要应用于大型连续运输设备上的宽幅橡胶输送带的生产，该生产线革新了传统的输送带生产工艺，与传统工艺相比，可提高生产率一倍以上，节省胶料约5%，降低废品率约30%，减少占地约20%，减少操作人员半数以上，同时操作安全性大大提高，并于2009年在无锡宝通胶带工厂安装使用。

公司与无锡宝通科技股份有限公司、北京化工大学共同完成的“特种高性能橡胶复合材料关键技术及工程应用”项目荣获2019年度国家科技进步二等奖。与中策橡胶集团有限公司、同济大学及上海同吉建筑工程设计有限公司联合研发的集约型超大规模高性能轿车子午线轮胎生产系统及工程关键技术项目荣获2017年度中国石油和化学工业联合会科技进步二等奖、2019年浙江省科技进步二等奖。

公司共有100多项工程设计、50多项发明专利，多项新技术获国家级、省部级荣誉。公司四复合橡胶挤出机组获国家科技部首批国家自主创新产品荣誉称号；公司五复合橡胶挤出机组、宽幅胶片挤出压延生产线被列入国家工信部《首台（套）重大技术装备推广应用指导目录》；公司全钢三角胶挤出贴合生产线被认定为2016年国内首台套重大技术装备产品。2013年公司复合橡胶挤出机头发明专利荣获第十五届中国专利优秀奖；2014年公司被认定为2013年广西两化深度融合标杆企业；2016年公司被授予中国石油和化工行业技术创新示范企业称号，公司侧面锁紧复合橡胶挤出机头发明专利荣获第十八届中国专利优秀奖；2017年公司参与研发的超大规模三维立体绿色轮胎智能化生产系统及工程关键技术项目荣获中国石油和化学工业联合会科技进步一等奖；2019年公司五复合橡胶挤出机组研制及产业化项目获得国家发展改革委增强制造业核心竞争力专项投资项目的批复，同年，公司承担的课题“有害气体散发特性与控制关键技术研究示范工程——厦门正新海燕轮胎有限公司硫化废气收集项目”被正式认定为“十三五”国家重点研发计划示范工程。

2. 关键技术的沉淀，承载市场竞争力

公司通过建立生产和研发基地，实现研发和加工同步发展，已具备年产 150 台套设备以上的生产能力，购置数控加工中心，把关键零部件的制造工艺技术沉淀在公司内部并持续改进，潜心研发高效螺杆，将挤出机的产能提升了 35% ～45%；优化螺杆研造工艺，螺杆使用寿命延长；公司成为国内唯一一家能够满足高性能载重子午线轮胎挤出工艺要求的厂商，占领了国内橡机挤出机市场的最大份额。

3. 提供工程建设全过程解决方案，不断提升工程实力

中国化学桂林公司以橡胶装备业务和橡胶工程业务为基础，将海外业务、绿色智能制造、节能环保等业务打造为新的经济增长引擎，目标是建设具备设计、制造、建设、运营一体化服务能力的工程公司，成为中国橡胶工程的领军企业。

自成立 60 余年来，公司共完成 1000 余项国内外工程设计、工程咨询、工程总承包及建设监理任务，涉及多个工业领域；先后承担了国内众多大型轮胎工厂的工程设计服务，并为美国、法国、日本、德国、韩国等国家的世界著名轮胎公司在中国的大型建设项目提供了工程设计和工程总承包服务，为中国橡胶工业的发展做出了积极贡献。

2011 年，由公司设计的双钱集团（安徽）回力轮胎有限公司年产 1500 万条高性能半钢丝子午线轮胎项目，从设计至验收，在 11 个月内第一条轮胎顺利下线，创造当时世界奇迹。同年，完成中策橡胶集团有限公司杭州中策 103 物流输送线，该项目是国内第一套成型车间自动卸胎的智能化轮胎输送系统，也是公司第一条轮胎输送线。2014 年，中策橡胶（泰国）有限公司轮胎生产基地项目（一期工程），是公司历史上第一个海外设计、工程管理项目，也是中策橡胶（集团）有限公司在海外建设的首家工厂，是泰国最大的轮胎厂。2015 年，合肥万力轮胎有限公司年产 200 万条绿色载重子午线轮胎生产项目，将国家工业 4. 0 理念引入设计，首次运用全领域智能化、全流程自动化、全方位绿色化的轮胎工厂设计理念和整体设计解决方案，为我国轮胎行业树立了绿色智能制造的新标杆，打造世界级智能化轮胎制造工程。

公司聚焦专业优势、专注高效治理，降低运营成本，打造绿色工程，引领行业发展。2015 年公司完成上海米其林轮胎有限公司硫化废气收集项目，该项目是国内第一套废-热分离型硫化废气收集系统，废气收集风量较传统大围罩形式降低 72%，收集效率达到 85%。2017 年公司完成厦门正新橡胶工业有限公司硫化废气收集项目，废气收集风量较传统大围罩形式降低 70%，收集效率达到 85%。

2008 年，公司为倍耐力（山东兖州）轮胎有限公司新建炼胶车间和公用工程车间项目提供总承包服务。2011 年公司与中煤第五建设有限公司共同组成联合体，承包中煤平朔集团有限公司胶管胶带 EPC 总承包项目。2018 年公司获得桂林市首个 EPC 项目——桂林智神信息技术有限公司对智能电子三轴手持稳定器产业化基地建设项目 EPC 工程总承包的授标，这标志着公司在国内非传统行业领域从工程服务向工程承包的业务形态转型取得突破。

4. 加强供应链管理，实现从单赢向多赢的转变

公司进一步完善供应商管理制度，建立供应商管理评价体系；引进国际巨头轮胎公司的专业供应链管理人才，对现有供应链进行整合和优化管理，不断降低制造成本；积极向先进单位学习供应链管理经验，与供应商建立联盟；通过积极参与上下游企业的生产计划，与上游企业共同商讨和制定产品计划、供货周期等措施，公司与供应商建立长期稳定合作伙伴关系，从而帮助客户降低成本、创造价值，取得多赢效果。

5. 服务模式从交付产品向交付价值转变

随着橡机技术的成熟和轮胎制造企业的整合做大，以及客户的多样性变化，客户对产品的关注点越来越多，产品的售后服务质量不仅关系到公司产品形象和品牌价值，更关系到客户对公司产品的依赖。公司的服务模式也逐步从交付“冷冰冰的机器”向交付“更多附加值”转变。公司将“满足客户的要求和期望”作为服务的最高目标，致力于为客户提供全套解决方案，提供增值服务。

6. 打造绿色轮胎工厂，提供节能、环保、智能化生产解决方案

中国化学桂林公司一直致力于环保产品和技术的研发、推广和应用，在国家淘汰落后产能，严格控制高耗能、高污染和产能过剩企业的大背景下，充分发挥在橡胶轮胎行业领域管理、技术和人才优势，运用领先的节能减排与治理技术和先进的运营管理经验，为广大客户提供减排与节能技术咨询、方案设计、工程施工、运营管理等服务。同时为适应现代化绿色产业发展需要，根据轮胎行业特点，针对轮胎企业对减员增效、绿色技术以及产品提升的强烈需求，着力打造绿色轮胎工厂，为客户提供全厂智能化生产解决方案，实现轮胎企业节能、环保、智能制造，实现降本增效。

二、打造国内外知名品牌

中国化学桂林公司已拥有国际顶级轮胎公司如法国米其林、日本普利司通、德国大陆、意大利倍耐力等以及国内大部分知名轮胎公司如中策、双钱、三角、风神、玲珑、佳通等一大批优质客户，并成为米其林、杭州中策等业界领军企业唯一指定的橡胶挤出装备产品供应商，产品远销到欧洲、南美、印度、东南亚等国家和地区，始终保持国内市场份额及出口量第一，营业规模位列全球橡机企业第 21 位。

1. 整合技术资源，走产学研联合之路

公司以轮胎产业技术创新需求为基础，突破产业发展的关键技术，构建共性技术平台，凝聚和培育创新人才，加速技术推广应用和产业化应用而自发搭建起“轮胎产业技术创新联盟”。公司致力于工业信息化技术与轮胎智能化制造技术的研发，以信息技术为核心、以智能化装备为载体、以工艺技术为手段，专注于为轮胎生产企业提供轮胎智能化制造整体解决方案为使命，促进轮胎行业科技进步和转型升级而展开了全面的战略合作关系。

2010—2012 年，中国化学桂林公司牵头与其他科研机构组建智能化轮胎制造技术创新联盟、新型橡胶挤出技术创新联盟、桂林国家特种轮胎及装备制造高新技术产业化基地、广西橡胶产业技术创新战略联盟、桂林轮胎产业技术创新战略联盟等，全面展开技术合作，努力实现新技术的产业化，促进产业转型升级。

公司拥有国内首个企业橡胶挤出技术研究实验室及工业自动化实验室，已获认证为“国家企业技术中心”、国家火炬计划“高新技术企业”、“广西壮族自治区级企业技术中心”、“广西橡胶工程及装备工程技术研究中心”、“广西壮族自治区研发中心”、“广西壮族自治区工程技术研究中心”及“中国石油和化工行业技术创新示范企业”。

2. 抓住“一带一路”机遇，积极部署海外市场

充分利用国家“一带一路”机遇，以世界轮胎巨头海外工厂和我国“走出去”轮胎企业以及东南亚国家、金砖 4 国、新兴国家轮胎工厂为重点市场，加强海外市场开拓力度。在工程业务上，培养获取海外工程市场的能力，以国家对外援助投资资金和过我轮胎产业转移为导向，打通海外工程市场承包通道；在装备业务上，公司扩大原有的业务份额，开发东南亚橡胶市场。

2014 年起，承接中策橡胶（泰国）有限公司建设轮胎生产基地项目一期项目（年产 420 万套 PCR，总建筑面积 11 万平方米）是中策橡胶（集团）有限公司在海外建设的首家工厂，该项目是公司历史上第一个海外设计、全过程工程管理项目，经过公司项目管理人员的精心管理、设计工程师的精心设计，项目高效实施，从土建开工到轮胎试产只用了短短的 7 个月，创造了轮胎工厂建设的最快纪录。

随后，公司承接了中策橡胶（泰国）有限公司轮胎生产基地项目二期（建筑面积 9. 5 万平方米）、2018 年的三期项目（建筑面积 14 万平方米）的工程设计、工程项目管理，目前中策橡胶（泰国）有限公司已成为泰国最大的轮胎生产工厂。在高端专用设备上，先后为中策橡胶（泰国）有限公司轮胎生产基地提供了胎面复合挤出生产线、胎侧复合挤出生产线、XJF-200C 单辊筒机头垫胶挤出生产线、全钢子午工程胎胎面缠绕线、零度带束层生产线、锥形双螺杆挤出压片机、塑化挤出机等设备共计 24 台套。

2015 年，公司承接赛轮（越南）有限公司年产 120 万条全钢载重子午线轮胎和 3 万吨非公路轮胎项目工程设计。提供胎面复合挤出机、胎侧复合挤出机、单辊筒内衬层挤出机、供胶挤出机、农用子午胎缠绕生产线、斜胶胎缠绕生产线、工程胎挤出缠绕生产线、三角胶热帖生产设备等 21 台套。

2016 年 3 月，公司承接华谊集团（泰国）有限公司年产（120+3）万条全钢丝子午线轮胎新建项目的设计及现场管理，提供胎面复合挤出生产线、胎侧复合挤出生产线、复合多用生产线、三角胶胎圈在线挤出贴合生产线等设备共计 5 台套。该项目为华谊集团轮胎板块在境外的第一个工厂，旨在打造新一代的智能化轮胎工厂。公司还为华谊集团（泰国）有限公司提供了污水资源化、无动力闭式集中疏水、无动力抽真空等节能环保服务，实现了节能环保业务走出国门。

2019 年，公司承接浦林成山轮胎（泰国）有限公司全钢子午线轮胎年产能 80 万条、半钢子午线轮胎年产能为 400 万条生产基地的全厂设计并提供胎面挤出生产线、胎侧挤出生产线、三角胶挤出及钢丝圈热贴生产线、对挤法内衬层压延生产线、锥形双螺杆挤出压片机、塑化挤出机等设备共计 17 台套的关键高端装备。该项目采用轮胎行业领先的设计理念，以绿色、高端和智能为标准，设计参与全过程管控，创造了从奠基到投产不足一年的新纪录。

2019 年，公司承接贵州轮胎股份有限公司在越南投资建设海外年产 120 万套的高性能智能化全钢子午胎项目的设计、项目管理，该项目采用国际一流的先进设备、全球最先进的生产工艺和最高的环保排放标准，并同步采用先进的大数据智能化技术，全面打造基于工业互联网平台的绿色智能工厂。

中国化学桂林公司与更多的“走出去”企业保持战略合作，为玲珑轮胎（泰国）有限公司在泰国的生产基地提供复合挤出生产线、对挤法内衬层压延生产线、零度带束层生产线等共计 9 台套；为其在塞尔维亚的生产基地提供零度带束层生产线 1 台套。为通用橡胶（泰国）有限公司在泰国的生产基地提供复合挤出生产线、供胶挤出机等设备共计 8 台套。为前进轮胎（越南）有限公司在越南的生产基地提供胎面复合挤出生产线，胎侧复合挤出生产线、锥形双螺杆挤出压片机、塑化挤出机等设备共计 9 台套。

第四节　聚焦主业实业，不断开创发展新局面

国家经济发展进入新常态，国企改革不断深化，行业进行着深层次结构调整，中国化学桂林公司处于业务转型升级突围的关键期。公司始终坚持推动橡胶工业的进步，成为橡胶行业革新的引领者。

中国化学桂林公司近年来的发展有力证明，“集橡胶工程、橡机装备开发于一体”将成为助推公司从传统工程公司转型升级的高效引擎。公司在中国化学“三年五年规划，十年三十年愿景目标”的指引下，对中长期发展战略完成了优化升级，确立了支撑未来发展的“2135”战略总体布局，聚焦主业实业，做精做优做强橡胶工程，成为国内一流的专业化橡胶工程公司，国际先进的专用设备供应商。响应国家“一带一路”倡议，充分利用东盟区位优势和央企品牌优势，发展建筑工程业务，走专业化、多元化、国际化道路。

一、技术创新方面

建设国际一流的装备研发团队和工程产品研发团队，加强创新驱动，紧扣行业发展方向，发掘市场商机，充分识别客户需求，加强装备技术研发、工程产品研发，充分发挥公司拥有的国家级技术中心、中国化学研究院作用，为公司装备、工程业务持续发展培育自主核心技术，引领橡胶挤出机技术的发展。

二、实业发展方面

做强做优橡胶行业主业，向中高端业务发展，提升橡机装备技术水平，提升国际化

水平，保持优势业务行业领先；聚焦大客户，深挖客户需求，提升服务质量，提高高端市场的占有率；完善技术管理体系，健全生产管控体系，提升标准化产品交付能力。公司橡机装备要在打造全球品牌基础上实现国际化发展，力争全球排名前十名，专项设备排名全球第一，成为国际先进的橡胶机械设备供应商。

三、工程业务方面

作为国内橡胶工程设计的“央企品牌”，立足现在、面向未来，以橡胶工程业务为主，以节能环保业务、专业工程设计业务和海外传统工程总包业务等工程业务为切入点，向其他建筑工程领域拓展辐射。打造先进的工业工程设计平台，形成工程设计数字化交付能力，提供系统解决方案和全过程服务的能力，不断提升工程设计业务的附加值，引领国内橡胶工程领域的产业升级，努力实现成为国内一流的专业化橡胶工程公司的战略目标。

四、发展建筑工程方面

以打造行业领军企业为目标，主攻工业厂房、民用建筑工程等，充分响应国家“一带一路”倡议，大力拓展海外市场，选择合适国别，深度开发基础设施业务，开发国际建筑工程市场；国内建筑工程利用东盟区位优势，打造东盟桥头堡，充分发挥区内央企品牌优势，强化基础设施经营能力建设，实现基础设施业务突围，做大做强基础设施业务。

（中国化学工业桂林工程有限公司　许敏杰）

开拓海内外市场　抢占产业新高地
——中国石油工程建设有限公司发展纪实

中国石油工程建设有限公司（CPECC）始建于1980年。公司肩负着国家“持续深化改革、扩大开放合作”的历史使命，成为第一批“走出去”的企业。CPECC立足中国国情，借鉴国际先进理念，面对激烈的市场竞争，不畏艰难，勇于创新，积极进取。公司从小到大、由弱变强，逐渐在全球构建了五大区域性规模市场，成功交付了数以百计的国际EPC总承包项目，谱写出辉煌的成就和骄人业绩。自1994年以来，CPECC连续26年被美国《工程新闻记录》（ENR）评选为全球最大250家国际工程承包商之一，成为连续入围次数最多的中国承包商。

公司以油气田地面工程、天然气液化工程和海上石油平台工程（海上油气田工程）为主，以油气储运工程和炼油化工施工、检维修工程为辅，具备前期咨询、设计、采购、施工、投产、运营全业务链和全生命周期服务能力，拥有大型高硫高盐重质原油处理、高酸性气田集输技术、超稠油油田开发地面工程、天然气净化处理、LNG全产业链国产化成套技术等十项核心技术，智慧化油气田、模撬化建造、高压容器制造等领域达到领先水平。

栉风沐雨谋发展，砥砺奋斗赋华章。经过历次重组整合和40年的扎实推进，公司目前下属6个设计单位、3个施工制造单位、13个海外单位，拥有3个海外合资公司，塑造了功能完善的石油工程建设业务链，建立了遍布全球的服务网络。

第一节　西南分公司

中国石油工程建设有限公司西南分公司前身为石油工业部四川设计院，成立于1958年，是中国最早从事石油天然气地面建设勘察设计的科技型企业。

西南分公司的工程业务范围涵盖石油和天然气（以及非常规天然气领域的煤层气、致密气、页岩气、煤制气、LNG等）的采、集、输、配、加工、利用及其相关行业的各种工程服务；研究业务范围涉及酸性油气田开发和利用过程中腐蚀与防腐的机理研究、腐蚀行为的判定、评价和防腐材质的筛选以及天然气计量、天然气处理新工艺和专用设备研发等。

截至2019年末，西南分公司共取得授权专利277项，获得省、部级及以上奖项644项，其中，勘察设计奖242项，科学技术奖159项。

一、创建和成长发展（1958—1978年）

1958年6月25日，石油工业部决定从玉门设计院和北京勘察设计院抽调人员进川，于同年7月22日在四川省成都市府青路3号正式成立石油工业部四川设计院。

1958—1961年建院初期，四川设计院工作重点是油田地面建设设计，设计人员投入川中石油会战、大庆石油会战、新疆和玉门的夺油大战。从1961年12月起，院工作重心转移到气田建设和长距离输气管线的勘察设计，1965—1966年间共完成工程勘察设计126项，科研课题12项。

1963年，建成了国内第一条向工业城市供气的巴渝输气管线，开启了中国天然气工业建设的新纪元；采用天然气集输工艺技术，1965年建成在纳溪气田设计的常温分离多井集气站，成为日后四川气田集气的基本方式。1966年设计建成威成输气管线，迈上高压（4.0兆帕）、大口径（630毫米）、长距离（140千米）新台阶，线路测量和工艺设计方法多项创新；在重庆茄子溪设计建成国内第一条跨越长江的悬缆结构输气管线；1966年8月设计建成国内第一座天然气提氦厂。

1972年，四川设计院设计完成的国内高差最大的青海成品油和青藏输油管线——八三输油管道工程，使中国从此迈入大口径长距离管道建设的世界之林。四川三百亿方天然气配套工程设计，四川设计院与石化系统、一机部、四机部的23个单位开展设计会战。在含硫气田防腐技术方面，合作研制成功CQ-250型抗硫井口、抗硫录井钢丝等。

1965年，石油部组织四川“开气找油”会战，设计院组建防腐脱硫攻关队，历经3年研究成功一套符合国情的抗硫防腐和天然气脱硫技术，填补了国内技术空白，并在威远气田投入开发。合作研制成功高强度抗硫油管、抗硫新材料318钢、抗硫仪表用钢、抗硫压力容器和筛选、评定抗硫材质的技术条件等。

1963年12月，62-2工程（南充炼油厂高滴点地蜡），获国家计委、建委、科委授予的二等奖，为国内天然气工业建设第一次国家级奖项。1975年设计的佛两线斜拉索跨越，获得国家优秀设计金质奖。

二、改革创新（1979—1999年）

（一）历史沿革

1986年2月，四川设计院更名为石油工业部四川石油勘察设计研究院；1989年更名为中国石油天然气总公司四川设计院；1992年1月更名为四川石油管理局勘察设计研究院。隶属关系未变，一直由四川石油管理局领导。

（二）体制与机制改革

1979年起，四川设计院开始向企业化迈进。1981年，试行计划考核、提取企业基金办法。1988年12月，正式实行院长负责制和经济承包制。1993年，制订《勘察设计内部承包试行办法》，全面推进改革深入发展。党的十四届三中全会后，设计院深化改革步伐加大加快，总的工作方针为“深化改革，强化管理，外抓市场，内抓质量，增信誉，创效益”，经营方针是“一业为主，两头延伸，一院两制，内分外联，多种经营”。

这一阶段四川设计院积极拓展国内外业务，包括援助伊拉克技术服务、厄瓜多尔天然气加工厂建设、孟加拉输气管线的投标报价等。1998 年，完成哈萨克斯坦气体处理厂方案和投标方案。1979—1999 年，共完成 1024 项工程勘察设计、108 项科研课题。

（三）重大奖项与成果

1988 年，魏荆输油管线汉江复线跨越工程获国家优秀设计金牌奖、国家勘察银奖等多项奖励，在国内管道跨越史上完成了工艺设计的飞跃。管道交流干扰及防护技术获国家科技进步二等奖。

1994 年 6 月，磨溪气田集气及输送管线工程获国家优秀工程设计铜质奖。1997 年 9 月—2000 年 11 月，分阶段投产的陕甘宁气田至北京输气管道工程，全线采用数字采集、监控、调度自动化管理，填补了我国长输天然气管道压气站设计建设的空白，2002 年获国家优秀工程银奖。

1991—1999 年，四川设计院取得 42 项重大科研成果。其中地面建设配套产品研发 24 项（含引进消化国产化），腐蚀与防护机理研究 7 项，天然气计量技术研究 3 项，国外先进技术情报调研 5 项，知识产权信息网络管理系统等其他成果 3 项。

1993 年 10 月 21 日，川渝气田含硫化氢最高（491 克/米^3）的气井——卧 63 井开井试采一次成功。

1979 年，完成石化部和国家建委下达的《气田建设设计防火规定》的编写工作，至 1990 年末，共完成国标 3 个、部标 15 个、行标 5 个、市标 1 个和企标 6 个。

1978—1994 年，是院信息化建设的起步阶段。1977 年国产 DJS-130 小型机安装调试成功，1978 年起从电算化走向信息化发展历程。1984 年后，自编勘察设计科研程序 268 个、管理工作软件和 MIS 系统 17 个，采用计算机技术应用于工程设计项目和企业管理，其中“卧式容器计算辅助绘图系统”获四川省优秀软件一等奖。

（四）技术优势

这一时期，四川设计院在以下领域形成技术优势：天然气矿场高压低温分离技术，天然气高压（60MPa）集气技术及其配套的矿场专用设备，油气长输管道技术，油气储库技术，油气管道穿越江河技术，油气管道跨越技术，尤其是大跨度斜拉索结构管桥新技术，管道电法保护和抗高压交流电干扰的保护技术，天然气脱硫、硫黄回收和尾气处理技术，天然气三甘醇脱水技术，含硫凝析油加工技术，天然气低温提氦技术，天然洞室油库的勘察设计技术和含硫气田防腐技术。

三、科技高速发展阶段（2000—2019 年）

2001 年 6 月，四川设计院重组改制为中国石油集团工程设计有限责任公司西南分公司。

21 世纪以来，西南分公司进入效益激增、产业化和科技进步高速发展阶段，业务重点由国内向国际化转型，技术向国际设计理念和自主知识产权工艺技术延伸，坚持以社会主义核心价值观引领企业文化，把大庆精神、铁人精神与企业的发展壮大相融合，以“爱国奉献、专业专注、忠诚企业、互利共赢”的行为准则，在国家西部大开发和能源战略的战场上，一马当先，不忘初心，冲锋陷阵，深入刻画了时代形象，凸显了西南人的特色文化、奋斗精神、铁人精神和中国速度，并屡次出现在近年各类重要媒体中。

60年来，西南分公司参加了国内几乎所有气区的开发设计，参与了国内几乎所有骨干长输天然气管道的设计建设，主编了国家大部分天然气标准和规范、主导和参与设计了中国几乎所有的大型整装气田和中国绝大部分国家骨干天然气长输管道，在中亚、中东、非洲、美洲和澳大利亚等海外市场中积累了丰富的海外工程经验。截至2019年，西南分公司合同履约率100%，产品合格率100%，QHSE管理体系运行有效可控，未出现人身伤害、职业伤害和环保事故/事件，企业信誉一直以来均受到业界高度认可。

（一）基本情况

2000年3月更名为四川石油勘察设计研究院，2001年6月重组改制成立中国石油集团工程设计有限责任公司西南分公司，2017年1月重组改制成立中国石油工程建设有限公司西南分公司。

至2019年末，西南分公司享受国务院政府津贴专家5人，集团高级技术专家2人，公司、分公司级技术专家和技术带头人113人。

（二）核心技术发展及成果应用

西南分公司致力于我国天然气工业基地建设，长期专注于天然气领域的技术研发和工程应用，面向国内外油气田地面工程建设，以掌握全球顶尖技术为目标，形成了从气田井口、内部集输、天然气处理、长输管道到城市燃气等一系列具有自主知识产权的10大核心技术。包括以“六高气田”开发为代表的气田集输工艺技术，以低成本、高适应性为根本的页岩气地面工程技术，为完整性管理提供保障的腐蚀防护与控制技术，以高酸性气体净化为核心的天然气处理工艺技术，以提氦为标志的深冷技术，以自主知识产权为基础的液化天然气技术，以复杂山地、穿跨越和压气站为特色的长输管道设计技术，以气田“三废”处理为重点的绿色环保技术，以模块化为核心的现代工业化设计及建造技术，以智能化为目标的数字气田技术。形成非酸性和高酸性单井集气站一体化天然气生产撬装装置、高效过滤分离除尘设备、新型绝缘接头等10项集团公司自主创新重要产品。

2000—2019年，西南分公司完成各类科研项目500余项，其中参与国家重大专项6项。2011年，西南分公司设立国家能源局批复的净化技术研究所、液化技术研究所、关键设备国产化研究二部，研发中心具有液化天然气技术研发和攻关、关键装备研制、工程实验、技术服务、人才培养及技术评价等6大平台。从2012年10月起，形成众多具有自主知识产权的橇装化、模块化产品以及气田化学助剂等，并将科技成果及产品应用于西南油气田、塔里木油气田、大港油田、长岭气田、巴基斯坦、土库曼斯坦、乌兹别克斯坦、哈萨克斯坦、坦桑尼亚等地，连续获得集团公司科技创效奖励。

（三）设计能力及典型经验

在高端发展中，西南分公司以掌握全球顶尖技术为目标，以油气集输、油气处理高效化、大型化和智能化为突破方向，6大传统优势技术和10大核心技术中多项技术处于全国领先，部分已达到国际先进水平。气田地面工程年产能建设量600亿立方米/年，管道工程管道建设里程5000千米/年，储罐工程年产能建设量300万立方米/年，LNG接收终端工程年产能建设量600万吨/年，天然气液化工程年产能建设量350万吨/年；拥有自主知识产权的小型LNG、120万吨/年、350万吨/年工艺技术，正在研发800万吨/年液化工艺技术，以满足各类小、中、大型LNG工厂建设需要。

天然气净化方面：形成了国内外天然气处理领域里一系列核心技术和独有专利。其中天然气净化处理成套技术和复杂腐蚀性气田材料应用工程及防腐技术被集团公司列为技术利器。高含量H_2S、高含量CO_2天然气净化处理技术被列为中石油限制引进类工艺，CPS硫黄回收工艺技术被列为中石油禁止引进类工艺。

天然气集输方面：形成了适应的应对高压、高温、高产、高氯根、高含硫、高含二氧化碳等各种复杂条件下的气田地面集输、净化及配套技术，其中含硫气田集输、处理、净化、增压、材料选择、腐蚀控制以及地下储气库等多项技术处于全国领先，部分已达到国际先进水平。

油气长输管道方面：管道长度、口径、压力、管材强度、韧度、输送能力和自动化程度均与世界知名管道齐头并进，形成了一整套成熟的定向钻、隧道、顶管、河流大开挖、盾构穿越技术，定向钻穿越长度多次刷新世界纪录，并拥有斜拉索、悬索、悬缆、大型桁架跨越等国内综合性配套的大型油气管道跨越领先设计技术。

油品储存方面：已形成浅冷、中冷、深冷（－190℃）等一系列低温工程技术优势，掌握了液化天然气处理的自主工艺成套技术，以及液化天然气气化站、接收站、加气站等的成套技术。

材料与腐蚀防护方面：腐蚀性气田材料应用工程及腐蚀控制技术被列为集团公司技术利器，该技术应用于四川中坝气田、罗家寨气田、龙岗气田、土库曼斯坦加尔金内什气田等酸性气田，硫化氢含量最高为18%（体积分数）、二氧化碳含量最高为10%（体积分数）、氯离子含量最大为126000毫克/升、井口压力最高为50兆帕、井口温度最高为120℃。对管道等地面设施，采用抗硫化物应力开裂（SSC）和抗氢致开裂（HIC）的材料和相关焊接技术，实现自20世纪70年代至今酸性气田的安全开发。

勘察测量方面：公司是国家甲级勘察测量单位、行业指导性设计院。自2000年以来，公司完成各类油气田、管道勘察测量2千余项，形成了四大特色勘察技术：独有的黄土地区管道勘察技术为集团公司专有技术；以山区管道建设中防灾减灾为重点的山区管道勘察技术；以工程地质和水文地质钻探，结合电法和地震勘探、井下电视、地质雷达等技术的隧道及穿越勘察技术。

（四）重大奖项

2004 年 12 月，大天池构造带地面集输工程和长庆气田第二天然气净化厂工程分别获国家优秀工程设计金奖和银奖；2006 年 11 月，长庆油田分公司靖边气田 27×10^8 米^3/年地面产能建设工程获国家优质工程银奖；2009 年 1 月，西气东输管道工程岩土工程勘察和测量分别获全国优秀工程勘察金奖和银奖；2010 年 12 月，西气东输工程技术及应用获国家科技进步一等奖；2019 年 11 月，哈萨克斯坦 PKOP 奇姆肯特炼油厂现代化改造工程获国家优质工程金质奖；2019 年 12 月，土库曼斯坦阿姆河右岸勘探开发项目可行性研究报告（调整）地面工程方案获全国优秀工程咨询成果一等奖，塔里木油田天然气乙烷回收工程可行性研究报告获全国优秀工程咨询成果二等奖。

第二节　北京设计分公司

中国石油工程建设有限公司北京设计分公司（简称北京分公司）成立于 2001 年 5 月，是以国际油田地面工程为主要业务的设计咨询单位。目前拥有员工 1200 余人，提供油气田上游地面工程和储运工程前期咨询、详细设计、项目管理、工程勘察、造价咨询、技术研发等全过程服务。

北京分公司位于北京市海淀区中关村科技园区，在国内没有油田可依托，需向外探索，谋求发展。北京分公司制定了“打造具有国际竞争力的设计咨询公司”发展愿景，坚持“国际化和创新驱动”发展战略，把“为集团公司海外投资业务提供设计咨询和项目管理服务保障、为全球客户提供油气田地面工程全生命周期解决方案”作为使命，秉持“全天候无缝对接，全方位零距离服务”的服务理念，承担了集团公司 80% 以上海外油田收购、投资、开发、评价等项目中的地面工程工作。目前，北京分公司的业务遍及中东、非洲、中亚、美洲 4 大区域、27 个国家，能够在全球范围内为客户提供优质高效、安全环保的油田地面工程技术领域全套解决方案。

一、“一带一路”引领“走出去”发展（2000—2019 年）

在石油行业“走出去”战略的大背景下，中石油海外勘探开发业务不断拓展，北京分公司顺势而为，从“搭船出海”到“造船出海”，在近 20 年的时间里完成了完美蜕变。

（一）从零做起，艰难创业，锻炼国际业务排头兵

2001 年到 2007 年之间，北京分公司搭乘中石油这艘大船出海，从苏丹开始进军海外市场。随着苏丹、叙利亚、土库曼斯坦等非洲和中亚国家承接的项目的不断积累，北京分公司在完成一项又一项油田地面工程的单项工程的过程中，不断探索，在技术、项目管理经验方面得以逐步提升，磨炼了一支国际业务排头兵，为后续国际业务的不断拓

展奠定了坚实基础。

（二）海外业务爆发式增长，基础建设成绩显著

随着海外业务经验积累，市场开发取得了可喜成绩。2007—2015年间，北京分公司开始进军中东，先后在伊朗、伊拉克承接了6个大型整装油田的前期咨询和EPC阶段的详细设计工作，同时拿下了非洲尼日尔和乍得的两个百万吨油田的前期咨询和工程设计。

业务的爆发式增长，为北京分公司的成长提供了新的契机，同时管理创新和技术创新的需求也日益紧迫。

1. 重塑制度，整合资源，实现国际化全面接轨

——建立国际化公司运行体系（COS）。北京分公司不断学习借鉴国际工程公司的经验，用了五年的时间对原有体系进行深度改造，建立了以项目为核心的管理流程，形成了英文版的COS体系，在技术标准体系、人才培养体系、信息化平台、组织机构与专业设置上全面接轨国际一流工程公司，实现“管理制度化、制度标准化、标准流程化、流程信息化”，使得中外员工拥有了一个共同的、国际化的管理系统，具有了与海外业主、承包商、合作伙伴对话的平台。

分公司已取得了国际知名体系认证公司Bureau Veritas和QEC颁发的质量ISO 9001、环境ISO 14001、职业健康安全OHSAS 18001体系认证，具备承揽国际高端市场咨询和设计业务的资格。

——建立中东设计中心。2013年，分公司开始在迪拜组建设计办公室，到2016年形成了常驻中方员工100人、外籍员工约240人的中东设计中心，聘请了西方外籍高级顾问进入管理层，多个专业的负责人由经验丰富的外籍员工担任，可同时运行多个大中型项目的前期咨询和详细设计。

中东设计中心不仅是国际工程项目运行的桥头堡，更因为迪拜的特殊地理位置，国际石油公司云集，从而成为北京分公司市场开发的窗口。2013年在阿联酋注册成立迪拜分公司，陆续为十余家国际和地区油气投资公司提供服务，系统外市场已占北京分公司收入的70%以上，北京分公司的国际化真正走上了快车道。

——整合资源，异地协同，实现降本增效。北京分公司利用国际化的体系和平台，通过直接招聘外籍员工、与福陆、沃利等知名石油工程公司合作等方式弥补人力资源的缺口；同时充分考察市场，发掘价值洼地，在印度建立了高价值设计中心，设计成本大幅降低。

北京分公司以项目管理平台和各种设计平台为基础，建立专门的网络通信系统，实现了在中东设计中心、北京办公室、印度高价值设计中心多个地点开展同一项目设计，搭上了“云设计”的早班车，已成功执行了伊拉克格拉芙油田项目、伊拉克BGC项目、科威特WARA项目、阿布扎比BAB油田项目等多个系统外项目。

——人事制度改革。分公司加大国际高端人才的引进力度，积极推进属地化用工，既注重发挥国际高端人才的引领作用，也注重中方员工使用培养的配比规划；北京、迪

拜两地人员轮转，为每一位员工提供海外执行项目的机会，逐步形成国际化管理思维模式；明确岗位任职条件，推行“管理、专业技术、项目管理”三大岗级序列，极大调动了工作积极性。

设立了“国际化人才发展项目”（International Talent Development Program，简称IT-DP）建立了多层次的国际化人才胜任力模型，建立国际化人才发展档案，利用中东设计中心开展了系列培训提升活动。通过开设项目管理海外培训营的方式，不断提高员工在“语言和文化沟通、通用及个人发展、业务及专业技术、管理及领导力”等方面的能力。

2. 技术创新助力腾飞

北京分公司大力开展技术创新活动，20年来累计获得授权专利137项，其中发明专利15项，实用新型专利122项；技术秘密认定50项；CNPC自主创新产品15项；软件著作权登记24件；获省部级以上设计咨询奖93项、科技进步奖29项。

北京分公司在海外油田设计中逐渐积累经验，打造了一套技术利器，涵盖原油集输、原油处理、油田环保及供注水、油田辅助配套、油田橇装模块化等5个方面，形成了一系列具有自主知识产权的地面工程技术，整体达到国际先进水平，部分技术国际领先。

海外“六高”重质原油处理技术。研发形成具有自主知识产权的“单列单台300万吨/年重质原油处理工艺包”，实现了一次建站1000万吨/年，世界同类最大，达到国际领先水平，适用于高硫（H_2S含量20000×10^{-6}）、高盐（300000×10^{-6}）、高密度（940千克/米^3）等苛刻工况，外输原油含水量$\leqslant0.1\%$，合格原油H_2S质量浓度$\leqslant15\times10^{-6}$。

油田全生命周期动态腐蚀防护技术。针对中东地区油田高含硫、高含盐，腐蚀工况苛刻，分公司自主研发出全生命周期动态腐蚀防护技术，突破了中东地区普通碳钢含水量> 30%关井的格局，相同全生命周期指标下，降低工程投资30%以上。

油田注水深度脱氧技术。采用机械和化学相结合的方式，实现油田注水的深度脱氧，含氧量$\leqslant5\times10^{-9}$；针对小型系统，且无蒸汽系统的条件，自主研发出以导热油为热媒，用于高温洗盐水脱氧的工艺系统，集加热与脱氧功能合二为一，达到国际领先水平。

海外油田孤网燃气电站及配套技术。海外油田大多无当地电网依托，当地电站以柴油为燃料，运行成本高昂。分公司自主研发出以高含硫伴生气为燃料的孤网燃气电站及配套技术，主体技术达到国际领先水平。

海外油田安全风险分析技术。海外油田高端业主对安全风险分析要求高，北京分公司大力开展安全分析研究，可以熟练应用蝴蝶结分析（Bow-Tie）、火灾安全分析（FSA）、火气探头布置研究（Fire & Gas Mapping Study）等20余项国际前沿安全分析技术，保障工程本质安全，降低事故发生率。

智能化油田地面工程关键技术。油田数字化建设是北京分公司近几年着力打造的特色技术之一，发挥设计单位在工程建设中的引领优势，在智能油田一体化系统集成、油田可视化运营、设备智能预测性维护、数字孪生油田等方面，形成了融合多项特色技术

的油田地面数字化智能化管理和运维系统，整体达到国际先进水平。

3. 利用信息化手段改变传统作业模式

北京分公司为了持续推动国际化发展，在设计平台、精细化管理等方面进行大胆的改革和创新，改变传统的管理模式，给企业注入了源源不断的动力，为可持续发展保驾护航。

打造油气田工程设计集成平台。北京分公司基于国际通用软件，结合油田业务特点，自主研发了“油气田工程设计集成平台（Surface Engineering Integration Platform）”。该平台由 COMOS FEED 工艺集成平台、SPF 设计集成平台、结构三维设计平台三大部分组成，大大提高了设计效率和设计质量，数据的存储和关联也为工厂进行数据化移交奠定了基础。

打造 BIM 建筑设计平台。北京分公司自主开发了具有自身特色的 BIM 设计平台，建立了族库和编码规则，并在海外大型油田业主营地、油田综合办公楼等实体建筑设计中试用，实现建筑、结构、水暖电信等全专业三维建模，可生成漫游模拟动画，施工模拟动画，将设计从 2D 转变为 3D，提高质量和效率，降低项目成本。

建设多维度精细管理的项目管理平台。按照项目从启动到关闭各阶段项目运行过程中的作业活动内容和逻辑关系，利用 P6、WRENCH、EDMS、TIMESHEET（人工时）、设计平台等多个系统和软件，集成研发了项目管理平台，可实现项目数据集中分析处理；项目进度、成本、工时、质量等关键指标集中展示，三级管理驾驶舱满足分公司、项目群和项目不同精细度的管理需要；提高设计项目管理效率，为管理层决策提供数据支持。

（三）瞄准海外高端市场，与国际一流工程公司同台竞技

随着国际化的日臻成熟和完善，技术和管理水平的持续提高，北京分公司将目光投向了更为广阔的外部市场。自 2015 年开始，北京分公司开始大量承接中石油系统外项目，服务的客户扩展到英国 BP、壳牌、美孚、马来西亚国家石油公司、阿布扎比石油公司、科威特石油公司等，业务范围包括前期咨询、设计采办服务等，沃利、莫特麦克唐纳等知名国际公司成了我们的竞争对手，分公司迎来了国际舞台上的高光时刻。

（四）至专至精，品牌树立

北京分公司自成立以来，承接了几百项国际工程设计，从最初的单项工程设计，到目前的大型整装油田全系统前期咨询和详细设计，国际化设计管理、技术进步都取得了显著的成绩。

苏丹油田是中国石油走向海外的第一个大型合作项目，产量高峰时达到 2600 多万吨，成为中国石油第一个“海外大庆”。

伊拉克艾哈代布油田是伊拉克战后第一个对外石油合作项目，于 2009 年启动，2011 年建成投产，各项指标均达到国际先进水平。

伊朗北阿扎德干油田处于中国国家经济发展战略“一带一路”经济带的核心地区，

油田产能规模 380 吨/年。

尼日尔阿贾德姆油田（一期）地处撒哈拉沙漠腹地，油田总设计规模为 550 万吨/年，一期工程 100 万吨/年，二期工程 450 万吨/年。

乍得油田是中国第一个对乍得投资的油田项目，一期建设规模 100 万吨/年，二期扩建至 250 万吨/年。

伊拉克哈法亚油田于 2010 年 1 月 27 日正式签署合同，跨度长达十年，油田规模大，工况复杂，技术要求高，是分公司国际化实现飞跃的里程碑式项目。

阿布扎比 BAB 油田综合设施项目是“一带一路”重要项目之一。2021 年油田整体扩建至 2250 万吨/年，主要设施包括 1 座集中处理站、10 座转油站、油水井 200 余口，外输原油含水率≤0. 1%，全面实现数字化交付，是北京分公司转型成功、充分实现国际化的标志性项目。

二、科技引领，绘就发展新蓝图

北京分公司的发展历程是中国石油“走出去”发展战略的一个缩影，借助了石油行业发展的大势。随着国家“5G”等科技技术的领先和“中国制造 2025”战略的推进，北京分公司意识到，必须强化科技引领，与国际先进科技共舞，方能实现主营业务新突破，实现各项核心技术向产业化发展。

（一）技术创新

北京分公司将重点推进大型整装油田模块化设计成套技术、气田及天然气处理厂设计成套技术、海洋工程设计成套技术等重点技术的积累与创新，继续突进油田地面数字化智能化运维技术，并实现新能源、非常规能源领域新突破；实现主营业务领域核心技术持续稳步发展，不断扩大核心技术涵盖领域。

在油田地面工程技术领域：原油处理技术整体达到国际先进水平，部分技术达到国际领先水平，全力推动处理装置大型化和高效化，重质原油处理装置单列规模达到 350 万吨/年，轻质原油单套处理能力达到 750 吨/年，形成成熟、完善的基于全生命周期的数字化油田设计技术。

气田地面工程技术领域：系统掌握天然气净化处理技术整体达到国际先进水平。

非常规油气工程领域：形成完整的深层煤炭地下气化（UCG）项目地面配套工程技术，引领国内 UCG 技术发展。在氢能源利用工程方面实现技术突破。

海洋油气工程领域：形成海上固定平台油气生产模块成套设计技术，为突破该领域的市场业务提供技术保障。

（二）设计能力提升

秉承充分利用信息化和工业化相结合的总体思路，深入思考新技术在行业内应用的可行性，并组织实施 5G、大数据、人工智能等先进技术在工程设计中的应用，通过二次开发、整合国际先进设计软件、项目管理软件，制定具有国内特色的智能设计规则，打造智能化、数字化设计平台。

（三）产业化发展

利用下属高新技术企业的优势，将设计产品实体化、模块化、产业化，批量转化科研成果，形成系列化、定制化的油气田地面工程、海洋工程、新能源等领域的设计、科技新产品，为客户提供菜单式或个性化定制等不同的解决方案。

第三节　华北分公司

华北分公司地处京津冀腹地，紧邻雄安新区。华北分公司从华北油田会战波澜壮阔的历史画卷中走来，向着一流的石油天然气工程建设企业的目标迈进，在推动国家能源事业的道路上持续探索。实现了从设计单位向专业工程公司的转型，牢牢把握以设计为龙头的总承包核心优势，铸造石油天然气专业技术服务核心品牌，奉献清洁能源，呵护碧水蓝天。凭借忠诚、坚韧、朴实、厚重的华北精神，向着开放、守信、大气、精致的新时代精神迈进，谱写了具有华北特色的历史篇章。

一、扬帆起航，油田会战千锤百炼写辉煌（1973—1984年）

1973年，华北石油勘探指挥部油田规划设计院（CPECC华北分公司前身，简称华北分公司）成立。1977年8月，与石油勘探开发研究院合并，成立华北石油勘察开发设计研究院。

华北分公司参加华北油田大会战期间完成的任一联合站项目是国内第一套自行设计、自行施工、自行投产的工程项目，工艺流程为国内首创，选用国产轻烃回收装置等设备，一次性投产成功并获国家科技进步奖。以后各个油田的轻烃回收处理装置均由华北分公司设计完成。同时开展了华北油田单井、联合站及地面建设等工程，确立了华北分公司在油田地面建设中的主导地位，为华北油田建设奠定了基础，掀开了华北油田建设的新篇章。

1976年1月1日，任丘—沧州输油管道开工建设（1976年4月投产），同年7月1日，任丘—北京输油管线建成投产。1977年4月华北分公司参与设计的华北油田电网电力系统投入运行，实现了对油田各变电所的遥控、遥测、遥信，大大提高了电力调度运行管理水平。1977年10月8日，中国自行设计、制造的国内排量最大的千方水力活塞泵，在任丘油田观4井试验成功。1978年4月，华北分公司参与的华北油田可研项目“输油气管线穿、跨越河流施工技术设计”获得国家科技大会奖。1978年12月，华北分公司参与的“适应任丘油田油水界面测定的化学配方和测定工艺”在油田采油一矿试验成功，这项新成果是油水界面测定工作的重大突破。

1981年6月，华北石油会战指挥部石油勘探开发设计研究院改称华北石油管理局勘探开发设计研究院。至此，华北分公司已立足华北、放眼全国，北上大庆、辽河，南下胜利、中原，华北分公司员工在如火如荼的油田大会战中，千锤百炼，迅速成长。

1984 年 11 月 20 日，与石油勘探开发研究院分离，组建了华北石油管理局勘察设计院。

二、油田建设行业领先，管道技术蓄势待发（1985—2000 年）

1985 年 1 月 1 日，作为国家首批 23 家设计改革企业化试点单位，华北分公司成为勘察设计行业内首个“走出去”实行设计收费、自负盈亏、独立核算的企业。

1990 年 12 月，被确定为石油系统指导性甲级设计院。1993 年 4 月 30 日，华北石油管理局决定将华北石油管理局勘察设计院更名为华北石油勘察设计研究院。1995 年 5 月 11 日，被建设部确定为现代企业制度试点的 30 家大型勘察设计单位之一。当年主业创收 2352 万，多种经营总产值 2712 万，销售收入 1947 万。按照现代企业制度的要求，用 3 年时间完成向独立法人过渡，实现与国际市场全面接轨，12 月 30 日取得国家测绘局甲级测绘资格证书。

1996 年 3 月，华北分公司经全国工程咨询资格评审委员会评审认定，由国家计委公布为甲级工程咨询单位。1997 年 12 月 24 日，通过中国设计认证中心专家会议审查，获得国际标准 ISO 9001 质量保证体系认证合格证。1999 年 10 月 10 日，华北油田重组改制工作顺利完成，另行组建华北油田公司，勘察设计研究院保留在华北石油管理局。

20 世纪 90 年代伊始，华北分公司抓住吐哈油田开发契机，集中精力参加到如火如荼的会战中去。经过艰辛付出，鄯善、丘陵、温米等一批项目顺利建成，分公司不但在吐哈油田站稳了脚跟，并且创造出“丘陵模式”，树立了油气田地面建设的华北品牌。丘陵油田地面建设工程项目设计真正实现了百万吨油田百人管理，各项指标均达到九十年代国际水平。

1991 年 11 月，华北分公司负责设计的鄯善油田 50 万吨产能建设工程投产，该项目创造了华北油田会战结束后国内油田建设工程当年设计、当年施工、当年投产的最新水平，被吐哈战区基建系统树为样板工程。1993 年 7 月，由华北分公司设计完成的鄯善油田气举采油地面建设工程成功投产，具有国内一流先进水平，推动了国内外气举采油工程技术的发展，为其他油田气举工程提供了可供借鉴的成功经验和实物样板。

同时，持续开展华北油田建设，通过岔河集油田的岔一联合站、岔二联合站、岔三联合站等工程确定了整装油田建设特点，开发出油气水全处理工艺。通过别古庄油田、大王庄油田建设项目，总结了灰岩油田建设设计特点及经验，为以后华北油田高含水项目提供了指导性标杆。积极投身二连油田建设，通过阿一联、蒙一联、哈一联等项目的建设，针对其高寒油田温度低、风力强的特点，总结设计经验，为以后高寒油田设计提供经验，并获得石油部一等奖殊荣。

期间，通过有代表性的油气管道建设，奠定了管道设计技术基石。1993 年建成投产的永清—北京潘家庙输气管道工程，设计压力达 2.5 兆帕，为向北京供气的第一条管道工程，奠定了华北分公司在供气管道项目上的主导地位。尤其是忠县—武汉输气管道工程，是华北分公司承担的第一条山区大口径高压力输送管道工程，最早的川气东送，最早勘察设计的“西气东输”，是迄今为止最复杂的管道工程勘察测量项目。该项目的完成奠定了分公司在复杂地理条件下的长距离输气管道工程勘察测量及设计能力基础。

三、设计与总承包并进，油气并举厚积薄发（2001—2020年）

（一）机构改革

2001年6月22日，中国石油集团工程设计有限责任公司华北分公司揭牌成立，设计机关科室7个，专业科室7个，基层单位2个，人员编制457人。2003年1月，为进一步明确工程设计公司北京分公司和华北分公司发展定位，实现人力资源共享、市场共享和技术共享，优化资源配置，提高劳动效率，促进公司高效快速发展，工程设计公司决定对北京分公司和华北分公司进行整合，整合后对外统称北京分公司，实行“一套班子、两个分部、统一指挥、独立核算”的管理体制。

2007年1月，为适应公司增长方式的转变，促进公司持续、协调、高效、快速发展，工程设计公司决定将北京分公司华北部分独立运作，恢复华北分公司。同年认定了华北分公司具有包括长距离输油和输气管道、城市燃气管道、热力管道、工艺管道（部分）等12个品种的压力管道设计资质，拓宽了压力管道设计领域。

2017年1月重组改制成立中国石油工程建设有限公司华北分公司，截至目前，各类用工800余人。分公司干部员工齐心协力，经营收入在2013年增长到21亿，创下了历史新高。目前，分公司将战略目标定位为建设核心资产、提升核心竞争力，在国内深扎根基的基础上，大力向海外倾斜，力争建设成为一流的工程建设企业。

（二）业务发展

2001年伊始，国内迎来了管道建设的“黄金期”，分公司积极投身于管道建设，相继参与了永京线、京石邯管道、西气东输一线、陕京二线等一批具有战略意义的项目，一举奠定了在管道市场上的位置，天然气、原油、成品油管道项目全面开花。2004年参与的西气东输一线工程，分公司负责了勘察测量及设计工作，以及伴行路的设计工作，奠定了分公司参与国家干线工程建设的重要地位。

同一时期，根据公司发展战略，分公司成立了国际工程部，并确定了“从单专业突破，从小项目做起，稳扎稳打，逐步扩大开放国际市场份额”的指导思想。国际工程的专业覆盖从输变电线路工程拓展到产能建设，高层建筑、机修、工程测量等多个专业；从单一的苏丹扩展到哈萨克斯坦、土库曼斯坦、叙利亚等多个国家，初步实现了走向海外的目标，为进一步扩大海外市场领域奠定了良好的基础。

华北分公司积极践行“走出去”战略，投身于推进“一带一路”的建设道路中。2014年至今先后参与“一带一路”沿线国家项目25个，项目类型贯穿可研、初设、施工图等多种项目类型，主要分布在中非、东非、中亚等地区。为加快走出的步伐，先后开展14项标准对标工作，共70余项国际标准，基本涵盖主要业务领域；形成了百余人的国际项目设计团队，可以独立开展油气田地面建设、油品储库、长输管道、电力、工民建、地热综合开发利用等项目；拥有30余种各类国际先进及通用专业设计应用软件，基本满足国际工程需要。华北分公司将紧跟公司海外发展战略，全力保障海外分公司业务发展需要，加强内部合作，投身海外项目设计工作。

从2005年开始，分公司瞄准成品油库建设业务。经过锲而不舍的努力，业务范围扩展到中石油销售板块所有的30多家下属公司和壳牌、中化、国储局等客户，设计、建设的项目遍布全国各地。华北分公司成为销售板块技术支撑单位，总承包商地位也得到进一步巩固。同一时期，先后承揽了兰州、鄯善、冀东、舟山等原油储备项目。民用建筑项目同时有了大的突破，先后完成了玉门油田酒泉基地生产指挥中心、东方物探公司国际勘探楼等十余个民建项目。

同年，华北分公司开启以设计为龙头的总承包业务，坚持把工程总承包作为效益增长点，成为公司第一个承揽总承包业务的分公司。经过十余年的技术、人才、管理积累，建立了成熟的、适应国家大型项目建设的EPC精细化管理体系，精细化管理基础不断夯实，其中舟山国家石油储备基地扩建项目打造了中国石油工程设计有限公司总承包项目精细化管理的典范。截至2019年底，华北分公司累计开展项目总承包建设134项，涉及液体储库、储气库、油气管道、油气田地面建设、LNG/CNG、工民建、市政电力工程等领域，业绩遍布全国。完成了多项国家能源重点工程及民生工程，获得国家优质工程奖3项，省部级以上各类奖励40余项。为提升项目管理水平，在2010年华北分公司开发了具有自主知识产权的EPMS项目管理平台，集成了设计、采购、费控、合同、质量和安全等18个管理模块和工作流程。同时将项目管理体系固化于其中，实现EPC全过程信息化精细化管理，数据于平台积累，经验于平台共享，能力持续提升。

标准化设计全面铺开，工厂化预制、橇装化、模块化建设能力提升。持续开展成品油库等7类成熟项目的标准化设计升版和精细化研究；推进煤层气、天然气液化工厂等7类新兴业务的基础工作，提升为标准化设计。其中赤峰油库建构筑物工厂化预制率达50%以上；成品油库、油气橇装化设备实现系列化，累计应用百余套；模块化建设实现在煤层气项目中推广应用。

（三）未来发展

华北分公司将坚持油气并举、全产业链发展，致力于成为在世界范围内具有较高市场开发能力、优质技术服务能力和自主知识产权研发能力的原油和天然气工程项目的勘察设计承包商、工程总承包商、项目管理咨询商、产品供应商。

第四节　华东环境岩土工程分公司

一、从专攻地下油库勘察起步（1974—1983年）

1974年9月12日，燃料化学工业部第一石油化工建设公司油库工程分公司地质勘察队和当时的设计研究室以及三个工程队组成的燃料化学工业部第一石油化工建设公司油库工程分公司在山东黄岛成立。

1977年2月，燃料化学工业部第一石油化工建设公司油库工程分公司地质勘察队和设计室组建为石油化学工业部地下水封石洞油库建设公司（后更名为石油工业部第七工程公司）勘察设计研究所，主要业务为地下水封石洞油库勘察。

1977年7月，由当时的勘察设计研究所独立完成设计、勘察的我国第一座地下水封石洞原油储库——黄岛地下水封石洞原油储库一期工程（15万立方米）建成。1978年该工程荣获全国科学大会奖，1987年工程中的勘察项目荣获国家优秀勘察奖。

1978年后，又陆续开展了黄岛二期原油地下水封洞库（20万立方米）、山东泰安胜利地下水封石洞战备成品油库（30万立方米）的设计、勘察等。

二、由“地下”转向“地上”发展（1984—1996年）

1984年12月2日，石油工业部第七工程公司勘察设计研究所撤销，成立石油工业部油田化工设计承包公司，实行独立建制。石油工业部第七工程公司勘察设计研究所地质勘察队改称石油工业部油田化工设计承包公司地质队。

1986年1月，更名为石油工业部油田化工设计公司勘察大队。之后几年，随华东设计院几次更名，勘察大队名称也相应几次变更。1987年3月，更名为石油工业部华东勘察设计研究院勘察大队。

为了适应新的形势需要，从1984年开始，勘察大队首次将业务由“地下”转到了“地上”，第一次承担了中原油气处理厂的勘察任务，并开始进入山东胶县地方市场，从此拉开了承担国内外勘察业务的序幕。

1986年，在经济十分困难的情况下，勘察大队拿出50万元购置设备，将单一的勘察转向了岩土工程。经过不断努力，勘察大队逐步掌握了钻孔灌注桩、钢筋混凝土预制桩、振冲碎石桩、挤密碎石桩等地基加固手段，实现了单一勘察向岩土工程的转变，成为当时石油系统率先试行岩土工程体制的单位。

1987年，勘察大队取得乙级勘察资格证书，后又相继取得甲级勘察、测量、土工实验资质证书，地基与基础工程专业承包壹级证书和建设部批准的工程桩动测试证书。

同年4月，勘察大队承担了胜利油田稠油处理厂常减压装置的岩土工程施工及检测任务，荣获中国石油天然气总公司1989年度优秀工程勘察二等奖。

1988年，华东设计院在勘察大队推出了承包合同制。作为改革试点单位，勘察大队开始主动出击，寻找市场，为华东设计院后来的改革与发展积累了经验。

1991年1月，勘察大队组建为岩土工程处。主要从事石油石化、工业与民用建筑、交通、给排水等工程的勘察设计，地质软基础处理及技术咨询等业务。1995年9月，中国石油天然气华东勘察设计研究院岩土工程处（简称岩土工程公司）注册成立，为华东设计院子公司。

三、在“走出去”中扬威国际舞台（1997—2019年）

1997年8月，借中国石油“走出去”的东风，岩土工程公司作为开路先锋，第一次走出国门进入非洲市场，承担了苏丹喀土穆炼厂的勘察测量工作，走出了承担国际工程的第一步。

1998年1月14日，作为中国石油的先遣部队，岩土工程公司第二次开赴苏丹，对穆格莱德盆地油田地面设施实施选址和勘测。5月31日，中英文版的岩土工程勘察报告和测量报告陆续提交。

2002年，岩土工程公司顺利通过了甲级资质的换证。这一年，随着国外市场逐渐扩大，公司实现了从单一作业型向项目管理型的转变。

2003年，依托阿尔及利亚ADRAR炼厂，岩土工程公司又开辟了第二个非洲市场。2007年，开辟了乍得、土库曼斯坦市场。2008年，完成了阿联酋ADCOP项目勘察测量，年底进入伊拉克市场。2009年，通过尼日尔津德尔炼厂项目，先后又完成了尼日尔津德尔炼厂水源地勘察、上游AGADEM油田地面建设勘察测量等工作。2012年，随公司北阿项目进入伊朗市场。

2007年，公司承担了西气东输二线的主供气源土库曼斯坦巴格德雷区域的勘测任务。2009年12月，国家主席胡锦涛与其他三国元首共同开启了投产典礼阀门。

2008年6月，公司成立技术服务分公司，负责管理中国石油天然气华东勘察设计研究院岩土工程处、青岛中油华东院安全环保有限公司等3个子公司。

2008年9月6日，尼日尔津德尔炼厂岩土工程初勘、工程测量及水源地勘察与供水井施工服务项目签订，合同额1512万美元（折合人民币10284万元），工程自2008年9月12日开始，到2010年4月20日顺利完工。

2008年，受中国石油尼日尔炼油有限公司委托，岩土工程公司承担了拟建尼日尔津德尔炼油厂水源地质勘察及供水井施工项目。2009年3月6日、12日，1号、2号水井实现胜利出水。在短短两年时间内，施工供水井22眼，为炼油厂提供、建设了供水能力为7000米^3/日、开采10年的地下水水源地。

自2008年9月起，岩土工程公司承担了中油国际（尼日尔）有限责任公司投资建设的尼日尔津德尔炼厂、阿格戴姆油田及沙漠石油公路的测量项目，建立起了覆盖整个中国石油在尼日尔投资建设的油田、管道、炼厂区域的首级测量控制系统，解决了在沙漠腹地地区的水准测量的问题。

这一时期，岩土工程公司在不断开辟海外市场的同时，国内市场也稳步扩大。

西气东输管道工程，由岩土工程公司中标的第十标段，线路总长约297千米。工程勘察在2000年5月底全部结束外业工作，6月份提交全部最终成果。

2007年，岩土工程公司承担了中国石油第一座新建整装千万吨炼油项目——广西钦州1000万吨/年炼油项目详勘。在6个月时间内，完成钻孔6000余个，按期分批出版了勘察成果报告。

2011年4月，由技术服务分公司岩土工程公司承担的中俄东方石化（天津）有限公司 1300 万吨/年炼油工程场地地震安全性评价项目的场地勘察部分顺利完成，实现了岩土工程公司和中国地震灾害防御中心的无缝合作。

2013 年 1 月，岩土工程公司荣获云南石化优秀分包商第一名。该项目共布置钻孔 5500 余个，创造了勘察月进尺 10 万米的岩土公司记录，同时，第一次引进启动潜孔锤成孔技术和设备，较好地解决了穿透溶洞上盖板的问题，取得了岩溶区地基处理的技术突破。

2014 年 9 月，技术服务分公司撤销，注册成立了华东环境岩土工程分公司。2016 年因中油工程公司上市需要，中国石油天然气华东勘察设计研究院岩土工程处改制为青岛中油岩土工程有限公司。

2015 年 3 月 21 日，受中国工程咨询协会化工专业委员会委托，华东环境岩土工程分公司主编的《咨询工程师继续教育教材（工程测量）》，在青岛通过专家初审。

与此同时，安全环保公司也取得了较快发展。

1997 年，环境工程所取得国家环保局、建设部发的 3 项环境污染防治工程专项设计证书。1999 年 11 月 25 日，换证取得国家环境保护局颁发的建设项目环境影响评价资格证书。2010 年 11 月 4 日，国家环保部批准将“中国石油天然气华东勘察设计研究院”环评资质更名为“青岛中油华东院安全环保有限公司”。

2011 年 10 月 8 日，国家环保部批准安全环保公司环评资质评价范围增加乙级社会区域类，交通运输类由乙级调整为甲级。2014 年 5 月 8 日，又增加乙级冶金机电类。

2010 年 5 月 31 日，安全环保公司顺利通过国家安全生产监督管理总局组织的安全评价甲级资质证书换证现场核查。2013 年 4 月 1 日，安全环保公司获批陆上石油安全生产标准化一级企业评审资质。

清洁生产是安全环保公司继安评和环评之后开拓的又一全新业务。2007 年 3 月，安全环保公司承担了中国石油青海油田公司所辖七个单位的清洁生产审核工作。在安全环保公司审核小组的指导下，各被审核企业先后开展对中/高费方案进行技术可行性、经济效益和环境效益评估，最终完成了各审核单位的清洁生产审核报告。

2015 年后，由于全球油气开发领域基建投资低迷，国内新建炼化项目收缩，市场形势十分严峻。华东环境岩土工程分公司及时调整战略，着力整合和优化市场资源，搭建和提升市场开发新平台，建立市场开发新体系，紧紧围绕“管理提升、创新驱动、合作共赢”三方面开展工作，保持了稳定发展的态势。

尤其是在创新驱动方面，积极开发新技术与新业务：

（1）地下管线探测。开发了具有自主知识产权的综合管网智能管理系统，对地下管网实现了空间三维拓扑关系的虚拟在现、管线之间的空间量测、爆管和碰撞模拟分析及开挖维修改造的方案设计等多项功能。已在哈萨克 PK 炼油厂、阿联酋项目、西部管道等项目上实施。

（2）三维激光扫描。2015 年引进了三维建模软件和三维激光扫描装备，通过吸收、融合和开发，形成了自己的三维激光扫描技术，对现有装置以其非接触、实时性强、全自动化进行测量，高精度地快速获取目标物的三维数据，直接形成三维可视化的图像文件。

（3）无人机航测系统。引进了无人机航摄系统，配备了3架无人机，将航空遥感数据处理技术从工程测绘拓展到了线路巡查、地质灾害监测、环境监测、安全现状评价等领域，实现了实时信息快速收集与分析，提升了企业各个专业的技术能力。

（4）勘察测量数据信息3D处理系统。该系统是自主研发的岩土工程数据信息处理平台软件，集大数据与三维图形处理技术为一体，将勘察测量获取的有效数据实现信息化和资源化，为业主和设计单位提供一个地质空间三维可视、剖面随机切剖和数据随意提取的成果产品，可在此成果基础上对地基处理和桩基进行模拟设计与计算，开创了岩土工程行业数字信息化的先河。2017年9月25日通过第三方测评，专家组认为技术成果达到国内领先和国际先进水平。

（5）污染场地环境评估及治理修复。自主开发了污染场地信息数字地球管理平台，实现了污染场地三维空间模拟、预测与管控，也将环境工程与岩土工程的相关技术紧密融合在一起，围绕着污染土壤中的环境污染因子开展调查检测、环境风险评估和治理修复。2016年完成课题立项，目前已承担了呼炼、克拉玛依石化、大港石化和四川石化的污染场地的评估。

（6）油泥处理技术。2017年1月引进了美国先进的热解技术与装备，同年11月完成实验装置在大港石化的油泥处理试验，2018年2月召开了成果发布会。该技术适用解决油田、储运、炼化等运行过程中所产生的油泥和油污染土。该技术已在大港石化、青海油田等企业进行推广应用。

（7）地下水环境评价。2015年将环保与水文地质两个专业优势充分融合在一起，开始地下水环境评价，成为中国石油唯一的地下水评价专业化队伍，并达到了环保部规定的专业化水平，已有7个地下水评价项目通过评审，而且为即将进行的污染土和地下水污染治理奠定了基础。

2019年，华东环境岩土工程分公司接连在尼日尔承揽了尼-贝管线勘察和测量、油田二期初步勘察，在伊拉克承揽了哈法亚气举扩建、注水增压站升级项目、GPP项目勘测和桩基施工、格拉芙油田345列原油处理项目勘测，在土库曼斯坦承揽了戈克米亚尔集齐支线、达什拉巴特集气支线的勘测，在乍得承揽了油田2.2期水源井施工，在阿联酋承揽了巴布综合实施项目接地井施工，在南苏丹承揽了一二四区北部油田电气系统项目测量和桩基施工等，并成功进入了肯尼亚市场，承揽了图洛公司南洛基查尔油田开发项目勘测，进一步扩大了海外市场版图。

（中国石油工程建设有限公司　刘畅、肖阳、金永青、易文虎、信明亮）

塑造国际知名化工工程公司新蓝图
——中石油吉林化工工程有限公司发展纪实

中石油吉林化工工程有限公司（简称吉化工程公司）原为化工部第九设计院，诞生于 1958 年，现隶属于中国石油天然气集团有限公司，是新中国首批成立的大型国家级专业设计院之一。

经过 60 多年的艰苦奋斗，吉化工程公司逐步从单一的工程设计向工程总承包模式过渡，已成为以技术转让和设计为主体，实行工程总承包的大型工程公司，拥有实力雄厚、专业配套齐全的人才队伍，享受国务院政府特殊津贴技术专家 6 人，省部级行业设计大师 3 人。公司多次被住建部评为全国勘察设计综合实力百强单位，拥有包括化工、石油化工、石油天然气、医药、建筑工程、市政工程、消防工程、建筑智能化等工程设计的甲级资格证书，国家工程总承包甲级资质，是最早进行工程总承包的国内设计单位之一。

第一节 化九院建立，完成 34 个设计项目（1958—1989 年）

新中国成立后，为打破西方的经济封锁，恢复遭到破坏的化工企业，1953 年 6 月中央重工业部决定组建专门的化工勘察设计队伍。由此，在沈阳成立了由中央重工业部化学工业管理局领导的化工设计公司，为组建一支专业的化工勘察设计队伍奠定了基础。1954 年 1 月化工设计公司由沈阳迁往北京，1955 年化工设计公司改称为北京化学工业设计院。到 1956 年底，该院已发展成为人员多达 2300 人的综合性化工勘察设计单位。

从 1958 年起，国家进入全面建设时期。化工部做出调整勘察设计机构的决定，分赴全国各地组建区域性设计研究分院。为适应吉林化学工业的发展，于 1958 年 4 月 21 日正式成立化学工业设计院吉林分院，受化学工业设计院和吉林化学工业公司双重领导。历经整整合合，分院于 1965 年 5 月单独成立化工部第九设计院（简称化九院），归化工部基本建设总局领导，主要从事有机化工、染料及氮肥设计。1971 年 1 月化工部第九设计院归属吉林化学工业公司直接领导，更名为吉林化学工业公司设计院（简称吉化院）。

这一阶段，吉化院从无到有、从小到大，从学习模仿阶段，逐步走上调整、提高和发展阶段。吉林三大化工厂（染料厂、化肥厂、电石厂）是第一个五年计划期间由苏联专家援建设计的，为使勘察设计工作面向生产实际，面向施工，走与科研相结合的道路，设计院广大工程技术人员不畏艰苦、自力更生，出色地完成了吉林化工区二期、三期扩建及技术改造设计任务，同时也陆续承担了全国一些省市工程的设计任务，初步形成以煤为原料的有机化工、染料、氮肥工程设计队伍。

为贯彻国家“调整、巩固、充实、提高”的八字方针，设计工作重点转移到支援农村方面来，吉化院完成了一些县级的小化肥、小农药及水源地工程的设计任务。同时在设计方法上，进行了以设计工具改革为主，对计算图表化、制图活板化、资料手册化、晒图印刷化等方面做了大量的工作并取得一定成果。

这期间完成的扶余化肥厂工程设计中创新了以原油为原料加压部分氧化法生产合成氨的新工艺，自行设计成功的“四合一塔”、水冷却器、氨分离器、氨蒸发器、氨冷凝器，为国家节省了大量投资，为吉化公司建设石油化工装置做好了前期准备工作。

这一阶段经历了化肥、合成氨、染料和有机化工等 40 多个大、中、小型化工装置的工程设计实践，使吉化院逐步建立和完善了一套比较合理的勘察设计体系，加强设计管理工作，坚持技术先进、经济合理、方便施工和竣工投产后进行总结的原则，具备了独立承担大型化工装置设计和大型联合企业总体设计的能力，是全国化工系统设计战线上的一支重要力量。

党的十一届三中全会后，党的知识分子政策激发了广大工程技术人员设计工作的积极性，全院勘察设计工作出现了前所未有的崭新局面。此时，国家正式批准了吉林化学工业公司新建 11.5 万吨/年乙烯、乙醇、乙醛、丁辛醇及芳烃抽提等石油化工装置建设项目，总投资为 15.2 亿元，这项工程是国家“五五”计划期间的重点项目。吉化院承担工程的总体设计，主体装置及全区公用工程的设计。为完成这项艰巨任务，吉化院调整了机构，建立设计专业室及经营、技术管理部门，建设人才队伍，培养内生力量，此时全院职工已增至 840 余人。伴随设计队伍的壮大、设计水平的提高，工程设计经验愈加丰富，吉化院迈进现代技术前进的大发展时期。

这个时期，吉化院建立了《设计工作各级技术岗位责任制》《设计工作计划管理办法》《设计工作管理制度》等行之有效的规章制度，加强了勘察设计工作的科学管理。在奖励分配制度方面，打破了传统的“大锅饭”，实行按劳分配的原则，拉开了勘察设计工作改革的序幕。

进入 20 世纪 80 年代，全国勘察设计行业实施改革，试行企业化经营，执行技术经济责任制，实行承包和目标管理。此时，吉化院建立了各科室的技术经济责任制和 155 个岗位的技术经济责任制，制定并通过了《吉化设计院岗位技术经济责任制实施细则》《吉化设计院职工守则》等管理制度。由于责、权、利明确，充分发挥工程技术人员的作用，确保了勘察设计质量，提高了勘察设计技术水平，同时增加了经济效益和社会效益。

到 20 世纪 80 年代末期，吉化设计院不断发展壮大，拥有化工工艺、自控仪表、设备、电气、建筑、结构、环保及环境评价、概预算、总图运输、公用工程、工程地质及测量等 18 个专业，在勘察设计技术市场竞争中赢得了较高的信誉。在这一阶段，吉化院共承担了全国 21 省市区的一些煤化工产品、石油化工产品、化肥、染料、化纤、工业及民用建筑、水处理及三废治理、市政工程等勘察设计工作及厂址选择、总体规划、可行性研究、地质勘察、压力容器设计、环境评价等多项工作。先后完成国家大中型工程设计项目34项，车间级项目700多个，其中包含有技术引进项目及引进项目国产化的设计工作，项目总投资额达28亿元。

第二节　从设计院到工程公司的转变（1990—2000年）

20世纪90年代初期，吉化院开始向工程公司过渡。为适应吉林化学工业公司30万吨乙烯及其配套工程项目建设和工程公司体制下的国内外工程公司合作的需要，参照国内外工程公司机构设置，结合吉化公司及设计院的具体情况，成立了吉林化工工程公司，以吉化院单独行使化工工程公司职能，即此吉林化工工程公司和吉林化学工业公司设计院名称同时使用。

工程公司体制建立后，吉林化学工业公司的30万吨/年乙烯项目开始实质性的工作，这期间同众多的国外知名工程公司开展工程技术交流，与林德公司、三星公司、KELLOGG公司、川崎重工、意大利CTIP等进行了工程技术合同附件的谈判。通过技术交流，工程技术人员开拓了视野，吸取国外工程公司的工程设计理念及管理经验，为后续吉化工程公司在国内市场提升知名度奠定了基础。

这一阶段，国家对工程勘察设计资质规范管理，吉化工程公司凭着优质的勘察设计及全面先进的质量管理，取得了工程设计甲级证书［化工、建筑、石化、市政（给、排水)］、市政（燃气、热力）乙级设计证书、甲级工程咨询证书等，1993年7月获工程总承包资格证书，成为具有工程总承包设计资格最早的单位之一。

20世纪90年代中后期，吉化工程公司为适应外部设计市场的需要，设立前期工作部及海外事业部，建立了大连办事处、珲春办事处、广西北海分公司、梅河口分公司等驻外机构，成立了技术工程经济咨询公司、化工部造价定额站，以及誊印、清洗等多种经营公司，开拓了国内市场；同时积极推进工程设计中的计算机应用，被国家建设部评为全国工程设计计算机应用先进单位。

这期间，工程公司同国外公司的合作取得了辉煌成就：与中法合资青岛罗纳-普朗克白炭黑有限公司签订了总投资1.5亿元人民币的工程总承包合同，这是吉化设计院建院以来第一个与外国公司签订的工程总承包合同；后续同德国巴斯夫、韩国现代、中瑞合资汽巴-嘉基有机颜料等签订工程承包、部分分包及现场管理等合同，为工程公司走向国外，开展国际工程公司的道路做好了准备。

20世纪90年代，吉化工程公司壮大了勘察设计队伍，提升了工程设计质量，出色地完成了吉化公司30万吨/年乙烯设计、与日本三菱公司联合设计吉化有机合成厂苯乙烯装置等工程设计，吉化合成树脂厂ABS装置、吉化有机合成厂乙丙橡胶装置、吉林省长山化肥厂尿素装置、安徽风台化肥厂乙基胺等装置相继开车成功，生产出合格产品。同时在环保项目上取得进展，先后中标绍兴污水项目、华润啤酒公司66000米^3/日污水处理项目的总承包工程。

1998 年 7 月，吉化工程公司随吉林化学工业公司正式加入中国石油集团公司，开始重组改制，将工程公司并入中油专业化管理的重组提上日程。

第三节　改革中前进的吉化工程公司（2001—2019 年）

这一阶段初期，中国石油天然气集团公司根据国家关于勘察设计单位改革的有关文件精神重组改制，成立中国石油工程设计有限责任公司，吉化设计院作为股东，成为中国石油工程设计有限责任公司主要组织成员之一，更名为中国石油工程设计有限责任公司东北分公司（简称东北分公司）。这期间原吉化设计院协助中国石油工程设计有限责任公司完成各项勘察设计资质的嫁接，实现了资质升级、增项和扩大范围，取得了工程勘察综合类甲级资质及建筑行业、市政公用工程行业、电力行业等相关设计资格的资质。

在工程设计方面，东北分公司引进林德公司、巴塞尔公司技术并承担设计的吉林石化公司 70 万吨/年乙烯和 30 万吨/年高密度聚乙烯装置改扩建项目实现一次开车成功；承担技术转让并设计了中国石油兰州石化公司 8 万吨/年丙烯酸及 11.5 万吨/年丙烯酸酯项目，此项目获得了第十四届全国工程勘察设计银质奖，标志着东北分公司丙烯酸国产化技术实现了突破，打破了国外对大型丙烯酸装置生产技术的垄断。

2007 年，中国石油天然气股份公司为推进专业化管理，成立了中石油东北炼化工程有限公司，东北分公司整体划入东北炼化工程有限公司，更名为中石油东北炼化工程有限公司吉林设计院。随后，东北炼化工程有限公司归由集团公司建设板块管理，吉林设计院于 2012 年更名为中国石油集团东北炼化工程有限公司吉林设计院。

伴随着习近平总书记提出的“一带一路”倡议，国际贸易伙伴更加多样化。在互联互通的政策下，勘察设计行业面临机遇和挑战，通过技术输出、国际总承包等方式，深化对外开放的格局。

吉林设计院早在 1996 年就已成立海外事务部，始终贯彻“特色化、国际化、高端化”的发展战略，扎实推进国外项目实施的各项筹备工作，提升执行海外项目的实战能力。以吉林设计院的先进技术和优势项目为依托，同科研院所合作，于 2017 年成功签订印度 10 万吨/年异丙醇项目，2018 年 3 月项目全面启动，2019 年 1 月完成。还完成了新加坡有机废水罐区项目，该项目业主为新加坡 Veolia 工业公司，吉林设计院负责有机废水罐区工艺、管道、电气、仪表等专业的工程设计，并负责部分设备材料的采购工作。

2016 年，吉林设计院脱离中国石油集团东北炼化工程有限公司，经中国石油集团工程建设板块重组整合到中国寰球工程有限公司，重新获得企业独立法人地位。于 2019 年 1 月正式更名中石油吉林化工工程有限公司。

60 多年来，公司借助雄厚的技术力量和精干的人才储备，完成在国内外石油化工、天然气化工、煤化工、精细化工、医药、生物能源、电力、建筑、市政、环境等领域的基本建设事业设计项目5000余项，业务覆盖全国多个省、市、自治区，以技术优势巩固了在中油内、中油外和海外市场“三足鼎立”的业务格局。

近年来，公司以技术创新打造企业核心竞争力，依托国家技术转型升级大趋势，加大对核心技术的研发投入。截至2019年末，公司已获得专利技术授权115项，其中发明专利58项、实用新型专利57项，已受理待授权专利74项；技术秘密9项；完成多项优势项目的工艺包（包括有丙烯酸及酯、甲醇制丙烯、丙烯腈、HPPO等）。同时加强传统优势项目如丙烯酸及酯、乙丙橡胶（与吉化公司合作）、ABS（与吉化公司合作）、生物质燃料乙醇、丙烯腈-MMA产业链上的深度挖掘与延伸，努力寻找创新点；持续优化现有技术，保持优势地位，丙烯酸及酯、丙烯腈、甲基丙烯酸甲酯、HPPO等拳头产品在技术转让市场的推广应用取得了突出的成就：

——丙烯酸及酯技术。公司丙烯酸及酯系列化产品成套技术，采用先进、实用和可靠的丙烯两步氧化法制丙烯酸技术作为工艺基础，对限制生产规模的工艺单元进行了优化放大，大幅提高丙烯酸装置的生产规模。同时，配套开发了连续酯化法制丙烯酸酯技术，使该工艺技术处于国内领先水平，达到国际先进技术水平，目前该工艺技术转让费收益已将近1亿元，获得授权专利19项，其中发明专利12项，实用新型专利7项，完成知识产权报告1项，其中发明专利“丙烯两步加氧法制丙烯酸的改进工艺”获2019年中国第二十一届优秀专利奖。应用该项成套技术设计并完成兰州石化8万吨/年丙烯酸及酯生产装置、齐鲁石化8万吨/年丙烯酸及酯生产装置、炎州石化8万吨/年丙烯酸及酯生产装置等9套工程设计的设计合同以及6套不同规模的丙烯酸及酯自有技术转让合同。最引人瞩目的是，已建成投产的烟台万华30万吨/年丙烯酸、42万吨/年丙烯酸酯项目成为世界规模最大的丙烯酸及酯生产装置，该项目于2017年获得中国工程鲁班奖。

“丙烯酸及酯生产工艺技术”荣获2011年度中国施工企业管理协会科学技术奖技术创新成果一等奖，丙烯酸及酯国产化技术及第三代成套技术分别于2008年和2017年获得中国石油天然气集团公司科技进步一等奖和二等奖。吉化工程公司以自主拥有的丙烯酸及酯技术，走出国门，进军国际市场。

——丙烯腈技术。为打破国外技术垄断，吉化工程公司在美国蓝带集团恒强国际有限公司提供技术支持的基础上，联合开展26万吨/年丙烯腈装置工艺包研发、编制工作。2013年12月工艺包全部完成，并通过中国石油天然气集团公司工程建设分公司组织的专家审查。该工艺包技术先进、可靠，安全、节能、环保，整体达到国际先进水平，为丙烯腈-丙酮氰醇-甲基丙烯酸甲酯产业链拓展打下基础，同时也填补了中国石油没有丙烯腈技术的空白，打破了丙烯腈技术的垄断，有利于丙烯腈技术在竞争中不断优化和发展。该技术已获得11项授权专利，其中发明专利6项，完成工艺包3项、知识产权分析报告2项。同时吉化工程公司开发的丙酮氰醇法生产甲基丙烯酸甲酯专有技术已申报专利4项，其中发明专利3项，实用新型专利1项，完成10万吨/年甲基丙烯酸甲酯规模工艺包，技术水平达到国际先进水平。

——木薯制燃料乙醇成套技术。吉化工程公司承担木薯制燃料乙醇成套技术项目的开发，完成10万吨/年木薯制燃料乙醇装置工艺包。该技术具有很强的市场应用前景，该工艺包具有同类装置所不具有的技术优势，技术自动化水平高、投资少、能耗低、污水排放少，循环利用率高，实现洁净化生产，具有突破性技术进展，其中某些关键技术在国际上尚属首次应用，技术水平在乙醇行业具有划时代意义。该技术申报专利13项，授权6项，技术秘密2项。

——甲醇制烯烃技术（MTP）。在工业化装置技术改造及反应系统中试装置基础上，吉化工程公司对反应器结构、进料分布形式、床层温度控制方案等方面进行了全面优化改进。同时，针对MTP反应出料组成，开发出了一套全新的MTP分离工艺。自主工艺包采用国产MTP反应器，通过深化低温热利用、采用热耦合技术、优化分离工艺路线等措施使装置能耗大幅降低；在甲醇回收、反应气体压缩、乙烯回收和烃循环等工艺方面进行了全面优化，项目建设投资和操作性能等方面较引进技术有显著改善。仅蒸汽消耗一项，自主工艺包较引进技术降低60%以上，显著提高装置市场竞争力。MTP反应器控制系统、反应器进料分布器等关键技术已在大唐多伦煤化工有限公司MTP侧线反应器中试装置成功应用；同时针对装置化工废水特点，开发了全新的废水处理工艺，实现了全部废水达标回用，实现污水零排放。

——炼化企业VOCs综合管控技术。该技术提出炼化企业全口径VOCs源排放分类清单，建立VOCs排放量分类核算方法，以及泄漏检测与修复（LDAR）程序，建立相应的模型软件和VOCs综合管控平台。具有自主知识产权的《中国石油集团公司炼化企业VOCs综合管控平台》内置了LDAR实施程序、废水集输处理系统VOCs排放核算软件、储运系统VOCs排放核算软件、工艺系统设备组件VOCs逸散排放核算软件以及国家VOCs排污费申报、VOCs核算系统并取得了软件著作权。2015年7月1日该项技术通过了由中国石油天然气集团公司科技管理部组织的成果鉴定会，鉴定委员会审查后认为该项技术成果总体达到国内领先水平。

该技术于2014年11月至2015年5月在中国石油华北石化进行应用，华北石化公司首次建立VOCs逸散排放量为2800.6吨/年，如对华北石化不合规项予以整改，则合规减排1437.1吨/年，减排率51.31%；如将柴油罐调整为浮顶罐或设置气体收集处理系统，则进一步减排空间为281.4吨/年。该技术可以实现VOCs的全口径量化管控，可最佳、有效地排查出VOCs泄漏源，通过修复/整治达标后，可有效控制VOCs的泄漏与排放，不仅可以满足国家政策法规要求，同时可以保障安全、降低企业物耗，具有较高的环境及经济效益。

甲子更迭的60年，吉化工程公司在重点做好信息建设、体系建设、依靠技术开发市场、精细管理巩固市场、技术合作、设计管理、生产管控、项目专业队伍建设、人才梯队构建、党建工程等工作并不断总结完善的同时，逐步建设了一套覆盖全部业务活动的“一体化管理体系”和与之配套的智能化、信息化系统，实现了企业高质量发展。

在市场开发方面，通过积极调整经营战略及经营思路，多方位适应市场变化，坚持以优势项目和技术开发市场的战略，紧紧围绕市场热点，加强自有技术推广及与专利商的密切合作。

在项目管理方面，秉承“精细管理、精诚合作、勇于担当、追求卓越”的工作理念，实现从设计、采购到施工全链条优化服务，加强过程费用控制管理，实行项目预算管理和全成本核算，全面推进项目管理系统的应用，实现项目全过程文件及项目管理数据在系统中的运行及监控，通过项目管理系统持续不断地运行及积累数据，逐步完善工时定额，为项目投标报价和科学化管理提供基础数据，为企业的长足发展奠定基础。

在人力资源管理方面，创新用工形式，推行使用业务外包员工，降低公司用工风险，盘活优化公司人力资源池，满足公司人力资源需求。

60多年来，吉化工程公司为中国石油化工建设作出了突出贡献，取得了多项“第一”：

设计了国家“一五”重点工程，国家第一个化学工业基地——吉林化学工业公司；

完成了中国第一套引进30万吨/年合成氨装置（大庆卧里屯）设计；

自行设计了国内唯一的吉化公司11.5万吨/年乙烯国产化装置；

承担了国内第一套吉化公司30万吨/年乙烯工程总体设计工作；

承担了国内第一套吉化公司10万吨/年高碳醇装置的设计工作；

完成了国内第一套中国石油吉林石化公司乙丙橡胶装置及其改扩建工程的设计任务；

为中国石油吉林石化公司创造全球70万吨/年乙烯改扩建工程建设周期最短（19个月）的记录提供了设计保障；

在国内丙烯酸及酯装置工程设计市场占有统治地位。

第四节　远景展望及发展构想

中石油吉林化工工程有限公司几代人在行业市场骇浪沉浮的航途中劈波斩浪、一往无前，为自身奠定了不可撼动的地位。在未来潮平与浪巨并存的航路中，公司将继续坚持以设计服务品质优化为支撑，以人才选拔培养为导向，以科研技术创新为驱动，勇于开拓国际国内市场，敢于转变经营发展模式，准确防控企业风险。

在技术创新方面，加强重点领域的科技创新攻关，持续优化现有技术，保持优势地位。以市场为导向，延伸优势项目产品链，在丙烯酸及酯、丙烯醛、环氧丙烷、丙烯腈等产品产业链上寻找创新点，以战略合作的方式培育新技术、新市场，提高市场开发的层位高度；积极参与国内外炼化行业的科技成果交流活动，推动公司炼油化工技术创新成果与国内外炼化企业交流与对接；探索产、学、研、设新合作模式，增强研发合力。通过签订技术开发合同和签署战略合作协议，有目的、有计划地联合各方面的技术优势，加快技术创新的步伐，助推科技成果转化创效。

在工程业务方面，强化项目精益管理、提升项目管理效益。公司将在化工工程领域实现项目管理工作的规范化、标准化、流程化，优化项目管理流程，提高整体风险管控能力，强化精益管理；推动公司设计业务数字化、智能化转型工作，实现全专业智能化设计、项目与数字化交付一体化管理，助推公司高质量发展；切实加强合同管理，规避合同风险，做好设计优化工作，加强采购、施工、项目结算管理，提升项目效益；发挥总承包一体化管理优势，在经济合理的情况下，设计、采购、施工及开车运维工作统筹兼顾，适当交叉、深度融合，各阶段工作开展以项目顺利开车、装置长、稳、优运行为前提，对自有技术项目形成完善的操作维护手册、操作卡、检维修规程等具有指导性、操作性的文件，为运维业务的开展提供技术支撑；继续加强与有较强国际工程经验和市场背景的企业合作，优势互补，形成利益共同体，不断创造和提升客户投资价值。

2020 年，国际油价暴跌，新冠疫情全球蔓延，全球经济遇到了人类历史上罕见的危机，引发金融市场剧烈波动。低油价重创了石油公司的上游业务，也带动石化利润点向下游转移，为石化企业调结构、转方式带来发展契机；全球石化领域新一轮技术革命加快推进，科技创新成果不断涌现，科技创新已经成为企业在市场竞争中制胜的最重要法宝。

公司将重点巩固已有的优势市场，加快拓展拟建炼化企业市场和战略新兴业务市场，积极培育公司未来发展方向的企业市场。结合自身技术及工程优势项目，适度发展公司自有技术项目的开车运维服务。

公司具有较强的专业化特色，在自有技术与优势工程项目上具有较高的国内知名度，同时在自有知识产权技术方面有一定的竞争力，处于国内领先水平。公司将实施差异化高端化战略，走特色化服务之路，有更大的责任担当，打造“专业化品质、人性化服务、双赢化价值”的百年化工工程公司，绘就建成国际知名化工工程公司的新蓝图。

（中石油吉林化工工程有限公司 王萍）

铿锵起步　笃定前行
——中石化南京工程有限公司发展纪实

中石化南京工程有限公司是由两家均具有50多年历史的中国石化集团南京设计院和中国石化集团第二建设公司于2009年重组成立的。中国石化集团南京设计院（以下简称“南京院”）的前身，是化工部氮肥工业设计院南京分院，诞生于1958年，是新中国首批成立的大型国家级专业设计院之一，伴随着共和国化工行业成长。

南京院历经化工部第七设计院、南化集团设计院、中国石化集团南京设计院等不同历史发展时期，经过几代人的顽强拼搏和工程实践，锤炼成为国内知名的石油化工骨干设计院，具有石油化工医药行业甲级，以及建筑、油气库、轻纺专业甲级等工程设计资格。中国石油和化工勘察设计协会所属的全国化工硫酸和磷肥设计技术中心、全国化工粉体工程设计技术中心站及《硫磷设计与粉体工程》编辑部均设在南京院。

公司专业门类齐全，技术力量雄厚，设置有工艺系统、建筑结构、总图规划、环境工程、设备机械、电气自控、给排水、热能工程、粉体工程等25个设计专业。专业领域涉及现代煤化工、天然气化工、煤电一体化、碳一化工及衍生产品、石油化工、环境工程、清洁能源、硫磷和催化剂等无机化工、公用工程、工业民用建筑等，在我国石油化工、精细化工、无机化工和基础化工领域具有十分重要的地位。

第一节　南京院的建立与初期发展（1958—1977年）

新中国成立初期，百废待兴。国家非常重视氮肥工业的发展，迅速组织力量开展氮肥生产恢复工作。

一、成立化工部氮肥工业设计院南京设计分院

1958年1月18日，化工部决定，以永利宁厂设计科为基础，组建并成立化工部氮肥工业设计院南京设计分院，受化工部氮肥工业设计院和永利宁厂双重领导。

1958年8月，化工部决定将氮肥、有机、基本化学三个设计院合并，建立化工部化工设计院，成立八个部属设计分院，100多名专业设计人员，84名勘察队员以及永利宁厂中心试验室的主要研究人员调到南京院，职工人数猛增到464人，技术力量得到充实，成为兼具勘察、研究和设计功能的综合性设计研究院。1958年8月26日，南京院正式更名为化工部化工设计院华东设计研究分院，受化工部化工设计院和南京化学工业公司双重领导。1960年10月25日更名为南京化学工业公司设计研究院。

1960年3月，在各级领导的关怀和全体设计人员的努力下，南京院设计的江苏六合县化肥厂（年产2000吨合成氨）建成投产，这是我国第一座小氮肥厂，对此后我国小氮肥的建设和发展发挥了巨大作用。

二、南京院成为硫酸、磷肥设计研究中心

1962年，化工部决定对全国的化工设计院进行专业调整，要求南化设计研究院建成为全国硫酸专业研究中心和硫酸、磷肥设计技术中心。为此，化工部将所属中南设计研究院、西南设计研究院、北京化工设计院、上海化工研究院和一些省的设计、研究单位的知名硫酸、磷肥专家及技术骨干140余人，集中调至南化设计研究院，形成了硫酸、磷肥设计研究人力资源的绝对优势。

1964年11月1日，毛泽东同志发出设计革命的号召，南京院职工积极响应，肩扛行李铺盖、设计工具和资料，纷纷下楼出院，深入现场调查研究，开展现场设计。许多同志不讲条件，不怕困难，自觉到条件最艰苦的现场去；有的同志拖儿带女，坚持现场设计；有的同志头顶蓝天，脚踩荒原，一干就是几个月甚至一年多，春节也不回家和亲人团聚；有的同志甚至积劳成疾，为发展我国化学工业献出了宝贵生命。

三、组建化工部第七设计院，承担国家重点引进项目

1964年12月30日，化工部发布（64）化劳计亮字第129号文，要求将研究所分离出去，成立研究院；设计和勘察两部分于1965年3月1日成立化工部第七设计院，直属化工部基建局领导。勘察部分半年后从化工部第七设计院分出，隶属于化工部勘察公司。此后，设计队伍迅速壮大，设计力量大为加强，拥有氮肥、催化剂、硫酸、磷肥、钾肥、有机、机运、设备、自控、土建、机修、技术经济、公用工程等专业，扩大了化工产品的设计范围，为后来南京院的发展奠定了较为雄厚的物质、技术基础。

1965年3月18日，南京院设计的我国第一套年产4万吨尿素装置在上海吴泾化工厂试车成功，并生产出第一批高效化肥尿素。《人民日报》头版刊登了此消息。

1966—1976年，经历了“文化大革命”。南京院隶属关系和名称几经变化，先后改名为燃料化学工业部第七设计院、南京化工设计院、南京化学工业公司设计院。在此期间，南京院出色地完成了分别从法国和美国、荷兰引进的两套30万吨/年合成氨、52万吨/年尿素装置（南京栖霞山化肥厂、湖南洞庭化肥厂）的总体设计和配套设计；完成了从丹麦引进的大型催化剂装置（辽河化肥厂）的配套设计，并完成了一批硫酸、磷肥、石油化工等设计项目，获得了一批省、部、国家科技进步奖、优秀设计奖，对我国化学工业的发展作出了杰出贡献，也为南京院自身的发展积累了经验，培育了技术和管理人才。

建院以来，南京院始终保持硫、磷设计技术的优势地位，开发了硫铁矿沸腾床焙烧技术、两转两吸制硫酸技术、硫酸余热锅炉及发电等先进技术，设计和生产指标达到或接近世界先进水平，为我国硫酸工业的发展和科技进步作出了重大贡献。

20世纪60年代初，南京院承担了我国第一套磷石膏制硫酸装置——云南磷肥厂10

万吨/年硫酸装置的工程设计，使之工业化。1974年，随着南化磷肥厂硫酸生产装置的大型化，南京院设计的余热锅炉发电功率达到6000kW，每年发电量3000余万度。硫酸装置约自用其发电量的一半，另一半送入电网，也就是已经把一个消费动力的装置，转变为可向外供应动力的装置，节能意义重大，推动了硫酸工业技术进步。开发了硝酸磷肥、重过磷酸钙、黄磷、热法磷酸、湿法磷酸、磷铵、三聚磷酸钠、钙镁磷肥和饲料磷酸氢钙等9个品种的工艺及装备的设计技术，为国内磷化工和高效磷（复）肥的生产开辟了宽阔的道路。南京院设计的大型和特大型磷（复）肥装置已遍及全国各地，产品质量好，成本低，有效地促进了农业生产。

在氮肥工业方面，硝酸、硝酸钠、硝酸铵、甲醇等品种的新工艺、新设备的开发设计，满足了国民经济发展的紧迫需求。特别是1958年半循环法尿素工艺、设备的成功开发及建成投产，填补了我国当时高效氮肥生产领域的空白。1974年，在同一时段完成了湖南洞庭和南京栖霞山两个30万吨/年合成氨、52万吨/年尿素装置的总体设计和配套设计，并对两个装置的缺陷进行了重大而成功的改造，显示了南京院氮肥设计的水平和实力。

南京院首创以苯加氢制环己烷、环己烷液相空气氧化法制环己酮的工艺路线，取代苏联提供的苯酚法工艺路线，为己内酰胺生产开辟了广阔的原料来源。

第二节　在改革开放中坚定前进（1978—1999年）

20世纪80年代初，跟随全国改革开放的大潮，南京院开始了设计体制改革。从推行技术经济责任制，抓工程总承包试点着手，不失时机地大胆进行各项改革尝试。在深化改革的进程中，南京院坚定不移地按照工程公司运行模式，进行内部机制改革和基础工作建设，努力处理好改革与稳定、内部各群体利益、中央与地方等多方面的关系，以富有成效的工作保障了改革的顺利进行。在全国勘察设计行业“改企建制”的体制改革进程中，南京院抓住历史机遇，为后来的可持续发展奠定了坚实的基础。

一、实行事业单位企业化管理，推进多元化发展

（一）积极推行体制改革

党的十一届三中全会召开以后，随着改革开放的不断深入，组织机构的调整也比较频繁。1980—1983年，国家实施设计经营机制改革，试行事业单位企业化管理，当时除承担设计任务外，还对外接受技术转让和技术合作业务，开始试行与委托单位签订《设计协议书》，将工程设计、技术转让和技术合作等都纳入有偿服务的内容。

1984年5月，按照国家计委、财政部、劳动人事部设计〔1983〕1022号文件精神，推行技术经济责任制和设计合同制，国家取消了对南京院的事业费拨款，全面实行“自主经营、独立核算、自负盈亏”。1987年，化工部四院和八院被列为全国第一批12个

实行工程总承包试点的设计单位，南京院也积极争取成为江苏省首批试点单位，并为此做了大量的准备工作。在宣传、学习、培训的基础上，加紧物色和培育试点项目。1989年10月，经江苏省建委同意，南京院开始了以设计为主体的工程总承包试点。从此，开始按照国际工程公司的模式，逐步建立和健全了以设计为主导，设计、采购、施工、安装、试车等一整套对外服务的功能和机制，结束了南京院单纯搞设计的历史，完成了从计划经济管理模式向现代化管理模式的过渡，具备了国际工程公司的运作能力。

为顺利推动南京院转型发展，院里先后派出领导和大批设计人员到国外工程公司考察、设计联络和合作设计，对工程公司的设计体制、设计程序、方法和深度都有了较深的理解，同时也向化工部几个试点的兄弟设计院学习取经。根据创建国际型工程公司的需要，南京院着重强化内部管理，实施了坚持以经济效益为中心，牢固树立“质量第一”和“全院一盘棋”的观念，努力为技术进步服务、为一线服务、为用户服务的“一个中心，两个观念，三个服务”的工作方针。在此基础上，全院以推行全面质量管理为本，完善各项规章制度，于1990年4月南京院接受化工部、江苏省的TQC检查，并顺利通过了达标验收。

（二）技术创新成果丰硕

改革开放以后，南京院加强技术创新与实践，依靠自己的力量，充分发挥团队精神，自力更生、艰苦奋斗，针对行业急迫的技术难题开展多学科、多领域的技术创新，设计出一大批对行业发展有着重大影响的新装置，有力地支撑了我国化学工业的发展。

1984年，负责的磷肥副产氟硅酸制冰晶石、含碘活性炭烟气脱硫中间试验项目，获得城乡建设环境保护部环境保护局颁发的全国环境保护科技成果证书。1988年，设计的南化公司磷肥厂年产20万吨硫酸装置建成并投料试生产，这是当时国内最大的硫铁矿制酸系统。1989年，设计的荆门市化工厂年产1万吨聚丙烯工程获第四次全国优秀工程设计银质奖。1990年，设计的年产24万吨磷铵工程的装备研制，因在“七五”国家重点科技攻关专题执行过程中做出优异成绩，特被授予集体荣誉证书。1994年，承担的扬子石化公司年产30万吨乙烯工程总体设计，获国家级优质工程设计金质奖。同年，设计的云南氮肥厂年产24万吨复肥工程建成投产，此工程利用世界银行贷款作为部分建设资金，是当时国内工程配套最完整、规模最大、资金利用最节省、建设速度最快的大型复肥工程，被世界银行列为“样板工程”。

（三）工程业务实现多元化发展

为了进一步适应市场经济，大力开拓新兴市场，南京院自1993年开始对自己的设计业务结构和发展目标进行了大幅度的调整，确立了石化、硫磷、建筑三大业务支柱和加速建设国际型工程公司的战略目标。

1994年春，经江苏省政府批准成立了“江苏工业民用建筑设计院”（简称工民院），并经国家建设部审批取得甲级建筑工程设计证书，南京院与工民院以一套班子两个牌子为运行模式，当年即与美国佳拿公司合作，出色地完成了南京禄口国际机场航站楼等一系列高水平建筑群的设计和施工服务，好评如潮。该项目荣获江苏省城乡建设系统建筑专业优秀工程设计一等奖。为开拓“长三角”市场，1994 年成立了江苏工业民用建筑设计院上海分院。2000 年又在南京市中心设立了江苏工业民用建筑设计院南京执行中心。经过几年的快速发展，先后设计了学院（如中石化干部管理学院等）、科研机构（如中国电子科技集团第十四研究所科研楼等）、医院（如江苏援建的西藏自治区拉萨急救中心等）、写字楼（如上海西康大厦等）、居民小区（如上海交通大学新苑等）、旅游设施（如苏州游乐园）、休闲胜地（如南京大吉度假村）等重点建筑工程项目。

工民院的建立和迅速发展壮大，不仅成为南京院的产业支柱之一，而且是不可或缺的重要支柱，更突出的是在短短的几年时间里，已经以其卓越的建树，名扬江苏和长江三角洲地区，在国家最大的产业集团之一的中国石油化工集团公司内也声名大噪，成为一颗光彩闪耀的明星。

二、推行设计新体制，实施资源重组，完成向工程公司的转变

自 1984 年进入市场以来，南京院主动迎接挑战，大胆实行改革，拓展生存和发展空间。随着经济体制、市场形势、内外环境的不断变化，为了争取市场竞争的主动权，南京院以创建国际工程公司为主要目标，在经营策略、产品结构、技术进步、设计体制和管理等各个方面都进行了深入的改革。

（一）进入国际市场

1995 年，南京院推行设计新体制改革，调整项目管理运行机制，实施了国际通用的设计体制和专业设置，推进国际型工程公司的建设。

为了获得对外经济技术合作权，南京院着手建立质量管理体系，于 1996 年 11 月顺利通过了上海质量体系审核中心的认证，并取得了质量管理体系 SACQST 和荷兰 RVA 认证证书，取得了进入国际市场的“通行证”，为建设国际型工程公司奠定了基础。

1999 年，通过竞标取得西门子冰箱发泡料集中供料系统工程总承包项目。同年，又取得第一境外磷肥项目——孟加拉国侯赛因化学有限公司 15 万吨/年粒状普钙工程总承包。南京院不断加强的质量管理，提高了工程设计质量的控制水平，被建设部授予“全国甲级勘察设计系统全面质量管理先进单位”称号，并被江苏省建委授予质量免检单位。

（二）加快技术进步

在坚持自主开发，致力技术进步的同时，南京院不失时机地抓住承担引进项目的机遇，对引进的先进技术深入研究，消化吸收，融会贯通，为我所用。通过与国外工程公司合作设计、返包设计、试验研究等多种形式，搭建国际合作和交流的平台，与国外工程公司进行稳定和卓有成效的合作。同时，南京院与相关的国内科研单位、高等院校、生产工厂建立了良好的合作关系，为自主研发和设计创造了条件，加速了技术进步的进程，不断开发出新品种、新工艺、新技术和新设备，并积极应用于工程设计中。通过竞

标获得了南京大扬巴开工锅炉、大扬巴合成气、南京帝斯曼东方己内酰胺、镇江优利得氢氧化钾等一批工程项目的EPC合同，或与国外一流工程公司联合的EPC合同，取得了长足的进步和明显的效益，南京院已初步建成具有一定竞争力的国际型工程公司。

1996年，设计的贵溪化肥厂24万吨/年磷铵国产化装置获国家科学进步二等奖。该项目是“七五”国家重大技术装备科技攻关项目之一，是国内第一套应用自行开发的软件包，独立完成全部工程设计的大型磷铵装置。

（三）普及计算机应用

南京院十分重视计算机技术的普及与应用，即使在经济状况比较拮据的时期，也保证了对计算机软、硬件的投入，建立了计算机网络系统、信息系统，以确保计算机应用水平在同行中不落后。1995年6月在全国科技大会上南京院荣获“全国工程设计计算机应用先进单位”称号。

（四）培养优秀人才

一直以来，南京院秉持自主创新为主、技术引进为辅的理念，建设了一大批工程项目，培养和造就了一大批产品和技术研发、项目建设管理等方面的设计和管理人才，有力地支撑了行业的持续发展。

南京院积极实施劳动、人事、分配“三项制度”改革，建立了相应的规章制度，充分调动广大职工的积极性和责任心，较好地处理了国家、集体、个人三方面的利益关系。

在近50年不平凡的道路上，南京院在艰苦奋斗中求生存，在逆境中求发展，在几代工程技术人员的共同奋斗下创造了辉煌的业绩，形成了“自立自强，团结拼搏，精益求精，开拓进取”的企业精神。

第三节　抢抓“一带一路”机遇，“走出去”求发展（2000—2019年）

一、解放思想，转型升级，加快“走出去”发展步伐

2000年，国务院“71号文”转发建设部对中央直属和原直属的173个国家骨干勘察设计院进行体制改革的实施方案，明确南京院隶属中国石化集团公司领导。2002年1月，经中国石化集团公司批准，正式更名为中国石化集团南京设计院，这是南京院发展史上的重要里程碑和转折点。

新一届领导班子传承和发扬南京院优秀传统，解放思想，明确经营思路，确立了企业发展方向，以硫磷、石油化工和精细化工、民用建筑为三大主营业务，积极进取海外市场。在技术特色上，继续保持和培育硫酸磷肥传统优势地位，并在开发具有自主知识

产权的技术和单系列规模上牢牢占据国内同行业的制高点；在石油化工方面，把发展重点放在具有比较优势或无明显竞争劣势的产品上，确立碳一化学、合成气、气体中心、环己酮、己内酰胺及其下游产品链系列上的技术优势；在民用建筑的设计上，总结学院设计的经验，形成学院设计的比较优势。

进入 21 世纪以后，随着国家经济发展的高速增长，项目投资、项目建设速度加快，全球化合作力度加大，工程项目总承包、项目管理承包等先进的项目建设管理理念、模式和方法已日益广泛地被接受和运用。南京院进一步完善项目管理程序文件，加速项目经理、采购经理、施工经理、开车经理等管理人员的培养和造就，在工程承包、采购服务及施工管理服务等领域中逐步缩小与国际工程公司的差距。

2000 年，继烟台万华聚氨酯股份有限公司湿式电除尘器、安徽博西扬制冷有限公司冰箱发泡料集中供料系统和江苏宝胜 BICC 电缆等总承包项目后，南京院顺利承接了孟加拉侯赛因化肥有限公司 15 万吨/年粒状普钙、6 万吨/年硫酸项目，这是南京院承担的第一个包括 EPC 全过程的境外项目。从此，南京院迈出了“走出去”发展的脚步。

2002 年，南京院又成功竞标夺得扬巴一体化项目 2×170 吨/小时蒸汽开工锅炉系统的承包合同。此项目业主代表是由国际著名的项目管理咨询公司——美国福陆丹尼尔公司和中国扬子石化、德国巴斯夫两方业主组成的“扬巴一体化项目联合管理组”（简称 IMT），按福陆公司的管理模式开展工作，通过这个项目的运作，南京院的工程总承包能力有了进一步的提高。

与此同时，南京院与中国石化集团第二建设公司按照中国石化集团积极推进改革、整合内部资源、发挥整体优势的总体框架，以项目联合体的模式，相继合作开展了 EPC 项目联合承包、项目管理联合承包工作，取长补短，优势互补，功能配套，在更大范围内、更高层次上参与国际国内两个大市场的竞争。2004 年取得广州石化 2×7 万吨/年硫黄回收装置工程总承包。

从赣榆化肥厂、孟加拉普钙项目起步，通过广石化硫黄回收、云南富瑞和拜耳罐区等项目的执行，初步实现了由单纯设计向总承包的转型，从国内项目向国际项目的迈进。

经过全院上下的努力，南京院发展迅猛，取得了 3 个具有历史意义的突破。其一，2002 年，硫磷项目、石化和精细化工项目、民用建筑项目的合同金额，分别占当年合同总金额的 34%、42% 和 20%。石化和精细化工项目的创收金额跃居“榜首”，传统的、以硫磷项目为第一经济增长点的格局已被打破，新的产业格局基本形成。其二，2003 年，提前两年实现了“十五”规划中“三个翻一番”的第一目标，即：总产值翻一番、全院创收翻一番、人均创收翻一番。为在 2006—2007 年顺利实现第二个“三个翻一番”的目标赢得了时间，创造了条件，增强了信心。其三，2004 年，实现合同总额为 10727 万元。合同总额首次超亿元，创南京院历史新高，视为事业传承的一个里程碑。

50 年来，南京院完成了包括一大批国家重点工程在内的 2000 多项工程设计，其中重大设计项目 100 余项，引进装置设计 20 余项，援外、境外工程设计 10 余项，项目分布在国内 30 多个省、市、自治区和亚洲、欧洲、非洲的一些国家，荣获国家、省部级优秀设计奖、科技进步奖近100项，创造了辉煌业绩，为化学工业的发展作出了卓越贡献。许多项目是国内当时的最大规模，如湖南洞庭化肥厂和南京栖霞山化肥厂的30万吨/年合成氨、52万吨/年尿素装置，山西化肥厂的90万吨/年硝酸磷肥，湖北大峪口的矿肥结合工程，广西鹿寨化工总厂的40万吨/年硫酸装置，南京东方化工有限公司5万～14万吨/年己内酰胺工程，南京禄口国际机场，扬子石油化工基地等。

二、融入“一带一路”建设，开启迈向全球化发展新征程

2009年6月，中国石化集团公司决定，由中国石化集团第二建设公司和中国石化集团南京设计院重组设立中国石化集团南京工程有限公司。这是中国石化对炼化工程板块实施专业化重组的一项重要举措，对于调整原第二建设公司和南京设计院经营结构，优化资源配置，充分发挥一体化优势，提高国内外市场竞争力具有重要的战略意义。

公司确立了“以设计为先导，专利、专有技术、工艺包开发为核心，设计、工程总承包和项目管理、专业施工为主体、面向国内外市场提供技术和管理服务的一体化的国际化工程公司”的发展定位。公司拥有研发设计人员600余人，项目管理人员1400余人，技能操作人员600余人。其中教授级、高级职称500余人，中级职称1000余人。

重组以来，企业通过资源优化配置，发挥研发、设计、采购、总承包、核心专业施工的综合能力与集成优势，致力于开拓国内外两个市场，公司持续健康发展，综合实力不断提升，位居国内同行业前列。

（一）坚持市场开发是第一要务，抓重点、求质量，市场份额稳步提升，业务结构不断优化

公司坚持把任务承揽作为头等大事来抓，始终秉承“总量与结构兼顾、国际与国内并重”的宗旨，不断优化主营业务的市场布局，全力以赴维护既有市场，奋力开拓新技术、新工程、新市场。2009—2019年，累计完成任务承揽总值达540亿元，年度合同额由2009年的22亿元增长到2019年的65亿元，增长近三倍。

公司始终把设计、工程总承包的市场开发工作放在首要位置，业务板块由传统的硫磷化工、苯化工拓展到新型煤化工、大型公用工程、环境工程等，业务结构不断优化。10年来，完成了中安煤化工、九江煤制氢、扬子等5套硫回收、南京催化剂以及10余套硫酸低温热回收等总承包项目，以及山东方明等5套环己酮项目、马来西亚综合磷化工项目、大庆天然气、新疆能源多晶硅、南化公司化工尾气装置综合治理等800余项大中型项目的前期咨询及工程设计，年均完成设计投资额100亿以上。

（二）坚持技术引领，铸造精品工程，品牌价值得到有效体现

公司确定重点发展的六大主营业务，都取得了新的业绩。

现代煤化工和天然气化工，这是公司新的主攻方向。通过以南化煤制氢、九江煤制氢、大庆天然气制氢、中安煤业等设计、总承包项目执行为平台，掌握了水煤浆气化、合成气净化等技术，拥有了大型甲醇合成技术、等温变换技术等自有技术。公司负责总

承包的中石化九江分公司油品质量升级工程荣获国家优质工程奖。

硫磷、催化剂等无机化工，公司保持着技术优势，处于国内领先、国际先进地位，承担了国内 70% 以上的硫酸装置的设计工作。自主研发的硫黄制酸低温热能回收工艺技术成功应用到云南磷化集团等十多个硫酸装置中，与大型硫酸装置技术配套形成先进的国产化余热利用成套技术。结合国内磷酸及磷化工项目开发的大型磷酸装置、大型氟硅酸钠装置、串级浓缩等专有设计技术，在国内多套装置上成功应用。2004 年，湖北宜化集团 15 万吨/年多料浆法磷酸一铵装置获国家科技进步二等奖。

苯化工项目的设计技术，公司形成一定优势。完成了南化公司等一批环己酮项目，以及东方帝斯曼己内酰胺等项目。精细化工技术能力得到强化，完成浙江嘉化脂肪醇等设计项目和沙特阿拉伯 NDA 总承包项目。2009 年，10 万吨/年苯胺成套技术研究开发和应用荣获国家科学进步二等奖。

环境工程和清洁能源，是公司特色主业之一。在硫黄回收、烟气脱硫脱硝、含硫废气和废液制酸、污水处理、废固综合利用等领域具有较强的技术实力。大型硫化氢湿法/干法制硫酸、含硫废液制酸等具有明显的技术优势。采用自有技术完成一大批硫酸磷肥等项目配套的污水处理装置，采用技术集成完成了武汉乙烯和延长石油污水处理项目。南化公司生产装置废气综合治理技术获中国石化科技进步一等奖。在清洁能源方面，完成了新疆大全等多晶硅项目，初步形成了碳吸附氢气提纯等多晶硅生产过程中的专利和节能减排配套技术。

在公用工程方面，尤其是在大中型空分、油品化学品储运及低温储存、固体粉粒料输送等专业方面优势明显。公司与美国空气化工产品公司、德国林德等空分公司建立了长期合作关系，完善了众多大中型空分装置的设计，并在美国墨西哥湾地区开展了项目合作，在空分行业具有重要影响力。在油品和化学品储运领域，通过中安联合罐区、青海大美罐区等项目积累了工程经验，并在低温储运技术方面进行了探索和储备。固体粉粒料输送工程领域，通过中天合创煤储运等大型项目的执行，具备各种规模储运设施的设计能力。

民用建筑，同样是公司特色专业之一。完成了中石化石油勘探研究院无锡基地、中天合创厂前区、青岛安工院等一批代表性建筑。公司主业产品影响持续拓展、品牌价值日益提升、竞争优势不断凸显。公司负责设计的中石化石油化工科学研究院昌平基地新能源试验中心项目获评国家优质工程奖。

公司拥有专利 200 余项，发明专利 60 余项，专有技术 10 余项，主（参）编行业标准 60 余项。2014 年，沙特阿拉伯卡扬石化 NDA 项目脂肪酸装置开车成功，标志着南京工程公司总承包的海外 EPC 项目执行取得阶段性胜利。

（三）坚持国际化发展，国际业务能力显著提升

从“借船出海”到独立承揽，从炼油化工到无机化工、电厂，从单一施工到设计、EPC、PC 总承包、设计专利技术转让等业务，单体项目合同额也不断刷新纪录，公司国际化发展实现了由量变到质变的跨越。境外项目执行平台逐步完善，项目管理模式逐渐

成熟，设计、国际化采购、项目管理、装置预试车和试车能力不断提升。海外资产规模日益扩大，资源配置更趋国际化、本土化，外籍员工占比接近60%，国际化经营成果丰硕。十年来，累计完成境外项目合同额近30亿美元，占公司同期合同总额的30%，境外设计、EPC合同占比不断提高。2016年，境外项目财务收入达到43.18亿元人民币。境外市场已经成为公司发展的重要组成部分。2009年，公司抢抓“一带一路”机遇，成功签订乌兹别克斯坦硫酸磷肥设计合同，将硫磷技术成功推向中亚。

10年来，公司荣获国家级和省部级科技进步奖、优秀工程（设计）奖40余项；南化公司水污染治理项目研究与开发等项目荣获集团公司科技进步一等奖；九江煤制氢装置、新能源试验中心等10余个项目荣获国家优质工程奖。2018年，在中国勘察设计行业从事工程项目管理和工程总承包企业完成合同额排序中，公司在境内排名第十三，境外排名第三。

第四节　“一核多元”绘就发展蓝图

公司的发展有力证明，“技术创新+ 工程服务”一体化发展将成为助推传统工程公司转型升级高质量发展的高效引擎。2018年以来，公司以“两个三年、两个十年”中长期发展规划为指引，对中长期发展战略完成了优化升级，并着手进一步推进国际化发展新格局，打造一流国际化工程公司。

公司加强顶层设计，明确发展方向和路径。业务布局方面，突出设计业务的基础地位和龙头作用，将工程总承包（EPC）作为公司的主要发展方向，充分发挥设计、采购、施工一体化优势，提升工程总承包能力。高度重视国际业务发展，推动转型升级，努力扩大海外市场份额，做大做强国际业务。

在业务结构方面，“十四五”期间，设计、总承包业务占50%以上；境外业务占40%以上，并形成海外市场多点支撑。煤化工、硫磷化工、精细化工、新能源、节能环保等产品占主要份额。在技术创新方面，进一步巩固硫、磷、苯化工等传统领域技术领先优势，在新型煤化工及碳一化工、环境工程、新能源及氢制备、精细化工、催化剂等领域拥有一批关键技术和核心技术，在市场拥有较高知名度。在新材料领域，掌握部分高附加值产品技术。在国际业务发展方面，紧跟国家“一带一路”倡议，加大海外市场开拓力度，强化与国际知名工程公司合作，提高市场份额和管理水平，努力在产品种类、区域、规模等方面取得新突破。特别是将传统硫磷技术推向境外，打响“中国制造”品牌。

千淘万漉虽辛苦，吹尽狂沙始到金。南京工程公司坚信，在“国家跨入新时代，企业步入新时期”的历史方位上，只要不忘初心，砥砺奋进，把握大势，抢抓机遇，保持战略定力，继续一往无前，就一定能够开创更加辉煌的明天，就一定能早日把公司建设成为世界一流的工程公司。

（中石化南京工程有限公司　陶亮）

砥砺奋进，全力打造一流国际工程公司

——中石化宁波工程有限公司发展纪实

中石化宁波工程有限公司是2003年由原中国石化集团兰州设计院和中国石化集团第三建设公司重组设立的国有独资公司，注册地为浙江省宁波市高新区，前身分别是化工部西北化工设计研究分院和石油化学工业部第一石油化工建设公司第三工程处。

公司成立17年以来，经历了从业务整合、事业融合到文化融合的过程，专业化的重组优势在实践中不断凸显，项目一体化优势飞速提升，企业规模、经济效益等实现了重大跨越，已发展成为具有一定竞争力和影响力的综合型工程公司。成绩的背后，呈现了宁工人无尽的责任与担当，砥砺奋进的过往，记载着宁波工程公司逆境崛起的铿锵步伐，17年的开拓进取，宁波工程公司演绎了一段不平凡的国企改革发展之路。

第一节　公司概况

宁波工程公司是以技术为先导，价值创造为引领，工程项目服务为主体，以人为本，创新驱动，聚焦能化，绿色发展，为全球客户提供高品质的一站式整体解决方案的国际工程公司。

公司是国家高新技术企业，建有国家技术中心，是石油化工行业唯一同时拥有工程设计综合资质甲级和石油化工工程施工总承包特级两个顶级资质的企业。同时还有工程咨信甲级、工程造价咨询甲级资质证书，对外承包工程资格证书，压力容器设计、制造许可证，压力管道设计、安装许可证，锅炉和起重机械安装、改造、维修许可证，美国ASME压力容器“U”钢印证和动力锅炉“S”钢印证等。

公司现有员工2500余人，高级及以上职称615人，中级职称812人，其他管理和技术人员700余人，其中行业设计大师6人，享受国务院政府津贴人员和中石化级学术带头人员15人。公司技术力量雄厚，拥有450余项专利、专有技术，形成了企业独有的核心技术优势和施工安装能力。在天然气化工、石油化工、煤化工以及合成气化工等领域的设计在全国处于领先地位；在设备制造、大型储罐和长输管线施工、管道钢结构工厂化预制方面构筑了强大的差异化竞争优势，是中国石化集团大型非标设备制造基地。

公司工程项目业绩和管理经验丰富。多年来，先后完成了以炼油、乙烯及烯烃后加工、合成氨及尿素、煤气化、甲醇、醋酸、丙烯腈、聚烯烃、合成橡胶等1000多套装置的工程设计、工程总承包及施工建设。其中，获得全国工程总承包金、银、铜钥匙奖

4项，国家科技进步奖和国家优秀设计奖等30余项，国家优质工程奖12项，有260多个项目获得省、部级科技进步、优秀设计和优质工程等奖项。

公司坚持差异化和绿色低碳战略，坚定不移地走科技引领、创新驱动之路。在现有技术优势的基础上，以能源替代、节能减排、环境保护为主要技术领域和业务方向，重点研发资源与能源替代技术领域的核心技术及节能减排环保技术领域的核心技术和成套化工程技术，为建设资源节约型、环境友好型社会作出贡献。

第二节　重组后实现重大跨越（2003—2010年）

公司2003年重组成立以来，经历了从业务融合、事业融合到文化融合的过程，科技研发、市场开发、项目执行、综合管理等能力大幅提高，企业规模、经济效益等实现了重大跨越。公司营业收入由2003年的8.35亿元增长到2010年的22.28亿元；实现利润由2003年的0.56亿元增长到2010年的1.2亿元；净资产总额由2003年的5.55亿元增长到2010年的8.92亿元，资产负债率保持基本稳定。

1. 经营能力显著提升

2006年至2010年期间，公司累计实现营业收入167.2亿元，主营业务收入在2007年、2008年均突破40亿元，EPC总承包分别占营业收入的57.2%和63.8%；实现利润年均增幅44.1%。五年累计承担各类工程项目1118个，其中总承包项目19个、前期项目189个、设计项目208个，业务范围涵盖国内三十个省、自治区、直辖市和境外11个国家。特别是通过福州炼化IGCC、镇海乙烯工程等一批具有影响力项目的实施，在市场上树立了良好的品牌形象。设计上下游专业衔接更加有效，统筹协作能力和业务能力显著提高。公司在全国工程勘察设计营业收入和工程总承包完成合同额排名中名列前茅；五年获得百余类奖项和荣誉；成为国家高新技术企业和省级技术中心。

2. 人才结构持续优化

公司通过进一步完善政策措施，突出培养、评价、使用、激励等重点环节，健全工作机制，优化用人环境，人才队伍建设取得了重要进展。2010年末，公司在岗员工2958人，其中大专以上学历占58.8%，是2006年的127.8%；高级职称以上占9%，是2006年的142.8%；中级职称占19.1%，是2006年的125.8%；经营管理及技术人员占67.8%，是2006年的113.7%。各板块人员，尤其是设计人员，年龄结构不断优化。

3. 科技进步成效明显

公司科技创新能力持续提高，重大科技项目有了新进展，攻克了一批适应工程化应用的关键技术，对公司后续发展的支撑引领明显增强。在气化、合成气化工、天然气化工、丙烯腈、IGCC及替代能源和节能减排（环保）等领域的技术开发取得了长足进步。CTL中试装置建成运行，丙烯腈、单喷嘴冷壁式粉煤加压气化、低温甲醇洗、氧化镁与氨法烟气脱硫、催化裂化烟气除尘脱硫脱硝、短程硝化反硝化废水处理等技术成功实现技术转让或工程化应用。

4. 市场营销体系日趋完善

公司持续完善营销体系，初步形成了公司高层管理人员、区域经理、客户经理和技术支持的“四位一体”市场营销体系，强化了市场主动性和预见性。加大科技与经营、项目与经营和业务间的联动，重点技术品种推介力度进一步加大，有效促进了市场滚动开发。积极开拓海外市场，初步建立了海外市场开发工作流程，配合完成了马来西亚、俄罗斯、伊朗、越南等项目的投标报价工作，培养和锻炼了一批国际化经营人才。随着新加坡和哈萨克斯坦项目的实施，公司初步形成了国内、国际业务并重的格局。五年累计开展投标报价 1443 项（其中境外 30 项），中标 629 项（其中境外 5 项）。

5. 内部管理水平持续提升

以系统化为主线，不断健全和持续改进项目运行、技术标准、管理标准、内部控制、HSE 和质量管理等五大体系。安全生产保持了积极向好态势，适应公司发展的质量文化体系逐步形成，全面推进 QHSSE 体系整合。以项目集成能力建设为着力点，强化项目要素管理、完善项目管理手册和作业指导书，优化资源配置，项目管控体系不断完善，项目管理能力明显提升。以规范化管理为落脚点，内控管理日益完善，授权和合同管理更加规范，五年公司累计签订经济合同 15034 份，合同审查率达到 100%。以流程化管理为核心，全面开展岗位优化设置，积极推进业务流程再造，持续开展部门职能优化和制度对标梳理，累计制定、修订各类管理制度 312 项。以信息化为手段，资金管理首批集中上线，MARIAN 系统、WBS 推广应用，三维设计软件、OA 系统等软件应用水平进一步提高；扎实推进信息平台集成化建设，建成了一批应用性较强的系统平台，信息化与企业管理的融合有新的突破。

第三节　公司综合实力稳步增长（2011—2019 年）

2011 年至 2019 年，公司综合实力稳步增长，已发展成为具有一定竞争力和影响力的综合型工程公司。公司营业收入由 2003 年的 8. 35 亿元增长到 2019 年的 63. 1 亿元；实现利润由 2003 年的 0. 56 亿元增长到 2019 年的 3. 3 亿元；资产质量不断改善，净资产总额由 2003 年的 5. 55 亿元增长到 2018 年的 19. 3 亿元，资产负债率保持基本稳定，实现了国有资产的保值增值。

——技术优势逐步突显。在 9 个方面形成了具有自主知识产权的系列化成套技术或工程化技术，具备较强的技术研发和工程转化能力；数字化技术应用基础扎实，集成化设计水平处于行业领先。

——市场份额巩固扩大。经过近年来在完全市场化角逐中的实践与锤炼，公司应对激烈竞争的水平得到提升，市场份额不断扩大。聚烯烃、丙烯腈、汽电联产、空分等优势品种保持国内市场领先地位，进入了 LNG、丙烷脱氢、异壬醇、乙丙橡胶等新兴领域；污水零排放等绿色低碳技术成功抢占先机，脱硫脱硝项目从零起步、迅速壮大，承担的工作量占到中国石化“碧水蓝天”工程投资份额的 30% 以上；境外市场也迈出了坚实步伐。实现了从无到有、从小到大的迈进，顺利完成了新加坡润滑油脂、沙特阿拉伯沙比克变电站 EPC 总承包项目，承接了俄罗斯 AMUR、沙特阿拉伯 IBB 等项目，促进了公司境外总承包项目实施能力的提升和经验的积累。先后完成了马来西亚、澳大利亚、俄罗斯、伊朗等地区项目的百余个投标报价，中标韩国三星化工和印度爱莎石油焦制氢可研、哈萨克斯坦 KPI 前期及俄气石油制造等项目，煤气化技术和设备制造在境外市场具备巨大潜力和广阔空间。尤其在 2013 年，经过美国 TCEP 项目前期的历练，公司对欧美发达国家的市场有了较为深刻的认识。

——项目业绩和管理经验不断丰富。EPC 总承包核心业务地位不断突显，已具备同时承担 20 个以上大中型总承包项目的能力，项目管理体系逐步健全，项目管理行为更加规范，在多界面项目管理模式上积累了丰富经验。设计龙头地位不断巩固。先后承担了中天合创煤炭深加工、宁波海越 C3 综合利用、库布其清洁能源、中安联合煤化工等大型项目的拿总院工作，还有浙江石化炼化一体化、扬子石化煤制气装置、巨正源、古雷炼化等大型项目设计。标准化、集成化设计和设计优化稳步推进，设计总成能力和质量水平大幅提升。2019 年公司承担的中国石化乃至国内首个数字化交付试点项目——镇海炼化制氢原料结构调整改造项目在国内首次实现了数字工厂与物理工厂同步建设、同步交付，达到行业国内领先水平。脱硫脱硝技术公司成立后，在行业内的环保品牌形象迅速崛起，带动了一批短平快、效益好的项目群。

——人才结构不断优化。实施人才强企工程，实施五大人才培养计划，具有一支实干担当、能打硬仗的优秀干部队伍与人才队伍。

——体制机制不断优化。通过不断探索实践和深化改革，公司体制机制日趋科学合理，企业活力得到有效释放，形成了一体化的生产指挥体系、市场开发体系与经营管理体系；绩效考核与效益工资分配的激励约束作用得到较好发挥。

——企业管理日益规范。深入践行精细管理和从严管理，不断完善体系、健全制度，强化依法合规管理，安全质量形势稳定。

——品牌形象不断提升。成为国内第一家同时拥有工程设计综合资质甲级和施工总承包特级资质的石化工程企业，且被认定为国家高新技术企业和国家企业技术中心；2014 年被全国总工会授予“全国五一劳动奖状”。

第四节　未来展望

忆往者，峥嵘岁月；展未来，任重道远。公司将继续以技术为先导，价值创造为引领，工程项目服务为主体，以人为本，创新驱动，聚焦能化，绿色发展，为全球客户提供高品质的一站式整体解决方案的国际工程公司。同时，公司布局了三个阶段的战略重点和发展目标，到 2020 年，打造智能高效型企业，筑牢公司新时代发展根基；到 2023 年，打造行业领先型企业，大幅提升发展能力和质量，全面实现转型升级；到 2035 年，拥有先进的工艺技术、工程技术和大量高素质人才，核心竞争优势明显，具备全球资源整合和融资能力，企业品牌具有较大影响力，某些领域跻身世界一流，成为具有较强竞争力和影响力的国际工程公司；到2045年，建成基业长青的一流国际工程公司，为中国石化成为世界领先企业作出贡献。

科技创新方面，立足于满足公司市场竞争的长远需要、增加技术储备、拓宽业务品种与服务范围，以“能源化工”“环境工程”和“精细化工”为主要技术领域和业务方向，致力于“核心技术优势化、优势技术成套化”，构筑技术研发(R)-工程设计(E)-项目建设(C)的“REC三位一体”联动发展格局，提升公司技术创新能力和核心竞争力。

在生产经营方面，在保持生产经营平稳运行的基础上，重点推进一体化项目大平台运行、大市场格局构建、大经营体系建设和大财务管理架构建立，大幅提高经营创效水平，不断增强公司可持续竞争力。

在国际业务方面，加快国际业务拓展步伐，深化战略布局，建立国际化运行体系，推进国际合作和本土化运营，集中公司优质资源，做大做强做优国际业务，实现经营领域、市场布局、资源配置能力和盈利水平的整体提升。

在数字信息方面，强化系统集中集成、资源共享、数据治理、人工智能、安全保障，加快公司集成化、数字化、智能化建设；围绕数据、技术、业务流程、组织结构四要素，建立策划、支持、实施与运行、评测与改进管理机制，规范信息化、工业化的“两化”融合，推动新型能力的螺旋式提升，着力打造以数字驱动为基础的智慧型工程公司。

（中石化宁波工程有限公司　贺颖）

励精图治 在改革创新中发展壮大

——赛鼎工程有限公司发展纪实

赛鼎工程有限公司（简称赛鼎公司）的前身化工部第二设计院诞生于1958年，现隶属于中国化学工程集团有限公司，是新中国首批成立的大型国家级专业设计院之一。公司经过六十年的努力奋斗，现已拥有国家工程设计综合甲级资质；拥有工程咨询、工程监理、工程招标、工程勘察等甲级资质；拥有建设项目环境评价、压力容器、压力管道、对外承包工程资格、进出口货物收发货人报关注册登记等资质；具有质量、环境和职业健康安全管理体系认证证书。公司现已成为以工程设计和工程总承包及相关技术研发为主的现代化科技型工程公司，形成一批特色技术，特别是在煤制天然气、煤制油、硝酸、硝铵、TDI等煤化工、无机化工、有机化工领域具有专业特长及技术优势。

第一节 在自力更生中创建发展（1958—1978年）

山西省石油设计院1958年7月成立，隶属山西省石油化工厅领导。1962年更名为太原化学工业公司设计院。1963年与太原化工研究所合并组合为太原化学工业公司设计研究院，隶属化工部太原化学工业公司领导。1965年太原化学工业公司撤销，太原化学工业公司设计研究院研究部分分出，设计部分定名为化学工业部第二设计院（简称化工部二院），隶属化工部建设总公司领导。1970年更名为燃料化学工业部第二设计院，隶属山西省煤炭工业局和燃料化学工业部双重领导。1971年山西省小化肥设计室并入该院，更名为山西省化工设计院，1978年确定为化学工业部第二设计院。

20世纪60年代初，中国处于困难时期，迫切需要化肥用于发展农业生产，建设大批中氮肥厂，1968年，化工部二院完成了江西第二化肥厂合成氨63万吨/年、尿素11万吨/年的初步设计，化工部二院自主开发、自力更生，克服困难投入技术开发力量，形成了自己的自有技术，为以后的化肥设计打下良好基础，培养了相关技术的专业人才队伍。此后，化工部二院又先后承担了几十个化肥厂的设计，圆满完成了任务。

60年代初国家在消化吸收、引进技术方面，开始建设成套化工装置，其中太原化工厂就是苏联援建的化工项目之一。化工部二院1969年完成了太原化工厂（硫酸8万吨/年、烧碱3.2万吨/年）的工程设计。太原化工厂的建设投产为山西省的发展建设起到重要的作用，化工部二院也为山西地区的工业发展贡献了自己的力量。

这一阶段是化工部二院应运而生、萌芽发展的奠基阶段。工作方向主要围绕新中国起步时的国家需要，重点在氮肥、有机化工、基本化学和勘察等领域。承担了国家在基础工业起步阶段的许多重点项目，特别是苏联援助中国的 9 套大型装置中的石化装置的设计，为中国化学工业的发展作出了重大贡献。

第二节　在改革开放中奠定腾飞基础（1979—1999 年）

党的十一届三中全会后中国进入改革开放时期，1979 年初，国家建委在全国勘察设计工作会议上提出设计单位要实行企业化、推行合同制，拉开了中国勘察设计业改革的序幕。这一阶段是化工部二院进入市场、完善管理、积蓄力量的阶段，也是不断拓展业务领域，开始从设计院向工程公司过渡的阶段。

这一时期的公司人员一改之前从其他公司合并分化而来，转化为内在培养，招聘学校毕业的应届生，并注重培养和教育，为新时期化工人才的培养打下坚实基础。

1978—1999 年间，共招聘员工 375 人，其中硕士研究生 9 人，本科生 257 人，专科生 72 人，中专及以下学历人员 37 人。公司注重人才的培养和教育，经过公司的长期培养和培育，375 人中的 110 人均担任过公司的中高层领导和项目经理、副总工程师、主任工程师等技术职务。这一时期公司培养的各序列人才梯队，不论从管理上还是技术上，都已成为我公司的中流砥柱，为公司发展打下了良好的基础。

90 年代以来，是我国改革开放取得举世瞩目辉煌成果的时期，同时也是化工设计行业发展进步最快的时期。化工部发出创建国际工程公司的指导意见，各部属设计院认真贯彻执行，积极推行设计新体制和加强设计基础工作，各院都先后改制成工程公司，在内部机构设置、专业分工、设计程序、设计方法、项目管理、标准规范、人才培训、工程承包等方面，按照国际工程公司的模式，不断改进、逐步完善、卓有成效地推行了一整套项目管理办法及规章制度。

在改革开放的这个阶段，公司不断发展壮大，逐步走出传统单一的设计，向多元化经营发展，开展技术创新，形成了一大批自有专利及专有技术，如：CO_2 及 O_2 气化焦炭制备高纯度 CO 成套技术、双加压法 450 吨/日硝酸生产用高效氨氧化炉-废热锅炉、碎煤加压气化技术、焦炉煤气制甲醇、TDI 自有技术、低温甲醇洗工艺技术等，这些技术应用广泛，在同时期行业内都达到领先水平。

1996 年，二院响应化工部号召启用第二名称——华泰工程公司，按照国际工程公司管理体系模式，通过了“质量、环境、职业健康安全”三个管理体系标准，推行全面质量管理，1997 年获得英国皇家认证认可委员会带有皇冠标志的 UKAS 认证证书，为进入国际市场取得了通行证。

近年来，公司通过标准的不断升版，加强了公司标准的实用性和可控性，进一步建立健全了公司标准体系，有利于公司各项工作实施全过程、全方位的控制、监督和管理，确保了公司“QHSE 三标体系”的有效运行。1996 年公司先后 6 次选派共 100 多名技术骨干赴西安交通大学进行为期 4 个月的英语强化培训，为国际接轨培养了复合型人才，为企业发展注入了活力。

第三节 在深化改革中践行高质量发展（2000—2019年）

在本阶段，全国各地都在发展石油化工、煤化工、天然气化工、精细化工、生物化工等，投资力度不断加大、建设规模愈来愈大，产品领域愈来愈宽，项目也越来越多，但同时国家也把重点放在了解决产能过剩、污染治理等方面。赛鼎工程公司在“一带一路”倡议指引下，继续聚焦煤基产业创新发展，集成创新资源，突破共性关键技术，在提取伴生资源、合成精细化工产品等领域始终处于国内相关工程公司的首位。

一、开展技术创新，打造核心竞争力

1. 技术创新走新路

赛鼎公司于2007年在中国率先提出以低品质褐煤为原料，填补国内煤制天然气空白的创新思路。2008年公司集成创新开发出中国第一个煤制天然气工艺路线，并形成工艺包。2010年开始进行国内第一套煤制天然气工程——内蒙古大唐煤制天然气的设计与建设工作，2013年7月产出合格的天然气，12月18日并入管网向北京地区供气。

公司本着科技创新、资源共享的原则，坚持走产学研一体的创新之路。加强与高等院校、研究单位以及国外公司合作，实现技术创新，增强公司工程技术转化能力。

近年来，为提高企业技术研发的水平和核心竞争力，公司加强与国内外高校、科研院所、企业的合作。目前已与山西煤化所、天津大学、太原理工大学、大连理工大学、哈尔滨工业大学等科研院所签订合作协议，共享科技资源。

2009年，公司与大连理工大学、大庆油田有限责任公司合作开发油页岩固体热载体热裂解成套技术工艺包技术，工程试验已完成。公司与大连理工大学合作开发煤固体热载体制氢技术，已在陕西神木完成工业化装置的建设，目前处于改造阶段。

2009年，公司与天津大学签订TDI生产自有技术的研发合作合同，进行TDI精馏系统及工艺技术开发、光气化及其设备技术开发，TDI生产全流程计算与模拟等。开发工作已取得阶段性成果，共申报专利14项，其中发明专利13项，目前已授权12项。

公司自2007年与中科院山西煤化所合作开发MTA、MTG技术，对其工艺技术的关键参数进行咨询和研究，并开发工艺软件包。其中MTG技术于2007年完成，并成功建设3500吨工业化示范装置。截至目前，10万吨、20万吨工业化装置成功建成并产出合格的汽油，社会效益和经济效益良好，得到业主的广泛好评。

2015年公司申请的国家高技术研究发展计划（863计划）“大规模碎煤加压气化技术与示范”已正式立项。该课题针对煤制清洁燃气重大技术需求，进行新一代低污染、低排放、低能耗、低氧耗的大规模碎煤加压气化技术开发与工程示范，形成成套产业化技术。

2018年7月10日，公司技术中心被国家发展和改革委员会、科学技术部、财政部、海关总局、国家税务总局联合认定为国家企业技术中心。这是对公司在技术创新机制、创新能力、创新成果和示范引领方面的认可和肯定。

公司以改革和创新为动力，聚焦主业实业，着力发展建筑工程（化学工程、基础设施）、环保工程和相关工程及工艺技术研发、勘察、设计及服务，积极发展实业（包括信息化工程），走专业化、多元化、国际化的发展道路。通过不断优化经营布局、强推转型升级、狠抓精细化管理、推进技术创新、全面加强党建，实现公司高质量超常规跨越式发展。

2. 赛鼎宁波，技术创新有保障

赛鼎公司的全资子公司赛鼎宁波公司，具有独立的法人资格，自 2002 年成立迄今十几年的时间里，以技术带动业绩为指导思路，有针对性地进行新技术的布局，走“特色化”的发展道路。赛鼎宁波公司将企业建设成为以工程设计与工程总承包为主业，同时具备技术开发、成果转化等功能的综合性工程公司。

赛鼎宁波公司坚持“技术有储备、商务有保障、公司可立足”的思路，重视技术开发工作，重点面向工业化的技术开发。同时，公司十分注重产学研合作，先后与中科院宁波材料所、中科院长春应化所、中科院新疆物理所、中国兵器科学研究院、青岛科技大学、清华大学、上海交通大学、郑州大学等高等院校和科研院所建立了良好的产学研关系，充分发挥公司在工程化能力方面的特长，在有机硅、苯胺、石墨烯、CO_2 可降解塑料、四氟化硅、丙烯酸及酯、水合法环己酮等领域，针对设备（如流化床、高效气固分离、多晶硅还原炉等）方面，开发出了一系列专利技术和科研成果，并成功用于工业化生产的项目中，形成了“技术引领项目、业绩带来项目”的良性循环。

截至 2019 年底，赛鼎宁波公司共申请专利 111 项，授权专利 86 项，授权专利主要涉及以苯为原料的环己烯、环己醇、环己酮、己二酸、有机硅、CO_2 降解塑料、丙烯酸及其下游的高吸水性树脂等领域的工艺系统方法及设备；软件著作权 6 项；专有技术 9 项，主要涉及有机硅、己二酸、CO_2 可降解塑料、C_5 分离。

技术创新为赛鼎宁波公司带来各种奖励和称号，其中 2014 年获得宁波市科技进步三等奖 1 项，2015 年被认定为国家知识产权优势企业，2017 年获中国专利优秀奖一项，宁波市科学技术一等奖一项，2019 年获宁波市科学技术二等奖一项。

在国家“一带一路”倡议下，赛鼎宁波公司积极拓展海外市场，伊朗环氧乙烷项目、印尼炼油厂项目、科威特多晶硅项目、格鲁吉亚地下天然气储气库项目、巴基斯坦西部能源 50 兆瓦风电项目、尼泊尔 420 兆瓦、440 兆瓦水电项目和多套 32～80 兆瓦生物质发电项目等都在实施中。

3. 开拓工程市场，增强生存供给力

近几年，公司的主要业务由以工程设计为主转向以工程总承包为主。从 2009 年起，以 EPC 模式的工程总承包收入（包括工程施工和销售收入）已占主营业务收入的 80% 以上，完成了从设计院到工程公司的转型。

公司生产经营管理组织模式开始多元化、国际化，树立大市场理念，大力推行“区域经营”管理模式，实现从做项目到做市场的转变，落实区域经营工作的主体责任，开展区域经营，统筹优化区域资源，拓宽经营渠道，做实区域经营，提升市场占有率，在确保经营质量的前提下做大企业规模，凸显区域经营成果。区域经营做到“责、权、利”相结合。坚持市场开发为龙头，加强区域经营，按照市场化原则，大力引进央企、国企、民企的优秀经营、管理、技术人员，充实到关键的经营管理岗位。

同时坚持“主业突出、相关多元”的发展方向，以国家需求、市场需要为导向，认清国家经济发展形势，强化对国家战略的快速融入和贯彻落实，把区域经营工作的意义从服务于企业高质量发展，上升到服务于国家发展战略的高度上来。全方位服务好长江大保护战略，深度融入军民融合发展战略，加强对接京津冀协同发展，进一步开拓粤港澳大湾区市场，深耕长三角区域一体化国家战略，同时密切关注国家新设立的自贸区，着力培育新产业、新业态，参与构建具有国际竞争力的现代产业体系，实现更大发展。在保证公司传统优势项目的同时，加大科技创新，促进多元化发展，持续在传统化工、煤化工行业，特别是在已有优势技术行业上深耕细作，努力在精细化工、新材料、新能源等业务领域实现突破。

赛鼎公司提高市场分析的主动性，通过市场需求分析制定出公司可行的技术创新规划和技术布局方案，通过“产—学—研”、技术引入、技术升级等多种方式，开发一批专利和专有技术，实现公司技术的升级和开发；增强技术创新人才队伍建设，引进和培养专门的人才队伍，实现由技术创新管理团队到技术创新实施团队的转变，全面提升科技成果转化能力。加大研发设施建设，与合作单位建立多个技术转化试验平台。最终实现公司工程创新能力和技术水平的提高，进而增强国内外市场的竞争能力。

将新的商业模式引入公司生产体系，为客户和公司创造价值。结合智能化装配式建筑理念，加快模块化设计步伐，提高劳动生产效率；借助资本力量，通过投融资方式拓展国内经营业务的承揽，在制度体系上将投融资+ EPC总承包的业务模式固化融合，通过投资项目全过程（投资、设计、采购、施工、运营）有效管控，实行模拟股权及风险抵押，实现投资项目整个操作团队利益与公司利益深度捆绑，达到投资项目的预期效果。

二、与“一带一路”共命运

伴随习近平主席“一带一路”倡议，公司审时度势、精心谋划，统筹企业发展布局，研究制订了“一带一路”建设发展规划，实现国际工程多点开花，项目体量越来越大。

1. 统筹总体发展，打造全面竞争力

坚持持续创新。在总结经验和教训的基础上，通过理念创新、管理创新、技术创新等，切实提高效率、效益和能力，以创新引领企业可持续发展。

坚持发挥优势。充分认识公司发展中积累的经营、技术、管理优势，根据环境变化，更新发展理念，不断巩固、优化现有传统优势。

坚持提升短板。清醒认识并正视企业发展短板，加大力气寻找对策、提升能力，做到不“瘸腿”、不“断臂”，实现企业综合竞争力的全面提升。

以周边国家为基础、面向更大范围的协同创新网络建设初见成效，形成吸引“一带一路”沿线国家科技人才的良好环境，重点科技基础设施建设、联合实验室（联合研究中心）、平台网络建设等投入使用并发挥成效，重大科技合作项目取得重要成果，重点产业技术合作推动下的国际产业分工体系初步形成，“一带一路”创新共同体建设稳步推进。

2. 人才就是战斗力，建设人才管理机制

——深化人事制度改革，健全能上能下机制。为规范公司干部管理工作，公司党委组织部根据最新要求修订并发布了《中层干部选拔任用管理制度》《后备人才选拔培养管理制度》和《子公司管理人员管理规定》，细化了中层干部选拔培养的各项条款，明确了各项工作流程，对中层干部试用期、考核、辞职、辞职务、任期等做出了明确规定。

为加强人员分类分层管理，建立多层次、多元化、可多向流动的人员晋升通道，结合集团职务职级管理办法，公司制订并开始执行《员工职级多通道管理办法》。调整后的公司职级体系分为 7 个序列、10 个层级 24 个职级。修改后的职级体系，在评定职级时综合员工的能力、资历、考核结果、职称等因素，且 7 个序列可相互流转，更为公平和合理，为公司员工建立了多元化职业发展方向。

公司结合实际情况制定了《中层管理干部内部公开竞聘方案》，组织并完成中层管理干部的竞聘上岗工作。竞聘后，中层正、副职平均年龄较之前均有下降。

为了更为客观公正地评价员工的工作业绩，公司制定了科学、严谨、可操作的绩效考核方法，推动企业和个人共同发展，使公司绩效考核工作达到应有的作用和目的。

——提高员工归属感，增强公司凝聚力。公司一方面提高了新入职员工的薪酬福利，提升公司的招聘竞争力，另一方面制定了较为完善的措施，提高员工的日常福利，增强员工队伍的归属感和凝聚力，稳定了员工队伍。

公司继续严格管理劳动合同，强化劳动合同的契约作用。做到了劳动合同的签订、续订、解除手续及时准确无遗漏。

公司畅通员工进出渠道，构建了正常流动机制。制订并发布了《待岗人员管理制度》《内退人员管理制度》等制度。公司各相关部门按流程办事，认真为每一位辞职员工办理离职手续，积极为辞职员工办理好与新工作单位的各项交接手续。

——深化分配制度改革，健全能增能减机制。公司执行《工资总额预算管理办法》，对公司总部和各分、子公司的工资总额预算编制、执行等过程进一步规范。加深了收入分配制度改革，加强收入分配调控，规范了公司工资总额预算管理。

为支撑公司战略发展，规范薪酬分配管理，公司制订了《中层管理干部薪酬分配暂行办法》，从 2019 年起在中层干部范围内实行“年薪制”。“办法”规定中层管理干部的薪酬分配坚持以岗定薪的原则。

3. 聚焦主业实业，面向全球提供工程技术服务

赛鼎公司早在 2005 年就进入印度市场，率先利用自有捣固焦炉技术和中钢设备形成团队，共同开发印度焦化市场。2006 年负责为 JSW 钢铁有限公司设计 4 座 56 孔（年产焦炭 150 万吨）捣固式焦炉。该捣固式焦炉曾经是中国在海外承包建设的最大的捣固式焦炉。

2009年，公司与越南化工总公司签订以煤为原料年产32万吨合成氨、56万吨尿素PMC合同，该项目是越南第一个大型煤化工项目。赛鼎工程公司作为项目管理承包商，全程参与了该项目的招标、建设、完工全部过程，运用国际先进的项目管理模式，协助业主顺利完成整个工程建设。该项目于2014年6月获得中国石油工程建设协会颁发的“石油优质工程（境外工程）金质奖”。

2013年1月，赛鼎公司签署印度尼西亚喀拉喀托钢铁公司（PT. KRAKATAU STEEL）高炉工程年产55.5万吨焦化项目。该项目是印尼国家钢铁公司建设的最大的焦化项目，采用6米顶装焦炉。赛鼎公司承担该项目工程设计、设备/材料采购及开车、培训服务。

2018年1月，公司签署了俄罗斯JSC Shechkinoazot年产27万吨硝酸、34万吨硝铵项目，该项目是赛鼎公司进入俄罗斯市场的第一个项目，也是俄罗斯境内第一套采用中国技术、中国设备的硝酸装置。赛鼎公司承担该项目工程设计、设备/材料采购及开车、培训服务。

此外，赛鼎公司还签署了印度JSW300万吨/年焦化项目，该焦化项目是赛鼎公司在印度市场推广6.25米捣固焦炉的示范工程，标志着赛鼎6.25米捣固焦炉技术首次出口海外，对公司海外市场开拓具有重大意义。该项目彰显了赛鼎在致力于国内焦化行业高端技术的引领、关键核心技术的创新和行业共性技术开发的同时，承担起引领中国焦化走向更高水平、走向世界的责任。

2019年，赛鼎公司与匈牙利BORSODCHEM公司签订了年产20万吨苯胺、24万吨硝基苯项目设计合同。硝基苯、苯胺作为赛鼎传统优势领域，国内市场占有率超过90%，此项目是赛鼎公司第一次进入欧洲市场。

2019年，赛鼎公司与中核二三建设有限公司签署了格鲁吉亚污水处理的设计分包合同，成功进入了格鲁吉亚市政领域，预计2020年6月完成所有设计工作。

2019年10月，赛鼎公司签署KAN硝酸硝铵项目EPC合同。公司与印度尼西亚最大的国有工程公司WIKA组成的联合体经过公开投标一举夺得该项目。

第四节　以改革和创新为动力，绘就未来发展蓝图

赛鼎公司按照集团公司“三年五年规划，十年三十年愿景目标”的总要求，实施“1356”战略举措，助推公司早日建成具有全球竞争力的世界一流企业。

瞄准一个目标——建设研发、投资、建造、运营一体化的具有全球竞争力的世界一流企业。

实施三大战略——专业化、多元化、国际化战略。

明确五条关键路径——兼并重组、科技创新、体制机制创新、混合所有制改革、品牌建设。

抓好六项重点工作——党的建设和领导、领导班子建设、人才队伍建设、企业文化建设、运营体系建设、风险管理体系建设。

在未来的几年内，公司将进一步完善和健全知识产权管理体系，来促进技术创新的产权化，促进知识产权成果的转化率，为公司继续推进并完善“一带一路”沿线国家的专利布局保驾护航。

公司积极跟进“一带一路”沿线国家的项目规划，根据不同国别市场，制定差异化的市场开发策略，全面布局，重点突破。

积极推进“一带一路”沿线国家的业务开展，以科威特多晶硅、格鲁吉亚天然气储气库、尼泊尔水电站、伊朗环氧乙烷、印尼炼油厂等具体项目为落脚点，辐射中东，提升公司在此区域内的影响力，以技术能力作基础，争取与更多的国际工程公司竞争，抢占国际市场，将赛鼎公司建设成为研发、投资、建造、运营一体化的具有全球竞争力的世界一流企业。

（赛鼎工程有限公司　施福富）

勇当行业弄潮儿
——东华工程科技股份有限公司发展纪实

东华工程科技股份有限公司（简称东华科技）隶属于中国化学工程集团有限公司，前身为1963年成立的原化工部第三设计院（简称化三院），是工程勘察设计行业首家进行股份制改造并上市的现代科技型企业。公司专业从事化工、石油化工、医药、市政、建筑、环保等多领域工程建设的工艺研发、咨询、设计、采购、施工管理、开车指导、工程监理、工程总承包、PMC管理、运营等全过程服务。在天然气化工、石油化工、煤化工、有机化工、无机化工、精细化工、环保、热电、建筑等行业或领域具有技术专长。

第一节 建院初期的发展历程（1963—1977年）

这一阶段是公司应运而生、萌芽发展的阶段，经历了化三院建院、探索和曲折的发展过程，多项成果为奠定中国化学工业基础作出重要贡献。

一、建设化三院

1958年，化工部决定在苏联援建的吉林、太原、兰州三大氮肥厂技术的基础上，由化工部化工设计院自行编制省级2.5万吨/年合成氨配硝酸铵定型设计。在全国建设的7套装置中，各省因地制宜设计，安徽省决定在淮南市建1套装置，组建淮南氨厂。为了适应淮南合成氨装置恢复建设设计工作的需要，1962年底，安徽省决定由原省冶金厅冶金设计院部分人员和原省化工厅化工研究院设计室合并，组建安徽省重工业厅设计院，同时从省市有关单位调入人员进行补充。最初全院人员只有50多人。

1963年3月1日，经化工部与安徽省人民委员会商定，将安徽省重工业厅设计院更名为化工部淮南化工设计院，移交化工部直接领导，并将设计院迁至淮南。原省重工业厅设计院103人，从省内外有关设计、教学和建设单位调入一批技术人员，加上招收应届高校毕业生，到年底职工总人数达到341人。

1964年4月1日，化工部委托淮南化肥厂领导设计院。1964年8月化工部决定，恢复淮南化工设计院建制。1964年底，院共有职工345人。1965年1月1日，化工部化工建设总公司基本建设总局成立，原部属设计院、建设公司、筹建单位划归化工建设总公司领导。1965年3月1日，根据化工部通知，更名为化学工业部第三设计院，仍隶属化工部直接领导，专业为氮肥，规模为400～600人。

二、建院初期重点建设工程——淮南化肥厂一期工程

淮南化肥厂自1958年破土筹建，经历了“三下四上”的曲折过程。设计方案也变动了四次，至1962年9月第四次恢复建设时，厂内主要厂房大部分建成，但施工质量差，情况不明，主要结构材质都有问题，需要加固或返修，设备返修量也很大，同时公用系统还需要重新设计。

1963年初，化三院在化工部化工设计院专业人员指导下，在十分艰苦的条件下，在很短的时间内完成全部扩大初步设计和施工图设计。1965年9月23日，淮化一期工程实现化工试车一次成功，生产出合格的硝酸铵，创造出国内自己设计、自己制造设备、自己施工安装、自己开工生产的中型氮肥厂试车时间最短的纪录，并在当年实现了化工部提出的一次试车成功，一个月达到设计能力，连续生产一百天的“三个一”要求。同年12月30日，二系统工程建成投产，基本建成设计规模为年产5万吨合成氨，最终产品为年产11万吨硝酸铵的氮肥厂。淮南化肥厂是这类项目中全国唯一实现一次试车投产并达标的项目。

淮南化肥厂是化三院建院初期唯一的氮肥项目，也是化三院氮肥行业的起点，确定了化三院的专业方向。

三、在探索和曲折中发展成长

在十年“文化大革命”中，化三院广大干部和群众在极其困难的情况下，仍坚持工作，完成了一大批工程设计任务，包括淮化厂二期、安庆石油化工总厂、援阿和援朝油漆厂、山西原平化肥厂、贵州化肥厂等。

这段时期，化三院经历了一个艰难的创业和发展过程。从淮南化肥厂一期学习设计，到独立完成该厂二期和一大批中小型氮肥装置设计，再发展到具有担任安庆石油化工总厂大型联合企业的总体设计和引进大化肥装置的设计能力；从建院初期的单一氮肥设计发展成为氮肥、煤化工、石油化工、无机盐、油漆涂料、钛白、精细化工、污水处理、民用建筑等综合性的化工设计单位。化三院老一代工程技术人员和管理人员付出了艰辛的劳动和毕生的精力，为该院的发展奠定了坚实的基础。

1965年，化三院承接了阿尔巴尼亚地拉那油漆厂设计任务，后又承接了援朝油漆厂的设计任务。阿尔巴尼亚地拉那油漆厂设计规模为1000吨/年民用及工业用漆，是该院承接的第一个油漆项目。援阿油漆厂的完成，确立了化三院在国内油漆行业的技术地位。1981年底，援朝油漆厂试车投产，该装置获化工部一级优秀设计奖和化工部优质工程奖。

1967年，化三院承接了郑州油漆厂和贵州油漆厂年产1000吨醇酸树脂两工程的设计任务。1968年承接了宝鸡颜料厂259吨/年铬绿、250吨/年华兰、500吨/年氧化铁红、1500吨/年铬黄的设计任务。

化三院依托淮南化肥厂二期工程、攀枝花矿产资源开发和综合利用、援阿援朝油漆工程，开发出多项技术成果。包括：单煤捣固法炼焦技术、联醇技术、焦炉气加压部分

氧化技术等，以上新技术的取得，以及完成的淮化等一批中小氮肥厂和安庆大化肥装置设计，使化三院在氮肥行业特别在煤化工方面占有一定的优势。淮南化肥厂联醇装置设计荣获20世纪70年代国家优秀设计金质奖。

1969年1月，在上海召开的全国钛白经验交流会议上，确定发展国内的氯化法钛白生产技术，解决“820”钛精矿的利用问题。为此，化工部决定在一至两年内突破100吨/年规模的气相氯化法工业试验关，突破“820”钛精矿直接氯化法扩大试验关，开展硫酸法钛白生产工艺开发工作，提高产品质量，降低产品成本，扩大钛白品种。会议明确化三院为钛白生产新工艺的主要研发单位。

1972年，在上海钛白粉厂进行的氯化法制钛白粉试验取得较大进展，气相氧化炉结构等关键技术已经突破，并开始进行扩大试验，包括确定工艺流程、条件，完成设备选型和材质试验，取得连续稳定运转下的各项技术数据。

1975年1月，化工部向化三院下达开展南京油脂化工厂1000吨/年化纤钛白粉装置设计任务，该工程荣获1984年国家优秀设计金质奖。

以上工程和技术开发，奠定了化三院在油漆、涂料和钛白行业的地位。

化三院还与其他单位联合开发了一系列油漆专用设备，如：ϕ600毫米高速离心粉碎机、硫化碱石墨蒸发器、涂料高速搅拌机、可调式液力偶合器、醇酸电感反应釜、三辊机、单辊机、砂磨机、DJK型晶体管电气集中控制装置。与当时国内同类型厂相比，大大提高了油漆厂装备水平，基本满足了当时油漆工程的需要。

1975年起，化三院设立给排水试验室，主要工作是解决石油化工废水回收利用和处理，以及给水循环系统中的问题。如大型冷却塔结构和防止设备腐蚀结垢的水质稳定技术、含氰污水处理中试等。

第二节 改革开放后的持续变革（1978—1999年）

这一阶段是公司快速发展阶段。改革开放以后，1978年化三院进行了干部调整，一批有能力、有技术、有经验的知识分子进入领导班子，全院工作和生活秩序逐步恢复正常，化三院开始走上改革开放快速发展的道路。

一、事业单位企业化管理

改革开放前，化三院是国家全额拨款的事业单位。为调动设计人员积极性，扭转以事业经费维持工程设计的局面，国家确定了设计单位要走企业化的道路，试行企业化管理，设计院的事业单位性质不变，按企业办法去进行管理。1979年院被国家建委确定为全国勘察设计单位首批进行企业化收费试点的单位之一。

1985年该院成立经营部，广开生产门路，开展多种经营业务，签订设计合同，实行设计收费。同时，院财务管理也开始按企业财务管理办法运作，计算成本并按规定纳税。

自设计收费试点起至1987年底，化三院共完成6.5亿元投资的64个设计项目，占建院以来累计完成投资总数13.8亿元计104项的61%。其中，10项获国家和化工部一级优秀设计奖，12项技术开发和基础工作分别获国家计委、化工部和安徽省不同等级奖项。

二、实行技术经济责任制

为了调动职工的积极性和创造性，克服平均主义，化三院从1981年开始，逐步推行对内实行技术经济责任制，建立了相应的实施办法和一系列规章制度。对外实行收费制、对内实行经济责任制，奖勤罚懒、奖优罚劣，使该院出现前所未有的好形势。1979—1985年，化三院完成的设计投资、设计收费、设计出图量、设计人员出图效率等指标都有了较大幅度的增长。

三、搬迁合肥谱写新篇

自化三院在淮南建院后，就因地址偏僻、交通不便、人才难留等因素的影响，曾动议搬迁省会城市合肥。1978年11月，化三院向化工部正式专呈搬迁合肥的报告。1982年11月23日，化工部下发《关于同意化三院恢复搬迁合肥建设的通知》。1984年7月25日，国家计委下达经国务院批准的同意化三院搬迁的批文。经过两年多艰苦卓绝的奋战，终于实现1987年5月20日搬迁合肥的目标，掀开化三院发展的新篇章。

四、新技术开发结硕果

“六五”期间，化三院抓住参加攀枝花资源综合利用这个国家重点科研开发联合攻关项目的机遇，结合专业所长，重点在钛白、人造金红石、红矾钠、油漆涂料、磷铵和污水处理等行业开展了新技术开发工作。

1. 硫酸法钛白新工艺

这是国家科委下达的攀枝花资源综合利用和科研攻关项目中的一个专题，要求用攀枝花钛精矿为原料，制取金红石型高档涂料钛白。由化工部涂料研究所、镇江钛白粉厂和化三院联合开发。化三院自1981年4月开始中试装置设计，1982年底完成试验，1983年2月通过部级中试技术鉴定，当年底产品质量主要指标接近日本R-820的标准，获得化工部科技成果一等奖。为了解决工业化三废问题，1983年7月又开始稀废酸浓缩回收中试装置的设计。1985年5月完成试验，12月通过技术鉴定。这两项技术分别应用于国内硫酸法钛白老厂技术改造工程和新建工程中。

2. 生产人造金红石新工艺

这是国家科委下达的攀枝花资源综合利用科研攻关项目中的又一个专题。化三院选中冶金部长沙矿冶研究院提出的预氧化流态化稀盐酸酸浸新工艺。在对该院扩试成果评议的基础上，化工部组织冶金部长沙矿冶研究院、化三院、重庆天原化工厂和重庆合成化工厂联合攻关，承担开发任务。年产400吨中试装置建在重庆天原化工厂。化三院1981年4月开始设计，年底完成试验并通过部级技术鉴定，获1982年重庆市、四川省科技成果奖和1984年化工部科技成果二等奖，流态化技术获得1986年国家发明奖。国家科委肯定了这项技术并在化工部鉴定后立即确定利用中试成果在重庆天原化工厂建设一套年产5000吨人造金红石工业实验装置。化三院于1982年进行可行性研究，1983年完成设计，在中试成果的基础上，大胆创新，使这项技术达到较高的工业化水平。该项目1983年动工建设，1985年10月主流程试车成功，1986年10月全装置试车，1987年完成工业试验，通过国家鉴定，并获化工部“七五”科技攻关重大成果奖。

3. 氯化法钛白工艺

这是化工部“六五”科研攻关新技术开发项目。由化工部涂料工业研究所、厦门电化厂和化三院联合开发年产1000吨氯化法钛白中试装置，试验重点为氧化工序。该项目成果1988年获得化工部科技成果二等奖，1989年获得国家科技进步二等奖，这是化三院获得的第一个国家科技进步奖，是建院以来的最高科技进步奖项。

4. 红矾钠新工艺

为改变国内红矾钠工业技术落后，污染严重，不少工厂面临关闭的严重局面，冶金部长沙矿冶研究院、化三院（集资10万元）、重庆东风化工厂（集资20万元）和轻工部西宁皮革化工厂（集资19万元）联合开发了以西藏铬矿为原料，改变原料配方，采用少钙制粒焙烧、熟料流态化浸取、铬渣用于制水泥的新工艺。这是自筹资金的开发项目。长沙矿冶研究院于1983年进行流态化浸洗小试，1985年11月4家联合单位共同完成了8000吨/年红矾钠流态浸洗中试，当年12月通过省级技术鉴定，1986年获西宁市科技进步二等奖。接着在重庆东风化工厂进行铬矿少钙配料制粒焙烧工业化试验，为重庆东风化工厂红矾钠项目改造和国外引进新装置准备了技术条件。

5. 水处理新工艺

化三院水处理试验所在污水处理和水质稳定试验研究方面开展工作。1981年以来，结合工程设计和生产实践，共完成水处理试验研究课题40多项，大部分被工程设计采用。如云南氮肥厂、四川泸天化厂甲醇污水处理中，采用该院开发的上流式厌氧污泥床反应器处理废水新工艺，技术上适用；北京油漆厂氨基树脂废水处理实验中，化三院大胆采用了次甲基脲除醛新工艺，试验结果表明，除醛率、甲乙醇回收率均达到95%以上，达到国内先进水平；在扬子石化乙烯工程设计中，化三院进行了污泥消化处理、消化污泥压滤、消化污泥脱水絮凝剂筛选等试验，成果被工程设计采用。

6. 油漆涂料新技术

20世纪80年代是我国涂料工业发展最快的阶段。1983年国内要兴建5套万吨级/年丙烯酸树脂涂料装置，化三院承担了3套。设计涂料装置的关键是聚合釜，当时国内没有成熟技术。化三院作为设计单位联合其他单位，自筹资金开发涂料新技术，主要是消化北京油漆厂引进万吨级醇酸树脂装置和涂料专用搅拌技术两项。消化吸收项目由北京油漆厂、重庆化工机械厂和我院联合承担，这一开发成果应用于上海振华造漆厂等四家工厂的改造工程设计中。搅拌技术由化三院（集资2万元）联合浙江大学、北京化工学院、上海涂料公司（集资3万元）和北京油漆厂（集资3万元）合作进行研究开发。1984年6月开始，1986年完成研究计划，成功地完成醇酸涂料、氨基涂料、丙烯酸涂料等六项聚合釜搅拌桨系列，供设计选用。此项目曾获化工部、国家的科技奖。

依托化三院设计的北京红狮涂料公司万吨涂料装置和浙江金华造漆厂万吨级醇酸树脂国产化装置，也分别获得化工部科技奖。1984 年以来，凡由化三院设计的涂料工厂和锦州钛白粉厂的搅拌设备，基本上都应用了这一开发成果，取得良好效果。

五、工程设计和国产化技术开发

1. 国内第一套大中型磷酸磷铵装置——铜陵磷铵厂

铜陵磷铵工程 1980 年开始，1982 年 3 月完成可行性研究，1984 年 9 月完成初步设计，1986 年 3 月完成施工图设计，1987 年建成投产，1990 年 11 月通过国家验收。投产后、设计、技术、装备、产品、经济指标先进，很快达标、超产，经济效益很好。这套装置的成功，对全国磷肥工业发展起到了带头作用。该项目获化工部优秀工程设计二等奖。

2. 第一个工程总承包——铜官山化工总厂钛白粉工程

1988 年化三院承担铜官山化工总厂年产 4000 吨钛白粉工程总承包，这也是安徽省化工行业第一个实行工程总承包的项目。化三院作为承包方参照初步设计概算，对设计、施工、试车、考核的一条龙工程建设进行承包，包投资、包工期、包施工建设管理、包质量、包形成生产能力。这项工程于 1988 年 4 月开工，1989 年 12 月 28 日一次试车成功，生产出合格产品，只用 20 个月就建成投产，比合同工期提前四个月，节省投资 400 万，工程质量符合要求。该项目的成功投产，标志着化三院总承包工作迈出了第一步，锻炼了队伍，积累了经验和教训，提高了设计人员工程建设的管理能力。

3. 治理污水，保护环境

20 世纪 80 年代，化三院负责设计的国家重点工程扬子石化、齐鲁石化 30 万吨乙烯污水处理工程，设计是引进德国的纯氧爆气技术，采用 DCS 控制系统，在国内工业污水处理领域处领先地位。两项工程分别于 1988 年和 1989 年获化工部优秀工程设计二等奖，这标志着化三院水处理专业技术上了一个新台阶，强化了给排水设计技术中心站、水试验研究及工程设计联合作战的阵容。

1985 年 6 月至 1987 年 10 月，化三院又承担了山西省重点工程项目、国家和省市限期治理环境污染项目——山西太钢赵庄污水处理工程设计。这一工程在钢铁行业中属国内自行设计的大型全套污水处理设施，也是化工设计院跨钢铁行业进行的第一个污水处理设计项目。项目比原计划提前半年建成，日处理污水 10 万吨，处理后的水达到排放标准，每天还可回收复用水 4 万吨，缓解了生产用水的困难。

该院编制的小化肥企业两水（造气污水和合成冷却水）治理通用设计完成，于 1990 年 3 月通过化工部基建司、计划司、化肥司共同主持的设计审查，全国一千多家小化肥企业“两水治理”工程有了通用设计，节省了水资源。该项目获化工部优秀工程设计二等奖。

4. 消化吸收，引进技术

80 年代中期，化三院承担万吨级醇酸树脂第一个国产化装置设计。浙江金华造漆厂技改项目的主体部分，于 1985 年 8 月正式动工，1988 年 10 月建成，一次试车成功，产品合格，达到设计能力。这套装置从工艺设备、自控仪表到工艺系统、控制系统、环保安全系统全面实现了国产化。化三院对引进设备大胆改进，有所创新，对反应釜、稀释罐的搅拌器叶型和主要参数进行优化研究，使设计的搅拌器浆型更为合理，效率更高。这套装置达 80 年代初国际水平和国内先进水平，获化工部优秀工程设计二等奖、科技进步三等奖、国家优秀工程设计三等奖。

5. 第一个出口小化工项目

80 年代初，化三院与中国机械进出口总公司、中国化工建设总公司合作向巴基斯坦西哈拉化学工业公司出口 3000 吨/年立德粉装置，这是我国化工行业第一个以贸易方式出口的成套化工项目。化三院负责技术报价、谈判、签合同、设计、施工、安装到投产。

6. 第一个甲乙酮项目

江苏泰州石油化工厂 0.7 万吨/年甲乙酮、0.55 万吨/年甲基叔丁基醚是化三院承接的第一个石油化工行业甲乙酮项目，也是该院真正进入石油化工行业，成为甲乙酮项目专业设计单位的开始。此项目是国外引进专利技术、关键设备仪表、国内详细设计的项目。项目 1984 年底开始，1986 年 10 月完成，为该院以后承接甲乙酮项目奠定了基础。

7. 铜陵年产 20 万吨硫酸装置

国内第一套大中型磷铵装置 1987 年在铜陵建成投产后，其生产所需原料硫酸（每年约需 18 万吨）需要依靠外供，建成后一个时期内，常因硫酸供应困难而制约磷铵的生产。为此于 1987 年立项在铜陵建一座年产 20 万吨硫酸装置，并同步配套建设余热发电装置和循环水系统及原矿库等辅助设施。为缩小中国硫酸制造工业与发达国家的差距，化工部决定将该装置列为国家“八五”重大技术装备国产化科技攻关项目的依托工程，由化三院承担攻关设计。该装置于 1991 年 8 月破土动工，历时 5 年攻关完成，国产化率达到 85%，开创了大型化工装置国产化的先例。

六、推进设计新体制改革

为与国际接轨，适应设计新体制的要求，化三院积极推进以设计程序和设计方法改革为主要内容的设计新体制改革。从 1996 年底开始，全面推行设计新体制，从而使该院的设计程序和方法与国外工程公司设计体制接轨。

1. 业务发展情况

1992 年后，化三院在巩固发展油漆、钛白粉领域的同时，为适应市场需求，继续调整和扩展行业方向：一是巩固、扩大磷肥、硫酸、合成氨、钛白粉、红矾钠等设计领域；二是拓展石化行业的甲乙酮、三聚氰胺等领域；三是向建筑业和环保业方向发展，挤进了民用建筑、市政污水处理、小区规划以及热电等市场。

先后承接了铜陵年产 20 万吨硫酸国产化装置的设计，瓮福年产 80 万吨硫酸工程，金昌磷酸、磷铵工程，云南红河州磷酸、磷铵工程，淮化合成氨改扩建工程，安庆石化及广州石化的大化肥项目的节能改造工程，安庆石化总厂污水处理厂、扬子石化 PTA 污水处理、平顶山市政污水处理及有关市政工程，还在合肥、淮南、阜阳、海南、上海浦东等地承接了大批高层民用建筑。

经过工程实践和技术开发，化三院在大型硫酸装置设计、咨询，大型和中小型肥料项目的设计咨询，尤其是工艺路线的改造和技术改进，钛白的工程设计、咨询、技术引进和技术开发等方面，一直处于国内领先位置。

2. 多元经营成效显著

在国内市场：1998 年 9 月 10 日，化三院正式签订第一个闭口价总承包项目——福建湄州湾污水处理装置一期工程总承包合同。

1999 年 10 月 16 日，秦皇岛 NPK 复合肥技改工程总承包合同签字。业主对该工程承包商的选择完全按照国际通行模式，采用交钥匙方式在国内外进行有限招标，该合同的签订标志着化三院朝着国际型工程公司的方向迈出了可喜的一步。

2000 年 11 月 17 日，总投资 1.98 亿人民币的抚顺石化公司 2.5 万吨/年甲乙酮项目总承包合同正式签约。

2001 年 7 月 31 日，化三院与新疆独山子天利高新技术股份有限公司在新疆独山子签订 3 万吨/年甲乙酮总承包合同，项目合同总金额达 2.68 亿元。

在国外市场：1996 年，化三院出口创汇额度居安徽省科研院所第一名，受到了安徽省外经贸委的表彰。1997 年 11 月，院国际事业部设立。

1998 年 5 月，化三院获得了外经贸部批准的对外工程总承包权。通过与中国成套设备进出口（集团）公司的密切合作，承接了孟加拉国日产 800 吨 DAP 工程设计及项目管理分包，为该院走向国际市场开辟了新的渠道。

2001 年 6 月 16 日，该院与伊拉克给排水总公司正式签订了乌姆盖萨尔（UM—QASR）自来水及管网工程合同。这是该院首次以独立承包商的身份获得的第一份境外合同。

2003 年，公司与 CMIC 公司合作签订了越南 7000 吨/年烧碱改造项目，与伊朗 PAKSHOO 公司签订了 288 吨/日洗衣粉装置总承包合同。

2005 年，越南海防 33 万吨/年 DAP 项目总包合同标的额达 9600 万美元（东华与中化建各占 50%，计 4800 万美元）。这是公司有史以来所签订的标的额最大的海外项目合同。

在其他市场：1996 年，成立安徽三元工程监理有限责任公司。1999 年元月，晋升甲级资质。2001 年 4 月，监理公司注册了北京分公司。几年间，监理公司承接了人民大会堂安徽厅、台湾厅和福建厅装修工程监理，工业项目也逐步走上大型化。

1996 年底，环境市政分院成立。7 月 26 日，化三院与亳州市污水处理厂签订了总承包合同。该工程是国家环保总局的示范工程，也是该院进军城市污水处理工程的第一个总承包项目。2002 年，被列入国家重点环境保护实用技术依托单位。

1998 年 11 月，上海分院与浙江大学建筑系合作设计“浙江瑞安新世纪佳园”住宅小区规划方案，在建设部主持的“中国住宅产业化研讨会暨第十次小康住宅小区规划方案评审会议”上，荣获三个“优秀奖”即：方案设计总体优秀、规划设计优秀、单体设计优秀。

3. 科技水平持续提高

在技术研发方面：1997 年 3 月 27 日，化三院召开首届科技大会，之后制订了

《“九五”技术进步规划》，进一步明确了技术进步的发展方向和目标。

2000年6月9日，组建了“中国化学工程总公司第一技术中心”。万吨级甲乙酮工艺技术国产化攻关通过国家验收，成为化三院的专有技术。

2002年东华科技产业化有限公司成立。同年12月，院技术中心被认定为安徽省“省级企业技术中心”。公司技术中心获得“2003年度优秀省级企业技术中心”的称号。

2006年，编制完成了“公司2006—2008年技术发展规划”。

在计算机开发应用方面：1997年上半年，完成了院办公大楼的计算机网络结构化布线系统，各专业室CAD系统全部联网，提高了办公自动化水平。1999年4月，院IT小组成立，基本实现了全面应用AutoPlant软件。2000年4月，信息技术管理委员会成立。管理部门和专业室网站全部开通上网，大大提高了信息资源共享和自动化办公水平。引进了PDS三维工厂设计、AspenPlus化工过程模拟等大量软件，实现了以网络为支撑、专业CAD技术应用为基础、工程信息管理为核心、设计与管理一体化的应用集成系统。

2003年，公司完成了邮件系统软件的开发、安装和调试；办公网络WEB系统也初步建立。2004年，公司建立了“网络数字化办公系统”，根据公司的日常工作设置了文化传媒、电子档案、人力资源、物资物流、采购管理、技术质量、财务资产管理等模块，为公司的日常工作实现电子网络化构筑了一个良好的平台。

4. 成功上市，走向辉煌

2000年初，化三院成立了院体制改革领导小组，以加大改制工作力度。10月份，开始筹建以院为主发起人的“东华工程科技股份有限公司”。2001年6月5日，以院为主发起人，联合中成进出口股份有限公司、中国环境科学研究院、安徽省企业技术开发投资有限责任公司（现为安徽省经贸投资集团有限责任公司）和安徽淮化集团有限公司共同发起成立的“东华工程科技股份有限公司”（简称东华科技）获得国家经贸委批准成立。7月6日召开了股份公司创立大会暨第一次股东大会，选举产生了第一届董事会和监事会。7月18日完成工商注册，7月28日举行了隆重的挂牌庆典，标志着化三院成功实现了由事业单位体制向现代企业制度的跨越。

2007年7月12日，公司改制上市工作取得实质性成果，公司股票在深圳股票交易所成功挂牌上市。

第三节　21世纪以来的快速发展（2000—2019年）

一、经营业绩勇创新高，走上快速发展之路

2000年以来，特别是最近十年来，东华科技新签合同额稳步提升。2018年，新签合同额77亿元人民币，2019年，新签合同额103.5亿元人民币。

截至2019年底，公司职工1228人。2019年，实现营业收入45.20亿元，较上年

增长 11.99%；利润总额 2.13 亿元，较上年增长 41.12%；净利润 1.90 亿元，较上年增长 46.48%；资产总额 68.62 亿元，较上年末增长 12.28%；净资产 23.88 亿元，较上年末增长 5.24%。

二、改进项目管理，提升管理水平

东华科技呈现出总包项目多、项目规模大、业务范围广、技术难度高等特点。面对生产任务繁重、人力负荷紧张、技术难度加大等诸多困难，公司持续整合资源、改进管理。

（1）细化计划管理。重点做好公司项目管理计划和项目进度计划的分级细化工作，定期通报项目进展情况及后续计划；强化项目的工作（WBS）分解、滚动计划发布跟踪，推动进度管理工作从统计型向预警型转变；及时听取项目业主和内部的反馈意见，加强内外协调，及时解决项目执行过程中存在的问题，提高了项目计划的执行力度，提升了公司项目计划完成率。

（2）强化费用控制。加强项目成本预算执行情况检测，狠抓项目过程收费。对于总承包项目，在每月一期的公司级费用月报上公布《总承包项目收费一览表》，并将每月收费计划下达给项目管理与报价部门，进而统一下发给各个项目经理。对于设计项目，根据合同规定，制定出项目收费节点，并严格与图纸发放挂钩，确保项目收费工作的顺利进行。

（3）完善材控管理。2009 年，公司设立了材料控制工程师岗位，编制完成了《材料控制岗位作业指导书》，明确了材料控制作业流程及相关岗位职责范围。2010 年，编制完成了《EPC 总承包项目材控、采购、施工管理（库房）现场材料控制协调程序》，明确了到货现场材料材控专业与设计、采购、施工管理、库房等专业的往来关系及工作责任范围。

（4）改进质量管理。2010 年，公司成立了安全质量部，加强质量管理的力量，理顺管理工作流程。狠抓质量管理的基础工作，按照“质量考核向数字化迈进，质量考核与奖金挂钩”的思路，修订、完善了《质量例会管理规定》《设计质量管理及奖惩规定》等制度。坚持开展工程回访、顾客满意度调查、“安全生产月”、“质量教育周”活动，增强员工的质量意识。

（5）加强报价管理。2010 年，公司成立了项目管理与报价部。持续加强对总承包项目、报价项目实施过程中的跟踪、监测和协调工作，加强工程移交、保运阶段的总包项目管理，确保各类项目及生产任务的完成。2011 年，公司发布了《投标管理文件标准文本（试行）》，初步完成了《总承包合同附件标准文本（试行）》，逐步完善公司工程项目的报价数据库。

（6）严格采购管理。以计划为生产主线，每月系统检查，每周定期检查一次采购进行情况，有效地推进项目的实施。利用采购管理系统软件对采购进行实时管理，将采购短名单编制、审批、采购组包、询价、评审、监控等融于采购管理系统软件一体，公司领导、项目人员通过网上可以开展远程采购工作，从而实现采购网络化和信息化的管理。加强物资集中采购管理工作，大力推行“阳光采购”。

（7）扎实推进“三项制度改革”。2019年，公司在推进“三项制度改革”中规范了干部职务设置、优化了干部编制、做了定岗定员工作。开展了行政干部公开竞聘、机关员工岗位竞聘、国内外营销负责人和环保领域负责人公开竞聘；在国资委和中国化学工程集团有限公司的支持下，完成了168人股权激励工作，授予限制性股票1012.5万股。按照中国化学工程集团有限公司统一部署，继续深入开展“两金”压降和风险防控等重点工作，按月召开“两金”压降工作会议，针对“两金”压降存在较大困难的特定项目适时地采取法律手段（律师函、诉讼、仲裁等）推动压降工作，建立完善了工程项目和对外投资风险防控机制，及时发现项目和投资可能发生的损失，提前应对。

三、持续加强技术开发，创新技术体系建设

东华科技与清华大学、天津大学、中科院工程热物理研究所等科研院所、国内大型石化基地、国际著名工程公司密切合作，大力推进技术开发及产学研项目。领域既涉及甲乙酮、磷复肥、硫酸、钛白、三聚氰胺及配套尿素等公司传统工艺技术，又涉及IGCC、FMTP、FMTA、二甲醚、煤制天然气、乙二醇、多晶硅、活性炭等当今热点大型煤化工前沿技术。

煤制乙二醇技术是东华近年来打造的富有标志性的代表作。东华科技在煤制乙二醇领域承担国内在建装置大部分产能，技术领先于其他国内同行。2012年该技术首次于新疆天业乙二醇装置成功开车，产品质量高于国家标准，取得国内煤制乙二醇生产技术的实质性突破；到目前为止，东华科技已成功签约煤制乙二醇工程项目24项，设计产能达到930万吨/年。2018年全国最大的单套煤制乙二醇装置黔希乙二醇项目一次投料成功。2019年，乙二醇技术开发出新型板式DMO反应器和乙二醇反应器，乙二醇合成采用串并联流程，单系列能力做到了60万吨/年，乙二醇精馏聚酯级产品率达到100%。

在煤的清洁高效利用过程中，东华选择了具有革命性发展的煤气化技术——R-GAS压缩气化技术，该技术具有煤种适应性强、气化炉体积较传统气化炉减少90%、气化系统成本降低50%等优势，目前正在进行该技术800吨/天工业示范装置建设期。

合成气直接制烯烃（FTO）项目是公司近期研发工作的另一个重点，该技术是上海高研院研制开发的合成气一步法直接制烯烃技术，并已取得实验室阶段重大进展。为进行工业化应用推广的技术准备和数据积累，现准备建设5000吨/年的FTO中试示范装置。目前东华科技已参股该技术，并已编制完成了中试装置工艺包设计。

东华科技在煤制油、合成气制乙二醇、煤制天然气、煤制烯烃、甲醇制芳烃等产品领域均积累了丰富的工程业绩，先后承担中海油鄂尔多斯、苏新能源、中电投新疆等煤制天然气项目总体设计和部分核心装置的工程设计工作；承担神华新疆煤基新材料项目部分核心装置EPC工程总承包工作；承担了神华煤直接液化二三线项目、伊泰甘泉堡煤制油项目等总体或部分核心装置设计工作。2017年，公司持续保持高于平均水平的国内现代煤化工市场份额，承担的神华榆林循环经济煤炭综合利用项目（一阶段工程）、徐矿集团二期90万吨/年甲醇项目、新疆天业（集团）一期60万吨/年乙二醇项目等工程设计是国内较少进入实质性建设阶段的现代煤化工项目。目前，采用合作开发的合成

气制乙二醇技术建设的乙二醇装置产能已累计超过4900万吨/年，占国内近60%的市场份额。此外，公司已首次成功将合成气制乙二醇技术打进俄罗斯市场，为后续赢得更多的境外市场份额奠定基础。

2019年，公司围绕着企业技术中心和高新技术企业，依托在研项目和联合实验室平台展开各项工作。成立了东华科技-福州大学反应与分离技术联合实验室，并成功开发草酸二甲酯水解制草酸技术。成功申报“工业废水及水环境治理”安徽省重点实验室和“高端化学品及前沿新材料合肥市技术创新中心”。新增14项国家专利，有效专利数量达94项；连续6年获中国石油和化工勘察设计协会“行业科技创新示范企业”荣誉；国家级企业技术中心复评成功。合成气制乙二醇（SEG）技术开发项目获第四届全国质量创新大赛QIC-V级奖（最高奖）；获2019年度安徽省优秀工程勘察设计行业奖13项、优秀工程咨询成果奖3项。获中国化工施工企业协会化学工业优质工程奖4项。

四、加大工程建设力度，展现央企硬核实力

近年来，公司在传统优势技术和工艺基础上，大力拓展化学工程业务、精耕环保项目，进入基础设施领域。

（1）化学工程。立足化工主业，推进产品多元化发展方略，紧盯传统行业的升级改造带来的市场机会，以技术提升作为着力点，巩固、发展传统化工和煤化工业务；继续发挥公司在合成气制乙二醇产品的技术领先优势，全力拓展市场。坚定不移以创新驱动业务多元化发展，积极开发碳酸锂、光热发电、聚碳酸酯、R-GAS气化等新产品、新领域业务，实现跨行业、跨领域发展。2019年公司国内化学工程业务的经营工作继续在国内同行中保持领先优势，公司继续巩固了在合成气制乙二醇产品的技术领先地位，以技术提升作为着力点，加快推进SEG乙二醇技术升级，紧抓机遇，扩大产品的市场占有率。在传统煤化工和焦炉气化工领域继续获得大型总承包项目，持续保持传统竞争优势。在PC、氯化法钛白、FTO等新产品业务领域经营成效明显。同时，抓好政策营销，深入研究国家、区域和行业发展战略，积极参与相关规划制定，坚定不移地以创新驱动业务多元化发展。

（2）环保工程。公司高度重视环境市政业务板块的“绿色”战略发展，重点稳步推进公司传统优势的污（废）水处理工程和危（固）废治理业务的开发，加强江河、湖畔流域环境治理的市场拓展，积极开拓土壤修复业务，实现环保板块各个产业链业务发展齐头并进。承揽了神华榆林污水、新疆天业园区污水、项城市污水、福建宁德危废、巨化园区污水提标扩容等工程总承包项目，以及九江市龙开河黑臭水体治理、安徽绩溪县城乡污水综合处理、扬子石化水厂总排提标改造项目等大中型环保项目的咨询与设计；在土壤修复领域业务业绩也有突破。2019年，公司根据国家战略发展规划，积极开拓环保类投资项目。在稳步推进公司传统优势的污（废）水处理工程业务基础上，聚焦大型石油化工项目、石化产业基地以及化工园区的污（废）水处理、危（固）废处置等环保设施的投资业务，以多元化经营带动公司跨越式发展。公司成立了“长江大保护”工作领导小组，从思想和行动上高度重视“长江大保护”的政治意义。公司充分依托中国

化学工程集团有限公司的优势平台，加强与环保领域相关部门的密切联系，并从长江及支流的生态修复和流域治理、发展绿色化、高端化和智能化产业链图及产城一体化实施几个方面制定重点实施计划，开展工作。

（3）基础设施。借助中国化学工程集团有限公司的整体优势，充分利用东华科技的技术优势和作为上市公司的资本优势，整合属地社会资源，2018 年，先后积极主动配合中国化学基础设施事业部和北京城投公司拟投资的枣庄园区、台儿庄园区、安庆高新区、马合钢工业遗存保护等基础设施项目的市场开发，作为项目联合体单位之一顺利中标总投资额为 132.6 亿的安庆高新区山口片综合开发 PPP 项目，实现了基础设施领域业务的突破。2019 年，围绕“长江大保护”等国家战略，充分利用公司上市资本优势，加强江河、湖畔、流域环境治理的市场拓展，以投融资获取项目的承接、建设或运营业务，带动公司主营业务结构的调整。签约安徽省安庆市高新区山口片综合开发 PPP 项目、收到中标通知待签约的忻州市南云中河生态修复 PPP 项目和西宁麒麟河生态修复及河道治理项目，累计合同额近 20 亿元。

（4）海外市场开发。随着全球经济一体化进程的不断加速，东华科技“走出去”的步伐也在加快。公司积极实施国际化战略，主动参与国际市场竞争，先后在智利、印度尼西亚、孟加拉国、伊拉克、越南、韩国、突尼斯、刚果（布）、俄罗斯等 10 多个国家承揽了硫酸、磷酸、磷复肥、钾肥、乙二醇等近 20 项工程。与美国、德国、法国、英国、日本、意大利、荷兰等国的著名工程公司进行密切合作，以自身的精湛技术、良好信誉和热忱服务赢得了高度评价。东华科技还凭借企业稳步快速发展优势，长期与世界银行、亚洲开发银行及国内金融机构保持着良好的经济合作关系。近年来，公司强力推进国际化经营工作，以“一带一路”国家为重点，采用“租船出海”和“借船出海”的经营战略，持续完善海外营销工作组织架构和战略布局，加快本地化建设；专注优势市场，发挥技术特长，成立海外报价团队，提高海外经营工作效率，全面提升公司国际化经营水平。2019 年，公司新设玻利维亚、摩洛哥办事处，业务遍及亚洲、欧洲、非洲、大洋洲、南美洲等 5 大洲的 10 多个国家和地区。完成境外新签工程咨询、设计、总承包项目等各类合同 9 项，2019 年，新签合同总额约 7.7 亿美元，创历史新高。正在执行的海外项目有 8 个。

（5）军民融合发展。2019 年，东华科技公司积极响应党中央、中国化学工程集团有限公司关于军民融合的发展战略，成立了军民融合工作领导小组，全力响应中国化学工程集团有限公司关于军民融合工作的推进力度，抢抓创新发展的重大机遇。经过近一年的策划、实施，军民融合工作已取得显著成果，进入全方位开创新局面的阶段。

第四节 未来——“一核多元”绘就发展蓝图

2018 年以来，公司以中国化学工程集团有限公司“三年五年规划，十年三十年愿景目标”为指引，对中长期发展战略完成了优化升级，着手以创新和改革为动力，聚焦工程主业和实业，大力拓展化学工程、环境治理、基础设施及相关领域的工艺技术研发、咨询、设计、工程总承包以及运营维护业务，积极发展环境运营等实业和现代服务业，走专业化、多元化、国际化、智能化的发展道路。通过党建带动、创新驱动、产业联动、投资拉动和管理推动，实现公司高质量超常规跨越式发展，努力把公司建设成为国际化的承包商、投资商和运营商。

展望未来，东华科技将持续加大科技创新和技术革新力度，以实际行动认真贯彻落实习近平新时代中国特色社会主义思想和党的十九大精神，加大创新力度，提升主业核心竞争力，实现国有资本做强做优做大。

（东华工程科技股份有限公司　骆勇）

建设业界认可的国际型工程公司

——中石化石油工程设计有限公司发展纪实

中石化石油工程设计有限公司位于山东省东营市，是国家甲级勘察设计单位，全国石油系统油田注水及采出水处理、滩海油田地面工程技术指导性设计院，注水及水处理技术中心站站长单位，中国石化重点科研院所，中石化石油工程建设有限公司博士后科研工作站分站，全国百强勘察设计企业、全国百强工程总承包企业。公司建有山东省油田采出水处理及环境污染治理重点实验室、山东省油田地面建设工程技术研究中心、山东省能源规划发展研究中心石油天然气分中心等多个高水平研发创新平台，并在新疆、北京、四川、江苏和青岛等地设有分支机构。

在 50 多年的发展历程中，几代石油工程设计人始终坚持精心设计，创新发展，立足油田，面向全国，走向世界，在石油工程建设领域技术领先，硕果累累，为中国石油工业的发展作出了巨大的贡献。

第一节　艰苦奋斗创业发展（1965—1989 年）

中石化石油工程设计有限公司前身为胜利油田油建设计室，始建于 1965 年。当时正值胜利油田会战初期，为支援胜利油田会战，大庆油田设计院选派 40 多名设计人员来到胜利油田，主要任务是规划胜利油田的开发建设。1965 年，由大庆油田设计院选派的这些同志组建了胜利油田油建设计室。1966 年 6 月和 1972 年 3 月，先后从大庆油田设计院和江汉油田抽调 294 人和 200 人到设计室工作，设计室队伍初具规模，承担着胜利油田的规划、工程项目审批等重要的管理职能，以及整个胜利油田会战初期油田地面工程建设的勘察、设计任务。

为适应油田的发展，胜利油田于 1972 年在油建设计室的基础上，成立了胜利油田会战指挥部设计处。作为胜利油田的二级单位，该设计处既是胜利油田职能处室又是设计研究机构。1973 年，胜利油田会战指挥部设计处由胜利油建指挥部迁到现址。1975 年，胜利油田会战指挥部设计处更名为胜利油田设计规划研究院。1986 年，胜利油田设计规划研究院更名为石油工业部胜利石油勘察设计院，1989 年更名为中国石油天然气总公司胜利设计院。这一时期，胜利设计院主要从事胜利油田的油气集输、油田采出水处理、油田注水系统、矿区建设、电力系统、通信工程、供水系统、道路桥梁等“八大”系统的规划、勘察、设计、科研工作，是国内石油系统第二大设计院。

胜利设计院锤炼出了“艰苦奋斗、勇于实践、求实创新、团结奉献”的企业精神。

石油工程设计人无私奉献、勇于创新、培养人才、发展技术，完成了一批在国内石油行业技术水平高、设计规模大、质量过硬的勘察、设计、科研成果，形成了一支思想觉悟高、技术水平精、业务能力强的专业技术人才队伍，他们发扬“大庆铁人”精神，艰苦创业，顽强拼搏，在黄河两岸、渤海之滨，开始了建设国内石油行业一流水平设计院的奋斗历程，形成了公司文化的雏形，为胜利油田的发展建设作出了不可磨灭的贡献。

1974 年完成的东营-黄岛长距离输油管线是当时中国第三条长距离输油管线。1978 年，“稠油降黏采油工艺技术”“原油脱水工艺技术”“油田含油污水处理及利用技术”等 3 项科研成果获得全国科技大会奖。1985 年，设计完成了国内最大的平原水库——广南水库，“辛一污水处理站工程”获得国家优秀工程设计金质奖。1986 年，在全国瞩目的孤东油田会战中，设计院全面承担了孤东油田地面建设工程的规划、勘察、设计工作。“孤东油田地面建设一期工程”获得国家优质设计银质奖，“孤东油田 500 万吨产能建设二期工程”获得国家优秀工程设计银质奖。孤东一号联合站是当时亚洲最大的油气处理联合站。1988 年，“东营压气站油田气深冷分离工程”获得国家优秀工程设计金质奖。

第二节　改革开放快速发展（1990—2002 年）

1992 年，中国石油天然气总公司胜利设计院更名为胜利石油管理局勘察设计研究院。

胜利设计院实现了由陆地到海洋、由油田到社会、由国内向国外的“三个跨越”，步入了山东省“省级文明单位”、全国百强勘察设计单位的行列。在国内的胜利油田、新疆、延安、四川、内蒙古，以及海外的科威特，以一流的技术、周到的服务，赢得了市场的青睐，赢得了业主的信任。

1991 年，以承担新疆东河塘油田地面建设工程设计为标志，胜利设计院开始从胜利油田走向全国市场。1993 年 9 月，成立了新疆分院，主要负责西部市场的开拓工作。1994 年，新疆分院在库尔勒挂牌。同年，胜利设计院承担的新疆东河塘油田地面建设工程投产，这是国内第一个油田生产、管理高度自动化的现代化油田，得到了时任中国石油天然气总公司领导王涛以及专家的高度赞扬，被誉为国内新油田建设的样板，达到国际先进水平。在新疆、青海等西部市场，胜利石油管理局勘察设计研究院先后完成了塔中、哈德 4、红南-连木沁、跃进 2 号、塔河等油气田的规划、勘察、设计、科研、工程监理等工作，先后创造了“东河塘模式”、小断块油田开发建设的“红-连模式”、沙漠油田开发建设的“塔中模式”等。之后，又先后承担了塔河二、三号联合站等大型站、场工程，获得了中国石化集团公司“塔河 110 万吨产能建设先进单位”光荣称号。1998 年 10 月，胜利设计院驻北京市场联络处在北京北三环安贞苑小区挂牌。之后，分别在深圳、杭州、延安、德阳成立了驻广东市场联络处、驻浙江市场联络处、驻陕北市场联络处、驻四川市场联络处，足迹几乎遍布全国所有省、自治区、直辖市等。

1993年3月，以胜利新型一号简易采油平台投产为标志，胜利设计院实现了由陆地向海洋的跨越。胜利新型一号采油平台是中国极浅海油田第一座自主设计建造的导管架平台，它的建成投产，结束了胜利油田在海上油田只勘探，不能开发的历史。之后，先后完成了国内极浅海油田第一座井组采油平台、第一条海底输油管线、第一条海底电缆、第一座具有油气水集中处理功能的中心平台等。1996年，完成了国内第一个百万吨级浅海大油田——胜利海上埕岛油田工程设计，“胜利海上埕岛油田200万吨产能建设工程”获得全国优秀工程设计金质奖。胜利设计院成为滩海油田地面工程设计技术指导性设计院，先后设计卫星平台100余座，中心平台3座，海底输油管线100余条150多千米，海底电缆80余条160多千米，陆上配套接转站3座，联合站2座，3000吨级卸油码头1座，110千伏变电站2座。先后承担了“海洋平台结构的实时监测与检测成像技术”等国家863、973项目、国家重大办项目、中国石化集团公司重点科研课题等。形成了固定式单井试采平台、采修一体化平台、轻型单立柱抗冰平台、卫星井组采油平台、滩海油田生产系统自动化技术、海底输油管新技术、海底管线水下维修技术、滩海道路建设新技术等一系列专有技术和配套技术。

1995年，胜利设计院中标科威特西部油田地面建设工程设计，开始向国际市场迈进。同时，设计院还先后承担了秘鲁塔拉拉油田、委内瑞拉英特干博油田地面工程设计、反承包美国EDC工程设计以及苏丹、伊拉克、巴基斯坦、哈萨克斯坦、阿塞拜疆等国家的工程设计，锻炼了队伍，培养了一大批开拓国际市场的复合型人才。

第三节　拓宽领域跨越发展（2003—2012年）

2003年，胜利石油管理局勘察设计研究院改制为胜利油田控股、职工参股的股份制企业，名称变更为胜利油田胜利工程设计咨询有限责任公司。2009年更名为胜利油田胜利勘察设计研究院有限公司。与国家大规模基础设施投资、石油行业快速发展同步，公司经历了一个快速发展的过程，市场进一步扩大、业务多元化发展、队伍不断扩充、效益持续提升。公司面对新发展机遇，在内部运营和外部发展方面不断提高，并进一步提出了以“精・诚・和・进”为核心价值观的文化体系，形成了“求实创新、敬业奉献、争创一流”的企业精神。

1. 管道工程大显身手

2003年，公司中标西南成品油管道线路工程茂名-柳州油库段以及柳州-河池段、安顺-昆明段，共承担详细设计线路总长达877千米。以这条长输管道工程为标志，公司在长输管道工程领域由单一的原油、天然气输送管道工程设计发展成为原油、成品油、天然气、LNG等多种管道工程设计。

2006年，公司承担了国家“十一五”重大工程——“川气东送”管道工程，这项工程是继“西气东输”工程之后，又一条与“西气东输”工程同等规模、贯穿全国东西部地区的能源输送大动脉。工程起点位于川东北的普光首站，主干线途经四川、重庆、湖北、安徽、浙江，最后进入上海。整个线路总长2203千米，各类站、场25座，阀室92座。公司还先后承担了南八仙-敦煌原油输送管道工程、安平-济南天然气管道工程、莱州-平度-胶州天然气管道工程、烟台市天然气输气干线工程、杭州-嘉兴天然气管道工程、川东-川西天然气管道工程以及西气东输的焦作-安玻支线等。川气东送管道工程获中国石化优质工程奖。

2. 工程总承包硕果累累

公司承担了岙山-镇海海底输油管线D段和E段的工程总承包，开始进入国内外工程总承包市场。2004年，岙山-镇海海底输油管线D段，即外钓岛-册子岛海底管道穿越工程，创出了四项国内水平定向钻穿越新纪录：穿越岩石长度达370米，岩石硬度高达140兆帕，穿越深度达80.67米，首次实现导向孔双钻机同步对接，被专家称为“世界第一穿”。这项工程获得全国第三届工程项目管理和优秀工程总承包项目银钥匙奖。

2006年9月，公司中标福建炼油乙烯项目海底原油输送管道工程总承包。在这项工程中，实现了国内首次水深达49.5米、岩层厚度13.5米、底宽6米、边坡比0.67的管沟成型爆破，标志着中国在深水礁石区进行管沟施工实现突破，填补了国内深海管沟爆破的空白，为在深水礁石区进行小坡比、深窄沟施工积累了成功的经验，获全国优秀工程总承包铜钥匙奖。

公司还先后承担了川东北-川西输气联络线管道工程总承包、松南气田10亿立方米天然气田地面建设工程总承包、春光油田储运工程总承包、月东油田A1、A2平台海上工程设施总承包江西瑞昌-九江-景德镇输气管道总承包等一批大型工程项目以及胜利油田河口首站污水处理、青海尕斯油田注水井井口水质达标技术总承包等。松南气田10亿立方米天然气建设总承包项目荣获中石化东北分公司颁发的“重大贡献奖”。2004年，公司承担了中国石化“十五”重点建设项目——鲁皖成品油管道工程的大部分勘察设计和项目管理。之后，又先后承担了广东LNG接收站和输气干线项目，中国石化西部基地和乌鲁木齐石化大厦等大型工程的项目管理。

3. 国际市场进一步拓展

公司提出了打造国际型工程公司的目标，在国际项目上有了长足发展。

2005年，公司完全依靠自己的力量，独立承担了印度尼西亚CNOOC SES天然气项目，这是公司自主承担的第一个国际市场的工程总承包项目。项目完全按照国际标准、规范和惯例运作，其管理模式、设计深度和执行程序完全与国际接轨。实现了自主实施国际EPC总承包项目、最大规模天然气处理工艺详细设计、自主国际采购管理、自主海外施工分包管理、自主完成天然气处理厂调试开车“五项突破”，该项目获全国优秀工程总承包银钥匙奖。

2006年10月，公司承担的第一个国外项目管理（PMC）——阿尔及利亚扎尔则油田项目管理正式开始运行。同年，伊朗雅达650万吨产能建设项目全面启动。这是自科威特项目以来，公司完成的规模最大、参与人数最多的国际项目，在国际市场开拓进程中具有里程碑式的重要意义。

2007年6月，公司一举中标肯尼亚西部成品油管道扩建工程，主要承担内罗毕-埃尔多雷特输油管道增容的设计咨询、施工招标和施工监理任务，2011 年一次试车成功。同年，总承包建设的沙特丙烷管道项目顺利实现机械完工。2012 年，公司又承揽了肯尼亚 1 号成品油管道重建、加蓬阿康道油田地面建设等工程。截至目前，公司先后参与伊朗、泰国、印尼、埃及、肯尼亚、沙特、阿尔及利亚、伊拉克等多个国家的工程项目。

4. 地面工程成绩优异

2003 年，公司承担了鄂尔多斯大牛地 10 亿方产能建设工程，研究设计出一套适用于“低产、低压、低渗透”气田的地面集输工艺流程，投产一次成功，被中国石化授予大牛地 10 亿方产能建设有功单位和专业优胜两项大奖。

2004 年 9 月，公司承担了新疆雅克拉气田开发地面建设工程，其中的雅克拉天然气处理厂规模为 260 万立方米/日。2005 年，公司承担了普光气田开发地面集输工程设计。普光天然气开发和利用被国务院列入国家重点基础设施建设，规划净化气规模 160 亿立方米/年。普光气田地面集输主体工程获中国石化优质工程奖。2010 年，电厂烟气二氧化碳捕集纯化工程投料试产成功，为二氧化碳驱油提供了稳定廉价的气源。2011 年，公司承担了广西液化天然气项目输气管道工程、元坝气田地面集输工程。2012 年，完成了以孤岛油田东区北部及中二北复合驱为代表的提高采收率工程，完成了埕镇海底管道悬空治理工程，为保障中国石化原油管道安全运行作出重要贡献。

公司被山东省认定为高新技术企业。公司负责地面集输系统设计的特大型超深高含硫气田安全高效开发技术及工业化应用，获得国家科技进步特等奖。胜利滩海石油工程关键装备技术与应用获山东省科技进步一等奖。燃煤电厂烟气二氧化碳捕集、驱油与封存技术及示范应用，获中国石化科技进步一等奖。

5. 人才队伍建设不断提升

公司深化内部改革，实施了员工岗位分级管理，打破了干部工人身份界限，按照工作性质、责任、能力和贡献大小，把公司的工作岗位分成三大系列、十九个等级。实行了岗位绩效工资制，在绩效考核的基础上，按岗位、能力、贡献取酬，实施一岗一薪、易岗易薪动态管理，调动广大专业技术人员的积极性和创造性，建立了一套独具特色和适合公司发展要求的业绩管理考核评价体系，使员工个人的成长和发展与公司的发展统一起来，推动了人才引进、人才稳定和企业效益的持续增长。实施了专业技术和管理系列的分开管理。管理系列干部不再兼任专业技术职务，一心一意抓管理。专业技术系列干部专心致力于本专业的技术发展、技术基础工作的建设以及技术产品技术质量的提高。专业技术系列从待遇上充分考虑其能力和贡献，与管理岗位人员基本一致。引导专业技术人员走技术发展道路，培养专家型人才，充分挖掘人才资源的潜力。

6. 企业文化形成特色

公司成立了企业文化建设项目组，对公司文化进行了定性、定量、定位分析，对企业核心价值观进行了提炼，形成了具有石油工程设计人特色的“精·诚·和·进”文化体系。“精”就是精心设计、精心管理、注重细节、精益求精；“诚”就是诚实守信、忠诚企业、履职尽责、甘于奉献；“和”就是和谐共处、团队合作、以人为本、公平公正；

“进”就是进取超越、学习创新、争创一流，科学发展。“精·诚·和·进”文化体现了公司员工的共同信念和个性，得到了广大员工的普遍认同。

第四节　转型升级创新发展（2013—2019年）

2013年，中石化石油工程板块重组，公司划归成为中石化石油工程建设公司的全资子公司，更名为中石化石油工程设计有限公司。

面对低油价和日益增长的市场竞争，公司全面开始由传统功能的设计院向具有工程总承包能力的工程公司转型发展，优化管理流程，规范体制机制，持续稳中求进，进一步为高质量发展打下坚实基础。

2015年，公司转型发展实施方案得到中石化石油工程建设公司批复，开始了转型发展的征程。2016年，转型发展基础工作初步完成。公司形成了决策管理层管总、项目部主战、专业所室主建的组织构架。编制并发布了管理文件173项，以项目经理负责制为主要特点的项目管理体系及配套绩效薪酬管理体系初步建立，建立了单项目全成本预算核算体系，开展了项目经理负责制和全成本核算项目的试点。2017年，公司成功转型，由过去以工程勘察、设计、科研为主的传统职能的设计院转变成为了按照国际标准和惯例，提供大型石油工程项目前期咨询、可行性研究、环评、安评、勘察测量、设计、采购、施工、制造、监理、试运投产和运行维修等各项服务和项目总承包服务的工程公司，建立起了集工程咨询、工程勘察、工程设计、工程监理、工程总承包一体化的工程服务体系。能够承担在高原、沙漠、滩海等各种条件下的，以油气田工程、长输管道工程、海洋工程等为主的，涵盖建筑、电力、通信、市政公用和电子系统等配套业务的工程全生命周期服务，为能源工程建设提供多元化、全方位的解决方案。

1. 市场业务持续拓展

胜利油田市场持续巩固。公司制定了胜利油田“四化”建设标准化设计标准，完成胜利油田4种油藏类型6个标准化设计示范区，总计123座、31种系列标准化站、场的定型设计。完成了胜利油田乐安油田2018年滚动开发产能建设工程、东营原油库罐区隐患治理工程、埕岛油田中心三号平台水质提升改造工程、胜利电厂200万吨/年CO_2捕集与利用工程工艺包设计与可研编制。2019年，面对“利奇马”台风造成的海堤险情，公司迅速成立设计专家团队，以最快速度完成孤东、桩西海堤抢险方案和过冬加固施工图，展现了服务胜利油田市场应有的技术实力和责任担当。

集团内外市场持续拓展。公司承担的鄂安沧输气管道一期工程按期投产，为国家推进北方清洁取暖和治理京津冀大气污染的重点保供工程应急供气作出应有贡献。完成了国家页岩气示范工程的龙头站场——涪陵-王场输气管道工程涪陵增压站的建设。中化泉州1200万吨/年炼油总承包项目获得全国化学工业优质工程奖。杭锦旗锦58区块滚动产建开发工程、川西气田雷口坡组气藏开发建设等重点项目有序推进，为集团上游工程建设提供有力保障。承揽了延长石油CCUS示范项目36万吨/年二氧化碳输送管道工程。川气东送管道工程勘察测量获得全国优秀工程勘察设计一等奖，桥东油田青东 5 块新区产能建设地面工程、榆林—济南输气管道工程、埕岛中心三号平台及海上配套工程等项目获国家优质工程奖，广西 LNG 输气管道工程岩土勘察、CB4E 采修一体化平台获得山东省勘察设计成果竞赛一等奖。基地热电联供西主干线建设工程、塔河油田天然气外输管线完善工程、大牛地气田天然气脱水脱烃工程等项目获中石化优质工程奖，春风油田产能建设地面工程等 12 个项目获中石化优秀工程勘察设计奖。

国际工程经验进一步加强。公司与美国、日本、德国等十多个国家以及中国科学院、清华大学、北京大学、中国石油大学、西安交通大学、中国海洋大学等 20 余所大学和科研院所进行了广泛的技术交流与合作，先后参与和完成了加蓬 TSG 和 OBG 油田、伊拉克东巴油田、印尼卡苏里气田、孟加拉 SRIKAIL 及 TITAS 气田等国外油气田地面建设的工程设计服务，完成了肯尼亚西部成品油管道扩建工程的工程设计和咨询服务，完成俄罗斯北维尼凝析气田海油陆采人工岛等海洋工程项目咨询服务等，承揽了公司成立以来单罐罐容最大的储罐设计项目——泰国原油罐区储罐项目。

新业务进一步开拓。公司在智能化管道、炼化公用板块勘察设计、海上风电勘察、地热新能源、市政工程、工程造价咨询等专业市场领域取得新突破。海上勘察突破 20 米水深，静力触探测试深度在渤海海域首次达到海床下 49.3 米，完成大连庄河海上风电、山东渤中海上风电场等项目。中标日照港油库三期工程设计，库容 166 万立方米，是公司最大规模的罐群类设计项目。承揽的温州 LNG 外输管道工程是目前国内管径最大的海底输气管道工程之一。

2. 总承包项目取得长足进步

公司大力推进向工程公司转型，项目管控水平持续提升，总承包项目取得优异成绩。公司承揽的元坝气田 17 亿立方米/年试采工程气田水综合处理站总承包工程投产，并获得国家优质工程奖、国家优质投资项目奖。茂名石化新金明公司 30 万吨级单点系泊输油终端海底管线安全隐患治理工程顺利建成并一次性投产成功，有效保障了茂名石化对进口原油的需求。该工程为中石化重点工程，是海底输油管道管径亚洲第一的海底管线 EPC 工程。大连石油化工研究院建设项目顺利竣工投用，获得业主高度评价。该工程是中石化重点建设项目，占地近 280 亩，总建筑面积达 17.2 万平方米，是公司承揽规模最大的建筑 EPC 工程。鸭深 1 井脱硫试采地面工程建成，为公司高含硫天然气净化站场项目积累了宝贵经验。该项目是中石化西南油气分公司重点建设项目，应用目前规模最大的单井橇装氧化还原脱硫装置，公司高硫容络合铁双塔脱硫专有技术首次工业化应用并全部采用模块化理念建设。

此外，公司承揽建设了中石化 2019 年十大重点工程之一，集大口径管道、山区、水网、隧道、爆破、大型穿跨越等施工难度之大成的天然气长输管线 EPC 工程——潜江—韶关输气管道工程；山东省油气基础设施重点工程，公司承揽合同额最大、线路单管长度最长的原油及成品油长输管线 EPC 项目——日照港—京博输油管道工程；国家发改委 2019 年第一批天然气基础设施互联互通重点工程——青宁输气管道工程一标段等大型总承包项目。所有工程均有序推进。

3. 数字化设计集成系统推广应用

为抓住新兴业务领域发展先机，公司自 2009 年起开始布局数字化三维设计，组建了具有 70 余人的数字化工程设计所，引进国际上最先进的数字化集成设计系统 Smart Plant Enterprise，成为国内首批探索数字化技术的工程设计企业。公司根据国内工程实际进行科研攻关和自主研发，成功自主研发了油田地面工程数字化集成设计系统（SIES），实现了“数据共享、可视化设计、远程协同、数字化移交”的创新型设计方法，创建了中石化首个油气田地面工程完备的材料数据库，达到国际领先水平。该系统荣获 2018 年中国石油石化科技成果转化与推广银质奖，并在天然气处理厂、海洋平台、长输管道站场设计等工程领域进行了全面推广，完成大中型项目 60 多项。公司连续 9 次荣获数字化工程领域权威的全球金阀门大奖，得到行业的高度评价。通过数字化集成设计技术，公司成功将中石化上游石油工程设计技术进行了革命性、体系性的提升。

国内首个由数字化设计集成系统设计完成的联合站——春风油田二号联一次性投产成功。通过数字化集成设计系统完成了中石化天然气管道 50 个典型站场标准化模块设计。承揽春风油田排 691 块产能建设工程数字化交付项目，依托项目编制完成胜利油田首套油气田地面工程数字化交付标准体系《油气田地面工程数字化交付标准》，为油田地面工程数字化建设提供指导和借鉴。2019 年，成立了智能化研发项目部，集中力量推动数字化智能化技术攻关，致力保持数字化、智能化技术领先地位，形成具有自主知识产权的数字化、智能化技术及相关产品，为用户提供建设期、运营期的智能化服务。作为智能化管道平台开发和数字化交付拿总单位，公司还先后承揽了新疆煤制气外输管道工程智能化研发项目、鄂安沧输气管道工程智能化研发项目、青宁输气管道工程智能化研发项目、顺北油田原油外输管道智能化研发项目等系列项目，建设了集工程建设和生产运维管理为一体的智能化管理平台，实现了长输管道的全生命周期管理。公司获得全国石油和化工勘察设计行业首批“技术创新示范企业”称号。

4. 科技创新能力持续增强

公司坚持科技创新和技术进步，在巩固传统优势技术的基础上，拓宽了技术领域，为公司发展目标提供了有力支撑。大型储备油库实现业绩突破，形成了系列储气库设计技术；页岩气等非常规气田标准化、模块化、低成本集输及水处理技术成功应用；海上导管架平台设计实现由滩浅海向中深水阶段性跨越；技术创新拓展了数字化交付、智能化管道等新业务领域，在市政工程等业务领域取得市场突破；通过加大新能源技术创新投入，形成了 LNG 接收站设计以及地热、风光发电、热电冷三联供、加氢站等新能源技术储备。

公司获得多项国家级、省部级荣誉。“近浅海新型构筑物设计、施工与安全保障关键技术”获得国家科技进步二等奖、教育部技术发明一等奖。“可控源音频大地电磁法划分深大隧道围岩等级关键技术”获石油工程公司科技进步一等奖。公司承担了国家能源局数字管网大数据应用平台等项目；受山东省能源局委托，参与共建山东省能源规划发展研究中心。主编国家标准《烟气二氧化碳捕集纯化工程设计规范》等 7 项省部级以上标准，参编国家和行业技术标准规范 49 项。5 项特色技术获得集团公司专有技术认定，61项特色技术获得中国石油和化工勘察设计协会专有技术认定。授权发明专利31项，实用新型专利41项，软件著作权20项。主编参编国家和行业技术标准规范49项。

5. 人才队伍建设持续增强

公司大力推进“人才强企”工程，推进“四好”班子建设，制定年轻干部培养选拔行动方案，公司干部队伍不断壮大。实施“四大人才工程”，建立起不同类型的人才储备库，为战略转型打造坚实的人才后备力量。加大高端人才选树力度，编制重点人才培养计划，搭建人才快速成长平台，组织交流合作，提高专家影响力，7人次获得省部级及以上专家称号。以提升项目管理能力为重点，选拔培养了一批管理能力突出、业务素质过硬的项目经理。

人力规划管理更加成熟。围绕公司转型发展，初步构建了“引用理育留”为核心的人力资源配套机制建设，多元化的人才引进渠道进一步畅通，制定了详细的人力资源战略规划和专项人才培养计划，构建了相对完备的员工职业发展体系、员工培训体系、全面绩效考核体系，推进“三项制度改革”，基本实现了干部能上能下、员工能进能出、薪酬能增能减，为公司发展提供了人力资源保障。

6. 党建思想文化建设成果丰硕

公司党委始终坚持以习近平新时代中国特色社会主义思想和党的十九大精神为指引，认真贯彻落实上级党委工作部署，聚焦中心任务，深化全面从严治党，推进政治优势转化，引领和保障了公司生产经营和改革发展稳步前进。随着向工程公司转型升级稳步推进，公司“精·诚·和·进”文化进入成熟阶段，核心内涵和文化体系不断丰富。企业品牌屡获肯定，多次获得石化集团内部及山东省、东营市先进单位，在信誉和技术创新方面备受肯定。

50年风雨兼程，50年铸就辉煌。

站在“十四五”的崭新起点上，中石化石油工程设计有限公司结合中国石化、中石化石油工程建设公司的发展战略，编制发布了《2018—2045年中长期战略规划报告》，完成公司新发展阶段的顶层设计，确立了“建设业界认可的国际型工程公司”的战略愿景，明确了“打造精品项目，共享美好生活”的企业使命，规划了以能力培育期、快速成长期、可持续发展期、高质量发展期为主线的“两个三年、两个十年”发展路径，公司正稳步迈进高质量发展新征程。

公司将进一步明确将按照“1355”的战略发展总体思路，以市场为导向，以项目为驱动，不断提升管理水平和技术服务能力，致力于在石油工程领域建成业界认可的国际型工程公司。

（中石化石油工程设计有限公司　马旭、张千昌、李毅、刘乾昕）

携手辽河创业　共谋企业发展

——中油辽河工程有限公司发展纪实

中油辽河工程有限公司于 1974 年 9 月成立，其前身是 1970 年 3 月成立的三二二油田设计室，隶属于三二二油田指挥部领导。后历经多次整合重组，成为现在的国有股份制公司，公司注册资本 8000 万元，辽河石油勘探局持股 60%，中石油工程建设公司持股 40%。

公司拥有勘察、设计和工程总承包 21 个甲级资质、12 个乙级资质，Ⅰ、Ⅱ、Ⅲ类压力容器和 GA、GB、GC 类压力管道设计资格证，是油气田地面建设工程研发、咨询、勘察、设计、采购、施工和项目管理等全功能工程公司，中国石油集团公司稠油、高凝油、凝析气田地面工艺指导性设计单位。

第一节　在辽河石油会战中诞生（1970—1978 年）

辽河油田总部位于辽宁省西南部的盘锦市，该地区属季风半湿润沿海性气候，地下水位－1.0 米，潜水稳定水位一般在 0.6 米左右。油田建设初期，这里人烟稀少，一片荒凉，风大且频，是名副其实的“南大荒”。

1970 年 3 月，三二二油田在茫茫芦苇地的于楼组建设计室，最初设计室只有 10 名工程技术人员，两栋红砖房，面积不足 500 米^2。1973 年底，设计室共有工程技术人员 108 名，8 个专业室，虽然技术力量依旧薄弱，规章制度不健全，没有完善的技术体系和技术基础，但是已经具备了一定驾驭设计的能力。当年设计室完成的日处理量为 20 万立方米的陈家桥二甘醇脱水试验获得成功（此成果获辽宁省科技大会奖）；完成了渤海装车站施工图设计、兴隆台至锦西 126 千米 ϕ426 毫米长距离大口径输油管线设计。

1974 年 9 月辽河油田设计院正式成立，明确了承担的主要工作是辽河油田地面建设工程的总体规划、产能建设、老区挖潜改造、矿场油气集输、初加工、轻烃回收以及市政矿区建设的勘察、规划、设计任务。业务范围主要是辽河油田的油气集输、储运、油气初加工、供水、注水、排水、设备、机修、工业及民用建筑、道桥、暖通、电力、电信、仪表的设计及油田规划、工程地质勘察、测量等任务。

辽河油田设计院建院以来至 1978 年间，先后完成兴隆台、欢喜岭、曙光、高升、牛青茨、沈阳六个油气田地面建设规划、设计任务。

一、油田及城市规划

这 8 年间，辽河油田设计院完成了 2846 项规划任务，16278 页文字资料，2332 张标准图，规划成果相继诞生在油田的各个领域，其中一批工程获得了国家、省部和局级奖。1977 年开始做欢喜岭油田地面建设工程的规划工作，1978 年 7 月开始建设。石油部作出“在大凌河两岸，以沙一下油层为目的层，打 100 口井，年底抢拿下 62 万吨原油，如辽河力量不够，就请大港上”的指示以后，由于在建设程序和规划设计方面采用了一系列先进措施，同时又集中了辽河、大港、华北、江汉及管道局的钻井和施工力量抢建，到 1979 年 1 月投产，仅用了半年的时间，而且当年生产了 139.5 万吨原油。实践证明，欢喜岭油田的总体布局是合理的，井站设施和设备是先进的，符合油田地下与地面自然条件，适应了滚动开发的要求。该工程获得国家优秀设计奖金牌奖。

牛居-青龙台地面建设工程规划设计，体现了 8 个新水平，获得 1985 年国家银牌奖；沈阳油田总体规划采用 8 项新技术，创出 5 个新水平，获局优秀设计二等奖。

二、油田油气集输设计

油气集输是辽河油田设计院的主体专业，集输流程是油气集输的核心，储运是油气集输的重要环节，而油气初加工则是油气集输的工艺技术发展和其经济效益提高的标志。

辽河油田的工艺设计人员在住简易房、喝土沟水的艰苦条件下，经过不懈的努力工作，解决了辽河油田的稀原油、稠原油及高凝原油的多种集输工艺，完善了油田伴生气的压缩、脱水和轻烃回收的天然气处理工艺。8 年间，设计院共设计大小项目 1125 项，出图 6480 标张，文字资料 16309 页。设计联合站 11 座，油气长输管线 442 千米。成长为一支能在油田工艺设计中打硬仗的队伍。

（一）三级布站、单管热输流程

辽河油田建设初期，工作环境和生活条件十分艰苦，在茫茫芦苇荡中，割苇找路，填坑建站。首先开发的是黄金带、于楼、热河台区块。1970 年 4 月，设计院编制出了辽河油田第一份设计档案资料——热河台集油集气站。同年相继完成了黄一站、黄二站、热一站、热二站。1971 年 2 月，于楼装车站、盘锦至鞍钢的输气管线工程——“八五”管线竣工投产，黄、于、热油田生产的原油装车外运，高压天然气进 ϕ426 毫米管线供给鞍钢。这样，黄、于、热系统工程逐步完善。

1974 年，兴隆台油田开始大规模开发建设。抽油机开始在辽河油田使用。兴二联单管热输流程投产一次成功。陈家桥甘醇脱水站当年完成设计，当年投产，日处理天然气 200 万立方米。此项工程获辽宁省科技大会奖。同年，完成渤海装车站、盘锦至锦西输油管线、压气站及其配套工程施工图设计。1976 年压气站投产一次成功，结束了兴隆台油田天然气放空火炬的历史。

（二）二级布站、掺稀原油双管流程

曙光油田 1975 年开始开发，稀油区是大庆石油管理局设计研究院设计的三管伴热集输流程。曙一区油品黏度高、密度大，称为稠油。管理局和设计院专业人员在全面分

析了曙一区油品性质之后，确定了掺稀油及加热降黏为主的工艺流程。后来经过十多年的生产实践证明，该流程是合理的，符合稠油生产要求。

高升油田随着对稠油认识的深化和采油工艺的进步，促使集输工艺也随之进步。从土油池、高架罐到热水伴热三管流程，到活性水伴输流程，发展到现在二级布站、三级计量掺稀原油降黏脱水集输流程。掺稀原油降黏、降阻集输是高升油田集输工艺上的重大突破。这一关键工艺的实施，保证了高升油田原油产量逐年上升。

由于当时的科技水平有限，20 世纪 70 年代开发建设的黄于热、兴隆台、曙光、高升油田，采用的是开式流程，大量天然气和轻质油损耗掉。1980 年统计，辽河油田油气损耗为 3.1%。

（三）其他集输流程

油田油气投球冷输新工艺。辽河油田设计院从 1975 年开始研究高寒地区的油气投球冷输新工艺。1983 年在牛居-青龙台油田实验成功。截至 1988 年底，已在辽河油田五个采油厂推广了该项新工艺，在茨采、沈采、兴采得到了大规模推广和巩固。建成投球冷输油井 612 口，计量站 46 座。

技术方面，该项新工艺在辽河油田经历了三个发展阶段。第一阶段在牛居-青龙台开发初期，实现了从油井到计量站的油气投球冷输；第二阶段在牛二转开发区块，实现了从油井到计量站，计量站到集油站，集油站到联合站投球冷输一条龙；第三阶段在沈阳采油厂三区沈 67 块实现了投球冷输管线只防腐不保温，从而大大降低了管线的投资。

经济效益方面，与单管热输相比较，节约基建投资 1948 万元，节约燃料费 1192 万元。该技术 1988 年被石油部推荐为国家级科研成果，发表在国家科学技术委员会“科学技术研究成果公报”1988 年 11 期总 91 期上。

（四）国内第一条高凝油长输管线建设

沈阳油田至牛居-青龙台油田输油管线是国内第一条高凝油长输管线。起点为沈阳油田胜一转油站，终点为牛居油田牛一联合站。全长 51.4 千米，管径 219 毫米，输油能力 100 万吨/年。

这条管线由辽河油田设计院设计，油建一公司施工。1986 年 9 月 15 日正式投产。该管线的建成投产，标志着我国原油输送技术跨入了新领域。其技术措施要点包括：保证高凝油输送的热力条件，保证管线本身在高温高压下运行的热强度，严密的投产措施和合适的投油条件。

三、天然气处理技术

天然气是蕴藏在地壳内的一种以甲烷为主的碳氢化合物气体。1988 年辽河油田天然气的产量居全国第 3 位。

辽河油田的十几个油区都有伴生气，以欢喜岭、双台子油区，兴隆台油区，牛居油区为最高。油田建设初期（1975 年以前），产出的大量伴生气（低压气）白白地自放空火炬烧掉，俗称“点天灯”，不仅造成能源的严重浪费，而且污染环境。1976年后，开始推广应用天然气收集、处理、利用伴生气技术。最终辽河油田生产的天然气大约三分之一内销，三分之二供给辽河化肥厂、盘锦化肥厂、本溪化肥厂、台安化肥厂、辽中化肥厂、黑山化肥厂、新民化肥厂、大洼化肥厂、海城化肥厂、鞍山化工厂、辽阳化工厂以及沈阳、鞍钢、盘锦等城市民用气。

1988年以前，受技术水平和油田开发条件限制，为了满足天然气的正常外输，辽河油田设计院仅掌握了天然气的净化技术。

为保证向鞍钢正常供气，天然气需要进行深度脱水。1973年5月，设计院设计了陈家桥天然气化学脱水站，装置占地3720米^2，处理能力200万立方米/日。

这8年时间里，辽河油田设计院从无到有，从弱到强。经过所有设计人员的艰苦努力，已经初步形成自己的技术体系和人员储备、设备储备，为今后的发展打下坚实基础。

第二节　在改革开放中不断壮大（1979—1999年）

一、油田地面工程设计水平稳步提升

（一）密闭集输流程技术

油田开发初期，集输系统采用开式流程，油气损耗严重。自1981年以来，石油部对油气集输流程提出“简化前头，完善后头，中间不开口”的原则，辽河油田设计院开始对老油田开式流程进行密闭改造。

新开发建设的欢喜岭、曙一区、牛居-青龙台、沈阳油田全部采用密闭集输流程。其中稠油联合站为密闭与开式（事故流程）两套流程，井口到计量站、接转站、转油站全密闭。这样，辽河油田油气损耗逐年下降，1980年全局油气损耗为3. 1%；1985年为1. 82%；1986年为1. 79%；1988年为1. 74%。

以欢喜岭油田的油气集输流程为例，设计上有三大特点：一是实现了全油田的密闭集输。油气系统全部实现了密闭集输，使欢喜岭油田的油气损耗降为1. 47%，仅此一项每年节约9. 4万吨原油。二是计量站、接转站的建设，全部实现了橇式轻型快装站。这不仅促进了施工向预制化、装配化、机械化道路迈进，把大量的野外施工工作变成了场内预制工作，改善了施工条件，更主要的是争取了时间，促进了设计工作向系列化、通用化迈进。三是回掺稀油系统保证了稠油的密闭管输。该系统将稀油作为动力液、热油循环液、补充液、降黏剂等返输给稠油区块，使稠油开发实现了密闭管输流程。扭转了单井汽车拉油的被动状况。欢喜岭油田地面建设1984年1月被石油部评为“部级优秀设计”；1985年1月被全国优秀设计评选委员会授予“国家优秀设计奖”金质奖牌。

（二）天然气处理技术

为保证天然气的正常外输，1979年至1999年之间辽河油田设计院先后完成了七套天然气净化厂。

1980年欢一联100万立方米/日高压气真空再生法净化站建成投产。1981年欢喜岭—双台子—兴隆台低压集气工程投产。1983年双六站高低压气净化站建成投产。1984年牛一联100万立方米/日天然气临时净化装置投产。1986年完成沈一联、沈二联、沈三联30万立方米/日低压天然气净化站设计。1987年沈二联天然气净化站首先投产。

（三）天然气综合利用

1. 配合引进大轻烃建设

从1983年开始，辽河油田设计院认真贯彻1982年9月石油部在大庆召开的轻烃回收会议精神，大力推进油田老区调整改造，流程密闭，降低损耗，统一规划，分期建设，达到“三脱三回收，出四种合格产品”的标准。从此，辽河油田进入对伴生气、轻烃全面综合利用，降低油气损耗的新阶段。

牛居油田是1983年建成投产的，仅牛居地区，放空天然气量大约为30万立方米/日。若投产同时建设一套天然气轻烃回收装置，包括已外输的天然气在内，每年可以从这部分天然气中收回价值约5千万元的轻烃，4年间产品回收价值达2亿元，可获利1亿元左右。

1983年11月经国家批准在牛居油田建设一套120万立方米/日的天然气深冷轻烃回收装置。该装置是从日本日辉公司成套引进的。设计过程中，由辽河油田设计院进行的配套工程设计有工艺部分（原料气集输及干气外输计量等）、总图部分、土建部分、暖通部分、电气部分、给排水部分、污水提升、消防部分，这些设计都比较好地满足了装置要求。

装置投产后，经过后期评估验证，年生产成本1600万元，概算总投资4065万元，装置利润2515万元/年。

1985年9月20日，辽河油田与美国福陆公司签订了200万立方米/日NGL回收装置主体部分合同。1985年11月6日与日本东洋火热及甲阳公司签订了该装置轻烃储罐合同。装置于1988年底在兴隆台压气站建成试运转。

该装置以辽河油田欢喜岭、双台子和兴隆台油田的低压伴生气为原料，回收天然气中的乙烷、丙烷、丁烷及轻油。每年可回收轻烃量为19万吨，可创产值9700万元。该装置的烃类产品作为裂解原料输往盘锦天然气化工厂乙烯装置。

2. 自主设计小轻烃装置

辽河油田小轻烃工程1982年开始兴建。1985年，辽河油田设计院与浙江大学联合研制的2万立方米/日热分离机轻烃回收装置，在黄一站建成投产并通过局技术鉴定，获石油部科技进步三等奖。1986年4月在曙一联建成投产第一套10万立方米/日轻烃回收装置。1986年12月和1987年1月先后在欢二联、欢三联建成了20万立方米/日轻烃回收装置。1987年在沈二联建成了15万立方米/日轻烃回收装置。这4套小轻烃回收装置除曙一联10万立方米/日装置为联合设计外，其余均为辽河油田院设计独立设计，这为以后辽河油田设计院独自承担大型轻烃回收装置设计奠定打下坚实基础。

二、走出油田，服务社会

随着辽河油田的深入开发和设计院的不断壮大，仅仅服务于辽河油田建设已经无法满足设计院的发展需求。自1990年开始，辽河油田设计院开始逐步走出油田，开拓国内外市场，锻炼队伍，提升技术水平，用科技回馈社会。

（一）用天然气处理技术开拓一片新市场

通过对引进牛居120万立方米/日、兴隆台200万立方米/日NGL回收装置的消化吸收，辽河油田院总结经验，独立设计了4套小型轻烃回收装置。以此为基础，向国内外更大型的同类工程发起挑战。

1. 锦州20-2陆上终端天然气处理厂

该项工程1990年7月完成设计，1992年建成投产。锦州20-2陆上终端天然气处理厂设计规模日产原料天然气150万立方米，年产凝析油14.5万吨、乙烷4.6万吨、液化气5万吨；装置操作弹性为80%～120%。

2. 上海平湖海上凝析气田陆上天然气处理厂

1991年，辽河油田设计院开始上海平湖海上凝析气田预可研及可行性研究，1995年完成初步设计。1996年，中标平湖凝析气田陆上天然气处理厂施工图设计项目。处理厂设计规模原料天然气150万立方米/日、轻质油产品1万吨/年、液化气产品6.2万吨/年，装置操作弹性为±20%，工程占地面积11.5公顷，建筑面积8115米^2，工程总投资3.3亿元。

1997年5月，辽河油田设计院完成上海平湖油气田陆上天然气处理厂全部设计工作。1998年11月，上海平湖油气田陆上天然气处理厂建成投产。1999年，上海平湖油气田开发工程可行性研究报告获辽宁省优秀工程三等奖和集团公司优秀工程咨询三等奖。天然气处理工艺流程优化研究设计获2000年局科技进步二等奖和2001年集团公司优秀工程设计二等奖。

3. 柯克亚凝析气田循环注气先导试验站工程设计

1993年，辽河油田设计院承揽新疆塔西南勘探开发公司柯克亚凝析气田循环注气先导试验站工程设计。循环注气先导试验站工程设计原料气分离、脱水，气波机制冷、干气增压回注（35兆帕）、脱乙烷、溶剂油产品分馏、产品储运及相应辅助系统。设计天然气处理量34万立方米/日、干气回注量30万立方米/日，生产液化气、凝析油等6种产品。3月，完成试验站全部施工图设计，工程进入施工阶段。1996年9月，一期工程投产。随后，院开展先导试验站二期工程设计，12月完成施工图设计。1997年10月，院设计的二期工程投产。

4. 轮南 90 万立方米/日气举气处理工程设计

同年，辽河油田设计院还完成塔里木轮南 90 万立方米/日气举气处理工程设计，包括原料气分离、气举气增压（12 兆帕）、天然气脱水、计量回注及辅助设施等。该工程 1996 年 8 月顺利投产。

5. 牙哈凝析气田地面建设工程设计

1998 年 2 月，院进行牙哈凝析气田地面建设工程设计。牙哈凝析气田位于新疆阿克苏地区牙哈乡，天山南麓塔里木盆地北沿，属于戈壁地区。牙哈凝析气田地面建设工程设计集中处理站、站外集注气管道系统、作业区、铁路装车站等 4 个部分。

牙哈气田设计凝析气处理规模 320 万立方米/日，循环注气规模 300 万立方米/日，凝析油外输规模 50 万吨/年、日产液化气 2. 85 万吨。设计凝析气进站压力 12 兆帕，注气压缩机出口压力 52 兆帕。

1999 年 7 月，辽河油田设计院完成牙哈气田地面建设施工图设计。2000 年 10 月，牙哈凝析气田地面建设工程一次投产成功，成为国内第一个整装开发、第一个自主设计建造的大型凝析气田。

塔里木牙哈凝析气田地面建设工程获集团公司 2001 年度优秀工程设计一等奖、2002 年度优质工程金奖，国家第十届优秀设计金奖和 2003 年度国家优质工程金奖。

（二）开展总承包业务

辽河油田设计院工程总承包业务起始于 1989 年中标的中海油锦州 20-2 海上凝析气田陆上终端工程。工程中主要承担施工图设计、设备采购、施工指导和开车投产工作，工程于 1992 年顺利投产，为工程总承包业务发展迈出第一步，开启了公司总承包业务发展的起步阶段。

1994 年起，院仪表室、科研所等单位利用自身技术优势，相继在油区和社会上承揽仪表自动化交钥匙工程、集肤效应伴热工程等，使总承包业务在零星项目运作中逐步发展。1997 年 6 月，院成立多种经营性质的工程总承包公司，并总包承揽曙四联污水深度处理站项目。1999 年，院总承包盘海高速公路线路动迁和保护工程。在一系列工程总承包项目中，院进行不同形式、不同范围的工程总承包业务尝试，为总承包事业的发展积极探索，奠定基础。

第三节　勇闯工程市场，扩大业务范围（2000—2019 年）

2000 年 5 月 18 日，辽河油田设计院更名为辽宁辽河石油工程有限公司（简称辽河工程公司），自此辽河油田设计院完成了向工程公司运营模式的转换。此时，公司员工总数达 819 人，大学以上学历 601 人，其中教授级高级工程师 6 人，高级工程师 238 人，25 类国家注册师 175 人，行业优秀勘察设计大师 5 人，已经成为一个专业齐全、人员完整的现代型工程公司。

一、大力发展油品储库业务

辽河工程公司从 1992 年开始设计油库，主要分原油和成品油两类，多数油库为原油、成品油、化工产品三者兼顾。至 2012 年，公司新设计原油库 3 座、改造和扩建原油库 2 座、新设计成品油库 14 座。

(一) 原油库设计

1989 年起，辽河油田设计院在油田内部主要完成首末站、联合站原油储罐设计，油田不设专门原油库。1999 年，院开始设计专业原油储存库。5 月，院承担中油销售江苏有限公司辽河油库扩建工程，对 6 号罐区进行改扩建设计，1999 年 6 月完成。

2002 年 6 月，辽河工程公司设计长庆油田北区集油站 2002 年原油储罐扩容工程，扩容工程原油进站规模 300 万吨/年，新设计 2 万立方米外浮顶储罐 2 座。2004 年，原油储罐扩容工程获局工程设计二等奖。

2005 年 2 月，公司设计营口鲅鱼圈港区墩台山原油储运工程。设计油品储罐共 7 座，总库容 15 万立方米，为国家一级油库。项目总投资为 1. 01 亿元。工程先后获局工程设计一等奖和集团公司优秀工程设计三等奖。

2006 年，公司设计中油日照中转油库工程（以下简称日照油库）。日照油库总占地面积 27 万平方米，为一级油库，分两期设计。一期工程设计库容 20 万立方米，预留二期建设用地 20. 5 万平方米、规划 80 万立方米库容。2006 年 10 月，完成日照油库施工图设计，油库工程获局工程设计二等奖。

2006 年 12 月，公司开始进行营口港仙人岛原油储库一期工程设计。营口港仙人岛原油储库一期工程是储存进口原油、兼储柴油的综合性一级油库，建设规模为 80 万立方米，占地 21. 4 万平方米，建筑面积 3111 平方米。项目工程投资 6. 87 亿元。2007 年 3 月，公司完成仙人岛原油储库设计。2008 年 11 月，营口港务集团有限公司及营口市消防、环保、安全、规划等部门先后对油库进行验收，确认“油库建设质量优良，满足国家、部门及辽宁省相关标准规范，整体设计思路先进、流程顺畅，安全性、可操作性强，是迄今为止营口市一次投资建成的规模最大、自动化水平最高、最先进的原油储库”。2009 年 1 月，油库一次投产成功。该工程获辽河油田 2009 年度工程设计一等奖，集团公司 2010 年度优秀工程设计三等奖。

2010 年，公司承担的大连中石油国际储备库北区工程 EPC 项目建成竣工。油库设计规模 420 万立方米，投资 40 亿元。2011 年 6 月，完成工程交接验收。8 月一次投产成功。

(二) 成品油库设计

1989 年，辽河油田院主要对油田内部已建成品油库开展改扩建设计，油库规模与库容一般在几千立方米。1992 年 12 月 15 日，院接受江阴利港成品油库工程设计委托书，开始设计上万立方米规模大型油库，自此进入社会市场大型油库设计领域。1993

年1月，完成利港油库可行性研究报告，3月完成初步设计。江阴利港成品油库占地面积48790平方米，规划库容4.2万立方米，由总公司、辽河油田、江阴市政府联合建设，工程投资4228.29万元。

1993年11月18日，院接受中油江阴石油储运有限公司《锦江油库设计委托书》，开始设计锦江油库。锦江油库设计库容27.8万立方米，整个库区占地19.8万平方米。工程总投资17418.66万元。1994年4月，完成锦江油库施工图设计，当年9月建成投产。工程获1997年度局优秀设计一等奖和科技进步三等奖。

1999年，院设计广州发展油品经营有限公司（广州发展集团）南沙油库工程。该油库为成品油库，设计库容36.3万立方米，2003年建成投产。南沙油库工程获局工程设计一等奖，集团公司优秀工程设计二等奖。

2000年1月，辽河工程公司设计了潍坊港成品油库工程。油库储存能力0.4万吨，当年8月完成设计。

2001年，公司还设计了江阴油库扩建（一期）工程。江阴油库扩建工程分两期设计，总库容20万立方米。当年完成一期工程设计。

2005年3月，公司设计大连新港改扩建二期工程陆域一期成品油罐区工程。陆域一期成品油罐区工程是一个以储存汽柴油为主的综合性一级成品油库，建设地点大连经济技术开发区新港，油库占地153万平方米。工程设计库容36.8万立方米。大连新港改扩建陆域一期成品油罐区工程先后获局工程设计一等奖，集团公司优秀工程设计三等奖和辽宁省优秀工程设计二等奖。

2007年10月，公司设计中国船舶燃料供应大连公司储供油基地工程。储供油工程占地13.4万平方米，设计总库容24.2万立方米，属于一级油库。中国船舶燃料供应大连公司储供油工程获集团公司优秀工程设计三等奖。

2010年，公司以总承包方式实施、完成广州中石油鸿业储运有限公司南沙油库工程设计，用17个月建成76.5万立方米库容竣工并投产。2012年，该工程获2013年度国家优质工程奖。

二、抓住机遇，参与国家大型管道建设

（一）输油管道工程

1989年，辽河油田设计院在基本完成油田输油干线设计之后，转入对油区输油管线调整改造设计。当年在欢喜岭地区承担欢喜岭-兴隆台管线工程双一联管线延长北屁股岗冯家湾管段设计。输油管线直径529毫米，设计压力1.6兆帕，全长5.9千米。还设计了欢二联-欢一联直径273毫米输油管线和直径377毫米管线，设计压力6.4兆帕，2条管线各长12.2千米。

1993年11月，院设计了盘锦-锦西输油管线（简称盘-锦管线）改扩建工程。盘-锦管线改扩建工程在1974年原设计、1978年增加部分线路基础上进行改扩建设计。

1993年12月，院设计坨子里-沥青厂输油管线工程。管线规格直径273.1毫米，全

长16.5千米，设计压力4兆帕。

1994年9月，院开始沈-兴输油管道工程设计。沈-兴输油管道工程设计北起沈二联首站，南止渤海装车站，全线总长145千米。设计管道直径219毫米，设计首站压力6.4兆帕，设计年输量50万吨。

1996年4月，院设计沈阳油田首站-沈阳蜡厂输油管道。管道起点为沈一联合站，终点末站设在沈阳蜡厂内，管线全长23千米，设计直径159毫米，设计压力6.4兆帕。

1999年，辽河油田设计院设计了全长88千米坨-鞍输油管线工程。管线设计直径426毫米，设计压力6兆帕。还设计了全长21千米鞍山末站-鞍山炼厂输油管线改造工程，管线直径325毫米，设计压力5兆帕。全年完成9项输油管线新建与改扩建工程，设计各类输油管线167千米。

2004年4月，辽河工程公司完成特-石超稠油输油管线工程设计，10月1日建成投产，2005年1月26日通过局验收。超稠油输油管线工程设计并建成，使国内超稠油长距离、高温、高压、高黏管道输送技术达到新水平，有了新模式和新突破。特-石超稠油输油管线设计先后获集团公司2005年度优秀设计二等奖，中国石油天然气专业委员会优秀工程咨询二等奖和中国施工企业管理协会科技进步一等奖。

2011年4月，公司中标中石油“十一五”末期重点工程锦州-郑州成品油管道工程（简称锦-郑管道工程）第一标段和第二标段总承包项目。5月，公司设计锦-郑管道工程起于辽宁省境内锦州首站，止于天津市西武清分输阀室，途经3省市、4个地级市12个县区。设计干线长500.8千米、管径660毫米；支线总长113.6千米，管径分为323.9毫米和406.4毫米两种，设计压力10兆帕；设计首站和输入首站各1座、分输泵站2座，分输计量站3座、线路阀室25座。全线设计主要河流、公路和铁路穿越共70处，古长城穿越1处。锦-郑管道工程管输油源分别来自抚顺石化、辽阳石化、辽河石化、锦州石化、锦西石化，采用顺序输送方式。

2011年，公司中标中缅油气管道第6合同项。工程项目地处云南省，包括安宁原油支线、玉溪天然气支线、云南成品油管道工程保山成品油干线和蒙自成品油干线（四项工程合称中缅管道），原油、天然气、成品油管道同沟、并行关系复杂，共计445千米，总承包总价16.1亿元。

（二）输气管道工程

1989年至2001年间，辽河工程公司陆续进行油田内部和外部与油田相关输气管道工程设计6项，总里程151.2千米，为辽河油田的正常生产经营作出突出贡献。

2001年起，国家在西部开发中启动大规模管道工程建设项目，公司随即进入国内长输管道大市场。管道工程设计主要任务由辽河油区输气系统调整改造，转变为以国内大型管道工程建设。

2001年，公司中标西气东输一线工程第12设计标段（第21施工标段）郑州-郸城段干线施工图设计项目。郑州-郸城段干线管道直径1016毫米，管道设计压力10兆帕，设计年输量确定为200亿立方米。第12设计标段以郑州分输站为起点，向东南方向到达郸城县高桥镇，线路全长 231.7 千米。西气东输管道是公司首次设计大口径、高压力、长度超过 200 千米的天然气管道。2002 年 3 月，西气东输工程郑州至郸城段线路设计全部完成。公司西气东输工程郑州至郸城段线路设计项目组获国家西气东输建设领导小组颁发的“国家西气东输工程建设先进集体”荣誉称号。

2007 年，公司中标西气东输二线（简称西二线）东段干线河南、湖北、广东 3 省境内约 1200 千米线路设计项目。其中，干线管径 1219 毫米、支干线管径 1016 毫米，是公司设计的最大管径和最长距离的管道设计项目。

2009 年初，公司承揽秦皇岛-沈阳天然气管道工程（简称秦-沈管道）。该管道作为华北管网与东北管网联络线，干线起点为秦皇岛分输站，末点为沈阳分输站，初设长度 403.89 千米，设计年输量 90 亿立方米、压力 10 兆帕、管径 1016 毫米。2010 年 10 月，公司完成秦-沈管道全部施工图设计。秦-沈管道工程是公司承担第一个大口径长距离天然气管道总承包项目，工程项目获辽河油田优秀工程勘察设计二等奖。

2009 年 8 月，公司承揽大连至沈阳天然气管道工程（简称大-沈管道）勘察设计项目，为气化辽宁上游供气工程和中石油大连 LNG 项目向辽沈腹地供气重点工程。公司在大-沈管道工程中，设计 1 条干线和 2 条支线，即新港-松岚-营口干线工程和大连支线、抚顺支线线路工程，设计新港首站、松岚分输清管站、营口分输清管站、辽鞍分输站、沈抚分输站、大连末站、抚顺末站共 7 座站场及相应阀室工程。干线全长 442.7 千米，设计年输量 84 亿立方米，设计压力 10 兆帕、管径 711 毫米。2011 年 2 月，完成大—沈管道工程施工图设计工作。

2011 年，公司承担西二线广州-深圳支干线求雨岭-大铲岛段管道（简称求-大管道）工程设计。求-大管道主要位于深圳市境内，为国内首条全线贯穿经济发达城区的天然气长输管道。设计线路总长 61.1 千米，求-大管线管径为 914 毫米、设计压力 10 兆帕。12 月，公司完成线路 0 版施工图。

公司中标的西三线西段工程第五标段起于张掖压气站，至中卫联络站。设计线路总长 507.6 千米。工程设计年输量 300 亿立方米，管径 1219 毫米，设计压力 12 兆帕。在全公司开展“设计提速”竞赛活动调动工程设计人员积极性，历时 5 个月。2012 年 10 月，施工图设计完成线路和三穿工程。

三、不断扩展的总承包业务

（一）国内总包工程不断增多

2000 年 3 月，辽河工程公司完成整体改制，管理体制和发展目标随之转变。公司组织机构和管理职能由设计院模式转向具有工程总承包能力的工程公司。公司项目管理人员、项目管理技术和管理程序经过起步阶段的实践检验，经验日益丰富，公司总承包项目的数量不断增多，规模和领域不断扩大。当年公司财务新增了工程总承包业务，工程总承包实现年收入 4314 万元，总承包业务进入发展阶段。

2001 年起，公司总承包项目性质开始发生变化，EPC 或交钥匙工程总承包项目占据主导地位，不同于以前专业承包工程。当年经营收入首次突破1亿元，达到12642万元。

2002年，公司工程总承包收入达到1.8亿元，步入全国工程总承包行业先进行列。从这一年开始，公司在全国工程总承包企业开展的实力排名中，年年进入百强企业行列。

2005年起，公司总承包领域进一步扩展，开发范围涉及油田地面建设、市政建设、油田污水深度处理、现代建筑工程等多个领域。通过激烈竞标获得的第一个外资项目壳牌公司长北气田管线、道路及其配套工程项目，通过实际运作，提升公司总承包管理水平，从而多次受邀参加壳牌公司在阿曼、叙利亚等国经营的工程项目竞标活动。到2007年，项目规模开始有较大发展，项目合同额少则几千万，多则上亿元，总承包业务快速发展。

2008年，公司总承包开发获得重大进展，中标承揽项目已连续3年超过10项，总承包业务由发展阶段进入跨越式发展阶段。

2009年，公司接连中标国家重点建设项目大连中石油国际储备库北区工程、秦-沈管道等工程。公司全年合同额超过90亿元，年总产值首次突破30亿元，其中总承包收入达28.7亿元。代表当代最新技术水平、最大规模油气建设工程成为公司总承包项目的主体。2009年起，公司总承包业务成功进入特大型原油储备库建设、大口径油气长输管道建设、煤层气开发工程建设、海上人工岛建设等多个新领域，进而使公司业务总量高倍增长。

2010年，公司总承包业务的跨越式发展带动辽河油田工程建设行业整体发展，成为辽河建设集团领头企业。2010年起，公司先后承担大-沈管道工程、求-大管道工程、锦-郑成品油管道工程、中缅油气管道工程和西气东输三线管道工程等一批集团公司重点建设工程以及月东陆上集中处理站、昆仑能源液化天然气装置等一批地面建设工程总承包项目。公司实现连续3年完成产值超过30亿元，连续3年跻身全国工程总承包企业百强排名前30名，成为国内总承包行业一支骨干力量，也为辽河工程建设行业增加部分工作量和业务收入。

2012年，公司充分发挥EPC项目部管理职能和项目经理领导作用，实现对项目质量、进度、费用和HSE有效控制。在大型油库和长输管道领域站稳脚跟的同时，积极巩固煤层气市场，开拓海上人工岛、储气库等新领域，使总承包业务呈现多元化发展。当年，工程总承包年度完成合同额以37.5亿元排名国内行业第23位。全年完成总承包重点项目14项，在建项目16项；建设油气管线539千米、站场36座、安装设备812台（套）。实现经营收入27.4亿元，利润7468万元。从2000年开始至2012年底，公司承揽总承包项目81项，实现总收入124.2亿元。

（二）国外总包业务迅速发展

从“搭船出海”起步到独立承揽和执行海外EPC工程，工程公司国际市场收入累计达到了14亿元，取得了较好的经济效益。乍得2.2期EPCC油田地面工程、伊朗北阿扎德甘油田地面工程TMC、壳牌长北气田一、二期地面建设EPC等项目得到了业主的充分认可。

四、服务油田，面向全球，续写辉煌

（一）服务辽河油田“千万吨油田，百亿方气库”建设

在稠油、超稠油领域，辽河工程公司持续深化发展集输储运关键技术，包括SAGD采出液高温密闭集输工艺技术、SAGD热能综合利用技术、SAGD大型注汽锅炉集中建站工艺技术、SAGD大口径注汽管线长距离输送技术、SAGD高温高压湿蒸汽汽水分离工艺技术、高干度蒸汽等干度分配计量及调节工艺技术、SAGD尾气集中脱硫技术等，确保辽河油田千万吨稳产目标的长久实现。

在储气库建设领域，公司彻底掌握高压大排量往复压缩机组调峰技术、低温环境天然气烃水露点控制技术、高压天然气处理站减排放空技术、含黑油湿天然气防凝堵技术、多管捆绑及大口径管道穿越技术、重度腐蚀环境管道内防腐及监测技术，为辽河油田百亿方储气库群建设提供技术保障。

（二）大力开发国内外市场

辽河油田开发已经进入中后期，基建投资日益萎缩，在不忘为辽河油田服好务初心基础上，必须坚持大力发展外部市场业务。国内市场方面，依托石油库、长输管线、天然气处理、储气库等多年积累下来的先进技术经验，以及全体员工努力工作为公司创下的良好口碑，持续不断地获得新的设计总包项目。

国外市场方面，利用公司在非洲、中亚等油气集输处理行业的工程业绩和成熟经验，不断实现新的突破。

（三）强化“五化”工作，全面提升技术水平

近年来，中石油企业大力推行“五化”建设，即标准化设计、工厂化预制、规模化施工、机械化作业、信息化管理。其中，标准化设计更起到重要的引领作用，采用标准化协同设计，可以大幅度提高工程质量，缩短建设周期，提高生产时率，降低工程投资，减少管理用工。

为顺应未来的发展趋势，辽河工程公司把提高标准化协同设计水平作为设计手段发展的主要抓手。“十四五”期间发展规划目标分三个阶段：

（1）全方位提升设计能力。完成储气库、稠油处理等油田地面工程建设，以及油库、长输管道、天然气处理等外部社会项目的技术规定、流程、平面、设备选型的标准化设计；精细化设计细节，模块化设计全专业协同，推进模块预制精度与质量；自主研发、推广一系列一体化集成装置，形成多项自有知识产权的高科技产品。

（2）打通工程建设全产业链。标准化设计向下延伸，建设各方实现信息共享，工程建设各方数字化移交；加强模块化设计对规模化采购、工厂化预制、现场施工和管理的

支持；设计、审查、施工、管理多环节协同管理，实现建设过程全信息化。

（3）通过数字化平台实现信息化管理。加快二次开发，实现全专业协同，努力减少设计过程的错漏碰缺，提升设计质量；利用各类终端，实现异地远程办公，提高工作效率；依托储气库群项目完成首次数字化移交尝试，在今后的工程建设中实现数字化移交全覆盖，在生产过程中广泛使用数字化移交成果，提高生产效率和工厂管理水平。

（中油辽河工程有限公司 吴军）

四十载风华正茂

——中石油华东设计院有限公司发展纪实

中石油华东设计院有限公司（简称华东设计院）诞生于1974年，原隶属于石油工业部，现隶属于中国石油天然气集团公司中国寰球工程有限公司。公司紧跟国家经济发展和石油化工行业的发展大势，历经四十载风雨，不畏艰难、与时俱进，通过几代人锲而不舍、日积月累的奋斗，历经了起步、发展、跨越、赶超、一体化五个不断上升的阶段，从最初几十人的地下油库勘察设计所发展成为拥有1300人的国内一流炼油设计院，是中石油旗下炼油设计的排头兵。

第一节　起步阶段（1974—1984年）

这一时期，华东设计院属于事业编制，费用由石油工业部按年拨付，人员从大庆、洛阳及全国各地汇聚胶州，完成出于备战考虑的黄岛地下油库的选址、勘察、设计和建设。1982年，勘察设计研究所设有政工组、技术开发室、生产办公室、工艺组、仪表组、总图组、暖通组、机械组、电工组、土建组、给排水组、出版室、地质室。研究所先后承揽了临邑石油化工厂氧化沥青装置、青岛卷烟厂、青岛港湾学校、中原石油勘探局第二气体处理厂、胜利油田临盘指挥部油库工程、辽河油田曙一联合站10万立方米/日轻烃回收装置，中国粮油食品进出口公司山东分公司曲戈庄酒精库、首都机场基地油库扩建工程、胜利储备油库、石油工业部第七工程公司黄埠岭基地等20多项设计任务。其中黄岛地下水封石洞油库工程勘察获全国科学大会奖和国家优秀勘察奖。

第二节　发展阶段（1985—1999年）

石油工业部决定将勘察设计研究所实行独立建制，成立石油工业部油田化工设计承包公司，业务从地下走到地面。1984年12月2日，油田化工设计承包公司在青岛胶州市成立，1985年2月8日，筹建组召开第一次全体职工大会。为了尽快适应发展需要，油田化工设计承包公司主动出击，奔赴胜利、中原、华北、大港等油田进行调研，在中国石油工程建设公司支持下，引进了三套撬装式轻烃回收装置，承揽了泰州炼厂、胜利稠油厂设计工作，从油田附属小型炼厂到山东当地投资建设的炼油工程，从稠油处理到轻烃回收，在小型炼厂装置设计、油田地面工程、天然气处理等方面积累了技术和经验，确定了集中力量搞炼油设计和储运设施设计的发展方向。

此阶段全院的营业收入逐年递增，到1996年全院实际收入达3220万元。其间曾六次更名，到1992年8月20日，更名为中国石油天然气华东勘察设计研究院。

第三节 跨越阶段（2000—2008年）

华东设计院积极深化企业改革，基本建立起了“产权清晰、权责明确、政企分开，管理科学”的现代企业制度，明确了做强做大炼油设计的战略，初步形成了以炼油为主体，油田储运和民用建筑为两翼的设计服务体系，以岩土公司、监理公司、安全环保公司为子公司的运作体系，先后实现了300万吨/年、500万吨/年、1000万吨/年炼厂设计的三步跨越，逐步确定了作为中国石油炼油设计指导院的地位。

1999年6月，新的领导班子面对困难沉着应对，确定了“摆起生产经营龙头，抓住成本控制关键，突出深化改革重点，带动全面工作开展”的工作方针，在市场开发上推行领导、专家和经营人员“三位一体”的经营体制战略，在项目的运作上抓住关键项目、关键点和关键人，积极开发新技术，不断占领技术制高点，全面推进企业改革，建立现代企业制度，取得了超常规的发展。

2008年，华东设计院重组为CPECC华东设计分公司和技术服务分公司。

第四节 赶超阶段（2009—2012年）

按照集团公司和公司部署，华东设计分公司认真落实“理念国际化、业务高端化、管理精细化、服务品牌化”的炼油设计发展战略，靠引进人才、技术创新、市场培育、管理提升四轮驱动，在千万吨炼油自主技术开发及工程化应用、劣质重油轻质化两大系列技术研发和广东2000万吨/年重油加工项目上取得突破，具备了国内炼油一流设计水平。实施“三到五年赶超洛阳院”战略行动计划，到2012年末，尽管在经验积累、基础工作、人才匹配上与洛阳院还有一定差距，但在大型炼厂项目设计理念、技术国产化、设计质量和进度控制上，已经具备与洛阳院相当的水平。

第五节 再跨越发展阶段（2013—2019年）

华东设计院在跨越发展、赶超发展的基础上，提出了要实现再跨越发展的目标，在技术研发的道路上不断探索，形成了完整的、具有自主知识产权的、以千万吨炼油为代表的大型炼油基地系列技术和储运系列技术。拥有大型炼厂总体优化技术、3项集团公司技术利器17套核心装置成套技术工艺包和减压深拔、定向反射阶梯式焦化炉、催化裂化反应再生等78项特色关键技术，主要生产装置工艺技术占有率达到80%以上，在大型炼油基地建设和油品质量升级工程中得到了广泛应用，总体达到国际先进水平。设计院具备千万吨级大型炼厂全厂储运系统设计能力，是国家储备洞库、覆土库、成品油储备工程的主要设计单位，地下储油储气水封石洞库设计技术处于国际领先行列。公司采用数字化协同设计平台，实现全专业异地协同设计、集成设计、三维设计，提高设计质量；专业的模块化设计技术，大幅提高建设效率；创新工程数字化交付技术，为客户打造数字孪生工厂，为智能化工厂建设奠定坚实的数据基础。在全球范围内，整合优势资源，与福陆、TR、沃利帕森、德希尼布、UOP、埃克森美孚、鲁玛斯等国际知名工程公司及专利商建立了良好的合作关系，全面满足项目执行的需要。

华东设计院已成为一家集工程咨询、工程设计、工程总承包、全生命周期运行服务于一体的工程公司，业务涵盖石油炼制、石油化工、油气储库、油气管道、工民建、煤化工、油页岩加工、天然气处理等领域，拥有工程设计综合甲级、工程咨询资信甲级、工程造价咨询甲级等资质证书，一二三类压力容器、压力管道设计许可证书，通过质量、环境、职业健康安全管理体系认证，获得工程勘察设计行业质量管理体系分级认证最高等级 3A 证书。

从苍茫的西北高原到葱郁的南部山岭，从干旱的绝地沙漠到湿润的海边泽国，华东设计院的足迹遍布国内广袤大地和 20 多个国家和地区。公司旗下拥有众多国内外石油化工及煤化工装置的设计、采购、施工及项目管理的优秀人才和专家。在 40 多年的时间里，为客户提供了 1000 余套大中型炼油化工装置、200 余项油气储运项目的服务，完成了广西 1000 万吨炼厂建设、辽阳石化 900 万吨俄油优化增效项目建设，作为炼油设计总体院，正在进行广东揭阳 2000 万吨炼化一体化项目建设。承担完成了 1200 万吨常减压、240 万吨延迟焦化、350 万吨催化裂化、220 万吨连续重整、290 万吨加氢裂化、240 万吨渣油加氢等国内大规模炼油核心装置的设计、施工和工程总承包，建成了 100 万立方米原油储备库、100 万立方米 LPG 地下水封洞库、国内首座原油地下水封洞库等一大批油气储运项目，完成了一大批油气管道、煤化工、工民建、火炬、装卸设施等项目的建设，并在千万吨级大型炼厂全厂优化、液相加氢、异构化、烷基化、酸性气制硫酸、烷烃脱氢、酚系化学品分离、锂电池用碳酸酯等多个领域取得突破性进展。

把握新机遇，发展新动能。华东设计院为中国石油炼化业务转型升级提供重要支撑，积极践行国家“一带一路”倡议，为中国炼化技术“走出去”作出卓越贡献。

2018 年 9 月 27 日，习近平总书记视察公司拿总设计的辽阳石化项目，给予华东设计院极大的鼓舞。2018 年 9 月 28 日，时任哈萨克斯坦总统纳扎尔巴耶夫视察华东设计院拿总设计的哈萨克斯坦奇姆肯特炼厂项目，给予了高度评价。截至 2018 年底，华东设计院已获得国内外各类奖项两百余项。

公司始终秉承用精湛的技艺，精诚的服务，为合作伙伴提供更完美的解决方案的理念。在未来的发展道路上，华东设计院将始终牢记“奉献清洁能源、呵护碧水蓝天”的光荣使命，按照寰球公司统一战略部署，坚定不移走高质量发展道路。在华东设计院，理性与激情凝聚燃烧，每一刻都在孕育石油炼化领域的革新和世界的美好未来。

（中石油华东设计院有限公司　满文聪）

风雨兼程铸辉煌　勇立潮头谱新篇

——福斯特惠勒（河北）工程设计有限公司发展纪实

福斯特惠勒（河北）工程设计有限公司（前身为河北省石油化工设计院有限公司）自1953年成立以来，公司的发展从小到大，由弱到强，经历了近70年的风雨历程，尤其是近十年来，在公司决策层的领导下，历经改制、重组、中外合作等体制、机制的变革，全体员工转变观念，上下一心，积极探索，开拓进取，公司实现了凤凰涅槃般的跨越式发展。目前公司下属各分公司、事业部已牢牢占据当地市场，并不断开拓其他区域及海外市场，为公司发展和当地经济作出了巨大贡献。

67年来，公司持续稳定发展，公司资质实力不断提升。1953年建院之初，公司名为河北省轻化工业局设计室，是一家隶属于河北省化工局的事业单位，承担着石化建设的设计任务；1963年更名为河北省轻化工设计院，1973年再次更名为河北省石油化工设计院；80年代初，更名为河北省石油化工规划设计院；2006年，伴随着国家体制改革，公司被中国电子系统工程第四建设有限公司整体收购，更名为河北省石油化工设计院有限公司，完成了事业单位到国有企业身份的转变，借助母公司的资质和实力，全面盘活公司经营；2013年，为进一步学习国外先进的技术和管理，经河北省商务厅批准，公司由中国电子系统工程第四建设有限公司（大型央企）与福斯特惠勒亚太私人有限公司（世界工程30强）共同出资成立中外合作公司，即福斯特惠勒（河北）工程设计有限公司 [简称福斯特惠勒（河北）工程公司]。

从筑巢引凤，到引凤筑巢，如今的福斯特惠勒（河北）工程公司，为客户提供化工、石化、医药、轻工、建筑、机械、环保、市政等行业的工程设计、工程咨询和工程总承包业务，拥有多家分公司及专业事业部，服务数百家国内外企业，特别是公司自建立以来设计完成了一百多个合成氨及化肥厂建设及技术改造项目，为河北省氮肥工业发展作出重大贡献。近十年来，公司设计业务从合成氨、尿素转向精细化工、生物制药、化学新材料、涂料、润滑油等领域，业绩遍布全国各省市，主要有：天津中新药业集团新新（沧州）制药有限公司新新制药厂原料药生产基地项目、河北飞天石化公司润滑油加氢项目、天津龙蟠新材料公司润滑油项目、上海君实生物科技产业化临港项目、四川阿格瑞新材料公司OLED新材料及装备建设项目等。其中，上海君实生物科技公司、四川阿格瑞新材料公司、河北飞天石化公司等项目均处于生物制药、化学新材料及石油化工行业领先地位。

一、自力更生求发展，艰苦创业共奋斗（1953—1978年）

公司成立于20世纪50年代中国国民经济恢复时期，为大力发展河北省薄弱的化学工业，全面学习吸收苏联大型项目规划、选厂、三段设计（初步设计、技术设计、施工图）和施工、安装试车等方面的技术和管理经验，1953年河北省轻化工业局设计室成立，这是河北省第一个从事工程设计的专业设计部门，为河北省以后自行设计建设大中型化工厂打下了基础。

公司在消化吸收苏联设计技术的基础上，创造性地将这些技术应用于各种化工项目。其中的代表性项目为河北省沧州化肥厂项目，公司负责选址及公用工程设计工作。该项目是70年代初经毛主席圈阅、周总理批准，首批引进美国、荷兰成套大型化肥生产装置建设的13家大氮肥企业之一，始建于1974年3月，1977年4月投产。

二、顺应时代形势，打造精品项目（1979—2006年）

顺势。改革开放以后，河北省石化行业进入快速发展期。当时，河北石化系统开展以技术进步、技术改造为重点，大力调整结构、提高经济效益的“学吉化”活动，使河北省石化企业面貌发生了深刻变化。

转换。在此期间，公司紧跟国内石油和化工产品结构明显优化的形势，开始加快内部经营体制转换步伐，逐步摆脱计划经济的束缚。1984年起，响应国家号召，不再享受事业单位经费拨款，实行院长负责制，设计投产了一大批省优部优的大项目，如：编制完成了化工部南堡大碱厂选址报告及可行性研究报告、国家西气东输陕京线可行性研究报告，中阿化肥配套液氨输送长输管道项目、河北东华集团公司的氯乙酸和氨基乙酸项目，河北辛集化工集团公司钡锶盐装置设计项目，沧州大化引进凯洛格30万吨合成氨装置选址及配套设计项目，河北省肥乡县化肥厂节能技术改造工程项目，秦皇岛磷铵厂长输管道工程项目，260医院制剂楼工程项目，维生药业石家庄有限公司3000吨/年维生素C工程等。这些项目的业主企业是国内具有较高知名度的龙头企业，在国内外市场占有较大份额，这些项目的完成对于提高公司知名度起了较大的作用。

改革。进入90年代以后，公司开始进行管理创新和变革，逐步建立起现代企业运行机制，推行“全面质量管理体系”，进行了组织机构、专业科室和作业流程等一系列改革。同时根据现代企业管理需求制定了包括行政管理、财务管理、技术管理、人力资源管理、党政管理等全方位的规章制度，在劳动、人事、分配等方面不断加大改革力度，提高员工竞争意识、风险意识，为公司加速发展、深化改革奠定了基础。

三、做时代弄潮儿，开辟市场新征程（2006—2019年）

强强联合，再创辉煌。2006年底，伴随着国家体制改革，在河北省国资委及省工贸公司的推动下，公司被中国电子系统工程第四建设有限公司全资收购，更名为河北省石油化工设计院有限公司，完成了国有资产退出和职工身份转变，转年元月公司迁址到市中心商业区的高端写字楼军创国际大厦办公，借助母公司的资质和实力，全面盘活公司经营，改制伊始，即创下年营业额赶超改制前五倍的骄人业绩。2013年，福斯特惠勒（河北）工程公司成立，办公场所迁至母公司名下中电信息大厦联合办公，发挥了设计和施工总包优势，与中电四公司联合完成了大批设计施工总承包项目，如内蒙古亿利化学公司氯碱厂污水零排放项目，阜阳欣奕华公司液晶显示材料项目，壳牌、统一润滑油、天津龙蟠、北京绿竹、齐鲁制药等公司的相关项目。

布局全国，改制起飞。伴随着2006年公司改制成功带来的红利及全球化工行业的大发展，同时向国际工程公司学习先进的经营理念，2007年公司在上海设立了分公司。2008年，金融危机爆发，上海众多具有外资背景的化工设计企业大规模裁员，而上海分公司却紧跟形势，逆流而上，依托石家庄地区总部资金和招揽的人才大规模开展项目，彻底打开了长三角的市场。自2007年以来，公司先后设立天津分公司、上海分公司、北京分公司、苏创分公司、坤元医药分公司等多家分支机构，以京津冀、长三角为根据地，辐射全国各省市及海外项目。

立足河北，紧跟政策。公司积极跟随国家京津冀协同发展战略，先后与沧州临港经济技术开发区、唐山曹妃甸化学工业园区签署合作框架协议，为园区规划咨询、招商引资、工程设计及工程总承包提供优质服务。为加快推进全省石化化工行业转型升级，行业结构调整，提质增效，公司参与编制河北省工信厅《河北省石化化工产业技术改造路线图》，为临港经济技术开发区管委会编制完成《沧州临港经济技术开发区产业规划》《沧州经济技术开发区生物医药园产业发展规划》，内容包括化学新材料、生物制药、海洋经济三大板块；公司承揽邢台市工信局《邢台市煤盐化工产业发展规划》，衡水市工信局《衡水市新功能材料技术路线规划》等规划编制工作，积极推动了各化工医药园区的规范化发展。

资质升级，做大做强。经过几十年的发展，公司从一家从事石油化工专业工程设计的地方性设计院发展到拥有多个行业设计资质的大型综合性工程公司，拥有国家化工、医药、石化、轻工甲级资信等级；化工石化医药全行业甲级工程设计资质；建筑行业（建筑工程）甲级设计资质；电子通信广电行业（电子工程）甲级设计资质；具有商物粮行业（粮食工程）、轻纺行业（食品发酵烟草工程）、市政行业（城镇燃气工程、排水工程、环境卫生工程）专业设计乙级资质、环境工程（水污染防治工程）专项乙级设计资质；A1、A2、A3级压力容器设计资质；GA1（1）、GA2、GB1、GB2、GC1（1）（2）（3）级、GC2级、GC3级、GD1级、GD2级压力管道设计资质，能够独立完成大型工程项目设计和总承包业务。

设计为本，名满燕赵。公司前身是河北省唯一一家化工石化医药全行业甲级资质设计单位，始终坚持“技术为本、服务领先”的经营理念，秉承“求实、诚信、和谐、勤奋”的价值观，以设计为基础，以工程总承包为发展方向，致力项目全过程服务，致力开发新工艺、新设备。经过多年的不懈努力，公司在食品、医药、化肥、城市垃圾、固废处理、化工新材料、燃气及长输管道设计、压力容器设计方面已经具有强大的实力，并且成为行业的领军者。近年来，设计、咨询成果先后荣获中国石油和化工勘察设计协会、工业和信息化部工程建设管理中心、中国工程咨询协会、中国化工施工企业协会、河北省建设厅等省部级奖项百余项，其中秦皇岛磷铵厂长输管道工程项目、河北省藁城市化肥厂改产尿素（6万吨/年）工程项目荣获河北省建委工程设计一等奖；维生药业石家庄有限公司3000吨/年维生素C工程荣获化学工业部优秀工程设计三等奖；河北省张

家口市煤化工产业发展规划荣获中国工程咨询协会优秀工程咨询成果三等奖；河北冀衡化学股份有限公司高效消毒剂系列产品可行性研究报告、石家庄中冀正元化工有限公司合成氨综合节能改造工程可行性研究报告荣获河北省优秀工程咨询成果一等奖；河北省天然气利用一期工程（陕京线北京—石家庄支线）可行性研究报告荣获中国石油和化工勘察设计协会优秀工程咨询成果三等奖、河北奥星集团药业有限公司替利定一期工程胶囊片剂制剂项目可行性研究报告获得中国石油和化工勘察设计协会优秀工程咨询成果三等奖等。

业务升级，发展转型。公司作为一家河北省地方专业设计院出身的公司，立足之本是自身强大的设计实力。为进军高端设计市场，公司积极开展与国外工程公司、国内大型石化设计院、专业技术公司的合作，以合作促发展。通过外派技术人员参与合作设计项目，提高公司整体管理和技术水平。例如，南京沙索 18 万吨烷氧基化高性能表面活性剂项目、中东十万吨乙烯项目等，通过与各方合作，打造拳头产品，提高市场竞争力。同时，公司积极承揽全国范围内工程总承包项目，包括：与美国 GE 公司、中电四公司共同合作完成内蒙古亿利化学污水零排放项目、山西潞安矿业水处理项目膜浓缩与蒸发结晶工程 EPC 总承包，与天津大学凯赛科技公司合作完成新疆吉木萨尔公司多项焦油粗苯精制工程、凯本金威特种化学品（济宁）2.5 万吨/年 MCA-乙酸工厂项目、四川中明新能源科技有限公司生物柴油项目、优耐德引发剂淮北年产 10000 吨过硫酸钠建设项目、养生堂抗体药物中试及研发实验室等。

以人为本，和谐发展。多年来，公司始终高度重视人才引进和培养工作，无论是在隶属省化工厅时期还是现在，公司是无数设计人员梦想的平台，大批优秀大学生、研究生被引进到单位；改制后，公司采取各种措施强化对员工的培训工作。一是对外合作培养人才，学习先进技术及管理经验；二是广拜名师，建立自己的专家顾问团及技术委员会；三是吸收优秀研究生及专业技术人员。

如今，公司拥有员工六百余人，其中教授级高级工程师 13 人，高级工程师百余人，国家注册工程师百余人，实用新型专利及发明专利十余项。

提升服务，业主认可。福斯特惠勒（河北）工程公司英文简称为“FWH”，恰好与公司“服务好”的宗旨汉语拼音谐音。为确保项目的设计质量，公司承接的每个项目都会组建具有丰富相关项目经验的高水平设计团队，由高级工程师担任设计经理，各专业负责人选用资深设计人。公司以完善的质量管理体系作为质量保证措施，以先进的设计软件、硬件作为设备和环境保障，确保承接项目如期保质完成。公司各专业开发、应用了大量的专业基础图库及计算机辅助设计软件。如广泛应用三维设计软件 PDMS、CADWorx 于工程设计中，大幅提高了工作效率，为企业建设数字化、智能化车间打下坚实基础。

公司把项目后期服务放在首位，专门成立由各专业项目负责人组成的项目后期回访组，根据工程项目进展的需要，派出技术人员及时进驻现场，处理有关技术问题。积极配合业主对施工方案提出修改建议，主动参与项目施工质量与安全事故分析，从专业的角度提出相应的技术解决方案，在施工过程中提供全程式服务，做到 24 小时快速响应，并给出回复意见。

四、新起点放飞新梦想，新征程开启新希望

六十七载的发展，公司由弱到强，由小变大，企业效益逐年增长，各项管理制度日趋完善，员工的物质生活和精神文化生活得到了极大的改善，连续多年荣获河北省直属机关工会颁发的“安康杯”竞赛优胜单位、职工后勤保障“四提升”先进单位等荣誉称号。

忆往昔，成绩来之不易，这是全体员工团结一致、艰苦创业、开拓创新、不懈努力的结果，公司始终坚持党的基本路线，以经济建设为中心，把发展作为第一要务，让员工在学习和工作中得到快乐和满足。

六十七载，弹指一挥间，忆过往，公司在转型的道路上适应了各种新变化，克服了各种各样的困难；战未来，站在公司发展的起点上，公司豪情满怀，信心百倍，未来定将实现新的跨越！

峥嵘岁月，六十七载风雨兼程，公司沧桑巨变，六十七载荣耀与辉煌同在。六十七年的发展历程，公司书写了一个又一个里程碑，成为河北省及中国勘察设计辉煌历史上的一颗明珠。未来公司将以“三个代表”重要思想及科学发展观为指导，全面落实新时代中国特色社会主义思想，万众一心，奋发图强，携手再创新辉煌，谱写新篇章！

（福斯特惠勒（河北）工程设计有限公司　刘阳阳）

春华秋实七十载　与时俱进求发展
——蓝星工程有限公司发展纪实

蓝星工程有限公司（原北京橡胶工业设计院）诞生于1950年，原隶属于化工部，现归属于中国化工集团有限公司的国有企业，是全国研究设计单位中建立最早、规模最大、实力最雄厚的综合研究设计院之一。公司拥有一大批经验丰富、素质很高的科技人才，为橡胶工业的发展做出了大量卓有成效的工作，完成了2000余项工程设计项目，获得160余项国家、省部级奖，为中国橡胶工业特别是轮胎子午线化发展作出了巨大贡献。

第一节　橡胶工业设计体系形成（1950—1970年）

建国初期为了满足恢复和发展国民经济的需要，1950年北京召开首次全国橡胶工业会议，确定了橡胶工业配合国家经济发展的方针，成立了隶属于轻工业部的轻工业部北京轻工业设计局的橡胶设计室。

为推动橡胶工业的发展，1956年成立了化工部化工设计院橡胶工业设计分院，化工部副部长肖桂昌兼任院长，迁入北京西郊半壁店现址。1958年化工部同意将橡胶设计院和橡胶研究所组建化工部北京橡胶工业研究设计院。由于设计和研究任务不断增加，1963年设计院员工达到1200人，化工部决定将橡胶工业研究设计院分为橡胶工业设计院和橡胶工业研究院两个单位。1968年根据“备战搬迁”的指示，化工部决定橡胶设计院成建制搬迁到桂林市。

1970年燃化部军管会主任决定，橡胶设计院搬迁到桂林的人员，在桂林成立桂林橡胶设计院；留京人员在西郊半壁店，恢复北京橡胶设计院。经过历年的整合、拆分、变更，在国民经济进入大改革前，橡胶设计有了相对稳定的发展机遇。

在这段时期，北京橡胶设计院为国家橡胶工业发展作出了重要贡献。一是编制了橡胶工业规范和标准，在设计产业中第一次提出标准化设计的方法，设计院形成了完整的设计体系。二是加紧橡胶工业基地建设的设计，先后完成了沈阳橡胶制品研究所、西北橡胶研究所、桂林特胎研究所、桂林轮胎厂、桂林橡胶制品厂、桂林乳胶制品厂、桂林橡胶机械厂、桂林自行车胎厂、宜昌军工809厂，以及国内第一个年产100万套轮胎的东风轮胎厂国家三线工程设计等橡胶工业重要的研发、生产基地，奠定了橡胶行业发展的基础。

第二节 直面挑战，勇于参与世界橡胶轮胎行业竞争（1971—1997 年）

20 世纪 70 年代末、80 年代初，国民经济得到飞速发展，高速公路的建设带动运输量激增，轮胎的需求快速增长。斜交轮胎的尼龙胎体轻量化和轮胎子午线化率的提升，给轮胎行业提出了新的课题，需要加大企业投入，技术升级改造，加快产品的升级换代。

北京橡胶设计院在主导技术进步、推动轮胎行业发展中起了重要的推动作用。80 年代初，院成立尼龙轮胎攻关小组，与主要轮胎生产厂共同组成了各个专题攻关组，对密炼机的上辅机系统、压延机加张力改造、帘布定长裁断、压辊包边成型机组、硫化机组、硫化机过热水装置、硫化以机代罐改造等专题进行攻关并取得重大科研设计成果，用于国家重点推广项目，使国内轮胎生产技术和产品质量有大幅提升，满足了当时的运输市场需求。

一、推动橡胶轮胎行业的子午胎化进程，实现轮胎产品的更新换代

80 年代初期，国内只有几条在研发的子午线轮胎试制生产线，没有形成经济规模，生产线的装备条件、生产环境条件都满足不了高精度子午线轮胎的要求。国内轮胎子午线化率还不到 1%，而欧洲达到 70% 左右。为实现产品升级，北京橡胶设计院组织了工艺、装备、工程技术的攻关，利用企业引进国外子午胎先进生产技术的机遇，完成了国内引进生产线项目的工程设计。

1987 年的桦林橡胶厂引进 10 万套全钢丝载重子午胎工程是中国轮胎行业第一次引进意大利倍耐力公司子午线轮胎生产技术和工程技术，北京橡胶工业设计院设计的该项目荣获国家优秀设计银质奖、化工部优秀设计一等奖。

1992 年北京橡胶设计院设计的北京轮胎厂引进意大利倍耐力技术的年产 30 万套子午线轮胎项目建成投产。

1993 年北京橡胶设计院设计的青岛第二橡胶厂 30 万套全钢载重子午胎（引进意大利倍耐力公司技术）和引进米其林尤尼劳尔半钢子午线轮胎技术的新建项目建成投产。该项目荣获国家优秀工程设计铜奖以及化工部优秀设计一等奖。

1993 年北京橡胶设计院设计的上海大中华橡胶厂引进 30 万条全钢载重子午胎生产线项目（项目引进美国费尔斯通轮胎技术）通过竣工验收，江泽民、朱镕基等领导到工厂参观。该项目荣获国家优秀工程设计金质奖，以及化工部优秀工程设计一等奖。

1993 年该院承担了沈阳橡胶三厂子午胎项目工程设计，该项目引进意大利倍耐力安全防爆轮胎制造技术，项目吸收了国外先进的工程设计和建设经验，总结了国内子午胎工厂设计建设的优劣，该项目成为中国子午胎工厂设计建设的范例。

北京橡胶设计院在实践中不断总结经验，根据国情进行技术提升，形成了自己的工程技术，设计建成了一批新的子午线轮胎生产线。1996 年起先后设计建设了安徽轮胎厂、咸海轮胎厂、荣成轮胎厂、河南轮胎厂、贵州轮胎厂、银川轮胎厂等，完成了行业 80% 企业的子午胎项目工程设计任务。该院设计制造的一系列子午胎生产重要装备，如炼胶车间炭黑自动气力输送系统、四辊压延机加张力测厚、半钢子午胎成型机、全钢子午胎成型机、双模硫化机等的国产化，推动了行业轮胎子午化的进程。

其间，该院还引进了医用丁基瓶塞生产线技术，解决了医用输液瓶塞掉渣难题，是国内制药业的重大提升。

二、形成具有广泛和深远影响的行业设计基础成果

北京橡胶设计院在几十年的工程设计技术发展过程中，不但提供了大量优秀工程设计成果，还编制了设计的基础资料和规范规定。

1958 年编写了全国第一套橡胶工厂设计规定《橡胶工厂设计手册》。1959 年编著的《轮胎生产工艺》《活板设计》出版，在设计行业第一次提出标准化设计的方法。

1962 年以来，该院先后组织编著“橡胶工业手册”“橡胶厂各专业设计技术暂行规定”“橡胶厂项目可行性研究报告内容和深度规定”“橡胶厂初步设计内容和深度规定”“橡胶厂施工图设计内容和深度规定”“橡胶厂工艺设计规范”“橡胶工厂设计技术暂行规定”“橡胶工厂设计参考资料”“国外橡胶设备资料图册”“橡胶机械通用零部件手册”“橡胶机械名词术语” “汉英橡胶工程设计常用分类词汇”等工程设计的基本规定和规范。

1979 年院建立了计算中心，实现了计算机辅助设计（CAD）和工程计算的计算机化。1989 年实现了工程设计全部计算机化，提高了设计水平和设计速度，在全国设计行业中较早地让设计人员脱离了图板制图。

中国石油和化工勘察设计协会挂靠该院的橡胶加工设计技术中心站、全国化工总图运输设计技术中心站是全国性的技术组织，承担国家、行业设计标准规范的编制和管理等工作。该院主办出版的《橡塑技术与装备》《橡塑化工时代》是全国性期刊出版物，在行业内有很大的影响力。

三、注重人才培养，加强队伍建设

为大力培养青年人才的发展，橡胶设计院建立了青年学科基金，并完成了国家下达的青年科学基金项目 10 项。橡胶设计院曾举办 ISO 9001 质量体系培训，受建设部中国勘察设计协会委托举办“全国工程总承包项目经理培训”等多项培训。为提升行业整体技术水平，加速青年人才成长，院规定每周半天进行各专业的技术学习交流。这些技术培训学习，使该院整体技术水平达到国际水平，为开拓国外市场以及抢占中国的高端工程市场打下良好基础。

第三节 技术领先，开拓国内、国际两个市场（1998—2004年）

一、改革开放，走向现代化的企业体制

1981年，经化工部基建局审核，颁发该院国家建委的“准予勘察设计证书”。

1985年，根据“中共中央关于科学技体制改革的决定”，设计院按科研、设计、生产实行分口管理，管理体制从事业型向技术经营型转变。

1993年，北京橡胶设计院先后取得了建设部颁发的甲级工程设计证书及甲级工程承包资格证书，从单纯的工程设计实现了实施工程总承包的跨越。

中国的改革开放，吸引了技术先进、产量在世界前列的国际轮胎公司（集团）进入中国投资建厂，带来了先进的技术和生产管理理念。北京橡胶设计院1998年承担的“韩泰轮胎（嘉兴）有限公司500万条轿车、轻卡、丁基胶内胎工程设计”项目是外资独资建设的第一个子午胎生产厂。除此之外，北京橡胶设计院先后承担了锦湖（天津）轮胎厂半钢子午胎项目、锦湖（南京）轮胎厂全钢载重子午胎项目、锦湖（长春）轮胎厂半钢子午胎项目、普利司通（沈阳）有限公司子午胎项目、上海米其林高性能子午线工程、大陆（合肥）轮胎厂半钢子午胎项目、普利司通（天津）轮胎有限公司半钢子午胎项目、大连固特异轮胎有限公司搬迁项目和新建卡车胎项目、韩泰轮胎（重庆）有限公司全钢载重子午胎项目等世界排名前十强的外资独资项目。通过这些项目的设计，使北京橡胶设计院的工程设计、工艺设计、节能环保绿色建设、管理水平都有了很大提升，与国际水平接轨，对提高中国子午胎生产技术，提高产品质量、份额起了很大作用，也为该院承担一大批国内企业的子午胎项目打下了基础。

1998年以来，北京橡胶设计院先后完成了山东三角成山集团有限公司、银川（长城）轮胎有限责任公司、上海轮胎橡胶（集团）股份有限公司、上海轮胎双钱集团（如皋）轮胎有限公司、华青轮胎有限公司、青岛橡胶（集团）有限责任公司、山东成山轮胎股份有限公司、河南风神轮胎股份有限公司、山东泰山轮胎厂、贵州轮胎股份有限公司、山东永泰化工集团、山东三工橡胶有限公司、银川佳通轮胎有限公司、四川轮胎橡胶（集团）股份有限公司、双喜轮胎工业股份有限公司、百力橡胶轮胎（温州）有限公司、福建省海安橡胶有限公司、建泰橡胶（天津）有限公司、陕西延长石油集团橡胶有限公司、新疆新昆轮胎有限责任公司、广州丰力橡胶轮胎有限公司、中国化工橡胶桂林轮胎有限公司等四十多项全钢载重子午胎、半钢轿车轻卡子午胎、工程子午胎和工程巨型子午胎工程。

到2019年底，中国子午线轮胎的年产量达到84226.2万条，位居世界第一，占世界轮胎总产量的43%以上。轿车轻卡胎子午化率达到100%，载重胎子午化率达到90%以上，工程胎子午化率达到70%以上，成为世界轮胎制造强国。

二、以先进技术为前导，以精品战略为目标，开拓国际市场

北京橡胶设计院1957年承担援外新建越南金星橡胶厂的工程设计，1970年承担朝鲜浦满橡胶制品厂耗胶2200吨/年和顺川轮胎厂年产30万条工程设计，1972年进行阿尔巴尼亚都拉斯橡胶制品厂（18类产品）工程设计，1986年承担尼泊尔喀尔尼廓轮胎厂设计和部分装备的供应，1991年承担泰国OTANI橡胶轮胎有限公司工程设计和部分设备的成套输出，探索走向国际市场。

第四节　创新驱动，不断拓宽工程建设新领域（2005—2019年）

一、企业重组，扩大工程领域

2005年4月，中国化工集团总公司组建昊华工程有限公司，明确公司致力于橡胶、氟化工、环保及其他化工领域，从事工程项目管理、工程总承包、工程咨询、工程设计、工程监理、工程招投标和环境污染防治工程等业务。

2016年蓝星环境工程公司并入昊华工程公司。2018年昊华工程公司更名为蓝星工程公司，并确立在橡胶、环境、化工三大行业板块中致力于工程设计、技术研发与工程总承包，积极开拓海外市场。

二、科技创新先行，夯实企业实力

中国成为世界轮胎创新型的制造强国，形成了门类齐全的生产链。国家出台的各项产业政策以及市场需求，推动中国轮胎行业向智能制造、制造信息化、生产自动化和装备自动化、融合MES管理模式的绿色智能制造方向发展。在此进程中，蓝星工程公司始终以客户需求为中心，致力于向客户提供完善的项目整体解决方案，为客户创造更大的价值。同时注重环保、绿色生产理念，实现企业的社会责任。公司取得质量、环境和职业健康安全管理体系认证。

项目管理应用P6系统保证工程项目总体目标的实现，对工程进行综合控制管理尤为重要，使整个项目的运行达到实时监控，提高了在设计、工程总承包中的管理水平和社会经济效益。

2014年公司成立BIM团队以来，充分利用自身技术优势，根据客户特点和需要解决问题，为客户提供合理、专业、满意的项目全生命周期咨询服务。

基于三维数字技术所构建的“可视化”BIM建筑信息模型，为设计工程师和客户提供“模拟和分析”的协作平台，消除理解误差，极大地提高沟通效率。利用BIM技术，搭建工艺、建筑、结构、水暖电等专业的BIM模型，设计师能够在虚拟的三维环境下方便地发现设计中的碰撞冲突，从而极大地提高了管线综合的设计能力和工作效率。

公司在2015年的大陆马牌轮胎（合肥）轮胎公司项目中应用三维数字技术受到业主和设计人员的欢迎，该技术也是今后工业工程建设的发展方向。结合Smart Plant 3D技术可以帮助EPC和业主运营商提高至少30%的工程效率和设计生产率。

公司不断改进自身的工程技术，如：一次法连续炼胶系统，在韩泰轮胎（重庆）公司全钢载重子午胎项目中应用，其有完善的环保送排风系统、胶片压制供胶和冷却设置，达到环保、卫生要求的同时，提高了混炼胶质量和生产率；硫化烟气处理技术，从上海轮胎橡胶（集团）公司闵行工厂引进国外大围罩排放方式，到大陆（合肥）轮胎厂项目硫化烟气做到集中处理、无味环保排放；炼胶烟气集中处理、氮气硫化和氮气回收系统、闪蒸汽利用、全厂节能密闭式循环系统、高耐磨地面、自动化成品仓库消防系统等技术大大降低了产品的综合能耗，推动了轮胎行业的绿色化进程。

三、创新发展，拓宽工程市场

蓝星工程公司在原有橡胶行业的基础上，拓展环境工程、化工工程和工程总承包等业务板块，不断增强企业活力。

2006年，公司承担的西安金珠近代化工有限公司年产5000吨HFC-134a工程放大设计与产业化示范工程荣获中国石油和化学工业协会科技进步一等奖以及国家优质工程银质奖。

公司承担了印度古吉拉特氟化学公司年产6000吨TFE设计项目。在氟化工方面，公司紧跟国家环保产业政策，承揽了五个尾气焚烧和CTC转化项目。通过不断探索和努力，公司成功拓展了化工工程施工管理（PM）和环保工程总承包业务，如四平昊华化工公司20万吨/年离子膜烧碱和20万吨/年PVC项目建筑安装工程施工管理、风神轮胎500万套子午胎炼胶废气治理总承包、贵州水晶化工公司电石渣综合利用年产100万吨水泥项目管理总承包、湖北沙隆达公司6000吨/年固体废物焚烧总承包、湖北沙隆达公司杀虫剂系列产品整体搬迁升级改造总承包、贺兰县洪广镇及暖泉工业区污水处理厂总承包、石家庄市藁城区再生水回用总承包、银川生物科技园污水处理厂提标改造总承包、内蒙古准格尔旗薛家湾镇大路新区高含盐废水再生利用处理总承包、巴基斯坦国家炼油公司OSBL凝结水收集与处理系统总承包等工程项目。

2009年，公司承接了第一个化工企业的管理总承包项目“新疆华泰重化工公司工业园二期项目36万吨/年聚氯乙烯树脂配套30万吨/年离子膜烧碱热电系统工程”。2019年2月，公司联合中标的国家重大科技基础设施燃烧室试验平台EPC项目，是国家“十二五”重大科技基础设施项目，也是江苏省重点项目。2019年机械竣工的青海省博鸿化工科技公司5万吨/年铬铁碱溶氧化新工艺制铬酸盐清洁生产项目电解整流工序一期工程总承包项目是全国首套铬铁碱溶氧化新工艺制铬酸盐清洁生产项目。

2017年12月，公司取得北京市高新技术企业证书。截至2019年底，公司取得40余项国家专利，其中发明专利占比50%以上。主编、参编国家和行业标准规范20余项。

四、沿着“一带一路”开拓前进

“一带一路”重大战略决策，开启了开放的新格局，也为公司拓展业务提供了新机遇。由此，公司先后承担了尼泊尔喀尔尼廓轮胎厂设计和部分装备的供应、缅甸年产30万条子午线轮胎厂总承包项目、缅甸德通轮胎厂改造项目、乌兹别克斯坦安格连轮胎厂设计项目、江苏通用科技股份有限公司泰国曼谷高性能子午胎设计项目等，公司逐步进入国外工程设计和总承包市场。

在“一带一路”倡议引领下，在中国智造目标指引下，公司将努力开展橡胶、化工和节能环保等领域的国内外工程业务，不断提升核心竞争力，增强企业活力，努力实现公司新的发展目标。

（蓝星工程有限公司　臧庆立）

自主创新谋发展　砥砺前行谱新篇
——云南化工设计院有限公司发展纪实

云南化工设计院有限公司的前身为云南省化工设计院，成立于1974年9月，并于2004年完成整体改制，曾先后隶属云南省石油化学工业厅、云南石化集团有限公司和云南煤化工集团有限公司，是知识密集、人才集中、为国家和社会提供智力服务和技术支持的高新技术企业，云南省石油化工行业甲级骨干咨询设计单位。

经过40多年的探索实践，公司走出了一条自主创新的发展之路，从单一的设计院成功转型为以咨询设计、工程总承包和项目管理为主业，兼具技术研发的高新技术企业。现有职工160人，专业技术人员占95%以上，其中教授级高工15人、高工56人，工程师46人，各级各类国家注册执业人员96人次。建院以来，该公司先后完成国家和社会大中型基本建设项目1200多项，发挥了较好的经济、社会和环境综合效益，为云南经济社会与化工事业的发展作出了重要的贡献。

第一节　始于支农，平稳发展（1974—1982年）

云南省化工设计院的前身是1958年成立的云南省石油化学工业厅设计处。单位成立之初，正值农业生产恢复性大发展时期，人民群众迫切希望解决温饱问题，粮食生产成为重中之重。而化肥作为农作物的粮食，也受到了特别的重视。因此，单位成立之初，就承担了云天化8万吨/年硝酸、11万吨/年硝铵、32万吨/年合成氨、52万吨/年尿素的重点工程设计任务。第一代的云南化工设计人在金沙江畔的荒地上安营扎寨，与众多项目建设者一起风餐露宿，顶烈日战高温，为项目的建成投产日夜奋战。1977年合成氨、尿素项目建成投产，1981年硝酸、硝铵建成投产。自此，一袋袋金沙江牌尿素从这个滇东北的边陲小镇走向云岭大地、西南地区乃至全国的广阔田野，播撒下农业丰产增收的希望。时至今日，金沙江牌的尿素仍是云天化化肥的拳头产品之一。

1974年9月13日，经云南省革命委员会（云革发〔1974〕110号）批准，云南省化工设计院正式成立，性质为事业单位，定编250人，隶属云南省化学石油工业厅，主要承担省内的化工医药项目（包括三废治理）的勘测设计、化工医药工业生产的发展规划工作。

通过一批具有代表性的重点项目的历练，单位在行业内树立起了良好的信誉，具有了一定的知名度，凝聚锻炼出一支技术过硬的专业队伍，其间完成的褐煤蜡及浅色蜡提取工程荣获1978年全国科学大会二等奖，显现出较高的技术实力，单位走上了平稳发展之路。

第二节　深化改革，提高水平（1983—1999年）

1983年7月，国家计委等三部委发布《关于勘察设计单位试行技术经济责任制的通知》（计设〔1983〕1022号），拉开了全国勘察设计改革的序幕。

设计院紧随国家的改革步伐，遵照云南省计委等相关政府部门要求，于1984年1月试行事业单位实行技术经济责任制的运作模式，实施事业单位企业化管理。经过多年实践，单位在市场运作、内部管理和科技内涵等方面都取得了长足的进步。其间，1000吨/年百菌清工业试验装置获1986年国家计委、经委、科委和财政部“六五”国家科技攻关奖；光明磷矿15万吨/年钙镁磷肥工程获1989年全国优秀工程设计铜奖，同期获得省部级优秀工程设计奖39项；1995年在云南省勘察设计单位综合实力50强评定中排第9名。资质等级得到提升，从业范围持续拓展，质量和管理水平不断提高，单位实力和信誉日益增强。

一、勇于尝试，积极推行技术经济责任制

1984年1月，云南省计委、财政厅等下发了《关于贯彻〈勘察设计单位试行技术经济制〉的通知》（云计设〔84〕051号），对推行技术经济责任制工作单位的经费管理、勘察设计收费标准、工作任务核定、资金管理等问题作了具体规定。设计院以敢为人先的勇气作为试点单位之一，于1984年1月开始了事业单位实行技术经济责任制的运作模式，正式投身市场经济的海洋，按市场要求开展生产经营，经费模式也从以前的事业费核拨转变为自收支的经济模式，单位在生产经营、分配制度和选人用人方面有了更多的自主权。

体制机制创新极大地激发了广大职工的生产经营积极性，借助多年积累的技术人才优势，多方出击争取项目，加班加点保证工期，精益求精确保质量。生产经营在此后的几年内就取得了令人瞩目的成绩，无论是单位产值，还是职工收入和福利，都走在了省内同行的前列，还为职工筹资建了住房，成为云南省勘察设计行业中的佼佼者。

在复杂多变的环境中，设计院领导带领全院职工迎难而上，在逆境中奋发，在磨难中蜕变，苦练内功开拓市场，初心不改化危为机，在市场经济的大海中砥砺前行，不断寻找新的经济增长点，不但使单位走出了困境，而且再上新台阶，一步步提升了单位的信誉与知名度，内部管理经历了专业室、综合室的几次反复，逐步形成较为成熟的专业室、设总（设计总负责人）相结合的项目管理模式。

二、资质等级和从业范围不断提升与拓展

计划经济时代，设计单位没有资质证书，设计任务由上级下达，经费也由政府拨付。为适应改革开放后的市场要求，设计院根据业务情况积极申请相关资质，在资质许可范围内依法开展设计活动。经过近十年的努力，资等级和执业范围都得到了较大的提

升和拓展，从最初只有化学工程、勘察工程两个专业逐步扩大到包括化工石化领域 4 个专业、压力容器压力管道设计、建筑工程、工程总承包和环境污染治理的多个领域，资质等级也实现了提升。

1987 年 12 月，取得建设部颁发的化学工程设计、勘察工程乙级资质证书。

1991 年 4 月，取得化工部颁发的磷化工单项甲级资质证书。

1993 年 6 月，取得建设部颁发的化工工程设计甲级证书，工程勘察乙级资质证书，国家质检总局颁发的一、二、三类压力容器设计证书。

1994 年 12 月，取得建设部颁发的工程总承包甲级资质证书。

1995 年 4 月，取得工程咨询甲、乙级资质证书。

1996 年 4 月，取得化工工程、建筑工程设计甲级证书，化学农药、橡胶制品、石化工程设计乙级资质证书。

1996 年 9 月，取得环境污染防治专项工程设计（废水废气甲级、固废乙级）资质证书。

三、强化质量管理，提高核心竞争力

1. 实行规范化管理

1974 年建院至 1988 年 2 月为传统质量管理模式。为提高设计质量、确保设计工期，设计院根据工作需要先后发布了一些质量管理方面的规章性文件，并在 1985 年 8 月制订出第一套较为完整的《技术管理制度》。该制度对云南化工设计院设计文件的格式、专业业务范围、设计条件及图纸会签、设计文件的编号及会签、质量评定办法、设计校审提纲、技术情报管理、优秀设计评选申报、设计文件归档以及各阶段设计文件的编制作了具体规定。1986 年 2 月又颁发了会议制度、资料、财务、人事、教育、行政等二十五个管理制度和规定，建立健全了各项管理制度，使各项工作有章可循，奠定了院管理工作规范化的基础。

2. 推行全面质量管理

1988 年 3 月 9 日，按照国家计委和云南省建委关于工程勘察设计单位推行全面质量管理的要求，设计院推行了全面质量管理。

通过 4 次全员性的学习、考试，向职工灌输全面质量管理的基本知识，召开三次 QC 小组成果发布会，使全院职工较为完整地掌握了 TQC 的实质内容，初步树立起全面质量管理的意识。同时组织力量编制完成了生产管理制度、技术管理制度、行政管理制度、财务管理制度和党群管理制度，各项工作有章可循，走上规范化、制度化管理的轨道。

1990 年 9 月，设计院以 88. 6 分通过云南省建委全面质量管理达标验收；1991 年 8 月 14—16 日，又以 89. 1 分通过复查验收，取得全面质量管理达标和复查合格证书。

3. 贯彻 ISO 9000 质量体系标准

1994 年 3 月，云南省建设厅转发建设部“关于勘察设计单位巩固深化全面质量管理，贯彻 GB/T 19000-ISO 9000 系列标准”的通知，全省勘察设计单位开始推行 GB/T

19000-ISO 9000 系列标准。1994 年 5 月，为适应国际市场发展需要，巩固全面质量管理成果，创造条件参与国际竞争，设计院开始贯彻推行 GB/T 19000-ISO 9000《质量管理与质量保证系列标准》，按照国际通用的体制对专业设置和分工、设计程序、方法和深度进行改革，并于 10 月制订了贯标的工作计划，开始贯彻 ISO 9000 质量体系标准。1997 年 3 月颁布执行编制完成的《质量手册》《程序文件》和《作业文件》，计划通过一段时间的运行，取得 ISO 9000 质量体系认证证书。但到 1998 年，公司因缺乏全过程的工程总承包业绩，认证工作未能按计划进行。

在推行全面质量管理、ISO 9001 质量管理取得初步成果，质量管理体系构筑完善的基础上，设计院还成立了技术委员会和标准化委员会，负责重大质量技术问题的审定和管理，认真执行国家和上级机关颁发的各项质量技术标准，通过经常性的设计质量检查活动和设计回访、设计质量抽查复查强化质量管理，对出现的工程设计质量事故及时处理解决、并制定预防措施以防类似情况发生，单位各项管理工作步入科学化、制度化、标准化、规范化、程序化的轨道。

1996 年，设计院开展档案工作目标管理晋升国家二级工作，1997 年 2 月通过云南省档案局和建设厅组织的考评验收，成为档案工作目标管理国家二级先进单位。

四、促进科技进步

1. 加强科技投入

云南化工设计院有限公司历届领导都非常重视人员培训、技术攻关和技术开发、技术资料和设备采购更新方面的投入。

根据生产和工作需要，行业协会和上级部门的要求，公司有计划地安排人员培训，满足了国家各级管理部门对不同资质等级人员职数的要求，使相关设计人员取得了资格证书，符合生产设计人力资源配置要求，能够按时保质完成生产设计任务。

公司每年都安排足够的资金购买设计技术资料、技术标准，按需下发各级生产和管理人员，保证国家各项技术标准的贯彻执行。

早在 20 世纪 80 年代中期，设计院就投入资金逐步购买了 PC-1500、286、386、486、586 及 Inter86/380 等种类型微机、小型机以及 APOLLO 工作站等计算机设备。90 年代中期又先后投资 300 万元组建了本院电算站和云南化工电脑中心，购置各型计算机、CAD 工作站、绘图仪等设备 200 余台（套）及相关软件并积极推广应用。1994—1999 年，公司每年都列出专项资金对 CAD 设计应用人员进行奖励，有力地推动了 CAD 辅助设计工作的开展，在较短的时间内完成了设计人员计算机应用培训，全体设计人员都能用计算机进行设计，CAD 应用工作走在云南省及全国省、市化工设计院前列。

2. 狠抓科技攻关

技术是企业生存和发展的根本保证，技术开发的力度和拥有新技术的数量关系着企业生命力和可持续发展能力。以优质服务赢得信誉，以特色设计拓展市场是设计院的宗旨。强化没有技术就没有市场的创新意识，推动创新工作的开展，以创新能力的提升，创造更多的创新成果，以创新成果的推广转化，促进企业的技术进步和产业升级。每承接一项新的任务，投资、技术方案的论证，技术难点的分析、技术攻关都贯穿工程设计项目始终。在项目的实施中开发新技术，培育新的经济增长点。在化工化肥、医药、农药、生物工程、轻工食品、市政工程、环境保护等方面已初见成效。单位经营状况良好，具有可拓展的良好势头。

3. 主要业务领域和工程科技成果

坚持以设计为主，拓展承包、监理业务，争取高新技术产业，坚持持续发展的方针，公司完成了化工（如化肥、硫酸、磷酸、盐酸、烧碱、电石、黄磷、磷酸盐、农药、橡胶）、轻纺食品、生工医药（医药、生物）、民用建筑、市政公用等工程咨询、设计及承包、监理等各种业务总计千余项，曾先后与美国、法国、德国、意大利、俄罗斯、日本等国进行了技术交流与合作设计，获得国家及部省级以上奖励 34 项，化工部化工专有技术 1 项。

主要工程业绩有：云南沾益化肥厂 6 万吨/年改 20 万吨/年合成氨，云南磷肥工业公司 6 万吨/年黄磷，40 万吨/年重钙，云南红河磷肥厂、贵州息烽重钙厂 20 万吨/年硫酸，云南三环嘉吉中化公司 60 万吨/年磷铵，云南维尼纶厂 2 万吨/年聚乙烯醇，云南天然气化工厂 1 万吨/年季戊四醇，云南化工厂 1000 吨/年高效低毒低残留农药百菌清，云南氮肥厂、云南天然气化工厂 1500 万条/年编织袋，云大科技公司 150 公斤/年植物生长调节剂，云南盘龙云海药业公司排毒养颜胶囊，云南生物谷药业公司灯盏花系列产品，楚雄德力高啤酒公司 3 万吨/年啤酒，贵州开阳五钠厂 3 万吨/年五钠，缅甸锡唐纸厂 5000 吨/年氯碱，瑞丽华丰 8.5 万平方米大型综合市场，云南磷肥工业公司磷炉厂房（钢结构），安宁市政府大楼，保山兰都饭店等大中型建设项目。这些工程项目先后建成投产，发挥了良好的经济、社会和环境效益，赢得了社会各界和顾客的高度评价与赞誉。

第三节　整体改制，创新发展（2000—2019 年）

一、改制重组设立民营企业

为了贯彻国家工程勘察设计单位体制改革以及深化国有企业改革通知的精神，全面转换经营机制，建立现代企业制度，设计院按照《中华人民共和国公司法》等政策法规，结合本院实际与发展，于 2003 年 9 月编制上报了院《整体改制实施方案》。2004 年 5 月 9 日，云南省深化国有企业改革领导小组办公室下达“关于对云南省化工设计院实施国资全部退出与组建民营企业的复函”（云企改办函〔2004〕24 号），6 月公司改制方案分别获省国资委、省劳社厅和省财政厅的批复，7 月 16 日省工商局核准注册云南化工设计院有限公司，7 月 18 日顺利挂牌成立，成为云南省第一家成功整体改制的勘察设计单位，为云南省和行业省市设计院的改革提供了成功的经验和借鉴。

设计院根据国家和云南省关于勘察设计单位改制为科技型企业的有关方针政策，按照科技型企业的思路，对内部各项管理制度进行了相应的改革。从设计管理体制入手，加强了对项目的管理，实施严格的质量、进度和费用控制。积极推进三项制度改革，不断探索与现代企业制度和市场运行机制相适应的工资分配制度（企业岗技工资制）。通过以产权制度改革为突破口的体制改革，使公司真正成为产权清晰、责权明确、政企分开、管理科学的工程有限公司，成为自主经营、自负盈亏、自我约束、自我发展的法人实体和市场主体，实现了单位管理体制和运行机制新的创新和飞跃，促进了经济效益的持续快速发展。

体制的创新使企业焕发出勃勃生机，快速反应机制的建立使得生产经营和各项管理工作呈现出一派奋发向上的全新景象。整体改制完成以来，公司党委坚持党对企业的领导，充分发挥政治保障作用，正确把握民企发展方向，积极探索非公经济企业党建工作方法途径。加强群团组织领导，保障员工合法权益，正确处理国家税收、员工收入和股东利益关系，积极倡导企业文化理念，努力培养高效协作团队精神，历年党建和党风廉政建设经上级党委考核为优秀，在连续多年保持昆明市文明单位的基础上，党委获得云南省国资委党委和云南省委组织部“云岭先锋”优秀基层党组织，公司获得国务院国资委、国家科技部、中国科协和国家发改委“讲理想比贡献”先进集体荣誉称号。

二、资质等级和执业范围再次提升拓展

取得化工石化医药行业甲级资质；建筑行业（建筑工程）甲级资质；环境工程设计专项（水污染防治工程、大气污染防治工程、固体废处理处置工程）甲级资质；轻纺行业（食品发酵烟草工程、日化及塑料工工程）专业乙级资质；市政公用行业（给水、排水、燃气、环境卫生）专业乙级工程设计证书；A1、A2、A3 类压力容器、GB、GC、GD 类压力管道设计证书；工程咨询甲、乙级证书。

2017 年 7 月 22 日，根据国务院《关于取消一批行政认可事项的决定》取消了对工程咨询单位资格认定的行政许可，2018 年根据国家发展改革委关于印发《工程咨询单位资信评价标准》的通知（发改投资规〔2018〕623 号）要求，取得工程咨询单位资信评价甲乙级证书，为公司生产经营开展提供较高的资质资信保障。

三、拓展总承包业务，努力做大做强

2004 年公司开始 EPC 总承包的尝试，以云天化国际红磷分公司 80 万吨/年硫黄制酸工程总承包项目为标志，云南富瑞化工有限公司 60 万吨/磷铵、产品输送系统项目，40 万吨/年重钙装置热源技改工程，云天化国际红磷分公司低温位热回收（HRS）项目，云南三环化工有限责任公司 10 万吨/年重钙及 NPK 复合肥技改项目，云南天创科技有限公司高品质磷酸钙盐装置 GMP 认证，云南云天化国际化工有限公司三环分公司陈化浓酸区新建磷酸贮槽项目 5 万吨/年中和法磷酸二氢钾技术改造项目，云南三环中化 80 万吨/年硫酸余热回收及发电项目等一批省内 EPC 总承包工程的成功建成投产，不仅使公司营业额得到了大幅提升，企业信誉和市场知名度也大大增强，还实现了公司经济创收模式从单纯的设计到交钥匙的总承包的转型。

2010 年 8 月 28 日，公司中标了全国公开招标的贵州瓮福紫金公司福建磷铵项目 40

万吨磷酸二铵总承包（EPC）工程，这是公司工程总承包走出省外发展的第一步，具有重要的里程碑意义。之后，内蒙古大地云天化工有限公司120万吨/年缓控释肥项目一期60万吨/年缓控释肥装置EPC总承包装置、120万吨/年缓控释肥项目一期热电站、贵州瓮安黄磷厂5万吨/年黄磷节能环保磷电一体化项目、贵州瓮福池水制5万吨/年饲料磷酸氢钙、贵州马场坪工业园区中水深度处理回用技术改造项目等省外EPC总承包项目相继顺利建成投产，工程总承包走出省外发展之路越走越宽。最为重要的是，公司在硫酸、磷肥和黄磷生产方面不仅走出云南，走到省外，而且走出了国门。

四、重启管理体系贯标认证，为转型升级提供制度支持

2001年4月，在北京方圆九千认证咨询公司的咨询指导下，重新启动ISO 9001—2000的质量体系贯标认证工作，进行全员贯标，骨干内审员培训，编制《质量手册》《程序文件》《作业文件》等体系文件，制定质量方针和质量目标，完成文件合规性审查，并于6月15日发布实施，9月28日顺利通过北京九千质量体系认证中心ISO 9001质量体系认证审查，10月18日取得ISO 9001—2000中国国家认可委和英国皇家认可委颁发的CNACR、UKAS证书。2012年10月18日，公司首次取得环境管理体系认证证书GB/T 24001—2004/ISO 14001—2004及职业健康安全管理体系GB/T 28011—2001/OHSAS 18001：2007，质量管理体系继续保持认证。至此，三标一体（QHSE）管理体系正式建立。并且每年都按相关规定按时开展年度监审和换证审查，保持管理体系的有效运行和持续改进。

公司改制15年来，建立健全QHSE管理体系，坚持管理方针的全员宣贯，认真落实各项管理目标，加强方案评审及验证检查，不断提高设计质量和服务水平。确保各年度产品质量合格率达到100%，优良率≥85%，产品质量和服务顾客满意度≥85%，环境安全和职业健康指标达到规定要求，有效控制了质量安全、环境保护和职业卫生重大责任事故的发生。

以管理方针和管理目标的贯彻实施和持续改进，为企业转型升级提供制度保障。

五、加强科技研发，增强企业创新能力

创新是企业发展的根本动力，以技术创新促转型谋发展是企业的永恒追求。公司改制以来，及时适应市场需求，成立了专门的研发机构组织统筹公司研发工作，投入大量的资金和技术力量，不断增强公司的科技创新能力，致力于打造以市场为导向、具有市场竞争力的核心技术。公司与昆明理工大学化学工程学院、云南省化工研究院开展产学研合作，充分利用高校的技术、人才和科研资源，公司的工程设计能力，研究机构的实验仪器设备及图书资料，解决实现产品生产和技术改造中遇到的技术难题，将研发成果通过工程实例转化为现实生产力。在公司的资质范围内开展化工、轻工食品、生工医药以及民用建筑、市政工程及节能环保等行业的工艺技术改进、废弃物资源化利用技术开发、节能降耗、循环利用技术开发、新产品研究开发并取得了多项独有的专利技术，形成了多项技术成果。

改制15年来，公司获得省部级优秀工程设计奖52项，化工专有技术8项，实用新型专利26项。持续的创新和研发还为公司打造出一张亮眼的名片。2014年8月，公司取得高新技术企业证书，并在2017年再次通过认定，保持了高新技术企业的荣誉。由于研发项目是从各年度工程咨询设计和总承包项目中选取并同步实施，研发成果为业主单位解决了生产工艺和设备方面的技术难题，减少了投资，降低了能耗、满足了国家对环保的要求，真正体现了设计在工程建设项目中的龙头作用，也成为公司的核心技术和创新成果，形成公司新的市场竞争力，为公司赢得了客户和市场，赢得了信誉，推动了公司的持续稳定发展。

六、规划战略，引领未来

转型是企业自身生存和发展的内生需求，更是市场经济发展的必然结果。经过十多年的快速高效发展，公司步入转型升级和提质增效的关键困难时期。为了全面开创公司改革发展的新局面，顺利推动公司持续稳定快速发展，根据内外部经济环境变化并结合公司实际，在几次改革发展研讨会的基础上，制定了公司三年（2019—2021年）战略发展规划。明确了公司的愿景、使命和核心价值观，以“创建国内知名、创新引领、具有特色的科技型工程公司”为企业愿景，旨在做强做大经济规模，做专做久业务平台。以“发展企业，奉献社会、服务顾客、回报员工”为企业使命，旨在强调发展主题、承担义务、服务对象和正确处理国家、社会和员工利益关系。以“爱企敬业，追求卓越、成就自我，快乐生活”为企业核心价值观，旨在倡导企业和员工共同发展，努力构建全体员工与公司共同发展的命运共同体。确定了公司“1235发展战略”，旨在着力培养一个核心竞争能力，做实两大业务板块，开拓三个市场领域，实施五项战略举措，推动公司转型升级提质高效发展。

新一代的云南化工设计人正在迈开第三次创业的步伐，向国内知名，创新引领，具有特色的科技型工程公司的美好愿景大步前进。

（云南化工设计院有限公司　骆敏）

六十载中流击水更豪迈
——浙江工程设计有限公司发展纪实

六十载时光荏苒，浙江工程设计有限公司夫如何？

浙江工程设计有限公司（原衢化公司规划设计院，简称浙江工程院）的答卷，厚重而辉煌。曾为项目“吃不饱”求出路的企业设计院，在经历了3次改制4次创业后，发展成为有职工近300人的高新技术工程公司。其中教授级高工5人，高级工程师106人，工程师97人，拥有化工、建筑、结构、电气、动力、暖通、给排水等专业国家注册执业工程师120多人次。成立60年来，浙江工程院在涉及氟化工、氯碱化工、石油化工、医药化工、环保、新能源新材料、电力及建筑行业等领域完成了数千项工程设计及工程总承包（EPC）项目，在氟化工领域具有独特的专有技术，并先后获得数十项国家级、部、省级优秀设计和科技成果，为全国石油化工产业发展作出了重要贡献。浙江工程院已经在项目设计咨询、项目管理、工程总承包3大板块形成了自己的发展特色。

60载负重前行，60载改革之路，浙江工程院正是依靠中流击水的拼劲，在化工设计市场中闯出一条属于自己的路，取得了引以为傲的成绩。浙江工程院从衢州南孔圣地出发，走向美丽的杭州西子湖畔凤凰山脚下，足迹踏遍全国乃至走出国门，正迸发出崭新的活力。

第一节　与巨化同生共长（1958—1998年）

1958年，随着衢州化工厂在衢州千塘畈成立，浙江工程院的前身衢州化工厂设计处也应运而生。第一代设计人硬是用图版和铅笔描画出了一座蔚为壮观的十里化工城，开启了浙江工程院的初次创业。

作为衢州化工厂的专业部门，从1958年6月设计处到1984年11月更名为衢州化学工业公司规划设计院，再到1993年11月更名为巨化集团公司规划设计院，这段时期浙江工程院可谓与母公司同命运共生长，共同经历了国企发展改革的历程。

改革开放后浙江工程院开启了二次创业，在市场经济异常繁荣的90年代中后期走上企业发展的新路。

第二节　从“吃不饱”到走出去谋出路（1999—2002年）

按照国家对设计企业管理的要求，1999年11月，巨化集团公司规划设计院变更为具有独立法人资格的浙江工程设计有限公司，为巨化集团公司下属全资子公司，注册资金1000万元人民币。在长期计划经济的惯性思维下，90年代的浙江工程院在业务上仍然过着“饭来张口、衣来伸手”的日子，设计业务主要依靠巨化集团内部项目。而此时巨化集团也正处在国有企业发展的十字路口，加之地处经济落后的浙西地区，浙江工程院业务上“吃不饱”，人才留不住，新招不愿来，企业发展举步维艰。公司从原来鼎盛时的近200人降到最少时的不足百人，大部分人都去了省内经济发达的杭州和宁波发展。

2001年初冬的一天，公司召开了专题座谈会，讨论和研究公司今后生产发展问题，提出了重视单位设计资质升级工作，设法留住和吸引人才，重视人才培养和人才资源开发，走向杭州发展及与大院联合的路子等想法。也正是从那次会议后，公司开始插上了放飞理想的翅膀。

要走出去，首先摆在面前的就是企业资质问题。经过一年多的努力，公司终于在2002年取得了建筑、化工“双甲”设计资质，公司的主营和兼营的范围逐渐拓宽，并改变了设计模式。为了今后能开启总承包业务，浙江工程院在中国石油和化工勘察设计协会的支持下开启了对项目经理的培训取证工作，为获得国家建设部颁发的乙级工程总承包资质证书作人才储备。

为了留住和吸引人才，公司多次公开招聘选拔专业技术人员，提出了“三个留人”政策（即待遇留人、事业留人、股权留人）。公司积极创造条件并重视项目经理、研究生等高层次人才的培养；立足市场、依托巨化，建立外部的业务渠道，不断提升巨化外部项目占比；强调必须推进内部改革，建立和完善竞聘上岗制度，管理人员要转变观念，积极为专业人员做好服务；专业人员要拓宽知识面，相近的专业能做到相互兼任，一专多能。这些为走出衢州到杭州发展打下了坚实的组织和思想基础。

公司针对企业现状及省内外设计市场的研判，根据建设〔1998〕257号文《中小型勘察设计咨询单位深化改革指导意见》、国办发〔1999〕101号文《国务院办公厅转发建设部等部门关于工程勘察设计单位体制改革若干意见的通知》等文件精神，2002年秋提出了改制迁址求生存的方案，最终得到大部分员工及巨化集团公司的支持。自此浙江工程院拉开了股权多元化改造的大幕。

2003年2月公司注册资金增加至1500万元，通过引入外部投资者将公司由原来巨化集团全资持股变为巨化集团公司占股60%，浙江巨化股份有限公司占股13.33%，中国五环化学工程公司占股6.67%，杭州金联电器有限公司占股6.67%，浙江工程院员工占股13.33%，完成了第一次实质性的改制，为公司开启到杭州发展搭建好了平台。

第三节　迁址杭州开始三次创业（2003—2007年）

经过认真筹备，2003年5月18日浙江工程院迈出了走向杭州发展的重要一步。

那时正值非典期间，浙江工程院近百名员工，分两批乘坐大巴车从衢州巨化出发驶往杭州市上城区江城路 395 号一幢七层的自购办公楼。大家告别家人，每个人带着一条被子和一台电脑，住进了杭州办公楼七楼临时改建的集体宿舍，一夜之间，回到了“单身汉”生活。从这里开始，重新开始再创业生涯。

经过全体员工的共同努力，初到杭州第一年就取得了优秀的成绩：突破地域限止，从一个企业下属单位战略性转移到杭州后成为一个省级“双甲”设计企业。营业收入突破千万元大关，人均突破 10 万元；经过一年多的努力，公司获得了甲级咨询资质。进一步调整利益分配关系，50% 的工资纳入产值分配，革新了奖金核算办法。充分利用巨化集团下属兄弟企业的资质，具备开展监理、安评业务的条件。积极开展设计创优工作，获得省级优秀工程设计和工程咨询成果奖各 1 项。

到 2005 年，浙江工程院的业务范围已经走出浙江，覆盖到“长三角”及河南、江西等地，巨化集团内外部项目合同额比例达到了 4∶6，连续 3 年实现业务量外部大于内部的目标。

经过 5 年艰苦卓绝的“三次创业”和艰难的磨合，浙江工程院终于在杭州立住了脚，扎下了根，员工们逐渐转变了观念，有了平稳的心态，公司的产值和员工收入有了快速增长。但看到成绩的同时，浙江工程院也看到了发展瓶颈，经济总量太小，盘子不大，设计行业人均产值进一步增长难等。接下来的任务，就是要千方百计突破这些发展瓶颈。

第四节　从沉淀积累到质的跨越（2008—2013 年）

搬迁杭州 5 年间，全体人员为公司的生存赢得了空间，为公司的发展打下了坚实的基础；公司在资质方面取得了化工、石化、建筑行业甲级咨询证书；管理信息系统的投用使得公司的经营、生产管理从手工台账走向信息化，提高了规范化程度，管理效率也大幅提升；经营业务更是大幅度提升，签订合同额超过五千万元，开创了公司年合同额签约新高。

然而，在这期间，外部的经营环境也发生了深刻的变化，美国次贷危机引起的世界金融危机造成经济运行环境不断恶化，严重影响了公司经营工作的顺利开展。部分已签合同、中标或跟踪项目被不同程度地暂停、改变方案或延迟实施，争取项目的难度就更大了。但本着越是困难越向前的精神，全体员工全力以赴，仍取得了较好的经营业绩。为了克服金融危机带来的影响，公司一方面继续加大业务承接，一方面深化内部改革，做好沉淀和积累。

为了进一步调整企业产权关系，充分调动企业经营者和全体员工的积极性，留住人才保住资质，2008 年 5 月公司向员工进行了定向增资，注册资金由原来的 1500 万增加到 2000 万元。在巨化集团公司和董事会的大力支持下，公司克服各种难以想象的困难，在银行 800 万元贷款到期之前一天，终于完成了第二次增资扩股工作，员工持股从 13.3% 扩大到 35% 。

公司要生存发展，没有捷径可走，唯有加快设计进度，提高产品设计质量。为此，公司采取了一系列措施，把所有项目层层分解，任务具体落实到人，做到人人有压力，人人有动力；对项目策划、人员安排、进度节点控制、互提资料、出图管理全面纳入信息管理系统，能够实时跟踪项目进展情况，以便及时调整项目；采取断然措施进行进度节点的奖惩；对安排不过来的项目，将方案讨论安排在晚上进行，通过以上措施，项目进度有了明显好转。

为确保工程设计质量，狠抓总图和工艺方案的讨论，对大多数项目做到了事前指导，并督促各专业室的校审严把质量关进行过程控制，确保出院设计产品的优良率。当年有 3 个项目获得化工行业优秀奖，是单年度获奖最多的一年。

为实现公司中长期可持续发展，公司开展了“自主创新年”活动，与浙江大学材化学院联合成立了“浙大 ZEDC 化工设计创新基地”和“浙大 ZEDC 大学生化工设计实践教学基地”。基地的建立不仅为公司设计创新进行了有效的探索，在青海 ADC 项目工艺包编制中取得了初步成效，而且也为浙大学生的化工设计课程教学和课外科技活动提供了支持。

工程总承包业务经过多年的努力，在四氯乙烯、江西赛维等项目的实践基础上，2009 年终于有了实质性进展。当年与阿科玛（常熟）氟化工有限公司签订了废盐酸综合利用项目 EPC 合同，虽然项目合同不大，但承接的是外资公司与国际接轨的项目，操作要求非常规范，为今后规范运作工程总承包打下了良好的基础。

经过多年的打拼，经营人员主动出击，足迹遍布全国 17 个省和自治区，行程 12 万公里。在发挥原有氟化工、氯碱化工等优势领域的同时，成功地迈进了精细化工、石油化工、新材料新能源和医药等领域，2013 年设计合同额更是超过亿元，再次创下了历史最好水平。

第五节　转型发展踏上新的发展起点（2014—2019 年）

2014 年初，浙江工程院一举中标中国平煤神马集团己二酸己内酰胺成套装置 EPC 工程总承包项目。消息传来，大家既兴奋又担忧，兴奋的是公司上下努力多年的工程总承包业务终于取得了实质性重大突破，担忧的是我们是否已经准备好去实施一个 4 亿多元的总承包项目。

为此公司领导班子果断提出了转型发展的目标，借着这次平煤神马总包项目的承接，可以通过项目促转型，也通过转型促公司发展。很快公司结合行业未来发展趋势，推出了公司中长期发展规划，确定了浙江工程院“一个转变，两大领域，三项建设”的总体发展战略，即以实现向工程公司成功转型为目标，以为客户提供具有公司特色的增值服务为宗旨，全面完善公司运营管理体系、人力资源体系及组织保障体系，最终实现工程设计咨询和工程总承包两大业务并举的格局。

在平煤神马总包项目实施的 2 年时间里，项目团队为了项目的顺利实施常年守在工地，以工地为家，以推进项目为使命，以破釜沉舟的决心开启了新的发展历程。功夫不负有心人，两年后项目圆满完成，浙江工程院获得了业主的高度认可，并为后续项目合同的获取打下了良好基础。神马一、二期己内酰胺总承包项目的顺利完成，标志着浙江工程院的工程总承包真正步入正轨，打响了浙江工程院工程总承包的名气。

从向外借人到培养出自己的人才，后来这批人又成为了各个总承包项目的经理。目前这些项目经理都已能独当一面，活跃在各大项目现场。通过设计支撑总包、总包提升设计，从而达到设计与总包能力双提升，真正构建起以设计为支撑、总包为拉动的发展模式。

目前浙江工程院承建的项目均已实现自主设计、自主采购、自主施工、自主开车、自主管理，关键设备国产化率超过 90%，项目建设成本得到较好控制。2014 年以来，浙江工程院先后承接了平煤神马己内酰胺一期和二期、巨化 5 千吨/年氟化学品联产项目、巨化 R32 一二期项目、阳煤太化己内酰胺和环己酮提产提质改造项目等一系列工程总承包项目。其中，阳煤太化己内酰胺和环己酮提产提质改造项目的成功实施，更是浙江工程院总包业务模式由增量向存量、由大而全向短平快转变的重要标志，更是公司发挥资源整合和系统提升平台功能的成功尝试。

经过 5 年多的转型发展，随着工程总承包业务的推广和扩展，公司建立了整套的项目管理体系和完整的总包管理体制，相关的组织架构也能匹配工程总承包业务的开展。

与工程总承包业务相同步，浙江工程院设计咨询项目领域的发展亦如雨后春笋般强劲。设计业务继续向新能源、新材料、精细化工、医药、节能减排、安全提升改造等领域拓展，为公司转型升级创造新的效益增长点打下良好基础；咨询业务上更是在 SIS 系统改造、HAZOP 分析和 SIL 验证等安全分析领域打开广阔市场，享誉省内外。

业务承接呈现井喷的同时，浙江工程院不忘居安思危，继续挖掘自身不足，提升核心竞争力。

围绕体系建设、项目管控和设计流程创新、研发管理提升等重点方面，优化顶层设计与战略修编，重视过程控制与流程优化，关注绩效评价与持续改进，强化发展要素保障。公司在新技术、新模式、新产品等方面的突破，让“高质量发展”的脉络变得清晰。

加强技术研发。短短几年时间，公司已经完成了 4 项专有技术、5 项实用新型专利、3 项发明专利，另有 5 项发明专利提交已获受理。编制了较大规模的 30 万吨己内酰胺和 40 万吨双氧水等先进生产装置工艺包，其中 30 万吨己内酰胺为目前国内首次应用的先进工艺技术，40 万吨双氧水为自有技术，大大提升了公司自有技术力量，成为名副其实的高新技术企业。

现在浙江工程院又开始向数字化工厂交付迈进。为了满足业主推进项目数字化建设的要求，公司快速集结了一支各专业技术能力最强的团队成为数字化交付的先锋队。在新的机遇和挑战面前，百舸争流千帆竞，浙江工程院敢于尝试、敢为人先，出资金追加软件、请专业人员辅导、项目纳入产值核算等富含“真金白银”的政策，为项目逢山开路、遇水搭桥。项目经理和分管项目的副总经理、工艺室主任一起在行业内调查研究，带着几家数字化交付平台的供应商一起和业主开展多次深入交流。随后，业主公司正式委托做方案，并一起讨论修正目标形成真正的需求报告。在开展数字化交付服务的路上，浙江工程院已然迈出了实质性的第一步。

为了持续推进公司转型发展，更好地克服专有技术缺乏、技术支撑薄弱，自有资金规模小、融资能力不足，市场控制力弱、获取项目渠道单一等不利因素，在2016年公司注册资金增加到3000万元的基础上，浙江工程院经营团队经过审慎研究，2018年发起了通过股权结构的调整以实现公司发展支撑要素的重构工作，即杭州创佳（骨干员工持股平台）退出持股，将其所持有股份转让给战略投资者，并在新的各位股东支持下新建完善合理的骨干员工激励机制。

通过一年多的努力，初步达成了预期目标，于2019年1月股权转让完成工商变更，至此浙江工程院变成了由巨化集团控股，北京三联虹普、巨化股份、杭州金联自动化参股的国有控股公司。浙江工程院全体员工，再次站在了“新的起点”上，大家在新老股东的大力支持下，不忘初心，继续为推动公司健康稳定发展贡献自己的力量。

60年风雨兼程，60载栉风沐雨。浙江工程人，是一群不懈努力的“追梦人”，通过一代代人的传承和持续创新，浙江工程院以智慧、汗水浇筑工程，以工程品牌打造公司品牌。从最初的企业设计院到化工设计领域拥有一席之地的中小化工设计公司，再到科技驱动型的创新平台公司，浙江工程院始终站在行业发展的风口，跃马扬鞭，奋勇向前！

新时代的浙江工程院正在高质量发展的道路上阔步向前，以更开放的姿态拥抱未来，以更自信的画笔描绘未来，以更果敢的担当塑造未来。

（浙江工程设计有限公司　倪剑毅、宋东方）

砥砺奋进 再创辉煌
——福建省石油化学工业设计院发展纪实

岁月如梭、时光荏苒。福建省石油化学工业设计院（简称福建石化院）走过了62个春秋华诞。在半个多世纪的风雨砥砺中，福建石化院秉承“勤勉好学·协作创新”的企业精神，践行“创造财富·服务社会·造福员工”的企业使命，谱写了“从无到有，由弱到强”的华彩篇章。一辈辈福建石化院人不畏艰难和挑战，在平凡的岗位上燃烧着火一样的青春，倾注着满腔的智慧与热忱，锻造着半个多世纪的发展历程和宏图伟业。

一、沧桑更迭，星火传承（1958—1978年）

这一时期，福建石化院经历了应运而生、萌芽发展的奠基阶段。福建省的化工设计行业从无到有，为福建省化学工业，尤其是无机化工、有机化工、化肥、农药的发展做出了重大贡献。老一代崇尚科学、艰苦奋斗、追求卓越的科技工作者培植了福建石化院的品质和意志，奠定了立院之基。

福建石化院1958年10月正式成立，定名为福建省化学工业设计研究院；1962年10月，合并到福建省轻工设计院；1965年，恢复为福建省化学工业设计院；1969年，与冶金、地质、煤炭等设计部门合并，成立福建省重工业设计队；1971年，成立福建省燃料化学工业设计队；1975年，更名为福建省燃料化学工业设计研究院；1976年，成立福建省化学工业设计研究院；1978年，成立福建省化学工业设计院；1983年，为适应福建省石油化工的发展，更名为福建省石油化学工业设计院。

二、栉风沐雨，春华秋实（1979—2019年）

（一）资质齐全，业绩斐然

党的十一届三中全会以来，福建石化院沐浴着改革开放的春风，经历着市场经济的磨砺，在发展中不断壮大，在奋斗中成绩斐然。福建石化院从单一的设计机构逐步发展成一个集工程咨询、工程设计、工程监理、工程总承包、安全评价、环境评价、产品检验、环境监测以及化工科研开发于一体的综合性的化工设计研究单位；具有化工、石化、医药全行业工程设计、工程咨询、项目管理、工程监理、工程总承包甲级资质；建筑、市政公用行业设计、安全评价、环境评价、产品检验、环境监测以及三类压力容器设计和各级压力管道设计等资质；是福建省唯一一家市政燃气一类A施工图审查单位、福建省首批建设工程消防设计审查单位；通过了ISO 9001：2008质量管理体系、职业健康安全管理体系、环境管理体系认证。福建石化院在石油化工、有机化工、无机化工、高分子合成材料、精细化工、生物制药等领域积累了较丰富的工程设计和技术服务经验，尤其以石化储运工程、氟化工系列产品、氯酸盐、锂盐、钼盐、双氧水、高浓度甲醛、环氧氯丙烷、白炭黑、工业气体、LPG、LNG、生物制药等方面形成了自身独特的技术特点，在环境治理、油脂化工、林产化工研发方面取得了9项科研成果和奖项。

福建石化院先后完成了国内外工程设计项目3900多项，工程监理项目600多项，工程总承包项目16项。长期与福建联合石化合作，全程参与福建炼油厂250万吨/年炼油、400万吨/年炼油、福建联合石化炼油乙烯一体化项目、乙烯脱瓶颈项目4个重要阶段的工程项目的设计；期间参与多项改扩建项目的设计工作，承接炼油乙烯项目炼油罐区、芳烃联合装置及配套系统、新区全厂系统、老厂区配套系统改造项目、乙烯脱瓶颈项目系统配套项目、EOEG装置及配套工程、炼油厂码头库区及输油管线、福炼配套成品油管道工程，并与福建联合石化签订了小型项目工程设计与服务年度（框架）。2019年，福建石化院荣获福建联合石化公司2018年度“优秀供应商”称号。福建石化院还承担了福建翔鹭石化、佳龙石化、福海创等大型石化工程技改年度框架项目，印尼双氧水工程项目，邵武永和氟化工等项目的工程设计，完成中石化森美、中石化石油公司、中石油、中海油、中航油、部队油料、江阴建滔、厦门海澳、中原港务、东港石化、海顺德特种油品等大量储运工程的工程设计及建设服务，完成福建中景石化全厂公用工程、福建三农化学、东南电化、福州耀隆化工、湄洲湾氯碱、新疆天业、重庆索特、石家庄双氧水、山东扬子、江西蓝恒达、浙江豪邦、广东万通化工、广东英德化工、广西一力制药、北京古杉生物柴油、孟加拉双氧水等多项大中型化工、石化项目的工程设计。

（二）人才济济，队伍精干

福建石化院以健全完善人才引进、培养、使用、评价机制为保障，科学配置人力资源，努力培养后备人才。以名师带高徒，抽调青年员工到现场实践等形式，打造一支结构合理、技术精湛的人才梯队。

福建石化院工程技术人员占职工总人数的83.77%，具有中级以上职称的工程技术人员占职工总人数的58.44%，各类国家注册工程师113人次，原化工部优秀设计大师、省部级有突出贡献的中青年专家2名和4名福建省特殊贡献优秀专家。员工队伍精干，人才梯队合理，为福建石化院的发展打下了良好的基础。

（三）创新驱动，高质量发展

福建石化院始终坚持创新驱动、技术引领的发展方针，严格按照高新技术企业的要求不断提高高新技术服务水平，追求高质量发展，形成了创新增效益、效益促创新的良好氛围。先后获得全国科学大会奖，全国发明展览奖，国家科技进步奖，省、部级优秀工程设计、优秀科技成果等二十多个奖项以及省科技厅的福建省企业研发经费补助；拥有51项国家专利和5项软件著作权；被认定为福建省和国家高新技术企业，福建省科技型企业、石油和化工行业技术创新示范企业；创建了福建省中小企业精细化工技术创新工程服务平台和福建省中小企业绿色化工技术创新服务平台。

在不断加强自主创新能力培育的基础上，积极开展产学研合作，探索生产企业、科研单位（高等院校）和设计企业联合攻关的集成创新模式，促进科研成果产业化。先后与福州大学石油化工学院共同进行了光气氯代生产三氯蔗糖新工艺的开发；与中科院福建物质结构研究所联合开展了纳米催化材料单管评价与原位表征系统研究；与福建工程学院建立了绿色化工实验室；与福建豪邦化工建立了环氧氯丙烷清洁生产研究中心。

（四）三维引领，数字交付

随着信息化和工业化的深度融合，工程项目全生命周期管理时代的到来，三维设计及数字化交付已逐渐成为工程公司的主流设计手段。福建石化院积极创造条件，在福建省内首家购置了国内最先进的三维设计软件，创建了三维工作站，该工作站被评为福建石化集团青年突击队，大幅提升了工程设计服务的软硬件水平，为实现数字化交付的战略目标，奠定了坚实的基础。通过三维协同设计在工程项目中的应用，福建石化院逐步建立起了适应工程估算、报价、费用及进度管控体系，具备通过三维数字化工厂模型指导施工及培训，为工厂的运行维护提供参考的能力；建立三维数字化工程项目管理体系及制度，使其能应用于涵盖工程项目管理的全生命周期。

（五）改革改制，激发活力

根据福建省委、省政府的要求，福建石化院积极推进改革改制工作。目前，福建石化院下属的省化工产品质量检验站改制方案已通过省委编办、省国资委、省人社厅等十个部门的审批；福建石化院及其福建化工研究所的改制工作业已启动。体制改革充分调动了全体员工的积极性和主观能动性，为企业创造更好的发展环境，激发企业的动力和活力，为打造服务专业化、管理科学化、经营规范化、适应形势发展的现代化企业奠定了基础。

半个多世纪的追求卓越，福建石化院在发展中不断壮大，在奋斗中成绩斐然，受到了各级主管部门的充分肯定和业内的广泛认可，福建石化院将乘着改革之风，破浪奋进，迎接建设海峡西岸经济区的新一轮创业高潮！

（福建省石油化学工业设计院　林敏、陈声芳）

共绘蓝图六十载　砥砺奋进新时代
——广东寰球广业工程有限公司发展纪实

广东寰球广业工程有限公司的前身为华南地区知名石化工程公司——广东省石油化工设计院，诞生于1958年11月，是广东省化工设计事业的先驱者，现隶属于中国寰球工程有限公司，是寰球工程公司华南地区运营中心、中国石油在华南地区的桥头堡。

第一节　成长为具有大中型工程项目执行能力的设计院（1958—1976年）

为了适应广东省化学工业发展，1958年化学工业部决定从部属氮肥、基本化学、有机化学三家设计院，抽调30多名各专业技术骨干到广东组建“广东省化学工业设计研究院”。

1958年到1965年是初创时期，也是设计院为广东省的化肥发展作出重要贡献的时期。这个阶段设计院主要是学习苏联的设计体制和设计方法，开始正规的设计工作。为满足广东省小化肥的发展需要，设计院组织了一支支小化肥设计轻骑队，深入广东省各地开展现场设计，为全省各地提供了61套小化肥设计，满足了各地小化肥建设的需要，被化工部评为先进单位。

在“文化大革命”中，虽然大多数知识分子下放到农村和工厂，但设计院没有解散。1970年起，又陆续从干校和工厂将设计人员抽调回来。1973年，设计院正式命名为“广东省石油化工设计院”，队伍发展壮大到300多人。这个阶段设计院在独立承担中型装置工程设计的同时，承担了成套引进的大型化肥厂——广州石化总厂250万吨/年炼油、30万吨/年合成氨以及52万吨/年尿素的总体设计，广州氮肥厂6万吨/年重油气化合成氨、东莞氮肥厂8000吨/年重油气化合成氨、11万吨/年尿素等一批省石化重点工程，逐步成长为具有大、中型工程项目执行能力的设计院。

第二节　由设计院向工程公司转型，成为华南地区知名工程公司（1977—2006年）

1984年10月，中央发出关于设计改革的指示，要求设计单位逐步转变为以设计为主体的工程承包企业，由技术型转变为技术经营型，这给设计改革指明了方向。为此，广东省设计院积极地进行设计改革，在1984年12月取得企业法人营业资格，成为自食其力、自收自支、企业化管理的事业单位，由技术服务型逐步转变为技术经营型。

1985年，广东省设计院实行技术经济责任制，奖金与贡献挂钩，上不封顶、下不保底的分配制度，开始打破吃大锅饭的局面。这种制度起到了调动职工积极性的良好作用，激励了设计人员积极承揽任务，勇挑重担的干劲。1989年起，设计院实行了百元产值工资含量包干和院长任期目标责任制，进一步把设计院推向市场，以适应市场经济的需要。在此基础上，设计院实行了职称评聘分开，全员合同聘任制，解决了职务终身制的问题，实行岗位工资制和社会养老保险等一系列的改革，使设计院走上了企业化的管理轨道。

在深化改革中，广东省设计院注重在思想上教育职工加速三个转变，即从事业向企业转变、从技术型向技术经营型转变、从单搞设计向工业为主多种经营转变，使全院职工思想适应改革的形势，适应市场经济的需要，设计院成功转型为工程公司。

党的十一届三中全会以来，随着广东对外开放先行一步的有利形势，广东省设计院对外交往日益频繁。1985年，设计院承接了第一个涉外设计项目——广州美特容器有限公司工程，迈入外商投资项目市场的第一步。之后设计院大量承担引进技术的工程设计，完成了从美国、德国、法国、瑞士、意大利、日本等国家引进先进技术成套装置的工程设计63项。如广州美特易拉罐工程、广州宝洁黄埔新厂、江门脂肪醇工程、广州磁粉工程、广州亚美等7套聚酯切片工程、汕头海洋等7套聚苯乙烯工程、广州石化厂等12套BOPP工程，还有番禺汽巴环氧树脂、广州龙沙烟酸胺等工程。设计院在对引进项目吸收、消化、改造、创新的同时，设计队伍得到了很好的锻炼，先后与杜邦、福陆丹尼尔、菲那、百图、鲁奇等28家国外工程公司进行了各种业务技术交往，并先后派出了112人次赴美国、德国、瑞士、法国、日本等12个国家学习考察，派出10多人先后赴美国、瑞士、加拿大顾问工程公司参加设计工作。此外，实行项目经理负责制，设计水平得到了显著提高，工程管理与国际工程公司接轨。

广东省设计院在消化吸收引进技术的基础上，进行了聚苯乙烯的国产化设计，于2003年取得聚苯乙烯专有技术授权，是全国第一批授权的专有技术。这一时期，设计院设计技术水平和承担国产化工程设计的能力进一步提高，先后完成广州石化总厂Ⅱ期贮运工程、湛江化工厂15万吨/年硫酸、茂名石化工程、泉州肖厝PS项目等。1998年，设计院承接了第一个工程总承包项目——广州市东永港华煤气有限公司气化站及培训中心工程，开创了承接工程总承包项目的新业务领域，打开了EPC项目的市场。2002年，设计院由企业化管理的事业单位改为技术型企业，实行了全员劳动合同制和企业化工资管理体系。

这个阶段，设计院对加强广东省技术进步和加快国民经济建设起到了重要作用，也大大增强了广东省的工业物质技术基础，被广东省评为两个文明建设先进单位，成为了广东省乃至整个华南地区知名工程公司。

第三节 成为具有广东特色、国内具有较强竞争力的工程公司（2007—2019年）

2007年，由中国寰球工程公司、广东省广业工业建设集团有限公司（股权历次变更后为“广东省广业检验检测集团有限公司”）按照《公司法》对广东省设计院进行重组、控股，更名为“广东寰球广业工程有限公司”（以下称“广东寰球公司”）。此次重组、整合，标志着广东寰球公司从“地方军”正式变成了“中央军”，依靠中国石油、寰球公司、广业集团三大平台，大幅提升了总承包项目、大型复杂项目的执行能力、市场竞争能力和科技创新能力，进入快速发展时期，经营指标稳步提升，开创了公司有史以来发展速度和综合实力增长最快的时期。

一、公司实力，跨越提升

经过六十多年的发展，广东寰球公司成长为以设计为先导的设计-采购-施工一体化、有大型项目总承包（EPC/EPCM/PMC）能力的工程公司，具有化工石化医药行业、建筑行业（建筑工程）、市政行业（城镇燃气工程）及环境工程（水污染防治工程）甲级资质。六十多年来，公司完成了2500多项设计和工程建设项目，与全球几十个国家和地区的工程公司或投资商进行合作。

1. 具备承接大型炼化及煤化工项目的油气化工品储运及公用配套技术能力

经过多年的工程实践与技术积累，广东寰球公司已完全具备了大型储运工程的设计能力，设计完成了包括当时国内最大的LPG球罐（汕头和阳江2×6000米^3，斯里兰卡10×6000米^3）、低温乙烯球罐（−45℃，3000米^3，神华宁煤）、丙烯球罐（3000米^3，神华宁煤）以及广西石化10万吨级码头库区、云南炼油1000万立方米原油和中间罐区等大型储运项目，已掌握3万、5万、10万系列的常压油品及化工品储罐的设计技术；具备大型公用工程系统的设计能力，设计完成了国内首套国产节水消雾系统的神华宁煤循环水厂项目，国内一次性体量最大循环水系统的浙石化一、二期消防水、循环水项目，以及中煤蒙大年产50万吨工程塑料项目公用工程I装置及两聚包装线及产品库房等项目。

2. 具备承接聚合物工程项目技术能力

聚苯乙烯（PS）。第二代聚苯乙烯专有技术以及新型反应釜专利是广东寰球公司的拳头产品，依托专利专有技术，广东寰球公司成功签署了泉州肖厝10万吨/年PS项目、江苏张家港赛宝龙一、二期20万吨/年PS项目、惠州仁信24万吨/年PS项目、惠州仁信18万吨PS新材料扩建项目、汕头星辉30万吨/年PS项目、珠海壬庚30万吨/年发泡级PS项目等一批项目，奠定了在聚苯乙烯领域的国内技术领先地位。

聚丙烯。2010年以来，以大庆炼化公司30万吨/年聚丙烯项目为起始，广东寰球公司依托寰球一体化平台，尤其是在三维软件应用方面的人才技术优势，开始全面介入聚丙烯工程领域，完成了9套聚丙烯项目的设计工作，其中6套已顺利投产，3套正在执行中。

这些项目的执行为广东寰球公司积累了丰富的工程经验。项目涵盖了巴塞尔、鲁姆斯、陶氏化学、英力士等世界四大主流聚丙烯技术提供商的先进工艺技术；其规模，从最早的大庆炼化单线30万吨/年，到顺利投产的宁煤二期60万吨/年，以及在建的浙石化90万吨/年，都是当时世界上在建的最大规模，而且参与了除工艺专业外的几乎所有专业、全部主项的施工图设计工作。同时，聚丙烯项目的执行，为广东寰球公司培养了一批精技术、懂管理的人才，充分体现了与寰球公司高度一体化的项目执行能力，实现了三维设计全专业覆盖。

广东寰球公司参与寰球公司聚丙烯项目从无到有，从能干到会干，从会干到干好，从干好到干精，一步一个脚印，反复锤炼，精益求精，积累了丰富的工程经验，形成了广东寰球公司的拳头产品。

3. 具备承接LNG及低温工程技术能力

广东寰球公司多年以来，积极与寰球公司分工合作，投入大量人力、物力、财力，积极主动参与到LNG及低温工程领域，主要涵盖中小型天然气液化、中小型LNG接收站、中小型LNG气化站、低温丙烷储运工程、冷能利用等细分领域，形成了4个专利，含发明专利1项，技术秘密1项，并形成低温丙烷储存工艺包，培养了一批技术人才，具备较好的技术能力和技术储备。依托寰球公司一体化平台，广东寰球公司以EP形式承揽完成了目前国内最大的C3储罐（12万立方米混凝土预应力低温储罐）——东莞巨正源丙烷脱氢制丙烯项目低温丙烷储运系统工程；承接了东莞市九丰能源有限公司高纯复合LPG加工项目LNG工程设计（2座8万立方米LNG低温常压储罐，4座3千立方米LPG球罐）、马来西亚GPS LPG项目（2台6万立方米低温LPG双壁全包容储罐）、龙口齐港码头有限公司龙口港区液化烃专用泊位接卸设施扩建工程项目设计及新建1座低温丙烷储罐（1座12万立方米混凝土顶全包容低温丙烷储罐）；以EPC总承包形式承揽的宁波金发新材料有限公司120万吨/年聚丙烯热塑性弹性体（PTPE）及改性新材料一体化项目低温丙烷、低温乙烯罐及相关配套工程（1台12万立方米混凝土预应力低温储罐、1台1万立方米双金属全包容乙烯低温储罐），该项目正在执行中。

4. 具备承接精细化工及医药工程技术能力

精细化工和医药化工是广东寰球公司的传统优势项目，在华南地区处于领先地位，涉及的范围包括涂料、颜料、油墨、合成树脂、造纸化学品、电子化学品、油田化学品、水处理剂、润滑油调和、塑料添加剂、多晶硅、全液化空分、化工新材料、电镀产品以及其他专用化学品和医药项目。

公司先后承接了江门东洋油墨有限公司油墨和树脂生产项目、珠海凯中有限公司高栏港建设项目设计（2亿罐/年气雾剂）、珠海联成化学工业有限公司年产12万吨增塑剂生产线项目和PTA气力输送装置建设工程设计、珠海联成化学工业有限公司年产3万吨顺酐项目（施工图）工程设计、沙多玛（广州）化学有限公司一期工程详细设计（建设年产1万吨特种丙烯酸树脂的化工厂）等，以及甘肃中医院等典型的医药项目。

5. 具备承接环保项目技术能力

广东寰球公司在有机废气治理、市政污水处理等领域积累了丰富的工程业绩，形成了良好的技术能力。

1990年，公司承接广东长岭炼油厂污水处理项目获环保示范工程，从此打开了环保工程业务市场，之后陆续承接了茂石化污水处理、广州石化污水处理等项目，完成了东莞茶山自来水公司自来水厂工程、红海湾污水处理厂提标工程、海丰污水处理厂提标工程、龙门42条村污水处理设施、电白污水PPP项目、高州市平山镇水质净化厂工程等具有代表性的环保工程项目。其中东莞茶山自来水厂于2003年获全国农村优秀水厂。

目前，广东寰球公司与上海助邦环境工程有限公司进行战略合作，引进德国BHU环保科技有限公司的StR独立焚烧技术，共同合作开发城镇污泥无害化、资源化、能源化的污泥处理技术，依托广业集团项目，努力实现污泥处理方面的突破。

6. 具备总承包项目执行能力

2010年，公司自主承接并执行的“壳牌（珠海）润滑油有限公司20万吨/年润滑油”工程总承包项目顺利完成交工，标志着公司总承包项目的执行能力显著提升。

2013年，公司承接并执行了内蒙古中煤蒙大新能源化工有限公司50万吨/年工程塑料项目两聚包装线及产品库房工程、公用工程1装置总承包项目，安全人工时578万小时。不仅合同额、安全人工时创历史新高，开创了寰球总部与二级公司合作项目的新模式，而且锻炼了一批人才，把公司带入到大型炼化、石化和煤化工领域。

近年来，公司完成了中国石油长庆石化公司储罐区VOCs治理、储罐区设备及安防系统隐患治理、大庆炼化公司二期30万吨年聚丙烯装置新建气相共聚单元等EPC项目；正在执行广东石化四通一平、化工罐区项目及宁波金发新材料有限公司120万吨/年聚丙烯热塑性弹性体（PTPE）及改性新材料一体化项目低温丙烷、低温乙烯罐及相关配套工程（1台12万立方米混凝土预应力低温储罐、1台1万立方米双金属全包容乙烯低温储罐）等EPC项目。其中，以EP形式承揽的东莞巨正源丙烷脱氢制丙烯项目低温丙烷储运系统工程项目是广东省重点项目，广东省国资委国企改革转型升级示范项目，也是寰球公司首座12万立方米预应力混凝土全包容丙烷低温储罐。广东寰球公司项目团队通过设计方案的优化、及时有效的沟通以及优质的服务，不仅为公司赢得效益和声誉，还得到了业主的高度认可，顺利承接东莞巨正源丙烷低温储存二期项目。

二、科技创新，驱动发展

历史和实践都已证明，一个国家的经济振兴要靠技术进步，而一个工程公司的生存和发展更是要靠技术进步。广东寰球公司高度重视技术创新工作，以技术研发、科技创新促进市场开发，以技术转让带动设计及总包（EP）业务的发展战略。同时，坚持“差异化、特色化、效益化”的思路，着重在公司擅长的精细化工、聚合物、低温工程等领域寻找自己的发展空间，并逐渐形成了精细化工、聚合物工程、低温储运工程等具有比较优势的技术。广东寰球公司获专有技术1项；授权专利8项，其中发明专利1项，实用新型专利7项；在申请的专利2项、技术秘密1项。

1. 第二代聚苯乙烯化工设计专有技术（专利编号：201606020X）

该技术是我国唯一拥有自主知识产权的聚苯乙烯技术，达到目前世界上同类生产装置的先进水平，该技术被成功应用于泉州肖厝10万吨/年PS项目等多个项目。2016年，该技术被列入《中国石油天然气集团公司限制类和禁止类引进技术目录（2016年版）》。

2. 八项专利

（1）新型聚苯乙烯反应釜（专利号：ZL 201120121222. 0）。该技术已应用在广东寰球公司承接的江苏赛宝龙20万吨/年聚苯乙烯项目中，2012年6月试车投产一次成功；也应用于惠州仁信24万吨/年聚苯乙烯项目中。

（2）一种自动调节一、二次回风比的恒温恒湿控制器（实用新型专利：ZL 200920296051. 8）。该专利能避免目前恒温恒湿机组或组合式工艺性空气处理机在除湿、再加热的空气处理过程中导致的冷热负荷相抵，减少由此引起的能源浪费，且除湿能力强，控制精度高。

（3）LNG接收站的储存和气化工程输出系统（实用新型专利：ZL 201220584895. 4）。该专利解决了高压泵入口压力难控制、高压泵容易汽蚀的问题，解决了再冷凝器液位、压力难控制，BOG压缩机跳车等问题，达到简化流程控制、减少投资、节能降耗、操作简单的目的。

（4）LNG接收站的储存和气化工程输出系统及方法（发明专利：ZL 201210442574. 5）。该专利解决了高压泵入口压力难控制、高压泵容易汽蚀的问题，解决了再冷凝器液位、压力难控制，BOG压缩机跳车等问题，达到简化流程控制、减少投资、节能降耗、操作简单的目的。

（5）一种无气相外输管网的LNG接收站的大流量BOG处理系统（实用新型专利：ZL 201520173293. 3）。该专利工艺流程简单、工艺设备少、占地面积少、工程投资少、能耗低，运行安全、可靠。

（6）一种合成胶乳制备过程的溶剂回收系统（实用新型专利：ZL 201720305873. 2）。该专利采用间接冷却的方式对溶剂与蒸汽的混合物进行冷却，然后再进行水液分离，大大避免了溶剂在冷却过程中的损耗，从根本上解决了溶剂夹带进入冷却水系统造成的损耗及环境污染。

（7）一种液化天然气接收站的气化外输系统（实用新型专利：ZL 201721397567. 2）。该专利技术涉及LNG接收站领域，是一种无入口缓冲罐条件下预测并避免LNG高压泵气蚀的控制方法。

（8）使用翅片管束节水消雾冷却塔的冷却系统（实用新型专利：ZL 201721610741. 7）。该专利可使新建翅片管束节水消雾冷却塔所需循环水泵扬程降低5m左右，既节省了每年的电耗，也节省了更换和维修循环水泵的费用。

3. 丙烯酰胺成套工艺技术

该技术在大庆炼化项目成功应用，并在2011年分别获得国家优质工程银质奖和石油优质工程金质奖。

三、实干担当，人才济济

60多年来，广东寰球公司根据整体运行情况，不断探索适合公司当前业务发展的组织构架，组建了以生产运营为核心、机关职能为辅助的部门结构，组织机构精简高效、责权清晰。高度重视人才队伍建设，采用多元化的方式进行人才培养，人力资源总体呈现出高素质、高学历人才逐年增长的良好态势。

——组织架构精简高效。广东寰球公司设有17个部门（下设2个事业部），其中直属机构有10个，分别是：工艺管道室、土建室、电仪室、公用工程室、设备室、施工管理部、采购部、市场开发部、项目管理部、信息中心；事业部2个，分别是：环保事业部、低温事业部；机关职能部门有7个，分别是：办公室（党委办公室）、人力资源部（党委组织部）、财务资产部、经营管理部（企管法规部）、党群工作部（纪委办公室）、质量安全环保部（安全监督站）、技术管理与开发部。公司各类工程专业配备齐全，设有工艺、管道、材料、应力、机泵、给排水、消防、热工、暖通、环保、安全、电气、电信、仪表、设备、总图、建筑、结构、工程造价、技术经济分析等专业。

——高素质人才逐年增长。广东寰球公司职工人数246人，本科以上学历205人，其中从国家985、211等重点大学毕业的85人。各类国家级注册师152人次，具有5年以上工作经验的197人，通过中石油集团公司模拟托福考试71人，52名具有丰富工程技术和工程管理经验的人员取得了项目经理资格。高级职称126人，中级职称74人，初级职称18人，其他28人。一级建筑师3人，一级建造师9人，一级结构师6人，注册化工工程师18人，注册咨询工程师13人，其他注册师103人。

广东寰球公司人才队伍具有四个“一”的特点：一支具有科学发展管理能力的经营管理队伍；一支具有创新精神和较强自主创新能力的技术研发人才队伍；一支具有扎实理论基础、丰富工程经验和较强工程化能力的专业技术骨干队伍；一支具有高水平操作技能的一线骨干队伍。

四、以人为本，科学管理

1. 企业文化理念深入人心

广东寰球公司以习近平新时代中国特色社会主义思想和党的十九大、十九届三中、四中全会精神为指引，全面贯彻中石油集团公司“四个高质量”总体部署和中油工程“四个高质量”具体要求；积极践行“奉献清洁能源，呵护碧水蓝天”的企业使命，秉承“德才兼备，质量双修”的企业品格，坚持“精益求精，顾客满意”的质量方针、“以人为本，预防为主，全面受控，持续发展”的HSE方针；大力弘扬大庆精神、铁人精神，带领广大员工团结奋进、努力拼搏、勇于创新，奋力实现“国内具有较强竞争力的工程公司”的企业目标，为公司的发展壮大提供了坚强的政治保证和文化支撑。

2. 管理体系完善有效

广东寰球公司着力打造安全、环保、阳光、合法、先进、可靠的一体化管理体系，实现了各项制度、流程、要求、规范、标准等管理要素的有机集成，是确保主营业务高效有序运行、工程能力持续提升的重要基础和有力保证。在多年的发展过程中，形成了较为完善的六大管理体系——QHSE管理体系、项目管理体系、生产管理体系、内控管理体系、信息管理体系、技术标准规范体系，为项目运行提供有效支持。

五、荣誉奖项，铸就品牌

凭借业界良好的口碑、客户至上的服务态度、丰富的项目业绩，广东寰球公司用智慧和双手获得众多的荣誉。荣获国家级、省部级优秀工程技术成果奖项63项；获得广东省“诚信示范企业”“守合同重信用企业”称号，连续十二年被评为广东省高新技术企业，并自2002年起多次进入“全国勘察设计行业工程项目管理和工程总承包企业营业额百名排序”行列，收获业主感谢信不计其数。

六十载沧桑砥砺，一甲子春华秋实。回首六十多年的发展历程，广东寰球公司作为广东省石油化工设计事业的先驱者，用青春、用心血、甚至用生命，描绘了一张张蓝图、建造了一座座工厂，真实地记录、见证了祖国特别是广东省石化工业的发展；作为改革开放的受益者，重组、整合、注入新活力，共享中石油、寰球公司、广业集团三大平台的丰富资源，与国内、国际先进技术接轨，项目执行能力、市场开拓能力和科技创新能力大幅提升，不但具有鲜明的广东特色，而且国内竞争力也不断增强。

风雨兼程六十载，广东寰球公司走过了一条艰难曲折的路，一条改革创新的路，一条充满挑战的路，一条催人奋进的路。经过六十多年的积淀与发展，今天广东寰球公司站在新时代的起跑点。全体粤寰人将不忘初心，继承前人创造的宝贵经验和精神财富，珍惜来之不易的今天；奋力拼搏，积极践行“奉献清洁能源，呵护碧水蓝天”的企业使命，为努力建成国内具有较强竞争力的工程公司而努力奋斗！

广东寰球公司坚信：客户成功，我必成功！

（广东寰球广业工程有限公司　池凌云）

与广西化工勘察设计行业共成长

——广西工联工业工程咨询设计有限公司发展纪实

广西工联工业工程咨询设计有限公司是2002年6月由广西化工规划设计院和广西机械工业设计研究院合并组建的国有独资公司，现隶属于广西工业和信息化厅行政管理。广西化工规划设计院创建于1958年，是广西唯一的省级化工石化医药行业甲级设计单位，具有丰富的工程咨询、工程勘察、工程设计、项目管理的经验，是广西壮族自治区化工勘察设计行业的“领军企业”，伴随着广西化工行业成长。

一、广西化工规划设计院的创立和发展（1958—1978年）

这一阶段是广西化工规划设计院应运而生、萌芽发展的奠基阶段。广西化工规划设计院创建于1958年，原隶属广西化学工业局，1961年撤销改为局设计室，1964年3月恢复为广西区化工设计院，1985年10月更名为广西化工规划设计院。

该院工作方向是主要围绕广西基础工业的需要，重点在氮肥、有机、基本化学和勘察设计等领域，承担了广西在基础工业起步阶段许多化工项目勘察和设计，为广西化学工业的发展作出了较大贡献。

二、人才培养和转化体制机制（1979—2002年）

这一阶段是广西化工规划设计院稳中求变、砥砺前行的转型阶段。

1979年初，国家建委在全国勘察设计工作会议上提出设计单位要实行企业化、推行合同制，拉开了中国勘察设计业改革的序幕。

这一阶段是广西化工规划设计院进入市场、完善管理、积蓄力量的阶段，也是设计院不断拓展业务领域，开始从设计院向工程公司过渡的阶段。

（一）储备、锤炼人才队伍

这一时期，广西化工规划设计院从全国各重点院校各专业选拔大批优秀毕业生，通过培养、教育和锤炼，为新时期广西化工人才的建设打下坚实基础。

（二）建立企业化体制机制

1984年原国家计委、财政部、劳动人事部联合颁布《关于勘察设计单位试行技术经济责任制的若干规定》，1987年勘察设计单位推行院长负责制，勘察设计单位由事业管理办法改为按项目或劳务收取设计费，实行企业化经营模式。

广西区化工规划设计院在此阶段也发生了重大变化，1992 年 8 月广西化工规划设计院被定为自收自支、实行企业化管理的事业单位。

随着被定为自收自支、实行企业化管理的事业单位，广西化工规划设计院确定了新的发展战略、发展目标，积极开拓市场，加强与广西各大、中型企业的合作，咨询设计业务快速发展，咨询设计资质也得到了巩固和不断扩充。

此阶段持有的资质有：1987 年 3 月获国家计委颁发化工行业工程设计乙级证书；1993 年获国家建设部颁发的设计资质证书：化工甲级，石油化工、建筑工程、市政（燃气）、轻工、医药、市政（给水、热力）乙级；1995 年获国家计划委员会颁发的工程咨询资质证书：化工甲级，石化、轻工、建筑、工程地质、市政公用工程乙级。

三、走创新发展之路（2002—2019 年）

2002 年 6 月，广西化工规划设计院和广西机械工业设计研究院合并组建成广西工联工业工程咨询设计有限公司，这一阶段是公司努力拼搏图发展的阶段。

1. 技术创新打造企业核心竞争力

技术开发是企业发展的生命力。为了满足市场需求，公司对化工工艺、生产装置、配套设备和单项技术进行开发，取得一批成果。如：以木薯为原料一步法深层发酵制柠檬酸技术；以巴豆醛和乙烯酮缩合制山梨酸技术；酒精氧化法生产冰醋酸技术；以甘蔗糖蜜发酵法生产赖氨酸酵母技术；以木薯为原料生产变性淀粉技术。在机械行业方面，推广应用了数控、数显机床、加工中心、静电喷漆及远红外烘干、气冲造型、树脂砂造型、计算机控制等多种新技术、新设备。

2. 咨询设计业务不断拓展

在这一时期，公司已经是在广西化工勘察设计行业“领军企业”，广西各大中型化工、石化、医药类的企业已经是公司长期的固定客户。公司在广西化工、石化、医药类行业咨询设计市场占有较大的市场份额，且触角伸进了广东、云南、贵州、新疆等地的咨询设计市场。

3. 优秀人才队伍为公司奠定持续发展力

公司现有员工 110 人，其中高、中级技术职称 73 人，各类注册工程师人员（含有注册资格人员）53 人，专业配备齐全、技术力量雄厚，各专业设计人员大都是来自“985”“211”学校的优秀毕业生。公司主要专业设置有：化工工艺、机械工艺、设备、总图运输、自控、建筑、结构、给排水（含消防）、电气、热力、概预算、技术经济。

各专业设计人员可为工程决策与实施提供优质的规划、选址、项目建议书、可研报告、项目申请报告、资金申请报告、招投标咨询、工程勘察、工程设计、工程监理、项目管理和工程总承包等工程技术与项目管理服务。特别在氯碱化工、化肥、精细化工、生物化工、石化产品储运、医药、机械等领域具有技术优势。

4. 设计经验丰富，获得社会各方认可

公司具有丰富的工程咨询、工程勘察、工程设计、项目管理的经验。这一时期公司已完成各类大中型工程项目1000多项。近年来，获得国家优秀设计银质奖、省部级优秀工程设计、优秀工程咨询和科技进步奖共29项。为广西及周边云南、贵州、广东等地企业业主提供良好的服务，得到广大业主的认同和好评。

5. 业务模式多元化

公司在本时期除了继续保持以化工石化行业为主的基础上，重视市政燃气、建筑行业、机械行业和湿法冶金等业务的拓展。同时，加强行业横向合作，积极开展项目总承包业务，外派各专业骨干去国内知名设计单位（如中国五环工程有限公司、上海工程化学设计院有限公司、中国成达工程有限公司等）参与项目设计工作。

6. 资质齐备为发展奠定基础

在工程设计方面拥有的资质：化工石化医药行业甲级；机械行业乙级；市政公用工程行业（给水工程、热力工程、城镇燃气工程）专业乙级；建筑行业（建筑工程）乙级。

在工程咨询方面拥有的资质：化工、医药、机械、石化、轻工、市政公用工程、建筑甲级资信。

在城市规划编制方面拥有的资质：丙级（建制镇总体规划；20万人口以下城市专项和详细规划；建设工程项目规划）。

特种设备设计许可证：压力容器方面有A1、A2级固定式压力容器设计；压力管道方面有压力管道GA2级、GB1级、GB2级、GC1（1）（2）（3）级、GC2级、GC3级、GD1级（亚临界以下）、GD2级管道设计。

在监理方面拥有的资质：工程建设监理甲级。

公司已经通过ISO 9001—2008质量体系认证。

7. 具有较好的装备体系

公司的技术装备硬件达到国家建设行政主管部门规定的甲级标准，从事工程业务的专业技术人员均配备计算机；建立了公司内部局域网络和电子信箱，实现工程设计基础资料、设计条件共享和CAD绘图管理及工程项目管理；各种打印机、扫描仪、绘图机等设备装配齐全。

计算机系统软件和应用软件已满足工程咨询设计业务的需要，各专业技术规范、规程、标准、定额等技术资料、科技图书齐全完整。

8. 公司殊荣

公司获得国家及省级奖项如下：

1987年，“溶解乙炔试制项目”获推动科学技术进步三等奖（广西壮族自治区人民政府科学技术进步奖评审委员会颁发）。

1992年，“硫酸-普钙微机控制系统项目”获广西科学技术进步三等奖（广西壮族自治区人民政府科学技术进步奖评审委员会颁发）。

1996年，“南宁化工厂6000吨/年聚氯乙烯车间项目”获广西优秀设计项目三等奖（广西壮族自治区城乡建设委员会颁发）。

1996年，“南宁化工集团1万吨/年山梨醇装置”获优秀设计一等奖（化工部颁发）、国家优秀设计银奖（全国优秀工程勘察设计评选委员会颁发）。

1996年，“南宁柠檬酸有限公司3000吨/年柠檬酸项目”获广西优秀工程设计二等奖（广西壮族自治区建设厅颁发）。

1997年，“广西赖氨酸厂1500～3000吨/年赖氨酸技改扩建工程”获优秀工程设计二等奖（化学工业部颁发）。

1998年，“柳州化肥厂增产3万吨/年氨、5万吨/年尿素挖潜节能技改工程设计”获广西优秀工程设计二等奖（广西壮族自治区建设厅颁发）。

1998年，“年产10000吨冰醋酸技术开发项目”获科学进步三等奖（广西壮族自治区人民政府科技进步奖评审委员会颁发）。

2002年，“贵港运站工程设计”获广西优秀工程设计三等奖（广西壮族自治区建设厅颁发）。

2004年，“广西南宁邕江制药厂水针车间技改项目1000万支/年盐酸赖氨酸注射液工程设计项目”获广西优秀工程设计二等奖（广西壮族自治区建设厅颁发）。

2011年，“广西金龙钛业股份有限公司10万吨/年金红石型钛白后处理项目”获得广西优秀工程设计二等奖（广西壮族自治区住房和城乡建设厅颁发）。

2017年，“广西广维化工有限责任公司利用废蜜糖生产聚乙烯醇材料技改项目”设计，获得广西优秀工程设计一等奖（广西壮族自治区住房和城乡建设厅颁发）。

2017年，“柳州市隆达丰化工科技有限公司10万吨/年氯化石蜡项目”获广西优秀工程设计二等奖（广西壮族自治区住房和城乡建设厅颁发）。

四、未来展望

2017年以来，公司对中长期发展战略完成了优化升级。

在技术创新方面：未来公司继续在化工工艺、生产装置、配套设备和单项技术开发进行技术创新，加强与高校的合作研究，争取新技术应用有较大的突破。

在咨询设计业务方面：继续坚持巩固主业、拓展多业，加强横向合作，不断拓展工程总承包业务和广西区外业务，争取走出广西、面向全国。

（广西工联工业工程咨询设计有限公司　朱慧萍）

与化工设计行业共发展
——贵州东华工程股份有限公司发展纪实

1958年9月，为支援西南三线建设，国家以化工部化工设计院下放贵州的工程技术人员、由化工部西南设计研究院借调一个设计组（后其中大部分人员正式调入）以及浙江、大连、沈阳、吉林、青岛等地当年分配到贵州省化工局的部分中等专业学校应届毕业生，再加上原省工业厅产品检验人员，组建了贵州省化工局化工设计研究院。1962年7月，贵州省化工局化工设计研究院拆分为贵州省化工设计院、贵州省化工研究所。1997年12月30日，为适应贵州医药行业GMP技改需要，贵州省化工设计院增挂牌“贵州省医药设计院”。2002年12月，更名为贵州省化工医药规划设计院，业务范围拓展到规划行业。2008年7月25日，经战略重组，更名为贵州东华工程股份有限公司，隶属于国资委直管央企之一——中国化学工程股份有限公司旗下具有现代企业制度的三级子公司，控股股东为央企二级公司——东华工程科技股份有限公司，深市上市公司。

第一节　立足省内基础化学工业发展（1958—1978年）

1958年正逢大跃进年代，国家强调发展化肥工业以支援农业，并为贵州省建立基础化学工业，这一阶段贵州省化工设计院（简称贵州省院）主要从事小氮肥、小磷肥、氯碱厂的设计。

贵州省院最早接到的是剑江化肥厂的选址和现场设计。该厂采用化工部北京化工设计院编制的专区级及省级氮肥厂定型设计，于1964年建成投产。1959年，贵州省院进行遵义碱厂现场设计，于1960年建成简易投产。

结合贵州省化学矿藏、富含磷矿资源特点，贵州省院研究室确定了磷矿综合利用的研究及发酵制丙酮和丁醇的研究，做了一些探索性的试验。

1960年至1962年，为度过三年困难时期，贵州省院与停建的贵州化肥厂合并，设计任务主要是剑江化肥厂和遵义碱厂填平补齐现场设计和现场施工的设计监督工作。

1963年，贵州省院开始进行贵阳红岩化工厂硫酸普钙设计，贵阳水泥厂电炉钙镁磷肥设计。1964年进行清镇化肥厂合成氨制碳酸氢铵的设计（后停建）。

1965年主要进行平坝化肥厂合成氨制碳酸氢铵的设计，遵义化肥厂和凯里化肥厂小合成氨制碳酸氢铵的设计，贵阳化工厂部分车间设计。

1964年10月，贵州省院开展了设计革命群众运动，强调自力更生、勤俭建国的方针，强调设计与施工、生产三结合，领导干部与设计人员、工人三结合，强调调查研究，对设计水平的提高起了重要作用。

1969年到1971年，由省化工局组织小氮肥大会战。在此阶段，贵州省院先后进行了大量氮肥、磷肥厂的设计。

1971年到1978年期间，贵州省院主要承担了赤水天然气化肥厂设计总包及脱硫分厂等配套工程设计。该厂为我国引进的十三套大化肥装置之一，于1978年建成投产。其中脱硫分厂采用改良A、D、A法脱硫。另外，贵州省院还从事了磷肥、烧碱、聚氯乙烯、树脂厂、焦化厂和一些民用建筑的设计。

1974年，贵州省院承担的习水磷肥厂设计采用阶梯式布置，使物料从上而下，减少一些提升设备，简化了流程，被列入国家优秀设计成果展览项目。1979年，承担的赤水天然气化肥厂设计总包及脱硫分厂等配套工程设计获国家优秀设计表扬奖，省优秀设计奖。

在业务建设方面，1972年参加了原一机部和化工部组织的埋刮板输送机通用设计。1977年至1978年，参加了全国动力设备基础设计规范的编制工作，1978年负责编制化工部总图运输设计中心站的挡土墙设计图集。

第二节　在改革开放中发展壮大（1979—1999年）

党的十一届三中全会以后，设计行业迎来了改革开放的好时机，基础建设日新月异，设计项目逐渐增多。在夯实基础化工的同时，贵州省院开始拓宽业务范围，承接轻工项目设计。

1979年至1982年期间，贵州省院承接了贵阳甲秀化工厂酶制剂、贵阳绣品厂、贵阳制革厂猪轻革车间、吉林长春制革厂重革车间、贵阳卷烟二厂扩建、遵义卷烟厂扩建、贵阳钢木家具厂等轻工项目设计。期间，还从事了铜仁地区化肥厂、贵阳红岩化工厂硫酸车间扩建设计，省化工学校、省卫生监测站等民用建筑项目设计。其中，1984年，承担的贵阳市沙文集镇规划获国家优秀设计二等奖，铜仁地区化肥厂水洗封闭循坏硫酸车间设计获国家优秀设计表扬奖、省优秀设计奖；1986年，承担的贵阳卷烟二厂20万大箱/年卷烟扩建设计获省优秀设计二等奖。

为充分发挥贵州省丰富的磷电资源，贵州省院在1978年开始进行黄磷设计的技术准备，1979年即进行2000吨/年黄磷装置的试设计。1983年设计了镇远黄磷厂2000吨/年黄磷项目，于1988年1月建成投产，1989年获国家优秀设计奖。在此基础上，随后设计了多个项目，并且在陕西汉中建有一台类似装置。1995年，承担贵州瓮福黄磷厂5000吨/年黄磷工程施工图设计、重庆川东2300吨/年黄磷、贵州修文黄磷厂2500吨/年设计。

1983年7月，省化工厅对贵州省院进行领导班子调整，新班子上任后积极进行事业单位企业化管理体制改革，推行技术经济责任制，建立健全组织机构，加强专业室的技术业务管理。1984 年，组建科技咨询服务公司，组织设计人员进行化工、轻工、食品、民用建筑等的技术咨询和编制可行性研究报告。1985 年，该院实行事业单位企业化管理，取消事业拨款，实行设计收费，对设计项目实行承包制，在人员组织上实行自由组合，对一线生产人员实行弹性工作制，作息制度向项目组倾斜，提高了设计人员的积极性，承接的设计项目较 1984 年增长了两倍，设计费收入除缴税和上交部分财政外，所余部分收入投入院职工宿舍建设。

1982 年至 1987 年，是贵州省院发展的辉煌时期。1987 年职工人数达到 282 人，其中专业人员 252 人，管理人员 15 人，工人 15 人。为在设计体制改革中求发展，充分发挥设计力量雄厚、专业配套齐全的优势，扩大业务范围，贵州省院承接了大量的酒厂、玻璃厂、联碱、电石、高炉钙镁磷肥、白炭黑、碳酸钡、立德粉等项目的设计；从事省内小氮肥厂、中氮肥厂的技术改造，以剑江化肥厂、贵州化肥厂 813（与原化工部二院合作）合成氨、碳酸氢铵技术改造为主，陆续对原有大部分化肥厂进行技术改造和扩建设计；从事小硫酸、小磷肥、磷酸盐以及其他化工类项目的设计，还承接了少量的市政工程项目，如贵阳市生活垃圾无害化处理和其他垃圾填埋场的设计项目。

1987 年 10 月 6 日至 9 日，在太原市召开的硫酸工业技术交流交易会上，贵州省院成功推荐水洗封闭净化循环制酸工艺，引起关注。在随后几年中，先后承接了多套硫铁矿、硫精砂、硫黄制酸项目，包括省外江西、安徽等省的硫酸设计项目，生产规模以 2 万吨/年为主，最大规模为 4 万吨/年。

1992 年，贵州省院承接安顺化肥厂年产 4 万吨尿素因地制宜设计工程、承接兴义化工总厂年产 4 万吨尿素及合成氨节能技术改造工程。

贵州省院重视对外交流合作，多次通过劳务派遣或承接分包设计的方式输出各专业人员到国内同行业比较知名的工程公司学习业务，实地锻炼提高设计水平。1993 年，派遣 20 多名工艺人员到寰球工程有限公司参与管道设计；1997 年至 1999 年，派遣 6 名设计人员到上海德西尼布天辰公司参与项目设计；2003 年至 2004 年，承接寰球工程有限公司“大庆 30 万吨聚丙烯项目”管道专业设计分包工作，按项目要求使用 CAESAR Ⅱ及 ISOMETRIC 软件；2005 年 9 月至 2006 年 9 月，派遣 13 名各专业人员到五环工程有限公司，根据五环工程有限公司各个科室的具体安排进入不同的项目组；2007 年 4 月至 2008 年 2 月，派遣 3 名设计人员到长沙蓝星化工研究设计院参加“山西柳林煤铝集团 5 万吨/年 4A 沸石生产装置”施工图设计，独立完成部分工段的工艺设计；2008 年 5 月至 2009 年 1 月，派 6 名设计人员到电子十一院参加多晶硅项目设计；2011 年 12 月底，与成都是钢环保工程有限公司签订战略合作协议，就发电厂烟气脱硝装置氨站、氨法脱硫项目、烟气脱硝项目开展技术合作，先后承接了多项烟气脱硝项目。

1993 年，承接贵州凯里化肥厂年产 4 万吨尿素及合成氨节能技术改造工程。

1994 年，开始进行瓮福 80 万吨/年重钙项目的配套项目 1.4 万吨/年氟化铝的前期咨询及初步设计，1995 年开始施工图设计。这是贵州省设计院当时承接的最大项目，采用美国 Raytheon 公司技术，1998 年投产试运行。后由于市场变化，一直未正式生产。

1996 年，承接了开磷集团息烽重钙厂 10 万吨/年重钙设计，磷酸浓缩装置采用美国海尔曼二手旧设备，其余全部采用国产技术和设备，为国内第二套10万吨/年重钙装置。1998年，该项目获省优秀工程设计一等奖。

1997年至1998年，承接了黔南州五钠厂三聚磷酸钠技改工程3万吨/年三聚磷酸钠项目设计，为建成时国内产量最大、质量最好、能源综合利用率最高的五钠项目。获贵州省2000年度优秀工程咨询成果一等奖、贵州省第十一次优秀工程设计二等奖。

20世纪90年代末期，国家正推行GMP技术改造，规定药品生产企业必须在规定时限通过GMP认证。贵州省内企业生产的药品以苗方中成制剂为主，共有生产企业180多家，设计市场较大，当时设计行业跨省接项目正在兴起，专业医药设计院较少，设计力量缺乏。该院如何抢抓时机，增项医药设计资质，尽快切入医药设计市场是当务之急。当时的领导班子决定立即采取行动，首先向当时的主管部门化工厅汇报得到同意后，又分别给贵州省医药管理局、国家医药管理局和住建部打报告汇报情况，经贵阳和北京二地多次往返走访，上级各主管部门终于同意设计院申报医院设计增项资质。

1997年12月30日，为适应贵州医药行业GMP技改需要，贵州省院整合专业资源，以工艺二室为从事医药设计的主要力量，及时增挂“贵州省医药设计院”牌，为承接医药工程设计创造了有利条件。期间，由于化工设计项目数量萎缩，省内大量的医药企业如火如荼地进行GMP认证改造，贵州省院承担了省内多个医药工程设计项目，市场占有率高，业务水平逐渐得到提升，填补了化工项目不足所带来的不利影响。

1998年，贵州省院建立局域网，实现全电脑CAD绘图，成品出图率达100%，彻底革除传统的图板画图。同年，息烽重钙厂设计（包括三个子项）获省优秀设计一等奖。

1998年6月24日，贵州省院收到贵州省化工厅（98）黔化建字第008号“关于组建贵州化兴建设监理有限责任公司的报告”的批复。为加快、规范贵州省建设市场发展，适应建立市场经济体制和运行机制，更多吸引外资和先进技术的需要，贵州省院与贵州开磷集团公司、贵州有机化工总厂联合发起组建贵州化兴建设监理有限责任公司。

1999年，以工艺一室为主要力量，与原化工部八院组成设计联合体，成功中标贵州水晶集团汞污染治理项目，这是贵州省院第一个通过公开招标形式承接的设计项目。该项目于2004年完成设计，并顺利建成投产。1999年，该院还承接了贵阳市比例坝城市生活垃圾卫生填埋场工程。同年，勇达精细化工（珠海）有限公司“节油王”柴油/重油添加剂技改项目获国家设计银奖。

第三节 战略重组拓展业务领域（2000—2019年）

2000年以后，正逢贵州省药企GMP技改处于加速期，贵州省院把如何提高医药设计水平作为重要抓手，通过陪同业主外出调研、聘请技术顾问、外派培训等方式快速提高设计水平，承接了不少的医药设计项目。同时，在化工项目不饱和的情况下，节流开源，齐抓并举，努力开拓民用、市政项目，走出省外，取得了不小成效。

2000年，承接了贵州环宇药业有限公司1000万瓶/年输液、6000万支/水针GMP技改工程的施工图设计，这是贵州省院承接的最大规模注射剂、输液施工图。同年，还承接了贵州安顺地区制药厂GMP技改工程。

2001年10月，根据黔府办发〔2001〕44号《关于贵州省工程勘察设计单位体制改革实施意见的通知》，由事业单位逐步改制为国有企业，从此开始了自负盈亏的经营模式。

2002年7月，为激发设计人员的积极性，同时也为了缓解院的财政压力，贵州省院大刀阔斧进行改革，首次采取项目全承包经营管理模式，撤销原生产、经营部门，成立7个设计所（4个化工所、2个医药所、1个民用建筑所）负责所成员的全部开支和费用。化工一所主要从事氮肥方面的设计；化工二所主要从事遵义碱厂烧碱和聚氯乙烯的改造项目；化工三所集中经营开磷（集团）的项目；化工四所主要从事化工和部分医药项目；医药一所和医药二所主要从事省内医药项目的GMP技术改造；民用建筑所主要配合其他六个所完成项目和独立承接部分民用建筑项目。运行表明，项目承包制触发了机制体制的转变，员工服务意识增强，激发了全员经营的活力，设计人员的收入得到极大提高。

2002年，承接贵州天峰化工有限责任公司8万吨/年硫黄制酸工程、贵州水晶有机化工（集团）有限公司的汞污染治理项目煤造气装置工程。

2002至2008年期间，陆续对遵义碱厂离子膜烧碱和聚氯乙烯进行技术改造，如2万吨/年离子膜烧碱升级改造节能技改工程、2万吨/年PVC技改工程。

瓮福（集团）是贵州省内最早推行总承包项目管理模式的化工企业，为贵州省院总承包业务的发展提供了难得的平台。贵州省院抢抓发展机遇，通过参与瓮福（集团）系列小型的总承包项目，积累了经验，项目管理能力得到提升，人才队伍逐渐建立起来。2002年，贵州省院承接瓮福（集团）加压泵房总承包项目。虽然这个项目体量小，专业不全，但奠定了设计院从事工程总承包的基础，实现了总承包项目零的突破。

2005年10月，该院承担贵州宏福实业开发有限总公司年产10万吨复合肥总承包项目，2008年获省优秀工程设计二等奖。2006年底，承接瓮福（集团）北海罐区食品级磷酸储罐总承包项目。2007年9月，承担贵州宏福实业开发有限总公司磷石膏渣场酸性废水循环利用选矿项目，并获省优秀工程咨询成果二等奖。2007年，承接瓮福二期磷石膏渣场泵房总承包，该项目为长输废水管道配套工程。从此，设计院将项目总承包作为今后发展的核心业务。

2002年12月，贵州省化工设计院更名为贵州省化工医药规划设计院，业务范围拓展到规划行业。

2003年至2004年，贵州省化工医药规划设计院承接中国核工业剑锋化工总厂1万吨/年电解锰工程、安顺市烟草综合大楼、都匀凯发大厦、金海岸商住楼、贵阳中大森林花园6万平方米住宅施工图设计；承接四川省崇州市、乐至县、蓬溪县、泸县污水处理厂，资中县垃圾处理厂设计工作。2004年7月，该院承担的安顺市制药厂GMP技术改造项目获省优秀工程设计二等奖。

2005年，为加强与省内主要化工企业的深层次合作，成立遵义碱厂设计分院，2009年5月25日变更为贵州东华工程股份有限公司遵义兰州路分公司。采用公司的质量管理体系，统一管理，定期抽查，依托企业自身技术力量，承接该厂内部的小型技术改造项目的设计任务。

2005年，承接贵州遵义碱厂150吨/时中温循环流化床锅炉配套30兆瓦汽轮机发电机组热电年产2期节能工程、贵州凯里市城市垃圾填埋场工程，贵州遵义碱厂一次盐水技改、三氯乙烯氯气供气管、氯气汽化器、节约循环经济型企业技改工程；承接贵州省织金县“十一五”规划。

2006年，承接贵阳中化开磷化肥有限公司新增90万吨/年DAP蒸氨系统工程、贵州省六盘水老鹰山煤气化替代燃料基地规划设计、贵州绥阳煤电化循环经济型生态工业基地48万吨/年电石可研及项目申请报告编制等项目、贵州开磷剑江化肥有限责任公司合成氨节能技改工程。

2007年设计了国内山区第一条长输液氨管线，该管线也是贵州省第一条输氨管线。管线输送能力为30万吨/年液氨，由贵州开磷磷化工基地60万吨/年多功能磷复肥液氨罐区（息烽县黑神庙镇桶井坝）输送至开阳县大水工业园磷化工基地液氨罐区（开阳县洋水镇），全程20.5千米，于2009年6月投入使用。

2008年，贵州省化工医药规划设计院成功实施与东华科技的战略重组，作为央企工程公司的二级子公司，引入东华科技的企业文化与项目管理体制，编制企业战略发展规划，公司管理体系初见雏形，逐步向工程公司模式转变。2008年7月25日，贵州东华工程股份有限公司（以下称贵州东华）挂牌成立。

2009年，由东华科技总承包、贵州东华参与的瓮福25万吨/年磷石膏制硫铵项目获省工程咨询一等奖、中国工程咨询协会优秀工程咨询成果二等奖，中国石油和化工勘察设计协会工程咨询二等奖；2011年获中国石油和化工勘察设计协会优秀工程设计一等奖。采用磷石膏、液氨、二氧化碳为原料制取硫酸铵并副产碳酸钙，年产25万吨硫酸铵及19万吨碳酸钙，年消耗磷石膏50万吨（含水），实现磷石膏“资源化、减量化、无害化”的综合利用，创造了很好的环保效益。该技术也可采用磷石膏+ 碳铵生产硫铵，以硫铵料浆作为原料生产三元复合肥，实现产品多元化，对湿法磷酸产生的磷石膏实现了工业化应用。

2010年，工艺专业开始使用AUTOPLANT三维设计软件。2010年3月，成立赤天化集团设计分院，分院采用公司的质量管理体系，统一管理，定期抽查，依托企业自身技术力量，承接该厂内部的小型技术改造项目的设计任务。

2010年，设计了第二条长输液氨管线，管线输送能力50万吨/年液氨，由贵州开阳化工有限公司液氨库（开阳县永温乡黄白井）输送至开阳县大水工业园磷化工基地液氨罐区（开阳县洋水镇），全程10.9千米，于2013年4月投入使用。

这期间，贵州东华积极参与贵州省工业强省、工业园区产业发展规划编制工作。其中，2010年编制的织金新型能源化工基地总体规划获省优秀工程咨询一等奖；2011—2012年，承接开磷集团息烽磷煤化工园区何家坝厂址产业布局总体规划；纳雍县煤化工循环经济、农特产品加工园区总体规划；2012—2013 年，承接瓮（安）福（泉）千亿园区循环经济发展总体规划（产业发展规划）、开阳县煤电磷一体化基地产业发展规划；2015 年，承接贵州省“十三五”煤炭深加工发展规划。

2011 年，承接了湖南瑞源石化股份有限公司 2 万吨/年醋酸仲丁酯装置提质节能改造工程施工图设计、四川欣化欣石化有限责任公司 5 万吨/年环己烷项目一期工程可研、施工图；超彩钛白科技（安徽）有限公司 4 万吨/年环保脱硝催化剂技改项目施工图。

在国家大力倡导供给侧结构性改革期间，公司积极加强与瓮福（集团）和原兖矿开阳化工的交往，重点策划、跟踪瓮福（集团）马场坪、福建上杭、瓮福达州、甘肃瓮福化工等多个磷矿伴生资源碘回收总包项目，策划开阳化工污水管线排放项目采用总承包模式，通过这些总承包项目的锻炼，逐渐建立起总包项目管理团队，将总承包定位为公司未来发展的核心业务。公司产值首次突破亿元，利润上千万元。

2012 年，公司承接贵州泰邦生物制品有限公司小容量注射剂项目施工图设计，该项目为胎盘小容量注射剂产品，属生物制品无菌药品，为生物制剂项目。2012 年至 2013 年，承接贵州兴发化工有限公司 2.5 万吨/年二甲基亚砜项目施工图设计，该项目为精细化工开发项目；承接贵州高澄医疗器械生产线建设项目施工图设计，设计产品有一次性手术牵开器、消化道黏膜染色剂、血液透析干粉，为医疗器械项目。

2013 年，由东华科技分包的湖南瑞源石化股份有限责任公司 2 万吨/年醋酸仲丁酯项目获中国石油和化工勘察设计协会优秀工程设计三等奖；开始陆续承接 3 个瓮福（集团）磷矿伴生资源回收粗碘总承包项目，其工程化技术通过中国石油和化工勘察设计协会组织的专有技术评审；承接瓮福（集团）有限责任公司 3 万吨/年晶体磷酸一铵装置总承包项目、山东寿光市联盟磷复肥有限公司 WTP 技术 8 万吨/年磷酸装置施工图；为加强对外合作，开始承接火力发电厂锅炉烟气脱硝设计，至今已完成多个项目的设计，前期还原剂主要为液氨，后期改为尿素居多。

公司长期从事磷复肥装置设计，拥有磷铵管式反应器核心技术，已成功应用在 10 多套 DAP/NPK 装置，运行良好。公司自主开发的管式反应器，由装有料浆分配管的混合器和反应头组成，能够适应 MAP、DAP、NPK 等磷复肥的生产。磷酸、硫酸和氨在其中混合、反应，生成磷酸氨和水蒸气。在管式反应器中，压力推动生成料浆，料浆直接分布到造粒机内的固体床上。2014 年，承接贵州开磷息烽合成氨有限责任公司 2×30 万吨多功能高塔复合肥装置施工图、中化涪陵公司 30 万吨/年精细磷酸盐及配套工程可研报告；2015 年，承接瓮安天一矿业有限公司新型磷化工循环经济产业园项目可研报告，其中含 2×30 万吨/年湿法磷酸装置、30 万吨/年磷酸净化装置；2016 年，承接甘肃瓮福化工有限责任公司 3 万吨/年晶体磷酸一铵装置施工图；2018 年，承接内蒙古大地云天化工有限公司 45 万吨/年磷酸项目施工图。

2014 年，承接山东胜通化工有限公司 20 万吨/年异丁烷脱氢制 MMA 联产项目施工图设计，该项目为精细化工开发项目。

2014 年，承接贵州开阳化工有限公司年产 50 万吨合成氨工程外排水管道总承包项目，将处理后水质达到《合成氨工业水污染物排放标准》的污水排至洋水河下游入河排污口。管线排水能力 460 米^3/时，起点在贵州开阳化工有限公司，排放口位于洋水河下游、滥沟取水口（用途为农田灌溉用水）下游 2.5 千米处，全长约 16.24 千米，于 2015 年 10 月投入使用。

2014 年 9 月，承接突尼斯 GCT 公司 DAP 尾气处理项目，2015 年 11 月承接 GCT 公司尾气脱硝项目，业务范围首次延伸至国外。

2014 年至 2016 年，承接东华科技分包的内蒙古蒙维科技有限公司 10 万吨/年特种聚乙烯醇树脂、60 万吨/年工业废渣综合利用循环经济项目（聚乙烯醇树脂装置）初设、施工图。这是公司承接的体量较大的设计项目。

2015 年至 2016 年，承接贵州宏泰钡业有限责任公司 36 万吨/年（一期）钡盐项目施工图，是国内较大的钡盐生产装置，已通过竣工验收，运行良好。

2016 年，浙江纳诺科技有限公司年产 20000 米^3 气凝胶超级绝热材料生产项目获贵州省优秀工程设计一等奖。由于合作良好，公司连续承接了该公司后面的二、三期项目。这年，公司综合管理部通过自行设计，利用钉钉系统首先对行政事务进行数字化管理，2019 年推广到项目管理全过程，初步实现数字化、信息化管理。

2017 年，开始承接磷复肥装置尾气脱白以及尾气达标排放治理总承包项目。对于如含尘、SO_2、NO_x、NH_3、F 等有害因子废气，采用公司研发的文丘里洗涤+ 塔式洗涤组合+ 电除雾工艺技术，排放尾气各项有害物质指标均低于国家标准。通过使用专有的脱白设备，可实现尾气消除白色烟羽。该项技术在国内磷铵、复合肥尾气净化，消除白色烟羽项目上获得了很好的运用。公司在含磷、氟废水治理具有先进的处理工艺技术，瓮福集团、开磷集团的磷、氟废水治理均由公司承建。

2017 年 7 月，第一次中标中国—阿拉伯化肥有限公司尾气脱白总承包项目，为后续项目的顺利承接奠定了基础。

2017 年 9 月，与安徽节源公司组成联合体，采用合同能源管理模式，承接瓮福达州利用磷酸浓缩余压发电总承包项目。

2017 年，工艺专业在江苏泰州东联化工有限公司 8 万吨/年甲乙酮装置工艺技术改造项目开始使用 PDMS 三维软件设计（后项目因业主方产品战略转向为炼油停建了此甲乙酮改造装置）。2019 年 4 月，承接的黔西乙二醇 DMC 技改项目是第一个采用 PDMS 三维软件设计完成的施工图项目。

2017 年至 2019 年，承接贵州华夏本草生物医药有限公司年产 10 万吨中药饮片加工及配套建设项目施工图设计，该项目为公司承接的最大能力的中药饮片项目。

2018 年 3 月，承接施可丰四川雷波化工有限公司 20 万吨/年硫酸装置低温余热回收 HRS 总承包项目。

2019 年，承接援津巴布韦哈拉雷药品仓库项目，可储存量约 1 万个托盘（含 488 米^2 冷库，冷库温度 2～8℃），总建筑面积为 13713 米^2，仓储净高为 7.4 米（四层货架）。

2019 年 7 月，开始从事钢铁厂、焦化厂脱硫废液综合利用制硫酸的项目设计，进入焦化行业脱硫废液处理环境治理的领域。目前已签署设计合同 5 项，工艺包 1 项，

2020年预计签署脱硫废液制酸设计项目5项以上，迅速提高了公司在该领域的设计能力。

2019年9月，“磷复肥装置尾气深度治理装备产业化开发与示范推广”获贵阳市科技计划项目，并获中国石油和化工勘察设计协会2019年度专有技术。

2019年，完成云南天安化工有限公司二期60万吨/年DAP装置尾气深度治理项目总承包；云南云天化红磷化工有限公司18万吨/年磷铵装置、30万吨/年复肥装置尾气深度治理及脱白项目总承包。尾气深度治理及脱白技术取得实质性进展。

2019年底，完成瓮福（集团）2×40万吨/年硫铁矿制酸HRS项目EPC总承包合同谈判。该项目施工图设计基本完成，现场正在开展土建施工。

公司已拥有化工石化医药行业（化工工程、石油及化工产品储运、中成药、药物制剂、化学原料药）专业甲级、建筑行业（建筑工程）甲级、化工石化医药行业乙级、市政行业（给水工程、排水工程、热力工程、环境卫生工程）专业乙级以及与设计资质相同的工程总承包资质。拥有石化、化工、医药专业咨询乙级资信；拥有压力管道、压力容器设计许可。

（贵州东华工程股份有限公司　张万福）

不忘初心 把握当下 设计未来

——西南化工研究设计院有限公司创新发展纪实

西南化工研究设计院有限公司（简称西南院）诞生于1958年，是新中国首批成立的大型国家级专业设计院之一，原隶属化工部化学工业设计院，现隶属于中国化工集团有限公司。西南院经历62载的风雨，如今已成长为一家员工超过700人、业务范围遍布全球的现代化高新技术企业。

筚路蓝缕莫问风霜，精心设计为国栋梁，匠心筑梦群英汇聚，薪火传承谱写辉煌。

第一节 开启西南化工科研设计征程（1958—1986年）

西南院的前身为1956年化工部成立后的化工部化工设计院。1958年根据中央精神，化工部决定在全国成立八个设计研究分院，西南化工设计研究分院是其中之一。1960年，西南化工设计研究分院更名为化工部西南化工设计研究院。1963年朱德委员长在视察化工部西南化工设计研究院时题词："掌握综合利用天然气的最新技术，为祖国社会主义建设服务。"1966年研究与设计分开组建化工部西南化工研究院，迁离成都至纳溪安富镇，主要开展天然气综合利用技术的研究工作。

1969年，中央下达"12.25"批示，西南院的科研、设计、生产工作逐步恢复正常秩序。1977年初，全院开展了"文化大革命"结束后的恢复性整顿，科研、设计工作逐步恢复正常秩序。

这一时期，西南院主要人员大部分来自化工部氮肥、有机化学、基本化学三个设计院，研究设计力量十分薄弱。当时研究设计工作主要由基建设计室负责。设计工作只能做一些院刚搬迁后的基础工作、生活条件性的工作，如科研、办公、住宅类土建及少量中试装置、公用工程等工程设计、施工管理等。后随着设计工作任务逐渐加重，西南院及时扩充设计人员，并于1979年调整基建设计室，将计算站合并组建成立开发设计室，成立了PSA课题组，在国内开始研究变压吸附法气体分离净化制氢技术。同时也承担起天然气、一段和二段蒸汽转化催化剂、甲醇羰基合成醋酸等国家重点科研项目的研制任务。

党的十一届三中全会后，我国进入改革开放时期，1979年初，国家建委在全国勘察设计工作会议上提出设计单位要实行企业化、推行合同制，拉开了中国勘察设计业改革的序幕。西南院抓住机会，完善管理、积蓄力量，开始从基建设计室向工程公司转变。

1979年，西南院成立学术委员会，1983年更名为技术委员会。一方面参与院相关科研选题、鉴定科研成果等活动，一方面积极参加中国化工学会等学会活动，加强科技成果交流活动。

到 1986 年，西南院科研成果荣获全国科学大会奖、四川省重大科技成果奖等共计 81 项，其中“变压吸附回收氨厂驰放气中氢工业装置”荣获国家科技进步一等奖和化工部一等优秀设计奖。

第二节　成功转型，全面走向市场（1987—2001 年）

随着改革不断深化，西南院充分利用改革开放方针政策和推行社会主义市场经济的机遇，科研开始面向市场、进入市场。80 年代末期，国有企业改革进入深入阶段，建设部发布了《关于进一步抓好建筑勘察设计改革试点工作的通知》，要求建筑勘察设计单位由事业管理改为按项目或劳务收取设计费，实行企业化经营模式。

1993 年，为加强设计部门与研究科室之间的联系与合作，西南院制订了《技术转让及工程设计管理试行办法》，从制度上合理协调对科研成果工业化中研究人员与设计人员的责、权、利关系。同年，西南院及时调整设计组织专业结构，改革运行机制，成立设计所，实行独立核算、自负盈亏、自主经营。设计任务从行政安排转到向市场找项目。与此同时，西南院不断完善设计装备。从 80 年代初期的计算站、晒图机发展到 90 年代的电脑、MIS 和 CAD 局域网，从基建设计室到设计所（下设工艺室、设备室、咨询室、自控室、电气室、土建室），完善专业配套、人员配备。

这一时期，变压吸附技术成果的广泛推广使用，不仅推动了企业的技术发展，也推动了工程设计及工程总承包管理的发展。

1995 年，在石家庄炼油厂变压吸附分离重油催化裂化干气氢提纯装置项目中，西南院首次以工程设计、成套设备、施工管理、投产试运行的一条龙服务，按“交钥匙”形式全面总承包。该工程于 1995 年 11 月破土动工，1996 年 12 月项目验收。

1996 年，西南院经国家编委批准，更名为化学工业部西南化工研究设计院，意味着设计队伍和力量更加发展壮大，设计工作和业绩已在西南院起到更重要的作用。

从 1999 年 7 月 1 日起，西南院由研究事业单位改制为科技型企业。从此，西南院完全走向市场，试行自主经营、自负盈亏。

1999 年 8 月，西南院为主、联合 4 家科研单位和企业，组建四川天一科技股份有限公司（简称天科股份），并将西南院变压吸附气体分离技术及成套装置、催化剂产品、碳一化学及工程设计等优良资产注入股份公司，从而更广泛地面向社会和公众，从以往只转化本院科研成果走向广泛转化其他科研院所科研成果和承接社会项目，更加走向市场参与市场竞争。

同年 12 月，化学工业部西南化工研究设计院更名为西南化工研究设计院。

2000 年 1 月 11 日，中国证监会核准四川天一科技股份有限公司在上海证券交易所上市，实现了优良资产上市。

第三节 工程设计树立行业品牌（2002—2019年）

一、创新改革，西南院迈向新征程

2002年，随着市场化改革步伐的不断加快，公司业务量不断增大，西南院试点试行承包责任制。公司设计所之后变更为工程公司，并不断升级公司资质。设计从原化工乙级到化工、炼油专业甲级与化工石化医药全行业乙级，咨询从化工甲级扩展到化工、医药甲级与石化、生态建设及环境工程，在一、二、三类压力容器设计的基础上又增加了分析设计，新获得压力管道设计资质，增加了GA类设计。

2012年国有企业改革改制，西南化工研究设计院改名为西南化工研究设计院有限公司。

这一时期，西南院的技术领域和规模也不断拓展，从最开始的制作小型设计项目，到主要承接少量对外技术的中小型项目设计，拓展到承接全国各地有机化工（甲醇及其下游产品）、精细化工、炼油（石化炼厂气加工和气体分离）、无机化工、合成材料、石油及化工产品储运、生化、生物工程等大中型项目设计，并积极探索工程总承包模式，初步实现了从单一的工程设计模式向工程总承包模式的转型。

西南院拥有教授级高工102人，拥有14个国家级创新平台，从事设计、咨询、工程总承包及项目全过程服务，综合实力位居全国石化设计行业前列。

西南院发挥自己科研设计院所的独特优势，坚持研究与设计相结合，成功开发出一系列具有自主知识产权的工业化成果。到2019年，西南院已经完成了3000项化工咨询、设计和EPC总承包项目，多项工程获得国家、省、市科技进步奖和优秀勘察设计奖，创造了多项全国“第一”的工程项目。

1996年，在浙江镇海炼化建成60000米^3/时重整气PSA氢气提纯装置，结束了国外对我国大型PSA装置的技术垄断；2003年，我国首套PSA法氯乙烯尾气净化回收氯乙烯、乙炔技术成功实现工业化，建成太原化工厂600米^3/时氯乙烯尾气净化回收装置；2005年，在香港建成最大的PSA法净化垃圾填埋气制城市煤气的装置；2005年12月建成新奥燃气1万吨/年燃料级二甲醚装置，标志着二甲醚技术市场推广的开始，随后不断改进和创新工艺流程，相继建成2.5万吨/年、5万吨/年、10万吨/年、20万吨/年逐步放大的二甲醚项目；2006年自有技术——粗苯加氢精制技术2.5万吨/年装置在内江天科顺利开车，随后相继建成2.5万吨/年、5万吨/年、10万吨/年工业装置；2006年10月建成国内最大的神华煤制油有限公司PSA制氢装置；2013年实现首套焦炉气制天然气项目工业化应用，开发黄磷尾气分离技术的科研成果转化；2013年中标国内最大出口PSA装置，恒逸文莱炼油厂22万立方米/时重整气提氢装置；2018年7月中标大唐集团中新能化科技有限公司两套80万吨/年甲醇装置技术许可及工艺包设计合同，标志着我国高CO_2原料气的大型甲醇装置工艺技术及催化剂国产化取得重大进展；2019年中标陕煤集团榆林化学公司 180 万吨/年乙二醇工程配套的特大型 PSA 制氢项目，此项目建成后将是迄今为止全球最大的煤制氢 PSA 装置，也是继 2008 年神华鄂尔多斯 28 万立方米/时特大型 PSA 制氢项目之后，公司 PSA 制氢技术的又一重大突破；2020 年 3 月，由西南院成撬提供的燕山石化北京冬奥会氢气新能源保供项目新建 2000 立方米/时氢气提纯装置一次性开车成功，为推动后续加氢站建设和布局奠定坚实基础。

西南院还致力于国际、国内标准的建设工作。2017 年 4 月，代表中国主导制定的国际标准 ISO/TS 19883：2017《变压吸附提纯分离氢系统安全要求》正式发布。这是我国氢能技术领域制定的首项国际标准，填补了我国氢能技术领域没有主导制定国际标准的空白。

2017 年 7 月，依托西南院的全国煤化工标准化技术委员会煤制化学品分会主导制定的《煤制合成天然气》（GB/T 33445—2016）正式发布实施，这是国内首个煤制天然气领域的国家标准。12 月，西南院主导编制的《低温液化气体安全指南》（GB/T 35528—2017）正式发布，该标准是国内气体领域唯一的一项安全标准，为行业内低温液化气体的生产、经营和使用提供安全保障。2020 年，开始主导制定国内首个气体分析国际标准《气体分析——采样导则》。

2002 年以来，西南院一方面依托天科股份的科研成果和技术，另一方面不断寻求外部的新技术开发，拓宽市场，增强与研究单位的协作和配合，积极将科研成果有效地转化为生产力，让优秀科研成果通过开发设计成功走向市场。

与中国燃气涡轮研究院合作进行高空台技改，相继完成第一、二期高空台合作项目；与中国工程物理研究院、中国科学院成都有机所合作完成合成材料中试项目；与中石化上海化工研究所合作完成上海石化戊烷和碳五加氢分离生产装置；与中国神华煤制油公司上海研究院合作完成神华费托合成催化剂评价中试装置；与得阳科技合作完成 5000 吨/年聚苯硫醚工程放大装置，随后完成 1000 吨/年、20000 吨/年聚苯硫醚工程装置，该类项目的工程开发具有相当的难度，通过努力达到理想的效果，生产企业获得了良好的经济效益，展示了天科股份的开发设计能力，为获得同类型其他项目奠定了良好的基础。

二、践行“一带一路”倡议，拓展国外工程业务

西南院积极响应“一带一路”倡议，审时度势、精心谋划，统筹企业发展布局，积极在“一带一路”沿线国家布局境外营销网络，加大国际市场开拓力度，在出口业务、跨国合作的产品种类、数量、质量以及营销方式以及合作模式等方面实现了突破。

积极参加伊朗国际石油、天然气、石化展览会、东非（肯尼亚）国际石油石化天然气工业设备展等，把握未来市场发展方向。继 2016 年转化催化剂出口到埃及、PSA 天然气净化技术及成套装置出口到印尼、活性炭产品出口到土耳其，2017 年天科股份的催化剂销售又延伸至伊朗、塞尔维亚等“一带一路”新市场。

2019 年 3 月 27 日，工程公司与波兰某研究院签署合作协议，共同承担波煤集团焦炉气制氢项目的可行性研究。这标志着天科股份 PSA 技术第一次进入欧盟市场，也为波

煤集团后续项目的落地奠定了坚实的基础。此外，本次合作所制造的氢气，将作为清洁能源用于氢燃料电池汽车，也在引起欧洲高度关注。

根据国际市场需求，公司技术中心科研团队，积极促进产品升级。前期通过资料收集、国际投标、客户拜访、邀请国际催化剂专家等手段，不断收集有效信息，提供研发数据，助力公司技术中心钢厂直接还原催化剂研发团队的研发。最终新产品研发已初见成效，并通过国贸部克服新产品销售的重重困难，在海外迎来市场机遇。

第四节　不忘初心，科学绘就发展蓝图

西南院以“科学至上、创新驱动”发展理念为指引，坚持以人才为中心、以技术为主线，深入落实创新驱动发展战略，积极构建“技术创新+ 产业发展”一体化主业格局，致力于发展成为创新有根基、转化有能力、发展有希望的科、工（设计）、贸一体化的优质科技创新型公司。

在技术创新方面，大力推进科技创新体系改革与重建工作，健全完善“平台-项目-人才-成果”创新价值链，形成与天科股份发展战略与规模相适应的科技创新体系。强化科技创新规划的导向作用，持续跟踪国内外相关行业及典型企业的发展模式、业务动态、创新趋势，努力吸取其他转制院所的发展经验，保持“碳一化工”和“气体净化分离”两大技术领域优势的同时，拓展新的技术领域。

继续加强科技创新平台建设与运行，发挥工业排放气综合利用国家重点实验室、国家碳一化学工程技术研究中心等创新平台作用，不断聚集创新要素，形成强劲的科技磁场效应。跟踪国家、地方科技计划管理动态，积极响应国家、地方科技创新需求，勇于承担与实施科技计划项目。

坚持人才引进和内部培养并重，以高端人才为核心，积极组建创新团队，充分发挥高端人才的领军作用。进一步加大研发投入，优化科研项目管理流程，提升资金效率和研发效率。不断深化产学研用合作，推动产业技术创新战略联盟建设，加快先进适用科技成果的高效产出和快速转化。

高度重视专利工作，积极开展专利布局和运营，大力推进高价值专利培育。充分发挥第三方服务机构的作用，推动科技与金融有效融合，探索开展知识产权质押融资等试点。不断强化专利布局，提升专利申请质量，推动高价值专利的形成。

在产业发展方面，深入分析产业链发展趋势，加强机制创新和管理提升，深化产业结构、产品结构调整优化，强化信息化建设和营销变革，以“一带一路”战略实施为契机，进一步开拓国际市场。以产业关键共性技术开发与推广为抓手，大幅提升创新能力与核心竞争力，有效支撑公司变压吸附、工程设计与总承包、催化剂、气体等产业高质量发展。

大道行远敢为先。2019 年，西南化工研究设计院与原四川天一科技股份有限公司重组整合，新的西南化工研究设计院有限公司（简称西南化工）于 2020 年 1 月 1 日正

式运行。老化工新面孔，新班子新机构，西南化工承载着两家企业的历史使命和社会责任，重新起航。未来西南化工将顺势而为，乘势而进，投身到更加波澜壮阔的市场浪潮中，不断增添新动力、拓展新空间、创造新优势，努力建设国内一流、国际知名的公司，为化工咨询、设计开发和经济社会发展作出更大的贡献。

（西南化工研究设计院有限公司　郭志君、戴洁娉）

青海的化工工程岁月

——青海省化工设计研究院有限公司发展纪实

青海省化工设计研究院有限公司（原青海省化工设计研究院）于 1958 年筹建，成立于 1959 年 4 月，是青海省属唯一的化工应用技术研究、设计为一体的科研开发单位。在科技体制改革中，2000 年 12 月由科研事业单位改制为科技型企业，2005 年 12 月整体制转制为股份制企业，经工商局注册为青海省化工设计研究院有限公司。2009 年至 2015 年评定为科技型企业，2016 年评定为高新技术企业。

青海省化工设计研究院有限公司的发展伴随着青海省化学工业的成长，逐步成长壮大起来。

第一节　艰苦激情奋进的岁月（1958—1987 年）

1958 年 8 月，青海省化学工业局成立了化验室。1959 年 1 月，化学工业部设计院五室全室迁入青海与该化验室合并。同年 4 月经中共青海省委批准，成立青海省化工设计研究所，隶属于青海省化学工业局管理。

1962 年，国家处于暂时困难时期，要求各级单位合并机构，精简、下放人员。青海省化工设计研究所与机械、农业、轻工业等设计研究所合并，组成青海省工业厅研究所。

1970 年，经中共青海省委批准，将青海省工业厅研究所分设，建立了青海省化学工业研究所、青海省农业机械研究所、青海省轻工研究所。1980 年 11 月，青海省化工研究所经上级批准，更名为青海化工科研设计所。1988 年 12 月，经省编委批准，将青海省化工科研设计所名称恢复为青海省化工设计研究所。

青海省化工设计研究所创建初期有员工 30 多人，到 1959 年底达 229 人，以后人数一直保持在 180 人左右。1990 年，所内具有高级专业技术人员 11 人，中级技术人员 50 人，初级技术人员 70 人。所内设有化工工艺研究一室、二室、三室、化工分析室、化工设计室、图书情报室、实验工厂、科研科、办公室、供销科等 12 个科研、设计、管理部门。青海省化工技术情报中心站、青海省化工产品质量监督检验站和《青海化工》期刊编辑部附设在青海省化工设计研究所。

所内化学、化工分析检测手段齐全，除常规通用分析检测仪器设备外，有高压液相色谱仪、气相色谱仪、薄层色谱扫描仪、紫外可见光分光光度计、火焰光度计等大型仪器多台。所内情报室有各种中外文资料 20600 多册，中文期刊 8300 多册，大型工具书、美国化学文摘、苏联化学文摘齐全，各种重要的最新化学化工科技图书均有馆藏，国内各省、市化工杂志现刊、过刊均较齐备。

青海省化工设计研究所多年从事以地方资源开发利用为主的无机化工、盐化工研究，以除草剂、杀鼠剂为主的农药及有机化工工艺研究和技术开发。1980年后，精细化工的研究（包括添加剂、油脂化工、化学配方研究等）有了新的进展和突破，化工设计室各专业配套，持有化工项目可行性研究和化工工程设计的资格证书，承担省内外中小化工项目设计任务。情报中心站可为化工企事业单位进行情报调研和定题服务。化工产品质量监督检验站除了担负着全省化工产品质量监督检验任务外，还承担全省一切化工产品的质量检验工作，定点服务和分析技术培训工作。该所有几十项科研成果获国家级、部级和省政府授予的各个等级的奖励。其中除草剂草甘膦、野麦畏（即燕麦畏）、杀鼠剂除鼠灵206、钙芒硝制元明粉、混合气体皮张消毒等科研成果，对青海省及全国的经济建设发挥了作用。有些成果除在省内转让外，还转让到江苏、江西、河南等省，取得广泛经济效益和社会效益，为青海省化学工业的发展作出了重大贡献，可以说是奠定了青海省化学工业的基础。

青海省化工设计研究所自建所到1988年，完成的科研项目中有16项获国家和省级科技成果奖，13项通过鉴定，完成其他研究课题20余项，有7项情报项目获奖。完成设计项目132项，基础工作26项，水处理项目20项。

获奖科研项目简介：

化学除草剂“青燕灵”的研制。青燕灵1#、25#两种产品主要是防除麦田野燕麦效果较好的除草剂，大田药效可达70%～80%。1970年，利用二异丙胺、氧硫化碳以及化工副产物1,2,3-三氯丙烷和D、D混剂等主要原料研制成功。在小试的基础上，1972年成功地进行了中间试验并投入生产。在项目的研制中，提出了完整的分析方法及进行“三废”处理的研究，1973年通过技术鉴定。1978年，该技术获全国科学大会奖和青海省科技大会奖。

燕麦敌2号除草剂。该产品由南开大学元素所、沈阳化工研究院、青海省化工设计研究所和青海电化厂4个单位联合研究开发。其工艺过程是以二异丙胺、氧硫化碳和氯化苄，氢氧化钠进行低温缩合制取。1966年开始小试，1970年在青海电化厂建成中试装置后投入生产。1978年，该项目获全国科学大会奖。

酸法和铵法分解柱硼镁石制取硼酸。采用无机酸和铵盐分解柱钢钱石制取硼酸的工艺进行条件试验、扩大试验，为硼酸的生产提供了可靠的数据。1978年，项目获青海省科技大会奖。

广谱化学除草剂镇草宁。镇草宁（草甘膦）能防除一年、多年生杂草，是一种高效、低毒、低残留的广谱除草剂，适用于森林、果园、橡胶园。1974年，与江苏省镇江农药厂协作，进行压力法制备“镇草宁”的小试。工艺路线为先在压力釜中将三氯化磷和聚甲醛反应合成氯甲基膦酰二氯，然后水解得到氯甲基膦酸，再与甘氨酸反应制备“镇草宁”。该项目于1975年在镇江通过小试鉴定，1976年，进行扩大试验并进行甘氨酸的合成工作。产品经中国林科院、华南植物研究院等单位应用，灭草效果很好。1978年，项目获青海科技大会奖。

化学除草剂燕麦畏研制及中间体氧硫化碳合成。燕麦畏属硫代氨基甲酸酯类除草剂，是防除野燕麦的药剂中内吸选择性好的品种，对野燕麦的防效一般稳定在 90% 左右，对小麦、青稞苗比较安全，施用后小麦一般可增产 30% 左右，在土壤中残效期较长。药剂使用量小，使用成本低。生产燕麦畏的原料立足于国内，主要原料为二异丙胺、氧硫化碳、1，1，2，3-四氯丙烯、氢氧化钠等。1976 年，项目通过省级鉴定，1978 年获青海省科技大会奖。

氧硫化碳新催化剂——硫化亚锡。氧硫化碳是农药生产的重要中间体。采用硫化亚锡作催化剂合成氧硫化碳，转化率为 93% ～97% 。1976 年，青海省化工设计研究所与上海化工学院合作，进行硫化亚锡的合成试验；1978 年，与青海电化厂合作，对工业化所需设备、生产方法及稳定的适用范围进行了研究。1979 年，项目通过了省级鉴定，1982 年获青海省科技成果三等奖。

亚磷酸二甲酯常压法合成草甘膦。草甘膦是一种广谱性除草剂，采用亚磷酸二甲酯常压法合成草甘膦可以克服在常压法工艺中“三废”较难处理，工艺较复杂的突出问题。工艺中产生的“氯甲烷”可用作化肥原料。工艺制备草甘膦的收率以甘氨酸计为 64% 左右，药效同其他路线所产生的草甘膦相同。1982 年，项目通过省级鉴定，并转让给江苏武进县农药厂生产。1983 年获青海省科技成果三等奖。

新型杀鼠剂——除鼠灵“206”。除鼠灵“206”是一种广谱高效胃毒和内吸传导型杀鼠剂，可用于喷洒法和毒饵法灭鼠。喷洒法是将 4% 的药水溶液喷洒在草原上，药剂由草叶传导到草根，地下鼠食草根即死，主要灭杀高原鼠兔、眼形田鼠。毒饵法主要用来杀灭家鼠、长爪沙土鼠等，灭鼠效果均在 90% 以上。1982 年，项目通过省级鉴定，1983 年获青海省科技成果三等奖。产品在青海省化工设计研究所批量生产后，转让给青海省第二化肥厂进行生产。

陇蜀杜鹃开发利用的研究。陇蜀杜鹃为青海省丰富的野生植物资源。以陇蜀杜鹃为原料，经过浸取、浓缩、萃取、发酵等工序，可制得工业栲胶和生物杀鼠剂两种产品，并副产工业酒精（或饲料蛋白）和腐殖酸铵肥料，达到综合利用的目的。杜鹃栲胶的质量达到国家落叶松皮栲胶的标准。在灭杀鼠类方面，使用 0. 1% 的毒饵杀灭高原鼠兔，灭杀率在 90% 以上，具有无二次中毒、无耐药性、对多种鼠种毒力强等优点。1982 年，项目通过省级鉴定。获 1983 年青海省科技成果三等奖。

两步法制取磷酸二氢钾研究。该工艺利用本地丰富的氯化钾资源，以及硫酸和中品位磷矿粉等原料，通过两步反应，研制出符合英国哥尔丁公司肥料标准的农用复合肥料——磷酸二氢钾，其产品含氮、磷、钾为 0-46-32，并副产食品级盐酸及枸溶性磷钾复肥。该工艺减少了氢氧化钾用量，降低了成本，项目 982 年通过省级鉴定，1983 年获青海省科技成果二等奖。

废羊毛制取胱氨酸研究。该项目利用青海省毛纺厂下脚料“羊毛灰”制取胱氨酸，为废羊毛的合理利用提供了新的途径，为胱氨酸的生产开辟了新的原料来源。产品收率稳定在 5% 以上，产品质量达到出口标准。在工艺中酸可以回收利用，产生胱氨酸后的母液可以做猪的饲料添加剂。1982 年，项目通过省级鉴定，获 1983 年青海省科技成果三等奖。

皮张消毒工艺研究。环氧乙烷加二氧化碳混合气体杀菌有良好的效果，此项消毒方法是国内首创，处于领先地位。1982 年，经贸部中国畜产总公司将此研究列为主要课题，组织了 5 个单位共同协作，分工进行。青海省化工设计研究所负责工艺方面的研究。课题于 1983 年由经贸部科技办公室主持通过了鉴定，1984 年，获经贸部科技成果一等奖。从 1984 年起，成果已先后在青海、北京、山东、河南等地推广使用，取得较好的经济效益。

济生健美晶开发。以荷叶为原料，经提取、浓缩、醇析、成型等工艺制备“济生健美晶”，药源丰富，工艺可行，设备简单，无“三废”，易于工业化。产品以老中医杨济生先生创制的中医保健验方试制成功，具有调整代谢，控制肥胖，强身、健美、益寿等作用，长期服用无毒无副反应，达到国内同类产品水平。产品在江西南昌济生健美晶厂试制并投产，1984 年，由农牧渔业部组织在南昌通过鉴定，1986 年获青海省科技进步三等奖。

BA-6 面包添加剂研究。BA-6 面包添加剂使用效果好，面包生产周期短，能强化面筋结构，制得的面包质地松软，富有弹性，组织结构细腻，均匀无异味，产品性能达到澳大利亚 BF-10 添加剂水平，填补了西北地区空白，为我国食品添加剂增加了新的品种。1984 年，项目通过省级鉴定，1986 年获青海省科技进步三等奖。

溴特隆中间体合成研制。苯乙烯基-对(4-溴苯基)苯甲酮是第二代抗凝血杀鼠剂溴特隆的重要中间体。在未见到文献报道情况下，自主研究确定的工艺路线，反应条件温和，生产操作方便，易于实施生产。1983 年获青海省“五小”活动优秀成果奖。

第二节　改革开放，纵横联系（1988—2000 年）

1988 年 11 月，青海省化工设计研究院与湖南省化工设计院组成横向联合体，可承担 1000 万元投资以上规模的全国化工项目设计。按设计规范的总图运输、化工工艺、仪表自控、供电、给排水、供热、采暖通风、土建等各专业配备了专业技术人员。

科研方面，该院的“新型 QHS-2 型氯化钠浮选剂新产品的研制开发”项目获青海省科技进步三等奖。项目主要用途是浮选出光卤石矿中的氯化钠，为先进的反浮选——冷结晶法制取氯化钾和冶炼金属镁工业提供低钠光卤石。该产品对光卤石矿中的氯化钠具有理想的浮选效果。该成果早期在青海盐湖工业集团公司 20 万吨/年反浮选——冷结晶法生产 KCl 工程中得到应用，成果较之我国已实现工业化的钠浮选剂（本所生产）产品更具有浮选效果好、药剂用量小、使用方便、成本低等优点，技术水平国内领先。

第三节　改革创新，转型发展（2001—2019 年）

改革才有出路，走向市场才有繁花似锦的前程。在计划经济向市场经济转变的考验中，青海省化工设计研究院不断突破思维定式和传统经验的束缚，不断寻求新的思路和方法，深化内部改革，转换经营机制。

根据科技体制改革精神，2000 年青海省化工设计研究院转向企业，实现了由事业到企业的根本转变，成为科技型企业。

2005，公司整体制转制为股份制企业，青海省化工设计研究院有限公司按照“加强生产一线、强化职能部门、剥离后勤服务、干部实行竞聘、员工双向选择”的原则进行改革，全院焕发出蓬勃的生机与活力。这一年，公司收入首次突破了六百万元。

创新与奋进，光荣与梦想。一代代青化院人，用心血与智慧走出了一条团结、求实、创新、进取的成功之路。通过几代人的接续奋斗，青海省化工设计研究院实现了从小到大、从弱到强、逐级上升的不断飞跃，资产总额从不到万元、到如今的过亿元。通过不断发展壮大引进人才增强实力，青海省化工设计研究院如今有员工 185 人，其中高级技术职称 67 人，中级技术职称 55 人，初级技术职称 31 人。有国家注册咨询师、化工工程师、安全评价师、结构工程师、建筑工程师等各类注册人员 111 人。公司拥有工程咨询甲级、乙级资信证书；清洁生产审核、能源服务机构资质；环境工程、化工设计乙级资质证书；压力容器、压力管道设计资质证书；压力容器、压力管道制造资质证书；安全评价乙级资质证书；职业卫生评价及检测乙级资质证书；青海省危化生产企业安全标准化评审资质。

多年来，公司形成了主要以围绕青海省资源开发、企业产品开发、技术改造和产业升级的科研项目等进行科学技术的研发；面向青海省、周边省份各类工业投资项目、扩改建项目、政府项目等、提供编制政府规划、地区规划，五年制发展规划、中远期发展规划、园区发展规划、产业发展规划、企业发展规划、预可行性研究报告、可行性研究报告、项目建议书、资金申请报告、项目验收报告、资金验收报告、后评价报告、节能报告、能源审计及清洁生产审核等咨询服务；对企业进行化工项目工程设计与技术服务、技术改造设计、化工石化医药行业（化工工程、石油及化工产品储运、化工矿山）专业乙级工程设计及工程总承包，建筑行业（建筑工程）专业丙级工程设计及工程总承包，环境工程（水污染防治、固体废物处置工程）专项乙级工程设计及工程总承包；向青海省境内的各类投资项目、扩改建项目及企业安全生产进行安全预评价、安全验收评价、安全现状评价和安全专项评价；企业职业病危害因素检测及职业病危害评价，职业培训以及安全工程技术服务为主，涵盖化工设备检修维护；消防技术服务；化工产品质量检验为主，化工机械、设备制造及安装；机电设备采购、销售；化工产品的生产、经营；化工科技的提供、追踪、专题研究；化工技术服务、人员培训；资源开发、利用、技术和产品的开发、应用；科技新成果、新技术转让为一体的综合型设计研究院。2009 年至 2015 年，公司被评定为科技型企业，2016 年评定为高新技术企业。

通过逐年的发展扩充，公司成立了两个子公司、一个分公司：甘河子公司是公司的科研中心、浮选药剂催化剂生产基地，还承担 D1/D2 类压力容器制造及安装、修理，GB2/GC2 类压力管道安装、修理，工矿企业生产装置的检修工作；创进建设子公司是面向节能建设项目、清洁生产项目等建设项目评估及实施后的再评估工作；兰州分公司可以承担全国范围内化工领域相关项目的工程设计。

科学研究方面，公司的“QHS-3 钠、钙复合型浮选剂新产品试制”项目获青海省科技进步三等奖，该成果主要开发应用在以光卤石矿为原料的反浮选-冷结晶工艺制取氯化钾中，解决了目前国内该工艺关键技术药剂成本高、污染严重、硫酸钙影响产品质量提高等焦点问题。该产品已在青钾百万吨生产装置中应用，取得了显著的经济和社会效益。目前，该成果已进入年产 3000 吨规模的产业化生产阶段，满足了百万吨规模的产业化生产的需要，同时，进一步增强药剂及钾肥出口创汇的竞争力，该技术水平居国内领先。

“反浮选法纯化硫酸钾混盐矿制取软钾镁矾新工艺研究”获青海省科技进步三等奖，该项目针对硫酸镁亚型盐湖卤水晒制的钾混盐再富集，而研制开发的反浮选药剂具有除钠活性高，脱泥及水不溶物排除率在 50% 以上。反浮选工艺采用的大型结晶器，通过调节转化固液比和转化时间，可有效控制软钾镁矾产品的质量，这项成果达到了国际先进水平。

另外，近年来公司的“QHS-3 钠、钙复合型浮选剂用催化剂研究”“合成 QHS-3 钠、钙浮选剂用催化剂颗粒化制备技术及性能研究”“盐湖氯化镁生产金属镁清洁工艺中试项目研究”“氨碱法纯碱生产中窑气废水再利用研究”“从复杂铅锑矿中湿法提取多金属新工艺研究”“膜法分离富集盐湖 KCl 反浮选药剂应用基础研究”“柴达木循环经济试验区创新型盐湖特色化工循环经济产业集群建设发展规划技术方案”“青海华电 300 兆瓦燃煤机组脱硝失活催化剂的再生关键技术研究”“酸焦油处理技术研究项目”等项目成果达到了国内领先及先进水平。

设计部门完成设计项目百余项，主要业绩有：

（1）围绕青海地区丰富的资源进行产业链的延伸，资源的转化利用，在盐湖化工、精细化工、石化产品储运等方面为省内外企业进行化工项目工程设计与技术服务。包括：青海中信国安科技发展有限公司年产 30 万吨氯化钾项目；大柴旦和信科技有限公司年处理 20 万吨铅锌尾渣循环经济项目；青海锦泰锂业有限公司巴伦马海矿区 1 万吨/年碳酸锂项目一期工程、7000 吨/年碳酸锂二期工程、20 万吨/年硫酸钾镁肥项目；青海省博鸿化工科技股份有限公司 1 万吨/年氢还原制氧化铬绿项目；青海鸿基新醇能源有限公司新型合成环保车用甲醇汽油、甲醇柴油、燃炉用生物醇基油项目；格尔木希尔特化肥有限公司硝基混肥生产项目；大柴旦大华化工有限公司的年产 5 万吨曼海姆法制备精品硫酸钾项目；青海国源化工科技有限公司年产 13.5 万吨氯酸盐建设项目一、二期工程。

（2）根据国家和地方对危化企业安全风险分析及安全仪表系统的要求，为省内危化企业开展 HAZOP 分析、SIS 评估定级及系统设计等服务工作。包括：青海黎明化工有限责任公司偏二甲肼装置 SIS 系统改造项目；昆仑能源青海有限公司液化工厂、LNG 运行管理部 HAZOP 分析项目；青海中浩天然气化工有限公司重大危险源 HAZOP/SIL 定级分析报告、重大危险源 SIS 系统设计项目；中盐青海昆仑碱业有限公司液氨站 SIL 评估、SIS 系统设计项目；青海发投碱业有限公司液氨站 SIL 评估、SIS 系统设计项目；亚洲硅业（青海）有限公司一二期罐区、制氢工序、氢气储罐、附加液氯气化装置 HAZOP 分析及安全仪表系统；青海联大化工科技有限公司 20 万吨/年农用硝酸钾项目 SIL 定级评估；青海盐湖工业股份有限公司化工分公司安全仪表系统定级评估等。

（3）根据国家对环保要求的不断提高，作为政府及企业的技术支撑，进行危险废物、固体废物处置设计以及对企业在役装置进行环保技术改造设计。包括：青岛新天地固体废物综合处置有限公司青海分公司格尔木工业废渣集中处置中心固化车间和暂存库项目工程；青海桥电实业有限公司 7.5 万吨电解铝危险废物项目；青海中信国安科技发展有限公司粗硼酸料场及碳酸锂喷雾干燥尾气改造工程、西台碳酸锂车间盐酸尾气改造；青海云天化国际化肥有限公司合成氨、涉氨排放回收气体工程；青海盐湖工业股份有限公司液氨球罐安全阀直排大气技术改造项目；冷湖行委国土资源环境保护和林业局的甘青边界不明废弃矿渣处置实施方案；青海五彩碱业有限公司 2018 年安全环保、技改工程等。

工程咨询部门利用自身专业技术力量，为省、州、市等各级政府部门提供技术支撑，为全省各类企业提供技术咨询和技术服务。自成立以来，为省级部门、西宁市、海西州、果洛州等地区编制“十二五”“十三五”工业和信息化发展规划、各类行业专项规划、园区发展总体规划、控制性详规等各类规划、课题研究达到 400 余项，其中为青海省编制的《“十二五”工业和信息化发展规划》及其专项子规划、《“十三五”工业和信息化发展规划》及其专项子规划、《青海省千亿锂电产业发展规划》、《青海省 2025 新材料产业发展规划》等规划已由青海省人民政府办公厅批复并印发；为西宁市、海西州等地编制的规划也由各级政府批复印发；为海西州编制《青海柴达木·盐湖化工及金属新材料示范基地规划》，获得国家工信部批准建设国家新型工业化产业示范基地；为柴达木循环经济试验区德令哈工业园、格尔木工业园、乌兰工业园、大柴旦工业园、西宁经济技术开发区甘河工业园、东川工业园编制的《循环化改造实施方案》《循环化改造中期评估报告》及《循环化改造终期验收报告》等均获得国家发改委批复。

通过不懈努力，公司累计为省、州、市及各级园区争取各类补助资金约 100 亿元。同时，工程咨询部还为全省各类企业提供编制企业发展规划、预可行性研究报告、可行性研究报告、项目建议书、资金申请报告、项目验收报告、资金验收报告、后评价报告、节能报告、能源审计及清洁生产审核等咨询服务，已累计服务企业 600 余家，编制完成各项报告 1000 余份，提供清洁生产审核服务 50 余次。工程咨询部门技术力量雄厚，技术服务及时到位，最终成果得到了各级政府和企业的充分肯定，并获得青海省科学技术成果 1 项，青海省优秀工程咨询成果 3 项：《柴达木循环经济试验区创新型盐湖特色化工循环经济产业集群建设发展规划技术方案》获 2013 年青海省优秀科技成果奖；《德令哈工业园总体规划》获青海省工程咨询协会 2011 年度青海省优秀工程咨询成果一等奖；《青海柴达木盐湖化工及金属新材料产业规划》获得 2010 年青海省工程咨询协会优秀工程咨询成果二等奖；《东川工业园区循环化改造实施方案》，已获得国家发改委批复（发改办环资〔2015〕1468 号），为东川工业园争取资金近 1 亿元，并获得 2016 年青海省优秀咨询成果三等奖。

安全评价部服务于全省的石油加工业，化工原料、化学品及医药制造业，燃气生产及供应业，炼焦业，烟花爆竹企业，为各家企业提供专业严谨的安全评价报告。与多家企业建立良好的合作关系，对企业生产系统中存在的危险、有害因素进行辨识与分析，判断系统发生事故和职业危害的可能性及其严重程度，从而为企业制定防范措施和管理决策提供科学依据。主要有：

① 亚洲硅业（青海）有限公司12000吨/年多晶硅项目的安全现状、热氢化升级改造高效冷氢化项目、一期还原升级改造项目的安全验收工作；

② 青海东台吉乃尔锂资源有限公司盐湖锂、钾硼矿产综合利用开发项目安全验收工作；

③ 五矿盐湖有限公司一里坪盐湖锂矿锂硼钾资源综合利用项目1万吨碳酸锂项目、一里坪盐湖锂矿锂硼钾资源综合利用项目之盐田及采输卤工程、一里坪盐湖锂矿锂硼钾资源综合利用项目30万吨/年氯化钾装置及配套公用工程的安全验收工作；

④ 格尔木藏格钾肥有限公司40万吨/年氯化钾采输卤及盐田工程的安全验收工作；160万吨/年氯化钾矿产资源开采项目的安全现状评价工作；

⑤ 青海盐湖硝酸盐业股份有限公司硝酸硝铵车间复产前安全现状评价工作；

⑥ 青海盐湖工业股份有限公司化工分公司年产10万吨烧碱装置新建蒸发固碱填平补齐项目安全预评价工作；

⑦ 青海徕硕工贸有限公司年产12万吨曼海姆法硫酸钾一期4万吨/年副产48万吨/年工业盐酸项目安全预评价工作；

⑧ 青海中信国安锂业发展有限公司3万吨/年精硼酸项目安全预评价、安全验收工作；

⑨ 青海盐湖海纳化工有限公司聚氯乙烯一体化项目安全现状工作；

⑩ 青海柴达木兴华锂盐有限公司年产10000吨高纯氯化锂和25000吨硼酸项目安全验收工作；

⑪ 青海聚之源新材料有限公司年产12000吨高纯氟化氢、2400吨电池级氟化锂（配套50000吨/年无水氟化氢安全预评价工作；

⑫ 青海盐湖佛照蓝科锂业股份有限公司年产1万吨碳酸锂装置诊断及填平补齐工程安全预评价工作；

⑬ 青海柴达木兴华锂盐有限公司年产10000吨高纯氯化锂和25000吨硼酸项目安全验收工作。

安全生产重在预防，不仅要在思想上高度重视，更要在行动上积极务实，做到防微杜渐，青海省化工设计研究院组建了一支由享受国务院特殊津贴专家、国家级中青年有突出贡献专家、国家级安全生产专家、青海省安全技术专家、西宁市安全生产专家、高级工程师、国家注册安全评价师、国家注册安全工程师及其它专业技术人员构成的安全隐患排查队伍。受政府委托，对全省范围内的工业园区进行走访，对工业园辖区内企业进行了安全隐患排查和复查，在安全隐患排查过程中，排查人员通过现场检查和查阅安全管理规章制度、台账记录，与企业人员进行交流沟通，并依据标准规范的要求，对企业进行隐患排查。对查出的安全隐患及时告知企业，说明不符合规范要求的原因，提出整改的建议，及时消除安全隐患，为企业的安全生产保驾护航。

公司先后获得全国石油和化学工业先进集体、中国和化学工业企业文化建设先进单位、青海省十一五建功立业先进单位、全省科技工作先进集体、省科技厅系统先进党组织荣誉称号，一项项荣誉见证着青海省化工设计研究院的荣光。

追逐梦想，勇毅笃行；叩问初心，任重道远。

面对新形势、新使命，青海省化工设计研究院将坚持党建引领，深入贯彻落实科学发展观，坚持人才为基、科技为根、质量为本的发展思路，牢固树立以“团结、求实、创新、进取”为核心的企业文化精神，依托青海省现有的锂、镁、铝、钛、铜产业基础，以化工新材料向高性能化、多功能化、精细化、低成本化、工艺无害化、装置大型化、应用普及化的方向进发。开拓创新，锐意进取，抓关键，攻重点，从工作实际出发，在科研、设计、技术服务、生产经营、制度管理等业务工作中，创立规范化、标准化、制度化的工作体系，提升企业的自身资质和品牌，发挥公司在化工工程建设、技术咨询、安全评价、职业卫生评价等社会技术服务平台的作用，更加广泛的拓展业务范围，促进生产关系与生产力发展，制度建设与发展实际相协调，保持公司的可持续性稳定发展趋势。

（青海省化工设计研究院有限公司　腊悦）

六十年风雨兼程 六十年与时俱进
——湖南化工设计院有限公司发展纪实

湖南化工设计院有限公司前身为湖南省化工设计院，诞生于1958年，原隶属湖南省石油化学行业管理办公室，现隶属于湖南湘投控股集团有限公司（2020年4月湖南湘投控股集团湖南化工设计院有限公司和中国能源建设集团湖南电力设计院有限公司整合重组），是最早成立的几家省级化工设计院之一，伴随共和国化工行业发展了61年。

第一节 初创奠基，体系形成（1958—1978年）

一、化工勘察设计体系的形成

这一阶段是设计院初创、萌芽发展的奠基阶段，经历了搬家、轻化合并、两院分家到确定办公地址的过程。

1958年“大跃进”运动开始，受当时形势及湖南省工农业建设发展的需要，湖南省政府机构进行了调整，原湖南省重工业厅在分出湖南省冶金厅后于1958年7月又进行了调整，重工业厅撤销，分别成立湖南省轻工业厅、湖南省机械局、湖南省煤炭局及湖南省石油化学工业局四个厅局。同年8月湖南省石油化学工业局在内部处室机构设置中成立了化工局设计室，当时人员只有15人。至9月底从株洲化工厂调来部分人员，逐步形成组织较完整的有一定设计力量的设计单位，年底人员增加至40余人。1958年至1959年化工部和石油部直属院支援湖南首批人员陆续到位，有来自化工部基本化学工业设计院、氮肥工业设计院、有机化学工业设计院及石油部北京设计院共31人。湖南省化学石油工业局又从本省调来部分工程技术人员，当年还分来一批大中专毕业生。1960年湖南省轻工厅设计室和湖南省化学石油工业局设计院合并成立湖南省轻工化工厅设计院，合并时职工人数为117人。1964年，院办公地址由五一中路17号搬迁到长沙市城南七里庙雨花路11号（即现在的长沙市七里庙路88号）。1970年轻化分家，原湖南省轻工化工厅设计院分为湖南省轻工业设计院和湖南化学工业设计院（简称化工院），化工院地址仍在长沙市雨花路11号至今。1971年10月由化工部第四设计院调入人员69人，由原中南林业勘察设计院分来人员16人，又从兰州招聘来院9人，湖南省化工局又从下属企业调来部分中层干部，并分来、调来一批老四届毕业生，至1972年全院在职职工扩至约300人。

二、业务特点和业绩

(一) 1958年至1960年9月（湖南省化学石油工业局设计院时期）

建院初期正处“大跃进”，省化工局计划下达本院的业务工作主要有四个方面：一是编制本省“大跃进”时期规划的重点化工、炼油项目、湘乡化工厂、衡阳溶剂厂、湖南农药厂磷制剂、岳阳炼油厂、衡阳炼油厂等项目的设计文件；二是参加化工局主持的“大跃进”“小土群”项目土硫酸、土化肥、土农药、小丁钠橡胶、小糠醛等的建设生产，会战和企业调查；三是参与株洲化工厂22500吨/年烧碱装置的开车生产、6000吨/年聚氯乙烯和12000吨/年六六六的设计修改、工程管理和试产投产；四是完成长沙化工厂1500吨/年硫酸锰、湖南农药厂300吨/年砷酸钙、亚砷酸钠、株洲化工厂5000吨/年漂白粉三项工程设计。

(二) 1960年9月至1970年6月（湖南省轻工化工厅设计院时期）

这段时期经历了“三年自然灾害”“三年调整时期”和文化大革命初期，国家经济形势很不景气，但轻工和化工行业到了“苦日子”后急需恢复百姓生活和农业生产的时候。这段时期本院的业务主要是：化工围绕着支农产品、氮肥、联碱、磷肥和配套的磷酸矿及硫酸、农药及中间体项目；轻工围绕着解决百姓生活的造纸、日用陶瓷和制糖项目。小氮肥和高钙镁磷肥项目是这个时期的中心任务。

这段时间完成的当时有影响的化工设计项目有：浏阳磷矿樟树冲、马鞍岭、金狮冲、山田湾矿区合计65万吨/年原矿开采项目，使浏阳磷矿规模跃居全国大型磷矿行列；湖南农药厂2000吨/年敌百虫、1000吨/年敌敌畏项目，使湖南农药厂成为当时国内和天农、上农一起膦制剂农药生产的巨头之一；鲤鱼江磷肥厂15万吨/年、石门、长沙、岳阳等磷肥厂10～12万吨/年高炉钙镁磷肥项目建成投产，使湖南省成为全国钙镁磷肥产量全国第一的省份；湘潭精细化工厂200吨/年乙二胺项目，该工程是在30吨/年基础上，本院开发设计的国内第一套乙二胺百吨级生产装置，为国内乙二胺系列产品的发展作出了贡献；院配合上海化工局设计室编制的3000吨/年合成氨、12000吨/年碳酸氢铵通用设计和院的湖南版通用设计，这套设计由湖南省建设约70余套，并支援华国锋故乡山西交城建设了一套装置。

这段时期院还承担了援助越南杀虫剂厂、尼泊尔制革鞋厂、阿尔及利亚日用陶瓷厂三个援外项目的设计和建设工作。

(三) 1970年6月至1977年（两院分家至“文化大革命”结束）

这段时期，国内引进了13套30万吨/年合成氨装置，并开始出现技术改造概念。化工院这段时期的化工设计项目仍以支农产品为中心，与南京化工设计院合作完成引进大化肥装置洞庭氮肥厂的设计，开创了院承担大型化工（矿山除外）装置设计的历史，湘江氮肥厂的扩改吹响了湖南省两个中型氮肥厂湘江氮肥厂和资江氮肥厂技术改造的号角。

化工院工作方向主要围绕新中国起步国家需要，重点在氮肥、有机、基本化学和勘察等领域，承担了国家在基础工业起步阶段许多重点项目，为中国化学工业的发展作出了较大贡献。

第二节　转企改制，砥砺前行（1979—2001 年）

党的十一届三中全会后，中国进入改革开放时期。1984 年起湖南省省级勘察设计单位全面试行技术经济责任制，取消了原行政拨事业费的铁饭碗，改为收取工程勘察设计费，实现企业化管理。这一阶段是公司进入市场、完善管理、积蓄力量的阶段，也是公司不断拓展业务领域，多功能发展，以工程设计、勘察为主体向两头延伸，开始从设计院向工程公司过渡的阶段。

一、人才队伍建设，注重培养内生力量

1984 年，化工院执行技术经济责任制，实行企业化经营以来，根据逐年工程勘察设计任务的工作需要，职工队伍的数量有所变化。从 1984 年起每年分来约 20 名大学生，至 1992 年年末职工人数达 453 人。1999 年院三项制度深化改革，在全院开展了一次动作较大的全员竞争上岗，双向选择，重新组合，当年有 40 人提前退休，有 58 人待岗培训。2019 年末，院在职职工 233 人，其中高级职称技术人员 92 人，中级职称技术人员 89 人，博士 1 人。

二、现代化企业体制机制的建立

1984 年起，湖南省省级勘察设计单位全面试行技术经济责任制，勘察设计任务由计划下达向市场找饭吃转变，设计单位也由全事业型改为事业单位企业化管理性质。

化工院自 1984 年试行技术经济责任制，实行企业化管理以来，在激烈的市场竞争中，拓宽了业务范围和地域，从原来基本只承接湖南省内化工和石化行业的勘察设计项目，扩展到医药、轻工、黄金、纺织、食品、粮食、烟草、商业、建筑、建材、机械、市政、环保等行业，地域扩大到国内 29 个省市，业务功能从工程咨询、工程设计、工程勘察、技术服务、技术转让、工程监理到工程建设总承包等综合性服务。

1986 年 6 月湖南省勘察设计市场经整顿重新核发了甲级勘察设计证书；1987 年经化工部审查批准取得化工及味精甲级，轻工、纺织、医药、机械、建筑、市政乙级，商业、电力、人防丙级设计资格；1988 年取得工程地质、工程测量乙级资质证书；1989 年院全面质量管理（TQC）达标验收合格；1998 年 5 月由北京中设质量管理体系认证中心通过 ISO9001 质量认证体系；1999 年 4 月获对外贸易经济合作部国外承包工程劳务合同经营许可证；1999 年 6 月获国家技术监督局一、二、三类压力容器设计资质证书；1999 年取得建设部智能建筑设计甲级资质证书和环保专项工程设计废水、废气甲

级废固乙级设计资质。

2001年12月，原湖南化学工业设计院和湖南省医药设计院合并组建湖南化工医药设计院。

三、业务特点和业绩

（一）1979年至1983年（实行企业化管理前）

这段时期化工院承接的设计项目由支农项目为主逐步向承接精细化工项目、医药项目、轻纺项目及民建项目拓展。支农项目有湘江氮肥厂、资江氮肥厂的扩改、小氮肥技术改造、磷肥和配套工程的扩改等化肥项目，为小氮肥编制出1万吨/年、2万吨/年、3万吨/年合成氨三个通用版施工图设计，并与自贡压力容器厂、长沙化工机械厂、湘东化机厂、株洲化机厂等氮肥设备制造厂合作，推广节能型合成氨非标设备的制作与使用。农药项目中参加了化工部组织的农药新品种禾草丹技术开发、甲基异氰酸酯路线和氨基甲酸酯农药速灭威等技术开发工作，参加了现场的工程开发实验，完成了2500吨/年禾草丹概念设计、基础设计及株洲化工厂2500吨/年禾草丹工程设计。医药项目完成了湖南制药厂的工业磺胺和青霉素、洞庭制药厂针剂，常德地区中药厂的中成药、湘潭市制药厂的虎耳草素、邵阳地区制药厂的癫健安和布洛芬、长沙制药厂的大输液、益阳地区制药厂的宝塔糖、株洲市制药厂的妇科千金片、长沙康乐饮料厂的医药冲剂等项目。轻纺项目完成了津市味精厂味精、益阳麻纺厂的麻纺等项目。

加强科技进步和新技术开发力度，是这时期化工院业务工作的又一个特点。除禾草丹和氨基甲酸酯类农药国家科技攻关项目外，院自己开发了颗粒黄丹、200千克力/平方厘米 ϕ600毫米系列合成系统、ϕ600毫米轴径向合成塔内件、ϕ3000毫米深120米深井曝气的污水治理新工艺、新技术。

这段时期完成的项目中共获得省部级优秀工程设计奖7项、优秀住宅设计奖1项、优秀勘察奖2项、科技成果奖6项。

这段时期完成的当时有影响力的化工设计项目有：株洲化工厂2500吨/年禾草丹工程，禾草丹农药新品种是化工部组织按国外工程技术开发模式运行的技术攻关项目，成果获化工部科技成果二等奖和国家科技成果奖，项目中除完成工程设计任务外在土建基础上成功地开发了在电石渣上建厂的技术和工程设计，此基础设计获湖南省1985年度优秀工程设计一等奖，地基处理获湖南省科技进步三等奖。湘江氮肥厂扩建11万吨/年合成氨的工程设计，此工程获得1987年省优秀工程设计二等奖。南京金陵化工厂1000吨/年红丹、2000吨/年颗粒黄丹项目，颗粒黄丹是配套彩管生产的原料，此前全部靠进口，此工程的颗粒黄丹造粒工艺是院自行开发的工艺技术，项目的投产对彩管行业作出了贡献，继金陵工程后此项技术已在青岛、安阳、湘潭建成装置，金陵工程设计获湖南省1987年优秀工程设计一等奖。院自行开发的200千克力/平方厘米和320千克力/平方厘米 ϕ600毫米系列提温型氨合成系列通用设计，在湖南省推广10余套装置，项目获省建委1985年度优秀工程设计二等奖和省科技进步推广三等奖。湖南制药厂 ϕ3000毫米、深120米深井曝气污水处理项目，是国内最深的一套深井曝气污水处理装置，设计获省优秀设计三等奖及化工部科技进步二等奖。津市味精厂1000吨/年和3000吨/年味精工程设计，项目属于当时味精生产大型装置，项目获省1985年度优秀设计一等奖。

这个时期化工院还承担完成了援助斯里兰卡厄帕瓦拉磷矿10万吨/年磷矿石、5万吨/年矿粉工程设计和建设工程。

（二）1984年至2001年（实行企业化管理后）

1984年起化工院和湖南其他工业设计院均开始试行技术经济责任制，取消了事业费拨款为收取勘察设计费，实现企业化管理。

这段时期本院的业务特点为：

一是多功能发展，以工程设计、勘察为主体向两头延伸。1984年开始承接以可研和项建为主的工程咨询业务，至2012年已有约700余项业绩。1994年组建了工程监理公司，至2003年已承接100余项监理业务。1985年起，院先后组建或与外单位合作成立了省化工建设联合公司、广州南方公司、大圆公司等企业，开展工程建设承接业务，在承接中小型项目的设备成套、安装施工及工程建设总承包方面取得了一定的成绩。

1996年通过国际竞标，化工院承接了巴基斯坦5000吨/年冰醋酸、4000吨/年醋酸酯工程，走出了向国外承包工程的第一步。

通过市场竞争向跨地区、跨行业拓展业务，走出省门，广交朋友，加强服务，目前业务已遍及29个省市、对扩大单位的影响起到了很好的作用。在巩固把握优势项目、特点项目的基础上广吃杂粮，以立足化工项目为主，扩大医药、民建行业的项目，捕捉轻工、食品、粮食、饲料、商业、黄金、建材、机械、市政等行业做补充，在“有啥吃啥”的前提下，注意向过去设计力量比较薄弱和少人问津的领域或产业进军，既拓展院业务渠道，又拾遗补缺、解决了社会需要的问题。

二是加强宣传，提高服务质量，提高信誉，打品牌战略，扩大市场占有率。如以地方分散的糖蜜酒精和粮食酒精为原料两步氧化法生产冰醋酸，院开发了专有技术，编制了3000吨/年通用设计，在粤、桂、甘、川、冀、鲁、豫、陕、云、辽、吉等11省，承接了23项工程设计，业务遍及大江南北。

化工院品牌项目有：以发酵酒精和酒精氧化法生产冰醋酸，包括甲醛、乙醛、醋酸乙酯、醋酸丁酯、三醋酸甘油酯、醋酐、丙二醇等系列产品的项目；以生物转化法（甘油发酵）生产1,3-丙二醇的项目；以低碳烯烃和乙酸为原料一步法合成乙酸仲丁酯的项目；以锰盐、钡盐等无机盐系列产品项目；ϕ600毫米、ϕ800毫米、ϕ1000毫米、ϕ1200毫米、ϕ1400毫米、ϕ1600毫米系列提温型氨合成系统及小尿素扩改为核心的小氮肥技改工程；以硫基复合肥、硝基复合肥、烟草复合肥为代表的三元复合肥项目；以离子膜烧碱、聚氯乙烯糊树脂类盐化工项目；以符合GMP认证要求的医药建设和改造项目；以城市和生产企业三废处理的环境项目以及民建、饲料、燃气等有特点的项目。

化工院开发的新技术，可作为品牌的项目有如下特点：有的已取得了专利或专有技术，有的已积累有丰富的设计经验，大部分产品已有承接过数个工程的工程设计实践。

临湘农药厂2000吨/年叶蝉散工程、氨基甲酸酯路线生产叶蝉散是化工部组织按国外工程技术开发模式运行的科技攻关项目，成果获国家科技发明奖，设计采用此项科技成果并吸取印度“帕博尔事件”的经验和教训，在厂址选择、中间料光气和甲基异氰酸酯存储、工艺技术、工艺设备布置、总图布置、厂房结构、安全生产措施等方面做了大量的创新，该项目获1999年度国家级优秀工程设计金奖。

湖南关西汽车涂料工程，采用日本关西汽车高档涂料配方技术，引进部分关键设备，完成了1万吨/年汽车高档涂料装置设计，工程设计获湖南省1998年度优秀工程设计一等奖。

第三节 变身科技，融入湘投（2002—2019年）

一、两院合并变身科技型企业

（一）化工医药两院重组合并

2001年12月，湖南化学工业设计院和湖南省医药设计院合并组建湖南化工医药设计院，合并重组后的湖南化工医药设计院（简称化工医药院），于2002年7月取得市政公用行业（给水、排水、燃气）甲级，化工石化医药全行业甲级，建筑行业建筑工程甲级工程设计证书；轻纺行业（食品、烟草）乙级，商物粮行业（商业仓储、饲料）乙级，市政公用行业（环境卫生）乙级工程证书。

（二）改制为科技型企业

2002年湖南化工医药设计院由事业单位改制为科技型企业。这一段时间化工医药院取得了一些专有技术和特色项目。

衡阳烧碱厂15万立方米/年精卤水、2万吨/年全卤制碱工程，全卤制碱工艺是院自行开发的技术，取得了国家发明专利（专利号ZL 94110856.2），工程设计获湖南省2000年度优秀工程设计一等奖，为以后承接建涛（衡阳）氯碱有限公司6万吨/年离子膜烧碱工程、乳源东阳光电化工厂15万吨/年离子膜烧碱工程、郴州华湘化工有限责任公司1万吨/年、5万吨/年聚氯乙烯糊树脂及配套产品工程等盐化工项目打下了基础，其中1万吨/年聚氯乙烯糊树脂工程获湖南省2006年度优秀工程设计二等奖。云南玉溪南亚化工股份有限公司6000吨/年丙二醇工程，设计采用华东理工大学反应精馏工艺小试成果，工程放大1000倍，属国内首套规模最大的生产装置，投产以来取得了很好的效果，产品质量达到药用级，为配套云南卷烟生产作出了贡献。大连明辰振邦氟涂料股份有限公司1万吨/年氟涂料项目是采用该公司开发成果的产业化项目，是国内首创技术规模最大的生产装置。稀土材料产业化及应用开发专项高效农用稀土复合肥产业化工程，采用湖南省稀土农用研究中心的专利技术，在原有一套400吨/年装置基础上放大到 5000 吨/年的生产规模，该产品被国家科技部等五单位列为国家重点新产品，该项目可研获湖南省 2000 年度优秀工程咨询成果一等奖、设计获湖南省 2003 年度优秀工程设计一等奖。

二、拓展工程范围，开展总包业务

这段时期，公司努力拓展业务范围并开展工程总承包和国际工程业务。

青海大风锶业科技有限公司 4.5 万吨/年碳酸锶工程是国家高新技术产业化示范工程项目，符合国家实施西部大开发的战略，采用先进技术提高锶资源的利用率和产品附加值，该项目获 2004 年度化工行业优秀工程咨询成果三等奖。完成了湖南中创化工股份有限公司 2 万吨/年乙酸酯类产品的开发设计，该装置于 2006 年 5 月完成施工，一次开车投产成功，并在 2007 年通过院改造设计该装置生产能力达 6 万吨/年，该项目获 2008 年度化工行业优秀设计三等奖。在此基础上，2009 年院为中创集团在惠州设计建成一套 10 万吨/年乙酸仲丁酯装置，2011 年又为中创集团在湖南岳阳建设一套 10 万吨/年乙酸仲丁酯装置，2012 年又承接了辽宁海德鑫化工 10 万吨/年乙酸仲丁酯装置，2013 年承接了惠州中创筹建的 10 万吨/年改 30 万吨/年乙酸仲丁酯装置。黑龙江辰能生物工程有限公司年产 500 吨 1,3-丙二醇工程是在中试装置基础上由院进行工业化放大设计，采用生物转化法（甘油发酵）生产 1,3-丙二醇，投入运行后，装置生产能力及产品质量均超过了设计目标，产品原材料和能耗水平大大超过了原中试技术，该项目获 2012 年度化工行业优秀工程设计三等奖和湖南省优秀工程设计二等奖。贵州金正大生态工程有限公司 60 万吨/年硝基复合肥及 40 万吨/年水溶性肥料工程，项目于 2014 年建成投产，各项指标均达到了设计指标。“磷石膏窑气制硫酸联产硅钙钾镁肥产业化及其修复酸性土壤障碍技术体系构建”的产品生产工艺和装备被中国石油和化学工业联合会评价为国际领先。中盐江西兰太 15 万吨/年双氧水装置为单套生产能力最大的装置，可直接生产浓度 35% 的双氧水，萃取塔的萃余液一直稳定在 0.08% 双氧水/工作液以下，为目前国内最成功的装置之一，该项目可研获 2009 年度化工行业优秀工程咨询三等奖。在此基础上，该公司为广西田东达盛化工科技有限公司设计的双氧水项目采用全新的工艺路线、催化剂和工作液体系，整个双氧水的生产过程均在酸性环境中进行，直接生产浓度大于 40% 以上的双氧水，达到了国际同类技术水平，使国内双氧水生产技术取得了质的飞跃。5000 吨/年冰醋酸通用设计，采用该公司自己开发的以结晶银为催化剂的酒精两步法氧化工艺，DCS 控制系统，设计工艺取得了化工部批准的专有技术，该套设计已在全国 10 多个地方建厂。1998 年以来院共完成省内外医药企业 GMP 改造、建设项目 60 多个。惠州中创化工有限责任公司 10 万吨/年乙酸仲丁酯装置获中国石油和化工勘察设计协会 2014 年度化工行业全国优秀工程设计二等奖；中盐吉蓝泰高分子材料有限公司年产 8 万吨糊状 PVC 一期年产 4 万吨糊状 PVC 树脂工程可行性研究报告 2018 年获湖南省优秀工程咨询成果二等奖；湖南聚仁化工新材料科技有限公司年产 2000 吨羟基乙酸内酯工程 2019 年获湖南省优秀工程设计二等奖；中盐吉蓝泰高分子材料有限公司年产 8 万吨（一期 4 万吨）糊状 PVC 搬迁改造项目获 2019 年度湖南省优秀工程设计三等奖。

总承包项目有：巴基斯坦 WAH NOBEL 醋酸酯有限公司 5000 吨/年醋酸、4000 吨/年醋酸乙酯/醋酸丁酯工程，湖南金信化工有限公司 14 万吨/年合成氨技改工程，缅甸 10000 吨/年（50% 浓度）双氧水厂，中盐江西兰太化工有限公司 15 万吨/年（27.5%）双氧水项目，长岭分公司环氧丙烷试验装置工程，青州德信物产贸易有限公司沙特阿拉伯乔杜里化学品公司 5000 吨/年醋酸乙酯/丁酯工程，乳源东阳光电化厂 8 万吨/年双氧水工程，欧区爱铸造材料（中国）有限公司欧区爱铸造材料树脂生产线项目，河南晋开化工投资控股集团有限责任公司尿素硝酸铵混合液装置工程，湖南红宝科技开发有限公司年产 20 万吨环保节能型醇基汽油化合柴油项目，苏州苏震生物工程有限公司年产 5 万吨生物质差别化纤维项目，重大工程材料服役安全研究评价设施——多相流环境结构材料试验装置系统集成项目，湖南大学化学化工学院北校区学生实训基地搬迁及改造项目施工，宁乡县农村分散式污水治理试点项目一期工程设计施工采购（EPC），关田镇原梅子坝加工厂污染场地修复工程（EPC），欧区爱铸造材料（中国）有限公司欧区爱南通扩建项目，黑龙江省龙油石油化工股份有限公司 550 万吨/年重油催化热裂解项目废碱液处理项目，沈阳沃尔瓦格涂料有限公司新涂料工厂项目，广东清大智兴生物技术有限公司年产 1 万吨 1,3-丙二醇项目，贵州省仁怀市华星酒业白酒工业污水处理设施改扩建及废水处理项目等。建筑市政项目有：怀化市湖天群众文化展演中心，长沙学院项目，郴州市龙泉名邸小区，国家干细胞研究中心，贵州邦拓建设工程投资有限公司办公大楼，贵州宝堂居商住小区，桃江县人民医院大楼，鹤壁市宝山经济产业集聚区中部组团给水工程，长沙卷烟厂高层住宅小区，湖南省地质中学教学楼等。

三、走出国门开展国际业务

伴随习近平主席“一带一路”倡议，公司审时度势、精心谋划，统筹企业发展布局，研究制订了“一带一路”建设发展规划，实现国际工程从无到有，从少到多。

（一）整合技术资源，发展专有技术

通过国际招标，承接完成了巴基斯坦 WAH NOBEL 醋酸酯有限公司 5000 吨/年冰醋酸、4000 吨/年醋酸酯工程，这是化工医药院开展国外总承包的第一项工程，工程设计采用院酒精两步氧化法制冰醋酸的专有技术，并采用了国内一套装置生产醋酸乙酯、醋酸丁酯两种产品的先进工艺技术。项目的建设成功，不但为化工医药院取得了可观的经济效益，提高了声誉，并为走出国门承接工程项目取得了经验。此项工程设计获 2001 年度中国化工勘察设计协会部级境外项目优秀工程设计二等奖。

此外国际业务项目还有：斯里兰卡厄帕瓦拉磷肥厂年产 10 万吨磷肥工程，缅甸 10000 吨/年（50% 浓度）双氧水厂，哈萨克斯坦 Romat（罗马特）药业公司医药建设项目，伊朗 Multi purpose API Plant（伊朗甾体激素原料药工程），昆明联营进出口贸易有限公司 6 万吨/年硫黄制酸装置，利比亚祖瓦拉西南地区 5000 套住房项目配套管道燃气工程，青州德信物产贸易有限公司沙特阿拉伯乔杜里化学品公司 5000 吨/年醋酸乙酯/醋

酸丁酯工程，新加坡项目 5000 升釜生产装置主装置，Bio Health Pharmaceuticals Pty Ltd. 工厂工程，广西博世科环保科技股份有限公司 APP 集团印尼 Tjiwi Kimia 氯碱工厂 250 吨/天烧碱制备系统，广西博世科环保科技股份有限公司 APP 集团印尼 Tjiwi Kimia 工厂 300 吨/天（50%）双氧水制备系统，青美邦印尼红土镍矿湿法冶炼项目等。

（二）整合人才资源，汇集各方智慧

1990 年黎煜明、董彦良被评为化工部优秀设计师，1995 年陈元荪被评为湖南省优秀设计院长，2008 年粟好进被评为湖南省优秀勘察设计师，2011 年在中国石油和化工勘察设计协会组织的全国石化行业优秀企业家（院长）评选中，谢路国荣获“优秀院长”称号。

院先后有 5 位专家享受政府津贴。2000 年后院共有 6 位同志晋升为研究员级高级工程师。新毕业来院工作的人员中不仅有研究生还有博士生。

除了自己培养的人才之外，化工医药院还充分整合人才资源，汇聚各方智慧。在做 2500 吨/年禾草丹工程的时候聘请了 4 位国内的化工专家作为顾问；在做 6000 吨/年丙二醇工程时，设计采用华东理工大学反应精馏工艺小试成果，工程放大 1000 倍，建成了国内首套规模最大的生产装置；还与清华大学、湖南大学以及湖南化工研究院等研究机构合作，将科研成果转化为工程实际，全面贯通产学研设销一条链，内外兼修，构建经营大格局。

四、加入湖南湘投控股集团

2014 年化工医药院主管单位由湖南省石油化学行业管理办公室移交给湖南省经济和信息化委员会，2015 年 9 月由湖南省人民政府国有资产监督管理委员会接收管理，2017 年 10 月由湖南省国资委移交给湖南湘投控股集团公司，2017 年 12 月公司制改革更名为湖南化工设计院有限公司。

第四节　整合重组，绘就蓝图

截至 2019 年底，湖南化工设计院有限公司已发展成为拥有化工、石化、医药全行业，建筑行业建筑工程，市政公用行业以及工程咨询等多个甲级资质的设计院。

公司近年来的发展有力证明，在当前及未来一段时期内，“技术创新 + 产业发展”一体化开发将成为助推传统工程公司转型升级的高效引擎。

公司坚持技术创新，促进技术进步，已拥有一批专利技术和专有技术，成为湖南省高新技术企业，获得了省部级咨询、设计奖 100 余项。

公司立足湖南、走向全国、放眼世界，工程遍布五湖四海；聚焦主业、拓宽领域，业务涵盖化工、医药、市政、环保、民建等行业。

六十一年弹指一挥间，忆往昔峥嵘岁月稠！在艰苦创业年代，前辈们身居陋室、心

怀祖国，搭草棚、宿农舍、点油灯，克服了技术基础薄弱、办公设施落后、生活条件恶劣等困难，为湖南省的化工建设作出了卓越的贡献，谱写了一曲感人的创业赞歌。

六十一年的风雨兼程，是一部自强不息的创业史，是一部与时俱进的改革史，是一部攻坚克难的拼搏史，是一部团结协作的奋斗史。

看今朝日新月异，百舸争流再创辉煌。经过几代人的艰苦努力、共同奋斗，湖南化工设计院有限公司已成长为一所具有工程咨询、工程设计、工程勘察、安全评价、施工图审查和工程总承包资质的综合性甲级工程服务企业。公司推进人才强企战略，打造出了一支作风优良、技术过硬、专业齐全的工程服务队伍，拥有多名享受政府津贴专家。公司服务社会，为省直部门编写了天然气规划、危化品规划、石化产业链规划、化工园区选址等近 20 项，参与编制行业设计标准、规范 10 余项，为政府决策和行业发展作出了贡献。公司转变经济增长模式，经受住了化工设计市场严重滑坡的考验，爬坡过坎走出了低谷，设计合同额节节攀升。

展望未来鹏程万里，继往开来乘风破浪。2020 年 4 月湖南湘投控股集团湖南化工设计院有限公司和中国能源建设集团湖南电力设计院有限公司整合重组。隶属于大型央企中国能建集团的湖南省电力设计院有限公司，拥有电力行业设计及工程咨询双甲级资质，是湖南省电力行业勘测设计龙头，也是湖南省电力行业最大的 EPC 总承包商，具备世界一流的电力工程建设综合实力。合并后的湖南省电力设计院将成为湖南省第二家综合甲级设计院，同时在工程总承包、海外营销网络共享等方面发挥协同效应，推进实现“1+1>2”的目标。而合并后的湖南化工设计院有限公司将成为中国能源建设集团唯一一个拥有化工石化医药全行业等多个甲级资质的设计院。该公司将依托湘投控股和中国能建的资源和优势，充分发挥工程服务能力，为湘投新能源、新材料等领域投资决策和工程建设服好务；利用湘投集团投融资平台，以技术为后盾、服务为基础、资金为推手，拓展 EPC 项目，尝试 BOT、PPP 项目。该公司将以转型升级为目标，以化工为龙头，医药、民建、市政、环保全面发展，拓宽业务领域，提高抗风险能力；以设计为中心，两头延伸，全过程服务，逐步把该公司建设成为有技术特色、专业配套齐全、服务一流、国内知名的中型工程公司，实现跨越式发展。

（湖南化工设计院有限公司　李金阳）

精品工程铸经典　实干担当创辉煌

——大庆石化工程有限公司发展纪实

大庆，天然百湖之城，绿色油化之都。在这片鹤舞鸟翔、天蓝水碧、滋润梦想的土地上，有一颗聚烯烃行业的璀璨明珠，这就是从艰苦创业中走来，历经半个多世纪风雨，为中国石化工业拼搏奉献近 60 载的大庆石化工程有限公司。

大庆石化工程有限公司以“石油精神、大庆精神、铁人精神”为指引，肩负“奉献清洁能源、呵护碧水蓝天”的崇高使命，坚守“为用户创造价值、为员工创造利益、为社会创造和谐”的核心价值观，携手五湖四海的工程建设者，共同谱写着石油化工产业发展的时代华章！

一、创业发展篇

“不忘来时路，方知向何生。”

20 世纪 60 年代初，随着大庆油田开发建设，一座年产 250 万吨的炼油厂正在紧锣密鼓地筹建。为了建设这个炼油厂，一支石油化工设计队伍于 1961 年正式组建，这就是黑龙江省炼油厂设计科。

此后，几经更名、几度重组，从黑龙江省炼油厂设计室、大庆石油化工总厂设计室、设计院到大庆石油化工设计院，公司由小到大、由弱变强，发展成为石油化工行业重要的炼化一体化工程设计力量。

进入 21 世纪，公司步入大变革、大发展、大跨越时期。

2005 年，大庆石油化工总厂工程技术服务系统重组整合，成立了以设计为主体的、具有 EPC 和 PMC 功能的工程公司，定名为大庆石化工程有限公司。

2009 年，中国石油天然气集团公司推进炼化工程设计业务专业化重组，大庆石化工程有限公司整体划入中国昆仑工程公司。

2016 年，集团公司持续推进工程建设业务专业化管理，大庆石化工程有限公司整体划入中国寰球工程有限公司。

二、品牌实力篇

“恒于心，精于业；智于行，睿于思。”

数十载风雨沧桑，大庆石化工程有限公司始终坚持以技术创新保持领先优势，凭借精湛工艺树立信誉口碑，用专一、专注、专业的态度打造国内知名的炼化工程承包商和国内领先的聚烯烃工程服务商。

公司集工程咨询、工程设计、工程承包、工程监理、项目管理、采购服务、开车指导、设备监理、技术开发等功能于一体，可为石油炼制、石油化工、煤化工、储运工程、管道工程、公用工程等领域国内外客户提供全方位、全过程的工程建设服务。

公司拥有化工石化医药行业、建筑行业建筑工程、石油天然气行业（油气库）设计，石化、化工、石油天然气（油气库）、建筑工程咨询，工程造价咨询，工程监理等甲级资质；拥有 A1、A2、A3、SAD 类压力容器和 GA、GB、GC、GD 类压力管道设计资格；全面通过 ISO9001 质量管理体系、环境管理体系、职业健康安全管理体系认证和中国石油 HSE 管理体系认证。

作为国家高新技术企业，公司致力于为客户建设绿色低碳、节能环保、安全高效的炼化装置，拥有 ABS、MTO、1-己烯、顺丁橡胶等成套自主技术，在聚烯烃领域具有较高的设计水平和丰富的建设经验。其中以聚乙烯特别是高压聚乙烯工程设计与项目建设最为业内所认可，在技术应用、设计优化、施工安装等方面创造了多个“国内第一”和“国际领先”，也因此成为中国境内完成聚乙烯装置工程设计数量最多的工程公司。

“国内第一”：国内首套单线 500 万吨/年常减压装置，也是当时国内同类装置设计能力最大的常减压装置——大连西太平洋 500 万吨/年炼油厂；国内第一台 4.5 万吨/年国产化乙烯裂解炉——大庆石化化工一厂 4.5 万吨/年乙烯裂解炉；目前国内国产化最大乙烯罐——大庆石化 120 万吨/年乙烯改扩建工程乙烯南罐区。

公司与 Univation、LyondellBasell、ExxonMobil、W. R. Grace、Novolen、ABB Lummus、Dupont、Himont、Mitsui 等全球著名专利商保持密切的合作关系，与 ABB Lummus、Aker Kvaerner、Simon Carves、Technimont、Technip、Thyssenkrupp、Toyo、Stamicarbon、Uhde 等国际知名工程公司有着愉快的合作经历，共同参与中国境内的重大工程项目建设，创造了较高的品牌知名度。

三、卓越成就篇

“干一项工程，树一座丰碑。”

这是大庆石化工程有限公司几代工程建设者们数十年如一日的品质追求和信念坚守。多年来，公司以“让用户 100% 满意、让 100% 用户满意”的市场形象，在中国大江南北、长城内外创造了辉煌业绩，奉献了精品工程。

炼油化工装置方面，公司完成了大连西太 500 万吨/年炼油厂总体及 5 套主要生产装置、大庆石化 120 万吨/年加氢裂化、炼油厂 120 万吨/年加氢精制、130 万吨/年柴油加氢、9 万吨/年 MTBE 及大庆炼化 36 万吨/年航煤加氢等大中型炼油装置的工程设计；完成了国内第一台 4.5 万吨/年国产化乙烯裂解炉设计，继而又完成多台，设计能力从 4.5 万吨/年、到 6 万吨/年、再到 10 万吨/年，承担了乙烯装置扩能改造（48 万吨/年改造到 60 万吨/年）、多套 BGMA 联合装置、乙醇醋酸、丁辛醇、高浓度复合肥等大中型化工装置的工程设计。

聚烯烃装置方面，公司完成了神华新疆 68 万吨/年煤基新材料项目低密度聚乙烯、神华陕西甲醇下游加工项目低密度聚乙烯、万华化学集团 45 万吨/年 LLDPE、30 万吨/年

PP、山东昊达10万吨/年EVA、中煤蒙大30万吨/年聚乙烯、神华包头30万吨/年全密度聚乙烯、陕西蒲城40万吨/年聚丙烯、抚顺石化45万吨/年线性低密度聚乙烯、30万吨/年聚丙烯、江苏斯尔邦360万吨/年醇基多联产项目20万吨/年LDPE/EVA和10万吨/年EVA低密度聚乙烯、大庆石化25万吨/年全密度聚乙烯等大中型聚烯烃装置的工程设计与建设。印度石油公司Paradip炼油厂聚丙烯、延长榆林30万吨/年LDPE/EVA、中化泉州10万吨/年EVA等项目正在建设中，浙江石化30万吨/年LDPE/EVA、40万吨/年LDPE装置正在设计中。

伴随着大庆石化120万吨/年加氢裂化、加工俄油600万吨/年常减压、炼油结构调整、转型升级等工程，以及30万吨/年乙烯、48万吨/年乙烯、60万吨/年乙烯到120万吨/年乙烯改扩建工程，公司完成了大量与之配套的油品储运、空分空压、给排水、全厂供电、全厂热力、火车汽车装卸等各种辅助生产设施的公用工程设计。

此外，公司还承担了大连西太500万吨/年炼油厂总体及辅助系统的工程设计，海外巴基斯坦油库、苏丹吉利电站LPG系统的工程设计，以及呼和浩特石化500万吨/年炼油扩能改造工程液化气罐区及泵棚等12个公用工程及系统工程、广西石化空分空压装置及配套工程和中煤蒙大50万吨/年工程塑料项目12万吨甲醇罐区等工程总承包项目。

四、文化引领篇

“打造过硬队伍，创造优良业绩，塑造一流企业。”

优良的企业精神造就优秀的团队，使每个人都拥有庄严的使命感和不断激发的创造力。

“人本”是核心。公司把人才视为企业最为宝贵的资源，通过实施人才战略和人性化管理，努力发现、培养和发展一专多能的复合型人才。多年来，涌现出一大批先进典型和模范标兵，树立了尊重知识、尊重人才、尊重技术的观念和风气。

“团队”是基础。公司致力于打造一支拥有竞争优势、效益优势和发展优势的技术型服务团队，先后锤炼出工艺室、配管室、印度PP项目部等集团公司科技工作先进集体、基层建设“标杆单位”、直属团委“青年文明号”、直属工会“铁人先锋号”，增强了团队凝聚力和向心力。

“和谐”是归结点。走进大庆石化工程有限公司，风格独特、赏心悦目的院内环境，配备多媒体软硬件营造出和谐丰富的企业文化；宽敞明亮的大型体育运动场馆，为员工活跃文化生活和调整工作节奏提供良好条件，员工从主观上愿意将个人与企业深入融合，同呼吸、同发展、共命运。

公司获得了全国“重合同、守信用”先进单位、“AAA级信用企业”、全国五一劳动奖状、集团公司先进集体、黑龙江省和谐企业、黑龙江省文明单位标兵等多项荣誉。

五、党建融合篇

“党建强，则企业强；党旗红，则企业兴。”

大庆石化工程有限公司紧紧围绕“党建引领促进生产融合、凝神聚力加速改革发展”总基调，深度挖掘党建工作与企业改革发展中心工作融合点，以高质量党建为公司推动高质量发展提供了坚强的政治保证。

科学谋划“建”起来。公司党委坚持把党建工作重心落在抓基层、打基础、强基本上，积极推进“四好班子”“六个一”党支部和党员活动阵地建设，建立健全党委会、党群部门工作例会、党支部达标晋级等多项党建制度，保持了基层党组织建设的全面性、整体性、有效性。

统筹兼顾“用”起来。注重发挥公司党委监督与指导作用，依托“石油党建”工作平台，结合微信群、公众号、专题网站等媒体平台，将党建“三联”示范点、“三会一课”、基层党组织示范群体建设与党建日常工作有机关联起来，使党建工作实现了线上线下同步开展、内阜外阜同步推进。

发挥作用“活”起来。公司党委努力创新设计活动载体，灵活开展“两学一做”学习教育、“红色传承，不忘初心”西柏坡党员教育、“党日+”、党员“政治生日”、红歌赛等主题活动，深入推进“先优”典型评选表彰，用党员的实际行动汇聚团结一心促发展的强大力量。

“望来时路，峥嵘岁月；眺去之途，业广惟勤。”

沐浴改革的春风，把握发展的机遇，搏击时代的浪潮。大庆石化工程有限公司，奋进的脚步永不停歇，发展的号角响彻龙江大地。在改革与发展的时代主题里，公司承载着辉煌的历史，脚踏着全新的起点，坚守以服务赢得市场、以质量促就辉煌、以实力见证传奇的理念，致力于成为行业的典范和榜样，不断超越，朝着“建设国内领先、国际一流聚烯烃工程服务商”的发展目标阔步前行，以继往开来的英姿奔向更加光明的未来！

（大庆石化工程有限公司　孙海英）

海纳百川　面向世界
——中蓝连海设计研究院有限公司发展纪实

中蓝连海设计研究院有限公司（简称中蓝连海）是中国化工集团公司所属科技型骨干企业，主要从事科研开发、设计咨询、工程总承包、勘察、工程监理等业务，业务范围涉及化学矿山工程、环境工程、化工工程、建筑工程、市政工程等。在化学矿选矿工艺技术与药剂开发、环保工艺技术与微生物菌剂开发等应用技术领域具有雄厚实力，处于国内领先水平。其中，低品位磷矿及胶磷矿选矿工艺与药剂开发、钾盐及钾肥技术开发等享誉国际市场，并拥有一系列专利专有技术。

中蓝连海是国家高新技术企业，国家知识产权示范企业，中国石化行业“AAA”级信用企业，江苏省创新型企业，江苏省认定企业技术中心，江苏省重点企业研发机构，江苏省知识产权管理标准化示范先进单位，获国家质量管理、职业健康安全管理和环境管理“三标一体”化管理体系和企业知识产权管理规范体系认证。公司现有员工500余人，80%以上具有高、中级专业技术职称，其中，国家石油和化工行业勘察设计大师2人，教授级高工70余人，各类注册工程师320余人（次）。

中蓝连海前身为化学工业部化工矿山设计研究院，1962年1月成立于江苏省连云港市，是新中国第一家专门从事化学矿山科研开发和工程设计的院所，1998年底加入中国蓝星（集团）股份有限公司。目前，已形成以化工、矿山、环保工程三大核心业务为主的工程设计和总承包业务格局。

50多年来，中蓝连海共完成国内外勘察、设计、科研开发及工程总承包等项目3500余项。其中，国家重点及大中型以上项目210余项。获得包括国家科学技术进步一、二、三等奖以及国家优秀工程设计金奖、银奖、铜奖等20余项，省部级各类成果奖208项。承担的一大批有代表性的矿山工程、环保工程、化工工程等相继建成投产。

一、化学工程

中蓝连海已承担多个大中型化工工程项目的项目管理、工程设计以及工程总承包工作，在无机化工（硫酸、铬盐、钡盐）、有机化工及化工新材料（有机硅上下游、甲烷氯化物、醋酐等）、精细化工（锂离子电解液、农药制剂等）、生物化工（酒精、山梨醇等）领域，都具有一定的技术优势、工程设计业绩和总承包经验。

公司主要大中型化工工程项目有：江西星火12万吨/年有机硅下游系列产品项目（EPC），安麦道农药（江苏）有限公司6万吨/年农药制剂项目（EPC），中国蓝星股份有限公司5000吨/年原丝及1500吨/年碳纤维项目（E），山东金沂蒙集团6万吨/年醋酐工程（E）及江苏联海生物科技5万吨/年丙酮和丁醇工程（E）等项目。

中蓝连海在化学矿山工程领域具有一流的技术、经验和人才，承担了多个国家大中型化工矿山项目建设的主体设计以及总承包工程。

承担设计了获国家科技进步一等奖的新疆罗布泊120万吨/年硫酸钾工程设计及产业化；获国家科学进步二等奖及国家优秀工程设计金奖的青海盐湖100万吨/年氯化钾工程设计及产业化；世界第一座胶磷矿选矿厂——湖北王集150万吨/年磷矿采选工程设计等。

中蓝连海凭借在化学矿山领域的技术、人才优势，尤其是磷矿选矿、钾盐加工等技术开发及工程设计方面，在国际上享有较高知名度，向多个国家开展技术输出和工程项目技术服务，成绩显著。公司承担工程设计和全过程技术服务的沙特阿拉伯一期1200万吨/年、二期550万吨/年磷矿选矿项目，是世界上最大的单套磷矿选矿装置，已建成并达标达产；乌兹别克斯坦一期20万吨/年、二期40万吨/年钾肥装置提供工程设计、开车调试等全流程解决方案，已建成并达标达产；老挝65万吨/年地下光卤石采矿工程、中农老挝10万吨/年氯化钾采矿回填工程设计等一批项目，均顺利建成。这些海外市场开拓的成功，充分展现了中蓝连海在磷矿选矿、钾盐加工领域的技术实力。

选矿研究主要从事化学矿选矿工艺、选矿药剂、岩矿鉴定等应用技术的开发研究及工程化，新型高效复合选矿药剂生产与评价。尤其是中低品位胶磷矿选矿工艺与技术、PA系列捕收剂开发与应用，在世界上处于领先地位，胶磷矿浮选技术与药剂已成功输出美国、突尼斯、巴基斯坦等国家，得到国际市场的高度认可。钾盐矿、硫铁矿、萤石矿等其他化学矿选矿工艺和药剂技术开发在国内处于领先地位，为我国磷矿、钾盐以及硫铁矿等化学矿基地建设提供了大量原始创新技术与成果。主要成果有：低品位胶磷矿选矿技术、磷矿采选矿成套技术及集成、磷矿、钾矿等化学矿选矿药剂开发、钾盐（氯化钾、硫酸钾）成套技术及集成、硫酸钾、氯化钾造粒成套技术、工业级、电子级碳酸锂（卤水法）技术集成。

二、环保工程

中蓝连海拥有废气、废水和固体废物设计及工程总承包专项甲级资质，以及环境影响评价、安全评价等甲级资质，可为客户提供研发、评价、设计、环境监理、工程总承包的整体解决方案。公司自主研发的高氨氮废水处理技术和高盐废水生化处理技术已全面实现工程化，先后完成了一大批焦化、煤化工、化工农药、染料、医药和城市污水集中处理、危险废物焚烧和填埋等200余项环保工程设计和总承包。

环保研究主要从事水污染控制与资源化、废气治理、固废处理、河道生态治理修复等领域成套技术开发与工程化，拥有研发实验室2000米^2、中试车间4000米^2；在高盐、高氨氮、高浓度有机废水处理等环保领域具有多项自主知识产权集成技术成果。主要成果有：高氨氮废水处理技术、高盐废水生化处理技术、高盐废水处理菌剂生产技术、高氨氮废水处理菌剂生产技术、含酚及有机酸废水处理技术及萃取剂、含氮化工废水总氮的处理工艺及菌剂的研究、高效脱氮除酚多功能复合微生物菌剂系列产品开发研究、生化法处理高盐有机废水菌种选育及应用技术开发研究、高盐废水生物膜处理体系的构建及成套工艺技术研究。

三、建设项目监理

连云港连宇建设监理有限责任公司创建于1996年，隶属于中蓝连海。该监理公司具有建设部批准的化工石油工程甲级、房屋建筑工程甲级、矿山工程甲级、市政公用工程甲级等4项甲级资质，公司现为中国建设监理协会、中国化工建设监理协会副会长单位，江苏省建设监理协会、江苏省设备监理协会理事单位，连云港市建设监理协会副会长单位。

该监理公司先后承接了国家、省市一批重点工业、民用建设项目，累计完成监理项目300余项，业务遍及20余省市。公司多次被省、市和行业评为优秀监理企业，是中国建设监理协会先进监理企业，蝉联江苏省四届示范监理企业和全国化工行业七届先进工程监理企业，并获江苏省建设监理发展20周年工程监理先进企业。

四、岩土勘察

中蓝连海岩土工程所具有国家工程勘察专业类岩土工程甲级资质，以及江苏省工程勘察专业类工程测量、水文地质勘察乙级资质、测绘乙级资质、地基基础检测资质、地质灾害治理设计、地质灾害评估资质。

岩土工程所拥有各类设备及仪器140多台，完成大、中型勘察测绘、地基基础检测、地质灾害类项目数千项。负责勘察及设计的江苏省电力公司职业技能训练基地二期综合楼和中船重工第七一六研究所新区军品研发大楼两项工程荣获2016—2017年度国家优质工程奖。

五、招标代理

蓝星招标（江苏）有限公司隶属中蓝连海，拥有工程招标代理机构甲级资质证书、中华人民共和国中央投资项目招标代理机构乙级资格证书、中华人民共和国政府采购代理乙级资格证书，2013年4月列入国家国防科工局《军工涉密业务咨询服务单位备案名录》。公司业务范围涉及工程招标、进口机电设备招标、国内机电设备招标、服务招标和政府采购等领域。

六、第三方检测

江苏连海检测有限公司是中蓝连海全资子公司，主要从事环境检测、化学矿检测、建设工程桩基检测等业务，具有CNAS、CMA、江苏省社会环境检测机构能力认定资质和建设项目竣工环保验收资质，实验室面积3500米^2，配备多台进口大型分析仪器。公司业务范围包括：环境检测方面，“三同时”竣工环保验收监测与调查、在线监测仪比对验收监测、污染源调查与监督性监测、企业环保自查监测、VOCs泄漏检测与修复(LDAR)、环评现状监测、环境质量检测、环境监理监测、体系认证监测、场地调查监测。化学矿检测方面，磷矿、硫铁矿与硫精矿、氯化钾、铬矿石、铁矿石、明矾石等

20 多种矿产品分析检测，以及化学矿分析方法标准制定等。建设工程桩基检测方面，基桩、地基土、复合地基、锚杆、土样、岩块等地基基础检测。

七、环评安评

中蓝连海化工类及规划环评工作在国内外也具有一定的知名度，具有一大批经验丰富的环评工作人员（其中注册环评工程师 16 人），为甲级环评资质单位和原国家环保总局推荐的第一批 92 家规划环评编制单位之一。在江苏省环保厅组织的环评报告书质量年度考核中连续多年名列前茅。自从事安全评价以来，中蓝连海共完成非煤矿山安全评价、危险化学品安全评价咨询工作 500 余项，为促进企业安全生产、提高管理水平做出了应有的贡献。同时，公司经常参加由政府安监部门组织的企业安全大检查和为企业提供技术支持服务，并精心挑选业务水平高、经验丰富的人员积极向管理部门推荐，成为省、市级安全生产应急救援专家。公司现为中国安全生产协会安全评价工作委员会成员单位。

八、专利技术

中蓝连海已通过企业知识产权管理规范体系国标认证，是国家知识产权示范企业，目前有效专利 160 余项。发明专利“一种适合于含氮废水总氮的处理方法”获 2014 年度中国专利优秀奖；发明专利“2-萘酚生产废水综合治理与资源化利用工艺”获 2017 年中国专利优秀奖。

面对未来，有机遇更有挑战，中蓝连海人将紧密地团结在以习近平同志为核心的党中央周围，认真贯彻集团公司和蓝星公司工作部署，只争朝夕，不负韶华，扎实推进中蓝连海高质量发展！

（中蓝连海设计研究院有限公司　陆坤）

脚踏实地　驰而不息
——江苏省化工设计院有限公司发展纪实

江苏省化工设计院有限公司起源于1958年成立的江苏省化工研究所的一个设计室，始建于20世纪60年代初，从当时急需解决国家化肥短缺的问题起步，由承接江苏省丹阳化肥厂合成氨的设计和建设到以此带动江苏省几十家小化肥企业的迅速建成和投产，极大地改善了当时化肥供不应求的局面，为国家粮食用肥作出了应有的贡献。

回顾58年江苏院的发展历程，经历了从无到有、从小到大、从弱到强，目前公司在精细化工、锂电新材料、农药、重油/天然气发电、双氧水、清洁煤气、聚醚多元醇、高性能颜料、废矿物油回收、储运、甲醛、氯碱、熔盐谷电蓄热全天候供热技术等项目的工程设计和工艺技术方面均有着独到的见解和经验，成为不仅在国内崭露头角、小有名气，还走出国门将市政、重油发电、清洁煤气等项目带进了“一带一路”上的国家。

脚踏实地、驰而不息。江苏院是一代代化工人传承奋力打造出来的，只要初心不改，努力前行，就能取得更大的成功。

第一节　创业篇（1962—1978年）

一、建院历程

1962年初，因国家农业发展的迫切需求，解决国家人口众多的粮食和吃饭问题，急需解决满足粮食增产需求的化肥问题，国家开展了轰轰烈烈的小化肥科研攻关、设计和建设工作，为适应该需求成立了江苏省化工研究所设计室，承接了第一项江苏省丹阳化肥厂5000吨/年合成氨设计和建设工作，江苏省丹阳化肥厂投产后，1963年受化工部委托，由化工部主持、江苏省化工厅牵头组织开始了年产5000吨碳化流程合成氨厂通用Ⅲ版设计，1964年初与江苏省化工研究所分开成立了江苏省化工设计安装公司，承担全省以小化肥厂为主的化工设计工作；全国通用年产5000吨碳化流程合成氨厂通用Ⅲ版设计于1965年完成，为全国小化肥建设提供了技术支持和通用设计模版；1974年初与江苏省化工研究所合并成立了江苏省化工设计研究所，仍负责全省化工设计；1979年1月经江苏省政府批准与江苏省化工研究所分开正式成立了江苏省化工设计院。

二、服务方向

20世纪60年代到70年代设计院以小氮肥、农药起家，也是将小氮肥、农药作为设计院的主要服务方向，结合江苏省小氮肥的发展，建院初期设计院主要是因地制宜、建设新工程项目、做通用设计，促使小氮肥工业迅速发展，在不到 10 年时间里，江苏省每个县都建立了自己的小氮肥厂，之后设计院又将目标转向老厂改造，主要工作有：①挖潜改造，填平补齐扩大老厂的生产能力，如 5000 吨/年型合成氨第一次改造（即江苏省 5000 吨/年型Ⅱ版设计）扩大生产能力到 12000 吨/年合成氨以及新 3000 吨/年型合成氨第一次改造扩大生产能力到 6500 吨/年合成氨；②产品品种改造，设计院开展了联合制碱、联合制硝铵、联合制甲醇以及联合制尿素等装置的设计；③原料路线改造，设计院做了焦炉气制合成氨、空分重油气化制合成氨、甲烷氢转化制合成氨以及固定炉纯氧气化连续制合成氨原料气等。

除此以外，根据江苏省化工行业的发展和外贸合作的需要，设计院还开展了小石油化工、氯碱、农药以及轻工产品（如糠醛、海带制碘）工程的设计。

三、“文化大革命”的影响

“文化大革命”期间，和其他科研设计单位一样，设计院也受到重创，人心涣散、设计人员流失严重，以至于专业不配套，设计任务不能正常完成，只能做些零星设计，稍具规模的项目就要四处借人，工作很被动。直到粉碎“四人帮”后科研设计得到重视，技术人员安下心来钻研业务，一切才逐渐步入正轨。

“文化大革命”时期尽管困难重重，但设计院依然努力完成了多项工程设计，如 1969 年军工红光化工厂项目、1969 年江苏六合化肥厂 1 万吨/年尿素项目、1972 年“越南南河化肥厂 1.5 万吨/年纯碱、氯化铵”、“越南永富化肥厂 8500 吨/年硝铵、4000 吨/年浓硝（98%）”的援助越南项目、1975 年“5000～10000 吨/年乙烯（重油蓄热炉裂解分离制乙烯、丙烯）装置”小石油化工项目、1977 年“3000 吨/年烧碱并配六六六农药工程”的援助柬埔寨项目，等等。

江苏省化工设计院自 20 世纪 60 年代初就一直活跃在江苏省化工行业战线上，为江苏化工建设作出了重要贡献。

四、计划经济时代痕迹

20 世纪 60 年代到 70 年代中国处在计划经济时期，设计任务来源很单一，均由主管厅、局下达，往往是少数人主观决定，缺乏深入调研，由于没有可行性调查研究，这样的计划性设计任务时常有一定的盲目性，易产生内容不明确、变化频繁的现象，对后期设计工作带来很大难度。

第二节　成长篇（1979—1999 年）

一、改革开放，单位转型

1979—1999 年中国进入了改革开放和社会主义现代化建设新时期，随着国家和主管部委的各项指示、文件的出台，计划经济逐步向市场经济转型，化工设计行业也焕发了新生，呈现出欣欣向荣的景象。

1980年国家基本建设委员会、国家计划委员会、财政部发布“关于进一步做好勘察设计单位企业化试点工作的通知”，提出了作好勘察设计单位企业化试点的意见：要求勘察设计单位和工程技术人员努力完成设计任务、积极为国家多作贡献；提高勘察设计技术水平，确保勘察设计质量；加强管理机构，提高管理水平，实行合同制，试点单位在年内将合同制建立起来；制定勘察设计取费标准、解决涉外项目收费问题、制定奖励机制；以及关于承担科研、标准设计、标准规范、业务建设等任务的措施，拉开了勘察设计行业改革开放的序幕。

1981年国家基本建设委员会提出为确保勘察设计质量，从1982年1月1日起，凡属中央和省计划内的基本建设项目的勘察设计任务，必须由国务院有关部或省建委发给证书的勘察设计单位承担。否则，对所设计的工程，初步设计审批部门不予审批，土地管理部门不予征地，城建规划部门不发建筑执照，施工单位不得施工，建设银行不予拨款。首次提出从事勘察设计必须具有资质证书的要求。

1982年国家劳动人事部发布“关于建立国家行政机关工作人员岗位责任制的通知”，提出实行岗位责任制是转变机关作风，提高工作效率的一项重要措施。

1983年化学工业部发布“关于申请压力容器设计单位资格的通知”，提出了特种设备设计许可证的要求。

1983年国家计委、财政部、劳动人事部发布“关于勘察设计单位试行技术经济责任制的通知”，提出为改革设计管理，调动勘察设计单位的积极性，改变按人头拨给勘察设计事业费，将事业费改为承担任务收取勘察设计费。

1983年国家计委发布“关于颁发建设项目进行可行性研究的试行管理办法的通知”提出承担可行性研究的单位需进行资格审定并报国家计委备案。

1984年化工部发布“关于化工勘察设计单位试行技术经济责任制的通知”和“关于化工建设工程试行勘察设计合同制的通知”，指出化工勘察设计单位实行收费制、合同制、考核制（考核勘察设计能力、进度、质量、盈余等）。

根据国家上述一系列文件指示精神，设计院积极参与其中，一改过去老体制“铁饭碗”“吃大锅饭”“等、靠、要”的观念，从1984年元月起实行企业化管理，取消全部事业费实行事业单位企业化管理；1984年下半年起院内试行技术经济责任制，此项改革调动了职工积极性增强了活力，设计任务和设计费也在逐年增加。

设计院依靠自身技术水平和完成业绩实力，分别于1981年、1984年、1995年首批获得“勘察设计任务证书”“压力容器设计证书”“甲级工程咨询资格证书”，为以后开拓更广泛的设计市场打下了良好基础。

二、完成的设计工作

80年代初期，由于小氮肥在省内主要处于升级、挖潜、填平补齐以及改革的阶段，这阶段设计院开展了2万吨/年合成氨配套设计、参加了中压联尿中试测定工作、小氮肥三废处理的煤气污水处理设计、节能的热电联产配套设计；在省石化厅主持和组织下与省农药研究所一起攻关完成了农药新产品的技术开发和新技术推广工作；随着国际市场的开拓，设计院先后完成了合成氨、纯碱、氯碱、硝酸等项目的援外工程设计和久效磷农药、双氧水等成套技术出口项目设计；此外设计院还不断拓展业务领域，开展了部分新兴学科领域的项目设计，如：1999 年设计院设计完成的“江苏泰兴市河海纳米科技股份有限公司 500 吨/年纳米二氧化钛新材料工业性试验生产线”自投运以来，不仅得到了业主的高度评价，也为企业和社会创造了极大的效益，以关爱老年健康为主旨的高品质、高科技的“夕阳美”健康睡眠组合中，许多纳米级功能材料，都是采用了河海的产品。现在该公司是国内第一家纳米材料制备与应用企业博士后科研工作站，也是江苏省纳米材料与技术应用工程研究中心。

1979—1999 年时期完成的主要项目有：长沙有机化工厂 1000 吨/年聚醚、500 吨/年光气；南京油脂化工厂煤气站 3.3 万立方米/日煤气；连云港第二农药厂 200 吨/年速灭菊酯；南京香料厂 500 克/日万寿菊精油；印度尼西亚卡的尼波灵的斯农药工业有限公司 600 吨/年久效磷；新沂化肥厂 35 吨/时锅炉配套 3000 千瓦发电机组的热电联产项目；江苏省红十字血站（人体白蛋白、丙球蛋白制剂血浆提取医学研究项目；南京栖霞山树脂厂 3000 吨/年三聚氰胺；出口巴基斯坦洲际化学有限公司 4000 吨/年（35%）双氧水；徐州电化厂 4 万吨/年烧碱；大丰化肥厂尿素工程 180 吨/日尿素；新沂热电厂四期热电工程 6000 千瓦热电机组；溧阳化肥厂聚酰亚胺薄膜工程 140 万标米薄膜；南京塑料包装材料总厂 2500 吨/年聚酯薄膜；宜兴万峰燃气有限公司城市煤气工程（4 万户）；中外合资南通华洋液化气有限公司液化气工程 1 万立方米罐区；核工业总公司中南局 301 队 15 吨/年银杏叶干浸膏（银杏黄酮）；镇江国亨化学有限公司 ABS 装置年产 4 万吨 ABS、年产 3 万吨 SAN；苏州炭黑厂炭黑尾气 3000 千瓦余热发电工程；泰州梅兰化工集团 500 吨/年氟橡胶技改项目；江阴南荣石油化工有限公司三台 5000 米^3 丁烷球罐的罐区；江苏泰兴市河海纳米科技股份有限公司 500 吨/年纳米二氧化钛新材料工业性试验生产线。

三、创优获奖项目

1980 年起国家各部委相继出台国家科技进步奖、优秀设计奖等奖项的申报办法和要求。

设计院多个项目在 1979—1999 年期间获奖，由于设计院在小氮肥工业发展中作出的成绩，1988 年化学工业部表彰小氮肥行业三十年来作出重要贡献的单位和个人，设计院获小氮肥工业发展突出贡献奖以及重要贡献单位和个人奖，设计院 5 人被评为先进工作者，15 人被评为获荣誉奖的工程技术人员和管理人员，1998 年设计院再一次获得化学工业部颁发的小氮肥工业发展突出贡献先进单位称号。

下列农药新产品获得国家科技进步奖、国家科技成果奖、国家科技攻关奖等：“C 型环二体中试”1981 年获化学工业部颁发的科技成果奖；“二氯苯醚菊酯中试（50 吨/年）”1985 年获江苏省省政府颁发的科技成果奖；“氯氰菊酯”“粉锈宁”1986 年 7 月获化学工业部颁发的“六五”国家科技攻关成绩显著奖；“扑虱灵杀虫剂”1991年9月获国家计划委员会、国家科学技术委员会、国家财政部颁发的“七五”科技攻关重大成果奖；“粉锈宁新技术开发”1991年12月获化学工业部颁发的科技进步一等奖；“噻菌灵”1992年5月获化学工业部颁发的“七五”科技攻关重大成果奖；“扑虱灵杀虫剂”1992年11月获化学工业部颁发的科技进步一等奖；“噻菌灵杀菌剂”1993年11月获国家科学技术委员会颁发的科技成果奖；“粉锈宁新技术开发”1993年12月获国家科学技术委员会颁发的科技进步一等奖；“扑虱灵杀虫剂”1993年12月获国家科学技术委员会颁发的科技进步二等奖；“粉锈宁新技术开发”“扑虱灵杀虫剂”1994年4月分别获国家科委颁发的科技进步奖一等奖和科技进步二等奖；“抗蚜威”1994年10月获江苏省人民政府颁发的科技进步二等奖；“富右旋反式丙烯菊酯”1995年12月获化学工业部颁发的科技进步一等奖；“吡虫啉（蚜虱净）”1996年10月获国家计划委员会、国家科学技术委员会、国家财政部颁发的“八五”科技攻关重大科技成果奖；“富右旋反式丙烯菊酯”1996年12月获国家科学技术委员会颁发的科技进步三等奖；“环嗪酮”“吡虫啉”“抑食肼”“喹禾灵”1997年1月获化学工业部颁发的“八五”科技攻关重大成果奖；“吡虫啉（蚜虱净）”1997年12月获化学工业部颁发的科技进步二等奖。

下列项目获优秀设计奖：“上海合成洗涤剂二厂破乳剂装置工程”“新沂热电站”1989年2月分别获江苏省建设委员会颁发的优秀工程设计二等奖和优秀工程设计三等奖；1993年3月“南京栖霞山树脂厂年产三千吨三聚氰胺”获化学工业部颁发的1992年度优秀工程设计二等奖；“上海联合化工厂200吨/年粉锈宁”1993年7月获江苏省建委颁发的江苏省优秀工程设计二等奖；“泰兴市光明化工厂3000吨/年氢氧化钾工程”1995年5月获江苏省建委颁发的省级第七次优秀工程设计二等奖；“泰兴市光明化工厂3000吨/年氢氧化钾工程”1995年6月获江苏省石化厅颁发的省化工优秀设计一等奖；“江苏大丰化肥厂6万吨/年尿素工程MDEA法脱碳装置”“南通华洋液化气有限公司10000米^{3}液化石油气罐区工程”1997年4月分别获化学工业部1996年度优秀工程设计二等奖和优秀工程设计三等奖；“宜兴万峰燃气有限公司城市煤气工程”1998年10月获江苏省石化厅颁发的1997年全省化工系统优秀设计项目一等奖；1999年12月“江苏新沂化肥厂年产四万吨尿素复产工程”获中国化工勘察设计协会颁发的优秀工程设计二等奖。

下列QC小组获优秀质量管理小组奖：“中冷油吸收裂解气分离乙、丙烯流程模拟软件编制和应用QC小组”“省化工设计院科档（提高科档一次正确查找率）QC小组”1989年7月分别获江苏省建设委员会颁发的优秀质量管理小组奖和质量管理小组表扬；“压力容器焊缝结构型式的选择与统一QC小组”1990年2月获江苏省建设委员会颁发的1989年度省勘察设计优秀QC小组奖；“全自动燃油导热油加热炉研制QC小组”1991年9月获化学工业部颁发的全国化工优秀质量管理小组二等奖；“熔融尿素喷嘴国外技术消化吸收及应用QC小组”1993年6月获江苏省建设委员会颁发的1992年省勘察设计优秀QC小组奖。

四、百年工程质量护航

到了20世纪90年代，随着国家经济持续快速的增长，建设项目逐年增多，工程质量问题也突显出来，国家多次提出为保证工程项目从施工建设到竣工投产直至正常运行的安全，必须确保勘察设计的质量，那个时期设计院虽然具备工程设计最基本的控制环节，如设计任务书、校审工作、项目计划、调度会议、各级设计人员的岗位责任等，但仍有环节控制不到位或有些质量环节根本没有控制的现象，因此仅靠这样的管理手段是无法准确、高效地完成设计任务的，是难以适应国家社会主义现代化建设新时期的需要的。

1995年设计院成立了“贯标（GB/T 19000—ISO 9000）领导小组”，当时设计院对此并无深刻的了解和接触，更无一套系统完整的管理文件，但设计院依然准备以ISO 9000质量体系贯标为契机，全面改观设计院设计质量的状态，将项目管理能力提升到一个新高度。

对照ISO 9001：1994质量体系（工程设计、开发和服务）的要求，在几乎零基础的情况下，经过全院上下共同努力，完成了质量管理体系管理手册、程序文件、作业文件的编制，首批内审员通过相关机构的培训获得了内审员资格，设计院于1998年初开始在部分项目上实施运行质量管理体系的各个步骤，这一过程虽有难度但效果明显。

设计院在1998年12月经过长城（天津）质量保证中心的外审，于1998年12月获得长城（天津）质量保证中心的批准认证注册的通知以及长城（天津）质量保证中心（GB/T 19001—1994—ISO 9001：1994）质量体系认证证书。

取得质量体系认证是设计院历史上的一次质的飞跃，之后承接项目、申报资质等是否具有“质量体系认证证书”也是衡量设计单位实力的一个基本的、必备的条件。

第三节 发展篇（2000—2019年）

一、国家级部属设计院的帮助和支持

1996年起，江苏省化工设计院与中国天辰化学工程公司开始合作，并于1997年底共同注册成立了南京天辰化学工程有限公司（1999年注销）。通过两年多的合作，效果明显，形成了优势互补、竞争能力提高的可喜局面。取得了省院依靠部属设计院加快发展步伐；部属设计院联合省院迅速做大做强事业的双赢。为进一步深化体制改革，使一体化管理取得实质性进展，更好地利用各自的优势条件，加快与国际接轨的步伐，提高参与国内、国际市场竞争的能力。紧紧抓住目前难得地发展机遇和设计体制改革的契机，做大做强设计院的设计事业。

1999年9月—2003年11月是江苏省化工设计院成建制划入中国天辰化学工程公司

成为中国天辰化学工程公司江苏分公司的4年。

进入天辰后，无论是设计体系、技术质量、项目管理、商务工作或其他方面，设计院均获得了极大的帮助和支持，2000年下半年，参与了总公司2000版质量体系文件的转换工作，在总公司2000版质量体系文件的基础上，编写了适合江苏分公司项目运行和管理情况的“设计管理作业文件”。这使得设计院原先的项目管理文件又进一步提高了档次，使得从合同评审、合同签订、立项到人力资源的配置、设计进度控制、设计方案评审、设计条件规范化和正确传递、设计基础资料和设计成品的评审验证、图纸会签到施工现场的设计变更及资料存档管理等各重要环节的控制更加有效，管理更加规范。

2000年12月通过了长城（天津）质保中心对设计院执行ISO 9001：2000情况的复评；2001年12月通过了长城（天津）质保中心对设计院一年一次执行ISO 9001：2000情况的监督审核。

随着与中国天辰一体化的深入，江苏分公司的经营也发生了很大的变化。由于中国天辰的品牌给设计院的商务工作创造了有利条件，江苏分公司的经营重点由原来的中、小项目，朝着“侧重大项目，不丢中、小项目”的方向转移；由内资项目逐步延伸向外资项目方向拓展。江苏分公司与总部的项目信息交流密切，为设计院占有市场、争取项目打下了良好的基础。

2000—2003年承担的主要工程项目有：泰州梅兰化工集团500吨/年氟橡胶技改；江阴南荣石油化工有限公司三台5000米^{3}丁烷球罐的罐区；镇江李长荣公司3.4万立方米罐区及年产6万吨甲醛后加工；江苏南天集团股份有限公司1400吨/年双向拉伸双面粗化易浸型聚丙烯电容薄膜生产线；江苏灵谷化工股份有限公司尿素技改（11万吨/年合成氨及18万吨/年尿素）装置；张家港保税区长江国际仓储工程（10万立方米罐区）；中国石油乌鲁木齐石油化工总厂1.2万吨/年三聚氰胺；江苏扬子江药业集团公司10亿片银杏叶片高技术产业化示范工程；中橡（马鞍山）化学工业有限公司3.5万吨/年扩建专案—炭烟生产线及公用系统工程；浙江龙游有限责任公司年产1万吨混凝土外加剂项目；天津科氏沥青产品有限公司年产8万吨改性沥青、4万吨乳化沥青项目（同年还为鄂州科氏、西安科氏做了沥青项目设计）；山东滨化集团有限责任公司公用工程及辅助生产设施技术改造项目；罗地亚无锡制药有限公司年产3900吨DC搬迁工程；无锡市大众化工有限责任公司5万吨/年甲酸钠法保险粉；安徽神剑新材料有限公司年产2万吨端羧基热固性饱和聚酯树脂（粉末涂料专用纳米树脂）生产装置；张家港源胜化学工业有限公司年产8万吨环保型特殊胶黏剂生产装置；（孟加拉达卡市）日产40吨35%（重量百分比）过氧化氢。

和中国天辰化学工程公司在一起的四年时间里承接的项目有上百个，委托设计院设计的业主有国企的、私营的、外资独资的、合资的，还有港台的、国外的等各种类型。业主们对建设项目的要求和目的不尽相同：有投资省的、有上档次的、有见效快的，但有一点是一致的，即设计质量必须是一流的。因此如何提高设计水平，尤其是设计质量使业主满意，始终是设计院工作重点。

2003年11月中国天辰化学工程公司江苏分公司（江苏省化工设计院）进行改制分立；

2003年12月中国天辰化学工程公司江苏分公司恢复原有名称江苏省化工设计院；

2004年4月江苏省化工设计院改制完成（由国有事业单位改制成为由管理骨干、技术骨干持股的民营科技型有限公司）；

2004年5月江苏省化工设计院更名为江苏省化工设计院有限公司。

二、开拓市场

2008年初为生存和发展，公司提出将目前的经营模式从单一的工程设计拓展到设计为龙头、技术先导的工程总承包，并成立了工程总承包部，同时制定了2008年年底前完成质量管理体系（GB/T 19001—2000—ISO 9001:2000）、环境管理体系（GB/T 24001—2004—ISO 14001:2004）和职业健康安全管理体系（GB/T 28001—2001）三位一体的QHSE标准认证工作的目标。

虽然首次接触环境和职业健康安全管理体系，一切都是空白和陌生的，如何将QHSE三体系正确有效地运用到公司工程设计和总承包项目的管理中更是一无所知，但在公司领导大力支持下，经过技术质量部、工程总承包部、人事行政部、设计管理部的通力合作和各一线业务部门的配合，依据GB/T 24001—2004和GB/T 28001—2001标准的要求设计院建立了环境管理体系和职业健康安全管理体系，并与原有的质量管理体系做到有机结合，形成了一套完整的包括管理方针和目标、管理手册、程序文件、作业文件的QHSE管理体系文件，并于2008年6月开始实施。

2008年9月和10月通过了北京中设认证服务有限公司对公司环境及职业健康安全管理体系一阶段、二阶段的认证注册审核以及质量管理体系保持认证注册的审核，终于在2008年11月4日获得了北京中设认证服务有限公司质量、环境和职业健康安全管理体系认证证书。

之后公司承接了国内、国外多个多种形式的工程总承包及工程总承包管理项目，如塞拉尼斯（南京）高技术复合材料项目、也门共和国巴吉尔重油发电电厂、泰兴太平洋外管及罐区改造项目、泰兴市裕廊化工有限公司10万吨/年丙烯酸丁酯装置、沈阳科达洁能股份有限公司20×1万标准立方米/时清洁粉煤气化及综合配套项目工程设计、锅炉及相关设施工程建设管理项目、广西信发铝电有限公司4×1万标准立方米/时清洁粉煤气化项目、广西信发铝电有限公司8×2万标准立方米/时清洁粉煤气化项目、孟加拉150兆瓦KODDA柴油机电厂EPC项目、富乐（南京）化学有限公司年产12000吨热熔胶二期扩建设计及项目管理项目、津巴布韦城市供水及污水处理系统改造设计、技术服务、项目管理及设备供货项目、孟加拉SHIKALBAHA150兆瓦柴油机电厂气改油EPC项目、印度尼西亚宾坦氧化铝项目煤气站总承包（EPC）项目、孟加拉国INCLUSION OF DUAL FUAL SYSTEM OF SHIKALABAHA 150兆瓦PEAKING POWER PLANT重油发电EPC项目、赤峰启辉铝业发展有限公司煤制气工程总承包（EPC）项目，等等。

由于公司工程技术人员在项目建设管理中的突出表现，很多项目得到了建设方的好评，如“塞拉尼斯（南京）特种功能高技术复合材料项目”获塞拉尼斯（南京）多元化工有限公司颁发的HSE管理先进奖；“泰兴太平洋外管及罐区改造项目”获泰兴太平洋液化气有限公司颁发的工程管理成绩显著奖；“富乐（南京）化学有限公司年产12000吨热熔胶二期扩建项目”获富乐（南京）化学有限公司颁发的“在年产12000吨热熔胶二期扩建项目中，安全工时超过100000小时表现突出”荣誉证书，孟加拉国重油发电项目设计得到其国家电力公司免检等。

公司于2010年起至2018年参加了“全国工程勘察设计行业从事工程项目管理和工程总承包企业营业额百名排序工作”（简称“百名排序”）中工程项目管理企业营业收入排名。排名结果为：2010年第88名、2011年第86名、2012年第74名、2013年第68名、2014年第59名、2015年第55名、2016年第50名、2017年第48名、2018年第74名。

三、在“一带一路”上前行

2015年4月公司承接“津巴布韦城市供水及污水处理系统改造项目”设计、技术服务、项目管理和供货的EPC项目（江苏院有史以来最大的项目，合同额超2亿元人民币）。

津巴布韦首都哈拉雷城市供水及排水基础设施修复和发展项目的合同书由CMEC（中国机械设备工程股份有限公司）和COH（CITY OF HARARE）双方签订。项目融资由中国进出口银行提供。它包括工程设计、设备供应、施工及安装，调试及培训工作。项目执行期需要36个月。缺陷责任期为执行期满后由业主方接管之日起12个月内。

该项工程包括：A—MJ（MORTON JAFFRAY）净水厂改造项目、B—CB（CROWBOROUGH）污水厂改造项目、C—FL（FIRLE）污水厂改造项目、D—CWP 4座清水增压泵站改造项目、E—WWP 4座污水提升泵站改造项目，以及该项目其他设备和物料的采购。

工作安排：CMEC负责主抓商务，负责与业主直接沟通和总体协调工作，理顺业主与施工、设计、供货团队的工作流程，对内负责协助、监督、协调等工作；公司负责设计、设备供货、调试及培训工作；江苏建设集团负责施工安装工作。

经过几年的努力该项目目前已顺利投入使用，通过公司的技术改造恢复了范围内的设备处理能力和原有的供水量，使得工艺更为合理完善，恢复并系统性地改善了供配电能力，提升了自动化控制水平，改善了生产环境。通过对整个改造范围内的员工进行岗位技能教育培训，全面提高了非洲员工的整体素质。

业主对公司的设计、技术和设备质量及管理工作给予了全面认可和好评，MJ水厂下发了全部接收证书和消缺证书。

该项目得到了津巴布韦和首都哈拉雷市的高度重视，项目建设期间2016年5月中国驻津巴布韦大使黄屏视察“津巴布韦城市供水及污水处理系统改造项目”现场；2016年6月津巴布韦公用事业部部长、津巴布韦首都哈拉雷市市委书记分别视察了“津巴布韦城市供水及污水处理系统改造项目”现场。

2012年以来公司参与的“一带一路”项目还有伊拉克AL-Douh水泥厂自备电厂35兆瓦柴油发电机项目、也门共和国巴吉尔电厂6.3千伏、4×8000千瓦柴油发电机组项目、南非有机颜料项目、孟加拉150兆瓦KODDA柴油机电厂EPC项目、孟加拉SHIKALBAHA 150兆瓦柴油机电厂气改油EPC项目、孟加拉阿苏岗杰150兆瓦重油电厂项目、如皋市双马化工有限公司60吨/时棕榈果榨油项目（印尼北加里曼丹达拉坎）、印度尼西亚宾坦氧化铝项目煤气站总承包（EPC）项目、巴基斯坦塔尔煤田一区块重油发电机组自备电站。

四、工程质量常抓不懈

获得质量体系认证证书已整整21年了，现在公司质量体系运行、质量环节控制已成常态，但是每年的质量内审、外审总还会暴露出一些问题，本着PDCA循环中持续改进的理念，设计院不断修改完善QHSE质量、环境、职业健康和安全管理体系文件，并时常告诫设计院的员工，对设计成品而言，内审、质量抽查、目标考核等一系列措施只能做到抽查，无法面面俱到，这些活动说到底只是监督检查，与其“被”管理不如自身先做好，设计院要求设计人员加强学习，提高自身业务水平的同时严格执行体系文件的每项规定，教育员工爱岗敬业、认真负责、精心设计，保证自己设计的每张条件、每张图纸、每个数据正确无误。

提高质量意识，培养良好的质量习惯，并使之成为员工的自觉行为。

2009年7月公司“江苏华昌化工股份有限公司30万吨/年纯碱33万吨/年氯化铵技改工程”获全国化工工程建设质量奖审定委员会颁发的2009年度化学工业优质工程奖。

2009年12月公司“江苏华昌化工股份有限公司环保搬迁建设项目—高浓度复合肥系列产品项目”获国家工程建设质量奖审定委员会颁发的2009年度国家优质工程银质奖。

公司自2011年起申报江苏省勘察设计质量管理先进单位，该奖项每两年评审一次，迄今为止公司已连续5次获得“江苏省勘察设计质量管理先进单位”证书。

值得欣慰的是，回顾公司走过的五十八年发展历程，从未发生过质量安全事故。

五、项目特点

2000—2019年期间，设计院主要承接的工程咨询业绩有：①规划咨询，如大丰港石化产业园产业发展规划、江苏省如东沿海经济开发区洋口化学工业园化学药产业发展规划、当涂经济开发区化工集中区规划等；②咨询报告，如新疆金浦新材料有限公司30万吨/年干气和液化气综合利用项目可行性研究报告、安徽秀朗新材料科技有限公司年产10吨高世代线AMOLED平板显示蒸镀用有机电致发光材料及其100吨半成品项目可行性研究报告、南京金陵塑胶化工有限公司聚丙烯装置智能化升级改造项目可行性研究报告等。

主要承接的工程设计业绩有：①化肥工程，如杭州龙山化工有限公司整体搬迁工程、湖南金叶众望科技股份有限公司年产100万吨经济作物专用肥项目一期工程、安徽晋煤中能化工股份有限公司合成氨升级改造项目等；②储运工程，如盐城港大港区油品化工码头工程库区项目、扬州恒基达鑫国际化工仓储有限公司库区项目、陕西东大灞桥油库工程，仓储规模18.3万立方米等；③氯碱工程，如江苏盐海化工有限公司30万吨离子膜烧碱项目、江苏鼎顺化学科技有限公司4万吨/年偏二氯乙烯工程、江苏康宁化学有限公司30万吨/年聚氯乙烯树脂项目等；④酒厂工程，如江苏洋河酒厂股份有限公司一期工程储酒库、收酒站项目、湖北梨花村酒业有限公司酒库区项目、哈尔滨市宾县项目酒罐区及其配套等；⑤锂电材料工程，如江苏当升材料科技有限公司锂电正极材料生产基地一期工程、江苏瑞盛新材料科技有限公司宁夏锂电池材料分公司年产10000吨NCM正极材料一期工程、宜宾锂宝新材料有限公司年产20000吨锂电三元正极材料项目等；⑥聚醚工程，如南京金浦锦湖化工有限公司5万吨/年聚醚项目和5万吨/年聚醚扩建项目、江苏钟山化工有限公司15万吨/年环保型聚醚多元醇扩建项目、南京宝新聚氨酯有限公司年产10万吨环保型聚氨酯硬泡聚醚技改项目等；⑦医药工程，如华中药业股份有限公司华中医药产业园（一期）工程项目、南通常佑化工有限公司年产20吨瑞舒伐他汀钙原料药、年产10吨阿利吉仑原料药新建项目、江苏鱼跃医用器材有限公司利康医药丹阳项目等；⑧农药工程，如郑州兰博尔有限公司农药整体搬迁项目、浙江嘉化集团股份有限公司30000吨/年草甘膦生产技改项目、淮安国瑞化工有限公司洪泽盐化工园区新型农药项目（一期工程）等；⑨颜料工程，如双乐颜料股份有限公司16000吨/年酞菁颜料项目、双乐颜料股份有限公司11300吨/年高性能颜料、3000吨/年预制物（预分散颜料）扩建项目、双乐颜料股份有限公司年产4000吨高性能颜料、4000吨预制物（预分散颜料）项目等；⑩双氧水工程，如山东东巨化股份有限公司13万吨/年（27.5%）双氧水项目、广西久荣双氧水有限公司12万吨/年（35%）双氧水项目、安徽晋煤中能化工股份有限公司2×20万吨/年（27.5%+50%）双氧水项目等；⑪氨纶工程，如浙江雅迪纤维有限公司年产9000吨/年氨纶项目、杭州益邦氨伦有限公司三期工程等；⑫精细化工，如山东万达集团股份有限公司3万吨/年MBS项目、江苏联盟化学有限公司年产10万吨PVC稳定剂项目、安徽秀朗新材料科技有限公司高世代线AMOLED平板显示蒸镀用有机电致发光材料及其100吨半成品项目等；⑬煤气化工程，如广西信发铝电有限公司8×2万标准立方米/时清洁粉煤气化项目、印度尼西亚宾坦氧化铝项目煤气站总承包（EPC）项目、赤峰启辉铝业发展有限公司煤制气工程总承包（EPC）项目等；⑭热电工程，如镇江大港热电厂有限责任公司3#机组扩建工程、江苏海伦化学有限公司年产60万吨精对苯二甲酸工程（PTA）锅炉岛、大庆石化热电厂5#、6#炉加装烟气脱硫装置等；⑮储热工程，如北京清芸阳光能源科技有限公司光热发电熔盐系统工程、济南热力集团有限公司济钢能源站熔盐储热项目等；⑯变电工程，如江苏阜宁双多110千伏站、南京金浦集团110千伏站、江苏苏化集团110千伏站等；⑰环境工程，如江苏林达智思环保科技有限公司城市矿产年处理60万吨废旧轮胎再生利用项目、泰兴市申联环保科技有限公司工业废弃物资源综合利用项目、宁波市浙东表面处理有限公司2500米^3/日电镀废水处理工程项目；⑱高端特种材料，年产1吨陶瓷纤维项目。

外资或合资项目业绩，如FMC张家港年产900吨锂产品项目（美国）、安美特（扬州）化学有限公司年产7万吨电子化学品助剂项目（德国）、爱思开新材料（江苏）有限公司年产500吨三氟化氮扩建项目（韩国）等。

境外设计项目业绩有：①境外重油发电，如伊拉克 AL-Douh 水泥厂自备电厂35MW柴油发电机项目、巴基斯坦塔尔煤田一区块露天矿项目重油发电机组自备电站工程等；②境外其他工程，如迪拜PA/DOP一体化项目3万吨/年PA装置、如皋市双马化工有限公司60吨/时棕榈果榨油项目（印尼北加里曼丹达拉坎）等。

工程总承包及项目管理典型业绩，如津巴布韦首都哈拉雷60米^3/时水厂、2座20米^3/时污水处理厂工程总承包、印度尼西亚宾坦氧化铝项目煤气站总承包（EPC）项目等。

上述项目中涉及目前国内国际新型材料的产品有锂电池材料、高世代线AMOLED平板显示蒸镀用有机电致发光材料等，其中“江苏当升材料科技有限公司锂电正极材料生产基地一期工程”是公司于2012年最早承接的锂电池材料施工图设计项目，该项目投产后，产品供不应求，带来极大的经济效益和社会效益。锂离子电池具有高电压、高容量、低消耗、无记忆效应、无公害、体积小、内阻小、自放电少、循环次数多的特点，是性能卓越的新一代绿色高能电池，已成为高新技术发展的重点之一，现在锂离子电池广泛应用于移动电话、笔记本电脑、摄像机、数码相机等众多民用及军事领域以及高铁产品技术。得知公司有着多年锂电池材料设计技术经验，许多企业邀请设计院承接锂电池材料项目，目前在江苏、河南、四川、安徽、宁夏、浙江、湖北、江西等省份均有设计院设计的锂电池材料项目。

2000—2019年期间主要获奖项目还有：中国天辰化学工程公司江苏分公司（江苏省化工设计院）的“江苏新沂化肥厂年产四万吨尿素装置复产工程”2000年10月获江苏省建设厅颁发的江苏省优秀工程设计一等奖；“中橡（马鞍山）化学工业有限公司3.5万吨/年扩建专案—碳烟生产线及公用系统工程”“金陵石化化肥厂日产40吨三聚氰胺工程”2004年获江苏省建设厅颁发的优秀工程设计三等奖。

“杭州名鑫双氧水有限公司10万吨/年过氧化氢（折27.5%）技术改造项目”2011年12月获中国石油和化工勘察设计协会颁发的2011年度化工行业优秀工程设计三等奖。

结束语

江苏省化工设计院有限公司目前具有国家住建部颁发的化工石化医药行业甲级工程设计资质证书；江苏省住建厅颁发的电力行业（火力发电）专业乙级设计资质、市政公用行业（排水工程、城镇燃气工程、环境卫生工程）专业乙级设计资质、建筑行业（建筑工程）乙级设计资质、环境工程（水污染防治工程、大气污染防治工程、固体废弃物处理处置工程）专项乙级设计资质、电力行业（变电工程）专业丙级设计资质证书；中国工程咨询协会颁发的石化、化工、医药工程咨询单位甲级资信证书；江苏省工程咨询协会颁发的电力（含火电、水电、核电、新能源）、市政公用工程工程咨询单位乙级资信证书；国家质量监督检验检疫总局颁发的A1、A2、A3级压力容器设计许可证和GB、GC、GD压力管道设计许可证；国家住建部颁发的化工石油工程监理甲级工程监理资质证书；江苏省住建厅颁发的房屋建筑工程监理乙级工程监理资质证书。

公司将用自己的实际行动，扩大在行业内的广泛影响和良好声誉。

（江苏省化工设计院有限公司　陈莉）

砥砺奋进求发展
——上海寰球工程有限公司发展纪实

上海寰球工程有限公司（简称上海寰球）前身为上海化工设计院，成立于 1963 年，现为由中国寰球工程公司（HQC）、上海化学工业区发展有限公司（SCIP）和浙江荣盛控股集团有限公司多元投资的有限责任公司。

公司具有国家建设部颁发的化工石化医药行业甲级，建筑行业建筑工程甲级的工程设计证书；中国工程咨询协会颁发的工程咨询单位甲级资信证书；国家质量监督检验检疫总局颁发的 A1 级、A2 级、A3 级压力容器设计许可证和 GA 类、GB 类、GC 类压力管道设计许可证；并获得 GB/T 19001—2016/ISO 9001：2015 质量管理体系认证证书；GB/T 28001—2011 职业健康安全管理体系认证证书；GB/T 24001—2016/ISO 14001：2015 环境管理体系认证证书，对外承包工程经营资格证书。

公司可以独立承担国内外大中型工程项目的前期咨询服务、工程设计、设备和材料采购、现场施工管理、安全和质量控制、费用控制、进度控制直至装置交付运行的全过程工程总承包（EPC 或 EPCM）服务或单项服务。

目前公司共有 531 人。其中获得博士、硕士学位 105 人，大学本科学历 343 人，留学生 18 人。公司有技术人员 478 人，占公司总人数的 90%。公司设有工艺、管道、设备、总图、建筑、结构、给排水、电气、电信、热工、自控、暖通、环保、技经和概预算等多个专业，是专业配备齐全、技术力量雄厚、拥有丰富设计经验的工程有限公司。

公司成立以来，已完成工程项目 4000 余项，涉及化肥工业、酸碱工业、医药农药工业、染料涂料颜料工业、化工、石油化工工业、合成树脂塑料工业、合成纤维工业、橡胶加工工业、助剂工业、环境工程、城市煤气制气工程、仓储物流、建筑工程等诸多领域。

同时，上海寰球是第一家成功设计了中国首套自有知识产权年产 20 万吨醋酸装置的中国工程公司，是第一家在欧盟国家成功执行总承包项目的中国工程公司（意大利倍耐力公司年产 450 万条轿车胎项目），是第一家完成国内最大外商独资苯酚、丙酮项目（西班牙石油公司上海化工区年产 40 万吨苯酚、丙酮和年产 36 万吨异丙苯项目）的工程公司。

第一节　公司成立，稳步成长（1963—1978 年）

20 世纪 60 年代初，为进一步适应上海化学工业的发展，更好地承担上海化工领域内中小型项目的设计工作，上海市化学工业局拟在局本部建立一个局直接领导的设计部门。经过筹备，并经上海市经济计划委员会及上海市编制委员会批准，1963 年 11 月 6 日上海市化工局设计室正式挂牌成立，设计室党支部同时成立。

成立之初，设计室设有工艺、设备、土建、公用 4 个专业科室及计划、行政、人保 3 个职能部门。全室共有职工 68 人，其中工程技术人员 58 人（含工程师 11 人）。人员主要来自三个方面：一是来自上海医药设计院及国家第六机械部第九设计院，二是来自化工局自属工厂，三是分配到化工局工作的一些大中专毕业生。设计室成立之初，办公地点在上海市成都北路 586 弄内的三幢老式木结构二层楼房，办公面积 1040 米^2；技术装备除购置了部分办公用桌及制图仪器，调入了一台双面晒图机外，几乎一无所有；职工中大部分成员是刚从学校毕业的大中专学生，有设计经验的人员寥寥无几。工程专业不配套，技术力量不平衡，特别是总图、自控、概预算等专业力量更为薄弱。

然而，在困难面前，设计室的职工毫不气馁，在化工局领导“边筹建、边安家、边承接任务”的工作方针指导下，全体职工合理分工，努力工作，积极承担了上海化工系统中小企业的基本建设和技术改造的设计任务。

1964 年初在承接小型土建项目设计基础上，设计室开始承接化工厂工程项目的全套设计工作。第一个承接的项目是上海闵行化工厂年产 500 吨还原棕色染料车间及年产 95 吨中间体工程设计。之后，设计室又陆续完成了一些项目。据统计，设计室成立之初的两年内共承接完成了 83 个项目，投资额约 2823 万元人民币，建筑面积 63702 米^2。

在设计室初创的 3 年里，设计室承接的项目都是规模小、投资少、建筑面积不大的工程，主要有上海华元染料厂 150 吨/年 1,5-二氨基蒽醌磺化车间、上海助剂厂 190 吨/年 LS 和 VS 净洗剂车间、上海氧化铁颜料厂 1200 吨/年氧化铁颜料车间、桃浦化工厂 500 吨/年合成樟脑车间、金星工厂 2700 吨/年重铬酸钠车间等。

其间，设计室还通过不断的学习和摸索，从无到有，逐步建立起了一些基本的规章制度。另一方面，通过狠抓队伍建设，设计室的职工队伍也在较短的时间内逐步适应了化工局技改项目对设计工作的要求。至 1965 年底，设计室的职工队伍有了较大的发展，职工人数已达 250 余人，专业配套初步形成，为公司今后的发展打下了较为坚实的基础。

1970 年设计室从市化工局领导改由上海医药设计院领导，1972 年又复归上海市化工局领导，1975 年则被划归上海化工修建安装公司管理。

至 1976 年底，工程技术人员从 250 人发展到 400 人，设计能力从单纯的车间设计发展到全厂设计，设计规模从承担中小型项目到承接大型化工工程项目，承接项目的所在地也从上海扩展到外省市，并开始承担援外项目的设计工作。1966—1976 年间，设计室共完成了 337 项工程设计，完成投资额达 27774 万元人民币，完成建筑设计面积达 211647 米^2。期间完成的主要项目有：广西南宁有机化工厂癸二酸及尼龙 1010 车间；江西前卫化工厂；上海县化肥厂 1 万吨/年小化肥项目；安徽红星化工厂、红旗化工厂 1 万吨/年硝酸项目；安徽自强化工厂合成氨、硝酸及硫酸工程；上海农药厂 1000 吨/年杀螟松车间；上海东风制药厂 1500 吨/年葡萄糖车间；上海钛白粉厂 2500 吨/年钛白粉工程以及吴泾化工厂 30 万吨/年合成氨工程等。其中，吴泾化工厂 30 万吨/年合成氨工程是国内第一套自行设计、制造和建设的项目，1974年2月在化工部统一协调下成立了以设计室为主，化工部第四设计院及上海吴泾化工厂参加的联合设计组。设计工作历时一年三个月，经历了方案设计、初步设计、施工图设计三个阶段，1975年5月胜利完成了该项目的设计任务。通过该项目的设计，设计室上下对大型化、单系列的现代化工生产装置有了深入了解，对引进技术的消化吸收有了深刻的认识，对标准化工作程序的建立有了新的理解并在执行中有了进一步的实践和探索。此外，设计室还走出国门，承接了公司历史上第一个援外设计项目——援罗马尼亚的400吨/年聚碳酸酯项目。

1976年设计室组建了电子计算机组，后又改为电算站，逐步开启了电子计算机在设计工作中的应用，为公司在信息化方面的发展打下了基础。

党的十一届三中全会以后，在党的“一个中心，两个基本点”的基本路线指引下，设计室逐步走上了健康发展的轨道，各项工作全面发展，取得了较好的成绩。各技术专业的建设已初具规模，各专业人员配备基本合理，人员结构及技术水平也有极大的提高，专业部室也从成立之初的4个逐步发展到工艺管道、设备、公用、土建、技经等5个专业室和一个环保安全中心，共涵盖了化工工艺、分析化验、管道、电气、电信、自控、采暖通风（包括空压冷冻）、给排水、热工、设备、工业炉、机运、机修、建筑、结构、总图运输、环保、噪声治理、费用控制及概预算等20个专业。在装备建设上更有了长足的进步，随着电子计算机系统的建成及在各项工作中的普及应用，超级微机，三维CAD工作站，大幅面绘图机等也逐步配备，为各项业务工作的开展创造了有利条件。

第二节 不断深化企业体制改革（1979—1999年）

随着业务的拓展和规模的扩大，1979年10月23日经上海市化工局党委批准，上海市化工局设计室改名为上海化工设计院。此阶段，设计院在组织管理及资质资格管理方面主要经历了以下重大事件：

1979年成立了情报科，开展了科技情报的收集研究工作，为技术开发，技术创新，技术进步创造了条件；

1981年经上海市建委审核批准为国家一级设计单位；

1984年成立规划开发室，后又改称规划信息室，开展了规划、信息研究及咨询工作，为设计院业务发展开拓了一个新的领域；

1987年4月经化工部、国家计委审核批准，上海设计院为化工甲级设计单位和规划设计乙级资格，成为上海市首批13家具有国家甲级设计资格的地方性设计单位之一；

1989年成立工程部，开始尝试承接工程总承包业务，并于1994年12月经建设部审批取得工程总承包甲级资质；

1995年4月经国家计委审核批准，颁发工程咨询资格甲级证书，主营化工，兼营建筑以及兼营市政公用工程（燃气）、城市规划（小区）的工程咨询资格乙级证书；

1999 年 3 月经建设部审批取得环保专项甲级工程设计证书；

其间，还经国家技术监督局审核后取得了一、二、三类压力容器设计资质和 GA、GB、GC 类压力管道设计资质。

从 1984 年起，设计院开始实行技术经济责任制，取消了国家财政拨款，改为完全自收自支预算外的事业单位，并在管理上采用企业化管理方法进行独立核算，自负盈亏。1992 年又根据上海市建设委员会、市财政局及市税务局《关于在本市甲级勘察设计单位试行经济承包责任制意见》的要求，院与财税部门签订了为期 3 年的经济承包合同，1993 年又进一步抓紧转换内部机制，确定了院改革的总体目标。在改革中，全院职工团结一致，积极开拓，勇于创新，为国家完成的设计任务逐年增长，经济效益逐年上升，业务范围不断扩大，并尝试向工程总承包方向迈进。

至 1999 年，上海设计院已为国家完成工程设计 2000 余项，并承担了多项工程总承包项目的建设任务，承接的项目涵盖了化工、石油化工及医药行业的各个专业领域，以及燃气、环保工程及城市污水处理工程等。工程设计项目的地域范围已遍及全国 21 个省、市及自治区，其中有全国最大的城市煤气气源厂——上海浦东煤气厂、上海焦化总厂三联供工程以及浙江省义乌市城市污水处理厂等。而遍及全国的 1200 多家小化肥厂中有半数以上采用了设计院的通用设计。

在开展多种经营的业务活动中，设计院进一步重视和开展全面质量管理和技术进步，使管理工作逐步向标准化、程序化和制度化发展，建立了比较完整的设计工作基本程序、设计技术管理制度、设计计划管理制度、行政后勤及党群工作管理制度和各工种的工作岗位责任制。在经营、业务活动中广泛开展全面质量管理活动，在各有关部、室成立了全面质量管理小组，针对各自的工作特点开展了形式多样、行之有效的全面质量管理活动，极大地提高了设计院的服务质量和产品质量，取得了很好的质量管理效果。1991 年设计院取得上海市建设委员会颁发的工程勘察设计单位全面质量管理达标合格证书。

从 1994 年起设计院在巩固和深化全面质量管理工作的同时，开展了标准化贯标工作。重新修改、审定、颁发了各类管理标准 96 个、工作标准 143 个，并在院所有设计活动和管理工作中予以贯彻运行。

与此同时，设计院还按建设部和上海市勘察设计协会的规定和要求，设立了专职的质量管理机构，建立起了有效的质量保证体系，狠抓了院、室（科）、组三级目标管理，同时强化了设计过程的工序管理。在设计工作中，重点抓了 6 个质量控制点，即开工报告、方案讨论、条件提交、审核校对、设计会签、入库归档，并开展了设计回访、质量剖析和质量信息反馈等管理活动，使设计院的产品质量有了很大的提高。

为了进一步提升自身的管理水平和市场竞争能力，自 1996 年年初起，设计院有步骤、有计划地按 GB/T 19001—1994 版质量管理体系标准和院质量管理的要求开展和推进了院质量管理体系贯标工作。经过院相关部、室人员近半年的努力工作，对院原有的各类管理标准和工作标准按 GB/T 19001—1994 版质量管理体系标准的管理要求再次进行了认真的修订、汇编和新编，并于 1996 年 12 月发布了院第一版质量保证手册和 23

个质量体系程序文件，以及44个技术标准和29个管理标准。1997年11月18日经市质量体系审核中心审定技术委员会的审查批准，上海市质量体系审核中心向该院颁发了质量体系认证证书。设计院通过进一步开展的宣传教育活动，不断充实与完善了质量体系文件，定期进行了质量体系的内部质量审核和管理评审，保持和提高了质量体系的运行有效性。

从1963年建院到1999年，通过消化吸收引进先进技术以及同国内大专院校、科研院所合作开展科研攻关，学习掌握了国外的先进技术，了解了国外化工工程技术的现状与发展趋势，掌握了国外工程标准和设计工作国际惯例，取得了一大批可喜的技术开发成果。

此阶段设计院完成2000余项工程项目的设计、技术开发、咨询和工程建设任务，为国家化工、石油化工及医药产品的工艺开发、流程设计、设备研制、装置建设以及环境保护、建筑、市政工程的发展作出了一定的贡献。先后与多家国际著名的化工公司或工程公司合作承担了多项新产品或利用新技术生产产品的工程设计、咨询和工程建设工作，得到了国内外顾客的好评。

经过30多年的发展，设计院已经成为一家专业配备齐全、技术力量雄厚、拥有独立技术开发能力及设计经验丰富的设计单位，在经营业务活动中已经形成了自己的技术优势和特色。

例如，设计院在南京梅山、福建三明、浙江富阳、江苏苏州、上海浦东等地承担了一系列煤气生产技术与生产装置的技术开发及设计工作。在开发及设计过程中科技人员大胆实践、开拓创新，在装置联产煤气工程中，利用化肥厂合成氨驰放废气，与半水煤气掺混，充分利用造气设备潜力生产出低成本煤气，大幅降低了能耗及成本。特别中在苏州钢厂煤气净化工程中采用了当时国际上比较先进的脱硫、脱氰和吸氨技术，并与有关科研单位共同开发了新的工艺流程，从排放的废氨水中回收有用的农药原料——硫氰酸铵，此项新技术已获国家发明专利。

又如，浦东煤气厂工程是当时国内最大的煤气工程，设计院在设计中开发并采用了一系列新技术、新工艺和新设备。工程中首次采用干熄焦生产工艺，改变了国内沿用的湿熄焦所产生的弊端；开发及设计了新型除尘装置，降低能耗，减少污染；在生产装置的回收系统，开发及设计了国内首创的前脱硫工艺流程，大大降低了含氰污水排放，减少了环境污染；工程进行中公司技术人员还实施了多项技术创新，在国内首次采用冷冻脱湿工艺除去煤气中的水分，避免了管道抽水引起的环境污染等问题，取得了很好的社会效益。

这些年来，设计院在甲醇及醋酸生产技术与生产装置的技术开发及设计中做了不少开发创新工作。大庆油田甲醇厂是当时国内第一套以油田气为原料，规模最大的甲醇装置，该生产装置采用了本公司开发的先进技术“BV”法，即从烟道气中回收二氧化碳补在转化后，大大降低油田气的消耗，取得了良好的经济效益。该技术开发及设计分别获得上海市科技进步三等奖及上海市优秀设计一等奖。

第三节　在改革开放中前进（2000—2019 年）

2002 年设计院成为由中国寰球工程公司、上海化学工业区发展有限公司和上海华谊（集团）公司多元投资的有限责任公司。

2002 年 7 月上海公司股东会决议，按照《中华人民共和国公司法》和《上海化工设计院有限公司章程》，上海公司由中国寰球化学工程公司（之后改名为中国寰球工程公司）、化学工业区发展公司、华谊集团 3 家股东单位投资组建。

2002 年 12 月上海化工设计院根据国务院办公厅〔1999〕101 号文件和上海市人民政府办公厅〔2001〕45 号文件有关勘察设计单位体制改革的精神，获得发展公司沪化区发〔2002〕148 号文件“关于上海化工设计院体制改革方案的批复”，正式将原“自收自支”企业化管理的事业单位，按照现代企业制度改制为多元投资的有限责任公司。

发展公司于 2002 年 11 月首次向寰球公司转让上海化工设计院 15% 股权，形成寰球公司占 15%、发展公司占 76.99%、华谊集团占 8.01% 的上海公司股权结构，2003 年 6 月经上海市工商行政管理局批准，上海化工设计院有限公司正式成立。

发展公司于 2004 年 4 月、2005 年 12 月分两次向寰球公司转让上海公司 45% 和 10% 的股权，形成寰球公司、发展公司、华谊集团三家股东单位分别拥有 70%、21.99%、8.01% 股权的结构，上海公司成为寰球公司的控股子公司。

2008 年 2 月，为推进企业的发展，提高市场竞争力，利用控股股东寰球公司“寰球工程”的优质品牌，更好地在现有业务工程领域的基础上，向石油炼化方面拓展，逐步成为综合性的工程公司，上海公司股东会决议，公司名称由“上海化工设计院有限公司”变更为“上海寰球石油化学工程有限公司”，并于 2008 年 9 月完成工商变更登记。

2009 年 3 月根据股东华谊集团《关于授权上海华谊集团投资有限公司管理我司部分股权的函》，上海公司股东会决议同意华谊集团将其所持有的上海公司 8.01% 的股权全部无偿划转给上海华谊集团投资有限公司（简称华谊投资），并于 2009 年 5 月在完成相关《上海公司章程》修改和工商变更登记后，上海公司的股东之一华谊集团变更为华谊投资。

2020 年 1 月根据股东华谊集团转让股权的函，上海公司股东会决议同意上海华谊集团投资有限公司将其所持有的上海公司 8.01% 的股权全部转让给浙江荣盛控股集团有限公司，上海公司的股东之一华谊投资变更为浙江荣盛控股集团有限公司。2002 年 7 月 17 日经建设部核准，设计院为化工石化医药行业甲级、建筑行业建筑工程甲级以及市政公用行业（燃气、环境卫生）、（排水）乙级设计资格。

近 20 年来，公司完成工程项目 2000 余项。公司持续优化市场布局，抓住“一带一路”倡议实施等有利时机，拓展合作视野，加强市场开发战略顶层规划与实施，运用多元商务模式开拓市场，通过市场开发多管齐下，公司经济运营状况良好，市场占有率不断扩大。各项经营指标屡创新高，核心业务和 EPC 合同取得新突破，最高项目合同额约25亿元，公司签署合同额从不到1亿元增长到30亿元，实现年营业收入2000万元到如今超过7亿元，年净利润1500万。

国际化是企业发展的必经之路。上海寰球公司曾经为诸多国际知名的大企业提供了令人满意的服务。如BASF、BAYER、Chevron、DuPont等，还与Fluor、Bechtel、Kvaerner E&C等一些大型国际工程公司进行了合作，工程项目与合作伙伴遍及美国、英国、法国、俄罗斯、日本等20多个国家，得到国际客户的高度赞誉。通过与这些国际公司的合作与交流，公司吸纳许多国际工程公司的先进技术和管理经验，使得公司的管理、设计水平都上了一个新的台阶。

公司积累海外市场开发经验，稳步推进国际化建设，按照国际通行模式执行外资项目，在各个关键岗位安排专业骨干挑重担，通过项目锻炼，培养一批具有国际化项目运作的管理和专业技术人才，充分利用寰球国际化品牌，与倍耐力、TR、法液空、拜耳、巴斯夫等外资公司建立良好的合作关系，为推进国际化发展打下良好基础，以外资项目及参与我国“一带一路”项目，不断提升公司海外市场开发能力，公司海外项目从无到有，初见成效，公司进入了意大利、马来西亚、乌兹别克斯坦等海外市场。

意大利倍耐力公司年产450万条轿车胎项目在2010年9月顺利完成，成为第一家在欧盟国家成功执行总承包项目的中国工程公司。公司完成西萨化工（上海）有限公司25万吨/年苯酚15万吨/年丙酮项目，是第一家国内最大外商（西班牙石油公司）独资在上海化工区建设的苯酚、丙酮项目，项目一次性投料试车成功，装置运行平稳，性能良好，生产能力达到设计规模，产品质量达到国际先进水平，项目受到业主的认可和好评。

2019年12月底，公司执行的乌兹别克斯坦纳沃伊PVC、烧碱、甲醇生产综合体项目开车投产，PVC综合体项目是中乌重要合作成果之一，是“一带一路”倡议下推动国际产能合作的重要工程，是中企在乌正在实施的最大单体工程承包项目，也是乌兹别克斯坦国家首套成功落地的PVC装置。公司项目团队秉持精益求精、客户至上的原则，采用先进的工艺技术，实施高标准设计，真正地将“中国技术”引进至乌兹别克斯坦市场，将“中国制造”在乌国全方位推广。

由于一贯重视产品创优，至2019年底，公司共获得各类科技进步或优秀工程设计（总承包）等各类奖项70余项，其中，国家科技进步二等奖2项、三等奖1项、科技成果奖1项；省部级科技进步二等奖3项、三等奖1项、省部级科技进步成果奖2项；上海市科技进步一等奖3项、二等奖3项、三等奖3项、上海市重大科技成果奖2项。此外，公司还获优秀工程设计（总承包）奖26项，其中，国家优质工程金质奖1项，全国优秀工程设计金奖2项，银奖1项，全国工程总承包铜钥匙奖1项；化工行业优秀设计一等奖1项，化工行业优秀设计三等奖2项；上海市优秀设计一等奖5项、二等奖5项、三等奖8项。全国工程设计计算机优秀软件金奖1项、三等奖1项等。

在技术创新方面，经过50年的发展，公司不但在产品的开发、设计上形成了自己独特的技术优势和特色。还通过工程项目的开发、设计实践，在“一碳”化学等多个领域掌握了一定的核心工艺技术和设计技术。

通过多年的开发研究及技术创新，醋酸生产技术与生产装置的技术开发及设计已成为公司的强项。近年来，公司投入了大量人力与物力进行醋酸生产新技术、新工艺和新设备的科研开发工作，经过多年坚持及不懈的努力，公司终于在此领域的技术创新与开发中取得了令人满意的成果，提高了公司在醋酸生产行业中的核心竞争力，至今已在山东、大庆、河南、天津等地完成了多个大型醋酸工程项目的开发设计工作。在已经投产的工程中，均生产出了符合国家标准的优质产品，其生产技术、产品的质量和生产装置的各项技术经济指标可与采用国际先进技术生产装置生产的各项相关数据媲美。

公司在醋酸领域技术创新与开发中取得的主要成果有：以二氧化碳与氧气为主要原料与焦炭反应生成高纯一氧化碳的专有技术；自行开发设计了醋酸生产关键设备——造气炉，并取得了与造气炉有关的多项专利，如高浓度一氧化碳发生炉、造气炉的加料装置、造气炉多层旋转炉箅等。公司还与湖北省化工设计院合作，成功开发出制取高纯一氧化碳气体的脱除有机硫与脱氧工艺，并获得了发明专利。

公司已形成了拥有自己特色的核心工艺技术和设计技术。在技术创新与开发工作中拥有了自己的知识产权，取得了一定的成绩。至 2019 年，公司有效发明专利 11 项、实用新型专利 16 项、国外专利 3 件、专有技术 1 项。此外，尚有多项专利技术正在申报之中。

由于公司多年来在技术开发及创新中的成绩突出，自 2008 年起至今公司被上海市科学技术委员会、上海市财政局、上海市国家税务局和上海市地方税务局联合认定为上海市高新技术企业。

为了进一步提高开发能力，公司结合国际工程（咨询）公司发展潮流及自身特点，确立了进一步优化资源配置，形成鲜明的技术特色，努力向“专、精、特、新”的方向发展的战略目标。公司还组建了专门的技术创新与开发机构，负责协调、管理公司的技术创新与开发工作，从每年的收入中提取相当一部分资金作为技术创新与开发经费，继续依靠技术创新与开发，做好与生产企业和科研机构的协作，在“一碳”化学、甲醇生产、环境保护等专业领域，潜心研究开发，改进工艺，争取在技术创新与开发中不断有所前进，进一步提升公司的各项工作，努力建成具有鲜明技术特点的工程公司。

（上海寰球工程有限公司　陆建敏）

六十年征程人未老
——神华工程技术有限公司安徽分公司发展纪实

神华工程技术有限公司安徽分公司（原安徽省化工设计院）在近 60 年的岁月征途中，四代安化设计人，跨越了祖国的十二个五年计划，这岁月既有日月换新天的激情，亦有万马齐喑究可哀的低沉，更多的是时光荏苒，岁月如梭，而这些经历和积淀，最终让安徽院在 2016 年登上了国家能源集团（神华工程技术有限公司）这一庙堂，为即将开始经历的“十四五”奏响了崛起的号角。

第一节 开创时期（1963—1978 年）

1963 年初夏的一天，安徽省人民政府后街的小路上，一群年轻小伙子簇拥着安徽省重工业厅的领导，将一块牌匾挂在了大院的一栋小楼前，一阵欢呼，安徽这个华东的农业省，有了自己第一家省属工业类设计院，这就是安徽省化工设计院（简称安徽院）的前身——安徽省重工业设计院。成立伊始，百废待兴，当时设计院全部家当就是几间办公室，十来张办公桌，工具只有些尺子、铅笔和橡皮，纸张使用要去找院办申请，每个职工不管职位大小，就是院长也要身兼数职，上午是画图匠、下午是印刷匠、过几天有可能还要客串装修匠，由此工作效率也可想而知了，一张图纸画啊画。

就是在这样的条件下，为了安徽省本地农业生产的需要，院内的广大设计人员艰苦奋斗，在三面红旗的指引下，利用碳化流程生产合成氨同时制取碳酸氢铵，在安徽省内遍地开花。截至 1979 年，安徽院设计完成了安徽省内 68 个各类化肥厂，当时流行一句话：安徽省化工设计院打破了资产阶级技术权威对合成氨技术的垄断，有力地支援了农业学大寨运动。

1965 年，在市郊的合肥化肥厂现场，时任安徽省重工业厅副厅长的黄诚同志陪同部委专家并带领本院的前辈，围绕 1959 年侯德榜同志在合肥开展合成氨联产纯碱实验，展开了工业化放大讨论。一年后，随着国内政治气氛的变化，院内一批知识分子受到不同程度的冲击，在这样的情况下，安徽院的前辈们在完成设计工作的同时，仍不忘合成氨联产纯碱实验工业化放大。到了 1971 年，经过数年的努力，设计人员终于配合有关专家试验成功合成氨联产纯碱，由此合肥化肥厂建成了我国第一个小联碱厂，之后化工部在全国推广建设了 1573 家该类化肥企业。

1970 年，在安徽革委会领导的部署下，开展“抓革命，促生产”工作，安徽院作为安徽主要工业类设计院，参与了安徽炼油厂（现安庆石化总厂）、蚌埠八一化工厂等一批重点工业企业的筹建设计。

1975 年，根据国家部委的名称调整变化，该院正式更名为安徽省化工设计院，受安徽省化学工业厅领导。

1976 年拨乱反正之后，安徽院逐渐自我调整，吐故纳新，开始为即将开始的改革开放、经济腾飞做准备。

第二节　茁壮成长（1979—1999 年）

1982 年 6 月的一天，安徽院来了一群年轻人，手中拿着学校开具的报到证，这批年轻人从此成为设计院的一员，并为之工作一生。

当时的设计院占了化工厅大楼的一层左右，共有设计人员 50 多人，主要承接安徽省内各类化工企业（当时都是国有化工企业）的新建、技改、搬迁等任务。1983 年在化工厅和院领导的带领下，设计院内部进行了“渤海二号沉船事件”设计严重缺陷的教训总结会，也许是因为石油化工产业的相关同质性，设计的质量问题从此时在院内开始受到进一步关注，老师傅们对年轻人要求更为严格，对图纸的要求也更高了。

1986 年，安徽院迁出化工厅大楼，搬进合肥工业大学对面的屯溪路 274 号一栋六层楼的苏式楼房。在 80 年代改革开放之初的黄金年代，随着安徽省工业化进程的开展，一个个项目拔地而起，设计院在业务十分饱和的情况下，还拓展了一系列化工外的市政、轻工、建筑设计任务。

进入 20 世纪 90 年代，随着国家“甩掉画图板”的要求，安徽院开始进入 CAD 制图阶段。90 年代中后期，描图工序基本淡出设计院，相关各类设计软件开始在设计院使用。90 年代开始，安徽院的相关业务也不局限于安徽省内，与当时化工部所属发酵技术中心建立了良好的合作关系，设计院在酒精、柠檬酸等发酵类项目中也取得很大比例的项目资源。

安徽院在 1993 年还响应省化工局积极兴办三产的号召，与安徽省化工研究院建立了 2 个试验工厂，生产各类农药制剂和中间体，设计院一批工程师参与到项目中，从项目选址、工艺包开发、中试放大、试验安装到项目开车成功，积累了宝贵的项目承包经验，为 2000 年以后安徽院总承包农药、医药中间体项目打下了良好基础。

20 世纪 90 年代，受国企改革、第一次国退民进、下岗潮、三角债等影响，安徽院是“穷一年、富一年”，但因为当时的设计院还是事业单位（差额拨款，拨款 60%，自筹 40%），总体受到影响相对较小。

第三节　奋起拼搏（2000—2019 年）

截至 2019 年底，设计院完成年营业收入 27659 万元、实现利润 672 万元；全院设计人员207人，其中各类注册人员105人次，高级职称以上技术人员87人；具备化工石化医药行业设计甲级、建筑工程设计甲级、环保单项设计甲级，化工、建筑监理甲级，并具备13项各类乙级资质；设计院获得科技进步奖等各类部委奖项50余项，制定国标、行标等各类标准20余项、拥有各类发明、实用专利100余项；项目遍布全国各省区及海外地区。其中2018年起开始总承包乙二醇、甲醇等大型煤化工装置，并与各科研院所共同开发PGA、CIGS、氯化法钛白等工程软件包。

以上所有成绩都来源于2003年以后这16年的奋起拼搏，凝聚着所有单位人员的汗水。

1. 度过寒冬

2003年1月24日，黑龙江大庆火车站，几个年轻的设计院同事挤坐在车站候车大厅，当时大庆车站春节临近的气氛并没有让他们感到快乐，前途和未来的不确定，让他们几个不断地紧紧摸索着口袋，里面有刚从大庆某化工企业要来的面值都是10元的一扎扎款项，这是当时全院职工春节的过节费用和前几个月所拖欠的工资，因为汇款的滞后性，单位只能选择使用现金带回万里之外的安徽。

当时，安徽省化工厅已经撤销，安徽院由全额拨款事业单位变成了差额拨款事业单位，很快将要变成企业。单位除了50岁以上职工考虑办理提前退休外，还有员工60多人，企业何去何从、职工在这样的环境下如何求得生存?

在挤满人的候车大厅，那一叠叠10元钞票的安全问题，沉沉压在这几个年轻人的心头。

经过几天火车上的奔波，他们回到了合肥，卸下了一些负担，得到了确定要进行改制，并进入新组建的安徽省石化集团的消息。春节后，经过院领导班子的推荐和上级机关的决定，组建了安徽院的新班子。

那年夏天，新班子的几位同志去了不少大城市的大设计院，当时发达地区的龙头设计院，伴随着国内经济的进一步发展，手里的项目是很多的，比如中石化上海工程公司，已经从找项目开始发展成挑项目了，而安徽院因为身处内地，对外部经济发展反应速度相对较慢，还处于春寒之中。

与安徽院达成战略合作的第一家单位是上海华谊设计院（上海工程化学设计院有限公司前身)。从2003年11月后，安徽院生存问题迎刃而解。随后的几年间，安徽院与中石化上海工程公司、上海寰球工程公司、上海东洋化学工程公司、中石化廊坊管道院、中国化学工程等一系列工程公司展开了合作，在解决生存问题的同时，也锻炼了设计队伍，建立了符合市场和业主要求的设计体系，为自己承接一系列化工项目做好了准备。

2. 全面发力

解决基本活下去问题后，在当时中国化工勘察设计协会的领导和专家的帮助指点下，设计院取得了化学工程单项甲级设计资质。2009年再一鼓作气，取得化工石化医药行业甲级设计资质；2006年获得方圆委的质量管理体系编制认证；2008年获得QHSE一体化管理体系认证，由此完成了设计单位的基础内功建设。

2005年，由院领导组成的设计小组，经过与无锡豪普、马鞍山金星的充分接触，正式进入钛白粉设计领域。2007年后经过3年4套硫酸法钛白粉工程的锤炼，与漯河钛白粉签订了氯化法钛白的工程设计合同。在后面的10年时间里，该设计小组依次承接了四川、安徽、甘肃等地钛白粉装置10余套，形成了一整套钛白粉设计的资料和方法，并与国内数家第一梯队的钛白粉制造企业形成了默契。

由钛白粉开始，安徽院与国内一系列高端农资产品制造企业（南京红太阳、广信农化、金禾化工等）、材料化工制造企业（水性科天、皖维化工、丰原集团等）同样形成了长期合作的关系。2009年以后，安徽省化工设计院与中石化上海工程公司等单位的合作设计收入，与安徽省化工设计院独立设计的占比从2005年的63%下降为2009年的35%。

3. 二次变革

2009年，经安徽省人民政府批准，安徽院的母公司安徽省石化集团被划转进入了中国化工集团下属的中国农化集团。

中国化工集团是由蓝星化工、昊华化工、化工装备总公司、中国农化组成的国内化工航母，2020年与中化集团合并。

从进入中国化工集团到被中国神华煤制油化工公司收购，安徽院于2014年从安徽省石化集团提级由中国农化总公司直管，2015年由全民所有制企业改制为中国农化总公司独资有限责任公司。

7年岁月里，安徽院基本延续2003年以来的经营模式，虽然也得到了中国化工集团的支持，但受制于中国化工集团在这一时期国内投资不足，资金主要用于海外并购，并且集团内部中小设计院20多家，系统内竞争激烈，僧多粥少，安徽院在内部市场份额一直不到10%。2015年中国化工集团系统内项目最多的一年，完成合同额也不到600万元。

2015年下半年开始，经院职工代表大会提议，根据全院职工的一致想法，在解决生存的基础上，充分体现设计院整体和职工价值，开始寻求二次变革，引进战略投资者，让安徽院能得到更加长足的发展。与此同时，神华煤制油化工有限公司随着大规模煤化工项目投资减弱，原有的代业主管理300多人的PMC团队需要整合重组一个设计院谋求二次发展，两个团队管理层2015年8月初步接触交流后，神华工程经多方考察调研，确定安徽院是其较合适的合作对象。同时安徽院也积极争取中国化工集团高层同意，于2016年4月达成初步意向，双方即开启股权交割一系列工作，最终在2016年10月完成从中国化工集团到神华集团全部过程。

作为国家能源集团发展战略的重要组成部分，神华工程技术有限公司于2017年应运而生，其由原中国神华煤制油化工有限公司北京工程分公司和安徽省化工设计院重组而成，注册资本金1亿元，位于北京市东城区安德路16号。现有员工500余人，设安徽设计院、北京设计中心、项目执行中心、物资采购中心、施工管理部（监理中心）、经营部、商务部、资产财务部、QHSE部、工程技术管理部、内控审计部、综合办公室、人力资源部、党群工作部、纪检监察部等部门。

公司拥有石油、化工、医药、建筑、环境等工程设计甲级设计资质，工程监理甲级资质，咨询行业甲级资格证书，电力乙级设计资质。公司主要承担项目前期规划、概念设计、工艺包开发、可行性研究、工程设计、工程总承包、项目管理、工程监理以及质量监督等工作，是全集团唯一集石油、化工、医药、建筑、环境工程等甲级设计资质为一体的综合性工程公司。

公司自成立以来，成功建成投产了鄂尔多斯煤直接液化、包头煤制烯烃等两个大型国家示范工程项目，以及陕西甲醇下游加工、新疆煤基新材料等项目，开创了国内煤制油、煤化工的先河，引领了世界煤制油化工建设的潮流。

4. 再次出发

2017 年，安徽院进入神华集团伊始，时任神华集团总裁、国家工程院院士凌文同志便率领神华集团化工板块相关领导与有关人员前往设计院进行调研，并组织全院干部与职工代表进行了恳谈会，让大家畅所欲言，席间凌文同志不时记录，并与有关发言同志交换意见。这次集团领导调研结束后，基本确定了神华工程技术有限公司（原安徽省化工设计院）在集团内的定位，作为集团的工程设计中心、技术研发中心、安全环保中心、项目总承包平台。安徽院领导职工积极配合神华工程技术有限公司进行相关交接工作，短期内即将原安徽院相关设计资质、监理资质等资质、各类注册人员转移到了神华工程技术有限公司，并在原来资质基础上，增加了市政、环保、电力等设计资质，引入补充完善了原资质所缺少的注册发输电、注册给排水等注册类工程师。

2017 年 11 月，神华集团与国电集团合并，成立了国家能源投资集团这一以煤炭、电力、化工、运输为主的央企航母，神华工程技术有限公司作为国家能源集团内唯一的化工类甲级设计单位，其发展规划受到国家能源集团领导班子的关注，将有关发展计划列入集团重要发展计划中。由此 2017 年加入国家能源集团的元年，在神华工程技术有限公司领导班子和原安徽院的领导班子的通力合作下，两个单位直接融合在了一起，40 万吨/年乙二醇工艺包、基础设计及 EPC；180 万吨/年甲醇装置详细设计及 EPC；8.8 万立方米/时循环水场详细设计及 EPC；新疆硫回收等节能环保升级的多项工程设计或 EPC；咸阳技改项目（共 12 批 18 项）工程设计；煤制油加油站形象设计；大雁油库基础设计及 EPC；神木化工的技改技措项目等一系列国家能源集团内部项目在集团领导的关注和公司领导的积极争取下，顺利签约。其中煤化工项目是设计院第一次承担该类型大型化工项目，总合同金额达到了 11 亿元。

与此同时，神华工程技术有限公司也不放弃对安徽地区和传统优势行业的项目，皖维集团、丰原公司、天原化工等传统合作伙伴近 2 年的项目顺利签约，双氧水、氯化法钛白粉等优势行业项目签约数量也有数十项，合同总金额达到 1.4 亿元。

为配合公司业务发展，公司内部在集团与煤制油化工的支持下软硬件立项投资 2000 万，软硬件装备得到了全面提升：增加了 AVEVA 一体化工程管理与设计平台；AspenONE 过程仿真模拟套件；ANSYS FLUENT 计算流体力学软件、ANSYS Mechanical 通用结构力学仿真分析系统；Staad Pro、博超、世宏、Tank 等各专业设计分析软件；增加了 5 套远程视频系统；单位员工年度平均参与各类培训 12 个工作日，全年合计培训日 2542 个。

2018年开始，神华工程公司针对以往公司只设计、不钻研、不攀登的情况，开始对公司内设计前后的科技研发予以投资，参与了准能集团12.5万吨/年粉煤灰综合利用工艺包开发与编制，低碳所MTO、SCR脱硝催化剂等10余项成果工程化工作，包括可研、工艺包编制等，35万吨/年油渣综合利用工艺包优化及基础设计，CIGS-BIPV课题研发及平台、智控中心等示范工程设计，氢能源工程技术开发及应用，PGA工程技术咨询与开发设计，承担了国家科技部下达、煤制油化工公司主导的科研课题“草酸酯加氢制乙二醇的工程设计及反应器大型化的工程设计基础”等一系列科技计划与项目，3年内产生各类发明专利60余项，各类标准10余项。

2016年后，公司财务收入稳步提升（2016年5641.66万元；2017年7080.68万元；2018年8634.41万元；2019年27951万元，含EPC。主营业务，内部占比由10%提高到了60%以上），员工在收入不断提升的同时获得感、自豪感增强，获得了更大的发展空间和能力提升机会。

第四节　未来发展

神华工程技术有限公司作为国家能源集团内部服务企业，服务于化工板块2000多亿元运营资产，58个生产单位，服务于低碳所、上海研究院、浦景技术公司等集团内部科研单位，有着众多的机会，相较其他同级别工程公司具备着更好更高的平台。

公司已为未来发展规划出蓝图：成为集团清洁能源技术工程转化中心，为技术开发和协作提供平台；成为集团化工产业技术持续改进提升中心，为科技人员提供研发创新集成平台；成为集团化工产业安全环保技术中心，推动集团化工产业的安全环保绿色发展；成为集团仿真数据及系统工程中心，为生产装置的智能化、智慧化提供服务；成为集团化工产业工程规划、前期咨询、项目评审的平台；成为集团化工产业工程实施和对外承接工程项目的平台；成为集团化工产业安全环保技术人才培养培训基地；成为集团安全环保产业发展的孵化基地。

未来公司的主要任务是：为集团自有技术提供工艺包编制及工程转化服务，包括低碳所、上海煤化工研究院、准能集团研发中心等研发成果的转化，结合专有技术，与设备制造商联合开发自主产权的生产装备，打造集团清洁能源技术工程转化中心。为集团煤制油化工产业提供技改技措等工程咨询服务，打造煤制油化工技术持续改进提升中心。为集团化工生产装置提供数字化交付及智能化运营维护服务，打造集团化工产业数据及系统工程中心。编制和设计经营范围内的项目建议书、可研报告、资金申请报告、规划、初步设计、基础设计、详细设计，同时为EPC总承包项目提供技术支持；协同北京本部打造集团项目管理中心。四十年来岁月添华发，六十年征程人未老。

2020年，设计院依然年轻，焕发着蓬勃朝气，讨论着BIM设计、HAZOP分析、仿真模拟……

（神华工程技术有限公司安徽分公司　王祖元）

开创高质量转型发展新局面
——重庆化工设计研究院有限公司发展纪实

重庆化工设计研究院有限公司前身是重庆市化学工业局设计室，成立于 1964 年 9 月，1975 年成立独立建制的重庆化工设计研究所，1984 年更名重庆化工设计研究院（简称重庆院）。2001 年由事业单位改制为具有独立法人资格的科技型企业，隶属于重庆化医控股（集团）公司。2016 年 8 月改制为国有法人独资有限公司，更名重庆化工设计研究院有限公司。2016 年 12 月重庆化医新天投资集团公司对公司进行增资，公司性质从国有独资公司变更为一般责任有限公司。2020 年 5 月，经重庆市联合产权交易所公开挂牌转让，改制为民营有限责任公司。

重庆院具有化工石化医药工程设计甲级、工程咨询甲级、工程监理甲级、建筑行业（建筑工程）乙级、环境影响评价乙级、压力容器（A2）设计、压力管道［GC1（1）（2）（3）、GC2、GC3、GB1、GB2］设计、清洁生产审核、重庆市环境污染治理甲级等资质，在固定资产投资领域和工程建设领域，从事项目管理、EPC 工程总承包、工程咨询、工程设计、环境影响评价、工程建设监理、清洁生产审核等技术服务。

重庆院在册员工 212 人，其中高级工程师 81 人（含教授级高级工程师 7 人）、工程师 77 人、助理工程师 31 人，有各类国家注册工程师 135 人次。设有工艺、设备、土建、公用工程、电气仪表等专业；设有办公室、综合管理部、技术质量部（含信息资料中心、计算机中心）、财务部、完成室等职能部门以及事业部、综合设计所、监理分公司、环境工程所、设备储运工程所等独立核算部门。公司建有 ISO 9001:2015 质量管理体系、ISO 14001:2015 环境管理体系，ISO 45001:2018 职业健康安全管理体系。公司在无机盐、有机精细化工、化学原料药、药物制剂、生化生物药、农药、涂料等行业具有丰富的工程设计经验，在铬盐、钛白粉、高锰酸钾、氢氧化钾、不溶性硫黄、二甲醚、甲胺、α-萘酚、β-萘酚、苯酐、苯酚、水合肼、偶氮二甲酰胺、三氯氢硅、新型高效杀虫剂、甘氨酸、氢氰酸、亚氨基二乙腈、双甘膦、草甘膦、泛解酸内酯、羧甲基纤维素钠、卡维地洛片、先锋霉素冻干制剂、洁霉素制剂、青霉素制剂、头孢制剂、杀蝗绿僵菌、“ω”干扰素、洁霉素、青蒿素、妥布霉素、洛伐他汀、奥利司他、吡哌酸、硝苯吡啶、头孢氨噻、血卟啉、盐酸克林霉素、赖氨匹林、泮托拉唑、油漆、树脂等产品领域具有工程技术专长。公司获得专利 2 项，专有技术 2 项，软件著作权 2 项。

建院 56 年来，重庆院一直坚持“专注工程技术，质量为先，创新为要；致力优质服务，诚信为本，客户为尊”的质量方针，完成各类工程设计和工程咨询项目 3000 多项，荣获全国和省部级工程设计、工程咨询、工程监理、环境影响评价等奖项 38 项，其中：一等奖 4 个，二等奖 9 个，三等奖 21 个，优质工程奖 2 个，优秀环评奖 2 个。

多次与美国、俄罗斯、英国、日本、意大利、德国、韩国、瑞典等国外公司合作，采用国外先进工艺技术和引进国外先进设备完成工程设计，并多次与国内高校和科研院所合作，将科研成果转化为高新技术产业化的工程设计，取得良好的经济效益和社会效益。

一、在改革开放中前行

重庆院成立之初，属于事业单位性质，所设专业不全，生产任务由主管上级下达，财政全额拨款实报实销。后期又增设了几个专业，设有工艺、设备、土建、公用工程、电气仪表等专业，随着专业的日趋完善，设计院初具规模，为体制改革奠定了基础。

2000 年，按照《国务院办公厅转发建设部等部门关于中央所属工程勘察设计单位体制改革实施方案的通知》（国办发〔2000〕71 号）、重庆市政府《关于印发重庆市科研机构体制改革实施方案的通知》（渝府发〔2000〕74 号）文件精神，该院开展了体制性的全面改革，由计划经济到市场经济，由事业体制到企业体制，由单一功能向多功能转变，由传统管理改变为现代化管理。面对生存和发展的压力，时任领导预感到：随着改革开放的不断深入，我国经济快速发展的大好形势带来了大规模的工程项目建设，基于苏联模式建立的单一设计勘察体制已远不能满足市场需要，必须要进行体制改革，才能适应市场变化发展的需要。

2001 年，重庆院正式由事业单位改制为企业，隶属于重庆化医控股（集团）公司，进行市场化运作。此时公司专业已经涵盖固定资产投资领域和工程建设领域，从事项目管理、工程咨询、工程设计、环境影响评价、工程建设监理、清洁生产审核等技术服务。通过不断功能性改革，业务领域有很大拓展，从单纯的工程设计向工程项目建设的全过程服务，短短 18 年，公司年产值较企业化管理之初有了大幅度增长，体制改革取得初步成效。

二、以创新驱动引领强企之路

1. 管理创新

进入 21 世纪以来，由于市场准入门槛降低，竞争日益激烈。

2001 年重庆院改制为企业后，院领导清醒地认识到，经济增长有其客观规律，过快的增长速度有可能掩盖了一些隐形的、深层次的问题，片面追求速度，最终有可能会制约经济的健康发展。因此，进行管理创新，建立先进、科学的管理模式成为当务之急。

重庆院从 2002 年起筹备推行 ISO 9001 质量管理体系，2008 年一次性通过质量管理体系认证，科学、规范的管理模式以及工作方式的转变使公司质量管理上了一个台阶，整体面貌焕然一新。在此基础上，公司于 2011 年通过了环境管理体系和职业健康安全管理体系认证，进一步规范了管理，提高了工作效率。

在管理工作中，重庆院注重运用信息化技术提升管理水平，建有计算机网络和质量管理系统，有先进的专业设计软件，能同时承担多个大型项目的工程设计。将互联网、人工智能、大数据分析手段等应用到经营、生产管理中，搭建起了一套结构智能、调控合理的现代化管理体系。通过加强质量管理、成本管理、效率管理和客户管理，达到提升企业市场竞争力的目的。

——加强质量管理。包括完善质量管理体系文件，强化执行ISO管理标准，加大设计质量考核力度；定期组织员工进行业务学习和举行专题培训，提高业务水平；优化质量管理流程，建立标准化作业手册，推行模块化设计。

——加强成本管理。包括组织机构扁平化，强化项目成本核算和费用管理，在兼顾考虑股东利益、公司利益和员工利益的基础上，进行薪酬制度改革。

——加强效率管理。包括加强项目进度策划和进度控制管理，利用先进管理软件实时调控生产部门的工作负荷；合理细化专业分工，推行模块化、标准化设计，提高项目执行效率。

——强化服务理念。坚持诚信为本；加强项目设计回访，把用户满意度作为项目绩效考核维度之一；与特殊客户建立战略合作关系。

2. 经营创新

在抓好管理的同时，公司着力创新经营策略，开展战略合作。一是推行“全员营销”策略，建立经营信息快速反应机制，充分调动企业全体员工开展营销工作，广泛建立市场信息渠道，及时捕捉市场商机，提高业务获得的机会。二是在市场竞争中，抓大不放小，积极主动参与市场竞争，在重点跟进大项目、大合同的同时，紧盯中小型设计市场和项目，主动拼市场、抢订单。三是在业务领域选择上，坚持“走进化工、走出化工”相结合的策略，巩固传统业务市场的同时积极拓展新兴业务市场。四是在企业内部，进一步深化生产经营机制改革，稳步推进成立综合设计所和事业部，进一步拓展和挖掘设计咨询业务的细分市场，保持传统业务领域竞争优势，在精细化工、制药等领域扩大影响力，巩固原有传统市场。五是广泛利用外部资源，拓宽经营渠道，与行业内相关企业构建战略联盟，实现信息共享、优势互补；并通过与外部企业的深度合作，突破重化院现有资质的限制，实现跨界融合和业务增长。

3. 科技创新

重庆院始终牢记科技创新才是市场竞争取胜的法宝，只有不断加强科技创新，增强核心竞争力，才能保证公司可持续发展。一是搞好现有项目技术的提炼，塑造行业领先技术优势。院拥有核心技术，具有较大竞争优势的项目产品包含：无机盐系列（铬盐、钛白粉、高锰酸钾）、氯下游产品系列（氯乙酸、三氯氢硅）、天然气制氢氰酸及下游产品系列（草甘膦、双甘膦、甘氨酸、泛解酸内酯、羟基乙酸、亚氨基二乙腈）等，经过近些年在设计中不断地改进、创新，在此三大系列项目上已经有丰富的工程经验和技术积累，其设计的部分产品的生产装置已是亚洲最大的生产装置。重庆院在此基础上选择一批拥有自主技术优势的行业关键技术，结合工程项目需要进行开发、完善，进一步提炼形成有竞争力的工艺专有技术、工程专有技术，并编制工艺包，以塑造行业领先的技术优势，确保独有的竞争优势；对规模差别不大、工艺变化不大的单体形成模块，加速工艺包编制等，提高设计质量与进度，形成优势竞争力。二是密切跟踪并掌握各行业新技术、新工艺、新材料和新设备动向，与相关行业保持紧密联系和学术交流，了解其技术的先进性和经济性，及时将其应用到工程项目之中，实现各优选技术的有机集成，保证其设计及技术服务处于领先地位。三是充分利用自身优势与相关企业形成的良好互动合作关系，通过为生产企业进行技术改造而培育出相关领域的技术特长，进而形成独特的技术优势。四是不断提升自主创新能力，一方面加强技术创新管理工作，修订发布了《技术创新工作管理办法》，另一方面持续提升技术创新能动性，公司申报的一种富甲烷气的低碳酸性气体脱除工艺方法及系统项目获得发明专利授权，三级串联高效混合脱氨及氢氰酸精馏阻聚技术项目、安氏法制氢氰酸硫铵母液综合利用项目通过专有技术认定，此外还获得计算机软件著作权登记证书，单套产能2万吨/年硫酸法制钛白粉连续酸解装置项目，荣获重庆市化学化工学会技术进步成果奖二等奖，三级串联高效混合脱氨及氢氰酸精馏阻聚技术项目荣获重庆市化学化工学会技术进步成果奖三等奖。

4. 市场开拓创新

在国内工程设计行业产能严重过剩、行业竞争白热化的大环境下，国内工程公司（设计院）实施走出去战略，积极开拓国际市场已是形势所迫、时不我待。

实施走出去战略，大力开拓国际工程市场业务是重庆院发展壮大的必然选择。为此，院先后与德国BASF公司、印度UPL公司、美国盖吉公司等国外公司合作纵深推进，在创建中型国际型工程公司的道路上迈出了坚实的一步。

创新驱动极大地促进了重庆院经营、生产工作的开展，在度过2001年—2017年的平稳发展期后，公司再次驶上快速发展的快车道，2019年新签合同额、主营业务收入、净利润及资产总额均创历史最好水平。

三、创建中型国际型工程公司

重庆地区页岩气商业化开采的成功，以及国内能源供给的市场化改革等，都将使重庆地区天然气精细化工再发展值得期待，重庆地区天然气精细化工将通过技术升级，进一步提高重庆地区的天然气化工产业竞争力，重庆院也将在重庆天然气精细化工的再发展中，获得更多的工程服务业务。

结合公司实际情况，公司确定了发展目标和指导思想：解放思想，抢抓机遇，着力推进企业制度创新与管理创新，实施供给侧改革，加强工程及工艺技术创新，全面提升重庆院的工程建设全过程服务能力和市场竞争力，向具备咨询、设计、采购、施工、开车等工程建设全过程服务的功能转变，重点发展以设计为龙头的EPC工程总承包业务，并积极开拓国际市场。

重庆院确定的专业发展方向：一是瞄准国内领先、国际先进的目标，继续巩固现有优势技术、重点发展化工石化医药工程咨询、设计专业；二是改变公司目前主要依靠设计咨询、环评、监理传统业务比重偏大、业务结构单一的现状，加快推进EPC工程总承包和PMC项目管理工作；三是结合化工产业“退城入园”，进一步开发土壤修复、环境污染治理等新业务，不断拓展市场范围；四是顺应“互联网+”信息技术发展，加速化工石化医药工程技术信息化与智能化的融合。

公司将着力改善发展环境、理顺分配机制、科学使用人才、增强职工凝聚力，坚持科技创新，扩大经营成果，重点实施“1348”战略举措，提高企业核心竞争力。

瞄准一个目标：建设成为在西部具有较强影响力且具有一定规模的中型国际型工程公司。

实施三大战略：纵向一体化战略、蓝海战略、差异化竞争战略。

坚持四大原则：坚持全面、协调、可持续发展原则；坚持正确处理生存、改革、发展三者关系的原则；坚持“品牌立院、诚信为本，精心设计、质量第一”的原则；坚持兼顾考虑股东利益、公司利益和员工利益的原则。

抓好八项重点工作：一是发展 EPC 工程总承包业务，做大公司体量；二是改革设计程序，强化管理，坚持品牌立院；三是补齐短板，拓展业务领域；四是积极开拓国际市场；五是创新经营策略，开展战略合作；六是加强技术创新，增强核心竞争力；七是实施人才战略，增强发展后劲；八是构建优秀企业文化，助推企业发展。

2019 年，重庆市政府提出进一步深化国有企业改革，在上级主管单位重庆化医控股（集团）公司主导下，2020 年 5 月重庆化工设计院完成了公司改革，国有股权全部退出，成为员工持股的有限责任公司。改革后，通过构建新型产权关系，健全法人治理结构，放松束缚、轻装上阵，使公司真正成为自主经营、自负盈亏、自我发展的市场竞争主体，建立起一支崭新的、充满生机与活力的工程公司。

（重庆化工设计研究院有限公司　贾蓊）

风雨兼程　与时俱进
——中昊黑元化工研究设计院有限公司发展纪实

中昊黑元化工研究设计院有限公司（原中橡集团炭黑工业研究设计院）始建于1964年，现为中国化工集团下属中国昊华旗下的国有全资子公司。

50多年来，公司累计取得300多项科技成果，60多项获国家、部省级奖励，“新工艺炭黑生产技术”先后3次荣获国家科技进步奖；申请专利159件，拥有发明专利21件、专有技术3项；负责制/修订国家和行业标准84项。

公司具有工程设计甲级、工程咨询甲级、国家认可委员会（CNAS）实验室认可、中华人民共和国对外承包工程资格等资质。连续20年保持质量、环境和职业健康安全管理体系认证资格，是中国炭黑行业“五大中心”和国家高新技术企业、自贡市国家新材料产业化基地核心企业。

公司开拓发明的新工艺炭黑生产技术在国内炭黑行业的应用覆盖率已达80%以上，为中国成为全球第一大炭黑生产国作出了突出贡献，“黑元”和“CCBI”品牌享誉海内外。

第一节　风雨起源，蓬勃壮大（1964—1978年）

1964年7月，国家经委、计委、科委联合发文，中国首个也是唯一的炭黑科研单位——炭黑工业研究设计所（简称“炭研所”）在辽宁省抚顺市成立。1965年，为了“三线建设”的需要，炭研所由辽宁抚顺迁移至四川省自贡市，选址于鸿鹤坝地区的雨台山，在满目荒凉的山坡上，兴建起新中国第一个炭黑研究基地，开始了50多年的风雨征程，引领中国炭黑工业走上了从小到大、从弱到强的发展之路。

1966—1967年，炭研所派出科技人员到自贡炭黑厂，取得了改进槽法炭黑生产工艺提高收率和热裂法炭黑研制两项成果。

1964—1978年间，炭研所在科研方面取得了不少可喜的成绩：

——研制成功无线电元件用炭黑、航空高压软管用炭黑、超导电炭黑等一系列新产品；

——研究开发了炭黑湿法造粒，上进气反吹风圆筒袋滤器和炭黑反应炉内衬的整体捣制技术；

——研究开发了具有自主知识产权的新工艺炭黑技术，并在年产2500吨装置上实现工业化；

——研究开发或试验验证了炭黑着色强度等一系列新的测试方法，为采用国外先进标准和提高炭黑产品质量创造了条件。

同一时期，炭研所在设计方面的主要业绩有：上海炭黑厂 2000 吨/年湿法造粒中试装置设计、4000 吨/年中超耐磨炭黑装置复用设计和武汉、胶县 4000 吨/年炭黑装置工程设计等。

这些研究与设计工作促进了当时中国炭黑工业的发展，同时也培养了科研、设计队伍。尽管那时科研成果实现工业化的不多，科研与设计结合得还不够，但是仍然为中国的炭黑工业打下了基础，为后来的科研成果实现工业化，科研与设计的紧密结合创造了条件。

炭研所起草的化工部标准 HG 4-48—78《橡胶用炭黑》、HG 4-1057—78《乙炔炭黑》在四川自贡审查，由化工部批准发布并于 1978 年 10 月 1 日开始实施。1978 年，炭研所开发的高结构中超耐磨炭黑、汽车用装饰涂料——红旗牌轿车用黑面漆及超色素炭黑获得全国科学大会重大贡献奖。

第二节 奋力拼搏，百尺奋进（1979—1999 年）

在改革开放的大潮中，炭研所追波逐潮，成就卓著，蜚声全国。

1987 年 3 月 30 日，《光明日报》以头版显著位置刊登了化工部炭黑研究设计所科技体制改革的经验，题为“化工部炭研所逐步形成行业技术开发中心”，高度赞扬了炭研所在改革中取得的巨大成就。从 1981 年到 1990 年，炭研所主要开发了新工艺炭黑生产技术，通过科研和设计的结合，迅速实现了新工艺炭黑工业化，很快在国内炭黑行业普遍推广。

新工艺炭黑生产技术的开发，包括油/气路线（原料用油/燃料用气）、油/油路线、硬质炭黑和软质炭黑等新工艺生产技术的开发，主要是设计了新型的三段式反应炉及其配套的工艺软件和硬件。与原有的老工艺反应炉相比，三段炉优化了炭黑裂解反应过程，即第一段产生炭黑原料油分散裂解所需的能量；第二段将原料油分散并予以传热；第三段炭黑原料油裂解生成炭黑。因此，使炭黑生成反应系统实现了优化控制。具有高温、高流速特点，使反应炉中的燃烧和裂解反应大大强化，产品质量显著提高，油耗明显降低（每吨炭黑可以节油约 0.5 吨）。由于在原有的老工艺炭黑生产装置上，只需要更换反应炉，增添空气预热器等少量设备即可推广应用该技术，投资少，见效快，因此推广迅速。从第一套新工艺硬质炭黑的油/气路线装置 1982 年在永川投产、油/油路线装置 1983 年在苏州投产、新工艺软质炭黑装置 1987 年在青岛投产开始，在全国炭黑生产线的推广面达到 85% 以上。这一技术的推广，不仅因品种增加、质量提高使橡胶行业的用户受益，还因降低油耗、降低成本而使炭黑生产厂受益。

1987 年天津炭黑厂从美国大陆碳公司引进的 1.5 万吨/年新工艺硬质炭黑装置投产后，在化工部统一部署下，开始对引进技术进行消化吸收和国产化工作。炭研所承担并完成了抚顺化工厂和苏州炭黑厂2套装置的工程设计，分别在1992年先后竣工投产。这2套装置和国内原有自己开发、规模较小（2500吨～8000吨/年）的新工艺炭黑装置相比，由于采用了高温空气预热器（预热温度650 °C，原有的为400 °C）、炉温更高、炉内流速更快的反应炉、高效袋滤器、湿法造粒、自动包装和DCS控制系统。因此在产品质量、原料油收率和环保等方面都有显著的提高。然而，这种装置当时还需要引进一部分关键设备和材料，每套装置需要固定资产投资约6000万元。引进装置的产品仅限于硬质炭黑，对其生产工艺参数和自控软件不甚了解，在原料油的选用上也有局限性，不适合国内煤多石油少的现状，因此有必要作进一步开发和推动国产化。

在此期间，炭研所承担了多套乙炔炭黑和天然气半强炭黑装置的设计，开发和推广应用了DMBFC型低压大风量脉冲清洗袋滤器和低结构中超耐磨炭黑、代槽炉黑、合成革用色素炭黑、导电炭黑等新产品，以及TBY型CTAB测试仪，水洗筛余物测试仪等6种炭黑专用测试仪器。

随着国家经济体制开始由计划经济转变为市场经济，科研体制和设计体制也开始进行了改革，研发单位与技术受让企业的关系，也由无偿提供技术和设计，转变为有偿技术转让和设计收费。在炭研所内，由吃大锅饭转为实行技术经济责任制，从而调动了科研设计人员的积极性，促进了科研设计工作结合和科研成果的工业化。

在此期间，炭黑所还开发并生产了塑料用导电炭黑SL30和SL32电缆护套料专用炭黑Vo，色素炭黑R86、RCF-30和M2311，黑色农膜专用炭黑、疏水白炭黑、色母粒等市场需要的新产品。

在开发新产品的同时，炭黑所加强了工程设计新技术和新设备的开发。主要成果有：

——万吨级新工艺硬质炭黑生产技术的进一步消化吸收和国产化，实现了万吨级炭黑装置的国产化。创新内容有：开发了一套适合国情的控制软件和工艺软件；开拓了应用国内原料油（主要是煤焦油系列油品）的途径；组织实现了关键设备、耐火材料和滤袋的国产化。国产化装置只需2000～3000万元，显著降低了投资。1990—1998年共设计12套装置，运转实践表明，在品种、质量、节能、环保等方面比国内原有规模较小装置显著提高。

——炭黑尾气锅炉和发电设计技术，共设计了6套装置。

——沉淀法白炭黑生产技术，共设计了8套装置，并且完成了稻壳产生热能联产白炭黑技术开发的小试。

——微米粉碎机等新设备的开发和推广。

通过以上新技术和新设备的开发，既提高了工程设计的水平，拓宽了工程设计的领域，同时也为工程产业的发展壮大奠定了良好的基础。

在经济体制改革的推动下，各炭黑企业竞相摆脱落后状况，渴望得到先进技术。炭研所在实践中闯出了一条先走技术联营之路，后逐步走向技术入股的做法。

在硬质新工艺炭黑试产成功后，十几家工厂主动找到炭研所要求转让该项技术。1980年，炭研所抓住大好时机，首创“技术联营”，在平等互利的基础上，向国内一些炭黑厂家实行有偿技术转让，把科技成果转变成了商品。化工部充分肯定炭黑所的这一做法：创造技术联营这样的形式，是贯彻科技发展方针的重要路子。

接着，炭研所进一步拓展了技术联营的功能，主要采用五种联营形式，让技术进入企业，为企业研究适销对路的技术商品。第一种是利用自己的科研成果、工程设计、理化检验、科研装置、改进手段等为企业开展各项技术服务；第二种是以协作方式把自己的科研项目与工厂的生产发展计划结合在一起；第三种是以技术入股的形式签订较长时间的合同，共同规划和管理企业的经济发展；第四种是承担企业引进项目的消化吸收工作；第五种是进入行业性质的技术协会，参与技术协作。

对外技术联营，加快了炭研所技术开发和推广的步伐，积极疏通了与企业的联营渠道，深入发展了与工厂的合作关系，逐步把科技与商品经济，科研所与企业相互依存、相依为命的关系揭示了出来，成功地开拓了一条科技商品化的道路。

1996 年，化工部将炭黑工业研究设计所改为炭黑工业研究设计院（简称“炭黑院”）。

1999 年，炭黑院作为 242 个中央部属院所之一改制为科技型企业，全资进入中联橡胶（集团）总公司，改名为中橡集团炭黑工业研究设计院。面对新的机遇和挑战，炭黑院审时度势，紧紧抓住科技创新这一“牛鼻子”，制定了以科研、产业和服务为三个支撑，并用科研带产品，以技术带工程两个轮子同步运转的，所谓“三个支撑，两个轮子”创新发展战略，并以创新为基础实现了产品产业和工程产业的快速发展。

炭黑院主要开发的新产品和新技术有：

——万吨级新工艺炭黑生产技术的开发。在前一阶段开发的基础上，又开发了以天然气或煤气为反应炉燃料的油/气路线万吨级新工艺炭黑生产技术，将装置规模由 1.5 万吨/年放大到 2.0 万吨/年或 3.0 万吨/年。1999 年到现在，全国产化的万吨级装置又设计推广了 85 套。该项技术的开发由于经济效益和社会效益显著，获得了 2002 年度国家科技进步奖二等奖。

——2 万吨/年软质新工艺炭黑生产技术，彻底改变了国内优质软质炭黑紧缺的现状。

——万吨级气炉法半补强生产技术开发，第一套装置已在北海市涠洲岛建成投产。这不仅标志着我国在这一技术领域达到了国际先进水平，而且为我国油田开发中伴生气利用和煤层气开发利用开拓了广阔前景。迄今，已建成装置 11 套。

——新型高温空气预热器、脉冲袋滤器、微粉机、湿法造粒机、磁选机、干燥机等炭黑成套专用设备已在多项工程中被采用，为进一步提高炭黑行业技术装备水平，降低装置投资和发展炭黑院的工程产业创造了条件。

——低滞后炭黑 DZ 系列品种——能降低轮胎的生热和滚动阻力，以降低汽车油耗和废气排放量，适用于“绿色轮胎”和高速高载尼龙斜交轮胎，并通过国家石化局的技术鉴定，推广前景很好。

——塑料（导电）炭黑等多种系列专用炭黑品种——目前已研制成功并投入生产的品种达三十个，能适应多种不同用户需求，并促进了院内专用炭黑生产的快速发展。其中塑料（导电）炭黑的开发获四川省 2002 年科技进步奖二等奖和 2001 年优秀新产品一等奖。

——汽车、摩托车的减震器和油封用橡胶件的开发，已通过四川省科委鉴定，并已工业化生产供应市场。

——超细疏水白炭黑的开发，已研制成功，批量生产投放市场。

——5000 吨/年以酒糟稻壳灰为原料的沉淀法白炭黑生产技术，炭黑院和宜宾五粮液集团公司合作开发，已于 1999 年建成投产，使原来废弃堆积如山的废酒糟稻壳变废为宝。既利用了热能，又产出了白炭黑。迄今，设计和推广建成白炭黑装置 11 套。

——炭黑尾气发电和炭黑生产污水处理回收利用技术，其中尾气发电已推广 33 套，污水处理已推广 18 套，不仅为炭黑院增加了收入，而且为采用的炭黑企业带来了经济效益和环保效益。

第三节　科学发展，砥砺前行（2000—2019 年）

改制后的炭黑院，由吃“皇粮”的科研“国家队”，变成了自谋生存、自谋发展的企业实体。在市场经济的大潮中，炭黑院坚持科研开发与科技成果转化，技术开发、产品开发与市场开拓紧密结合，以科研开发和技术进步为基础，推动科技成果工程化，技术成果产业化，不断开拓发展，已形成以炭黑产品或炭黑延伸产品为主的产品产业和以技术成果转让、工程设计、工程承包为主的技术产业，形成了科研技术开发、产业化发展（产品和技术）、市场开发与经济发展三者相互促进的良好局面。在项目工程总承包的基础上，大力发展装备制造产业，形成了以工程带动装备制造产业的发展，实现了第二次跨越式发展。

“十二五”期间，结合中国炭黑工业的现状和需求，炭黑院开发和推广了新工艺硬/软质炭黑生产装置等 10 多项工程技术，以及以高温预热器为主的 10 多种节能和环保设备。加强大型炭黑装置研发项目，加快优化炭黑装置设备，利用优势、扩大机会，拓展新业务。完成了 6 万吨/年炭黑生产装置、炭黑反应炉优化与扩能、精密喉管、新型节能空气预热器、尾气回用节能技术、富氧燃烧扩能技术、热裂黑炭黑装置技术开发、低热值有机废液焚烧处理技术、脱硫脱硝等新领域技术开发和拓展。

通过以上新技术和新设备的工程化与市场化，炭黑院成功实施了青州博奥炭黑公司 4 万吨炭黑生产线、东营耐斯特炭黑公司 4 万吨炭黑生产线、金能科技股份 2×50000 吨/年硬质湿法炭黑装置工程、山西阳光焦化集团河津华泰能源 3×40000 吨/年油气硬质炭黑及 1×35 吨/时锅炉装置、云南大为制焦公司万吨级油-焦炉煤气新工艺炭黑生产线、曲靖众一精细化工公司万吨级油-焦炉煤气新工艺炭黑生产线等重大项目。这些成套技术和装备已经成功转让给卡博特、欧利隆、日本新日铁、黑猫等国内外知名炭黑企业高达 120 多套，并走进了欧美和亚洲市场，设计总产能高达 400 多万吨，总投资额高达 100 亿元人民币以上，占中国炭黑产能的 70% 以上，为国内外炭黑工业的高速发展作出了卓越贡献。

炭黑院对特种炭黑市场的开拓取得阶段性成果。开发并研制了塑料用导电炭黑SL30和SL32电缆护套料专用炭黑Vo、色素炭黑R86、RCF-30和M2311、黑色农膜专用炭黑、疏水白炭黑、色母粒等市场需要的新产品，在此基础上，近年来又开发研制7类、44种炭黑产品，包括各类炭黑色浆和各类专用炭黑以及以塑炼1#烟片胶、国家标样工业参比炭黑（TRC4、SRB3）为主的4种炭黑分析专用耗材等。炭黑院的特种炭黑产品已在聚硅氧烷建筑密封胶、聚氨酯密封胶、铁路连接密封胶、铁路轨枕垫胶和矿山风洞材料等上得到应用，开发的水性炭黑等应用于涂料、油墨、皮革等领域。

面对炭黑贸易不确定因素增多、工程总承包项目不稳定等诸多不利因素影响，但炭黑院并没有畏缩，而是勇立潮头，始终坚持以“创新”作为立业和立院之根本，以加快新材料、炭黑新技术开发为重点，以提高生产运营管控能力和市场营销能力为主线，以新技术、新材料研发及成果产业化推动产业结构调整为方向，围绕炭黑行业综合服务商的工作目标，努力拼搏、积极创新，开发了多项具有世界炭黑行业先进水平的新技术，并迅速转化、推广，不仅促进了中国炭黑行业的技术进步，全面提升中国炭黑行业的产业化水平及国际竞争力，同时，也促进了炭黑院科技实力和综合实力的快速增长。

2015年12月，炭黑院从科研院所型企业改制设立有限公司，更名为中昊黑元化工研究设计院有限公司（简称炭黑院），为中国化工集团有限公司旗下中国昊华化工集团股份有限公司的全资子公司。

到2019年，炭黑院取得300多项科研成果，其中60多项获国家、部省级成果奖励，新工艺炭黑生产技术先后三次获国家科技进步奖。

同时，炭黑院勇担国内炭黑行业飞速发展的责任，承担并完成了几乎我国所有的有关炭黑新技术、新产品、生产工艺及设备、应用加工等相关领域的国家级、部省级科研攻关课题，对形成我国炭黑行业自主知识产权作出了十分突出的贡献。

经过数十年的磨砺、奋斗与发展，炭黑院已成为国家有关部门认定的“五大中心”，即国家炭黑材料工程技术研究中心、国家炭黑质量监督检验中心、炭黑行业技术开发中心、炭黑与白炭黑浅色补强材料标准化归口单位、炭黑行业科技信息及培训中心。

在专注科研，开拓工程与产品市场的同时，炭黑院还开启了“校企合作”及“院企合作”模式，与浙江大学、中科院、四川大学等携手，形成企业与高校共同主导、共同参与、协同创新的合作模式，实现产、学、研共赢发展，进而建立起长期、稳定、深度、务实的战略伙伴关系，推动企业创新能力的提升。

值得一提的是，炭黑院承办的“中国炭黑展望会”（CBC）在此期间实现了国际化，成为中国炭黑行业规模最大、档次最高、最具权威性的学术会议，深受国内外炭黑界及相关业界人士欢迎，大大提高了我国炭黑工业对全球炭黑行业的影响力，也大大提升了炭黑院在全球炭黑业界的知名度，并与“世界炭黑会议”和“亚太炭黑会议”形成三足鼎立之势，向全世界炭黑界人士证明，中国炭黑工业的发展进程中，炭黑院在凝聚中国炭黑行业共识，传播中国炭黑行业信息，促进中国炭黑行业健康、快速发展方面发挥了重要和积极作用。

中国炭黑行业历经过改革开放40多年的发展，通过国有企业的改革改制，发展民营企业和引进外资企业，依靠科技进步，使得中国炭黑产量跻身世界前列。对外开放和投资体制改革带来了中国炭黑工业国有、民营和外资企业共谋生计的局面，带来了行业的大量资金流入和竞争活力，加快了中国炭黑工业发展，促进了炭黑产品质量和服务提升。

2006年中国炭黑产量开始位居世界首位，较好地满足了国民经济、交通运输、汽车和轮胎工业快速发展的需求。中国炭黑产量为1977年为11.8万吨，2019年增至575万吨，年均增长约为15%；中国炭黑产能在1977年为13.6万吨，2019年增至768万吨，年均增长约为18%。

改革开放前，炭黑生产过程中的烟气余热和尾气的化学能大部分没有被利用，炭黑产品的综合能耗很高。改革开放后，炭黑企业积极进行了余热和尾气的综合利用，发展循环经济，逐步在流程中增加了空气预热器，油预热器、在线锅炉，并采用尾气燃烧锅炉产生蒸汽发电，不仅满足了炭黑装置自身需要的电力和蒸汽，而且还能并网外供，为企业带来了经济收入。

进入21世纪以来，在习近平新时代中国特色社会主义思想的指引下，炭黑企业加强了环保意识，在国家政策的指导下，从技术和设备方面采取了一系列革新措施，保证了炭黑企业的健康、稳定、清洁、文明发展。改革开放带来旺盛的炭黑需求，激发了炭黑企业的活力，并促进了炭黑工业的科技进步，带动了炭黑装置配套的快速发展。中国不仅炭黑产量长期保持世界第一，占据全球约40%的份额，产能及增速亦为世界第一，贡献了世界炭黑产业的大部分增长。

在中国炭黑工业发展的光辉历史上，炭黑院凭借对炭黑工艺技术的升级、对炭黑专用设备的开发、对炭黑环保技术的开拓与推广以及对炭黑产品多功能化和新能源化的细分与研制，为中国炭黑工业的发展作出了卓越贡献。

经过“十三五”的飞速发展，中国继续巩固了世界炭黑大国的地位。但中国炭黑工业在“做大”的同时，并没有“做强”。炭黑工业正伴随着我国经济发展放缓，告别“高增长”时代，进入“微增长”的新常态。在“十四五”时期，我国炭黑工业重在转方式、调结构、绿色发展、走国际化道路。

新时代开启新征程，也开启了中国炭黑行业的新阶段。发展永无止境，炭黑院将不忘初心、牢记使命，努力践行“创新、协调、绿色、开放、共享”五大发展理念，秉承“团结、敬业、创新、高效”的企业精神，坚持“创新驱动，精益管理”的发展方针，依托国家炭黑材料工程技术研究中心，致力于全球炭黑行业一体化解决方案供应商建设，为客户提供特种炭黑、特种树脂、专用设备、工程及技术开发、检验检测、标准、信息等产品方案服务，为实现中国炭黑强国梦的伟大事业继续前进。

（中昊黑元化工研究设计院有限公司　何平、王晓红）

风雨同舟　砥砺前行　共铸辉煌
——四川省化工设计院发展纪实

四川省化工设计院成立于1965年，经过55年的发展，公司业务已涉及无机化工、有机化工、精细化工、新材料研发、环境保护、工程建设总承包、工程监理、工程咨询、安全评价等多学科多门类，成长为一支拥有化工石化医药行业工程设计甲级资质、环境污染防治工程工艺设计甲级资质、压力容器设计资质、工程咨询单位甲级资信、建筑行业建筑工程乙级资质等，集设计、采购、施工管理和开车指导服务等多种功能为一体的、具有国内外工程总承包能力的技术力量雄厚、专业配备完善、有较高水平、能打硬仗和胜仗的科技型省属国有骨干企业。

第一节　克服困难，艰苦创业（1964—1978年）

一、在艰难环境中建院

1964年4月，四川省化工厅根据四川省委〔64〕字第69号文精神，分别从省化工厅、省内部分化工企业以及省内部分大专院校抽调有关技术人员和教师共计23人作为技术骨干，筹建了四川省化工研究设计院，下设研究室、设计室、概算室、财务科和办公室等机构。

1965年5月，为了适应四川省化工实业发展的需要，以设计室的技术骨干为基础并充实了大量大专院校以及中等专业学校应届毕业生成立四川省化工设计院，下属设计一队、设计二队、行政办公室和政治办公室，主要任务是为四川省中、小型化工企业提供设计服务。

建院初期，由于受到各方面因素制约以及文化大革命的影响，导致设计院从1965年到1971年为止，均没有固定的设计、办公场所和生活基地，先后借用农业局、省政协等部分房屋作为工作地点，而新调配来的职工只有借住亲朋好友家中或暂住旅馆。直到1971年，设计院才正式迁至胜利西路611号（即现在的金河路65号）。

设计院就是在这样居无定所、缺乏技术装备等一系列人力、财力和物力的困难条件下，从开展小型化工企业因地制宜设计开始，迈出了设计工作的第一步。

二、在学习和摸索中前进

1965年，设计院103名技术人员中，50年代毕业的大学生仅占16%，从事化工设计5年以上的技术人员仅占4.9%，专业配套亦难以满足设计要求。在此艰难情况下，设计院坚持以老带新、取长补短、共同前进的思路，并先后从化工部第八设计院、省机械设计院、市政工程设计院、温江氮肥厂等单位借调具有较高设计水平和实践经验的技术人员到院帮助和提高设计水平，从而保证顺利开展设计任务。

1965 年 7 月设计院接受建院以来第一项设计任务——绵竹磷肥厂 5000 吨/年硫酸装置施工图设计。到 1967 年 6 月，设计院共承担 6 个硫酸（磷肥）项目、1 个小氮肥和 3 个农药项目的施工图设计。

三、在实践中提高设计水平

1971 年设计院改名为四川省化工第二设计院，1977 年又恢复为四川省化工设计院。1970—1978 年间，设计院先后完成了会东铅锌矿 1 万吨/年硫酸装置等 58 项设计任务，设计范围从单纯的小氮肥、小硫酸、小磷肥、小农药设计逐步开展到无机化工、有机化工、精细化工等领域。通过不断地学习兄弟单位先进经验、深入厂矿企业交流学习总结经验，并且继续调配部队转业干部加强政工行政力量、从有关化工企业单位调配技术人员，以及吸收有关大专院校毕业生充实设计队伍，使设计院业务水平得到提高。

第二节　改革开放，成长壮大（1979—1999 年）

一、排除干扰勇敢前行

1979 年 8 月，根据四川省化工局“川化党字〔79〕第 06 号”文精神，正式成立中共四川省化工设计院委员会，实行党委领导下的院长负责制。同时院机构也进行了调整和完善，分别设置了设计一、二、三、四室和设计管理科、技术室、院办公室、行政科、财务科以及工会等机构。从此，院党委带领全院职工消除派性干扰、落实知识分子政策、平反冤假错案、评定技术职称、团结协作、齐心协力，乘改革开放东风迈开大步开展工作。

1979 年院 106 工程低浓度尾气制酸设计项目第一次荣获国家优秀设计银质奖；同年邛崃磷肥厂液体磷铵车间等三个项目获得四川省优秀设计奖。1981 年，设计院完成省第一套复合肥料装置——邛崃磷肥厂 2 万吨/年液体磷铵装置设计，为以后磷复肥装置放大开发打下基础。

1983—1993 年，设计院先后承担完成了 26 个中、小型磷铵装置的推广设计。

1980 年设计院正式取得四川省建设委员会勘察设计证书（川设证字第 2 号），1993 年取得建设部颁发的化工、石化、医药行业工程设计甲级资质。

二、坚持科研、生产、设计三结合

建院以来，设计院始终贯彻科研、生产、设计三结合原则，坚持深入基层、走向企业、联合科研院校、虚心学习的态度开展工作，取得了很大的成果。

为了满足我国维尼纶生产对精制芒硝的迫切需要，设计院与四川省芒硝矿紧密结合，经过两年的共同研究、试验，开发出化学除钙镁法技术路线的 1.5 万吨/年精芒硝装置设计并顺利投产，产品经纺织部组织鉴定，完全满足维尼纶生产要求。1979 年在全国芒硝及硫碱生产技术经济交流会上，一致认为四川省化工设计院与四川省芒硝矿共同研究开发的以钙芒硝矿为原料生产精芒硝装置在产量、质量、热能利用方面都达到了全国先进水平。在中试基础上，设计院先后完成 1.5 万吨/年和 2 万吨/年精芒硝全套设计，为省芒硝工业开拓了新的领域。精芒硝设计先后荣获国家、省部优秀设计奖和科学技术进步奖。

1980 年设计院受成都化纤厂的委托，承担了 1500 吨/年以天然气为原料非催化反应制备二硫化碳工业性试验生产装置的工程设计。经过一年多的调研、考察和工厂小试，在成都化纤厂以及兄弟单位的协调配合下，1981 年完成了全套设计。项目于 1984 年建成，1985 年一次试车成功，产品规模和质量均达到和超过规定指标，并通过国家鉴定。设计项目先后荣获国家科技进步二等奖、纺织工业科技进步一等奖和四川省优秀设计一等奖。

1985 年，设计院与成都科技大学、银山磷肥厂共同完成了“二水法磷酸-中和料浆浓缩法制磷铵新工艺”的“六五”科技攻关项目，先后获得国家科技进步一等奖、化工科技进步一等奖。

三、不断扩展业务领域

为了更好地适应化工事业蓬勃发展，设计院于 1981 年成立化工系统热工检测技术中心站，主要负责省内中、小型化工企业的能源消耗监测和等级评定工作，为企业提出节能技改建议，为院今后的设计工作提供基础数据。1985 年，设计院成立院电算站，配备 APDLLODN-300、IBM PC/XT，IBM-5500 计算机各一台，PC-1500 微型计算机 37 台，乙级 CAD 绘图机等，开始承担软件开发、移植、管理和计算任务。

1987 年院成立四川省化工工程公司，并接受奉节磷肥厂委托，对 3 万吨/年磷酸一铵装置实行以设计为主体的工程总承包工作，1990 年顺利达标达产。1990 年又接受南充小龙氮肥厂委托，对 4 万吨/年尿素装置实行以设计为主体的工程总承包工作，1992 年顺利达标达产。以上实践，为院实现以设计为主体的施工、安装、试车投产为一体的工程总承包迈出坚实的一步。

1986 年和 1993 年，设计院先后与四川省石油局联合创办了华阳涂料厂和成立成都市清波新技术新材料实验厂，为相关企业提供新型防腐涂料和防水材料，为摸索科研、设计、生产三结合道路提供试验基地。

1979—1999 年，设计院先后承担了四川芒硝矿 15000 吨/年精芒硝装置等 679 个项目的开发和设计工作，业务范围拓展到以设计为主体的工程总承包、工程施工监理、企业能源消耗检测等领域。

第三节 博采众长，共铸辉煌（2000—2019年）

一、开阔视野，创造佳绩

随着时间的推移，建院以来以五六十年代大学毕业生为技术骨干的老技术人员陆续退休，千禧年后新的领导班子考虑到院的发展前进必须继续加强技术力量的储备和培养。从2002年开始，院先后返聘设计院以及院外退休的资深专家二十余人，充实到质量技术部和各个具体项目中，对院内中、青年技术人员进行传、帮、带工作，以他们为技术带头人带领团队开拓了多个创新项目，取得明显效果。

2004年在具有丰富有机化工设计和实践经验的院内资深退休专家的带领下，设计院先后开拓了巯基乙醇、草甘膦、硝虫硫磷等有机化工、高效农药装置设计，取得了良好效果并先后获得了省、部级优秀工程。

2006年在具有大型化肥装置丰富设计和实践经验的外聘资深专家的指导下，设计院承担了达州玖源化工有限公司40万吨/年合成氨、45万吨/年尿素装置施工图设计，开创了历史上首次独立完成大型合成氨装置的历史，并获得了四川省优秀工程设计奖励。

2007年在具有丰富硫酸设计和实践经验的院内资深退休专家的指导下，在总结40余年硫酸装置设计及回访调查的基础上成功地开发40万吨/年硫酸亚铁和硫黄、硫铁矿混合酸工程设计，2011年顺利投产，这项实现节能减排和环保综合利用的成果，推进了国内硫酸法钛白粉行业循环经济发展的步伐，设计项目同时获得了省、部级优秀工程设计奖励。

2003年开始，在具有丰富设计和实践经验的院内资深退休专家的带领下，设计院先后开拓了安全设施设计、安全评价、环境保护评价、职业卫生评价等工作，取得了有关部门的一致好评，并培养了一批高职业素养的专业人员，其中5人被聘为省级安全生产专家。

二、集思广益，奋力开拓

随着以计算机和网络技术为核心的现代技术的飞速发展，设计院越来越深刻地认识到，必须集思广益、拓宽思路、开创新的领域，才能立足于社会。在此思想指导下，全院上下团结一致、风雨同舟不断奋勇拼搏，在不断吸取新的知识和技术的基础上，开拓新的设计领域，取得了可观的成绩。

2013年设计院承担了四川浩普瑞新能源材料有限公司锂电正极材料3000吨/年锰酸锂及2000吨/年磷酸亚铁锂项目的开发和设计，并荣获省部级奖励。

2015年设计院承担了德阳烯碳科技有限公司30吨/年石墨烯粉体产业化项目的设计，2016年顺利达标投产，为省科技新材料的研发作出了贡献。

2015 年设计院承担了德阳威旭锂电科技有限责任公司 3000 吨/年高性能电池材料生产线项目的设计，2016 年顺利达标投产，为省新能源材料的研发作出贡献。此项目先后荣获了国家级和省部级的奖励。

千禧年后，设计院先后承担了 1849 项设计和工程总承包工作，国内远至新疆、内蒙古、海南；国外远至中东、西亚和东南亚都留下了设计院员工的足迹。

三、不忘初心，再创辉煌

跨入二十一世纪，院领导班子深刻地认识到“天下难事必作于易；天下大事必作于细”。今后的工作不论工艺技术的难易、设计规模的大小、牵涉专业的多少，都必须从细微之处着眼，从简单之处着手，才能在新的时期立足于不败之地。

因此，公司不断组织员工参加各种类型的学习、培训和深造；在院内开展各种类型的技术研讨、技术攻关活动和会议；邀请院外有关专家来院进行技术交流等工作，使设计院能沿着正确的方向迈步前进。

截止到 2019 年，院拥有专业技术人员 117 人，其中高级职称 47 人（含教授级高工 7 人，享受国务院政府津贴专家 8 人，四川省有突出贡献优秀专家 1 人、工程设计大师 1 人），中级职称 39 人，初级职称 20 人；共有建筑、结构、化工、电气等国家注册工程师 39 人；全院设置化工工艺、设备、建筑、结构、总图、电气、自控、给排水、暖通、热工、燃气、通信、技术经济、概预算、环境保护、安全等 16 个专业。

建院以来，设计院先后承担了化工、石化、医药和建筑行业的工程咨询、工程设计、工程总承包和工程建设监理等工作共计 2586 余项，主要涉及合成氨、硫酸、复合肥料、无机盐、有机化工、精细化工、油脂化工、高效低毒农药、制药、燃气站、余热电站、工业及民用建筑、安全、职业卫生、环境等领域的工作。

展望未来，蓝图宏伟，设计院全体职工将始终将守初心作为根本出发点、担使命作为基本立足点、找差距作为主要聚焦点、抓落实作为重要着力点，继续携手并进，共铸企业新辉煌。

（四川省化工设计院　李梓明、孙羽）

谱写海上油气田开发新篇章
——海洋石油工程股份有限公司发展纪实

海洋石油工程股份有限公司隶属于中国海洋石油集团有限公司，是中国唯一集海洋石油、天然气开发工程设计、陆地制造和海上安装、调试、维修以及液化天然气、炼化工程为一体的大型工程总承包公司，也是远东及东南亚地区规模最大、实力最强的海洋油气工程 EPCI（设计、采办、建造、安装）总承包商之一。2002 年 2 月，公司在上海证券交易所上市。

海洋石油工程股份有限公司的前身是 1965 年 2 月在天津北仓筹建的六四一厂海洋勘探室；1969 年改为海洋石油勘探指挥部研究所；1978 年扩建为石油工业部海洋石油勘探局勘探开发设计研究院；1985 年 4 月从设计研究院分离出来成立了渤海石油公司工程设计公司；1992 年 4 月公司更名为中国海洋石油总公司海洋石油开发工程设计公司；1994 年 1 月成立中海石油工程设计公司；1999 年 3 月成立中国海洋石油总公司海洋石油工程公司，原中海石油工程设计公司更名为海洋石油工程公司设计公司；2000 年 4 月 20 日正式成立海洋石油工程股份有限公司。海洋石油工程公司的发展经历了早期自行摸索，中期由外方技术指导、互相协作，到最后独立承担海洋工程设计的三段发展历程。

一、海洋油气工程设计的启蒙与探索（1965—1978 年）

1965 年 2 月，六四一厂海洋勘探室在天津北仓筹建，我国海洋石油工业正式起步。1966 年 8 月，石油工业部华北石油勘探指挥部海洋勘探指挥部在天津塘沽正式成立，同年 10 月，海洋勘探指挥部完成了中国第一座桩基式钻井平台的设计、建造。1967 年 6 月 14 日，海 1 井喜喷原油。1970 年 8 月，1 号钻井平台改建成 1 号试验采油平台并投入生产，从此开始了中国海上生产原油的历史，开创了中国海洋油气田勘探开发的新局面。

1965 年至 1978 年，改革开放前的这十多年间，在条件非常艰苦的情况下，公司依靠自力更生，不断地学习、摸索、试验，自行设计建造了我国第一座钢质固定式钻井、采油平台；第一艘在 40 米水深的渤海海域可自动升降、可移动的钻井船；第一座可移动沉浮式钻井平台；第一艘大型导管架下水驳船等海上工程施工船舶；第一套钢臂式单点系泊系统；第一艘国内起吊能力最大的 500 吨级浮吊。我国海洋油气工程建设的探索取得初步成效。

二、海洋油气工程设计体系的形成（1978—2000 年）

十一届三中全会后，我国海洋石油工业成为了全国率先对外开放、合作的窗口，海洋油气工程行业迎来了历史性转折。国际船级社的入级，中日、中法合作的埕北油田等油田开发工程陆续全面展开。1982 年，中国海洋石油总公司成立以后，采用国际标准，在参与中外合作油田工程设计的同时还自主设计建成了渤中 34 等一批开发难度非常大的自营油田，实现了我国海洋石油工程设计水平历史性的突破。

在对外学习的基础上，我国海洋油气工程设计体系开始逐步形成，掌握设计原理、开发设计方法、建立设计标准、形成技术体系，我国海洋油气工程设计在开放合作的改革之路中大步前行。

这期间，公司先后获得了 16 项国家科技进步奖、优秀设计奖、优秀科技成果奖等国家级荣誉。

三、行业在拓展飞跃中不断奋进（2000—2019 年）

随着中国海油国际化步伐的不断加速，以及海洋石油工程股份有限公司成功上市，我国海洋油气工程科技创新能力不断增强，海上油气田开发设计技术取得了突破性进展：导管架设计水深由不足百米跨入 300 米量级，导管架重量从几百吨提升至三万多吨；海上大型组块浮托设计能力跻身国际先进水平并已成为公司核心技术之一；海底管道设计能力持续提升，处于国内绝对领先、国际先进水平，海底管道设计水深达到 1500 米；海上边际油田开发技术成功应用；海上工程设施三维设计提升设计质量与效率；形成了一整套 300 米水深海洋油气田开发设计技术体系；具备了 1500 米水深海上油气田开发设计能力，并已将海上油气开发工程水深拓展至 1542 米。

这期间，公司获得了 11 项国家科技进步奖、优秀设计奖等国家级荣誉，另获得近 200 项省部级科技奖励、1000 余项国家专利、发表学术论文近 4000 篇，我国海洋油气工业的蓬勃发展取得了累累硕果。

四、公司概况及技术能力

海洋石油工程股份有限公司有在册员工 7761 名，技术类员工 3182 名，管理类 2562 名。公司持有国家颁发的石油天然气（海洋石油）行业（海洋石油、油田地面、气田地面、石油机械制造与修理、管道输送、油气库、油气处理加工）甲级设计证书、特种设备设计许可证（压力管道）资质证书，并取得挪威船级社（DNV）颁发的 ISO 9001、ISO 14001、OHSAS 18001 管理体系认证证书。

公司当前设计业务范围涵盖：海上固定式平台设计，包括导管和沉箱式基础；单点系泊系统选型设计（包括 YOKE 式和内转塔式）；固定式平台上部组块和 FPSO 的上部模块整体设计；海底管道和海底电缆设计；自升式钻井平台设计；半潜式平台改造设计；油气处理陆地终端和 LNG 工厂设计；以上设计包括可行性研究，基本设计和详细设计，以及咨询与现场技术服务。具有 300 米水深海上油气田开发工程和浮式单点系泊系统的完整设计体系。

在 55 年的发展历程中，公司累计主持我国 200 余个海上油（气）田及陆上终端的设计和研究工作，建成导管架平台 241 座，海底管道 7372 公里，FPSO、半潜平台、铺管船等浮式海上油气工程设施21座，参建的国内油气工程投资总额超过7100亿元。参与东南亚、中东、西非、南美等国际海上油气田工程竞标，累计承揽国际工程合同额超过40亿美元。

1. 海上油气田开发工程设计技术

公司按照国际、国内标准完成了国内外海域内的油气田开发工程不同阶段的工程设计，积累了从几米浅滩至三百米水深、地震高发区、多台风、严重冰情、高黏度稠油、高温、高压等不同环境条件及不同油品特性的油气田开发工程设计的丰富经验。设计公司具有开发各种海上石油天然气工程设施的设计能力，公司已建成的我国首个深水油气田荔湾3-1海上油气田开发工程，中心处理平台导管架总重4.5万吨、平台组块重3.2万吨，位列亚洲第一，世界排名第五，项目技术水平达到国际先进。

2. 浮式结构设计技术

万吨级组块整体浮托安装设计技术。公司具有浮式系统的静力、疲劳、装船、拖航、吊装、振动及局部分析计算设计能力，掌握浮体的整体运动性能分析、上部组块结构和系泊系统设计技术。2003年首次启动国内第一个浮托法设计项目南堡35-2海上中心平台并成功实施。2005年首次自主完成国内第一个组块浮托法工程设计—渤中34-1S海上油气田开发项目。截至2019年底，累计在我国海域成功完成22座海上平台的浮托设计及安装作业，最大浮托重量超过30000吨，浮托施工设计已经成为公司的核心技术之一，达到了国际先进水平。

自升式钻井船设计技术。公司具备200英尺钻井船设计能力，组织实施了我国4艘自升式钻井船的自主设计、建造、安装，实现了最大作业水深250尺、钻井深度6000米的自升式钻井船工程投产。

FPSO及单点系泊系统设计技术。FPSO及单点系泊系统有着独特的结构型式，广泛用于海上油田开发和各种输油终端工程。公司在渤海的秦皇岛32-6、渤中28/34、绥中36-1油田中已成功设计了4座固定塔架式单点系泊系统。在文莱恒逸工程、流花16-2 FPSO、巴西国油P67/P70双船FPSO、中国茂名炼油厂输油终端工程等工程中设计了5座FPSO及单点系泊系统，并已成功交付使用。

3. 海底管道、立管及海底电缆工程设计技术

公司攻克了极端海洋水文条件、台风、急流、涌浪、恶劣地质、海床沟壑、强流冲刷等复杂环境下的海底管缆设计技术，完成了300余条、总长7000余公里的各种结构型式的海底管道工程设计，海底管道管径范围“2至48”，最大设计水深达1542米。涵盖单层管、双层管、配重管、子母管、绑扎管、电伴热管等几乎所有类型的海底管道工程设计，达到国际先进水平。掌握了深水海底管道、深水钢悬链线立管、顶张式立管设计技术，具备电力、通信和数据传输复合型海底电缆工程设计能力及丰富业绩。

4. 水下生产设施设计技术

公司初步创建了我国水下生产系统设计技术体系，掌握了包括水下PLET、PLEM、水下中心管汇、水下阀门、水下控制系统、水下分配单元的系统设计技术。海底管道终端、水下三通、水下中心管汇等工程产品已实现1000米水深的工程建设与交付。

5. 边际油田开发设计技术

公司在渤海湾实施了一系列的边际油田开发项目，掌握了“三个一”（1条单层保温管+1条电缆+1座简易平台）、简易井口采油平台、简易井口保护架、独腿三桩简易平台等各种类型的边际油田开发模式工程设计技术，达到国内领先水平。提升我国边际油气田工程开发能力，实现了一大批边小油气田高效开发。

6. 深水工程开发技术

随着陵水17-2、流花29-1、荔湾3-1等千米以上水深的深水油气田工程开发，公司形成了深水水下井口+ 固定平台、深水浮式结构物+ 水下生产系统等不同类型的深水开发模式，掌握了深水固定平台、深水钢悬链线立管、半潜式生产平台、深水水下生产系统等一系列深水油气田开发工程关键技术，为我国深水开发奠定了坚实技术基础。

7. 海洋工程建设技术标准体系

根据多年的研究开发和工程实践，结合我国海洋油气田开发工程建设的特点，参考国际标准规范，总结形成了一套由设计标准/指南/规程组成的基于国际标准的完整海洋工程设计技术标准体系，包括标准98项（其中，国家标准4项、行业标准15项、企业标准79项）；一套完整的海洋工程建设专用设计手册和推荐做法，并基于该技术体系研发了具有自主知识产权的专用工程设计和工程管理软件。

多年来，公司在国内海洋开发、国际海上油气田开发领域取得了重大成就，下一步公司将全面贯彻实施国家海洋强国战略，保障国家能源安全，积极践行习近平主席“一带一路”倡议，促进国民经济发展，为粤港澳大湾区与长三角经济带建设、京津冀协同发展再作贡献，助力推动我国民族工业的复兴。

（海洋石油工程股份有限公司 雷震名）

依托核心技术　打造一流工程公司

——上海电气集团国控环球工程有限公司发展纪实

上海电气集团国控环球工程有限公司（原山西省化工设计院，简称上海电气环球工程公司）成立于1965年，伴随着中国化工事业的发展走过了光辉的历程，经过50多年的发展，已成为集工程咨询、工程设计、工程总承包、项目管理服务、工业园区规划等业务为一体的综合性工程公司，拥有化工和焦化双甲设计资质，工程咨询、工程监理等甲级资质，环境评价、环境工程乙级资质，拥有A1、A2、A3级压力容器和GA2、GB、GC、GD类压力管道设计许可，并取得质量、环境、职业健康安全三标一体管理体系认证证书。2018年公司被认定为国家高新技术企业，2019年通过山西省“专精特新”企业认定。

公司集聚了本行业知名专家和工程技术经验丰富的专业技术人才，现有员工296人，其中正高级工程师19人，中高级以上职称人员占员工人数80%以上，可以提供资质范围内的工程设计以及相应的工程总承包和项目管理等服务。公司成立以来，在化工石化医药、焦化工程、建筑工程、市政工程、环境工程等行业，积极服务业主，先后独立完成国家和地方大型基本建设项目及技术改造项目工程咨询、工程设计等2000余项，在化工、焦化领域成绩显著，有100余项工程荣获省部级以上优秀称号，在国内同类设计院中名列前茅。近年来，公司以煤分质利用、费托合成、QRD热回收焦炉、焦炉煤气综合利用等技术为突破，全面开展现代煤化工技术示范和工程总承包业务，在多个领域处于领先地位。

一、计划经济体制时期的山西省化工设计院（1965—1985年）

上海电气集团国控环球工程有限公司始建于1965年8月，前身为山西省轻工化学工业厅化工公司设计室，隶属山西省轻工化学工业厅化工公司。1970年，山西省轻化厅化工公司与山西省煤炭管理局合并为山西省煤炭化工局，化工公司设计室随之更名为山西省煤化局化工设计室。1972年，山西省煤化局化工设计室与下放到山西的化工部第二设计院合并，组建为山西省化工设计院，合并后原煤化局化工设计室作为设计三室（也称小化肥设计室），以山西省内化工设计任务为主。1979年，化工部第二设计院改归化工部领导，与此同时，山西省委与化工部协商，将主要为山西化工服务的设计三室留晋，改建为山西省化工设计室，根据省编委晋编〔1979〕第51号文件，成为受山西省化学工业局领导的独立单位。1981年6月，根据省编委晋编〔1981〕第12号文件，山西省化工设计室更名为山西省化工设计院，隶属山西省化学工业厅。

20世纪60年代，国家把发展农业作为国民经济的基础，化肥的产需矛盾十分突出，兴办小化肥厂具有投资少、建设周期短、便于地方投资兴建的特点，各地兴办小化肥厂的积极性很高。国家号召各地成立省市级设计院，承担小化肥生产的设计任务，山西省化工设计院（简称山西院）应运而生。山西院的人员、编制、专业方向由政府统一组建，设计任务由政府行政指令下达。公司成立之初有员工76人，技术人员62人，大多来源于参与了太原化工基地建设的化肥公司、化工生产企业。院内设工艺室、设备室、土建室、水暖室、电仪室和概预算等专业科室，技术人员的配置基本满足了工程设计的需要。

为了完成省委、省政府下达的山西省内各地市县兴建小化肥厂的设计任务，公司组织人员积极开展参观、学习和调研，技术人员多次行走于田间乡镇，奔波于各化工企业，吃住在项目现场。从项目规划、选择厂址、勘察测量、收集设计所需的原始资料、项目建议、项目立项到项目审批，积极为省委省政府献计献策，提供设计咨询服务，实现了省内每县都有小化肥厂的规划要求。这些小化肥厂都由山西院设计，建成投产后基本满足了当地对化肥的需求。

在此期间，山西院的主要设计任务就是省内合成氨小化肥企业的工程设计，设计规模从最初的年产3000吨、5000吨、8000吨、15000吨、40000吨、80000吨发展到如今的年产40万吨、60万吨的大型合成氨装置，共完成了100多家化肥厂的设计，形成了合成氨、碳铵、尿素、硫酸、硫铵、磷肥、硝酸、硝铵、甲醇等系列专业技术，为山西化肥的发展、建设和改造作出了突出的贡献。合成氨技术经过技术人员长期的技术积累与沉淀，也成为山西院的传统优势技术。与此同时，山西院还完成了电石厂、草酸厂、农药厂、钾肥厂等项目的设计任务，为山西化工的发展作出了贡献。

二、企业从计划经济走向市场经济（1986—1999年）

20世纪80年代，各化工设计单位按照国家计委的统一部署，陆续停拨事业费，实行设计收费，推行技术经济责任制的改革。1986年，山西院由拨款事业单位改为自收自支事业单位，实行事业单位企业管理，把原先计划经济体制下由政府行政指令下达设计任务的经营模式转变为计划与市场相结合的经营模式，山西院在完成主管部门下达的重点建设项目的设计任务后，可直接对外承接项目。体制改革之初的经营方式为山西院总体经营，由山西院生产经营部承接设计项目，对专业科室下达设计任务，并对设计质量进度进行统一管理。山西院根据按劳分配、多劳多得的分配原则，把职工的收入和完成任务的数量和质量挂钩，对员工的工作量进行统计考核，按照国家计委盈余分成的文件规定，按比例上交后剩余的部分给员工发放奖金。

山西院实行技术经济责任制之后，员工的工作积极性得到了提高，设计效益有了大幅增长，自我生存和自我发展的能力得到了增强。

90年代初，山西省内的小化肥项目建设基本完成，由政府行政指令下达的设计任务越来越少，为了企业的生存和发展，1993年山西院进一步进行了经营模式和组织机构的改革，改变山西院总体经营的模式，除保留经营部门的职责外，又把经营权进一步下放到一线生产部门，倡导员工全员经营，对于承揽到项目的人员给予奖励。改革了公司内部机构，成立了设计一所、设计二所、勘察所、监理公司、环评中心、工程部等生产部门，公司经营部门和各业务部门都有经营权，但又各自独立核算，分别绩效考核。对生产部门实行了承包责任制，健全了考核制度。通过划小核算单位的方式，全面实施自主经营、自负盈亏的市场经营模式，极大地调动了员工钻研技术、参与市场的工作热情。在此期间，山西院加大了与化工部、行业勘察设计协会和专业技术中心站的联系和交流，积极参加行业协会组织的培训，加强了技术质量管理，加强了技术装备的升级，1997 年在经费紧张的情况下，发动全体员工的积极性，通过职工有偿集资的方式购买了电脑，购买了办公软件、计算机辅助设计软件，当年实现了各专业采用计算机进行辅助设计的目标，CAD 出图率达到了 100% 。设计一所、二所在完成合成氨、尿素项目技术改造的同时，积极拓展市场，先后承接了化工、焦化、城市煤气、工业与民用建筑等设计项目的咨询、设计 300 多项，并完成两项国外引进技术的转化，在省内享有良好的声誉。

根据市场的需要，1992 年山西院成立了监理公司，该公司是山西省首批核准获批的监理公司之一，拥有工程监理甲级资质，成立至今共完成 104 个大中型项目的监理，项目累计投资 160 亿元，为山西工业发展作出重大贡献。1993 年山西院成立了环评中心，这是山西省内最早取得环境影响评价资质并开展环境影响评价工作的单位之一，也是业内颇具口碑的环评机构。

通过走向市场，全面参与市场竞争，公司的人才队伍、技术装备、设计技术水平、管理水平得到了较大的提升，为公司承接大型工程设计项目奠定了基础。1997 年 12 月，化工部部长顾秀莲同志来山西视察工作时，欣然为山西院题词“创一流化工设计院”。

在此期间的主要成就如下：

（1）NHD 脱碳技术。山西院开发了各种压力等级 NHD 脱碳技术的工业应用，推动了合成氨尿素行业脱碳技术的发展，该技术获得化工部优秀设计三等奖。

（2）焦化技术。1985 年山西院就开始型焦项目的设计，1987—1999 年陆续设计了 70 型、66-3 型、66-4 型焦炉，是国内较早开展焦化工程设计的公司之一。

（3）国外引进技术的转化。1993 年完成了中日合资的山西日本能源润滑油有限公司 1 万吨/年高级润滑油工程，被评为省级优秀工程设计二等奖；1998 年通过消化吸收天脊集团引进法国 KT 公司多孔硝铵技术，完成了天脊集团 20 万吨/年多孔硝铵项目的设计，项目投产获得成功，这是国内首套大型化硝酸硝铵装置。

（4）与科研院所合作。参与中科院煤化所的科技研发，完成了煤制油小试、中试项目和灰熔聚煤制气小试、中试项目的开发设计。

三、积极参与国内外工程建设市场竞争（2000—2019 年）

山西省是国家能源重化工基地的中心，煤炭工业和焦化工业作为山西省的支柱产业，在山西省经济发展中占有举足轻重的地位。随着国家经贸委和山西省的焦化行业政策的实施，按要求取缔小机焦和改良焦后，焦化市场出现较大缺口。

公司领导正确分析了行业政策和市场变化带来的机遇，2000 年公司将设计部门进行了重组，组建了化工化肥所、焦化设计所，把化工行业和焦化行业作为公司未来主要业务经营方向，向着大型工程设计项目的承接迈出了坚定步伐。

化工化肥所致力于无机化工、有机化工、煤化工、精细化工及化肥、农药、民用建筑的规划和设计。化工化肥所发扬了公司在化肥设计方面的传统优势，并在此基础上不断加强在煤化工、精细化工方面的技术储备与合作。在全所专业技术人员的共同努力下，以褐煤提质、苯萃取精馏、焦炉煤气综合利用、粗苯加工、无机盐加工等为代表的一系列具有行业领先地位的传统煤化工、现代煤化工、化工新材料工程得以创新和集成，在不断拓展业务的同事，也为山西院开辟了新的市场。

2005 年公司设计的山西丰喜华瑞煤化工有限公司焦炉气制 18 万吨/年合成氨、30 万吨/年尿素工程工程，投产获得成功，这是国内首套焦炉煤气制合成氨的大型装置，并形成了“焦炉气富氧转化与半水煤气补碳结合制合成气应用技术”专有技术。2008 年公司设计的唐山市玉田县古玉煤焦化有限公司 130 万吨/年焦化、10 万吨/年焦炉煤气制甲醇工程，开车一次成功，取得了良好的社会效益和经济效益。2011 年设计的山西华鑫肥业股份有限公司焦炉煤气制 18 万吨/年合成氨、60 万吨/年硝基复合肥项目是我国第一套以焦炉气为原料生产硝基复合肥的装置。

在发展传统领域的基础上，山西院还在新的领域进行了大胆尝试。2007 年山西院为中科合成油技术有限公司设计的 1500 吨/年煤基合成油催化剂项目，是我国首套拥有自主知识产权的由实验室生产合成油催化剂过渡到工业化生产的示范项目。2010 年山西院为国家开发投资公司设计了河北省唐山市曹妃甸港海水淡化项目获得成功，2012 年 7 月由中国石油和化学工业联合会组织的专家组对项目进行了认真的评价和鉴定，认为该技术工艺先进，提高了造水比，降低了投资成本，推动了我国海水淡化产业的发展，整体技术达到了国际先进水平。

焦化设计所主要从事焦化工程设计与技术开发，是山西院探索、适应市场的产物。山西院从 1985 年开始焦化技术的设计与研究，在传统机焦炉的宽炭化室和焦炉大型化等核心技术方面具有技术优势，尤其是山西院与国内焦化专家共同开发的清洁型热回收捣固式炼焦技术处于国际领先水平，是传统机焦炼焦技术的有力补充，是世界炼焦重点发展技术之一。

2000 年焦化设计所成立至今，已为国内外 90 多家焦化企业完成了工程设计并建成投产，业绩遍布山西、山东、内蒙古、湖南、新疆、辽宁、浙江、江西等地，并走出国门顺利打开了巴西、印度、泰国、马来西亚等国市场，在世界上享有非常高的知名度。QRD 系列清洁型热回收捣固式焦炉自投产以来，取得了良好的社会效益和经济效益，尤其是其显著的环境效益得到了广泛认可和高度重视。2003 年 8 月山西院开发设计、采用清洁型热回收捣固炼焦专利技术的高平市兴高焦化有限公司和太原港源焦化有限公司顺利投产，被中国农业部、全球环境基金、联合国开发计划署和联合国工业发展组织授予“中国乡镇企业节能与温室气体减排项目”示范企业。高平市兴高焦化有限公司还被国务院发展研究中心农村部、农业部农村经济研究中心、中国城乡经济研究会和中华人民共和国年鉴社授予“优秀企业”。

化工化肥所和焦化设计所依靠技术人员的刻苦攻关开发出各自领域具有自主知识产权的专有技术和专利技术，以先进技术和优质服务迅速占领和开辟了技术市场，创造了良好的社会效益和经济效益，使山西院的综合竞争能力得到了显著的提高，实现了跨出省界，走出国内的目标。

2007年12月，山西院根据山西省委、省政府的文件精神，由事业单位转为科技型企业。2012年，随着省直厅局企业脱钩划转，山西院划转至山西国控集团管理。划转之初，由于公司在多年的发展过程中受限于原有的体制、经济规模和资金等因素，无法独立开展拥有核心技术项目的工程总承包，只能作为技术提供方，参与一些国内、外项目的工程设计和技术咨询服务，错失了做大做强的市场机会。

山西国控集团在充分调研和论证的基础上，根据山西院的研究方向和技术专长，指定了企业改革转型的发展专项规划，在人员、资金和业务上给予山西院很大的帮助，并大胆启用了奋发有为、敢于担当的年轻技术干部作为领导核心，成立了老中青结合的领导集体，集团与领导层签订目标责任书，建立了利于市场经营的责权利统一的领导机制。新的领导集体，针对石油化工、钢铁等行业产能过剩的市场环境，提出了“依托核心技术，拓展融资渠道，承接大型工程项目总承包”的发展目标。为此公司多项举措齐头并举，开启了全面建立现代企业制度之路。

——从央企、大型设计公司引进研发、设计、工程管理、项目总承包的人才，从国内知名机构引进投融资、商务、经济、信息等特殊人才，有效突破了公司在技术开发、商务经营、总包控制、投资管理等方面的人才瓶颈，为发展目标搭建起了人才框架；通过大力提高技术人员的薪酬待遇，加强技术人员的专业培训和职业规划，极大地提高了技术人员的工作积极性和创造性；在山西国控集团的支持和调控下，搬迁了新的办公场所，办公面积从3733.35米^{2}增加到7300米^2，办公场所实现了功能分区，改善了工作环境；通过加强企业文化的建设提升了公司形象，树立了公司品牌。

——聘请国内知名企业管理咨询机构，在战略规划、组织机构、流程管理、人力资源、项目管理和企业文化建设等方面，展开了量体裁衣全方位标准式专业规划，按照公司各项业务的需求以及发展趋势对公司部门的设置重新规划整合，陆续成立工程管理、市场开拓、信息建设、成本控制等职能部门，为公司下一步发展奠定了坚实的体系基础。

——2017年在山西国控集团的大力支持下，山西院更名为山西国控环球工程有限公司，成为山西国控集团的全资子公司。改变经营体制后，公司摆脱了体制束缚，实现了由全民所有制科研院所到公司制企业的蜕变，为进一步推动混改、向着股权多元化的更高目标迈进奠定了扎实基础。

——依托集团公司，多渠道筹措资金，加强了与科研院所的战略合作，加大了新技术研发和技术引进，形成了低阶煤分质利用技术、加压液态排渣固定床气化（晋航炉）、煤基乙醇技术、费托合成高端蜡技术等核心技术，不断开拓新市场，为公司的长远发展奠定了良性的基础。

——依托核心技术，积极进行大型工程项目总承包。公司从 2010 年开始研究低阶煤分质利用技术，经过多年的反复摸索实践，通过跨学科、跨行业的技术集成，终于在技术开发上有所突破，解决了困扰低阶煤分质利用行业发展的几个重要难题，特别是低温控制、油尘分离等关键技术得以解决，为实现低温热解技术的大型工程化应用奠定了基础。公司结合市场竞争优势与核心技术特点，以低阶煤热解技术为龙头，实现了总承包业务零的突破，公司的优质核心技术和企业影响力发挥出更大的经济效益。

通过实施的一系列举措，理顺了体制机制，提升了核心技术，拓展了工程业务，树立了公司品牌，公司的发展前景变得更加广阔。公司 2017 年签订 208 个设计项目，实现营业收入比 2016 年增加 90%，完成利润比 2016 年增加了 100%，超额完成了集团公司下达的业绩考核指标。2018 年公司营业收入首次突破了亿元大关，顺利通过国家高新技术企业认定，荣获“山西化工改革开放 40 年杰出企业”的光荣称号，并获得改革开放 40 年卓越贡献奖。2019 年公司的努力结出了丰硕的成果，陆续签订工程总承包合同 18.5 亿元，在谈合同额 20 多亿元，并通过了山西省“专精特新”企业认定。

多年以来，公司为了做强做大，更好地发展，积极寻求与国内大型集团的合作，曾经多次主动向多个大型央企表达出深入合作的意愿，由于多方面的原因，一个个改制机会均无疾而终。近年来，随着公司一系列改革举措的推行，公司在技术、管理和业务上有了翻天覆地的变化，公司面貌焕然一新。

2017 年 9 月，国务院发布的《关于支持山西省进一步深化改革促进资源型经济转型发展的意见》指出，要在更大程度、更广范围内推行混合所有制改革，制定出台山西省国有企业混合所有制改革工作方案。国控集团抢抓国企改革新的窗口期，将公司列为第一批混改企业，给予公司很大的支持。公司积极响应省委、省政府的号召，积极进行混改，2020 年 1 月山西国控环球工程有限公司引入上海电气集团作为战略投资方，实现了增资扩股，公司更名为上海电气集团国控环球工程有限公司，从此公司步入了历史性发展的快车道。

公司在新世纪的典型技术及突出业绩：

（1）低阶煤分质利用技术。公司在低阶煤热解领域具有领导地位，成功完成了国内第一套 50 万吨/年、100 万吨/年装置的技术转化。由公司设计的 1000 万吨/年装置自 2016 年投产以来运行良好。该技术可实现低阶煤的分质、分级、梯级利用，将我国丰富的低阶煤资源转变为清洁的洁净煤、油、气资源，促使传统劣质能源供给模式由单一、粗放向多元、环保转变，为能源革命开辟了一条新路径。

（2）加压液态排渣固定床气化（晋航炉）。公司与航天科技集团西安航天源动力工程有限公司全面开展该技术的工程示范和产业化推广，促进传统煤化工企业转型升级。该技术适用无烟块煤气化工艺，可全面替代常压间歇式气化炉，彻底解除相关企业的环保压力。示范项目建成后，可在全国推广，市场前景良好。

（3）清洁型热回收炼焦技术。公司开发的 QRD 清洁型热回收捣固式炼焦技术处于国际领先水平，是世界炼焦重点发展技术之一。采用该技术设计的焦炉炉体结构合理、机械化和自动化水平高，工艺操作水平先进，真正实现了炼焦工业资源利用、环境保护和经济效益的协调发展，达到了炼焦行业清洁化生产的要求。QRD清洁型热回收焦炉在国内外享有非常高的知名度，截至目前，国内外共有四十余套装置正在运行，其显著的经济效益和环保效益，越来越受到在钢铁联合企业的重视，随着国家环保政策趋向严格，清洁型热回收技术将会得到更加广泛的应用。

（4）焦炉气综合利用技术。公司在国内首先实现了焦炉气综合利用项目核心装备（转化炉）的突破，为该类项目的长周期安全运行奠定了基础。由公司设计的焦炉气制LNG、焦炉气制合成氨、焦炉气制甲醇等十余个项目皆运行良好，具有氧耗低、投资少的优点。

（5）煤基乙醇技术。公司拥有当前最大的煤基乙醇项目（40万吨/年煤基乙醇装置）工程设计业绩，公司全面承担了该项目的设计和技术改造，掌握并优化了煤基乙醇的工程技术，装置运行后获得业主单位的好评。该技术路线被认为是现代煤化工新的发展方向，在工业乙醇和燃料乙醇的潜在需求剧增的背景下，该技术应用前景广阔。

（6）费托合成高端蜡技术。费托合成是煤间接液化的核心技术，在合成过程中可产出石蜡烃、轻烃、烯烃和醇类等化学品。公司长期关注该技术的发展及应用，在已完成的6万吨/年高端蜡项目中承担了设计任务，对费托合成工艺包进行了工程转化和优化，掌握了费托合成高端蜡的关键核心技术。

（7）三聚氰胺技术。公司在三聚氰胺领域具有技术和设计优势，掌握并优化了三聚氰胺的工程技术，是国内设计装置最多（8套）且唯一拥有低压法和高压法设计案例的工程公司。

（8）硝酸盐系列技术。公司已形成了硝酸钾、硝酸钙、硝酸铵钙、硝酸镁等装置的技术转化与工程示范，获得了业主的好评。公司设计的中压法硝酸装置，在传统工艺上进行了改进和优化，不仅能耗低、投资少，而且为其中排放的NO_x含量低，具有很大的环保优势。

（9）海水淡化技术。公司为国家开发投资公司设计的河北曹妃甸港海水淡化项目，经中国石油和化学工业联合会评审鉴定，整体技术达到了国际先进水平。

（10）合成氨及化肥生产技术。公司具有丰富的合成氨、碳铵、尿素、硝铵、硝基复合肥、磷肥、硫氨、氯化铵等一系列工程设计业绩，经过公司技术人员长期的技术积累与沉淀，已成为我公司的传统优势技术。

（11）煤层气综合利用技术。公司掌握了煤层气（煤矿瓦斯）抽采、净化（含液化）、加压、输送以及低浓度瓦斯气的蓄热燃烧技术。蓄热燃烧技术系利用煤矿乏风和瓦斯掺混后，经过RTO或热源撬产生中温中压或高温高压蒸汽，下游或供热或发电，该类项目解决了低浓度瓦斯的利用难题，属于CDM温室气体减排项目。

（12）油气工程。公司在油气储运方向上有一定的技术储备，具有油气储运及长输管道的设计及总承包资质，可为客户提供油气净化（含天然气液化制LNG）、加压、长输、储存（罐区）及城市输配系统的设计、采购、施工、项目管理等一体化工程服务。

（13）固体污染物综合治理技术。公司固废中心致力于城乡固体废弃物治理综合服务，主要业务有市政垃圾、工业固废、农业废弃物和危险废物等四个板块，涉及城乡生活垃圾治理，餐厨垃圾、建筑垃圾和农业废弃物资源化利用，存量垃圾治理，工业固废、危险废物处置等专项规划、可行性报告、环境影响评价报告编制，以及工程设计、EPC 项目总承包和 PPP 投资运营等。

（14）水污染防治技术。公司在水污染防治领域具有臭氧催化氧化技术、高级混凝沉淀技术、光催化氧化技术，可用于焦化、化工、煤矿等多种行业废水处理的强化预处理、尾端深度处理。公司对于难降解废水及出水水质指标要求较高的废水处理有丰富的业绩和经验。

（15）大气污染物综合治理技术。公司主要从事大气污染物综合治理相关项目的前期咨询、基础设计、详细工程设计、项目总承包等方面的工作，在烟气除尘、脱硫、脱硝、脱白、超低排放，挥发性有机物 VOCs 综合治理，垃圾填埋场废气治理等方面具有技术优势。

（16）工程造价。公司是中国建设工程造价管理协会化工工程委员会会员单位。化学工业工程造价管理总站山西省分站设在公司。业务范围涵盖建设项目建议书与可行性研究报告中投资估算的编制、审核及项目经济评价；工程概算、预算、结算、竣工结（决）算、工程招标标底、工程量清单、投标报价的编制和审核；提供建设项目各阶段、全过程工程造价控制及工程索赔业务服务；提供工程造价信息咨询服务及与工程造价有关的其他业务。

四、结束语

公司将以“依托核心技术，打造一流工程公司”为宗旨，充分发挥上海电气集团优秀的管理模式、强大的资金及技术装备优势，牢牢抓住新时期山西能源转型发展的政策机遇和本次混改的机遇，依托核心技术优势，建立灵活高效的管理体制和运行机制，将公司打造成为极具实力的高端能源及现代化工工程技术总承包商和投资运行平台，为国家经济建设和社会和谐作出更大的贡献。

（上海电气集团国控环球工程有限公司 王永兴）

用激情创造未来
——四川晨光工程设计院有限公司发展纪实

四川晨光工程设计院有限公司作为中蓝晨光化工研究设计院有限公司全资子公司先后参加国家“六五”到“十三五”期间的重点科技攻关项目、化工重点项目等科研项目的工程化、产业化，为化工事业和军工事业作出了积极贡献。工程设计及工程化规模以上成果近2000余项，广泛应用于航空、航天、航海、轨道交通、武器装备和民用领域，具有良好的工程化创新能力和大中型化工生产基地、装置工程化研究、工程咨询、工程设计与工程总承包实力。科技创新硕果累累，拥有万吨级三氯氢硅生产线成套技术、国家专利烟气脱硝尿素水解制氨专利技术、一种玻璃炉窑生产中的尾气处理系统等10项专利技术。先后获得化工部工程设计二等奖1项，化工行业工程设计一等奖1项。

第一节 从“大三线”建设出征

20世纪60年代中期，化工部根据党中央“三线”建设的战略决策和部署，在祖国西南的战略大后方组建一个以化工新型材料研究为主体，专业学科配套，具有一定攻关能力的高分子合成材料开发应用研究机构，积极为军工事业的发展开发新型特种材料。按照化工部的统一部署和决定，北京化工研究院、沈阳化工研究院、上海化工研究院、上海医药工业研究院等有关化工新材料专业整体内迁至四川省富顺县组建化工部晨光化工研究院，从而开启了晨光事业发展的新篇章。

一群热爱祖国、充满激情、不畏困难、敢于吃苦的热血青年，放弃大城市优越的生活，携家带口来到四川边远、落后的穷山沟富顺，开启了晨光三线建设、艰苦创业和辉煌发展的激情岁月。北京化工研究院设计室作为晨光三线建设的先驱者和四川省富顺县晨光建设的设计单位率先前往富顺，在建设现场筹建处设立了“设计组”，承担“三线”时期工程设计、管理等系列任务，该设计组一直延续下来，后更名为“晨光化工研究院设计室”，并以此名称取得丙级设计资格证书，主要配备专业有土建、公用工程、设备。

自1965年三线建设以来，晨光化工研究院设计室经过55年的拼搏、创新和发展，现已发展为四川晨光工程设计院有限公司，位于中国西部经济文化中心——四川省成都市人民南路四段三十号，拥有注册资金5000万元，是一家集工程化研究、工程咨询、工程设计和工程总承包于一体的综合性工程公司。公司具有化工石化医药行业咨询甲级、化工工程设计甲级、环境工程设计甲级、化工石化医药行业设计乙级、民用建筑工程设计乙级、三类压力容器（高、中、低）设计许可、GB与GC类（含高压）压力管道设计许可等工程资质，并于 2003 年通过 GB/T 19001—2000 idt ISO 9001—2000 质量体系认证。公司以整个中蓝晨光化工研究设计院有限公司为依托，在科研、开发、咨询、设计和总承包领域，比普通设计院具有更强的专业技术优势。

55 年来，四川晨光工程设计院有限公司不仅全面承担了中蓝晨光化工研究设计院有限公司科研成果的工程化研究、工程设计及产业化转化，在有机硅、有机氟、工程塑料、特种纤维、精细化工等重点化工新材料领域为国家重点科技攻关、国防和化工事业作出了积极的贡献。党的十一届三中全会后，公司坚持改革开放、解放思想、开拓进取，积极参与市场竞争，大量对外承接大型化工生产基地、装置的工程设计与总承包，并在大气污染治理、水污染治理、固废治理等环保领域为国家作出了新的贡献，业绩遍及祖国的东西南北及波兰、韩国、印度尼西亚、哈萨克斯坦、越南、土耳其等国家，成为“一带一路倡议”较早的成功实践者。

四川晨光工程设计院有限公司在保持化工新材料、环保工程、工程化研究、企业技改等专业优势的基础上，勇于开拓创新，不断形成新的专有和专利技术。如：万吨级有机硅流化床专利技术、万吨级三氯氢硅流化床专利技术、环保脱硝尿素水解制氨专利技术、氰尿酸粗品专利技术、液氨制备专有技术、玻璃炉窑脱氟专利技术等，同时积极开拓无机化工、能源化工、医药与食品、肥料与农药等领域的市场，现已形成新的专业优势，为社会提供更优、更丰富的专业服务。

第二节 企业文化伴随企业创造未来

“用激情创造未来”“交流、合作、发展”“高效、愉快地工作”是四川晨光工程设计院有限公司在改革大潮中企业文化的精髓。四川晨光工程设计院有限公司不辱时代使命，在改革开放面前，勇挑历史变革的重担，大胆改革创新，推动企业由弱到强、由小到大不断发展。

20 世纪 90 年代，随着国家经济体制改革不断深化，国家提出企事业单位必须完成从计划经济模式向市场经济模式转化。1999 年，四川晨光工程设计院有限公司的前身化工部晨光化工研究院成都设计所随化工部晨光化工研究院完成了中央事业单位向企业的转制，整体进入中国蓝星集团总公司。

1999 年化工部晨光研究院成都设计所有几十号职工，但 1998 年产值仅有 128.5 万元（含研究院补贴）、利润为负值，大多数职工市场经济意识尚未建立，企业何去何从让人揪心。同时，国家停止对转制后的中蓝晨光化工研究院下拨事业费，企业资金运行也面临前所未有的困难，设计所作为研究院全资子公司成了研究院的沉重包袱。经研究后研究院明确提出，短期内逐步停止对设计所的经济补贴政策，同时短期内设计所若不能完成自负盈亏将面临解体和重组。

为此，设计所领导召开了设计所由事业变企业转制后的第一次党、政、工、团工作会议，分析了设计所面临的困难、挑战和发展的机遇，同时在改革浪潮中对晨光设计所的未来充满信心。

国家市场经济转型时期，国内许多企业的思维模式还停留在计划经济时代，谁率先走出去、大胆迈向市场、参与市场竞争，在市场中求得企业生存和发展的空间，谁就把握了企业发展的先机。因此，所领导提出全体职工必须转变观念、振奋精神、踏实肯干、开拓创新，大胆走向市场，在市场中不断锤炼自我，赢得自我、赢得企业的生存和发展空间。所领导强调：一个人应该有性格、有朝气、有激情，这个人才有希望；只有员工有了激情，企业才有希望、才能发展。要求每一个职工以企业转制为契机，振奋精神，用激情创造晨光设计所美好的未来。

自 1999 年设计所改制以来，所领导和员工大部分时间和周六、周日都夜以继日一起跑市场，争取项目，一起讨论技术问题，一起想办法协调和解决工程设计中的技术难题。所领导和员工就是凭着一股韧劲和激情不断强化内部管理、转变观念、面向市场、务实创新，并根据自身的规模、能力和现状，制订了一系列切实可行的经营、管理和发展战略。

首先，利用晨光院在国内化工行业的影响力，从市场中的小项目、小工程或单项工程做起，包括市场中其他设计院不愿意做的硬骨头工程项目，凭借晨光院在行业中的技术实力积极承担，以此不断宣传晨光工程、提高晨光设计所对外承接工程的影响力，树立良好的企业形象，拓展和赢得市场的份额和认可。其次，提出了以双赢为目的，在互利互惠的基础上，强化企业联合，与大的设计院所共同承担工程设计项目，共同发挥技术优势，共同发展。树立新型人力资源观，彻底转变传统的人力资源模式，提出以设计所人力资源为核心，研究院人力资源为依托，西南地区乃至国内的人力资源为辐射，以工程项目和市场经济为纽带，建立为我所用的新型人才资源观，用新的思维模式指导晨光设计所的运行和发展。

至 2001 年，经过全员职工的拼搏和努力，晨光设计所在川内化工行业初步形成了一定的影响，为未来高速发展奠定了坚实的基础。

2001 年是晨光设计所充满机遇、充满激情和挑战的一年，也是进入快速发展阶段的里程碑。四川省绵阳利尔化工有限公司引进俄罗斯技术、工艺数据仅来源于小试阶段、要求放大为 300 吨/年氰基吡啶氯化生产线的项目准备启动，所领导获悉后深知该工程从小试数据放大到 300 吨/年的技术难度，但也知是晨光设计所展现能力的机遇。设计所利用自身工程经验，组织技术骨干人员认真分析、策划并参与项目投标。经过与多家有实力的设计院竞标，晨光设计所最终以第一中标单位中标。经过全员职工的努力，2002 年顺利地完成该项工程设计任务；2003 年该项目建成投产，一次性投料开车成功。该项目为设计所首个全专业工程项目，成为晨光工程发展史上的里程碑，得到了业主一致认可和好评。2006 年业主再次将 6000 吨/年氰基吡啶氯化生产线施工设计交予晨光设计院。时过 19 年，利尔化学已发展为上市公司，旗下绵阳利尔、广安利尔项目至今一直委托晨光设计院进行设计、工程总承包。

2003 年所领导从设计所的拼搏与奋进过程的总结中正式提出：“用激情创造未来!”并实施“以工程设计为核心、坚持走工程总承包之路”的经营思路，把企业做大做强，进一步强调建立一支具有团队精神、充满激情和战斗力、能打硬仗的核心团队，强调能源化工将是未来国内的朝阳产业，提出进军能源化工领域。

2004年5月下旬，市场人员获悉攀钢集团四川长城特殊钢（集团）有限公司（简称长钢公司）由于能源紧缺，需要新上四套冷煤气发生炉以满足国家军工特种钢生产的需要，但距该公司开标时间仅有一周时间。经过研究，设计所决定参与竞标，利用晨光在化工行业中技术优势，调集所有相关专业技术骨干、国内专家投入到标书编制、技术方案、施工组织方案制订的工作中。夜深人静的时候，设计楼灯光闪烁，所有参与投标的同志工作认真，每一个技术细节严格把关，2004年5月30日清晨3点钟距开标仅有6小时，标书终于封装完成。当汽车开出晨光前往长钢公司的时候，许多参与投标的专业人员已熬几个通宵，一些专业人员一天仅睡4个小时左右，但一种激情、一种精神在不断激励着大家。当评标结果公布，获悉晨光设计所以技术标评分第一、总分第一一举中标后，全所职工为之振奋，标志着晨光设计所正式成功挺进能源化工领域，也标志着晨光设计所正式挺进工程总承包领域，同时晨光设计所实现跨越式发展由此起步。该工程2004年11月20日一次性开车成功，顺利生产出合格煤气，施工周期仅用了87天。

开拓思路，把握市场先机。从2003年起设计所积极开拓环保市场，至今先后承担世界银行环保工程总承包项目3项、污水处理总承包工程、电厂脱硫、脱硝总承包工程、炼钢厂烟气除尘总承包工程200余项。2006年11月，长钢公司炼钢厂2×72万立方米/时电炉除尘环保总承包工程通过公开招标，晨光设计所再次以总分第一一举中标。经过4个月努力奋战，克服炼钢厂内高空作业的危险以及环境温度高、粉尘重等恶劣的施工环境影响，2007年4月8日一次开车成功。四川省委领导、四川省环保局领导、绵阳市委领导等一行视察了该项环保工程，给予四川晨光工程设计院以高度评价。

在激烈的市场竞争中不断提升企业影响力，勇于与大院同台参与市场竞争。2011年在德阳昊华清平磷矿有限公司30万吨/年硫酸、20万吨/年磷铵工程总承包项目竞标中，与原化工部第三设计院（东华工程公司）同台竞标，并一举中标，中标价约3.6亿元，并于2012年12月31日机械竣工，一次性通过性能考核，并创建“五个一流”工程，成为中国化工、四川省德阳市模范磷化工生产基地。2017年安徽华塑股份有限公司16万吨/年离子膜烧碱电解单元总承包工程与中国天辰工程公司、中国成达工程公司同台竞标，并一举中标，中标价格约1.4亿元。

2005年9月，化工部晨光化工研究院成都设计所更名为四川晨光工程设计院，2017年5月更名为四川晨光工程设计院有限公司，注册资金5000万元，自身实力得到了不断提升和壮大。

第三节 发挥专业优势，跨领域谋发展

技术创新是一个企业发展的原动力。在国家大力推进发展创新型搞技术企业的浪潮中，四川晨光工程设计院有限公司不断利用自身在化工科研开发、工程化研究的能力和

专业优势，狠抓科技创新、技术创新，成功开发一批创新型成果并得到广泛推广应用，为国家化工和环保事业的发展作出了积极贡献。

国内S-抗冲击透明树脂产品长期依靠进口，该产品成套工艺技术国外对中国实施封锁。2002年，中石化广东茂名众和化塑有限公司领导班子对晨光设计所的技术创新能力和专业队伍进行全面考察，双方就工程开发、工程设计等问题进行了全方位技术交流与讨论。最终公司领导对晨光设计所从领导到员工的创新能力、工作态度、工作质量和工作激情给予了充分的肯定，将投资数亿元的广东茂名50000吨/年S-抗冲击透明树脂呈驰化工生产基地大型工程项目，从工艺软件包编制、初步设计到施工设计交由晨光设计所完成，设计合同金额875万元。为了完成国内首套S-抗冲击透明树脂的设计，设计所全体项目成员与国内化工专家一道，分析、消化吸收和整合已获得的国内、国外工艺技术资料，自主集成创新，2002年完成该项目工艺技术软包编制，2003年完成项目初步设计并通过国内专家评审，2004年5月完成全部施工设计，2004年11月该项目在广东茂名建设完成，一次性开车投产成功，标志着晨光设计所与国内专家一道打破国外技术封锁，完成自主技术创新，在国内建设首套S-抗冲击透明树脂装置取得成功，同时也标志着晨光设计所已在设计行业的另一新起点上腾飞。

2020年2月26日，铜陵瑞嘉特种材料有限公司高性能结构材料3万吨/年（一期1万吨/年）聚苯硫醚（PPS）项目第一条生产线投料试车成功，生产出合格的纤维级聚苯硫醚（PPS）树脂产品。该项目是由铜化集团和铜陵天源投资的国家重点扶持的战略性新兴产业项目，采用晨光设计院硫化钠加压法（NMP法路线）专有技术生产PPS树脂。该技术打破了国外技术垄断，是国内拥有自主知识产权的工业化聚苯硫醚生产装置，也是目前国内实现量产规模最大的聚苯硫醚生产装置，不仅可打破外资垄断、替代进口产品，还可以进一步发展下游产品，延伸产品链。晨光设计院2016年8月开始工程设计，2018年1月开工建设，2019年7月项目机械竣工，2020年2月26日生产出合格的纤维级聚苯硫醚（PPS）树脂产品。该项目的成功开车不仅可摆脱国内PPS依赖进口的局面，还能较好地解决国内环保等领域的急需，拉动上下游产业链的发展，具有广阔的市场前景，对发展循环经济意义重大。

金山银山不如绿水青山。绿色环保是国家发展的大政方针，大气污染治理关乎每一位公民、每一个家庭以及国家的长期稳定发展。烟煤锅炉、电厂烟气NO_x脱硝治理一直以来均采用液氨作为脱硝还原剂，液氨是化工重大危险源，其运输、储存均受到国家安监部门监管。为了避免电厂、燃煤锅炉等装置置身于重大危险环境，公司利用自身化工专业优势和创新能力，2011年开发成功尿素水解制氨系统，其中核心反应器尿素水解反应器荣获国家专利，首套装置成功用于广东新塘发电厂，其后尿素水解制氨系统广泛应用于全国80%以上电厂。跨界技术创新的成功带动整个发电行业烟气脱硝治理行业技术的提升，为电厂安全实现烟气治理作出了巨大贡献。公司先后承接过国家电力集团、华润电力集团、大唐电力、地方电力等大中型发电机组烟气脱硝治理工程200余项。其中，2016年江苏宜兴华润热电有限公司（2×60兆瓦机组）脱硝超低排放EPC总承包工程一次性开车成功，得到华润集团表扬，开车成功的报道在新华日报刊登。至

2018 年底，四川晨光工程设计院有限公司利用自身尿素水解创新技术承接各大中型电厂烟气脱硝治理工程 200 余项，同时利用自身液氨制备专有技术成功完成土耳其泽塔斯电厂、Karabiga 电厂等烟气脱硝治理工程。

第四节 走工程总承包之路，践行“一带一路”倡议

四川晨光工程设计院有限公司站在市场前沿，始终坚持“稳固国内市场，开拓国际市场”的战略目标，随着公司的不断发展，将企业发展的目光瞄准了国际市场。至 2019 年上半年，公司共承接国外工程项目 20 多项，涉及波兰、韩国、印度尼西亚、哈萨克斯坦、土耳其、巴基斯坦、越南等国家。

2011 年 4 月 9 日，公司与哈萨克斯坦塔拉斯投资有限公司签订 15000 吨/年固体氰化钠 EPC 项目合同，合同金额 3800 万美元。该项目让公司成为中国化工集团公司旗下子公司首个独立签订国际工程总承包项目的单位。该项目 2017 年顺利移交哈萨克斯坦业主，公司成为国家“一带一路”倡议的成功实践者。

2017 年土耳其泽塔斯电厂烟气脱硝液氨供应 EP 项目顺利移交业主。2018 年土耳其 Karabiga 电厂烟气脱硝液氨供应 EP 项目顺利移交业主。2019 年已成功签订土耳其、巴基斯坦工程项目合同。

国际工程总承包项目执行为公司培养了一批熟悉国际工程管理的技术人才，同时也积累了一定的国际工程管理经验，为公司后续深化国家“一带一路”倡议奠定了坚实的发展基础。

四川晨光工程设计院有限公司领导和全体员工在国家经济体制改革、全民创新、“一带一路”倡议的实践中，勇于创新，积极参与市场竞争，实践了晨光人“用激情创造未来!”的奋斗历程。近年来，公司完成产值与上交纯利润逐年大幅度提高，从转制之前 1998 年的产值 128. 5 万元（含研究院补贴）、利润 33 万元（含研究院补贴）到 2019 年实现利润 3980 万元以上、人均实现利润 35 万元以上，为国家和社会作出了积极贡献。

（四川晨光工程设计院有限公司 江兴平、李兵）

砥砺奋进五十载　勇立潮头铸辉煌

——山东三维石化工程股份有限公司发展回眸

山东三维石化工程股份有限公司是一家集技术开发、工程咨询、工程设计、工程总承包及催化剂生产、油品销售于一体的能源科技公司，具备化工石化医药行业工程咨询和设计甲级资质、市政公用行业和建筑工程乙级资质，是国内首屈一指的硫黄回收工程设计、总承包企业。公司成立于 1969 年 4 月，总部位于山东省淄博市临淄区炼厂中路 22 号。

公司原为大型国有企业齐鲁石化公司胜利炼油厂下属的设计室（后更名为设计所、设计院），为胜利炼油厂的建设发展作出卓越贡献。1997 年 9 月底，公司通过 ISO 9001 国际标准认证，是中国石油化工总公司乙级设计单位中首家获得认证的单位。2004 年，胜利炼油设计院改制分流为股份制企业，更名为山东三维石化工程有限公司。2007 年 12 月，由“有限责任”整体变更为“股份公司”，更名为山东三维石化工程股份有限公司（简称三维工程）。2010 年 9 月 8 日，公司在深圳证券交易所成功挂牌上市，成为石油石化行业中小型民营股份制工程公司首家上市企业。截至 2019 年底，三维工程注册资本 5.03 亿元、净资产 12 亿元；拥有 5 个分公司、1 个研发中心、4 个控股子公司和 1 个全资子公司。

50 年来，三维工程从一个国有企业设计单位，通过体制改革，成为在现代企业制度框架下运行的股份制企业；从单一的设计院通过结构调整和产品、业务升级，转型为具有工程总承包能力的上市公司。三维工程顺应改革开放的历史潮流，抢抓机遇，开拓进取，取得了令人瞩目的辉煌成就，为国有企业改革进行了积极有益的探索。

第一节　艰苦奋斗，自强不息，奠定发展基础（1969—1993 年）

20 世纪 60 年代中期，石油工业部组织胜利油田大会战。胜利炼油厂作为会战中的配套项目，于 1966 年 4 月动工兴建。随着胜利油田采油量增加，胜利炼油厂规模不断扩大，为适应企业发展需要，1969 年 4 月成立了胜利炼油厂设计室，1987 年 3 月更名为设计所，1994 年 3 月更名为设计院，为胜利炼油厂所属二级单位。这一时期，设计院主要负责胜利炼油厂技措、更新、大修项目的设计，参与新建项目生产装置、储运设施、公用工程及系统配套设施设计工作。同时，随着胜利炼油厂生产装置从南到北扩展，加工技术越来越先进，设计人员的技术水平不断提升，也为自身发展打下坚实基础。

一、艰苦奋斗奠定发展基础

20世纪70年代初，设计室仅有20余人，设计人员身居陋室、心系石化，深入建设现场，钻铁塔、爬管架、进加热炉、上操作平台，与一线建设者同吃同住，在石头房办公、趴图板绘蓝图，克服技术基础薄弱、办公设施简陋、生活条件恶劣等难以想象的困难，自力更生，艰苦奋斗。设计室组建初期，完成了胜利炼油厂联合装置及1000吨/年丙烯腈装置、15万吨/年铂重整-加氢联合装置等设计任务。1973年，承担250万吨/年常减压蒸馏装置设计任务，这是国内第一套加工高含硫原油装置。由于原料为孤岛原油，含硫、含盐量高，对炼制工艺和设备都有特殊的要求，设计人员在国内首先采用“一脱四注”防腐工艺，并多次对电脱盐工艺进行改造。1975年3月装置建成投产，为加工高含硫原油闯出一条新路。1976—1983年，相继完成胜利炼油厂30万吨/年氧化沥青装置、8万吨/年气体分馏装置、1万吨/年硫黄回收及尾气处理装置、60万吨/年提升管催化裂化装置、80万吨/年加氢精制装置及相应系统工程的配套设计。其中，30万吨/年氧化沥青装置是国内石化行业规模最大的装置。1988年，承担4万吨/年硫黄回收及尾气处理装置，是国内同行业处理量最大的装置。随着上述装置的建成投产，截至1989年底，胜利炼油厂沥青、硫黄生产能力分别达到60万吨/年、5.5万吨/年，成为全国最大的沥青和硫黄生产基地之一。

1978年，设计所承担了国家“六五”重点项目齐鲁石化公司30万吨/年乙烯工程胜利炼油厂配套设计。1988年，设计的22万吨/年缓和加氢裂化装置是国家“七五”重点攻关项目，可为30万吨/年乙烯生产提供优质原料，经济效益极其可观。1991年，承担胜利炼油厂2×5万立方米原油罐设计，系首次设计大型原油储罐。截至1994年底，累计完成设计投资8.6亿元。

二、勇于进取，提升技术水平

为提高技术水平，设计人员大胆探索，勇于进取，吸收引进国内先进技术，努力将先进的科研成果运用到工程设计中，炼油工艺技术达到较高水平。

——1977年，在沥青工艺设计上，把“沥青机械成型—水力输送—水池冷却工艺”首先应用于30万吨/年氧化沥青装置中，该装置处理能力为全国最大、工艺最先进。

——1978年，为解决废碱渣污染，设计中采用无碱脱臭工艺，脱硫醇工艺设计水平全国领先。

——1982年，在国内催化重整装置中首先采用铂铼钛重整工艺。

——1983年，在含硫污水处理工艺上，在国内同行业中首先开发应用双塔汽提工艺，减少含硫污水对污水处理场的冲击。

——在硫黄回收尾气处理上，在石化行业首先开发采用含硫尾气加氢还原-水解新工艺，不仅解决了含硫尾气的污染问题，每年还可回收大量硫黄。

——1987年，在国内同行业中首先采用环烷酸污水萃取处理科研成果，解决了环烷酸污水无法处理的老大难问题。

——1989年，在国内同行业首先设计小鹤管密闭装车工艺，减少了污染，改善了工人劳动条件。

第二节　转换机制，迈向市场，驶入发展快车道（1994—2003年）

1994年3月10日，胜利炼油厂设计所更名为胜利炼油设计院（简称胜炼设计院），主要负责胜利炼油厂基建、技措、检修项目和生活设施的设计以及对外委托设计任务。在完成胜利炼油厂设计任务的前提下，对外承揽设计业务，实行有偿服务。

此期间，设计院按照“自主经营、自负盈亏、自我约束、自我发展”方针，从胜利炼油厂分流成为集体企业，取得营业执照，有了收费资格。随着地方经济和炼油企业的发展，设计院积极走向市场承揽项目，职工的市场意识增强了，积极性调动起来，同时锻炼了职工队伍，积累了设计经验，为企业改制打下坚实基础。

一、攻坚克难走向市场

1994年以前，由于胜炼设计院不具备法人资格，没有独立的财务管理，对外开展技术服务受到极大制约。随着改革开放深入和经营体制的转换，1994年5月30日，胜利炼油厂与设计院签订《承包经营协议书》，设计院成为“自主经营、自负盈亏、自我发展、自我约束”的经济实体。从胜利炼油厂分流，由完全依赖企业拨款，变成独立经营、自收自支、自负盈亏的企业法人，由封闭的设计转为向社会开放。同时，根据会计业务需要，设置会计机构，配备专职会计人员，并按照国家统一会计制度规定建章立制，进行独立的会计核算。当年底，设计院工程设计收费资格申请获齐鲁石化公司胜利炼油厂、中国石油化工总公司工程建设部批准。

胜炼设计院虽从胜利炼油厂分流成为企业法人，但其设计任务大部分来自胜利炼油厂，设计任务大都为技措、检修等小项目，其计划又受到生产、检修周期制约，计划均衡性较差，且投入多、产出少，对于仅100余人的乙级设计院，在独立核算的情况下，成本支出及税金近90%，企业缺乏积累，缺少自我发展的后劲。同时，由于与先进设计院在质量管理上存在较大差距，打入国际市场的难度较大，这些问题阻碍了设计院的发展。

面对严峻形势和困难，胜炼设计院不拘泥于现状，他们充分利用自身优势，深入现场了解装置的技术特点和薄弱环节，逐渐掌握炼油整体工厂的设计，使自己在国内炼油设计行业占有一席之地，为“立足炼油、走出齐鲁”奠定基础。1995—2002年，设计院先后完成胜利炼油厂30余套大、中型炼油装置的设计，完成各类设计项目2000余个，累计投资20余亿元。

1995年1月，胜利炼油厂加工进口原油优化乙烯原料炼油改扩建工程，总投资30余亿元，设计院承担该项目5个分项多套装置单元改造和全部油品储运、公用工程项目设计，设计能力和水平得到较大提升。1997 年 2 月，设计院承接大庆油田化学助剂厂二次加工 180 万吨/年 ARGG 工程 4000 吨/年硫黄回收装置，该项目第一次运用自主开发的无在线炉硫黄回收技术，效果良好。2001 年 4 月，承揽山东海化集团 40 万吨/年重油综合利用工程，是首次承担大循环比焦化装置设计项目。2002 年 8 月，设计院设计的齐鲁石化公司胜利炼油厂第二硫黄回收及尾气处理装置项目获中国石化优秀工程设计一等奖。

二、着力推进技术进步

大胆探索，积极尝试，努力推进技术进步。1993 年，设计院自行开发的油罐浮舱及铝浮顶达到国内先进水平。1995 年，设计院完善减压系统设计，消化吸收国外先进技术，技术水平居国内领先。1997 年，在吸收胜利炼油厂 3 套硫黄回收及尾气处理装置长期运行实践的基础上，设计院自行开发的无在线炉硫黄回收工艺技术全面达到并超过国外同类技术水平。1998 年 1 月，研发的延迟焦化装置用新型水力除焦系统程控技术及设备项目获中国石油化工总公司科学技术进步一等奖。同年 12 月，启动大型硫回收成套技术国产化攻关项目，这是齐鲁石化公司独立承担的中国石油化工集团公司“十条龙”攻关项目，设计院将先进的无在线炉硫黄回收技术应用于该项目。2000 年 11 月，设计的胜利炼油厂新建 8 万吨/年硫黄回收装置产出合格产品，硫黄生产能力达 13 万吨/年，位列全国最大的硫黄生产基地之一。2001 年 11 月，与齐鲁石化公司及下属研究院共同完成的硫黄回收成套国产化技术，通过中国石化组织的技术鉴定，达到国际先进水平。

第三节 抢抓机遇，改制分流，实现跨越式发展（2004—2019 年）

2004 年 4 月，胜利炼油设计院改制成为民营企业，更名为山东三维石化工程有限公司。企业从根本上转变经营机制，实现跨越式发展。改制后，三维工程主要开展了 3 项工作。一是由单纯从事设计业务转向工程总承包；二是在稳定石化市场的前提下，快速进入煤化工市场，并逐步走向国际市场；三是成功实现上市目标。这关键的三步使企业实现鲤鱼跳龙门，发生质的飞跃。改制 15 年来，三维工程净资产从改制时补助补偿额不足 500 万元达到 12 亿元，累计为国家上缴税费 7.29 亿元、为股东分红 3.9 亿元，体现了全力回报社会、回报股东的企业宗旨。同时，通过上市募集到发展所需要的充足资金，改善了资本结构，企业实现跨越式发展。

一、改制分流开启发展新征程

2000 年后，随着市场经济的飞速发展，国家对设计院提出了事业单位全部改为法人的市场化要求。地处沿海开放城市的设计院，凭借地域优势和政策优惠，先后实行体制改革，企业快速发展壮大。外面优美的环境和优厚的待遇对胜炼设计院员工产生巨大吸引力，加上齐鲁石化公司内退减员，胜炼设计院技术骨干陆续流失。严峻的形势使领导班子深刻认识到，要想摆脱困境，谋求发展，只有抢抓机遇，通过改制分流，建立新的经营机制，与市场经济接轨。

2003年3月，齐鲁石化公司出台《齐鲁石油化工公司国有单位改制分流实施办法》，胜炼设计院按照上述要求，结合自身为集体企业、职工为全民所有制的实际情况，制定并上报改制分流初步方案。按照改制分流要求，胜炼设计院成立改制分流工作小组，进入改制程序。其间，按照改制规定程序开展了资产清查、财务审计、资产评估、地籍测绘、土地评估等工作。8月13日，胜炼设计院召开改制分流动员大会，全院职工对是否参加改制以实名制方式投票表决并获通过。

2004年2月，中国石化批复同意胜炼设计院改制分流初步方案，确认胜炼设计院参加改制的职工补偿补助转换股权额429.61万元，占企业股份总额的86.96%；设置经营者岗位激励股64.44万元，占企业股份总额的13.04%。3月，国务院国资委下发《关于中国石油化工集团公司主辅分离辅业改制分流安置富余人员总体方案的批复》，批复包含胜炼设计院在内的中国石化主辅分离、改制分流安置富余人员总体规划和方案。依据该方案，胜炼设计院在吸收参加改制全民所有制职工补偿补助净资产（含设置经营者岗位激励股所需净资产）、职工现金出资的基础上，改制组建山东三维石化工程有限公司。4月15日在山东省淄博市工商局注册成立，取得企业法人营业执照，法定代表人曲思秋，注册资本768.79万元，为有限责任公司。5月13日，胜炼设计院参加改制分流的80名职工与齐鲁石化公司解除（终止）劳动合同关系，并与三维工程签订三年以上劳动合同。6月18日，三维石化工程有限公司挂牌成立。

体制机制的转换为企业带来巨大活力，开启了走向市场的新航程！由国有身份转换为民企身份的员工同时成为股东，奔向市场经济的大潮。

二、成功上市实现历史性跨越

随着公司总承包业务的发展，资金瓶颈日益显现，如何通过资本市场解决这一难题，并使公司迈上更高的台阶，上市成为三维人的梦想。

2007年12月26日，三维工程由有限责任公司整体变更为股份公司，从一个“资合人和”的企业变成“公众公司”。这是公司体制的又一次重大改革，公司的发展方向进一步明确。当年10月，根据总承包业务快速发展的需要，适时启动上市程序。经过3年不懈努力，2010年9月8日，三维工程在深圳中小企业板成功上市，募集资金5.6亿元，实现与资本市场的对接，成为石油石化行业民营股份制工程公司首家上市公司。上市使公司治理结构更加规范，解决了资金瓶颈问题，扩大了影响力，为公司发展提供更为广阔的舞台。

坚持内生式增长和外延式扩张并举。2012年9月，公司收购青岛联信催化材料有限公司60%股权，青岛联信成为三维工程控股子公司。2014年4月，与山东隆众信息技术有限公司、淄博联豪网络科技有限公司共同出资设立上海志商电子商务有限公司，三维工程持股占比39%。2015年6月，在大连市成立全资子公司——中油三维（大连）能源有限公司；10月，与哈尔滨博实自动化股份有限公司及相关自然人达成协议，共同认缴出资设立青岛维实催化新材料科技有限责任公司，三维工程持股占比51%。2016年12月，与中国科学院山西煤炭化学研究所科研团队成员及荆宏健达成协议，共同出资设立山西中科三维能源技术有限公司，三维工程持股占比54.55%。2017年3月，与北京锦龙恒业水务科技有限公司达成协议，共同出资设立青岛三维人和环保投资有限公司，三维工程持股占比40%。截至2019年底，三维工程拥有5个分公司和1个节能环保工程技术研发中心，分布在青岛、天津、内蒙古、上海、阿联酋阿布扎比和北京；4个控股子公司和1个全资子公司。这些举措不仅完善了国内布局，并走向世界，延伸了产业链。

三、市场开发取得重大突破

2003年，三维工程审时度势，提出“立足石化、向煤化工进军”的口号，在稳定石化市场的前提下，快速进入煤化工市场，并逐步走向国外市场。面对国内外激烈的竞争，秉持“规范、诚信、竞争、共赢”的经营理念，积极为业主提供最优化的设计、最优质的工程和服务，赢得客户依赖，为公司可持续发展拓宽道路。

2004年8月，三维工程与中国石化齐鲁分公司签订600万吨/年孤岛高硫高酸原油加工技术改造胺液再生及焦化干气脱硫工程总承包（EPC）合同，项目投资2700万元，于12月31日实现中交，2005年7月8日开工投产。2004年11月，与中国石化齐鲁分公司签订鲁皖输油管道工程齐鲁首站总承包（EPC）项目合同，项目投资5673.52万元，2005年5月25日项目实现中交，12月24日一次投用成功。2007—2008年，公司陆续承揽中国石油乌鲁木齐石化分公司1万吨/年硫黄回收装置总承包（EPC）项目、中国石化齐鲁分公司重油深加工及安全隐患治理技术改造第三硫黄回收装置扩能改造总承包、中国石油广西石化1000万吨/年炼油工程硫黄回收总承包等项目。2008年7月，总承包（EPC）神华包头煤化工有限公司煤制烯烃项目硫黄回收装置，这是三维工程在煤化工领域承揽的第一个工程总承包项目，扩大了在该领域的影响力。

2011年10月，总承包（EPC）中化泉州石化有限公司1200万吨/年炼油项目38万吨/年硫黄回收联合装置项目，合同额7.78亿元，2013年7月联合装置机械竣工。该装置是当时石化行业最大的硫黄回收装置，也是三维工程对外合同额最大的总承包项目，三维工程总承包能力得到业主认可。

2012年4月，公司承揽烟台万华环氧丙烷及丙烯酸酯一体化项目LPG精制及丁烷异构装置，这是国内首套采用UOP公司工艺包设计的项目。2013年6月，与神华宁煤签订400万吨/年煤间接液化硫黄回收装置EP项目合同，这是国内煤化工领域单系列硫黄回收装置规模最大的总承包项目。同年10月，与中海石油炼化有限责任公司惠州炼化分公司签订二期2×12万吨/年硫黄回收装置基础设计和详细设计合同，这是首次参与中海石油炼化有限公司硫黄回收项目。2014年11月，总承包（EPC）中国石化齐鲁分公司第一硫黄回收装置安全隐患治理技术改造项目，项目于2014年7月15日开工建设，2015 年 2 月 15 日实现高标准中交，历时 215 天，创出国内同类装置建设速度最快、开车一次成功的新纪录。高峰时期三维工程为项目垫资 2 亿元，总承包优势得以较好发挥。

2015 年 3 月，三维工程公司承揽恒力石化（大连）炼化有限公司 2000 万吨/年炼化一体化硫黄回收联合装置工程设计，其中 65 万吨/年硫黄回收装置是国内炼油行业规模最大的硫黄回收装置。2016 年 3 月，总承包（EPC）中广核太阳能德令哈有限公司 50 兆瓦项目储热传热系统项目，为中国首个大型商业化光热示范电站，业务进入清洁能源领域，项目于当年 4 月开工建设，2018 年 6 月汽轮机发电并网成功。

2017 年 1 月，三维工程公司总承包中国石化齐鲁石化分公司第一、第二污水处理场污水达标升级技术改造项目，系大型污水处理项目，12 月项目实现中交。4 月，承揽中国石化齐鲁分公司油品质量升级碳四资源综合利用技术改造设计项目，项目包含的 40 万吨/年烷基化装置是国内规模最大的烷基化装置，单台反应器能力达 20 万吨/年烷基化油。

2018 年 1 月，三维工程公司与山东润银生物化工股份有限公司签订航天超大型粉煤气化示范项目净化装置和公用工程设计合同。9 月，承揽恒力石化（大连）化工有限公司 150 万吨/年乙烯工程项目污水处理场工程设计，处理规模 1000 吨/时。2019 年 5 月，与中国石化齐鲁分公司签订胜利炼油厂南区气柜安全环保隐患治理项目设计合同，橡胶膜密封干式气柜规模 2 万立方米。8 月，与中国石化天津分公司签订炼油产品结构调整及油品质量升级改造项目 200 吨/时酸性水汽提单元总承包（EP）合同。9 月，承揽淄博包钢灵芝稀土高科技股份有限公司 2.5 万吨/年氯化稀土冶炼分离和 1.5 万吨/年稀土应用新材料转型升级搬迁入园项目设计，系三维工程首次承接稀土行业工程设计。

至此，三维工程公司业务涵盖石油化工、煤化工、市政、环保、新材料、新能源、民建等领域，客户遍布中国石化、中国石油、中海油、中化集团、中国化工、中国神华、大唐集团、中广核等央企和地方炼油化工、煤化工企业。

四、积极开拓国际市场

2006 年以来，三维工程积极走出国门。

2006 年 10 月，与中国化学建设总公司签订泰国 2 万吨/年二硫化碳项目硫黄回收装置总承包（EP）合同，是三维工程签订的第一个国外 EP 合同。2007 年 12 月，承揽哈萨克斯坦巴赫特有限责任公司 500 千吨/年炼油工程（一期）项目，是首次承揽国外全厂性设计项目。2009 年 12 月，山东省商务厅赋予三维工程对外承包工程资格，可对外派遣实施境外工程所需的劳务人员。

50 年来，三维工程完成多个全厂性项目和 400 余套炼油化工装置的设计，具备为千万吨炼油配套油品储运、公用工程和系统配套的设计能力。截至 2019 年底，三维工程设计或工程总承包的硫黄回收装置 171 套，硫黄回收规模达 720 万余吨，在硫黄回收领域拥有最高的市场份额。工程总承包项目 71 个、合同额 55 亿元，为国家石油化工、煤化工和节能环保事业作出巨大贡献。

五、工程设计成果丰硕

随着工程勘察设计水平的逐年提高，三维工程公司企业核心竞争力不断增强。

2006 年 3 月，公司参与设计的中国石化齐鲁分公司胜利炼油厂 140 万吨/年延迟焦化装置技术改造获中国石化优秀工程设计二等奖；2007 年 12 月，设计的中国石化齐鲁分公司 600 万吨/年孤岛高硫高酸原油加工技术改造第四污水汽提装置改造获中国石油和化工勘察设计协会化工行业优秀工程设计二等奖。2008 年 5 月，设计的大连西太平洋石油化工有限公司 10 万吨/年硫黄回收及尾气处理装置项目获中国石化优秀工程设计二等奖。2010 年 12 月，设计的大连西太平洋石油化工有限公司 8 万吨/年硫黄回收工程被确认为国家重点环境保护实用技术示范工程。

2013 年 10 月，公司参与总承包建设的中国石油广西石化 1000 万吨/年炼油项目在第 27 届国际项目管理协会（简称 IPMA）国际项目管理全球大会上，获 IPMA 国际卓越项目管理最高奖——特大型项目金奖。2014 年 2 月，总承包的中国石化济南分公司 5000 吨/年硫黄回收装置技术改造项目被评为中国石化优质工程。2015 年 7 月，承建的中国石化齐鲁分公司硫黄回收装置安全隐患治理技术改造项目获山东省总集成总承包示范项目；总承包的中化泉州 1200 万吨/年炼油项目 38 万吨/年硫黄回收联合装置项目被评为全国化学工业优质工程。9 月，参与设计的中国石油独山子石化改扩建炼油及新建乙烯工程获全国工程建设项目优秀设计成果一等奖，11 月获国家优质工程金质奖。

2016 年 12 月，公司参与总承包的中化泉州 1200 万吨/年炼油项目获国家优质工程奖。2017 年 1 月，总承包的中国石化齐鲁分公司第一硫黄回收装置安全隐患治理技术改造项目被评为中国石化优质工程；8 月，设计的烟台万华 PO/AE 一体化项目 LPG 精制及丁烷异构装置项目获山东省优秀工程勘察设计成果一等奖。8 月，参建的神华宁煤集团 400 万吨/年煤炭间接液化项目被评为全国化学工业优质工程。2019 年 1 月，总承包的中国石化齐鲁石化分公司炼油第一、第二污水处理场污水达标升级技术改造项目获评中国石化优质工程。7 月，设计的中国石化青岛炼油化工有限责任公司 10 万吨/年硫黄回收及尾气达标装置获评中国石化优质工程设计二等奖。

截至 2019 年底，三维工程获国家、中国石化、山东省优质工程奖项目 6 个，IPMA 国际卓越项目管理特大型项目金奖 1 个，山东省总集成总承包示范项目 1 个。

六、科技创新提升核心竞争力

多年来，三维工程公司积极推进技术创新，努力提升自主研发能力。

三维工程上市后，耗资近亿元在北京成立节能环保工程技术开发中心，以此吸引人才、开展工程技术研发与交流合作。与中科院、中国石油大学、天津大学、青岛科技大学等建立长期稳定的合作，与 SEI 等工程公司建立战略合作关系。从自主开发硫黄回收工艺技术到国内最大的硫黄回收设计、建设服务商，三维工程具有世界先进水平的硫黄回收工艺和工程技术，拥有具有自主知识产权的石油化工技术，被山东省科学技术厅等部门认定为高新技术企业。

2009—2010年，三维工程公司自主研发的含硫污水汽提工艺技术、石油化工行业橡胶膜密封干式气柜设计技术、无在线炉硫黄回收及尾气处理工艺技术、溶剂再生工艺控制技术，被中国石油和化工勘察设计协会认定为专有技术。其中，无在线炉硫黄回收及尾气处理工艺技术投资省、占地少、能耗低、设备国产化率高，一举打破硫黄回收技术依赖进口的局面，为国家节省大量资金，使三维工程蜚声海内外。2012年，该技术被中国环境保护协会认定为国家重点环境保护实用技术；2014年入选科技部、环境保护部《大气污染防治先进技术汇编》。

2011年12月，依托三维工程建立山东省硫黄回收工程技术研究中心。2012年4月，三维工程公司承担国家“863计划”课题化工行业VOCS和H_2S回收治理技术与应用任务，该课题所属工业废气净化与资源化技术及示范项目，由中国科学院生态环境研究中心承担，三维工程参与研发。这是三维工程参与承担的第一个“863计划”项目，是科技进步的历史性突破。10月，与控股子公司青岛联信合作完成神华宁夏煤业集团有限责任公司400万吨/年煤间接液化项目耐硫变换（一氧化碳变换）工艺包，该技术由青岛联信自主研发。2013年7月，与成都华西化工科技股份有限公司合作研发SWSR-1新型硫黄回收工艺技术，2015年9月该技术获国家发明专利。

2014年6月，三维工程公司与中国科学院山西煤炭化学研究所签署战略合作协议与技术开发合作合同，构建产学研相结合的长期合作平台，启动首个合作项目醋酸加氢制异丙醇联产丙酮技术开发与产业化。7月，基于国家煤化工行业研发的煤化工酸性气体硫黄回收技术，被确认为国家重点环境保护实用技术；应用该技术的总承包（EPC）项目神华包头煤制烯烃硫黄回收工程，被确认为国家重点环境保护实用技术示范工程。2017年12月，SWSR-2硫黄回收技术、钠镁湿法催化裂化烟气脱硫技术，被确认为国家重点环境保护实用技术。2018年3月，总承包中国石油四川石化有限责任公司5万吨/年镍系顺丁橡胶装置技术升级项目，采用三维工程控股子公司自主开发的钕系稀土橡胶工艺技术，填补国内空白。2019年11月，牵头承担的化工行业酸性废气的资源回收及高值利用技术与应用项目入选山东省重点研发计划，获科技专项经费1465万元。

2014—2017年，SWSR-1硫回收装置及工艺技术开发等10项技术，被认定为山东省技术创新项目；2019年，石油化工硫黄回收加热炉工程技术开发等3项技术，被认定为山东省技术创新项目。

截至2019年底，三维工程共获专利授权59件。其中，发明专利23件、实用新型36件；有效专利47件。拥有中国石油和化工勘察设计协会认定的专有技术4项。获国家、省部级优秀设计（含工程咨询）奖98项、国家重点环境保护实用技术及示范工程6个、中国石化科技进步奖1项、山东省技术创新项目13个。三维工程核心竞争力不断提高，为实现可持续发展奠定坚实基础。

（山东三维石化工程股份有限公司　谷元明）

继往开来绘蓝图　扬帆奋进新时代
——中国医药集团联合工程有限公司发展纪实

1969 年，为支援“三线建设”，化工部发文成立湖北制药厂设计室，中国医药集团联合工程有限公司（简称国药工程公司）的前身应运而生。50 年来，国药工程公司先后几度迁址和易名，从一个仅有十几人的药厂设计室发展成为具有相当规模与实力，员工 1000 多人，为国内外制药企业提供医药工程咨询设计、工程总承包、GMP 验证等全过程技术服务的国内医药工程技术领域的排头兵和标杆企业。

50 年发展所展现的正是国药工程公司与新中国医药工业共同成长、共同发展的历史画卷。

第一节　设计室·创业篇（1969—1977 年）

20 世纪 60 年代，为响应中央“三线建设”的号召，在湖北省构成襄阳、十堰、宜昌三地为中心的三角形工业格局，大力开展新建、迁建、扩建一大批厂矿工业、科研院所及基础设施。这一时期“三线建设”极大促进了中部地区经济的发展，对我国工业的发展影响深远。

1968 年，经化工部和湖北省计划委员会、襄樊市政府批准，在襄樊市襄阳北郊周家冲的铁帽山下，开始筹建湖北制药厂。1969 年，为了加快湖北制药厂的建设进度和加强技术人才力量培养，湖北制药厂设计室（当时隶属化工部）应运而生。设计室成立初期，一批具有丰富经验的华北制药厂、东北制药厂、太原制药厂等国内大型制药企业的技术专家与业务骨干支援湖北省“三线建设”，他们同刚刚走出校门的青年学子们一起积极响应党和国家的召唤，放弃在大城市里的优越生活，克服极端恶劣的自然条件，发扬“下雨当流汗、刮风当电扇”创业精神，满怀革命理想和建设新中国的豪情壮志，为我国的医药工业建设和人民健康奉献出青春和汗水。

经过 10 多年建设，湖北药厂成为当时湖北省规模最大、品种最全的原料药和医药制剂综合性的制药企业，是国家精神类药品和计划生育药品的定点生产企业。80 年代鼎盛时期，湖北制药厂共创国优产品 2 个，部优产品 5 个，省优产品 21 个。与此同时，湖北制药厂设计室在完成本厂的一、二期建设工程设计任务的同时，不断提高自身工程设计能力、初步搭建设计管理体系、加强人才队伍建设，从成立之初 10 多人的设计小组迅速发展到 60 多人规模的设计室，设计人员通过“药厂建设”的工程实践和技术积累，其专业能力和设计经验取得长足进步。

这一阶段，设计室还积极为省内外的医药企业提供设计、咨询服务，先后主持、参与了北京同仁堂蜜丸制剂车间、武汉制药厂、武汉抗菌素厂、宜昌制药厂、空军第三医院制剂室等项目的设计工作，同时为襄樊市属大型企业襄樊热电厂、襄樊卷烟厂等提供设计咨询服务，为中国医药工业和湖北省、襄樊市的经济发展作出突出贡献。

第二节 设计院·成长篇（1978—1999年）

1978年12月，党的十一届三中全会拉开了中国改革开放时代的序幕，中国经济发展进入加速期。为快速提高我国医药工业发展水平和不断满足人民群众身体健康需要，国家医药管理局根据战略规划要求，研究并报国家计划委员会批准，于1984年12月19日正式发文成立国家医药管理局武汉医药设计院（简称武汉医药院）和国家医药管理局重庆医药设计院（简称重庆医药院），两院的组建对中国医药生产的专业化、规范化发展起到重要推动作用，同时也为2002年设计院组成现代化工程公司奠定基础。

武汉医药院成立后至20世纪末的16年间，正是我国勘察设计行业解放思想、改革探索、长足发展的“市场化、企业化”时期。在此期间，企业经历过拼搏市场的艰难与无奈，经历过内部改革的冲击与痛苦。院领导班子带领广大干部职工积极探索、改革，促进体制机制的深刻转变，开启了市场化的转型之路。

10多年来，广大干部职工的思想观念明显转变，紧紧围绕解放和发展生产力，积极探索建立现代企业制度，在体制、观念、管理方面均发生了重大变化，并逐渐形成了一整套比较完备的医药生产企业的设计技术规范与设计管理体系，培养造就出一大批行业专家队伍，奠定了设计院在医药行业中的领先地位。

在体制上，从成立之初的事业编制单位企业化管理的模式逐步向科技型企业过渡，同时依靠自身努力解决了生存和发展。

在内部改革上，积极进行机制体制改革，加快市场化进程，重点实施了劳动、人事、分配三项制度改革。在劳动、人事改革方面实行岗位合同制和岗位工资制，建立竞争上岗的用人机制。在分配制度上实行以设计项目为单位，对工作量进行量化考核的奖金分配制度，以此调动设计人员的积极性。

在管理方式上，不断学习应用国内外先进的管理理念和模式，推行企业全面质量管理，严格按照ISO 9001标准的要求，创立和不断完善质量管理体系。

经过多年的发展和积累，武汉医药院逐步成为集工程设计、工程咨询、工程监理、项目管理、医药工程总承包于一体的具有多项甲级资质的设计咨询企业。业务范围涉及医药化工石化、建筑、市政公用行业（给水、排水、环境卫生）、轻纺行业（食品发酵烟草）工程设计、工程咨询、工程监理、工程总承包及特种设备（压力容器和压力管道）设计等，其综合实力在国内医药设计院中稳居前茅。

第三节　公司·奋进篇（2000—2019 年）

2000 年 12 月，根据《关于中央所属工程勘察设计单位体制改革实施方案的通知》（国办发〔2000〕71 号文件），武汉医药院、重庆医药院移交中国医药集团总公司管理，开始实行企业化运作。2001 年更名为中国医药集团武汉医药设计院和中国医药集团重庆医药设计院。

2002 年 6 月，为整合中国医药集团内部的设计资源，强化市场协同机制，打造国内医药工程技术服务领域第一品牌，中国医药集团总公司成立中国医药集团联合工程有限公司，武汉、重庆两院成为国药工程公司的全资子公司。

2012 年 11 月国药工程公司整体吸收合并武汉医药院，实现由管控型总部向实体运营管控型总部的转变，同时积极实施“由传统设计院向以设计为核心、为医药工程建设提供全过程技术服务的综合性工程公司”的转型发展战略，并在转型过程中实现了跨越式发展，成为国内医药工程技术领域的排头兵和标杆企业。

2000 年以来，国药工程公司不断巩固在国内医药工程设计领域的标杆地位，以咨询设计为根本，探索出由单一设计企业向工程公司转型升级的发展之路。公司具有国内医药工程服务行业最为齐全的工程技术服务资质，并专注致力于为国内外客户提供医药工程咨询设计、工程总承包及 GMP 验证整体解决方案等全过程的技术服务。

国药工程公司拥有员工 1000 余人，其中国务院特殊津贴专家 10 人，行业设计大师 3 人，各类注册、执业资格人员达 300 余人次，构建了国内最为完备的医药工程专业技术团队。在 50 年的历史发展进程中涌现了中国勘察设计大师冉天寿、全国“五一”劳动奖章和湖北省“五一”劳动奖章获得者周洁、全国医药行业先进工作者许继辉、等一批先进人物，他们严谨求实、造诣深厚、传道授业、乐于奉献，为国家医药健康事业的发展进步作出了彪炳史册的贡献。

国药工程公司不断加大市场开拓力度，坚持“高大全”的市场战略，多年来专心、专注于医药工程高端项目、国内大型医药企业和医药园区的建设项目，并积极提升自身能力，致力于为客户提供全过程的医药工程技术服务。

通过多年的市场开拓和深耕细作，公司与国内绝大多数医药工业百强企业建立战略合作伙伴关系，市场占比居行业首位。50 年来，先后完成各类医药工程项目 6000 余项，设计规模连续保持行业首位。先后主编、参编国家行业规范 21 项，行业标准制定数量居行业首位。累计获得国家级优秀设计奖 12 项，省部级优秀设计奖 120 余项，获奖数量居行业首位。

近 20 年来，通过不断激发公司高质量发展的活力和动力，在公司转型发展、跨越发展道路上高歌猛进。

*加强传统业务和新兴业务的协调发展。*在实施业务转型进程中，国药工程公司主动适应行业发展新常态，制定了“由传统设计院向以设计为核心、为医药工程建设提供全

过程技术服务”的转型的发展战略，围绕“做强做优传统设计、做大做实工程总包”业务主线，扎实推进业务转型，实现双轮驱动发展。通过强化工程业务内部作业标准与流程建设，持续提升以设计为核心的EPC工程总承包及项目管理能力和价值创造能力。

2014年，公司工程板块（工程总包及项目管理）业务收入首次超过设计咨询业务收入。2016年，公司工程业务收入占营业收入的比重达到61.92%，业务转型初见成效。2018年，工程板块业务收入占总收入的比重达到73.55%。2019年工程板块新签合同额同比增长71.74%。在“十三五”期间，国药工程公司营业收入复合增长率达27.1%，利润总额复合增长率18.9%，进一步巩固了国药工程公司在医药工程服务行业第一的地位。

*不断优化区域布局，完善产业链。*加强区域布局和不断充实、完善产业链是国药工程公司实现“十二五”“十三五”战略目标的重要路径。通过在华东、华南等医药发达地区的布局，打造在高端医药工程领域的窗口和名片。

国药工程公司在2009年设立了上海分公司，2011年设立了广州分公司，公司区域战略布局日趋完善。为适应业务模式和市场形势的变化，分别于2013年、2014年、2018年通过对外合作方式成立了国药奇贝德（上海）工程技术有限公司、国药工程公司（武汉）信息与控制技术有限公司和国药国瑞泰（武汉）流体系统有限公司，进一步充实和完善了EPC工程总承包产业链条，形成屹立华中、辐射全国的业务布局。

国药工程公司总部设11个职能部门，下属全资子公司1家、控股子公司3家、分公司2家，基本形成了现代工程公司的组织架构。

*加强机制创新，助力核心业务发展。*在转型发展道路上，国药工程公司注重发挥机制创新引领作用，以混合所有制改革为契机，同时结合自身转型发展实际，在大力发展工程总承包业务背景下，通过新增验证（GMP）、自控工程、流体工程等业务，与公司原有的设计、工程总包等业务有机结合，在持续完善医药工程全产业服务链条，不断提升企业核心竞争力，最大限度地发挥国药工程公司的品牌、资源和市场优势的同时；提高国有资本效率，不断增强企业发展活力。随着验证、自动化控制、流体工程等新业务的顺利开展，国药工程公司全产业服务链优势日渐显现。

在市场经营过程中，公司各业务板块多方联动、协同发力，业务板块的高效协同极大地带动了市场开拓和经营的快速发展，使得公司在国内医药工程服务领域的行业影响力和品牌知名度进一步提升。

*培育核心竞争力，打造发展优势。*为巩固国药集团在国内医药工程技术领域的核心竞争优势，2013年中国医药集团工程技术研究中心落户在国药工程公司总部，承担和完成了与开发新技术、新工艺、新设备等相关的节能减排、环保技术、安全卫生、自动化工厂、绿色工厂、装配式建筑、海绵城市和信息化、数字化、智能化等技术课题，在重点技术与产业领域掌握了一批核心技术和自主知识产权。

完成国药集团新产品开发基金项目11项，技术研究与开发课题200多项，获得专利授权40项，软件著作权登记24项，自主开发了“原料药生产氮气保护设计技术”等23项专有技术。这些研发成果已在医药行业成功推广应用，极大地增强了国药集团和国药工程公司在医药工程技术领域的软实力和技术优势。

国药工程公司通过主编 12 项国家标准、参编 9 项国家标准，成为国内医药工程建设领域中参与制定标准最多的企业，对促进我国医药工程设计的系统化、规范化和现代化进程发挥了积极引领作用，掌握了行业标准制定的“话语权”，为国药工程公司的可持续发展提供核心竞争力。

公司成立以来，先后荣获国家、省部级优秀工程咨询、工程设计和科技进步等各类奖项 120 余项，其中国家优秀设计奖 10 余项，居医药工程服务行业首位。

创新管理模式，实现运营一体化。通过创新一体化运营协同管理模式，不断完善总部与各分子公司间的业务、资源、市场等的全面协同，打造信息化平台建设（经营管理系统、设计管理系统、图档系统、OA 系统等），搭建内部资源互享、信息互享机制，提高经营管理效率。总部各职能部门通过对各分子公司、事业部的人事、财务、市场、客户等核心资源等统一协调管控，推动各业务板块的协同发展。通过已建立的统一技术质量标准、信息化平台，公司总部各事业部、各分子公司根据公司整体战略，分别承担设计、工程总承包、工程监理、设备安装、咨询验证等具体业务，内部整体协同效果明显。

深化国际交流，加强对外合作。为落实“一带一路”倡议和“走出去”战略，在“十三五”期间，公司积极开展国际化经营，设立国际项目部（主要针对国内外资投资高端项目及国外项目），并按照国际通行的模式、程序和标准，完善公司国际业务生产经营模式，积极探索开展与国际知名药企、概念设计公司、国际化工程公司的合作，不断丰富交流内容，提升国际合作层次。

公司先后与辉瑞（Pfizer）、阿斯利康（Astra Zeneca）、赛金（Sagent）、费森尤斯-卡比（Fresenius-Kabi）、药明康德、Biopharmax、Synertec Asia、味之素（AJINOMOTO）、大冢（Otsuka）等几十家国际公司进行交流及合作，为积极“走出去”拓展新的发展空间作出积极有益的探索，为公司未来经营发展和国际化战略布局奠定基础。

加强人力资源精细化管理，提升竞争力。作为科技型企业，国药工程公司始终坚持以人为本，充分尊重并积极搭建员工施展才华的平台。

——事业留人。完善经营管理、专业技术多序列并存的职业发展通道，通过业务及管理模式创新，一大批青年才俊了走上了管理和业务关键岗位。

——待遇留人。持续优化规范绩效考核和薪酬激励措施，强调绩效考核与薪酬的联动，全员签订年度绩效合同并强化考核结果运用，构建富有行业竞争力的薪酬体系。

——感情留人。采取岗前培训、专业（内、外）培训与导师传、帮、带跟踪培训相结合等模式，提升员工综合能力，增强员工富而思源的感恩意识、坚定不移的执行意识。

国药工程公司通过人力资源精细化管理进一步深化了企业人力资源管理体系，实现了人力资源管理的全面性、科学性、精准性，打造了一支高效人才队伍，提升了企业的核心竞争力。

政治引领、党建先行，开创新时代发展新局面。党的十八大以来，公司党委以习近平新时代中国特色社会主义思想为指导，紧紧围绕新时代党的建设总要求和新时代党的组织路线，始终坚持政治引领、党建先行的思想，把加强党的集中统一领导，作为推进公司各项工作的首要原则和根本保证。国药工程公司党委坚持“围绕经营抓党建，抓好党建促经营”，以集团年度党建工作要点为指引，深入推进党建工作及各项重点工作任务的落实，为公司持续高质量发展、在新时代实现新跨越提供坚强政治保障。

海阔凭鱼跃，天高任鸟飞。习近平总书记在十九大报告中提出了“健康中国”发展战略和宏伟蓝图，给医药健康产业规划了广阔的前景和发展空间。

50年的栉风沐雨，50年的春华秋实。在国药集团的领导下，在广大的客户和各界朋友的信任与帮助下，在国药工程公司全体干部员工的共同努力下，国药集团一定能够百尺竿头、不辱使命，为我国医药健康事业的发展再创新的业绩，再铸新的辉煌。

（中国医药集团联合工程有限公司　张长银、郭光宇）

洞庭波涌振长风
——长岭炼化岳阳工程设计有限公司发展纪实

洞庭湖畔，长江之滨，驼鹤山下，高耸入云的炼塔、纵横逶迤的油龙、鳞次栉比的高楼、宽广美丽的大道……现代化的长炼十里油城，无不凝聚着长岭炼化岳阳工程设计有限公司工程设计人的心血、青春和智慧。他们正是从这里出发，继承“艰苦奋斗、争创一流”的长炼精神，发扬锐意改革、勇于开拓的时代精神，依靠科技进步、科学管理，专注于煤焦油加氢改质、油浆过滤、酸性气制硫酸、各种炼油催化剂、柴油非临氢降凝、电脱盐及主风机入口过滤器等的设计，把一个隶属于长岭炼油厂的设计室，经历设计处、设计所、设计院等阶段，发展为集工程总承包、工程设计、工程咨询、工程监理于一体的市场遍布全国乃至海外的工程设计公司、湖南省高新技术企业、岳阳市石油化工清洁生产工程技术研究中心。

47 年来，公司紧跟着共和国石油工业发展和改革开放的坚实脚步，破茧成蝶、凤凰涅槃，铸就了今天的美丽。

第一节　筚路蓝缕开基业（1973—1992 年）

一、简要历程

湖南长岭炼油厂始建于三线建设高潮时的 1965 年，建成投产于 1971 年 5 月 7 日。1973 年 6 月，伴随长岭炼油厂建成投产的强劲脉搏，一个以石油部抚顺设计院（中石化洛阳设计院前身）设计服务连为班底而组建，服务于炼厂技改检修和工程建设的不到 40 人的小型设计室应运而生。1984 年 4 月，设计室更名为设计处。1987 年 1 月，设计处更名为设计所。

二、艰苦创业

长炼设计室初创时期的办公条件十分简陋，三易其址，到 1975 年底才有一个相对独立的固定办公场所。工作室里只有大图板、丁字尺、三角板、计算尺、铅笔和橡皮，设计人就用这长长短短的工具，趴在图板上写写画画，往往需要四五个工日才能画出一张 A1 号图。计算、设计、画图、描图、晒图，设计人的大部分时间和精力都消耗在手工劳动上。

历任领导和全体职工始终立足炼厂的生产建设和技术改造，坚持设计先行的服务方向，艰苦创业、奋发图强，用自己的智慧和汗水进行了创造性的劳动，为长炼的建设和发展作出了应有的贡献，并逐渐培育形成了精心设计、吃苦耐劳、团结进取、无私奉献的设计精神。

这20年来，设计所设计规模不断扩大，管理水平迅速提高，由一个只能小改小革的工厂设计室，发展成为能设计2亿元投资大中型项目的设计所。设计所先后完成了脱硫装置、烷基化装置、超稳分子筛装置及深圳南山热电有限公司油库扩建工程等厂内外近2000项工程的设计任务，累计完成设计投资9亿元；建立和完善了设计质量保证体系和标准化管理体系。

三、技术革新

设计所十分重视应用先进的设计装备和现代化的设计方法，注重推进科学技术成果向现实生产力的转化。

设计所与抚顺石油研究院、洛阳设计院合作开发的含硫污水单塔侧线抽出工艺，提高了污水硫脱除率。1982年获石油部科技进步二等奖、1988年获国家发明四等奖。

1978年，在原甲苯歧化的基础上，设计建成了国内首套年产10万吨汽油的焦化汽油选择性加氢装置，加氢后焦化汽油中的二烯烃饱和率100%，汽油收率达到98%，生产的汽油可直接用于汽油产品调和，每年增加利润2800万元。1983年，该项目获得湖南省重大科技成果二等奖。

1983年完成的双、多金属催化重整开工用氢制氢工艺——环烷脱氢制氢工艺工业化设计，为国内首家，1985年通过部级鉴定，1988年获中石化总公司技术进步三等奖。

1986年，对石科院“柴油非临氢降凝”中试技术进行工业生产装置的设计，1987年建成投产，每年增加利润300多万元，并获得中石化总公司优秀设计一等奖、第六届全国优秀工程设计银质奖。

1987年，与北京炼油设计院合作，开展电脱盐设备国产化的设计，并在长炼常减压装置电脱盐罐上成功应用，脱后盐含量满足工艺指标。开发的国产电脱盐成套设备技术，1988年通过了中石化总公司鉴定、并在系统内推广应用，1989年获中石化总公司科技进步二等奖、1990年获国家发明三等奖。

四、初心使命

为炼厂生产装置停工大检修服务，可以说是设计室的初心使命。大检修项目设计时间紧、任务重，每次接受大检修项目设计委托后，工作人员都认真编制大检修项目设计计划，统筹组织、协调安排，及时对项目设计图纸进行质量检查，严把质量关和进度关。为了保证大检修的顺利进行，还专门成立大检修设计服务组，主管设计业务的领导担任组长，安排精兵强将担任各工区负责人，明确“统一指挥，分区负责，优质服务，确保质量”的服务方针，设计服务目标是“设计成品合格率100%，项目投用成功率100%，质量事故为零，安全事故为零，因设计原因发生变更引起的投资增加控制在10%以内”。

在历次大检修的全过程中，设计人扎根现场，深入现场，服务现场，处理问题不过夜。正因为有了他们的科学管理、精心组织、优质服务，每次大检修的设计现场服务工作都圆满地完成，年年受到炼厂大检修指挥部的肯定表扬。

五、人才队伍

在业务技术培育上，历任领导既重视青年人学中干、干中学，给机会、压担子，促其早日成材；又重视中壮年设计人员的继续工程教育，不断更新知识，搞好对年轻人的传帮带，职工素质得到全面提高。徐至钧著书立说，《高塔基础设计与计算》一书获中石化总公司科技进步一等奖；张炎元勤奋钻研，20 世纪 80 年代初即在《炼油设计》杂志上发表多篇专业文章；王述槐勇于革新，负责设计的含硫污水汽提、柴油非临氢降凝等项目获嘉奖。1992 年末，在全所 146 名职工中，有工程技术人员 126 人，占总人数的 86.3%，其中具有高级技术职称的 19 人，中级技术职称的 40 人。这 20 年中，单位还向上级主管部门、洛阳炼厂设计所和扬子石化设计院等兄弟单位输送了 100 多名领导干部、设计专业人员和技术工人。

六、经验体会

20 年的开基创业路，深切认识和体会到：只有服务炼厂的生产建设这个指导思想，才能推动设计事业不断发展；只有发挥好设计作为科学技术成果转化为现实生产力的中介作用，才能促进生产的发展、效益的提高；只有抓好新工艺、新技术、新设备、新材料的消化吸收，以及先进设计方法的应用，才能在日益激烈的市场竞争中争得一席之地；只有尊重知识、尊重人才，提高职工队伍素质，调动职工的劳动积极性，才能使设计力量不断成长壮大，事业兴旺发达。

第二节　走向市场天地阔（1993—2002 年）

一、简要历程

1992 年初，改革开放的总设计师邓小平南巡讲话，掀起了以市场经济为导向的新一轮改革。长岭炼油化工总厂决定，从 1993 年起，对设计所率先实行相对独立核算、自负盈亏的改革，开启了设计生产经营工作走向市场之路。

1993 年 10 月，设计所更名为长炼石油化工设计院，并晋升为国家石油化工行业乙级设计院。1998 年 4 月，设计院瞄准工程监理的商机，投资组建了岳阳市方元建设监理有限公司。2000 年 10 月，长炼石油化工设计院改制为长岭炼化岳阳工程设计有限公司，逐步实行规范化的公司治理。

2001 年 9 月，公司通过 ISO 9000 质量管理体系认证。2002 年，公司取得化工石化医药（石油产品深加工、石油及化工产品储运）甲级设计资质。

二、甩掉图板

1991 年，时任国务委员的宋健提出“甩掉绘图板”，设计行业开始推广应用 CAD 技术。彼时设计所才有 5 台计算机，主要用在设计计算和绘图软件开发。相当多的人没有接触过计算机，更不用说会用。但所领导步步推进，图板与鼠标键盘共存，设计的效率有了很大提高。计算机站做了大量深入细致的开拓性工作，开发的《浮阀塔盘绘图程序》获得省部级和国家级的奖励。到九十年代末，计算机辅助设计完全取代手工绘图，绘图板彻底退出了设计舞台，描图工序也完成历史使命。

三、走向市场

1993 年，148 名职工激情焕发，设计院率先在长炼实行内部独立核算，实行自主经营、自负盈亏、自我约束、自我发展的“四自”管理制度，开始培养独立经营的能力。对外承接业务的设计收入可以用作院里的基本建设和额外奖励，大大激发了设计人的劳动积极性。

1994 年，设计院依靠自身的积累，花费 97 万巨资购买了一台大型理光工程复印机。设计院成为湖南省第三家、岳阳地区第一家拥有复印 A0# 图纸的工程复印机单位，引来许多同行的羡慕和求助，用复印的图纸作设计参考，提高了设计的准确率和效率。

1992 年，按照“中国石油化工总公司工程设计管理制度文件汇编”的要求，设计院整合编制了全套的工作标准、管理制度、各专业技术统一规定、图面统一规定、专业校审细则等文件，开始了设计生产的规范管理，增加了走向市场的能力。

四、技术创新

在群雄逐鹿的市场中站稳脚跟，必须把技术作为发展的后劲，把质量当作企业的生命。设计院不断增加技术开发投入，重视技术创新体制建设，培植核心竞争力，打造市场品牌。

1996 年，设计院完成了 $1^{\#}$ 重油催化裂化装置反应-再生系统改造，改原有Ⅳ型催化为同轴式重油催化，采用了十几项专利技术，对原有装置的关键设备反应器、再生器、内外取热器等进行了更新换代，取得了中石化总公司优秀设计三等奖。建设投产后大大提高了装置生产方案的灵活性，增加了装置掺渣比，降低了装置能耗，可根据实际情况实现多种产品方案的优化操作。

1999 年，总投资 32954.5 万元的 50 万吨/年催化重整装置改扩建工程动工建设，设计院承担的抽提及精馏装置、储运及公用工程系统设计，该项目于 2001 年 3 月顺利投入生产，年增加效益约 6500 万元。

2000 年，完成的 6 万吨/年 WSA 硫酸装置采用丹麦 TOPSϕE 公司开发的 WSA（Wet gas Sulphuric Acid）工艺技术，是国内同类装置首套。该技术采用活性较高的催化剂和合理的温度控制来获得较高的 SO_3 转化率，不仅硫回收率高达 99%、副产 3.9 兆帕过热蒸汽高效回收，而且不消耗工艺水、不产生废水、可在 30%～100% 负荷下连续运行。该技术应用合适的换热方法和先进的酸雾控制技术，保证过程气中的 SO_3 与 H_2O 无须干燥直接冷凝生成硫酸，且流程简单、布置紧凑、操作和维修费用低。此套装置的建成不仅为长岭炼化创造了经济效益，又解决了酸性气处理的后顾之忧，改善了长岭地区的环境。之后总承包的江苏兰精纤维公司 10 万吨/年硫酸装置，2009 年获得中国勘察设计协会第四届优秀工程总承包项目铜钥匙奖。

2002 年，完成了焦化装置 120 万吨/年扩能改造，并获得 2004 年度中石化总公司优秀设计三等奖。该项目采用可灵活调节循环比、大直径焦炭塔的二塔工艺流程，提高了操作弹性；焦化分馏塔塔盘由圆浮阀改为 ADV 微分浮阀，调整了分馏塔各抽出口位置，在进料段设置具有防堵性能的人字挡板，对过热油气进行洗涤并降低油气温度，减少油气所携带焦粉的夹带，改善分馏塔操作。改造后的装置柴油收率提高 0.36%；装置能耗降低 1.7 千克标油/吨，年增效 4100 万元。

五、企业文化

1998 年春天，随着设计市场的激烈竞争，走过了 25 年春秋的长炼石油化工设计院，面临着前所未有的生存发展挑战和机遇。院领导高屋建瓴、运筹帷幄，清醒地认识到：尽管有数十项省部级以上优秀设计、科技进步、国家发明等光环，但设计院不能总依赖国家和母体，必须建设自己的企业文化，闯出一条新路。于是，一场征集院徽、院风、企业精神的活动在全院展开。全院职工积极参加、踊跃投稿，院领导集思广益、遴选决策，最终赵术炎的由英文字母 C 和 L 组成的院徽作品、姚雪明的“求实、求精、求效、求新”院风作品、白焰初的“精心设计、一流服务”企业精神作品光荣获选，铸就成企业之魂，指引一代代设计人坚定前行。

院徽中的字母“CL”表示母体企业长炼的拼音缩写，也取长炼石油化工设计院中“长炼”二字。其中半圆形的字母“C”形似旭日东升的太阳，寓意着长炼设计院朝气蓬勃、蒸蒸日上；字母“L”也代表设计人的铅笔和图板，启示着辛勤耕耘、描绘蓝图、春华秋实。

院风中“求”字的产生思路来源于爱国诗人屈原“路漫漫其修远兮，吾将上下而求索”，富含湘楚文化。“求”字是勤劳、奋发、进取的象征，同时也包含着中华民族对美好生活的追求。

企业精神中的“精心设计”源于 20 世纪 60～70 年代设计图纸上的毛主席语录：“精心设计，精心施工”；也考虑到工程设计各项管理工作的开展需要精心设计策划。“一流服务”基于科技服务企业的性质，缘于长炼人“争创一流”的企业传统；同时，要想成为基业长青、高瞻远瞩、行业翘楚的设计院，一流服务必定是设计人持续不懈的追求。

六、市场主体

2000 年，随着市场经济体制的逐步建立和国家改革开放的深入发展，设计院改制成为适应市场经济要求的法人实体和市场主体的科技型企业势在必行。这年 10 月，设计院正式改制为有限责任公司，探索推行现代企业管理制度。2001 年 8 月，按照长岭炼化公司要求，公司所属岳阳市方元建设监理有限公司划出，与原长炼工程指挥部合并成立岳阳长岭炼化方元建设监理有限公司。2002 年 6 月，为响应国企“减员增效、改制分流”的号召，长岭炼化公司主导，公司再与岳阳长岭炼化方元建设监理公司实行专业重组。

第三节　改制重组再奋飞（2003—2019 年）

一、简要历程

2002 年，公司作为长岭炼化公司改制分流的首选单位，紧张地进行各项筹备工作，准备建立起真正意义上的产权明晰、所有权与经营权分离的现代化公司。2003 年 3 月，而立之年的公司再次勇当改革的排头兵，率先从长岭炼化公司改制分流，职工通过国有身份置换变成了股东和员工，177 名改制人意气风发，积极探索国企光荣传统与民企灵活机制的有机融合。

2005 年 10 月，公司取得化工石化医药全行业甲级设计资质。2006 年 5 月，公司以敢为人先的勇气和胆略，整体搬迁至岳阳经济技术开发区办公大楼，跳出长岭山沟，打开了看世界、闯市场的全新视野。2011 年 11 月，公司与上海万方博通石油化工工程公司、中信证券金石投资有限公司并购合作。2019 年 4 月，公司再搬迁到岳阳经济技术开发区康王工业园奇康路 26 号的新办公大楼。

二、市场资质

在机遇与挑战面前，公司秉承“精心设计，一流服务”的企业精神和“求实、求精、求效、求新”的企业作风，恪守“客户的需要，我们的责任”的服务理念和“合作双赢，共同成长”的企业宗旨，坚持“员工幸福，企业兴旺，用户满意”的核心价值观，履行“干一项工程，树一座丰碑”的庄严承诺，在全国 20 多个省、直辖市、自治区和伊朗、尼日利亚等海外市场开辟了自己的天地。

公司注册资本 5000 万元、总资产 3 亿元、三维智能化设计、全新的办公大楼，拥有 17 个设计专业、500 余人的优秀团队，取得了化工石化医药全行业工程设计甲级资质，化工、石油工程及市政公用工程监理甲级资质，石化、化工工程咨询甲级资信，市政行业（给水工程、排水工程、城镇燃气工程、热力工程）专业工程设计乙级资质、建筑行业（建筑工程）工程设计乙级资质，市政公用工程、建筑工程咨询乙级资信，机电安装工程、房屋建筑工程及电力工程监理乙级资质，A1 级、A2 级、A3 级固定式压力容器规则设计资质和压力容器分析设计（SAD）资质，长输管道 [GA1（1）、GA2]、公用管道（GB1、GB2）、工业管道（GC1、GC2、GCD）三类压力管道设计资质；取得了 ISO 9001 质量管理体系认证，安全环境与健康（HSE）管理体系、GB/T 24001—2004 环境管理体系、GB/T 28001—2001 职业健康安全管理体系认证；业务涉及石油炼制、石油产品深加工、化工、炼油催化剂、油气储运、工业与民用建筑、市政、环境保护等行业。

三、服务长炼

公司坚持“立足长炼求生存，外拓市场谋发展”的经营战略，把服务好长炼建设项目、回报母体企业作为公司生存发展之基石。在长炼的炼油综合配套能力扩大到 850 万吨/年的大项目中，工程设计人自始至终参与其中，积极配合长岭分公司技术开发处不断优化方案，用实际行动谱写了一曲甘当“奠基石”的典范。大项目的建设时间紧、任务重、技术难度大。公司主要承担着 50 万吨/年气体分馏装置、污水汽提和溶剂再生装置、产品精制装置、储运系统及配套公用工程部分等 30 多个单元的工程设计，工作人员主动与大项目指挥部、洛阳工程公司联系交流，深入现场，了解掌握第一手资料，全部按时、优质地完成了设计任务，得到了大项目指挥部的肯定。长岭分公司在感谢信中说：“在装置的设计过程中，工程设计人员来现场进行核对与交流，克服各种困难以最短时间完成了详细设计的存档，保证了设计质量，保证了项目的顺利实施；施工过程中派遣了工程设计人员常驻现场进行设计协调服务，配合施工时责任心强、吃苦耐劳、深入现场、工作严细，及时协调解决了许多现场实际问题。”

2004 年，公司完成的“RAX-2000AX 型吸附剂的开发及工业应用”项目成功投产。该项目每年增加利润 1500 万元，实现 PX 吸附剂的首套国产化，具有重大的社会效益和经济效益，同时为长岭催化剂发展写下了浓墨重彩的一笔。

2006 年，公司设计的兴长“MTBE 装置 7.5×10^4 吨/年扩能改造”建成投产，该项目采用催化蒸馏新工艺提高异丁烯的转化率，采用新型塔内件组合，提高了设备的处理能力，每年增效 1800 万元，为国内小规模 MTBE 扩能改造提供了新的思路及可借鉴的宝贵经验。

2006 年，公司与湖南石化科技开发公司合作完成的粗苯加氢技术，采用低温低压加氢工艺路线，填补了国内技术空白，并成功应用于中石化长岭分公司及山西江源化工公司，为煤化工副产品粗苯的精制提供了新的工艺技术。该技术应用于 5 万吨/年粗苯装置，投资 8000 万元，年效益 4000 万～6000 万元。

2007 年，公司设计的 RSDS-Ⅱ工业试验改造项目，使长岭分公司每年供应市场的汽油产品全部达到生产欧Ⅳ和欧Ⅴ清洁汽油的需要，提高了油品的国际竞争力、拓宽了油品的销售市场。以长岭分公司年产 30 万吨清洁汽油计，RSDS 汽油选择性加氢脱硫技术可减少硫化物排放 332.6 千克/年，具有良好的社会效益和环境效益。

四、创新发展

改制分流 17 年来，全体设计人始终恪守“每一张图纸都是承诺，每一个签名都是责任，每一名客户都是上帝，每一次设计都是创新”的承诺，孜孜不辍、硕果累累，谱写了一曲彰显生命张力和成功价值的华丽乐章！

公司一直致力于煤焦油加氢工程技术的开发和应用，先后获得该技术发明专利9项，全馏分煤焦油加氢改质工程设计技术获得专有技术。该专有技术去除或降低对加氢催化剂有害的杂质含量，延长装置开工生产周期，降低操作苛刻度；实现煤焦油加热过程中远离结焦温度；实现煤焦油转化率99%以上，比普通的焦油加氢工艺提高约10个百分比；实现产品液相产品收率最大化，液相产品收率由普通的焦油加氢工艺72%～75%提高到96.3%，达到资源利用最大化。

国内催化剂的制备技术一直比较落后，连续化程度、自动化水平、设备大型化程度不高，装置规模小，制约了催化剂制备技术的发展。公司与石油化工科学研究院等科研院所合作，对催化剂制备工程技术进行攻关，完成了加氢催化剂制备装置连续化工程设计技术、毫秒级快速连续浸渍工程技术、裂化催化剂制备大型化工程技术和分子筛制备大型化工程技术等6项催化剂制备专有技术，形成了一批拥有自己知识产权的专有技术和专利，成为炼油催化剂大型工程化的领军者。

公司依靠科技进步，走健康可持续发展的道路。湖南省高新技术企业、岳阳市石油化工清洁生产工程技术研究中心和67项国家专利、12项专有技术落户于公司。取得了一个又一个“第一”：国内首套年产10万吨汽油的焦化汽油选择性加氢装置；国内首家双、多金属催化重整开工用氢制氢工艺——环烷脱氢制氢工艺工业化设计；国内同类装置首套6万吨/年WSA硫酸装置的设计；国内装置能耗最低的焦化装置120万吨/年扩能改造设计；首套国产化RAX-2000AX型吸附剂的开发及工业应用；国内首套万吨级的煤焦油工业装置云南解化1万吨煤焦油加氢改质装置、首套全馏分煤焦油加氢示范装置神木富油12万吨/年煤焦油加氢改质装置、最大的宽馏分煤焦油精制装置甘肃宏汇50万吨/年煤焦油精制装置；国内同类最大的催化剂生产装置中石化催化剂公司南京分公司S-ZORB脱硫吸附剂装置、中石化催化剂齐鲁分公司5万吨/年裂化催化剂联合生产装置、中石化催化剂大连基地建设一期工程1万吨/年加氢催化剂装置、中石化催化剂云溪工业园新基地建设连续重整催化剂装置、5000吨/年加氢催化剂装置、5万吨/年催化裂化催化剂联合生产装置……

持续不懈的技术创新，创造了良好的经济效益和社会效益。公司先后获得了省、部级以上优秀设计、科技进步、国家发明、优秀软件等各类奖励40多项，其中国家级奖励10多项。煤焦油加氢改质、油浆过滤、酸性气制硫酸、各种炼油催化剂、柴油非临氢降凝、电脱盐及主风机入口过滤器设计在全国同行业处于领先水平。

公司主编了《钢筋混凝土矩形排水沟及盖板》（SH/T 102—2006）、《钢筋混凝土明涵及跌水井》（SH/T 106—2006）、《矩形排水沟及盖板》（SH/T 102—2009）、《矩形排水沟及盖板》（补）（SH/T 102—2009），参编《石油化工工程测量规范》（SH 3100—2013）、《石油化工企业现状图图式》（SH/T 3133—2002）、《石油化工塔型设备基础设计规范》（SH/T 3030—2009）、《石油化工逆流式机械通风冷却塔结构设计规范》（SH/T 3031—2013）、《石油化工钢筋混凝土水池结构设计规范》（SH/T 3132—2013）、《石油化工钢结构防火保护技术规范》（SH/T 3137—2013）、《石油化工构筑物抗震设计规范》（SH 3147—2014）、《石油化工储运系统泵区设计规范》（SH/T 3014—2012）、《石油化工厂区管线综合技术规范》（GB 50542—2009）等国家、行业标准16项，为石油化工行业的发展提供了技术标准。

改制分流17年来，公司荣获了岳阳市思想政治工作优秀企业、湖南省重合同守信用单位、全国设计单位100强、中石化先进监理单位、湖南省十佳风采监理企业等荣誉。

在47年的创业发展中，公司先后完成长炼几十套炼油化工生产装置、公用工程、环境工程的新建扩建、技术改造及系统配套的设计和工程建设，累计完成厂内外项目6500多项，工程投资300多亿元。

五、企业文化

文化传承，击鼓催征。转身回望，看到的是踏歌前行的坚实步伐，听到的是使命担当的生动故事，沉淀的是弥足珍贵的精神文化。灵活多样的形势宣传、生机勃勃的文体活动、持之以恒的学习培训、嘘寒问暖的人文关怀、健康和谐的团队建设、感动人物的榜样示范，正营造着风清气正、奋发向上的企业氛围：尊重人、理解人、关心人、成就人，有温暖、有激情、有体谅、有幽默；贯彻实施“技术先进，管理规范，以人为本，合作共赢”的管理方针，激励员工把个人理想融入“员工安居乐业，企业和谐发展”的企业愿景。优秀的企业文化逐步成为引领广大员工爱国敬业、诚信友善和自强精业、团结奋进的核心动力。

六、未来战略

展望未来，壮志凌云。公司继续稳中求进，致力凤凰涅槃；励精图治谋发展，二次创业再辉煌。公司将积极实施“做大工程总承包、强化设计、发展特色技术、实行全过程工程咨询”的发展战略，以炼油化工、煤化工领域为着力点，以环保、新能源领域为突破口，以核心技术为推动力，努力“建设具有一定知名度、有一定实力的工程设计公司”。发展石油炼制工程、石油产品深加工工程、石油及化工产品储运工程等石油加工和新型炼油催化剂工程技术，提高工程技术的转化能力，在天然气门站、CNG、LNG站及液化烃的低压储存方面做好设计能力储备。加强煤焦油技术的攻关及推广，力争煤焦油加氢改质技术作为公司具有自主知识产权的新技术进入市场。以高新技术企业为平台，申报湖南省节能环保工程中心，全力促进技术创新，加大技术开发与技术创新的投入，加深相关环保、节能技术的研究，搞好过程能量优化工作，积极开展节能降耗、环境保护、资源综合利用、循环经济等方面的专有技术研究并形成自主知识产权。创造条件，争取与具有一定实力的部门以联合开发等形式参与技术创新，按照专业化分工协作和规模经济的原则，通过独立完成、联合开发等形式，形成多个拥有自主知识产权、主业突出、核心能力强的新技术。发挥机制灵活的特点，向专精特新的方向发展（硫酸装置、煤焦油技术、过程节能技术），充分采用新的信息技术和新的计算方法、绘图方法，推行数字化交付，提高设计水平，为巩固和发展国内市场、参与国际竞争创造良好条件。

结束语

洞庭波浪涌，长江水东流。在公司董事会和党政班子的领导下，公司上下以“练好内功勇创新，抓住改革求发展”为指引，着力抓好“上海、长沙（建筑分院）、监理”3个分子公司、“华东、东南、西南、西北、东北”5个区域市场和“一带一路”海外市场，强化“设计、工程、科技”3大支撑，全面推行数字化设计与一体化集团式管理，力求倍增设计能力和总承包控制力，用3到5年时间，把公司打造成总人数800人、盈利能力大幅提升的中型工程设计公司。

（长岭炼化岳阳工程设计有限公司　白焰初、谢普立）

不惧风雨　走向辉煌

——中化明达（福建）地质勘测有限公司发展纪实

中化明达（福建）地质勘测有限公司（简称勘测公司）坐落于美丽的东海之滨——福州，是由化工部福州地质工程勘察院于 2018 年 3 月改制更名而来。勘测公司是原化工部驻榕勘察单位，现隶属于中化地质矿山总局福建地质勘查院，属国有独资有限责任公司，具有工程勘察综合类甲级资质，地质灾害治理工程施工乙级资质，地基基础工程专业承包三级资质，环境污染防治工程省级专项设计资格等。

勘测公司的发展经历了从无到有、从小到大、从弱到强的艰难发展历程。

第一节　审时度势，开拓创业

1977 年 6 月 30 日，经福建省革命委员会批准，福建省化工矿山地质勘探大队（简称勘探大队）正式成立，开启了福建化工地质勘查事业征程。

福建化工地质勘探大队成立后主要以地质找矿为主，人员少（全大队仅有不到 100 人），技术业务不熟，工作业务单一，每年仅是完成上级下达的少量、简单的地质找矿任务，整个单位每年仅完成几十万元产值。如何做强做大地质工作，地质人的出路在哪，年轻的地质人陷入深深的思索中。

1979 年 4 月为福建炼油厂在厦门市郊与龙海县之间进行的选址工程地质勘察，是勘探大队建队后承担的第一个工程勘察项目。这不仅是年轻的福建化工地质人第一次踏足工程勘察领域，而且也让他们看到了不同于地质找矿的、具有广阔发展前景的地质延伸业——工程勘察。大队领导班子审时度势，果断决策，向化工部化学矿山局提出申请开展工程勘察业务，1985 年 5 月经化工部化学矿山局批复，同意成立福建化工地质勘探大队工程勘察分队，同年 5 月，福建省建设委员会闽建设〔85〕078 号文同意工程勘察分队承担工程地质和水文地质勘察任务，工程勘察工作开始起步，从此以后一个有别于地质找矿，而又充满机遇、挑战和酸甜苦辣的大舞台，也为年轻的福建化工地质人徐徐展开。

工程勘察分队成立后，年轻的勘察人怀着梦想和雄心，忐忑上路，1987 年获得建设部颁发的乙级勘察资质。随着工程勘察实践的深入和人员的增加、业务范围扩大，1988 年 2 月撤销工程勘察分队，成立化工部福建工程地质水文地质勘察公司，同年 11 月更名为化工部地勘公司福建工程地质水文地质勘察公司。

1991 年 5 月，根据化工部地质矿山局文件，化工部地勘公司福建工程地质水文地质勘察公司更名为化工部福建地质工程勘察院，1993年3月，根据化工部文件，化工部福建工程地质勘察院更名为化工部福州地质工程勘察院（简称化勘院）。1994年院获得建设部颁发的甲级勘察资质，之后又经过10年的发展壮大，2004年获得住建部颁发的综合类甲级勘察资质。

2018年3月经全民所有制改制后化工部福州地质工程勘察院更名为中化明达（福建）地质勘测有限公司。

第二节　筚路蓝缕，奋勇向前

40多年前工程勘察分队组建之初，技术人员主要是从原来的地质科抽调，施工班组也是从原来的矿山钻探班组抽调。虽然工程勘察工作是地质工作的延伸，两者虽有相通之处，但毕竟是两个不同的行当。当时的技术人员大多原来从事的是地质找矿工作，对工程勘察所涉及的工程力学、土力学、岩体力学、流体力学、工程地质等专业知识不熟悉或一窍不通，有的技术员甚至连工程勘察过程中最常做的诸如标准贯入试验、动力触探试验等原位测试都不懂。但老一辈勘察人发扬福建人“爱拼才会赢”的精神，开始了艰苦卓绝而又漫长曲折的创业征程。他们群策群力，在勘察过程中不断学习、实践、探索、积累，战酷暑、斗严寒，咬住目标不动摇，鼓足干劲不松懈，用心血和汗水、勤劳和智慧，奏响了福建化工勘察院建立、资质提升、队伍建设的变奏曲。

院领导班子精准施策，把人才队伍建设放在首要位置，按照用好现有人才，引进急需关键人才和大力培养基层技术人员，以人才梯队建设为总体目标，采取“请进来与送出去、理论与实践、院内与院外”三个相结合的办法，全面推进人才培养工作，成效明显。勘察院全体员工热情参与，积极配合，他们识大体、顾大局，怀揣梦想，脚踏实地，艰苦创业，锐意进取，挥洒着青春和理想的汗水，伸展着智慧与昂扬的翅膀。为了工勘事业发展，他们远离了自己熟悉眷恋的家园，转战于不同的勘察工地，风餐露宿，披荆斩棘，为福建化工行业发展作出了贡献。

40多年来，几代福建化工勘察人解放思想，更新观念，薪火相传，以愚公移山的执着、春蚕吐丝的奉献，凝心聚力、锐意进取，不仅全面打开了福建省工勘市场，而且走出福建迈向浙江、广东、广西、河南、贵州等地，谱写了一曲曲动人的时代壮歌。

福州长乐国际机场建设工地，那扬起的沙尘里，留下过多少前辈苦苦探寻的足迹；温福铁路、LNG经过的山脊上，闪折过多少健壮腰身，又回荡过多少仰天长啸；广西贵港、贺州工地里、宁波宁绍平原上，甚至贵州的山沟里，迷茫过多少倦容泪眼，羁縻过多少近足远思，又容纳过多少彼此牵挂。

座座高架跨南北，条条大道贯西东，每一项工程都是那样地可歌可泣，而在它光鲜的外表背后，是那群最可爱的人们，他们用脚步丈量大地、用钻机提取土样，用仪器分析土质，用双手编写报告，在深山老林里放飞梦想，在荒郊野外里埋头苦干，提交了一份份高质量的工程勘察报告，把青春年华奉献给勘察事业！一座座擎天大厦拔地而起，凝聚着他们多少心血汗水；一处处花园别墅清新高雅，蕴含着他们多少才智良方！建万千大厦打造城市宏伟，是他们心中追求的美好目标；让千家万户享受安居之福，是他们引为骄傲的最大理想!

40多年来，历届领导班子不忘初心，牢记使命，搞建设，谋发展，殚精竭虑、精准施策，写下勤奋敬业的篇章；广大党员干部兢兢业业、躬先表率，印证理想信念的厚度，处处彰显共产党人的责任担当；一线员工尽职尽责、劳碌奔波，丈量员工责任的距离。

许许多多点滴的工勘精神保障着全院一线各项工作的顺利开展。无论是投标的竞争、工期的拼抢，还是质量的创优、安全的保证，甚至是技术的引领、管理的保障，都在传递着勘测公司作为福建院的一支铁军，认真践行着“地质三光荣”的优良传统。

时光荏苒，岁月如梭，福建化工勘察人传承的是勤劳、朴实、勇敢的传统美德，散发的是追求理想、建功立业的精神风貌，洋溢的是忍辱负重、无私奉献的作风传统，展现的是吃苦耐劳、勤俭持家的厚重品格。40多年来，福建化工勘察人筚路蓝缕启山林，栉风沐雨砥砺行，经过几代勘察人的努力，打造出了一支踏实、豪迈、面对困难永不退缩，能打硬仗的勘察队伍。

为适应工程勘察市场发展需要，几代勘察人在工程勘察体制机制变革、市场开拓、人才队伍建设、科技创新和质量管理等方面都进行了不断的探索和创新。

一、体制机制创新

福建化工勘察院成立之初就深深地认识到，体制机制决定着一个企业发展进步的活力，也决定着一个企业的创造力和竞争力。但20世纪70—80年代，中国还处于计划经济时代，企业的生产任务都是靠上级下达，而勘察单位的勘察任务一般是不可能由上级下达的，受制于计划经济的习惯思维和旧体制，大多数勘察单位还是抱有等、靠、要的思想，严重制约了勘察单位的发展壮大。

如何在这种体制下杀出一条生路，闯出一片天地，是摆在化勘院面前亟需解决的问题。为此，1988年在没有任何先例可参考的情况下，当时院领导班子经过分析研究和慎重考虑，决定先行先试，转换工程勘察经营管理机制，实行经济承包责任制：由一名技术员、一名机长和一名业务员作为一个承包主体，由其自主经营，自负盈亏。这一灵活机制的实施，极大地调动了勘测公司人员闯市场、开拓市场的主动性和积极性，当年的勘察产值就比上一年度勘察产值翻了一番。

进入21世纪后，随着国家产业结构调整、转型升级和勘察政策及市场的变化，勘察项目实行项目负责人制（乙级及以上勘察项目须由具备国家注册岩土工程师资格人员担任）、大型重点勘察项目均实行市场招标、钻探工作一般由劳务公司承担。在这一环境下，原先实行的经济承包责任制已完全不适应市场要求，也已不符合国家现行相关规定，勘察单位需更新观念，转换经营模式，不断拓宽和延伸自身业务，积极扩大经营领域，以适应勘察市场要求。为此，化勘院领导班子与时俱进，及时调整经营管理模式，树立“以市场为导向，以客户为中心”的经营理念，以勘察项目投标作为获取市场份额的重要手段和勘察工作重点之一；建立互联网+ 平台，勘察项目的获取、人员设备安排、项目进展、勘察成果报告校审和提交、费用预决算、工程款回收等工作都通过互联网+ 平台完成；对技术人员实行经济指标考核，强化项目负责人在勘察项目中的作用和责任，将勘察质量与技术人员个人的经济效益挂钩。实施这一政策以来，勘测公司的勘察年产值每年都保持平稳增长。

二、市场开拓

随着市场经济的不断发展，市场已成为企业生存和发展的根本，以往靠“关系”“机会”“垄断”等传统市场行为和理念越来越受到挑战和生存危机的威胁，也严重制约企业市场的拓展。对于市场的重要性，以及勘察市场走向、市场开拓等，几代院领导班子都有深刻的认识、判断和决断，始终秉持“以市场为导向，以客户为中心”的经营理念，持续推进“大岩土”、大市场营销体系建设。主要表现在：一是加强品牌建设，以品牌赢市场，把每一项工程都当作优质工程来抓，努力提高公司知名度；二是增强“走出去”意识，加强与总局系统兄弟单位的沟通联系和合作，利用勘测公司勘察综合类甲级的资质资源优势和兄弟单位的地理区位优势，优势互补，先后联合开拓了河南、贵州、云南、广东等省外业务市场；三是加强市场战略谋划，寻求战略合作伙伴，有针对性地在省内的厦门、泉州、龙岩、宁德、连江，省外的广东广州、浙江宁波等热点地区开设分支机构，以进一步拓展岩土工程勘察业务；四是以勘测公司在岩土工程勘察方面的优势带动岩土监测、岩土设计和岩土治理工作的开展，在原先以纯岩土工程勘察业务为主的基础上，增设岩土工程所，开展岩土工程设计、岩土工程监测业务，逐步形成岩土勘察-岩土设计-岩土治理-岩土监测的良性循环，业务范围进一步拓展；五是持续推进“大岩土”建设，做好岩土工程勘察资质增项和提升，将原属福建地勘院的地质灾害治理工程施工乙级资质变更到勘测公司，为资质升级奠定基础，申请了地基基础专业承包资质与环境污染防治设计资质，为开拓新的业务领域创造了条件。

三、人才队伍建设

在市场竞争日趋激烈的新形势下，企业间的竞争在很大程度上取决于人才资源的较量，人才队伍素质体现着企业的实力，决定着企业的命运。一支结构合理、素质优良，具有市场开拓精神和管理创新能力的高水平人才队伍，将为企业的发展壮大提供强有力的人才保障和智力支持。

自化勘院建立之日起，就始终把人才队伍建设放在重要的位置，在人才队伍建设方面，着重抓好以下工作：一是在公司内努力营造公正、公平、公开、尽职、尽责、尽才的氛围，坚持选人用人的正确导向，使得想干事的有机会，能干事的有舞台，干成事的有地位；二是注重人才培养的针对性和专业化，根据不同时期勘察业务发展需要，培养和引进专业人才，以适应发展需要，同时鼓励和引导在勘察岗位工作多年、具丰富勘察经验的技术管理人员承担技术带头人的重担，并结合总局开展的“名师带高徒”活动，让其一对一带领新人，言传身教，努力提高年轻技术员的专业知识水平；三是注重人才储备，在人才培养和人才引进上注重超前意识，立足本公司实际，按照专业相近，能力适合的原则，把有发展潜力的人员安置到相应岗位，通过实践锻炼、专业技能培训等多种方式，使他们尽快进入角色，适应新岗位需要；四是鼓励年轻的技术参加“注册土木工程师（岩土）”考试，并在工作安排和生活上给予照顾，对通过考试、取得注册资格的同志给予物质和精神方面的奖励；五是在识才上，不唯学历，不唯资力，注重能力，在用人上，倡导“德为前提，能为本位，竞争上岗，绩效评优”，努力打造人尽其才，淘汰庸才，用活人才的企业环境，充分调动广大工程技术人员的主动性、积极性和创造性，以人才价值的最大化促进院效益的最大化。

经过 40 多年的努力，化勘院已建设成为一支人员结构合理，技术精湛，在福建省和化工勘察行业有较强影响力的勘察专业队伍。

四、科技创新

“注重科技创新，引领经济发展”一直都是化勘院秉持的另一发展理念。自进入勘察行业之后，院就始终把科技创新放在与经济建设同等地位来抓。在日常工作中，公司不仅注重勘察经验的积累，更注重科技创新工作。根据多年的工程勘察经验总结以及工业和信息化部 2014 年第 32 号公告，2014 年化勘院主编了《化工行业岩土工程勘察成果质量检查与评定标准》，之后，先后参编了《真空预压法加固软土地基施工技术规程》《污染场地岩土工程勘察标准》《工业污染场地竖向阻隔技术标准》《重金属铅、锌、镉、铜、镍污染土壤原地固化/稳定化修复技术标准》等多项化工行业技术标准和 2 项福建省地方工程技术标准。

2019 年，在中化地质矿山总局创新驱动战略引领下，勘测公司积极推进国家高新技术企业和福建省级高新技术企业申报，现已获得授权实用型专利 20 项，提交受理发明专利 6 项。

五、质量管理提升

化勘院始终坚持“以质量求生存，以技术创新求发展，树品牌，重信誉”的宗旨。早在 1990 年，为尽快提升工程勘察质量和管理水平，院成立了全面质量管理委员会（TQC）和现场型、攻关型、创新型 QC 小组，通过对开展工程勘察业务以来所取得的经验和存在的问题进行全面分析总结，选择课题，运用质量管理的理论、方法开展活动，并及时发布活动成果，于 1991 年 7 月通过了由化工部组织的专家组全面质量管理达标验收，成为化工部地质系统第一家通过全面质量管理达标验收的勘察单位。

20 世纪 90 年代，ISO 9000 全面质量管理体系被引入中国，面对这种全新的管理理念和方法，当时的化勘院领导审时度势，于 2000 年 7 月成立 ISO 9000 质量体系认证推进小组，开展 ISO 9000 质量管理体系贯标工作，将质量管理工作纳入 ISO 9000 质量管理体系中，按 ISO 9000 标准要求严格管理，使化勘院的质量管理工作步入系统化和规范化，质量管理水平有了非常大的提高，2001 年 1 月通过了认证机构认证，也是化工部地质系统最早通过 ISO 9000 质量管理体系认证的勘察单位之一。

2010年5月，化勘院通过了福建省质量技术监督局实验室资质认定，认证范围涵盖了工程测量、岩土监测和土工试验三大类38个子项目。随着国家环境保护政策的实施和对员工职业健康安全的重视，院于2010年9月又将环境管理体系（GB/T 24001—2004）、职业健康安全管理体系（GB/T 28001—2001）纳入管理体系中，在全院范围内开展“三标一体”贯标工作，于2011年4月通过了“三体系”认证。

随着管理体系的建立、改进和不断完善，勘测公司的质量管理水平也逐步由稚嫩走向成熟，由无序走向规范，也为勘测公司的经济发展提供了坚实的基础和保障。

第三节　风雨过后，辉煌初现

40多年来，经过几代勘察人波澜壮阔的艰难拼搏，薪火相传、凝练铸造，中化明达（福建）地质勘测有限公司已发展成为一支资源配置合理，职工队伍稳定，技术力量雄厚，有一定经济基础的国有独资勘察公司，可承担各类岩土工程勘察，水文地质勘察，工程测量，岩土工程监测、设计和咨询，地质灾害治理施工，地基基础施工，环境污染防治设计等工作。拥有石油和化工行业勘察大师1人，国家注册土木工程师（岩土）15人，注册一级结构工程师1人，注册测绘师3人，一、二级注册建造师11人，注册造价师1人，注册安全师2人。

经过多年努力，勘测公司现已成为在福建省和中化地质矿山总局中较有影响的勘察单位之一。曾多次获得福州市政府和福建省工商局授以的“守合同，重信用”单位称号，多次被福建省住房和城乡建设厅及中国石油和化工勘察设计协会评定为AAA级信用企业，被中国勘察设计协会授予全国工程勘察与岩土行业诚信单位，被福建省质量协会授予质量诚信荣誉证书，被福建省勘察设计协会授予全省优秀勘察设计单位称号。

勘察年产值由建院之初的每年不到50万元，到2019年年勘察产值8500万元，40年间勘察产值增长170倍；每年完成的工程项目，也由原来的不到30项发展到每年不少于300项，40年间增长10倍。

先后承担了福州长乐国际机场跑道滑行道停机坪工程、东南汽车有限公司厂房、福建福耀浮法玻璃有限公司厂房、福建海峡文化艺术中心、宁波市机场路—北外环路互通立交工程、郑州市107辅道快速化工程（第四标段）、泉州火车站综合交通枢纽项目勘察和福建省东南电化股份有限公司搬迁工程陆基形成软基处理监测检测、武警福州指挥学院营区边坡设计等6000多项建设项目的岩土工程勘察、监测、设计、工程测量、水文地质勘察、地质灾害治理施工等任务，业务范围涵盖了房屋建筑、市政、港口码头、地铁、机场、铁路、公路、化工、电力、水利、长输油气管线等领域。勘察区域也由原来的仅限于福州市及周边，扩展到福建全省以及浙江、河南、广东、广西、贵州、云南等地；业务范围也由原先单一的工程勘察业务，扩展到工程测量、岩土工程监测、岩土工程设计和咨询、地质灾害治理施工、地基基础施工、环境污染防治设计等业务，业务领域和业务范围进一步扩大，经营理念、方式真正向“大岩土”方向发展。

公司先后有近40多项工程勘察项目获得行业、省、部级优秀工程勘察一、二、三等奖。主编了一项化工行业勘察标准，参编10多项行业和福建省技术标准。现积极推进国家高新技术企业和福建省级高新技术企业申报，现已获得授权实用型专利20项，提交受理发明专利8项。

第四节 展望未来，砥砺前行

经过40多年的艰苦奋斗，中化明达（福建）地质勘测有限公司的经济基础比较牢固，“大岩土”格局已具雏形，市场占有率相对稳定。

面对国家新一轮产业结构调整、经济转型升级的改革浪潮和竞争日趋激烈的工程勘察市场，公司提出应紧紧围绕“大岩土”定位，站在国家生态文明建设战略实施、勘察行业发展、海西经济区建设等大格局、大环境中，深入审视、全方位思考公司未来发展方向，研究布局公司改革发展、转型升级、科技创新和高质量发展的重大任务，认真贯彻执行中煤总局“11463”总体发展战略和中化总局“一体两翼三转四力”改革发展思路，结合本公司的特点，制定中长期发展战略目标，自觉践行新思想，实干推动新跨越，汲取全员智慧和力量，凝心聚力谋发展。

要践行新思想，推动新跨越，广大员工特别是领导干部首先应认真学习贯彻习近平新时代中国特色社会主义思想，增强“守初心，担使命”的政治自觉、思想自觉和行动自觉，树牢干事创业敢担当意识和攻坚克难的精神；其次必须进一步解放思想，更新观念，紧紧围绕经济建设中心任务，以求真务实的态度，脚踏实地努力打造工程勘察核心竞争力，加快推动由传统产业向科技创新型产业的转变，推动勘测公司经济跨越式发展。

在具体工作中，一是不断研判勘察市场形势，结合公司的发展要求，汲取广大员工的集体智慧和力量，提出新思路、新方案，拿出新举措，开创工作新局面。二是继续从“大岩土”方向发力，争取在岩土勘察、设计、治理和监测方面都能取得较大突破，逐步形成岩土勘察-岩土设计-岩土治理-岩土监测的良性循环。三是继续推进走出去战略，在巩固省内市场，特别是福州地区大本营市场的基础上，利用公司综合甲级和人才优势，继续在适当的省份、地区寻求合作伙伴，强强联手，合理增设分支机构，扩大市场开拓区域，做强做大工程勘察业务。四是在取得地基基础施工三级资质的基础上，加大地基基础施工的人力、物力投入，尽快提升资质等级，同时有计划地引进岩土设计的高端人才，以勘察为先导，以岩土设计为竞争核心，从而带动岩土治理和岩土监测发展。

雄关漫道真如铁，而今迈步从头越。随着国家产业结构调整、转型升级的深入，势必会对工程勘察行业带来较大冲击和影响，前路充满艰辛和不确定，但我们相信，有中化地质矿山总局和中化地质矿山总局福建地质勘查院的强有力领导，有勘测公司全体员工的共同努力，中化明达（福建）地质勘测有限公司的明天一定会更美好！

（中化明达（福建）地质勘测有限公司 李森）

改革促进发展　齐鲁铸就辉煌

——山东齐鲁石化工程有限公司发展纪实

山东齐鲁石化工程有限公司前身是齐鲁30万吨乙烯工程建设指挥部，成立于1978年。伴随着国家改革开放的步伐和中国石化工业的蓬勃发展，已走过了40多年的风雨历程。40多年来，经过几代齐鲁石化人的艰苦创业，不懈努力，各方面取得了辉煌成绩。公司已发展成为集勘察设计、工程监理、工程咨询、工程总承包为一体，具有较强技术实力和丰富项目管理经验的综合性、科技型工程公司，是国家级重点高新技术企业，中国石油和化工行业技术创新示范企业。

第一节　在改革实践中积累经验、快速成长（1978—1999年）

山东齐鲁石化工程有限公司诞生于我国改革开放初期，在中石化总公司和山东省委、省政府的领导、关怀及有关部门的大力支持帮助下，高速、优质、节省地建成了齐鲁30万吨乙烯工程；抓住契机，及时转移工作重点，确立了“立足齐鲁，面向全国，走向跨国经营”的经营战略，承担了国家“八五”重点工程茂名30万吨乙烯工程厂区内工程建设监理，总承包了齐鲁石化45万吨乙烯改扩建、氯碱改造、炼油改扩建以及青岛华润、齐润黄岛油库工程建设，为振兴我国石化工业作出了重大贡献。

一、艰苦创业，全力组织30万吨乙烯工程建设

党的十一届三中全会作出了改革开放的伟大历史抉择，开启了我国经济社会发展的历史新时期。国家陆续上马了多个特大型重点工程项目。成套引进30万吨/年乙烯等10套装置，列入国家“六五”规划和1978年引进计划，齐鲁石化30万吨/年乙烯工程就是其中之一。项目充分利用山东胜利石油化工总厂的有利条件，建设30万吨乙烯工程，形成一个现代化的大型石油化工联合企业。1978年11月，经化工部党组和中共山东省委批准，成立山东胜利石油化工总厂乙烯工程会战指挥部及指挥部党委，负责组织齐鲁30万吨乙烯工程的具体实施。

齐鲁石化30万吨乙烯工程经历了一波三折。1978年8月，开始兴建第一批暂建工程；1979年6月，国外引进的30万吨乙烯、14万吨高密度低压聚乙烯等10套装置合同生效；11月乙烯工程新区大型土石方工程开工。到1981年1月，由于国民经济调整，压缩基本建设，乙烯工程暂停缓建。在此期间，乙烯工程建设指挥部努力稳定职工

队伍，维护好工地秩序，进行了引进设备的接运、保管、检验和工程建设前期准备工作。

1982 年 7 月，国务院批准同意该工程采取统一规划，分期建设的方针恢复建设。1984 年 1 月 23 日，国家计委批准齐鲁石化公司 30 万吨乙烯工程正式开工建设。2 月，齐鲁石化 30 万吨乙烯工程总体设计经国家正式批准。同时，为加强对该重点工程的领导，经省政府和化工部、中国石化总公司共同商量，成立齐鲁石化 30 万吨乙烯工程领导小组。4 月 1 日，齐鲁石化乙烯工程隆重举行开工典礼。

在参建各方积极努力下，1986 年 6 月 30 日，齐鲁石化乙烯装置开工锅炉点火一次成功，乙烯工程建设登上了第一个台阶。1986 年 9 月 1 日至 12 月 10 日，乙烯工程建设指挥部和建设者们发起了“百日会战”，为“87. 5”化工投料试车奠定了坚实基础。1987 年 5 月 18 日，乙烯一期工程 6 套引进装置中第一套投料试车的装置——丁二烯抽提装置一次投料成功，产出合格产品。5 月 25 日，乙烯裂解装置投油一次成功，经 128 小时的安全平稳运行，5 月 30 日打通全流程，产出合格产品。值此，胜利实现了齐鲁石化乙烯一期工程“87 • 5”化工投料的目标。

齐鲁石化 30 万吨乙烯工程经过 9 年努力、3 年拼搏的艰难历程，一期工程提前两个月建成投产，创造了乙烯开车的世界纪录。到 1988 年 6 月，齐鲁石化 30 万吨乙烯二期工程顺利完工，成套引进的 10 套大型化工装置到此全部建成投产。使齐鲁石化成为当时最大的原油加工、塑料、橡胶、烧碱生产基地之一。1991 年 3 月，齐鲁石化乙烯工程顺利通过了国家预验收。6 月，齐鲁石化 30 万吨乙烯工程顺利通过国家竣工验收，向国家交了一份合格答卷。

齐鲁石化 30 万吨/年乙烯工程建设，是齐鲁石化工程公司与 5 万名建设者，励精图治、奋发有为的成果，是化工行业创新与突破的壮举，齐鲁石化乙烯工程按照统筹部署，实现了速度要快、投资要省、质量要高、效益要好的建设目标，积累了齐鲁石化乙烯工程建设的经验，国家建设部在齐鲁石化公司召开了全国重点工程质量经验交流会，推广了齐鲁石化 30 万吨乙烯工程和山东省抓质量、效益的经验。

齐鲁石化工程公司通过工程项目全过程的管理，取得了丰硕成果。公司通过项目的组织实施，全面掌握了工程项目管理包括前期准备、设计、采购、施工、试车各环节流程，建立了完善的项目管理体系，培养了人才，锻炼了一只技术过硬、吃苦耐劳、敢打硬仗的专业化工程管理队伍，树立了齐鲁工程管理的品牌效应、为公司今后发展奠定了坚实基础。

二、开创新模式，实施茂名石化 30 万吨乙烯工程监理

1992 年 7 月，中国石化总公司同意建设茂名石化 30 万吨乙烯工程，在指挥部统一组织和指挥下，试行工程建设监理制。厂区内工程由指挥部委托齐鲁石化工程公司进行建设监理。

茂名石化 30 万吨乙烯工程是中国石化总公司和广东省合资建设的特大型石油化工联合装置，工程总投资为 171 亿元人民币，引进生产装置为 7 套，单机引进为 20 个项

目。乙烯装置的合同工期（包括设计在内）为36个月。按照业主委托，齐鲁石化工程公司对厂区内工程包括30万吨乙烯裂解、15万吨芳烃抽提、10万吨乙二醇、14万吨全密度聚乙烯、4万吨MTBE以及开工锅炉、化学水处理、空分站、空压站、110千伏总变电站、净水场、污水处理场、液体化工罐区、铁路装卸站及生产管理区等45个单项工程实施监理。监理范围内的工程投资为825105万元，监理的内容包括工程设计（总体设计、初步设计和施工图设计）、施工招标、施工及工程保修验收等方面的常规监理内容，每项监理工作都包括进度、质量、投资控制、合同管理、信息管理和组织协调六个方面的工作。

承担茂名石化30万吨乙烯工程建设监理，是齐鲁石化工程公司跨出齐鲁大门，迈向市场对外经营的第一步。1992年8月，茂名30万吨乙烯工程正式获国家批准。9月，成立齐鲁石化工程公司茂名乙烯工程建设监理部，代表公司对茂名石化乙烯工程建设监理工作行使各项职能，监理部下设二室、六处、七个项目部。1993年3月，公司监理人员正式进驻茂名乙烯工程现场，开展建设监理工作。5月，公司与茂名石化乙烯工程建设指挥部正式签订《茂名30万吨乙烯厂区内工程建设监理合同》。

石化行业实行工程建设监理制，是工程建设管理体制的重大改革，没有任何现成的经验和模式，只能在实践中探索，在探索中实践。齐鲁石化工程公司在监理实践中，与业主及各参建单位密切配合，完善监理规划及监理细则，在工程建设中充分发挥了监理工程师的职能，在各方的共同努力下，确保了工程顺利开展。

1996年9月，茂名石化30万吨乙烯装置产出合格产品，到10月，首批8套装置投料试车全部成功，创造各装置开车一次成功，产品一次合格，没有污染等国内同类装置试车的最好水平。

齐鲁石化工程公司对茂名30万吨乙烯工程建设监理，首开了国内特大型工业工程建设全面实行监理的先河，工程投资控制在概算以内，工程质量优良品率达85%以上，工期比合同工期提前了3个月，取得了节省投资、提高质量、缩短工期和一次投料试车成功的良好成效。同时，培养造就了一支高素质的监理队伍。茂名石化乙烯工程监理的成功经验被建设部、中石化总公司、广东省人民政府联合上报国务院，得到充分肯定。

1997年5月，中石化总公司和国家建设部在北京召开茂名石化30万吨乙烯工程建设监理经验研讨会，会议指出齐鲁石化工程公司在茂名石化30万吨乙烯工程建设监理中创出的经验，在全国大型石油化工项目建设中具有极大的推广价值。建设部副部长谭庆琏在茂名石化乙烯工程顺利建成投产情况的报告批示中指出："茂名石化30万吨乙烯工程实行全过程监理经验，应该认真总结，并考虑如何在其他大中型工程中推广，避免只有一次经验教训的组织临时指挥部搞工程建设做法。"

三、转换机制，开拓经营走向市场

为适应社会主义市场经济要求，公司的职能逐步由纯粹的管理型向经营管理型企业转变。1988年12月，中石化总公司下发《关于组建中国石油化工总公司齐鲁石油化工工程公司的批复》，组建"中国石油化工总公司齐鲁石油化工工程公司"（按大型企业一），经济上实行独立核算，自负盈亏，是具有法人地位的经济实体。按照中石化总公司的批复要求，齐鲁石化公司的基本建设工作由工程公司负责组织管理，不再另设基建管理机构。并要求工程公司逐步具备从建设项目可行性研究、工程设计、物资采购、工程管理到组织试车投产等建设全过程的总承包能力。1992 年 3 月，齐鲁石油化工工程公司在山东省工商行政管理局办理了工商登记手续，确定了工程公司的企业法人地位。到 1994 年退出了齐鲁石化的工程管理职能，逐步推向了市场。

在计划经济向市场经济转变进程中，公司适应新形势要求，及时转移工作重点，确立了“立足齐鲁，面向全国，走向跨国经营”的经营战略，探索二次创业之路。在立足齐鲁，搞好齐鲁公司内部的建设项目管理同时，积极参与市场竞争，全力开拓齐鲁以外的市场机会，取得了不俗业绩。

在工程总承包方面，承担了中外合资青岛华润、齐润油库工程；齐鲁石化 45 万吨乙烯改扩建 18 个单项工程和 11 项辅助工程；齐鲁氯碱改造新建 5 万吨/年离子膜烧碱装置、聚氯乙烯、氯乙烯装置改造和配套公用工程；齐鲁炼油改扩建工程 140 万吨/年加氢裂化、60 万吨/年连续重整、8 万吨/年硫黄回收 3 套新建装置。

在工程监理方面，完成茂名石化 30 万吨乙烯工程建设监理，承揽了河北沧化 15 万吨 PVC、中原乙烯改造、燕化公司 20 万吨高压聚乙烯、中央直属粮库等 20 多个项目的建设监理。同时，还参与了科威特阿哈迈迪炼油厂重建工程建设管理，承揽了印度尼西亚丁苯橡胶工程建设管理任务。

公司凭借雄厚的技术力量、丰富的工程管理经验，在国内外石化工程建设上奋力拼搏，以一流的业绩谱写了新的篇章。

第二节　在市场竞争中开拓进取，再创辉煌（2000—2019 年）

进入 2000 年，国内外形势发生深刻变化，带来了新机遇，更带来了新挑战。在中石化总公司和齐鲁石化公司的领导下，公司进行了企业重组合并，为公司改制和发展创造了条件。

一、重组合并，实现强强联合

根据国务院关于《国有大中型企业建立现代企业制度和加强管理基本规范（试行）》（国办发〔2000〕64 号）和建设部《关于进一步推进建设系统国有企业改革和发展的指导意见》（建法〔1999〕317 号），以及《关于推进大型工程设计单位创建国际型工程公司的指导意见》（建设〔1999〕218 号）的要求，公司在中石化集团公司和齐鲁石化公司的领导下，开启了重组合并步伐。

2000 年 5 月，齐鲁石化公司按照中石化集团公司实施战略性重组的总体部署，决定将齐鲁石油化工工程公司与齐鲁石油化工设计院重组合并，企业名称为齐鲁石油化工工程公司，为齐鲁石油化工公司的直属法人企业。

重组合并，充分体现“1+ 1> 2”的专业化重组思想，实现了优势互补，在充分发挥原有的设计、监理和建设管理方面优势的基础上，以国际化工程公司的模式为目标，围绕EPC承包模式，完善设计、施工、项目管理，形成运行有序的以项目为核心的管理体系，具备了从项目咨询、设计、采购、施工直至开车、保运全过程总承包能力。走出一条强强联合、开拓市场、不断进取的发展新路子，为创建以设计为主体，与国际接轨的，具有EPC全功能的工程公司迈出了重要的一步。

二、改制分流，全面走向市场

2000年合并重组后，公司向国际接轨迈出了重要的一步。但是，由于公司历史情况复杂，许多深层次矛盾并没有得到彻底解决。从业务构成来看，除工程设计、工程监理、工程承包等主业外，还有化工生产、建筑安装、房地产开发、综合服务等集体企业，业务性质千差万别，产业结构不合理，主、辅业关联性和互补性很差。如何把主业发展壮大，成为公司面临的新课题。

2002年，中石化集团公司减员分流工作全面展开，公司根据《中国石油化工集团公司改制分流试点意见》和《齐鲁石油化工公司国有单位改制分流试点实施意见（试行）》，结合具体情况，普遍认为，改制分流是中石化集团公司持续减员和产业调整的战略举措，也是企业自立生存发展的一次机遇。公司要做精做强，就必须深化改革，建立符合市场要求的现代企业制度，精干主业，实现主辅分离，适应市场要求的法人实体和市场主体。

2002年4月，工程公司作为当时中石化集团公司规模最大的改制分流试点单位，按照主、辅分离，同步改制的原则，开始改制分流运作，通过资产剥离，公司由多元发展向聚焦主业，实现主业和辅业分离，实现共同发展之路。

2003年6月26日，由公司主业改制成立的山东齐鲁石化工程有限公司完成了工商登记注册。新公司按照《公司法》和公司《章程》，健全了法人治理结构，企业成为全体员工持股的独立经营的法人实体。公司改制以后，全面走向了市场化道路，经营模式发生了质的转变，在市场竞争中求生存、求发展。

三、深化内部改革，提升管理效能

重组改制使公司的改革迈出了重要的一步，走上新的起点，新的台阶。但转换经营机制，推进企业管理的规范化，建立现代企业制度是更加繁重艰巨的任务。为此，公司从精简机构开始，全面实施三项制度改革。本着压扁管理层，精干执行层，精简、高效的原则，大幅度地压缩了公司的机构编制，通过竞争上岗，干部指数和机关人员压减了2/3；通过实施薪酬制度改革，在收入分配上，逐步与市场接轨，向公司技术和管理骨干加大倾斜力度，达到稳定骨干，留住人才的目的。按照国际化工程公司的模式，进行专业结构调整，组建了市场营销、工程设计、设备采购、项目管理等组织机构。设置管理层、生产层2个层级，共20个部门单位。在项目管理中，建立了以项目为核心的矩阵式管理体系，统一各部门的资源使用，保证公司重大项目的经营活动。公司通过一系列改革，实现了轻装上阵，进入了加速发展时期。

四、科技创新，增强企业核心竞争力

公司作为“以工程技术为本”的科技型企业，始终把提高技术创新能力作为推进公司发展、提高核心竞争力的中心环节，高度重视技术创新和技术进步，从规划、制度、装备和经费等各个方面为技术创新给予全力支持。坚持“以人为本”的科技人才战略，完善技术管理体系，围绕公司优势项目，结合市场需求，通过自行开发、工程模拟、消化吸收引进国外装置的工艺技术，开发专有技术、专利技术，形成工艺包；以项目为载体，积极开展产学研联合创新，通过与科研院所、生产单位合作等方式，抓好核心技术创新。

公司重点进行了C4综合利用、延伸和拓宽C4技术链，氯碱和PVC生产技术，苯乙烯成套技术的优化，MTBE/1-丁烯技术（大型化）的开发，合成橡胶生产工艺提升，特种橡胶工程设计的技术开发，丁烯氧化脱氢制丁二烯工艺技术改进，以丙烷脱氢为依托、做精C3技术链，以及在污水处理、环境保护等领域的技术研发，取得了丰硕的成果。截至2019年，公司拥有14项专有技术，获得专利授权96项。

主要的技术成就有：

1. 合成橡胶装置成套技术

公司于2004年和2006年先后启动了10万吨/年乳聚丁苯橡胶和5万吨/年顺丁橡胶项目的研发工作，在分析和总结国内外同类装置运行情况的基础上，通过对工艺流程的优化以及对关键设备的技术改进，开发完成了具有完全知识产权的合成橡胶生产技术，装置的物耗、能耗均达到国内先进水平，具有国产化程度高、投资省、污染物排放对环境影响小等特点。10万吨/年乳聚丁苯橡胶生产技术荣获中国石油和化学工业2008年度科技进步一等奖，并获得中国石油和化工勘察设计协会4项专有技术授权。该成套技术于2006年对南京扬子-金浦石化公司成功转让，并于2007年7月建成投产一次开车成功，成为国内第一套单套规模最大的丁苯橡胶装置。该技术先后应用于齐鲁石化10万吨丁苯橡胶、福建湄洲湾10万吨/年丁苯橡胶等装置，取得了良好的效益。公司的5万吨/年顺丁橡胶生产技术持有多项专有技术和专利技术，并获得中国石油和化学工业科技进步二等奖，在能耗、物耗、稳定安全生产、环境保护等各方面均处于国内领先地位。该技术先后应用于山东玉皇、福橡化工、新疆蓝德、扬子金浦、浩普新材料、齐翔腾达等多套顺丁橡胶装置。公司在丁腈橡胶、异戊橡胶、稀土顺丁橡胶等领域也有较强的设计实力。宁波顺泽5万吨/年丁腈橡胶装置引进俄罗斯核心生产技术，由公司负责补充完善和全流程工艺包开发，并完成基础设计和详细工程设计。装置已于2011年4月投产，2013年荣获中国石油和化学工业科技进步三等奖。

2. 丙烷脱氢制丙烯成套设计

公司是国内首家承担丙烷脱氢制丙烯装置设计的设计单位，同时也是国内拥有丙烷脱氢制丙烯（PDH）和烯烃易位转化生产丙烯（OCU）两大增产丙烯新技术的唯一设计商。公司与鲁姆斯及UOP公司在丙烷脱氢制丙烯技术转让及装置建设方面进行深度合作，丙烷脱氢装置规模大，大型设备多，工艺管径大，特殊材质多，设计难度大，通过与上述公司的合作，公司在工程设计方面积累了丰富的经验。国内首套天津渤海石化60万吨/年丙烷脱氢制丙烯工程，于2011年5月正式开工建设，2013年10月11日23时一次投料开车成功。该项目2015年荣获中国石油和化工优秀工程勘察设计一等奖、中国石油和化学科技进步奖三等奖，2019年荣获全国勘察设计行业建国70年优秀勘察设计奖。近10年来，公司共设计丙烷脱氢项目10余项，占国内同类型装置总数的70%以上。近年来，公司依托完成的多套丙烷脱氢装置工程设计，对引进的工艺技术进行研究分析，进一步消化、吸收，通过工程模拟，自主开发形成专利或专有技术，已取得了一些专利成果。

3. C4综合利用技术

公司在提升利用C4中的异丁烯生产MTBE/1-丁烯、利用丁烯生产甲乙酮和丁二烯生产技术和设计技术的基础上，不断探索C4综合利用的有效途径。近年来，公司先后开发完成了炼油C4生产1-丁烯技术、MTO C4综合利用技术，通过引进技术完成了丁烯和乙烯歧化制丙烯、丁烷异构制异丁烷、异丁烷脱氢制异丁烯等装置的设计，并对以异丁烯为原料生产异戊二烯技术进行了深入调研。先后完成了抚顺诚恒、齐翔腾达、广州石化、沈阳石蜡、上海金山、天利高新、上海华谊、新疆金浦等炼油C4，中煤榆林、久泰能源等MTO装置C4，以及陕西延长炼油和MTO混合C4等C4综合利用技术的开发和转让，正在进行山东诚恒18万吨/年、山东金旭30万吨/年异丁烷脱氢制异丁烯装置设计，为C4综合利用开辟了新的途径。

4. 丁二烯抽提装置的成套技术

公司拥有丁烯氧化脱氢制丁二烯装置生产工艺技术。在国内率先完成了丁二烯抽提装置DMF法国产化设计。2012年由公司在上述技术的基础上通过采用新工艺、新型催化剂、新设备、现代化的控制技术、集成节能技术、高效分离技术等，对原有技术进行提升和完善，设计和建设完成了齐翔腾达7万吨/年丁烯氧化脱氢制丁二烯装置的设计，装置不仅投料试车一次成功，而且实现了长周期稳定运行，其各项数据均超过原有装置技术。采用该技术齐翔腾达的丁二烯能力已达到12万吨/年，另有山东玉皇等多套装置建成投用。

5. MTBE/1-丁烯技术

公司拥有MTBE/1-丁烯工艺专有技术和多项专利技术，先后完成齐鲁、新疆、广州、上海、茂名、兰州、吉林、扬子等全国近20套装置的设计工作，开车顺利，运行稳定。多个项目荣获省部级以上奖励。近年来，公司先后完成了利用炼厂C4为原料生产1-丁烯技术、催化精馏塔新型结构型式、CPP C4制1-丁烯等专利专有技术的开发，以及在MTO C4中的综合利用，并开发完成了大规模MTBE生产技术，保持了公司在MTBE/1-丁烯领域的领先地位。

6. 乙苯/苯乙烯装置成套技术

公司两次参与中国石化集团公司苯乙烯装置国产化设计攻关，作为国家“十五”重点科技攻关计划课题、中国石化股份公司“十条龙”攻关项目——20万吨/年苯乙烯成套技术开发和20万吨/年乙苯成套技术开发，荣获2006年度中国石油化工集团公司科技进步一等奖。公司先后完成了齐鲁石化、大连石化、江苏双良、锦州石化、天津大沽等20套乙苯/苯乙烯装置的设计工作，均运行良好，设计的天津大沽50万吨/年苯乙烯装置是目前国内单套最大规模的苯乙烯装置。

五、开拓市场，取得出色经营业绩

公司重组改制20年来，全面走向了市场化道路，在激烈的竞争中，公司上下变压力为动力，彻底改变等靠要思想，充分发挥公司的技术和服务优势，积极参与竞争，拓展工程设计、监理、总承包市场。在全力争取中石化系统内的项目同时，主动走出去，跨行业、跨区域，开拓中石油、中海油及民营石化市场，取得了良好业绩，保持了工程设计、监理、总承包主业的持续稳定发展。

20年来，参加了国内大多数大型乙烯工程及大部分大炼油、大氯碱、大型煤化工（煤制油、煤制烯烃、煤制天然气）、多晶硅以及其他大型石化工程项目的建设监理，以及部分项目总承包；先后完成氯乙烯/聚氯乙烯、高压聚乙烯、丁腈橡胶、异戊橡胶、丁基橡胶、乙苯/苯乙烯、环氧丙烷、丙烯腈、白油、聚苯乙烯、丙烷脱氢等大型装置设计60余套。通过优质的服务，提高了市场占有率，提高了公司的信誉，保持了主业的持续发展。

完成的主要工程项目有：

1. 总承包项目

总承包项目完成10项。

主要包括：齐鲁石化72万吨/年乙烯技术改造、中国石油独山子MTBE/1-丁烯装置、抚顺石化MTBE/1-丁烯装置，中石化武汉MTBE/1-丁烯装置总承包，齐鲁石化CFB锅炉改制、橡胶污水改造等。

齐鲁72万吨/年乙烯技术改造工程，是中石化“十五”期间重点建设项目，也是齐鲁石化工程公司与设计院重组合并后，共同承担的首个大型项目，2002年，齐鲁乙烯二轮改造工程于正式启动，工程公司作为齐鲁乙烯二轮改造总体设计院，承担了总体设计及6套装置详细设计，5个单项工程总承包，3个单项工程项目管理承包，10个单项工程监理任务及厂区内所有勘察测量项目。还承担着计划编制、详细设计施工图管理等任务，责任重大。公司建立了精干高效的现场指挥系统，集中了全公司最优秀的专业技术人员，全力以赴投入到齐鲁乙烯二轮改造中去。期间克服2003年“非典”影响，经过艰苦努力，除了部分单项工程与总体统筹计划进度相比略有滞后，工程的总体进度基本达到了统筹控制目标要求。2004年10月7日，乙烯装置实现一次开车成功，创造了国内同类装置改造建设周期最短、开车质量最好的纪录。

2. 工程设计

工程设计完成200余项，其中大型项目60余项。

MTBE新建、扩建11套。包括南京扬子炼化4万吨/1.5万吨/年MTBE/1-丁烯装置、兰州石化、齐翔腾达、独山子石化、中石化武汉等工程项目。

苯乙烯新建、扩建12套。包括齐鲁20万吨/年苯乙烯装置、江苏双良20万吨苯乙烯装置、天津大沽50万吨/年苯乙烯装置、华北、锦州、大庆中蓝、辽宁华锦、华星集团、抚顺石化等装置。

合成橡胶装置9套。包括南京扬子金浦10万吨/年丁苯橡胶装置、齐鲁分公司丁苯橡胶装置技术改造、山东玉皇化工5万吨/年顺丁橡胶装置、宁波顺泽5万吨/年丁腈橡胶装置等。

丁二烯装置4套。包括齐鲁石化橡胶厂乙腈法丁二烯装置改造、淄博齐翔10万吨/年丁烯氧化脱氢制丁二烯装置、淄博齐翔15万吨/年丁二烯装置扩建、菏泽玉皇7万吨/年丁烯氧化脱氢制丁二烯项目等。

甲乙酮装置2套。包括青岛思远8万吨/年甲乙酮装置、齐翔腾达4万吨/年甲乙酮装置。

加氢装置2套。包括天津凯威食品医药级白油（一期）、山东胜基化工15万吨/年铝箔料加氢装置。

碳九装置3套。包括齐隆碳五碳九石油共聚树脂技术改造，山东胜基化工10万吨/年碳九综合利用，抚顺齐隆22万吨/年裂解焦油、10万吨/年裂解碳九深加工等。

丙烷脱氢项目12套。包括天津渤化石化丙烷脱氢年产60万吨丙烯项目、烟台万华75万吨/年丙烷脱氢项目，卫星能源、绍兴三锦石化、河北海伟、山东金能、江苏瑞恒等丙烷脱氢装置。公司在低碳烷烃脱氢装置设计方面占到全国市场80%以上，成为公司近年来重要利润来源。

其他装置10套。如，液体化工产品龙口4万立方米港口储运设施、青岛广源发高等级重交道路沥青装置及配套设施、潍坊绿霸1.8万吨/年吡啶装置、齐鲁腈纶厂8万吨/年丙烯腈装置技术改造等。

3. 工程监理项目

承揽并完成工程监理项目200余个。其中大型装置70余套，包括：

乙烯装置12套。包括上海赛科90万吨/年乙烯装置、天津石化100万吨/年乙烯及配套项目、中石化武汉80万吨/年乙烯工程、镇海炼化、抚顺石化、独山子石化、浙江石化、辽宁宝来、福建古雷等乙烯装置，承揽了国内80%以上乙烯装置的监理。

高压聚乙烯装置4套。包括大庆石化高压聚乙烯装置、茂名石化高压聚乙烯装置、齐鲁分公司高密度聚乙烯及配套、新疆中泰化学工业园PVC装置。

炼油装置10套。包括青岛大炼油工程60万吨/年煤油加氢精制、150万吨/年连续重整、410万吨/年柴油加氢精制装置，齐鲁柴油加氢精制装置、延迟焦化装置，燕山石化延迟焦化装置，茂名石化裂解汽油加氢装置、中石化北京分公司柴油加氢精制装置等。

氯碱装置6套。包括内蒙古乌海氯碱工程，中泰化学阜康工业园120万吨/年聚氯乙烯、100万吨/年离子膜烧碱装置，新疆中泰化学工业园离子膜烧碱装置等。

橡胶装置6套。包括燕山分公司3万吨/年稀土/镍系柔性顺丁橡胶装置、齐鲁-比欧西合成橡胶装置、齐鲁分公司乳聚丁苯装置、杭州浙晨橡胶装置、浙江信汇卤化丁基橡胶装置等。

油库 4 项。包括中油湛江燃料油库、中油黄岛油库扩建、大榭燃料油库工程、龙口 30 万立方米储罐区工程。

煤化工项目 8 套。包括神华煤制油工程 330 万吨/年加氢稳定装置、100 万吨/年加氢改质装置、4.5 万立方米/时轻烃回收装置，神华宁煤集团煤制烯烃工程 50 万吨/年聚丙烯装置和 2 套 9 万立方米/时空分装置，新天煤业年产 20 亿立方米煤制天然气工程煤气化装置、空分装置。

其他装置 20 余套。包括烟台万华 75 万吨/年丙烷脱氢装置、万华苯胺-甲醛一体化项目（一期）、新疆 PTA 项目、亚洲硅业（青海）多晶硅项目、江西景德多晶硅项目、齐鲁伊士曼 TXIB/TEXANOL 装置、上海石化乙二醇空分、齐鲁分公司达州化肥、宁夏煤基烯烃项目、齐鲁分公司丙烯腈装置技术改造等项目。

公司在特大型乙烯、炼油、煤化工领域的监理形成自己独特的管理技术和特色，具有较高的市场占有率。

公司成立 40 多年来，艰苦奋斗，奋勇拼搏，在市场经济的大潮中经受了洗礼，在市场竞争中，开拓进取，逐步成长，实现快速发展、走向成熟。山东齐鲁石化工程有限公司，站在了一个新的历史起点上，在公司发展的新征程上，公司将不忘初心、攻坚克难，开拓奋进。

2019 年 10 月，公司在青岛西海岸投资建设的公司总部及研发中心竣工投用，将充分发挥青岛的地域、政策、人才优势，进一步优化公司战略布局，对加快公司发展进程，为公司新的腾飞提供最有力的支持！

未来的道路，公司将团结一心，笃行务实，稳中求进、积极进取、勇于创新，用全体员工的勤劳和智慧，开启公司发展新的征程，把公司打造成一个主业精干、技术雄厚、管理先进、具有较强竞争实力的国内一流工程公司，创造更加美好辉煌的未来！

（山东齐鲁石化工程有限公司　黄志刚）

初心不改薪火传　创新引领谱华章
——中蓝长化工程科技有限公司发展纪实

中蓝长化工程科技有限公司前身为化工部长沙化学矿山设计研究院，始建于 1978 年，是化工部直属的综合性科研设计单位。现已发展成为集科研、勘察、设计、监理、咨询、总承包为一体的综合性工程技术服务型企业，隶属于中国化工集团。目前有正式员工近 500 人，其中国家工程勘察设计大师 1 人、省部行业级勘察设计大师 3 人，享受国务院政府津贴专家 5 人，教授级高级工程师 29 人，高级工程师 136 人，工程师 176 人，各类执业注册工程师 272 人。荣获了“全国文明单位”“中央企业先进基层党组织”“湖南省直创先争优先进单位”“中央企业青年文明号”等一批荣誉称号，并连续多年被评为“全国守合同重信用企业”“行业科技创新型企业”“行业 AAA 级信用企业”“湖南省高新技术企业”和“长沙市创新型企业”。

成立 40 多年来，中蓝长化沐浴改革开放的春风，历经了艰苦创业、快速发展、创新转型的蜕变之路，实现了从“跟跑”到“并跑”、再到“领跑”的历史性跨越，以奋斗者姿态谱写了一曲气势磅礴、雄浑嘹亮的发展华章。

第一节　艰苦创业，征战矿山（1978—1999 年）

一、改革开放应运而生，众志成城共建家园

1978 年，改革开放的春风吹遍大江南北。从农村到城市，从沿海到内陆，从东部到西部，一场史无前例、影响深远的改革开放在华夏神州大地拉开了序幕，化工行业也掀起了轰轰烈烈的变革热潮。化学矿是生产化肥的重要原料，当时全国有 120 多个化学矿山项目急需安排做设计前期工作和初步设计，但仅仅只有 2 家开展化学矿山设计研究工作的院所，且当时化学矿山液气相采矿工艺只有美国、苏联、波兰等少数国家掌握，国内仅有几家科研院所掌握盐矿、石油、天然气等领域液气相采矿工艺。因此，化工部决定组建成立第 3 家化学矿山设计研究院，借此缓解设计方面的压力，同时可以学习、开发和掌握液气相采矿工艺技术。经过综合考量，决定以常德石门磷矿筹建处为主，同时抽调全国各地科研设计院所技术力量，在长沙组建成立化工部长沙化学矿山设计研究院（简称长化院）。

组建初期，千头万绪，选址迟迟得不到落实，征地拆迁工作推进缓慢，项目是否上马还存在争议，可谓举步维艰。建设期间，生活条件十分艰苦，没有居住的房屋，没有专用电和自来水，首批建设者就住在自己搭建的简易木棚里或周边的农户家中，自己动

手生火做饭，在附近的池塘取水饮用。尽管条件如此艰苦，却没有一个人叫苦喊累，也没有丝毫畏难埋怨情绪，大家一门心思扑在建设上，日夜加班，马不停蹄，仅仅用了25天，便将第一批两栋大板房盖了起来。就是凭着这种坚忍不拔、锲而不舍的执着精神，老一辈长化人战胜了种种难以想象的困难，在三湘大地建起了国内唯一一家以液气相采矿研究为主攻方向的化学矿山设计研究院。从此，长化人开启了征战化学矿山领域的传奇历程。

二、成长过程艰难曲折，不屈不挠顽强生存

有了立足之地以后，如何求生存、谋发展，成为当时急需解决的问题。与在化学矿山领域耕耘多年的老院相比，面临人才、技术不足，资金、市场匮乏，长化院没有任何先天优势。为了企业能够生存发展，长化人积极寻求变革出路。从1984年起开始承揽任务按签订合同收费，1987年开始进行由事业单位逐渐向企业过渡的改革，实行技术经济责任制和院长负责制，开展独立核算，不再完全依赖“吃”事业费。1992年进行企业法人登记，全面实行企业化管理。1996年经化工部批准，单位名称由化工部长沙化学矿山设计研究院变更为化工部长沙设计研究院。

在此期间，长化人努力向同行学习，吸取先进技术和管理经验，初步建立起一套自身的设计程序和管理制度，并积极开展与国内外企业合作，承揽了一批重要项目的科研设计任务，推动化工矿山行业钻井水溶法采矿技术进步。

九十年代末期，国家不再划拨事业费，完全需要自己找市场解决吃饭问题，加上这段时期行业不景气，职工工资发放困难，造成大量骨干人才流失，企业前途未卜。但仍然有一批长化人不离不弃、顽强坚守，他们面对重重困境，并没有畏葸不前，而是积极寻求解决办法，勇敢探索前行。通过创办水氯镁石厂、硼酸厂、轻质墙板厂、蓝天工贸公司，组建华星监理公司，设立驻外分院，投资青海盐湖钾肥、青海三元钾肥、长兴科技等一系列途径，使企业艰难地存活下来。

尽管这个阶段企业经营发展颇为艰难，但科技攻关和技术积累方面却取得了显著成绩。1987年，长化院在山东泰安自然硫矿，首次采用钻井热熔法采硫获得成功，填补了国内在自然硫热熔采矿这一领域的技术空白；1988年在河南吴城天然碱矿，采用钻井水溶法采矿获得成功，开创了国内可溶性矿床开采的先河，技术达国内领先、国际先进水平，项目设计于1989年获得了全国优秀工程设计银质奖；1997年在江苏洪泽盐和芒硝矿，实现了2200米的钻井水溶法深井开采和水平对接井连通开采。这些特殊采矿技术的开发和应用，从无到有、从弱到强，为国内可溶性矿床的开发作出了重要贡献。

第二节　快速发展，全面赶超（2000—2017年）

一、创新经营管理模式，拓宽业务发展渠道

1999年，按照国务院办公厅批准的国家经贸委管理的10个国家局所属科研机构转

制方案通知有关要求，化工部长沙设计研究院整体转制进入中国蓝星总公司，由事业单位变为全民所有制企业，按新的管理体制运行。

这期间，长化院通过投资新疆罗钾，成立湖南分公司、新材料公司，开办马兰拉面店等多元化经营举措，企业状况逐渐好转。2006 年，长化院转变经营理念，大刀阔斧变革业务发展模式，大力拓展国内外市场，企业经营业绩和经济效益显著提高。

这期间，长化院坚持以市场为导向，以研发为龙头，走专业化、差异化、国际化发展道路，业务模式由勘察、设计逐步转向以工程总承包为主，业务市场由以国内为主扩展到国内外并举，业务范围从单一的化工矿山勘察设计发展到化工、矿山、环境、建筑、市政等领域的研发、设计、勘察、咨询、监理和工程总承包。这一发展模式的转变，很快收到了明显效果，企业发展规模不断扩大，经济效益持续提升，年新签合同额、收入两项主要经营指标分别较刚转制时增长了 100 多倍和 80 多倍，利润总额也实现了较大幅度增长，成功实现了从“站起来”到“富起来”的历史性跨越。

二、坚持人才强企战略，夯实企业发展根基

人才优先，方能行稳致远。2008 年以来，长化院加快“筑巢引凤”，大力引进高素质专业人才。2010 年，长化院对办公大楼和单身职工宿舍进行了翻新改造，办公及居住环境得到改善，为硕士研究生提供 2 年免费住宿，为博士研究生提供一套一室一厅住房及免收 4 年住宿费；通过拓宽员工职业晋升渠道，提高员工薪酬待遇等措施，吸引了一批优秀人才。近十多年来，长化院共引进了 200 多名博士和硕士研究生，目前硕士及以上学历人员占比为 42%，人才结构不断得到优化。

不断创新育人选人用人机制。通过举办各类培训班、开展轮岗实践、强化大型项目实战历练、加强业绩考核、完善转岗淘汰制度等方式，实行动态管理和跟踪考核，促进年轻员工快速成长成才。重点加强后备梯队培养，建立了后备人才储备库和专家库，让有潜质的技术、管理人才在经验丰富的领导、专家的带领和指导下快速成长。关注每个职工的职业需求，有针对性地进行职业方向、职业能力的培养，畅通职业生涯发展渠道，使职工的业务能力处于良性、持续的提高状态。有 10 多人获评国家工程勘察设计大师、化工行业勘察设计大师、全国化工优秀科技工作者、中央企业劳动模范、中央企业优秀党务工作者、化工行业优秀企业家等国家、省部级荣誉称号。

三、加快技术成果积累，促进发展提质增速

长化院坚持围绕市场需求和钾、磷、锂、环保、化工等核心业务领域，推进技术开发和创新，累计申请发明专利 215 件，获得授权发明专利 191 件，其中 PCT 国际专利 2 件；主编和参编国家、行业标准、规范 30 多项；获得省部级以上成果奖项 150 多个，其中包括体现国内领先和国际先进水平的国家科技进步一等奖 2 项、二等奖 3 项、全国优秀工程设计金奖 3 项、全国优秀工程咨询成果一等奖 2 项；创建国家级科技创新平台 1 个、省部级科技创新平台 3 个、市级企业技术中心 1 个。目前，企业在钾、磷、锂、环保、精细化工等领域，打造了具有较强竞争优势的 5 张“名片”：

——钾资源开发及综合利用技术世界先进。经过长期坚持不懈的努力和技术积累，长化院在钾盐领域取得了一系列技术成果，开发了几十项拥有自主知识产权的专有技术和核心装备，申请发明专利160多项，获得专利授权120多项，荣获国家科技进步一等奖、二等奖、中国专利优秀奖各2项，在钾盐领域的技术市场占有主导地位。全国化工溶解采矿工程技术中心、湖南省钾及伴生物工程技术研究中心、难溶及低品位钾资源综合利用工程研究中心均设在长化院。

国内氯化钾和硫酸钾生产装置均主要采用长化院专有技术，并由其承担工程设计，其中最具代表性和影响力的当属与青海盐湖集团和国投罗钾公司合作的系列钾肥项目。青海盐湖年产100万吨钾肥项目，是2000年国家西部大开发首批十大标志性工程之一，于2003年底建成，2006年实现达产达标，为国内首个百万吨级大型氯化钾生产装置。这一项目的实施及其随后的技术示范推广和项目扩建，不仅使中国钾肥技术跻身于世界先进行列，而且钾肥生产规模也达到世界第四，真正使中国钾肥工业上了一个大台阶！项目设计于2015年荣获国家优秀工程勘察设计金奖。以该项目为基础的年产100万吨钾肥生产技术开发及产业化和青海盐湖低品位难开发钾盐高效利用技术，分别于2008年和2016年荣获国家科技进步二等奖。长化院承接的新疆罗布泊盐湖120万吨/年硫酸钾成套技术开发项目，于2002年成功开发出具有自主知识产权、填补了国内空白的用含钾硫酸镁亚型卤水制取硫酸钾的方法，该技术成为开发罗布泊盐湖卤水的关键工艺技术，2005年完成了工业性试验，2008年正式建成项目并一次投产试车成功，主要技术经济指标达到世界领先水平。该项目的成功实施，不但成功解决了罗布泊盐湖钾资源大规模开发的开采、加工技术及装备难题，将昔日沉寂的“死亡之海”变为了生机勃勃、造福“三农”的“幸福之海”，获得了十分显著的经济效益和社会效益，而且实现了国内硫酸钾行业的产业结构升级和技术水平升级，大大增加了中国在世界上这一领域的话语权，罗布泊钾肥基地也因此创造了多项世界之最，被誉为世界级硫酸钾“航母”。2013年，该项目获得了国家科技进步一等奖。

长化院充分利用自身技术优势，借船出海，与国内大型海外钾肥投资企业合作，承担了刚果（布）、老挝、泰国、加拿大、玻利维亚、埃塞俄比亚、土库曼斯坦、澳大利亚等国家大量钾盐项目的咨询论证和工程设计，为国家持续推进“一带一路”建设作出了贡献。其中，老挝开元甘蒙氯化钾项目，是中国企业境外投资规模最大的钾肥项目，其全部设计任务由长化院承担，项目可行性研究报告于2015年获化工行业优秀工程咨询成果一等奖。一期50万吨/年项目已在2014年达标达产，目前矿山正常生产，并取得了较好的经济效益。该项目开创了世界光卤石矿固体方式大规模开采的成功先例，工程各项指标均已达到或超过设计要求，被老挝政府评为外资项目样板工程。玻利维亚35万吨/年钾盐加工厂项目是长化院承揽实施的第一个真正意义上由外方投资且完全按欧美标准设计的项目，为玻利维亚首个大型工业项目，项目建成后，成为该国经济支柱产业之一，对打破国外公司对玻利维亚钾肥市场的垄断有着重要意义。该项目于2018年9月建成投产，氯化钾产品质量、装置能力均达到设计要求，荣获中国建设工程鲁班奖（境外工程）。

——磷矿地下深部开采技术世界先进。经过多年积累，长化院在磷矿开采、选矿领域取得了一系列技术成就，承揽了大量设计、咨询、工程总承包项目。企业累计获得授权发明专利 20 多项，荣获国家科技进步二等奖、全国优秀工程设计金奖各 1 项，成功创建了国家磷资源开发利用工程技术研究中心分中心创新平台。近十年来，企业磷矿方面业务发展迅速，承揽各类型磷矿相关项目近 200 个，全国新开发的磷矿山业务中大部分为长化院设计或总包，与云天化、贵州开磷集团、贵州瓮福集团、湖北宜化、湖北兴发集团、湖北祥云集团、中海油、川投能源、中化集团、四川清平磷矿等诸多国内大型磷化工企业开展了良好的业务合作，建成了多个现代化地下矿山样板工程。

承担设计任务的贵州开磷（集团）马路坪矿段延深开采工程，首次采用了锚杆护顶分段空场采矿法新工艺、主斜井胶带提升方案以及大型液压无轨采掘设备和磷石膏胶结充填技术，开创了国内缓倾斜、倾斜中厚磷矿运用全无轨化开采技术的先河，推动了采矿工艺的飞跃，使中国化学矿山这一领域技术跃居国内领先水平，并达到世界采矿业同期先进水平。该项目设计于 2000 年获得全国优秀工程设计金奖。在开展项目设计的过程中，长化院还特别注重将绿色矿山和智能矿山建设理念融入其中，正是沿用这一设计理念，开阳磷矿地下采矿主要采、掘、装、运等环节，现均已实现了无轨化，井下主要作业点全部实现远程监控，井下采空区全部得到充填，矿山规模已从当时年产能不到 200 万吨发展到现在的 800 万吨以上，成为全国绿色矿山和智能矿山建设的样板项目。承揽的湖北杉树垭 150 万吨/年磷矿采矿项目，是目前宜昌磷矿区规模最大、现代化技术装备最先进的地下矿山，于 2012 年通过验收。项目的成功建设与生产，为宜昌磷矿区众多后续项目开发建设起到了良好的示范促进作用，被国土资源部列入了湖北宜昌中低品位磷矿综合利用示范基地项目，具有显著的社会效益。2013 年，该项目荣获化工行业优秀工程设计二等奖。承揽的中化云龙没租哨磷矿 60 万吨/年产能接续项目，在设计中引进大型化、机械化、智能化矿山理念，采用平硐与辅助斜坡道联合开拓、中段坑内卡车无轨运输、大型无轨液压采掘设备采矿的无轨矿山开采模式，工艺技术水平居国内领先、达到国外同期先进水平，项目已顺利竣工投产，对云南省磷资源地下井工开采具有示范及标杆作用，项目建设中开发的技术成果为云南省滇池海相沉积、复杂构造地质条件下建设地下矿山提供了理论与技术支撑。

——盐湖及固体矿物的锂盐加工技术国内领先。长化院于 2006 年开始进军锂行业，深入青海、西藏盐湖地区开展卤水提锂技术攻关，通过 10 多年坚持不懈的努力，在盐湖老卤提锂技术及应用上取得了新发展，为开发青海、西藏盐湖锂资源作出了重要贡献。在与青海蓝科锂业公司开展 1 万吨/年碳酸锂填平补齐项目合作过程中，所研究的超高镁锂比盐湖卤水吸附-膜分离耦合提锂技术的开发及产业化项目，被中国石油和化学工业联合会授予科技进步一等奖，技术成果鉴定达到国际领先水平，对中国盐湖资源综合利用和新能源产业的发展意义十分重大。承揽的青海中信国安西台 1 万吨/年碳酸锂项目，是国家“十一五”重点建设项目，其成套技术开发是科技部科技支撑计划课题，已分别于 2012 年 11 月、2013 年 1 月通过课题验收。该项目装置是国内首套利用盐湖卤水生产碳酸锂的万吨级装置，是当时亚洲规模最大的盐湖卤水生产碳酸锂装置，也是世界高镁锂比硫酸盐型盐湖第一套工业化提锂装置，应用该工艺生产的“国安”牌碳酸锂产品被青海省政府认定为名牌产品。2014 年，该项目获得化工行业优秀工程设计一等奖。此外，在西藏扎仓茶卡盐湖开展的卤水综合利用工艺研究开发中间试验项目，获得了中国无机盐学会科技进步奖，为开发盐湖资源，特别是从含锂盐湖卤水中提取锂的研究与产业化提供了很好的示范作用。

除在盐湖提锂方面取得技术突破和突出业绩外，长化院在固体矿物提锂技术及应用方面也取得了显著成绩。江西宜春银锂二期 2.5 万吨/年锂盐工程，采用锂云母和锂辉石为原料制备碳酸锂和氢氧化锂，为国内首条利用锂云母制备锂盐的规模化生产线，长化院承担了该工程设计和总承包管理以及部分核心工艺开发。该项目现已顺利建成投产，成功生产出合格的电池级碳酸锂产品，对实现宜春市百亿元锂电产业蓝图，推动当地经济发展，打造宜春“亚洲锂都”具有重要意义。设计的四川雅化 2 万吨/年电池级碳酸锂项目，利用固体锂辉石提锂制备氢氧化锂和碳酸锂，项目工艺具有投资低、产品质量高等优点，现已顺利建成投产，主体建设工程、生产线工艺技术及装备水平均达到行业领先水平。

——工业废水深度处理、尾矿库及重金属污染综合治理等环保领域技术国内领先。长化院切实践行绿色发展理念，致力于环保领域技术研究及应用，特别是在工业废水深度处理、尾矿库及重金属污染综合治理等领域取得了新突破，获得授权发明专利 13 项、软件专有技术 2 项，荣获中国化工专利优秀奖 1 项、省部级以上成果奖 1 项，创建市级企业技术中心 1 个。自主研发了专门处理工业废水的 HPOD 臭氧催化深度氧化专利技术，其处理后的废水 COD 可以达到 30 毫克/升以下，已经在湖南、江西、山西、天津等地多个工业项目中得到推广应用，产生了良好的经济效益和社会效益。应用 HPOD 技术及设备建设的巴陵石化己内酰胺、山纳合成橡胶、江西星火有机硅、天津天宇科技园、岳阳云溪等污水深度处理和提标改造工程，填补了国内高难处理有机废水深度处理达标排放和回用的空白，极大地提高了废水有效净化处理深度，标志着企业在高难处理有机废水深度处理技术领域达到国内领先水平。承揽的湘江流域重金属污染治理重点项目——桂阳雷坪矿区重金属污染综合治理 EPC 项目，大幅改变了欧阳海水库夹皮沟段废水和尾砂直接排放的现状，对消除水污染、恢复矿区植被、防止水土流失、改善当地环境卫生面貌起到了积极作用，为矿区生态环境建设奠定了良好基础。实施的山东茌平信发赤泥库一库区、二库区改建勘察设计项目，改造技术方案采用固结排水法，在国内赤泥库中的应用尚属首次。

在做优做强污水深度处理、重金属污染及尾矿库综合治理领域市场业务的同时，企业重点围绕河流治理、养殖废水处理、土壤修复、垃圾填埋、危废处置、污泥干化焚烧、废气治理等领域，积极拓展市场业务，承揽了长江经济带湖南段水质自动监测能力建设、白沙河流域综合治理、铜仁市碧江区瓦屋河汞污染综合治理、罗牛山乐满猪场和大致坡猪场污水处理、西固区河口镇大红沟红矾钠厂及周边铬渣污染场地修复、湘潭市竹埠港地区土壤修复综合整治、郴州倒窝里城市生活垃圾卫生填埋、琼海市配套飞灰填埋场、甘肃河西地区危险废物集中处置中心、郴州市工业危废综合处置中心、宁夏金塔固废循环利用处置、青海德令哈工业园区固废资源综合利用、嵊州市800吨/天污泥干化焚烧处理、沈阳蜡化有机废气综合治理等一批环保设计和总包项目，为营造人与自然和谐共处的生态环境做出了积极贡献。

——化工成套技术工程转化能力国内先进。长化院在持续巩固钾、磷、锂传统主业优势的同时，积极延伸产业服务链，大力发展国内精细化工领域市场业务，承揽了一批设计、咨询和工程总承包项目，赢得了广阔的市场和良好的业界口碑。参与开展设计、咨询工作的沈化集团整体搬迁改造项目，荣获了全国优秀工程咨询一等奖。承担设计任务的南通星辰芮城分公司1万吨/年PPE项目，一次投料开车成功，产出合格的PPE产品，产品质量达到国内领先水平。实施的新疆硝钾5万吨/年硝酸钠工业试验厂技改EPC项目，顺利通过竣工验收，使业主方生产成本从2100元/吨下降至1500元/吨，实现了扭亏为盈，得到业主多次致信表扬和感谢。承担设计及工程管理任务的东北制药集团异地改造搬迁项目，关键性设备乙炔发生装置成功开车，至今安全平稳运行，产品质量和产能均达到设计要求。承揽的首个军工项目江西星火航天总承包项目，投料试车一次取得成功，产出的首批产品合格率高达99.5%，为保障航天发射任务顺利进行奠定了坚实基础。

第三节　创新引领，再续辉煌（2017—2019年）

2017年11月，根据国务院国资委统一部署完成公司制改制，企业性质由“全民所有制”变更为“有限责任公司”，企业名称由化工部长沙设计研究院更名为中蓝长化工程科技有限公司（简称中蓝长化）。并以此为契机，逐步完善法人治理结构，建立现代企业制度，企业由此踏上了新的征程。

站在新的历史起点上，中蓝长化将以改革创新、二次创业的勇气，适应不断变化的外部环境和市场需求，全面激发企业发展活力，朝着“建成国内一流、国际知名工程公司，打造百年企业”的目标前进。

*加快对标转型发展，全面提升管控水平。*以中国化工集团“科学至上、知行合一”理念为指引，打造以科研为龙头、工程设计为核心、工程总承包为主体的工程技术服务型企业。持续开展全面对标，学习最佳实践，逐步完善以社会、客户、股东、员工为要素的“企业价值管理四要素”指标体系，建立各级要素标杆企业库。一是加强业务对标分析，从业务领域、发展模式、品牌战略、市场占有率、经营业绩、服务意识等方面深入理解标杆企业成功逻辑，结合实际制定追赶标杆计划，推动一批对标及持续改进项目落地。二是加强管理对标，重点在推动企业精细化、数字化管理上下功夫，围绕安全生产、工程管理、成本管控、节能降耗、制度化、信息化建设等方面进行对比分析，持续改进提升。通过向同行业先进工程公司对标，全面提升企业管理能力和项目管控水平，推动企业真正实现向工程公司转型。

*延伸工程技术服务，做强做大核心主业。*继续发挥钾、磷传统领域特色技术优势，

不断扩大国内外市场。持续深化新疆、青海、贵州、宜昌、云南“五大基地”业务建设，努力拓展延伸产业服务链，为客户提供上下游一体化服务、成套技术服务、定制化设计服务，重点在磷矿露天转地下深部开采、打造绿色生态矿山、数字智慧矿山、锂盐开发及回收利用、企业扩能技术改造等方面下功夫；积极参与“一带一路”建设，持续拓展海外工程项目业务，努力提高国际化经营管理水平。切实践行“绿水青山就是金山银山”的发展理念，全面拓展大气治理、废水处理、土壤修复、固废处置等环保领域业务。

*坚持创新驱动发展，增强科技硬核实力。*持续激发创新活力和内生动力，在加强科技创新和提升公司服务品质上下功夫，积极开发新技术，为公司开拓国内外市场提供有力技术支撑。持续深耕钾、磷、锂、环保等领域技术研发，重点围绕传统盐湖化工企业技术升级改造、地下深层卤水综合开发与利用、难选低品位磷矿、盐湖卤水提锂工程化技术、污水深度氧化、高盐废水处理、固废处置、大气污染综合治理、重金属污染综合治理等领域开展科技攻关。提升科技创新平台管理运营水平，对公司已有的国家级、省级、市级创新平台规范管理，完善建章立制，积极寻求科研项目、技术开发、人才培养、创新实践基地等方面的合作，争取在5年内再打造1～2个国家级创新平台。加强核心技术积累和知识产权保护，保持每年20件以上发明专利申请。加快推进实施“科技创新+ 产业一体化”发展模式，围绕钾、磷、锂、环保等领域开发多元化高附加值产品，促进公司研发成果转让和产业化进程，提升科研产出效益。持续开展管理创新、制度创新、机制创新，不断提升运营绩效，确保企业持续稳定发展。

初心不改薪火传，扬帆逐浪再起航。面对即将到来的“十四五”，中蓝长化将继续秉持“诚信立业，创新领航”的企业理念，践行“一个工程，一座丰碑”的管理方针，继承和发扬老一辈的优良传统，团结一致、直面挑战，用坚实的步伐走出一条改革创新、转型升级的高质量发展之路，以更加优异的成绩谱写中蓝长化事业发展的新篇章!

（中蓝长化工程科技有限公司　郑小满）

航天品质引领跨越　科技创新铸就辉煌
——航天长征化学工程股份有限公司发展纪实

为者常成，行者常至。在21世纪初始，航天人与化工人牵手，坚守着为实现煤炭清洁高效利用而奋斗的初心，跨界对接，砥砺前行，演绎出在石油和化工勘察设计行业中一家工程公司的勇立潮头、蓬勃发展，它就是航天长征化学工程股份有限公司（简称航天工程公司，前身为北京航天万源煤化工工程技术有限公司）。公司成立于2007年6月，隶属于中国航天科技集团公司中国运载火箭技术研究院。2009年10月，历经改制重组、吸收合并甘肃省石油化工设计院（成立于1978年10月，隶属于甘肃省石化工业协会），两家公司兼容并蓄，融为一体，成为航天民用产业和勘察设计行业企业新发展模式的典范。

航天工程公司依托中国航天在运载火箭和液体火箭发动机研制、生产和试验方面积累的优势，将航天军工科技向民用产业转化延伸，创造出了拥有完全独立自主知识产权的“航天粉煤加压气化技术”，该技术能够明显提高煤炭利用价值和效率，大幅减少利用过程中的污染排放，可广泛应用于煤制合成氨、煤制甲醇、煤制烯烃、煤制乙二醇、煤制天然气、煤制油、煤制氢、IGCC发电等多个领域。公司拥有化工、石化、医药行业三十多年工程设计经验，能够提供从煤气化技术及关键设备供应、工程咨询、工程设计、技术服务、设备成套供应及工程总承包的全生命周期一站式服务。

公司坚持以创新求驱动，以质量求生存，靠信誉求发展，树立企业形象，创造优质工程，企业规模不断扩大，市场占有率稳步提高，铸就了公司在国内粉煤气化领域的主导地位，成就了飞速发展的历程。

第一节　航天科技孕育现代煤化工梦想启航

一、突破技术封锁，坚持自主创新

中国能源资源禀赋是“富煤、缺油、少气”，煤炭资源的有效利用，直接影响国家能源战略。煤化工技术是煤炭清洁利用的重要技术手段，但在20世纪末及21世纪初期，先进粉煤加压气化技术一直被国外几个大公司所垄断，典型代表为GE公司的德士古水煤浆加压气化技术和壳牌公司的Shell粉煤加压技术，当时，这两种技术在国内规模较大的氮肥和甲醇企业已经有一定数量的引进。但是，由于国外技术专利费用高昂、技术复杂、装置投资大、维修费用高，一般中小企业很难承受，严重制约了我国煤化工的发展。

为此，中国运载火箭技术研究院（简称火箭院）北京航天动力研究所基于多年从事液体火箭发动机研究的技术优势，从此走上煤气化技术的攻关之路。2005 年 3 月 1 日，火箭院启动了代号为“301 工程”的煤化工项目，并从火箭院所属单位调集各路专业人才，建立“301 系统工程部”。之后，一场航天内外部资源的整合悄然酝酿，科研人员重点从原料煤本地化、降低投资、关键设备国产化等方面攻关，充分吸收国外先进煤气化技术的优点，并运用了燃烧热能技术、特种装备（如特种阀门）技术、系统控制技术、系统总成技术和试验测试技术，最终创新开发出了拥有全部自主知识产权的“航天粉煤加压气化技术”，为工业化应用奠定坚实基础。

二、精心设计论证，打造示范工程

时不我待，只争朝夕。为尽快将航天粉煤加压气化技术投入工程应用，2005 年 12 月，火箭院与濮阳市甲醇厂签订了“15 万吨/年甲醇 HT-L 粉煤加压气化工艺工业化首套示范”合作协议；2006 年 6 月，火箭院又与安徽临泉化工股份有限公司签订了“20 万吨/年合成氨原料路线调整改造工程示范”合作协议，两项示范工程先后破土动工。

秉持“特别能吃苦、特别能攻关、特别能战斗、特别能奉献”的航天精神，航天人历经两年的努力，克服示范项目建设中的重重困难，2008 年 10 月 13 日，河南濮阳化工 15 万吨甲醇项目 HT-L 粉煤加压气化炉一次投煤成功，试车获得圆满成功，后经过 72 小时连续运转，整个运行阶段各项参数指标检验合格。同年 10 月 31 日，安徽临泉化工 20 万吨/年合成氨原料路线调整改造工程开车试运行，一次投料试车成功，并于同年 11 月 3 日生产出合格产品。

“航天炉”的成功问世，为煤化工产业开启了一片新天地，更让航天科技集团公司誉为航天技术应用产业放飞的“神七”，两个示范项目的相继点火成功，为公司航天煤气化技术向产业化推广迈出了重要一步。

三、技术权威鉴定，水平国际领先

严慎细实，追求卓越。公司秉持中国航天严慎细实的作风和质量归零的管理理念，从设计源头入手，在追求装置综合效能的同时，重点把影响安全和质量的问题在源头上解决，对航天煤气化装置进行了系统性优化。结合工程应用实践，2009 年 10 月，公司“HT-L-40 航天粉煤加压气化技术”科技成果通过了由中国石油和化学工业协会组织的鉴定，鉴定结果为“该装置操作简单、维护方便，煤种适应性广、投资费用和运行成本低、开工率高、气化炉的故障率低，该技术拥有自主知识产权，总体技术水平处于国际领先”，此权威鉴定为公司成为国内粉煤加压气化技术第一品牌奠定了基础。

2009 年 12 月，公司航天煤气化技术作为先进煤气化节能技术列入国家发改委《国家重点节能技术推广目录》，2010 年 3 月，列入国家工信部《重点行业清洁生产技术推行方案》，2010 年 7 月，被中国氮肥工业协会评选为“2007—2010 年氮肥、甲醇行业技术进步奖”特等奖。

四、技术优化改进，引领行业发展

在稳步推广日处理煤量1000吨级航天煤气化技术项目的同时，公司抓紧开展日处理煤量2000～4000吨级航天煤气化关键技术攻关和专利专有产品的研制，实现了煤气化设备标准化、系列化和大型化发展，形成了气化炉等产品的体系化，以及配套气化烧嘴技术的多元化，满足了传统煤化工技术升级和现代煤化工产业化发展需求；实现了原料煤的本地化，以烟煤、无烟煤、褐煤为原料的多套装置均稳定运行，达产达标；实现了核心设备全部国产化，形成了关键技术和关键装备研制方法，完成了设备的工艺改进和技术研究，大大提高了产品的性能和寿命；实现了气化工艺系统持续优化，装置性能及可靠性显著提升，仪表控制系统和安全联锁系统不断完善，航天煤气化装置安全可靠运行得到有效保障。

沐浴政策春风，引领行业发展。2011年5月，公司被中国低碳经济发展促进会评为2011年低碳经济科技示范基地。2011年8月，HT-L航天粉煤加压气化装置被列入2011年度国家重点新产品计划项目，并获得由科技部、商务部、国家质检总局、国家环保总局联合签发的国家重点新产品证书。2012年7月，航天煤气化技术入选国家发改委《国家重点节能技术推广目录实施指南》和《战略性新兴产业重点产品和服务指导目录》。2014年10月，公司的一种燃料分配装置和燃烧器、高效洁净含碳物质干粉加压气化装置及方法项目荣获第66届纽伦堡国际发明展览会发明展金奖。2017年6月，公司以航天粉煤加压气化技术为核心，牵头联合清华大学、华中科技大学、煤科院等11家科研单位，成功申报国家重点研发计划专项（原863计划）大规模干煤粉气流床气化技术开发及示范项目。2019年9月，公司航天炉褐煤清洁高效转化技术经中国石油和化学工业联合会鉴定，鉴定结果为“该技术拥有自主知识产权，自主开发了国内首套适用褐煤加工的粉煤水冷壁加压气化技术，可实现褐煤的安全、清洁、高效转化，整体达到国际先进水平，建议加快推广应用”。公司“三高”无烟煤气化装置也已稳定运行超过两年，准备成果鉴定，以期加快技术推广。

公司仍将坚持不懈致力于核心技术持续创新，在粉煤气化技术的高压化、规模化、智能化、原料多元化（高硫石油焦、危废协同处理）、新一代气化技术（高效减排）等方向不断探索、接续奋斗。

第二节　从项目成功到组织成功助推市场化发展

一、把握市场机遇，创立企业平台

梦想起航。2005年成立的301系统工程部属于研究所部室层级，在技术攻关的两年里，从起初的十几人逐渐发展成几十人、上百人，但随着航天煤气化技术愈发成熟，示范装置的持续推进，已经不能满足发展需要。为了让孵化出来的雏鹰能够更好地展翅翱翔，满足预期的煤化工市场未来发展，火箭院果断决定把航天煤化工项目提升到院级层面。2007 年 6 月 22 日，航天工程公司的前身——北京航天万源煤化工工程技术有限公司注册成立，注册资本金 1 亿元，其中中国运载火箭技术研究院出资 7000 万元，北京航天动力研究所出资 3000 万元。随后，在 2008 年 11 月，火箭院向公司增资 1.1 亿元，航天投资向公司增资 9000 万元，公司注册资本达到 3 亿元，至此航天煤化工研发团队踏步走上了创业发展之路。

二、重组吸收合并，跻身工程领域

随着国内煤化工市场的产业复苏，新型煤气化技术打破国外技术垄断，煤化工市场展现出巨大的市场潜力。为了跨入石油和化工勘察设计行业门槛，解决工程项目设计资质及工程设计人员不足的问题，公司广泛寻求合作，最终因有共同的梦想，2007 年，公司与甘肃省石油化工设计院历史性握手。

甘肃省石油化工设计院成立于 1978 年，是甘肃省石化行业唯一的化工、石化、医药类甲级设计院，具有化工、石化、医药行业甲级设计资质，化工（含医药）、石化工程咨询甲级资质，A1、A2、A3 类压力容器设计资质，GB1、GB2、GC1、GC2 级压力管道设计资质，建筑乙级设计资质等，并已通过 ISO 9001:2000 质量管理体系标准认证。2005 年 11 月，在上级主管部门支持下，甘肃省石油化工设计院克服资产归属、离退休人员安置、劳动用工改革等问题，由事业单位改为国有企业，至此之后，凤凰涅槃，浴火重生。

2007 年 9 月，航天工程公司向甘肃省石油化工设计院注资，甘肃省石油化工设计院重组建立兰州航天石化工程有限责任公司。2009 年 10 月，经过吸收合并部分国有股和职工股，成立北京航天万源煤化工工程技术有限公司兰州分公司。随后，原甘肃省石油化工设计院拥有的工程设计资质、咨询资质、压力容器设计许可资质、压力管道设计许可资质等全部转移北京，实现了优势互补，共同发展。自两家单位融为一体以来，航天工程公司通过“管理的硬融合、发展的自融合、文化的软融合”工作思路，探索形成了促进京兰两地融合的新思路和新方法，极大地促进了北京公司和兰州分公司紧密联系和不断交流，两地互通有无、共同合作，实现了在发展中融合，以融合促进共赢发展的效果。

吸收合并后，凭借着具有自主知识产权的航天粉煤加压气化技术和三十多年石油化工行业工程设计实践，公司各项事业取得突破性进展，核心竞争力显著增强，科技成果向现实生产力的转化进程大大加快，各项工作进入了蓬勃发展的高速时期。

三、颠覆重构蜕变，登陆资本市场

随着国内现代煤气化项目市场建设热情高涨，航天工程公司也从创业阶段进入到快速发展阶段。为了做大做强做优企业，实现持续良性发展，鉴于公司良好的发展潜质及广阔的市场发展空间，2010 年 5 月，公司 IPO 上市工作正式启动。

2011 年 9 月，公司完成初步尽职调查，制定改制方案论证并组织实施。2011 年 9

月，经国务院国资委《关于航天长征化学工程股份有限公司国有股权管理有关问题的批复》批准，航天长征化学工程股份有限公司正式设立。2011 年 12 月，航天人彰显大无畏精神和无私奉献品质，顺利完成事业员工身份转换等难点工作。2012 年 3 月，公司确定了募投项目及 IPO 初步发布方案并首次申报。2013 年 12 月，按照监管机构的要求，公司通过外部机构严格的标准来审视自身管理体系的漏洞，建立起统一规范的公司组织架构、业务流程、管理模式、财务制度、企业文化等，公司管理体系和财务体系更加规范，管理水平显著提升。

在随后的上市过程中，公司历经 IPO 两次暂停和重启，遭遇史上最严厉的 IPO 财务审查，证监会上市政策不断变化，IPO“堰塞湖”导致上市日期大大推后，最终凭借航天人骨子里不服输的劲头不断前行，于 2014 年 12 月通过发审委的审核。2015 年 1 月 28 日，公司股票在上海证券交易所正式上市发行（股票代码 603698），公开发行 A 股 8230 万股，发行价格为每股 12.52 元，实现募集资金总额人民币 103039.60 万元。

上市后的航天工程公司成为航天民用产业市场化改革的典范，除了从资本市场获取资本、引进科学的公司治理以外，更重要的是通过上市这个“颠覆-重构-蜕变”的过程，虽劳其筋骨但重获新生，为公司技术研发、产品制造等带来更大动力，为获得更大市场订单带来资本杠杆，更为实现保障国家能源战略安全的使命，牵引和辐射其他产业起到了积极的促进作用。

四、总部基地建设，产研融合发展

基地建设，百年大计。为适应产业化发展需要，2009 年 10 月起，公司自筹资金投资建设航天煤气化装备产业化基地，成为了公司新的总部基地。公司基地位于北京经济技术开发区路东区，占地面积 80 亩，总建筑面积近 7 万平方米，包括气化炉总成厂房、烧嘴及内件制造厂房、特种阀门制造厂房、仿真培训中心和设计研发大楼等 5 个部分，结构功能复杂、工艺性强，建筑风格独特，整体感观气魄伟岸，2012 年 4 月建设完成并全面入住，初步具备了年产 20 套 1000 吨级航天专利专有煤气化设备气化炉、特种泵阀等的设备生产能力，同时实现年产 10 套 15 万吨氨/醇工业装置的工程总承包能力，全面提升了公司产业化发展能力。

为适应未来国内煤气化行业发展需求，公司于 2012 年 3 月启动了航天煤气化装备产业化基地二期项目，于 2014 年 8 月正式破土动工，经过土建施工、设备采购、安装调试、验收等各环节，于 2017 年 2 月建设完成投用。航天煤气化装备产业化基地二期项目建成了集煤气化设备装置研发、设计、检验检测的中心大楼一栋，新增了 5 套日处理煤量 2000 吨级航天专利专有设备的生产能力，具备了大型航天煤气化技术的研发能力，实现了公司煤气化系统整体生产规模与技术研发能力的大幅提升。

为了充分发挥兰州分公司与甘肃地方加强联系的桥头堡作用，彻底解决发展瓶颈，提升公司的社会影响力，扎实推进公司产业化和国际化发展，公司于 2011 年 4 月在兰州高新区雁北路征地 20 亩，启动了兰州航天煤化工设计研发中心即兰州航天大厦建设，项目于 2011 年 7 月奠基，2013 年 10 月主体封顶，2014 年 11 月建成并全部搬迁入住。

2017年2月，该项目荣获甘肃省建设工程质量最高荣誉奖“飞天金奖”。兰州航天大厦建筑面积约38000平方米，突破了公司现有设计研发及配套能力对产业化发展的制约，进一步提升了公司在科技攻关、新产品开发、成果转化、技术推广、工程总承包等方面的综合实力，为建设国际一流工程公司提供了坚实保障。

第三节 以工匠精神高起点高品质铸就品牌

航天工程公司以“客户至上，服务至上，为客户创造价值”为导向，发挥追求卓越的工匠精神，经过十几年产学研融合发展，技术创新不断突破，实现了航天粉煤加压气化技术及装置的系列化发展，研究试验及生产制造的规模化发展，工程项目全生命周期服务模式赢得了市场广泛认可，树立了航天工程公司高品质品牌形象。

一、成套技术性能优异

通过十余年的持续创新，公司航天粉煤加压气化技术及装置形成了鲜明的技术优势。其比氧耗、比煤耗、残碳、有效气含量等核心技术性能均处于领先地位；其煤种适应性广，煤质涵盖无烟煤、烟煤和褐煤等常用煤种，特别是褐煤、“三高煤”方面均有成功应用案例；其投资少，关键设备全部实现国产化，并拥有完全自主知识产权，专利费用低；其操作程序简便，开车效率、装置可靠性和稳定性高，系统从惰性化状态置换到点火投料并达到满负荷状态的时间仅为2～3小时，停车时间仅需0.5小时；其自动控制能力强，安全性有保障，装置通过DCS系统进行自动控制，通过SIS系统保障全套装置系统安全，整个装置“安、稳、长、满、优”运行效果显著。

二、研发试验基础齐备

公司一直致力于深化煤气化理论和机理研究，持续提升煤气化技术的研发能力，提升专利专有设备的研制能力，提升产业化应用水平，已形成了一个独具特色的综合性创新平台。

自2014年起，公司加大研发试验基础建设投入，在试验装置建设方面，先后建成了大型综合液流试验台，可以实施气化烧嘴雾化试验和气化炉流阻试验；建成高温气体分级冷却试验台，可实现掺混后烟气的温度场参数测量；建成滴管炉试验台，可实现煤质燃烧机理数据研究；建成粉煤冷喷喷吹试验台和高压粉煤输送试验台，可实现煤粉高压输送效率、喷吹速度场测量与研究；建成煤质特性分析实验室，可实现原料煤的工业分析、元素分析、灰熔点分析、黏度检测，结渣性分析、煤焦反应性分析、可磨性分析等。

目前，公司正在建设煤气化中试试验基地，试验可同时满足多种工况，其中气化压力涵盖65公斤级和40公斤级，热回收形式涵盖水激冷、辐射废锅、对流废锅及不同组合，烧嘴布置形式涵盖单烧嘴、多烧嘴等，气化原料涵盖无烟煤、烟煤、褐煤、石油焦、含碳危废等，实现对新技术的验证，大大提高技术的创新效率。

2015年1月，公司建成高性能计算中心来承载超大流体力学计算，涉及ANSYS、FLUENT、BARRACUDAR等多种仿真分析软件，可开展流场计算、结构应力分析及颗粒燃烧分析等。2017年6月，公司与环保部环评中心联合建成VOCs检测与分析实验室，可在污染源项排查、污染因子分析、污染物产生机理研究、污染源项确定及数据库建立等多方面开展研究工作。

三、项目全生命周期服务

公司以航天粉煤加压气化技术为核心，经过十几年实践探索，形成了集核心技术研发、工程设计、专利专有设备成套供应、项目总承包管理和开车服务等多种能力，可为业主提供全生命周期服务。

工程咨询服务：公司为能源化工行业进行专门的煤质分析，设有专门的煤质研究实验室，已经为行业客户进行了几百种煤质分析及评价，建立有航天炉煤质特性数据库，为业主决策工艺路线提供支撑。公司不仅能满足业主全厂方案的基础咨询需要，还能够提供定制化项目建设全厂方案咨询，同时为业主提供抗风险波动、抗周期特性的延伸方案。

工程设计服务：公司的工程大数据积累丰富，实现了双语设计和设计标准化，并可为客户提供适应多种复杂施工地质条件的工程设计服务。公司自建设计协同平台，拥有可视化、即时化共享PDMS、PKPM、INTOOLS等设计成果。同时采用HAZOP分析、安全仪表定级及验证、点火开工顺控联锁优化等技术措施和数字建模仿真设计手段，确保航天煤气化技术全过程的本质安全。

供应链管理服务：公司以航天质量管理理念为指导，开展全级次供应商管理工作和阳光采购工作，实现供应商管理全流程线上闭环控制。公司建有全球范围内供应商分级数据库，可结合业主需要，为其提供全供应链解决方案，提高业主投资效率和投资效益。

工程实施服务：公司坚持安全第一的工作原则，对标世界五百强企业高标准的国际化施工管理理念和工作要求，拥有先进的项目运行管理体系、职业化的工程项目运作管理团队，拥有完善科学的控制程序，持续保持建设项目高水准。

仿真培训服务：公司拥有业界领先的仿真培训系统，可全真模拟项目开车、运行和事故情况，让客户操作员在项目开车前全程参与学习操作，考试合格后持证上岗，有效降低客户团队因人为操作失误而导致停车的风险。近几年已经为行业发展培养了一批懂技术、会判断、能操作的技术人才，有力地促进了从业人员的职业化水平。

数字化交付服务：公司建设的数字化交付平台，实现了对工程总承包EPC项目产生数据信息的统一集成和管理。通过工程建设、生产运维、员工培训等数据的数字化及三维模型可视化，为客户建立安全、高效的数字化智能工厂提供基础数据支撑。

开车服务：初始开车对装置复杂性的认识和开车应急处理是对客户的巨大挑战，也是装置后续良好运行的基础。公司派驻经验丰富的开车队伍驻场服务，协助客户制定开车技术方案，确保开车成功和安稳长满优运行，降低开车风险，减少客户的开车时间和费用。

安全保运检修服务：项目投产后，公司安全专员协助客户实现“五个零”的 HSE 管理目标。同时，秉承对客户、对社会高度负责的态度，定期对客户的装置运行状况进行现场检查和综合评估，提前预判风险点和隐患。

备品备件服务：公司以客户为中心的售后服务模式和售后服务承诺，建有北京、银川、鄂尔多斯、乌鲁木齐、郑州、长春、贵阳等备品备件服务基地，可保证 12 小时内的全国响应，快速响应业主项目运行保障需求。

远程诊断服务：公司通过数字孪生技术采集 DCS 系统的生产数据，将航天炉的过程控制、设备状态、工艺参数存储至工业数据库，实时比对实现生产及工艺数据的统计分析、阈值报警、历史数据重现等功能，及时为客户提供健康诊断。

四、职业化人才队伍

企业的竞争归根到底是人才的竞争。公司十分注重人才的开发和培养，始终把人力资源作为公司的第一资源。公司秉持“向价值创造者倾斜”的理念，制定了人才成长双通道制度，吸引了来自五湖四海的人才。为适应市场和公司未来业务发展，公司坚持完善核心人才培养机制，努力塑造领军人才，建设高素质人才队伍，提升专业技术底蕴和水平；大力推进核心人才激励机制建设，以价值创造为导向，为岗位付薪、为能力付薪、为绩效付薪，努力提高人才队伍的整体素质和服务能力，不断激发人才队伍活力，使人力资源配置效率更高、进度更快、效果更优。通过几年的努力，公司造就了一支适应公司跨越式发展的高素质、创新型、复合型人才队伍，现拥有员工约 650 人，其中硕士研究生及以上学历者占 51%，中级职称以上占比 81%，具有国家各类注册师占比 32%，已经拥有了一批在国内有一定知名度的煤气化、合成氨、甲醇、煤制天然气、乙二醇、煤制烯烃、医药等方面的专家，以及一批高素质的专业技术骨干和经营管理人才，为公司健康快速发展提供了人才保障。

五、特色企业文化

企业文化是企业生存和发展的基石，是企业核心竞争力的源泉。企业履行社会责任是构建和谐社会的重要基石，也是企业自身和谐发展的客观要求。公司以“以国为重，以人为本，以新图强，以质取胜”为企业核心价值观，秉承“两弹一星”精神和载人航天精神，培育“团结、和谐、创新、奉献”的企业文化。公司坚持“讲实话、办实事、树正气、暖人心”文化氛围，创办《成长》《信念》等企刊，开展形势任务通报，并举行内容丰富的文体活动，塑造了与航天文化相结合的特色企业文化，逐步提升了公司形象和社会影响力。

第四节 航天粉煤加压气化项目遍布祖国大地

宝剑锋从磨砺出。公司航天粉煤加压气化技术，是解决我国传统煤炭资源高效利用的有效途径，是实现煤化工行业淘汰落后产能、节能降耗、降低碳排放的有力保障，也是突破化肥、电力、煤制天然气、煤制烯烃等行业对煤炭合理科学利用的核心技术，自公司示范项目成功以来，市场形势一片大好。

2009 年 2 月，公司签订瑞星集团有限公司合成氨原料路线改造项目（瑞星一期），于 2013 年 8 月开车投产。

2009 年 6 月，公司签订山东鲁西化工股份有限公司原料路线和动力结构调整年产 30 万吨尿素项目。

2009 年 7 月，公司签订河南晋开化工投资控股集团有限责任公司 50 万吨/年合成氨及配套工程项目（晋开一期），于 2012 年 11 月开车投产，标志着公司在 2000 吨级大型粉煤加压气化技术研制和关键装备制造领域取得了突破性成果。

2009 年 8 月，公司签订安徽临泉化工股份有限公司 20 万吨年合成氨原料路线改造工程项目（临泉二期），于 2012 年 4 月开车投产。

2009 年 12 月，公司签订安徽昊源化工集团有限公司 20 万吨/年合成氨原料路线改造工程（昊源一期），于 2013 年 7 月开车投产。装置自 2015 年 12 月 2 日开始持续运行 320 天，首创世界气流床气化技术连续运行（A 级）时间的世界纪录。

2010 年 1 月，公司签订河南骏化发展股份有限公司 30 万吨年合成氨原料路线改造工程项目，于 2018 年 6 月开车投产。

2010 年 2 月，公司签订安徽昊源化工集团有限公司合成氨尿素 18 • 30 原料路线改造工程项目（昊源二期），于 2014 年 2 月开车投产。

2010 年 6 月，公司签订河南晋开化工投资控股集团有限责任公司煤制 60 万吨/年合成氨工程项目（晋开二期），于 2013 年 5 月开车投产。

2010 年 11 月，公司签订新疆中能万源化工有限公司 40 万吨/年合成氨 60 万吨/年尿素项目一期工程项目，于 2017 年 9 月开车投产，该项目创造了单台气化炉连续运行（A 级）407 天世界纪录，荣列 2017 年中国石油和化工行业十大新闻。

2011 年 2 月，公司签订四川煤气化有限责任公司一期 60 万吨/年甲醇煤气化工程项目，于 2016 年 2 月开车投产。

2011 年 3 月，公司签订宁夏宝丰能源集团有限公司废气回收综合利用项目气化装置工程项目（宝丰一期），于 2015 年 5 月开车投产。

2011 年 4 月，公司签订沧州正元化工有限公司年产 60 万吨合成氨、80 万吨尿素项目，于 2015 年 3 月开车投产。

2011 年 6 月，公司签订鄂尔多斯市亿鼎煤化工有限公司煤气化装置工程项目，于 2015 年 11 开车投产，该项目为公司首个煤气化 EPC 工程总承包项目。

2012 年 2 月，公司签订阳泉煤业（集团）有限责任公司太化（搬迁）清徐化工新材料园区配套工程及迁建项目合成氨煤气化装置项目，于 2018 年 7 月开车投产。

2012 年 3 月，公司签订黔西县黔希煤化工投资有限责任公司 30 万吨年乙二醇项目，于 2018 年 11 月开车投产。

2012 年 4 月，公司签订内蒙古兴安博源投资有限公司年产 30 万吨合成氨、52 万吨尿素工程项目，于 2018 年 9 月开车投产。

2012 年 7 月，公司签订中化吉林长山化工有限公司尿素生产装置节能降耗改扩建项目，于 2017 年 11 月开车投产，该项目验证了航天炉能够完全适用褐煤特性。

2012 年 11 月，公司签订晋煤集团天溪煤制油分公司造气工艺技术改造项目，于 2015 年 4 月开车投产，该项目验证了航天炉全烧“三高”无烟煤的技术已处于国际领先水平。

2013 年 1 月，公司签订阳煤集团深州化工有限公司年产 22 万吨乙二醇项目，于 2017 年 7 月开车投产。

2013 年 4 月，公司签订华昱高硫煤洁净利用化电热一体化示范项目一期 100 万吨/年甲醇项目，于 2018 年 12 月开车投产。

2013 年 6 月，公司签订山东润银生物化工股份有限公司合成氨原料路线改造项目工程项目（瑞星二期），于 2016 年 6 月开车投产。

2013 年 12 月，公司签订液空中国福建煤气化项目，于 2018 年 11 月开车投产，该项目是公司签订的首个外资业主项目。

2014 年 7 月，公司签订内蒙古伊泰化工有限责任公司 120 万吨精细化学品示范项目粉煤气化装置工程项目，于 2017 年 11 月开车投产。

2015 年 9 月，公司签订天津渤化永利化工股份有限公司煤气化优化建设 100 万吨/年纯碱项目。

2015 年 10 月，公司签订安徽昊源化工集团有限公司年产 50 万吨二甲醚项目（昊源三期）。

2016 年 3 月，公司签订安徽晋煤中能化工股份有限公司 60 万吨年合成氨原料路线调整节能技术改造项目（临泉三期），于 2019 年 12 月开车投产。

2016 年 7 月，公司签订内蒙古黄陶勒盖煤炭有限责任公司 30 万吨/年甲醇技术改造项目，替代原有粉煤气化技术。

2017 年 2 月，公司签订山东联盟化工股份有限公司煤炭清洁高效利用改造项目，于 2019 年 12 月开车投产。

2017 年 10 月，公司签订宁夏宝丰能源集团股份有限公司 60 万吨/年煤制烯烃项目 220 万吨/年甲醇工程气化装置工程项目（宝丰二期）。

2017 年 11 月，公司签订（华谊）广西华谊能源化工有限公司工业气体岛项目气化装置工程项目。

2018 年 6 月，公司签订安徽昊源化工集团有限公司年产 40 万吨合成氨 70 万吨尿素原料路线改造项目（昊源四期）。

2018 年 11 月，公司签订久泰合成气项目（AP 合成气）、空气化工产品（呼和浩特）有限公司大型气体岛项目。

……

公司航天粉煤气化技术广泛应用于 MTO、煤制乙二醇、煤制油、煤制己内酰胺、煤制氢等化工领域，自 2007 年至今，已签订气化炉百台以上，煤气化装置遍布中国大江南北，占据了中国粉煤气化领域 50% 以上的市场，对整个煤化工行业影响巨大，节能和环保效果十分显著，创造了巨大的经济效益和社会效益。

第五节　创新驱动清洁能源利用服务综合发展

一、业务拓展势在必行，跻身气体运营领域

工业气体集中供应是工业气体产业发达的西方国家历经百余年探索所建立的一种科学、经济、高效的发展模式，在国际上已是一种通行做法，也是当前国际能源化工行业发展的趋势所在。随着经济进入新常态，行业向谋求更高质量发展方向转变，当前煤化工产业发展呈现出传统煤化工企业搬迁改造和化工企业退城入园的现象，而行业特征的变化将对工业气体集中供应产生大量的需求。

公司将紧跟国家当前正在开展的沿长江经济带化工生产企业搬迁改造的政策形势，密切跟踪沿长江化工企业搬迁改造入园的项目需求，积极推动园区供气项目的落地。根据石化产业基地对园区供气的需求，加强工业园区供气业务的建设与运营，在实现化工园区一体化、集约化、现代化，绿色、高效、友好、低碳综合发展的同时，形成公司两翼齐飞的可持续发展局面，使公司真正成为煤炭洁净高效利用技术的世界领导者和国际一流的综合服务商。

二、危废处理需求迫切，业务延伸环保领域

为了让新型煤化工行业更加健康地发展，公司将对新技术在环保方面的问题做进一步深入研究，逐步解决目前制约新型煤化工发展的环境问题，实现污染物源头控制、全过程控制和煤化工清洁化示范发展。

为了更好地贯彻落实环境友好型和谐社会发展理念，公司将加强工艺技术和环保技术的集成，加快技术标准的研制，完善技术标准体系，并为危废企业厂内处置设施提供 EPC 咨询服务，或直接介入工业企业运营，定制专业技术服务，从而开拓主营业务新领域，肩负起公司发展绿色能源经济的使命及社会责任。

三、数字孪生技术驱动，智能控制气化装置

国际金融危机以来，发达国家发布了一系列国家战略，均把制造业智能化作为主要战略方向，支持和推进制造业智能化发展，重塑制造业竞争优势。智能化将重构生产模式和组织方式，重塑全球经济发展和产业分工新格局。在生态环境保护和安全压力不断加大的背景下，以创新发展促进化工产业转型升级，利用智能制造与智慧园区推进化工产业绿色发展，已成为应对当前行业发展各种困境的重要课题。在这种大背景下，公司将积极进行大数据分析，加强煤气化装置智能化研发，实现粉煤气化装置的先进控制、智能控制、远程诊断，实现气化装置无人控制运行。

四、面向国际化发展，打造国际知名品牌

结合国家“一带一路”倡议，公司将以专利商身份，积极开拓国际市场。为探索国际市场的推广模式，将通过设立海外分公司或采取与国内有实力机构联合等方式拓展国际市场。同时，公司也将积极探索建立国际市场的快速响应机制，打造国际化人才队伍，实现海外煤化工项目新的突破，全力打造国际化专业品牌。

结束语

筚路蓝缕，以启山林。航天工程人认识到，过去拥有不等于现在拥有，现在先进不等于永远先进。因此，探索的步伐并没有停止，而是把目标定得更高、更远，航天工程人将继续坚持产业报国的崇高使命，坚守航天工程的核心价值观，以梦为马，以奋斗为荣，持续创新、勇于变革，立志成为“煤炭清洁高效利用领域的技术引领者和国际一流综合服务商”。

未来，公司将继续把煤炭清洁高效利用技术的进步作为一种使命追寻，专心专注开发好煤气化及相关核心技术；公司将拓展气化技术的利用范围，开展石油焦气化等新领域研发，在节能环保领域贡献更多的航天智慧；公司将积极投资先进技术的应用，广泛开展气体运营、氢能利用等合作，让航天科技更多服务社会大众，让人类共享美好生活！

（航天长征化学工程股份有限公司　姜从斌）

砥砺奋进破浪行　不忘初心谱华章

——北京石油化工工程有限公司发展纪实

北京石油化工工程有限公司的前身为北京市化学工业局于 1979 年成立的北京市化工研究设计院，1992 年注册成为国有企业并更名为北京化工橡胶设计院，2004 年改制为北京石油化工设计院，2007 年更名为北京石油化工设计院有限公司，在原化工、石化、医药行业工程设计甲级资质基础上，又取得了行业工程咨询甲级资质。2010 年 7 月，公司进行了战略重组正式加入陕西延长石油（集团）有限责任公司，并更名为北京石油化工工程有限公司（简称北京工程公司）。2018 年 11 月，公司成为上市公司延长化建（股票代码：600248）的全资子公司。2019 年 11 月，延长化建控股股东由延长集团变更为陕西建工控股集团有限公司，公司正式加入陕西建工集团。

经过 40 多年的发展，北京工程公司从 200 多人的事业单位发展壮大成为 1000 多人的上市公司，在改革开放中不断探索和前进，为行业发展贡献了力量。

公司通过承担多个大型项目的总承包工作，不断提升设计和项目管理水平，逐步发展了具有自身特色的技术和业务，公司的营业收入及税金、完成合同额、科技投入等指标均处于石油和化工勘察设计行业前列。公司累计获得国家级、市级以及行业内的各种设计、咨询、工程奖项 40 余项。公司于 2008 年起被认定为国家级高新技术企业。

第一节　创基立业，在改革创新路上探索前行（1979—2009 年）

一、服务地方企业，稳步提升设计质量

北京工程公司的前身是北京市化工局于 1979 年成立的北京市化工研究设计院，人员由化工局研究所及从全国各地抽调的原化工部、二机部下属企业的设计技术骨干组成，主要承担北京地方企业的基本建设、技术措施、老厂改造等项目的设计任务。

1983 年，为了便于专业化管理和集中力量搞好科研和设计工作，机构分立后成立北京市化工设计所。

1990 年，北京市化工设计所承担北京东方化工厂丙烯酸乙酯专项，获 1990 年度化工部优秀工程设计二等奖，其中专项出口车间设计获国家优秀设计奖。

1992 年，经北京市工商行政管理局注册登记后正式更名为北京市化工橡胶设计院，成为自主经营的国有企业，主要从事化工、石化、医药、民用建筑等工程设计以及一、二、三类压力容器、压力管道的设计，同时承担工程咨询、工程造价、建设工程监理等技术服务。

进入2000年后，北京市化工橡胶设计院陆续承担了北京助剂二厂污染扰民搬迁技术改造工程、北京化工厂污染扰民搬迁技术改造工程两胶一银、北京红狮涂料公司污染扰民搬迁技术改造工程、北京市化学建材厂搬迁工程等项目的咨询和设计工作，并获得多项年度化工行业优秀工程咨询成果奖、化工部优秀工程设计奖、化学工业优质工程奖等。

2001年，为进一步规范企业的质量管理，迎接中国加入WTO给设计市场带来的挑战，3月北京市化工橡胶设计院正式启动ISO 9001:2000标准的认证工作。

2002年1月，经由北京三星九千质量认证中心认定，北京市化工橡胶设计院符合ISO 9001:2000国际质量体系认证标准，并获得认证证书，为企业在化工、橡胶及建筑工程咨询、工程设计等领域的深耕与拓展打下坚实的基础。

二、大胆改制，推动企业快速成长

从20世纪90年代中期开始，化工产品生产过程中带来的污染问题也制约着北京化工行业的前景，相关企业开启了关停和外迁的步伐。随着业务量的萎缩，北京市化工橡胶设计院原本的管理方式和管理制度弊端逐渐凸显，对国家的依赖性强，在实际生产中缺乏创新意识，不能根据社会发展的需要有效地调整自身的发展模式；人才管理方面缺乏相应的奖励机制，员工的积极性无法调动，员工在工作中缺少热情、没有足够的发展空间，很大程度上降低了生产的效率，人才流失严重。

2004年，为适应市场经济发展要求，提高综合竞争力，作为国家建设部勘察设计行业的改制试点，经北京市化学工业集团批复同意整体并购，北京市化工橡胶设计院成功改制为北京石油化工设计院。

2007年，为办理设计资质的变更，申请更名为北京石油化工设计院有限公司，并变更了营业执照企业法人。

改制后，企业成功打破了铁饭碗，取消了终身制，所有员工的思想都主动或被动地朝着正确的方向变化，工作效率和工作质量都有了明显的飞跃，企业的发展被注入了新的活力。在充分发挥体制和地域上优势的情况下，北京石油化工设计院组建了一支由来自国内著名工程公司中曾参与组织过大型炼油、化工、医药、市政、环境等工程建设的具有丰富管理经验的管理团队和工程技术队伍，人员规模也由当初几十人扩张到六百多人。建立了与国际惯例接轨的组织机构和管理体系，制定了长期的人才激励机制，同时逐步创建优秀的企业文化，向着建成与市场经济相适应的现代化工程公司目标加速迈进。这些措施从根本上打破了企业原有的僵化管理体制，激发了内部活力，在重大项目中的突破同时也促进企业不断得以发展和壮大。

2006年12月，北京工程公司与尼日利亚东方石油资源有限公司成功签署了250万吨/年炼油厂总承包合同，总合同金额5.5亿美元。该项目位于尼日利亚Anambra州Nsugbe-Umuleri，项目范围包括加工55000桶/日（250万吨/年）尼日利亚黄铜河原油的界区内的工艺装置、各个系统、辅助设施和生产管理设施，以及与炼油厂相关的基础设施（油田地面设施、输油管线、油气分离装置、简易机场、社区）。公司专门在上海成立了尼日利亚项目部，快速整合当时的炼油力量，同时充分吸引一批优秀的工程技术人员，组建强劲的项目班子，为项目的实施奠定了坚实的基础。

第二节　战略重组，助力公司高质量发展（2010—2017年）

2010年，为加速公司发展，拓展业务板块，北京石油化工设计院进行战略重组，于7月正式加入陕西延长石油（集团）有限责任公司，并更名为北京石油化工工程有限公司，再度成为国有企业。

一、互赢互利专业整合，助力国企战略发展

陕西延长石油（集团）有限责任公司是国内拥有石油和天然气勘探开发资质的四家大型国有石油公司之一。延长集团2013年首次进入世界企业500强，是我国西北地区第一家进入世界500强的企业。

作为一个地方性能源企业，延长石油集团发展面临着产品单一、油气后备资源不足、产品附加值不高、高端精细化产品较少、产业链条较短等诸多问题。为此，集团把推动产业结构调整和转型升级作为企业可持续发展的战略任务，提出并大力实施“油气并重、油化并举、油气煤盐综合发展”的产业战略，积极探索多种资源综合利用的新途径。

北京工程公司作为国内少有的同时拥有炼油、石油化工、天然气化工、煤化工、油气储运等相关领域工程技术力量的工程公司，在企业改制之后快速成长，在神华包头煤制烯烃等示范项目中积累了项目管理经验，在煤油共炼、煤焦油加氢、甲醇制燃料乙醇、天然气制苯等重大科技攻关项目中精湛了技术，形成了自身在天然气及煤炭高效转化与石油化工深度结合领域的独特优势，这种优势与延长石油集团的产业发展战略不谋而合，进行战略重组，通过合作实现优势互补，成为双方互利共赢、促进共同进步的必然选择。北京工程公司加入延长石油集团后，成为其工程技术的重要支撑部门和在京重要窗口。

二、落实国家能源战略，探索煤化工技术创新

随着我国经济持续增长，能源需求不断上升，我国石油对外依存度快速攀升。作为国家石化行业首批改制试点单位，北京工程公司根据国家能源战略和科技创新的战略部署，把替代石油资源、资源综合利用领域的技术创新作为公司发展的一个战略重点，积极探索以多元化的能源供应保障国家能源安全。

现代煤化工的发展取决于技术创新，北京工程公司借助与中科院大连化物所、中国石油大学、美国KBR公司、英国BP公司等国内外知名院所和能源公司建立的合作关系，在煤油共炼、煤焦油加氢、流化床催化制烯烃、油醇混合制烯烃、FCC汽油脱硫等多项前瞻性技术的开发、试验和示范项目中开展合作，进行煤化工的技术创新与实践探

索，并取得了一些阶段性成果。

——围绕延长石油油煤新技术开发公司 45 万吨/年煤-油共炼试验示范项目煤油共炼工艺技术中存在的关键技术问题和制约“瓶颈”，公司以中试试验装置和工业示范装置为平台和支撑，聚集跨学科、跨领域的优秀人才进行协同攻关，致力于全面解决煤油共炼技术和工程化难题。该项目主装置采用美国 KBR 公司的悬浮床加氢裂化（VCC）技术，具有原料灵活性高、转化效果好、流程简单、高投资回报率等特点，是重油轻质化的最佳解决方案。该项目核心为 45 万吨/年悬浮床加氢裂化装置，采用煤液化新工艺，将煤与渣油一起加氢裂解，因煤与渣油的协同效应而使油收率提高。该项目的建成符合国家产业政策，是发展新一代煤-油共炼技术的具体体现，对实现劣质煤和渣油的高效、洁净利用具有重大意义。

——陕西延长石油碳氢资源高效综合利用工业试验示范项目，除配套单体工程，还包含 150 千克/天悬浮床加氢裂化（Y-CCO）技术中试装置、100 吨/天输运床气化示范装置（KSY）和 36 吨/天 CCSI 装置各一套。其中，KSY 装置是基于美国 KBR 公司 TRIG 技术加入延长石油自主研发设计的焦油裂解器（TCD）系统，形成更加先进的 KSY 技术。此技术将大幅度拓宽煤种适应性，单炉处理量可达 5000 吨/天，碳转化率 98%，实现超大型处理能力，有效降低生产成本、节能环保的目标。CCSI 装置全称“粉煤加压高能效高收率热解制油及半焦气化一体化技术工业试验装置”是基于集团碳氢中心完全自主研发的工艺包，此项技术为全球首创，是世界范围内煤炭分质利用领域最为先进的技术之一，它成功地将煤的热解过程和气化过程进行有机结合，将粉煤快速热解和半焦气化集成，既从本质上实现了气化合成费托合成制油与煤焦油加氢裂化制油的“两端见油”的目标，又实现了半焦气化产物与电厂相结合代替煤炭燃烧发电的低污染的环保目标，是煤焦油提取及粉煤半焦气化一体化关键技术的突破。该项目是延长集团公司站在战略发展的高度布局建设的重大科研项目，具有完全自主知识产权，煤焦油收率可达到 15%，同规模投资强度下相比国内主流煤制油技术可降低 30%，对延长集团公司乃至我国能源化工产业未来发展将产生重大影响，受到国家能源部门的高度关注。

——延安石油化工厂邻二甲苯液相氧化技术中试项目是“产学研+ 设计”合作的典范，是与中国科学院大连化学物理研究所合作开发的新技术项目，由北京工程公司完成工艺包设计及工程设计。作为全球首套的邻二甲苯液相氧化中试装置，设计人员在设计过程中遇到诸多困难，如设计输入深度不够、进度紧张、物性数据不全、氧化反应易爆等问题，项目组与相关单位合作完成物料气液平衡数据实验、氧化尾气燃爆特性分析，工艺人员从流程模拟入手，取得一系列物性数据，为项目的顺利开展提供了有力支持。新的技术，相对于传统技术，具有对设备腐蚀性小、副反应少产品质量高、环境友好等特性。该项目于 2014 年完成工艺包设计及基础设计，2016 年完成详细设计，2019 年投料试车并顺利通过了由中国石油和化学工业联合会组织的现场 72 小时考核。

作为延长石油集团的一支重要的研发力量，北京工程公司充分发挥了创新驱动和科技支撑优势，尤其是在新技术开发和产业化方面，主动把自身发展融入整个集团的科技创新体系中，准确定位，为集团工程技术开发和能源化工项目做出了应有的贡献，也助力了集团多元化发展、煤油共举的产业转型战略逐步得以实现。

三、顺应市场趋势，项目管理上新台阶

随着社会经济和技术的发展，越来越多的企业对项目的掌控要求增大，而石油化工行业项目，通常体量大、多元化、要求高、周期长、多项目群，这些特点都对项目的管理水平提出了更高的要求，因此，项目选择恰当的管理模式对于整个建设过程来说至关重要。结合国内项目管理现状，借鉴世界先进的项目管理经验，IPMT一体化项目管理模式开始在国内大型工程项目中应用。该管理模式即可以发挥工程公司在项目管理和设计中的优势，又可以发挥业主在生产准备、地方协调的优势，实现了项目的科学和精细化管理。北京工程公司顺应市场发展和需求，积极参与到IPMT项目中，通过项目实践培养了一批项目管理专家，为项目业主提供了良好的项目管理服务，节约了项目建设成本。

——2007年6月，公司与神华包头煤化工有限公司签订煤制烯烃工程项目管理承包合同，作为该项目的主要管理服务承包商加入IPMT。该项目是世界首套、全球最大、核心装置采用中国自主知识产权DMTO工艺技术，以煤为原料，通过煤气化制甲醇，甲醇转化制烯烃，烯烃聚合工艺路线生产聚烯烃的特大型煤化工项目，项目总投资约176亿元人民币，于2010年开工投产。其装置单元多、系统复杂，参与的承包商单位数量多、管理协调界面多、管理要求高。

在项目策划阶段，联合项目管理团队制定了11个方面的204个程序文件，涵盖项目的总体策划、项目管理体系的建立、项目各阶段管理程序文件和规定，有效地规范和指导了业主方的项目管理工作，为双方留下了宝贵的项目管理知识体系和实践经验总结。

在项目建设高峰期，公司派驻项目的专业技术及管理人员达100余人，全面参与项目的商务、设计、采购、施工、质量、费用、进度和HSE的管理工作，服务总人工时超过60万小时。公司良好的管理素质、丰富的专业技能、高度的敬业精神和与业主密切配合的态度，得到业主神华集团的肯定和赞许。

——2012年4月20日，公司与陕西延长石油延安能源化工有限责任公司签订了延安煤油气资源综合利用项目IPMT项目管理合同。该合同的签署，标志着北京工程公司具备了独立承揽大型煤化工项目管理的能力。公司通过选派业务素质过硬、经验丰富的项目管理人员与业主单位共同组成IPMT团队。项目联合管理团队的管理人员在高峰期间约为300～350人，总人工时投入230～250万小时，其中：业主投入约100万人工时，北京工程公司投入约150万人工时。

延安煤油气资源综合利用项目总投资超过200亿人民币，是当时国内投资最大的煤化工项目，北京工程公司利用之前神华项目IPMT管理的经验和人员迅速投入项目，从项目立项阶段就开始介入，组织国内各设计承包商完成了项目技术路线确定、可行性研究、基础工程设计等前期工作。在项目初期业主人员较少的情况下，完成了项目现场五通一平、场地强夯、临建等自执行工作。协助业主完成了各项管理策略的制定、长周期

设备采购、EPC 承包商招标工作，使项目顺利过渡到总承包进场阶段。随着中标该项目的总承包工作，根据项目管理的“防火墙”原则，北京工程公司派出的项目管理人员逐步退出 IPMT，完成了该项目初期建设的使命。该项目是延长石油集团第一次在现代化煤化工工程中使用全部由国内工程公司提供项目管理服务的创新举措，不但打破了大型项目 IPMT 由国外公司主导的先例，还为集团培养了一批项目管理专业人才，为后续项目建设奠定了人员基础。

四、工程总承包全面推进，开启企业高速发展时期

北京工程公司在神华包头煤制烯烃、尼日利亚 250 万吨/年炼油厂等项目中积累了项目管理经验和工程总承包经验，使公司在以设计为主体的工程总承包的采购、仓储、施工管理及生产准备方面都积累了较多经验，随着加入延长石油集团，这些经验在各项重大 EPC 项目中得到全面应用和发挥。

——陕西延长石油延安能源化工有限责任公司延安煤油气资源综合利用项目是为了落实陕西省“十三五”规划，贯彻省政府“三个转化”精神，实现产业结构调整打造的重点项目，也是延长石油集团调整产业结构、优化产业布局、提升经济效益的重点工程，承担着延长集团公司转型升级、实现可持续发展的使命。项目是以煤、轻油、油田伴生气为主要原料，以甲醇深加工装置和轻油加工利用装置为核心组成的上下游一体化项目。通过利用延长石油（集团）自有的丰富煤炭资源、采油过程中产生的油田伴生气及炼油过程中产生的轻油，通过先进工艺和技术，将低附加值的资源加工生产，得到高附加值的聚乙烯、聚丙烯、乙丙橡胶、丁醇/2-PH 等产品，实现产品升级，提高企业效益，达到煤油气资源综合利用的目的。整个项目工艺复杂、技术先进，很多核心工艺设备在全国乃至全球都是首次工业应用。北京工程公司承担了项目总体设计、基础工程设计和 EPC 总承包服务。经公开招标，2014 年 2 月 26 日签署了项目工程总承包（EPC）合同，总承包合同额 120 亿元。项目于 2015 年 9 月 11 日现场动工，合同范围内的全部装置于 2017 年 12 月 31 日实现中间交接，2018 年 8 月开始打通全流程进入试生产阶段。项目工厂在 2019 年已经通过延长集团公司预验收进入试产开车阶段。

——陕西延长中煤榆林能源化工有限公司一期启动项目填平补齐工程是延长石油积极践行陕西省“五新”战略、放大靖边煤油气资源综合利用项目示范效应的又一举措，也是延长石油进一步提升产能规模，丰富产品结构，做优做强烯烃产业，实施追赶超越和转型升级的重大项目。该项目总投资约 144.13 亿元，北京工程公司承担 40 万吨/年 PP 装置、甲醇联合装置、全厂系统、全厂总变以及总体设计管理工作。同时，作为项目总体院负责总体设计协调、拿总和技术服务，对技术及标准进行统一管理。该项目以煤和油田气为原料，在充分利用已有公用设施的基础上，将低附加值的资源通过加工生产，得到高附加值的 LDPE/EVA、聚丙烯等产品。该项目是公司继延安能化项目之后，在 EPC 总承包项目中的又一大型煤化工建设项目。

公司承担的多个总承包项目屡获奖项：延安煤油气资源综合利用工程总承包项目、陕西延长石油天然气有限责任公司安塞 20 万吨/年 LNG 项目、炼化公司志丹 20 万吨/年

LNG项目等均获年度全国化学工业优质工程奖，榆林炼油厂15万吨/年重整装置技术改造及配套设施改造项目安装工程获中国安装工程优质奖等。总承包项目的成功执行，对丰富公司工程建设全过程管理经验，培养一大批采购、施工管理和项目管理人才，加快创建适应市场发展的现代化工程公司的步伐具有重大意义。

五、企业各项管理工作全面提升

1. 办公环境现代化

2010年，在延长石油集团的关心和支持下，北京工程公司北京总部在朝阳区奥运媒体村，拥有了3万余平方米共27层的办公大楼，结束了多年来搬迁动荡的局面。从此不仅步入正轨，迎来全面、持续发展的新时期，而且也具备了现代化办公环境，为新时期开始创建国际型现代化石油化工工程公司奠定了良好的硬件基础。

2. 专业资质及业务范围提升

公司在拥有“化工石化医药行业工程设计甲级”资质基础上，2007年又获得了“工程咨询化工专业甲级”资质。2010年获得“商物粮行业（成品油储运工程）专业乙级”“建筑行业（建筑工程）乙级”资质，之后又在此基础上增加了“石油天然气（海洋石油）行业（油气库、气田地面、管道输送、油田地面）专业乙级”“市政行业（排水工程）专业乙级”等范围，还获得了“对外承包工程”等资格证书。压力容器设计许可范围在原A1/A2/A3级基础上增加了SAD级别，压力管道设计许可范围在原GB/GC类基础上增加了GA级别，取得了ISO 9001—2000质量管理体系认证证书、ISO 14001环境管理体系认证证书和职业安全（HSE）管理体系认证证书。业务范围也从早期比较单一的有机化工、橡胶加工等领域，扩充到涵盖炼油、石油化工、煤化工、天然气化工、油气田及储运工程等多个领域。公司目前拥有承接千万吨炼油、百万吨乙烯、煤炭深度转化等全厂性工程的能力，可以进行常减压、催化、加氢、重整、焦化、芳烃、乙烯、聚乙烯、聚丙烯、苯乙烯、煤气化、天然气转化、甲醇、丁辛醇、制氢、煤焦油加氢、油气储运、LNG等关键工艺装置的咨询、工程设计、工程承包及项目管理服务。

抓住改革重组的机遇，北京工程公司逐渐发展成为一家集工程项目的可行性研究、技术咨询、设计、设备采购、施工管理、工程总承包、项目管理服务、技术服务、信息技术、工程技术开发等为一体的国际化创新型工程公司。

3. 科技攻关成果显著

近几年来，公司完成了近两百余项工程设计项目，全程参与完成了神华包头煤制烯烃示范项目的项目管理，全面组织实施了总投资216亿元的延安油气煤综合利用等多个大型工程项目，以及煤油共炼、煤焦油加氢、甲醇制燃料乙醇、天然气制苯、轻油流化床催化裂化制烯烃、油醇混合制PX联产烯烃等多个重大科技攻关项目，开辟了一条更为便捷的天然气及煤炭高效转化与石油化工深度结合的工业化路线。

除了与中科院大连化物所、美国KBR公司等科研机构在技术上的紧密合作，北京工程公司还注重新技术的自主研发和攻关，并取得了显著成果。志丹20万吨/年LNG项目就是采用北京工程公司自主研发的混合制冷工艺，具有液化效率高、能耗低、设备国产化程度高等特点，而且撬装模块化设计，最大化实现即插即用集成解决方案，流程简洁、方便操作。该技术在项目实践中获得成功后，2016 年公司向俄罗斯俄技集团 12 万吨/年 LNG 厂和加气站项目进行了液化天然气（LNG）的技术转让，实现了国际项目技术转让的重大突破。

4. QHSE 管理体系日臻完善

“以不断改进的管理和技术，提供顾客满意的产品和服务，实现环境保护和安全健康的承诺”是公司的 QHSE 方针。公司自 2002 年初次取得质量管理体系认证证书，2008 年取得质量、环境和职业健康安全（QHSE）“三标一体”管理体系证书以来，始终把建立、实施和保持 QHSE 管理体系作为一项长期的战略决策，以高效运行的 QHSE 管理体系，先进的管理理念和管理方法，可靠的安全保障措施，全面履行项目合同，为业主提供满意的产品和服务。

尊重、爱护和保障人的健康与生命，防止人身伤害和健康损害，创造良好的工作与生活环境，是公司环境和职业健康安全管理的出发点。公司高度关注员工职业健康，通过制度化的健康保健、消防安全、交通安全、施工现场安全的培训，以及每年定期组织的员工健康体检等系统、有效的环境、职业健康安全管理措施，不断提高公司环境和职业健康安全绩效，使社会、公司和所有相关方均受益，实现持续改进、污染预防和遵守法律法规及其他要求的承诺。

5. 人才理念与市场接轨

公司以实现人的可持续发展为目标，通过建立科学有效的人才机制、竞争机制，营造良好的人才成长环境，促进人才队伍建设与企业发展相协调，真正做到人适其事，事适其人，人尽其才，才尽其用。引入市场竞争机制，按照人才市场化导向引进高素质人才，不断优化人员队伍结构，保持人才队伍的活力，保证员工素质逐年提高。建立与市场化接轨的薪酬激励机制，用市场化待遇吸引人，用企业文化影响人，用企业宏伟蓝图激励人，鼓励人才不断自我超越，努力打造成为国际化的优秀人才队伍。

目前公司设有北京总部和西安分公司，现有在职员工 1000 余人，其中员工中本科以上占比超过 84%，中、高级职称以上人员达 78%。

公司重组后，管理机制更加科学合理，分配体系更具竞争力，企业文化更加多元化，技术实力更加雄厚。公司持续推进“体制创新、管理创新、文化创新和技术创新”，不断积聚优秀人才，以“致力于创造中国工程公司新价值”为企业使命，秉承“尊重个人、成就客户、追求卓越、诚信负责”的企业价值观，努力发展成为具有较强竞争力的一流工程公司。

第三节　上市机遇，在市场大潮中谱写新篇章（2018—2019 年）

随着公司不断发展壮大，业务能力持续增强，业内声誉也随之提高。为了更好地适应社会经济发展，增强企业竞争力，融入资本市场，根据陕西省国资委和集团公司部署要求，2017 年 7 月，陕西延长石油化建股份有限公司启动与公司的重大资产重组工作，2018 年 9 月证监会核准批文，北京工程公司与上市公司延长化建（股票代码：600248）完成了重组，成为延长化建全资子公司，注册资本 2 亿元。

一、建立健全合规风险管理体系

上市公司以风险控制为增强内动力的发展目标，“合规经营”是上市公司的生命线，作为一项既涉及企业管理流程优化与效率，又注重合规风险防范效果的重大管理活动，与公司的业务部门、法务部门、风险控制部门等关系密切，需要全面的企业基础性制度建设和流程规范相配合，也是改善公司治理结构的重要方式之一。建立公司的内部控制体系，对内部管理制度和业务流程进一步完善和规范，成为确保公司合规经营，严格信息披露，建立起规范管理长效机制的必然选择。

2019 年，为加速推进运营管理工作制度化和标准化，按上市公司管理规范要求，公司启动了“内控体系建设”工作，通过内控调研，对现有内部管理制度和业务流程进行梳理，评估目前内控制度在设计和运行上存在的缺陷；完善公司内部控制总体架构，对识别出的内部控制薄弱环节和主要风险，有针对性的设计控制制度及相应的控制流程，完成了《内部控制制度建设调研报告》《内部控制手册》的编制和发布，《内部控制自我评价报告》以及内控审计等也相继完成，通过内控体系的建设和完善，推动提高企业管理水平，保障企业资产安全，确保实现企业长远发展目标。

按上市公司要求，通过制定和完善《公司合同管理办法》和《公司全面风险管理办法》，建立了统一的合同签约、履约流程和监督机制，法务管理部门周期性对各部门签订的合同进行统计和抽查，避免重签约轻履行的情况，防控企业履约风险。公司选用外部律师事务所作为常年法律顾问，通过利用外聘律所的专业力量，增强了公司法律风险的预防和应对能力。公司制定并执行年度普法计划，在全公司定期开展普法讲座，旨在帮助公司管理人员建立职业法律风险的理性认识，提升员工整体法律风险防范意识。

二、立足提升自身实力，技术创新再突破

面对纷繁复杂的国内外市场环境，面对重组上市的发展机遇，公司清醒地认识到，只有不断提升自我，才能提高自己在激烈市场环境中的竞争力。

近期，公司启动了申请工程设计综合甲级资质的工作，通过详细的申报项目工作分解安排，计划在几年内完成并顺利通过申请，获得综甲资质，为公司增添硬实力。

设计优化也是公司自我实力提升的一项重要内容。工程建设项目数字化交付已成为行业发展大趋势，为适应市场需求，进一步落实设计优化工作，公司把“在全专业推行三维模型设计工作”作为一项重点工作任务来抓，并制定了详细的工作开展计划。多专业协同三维模型设计是传统石化行业未来数字化和智能化的重要方向，公司全面推动全专业三维模型设计工作，既是提前谋划提前实施，提高公司竞争力，也是借此工作，推动员工改变思想和固有习惯，持续学习新技能，紧跟行业发展趋势，提升公司整体设计水平和设计工作信息化水平。

在发展硬实力的同时，公司也注重软实力的提升，与中科院大连化物所共同开发多个前沿科技项目，近期乙醇合成技术取得了新的突破，并在重大项目中得到有效的实施和应用。

——陕西兴化 10 万吨/年合成气制乙醇科技示范项目是通过甲醇脱水产出二甲醚，再经羰基化和加氢后得到乙醇产品。该装置为全球首套二甲醚法煤基乙醇装置，相较于其他煤基乙醇路线，该技术工艺先进、投资少、运行成本低，环境友好，“三废”排放量最少，经济及社会效益显著。这一新技术的应用，对保障我国能源安全和粮食安全、煤炭清洁化利用以及缓解大气污染等具有重要的战略意义。该项目已于 2017 年 1 月试车成功，为该工艺路线继续扩大装置规模起到了示范和推广的作用。

该示范装置开车成功后，公司相继承接了安阳利源 20 万吨/年、鹤壁滕飞 30 万吨/年、山东荣信 40 万吨/年合成气制乙醇设计项目，并中标榆神能化 50 万吨/年合成气制乙醇项目的总承包。这些项目的成功落地充分验证了科技引领带动工程公司业务增长的趋势。

——福建永荣 18 万吨/年环己烷脱氢项目。针对技术瓶颈，技术攻关团队重新设计工艺过程，在原有工艺基础上创新性地引入环己烷脱氢装置，其工艺是与合作伙伴共同具有自主知识产权的“绿色高效水合法环己酮耦合工艺”技术。作为全球首套工业应用装置，填补了国内外该项技术的空白。该装置实现一次开车成功，产品数据达到了设计标准，得到了业主的高度赞扬。该装置的成功投产，将环己酮装置的原料苯利用率由原有的 75% 提高至 99% 以上，实现了巨大的经济效益，解决了环己酮装置原料利用率低这一世界性难题，为己内酰胺行业带来跨越性的进步和技术引领作用，也为北京工程公司开拓了新的业务领域，提升了公司的核心竞争力。

党的十八大提出把生态文明建设摆在突出位置，努力建设“美丽中国”，实现中华民族永续发展。北京工程公司作为石化行业的一员，不仅要通过扎实工作和改革创新实现企业可持续发展，实现创建现代化一流工程公司的目标，更加责无旁贷地要在建设资源节约型、环境友好型社会中承担更多社会责任，注重质量和效益的同步增长。

在全行业实施创新驱动发展和绿色可持续发展战略的背景之下，北京工程公司将在石油化工等传统产业领域继续提高企业的市场占有率和知名度，持续提升创新能力，全方位提供优质工程服务，着力打造精品工程，努力把企业建设成为国内一流具有较强竞争力的创新型国际型工程公司。

抚今追昔，我们砥砺前行；展望未来，我们不忘初心，续写璀璨华章！

（北京石油化工工程有限公司　朱先捷）

风雨征程路　笑看扬帆时

——新疆寰球工程公司发展纪实

新疆寰球工程公司为中国寰球工程有限公司全资子公司，是中国石油集团工程股份有限公司下属成员企业，中国石油工程建设协会AAA级信用企业，国家高新技术企业，现有员工500余人。

公司拥有石油天然气、化工石化医药等行业的工程设计专业甲级资质，拥有固定式压力容器（第三类）及长输、公用及压力管道设计资质，是工程咨询甲级资信单位。拥有房屋建筑工程、化工石油工程、市政公用工程监理甲级资质，拥有中国石油乙烯、炼油设备驻厂监造许可资质，是中国寰球工程有限公司2个内部监造机构之一。

公司有着60多年创业史、奋斗史，伴随着新疆石油工业的发展不断成长，长期为中国石油独山子石化、乌鲁木齐石化、克拉玛依石化、新疆油田、塔里木油田、云南石化、长庆石化、重庆销售、西部管道及中国航油集团、陕西延长集团、庆华能源、新疆广汇等国内30余家石油、石化及油气田企业，提供各类工程技术服务。

公司紧紧抓住“一带一路”历史性机遇，依托独山子、乌鲁木齐2个业务中心，建立了覆盖新疆、辐射西北的市场网络；努力拓展山东、浙江、云南、广西、广东、贵州、重庆等国内省市市场，加快服务国内一流炼化工程技术步伐；全力布局中亚、西亚及俄罗斯市场，力争“十四五”实现“覆盖西北、辐射全国、挺进海外”的战略目标。

第一节　独山子工程中心

独山子工程中心的初始组织单元为1956年独山子炼油厂下设的设计组及1957年独山子矿务局下设的基建科。伴随着独山子炼化事业的蓬勃发展，两个专业科室共同投身炼化工程建设，不断发展壮大，最终合二为一，并成长为综合性的炼化工程公司。2009年，按照中国石油内部专业化重组战略部署，公司由独山子石化公司整体划转至中国寰球工程公司，走上了创新发展的快车道。2017年1月，按照集团公司建设业务重组决定，工程建设公司所属新疆设计分公司（乌鲁木齐）与新疆寰球工程公司（独山子）合并。

一、艰苦创业强根基（1949—1978年）

1954年底，中苏石油公司撤销，独山子矿务局隶属于新成立的新疆石油公司（1956年7月改称新疆石油管理局）。独山子炼油厂作为生产主体，受矿务局和管理局双重领导。1961 年 6 月，独山子矿务局撤销（矿区党委保留），炼油厂统管矿区。

1956 年 8 月，独山子炼油厂下辖设计组，有职工 10 人。1961 年，独山子炼油厂在原设计组的基础上成立设计科，时有职工 20 余人。

1957 年，独山子矿务局下设基本建设科，1958 年撤销将人员和业务并入计划科；1959 年 8 月，独山子矿务局成立基本建设处，下设工程组；1961 年 11 月，独山子炼油厂成立基本建设科，时有职工 18 人。

设计科、基建科主要服务于独山子的炼油工程设计和建设。2 个科室在独山子炼油厂的总体领导下，立足本职、紧密配合、精诚团结，全程参与了独山子炼油厂扩建发展的设计与工程建设业务，与来自全国的支援者，共同设计、建设了 10 余套炼油装置和配套设施。其中，1957—1958 年建成的 50 万吨/年常减压蒸馏、30 万吨/年双炉裂化等装置，使独山子炼油厂成为当时全国首个原油处理量超过 100 万吨的炼油厂。1961 年自主设计、工程建设的润滑油糠醛精制和润滑油调和装置，投产后顺利产出了优质润滑油，不仅弥补了国内产业空白，还解决了国防急需。1967 年自主设计、工程建设具有国际先进工艺的 20 万吨/年延迟焦化装置，建成后被称为中国炼油工业“五朵金花”之一。1978 年自主设计、工程建设的 60 万吨/年分子筛提升管催化裂化装置，3 个月就收回 1947 万元的全部投资，并荣获国家优秀设计奖。

二、不忘初心担重任（1979—1999 年）

1981 年，设计科经石油工业部审查，取得设计资格证书。1984 年 7 月更名为独山子炼油厂设计所，取得国家一、二、三类压力容器设计资质证书，时有职工 60 名，下设炼油工艺、安装、系统、仪表控制室，土建、总图室，设备电气室，给排水暖通室，出版、图书、资料室以及概算组、管理组。1992 年更名为新疆石油管理局独山子设计院，1993 年顺利取得炼油化工工程设计乙级证书。1996 年，又更名为独山子石化总厂设计院，时有职工 152 人，其中教授级高工 5 人，高级工程师 18 人，同时拥有 26 台计算机，50% 的设计人员能熟练操作 CAD 软件。1990—1995 年，设计院累计完成设计投资额 10 亿元。1999 年，设计院被列入“新疆维吾尔自治区勘察设计行业综合实力 20 强”。

1986 年 1 月 2 日，基建科更名为基建办公室。1994 年，在基建办公室下新设立工程监理公司，随后以独山子炼油厂二套酮苯等几套装置为试点，模拟推行监理业务。1995 年，更名为基建工程公司。1999 年，取得工程监理甲级资质和造价咨询乙级资质，时有职工 185 人，下设党政办公室、市场开发部、工程处、经营部、质量监督处、合同预算处、地产材料室、抗震和人民防空办公室、房地产办公室，当年开始陆续在泽普、准东、克拉玛依、吐哈油田等地设立驻外项目部，先后参与了泽普石化炼油厂、化肥厂的施工建设。监理的克拉玛依石化 30 万吨/年润滑油高压加氢装置，荣获国家优质工程银奖等奖项。

这一时期，设计院、基建工程公司全过程参与了独山子炼油厂的转型发展，自行设计、管理了一系列新建、扩建、改造装置和配套设施。1979—1985 年，先后 2 次对常减压装置进行技术改造，使装置原油加工能力提高到180万吨，能耗下降60%；1989年建成的第二套常减压，又使原油加工能力跃升到330万吨/年。1982年，建成总投资1004万元的酮苯脱蜡装置，新增石蜡品种投入市场，第二年即还清银行贷款。1986年建成的10万吨/年丙烷脱沥青装置，投产后半年即收回612万元投资，每年实现新增收入2000万元。1986—1989年建成投产的气体分馏、烷基化、聚丙烯三套装置，以及后续建设的重整加氢、芳烃抽提等多套装置，使独山子炼油厂实现了燃料油-润滑油-化工Ⅲ企业转型。到1995年11月，独山子炼油厂炼化生产装置达到36套，原油加工能力达到600万吨。

独山子炼油厂14万吨/年乙烯项目是国家“八五”重点建设项目，代表着当时世界石油化工业的尖端科技水平。该项目从1984年提出设想到1995年建成，经历了4年争取、5年筹备、3年建设。设计院、基建工程公司作为独山子炼油厂下属专业力量，承担了极其繁杂的设计管理及部分监理业务。广大员工与国内外几十家设计、施工单位一起，“吃三睡五干十六”，确保了项目按时建成。项目开工、建设期间，王恩茂、朱镕基等国家领导人先后到现场视察，为建设者们加油鼓劲。项目投产运行后，监理的乙烯装置于1998年荣获中国建筑工程鲁班奖。

随着业务能力的显著提升，设计院、基建工程公司作为骨干力量，还先后共同参与到中石油在国内、海外项目的建设。1990年前后，设计院、基建工程公司参与了青海格尔木炼油厂的设计及工程建设管理。1997年开始，又共同承担了第一个海外项目——苏丹喀土穆炼油厂的设计及工程建设管理，先后有100余名设计、项目管理人员出国援建。该项目2000年建成运营，成为深化中非友谊的重要纽带。

改革开放后，随着生产和经济发展，人民生活环境的改善和城市功能的提升成为迫切需求，设计院、基建工程公司开始长期承担独山子部分城市规划和市政建设任务，使职工住宅由过去的“土坯房、烧焦炭”，全部变为绿化配套的住宅小区；使昔日戈壁荒漠上的老油矿，逐步发展成为配套设施齐全、绿色时尚的园林城市，并于2003年获得“中国人居范例奖”。

三、昂首阔步谋发展（2000—2016年）

（一）主营业务稳步发展

这一时期，设计院和基建工程公司人员机构稳定，进入高速发展时期，两家单位在服务于独山子石化建设、城市发展的同时，主动适应现代企业发展要求，苦练内功、夯实管理，先后通过ISO 9001等体系认证。同时面向市场，积极拓展空间，取得丰硕业绩。

设计院、基建工程公司先后承担了独山子石化5万吨/年石蜡加氢精制、1万吨/年无灰分散剂、6万吨/年加氢裂化、20万吨/年气体分馏等新建装置及大量改扩建、技改技措项目，以及医院、体育馆、游泳馆等市政项目。2004年，设计院首次以EPC工程总承包模式，承担了天利实业总公司4万吨/年偏三甲苯装置的建设任务，为走以EPC

业务为核心的转型发展之路奠定了坚实基础。基建工程公司同时承担了独山子、克拉玛依、泽普等地的大批监理项目，并成立了造价咨询公司、房地产公司，各项业务蓬勃发展。

2003 年开始，设计院、基建工程公司部分骨干人员，开始投入到独山子千万吨炼油百万吨乙烯工程的可研、立项等工作中。

（二）合并成立综合性工程公司

2005 年 11 月，独山子石化总厂为整合内部优势资源，提升市场竞争力和经济效益，将设计院、基建工程重组合并，成立独山子石油化工总厂工程公司（简称工程公司）。2006 年 7 月，以工程公司为实体，注册成立了具有独立法人资格的新疆独山子方辰石化工程有限责任公司（简称方辰公司），下设项目控制部、技术质量安全部、财务资产部、人力资源部、市场部、党政办公室 6 个机关职能部门，下辖设计院、众恒监理分公司、项目管理分公司、众鹏造价咨询公司、信息中心 5 个分公司，另设克拉玛依项目部、重庆项目部、南疆项目部、东疆项目部 4 个驻外机构，在册职工 306 人，拉开了建设综合炼化工程公司的新篇章。

2005—2009 年，方辰公司参与了总投资 300 余亿元的独山子石化千万吨炼油、百万吨乙烯工程建设，独立承担或参与了 20 余套装置、单元的上千项设计、监理、施工管理、造价咨询等任务，同时通过与英国阿美科（AMEC）公司、中国石化工程建设公司（SEI）、洛阳石油化工工程公司（LPEC）等数十家国内外一流企业的共同合作，学到国内、国际一流的管理模式和技术经验。这项工程被评为新中国成立 60 周年“百项重大经典建设工程”，胡锦涛、习近平等中央领导人先后亲临视察。公司作为参与者，也在这场攻坚战役中，积累了丰富的实践经验和业绩，形成了炼化领域的独特优势，开启了企业发展的新篇章。

在参建独山子千万吨炼油、百万吨乙烯工程的同时，方辰公司还整合资源，积极参与市场竞争。为新疆石化行业首家上市公司——新疆独山子天利高新技术股份有限公司 1 亿条/年塑料编织袋改扩建、704 泵站至独山子天然气管道等项目提供设计服务，其中设计的 1 万吨/年高碱性环烷酸钙装置投产后的产品，在 2001 年斯德哥尔摩国家产品博览会荣获优秀产品奖。在克拉玛依市场站稳脚跟，先后承担克拉玛依石化 2×20000 立方米柴油储罐、航煤白土精制等项目设计任务。监理业务取得长足发展，2005—2009 年先后承担监理项目 300 余项，业务覆盖石油化工、市政建设、新能源等多个领域。

公司跟随行业发展趋势，积极探索、逐步确立了以设计为龙头、项目管理为核心的 EPC 业务发展目标，承担了独山子天利实业总公司 6 万吨/年裂解燃料油综合利用 EPC 项目建设，并通过项目建设，完善形成 EPC 项目管理制度 70 余项，成功形成了 EPC 业务管理基础。

（三）整体划转至中国寰球工程公司

2009 年底，中国石油对内部工程建设企业进行专业化重组。公司从独山子石化划出，成为中国寰球工程公司（以下简称寰球工程）的全资子公司，于2010年1月正式更名为新疆寰球工程公司。公司凭借深厚的底蕴，迅速完成了战略规划、组织构建、标准对接、资源整合等一系列工作，形成了以设计为龙头，以项目管理、工程监理、设备监理、物资采购、工程造价、工程咨询等为主业，具备为业主提供工程总承包、项目管理等全方位工程服务能力的业务发展体系，成为我国西北地区实力一流的综合性炼化工程公司。

2010年，乘着中央第一次新疆工作座谈会的东风，依托寰球工程的国际化平台，在乌鲁木齐设立了中国寰球工程公司新疆分公司，拥有中国寰球的全部资质及业务链，与新疆寰球工程公司为“两块牌子，一班人马”。并在伊犁、库尔勒、准东、克拉玛依等地设立办事处，打造覆盖全疆的市场网络，先后承接EPC工程总承包、设计、监理、造价咨询等项目30余个，其中1项获得国家级奖项，12项获得省部级奖项。公司全年实现营业收入4.1亿元、利润1700万元，较上年分别增长300%、18%，走上了创新发展、高速发展的快车道。设计、监理的独山子石化公司140万立方米原油商业储备库、独山子国家石油战略储备基地，均荣获国家优质工程奖。

“十二五”期间，公司各项事业蓬勃发展，形成了炼油、化工、储运、新能源、工业环保、市政工程为主业的多元体系，具备了多个领域的全流程、全厂性工程项目建设综合能力；市场范围基本覆盖新疆全境，同时辐射内地多个省市，并成为中国寰球进军中、西亚市场的桥头堡。5年来，公司累计实现营业收入27.09亿元、利润1.38亿元。固定资产增长62%，员工总数增长37.7%，员工年收入增长108%，每年为地方上缴利税超过2500万元。5年来，公司巩固基础市场，设计、监理的独山子300万方国家原油储备库、独山子石化140万方商业储备库荣获国家优质工程奖；EPC总承包的独山子石化新建80万吨/年汽油加氢装置，荣获石油优质工程金质奖；独立完成了总投资超过20亿元、国内最大的独山子天利实业轻馏分综合利用全厂性EPC项目建设，并编制了具有自主知识产权的20万吨/年裂解燃料油综合利用成套工程技术工艺包，获得专有技术；监理的独石化1-己烯装置，填补了中石油同类产品空白。开拓疆内市场，积极介入奎屯-独山子、乌鲁木齐甘泉堡等国家级工业园区建设，参与了特变电工12000吨/年多晶硅、神华65万吨/年新疆煤基新材料等多个大型重点项目建设，为新疆地方经济发展作出了贡献。拓展外部市场，利用在手专有技术，设计建设了国内同行业最大的武汉鲁华粤达公司碳五碳九及裂解燃料油综合利用项目；参建了以中缅油气管道管输原油为原料的中国石油云南千万吨炼油项目，承担了其中罐区、装卸站等重要装置设施建设。成立云南设计分院、重庆项目部，与广东新华粤公司等沿海地区企业签订战略合作框架协议，承担多项设计、监理项目。与吉尔吉斯斯坦、哈萨克斯坦、巴基斯坦多家企业建立合作关系，多次组团出境前往克孜洛尔达、瓜达尔港等地进行项目考察和前期交流。在此期间，公司总工程师郭俊玲获得中国石油工程建设行业首届勘察设计大师、并被国务院批准享受政府特殊津贴。

2016年，公司利润较上年增长22%，增长率在寰球工程12家二级单位中排名第一。当年EPC业务收入2.97亿元，占营业收入的91%。

第二节 乌鲁木齐工程中心

一、艰辛创业绘宏图（1971—1978 年）

新疆寰球工程公司乌鲁木齐石化工程中心始建于 1971 年 1 月。

20 世纪 70 年代初，为适应新疆工农业发展和战备需要，经国家计委批准，新疆维吾尔自治区人民政府决定在乌鲁木齐市南郊祁家沟建设一座炼油厂，为战备保密，炼油厂定名为“711 工程”。由新疆石油管理局组建成立“711 工程”会战指挥部，在会战指挥部设计小分队的基础上，乌鲁木齐石化工程中心逐步发展壮大。

1971 年 1 月成立的设计小分队，隶属于新疆石油管理局乌鲁木齐“711 工程”会战指挥部，来自克拉玛依新疆石油管理局设计处、独山子炼油厂 30 多人组成的设计小分队，任务是参与“711 工程”炼油厂建厂地址的勘察、协助石油部进行装置平面规划及工程设计工作。

1973 年 4 月，炼油厂经重新选址，确定建在乌鲁木齐市东北郊的古牧地。乌鲁木齐“711 工程”更名为新疆石油管理局乌鲁木齐石油化工厂指挥部筹建处。设计小分队随之更名为乌鲁木齐石油化工厂筹建处规划设计科。

当年，规划设计科设计人员和新疆建筑工程局设计院的 40 多位设计人员，与洛阳院合作，完成了炼油厂总体规划、总平面布置图、总竖向布置图、全厂工艺热力管网、上下水管网及污水处理、油罐区、火车、汽车装油台等系统工程。绘制了进出厂交通道路图、居民区规划图、水源地设计及新水管线设计图、测量绘制了乌石化地区 16 平方千米的 1∶5000 地形图、厂区及生活区 1∶500 地形图等。在洛阳院独立完成常减压、催化裂化两套装置的基础上，规划设计科的设计人员先后完成了炼油厂后续工程延迟焦化、氧化沥青两套装置的设计；炼油厂的三修一化（机修、仪修、电修、化验室）设计。

1975 年，规划设计科更名为新疆石油管理局乌鲁木齐石油化工厂设计室，隶属新疆石油管理局乌鲁木齐石油化工厂。

二、潜心笃行兴业路（1979—1999 年）

1982 年，设计室更名为新疆石油管理局乌鲁木齐石油化工总厂设计所，隶属新疆石油管理局乌鲁木齐石油化工总厂。

1989 年，设计所更名乌鲁木齐石油化工总厂设计院，隶属中国石油化工总公司（简称中石化）乌鲁木齐石油化工总厂。

1998 年，设计院隶属中国石油天然气集团公司乌鲁木齐石油化工总厂。

1999 年因集团公司实行板块重组，乌鲁木齐石油化工总厂设计院划转到存续企业，隶属乌鲁木齐石化总厂。

设计所成立之后，在人力资源、设计实力、整体设计水平等方面得到显著加强，设计范围也从简单的单项设计、单体设计、系统配套，到复杂的装置、单元设计。随着乌鲁木齐石化总厂生产规模的不断扩大，设计所又对乌鲁木齐石化总厂的多套装置进行了扩量改造，包括：常减压装置、催化裂化装置、气体分馏装置、一套 1 万吨/年本体法聚丙烯装置及其配套设施。在完成新建装置的设计及改造设计的同时，设计所还完成了生产辅助设施和公用工程的设计工作，如炼油厂中心化验室设计、航煤罐区扩建工程设计、液化气灌装站技术改造、化学药剂设施扩建工程设计、火炬系统改造设计、环烷酸系统改造设计，以及循环水设施改造设计、污水处理设施改善设计等。

现代企业制度基本建成。1985 年 4 月，乌鲁木齐石化设计所通过新疆维吾尔自治区锅炉压力容器检验所专家审核验收，取得第一、二类压力容器设计资格证。1986 年，取得中石化第一、二类压力容器设计资格证。1992 年，乌鲁木齐石化设计院取得第一、二、三类压力容器设计资格证。2000 年 6 月，取得上海质量体系审核中心颁发的 ISO 9001 质量体系认证证书、荷兰认可委员会质量体系认可标志证书。

1985 年，乌鲁木齐石化设计所对乌鲁木齐石化常减压装置进行改造设计，改造后装置处理能力为 200 万吨/年，能耗达到国内同期先进水平。1988 年新疆人民政府授予“常减压蒸馏装置技术改造”项目科技进步二等奖。1993 年中石化授予“用炉管吸收减压转油线热胀量的新技术”项目科技进步三等奖。

1988 年 10 月，乌鲁木齐石化设计所工艺设计人员设计的“乌鲁木齐石化公司 80 万吨/年催化裂化装置改造”建成投产。其中的反应器和再生器的设计，采用了当时国内比较先进的提升管和国内第一套具有烧焦罐结构的再生器。催化剂也全部采用国产裂化催化剂。1992 年中石化授予“四号钯型及五号一氧化碳助燃剂研制与实验”项目科技进步三等奖；1993 年中石化授予“80 万吨/年催化裂化装置改造”项目科技进步二等奖。

乌鲁木齐石化院独立完成的“乌石化炼油厂 20 万吨/年半再生式催化重整装置扩量改造”项目，1999 年被新疆建设厅授予优秀设计一等奖。“乌鲁木齐石化总厂炼油厂 500 吨/时含盐污水处理”项目 1998 年获新疆第九届优秀工程设计二等奖。由乌鲁木齐石化设计院设计的“乌鲁木齐石化矿区游泳馆改造工程”是国内第一个采用弓式支架结构跨度达 80 米的工程，1999 年被新疆建设厅授予优秀设计三等奖。90 年代初期，乌鲁木齐石化总厂化纤厂建成了 10 万吨/年 PTA 装置、5. 5 万吨/年 PET 装置、3 套 2 万吨/年短纤维装置；炼油厂新建 5. 5 万吨/年芳烃联合装置（对二甲苯装置）、350 万吨/年Ⅱ常减压装置、150 万吨/年重油催化装置等。以上工程被称为“九五・七”工程。该工程的建成投产，标志着乌鲁木齐石化总厂成为集团公司集炼油、化肥、化纤于一体的石油化工、化纤生产基地，成为西北最大的涤纶化纤企业，被国家列为特大型石油化工企业。乌鲁木齐石化设计院参与了“九五・七”工程实施过程中所有在建工程建设的设计，获得了乌鲁木齐石化总厂颁发的“九五・七”工程“集体二等功”称号。

三、锐意革新结硕果（2000—2016 年）

2005 年 5 月，乌鲁木齐石化设计院成功获得石油炼制甲级资质，实现了化工石化医药行业（石油产品深加工、石油及化工产品储运）石油炼制和石油天然气行业（油气库）工程设计甲级资质、化工石化医药行业工程咨询甲级；压力管道 GA、GB、GC 类设计许可；压力容器实现了二、三类压力容器向三类高压设计资质跨越；拓展了市政燃气工程设计乙级、市政公用热力工程设计乙级、化工医药全行业乙级资质；压力容器应力分析设计、建筑工程设计乙级资质。

2007 年，中国石油集团公司内部再次实行重组，设计院由乌鲁木齐石化公司托管，归属乌鲁木齐石化公司，名称为中国石油乌鲁木齐石化公司设计院。

2009 年 12 月 23 日，按照中国石油集团公司部署，乌鲁木齐石化公司设计院划转至中国石油工程建设公司，名称为中国石油工程建设有限公司新疆设计分公司。放弃了原乌石化设计院原有的所有资质，使用中国石油工程建设有限公司的综合甲级资质。

2010 年 12 月 27 日，乌石化公司的百万吨芳烃项目一次投产成功。分公司承担了 100 万吨/年连续重整装置、80 万吨/年石脑油加氢装置、70 万吨/年芳烃抽提装置设计，以及外部系统等 16 个单元的设计任务，并且全部顺利完成一次投用成功。与中国石化工程建设有限公司合作，先后承担了乌石化公司炼油升级改造项目 120 万吨/年延迟焦化装置、600 万吨/年常减压装置、150 万吨/年蜡油加氢装置的部分设计内容。公司参与设计的中国石油天然气股份有限公司乌鲁木齐石化分公司 100 万吨/年对二甲苯芳烃联合装置及配套工程获 2016—2017 年度国家优质工程奖。

2013 年，分公司首次尝试承接完成了中国石油燃料油有限责任公司西北销售分公司乌鲁木齐沥青原料项目和乌鲁木齐石化公司热电厂 4 号炉达标脱硝装置项目-公用工程配套部分 2 个 EPC 工程总承包项目，积累了工程总承包项目经验。分公司利用 DSO-M 组合工艺技术，为乌鲁木齐石化设计建成了生产国Ⅲ、国Ⅳ质量标准汽油的汽油加氢改质工业化应用试验装置；新技术应用于乌鲁木齐石化公司炼油厂 60 万吨/年汽油升级改造项目，产品全部合格，标志着中国石油拥有了自主知识产权的专利技术催化剂组合工艺全套国产化技术，并完成汽油加氢改质工业化应用设计，成功地建设了第一套自主知识产权的工业化成规模装置，使分公司在催化汽油选择性加氢技术转化为工业装置领域的设计能力进入了国内先进水平行列。2013 年 12 月，DSO-M 组合工艺的工艺包获得国家专利。

分公司还先后完成了乌鲁木齐石化总厂西峰工贸公司 40 万吨/年轻汽油醚化装置、乌鲁木齐石化公司 110 万吨/年延迟焦化装置、30 万吨/年气体分馏装置、化纤厂聚酯装置扩量改造、40 万吨/年烃重组装置、化肥厂煤锅炉烟气脱硫设施、100 万吨/年对二甲苯芳烃联合装置地面火炬放空系统、70 万吨/年芳烃抽提装置设计、100 万吨/年对二甲苯芳烃联合装置、炼油凝结水回收及综合利用项目、乌鲁木齐石化公司集中加工南疆劣质油炼油工程、30 万吨/年轻烃分离升级改造项目及长庆石化公司 60 万吨/年汽油加氢装置、伊宁天然气输配工程、克拉玛依华澳公司储销三期工程等多个重点项目。通过项目建设，分公司设计及项目管理水平得到有效提升。

第三节　合并重组新发展（2017—2019 年）

2017 年 1 月，按照集团公司建设业务重组决定，中国寰球工程有限公司将划入的中国石油工程建设公司所属新疆设计分公司（乌鲁木齐）与新疆寰球工程公司（独山子）合并，成立全新的新疆寰球工程公司，公司注册地仍保留在独山子。公司同时成为上市公司中油工程的成员企业，员工总数增长至 538 人。同时，保留了中国寰球工程有限公司新疆分公司，注册地为乌鲁木齐米东区。中国寰球工程有限公司新疆分公司与新疆寰球工程公司，为“两块牌子，一班人马”。

重组合并后的 2017—2019 年，公司累计新签合同额 28.07 亿元，实现营业收入 13.29 亿元、利润 3349 万元，在全球油价下跌、国内炼化工程投资锐减的不利条件下，实现了科学稳定发展。

资质能力大幅提升。拥有石油天然气、化工石化医药等行业的工程设计专业甲级资质，拥有固定式压力容器（第三类）及长输、公用及压力管道设计资质，是工程咨询甲级资信单位。拥有房屋建筑工程、化工石油工程、市政公用工程监理甲级资质，拥有中国石油乙烯、炼油设备驻厂监造许可资质，是中国寰球工程有限公司 2 个内部监造机构之一。顺利取得国家高新技术企业认证证书和中国石油工程建设协会 AAA 级信用企业证书。

技术实力显著增强。至 2019 年，拥有实用新型专利 11 项，发明专利 3 项，专有技术 1 项，技术秘密 25 项。同时在长期工程化应用中形成、掌握了溶聚丁苯橡胶、稀土顺丁橡胶、稀土异戊橡胶、碳五分离、高纯戊烷、石油树脂、溶剂油等 40 余套成套技术。2019 年 8 月，经新疆维吾尔自治区政府批准，公司成立新疆合成橡胶领域唯一的自治区级技术研究中心——新疆合成橡胶工程技术研究中心，组织了一支 20 余人的技术研发队伍，致力于形成创新自主的合成橡胶成套化技术，推动新疆乃至国内合成橡胶产业发展。

市场影响力进一步扩大。坚持为老客户提供全方位超前服务，在做好大检修、技改技措等各类服务的同时，先后承揽独山子石化公司加工轻烃炼油及乙烯优化调整、乙烯厂增加乙烷接卸设施、聚苯乙烯及乌鲁木齐石化公司净化水厂等 11 个 EPC 项目及各类设计、监理项目。开拓外部市场，承担了国内首批纯乙烷进料制乙烯装置之一——塔里木乙烷制乙烯项目公辅工程 EPC 建设任务，监理了总投资 13 亿元的塔里木油田凝析气轻烃深度回收工程，承担了大庆华科石油树脂、广东新华粤等企业的石油树脂装置设计任务。依托中国寰球工程有限公司广阔平台，先后参与国内最大规模的浙江舟山 4000 万吨/年炼化一体化项目、中委两国合资建设的广东石化 2000 万吨/年重油加工等项目的部分 EPC、设计任务。

新时代、新征程，新疆寰球工程公司将不忘初心、牢记使命，努力以精湛技艺、一流服务，促进企业高质量高效益科学发展，实现与员工、客户及社会的和谐共赢。

（新疆寰球工程公司　邵春宇、简军、史飞）

砥砺奋进 铸就辉煌
——中化地质郑州岩土工程有限公司发展纪实

中化地质郑州岩土工程有限公司（原化工部郑州地质工程勘察院，简称化勘院）始建于 1983 年，现为中化地质矿山总局河南地质局直属子公司。公司业务涵盖三大主营专业的岩土工程、水文地质勘察、工程测量（岩土工程勘察、岩土工程设计、岩土工程治理、岩土工程测试检测、岩土工程咨询监理、水文地质勘察凿井及工程测量）业务，是总局系统为数不多的工程勘察综合甲级单位。公司拥有专业技术人员 236 名，其中中国石油和化工行业勘察大师 1 名，教授级高级工程师 6 名，中高级工程师 130 余名，注册岩土工程师 14 名。企业拥有计算机 100 余台并组网，拥有工程扫描仪、彩喷绘图仪、激光打印机、数字化仪等 CAD 辅助设备和 GPS 全球定位系统、智能全站仪、工程钻机、（大、中、小吨位）静力触探车（机）、水文钻机、超声测试仪、地下管线探测仪、数字智能电法仪、（高）低应变测试仪、静载荷（含螺旋板）测试仪、土工试验剪力仪、压缩仪、三轴仪等先进勘察装备、实验仪器。

30 多年来，完成三千多项工程勘察项目，其中国家重点、省、市级重点获奖项目数十项，包括国家铜奖 1 项，全国优秀工程勘察设计行业一等奖 1 项、二等奖 2 项，局级科技进步奖 1 项，省部级优秀工程勘察奖 30 余项。拥有住建部颁发的工程勘察综合类甲级资质证书、国土资源部颁发的地质灾害危险性评估、地质灾害治理工程勘察设计施工甲级证书。

第一节 勘察队伍在地质市场中形成（1978—1988 年）

1978 年，为组建一支机动的地质骨干队伍，化工部成立地质勘探公司，建设郑州基地。1983 年化工部地质勘探公司为解决地勘经费不足，决定从事地质市场有偿服务，在河南地质勘探大队成立了建设工程勘察实体——工程分队，分队实行承包经营、自负盈亏。成立之初，仅有 5 名工程勘察技术人员，两台老解放钻机。但是就是这几颗种子，填补了化工系统在河南省工业与民用建筑工程勘察领域的空白。通过学习引进、消化吸收，初步掌握了主要勘察技术，在工程勘察市场占有一席之地，取得了较好的经济效益，并锻炼了队伍。

历经几年的发展，形成拥有技术骨干 10 余名、经营灵活、效益良好的工程勘察队伍，钻探机台增至 10 余台，建立了标准化的土工实验室。期间代表工程为 1987 年勘察的 18 层黄金大厦。

第二节 在改革开放、合并重组中稳步前行（1989—1999年）

1993年，地质矿山总局要求进一步落实地勘经营自主权，打破铁饭碗，改进管理，以提质增效为目标，充分调动广大职工积极性，建设一支政治上坚定、能打硬仗的地勘队伍。

河南院对工程分队进行重构，成立化工部郑州地质工程勘察一院，下设技术部、经营部、土工试验室。同时化工部地勘公司物测工程公司更名为化工部郑州地质工程勘察二院，从此一院、二院共同走向市场。勘察机构日趋完善，经营不断进步，技术实力不断增长。

1993—1996年，化勘院承接了一大批重点工程、大型项目，代表工程有河南电视台（22层）、河南博物院、济源玻璃厂、济源水泥厂等。

1997年化勘院迎来了发展史上的重要时刻。经化工部批准在郑三家单位：地勘总院、河南院、物探院三院重组为化工部河南地质勘查院（简称河南地勘院）。化工部郑州地质工程勘察一院与二院合并为化工部郑州地质工程勘察院，隶属化工部河南地质勘查院。三院重组、两院合并，技术人员数量、技术装备数量、经营管理水平得到大幅提升。在新的河南地勘院党委及院班子的领导下，发挥了两院合并后人、财、物方面优势，在“面向市场，优质服务，争创一流”的思想指导下，工程勘察、地基处理、桩基检测、水文地质多业并举，完成了第一次化勘品牌的塑造。

化勘院合并当年，便承揽了大型综合项目三门峡槐扒黄河提水工程四泵站滑坡及站址岩土工程勘察。该项目勘察组织技术管理人员50余人，分有工程地质组、水文工程组、钻探施工组、物探组、测量组、后勤保障组，分工明确。经过3个月野外工作，最终查清了古滑坡的成因、规模，划分出了稳定性区域和危险性区域，提出了合理、经济的滑坡治理方案，避免了附近村的移民搬迁和泵站改线，产生了显著的社会效益和经济效益。成果提交后，通过了由黄河水利委员会总工、华北水利水电学院教授等国家和河南省知名专家组成的专家委员会的评审，专家们给予了高度的评价，该工程在第八届全国优秀勘察项目评审中一举获得铜奖。该项目锻炼了一大批技术人才、管理人才，造就了化勘人特别能吃苦、特别能战斗的群体，形成了“只要思想不滑坡、办法总比困难多”的企业精神，以及“想事、谋事、干事、成事”的企业文化。

1998年，亚洲金融风暴波及国内经济发展，市场进入低迷徘徊期，化勘院沉着应对，苦练内功，引进ISO 9001国际质量管理体系，对全院架构、质量管理流程进行适宜性重建，确立了“科学创新、精勘细测、质量为本、公正诚信”的质量方针和“产品合格率100%，优良率80%以上”的质量目标。按ISO 9001—2000的标准制订出质量文件、程序文件和作业指导书，内容覆盖了岩土工程勘察、地基处理、工程测量、桩基检测的实现过程，使化勘院工作进入规范化、程序化、标准化阶段。

管理体系运行不仅使产品质量得到保证，也便于查找工作中的错误和薄弱环节，对工作及时进行改进，为勘察、施工、测量、检测等多出精品提供了保障。实验室也通过了国家质量监督局计量认证。工程勘察向管理要效益、以质量求生存。随着一个个工程项目的完成，化勘院的声誉不断提高，市场竞争力不断增强。虽然危机给经济带来了困难，但化勘院经营收入稳步增长。

此阶段代表性工程有郑东新区郑汴路立交、东西第一横贯立交，合同产值 410 万元。

第三节　开启化勘新征程（2000—2019 年）

2002 年是化勘院发展的里程碑之年。这一年院荣升国家工程勘察综合类甲级资质，这意味着化勘院综合实力与整体素质得到全面提升，正式迈入全国最高级别的勘察单位行列、化工系统勘察四强，是当时昊华化工集团唯一一家综合甲级工程勘察单位。

综合甲级资质的取得，承揽业务的范围不再受限制，极大地推动院的跨越式发展。化勘院顺势大力推动岩土工程体制建设，坚持“一业为主、多头延伸”，并深入开展“转机制、练内功、抓管理、上水平、创效益”活动，促进传统的工程地质勘察向工程勘察、岩土设计、施工、治理综合服务方向转变；同时调整竞标结构，向大市政、轨道交通、高铁领域拓展。

2002 年岩土工程师注册制度施行，有 6 名工程师通过考核考试并注册，这在化工地质系统和河南省勘察设计单位都名列前茅。注册岩土工程师群体是单位实力的体现，彰显了核心竞争力，提高了化勘院在勘察市场的美誉度。

2003 年借着综合甲级资质的获得以及注册师群体的形成，化勘院各项业务打开了新局面，建设方主动委托业务明显增加，超大型复杂岩土工程项目明显增多，产值首次突破 1000 万元，经济效益大幅提高，企业从生存型向稳步发展型迈进。

2004 年一举取得高铁勘察、高速公路勘察零的突破，与中铁四院集团合作承担了郑西客运专线定测勘察，独立完成巩登高速公路勘察。郑西客专、巩登高速位于豫西低山丘陵，地形地貌复杂，岩土种类众多，项目部克服地方关系复杂、特殊土钻探要求严格、孔位地形高差变化大、石英砂岩钻进难度极大等重重困难，较好地完成了任务，打出了化勘品牌。

2008 年化勘院坚持诚信经营，努力打造诚信化勘院，化勘品牌的建设得到进一步推动。虽受 2008 年美国次贷危机影响，国家宏观调控及房地产市场不利影响下，经营工作仍然取得了较好的成绩。继续向国家、省市、行业重点勘察项目上转移，不断取得突破。

——不断巩固高速铁路建设市场。完成石郑铁路客运专线（河北段）、津秦客运专线（滦县段）、郑武铁路客运专线（郑州段）勘察任务。

——服务大型、重点工业项目建设。先后完成鹤壁煤电股份有限公司年产 60 万吨甲醇项目、河南中孚实业股份有限公司节能减排技术改造项目勘察、林丰铝电高性能铝合金技改项目强夯检测等。

——市政方面。完成了陇海路高架、郑州市京广路隧道及火车站西出站口等政府投资的大型勘察项目。

2008年，化勘院成功中标郑州市轨道交通1号线工程勘察，单项合同产值1157万元，这在当时是化勘院成立以来的最大工程，也是河南省首条轨道交通项目，该项工程面向全国招标，最终凭借化勘院技术、品牌、综合实力等优势赢得业主信赖，一举中标第二标段也是最复杂标段的勘察任务。对化勘院来说地铁勘察也是头一回，没有以往勘察经验可借鉴，针对该工程勘察技术质量要求高、工期要求紧，施工条件复杂、管理难度大等特点，化勘院高标准配备了项目管理班子、工作人员及各类设备机具，及时成立了勘察项目部及项目总工室。同时，针对该项目主要是在夜间和城市繁华主干道上施工的特点，在没有类似项目管理经验可借鉴的情况下对施工难度做了较为充分的估计与判断，项目部制定了一套详细的施工方案和安全保障措施，坚持责、权、利相结合的原则，制定了奖惩措施，充分调动了工作人员的工作积极性，提高了工作效率，改善了现场管理形象，经济效益、社会效益取得双丰收。严格贯彻质量方针，狠抓质量管理。时任院领导分头带队到西安、南京地铁项目上进行考察学习，借鉴经验，通过消化、吸收、实践、提高，较快掌握了地铁勘察技术。为了较好地满足测试质量要求，化勘院先后采购了旁压侧胀仪、扁铲、螺旋板、K_0固结仪、三轴仪、十二联直剪预压仪等新型设备仪器，进一步完善了工程勘察的原位测试手段及土工试验方法，提高了勘察报告质量。在地铁施工中利用本土优势提供了及时、优质的技术服务，确保了地铁安全建设、安全运营。凭借高质量的勘察报告，该项目荣获中国勘察设计协会全国勘察设计行业优秀勘察二等奖。

2009年，化勘院陆续中标南宁市轨道交通1号线和2号线勘察、郑州—徐州客运专线开封段、大同—西安客专大运段等高铁勘察项目，合同额再创纪录，全年结算收入突破2500万元，走出去战略大见成效。2009年彰显了化勘院长线管理的高水平。

2010年，化勘院以创建化勘品牌、努力打造国内一流勘察队伍、稳步提高经济效益和社会效益为发展目标，取得了辉煌的业绩。富士康落地郑州航空港，化勘院作为省政府推荐的唯一一家勘察单位承担了新建厂区的勘察工作，该项目创造了化勘院发展史上日最多完成实物勘探工作量4230米和10天内完成实物勘探工作量32800米的两项纪录。该项目勘察最大难点是要求快，组织难度大。高峰期近60台钻机同时开工，质量、安全管理难度大，编录技术人员聘请华北水利电力大学在校研究生，院技术骨干巡回指导，与机台机长签订安全军令状，并进行150余人的机台班组安全培训，严格按院安全管理程序作业，外业进展紧张有序。富士康要求当日勘探工作量次日8点前提交中间成果，化勘院24小时轮流值班，野外作业组资料当天晚上8点提交报告编写组，编写组人员连夜作图整理，主任工程师、总工程师当晚审结，确保第二天8点上传富士康总部供设计参考。这一仗，一战成名，打出了化勘院的知名度，特别能吃苦、特别能战斗的化勘人名不虚传。多年来，始终坚持质量为本方针，坚守质量底线，化勘院取得稳步、持续、健康发展。

历经几任院长接力管理，务实重干的化勘院领导班子审时度势，逐渐理清了未来数年的经营战略：一方面勘察业务向重点工业项目、高铁、轨道交通、市政工程等大型公用基础设施业务倾斜；另一方面由单一的岩土工程勘察向岩土设计、咨询、测量、监测、水文地质等多专业领域拓展。

凭借航空港富士康等代表工程的社会影响和声誉，化勘院在郑州基础设施建设勘察市场形成了较强的竞争优势。化勘院紧紧抓住机会，全员参与，积极跟踪全国轨道交通招标信息，从项目前期准备工作开始积极介入，搜集相关资料信息，掌握业主需求，认真细致制作标书，认真做好后续工作，取得了大型市政工程和城市轨道交通项目的新突破。2013 年至 2016 年，4 年间接连成功中标了郑州市郑东新区龙湖地区及龙子湖地区十座桥梁工程勘察，郑州市北三环勘测，郑州市郑东新区 CBD 副中心勘察，南宁市地铁 5 号线勘察，郑州地铁 4、5、6、8 号线勘察等一批单项目超千万的大型勘察项目。特别是 2015 年中标的郑州市 107 辅道快速化工程勘测项目，单个合同额超 2500 万元，是迄今河南省最大的单项市政工程勘察项目。2016 年中标郑州市轨道交通 6 号线全线及郑州市轨道交通 8 号线一期 B 标段（12 站 13 区间）勘察，再次刷新河南省历史上标的最大的单个勘察项目中标金额，共计 6800 余万元。

岩土工程设计、监测、工程测量业务取得重大突破。按照国家五位一体发展布局，化勘院积极贯彻创新、协调、绿色、开放、共享发展理念，积极布局多专业协调均衡发展。2013 年岩土工程设计共承接 36 项，基坑监测共承担 7 个项目，其中郑州市三条下穿中州大道隧道工程第三方监测和 CBD 副中心区基础设施基坑监测是化勘院成立岩土工程监测测试所以来合同额最高的两个项目。2014 年岩土监测、测量业务继续高歌猛进。先后中标郑州市轨道交通 1 号线二期工程控制测量检测（第三方测量）、郑东新区综合交通枢纽区地下道路工程和育翔公租房小区基坑监测等项目，合同额总计逾 1000 万元。

岩土监测业务的不断扩大，亮点纷呈，标志着院“勘察为主，多领域延伸”战略的实现，真正步入“多条腿走路”的繁荣局面。以成都市 IT 大道测量检测项目和福州市地铁 4、5、6、9 号线工程勘察监理等为代表的省外项目，有力地拓展了省外城市轨道交通市场；工程勘察监理单位参与地铁项目，将代表甲方对地铁项目实施现场监管，这在同行业中也并不多见。

2017 年岩土工程设计、监测、监理、咨询仍然亮点纷呈，先后中标郑州市民活动中心项目基坑监测、郑州航空港经济综合实验区棚户区基坑支护和降水工程等设计、洛阳轨道交通 2 号线勘察咨询。这些项目的开展和中标标志着化勘院步入了多专业协调发展的新时代，并进一步巩固提高了行业地位。

走出去战略取得突破。在斯里兰卡、安哥拉、利比里亚参与我国援建工程地基基础检测及矿山水文地质勘察。“一带一路”有了化勘人靓丽的身影。

科技创新取得进展。2018 年院岩土工程技术团队获得中化地质矿山总局首批科技创新团队，同时完成了郑州轨道交通三维智能信息系统的专利申报工作。2019 年申报的《城市轨道交通岩土工程参数标准化研究》入列河南省住建厅科技支撑计划。南宁市轨道交通 1 号线一期工程 B 标段工程勘察荣获中化地质矿山总局地质科技进步奖一等奖。还与郑州大学土木工程学院首次合作，主持《广西南宁轨道交通 1 号线地下水腐蚀性研究与对策》课题研究，通过了广西壮族自治区专家验收。

近年来，积极探索校企联合之路。化勘院作为华北水利水电学院的学生实习基地，一方面为社会培养了一批实用人才，另一方面院里一批经验丰富的高级工程师还受聘为华北水利水电学院的兼职教授及外聘教师。

积极参与行业及地方规范、规程编制工作。派出 3 名注册岩土工程师与河南省建筑设计研究院、郑州大学综合设计研究院等专家主编《河南省建筑地基基础勘察设计规范》《河南省基坑工程技术规范》。参编规范对进一步巩固“化勘”品牌，提升化勘院综合竞争力，都具有重要意义。

技术进步带来了荣誉的收获，化勘院一人荣获河南省勘察设计行业“五一劳动奖章”，并荣获中国石油和化学工业联合会与中国石油和化工勘察设计协会联合颁发的首批“石油和化工行业勘察设计大师”称号。

第四节　在机遇和挑战中开创化勘美好未来

2018 年 1 月，化勘院改制更名为中化地质郑州岩土工程有限公司。2019 年 10 月获得河南省科学技术厅高新技术企业证书。

新的公司呼唤新时代追梦人。在新一届年轻干部团队带领下，积极开展“转机制、练内功、抓管理、上水平、创效益”活动，坚持“一业为主，多头延伸”，向大岩土领域迈进。酝酿组建局级集团化岩土公司，积极践行新发展理念，在巩固传统岩土业务的同时，向“山水林田湖草”生态环境治理领域拓展，未来力争在全国化工勘察行业率先组建产权明晰、治理规范的国有控股、职工持股的股份制岩土工程企业，并积极介入“一带一路”沿线国际工程建设市场，以新的运作机制和管理模式，走向更加广阔的市场，开创化勘更加美好的未来！

（中化地质郑州岩土工程有限公司　张根山）

凤凰涅槃　展翅高飞
——宁夏工业设计院有限责任公司发展纪实

宁夏工业设计院有限责任公司的前身是宁夏工业设计院，1983年由宁夏回族自治区计委牵头，将自治区化工设计研究院、轻工设计研究院、机械设计研究院三家不同行业的设计队伍进行整合，组建了宁夏工业设计院，隶属宁夏回族自治区计划委员会。

宁夏工业设计院拥有化工、轻工、机械、医药、建材、民用、市政、咨询、勘察等多项资质，业务范围覆盖了设计市场的诸多行业，在主管部门大力支持下，设计院经历了十多年平稳发展的时期。

20世纪90年代中后期，随着勘察设计市场化程度的提高，市场竞争日趋激烈，工业设计院的体制已显落后，宁夏工业建设投资长期缓慢，工业设计市场低迷，工业设计院的管理滞后，人员流失，多项资质疏于维护逐一丧失，经济效益严重下滑，内外债务沉重，员工士气低落，公司在艰难维持，逐渐走入低谷。

一、勇敢迈出改制步伐，塑造全新企业形象

2003年，根据自治区政府宁政办发〔2001〕227号文件“关于《全区工程勘察设计单位体制改革实施方案》的通知”精神，勘察设计单位由事业性质改为企业并建立现代企业制度，以适应国家经济体制改革和市场经济发展的需要。

工业设计院为了企业的生存和发展，在自治区政府相关政策扶持和主管部门的支持下，于2003年7月完成股份制改革，成立了宁夏工业设计院有限责任公司。

改制之初，迫切需要公司大量承揽设计任务，提高企业经济效益，提高员工收入，改善办公环境，塑造崭新的企业形象。上下同心，其利断金，此时公司上下拧成一股绳，在领导和员工的共同努力下，进行了一系列的企业外在形象塑造。包括设计制作公司标志、公司司徽、建立公司正规网站，制作宣传册、分期完成办公楼的内外装修、宣传橱窗制作、办公楼立面亮化、外部环境治理和绿化，分期设计装修了大、小会议室、接待室、茶歇室、员工活动室、多功能厅等，改建员工食堂和宿舍、更换了所有办公家具、技术装备和车辆、定制了统一工装等。

认准目标，创造条件，不断改变，一个富有个性特色的公司形象逐渐形成，效果突显，在给员工带来强大自信心的同时，也给客户展现出了公司崭新形象和发展势头。

二、制定规划，引进人才，上下齐心，开拓市场

自改制开始，公司领导和技术骨干就牢固树立了打持久战的信念。公司先后制定了“一五规划”：度过生存危机，解决温饱；“二五规划”：建立正规省院，达到小康；“十

五年长期规划”：建立西北有影响力的小型工程公司，迈进富足。每年均按公司战略规划，制定公司当年的工作规划、商务规划、生产规划、人力资源规划、企业文化规划等。随着这些中长期规划的制定，使公司工作轻重分明、有条不紊地进行着，让员工切实感受到在战略规划引领下公司前进的脚步。

改制以后，公司上下以“在人生的某个阶段，玩命是一种负责人的态度”的格言的鞭策下，努力拼搏，不断进取。每年如期参加中国石油和化工勘察设计协会主办的各类会议，如饥似渴地向工程公司同行学习，抓住一切机会孜孜不倦地向同行请教。

经过不断地学习、思考和梳理，公司领导达成共识：有多少人干多少事，有什么样的人干什么样的事。虽然队伍成长缓慢这个瓶颈短时间无法跨越，但是公司上下齐心协力，有筹划、有措施、坚持不懈地持续推进，逐渐取得成效，稳步发展。

公司致力于人才支撑的战略，坚定不移地将人才作为公司发展的核心竞争力，主动与院校建立牢固联系，选拔综合素质高的优秀毕业生充实到公司。在积极引进专业人才的同时，健全公司机构设置，完善人员考核制度，搭建公平透明的成长平台，逐步形成数量相当，层次合理、专业配套、忠诚于公司、充满活力与执行力的管理和技术队伍。公司将人员培训作为人力资源的中心工作，有组织、有计划、分阶段、定目标、不间断地开展形式多样、卓有成效的人员培训工作。与宁波工程公司、华陆工程公司等大型工程公司建立合作关系，外派技术人员进入他们的项目组学习提高，分包他们的设计任务，学习他们的项目组织和管理，公司已有过百名技术人员在宁波工程公司进行了 2 到 3 年的培训。公司对注册人员采取积极鼓励、政策激励的措施，鼓励员工努力学习专业知识和技能，创造努力进取的学术氛围。根据员工自身发展愿望，提供从事管理工作的职业发展通道，拓展发展平台，培养多专多能的复合型人才，并用心培养某个行业、某一方面的专家级人才。

三、提升技术质量和项目管理水平，在创新中求发展

员工技术水平的提升是设计院持续发展的根本。在公司恢复发展的过程中，员工技术的提高是所有目标中的根本。

公司发展之初，采取师傅带徒弟的模式，配合专业组定期集中学习，公司还派大量人员外出参加各类专业培训班，请行业协会和个别部属大院专家来公司有针对性地讲课等方式培养人才队伍。除依靠公司自有专家力量外，公司还借助行业协会、行业部属大院、先进省院的优势平台，请进公司、外出培训、技术提升、技术劳务服务成为常态化工作。与宁波工程公司 12 年的紧密合作，使公司的设计程序、技术要求和成品文件已与工程公司接近。“借船出海”解决了公司自身无法快速提升员工技术能力的死结，效果直接而明显。逐批在部属大院大型化工项目组中完整做过设计的员工返回后，从根本上改变着公司的设计理念和设计程序，公司员工整体技术提升、项目管理和设计程序的规范找到了解决的捷径。

公司坚持全面质量管理，建立健全质量管理体系，质量第一、用户第一，服务第一。以先进的技术，为顾客提供满意的产品和服务。

公司编制、修订、完善了多项质量管理规定并实施，以专业总工为技术带头人，制定详细的学习计划，对员工进行全方位的技术培训和专业学习，以专业总工为主导的技术质量队伍发挥出作用，同时技术质保部组织各专业总工对工程项目进行不定期的抽查、评定，对设计质量责任进行处理和处罚。大家深知设计质量是企业不可动摇的生命线，只有技术过硬，才能在激烈的市场竞争中立于不败之地。

公司不断强化项目管理工作，一批项目经理逐渐成长起来，项目管理能力和组织协调能力逐步提升。公司鼓励、支持技术骨干担任项目经理，让他们在责任和压力中快速成长，并在大型工程公司中培训、锻炼，公司培养积累多年的管理和技术队伍显现出厚积薄发的力量，公司由缓慢发展跨上快速发展的道路。精心引进，倾力培养，大胆使用，严格优化，使公司逐渐形成层次合理、专业配套、充满活力、多才多艺、忠诚于公司、高执行力的管理、技术团队。公司重视与大型工程公司、兄弟设计院的合作，注重学习先进工程公司的管理经验，不断提高设计技术与管理水平。

商务工作一直是公司最艰巨的工作，具备强大的商务能力是公司应对竞争激烈的设计市场风浪、推动公司持续发展的重要基石。面对诸多不利因素，公司树立高度的忧患意识，另辟蹊径，打造全员商务的模式，对公司领导和中层干部进行自主商务考核，各个部门均设立兼职商务经理。在开拓大客户上竭心尽智，全局统筹，谦恭服务，积沙成塔，集腋成裘，锻炼了一批身先士卒、含辛茹苦、勇于牺牲、敢于担当、甘于奉献的商务精英，以出色的设计方案和富有人情味的商务工作，积极拓展新客户，加速培养了商务骨干。

为了规范并优化设计管理流程，提升公司整体经营和管理水平，公司利用现代信息技术建立了信息网络平台和应用体系，形成以工程项目为中心、项目管理系统为核心，包括合同管理、项目管理、技术质量管理、后期服务、综合文档管理等在内的满足公司实现跨部门的信息资源流动和资源共享。以管控体系和管理流程为基础，建立架构灵活、扩展性强、支持业务发展的信息化体系，实现公司主体业务的精细化管理，以提升企业执行力和信息资源共享水平，为公司的发展战略和发展目标提供管理支撑。

公司主要项目已经普遍采用了三维设计，同时可以进行 20 多个单项的三维设计工作，在数字化交付和 BIM 设计工作上也进行着积极的尝试。

四、技术创新、工程业务成果丰硕

公司从改制到 2020 年，每年工程设计业务量逐年递增，经济效益不断提高。根据国家产业发展政策和节能环保要求，公司精心进行工程设计，节约资源，保护环境，降低排放，减少污染，为企业开辟了新的经济增长点。同时根据国家和地区可持续发展的经济战略，利用宁夏丰富的资源优势，变资源优势为产业优势，进而转化为经济优势，促进宁夏资源型城市的产业结构调整和转变，带动地方经济发展。在这样的指导方针指引下，公司完成了许多具有特色、技术创新的工程设计项目，在行业获得了众多的好评。

——宁夏中能恒力生物新材料有限责任公司 5 万吨/年月桂二酸项目。该项目采用中科院微生物研究所具有自主知识产权的月桂二酸生产工艺技术。年产5万吨月桂二酸生产线是世界最大的生产线，公司设计的5万吨/年月桂二酸生产装置，该生产线具有工艺技术成熟、投资小、操作简单、运行费用低、产品收率高的特点，具有较强的技术和产品竞争优势。

——宁夏恒有能源化工科技有限公司45万吨/年甲醇综合利用项目。该项目主体工艺采用MTAP技术，以甲醇为原料，通过特殊催化剂的转化反应，最大量生产丙烯和汽油，并副产含有丁烯的液化气。配套工艺采用常规的工艺单元和流程，包括气分单元、硫酸法烷基化单元和芳构化单元。该项目结合甲醇制丙烯和甲醇制芳烃的特点，进行了甲醇同时制芳烃和丙烯的研究，在工艺上采用最常规的固定床反应器流程上，在操作条件上采用低压、低温、低空速，开发的催化剂在常规芳构化装置上进行了工业试验，达到了理想的效果，取得了较好的经济效益。MTAP工艺甲醇制芳烃丙烯，甲醇转化率达99.5%以上，丙烯收率15%以上，芳烃油收率在16%以上，同时副产少量的含有异丁烯的液化气。

——黑龙江华瑞生物科技有限公司生物医药项目。此项目总投资101.72亿元，规划主要产品有15种发酵药、20种合成药和24种农药产品。设计中发酵液提炼工艺中采用絮凝效果更好的复合絮凝剂，有效缩短了发酵液絮凝周期和使用量。还采用高分离度的吸附树脂（专用进口树脂）与膜分离组合工艺，有效分离出杂质和控制杂质限度，并能较大幅度减少了提炼过程中一次水的使用量。在废水的深度治理上采用了2项新技术：一是厌氧生化过程中，为提高厌氧生化效率，通过多批次研究，从废水中筛选出7株高效生化菌，经复壮应用后，使厌氧生化效率提高了12%～15%；二是对好氧生化采用双层微孔环流曝气工艺，采用该工艺可使空气的利用率提高5%～8%，生化效率提高8%～10%，活性污泥利用率提高3%～5%，有效提升了废水治理的清洁化生产程度。在异味气体的深度治理上，该项目采用了低浓废气和高浓度废气分项治理的工艺措施。

——哈密恒有能源化工科技有限公司70万吨/年甲醇轻烃制聚丙烯。该项目主体工艺采用（MTPE）技术，以甲醇为原料，通过特殊催化剂的转化反应，最大量生产丙烯和乙烯，并副产混合芳烃和含有丁烯的液化气。配套工艺采用常规的工艺单元和流程，包括气分单元、干气制苯乙烯单元和聚丙烯单元、醚化单元。甲醇制丙烯乙烯（MTPE）技术，采用的是固定床反应器，甲醇转化率达99.5%以上，丙烯收率在24%以上，乙烯收率在6%以上，同时副产芳烃和少量的含有异丁烯的液化气。

——宁夏金昱元广拓能源有限公司40万吨/年聚氯乙烯树脂多联产循环经济项目。该项目聚氯乙烯工艺技术采用锦化化工集团消化引进欧洲EVC聚氯乙烯悬浮聚合工艺技术。该技术的特点是采用106米^{3}大型聚合釜，单台聚合釜的生产能力高，可达4.2万吨/年。

——黑龙江联顺生物科技有限公司绿色生物医药产业项目。该项目以磷酸/酒石酸泰乐菌素、延胡索酸泰妙菌素原料药为先期开发产品和产业基础，主要致力于生物制药、生物兽药及生物农药产品的研发、生产和销售。公司以绿色制造、智能控制、清洁生产的理念对新项目进行高标准规划、设计和建设，项目规划投资120亿元，规划生产23种发酵药、12种合成药，多种农药、兽药制剂以及四甲基乙二胺、3,5-二甲基哌啶、聚醚消泡剂等化工类产品。

——宁夏天元锰业集团60万吨电解金属锰技改项目工程。该项目采用的工艺技术先进，在原有的工艺技术上进行大量的工程设计优化和自动化的更新，工艺技术更加成熟可靠、合理可行，在节能、节水、环保和安全等多方面达到了世界先进水平。

——银川经济技术开发区晶体材料产业发展项目。该项目是采用日本的工艺技术生产半导体级单晶硅，设计中在单晶硅片高效清洗工艺、提高硅单晶转换效率、低氧单晶全自动生长工艺与装备、单晶生长先进热场技术等多方面进行了优化、提升，提高了单晶硅产品的品质、降低用电成本、推进产业升级，从而进一步提升综合竞争力。

十多年来，公司还编制了宁夏区内多个市县的工业园区规划和地方产业发展规划，为宁夏地方经济的发展建言献策，为推动地区能源科技进步和产业转型升级发展做出了积极贡献。

五、打造企业文化，增强内生驱动力

公司充分认识到，员工是公司的宝，因此充满人情味地关注每一位员工。公司整合社会资源和个人资源，与幼儿园、学校、医院等目标单位建立良好的协作关系，最大可能地解决员工孩子入托、入学、员工及亲属就医、员工亲属就业等切身的生活困难；每年与一些协作单位组织年轻人联谊活动，解决年轻员工择偶问题；为员工宿舍配置电视、办公和生活用品，补贴员工食堂和茶歇室，关注员工的生活。每位年轻员工的婚庆都像公司的节日，几乎全公司员工赴宴祝贺。公司各部门为部门员工庆祝乔迁、生日等活动将公司的关注辐射到每一位员工身上，这种充满人情味的全方位的关注也让员工深切感受到家的感觉。

企业开展了形式多样、丰富多彩、充满趣味的文化娱乐活动，每年雷打不动组织员工旅游，让大家在紧张的工作之余，放松心情，在大自然中陶冶情操。每年一届的职工运动会、春节晚会、职工摄影大赛，人人参与体育竞技比赛，人人参与文艺表演，每个人都是运动员，都是表演者，几乎没有旁观者。公司还成立各种团体、协会，大家也是踊跃参加。在各种活动中展现自我，挖掘自身潜能，并从中得到快乐和满足。公司用强悍的企业文化打造了一支忠诚、团结、高度执行力和战斗力的强悍队伍。企业文化的投入在公司发展过程中起到倍增的推动效果，极大增加了公司的凝聚力和员工之间的信任感。企业文化支撑了公司积极向上的精神风貌，扩大了公司的对外影响力。

雄关漫道真如铁，而今迈步从头越。随着设计市场竞争日趋激烈，勘察设计企业面临着新的机遇和挑战，根据国家制定的淘汰过剩产能，节能增效，加快新兴产业的发展的政策，公司将关注政府政策导向，关注行业发展动态，创造公司新的收入增长点。公司目前在强化优势项目的同时，也在尝试着做一些项目管理和中小型工程总承包业务，以拓展业务范围，拉长技术服务价值链和产业链，适应行业发展趋势。

未来，公司将紧抓行业发展的机遇，量力而为，拓展业务，树立精品意识，提高服务深度，借鉴行业优秀工程公司的经验，与相关科研院所合作，整合资源进行技术研发和创新，争取成为西北有影响力的工程公司。

（宁夏工业设计院有限责任公司　梁小敏）

励精图治 砥砺前行

——北京燕山玉龙石化工程股份有限公司发展纪实

1984 年 7 月 24 日，北京燕山玉龙石化工程股份有限公司的前身——北京燕山石化公司设计所成立，标志着这群默默无闻的人们开始了长达几十年的艰辛奋斗历程。伴随着改革的大潮，企业的名称几经改变，但人员的主体没有改变，企业的精神没有改变，企业的向心力和凝聚力没有改变。1990 年 8 月 24 日，设计所更名为北京燕山石化公司设计院，1998 年 10 月 7 日，更名为北京燕化石油化工设计院，2007 年 6 月 29 日，更名为北京燕山玉龙石化工程有限公司，2018 年 11 月 26 日，更名为北京燕山玉龙石化工程股份有限公司（简称玉龙公司）。

回顾玉龙公司 30 多年所走过的艰辛道路，喜看今天所取得的令人振奋和自豪的业绩，“玉龙人”心潮澎湃，感慨万千。人们不会忘记，30 多年来，无论是在艰苦创业的初期，还是走向现代化的新时期，公司广大干部和职工，在各自岗位上以极大的热情和干劲，为祖国的石油化工事业做贡献。不论条件与环境多么艰苦，不管任务如何艰巨，再大的苦能吃，再困难的工程也能按时完成。忍得住清贫，耐得住寂寞，甘于奉献，无怨无悔。“玉龙人”经历了创业的艰辛，也体验了成功的喜悦，用心血、用聪明才智，铸就了一个个优质工程建设精品和丰碑，建设了一片片漂亮的居民小区。从公司成立至今，公司坚持“立足燕山、服务石化、面向全国、诚信共赢”经营理念，不但完成了大小数万个工程建设任务，同时，还培养造就了一支思想政治素质好，专业技术水平高，服务意识强，勇于开拓进取的干部职工队伍，近百个项目获得国家、省市和行业的优秀奖。

玉龙公司实行科学管理，重视技术开发和人才队伍建设，形成了一整套完善的管理体系，1997 年通过了质量管理体系标准认证，2004 年又通过了职业健康安全管理体系、环境管理体系和 HSE 管理体系的认证，为进一步规范公司的管理提供了保证。

玉龙公司奉行“发展企业、服务企业、回馈股东、报答社会、造福员工”的企业宗旨，发扬“传承经典、不断超越、忠于职守、止于至善”的企业精神，追求人与自然、个人与企业的和谐统一，努力创建一个技术有特色、管理有特点、员工素质高、文化有品位、发展有后劲的有较高声誉的集团公司。

玉龙公司致力于石油化工、化工及建筑行业的工程设计和工程管理服务，以社会和顾客的需求为己任，最大限度地追求技术领先，通过不断创新帮助顾客取得事业的成功，进而为玉龙公司业绩的提升创造条件。

玉龙公司致力于创造和谐的企业氛围，为每个员工提供施展才华的平台，打造一支高素质、有强战斗力的团队，进而实现打造百年企业的目标。

第一节　自力更生艰苦创业的筹建与起步发展阶段（1984—1996 年）

自 1984 年 7 月 24 日设计所成立至 1996 年，是玉龙公司的筹建和起步发展阶段，这一时期主要任务：一是筹建工作，搞基础建设，具体工作是扩建办公用房，扩大人员队伍，进行人员培训，建章建制，购置设计装备等；二是在抓紧筹建工作的同时要完成当时上级下达的设计任务；三是适应国内市场经济改革的大潮，与时俱进，转换经营机制，不断提高人员素质，提升设计能力。面对多条战线作战的严峻形势，全所广大职工在人员少、困难多的条件下，大家团结拼搏，因陋就简，创造条件开展工作，经过十余年艰苦努力，较好地完成了任务，实现了预期的目标。

一、适应形势，使命担当，设计院不断成长，积极投入工程建设

20 世纪 80 年代初期，正值我国改革开放初期，从中央到地方正在逐步推进各项改革。1983 年中央决定成立“中国石油化工总公司”，统管全国石油化工行业各个企业。1984 年 5 月 14 日，中石化总公司发出《中石化〔84〕建字 40 号》通知，决定自 1984 年 6 月 10 日起将原燕化公司设计院成建制收归中石化总公司直接领导。通知中明确“考虑到燕山公司小型基建、技措和零星改造任务较多，有必要保留一定的设计力量，同意从设计院现有人员中留给燕山公司各类专业人员 30～50 名，再从所属各厂抽调若干人员，重新组成设计所，承担小型、零星设计任务。”1984 年 7 月 24 日，根据燕化公司〔84〕燕化劳字第 457 号决定，北京燕山石化公司设计所成立，1985 年 5 月 6 日，设计所开始进行企业化运作，实行自主经营，财务独立核算。

设计所成立初期，办公条件十分简陋，办公用房严重不足，设计装备也是一穷二白，仅有的装备就是一台老式晒图机（SH120-11C）和破旧的绘图板。为解决这些问题，设计所在燕化公司的支持下，一方面保证燕化公司技改技措生产的需要，一方面开始进行办公设施的建设。截止到 1996 年底，设计所拥有各种设备总数近 200 台套，计算机已经开始配备到每个设计人员，办公面积 8000 多平方米，固定资产近千万元。

从 1984 年到 1996 年，设计人员从当初的 56 人发展到 234 人，随着人员数量的增加，队伍不断壮大，设计任务逐渐增多。由于重视对新进人员的培训工作，他们的业务素质迅速提高，已经能够承担一些中型工业装置及较大型的民用工程设计任务。在此期间共完成工程项目近千个，年完成投资五六亿元。

1989 年，设计所成立了全面质量管理委员会，同时成立了全面质量管理办公室，将全面质量管理工作深入广泛的实施起来。首先对所有人员进行全面质量管理教育培训，并要通过考试合格上岗。其次，各岗位都制定岗位责任制，明确工作内容、考核标准，全质办进行随时监督和定期考核检查，有效地保证了设计质量以及整体工作水平的提高。

1990年6月，单位通过了中国石化乙级设计单位全面质量管理工作达标中间检查。1991年1月18日，由中国石化总公司组织的设计单位全面质量管理达标验收组对设计院全面质量管理工作进行了验收，宣布“北京燕山石油化工公司设计院推行全面质量管理工作按照建设部和中石化总公司有关规定标准，达标验收合格”。

1986年设计院获得压力容器设计资格，1987年3月获得石化乙级设计资格，1994年获得石油化工行业工程设计甲级设计资格。

1990年设计院取得法人资格，自主经营，自负盈亏，这对设计院来说是一重大转折。当时人们在计划经济体制下形成的观念一时还扭转不过来，总认为狼不会真的来，思想认识滞后。针对这种局面，院党政领导利用党代会、“双代会”、干部会、职工大会等形式，广泛对群众进行宣传教育，要大家解放思想，转变观念，适应形势，人人参与改革，人人参与竞争。每年的党代会、“双代会”都认真总结上年的经验，根据市场和环境的变化提出本年度的指导思想、工作方针、工作目标和采取的措施。以变应变，动态运作，以不断的深化改革来提高市场竞争力，实现了改革促发展、保发展的目的和效果，不但圆满完成了繁重的设计任务，还发展壮大了自己。

燕化设计院组建的目的就是要为燕化公司服务的，这在计划模式下是完全行得通的，可是，设计市场开放以后，外部设计力量参与竞争，不迅速提高市场竞争力，燕化的项目就会流失。设计院清醒地认识到这一点，及时摆正自己的位置，找准自己服务方向，始终坚持立足燕化、依托燕化、服务燕化的宗旨。多年来设计院扬长避短，始终围绕燕化公司的生产发展，想燕化之所想，急燕化之所急，干燕化之所需，把燕化当作自己的家，把燕化的事当作自己的事。凡燕化公司的任务，不讲条件，不计报酬，愉快地接受，抓紧时间干。对公司的急、难、险、重项目，为了抢时间、早建成、早投产，打破常规，突破合理工期，多少年来许多项目都是靠加班加点完成的，许多人放弃了公休日和节假日，冒酷暑战严寒，全身心投入工程设计和现场服务。大批工程按期或提前完成，为燕化公司的生产发展和科技进步付出了辛勤的劳动。设计院的美誉度大大提高，同时也在燕山站稳了脚跟。

二、以科技进步为动力，加大技术投入，设计能力不断提升

1985年，设计所首次承担了燕化公司8万吨/年聚丙烯装置的改造任务，这是国内石油化工系统第一次对国外引进装置实施技术改造，改造投资3500万元。在1986年和1987年两次装置检修期间，设计人员与生产、施工单位团结协作、密切配合，一次开车成功，将装置产能提高到11.5万吨/年。该项目获得中国石化优秀设计二等奖。

1986年，设计所采用大连工学院小试技术成果，完成了200吨/年对二乙苯中试装置的基础设计和详细设计，1989年4月产出合格产品，成功填补了国内技术空白，直接合成法生产对二乙苯的工艺在当时属于国内外首创。该项目获得中国石化优秀设计二等奖。

1989年，设计所采用燕化研究院技术设计建成了5000吨/年丁苯胶乳装置，产品特性指标达到了国内外同类产品的先进水平。该项目获得国家优秀设计铜奖。

1994 年，设计院参与了燕山石化 30 万吨/年乙烯改扩建工程，获得了中国建筑工程鲁班奖。

随着时代不断向前发展，科技不断进步，世界已走向技术经济、知识经济时代。自 80 年代开始，燕化公司就开始走内涵发展的道路，大力推进技术进步。这给设计院学习、开发、掌握新技术、专有技术创造了机会和条件。这一时期，设计院和科研部门、生产厂、大专院校开展了广泛的交流与协作，把一批科研成果转化成现实生产力。由小试、中试进行工业生产放大，它不是简单的放大，而是又一次技术再开发过程，也承担着一定风险。燕化设计院的广大设计人员，敢闯敢为，尊重科学，依靠实践，瞄准高新技术，完成一大批科研成果向工业化生产转化项目和引进技术装备的国产化，克服了重重困难，取得了辉煌的成果。期间完成的专有技术项目有：841 聚丙烯催化剂国内开发成功代替进口，BCH 聚乙烯催化剂国内开发成功代替进口，溶聚丁苯橡胶（1 万吨/年）国内开发成功，制萘装置（3000 吨/年）国内开发成功，5 万吨顺丁橡胶装置，国内开发成功并成功技术转让，抽余油加氢（8. 2 万吨/年）国内开发成功，0 号裂解炉（3. 2 万吨/年）成功国产化，2000 米^3 液化气球罐，国内首次采用应力分析技术开发成功，旋风分离器（80 万吨/年重油催化）国内开发成功，加氢反应器（25 万吨/年润滑油加氢）国内开发成功。

期间，设计所还挖掘内部潜力，积极参与燕山石化居民生活设施及社会公用设施的建设，完成了大量的建筑工程设计任务。

设计的燕化星城生活区建筑面积约 100 万平方米，包含了住宅、中学、小学、托幼所、商业服务、电视台、电讯站、供水、供电、液化气站、污水处理厂等配套设施，被北京市命名为“小康型城乡住宅科技产业工程”。

燕化电视台差转台获得北京市优秀设计三等奖，燕山人民法院法庭楼获得中石化优秀设计三等奖，燕化医院住院部大楼获得中石化优秀设计三等奖。

第二节 与时俱进 锐意进取的快速发展阶段（1997—2006 年）

经过十几年的沉淀和积累之后，设计院迎来厚积薄发的时刻。东方红炼油厂设计室成建制划归设计院壮大了设计力量和设计能力，工程业务的范围从单一的工程设计增加为工程设计、工程监理和工程总承包；全面推行质量、环境和职业健康安全管理体系为企业管理增添了助力，各项管理工作更加规范、更加精细；随着人员数量的增加和人员素质的提升，企业资质也有了大幅提升，设计业务和企业经济效益有了较大幅度的增长。

一、重组机构，夯实管理，企业实力大幅度提升

1998 年 3 月，根据燕化公司管理体制改革的要求，炼油厂设计所成建制划归设计院，共 85 人，其中高级工程师 2 人，工程师 30 人，经济师 1 人。重组后，设计院的专

业设置更加合理，尤其是炼油专业的设计力量更加强大，为设计院开展燕化炼油厂的工程设计奠定了基础。2003年，设计院再次与燕化公司相关基建科室重组，增加了30余名工程管理人员，同时监理和工程管理业务也相应带了过来。2007年6月，根据中石化集团公司的统一部署，设计院与燕化工程监理部、工程公司从燕山石化公司整体剥离改制成为北京燕山玉龙石化工程有限公司，228名员工参与了改制并成为企业真正的股东，设计院作为民营企业，开始了新的征程。

从20世纪80年代的全面质量管理开始，公司就十分重视管理体系在企业管理中的重要作用。1996年，公司即着手开始进行ISO 9001标准的宣贯工作，调整机构，设立专职机构主管贯标工作，1997年顺利通过质量管理体系认证。为适应工程业务的开展，又在2004年通过了环境和职业健康安全管理体系的认证，为管理的规范化打下良好基础。

1990年以后，随着一批新生力量的加入以及多年的积累和实践锻炼，设计院的设计能力和设计水平取得了长足的发展，1994年10月1日，经建设部批准取得了石化、化工甲级及建筑乙级的设计资格。1998年燕化炼油厂设计所的大量设计院骨干划归设计院后，设计力量及专业结构更趋合理，业绩逐年增加。2002年7月，经建设部批准取得了化工石化医药行业甲级、建筑行业建筑工程甲级、石油天然气（油气库）甲级的设计资格。同时取得了市政公用行业（给水）乙级、石油天然气行业（管道输送）乙级的设计资格，为开拓设计市场，提高市场竞争能力提供了保证。

2001年，公司根据中国石化集团公司和燕化公司的统一布置，实施以减员增效、竞聘上岗为主要内容的人事劳动制度改革。通过认真学习文件精神，组织摸底，思想交流后，保留了骨干人员，协议解除劳动合同39人，人员结构更加合理，解决了部分岗位和专业冗员问题。随后即对内部组织机构进行了调整，定岗定编，竞争上岗。所有管理部门的人员构成先定编后定岗，全员解聘、竞争上岗，提高了办事效率。

在分配制度上坚持按劳分配原则，贯彻“岗位靠竞聘，收入凭贡献”的原则，对有突出贡献的人员在政策允许的范围内加大奖励力度，同时在职务、职称晋升和培养方面给予倾斜政策。通过健全制度、加强考核的透明度，做到了赏罚分明，调动了职工的积极性，稳定了设计队伍。

二、转变经营理念，拓展业务领域，推进科技进步和设备国产化，工程建设业绩大幅度提升

公司成立之初就秉承着“立足燕化，服务燕化”的宗旨，为燕山石化公司的工程建设和技改技措竭尽所能，努力奉献。但是随着市场竞争的加剧以及中国石化投资布局的调整，单纯燕山石化的工程设计市场已经不能满足公司发展的需要，必须实行“走出去”的战略。从而公司制定了“立足燕化，服务石化，面向全国，合作共赢”的经营方针，尝试着到更大的市场参与竞争。同时，随着工程管理人员的加入，工程监理和工程总承包业务也逐渐融入公司的主营业务。

1998年，公司承担了燕山石化牛口峪原油罐区项目的工程设计和工程监理任务，

这是中石化第一个以工程监理模式实施项目管理的项目，项目规模为 4×10 万立方米。设计人员与武钢科技人员及燕化公司的相关人员紧密协作，研制开发并攻克了 10 万立方米原油罐的钢板国产化难题。

在这个时期，公司紧密结合生产发展的实际，坚决走科技效益型之路，努力调动广大设计人员的积极性，充分发挥他们的技术优势，参与燕山石化的技术攻关，发挥“金桥”作用，使一大批科技成果在燕山石化迅速转化为生产力，如第一次设计并实现国产化的北京东方化工厂 1000 米^3 乙烯球罐、燕化化工一厂超高压套管换热器、2000 米^3 液化气球罐、10×10^4 米^3 原油贮罐等，不仅缩短了建设周期，振兴了民族工业，同时为国家节约了大量外汇，为公司开发新产品和增强市场竞争力作出了重要贡献。

2004 年，公司承接了青岛炼化污水处理厂项目，这也是公司承接的第一个工程总承包项目。之后又不断承接了天津石化的丁二烯、MTBE、1-丁烯联合装置以及酸性水汽提联合装置等。公司的主营业务收入有了大幅度的提升，到 2007 年主营业务收入达到了近 10 亿元，业务范围也辐射到全国大部分省市。

第三节　锐意改革的创新发展阶段（2007—2019 年）

这一阶段是公司脱离国有体制后开始转换机制、谋求更大发展的阶段，也是广大员工身份改变后奋发图强、二次创业的阶段，更是公司按照现代企业管理模式锐意改革、创新发展的阶段。

一、转换机制，锐意改革，公司治理更具规范化，企业活力进一步增强

2007 年 6 月，公司根据中国石化的统一部署实施了整体改制分流，北京燕化石油化工设计院、燕化工程监理部和燕山石化工程公司重组为北京燕山玉龙石化工程有限公司。离开了国企这棵大树，员工们的思想起伏还是比较大的，对企业的未来的信心也不是十分统一。公司董事会、经理班子成员认真学习领会上级文件精神，积极细致地做好员工的思想引领工作，建立了股东大会、董事会、监事会相关机构，补充完善了管理制度，对公司薪酬体系进行大胆改革，大大激发了员工的工作积极性，工作效率大幅度提高，企业效益也迎来了历史最好水平。

公司从整合人力资源入手，调整原有机构，将原有的设计人员、工程管理人员及行政管理人员纳入不同的职业通道，在工程设计和工程管理板块之间合理流动，根据个人意愿及能力情况进行职业生涯规划，明确职业发展目标。

公司从薪酬体系和分配制度改革入手，利用民营企业的运转机制优势，让员工们能够多劳多得，对国家注册人员及业务骨干实行职务或岗位津贴，结合公司实际进行股权激励，极大地稳定了员工队伍，公司凝聚力大大增强。

公司从科技创新入手，利用与燕山石化、北京化工研究院等企业和研究单位紧密合

作，不断开发新技术并应用于工程项目之中，不断提升核心竞争力。几年中，公司在系列橡胶、污水处理、干气回收等方面在行业内赢得了较好的声誉。

公司长期以来是以工程设计为主营业务的，随着国家产业政策的调整，工程总承包业务量逐年增加，公司形成了工程设计、工程监理和工程总承包三大板块齐头并进的产业格局，为有效抵御企业运营风险奠定了基础。

二、勇挑重担，使命担当，积极投身急难险重的工程项目建设

2018 年，为了解决燕山石化环保方面的难题，公司抽调大批设计人员和工程管理人员在工程设计、工程监理和工程总承包三条战线积极参与项目建设。他们克服工期紧、资料反馈不及时、场地狭小、交叉作业多等实际困难，仅用了七八个月的时间就完成了 20 余个、合计总投资五六亿元的项目建设，保证了燕山石化的正常生产。

2020 年初，一场突发的新冠肺炎疫情打乱了人们的生活节奏，给准备欢度 2020 年春节的国人们精神上蒙上了一层厚厚的阴影。由于疫情蔓延快、来势猛，让全国人民心理上以及物资准备上感到措手不及。春节期间，人们更是谈“冠”色变，新冠肺炎特有的传播途径，做好隔离和个人防护就显得尤为重要。口罩作为最常用的防护用品，一时间不仅一罩难求，而且作为生产口罩的核心材料——熔喷无纺布货物奇缺，直接制约了口罩生产的开工负荷，导致市场上口罩的销量远远满足不了社会的需求。中国石化站在政治高度提出紧急上马熔喷无纺布生产线和口罩生产线，并提出半个月建成投产的目标。玉龙公司紧急抽调 30 人的设计团队和近 20 人的工程监理团队投入项目建设，广大员工披星戴月、不分昼夜 24 小时连轴转，终于在当天完成可行性研究报告，5 天完成全部详细工程设计，提前两天熔喷无纺布生产线建成投产，实现了对业主“历史选择了燕山玉龙，我们将不辱使命”的承诺。整个建设过程中，@国资小新、央视频、快手以及@奋进石化等平台进行了网络直播，玉龙公司董事长接受了央视记者的采访。

2020 年，玉龙公司参与设计的中国石化与 2022 年北京冬奥会战略合作项目——燕山石化北京冬奥会氢气新能源保供项目实现中交并建成投产，将对 2022 年北京冬奥会期间氢燃料电池汽车用氢提供保障，同时也对北京市氢燃料电池汽车的进一步推广奠定基础。

公司虽然改制多年，但在燕山石化这样的国企大家庭里培养出来的关键时刻敢打敢拼、善作善成的责任感和使命感都一直保留着。

三、技术赢得市场，服务获得赞誉，公司经济效益和社会效益双丰收

为了应对残酷的市场竞争压力，公司上下达成了共识：走科技创新之路，以创立技术优势打开市场，以提升服务质量巩固市场；走管理创新之路，以信息化促进规范管理，以规范化促进降本增效。

橡胶系列生产技术历来是公司的长项，到目前为止已经完成了丁苯胶乳、丁二烯、MTBE、1-丁烯、溶聚丁苯橡胶、乙丙橡胶、异戊橡胶、顺丁橡胶、1-己烯、丁基橡胶

等单体或聚合装置的项目设计和工程建设，顺丁橡胶技术、1-己烯技术、LAO技术均有对外技术转让的业绩。镍系顺丁橡胶成套技术、异戊橡胶成套技术、稀土顺丁橡胶成套技术获得中国石化科技进步一等奖，10万吨/年镍系顺丁橡胶装置获得中国石化优秀设计二等奖。3.5万吨/年MTBE裂解制聚合级异丁烯成套技术获得全国第十一届优秀工程设计铜奖、中国石化科技进步一等奖、中国石化优秀工程设计二等奖。

干气回收也是公司的拳头项目之一。该项目采用燕山石化和四川天一开发的两段PSA专利技术，通过干气提浓回收乙烯资源，改善了乙烯原料结构，提高了乙烯收率及资源综合利用水平，经济效益十分显著。后期，公司又参与共同技术开发出了1段PSA+常温油吸附的新工艺，提高了干气提浓装置的原料适应性，节约了能耗，降低了工程成本。十几年来，公司已经为中国石化、中国石油和中化集团完成了十几套装置的工程设计或工程总承包业务。

自2014年起，公司又参与了燕山石化VOCs治理工程的技术筛选和工程设计，共完成VOCs治理项目30余项。采用技术包括吸附、吸收+吸附、冷凝+吸附、再生式热氧化、催化氧化、光催化、膜分离等，各种技术指标大大优于相关技术标准。同时，公司还参与了大量锅炉烟气脱硫脱硝、烟气除尘、烟气超净排放项目的工程设计、工程监理和工程总承包任务，为北京的蓝天大气治理作出了贡献。

从2012年开始，公司就在信息化建设方面投入大量人力物力财力，与相关软件商合作开发出公司的通信平台、管理平台和协同设计平台，将公司主要业务流程信息化，不仅固化了工作程序，也实现了远程办公的功能。随着业主方智能建筑和智能化工厂需求的不断提高，公司又投入近千万元购置了数字化交付所需的各种技术工具软件和管理软件，并在积极运行之中。

经过三十多年的积累和磨炼，公司的设计能力、设计水平不断提高，企业取得了良好的经济效益和社会效益。经过对之前项目经验的总结提炼，公司现有发明专利、实用新型专利和专有技术40余项，参与编写各类技术标准10余个，获得各类优秀设计奖、优质工程奖100多项。

四、抓住机遇，迎接挑战，公司战略引领企业谋求更大的发展

2017年2月，国务院办公厅发布《关于促进建筑业持续健康发展的意见》，首次提出了“培育全过程咨询”。随后住建部印发关于开展全过程咨询试点工作的通知，决定在全国8省市及40家企业开展全过程咨询试点。此外，《住建部关于促进工程监理行业转型升级创新发展的意见》《关于在民用建筑工程中推进建筑师负责制的指导意见（征求意见稿）意见的函》等文件中均提到了要发展全过程咨询。

十几年来，公司承接了几千个工程设计、工程监理和工程总承包项目，涉及石油化工、民用建筑、市政、环保、储运等多个行业，积累了丰富的工程设计、工程管理经验，从人力资源、技术积累、项目管理等方面做好了前期准备，适时开展全过程咨询业务有着得天独厚的条件。

公司出台了《玉龙公司2020—2022年三年战略发展规划》，基于工程设计、工程监

理市场惨烈的竞争局面以及工程总承包市场毛利率不断降低的态势，明确提出了探索开展工程项目全过程咨询的战略方向。同时公司准备从以下四个方面着手开展工作：一是要进行人力资源的建设，把全过程咨询人才的培养作为企业战略实施的基础，加强外部人才的引进和内部人才的培训，建立人才储备库；二是要培养资源集成能力，建立企业内的高效协同机制，整合企业内部资源，提供高价值服务；三是要进行管理创新，努力学习先进的项目管理方法，并结合项目实际探索管理的新方法，要加强项目部与公司总部的协调，实施矩阵式管理，坚持项目经理负责制，切实履行对业主的承诺；四是要进行技术创新，利用 BIM、PDMS 等先进管理软件提高项目管理的质量和工作效率，同时要与相关科研单位合作，研究开发新工艺、新技术和新材料，不断提高综合服务能力，力争成为业主不可或缺的合作伙伴；五是要探索跨区域、跨行业经营模式，分担经营风险，拓展业务范围，抓住“两新一重”投资机遇，做好相关领域的全过程咨询工作。

三十余年励精图治，三十余年砥砺前行。

回顾历史，玉龙公司从无到有、从弱到强，走过了艰辛的发展之路，为石化行业及地方建设作出了应有的贡献。展望未来，玉龙公司全体员工激情万丈、豪情满怀，抓住工程建设行业发展的重大机遇，不断迎接来自市场竞争、科技发展等方面的严峻挑战，转换机制，苦练内功，继续为中国工程建设领域的发展作出更大的贡献。

（北京燕山玉龙石化工程股份有限公司　史育文）

艰苦创业三十五载　继往开来再谱新篇

——湖南化工地质工程勘察院有限责任公司发展纪实

浩渺洞庭，巍巍岳麓，湖湘大地，人杰地灵。在赋有“敢为人先、勇于担当”湖湘精神的土地上，有一支历经艰难创业、顽强拼搏、奋力前行的专业勘察设计队伍，35年如一日，孜孜不倦，执着追求，她就是湖南化工地质工程勘察院有限责任公司（简称湖南化勘院）。

35年的历史画卷，一行行跋山涉水的脚印，一张张自信乐观的面容，一队队栉风沐雨的身影，一排排彻夜不眠的灯光，清晰可见。不论是烈日当头的酷暑，还是冰冻刺骨的严冬，随处可见“湖南化勘人”风餐露宿的求索、废寝忘食的奉献、决胜千里的睿智。

35年峥嵘岁月，镌刻着“湖南化勘”几代人饱经的风霜，铭记着“湖南化勘”几代人进取的毅力，浓缩着“湖南化勘”几代人无悔的选择。35年的壮美篇章，珍藏着被智慧与汗水浸润的记忆，封存着靠执着和坚韧开拓的征程，回荡着用情感和生命谱写的赞歌。

第一节　艰苦创业，执着前行

湖南化勘院诞生于1985年1月，隶属中化地质矿山总局湖南地质勘查院管理。

在计划经济向市场经济过渡的前夜，全国地勘行业出现不景气趋势，化工地质的经济效益逐年下滑。为了渡过难关，转型发展，当年中化地质矿山总局湖南地质勘查院决定自力更生，探索出路，开展了工程勘察、地基与基础工程施工等地质延伸产业业务，并成立了湖南省化工勘探服务公司（湖南化工地质工程勘察院有限公司的前身）。公司根据行业方向和市场形势，结合公司自身特点，不断调整和完善产业结构，优化内部资源，改进管理方式，扩大经营规模，促进经济发展，取得了一定的社会和经济效益。

在此期间，公司承担的广东韶关钢铁厂中和料场露天栈桥柱基础旋喷注浆加固施工获1993年化学工业部优秀工程勘察一等奖，该工程是院成立以来第一个获得部优一等奖的项目。

广东韶关钢铁厂原料车间中和料场为三跨的露天栈桥结构，由四列钢筋混凝土斜腹杆双肢柱和桁架式吊车梁所组成。料场全长296米，柱距除两端为8.5米外，其余为9米。每列34根柱，南北两跨32.25米，中间跨33米。每跨有2～3台10t桥式抓斗吊车，跨间面料场，堆积有3～4米高的矿石。料场于1975年12月18日动工兴建，1978

年11月18日竣工。在试生产及生产过程中柱基逐渐出现不均匀下沉，有柱子产生偏斜。柱基沉降量最大达210毫米，柱子的水平位移最大达110毫米。吊车运行时学常出现卡轨、掉轨、自动滑动等现象。虽经过多次调整轨距和维修，始终未消除隐患，因而无法保持正常生产。为此，韶关钢铁厂和相关设计院在经过多种处理方案的研究对比后，委托湖南化勘院采用旋喷注浆方法加固栈桥柱基础。

湖南化勘院于1990年3月20日进入现场，3月25日开始试桩施工，3月28日正式施工，于1990年8月16日完成全部旋喷注浆施工任务。该工程共施工旋喷桩292根，5540.1延米，消耗水泥1728.2吨。在该工程中，湖南化勘院采用独自开发的双液分喷注浆工艺进行旋喷注浆施工。为了更好地确定适宜于该场地地层的双液分喷注浆施工技术参数，在正式施工前湖南化勘院进行了3根试验桩孔的施工。为保证料场不停产，项目分9个施工段进行，每座栈桥柱按对角形施工4个旋喷桩。施工过程中，湖南化勘院严把质量关，加强关键工序（造孔、制浆、旋喷注浆）质量检测，确保了施工质量。经过韶关质监站和设计院的检测表明，该工程的各项技术指标完全达到和超过设计要求，得到建设方、设计方和质监部门的充分肯定。

第二节 抓住机遇，勇于探索

20世纪80年代中期开始，全国地勘行业遭遇了10余年的持续萎缩、滑坡，90年代末进入地勘严冬，全国地质勘查走到了最低谷，化工地质作为原部委管理的地勘行业，更是游走在国家、地方和行业政策的边缘。“湖南化勘人”在这个大的逆势环境下，经受住体制局限、机制僵化、机构繁冗、人才流失严重、工程市场竞争无序、经济效益长时间不好等诸多考验。历任领导班子面对重重困难和种种质疑，在夹缝中求生存，卧薪尝胆，破冰思变。

进入21世纪，为适应体制转型的发展需要，在新的政策环境下，湖南化勘院做大做强工勘和施工，因院制宜发展多种经营，寻找机会，适时变革。

2006年，国务院发布加强地质工作的决定，为全国地勘行业吹来了春风。“湖南化勘人”抓住这一机遇，鼓励按市场经济规律拓展经营思路，不断引进专业人才，不断发展工程勘察、地基与基础施工、岩土工程设计与治理、地质灾害危险性评估、地质灾害治理工程勘查、设计、施工、工程测量、地籍测绘、岩矿实验测试等地质延伸产业，先后完成了工业与民用建筑、市政、机场、高速铁路、公路、桥梁、隧道、石化行业等大中型项目两千余项。其中，长沙通城国际商业广场岩土工程勘察、湖南省高级人民法院审判庭大楼岩土工程勘察、广东省花都市花都宾馆大厦地基加固工程、长沙县固体废弃物处置场防渗帷幕灌浆（北段）工程、安化县城南区移民楼地基基础加固工程、龙王港流域河道综合整治工程之湖泊工程、涟源市物质局挡土墙开裂加固处理设计等四十多个项目获得省、部级优秀项目成果奖，在工程勘察设计及建设领域打响了“湖南化勘”的品牌。

2015年8月，新一届院领导班子制订了以推进大岩土业务为主任务，以塑造“湖南化勘”品牌、提升院核心竞争力、不断创造发展新优势为着力点，把改革创新贯穿于院“十三五”发展全过程，把提质增效作为发展导向，突出经营工作与现代管理工作，着力进行人力资源建设、资质与能力建设、党的建设、企业文化建设等重点工作，打造中南强院。

一分耕耘，一分收获。经过几代人勇于变革、直面挑战、开拓市场的艰辛付出，湖南院发展上了新台阶。产业结构调整趋于合理，经济发展质量稳步提升，单位综合实力不断增强，职工生活水平逐年提高。产业经济发展经历市场的挑战与考验，专业化程度不断巩固和提高；人才队伍结构持续改善，专业技术人员占在职人员总数达到63%。

湖南化勘院已发展成为一家集工程勘察，地基与基础施工和检测，特种工程施工（建筑物纠偏平移、结构补强）、地质灾害治理工程施工、环境污染治理水污染治理、污染土壤修复、环境污染防治工程专项设计（环境生态修复）等资质能力于一体的综合性地勘单位，也是国家高新技术企业。院主编化工行业标准HG/T 20691—2017《高压喷射注浆施工技术规范》；参编化工行业标准HG/T 20578—2013《真空预压法加固软土地基施工技术规程》和HG/T 20707—2014《化工行业岩土工程勘察成果质量检查与评定标准》。公司岩土工程技术团队被授予中化地质矿山总局八个科技创新团队之一。

30多年来，公司完成岩土工程勘察、岩土工程设计、岩土工程治理（地基基础处理、施工）、测绘等各类大中型项目3000余项，涉及工业与民用建筑、市政、高速公路、高速铁路、城市地铁、民用机场、核电工程、环境地质工程勘察；高边坡、深基坑的支护设计和施工；地基与基础工程的加固处理或施工；工程测量、地籍测绘、土地整理和土地确权测绘等领域。公司共获得国家、部（省）优秀项目奖32个，其中：全国优秀工程勘察设计行业奖二等奖1个，部（省）级优秀勘察设计奖一等奖6个、二等奖6个、三等奖16个，部（省）级优秀施工项目奖3个。岩土公司还获得2007年度全国化工优秀施工企业奖。

其中，龙王港流域河道综合整治工程之湖泊工程岩土工程勘察获2013年全国优秀工程勘察设计行业奖二等奖。该项目是长沙市先导区梅溪湖片区整体规划改造的控制性工程，是对原梅溪滩进行整体规划并开发建设，在原梅溪滩的基础上围滩造湖，形成梅溪湖。新建的梅溪湖湖泊工程水域面积为192.15公顷，湖泊岸线沿线地形地貌主要为丘陵、台地及河漫滩，沟谷纵横，起伏较大，地形比较复杂。地表水系较发达，山上植被茂盛。工程拟建场地地层主要有第四系覆盖层及前震旦系地层，第四系地层有可塑-硬塑的黏性土及粗砂和圆砾等，主要分布于地势较低洼的苗圃、菜地及梅溪湖滩地中，另有硬塑-坚硬状网纹状粉质黏土分布于地势较高的山地和坡地上，前震旦系地层为泥质、砂质板岩，分布于第四系覆盖层以下或直接出露于地势较高的山地，该工程地质条件复杂。

由于勘察现场为原始地貌，现场施工条件差、施工难度大，根据长沙市政府对项目进度的总体安排，勘察工期十分紧张。为保证勘察质量及勘察进度，湖南化勘院成立了龙王港流域河道综合整治工程之湖泊工程项目经理部，精心组织，合理安排，从野外钻探、原位测试、室内试验，到技术报告的分析整理等各个环节，都制定了严格的岗位责任制度、质量保证措施及安全保证措施，认真贯彻院“以城取信，科学严谨，精益求精，用户满意”的质量方针，严格按照规程规范、设计要求和院 ISO 9001 质量体系文件的规定进行施工，把“抓质量、促进度、保安全”贯彻于勘察的全过程，使项目管理科学化、规范化和法制化。在勘察方法和勘察手段的选择上，积极采用新技术及先进手段。通过对所取得的钻探资料进行认真分析整理，对原位测试成果和土工试验结果进行统计分析，综合评价场地地质条件和地基土的工程特性，分析判定场地的内各岩土层的渗透性、场地土类型和场地类别，为设计提供准确可靠的岩土参数。

该项目通过工程地质测绘工作，在较大范围内查清了筑堤填料的分布情况，为筑堤填料的配送提供了科学依据，大大减少了土料的运距，为建设方节省了近 500 万元的工程造价，获得了建设方的高度评价。

该项目的建成投产对提高龙王港防洪截污能力，完善梅溪湖片区排水、管网等设施具有重大意义，且该工程的运行投产可以保证梅溪湖湖面不小于 3000 亩，保证梅溪湖水质干净清澈。

第三节　立足当前，展望未来

雄关漫道真如铁，而今迈步从头越。35 载风雨砥砺，35 载翻山越岭，35 载积沙成塔，湖南化勘院从无到有，从小到大，已在湖南省乃至全国的工程建设领域都拥有了一席之地。

成绩已成历史，未来更待创新。展望未来，任重道远，“湖南化勘”将立足本职，提素质、优管理，转方式、促和谐，抓效益、强实力，努力实现“软硬设施齐备、管理机制完善、资源配置合理、发展方式集约、综合实力增强”的宏伟目标。

百舸争流千帆竞，乘风破浪会有时。“湖南化勘人”将面对国家深化改革的新形势，面对工业化、城镇化快速发展对矿产资源、环境治理和工程建设需求的新机遇，以改革创新为动力，以转型发展为重点，以党的建设为保障，深化内部改革，加快科技创新，加强市场开发，强化经营管理，确保发展质量，提升发展速度，全力推动经济跨越式发展。共研同酌，再绘蓝图，励精图治，真抓实干，以坚定信心、积极进取的士气，开拓创新、攻坚克难的勇气，干事创业、廉洁奉献的正气，心往一处想，劲往一处使，不忘初心，砥砺前行力，实现打造“三个强院”目标。“湖南化勘人”满怀信心，撸起袖子加油干，甩开膀子向前冲，将以更加昂扬的斗志、更加务实的举措、更加扎实的作风，把“湖南化勘”事业不断向前推进，谱写出更加辉煌壮丽的乐章。

（湖南化工地质工程勘察院有限责任公司　熊川淇）

打造卓越工程设计和项目管理服务商
——上海华谊工程有限公司发展纪实

上海华谊工程有限公司前身为上海吴泾化工联合公司规划设计院，创建于1985年，是上海华谊（集团）公司旗下集化工、石化、医药工程、建筑行业、建筑工程的咨询、设计、技术开发和许可、项目管理和总承包等服务为一体的高新技术企业，行业信用等级AAA级，并拥有承揽境外工程项目的资格。至今，公司共完成1500多项工程，跨涉石油化工、氯碱化工、石油天然气和有机化工、无机化工、煤化工、新材料及加工、精细化工、橡胶轮胎、轻工、医药、纺织、合成纤维、环保与民用建筑等行业。在能源化工、先进材料、精细化工等化工领域具有独特的专有和专利技术。近年来，公司通过项目管理和工程总承包业务的发展，不断加强与国外工程公司及专利商的合作与交流，逐步和国际工程项目管理模式接轨，建立了较为完善的公司组织架构和公司管理体系。

公司一直致力于提高技术资源整合开发、咨询设计、工程总承包和运保检维修等一站式服务的能力，并拥有上海华谊工程技术有限公司、上海太平洋化工设备工程有限公司。

公司主要资质证书：

中华人民共和国住房和城乡建设部颁发的《工程设计证书》：化工石化医药行业甲级，建筑行业（建筑工程）甲级。

中国工程咨询协会颁发的《工程咨询单位甲级资信证书》：石化 化工 医药。

国家市场监督管理总局颁发的《特种设备设计许可证（压力容器）》：A1 A2 A3。

国家市场监督管理总局颁发的《特种设备设计许可证（压力管道）》：GB GC。

上海市城乡建设和交通委员会颁发的《建筑业企业资质证书》：化工石油工程施工总承包二级，机电工程施工总承包二级，建筑工程施工总承包三级，市政公用工程施工总承包三级。

上海市城乡建设和交通委员会颁发的《安全生产许可证》。

公司于2013年8月1日首次获得上海市人民政府颁发的“上海市文明单位”称号，并连续多年获评至今。

第一节　回眸溯源，上海工化院的诞生与成长（1985—2007年）

1985年4月，为适应上海吴泾化工联合公司（简称联合公司）所属三厂一所各类建设项目任务，同时为承担上海30万吨乙烯吴泾工程的需要，在上海市经济委员会发文（沪经办〔85〕第183号）批复同意下，上海吴泾化工联合公司规划设计院（简称吴泾规划设计院）成立，集中了联合公司所属三厂一所的设计力量，并从外省、市引进了一批设计业务骨干。1985年9月18日，上海市建设委员会颁发《国营一级专业设计证书》，规划设计院正式获得设计资格，并宣告成立，时有职工409人，下设5个综合设计室及相应科室。其中一室以外地引进人员为主，编制归属联合公司本部；二、三、四、五室分别由联合公司所属上海吴泾化工厂、上海焦化厂、上海电化厂及上海市有机氟材料研究所的设计室为主组成，院部设在龙吴路4390号。1985年11月7日，上海市闵行区工商行政管理局向该院签发营业执照。1986年8月23日，上海市科学技术委员会向该院颁发科技咨询证书。1986年12月6日，因联合公司撤销，上海市经济委员会发文同意吴泾化工联合公司规划设计院更名为上海吴泾化工设计院（简称设计院）。原规划设计院所属三厂一所的二、三、四、五室设计人员回归原厂所，设计院保留设计一室及管理科室，职工由409人减少到143人。1987年5月，设计院归属新成立的上海氯碱总厂，9月21日设计院迁至龙吴路车沟桥上海钛白粉厂。1988年10月，设计院迁至龙吴路4299弄1号（上海电瓷厂新办公楼），占用面积1300平方米。当年，产值第一次超过百万元。1992年7月6日，设计院搬迁至漕东支路1弄8号。7月9日，上海市建设委员会发文同意上海吴泾化工设计院更名为上海工程化学设计院（简称工化院）。1995年2月22日，氯碱公司深化体制改革，工化院和氯碱公司工程部合并成立工程公司业务属性的设计院。5月22日，工化院搬迁至漕东支路7号。1997年9月，工化院搬迁至漕溪四村55号（后改为田东路88号）。

1999年1月，上海华谊（集团）公司发文（沪华谊资字〔99〕第001号），工化院改制并更名为上海工程化学设计院有限公司（简称上海工化院）。2001年12月，上海工化院获得上海市高新技术企业认定，并连续多次获得认定。

华谊工程公司一贯重视质量和HSE管理水平的提高及管理体系的建立和改进。公司于1991年通过上海市建委、市勘察设计协会组织的全面质量管理达标验收；1996年7月通过GB/T 19001—1994 idt ISO 9001:1994质量体系认证，成为上海第一家取得ISO 9001质量认证的勘察设计单位；2000年11月通过GB/T 19001—2000 idt ISO 9001:2000管理体系认证。根据建设国际型工程公司的需要，2004年6月，公司编制的《上海工程化学设计院有限公司工作手册》正式发布并施行，建立了较为完善的由质量管理手册、程序文件、各专业程序和作业文件组成的质量保证体系文件；2007年10月在通过GB/T 19001—2000 idt ISO 9001:2000管理体系复审的基础上，同时通过了GB/T 24001—2004 idt ISO 14001:2004环境管理体系和GB/T 28001—2001职业健康安全管理体系认证，成为国内省市级化工设计行业中首家获得三体系认证通过的单位，并连续通过了各次复审认证及转版认证至今。管理体系覆盖了化工行业工程设计、建筑行业工程设计、工程总承包、工程咨询及相关活动。

天道酬勤。华谊工程人胼手胝足、筚路蓝缕地从氯碱化工，从吴泾基地出发，依托集团逐步涉足能源化工、精细化工、先进材料，同时聚焦国内目标细分市场厚积薄发，曾经在氯碱、醋酸及酯类等国内设计市场占有率位居第一，赢得了顾客和同行的高度赞誉，并荣获数十项科技进步奖、优秀工程设计奖、优秀工程咨询奖、优质工程奖及项目管理奖。

第二节　乘风远航，华谊工程的转型与发展（2008—2019年）

2008年3月10日，为加强华谊集团设计资源的整合，充分发挥协同效应，提升集团设计系统的内涵与价值，更有力地支撑集团核心竞争力的提高，将集团化工工程服务板块打造成为“总集成商、总承包商”，加快生产性服务业的发展，华谊（集团）公司总裁办公会研究决定，由集团内三家甲级设计院上海工程化学设计院有限公司、上海太平洋化工集团焦化设计院、上海吴泾化工设计院（原上海吴泾化工总厂设计院）联合组建集团设计院。3月25日，三院联合重组大会召开，新的上海工程化学设计院有限公司成立，标志着集团重组优化资源、加快战略转型的大幕正式拉开。

2012年4月，上海华谊（集团）公司正式实施工程板块整合，上海华谊集团装备工程有限公司党委整建制划归中共上海工程化学设计院有限公司委员会管理；5月25日，华谊集团发布（沪华谊资字〔2012〕31号）文，以2011年12月31日为基准日，将集团所持有的上海华谊集团装备工程有限公司100%股权无偿划转给工程公司，相关工商登记变更后，装备公司成为工程公司全资子公司；6月14日，华谊集团发布（沪华谊资字〔2012〕34号）文，同意上海工程化学设计院有限公司（简称工化院）名称变更为上海华谊工程有限公司；6月28日，公司完成相关工商登记变更手续并获得新的营业执照，更名为上海华谊工程有限公司（简称华谊工程）。

这一阶段，华谊工程经历了改革重组的转型考验，创新创业的艰辛磨砺，从一家小设计院逐步发展成为一家面向市场、从制造业分离出来的独立的生产性服务业类工程公司，从主要依靠集团企业项目，发展到市场业务超过50%，并保持着强大的发展势头。

以3个院整合后的数据为例，2008年公司实现主营业务收入1.05亿元，2009年至2012年，公司主营业务收入每年增长77%、利润每年增长103%，2012年主营业务收入6.5亿元。刚过去的2019年，公司主营业务收入已接近10亿元。

然而华谊工程深知，要向生产性服务业转型升级，实现项目总承包引领相关业务发展这一新生业态链的持续发展，依靠的是不断开发应用新技术，创新驱动企业转型发展。

一、围绕新的发展理念，提升企业核心竞争力

1. 绿色发展

公司围绕绿色发展理念，在无汞催化制VCM技术、氯的三次循环利用技术、废气及废水处理、VOCs减排、节能降耗等方面开拓实施并积累了项目业绩与技术经验，同

时抓住市场机遇重点拓展传统业务中在役装置的HAZOP分析及安全诊断业务。

由华谊工程和上海高研院、德州实华合作开发的EDC催化重整制VCM技术（无汞催化制VCM技术）在完成中试规模装置的开发设计和建设基础上，完成了20万吨级工艺包研发设计，研发成果已申报两项发明专利并获得授权。无汞催化法VCM工艺是以乙炔和二氯乙烷为原料，在以钡盐为催化剂、活性炭为载体的全新非汞催化剂作用下，乙炔和二氯乙烷直接发生催化重整反应得到氯乙烯。电石法聚氯乙烯行业受《水俣公约》及汞减排等政策的影响较大，无汞催化法VCM工艺前景良好。该技术继千吨级中试取得成功后，山东德州实华首套20万吨/年产业化示范装置设计已由我公司完成，正在建设中。

2. 创新发展

华谊工程作为华谊集团承接和实施工程项目的平台，充分利用自身工程技术力量和专业配套优势，通过项目实施积累技术和工程经验，发挥其对各子公司技术创新工作的引领与集成作用，推进集聚资源、集聚人才、突破重点的集团一体化创新机制的建设。一是通过参与集团重点技术开发项目和产业化过程，提高科技成果的转化效率，不断积累和形成公司新的技术优势和技术特色；二是积极配合集团各企业做好提升现有核心产品生产技术水平的工艺优化和技改及实施效果评估与总结工作；三是积极参与引进技术的谈判、审查确认、工程实施以及消化吸收与再创新和集成创新活动，努力为集团重点工程建设做好服务；四是继续扩大对外技术合作和联合开发，积极争取与高等院校、科研院所及生产企业共同承担有较好市场前景的新技术的开发，发挥产、学、研、设四位一体的合作优势。

在公司有优势的氯碱化工领域，通过消化吸收再创新形成乙烯法氯乙烯国产化成套技术以及通过合作开发形成乙炔、二氯乙烷无汞催化重整合成氯乙烯新工艺和氯化氢催化氧化制氯气产业化技术，是公司在氯碱化工领域技术创新工作和保持公司在该领域技术优势的重点。公司长期与上海高研院和德州实华合作，开发乙炔、二氯乙烷无汞催化重整合成氯乙烯新工艺并产业化，在新工艺取得中试装置数据的基础上，完成了20万吨/年产业化装置工艺包编制和德州实华20万吨/年产业化装置的工程化设计。

现代煤化工领域是公司重点拓展的业务领域。与华谊能化公司合作，以乙二醇工业化试验装置运行数据为基础，配合做好相应的技术改进和完善化工作，研究掌握工程放大规律，完善20万吨/年工业化规模装置工艺包的编制，并实现该技术在华谊能化钦州项目中设计应用；继续推进醋酸产业化技术的优化完善，在完成50万吨/年醋酸装置工艺包编制的基础上，研发编制了70万吨/年醋酸装置工艺包并在广西华谊能化钦州项目中设计应用。

与华谊新材料公司合作，进一步完善3.3万吨年高吸水性树脂（SAP）项目工艺包编制，并进行产业化装置的工程设计与建设。

华谊工程近年来合作完成了多项产业化规模工艺包的开发：40千吨/年PPVC工艺包、40千吨/年CPVC工艺包、100千吨/年氯化氢催化氧化制氯气工艺包、200千吨/年乙炔和二氯乙烷催化重整制氯乙烯工艺包、160千吨/年丙烯酸和130千吨/年丙烯酸酯工艺包、100千吨/年SAP工艺包（单线33千吨/年）、200千吨/年合成气制乙二醇工艺包、500千吨/年醋酸工艺包、700千吨/年醋酸工艺包。

公司加强知识产权意识的宣传和知识产权管理体系的建设，加大对技术成果形成过程中的专利和技术秘密或专有技术申请工作的策划、组织和引导，逐步完善公司专利管理、运用和保护的策略。

华谊工程成立以来共申请专利11项（其中发明专利8项），获专利授权10项；拥有专有技术和技术秘密10项。主编国家标准1项，主编国家工业和信息化部规范2项，主编行业标准和地方标准5项，参编国家标准和行业标准3项。

3. 高端发展

工程公司在积极探索和开发数字化设计集成平台，将设计过程中的工程信息数字化、集成化，确保数据的准确性和完整性，并能涵盖施工、采购等工程阶段，以及后续面向业主的数字化移交，为工厂的运营和维护提供服务，为实现全生命周期的数字化工厂打下基础。

华谊工程在推进数字化交付工作方面主要做了以下工作。在数字化设计方面，利用先进的三维设计工具SmartPlant 3D，在全专业推广数字化工厂三维设计系统，并结合工艺专业的SmartPlant PID、自控专业的SmartPlant Instrumentation（SPI）实现以SmartPlant Foundation（SPF）为数据交互平台的设计集成，并利用3～5年时间实现在全项目的推广应用。目前已在万华美国MDI一体化项目、广西华谊能化醋酸等项目中应用。

万华美国MDI一体化项目为万华化学在美国路易斯安那州新建40万吨/年MDI装置，项目投资11.2亿美元。华谊工程负责承担该项目配套26万吨/年EDC装置的设计工作。该项目的实施对公司的数字化交付能力建设、设计能力提升、海外拓展等方面将产生重大影响。

4. 一体化发展

围绕一体化发展，华谊工程在2015—2019五年规划中明确定位：成为专业化的工程建设全过程服务商。充分利用华谊集团内外技术资源，在平衡各方利益的前提下加速技术市场化推广，并以之为契机推动工程总承包业务以及与其相关的装备制造、建安施工、运保检维修、开车培训、信息技术等资源共享，实现产业链向两头延伸和价值链增值。公司致力于打造卓越的化工行业工程设计和项目管理服务商，努力成为市场导向、技术驱动、资源整合的特色工程公司，在工程项目建设前期、技术许可、设计、采购、装备制造、施工、开车、培训、企业信息化、运保维修和工厂运营、环保和水务运营等全过程中为顾客提供一流的服务、领先的技术和专业化的管理。

一体化促成华谊工程的转型发展——总承包、环保、技术开发等业务齐头并进，相互支撑；华谊集团内部项目为华谊工程提供业务机会；集团外大批化工项目“退城进园”，带来业务承揽机会。

随着业务转型，公司工作手册等体系文件经历多次大幅度内容调整，修订编成包含项目管理体系、技术管理体系、运营管理体系三大部分，共计41个分册，涉及文件1191个（其中项目管理体系与埃森哲公司合作）的华谊工程工作手册；阐明了公司的质量、职业健康安全、环境方针和目标以及管理体系，覆盖了GB/T 19001—2008、GB/T 24001—2004、GB/T 28001—2011标准的所有要素，是公司在工程设计、工程咨询和工程总承包过程中实施管理，开展策划、控制、保证、和改进活动的主要文件；以向顾客证实公司在工程设计质量、技术水平、项目管理等方面有能力稳定地提供满足顾客要求和适用的法律法规要求的产品的同时，可通过体系的有效运行和持续改进，不断提高顾客满意。

公司主要业务中的总承包服务、研发设计服务属生产性服务业重点领域。按照政府大力发展生产性服务业的要求，公司切实加快以研发设计为龙头、工程总承包为主体的业务拓展，实现了生产性服务业领域的快速发展。

2011年6月，公司被列入上海市第一批生产性服务业试点单位，获得了政府相应财政资金的支持，进一步为公司在总承包业务领域的转型发展明确了方向并夯实了经济基础。特别是培育以项目建设总承包业务带动装备制造、施工、开车、培训、化工企业信息化、运保检维修这一生产性服务业全生命周期业态链，起到了催化剂和杠杆作用，为提供工程项目建设全过程一站式服务，实现业务转型，为总承包业务领域的拓展打下了基础。

2013年，由华谊工程EPC总承包（涵盖规划咨询、技术许可、设计、采购、施工、开车等工程建设全过程一站式服务）的"安徽华谊年产50万吨醋酸项目"一次开车成功，是华谊工程研发设计、项目管理创新与专利商技术创新无缝衔接的最佳实践，书写了自行设计和建设大型化、高水平醋酸综合配套项目新的篇章，开车运行后项目的经济效益和社会效益显著。该项目获得了行业优秀工程咨询奖、优秀工程设计奖和国家优质工程奖。这项以研发设计为龙头的EPC总承包项目的成功，也开启了公司向生产服务业转型升级、向大型和高端项目EPC总承包领域跨越、一体化发展的新征途。

华谊工程EPC总承包的华谊新材料公司年产32万吨丙烯酸项目一期工程、长春化工（盘锦）有限公司10万吨/年离子膜烧碱项目、烟台万华PO/AE一体化项目开放式地面火炬项目、巴斯夫聚氨酯（重庆）公司天然气制合成气项目等均一次开车成功并获得业主好评；由华谊工程承担工程设计和IPMT的青海盐湖海纳化工有限公司聚氯乙烯一体化项目产品顺利下线并获得业主嘉奖。

5. 跨市发展

公司立足服务华谊集团基础上，积极开拓境内外业务，谋求跨市发展。近几年除华谊能化钦州项目、山东玉皇丙烯酸项目、三爱富常熟基地项目等跨市项目外，还承揽实施了兰州金通公司10万吨/年动力锂离子电池用三元前驱体项目（一期工程）工程总承包，万华美国MDI一体化项目、孟加拉国MEGHNA PVC有限公司年产15万吨乙烯法聚氯乙烯（PVC）树脂新建工程、青海盐湖海纳化工有限公司聚氯乙烯一体化项目、江苏金路化工有限公司10万吨/年二硫化碳项目、万华化学老厂搬迁MDI一体化项目氯碱装置区二期项目、冀中能源集团惠宁化工有限公司年产30万吨烧碱项目等境内外项目。

华谊工程实施的兰州金通储能动力新材料有限公司金昌分公司10万吨/年动力锂离子电池用三元前驱体项目（一期工程）工程总承包，项目建设规模为3万吨/年动力锂离子电池用三元前驱体，项目总投资约为6亿元。建设项目内容包括：工艺主装置，原料罐区以及配套的变电所，循环水站，辅助楼等公用设施及辅助设施。该项目由华谊工程承担工程设计、供应链管理、现场施工、试车服务等各环节，实行全过程一站式服务，采用以工程设计为主导的、围绕产业链提质增效，集成服务资源，提供工程项目建设全生命周期管理的总承包服务。

该项目也是华谊工程实施“走出去”战略，进一步参与外省市市场竞争，跨入西部地区实施工程总承包服务的示范项目，并树立上海服务品牌。

二、持续创新发展，提升企业综合实力

持续创新是华谊工程公司实现快速发展的优势所在。作为一家轻资产型的高新技术企业，华谊工程集聚各方面的人才培育公司的创新优势。公司各类专业工程师占员工总数的80%。其中，高级工程师、教授级高工占专业人员比重为32%，具有各类专业注册资质的专业技术人员达25%。特别是公司还拥有一批具有装置开车、运营经验和业主项目管理经验的专业技术人员。人才优势为公司打造具有大型高端建设项目能力的EPC总承包商、发展现代工程服务业奠定了基础。

2012年9月，华谊工程获上海科技企业创新奖评审委员会和上海市科技企业联合会颁发“第六届上海奇士杯科技企业创新奖”。2013年9月，华谊工程被中国石油和化工勘察设计协会授予“中国石油和化工勘察设计行业技术创新示范企业”称号。

三、实施科学管控，创建一流工程

“精心设计、精心建设，提供国际通用模式的过程项目管理服务”是华谊工程的服务理念和管理追求。公司始终围绕安全、高质、准点工程建设目标，以科学的管理流程、管理规范和技术手段实施项目管控；以配置优秀的项目经理和专业工程师保证工程质量；同时建立起高层投诉并24小时回复、关键施工阶段领导提前介入等项目管理服务机制，以一流的服务打造一流的工程。

华谊工程坚持服务理念和管理追求，积极创优创品牌，至今获得的国家和行业优质工程奖、优秀工程设计奖及优秀咨询奖、科技进步奖等奖项达70多个。

第三节　未来展望，打造优秀工程建设服务商

未来，公司主营业务从以化工工程为主转型到以工程为主，要按华谊集团“三元业务”模式备资源，谋市场。

——传统业务要突出“创新”。氯碱板块要精耕细作，突出节能和减排；C1～C4轻烃版块要解决技术断链问题，要突破技术壁垒，寻找集团外客户。

——新型业务要突出“先发”。要依托集团环保业务部、材料电池业务部及金通项目的实施，扩大客户源，开发新的业务区域，重点拓展传统业务中在役装置的安全诊断

业务。

——海外业务方面要突出“优势”。即以传统业务为媒介，与第三方合作，借船出海，争取在中东、东南亚、中亚市场有所突破。

一、做大传统优势业务，做强成长型业务，做好新型业务

1. 做精做大传统优势业务，并力求不断“创新”

随着国家去产能的结构调整及环保安全的升级，一些落后的化工企业直接淘汰出局，化工产品市场回暖，化工企业的发展进一步规模化、集约化，也给华谊工程传统优势业务的发展带来新的机遇。在这种形势下，华谊工程要进一步做大做精传统优势业务，如烧碱、CPVC、PVC、糊树脂、醋酸及酯等，突出节能减排，积极争取技术输出并带动设计和工程总承包项目的业务拓展。

2. 巩固做强成长型业务

近年来，经过华谊工程在新业务领域的不断开拓，部分新开拓的业务经过几年的发展已呈现稳步前进的态势，如 HAZOP 分析、丙烯酸及酯、MMA 等。现在，危险化学品化工厂根据国家法律要求都需进行 HAZOP（危险与可操作分析），极大地促进了 HAZOP 技术在我国的推广应用。在今后发展中，华谊工程将努力做强这些成长业务，以取得更好的发展。

3. 做好新型业务，突出“先发”

金通电池三元材料生产项目的承接、与参与煤气化炉的合作开发、数字化交付系统项目的承接等将为华谊工程未来业务的发展开辟新的领域。这些新业务将为华谊工程的未来发展注入新鲜血液。

无论是成长型业务还是新型业务的快速良好发展，都将极大地提升华谊工程的差异化市场竞争能力，增加新的利润增长点。而三者的有机结合，则有利于华谊工程市场抗风险能力的提高，使华谊工程进入良好的发展轨道。

二、不断深化机制体制和技术改革，适应转型要求

融合公司业务层面、领导层和决策层矩阵式结构管理形式，合理优化内部资源，实现公司高效、灵活、进取运作。公司将进一步加强知识产权意识的宣传和知识产权管理体系的建设，加大对技术成果形成过程中的专利和技术秘密或专有技术申请工作的策划、组织和引导，进一步完善公司专利管理、运用和保护的策略。

华谊工程目前还面临着数字化大潮席卷行业的变革。作为正在积极谋求转型的中型工程公司，华谊工程必须看清局势，转变观念，积极推进自身的作业模式改革来迎接行业革命。新的作业模式改革包括全面应用智能化作业工具；颠覆传统的作业流程和专业分工；采取协同设计并甩掉传统条件；开发并维护设计平台和数据库；培养高素质的数字化设计和管理团队……华谊工程高度重视并全面推动数字化交付工作，推出了各项举措保障数字化交付项目的顺利实施，并同步大力开展相关技术创新以增强自身实力，尽全力去抓住这个发展机会。华谊工程将具备 EPC 各阶段的数字化集成交付能力，并且

有能力帮助业主实现全工厂生命周期的数字化管理。通过这次改革浪潮，借助信息化手段，将公司的管理水平和业绩目标提升到一个新的高度，从而实现华谊工程的再辉煌。

三、适时适度发展民用建筑，打造一支有战斗力的团队

公司发展的重点是工业项目，民用建筑市场知名度不高，但在特定市场有特色，并且有一定的口碑。在未来发展中，华谊工程将利用优秀建筑工程设计方案和室内设计方案取得业主的信任，适度发展民用建筑，打造一支有战斗力的团队。

华谊工程已确立了“服务一流、技术领先、管理科学，致力成为化工领域卓越的工程设计和项目管理服务商”的发展目标，建设让员工有为、使顾客满意、对股东有利和被社会认可的工程公司。面对未来，公司将持之以恒地追求协力、创新和高效，以创新提升专业竞争力，以创新促进企业升级，以创新助推持续发展，在工程设计和项目管理服务领域继续乘风远航！

（上海华谊工程有限公司　赵群莉、徐荣高）

重组整合聚优势　创新转型提效能
——天津渤化工程有限公司发展纪实

天津渤化工程有限公司2016年由天津渤海化工集团规划设计院和天津市化工设计院重组合并，于2017年改制为工程公司。

公司集科研开发、工程咨询、工程设计及工程总承包于一体，拥有多项专利及专有技术，面向国内、国外市场提供技术和管理服务。业务范围涵盖石油化工、精细化工、纯碱、氯碱、化肥、医药、食品、农药、商物粮、建筑、市政、环境工程及城乡规划等领域，具有独立的对外工程总承包权和进出口经营权。

公司组织体系完善，管理层下设经营机构、生产机构、技术管理及研发机构，各机构下设专业部室及职能部门。公司现有职工近500人，主要专业涵盖化工工艺、设备、管道、管机、管材、自控、给排水、电气、电信、热工、暖通、总图、建筑、结构、消防、环保、概预算及技术经济等，拥有雄厚的技术实力。

第一节　追溯两院历史，传承优势技术（1958—1999年）

一、实践铸就成功，规划院脱颖而出

天津渤海化工集团规划设计院成立于1993年，由天津碱厂设计所、天津大沽化工厂设计所、天津化工厂设计所合并组成，隶属于天津渤海化工集团有限责任公司。

（一）工业先导，规划院发展由来

规划院的前身可追溯到1922年，被毛主席赞誉为“工业先导、功在中华”的著名实业家范旭东先生与著名科学家侯德榜博士创建的黄海化学工业研究社。

20世纪20年代，侯德榜一手创办了天津永利制碱股份有限公司设计室。1937年，侯德榜率先发明将索尔维制碱法与合成氨结合起来联合生产，利用合成氨厂的氨水、二氧化碳及卤水同时生产纯碱和氯化铵。1941年，永利化工公司总经理范旭东决定将其命名为“侯氏碱法”，新中国成立后侯德榜提议改称“联合制碱法”。1953年，获得中国中央工商行政管理局颁发的发字第一号发明专利证书。

1955年，永利久大化学工业公司设计科成立。1979年，设计科完成第一套联碱装置工程设计——天津碱厂年产15万吨联碱工程。

1985年，天津碱厂设计所成立，业务范围主要集中在国内重点纯碱项目、援外纯碱工程及国内纯碱厂的大中型技改、技措及新产品开发等项目。设计队伍主要由具有丰

富生产操作经验的车间技术人员及具有生产管理经验的技术科人员组成，并向纯碱、氯碱行业生产和设计单位输出了大量工程技术人员。设计职能室分为：工艺、土建、设备、公用及概预算室，配备计算机辅助设计网络系统，是首批国家级 CAD 应用示范工程企业之一，并通过质量管理体系认证。

1993 年，设计所联合天津大沽化工厂设计所、天津化工厂设计所，集中纯碱、氯碱设计行业优势技术力量，组建成立天津渤海化工集团规划设计院（简称规划院），成为国家建设部批准的化工石化医药行业专业甲级、化工及建筑专业咨询甲级、建筑乙级企业设计院。

（二）强强联手，领军纯碱、氯碱行业

20 世纪 50 年代到 70 年代，设计所先后承担了大连化工厂年产 21 万吨纯碱扩建、永利久大化工有限公司年产 42 万吨纯碱扩建、中国援助阿尔巴尼亚碱厂的工程设计。

80 年代，设计所响应化工部统一号召，为筹建山东、连云港及唐山等大型纯碱厂提供纯碱工艺技术，为化工部设计院能够顺利完成工程设计作出了卓越贡献。

1987 年，国家重点工程之一的天津碱厂年产 60 万吨纯碱扩建工程建成投产，作为工程设计单位的设计所，荣获国家级优秀设计金奖，这是设计所“氨碱法”纯碱工程的代表作，由此奠定了设计所在纯碱领域设计行业的领军地位。

1991 年，设计所完成国内第一套国产化复极式离子膜电解槽年产 2 万吨离子膜烧碱工程，因其具有节能效果好、产品纯度高、环境污染小、经济效益显著等特点而迅速在烧碱行业推广，使高污染、高耗能、技术落后的隔膜法烧碱逐步退出了历史舞台。

1996 年，天津渤海化工集团规划设计院与天津大学合作，完成了国内第一套年产 4 万吨离子膜烧碱造粒装置，在天津大沽化工厂顺利运行，填补了我国国产粒碱领域的空白。

1997 年，规划院利用自身在纯碱行业突出的技术优势，成功研发了“蒸吸氨工程技术及液相水合法生产优质低盐重质纯碱技术”，进一步稳固了规划院在纯碱行业的领军地位。

二、强化科技研发，化工院逐步壮大

天津市化工设计院始建于 1958 年，是全国成立较早的省级化工设计院之一，其前身是天津市化学工业局设计处，同样隶属于渤化集团。

（一）坚持以技术为先导建院

1958 年，天津市化学工业局成立天津市化学工业设计工程公司，为经费自理事业单位。1966 年，改称天津市化学工业建设公司。1970 年经天津市化学工业局决定改名为天津市化工设计公司。1973 年，化工设计公司由原基建公司所属改为天津市化学工业局直属单位。1975 年，更名为天津市化工设计院（简称化工院）。

化工院是以技术为先导，以工程咨询、工程设计、工程总承包及工程监理为主体的综合性设计院，具有化工石化医药行业、建筑行业设计及咨询甲级、环境治理专项甲

级、工程监理甲级等资质，涉及领域包括石油化工、有机化工、无机化工、精细化工、海洋化工、医药、食品、轻工、供热、仓储、环保、民用建筑及公用建筑等。

（二）依靠人才提高设计水平

建院初期，化工部抽调了部分专业设计人员，与化工院本地技术人员汇集成当时的骨干技术力量。恢复高考后，化工院每年接纳经国家分配的大学生加入到专业技术人员的队伍中来。20 世纪 90 年代，化工院积极响应国家政策号召，开始自主招聘重点大学毕业生和研究生，经过培养和锻炼，逐渐打造出一支高学历、全专业，结构合理的人才队伍，成为重要项目技术攻关的核心力量。

1989 年，化工院组织机构调整为直线职能式纵向管理和工程设计项目横向管理交叉的矩阵式结构，设有工艺、公用、土建及概预算四个生产室，负责工程设计及咨询服务，另设工程建设部，负责工程承包业务。

1996 年，化工院首次通过了质量体系认证工作，形成了初步的设计管理体系，使化工院整体管理水平迈上一个新台阶。

（三）科技攻关创造工程业绩

改革开放促进了农药产业的技术开发。国家的需要就是化工院的使命，化工院凭借过硬的技术攻关力量，担任了农药行业 2 项“六五”科技攻关课题——涕灭威中间试验 1000 吨/年基础设计与高效低残留农药品种开发研究，并取得重大成绩，获得中华人民共和国国家计划委员会、国家经济委员会、国家科学技术委员会、财政部的表彰。参与建设了山东宁阳农药厂涕灭威装置，解决了中国抵抗虫灾所急需的杀虫剂严重短缺问题，其贡献载入了农药行业发展史册。

改革开放初期，中国染料工业逐步形成了南北两大染料基地的工业格局。天津作为重要染料生产基地，拥有多家染料厂。化工院几乎参加了天津所有染料工厂的新建、改建及扩建项目，包括前期的“染三”“染四”，后期的“染八”“染九”。90 年代初期，合资染料企业开始建立并迅速发展。化工院包揽了乐金、赫司特、科莱恩等知名合资公司染料项目，对天津染料行业的发展起到了引领作用。

20 世纪 80 年代初期，化工部把援外建设马里制药厂的任务交给了天津，化工院协助医药专家扛起了这份重担，克服重重困难，高质量完成了工程建设，一举获得国家科学进步二等奖。20 世纪 90 年代初期，化工院协助中美史克在天津建厂，其产品为 6-APA，是合成青霉素的原料药。自此，化工院开启了医药领域的大门。

第二节 把握发展机遇，拓宽业务领域（2000—2015 年）

一、顺应市场，深化体制机制改革

改革开放带给设计行业天翻地覆的变革，尤其是计划经济转变为市场经济后，全院积极革新思想，主动将技术能力转化为生产力和经济效益，把目光投向市场，不断开辟生产经营新领域。

2002年，为抢占医药市场，化工院果断成立医药部。2004年，为进一步迎合市场需求，化工院将专业设计室划分为：生物化工工程、医药化工工程、精细化工工程及石油化工工程4个综合室，各室可独立承揽项目，亦可协同办公，打造出适应多项目同时运作的工作模式。与此同时，分别在生物化工、医药化工、精细化工及石油化工领域钻研创新、精雕细琢。2004年，化工院成立研发中心，进行顺酐及炭黑技术研发。

随着化工行业资源整合，园区集中建设，化工项目向规模化、大型化发展。2007年，化工院将机构重新调整划分为生产机构、经营机构及管理机构等。其中，生产机构将主要设计部室调整为公用、工艺、土建、工程经济4大专业室，另设专门负责供热及民用建筑设计项目的热能工程、民建工程及天跃建筑工作室；管理机构分为人事部、财务部、综合办公室、技术管理部、总工程师办公室及信息网管中心；经营机构为商务部，同时设采购部及施工部承接各类采购服务及总承包项目。

2013年，为进一步完善专业设置，化工院成立总图、管材、管机专业，形成了工艺、设备、管道、管机、管材、自控、给排水、电气、电信、热工、暖通、总图、建筑、结构、消防、环保、概预算及技术经济等专业。

二、质量为先，完善设计管理体系

2007年，化工院通过GB/T 19001、GB/T 24001和GB/T 28001质量、环境和职业健康安全三个管理体系整合认证，依据三个管理体系和项目管理程序，对所有工程项目的质量、进度和费用在设计、采购和施工过程实施有效控制，从而保证建设项目创造最佳的经济效益及社会效益。

2008年，化工院制定《设计管理手册》，对设计人员进行全员培训，各专业开展标准化、模块化设计，对图纸和文件进一步规范。制定《项目经理操作手册》，对项目经理进行专题培训。进一步完善工程设计质量考核制度，实行服务质量奖惩并举，多项举措合力，全面提升了设计文件质量。

2009年，化工院制定出台《技术经济责任制实施办法》，并于2012年进行了补充完善。由项目经理负责质量、进度、进款及奖金发放，对项目组成员的责、权、利进行明确界定，将项目奖金与技术难度、工程进度、设计质量挂钩，真正体现公平竞争、多劳多得的原则，逐步形成崇尚技术为先、质量为先的精神。

三、稳固设计主导地位，在多领域开拓市场

（一）发挥优势，纯碱、制盐撑起一片天

作为天津渤化永利化工股份有限公司（原天津碱厂）纯碱专利技术唯一许可设计单位，规划院经过不断研发创新，在纯碱工程设计中积累了大量技术诀窍，特别是联合制碱法生产工程技术、氨碱法生产蒸吸氨节能工程技术、液相水合法生产优质低盐重质纯

碱技术，所产优质重灰质量优越，在高档玻璃行业占有较高的市场原料份额，是纯碱产业升级换代的关键技术。

设计院在设计中解决了以海盐为原料的四大技术难题：联碱质量难题；氨母液系统水平衡难题；Ⅱ过程设备及厂房腐蚀难题；洗盐污卤及AⅡ泥环保治理难题。在以井盐为原料时，又解决了生产环境氨味大、粉尘大，操作环境差的难题。

作为纯碱联碱行业的开拓者，规划院完成了多项国内首套工程：2007年重庆宜化化工有限公司60万吨/年联碱工程，为国内首套年产60万吨大型化联碱工程；2010年天津碱厂（永利化工）80万吨/年联碱工程，为世界首套年产80万吨大型化联碱工程；2013年实联化工（江苏）有限公司100万吨/年联碱项目，配套120万吨/年真空制盐装置，为世界单套能力最大的联碱工程。其典型的优质重灰装置一直在各工程中傲然屹立。

进入21世纪，氨碱法生产蒸吸氨节能工程技术开始广泛应用，规划院山东海化纯碱厂、山东海天生物化工纯碱厂、青海碱业、五彩碱业、中盐昆仑碱业、唐山三友纯碱厂、连云港纯碱厂等项目，为纯碱行业节能降耗作出了巨大贡献。

（二）前店后厂，氯碱、树脂遍布大江南北

在氯碱领域，规划院与渤化集团旗下的天津化工厂、天津大沽化工厂等大型氯碱龙头企业紧密合作，充分利用其创新技术优势和丰富的生产经验，形成了前店后厂的咨询、设计、研发及技术服务一体化模式。规划院优势在于拥有丰富的实际运行经验、善于进行技改技措设计、能够提供培训及开车服务等，且为生产一线提供新思路、引入新理念，能够做到生产中的问题前移至设计中解决，设计理念在生产实践中再更新，真正做到生产与设计的良性互动。

2000年，规划院获得新型乙炔发生器专利，由于其发气量大，生产乙炔能力高，在电石法聚氯乙烯装置中得到广泛应用。2003年，运用自有技术完成天津大沽化工股份有限公司年产20万吨聚氯乙烯汽提干燥工程，汽提塔采用双溢流塔板，利用物料在塔盘中汽液两相充分传质、传热，降低物料中氯乙烯残余，提高产品品质。同时与108米^{3}聚合釜相结合，成为当时单套能力最大的聚合、汽提、干燥装置。

2004年，规划院设计的天津大沽化工股份有限公司年产20万吨乙烯氧氯化法氯乙烯工程顺利投产。2009年，规划院利用自有技术完成天津渤天化工有限责任公司年产6万吨微悬浮法糊树脂工程，糊树脂品质优越。

在多项独家技术及专利支持下，其氯碱装置的工艺技术生产稳定、质量优良，消耗国内先进，投资经济合理。凭借这些优势特点，规划院赢得与国内多家知名氯碱企业的合作，包括大沽化工、渤天化工、新疆天业、新疆中泰、陕西北元、内蒙古吉兰泰、唐山氯碱、长治霍家、山西榆社、山西瑞恒、河南联创、河南神马、沧州聚隆等。

（三）科技创新，炭黑、顺酐形成自有技术

1984年，化工院承担天津炭黑厂引进全国首条年产1.5万吨新工艺炭黑生产线工

程设计。1998年，与苏州宝化炭黑有限公司共同开发设计2万吨/年硬质炭黑及2万吨/年软质炭黑生产线，并一次试车成功。2008年，获批万吨级新工艺炭黑生产装置工程设计专有技术。

经过不断研究开发，炭黑技术取得多项成果：单套产能从年产2万吨、2.5万吨、3万吨、4万吨扩大到年产6万吨；原料路线可采用油油及油气两种；造粒及干燥工艺品质提升及节能降耗优化技术等。2012年，6万吨/年新工艺炭黑生产装置工程设计获得专有技术。

化工院始终致力于高品质炭黑生产，业绩涵盖天津海豚、苏州宝化、台湾中橡、日本炭素、韩城黑猫等知名企业。2007年，公司将4万吨/年硬质及软质炭黑生产技术输出至伊朗，且成功投产，打开了炭黑装置的海外市场。

20世纪80年代，化工院进入顺酐领域，承接天津中河化工厂和江苏丹阳化工厂引进美国SD公司的苯法万吨级顺酐装置，并在山东齐峰化工厂年产5000吨苯法顺酐工程中成功实现生产技术国产化，该项目荣获化工行业优秀工程设计一等奖。经过多年技术攻关，公司自行研制开发了年产2万吨正丁烷法顺酐生产技术。2003年，首套国产化装置——新疆吐哈油田年产2万吨正丁烷法顺酐装置成功投入运行。2008年，2万吨/年丁烷法顺酐工程设计技术获得专有技术。

2011年，化工院成功举办了正丁烷法顺酐工艺技术交流联谊会，参会人员包括来自全国各地顺酐行业生产专家及上下游企业代表等。2013年，淄博齐翔腾达10万吨/年正丁烷法溶剂吸收装置一次开车成功，填补了我国丁烷法溶剂吸收技术的空白，也标志着化工院顺酐技术已达到国际先进水平。2015年，为提升顺酐装置产业化规模和技术水平，化工院成立天津市正丁烷法顺酐生产工程技术中心，组建顺酐产业链技术攻关小组，有效提升C4资源的综合开发利用，推动石油化工产业链中下游产品的深加工技术。

历经近20年的研究开发，顺酐技术不断取得突破。单套正丁烷法氧化反应能力达到3万吨/年；后处理溶剂吸收设计能力达到10万吨/年；形成了年产2万～10万吨系列化、标准化的生产规模等。2017年，正丁烷固定床氧化及溶剂吸收顺酐工程设计技术获得专有技术。

化工院顺酐业绩遍布全国各地，包括淄博齐翔腾达、仪征化纤、盘锦联成、江宁化工、山东海益、濮阳盛源、山东弘聚、新疆吐哈、克拉玛依金源石化、新疆凯涟捷及上海华辰等，正丁烷法顺酐工艺技术一直在国内顺酐行业处于领先地位。

（四）抓住机遇，医药领域大显身手

1998年，国家药品监督管理局成立后，在全国范围内开展药品生产企业GMP认证工作，制药厂纷纷开始新建、改建或扩建。化工院看准市场需求，抓住市场机遇，迅速成立医药部，制药行业专家带队，组成专业设计团队，先后承接了天津市几项重大制药工程，包括天津中新药业现代中药产业园项目、天津天士力集团中药现代化示范工程、天津市医药集团有限公司头孢类药物及中间体生产基地工程等，助推了天津市医药行业

发展。

天津中新药业现代中药产业园项目，由达仁堂制药厂、天津中药制药厂、研发技术中心等组成，本着“现代化、国际化、人性化”的设计理念，且满足美国、欧盟及中国GMP的要求，成为国内最大最先进的中药制剂研究开发和生产为一体的现代化中药产业基地。其中制剂包括胶囊、片剂、颗粒剂、糖浆、口服液、酊剂等多种剂型及中药浸膏；提取采用四组动态逆流提取，结合大孔吸附树脂、膜分离、超临界萃取等技术，采用先进的低温浓缩、低温干燥技术，提高药物中有效成分含量，成为国内中药提取物最先进的生产基地。该项目荣获2005年度化工行业优秀工程设计一等奖。

天津天士力集团是公司合作的另一知名制药企业。其中药现代化示范工程具有国际先进水平的大型自动化滴丸生产线，实现了从药材种植、中药提取、制剂生产到市场经营及科研开发的全方位发展。

短短几年，化工院不仅在中药提取及制剂领域取得丰硕的成果，同时在传统优势的化学合成原料药方向又有所突破，承揽的项目包括天津津康制药、山西亚宝药业、天津中维制药、张家口帝哈制药、天津新新制药厂等，在天津医药领域独树一帜。

（五）创新理念，精细化工成绩斐然

2009年，面对重庆紫光天化年产1万吨蛋氨酸项目要求高、工艺难度大、工期短三大难题，化工院项目组采用“5+ 2、白+ 黑”的战术全力拼搏，进行了29项重大工艺技术提升，全部设备、材料、催化剂采用国产化，并将顺酐反应器专有技术应用到丙烯醛反应器，实现了成熟技术再创新。2010年，顺利进行二期年产5万吨蛋氨酸工程，同样成功投产。该项目获2013年度化工行业优秀工程设计一等奖。

江苏中能多晶硅项目是将传统工艺产生的大量废渣四氯化硅转化为多晶硅的生产原料三氯氢硅，从而大大降低生产成本，实现无污染循环经济。项目团队凭借刻苦钻研的顽强意志、不辞辛劳的工作态度、无私奉献的敬业精神，与业主紧密配合进行工艺技术创新，一举攻破了二氯二氢硅歧化的技术难题，填补了国内空白，在业内赢得了赞誉。

在精细化工领域，化工院不仅在国内成绩斐然，还与国外40多家公司进行过卓有成效的合作，特别是美国、英国、日本、意大利、德国、荷兰、韩国、瑞士、新加坡、丹麦、伊朗、巴基斯坦等国，合作公司包括巴斯夫、拜耳、杜邦、壳牌、阿克苏诺贝尔、科莱恩、东洋、Aker、SK及LG等。2009年，道康宁张家港有机硅氧烷项目中与东洋工程及Aker合作，负责初步设计、部分主装置施工图及现场设计等工作，多次受到工程公司表扬，项目获2011年度化工行业优秀工程设计奖。

第三节 重组整合转型，谋高质量发展（2016—2019年）

一、借势合并重组，整合优势资源

2016年，化工院并入规划院完成合并重组，不仅整合了优势资源，更深度融合了

两院企业文化，取长补短，实现了管理体系、薪酬考核、资产重组以及生产运行的高度融合，为企业发展带来了勃勃生机。

2017年，进一步改制并更名为天津渤化工程有限公司（简称渤化工程），实现了企业在人力资源、技术资源、财务资源、公共管理资源方面的优势整合和转型发展，形成了以纯碱、氯碱、顺酐及精细化工等优势技术为龙头，建筑、医药、市政、环保等领域多元化、规模化发展，以EPC总承包为主业的工程公司。

在人力资源方面，合并后的专业化人才队伍经过充实呈现出“年龄结构轻，知识结构优”的特点。渤化工程从企业发展的内生需求出发，确定了与市场经济和企业制度相适应的劳动、人事、分配三项制度改革方案，建立了“干部能上能下、员工能进能出、收入能增能减”的“三能”机制。大力推进职业经理人选聘，结合企业改革发展实际，制定了职业经理人选聘工作方案及“三书两办法”，通过全社会招聘的方式，完成了职业经理人的市场化选聘工作。积极探索混合所有制改革，积极寻求发展前景好、管理现代化的战略合作伙伴。同时，探索管理与技术骨干持股路径，构建员工与企业发展的利益命运共同体，激发企业内生动力，实现公司做优做强。

技术资源方面，整合两院技术优势，将纯碱、氯碱、顺酐及炭黑等领域特有技术形成知识产权进行保护，整合原有专利及专有技术等，对质量、环境、职业健康三体系进行了统一完善，统一贯标执行。

二、巩固传统市场，开拓设计新领域

公司利用纯碱、氯碱及顺酐等专有技术优势，在五彩矿业优质纯碱、两化搬迁氯碱一体化、山西瑞恒氯碱、长治霍家氯碱、河南盛源顺酐等传统优势领域的项目中进一步打响公司品牌，夯实在专有技术领域的主导地位，并在两化搬迁项目中实现了数字化交付。

渤化工程联合天津渤天化工有限责任公司对外提供技术许可及工程设计，建成新疆中泰化学年产10万吨糊树脂装置，项目服务范围包括工艺包编制、工程设计、现场施工技术服务、操作手册编制、培训及开车指导等。

近几年，搬迁入园、节能环保、安全整顿、打造智能化工厂成为化工行业的发展趋势，公司先后承接了兰州新区精细化工园总体规划、山西昔阳化工安全设计诊断、利和知信年产30万吨聚丙烯项目、河北科迈橡胶新材料等新领域设计项目，并在设计中通过HAZOP分析及LOPA分析进一步提升安全设计水平。

响应“一带一路”倡议，公司大力拓展海外业务，在巴基斯坦筹建海外技术推广中心，提高国际化运营能力。与巴基斯坦奥林匹亚公司签订了纯碱及食用小苏打EPCM合同，在设计采购、海运清关、出口退税及开车调试等阶段提供了优质服务；与天津水泥院合作哈萨克斯坦萨斯多别氯碱一体化项目，将氯碱技术延伸至海外。

三、实行项目管理，总承包迈上新台阶

公司以工程项目为中心，建立起与总承包模式相协调的企业组织机构和项目管理体

系，设有独立的项目管理部、商务部、采购部、施工管理部、工程经济室等专业部门。实行项目经理负责制，通过矩阵式管理模式，有效推进项目质量进度控制、成本费用控制，以及安全环保施工管理。建立了以项目“内控指标”为核心的考核机制，实行“项目盈亏”与项目组人员收入密切挂钩的考核办法，不断提升管理效能。制定了《工程总承包项目管理手册》《工程总承包项目考核办法》《招投标管理规定》等制度，并通过信息化手段对管理流程加以固化，进一步规范了项目过程管控。

2017 年，仪征化纤项目作为改制后的首个 EPC 总承包项目，公司组织人员对其设计、采购、施工、性能测试进行了全面考核和总结，并将已完工的项目资料整理建成项目数据库，推进了项目成本和费用控制的精细化管理。

2017 年，天津长芦汉沽盐场有限责任公司年产 30 万吨精制食用盐搬迁项目，开启了渤化工程大型综合项目整体总承包的新纪元。该项目建设规模为年产 30 万吨精制食用盐，其中饱和卤水精制盐 25 万吨，鱼籽盐 5 万吨。项目采用海水多效蒸发技术进行原料前处理，将多级自然沉降、气浮和纤维过滤技术相结合应用于卤水预处理；采用多效、单效蒸发技术及余热回收技术；利用高效除沫系统，提高循环蒸汽品质，控制物料循环速度，保证产品的粒度和圆度。该项目采用设计单位牵头总承包，负责项目的详细设计、采购、施工、单机试车、联动试车、投料试车及技术服务等工作，其中土建及安装由施工单位分包。设计期间，公司多次组织专家通过设计优化进行工艺技术提升、成本及质量控制。施工期间，项目管理上，公司统一把控项目的设计、施工、采购进度，提高工作效率，充分发挥了设计单位牵头总承包的巨大优势。

2018 年，渤化工程承担了天津市“十三五”重点项目——天津渤化化工发展有限公司“两化”搬迁改造项目专用罐区的总承包工作，巩固了公司总承包的市场份额。在该项目中公司进一步完善了项目组织架构，采用项目经理负责制，分设设计经理、采购经理、控制经理、安全经理、施工经理及费控经理等，进一步明晰了与分包方的职责及项目组内部分工，加强了对分包方质量、进度及变更的管理，牢固树立设计牵头总包的全局意识，在工程总承包的道路上稳步向前。

四、加强科技创新，引领高质量发展

借势提升自主创新能力。公司立足氯碱、纯碱、顺酐、炭黑、蛋氨酸、糊树脂等现有专利及专有技术，建立以市场为导向、具有前瞻性和先导性的技术创新体系，并加大科研投入，建立常态化的科研运行机制，增强原始创新、集成创新和消化吸收创新能力。公司加大力度关注新产品工艺包的消化吸收，通过集成创新形成专有技术，助推科技成果落地。优化公司内部创新奖项评选办法，推进优秀咨询工程、设计工程奖项的申报，充分发挥典型项目的引领示范作用。

全面利用多层次科技创新平台。密切与渤化集团创新平台衔接，利用自身资源，与兄弟单位合作，提升并开发关键技术和产业化成果，为公司重点产品核心技术的持续改进提供技术支持。广泛与大院大所合作对接，与大连化物所、天津大学、天津科技大学、河北工业大学、北京理工大学等科研院所紧密合作，不断深化“产、学、研、用”

有效结合。专业技术人员走出去，寻找前沿技术，寻找合作机遇，提升和开发公司技术新产品，形成公司专有技术，增强核心竞争力。

紧跟政策形势，响应国家号召。积极研究国家“一带一路”倡议、京津冀科技成果转化政策及对高新技术企业等优惠政策。

实施科技创引领高质量发展战略。建立以公司为主体、市场为导向、产学研结合一体的技术创新体系，构建科学研究与人才培养有机结合的知识创新体系，全面提高创新能力，加快科技成果产业化。

第四节　实现信息化运营，助力智慧化工厂

2017 年，公司 OA 办公系统成功上线运行，实现了信息共享化、决策科学化，各部门协同办公更加及时、高效。

2018 年，企业标准信息化管理系统正式建立，采用大数据替代人工检索收集，实现了政策法规、标准规范及时、准确更新。建立并逐步完善项目管理系统，构建起互联网下商务运营、资金流通、风险控制和项目管理等多个模块协同工作模式，实现从项目策划、设计、采购、施工到交付使用全过程的信息化、职能化管理，真正实现工程项目综合效益的最大化。借助项目平台搭建 SmartPlant 数字化交付平台，完善 PDS 及 PDMS 软件数据库建设，为进一步提升数字化交付水平，建设智慧化工厂牢筑基础。

自强不息的渤化工程人，历经风雨，不忘初心，面对瞬息万变的市场形势，斗志昂扬、不断攀登。放眼未来，渤化工程将凝心聚力、团结创新，以卓越的技术优势和先进的管理模式，一路披荆斩棘迈向大型国际化工程公司行列。

（天津渤化工程有限公司　王淑梅）

创新发展　惠润民生

——惠生工程（中国）有限公司发展纪实

惠生工程（中国）有限公司（简称惠生）成立于 1997 年，秉持“发展科技，惠润民生”的企业宗旨，经过 20 余载的潜心耕耘，现已发展成为中国领先、国际化的石油化工、煤化工及炼油等化工能源领域 EPC（设计、采购及施工管理）服务和技术提供商之一，从工程前期规划、咨询到设计、采购、施工管理、开车直到运营服务，能够为境内外客户提供覆盖项目全生命周期的解决方案，业务覆盖 15 个国家和地区。

20 多年的发展，惠生从乙烯裂解炉改造起步，至承建第一台新建裂解炉，仅用短短 7 年时间就占领了国内乙烯裂解工程的 70% 以上市场份额；2005 年开始，仅用 3 年时间就具备了石油化工工程及煤化工工程成套装置 EPC 总承包能力，期间获得化工石油工程施工总承包壹级资质、化工石化医药行业甲级设计资质；2008 年起，随着煤化工核心技术实现突破，惠生逐步确立了在国内煤化工市场的领先地位，同时陆续成立海外机构，加速海外扩张，海外市场拓展陆续取得重大突破，连续斩获中东、北美、南美等国的炼油、石化工程总承包项目，其中包括中国工程公司在美国本土承建的最大模块化项目。

惠生是港交所主板上市公司、中国能源工程行业最大的民营企业。2017 年，惠生跻身商务部评选出的全国对外承包工程业务完成营业额百强和新签合同额百强企业，2015 年以年来国内外业务年均营业收入近 50 亿元人民币。2020 年 1 月，惠生荣膺第四届金港股年度最佳中小市值公司奖、最佳投资者关系管理奖两项大奖，充分说明公司在市值管理和投资者关系管理方面的专业水准获得了市场高度认可。

20 多年来，惠生先后被认定为中国石油和化工行业技术创新示范企业、上海市高新技术企业、上海市民营科技企业研发百强；20 多年来，惠生紧跟全球能源发展趋势及国家能源发展战略，顺势而为，始终以促进能源化工行业的繁荣与发展为公司使命；20 多年来，惠生始终将创新作为企业成长的源动力，持续、稳步推进技术、管理、模式、市场、业务、文化等诸多领域创新，不断突破，不断优化运营系统，创造性地针对客户需求为客户创造价值。

第一节　以技术创新为驱动力，原创与技术合作相结合，引领公司跨越式发展

公司自成立以来，通过矢志不渝的自主创新与产学研资源整合，在石油化工、煤化

工、清洁能源及其他环保节能领域培育起了国内领先的核心技术优势，积累了众多拥有自主知识产权的专利技术，多项技术已实现了多次成果转化，在业界形成了独特的竞争优势。

一、研发设施齐全、人才储备充足

公司拥有上海能源化工领域唯一一家以“绿色、节能”为设立目标的工程技术研究中心以及国内能源化工领域首个民营博士后科研工作站。建有8000米^{2}独立研发中心大楼、200亩的技术研发基地，WMTO等四套新技术中试装置，为新技术走向商业化搭建了良好的试验平台。

正如惠生创始人华邦松先生所说，惠生最重要的资本就是员工。作为一家高科技企业，惠生视人力资源为第一资本，打造学习型组织，密切关注每一位员工的培养与发展。仅2019年，公司就组织各类学习、培训近千人次，近4万学时，鼓励每一位员工在开放、积极、包容的宽松氛围中激发和释放自我潜能，不断寻求创新和进步，实现自我超越。

惠生为员工提供了职业发展的双通道，员工可以结合自身能力与兴趣，选择发展成为管理人员，或潜心于专业技术、某专业领域，并且两个通道可以交替发展，为员工提供更广阔的职业发展空间和发展机会。

公司拥有近1600名员工，800余名工程设计人员，其中教授级高级工程师和高级工程师四百余人，中级工程师五百余人，拥有各类注册类证书人员近九百人，技术创新团队可谓人才济济。

历经20余年，惠生工程拥有一支引以为傲的项目管理团队，汇聚了设计、采购、施工、质量安全、项目管理等各专业的近千名优秀人才。团队成员项目管理经验丰富，参与过国内外石油化工、煤化工及炼油等工程建设领域重大项目的实施，拥有高度的专业素养、强大的项目执行能力与创造卓越工程的坚实信念，为客户提供一站式解决方案。此外，惠生还拥有由一批高素质的业内资深人士组成的专家库，从前期咨询开始，到开车、运营、维护，行业专家们能够为客户提供更多增值服务。

二、核心技术助力市场开拓

凭借着雄厚的人才优势，经过多年的深耕和发展，惠生已形成成套乙烯、烯烃分离、煤气化、合成气制乙二醇/乙醇、丁烯氧化脱氢制丁二烯（自有催化剂）、煤制天然气等十余个成套核心技术，在石油化工、煤化工等领域拥有近80项专利。公司已将开发出的乙烯裂解、烯烃分离、丁二烯等十余项自主知识产权技术商业化应用于国内外200多个项目，赢得了包括巴斯夫、沙比克、壳牌、霍尼韦尔等国际知名公司业主及国内业主的高度认可。新技术成果转化拉动公司超过60%工程营收，技术创新对公司业务贡献正发挥着举足轻重的作用。

这些技术在助力公司开疆拓土，为我国石油和化工行业发展提供有力技术支持的同时，亦收获了诸多荣誉。其中，新型乙烯裂解炉技术获得了中华全国工商业联合会颁发的科技进步一等奖；自主研制的甲醇制烯烃分离技术开发和工程应用打破了烯烃分离领域国外技术垄断，对国民经济发展具有重要意义，获得中国石油和化学工业联合会科技进步二等奖，该技术也被国家石油和化学工业规划院选定为“十二五”煤制烯烃升级示范技术方案；自主成套丁烯氧化脱氢制丁二烯技术被中国石油和化学工业联合会鉴定为处于国际先进水平，产物收率处于国际领先水平。

三、自主研制的MTO“预切割+油吸收”烯烃分离技术在业界独树一帜，影响深远

惠生工程甲醇制烯烃MTO“预切割+ 油吸收”烯烃分离技术开辟了一条烯烃生产新路线，可以有效缓解烯烃产业对石油资源的依赖，也是甲醇制烯烃成套技术的关键组成部分。公司现已签署十余个技术许可合同，总产能超过480万吨/年，是市场份额最大的国产化MTO烯烃分离技术。

该技术最早提出用油吸收法处理MTO反应产物，开创了油吸收MTO烯烃分离技术的先河，填补了国际MTO烯烃分离技术领域的空白。同时，该技术首次将预切割技术应用于MTO反应产物分离，并且独辟蹊径地开发了可以实现传质传热同时进行的降膜换热微分吸收器，有效提高了乙烯产品回收率。采用惠生工程MTO烯烃分离技术时，烯烃回收率> 99.8%，综合能耗比传统深冷工艺降低10%以上。与国内外其他技术相比，惠生工程MTO烯烃分离技术可将乙烯回收率提高1%以上，同时减少25%的吸收剂用量，具有流程简单、能耗低、产品回收率高等优点。

该技术共取得3项授权专利和1项专有技术，已实现与UOP先进MTO技术、大连化物所DMTO技术、神华新疆自主研发的SHMTO技术等不同甲醇制烯烃反应技术的配套使用，适应性强。该技术经中国石油和化学工业联合会专家鉴定，认为达到了国际领先水平，极具市场竞争力。

2010年7月，该技术首次在陕煤集团蒲城清洁能源化工有限公司68万吨/年DMTO-II示范装置实现技术许可，使甲醇制烯烃分离技术首次实现国产化，打破了国外烯烃分离专利商的垄断。2014年，该示范装置一次开车成功。

2013年9月，该技术首次在南京诚志清洁能源股份有限公司[原惠生（南京）清洁能源有限公司]30万吨/年MTO装置实现商业运行。

2016年6月，在山东阳煤恒通化工股份有限公司30万吨/年MTO装置性能考核中，乙烯回收率高达99.89%，创造了全球同行业的最高水平。

四、顺应节能减排趋势，突破清洁煤化工核心技术

在全球对替代化工原料和替代能源的需求越发迫切、节能减排大势所趋的大背景下，惠生始终以促进人类社会与自然环境和谐发展为己任，将煤炭清洁高效利用、节能核心装备研究、非化石能源利用等作为重点研发方向，在掌握清洁煤化工核心技术和低碳节能降耗工艺技术关键环节取得了多项突破的同时，褐煤提质技术、能量系统优化和梯级利用技术等其他相关技术的研究也在持续进行中。

1. 煤制甲醇工艺成套节能降耗技术

该技术采用换热网络夹点技术，对煤制甲醇的整体流程进行集成分析和优化，达到全厂设计能耗最低、资源消耗最少、排放量最小的目标。其核心是惠生专利技术：一种甲醇热泵精馏工艺，节省了冷、热公用工程的用量，与传统的甲醇双效精馏工艺相比，综合能耗可降低约 50%。采用煤制甲醇工艺成套节能降耗技术，吨甲醇水耗可降低 30%，运行能耗可降低 17%。

2. 用一台减黏塔实现两套急冷油系统减黏的节能降耗技术

针对国内有多套乙烯装置的急冷油系统存在运转困难境况，通过技术创新，公司开发了用乙烷、丙烷裂解炉的裂解气作汽提介质，设置一台减黏塔为两套急冷油系统减黏的工艺技术，在国内首次应用后，具有设备投资少、可有效降低急冷油减黏度、增加了稀释蒸汽发生量、有效降低工艺污水的排放量、节能减排效果明显等特点。

3. 甲醇催化精馏制二甲醚技术

一种固定床反应器与催化精馏结合生产二甲醚的方法，是惠生专利技术。实验表明，采用液相固定床与催化精馏相结合的工艺，甲醇单程转化率可达到 95% 以上，能耗比气相法合成技术节省 47% 以上，具有流程简单、投资少等特点。

4. 二氧化碳高效合成化学品关键技术

公司申报的二氧化碳高效合成化学品关键技术已经正式获得国家科技部立项，将重点开展以二氧化碳为原料，经碳酸乙烯酯加氢合成乙二醇联产甲醇千吨级中试装置的设计、建造和中试实验研究，将促进中国能源化工领域向低碳发展，标志着公司已具备承接国家级科研任务的实力与水平。

5. 威斯塔（VESTA）新型合成天然气（SNG）技术

公司成功开发了 VESTA 新型 SNG 技术，该技术可有效提高煤制合成天然气技术的竞争力，对于促进中国煤炭清洁利用以及能源结构优化具有战略意义。公司通过将 VESTA 甲烷化技术与上下游技术的优化耦合研究，完成了年产 10 亿标准立方米 SNG 的 VESTA 甲烷化工艺包的开发，采用 VESTA 新型 SNG 技术路线，与市场上普遍采用的常规绝热固定床甲烷化技术相比，既能够提高操作的稳定性、安全性，又能极大地降低净化装置、甲烷化装置及 SNG 干燥装置的投资及能耗。以煤制 40 亿标准立方米/年 SNG 规模为例，采用 VESTA 新型 SNG 技术每年可为企业节能增收 2 亿元以上。

五、积极打造技术合作生态圈

在注重科研原创技术的同时，公司亦注重与国内外著名企业及科研院校横向合作、联合攻关，与壳牌、科莱恩、托普索、霍尼韦尔 UOP、天津大学、大连化物所、大连理工大学等全球顶尖院所和专利商建立合作关系，形成了全球范围的技术合作生态圈，共同突破行业共性和关键技术，加快和促进科技成果转化、辐射和扩散，在大型粉煤气化、煤制天然气、煤制乙二醇/乙醇等现代煤化工成套技术领域实现了质的突破。

其中，惠生与壳牌合作，结合双方在研发、设计、工程方面的优势，在中国成功开发了成本低廉、环保可行、技术适应性广的混合气化技术，扩大了煤化工、制氢和化肥行业对合成气的市场需求，为中国煤炭资源的清洁高效利用作出了贡献。

第二节 创新工程建设、建造模式，紧跟行业发展脉络，提升核心竞争力

如何顺应整个石油和化工行业在工程建设、工程建造模式上的发展趋势，是摆在所有石油化工行业同行面前的难题。经过 20 多年不懈探索，惠生在模式创新上走出了一条建设投融一体化，建造模块化、数字化的创新之路。

一、构建投融一体化平台，创新工程建设模式

随着工程行业新商业模式竞争的加剧，投融一体化解决能力渐成行业竞争的焦点。惠生因势而变，组建融资中心，打造国际融资、国内融资、机构融资平台，既有分工又有协同，三位一体高效运作，同时利用自身上市公司融资优势，在融资渠道多元化和融资模式多样化上下功夫，向国内外客户提供一揽子投融建解决方案，使惠生实现了从工程服务提供商向全产业链一站式综合服务商的转变。

委内瑞拉国家石油公司拉克鲁斯港炼油厂深度转化项目是中资企业在拉美承接的最大炼油工程，面对当时国际金融市场剧烈动荡的背景和客户开工快、融资成本低的硬性要求，惠生工程与中外资金融机构通力合作，创新性地提出“远期信用证+卖断”融资解决方案，独立完成 8 亿多美元国际融资，成功拿下了项目，迅速实现了项目收款，有效规避了后来因国际油价下跌、委内瑞拉经济形势恶化可能带来的巨大风险，国内外多家媒体对此进行了报道。其中，2013 年 10 月 16 日，中央电视台经济信息联播频道 CCTV-2 对本项目签约进行报道时说，“此次签约表明了中国民营企业在炼油领域良好的国际化项目执行和管理能力，标志着以民营企业为代表的中国石油化工总承包行业在海外的拓展步入新的阶段。”10 月 18 日，美通社以《惠生工程获 PDVSA 合同——中国工程公司在拉美地区的最大炼油工程》为题，在美国纽约时代广场显示屏上进行了报道。对此予以报道的媒体还有：《财新网》、《第一财经日报》、《南方都市报》、中国新闻网等。2017 年 2 月 14 日，国家发改委副主任宁吉喆、中国驻委内瑞拉大使赵本堂、委内瑞拉计划部部长梅嫩德斯以及委内瑞拉国家石油公司（PDVSA）总裁德尔皮诺等领导曾视察项目，高度赞许惠生出色的项目执行力及惠生作为中国能源工程领域的代表企业为委内瑞拉国家能源基础设施建设所作出的卓越贡献。

二、加快模块化与数字化技术应用，推动行业转型发展

经过 20 多年不懈探索，惠生顺应行业向集约化、数字化发展的趋势，坚决落实以“技术驱动发展”的方针，积极推动数字化、智能化及模块化技术应用，在模式创新上走出了一条模块化、数字化创新之路，进一步巩固了惠生在能源化工领域的核心竞争力。

1. 集模块设计与建造能力于一身，练就模块化一条龙执行能力

模块化预制方式能有效管控工程进度和质量，大幅缩减工期提升效率，可以成功解决现场施工安装难度、提高安装工效，大幅降低项目成本，尤其在施工建造成本高、资源缺乏、现场施工安装难度较大的地区，大型石油化工装置模块化建造能为客户提供最具经济性和竞争力的卓有成效的解决方案。

惠生配置了先进的 Smart Plant 系列数字软件，拥有一批模块化项目经验丰富的人员，充分利用和发挥在模块化的成熟经验，前期为客户提供模块化建造的优化方案，在执行阶段提供完善的模块化设计或最大化模块转化设计和供货，依托自有建造场地并与国外本土施工承包商通力合作，具有模块化一条龙执行能力，成为全球最具竞争力的模块化项目 EPFC 技术和服务提供商之一。

2013 年以后，惠生接连斩获 5 项模块化项目订单。浙江石化乙烯裂解炉整体模块制造项目是目前全球整体模块化建造和运输单台规模最大液体原料裂解炉，单台裂解炉年产乙烯 20 万吨，重 3689 吨，高 53 米，惠生仅用 5 个月就完成了首台裂解炉的模块化设计、建造和总装，为客户如期投产赢得先机，树立了行业标杆！在顺利交付台塑美国管廊模块化项目之后，惠生依靠创新性的“模块制造+ EPC”又成功赢得南亚塑胶美国低密度聚乙烯项目，该项目是目前中国工程公司在美承建的最大模块化项目，约 3. 6 亿美元。项目通过模块化设计，在中国完成模块制造，再船运到美国现场安装，以差异化与高附加值的服务为客户提供超越期待的优质体验，打造了中资企业在海外模块化领域的名片。

2. 引领数字化发展，用数字化技术深化企业战略转型及升级

在数字化时代全面到来之际和“一带一路”倡议大背景之下，数字化及智能化是能源化工工程行业的未来发展方向，尤其 2020 年初新冠病毒疫情暴发，更突显数字化应用的重要性。

自 2013 年公司提出全方位开展数字化设计，到 2017 年在项目上全面应用，惠生走过了很长的探索、沉淀之路，如今取得了质的飞跃。惠生通过提高 EPC 及项目管理等过程的数字化能力，逐步实现了通过智能化工程交付智能化工厂；通过拓展、提高系统自动完成的广度和深度，在百万吨级乙烯设计中成功进行了验证。惠生的数字化能力可充分满足国内外业主对数字化的服务需求，在行业转型发展过程中赢得了先机。

惠生在行业内首创能够直观交互的云技术 3D 平台，采用 SP 系统实现数字化设计交付能力，最终交付与实体工厂完全一样的模型，为业主带来交互式直观工程体验。依托三维系统，实现各专业的数据传递及上下游专业的信息共享，通过统一材料编码、统一工艺数据源，将设计前移，可自动完成物体碰撞检验，自动进行材料等级、管径、数量等 3D 模型与 PID 的一致性检查，消灭碰撞类、尺寸标注等类型设计错误引起的变更，此类变更在传统设计变更中约占 50%。设计信息还可延伸到采购模块，设备材料表可从模型中一键生成，实现从设计请购到库房发料全程数字化，确保竣工时剩余物资库存量控制在 2‰～4‰（传统方式下剩余物资约 2%～3%）。惠生为传统工程建设承包商向数字服务提供商转型提供了最智慧的路径，同时让工程服务转型为精益制造，为业主创造实实在在的经济价值。

惠生与江苏大学成立了“江苏大学-惠生工程”大数据联合实验室，在行业内率先建立大数据平台。双方共同开发在能源化工领域的大周期价格及需求预测技术，深度分析行业产品及价格趋势，通过动态投资模型，为客户提供新建项目经济技术分析、在建项目或已运行项目排产和操作优化，进而帮助客户提升经济效益。大数据平台的建立与应用是惠生工程数字化转型之路的有力支撑，进一步巩固了惠生在能源化工领域的核心竞争力，促进了行业的创新性商业化应用。

惠生与微软正携手打造基于云计算、大数据、人工智能和混合现实等数字化新技术的“数字惠生”平台，围绕数字化设计、数字化工厂、数字转型人才培养展开合作，把多年深耕的行业数字化经验与最新的人工智能和大数据等前沿技术结合，建构新的业务模式与服务平台，带动产业链的上下游联动发展。

2019 年 7 月，惠生与霍尼韦尔签署“智能互联工厂”战略合作协议，双方将在丙烷制烯烃联合石化智能、互联工厂应用领域展开持续合作，以惠生天津乙烯项目作为试点展开总体规划和概念设计，目标是建成全球一流智能工厂。

从“江苏大学-惠生工程大数据联合实验室”到“数字惠生”大平台，一路走来，惠生把多年深耕的行业数字化经验与最新的人工智能和大数据等前沿技术结合，建构新的业务模式与服务平台，带动产业链的上下游联动发展，树立了中国企业在能源化工行业数字化转型和升级的成功标杆，相信也必将成就面向未来的“科技惠生”与“数字惠生”。

第三节 从“一站式”方案解决到多行业齐头并进，创新管理，规范运营，惠生进行着深度、广度的业务创新

惠生从成立之初就放眼未来，定位于成为石油和化工行业发展的引领者。从专注于石油化工，煤化工和炼油三大领域到“跨界”进入市政、环保领域，惠生不断突破着发展瓶颈，进行着深度、广度的业务创新。

一、服务前延后展，提供覆盖项目全生命周期的解决方案

经过 20 多年发展，惠生能够在石油化工、煤化工和炼油三大领域提供多种形式的工程建设服务和技术开发应用服务，已经成为中国最大的民营化工 EPC 服务供货商，专业从事石油化工、煤化工及炼油装置工程建设和技术服务，从工程前期的规划、咨询，到设计、采购、施工管理、开车直到运营服务，为境内外客户提供着一站式创新解决方案。通过对设计、采购、施工等不同专业和团队的无缝衔接和整体协调，能为客户提供最高效、最科学的项目管理服务。如今，由惠生工程承建的大型石油化工、煤化工、炼油等生产装置遍布全国各地，已经积累起几百个总承包项目业绩，在工程承包领域形成了惠生的专业特色。

根据国内外前期项目需求和业务拓展需要，惠生按照石油炼制、烯烃及下游、有机

化工、煤及天然气化工、液化天然气及综合利用、油田地面工程、环境保护等产业链统筹相关产品技术、前期规划和方案编制等工作，以满足煤、油、气一体化大型工程前期规划和工程咨询需求。与其他前期工程咨询机构相比，惠生前期项目规划业务范围更全面、服务更专业、项目运行更高效，从源头创造价值。惠生已完成前期咨询规划项目近六百余项，荣获国家级和省（市）级优秀工程咨询成果奖近百项。

同时，惠生拥有来自国内大型化工基地的工艺、设备、仪表等专家，能更好地策划建设与生产的衔接，准确地把握生产对设计、采购、施工的管理要求，为客户提供开车、保运、开车指导、运营过程维护等增值服务，开车服务正逐步成为惠生有别于其他工程公司的特色服务，增强了惠生的核心竞争力。

作为项目总承包单位，惠生成功地把项目投资优化和可施工性审查植入到设计过程，并已在石化、煤化工、炼油等领域的200余个总承包项目中实施，取得了巨大成功。其中杰出代表项目之一，煤气化装置为全球首套商业运行规模最大的煤气化装置的山西潞安高硫煤清洁利用煤制油示范项目，由于项目投资和进度均得到了很好的控制，并且工程质量精湛，项目最终荣膺2018化学工业优质工程奖。

二、积极开拓市政、环保市场，烫平行业周期波动

惠生不仅深耕于石油化工、炼油及煤化工领域工程服务业务，为了烫平单一行业周期波动，积极开拓市政、环保等市场，实现多行业协同发展。

2018年初，惠生获得由上海市住房和城乡建设管理委员会批准的水污染防治工程（乙级）和固体废物处理处置工程（乙级）两个新增资质；同时并购江苏中和永泰建设工程有限公司作为惠生全资子公司，拥有了市政公用工程施工总承包壹级资质，取得了进入环境工程和市政建设领域的准入证。

针对危废行业市场增长潜力巨大，同时壁垒高、技术性强、现阶段技术水平有待提高等现状，惠生与苏伊士新创建、威立雅等跨国企业以及东方园林、光大、中广核等企业合作，共同开发危废处置潜在市场；与此同时，惠生也正在同法国Europlasma Industries和英国Tetronics等技术公司展开合作，积极探索利用先进等离子体熔融、气化技术，将危废在高温熔融后生成惰性玻璃体产品的处置路线，从而达到对危废的彻底无害化、减容和资源化回收，共同寻求危废处置设施的运营新模式。相信未来，危废处置领域将会成为惠生业务新的增长点。

2019年3月，惠生获得首个市政行业EPC项目郑州市格沃环保开发有限公司100吨/天污泥热解气化中试装置的EPC总承包合同，标志着公司业务向市政环保领域迈出了实质性的一步，为惠生服务领域的跨界和多元化奠定了重要基础。

短短半年多，惠生连续中标兴化长江引水工程PPP项目和泰兴镇村生活污水治理工程PPP项目，捷报频传，标志着惠生在市政基础领域的全新拓展和布局。

三、建立完整的QHSE管理体系，以优异的工程质量赢得市场

如果说技术创新是公司屹立于业界的“根”，那么管理创新就是企业这棵大树枝繁

叶茂的“魂”。技术创新能否有效转化为现实生产力取决于管理创新。20多年来，惠生紧跟行业的发展趋势，学习、借鉴国内外优秀同行的管理经验，不断锤炼着自身的管理理念，不断丰富着自身的管理手段，使得技术创新成果及时顺利地转化，并在项目实践中进一步完善与提升，很好地做到了技术创新与管理创新的相辅相成，相得益彰。

从工程项目前期的规划、咨询，到设计、采购、施工阶段的项目管理，直到开车服务与技术支持，惠生工程以完整的QHSE管理体系和项目管理体系为规范标准，采用自主开发的一体化项目信息综合管理平台（WEPM）全局掌控，为客户提供高质量的全过程解决方案。

1. 将“质量是企业生命”的理念深度覆盖业务全过程，充分赢得客户信任

建章立制，体系保障有力。一千余项公司管理规章确保着惠生依循创办理念“有轨”而行，规范的公司治理、完善的质量管理及项目管理，实现了对人的标准化管理，最大程度地防范与化解了“人为化”所带来的风险。惠生在业界较早就完成了ISO 9001质量管理体系、ISO 14001环境管理体系、OHSAS 18001职业健康安全管理体系的认证，所建立的适用于国内外工程项目总承包和管理服务的QHSE管理体系实现了覆盖项目执行全过程的QHSE管理。

在建立完整管理体系的同时，严格按照法律法规、质量管理体系文件及业主的要求，对工程项目的实施过程进行全面策划和控制，使影响工程项目质量的各种因素处于受控状态。建立覆盖设计采购施工全过程的质量管理方法，时刻关注质量问题的关闭和持续改进。

惠生同样注重丰富管理手段，进一步深入到管理的细节中，使得体系的执行更加有力。在采购管理方面，惠生采用国际先进的Marian软件与工程材料编码控制管理系统MCMS进行采购管理，实时掌控采供状态；在施工管理方面，惠生在自主开发的项目管理平台中内置施工阶段全要素、全流程、各分散节点的结构化、程序化控制机制，实现了集成化项目管理，有效地提升了项目执行效率。

高效、科学的项目管理服务，使惠生荣膺了我国工程建设质量方面设立最早、规格最高的国家级荣誉“国家优质工程金质奖”以及化工行业最高奖项“化学工业优质工程奖”。

惠生总承包的中石油独山子石化改扩建炼油及新建乙烯工程、中石油抚顺石化扩建80万吨/年乙烯工程高标准实现每一个关键里程碑，项目荣膺我国工程建设质量方面设立最早、规格最高的国家级荣誉，暨2014—2015年国家优质工程金质奖、2016—2017年国家优质工程奖；渭北煤化工园区180万吨甲醇70万吨聚烯烃项目，山东阳煤恒通化工股份有限公司30万吨/年聚氯乙烯原料路线改造、20万吨/年双氧水法环氧丙烷清洁生产项目、30万吨/年甲醇制烯烃装置，新疆心连心能源化工有限公司煤头年产28万吨合成氨、48万吨尿素、10万吨三聚氰胺、15万吨复合肥项目，分别入选2018—2019年度国家优质工程金质奖（一项）和国家优质工程奖（两项）。此次是继2015年凭借中石油独山子石化工程项目获年度金质奖之后，惠生工程再次获得国家优质工程金质奖，向外界彰显了“惠生质量”的雄厚实力。山西潞安高硫煤清洁利用油化电热一体化示范项目煤气化装置是全球首台（套）商业运行规模最大的煤气化装置，日投煤量最大可达3200吨，项目攻克首套示范项目技术创新和工程转化难点，成功开车并产出合格油品，其建成投运是高硫煤清洁利用、节能减排和环保工程的样板和示范，多种产品处于世界先进水平或填补国内空白，项目荣膺2018年度化学工业优质工程奖，再立行业标杆，铸就工程典范。2019年，惠生参建的陕西延长石油延安能源化工有限责任公司延安煤油气资源综合利用项目ACO装置裂解单元荣获2019年度化学工业优质工程奖。

2. 将HSE理念融入决策全过程，安全人工时已经超过1亿+

惠生始终把保护环境、关爱员工和相关方的安全健康放在首位，将HSE理念融入决策全过程。依循HSE管理方针：安全第一、预防为主，关爱健康、保护环境，以人为本、全员管理，持续发展、惠润民生，以及十大管理“金规”（动火作业、夜间作业、能源隔离、变更管理、受限空间、吊装作业、作业许可、车辆安全、高处作业、挖掘作业），通过项目实施过程中的推进，对员工、业主和分包商及项目区域内的公众，采取激励为主的人性化管理，实施HSE保护，通过各个层次、多种方式的HSE培训交流，积极传播惠生HSE理念，与价值链上各方分享国内外先进的项目HSE管理经验和资源，达成管理上的共识与多赢，以追求实现更卓越的HSE业绩。

危害识别和风险控制是HSE管理核心所在，作为以研发设计为龙头的EPC工程公司，惠生始终坚持工艺安全管理（PSM）和行为安全管理（BSM）并重，积极引入HAZOP、LOPA和SIL等工艺安全分析方法，抓住工艺过程的本质安全；建立并动态优化覆盖惠生工程项目实施全过程的危险源识别、控制数据库。

专业化的HSE人才队伍建设是惠生项目HSE成功的保障；兼容并蓄的管理是惠生HSE长足进步的动力。眼光向外：积极关注并适时引进行业HSE管理的最佳典型实践经验。苦练内功：总结提炼并推广每一个惠生完工项目的HSE管理方法，形成了以绿色工程和安全文明施工标准化为代表的惠生工程HSE管理特色。

至2019年底，惠生总安全人工时已经超过1亿小时，成绩斐然。

第四节　海外业务跨越式发展，成为“一带一路”先行者

乘着改革开放的东风，随着“一带一路”倡议的推动落实，惠生凭借专业的项目执行管理能力和领先的技术整合能力，携手全球优秀供应商及专利商，积极开拓能源和化工领域的海外EPC市场，积累了包括国际知名石化企业在内的稳固的全球客户网络，业务覆盖北美、中东、俄罗斯、中亚、南美和东南亚等22个国家和地区，在15个国家建立分公司或办事处，近几年连续入选商务部公布的全国对外承包工程业务新签合同额百强榜、全国对外承包工程业务完成营业额百强榜和新签合同额百强榜，实现了海外业务布局跨越式发展，铺就了一条富有惠生特色的国际化战略的新路，实践了由“劳务输

出”向“管理输出”的大胆尝试，在国际市场上创建了“惠生品牌”优势，获得了良好的声誉，成为“一带一路”的先行者。

一、“走出去”从中东破冰开始，深耕十年破茧而出

沙特阿拉伯作为世界上最大的石油出产国和输出国，有着极大的吸引力。2007 年 6 月 23 日，中国商务部与沙特阿拉伯城乡事务部签署《中沙工程合作谅解备忘录》，沙特阿拉伯政府为中资企业进入沙特阿拉伯市场提供了便利，惠生敏锐地嗅到了机遇的降临，2008 年，惠生在沙特阿拉伯成立了第一个海外分支机构，正式启动海外市场拓展计划。

2008 年到 2012 年，惠生在沙特阿拉伯市场的团队整整做了 4 年的准备和沟通，以耐心、信心和策略抓住每一次拓展业务的可能。天道酬勤，2012 年沙特阿拉伯基础工业公司（SABIC）向惠生伸出了“橄榄枝”——SABIC 钢厂脱瓶颈 EPC 项目，项目工期为 17 个月。这是惠生在海外赢得的第一单，惠生迅速调兵遣将，攻坚克难，项目按时完美竣工，在同期 38 个项目中排名第一，一举拿下 SABIC“金钥匙奖”，该奖项是业主颁给承包商的质量最高奖，创中国工程公司在沙特 EPC 市场的先例。此后，惠生又一举拿下了新建裂解炉 EPC 总承包合同。在项目执行中，惠生不仅充分利用了广泛的海外供应商网络资源，还结合国内优质的制造资源和其模块化制造经验，将该裂解炉的对流段在国内模块化制造、再运输到现场吊装，显著降低项目执行的风险和项目成本。项目成功实现机械竣工，比合同要求的项目计划提前 10 天实现交付，这标志着惠生的优势领域——裂解炉项目的执行能力在海外市场获得了正式认可。

2017 年到 2018 年共有 4 个项目在沙特阿拉伯同时执行，惠生团队间完美配合，每一个惠生人都拼搏奋进，4 个项目都提前竣工，再一次巩固了惠生在业主心中无懈可击的执行力和良好的口碑。业主对惠生承包商资质的评级也逐步提升，目前惠生已经获得了竞标大体量项目的资格，大幅提升了市场竞争力。

2020 年 1 月，惠生与沙特阿拉伯国家甲醇公司（IBN SINA）在沙特阿拉伯朱拜勒工业区签订了 IBNSINA ATR 及甲醇转换器项目的总承包合同，这是惠生工程首次在海外获得天然气制甲醇的 FEED+ EPC 项目，也是在其多年深耕中东市场实现的又一重大突破。

10 多年来，惠生已陆续在市场成熟、管理严苛的沙特阿拉伯市场获得近 10 个项目，且做到了项目全部实现提前交付。正如在全球能源领域拥有 90 多年的行业经验的 KBR 全球能源服务公司总裁 Jay Ibrahim 所言：惠生工程在沙特阿拉伯已成功执行多套同等规模的脱瓶颈项目，且在无损工时事故的前提下全部实现提前交付，令我们印象深刻。

中国驻沙特阿拉伯大使馆经参处设立的沙特阿拉伯中资企业协会给予惠生高度评价和赞赏：惠生不仅严格遵守当地法律法规，更积极雇佣当地员工、促进提高就业率；在追求经济效益的同时，坚持对业主方和当地生态环境负责，实现企业发展、当地社会发展和当地环境保护发展的协调统一。

继进军沙特阿拉伯连获佳绩之后，2016年惠生在中东又一个重要市场——阿联酋取得突破，斩获阿布扎比国家石油公司锅炉项目，这也是中国工程公司获得的首个阿联酋项目，惠生实现了提前一个月完工的佳绩，为开拓市场打下坚实基础。2018年惠生再度获得阿联酋阿布扎比国家石油公司炼油厂硫黄回收订单，为其提供设计、采购、施工及开车全流程服务，这标志着惠生在中东地区炼化行业赢得行业内高度认可。

惠生不仅专注于自身业务能力的精进，同时也为中国制造走向海外、树立中资企业在海外的良好工程服务形象以及维护中资企业整体利益努力作出贡献。在沙特阿拉伯，惠生成功帮助近15家国内供应商进入沙特阿拉伯基础工业公司（SABIC）资格预审；在阿联酋，惠生也成功协助中国设备制造商进入阿布扎比国家石油公司（ADNOC）的供应商系统，为中国施工、中国制造提供了更广阔的平台。

二、结盟优质伙伴，“走出去”在南美取得新突破

2013年，惠生用创新性的“远期信用证+ 卖断”融资解决方案，独立完成8亿多美元国际融资，成功拿下了委内瑞拉国家石油公司拉克鲁斯港炼油厂深度转化项目，这是目前中资企业在拉美地区承接的最大炼油工程，也是中国在拉美地区的第一个EPC交钥匙大型炼油项目。

作为总承包商，惠生在拉克鲁斯港炼油厂深度转化项目执行过程中成功实施中方决策、本地员工执行的管理方针，积极雇佣当地员工、提升当地就业率，当地雇员比例高达80%，高峰期当地管理人员达300人。惠生也充分发挥了国内合作伙伴的优势，不仅与中铁下属多家富有海外项目执行经验的施工承包商签署了分包协议，也带动国内不少优秀的资源如设计服务、施工机械、设备与材料的出口以及物流运输等业务，与国内制造企业和施工企业共同实现“走出去”国家战略，携手更多的行业参与者共同深入国际市场。

惠生亦十分重视和尊重所在国家文化习俗及与当地社区关系的建设，为委籍员工设立慈善基金、增加劳工补贴，积极参与当地环保公益活动，根据项目所在地社区需求先后组织了捐助退休石油工人、捐助社区贫困群众、捐助当地少年棒球队、捐助当地学校设施维修等公益活动，树立了中资企业在委内瑞拉的良好形象。

项目业主委内瑞拉国家石油公司（PDVSA）授予惠生优秀质量管理团队奖，这是PDVSA首次对总承包商颁发此项奖；项目累计实现1200万安全工时，突破了PDVSA项目建设史最高安全记录，获得客户赞誉。2016年6月，业主授予项目部优秀项目管理奖。

三、“走出去”在北美成功立足，以差异化和高附加值的服务赢得可持续订单

依靠模块化的设计与建造的综合优势，2013年以来惠生已于全球各地接连斩获5项模块化项目合同，其中包括台塑美国管廊模块化项目和南亚塑胶美国低密度聚乙烯项目，惠生“走出去”战略顺利实现继中东、南美市场之后在北美立足。

台塑美国管廊项目是惠生在美国本土的首个模块化设计、建造、运输及现场安装合同，项目计划工期388天，整体工期非常紧张，惠生在前后方紧密配合下如期完成项目交付。在顺利交付台塑美国管廊模块化项目之后，惠生凭借创新性的“模块制造+EPC”又成功斩获南亚塑胶美国低密度聚乙烯项目，该项目是目前中国工程公司在美承建的最大模块化项目，总额约3.6亿美元。

2019年12月，惠生又获得了台塑公司（FPC）美国得克萨斯州聚丙烯项目，由于惠生也获得了模块化转换设计合同，因此惠生能够真正在设计与制造之间做到无缝衔接，进而大大降低成本和工期。

北美项目的接踵取得，不断印证了惠生以差异化与高附加值的服务赢得可持续订单战略的正确性。

四、积极与大型知名企业合作，共同探索国际市场新商机

在“一带一路”倡议指引下，惠生正与许多大型知名企业开展合作，全力探索新商机新合作。

2017年6月，惠生与霍尼韦尔UOP正式签署甲醇制烯烃技术全球合作协议，惠生自主研发的烯烃分离技术以及强大的EPC服务能力将与霍尼韦尔UOP的先进工艺技术相结合，以帮助海外客户进一步提升烯烃生产能力，同时节约能耗并降低总成本。凭借领先的技术研发水平，惠生成功开发了以“预切割+油吸收”为核心的MTO烯烃分离技术，该技术目前已在国内10套不同规模的煤制烯烃装置上得到应用，并于2016年实现工业应用以来的烯烃收率全球同行业的最高水平。惠生正积极拓展海外甲醇制烯烃业务，尤其是覆盖从中国，经亚洲和欧洲，直至非洲的“一带一路”沿线区域。

2018年3月，惠生与俄罗斯天然气化工萨拉瓦特有限公司签署合作备忘录，双方将就俄罗斯联邦巴什基尔斯坦共和国萨拉瓦特油气基地建设天然气制聚合级烯烃——乙烯和丙烯项目展开合作。此次签约不仅为双方下一步的深入合作打下了坚实基础，也显著提高了惠生在俄罗斯石油天然气化工市场的品牌知名度，为惠生在俄罗斯市场的开发打下坚实基础。

2018年6月，惠生与中国能建葛洲坝集团国际工程有限公司正式签署战略合作框架协议，惠生在石油化工、煤化工、炼油、天然气化工、油田地面服务、LNG等领域领先的EPC服务和技术能力将与葛洲坝国际丰富的境外工程和投资经验相结合，双方将建立全方位的伙伴关系，充分发挥各自优势，携手共同开拓国际市场。

2019年10月，惠生与中化国际签署战略合作协议。双方将积极探讨推进工程建设、新材料研发与应用、贸易与化工品物流、产业基金等方面的全方位深度合作。惠生将利用卓越的技术工艺研发能力和工程化应用转化能力，通过技术开发合作、项目公司合作等多种方式，与中化国际共同打造并完善新材料产业链布局，助力中化国际提升工程化水平，变双方竞争模式为协同模式，实现优势互补、互惠互利、共同发展。

2019年11月，惠生与荷兰重型起重设备和运输服务行业全球领导者玛姆特全球项目部签署了全球战略合作协议，本次签署的非排他性项目协议巩固了双方的关系，在致

力于发展全球业务的同时，增强双方未来的竞争优势及促进项目发展。

20多年来的砥砺前行，创新已经融入了惠生的“血液”。秉承惠生所具有的创新竞争力，惠生将继续以促进行业繁荣为己任，凭借深厚的行业积淀、高效的创新机制，以坚韧不拔的探索精神引领行业发展，将在传统服务领域更加深耕细作、前延后展，把握住开发“一带一路”及粤港澳大湾区所赋予的时代机遇，在深耕石油化工优势行业外，进一步拓宽业务领域、继续开拓国际市场，将技术、管理、文化等诸多领域创新持续推进，为客户创造更多价值，为所涉行业带来更多活力！

（惠生工程（中国）有限公司　陈占都）

书写山西化工勘察设计行业新篇章
——山西华晋岩土工程勘察有限公司发展纪实

山西华晋岩土工程勘察有限公司（简称华晋公司）成立于1999年，前身是1976年成立的中国化学工程第二建设公司勘测大队，1993年更名为华晋工程勘察公司，是中化二建集团有限公司的全资子公司，隶属于中国化学工程股份有限公司，是国务院国资委的直属企业。公司注册资本2200万元，是一家集工程勘察综合甲级资质，地基基础工程专业承包壹级资质，地质灾害防治单位资质证书勘查甲级、设计甲级、施工甲级三项资质，测绘甲级资质证书等多项资质于一体的综合类国有岩土工程单位。公司经营范围包括：岩土工程勘察；岩土工程设计；岩土工程物探测试检测监测；水文地质勘察；岩土工程咨询；工程勘察劳务；人工地基检测；地质灾害治理工程勘查、设计、施工、评估；地基与基础工程专业承包；土石方工程专业承包；大地测量、工程测量；不动产测绘；摄影测量与遥感；地理信息系统工程；地图编制；土地规划、土地复垦、土地开发整理规划设计、测绘监理；土地预审技术服务；档案数字化及数据处理。

在发展历程中，公司始终注重科技兴企，拥有1项国家发明专利，27项国家实用新型专利，主编和参编了6项行业规范。

公司成立40余年来，承建了海内外各项地基与基础工程、工程勘察、地质灾害治理、测绘地理信息与土地规划等重大工程项目；承建了国家重点、省重点、高寒地区等特殊工程项目；公司还先后被评为全国地基与基础工程企业承包百强企业；全国工程建设质量安全信誉AAA级保障单位；山西省优秀企业和全国工程勘察与岩土行业诚信单位等。公司先后取得了ISO 9001质量管理体系、ISO 14001环境管理体系、GB/T 28001职业健康安全管理体系国际认证，检验检测机构资质认证，获得国家级高新技术企业。公司始终秉承“质量第一，用户至上”的经营宗旨，坚持守信誉、重质量的经营方针，竭诚地与各行业用户进行了广泛的合作，与太原理工大学等多个高等院校建立了校企实习基地。多年来，公司在国内外市场积极开展业务，取得了良好的社会效益和经济效益，与中国神华集团、恒大集团、山西煤焦集团、山西阳煤集团、中国黄金集团等众多客户建立了良好的经营合作关系。国外市场在安哥拉、莫桑比克、坦桑尼亚、尼日利亚等国家完成了几个大型厂区测绘、勘察、地基处理任务，国内市场在新疆、内蒙古、吉林、辽宁、山西、陕西、河北、河南、湖南、四川、西藏、广东等地均占据一定市场份额。

一、公司沿革

华晋公司刚成立时的名称为山西省化工建设公司勘测大队，任务比较单一，主要有工程地质勘察、岩土工程勘察及治理、地基与基础工程专业承包、地质灾害治理工程施工、人工地基检测等。1977年，山西省化工建设公司收归化学工业部，公司相随更名为化工部第二建设公司勘测队，1981年10月20日经化学工业部审查发给勘察设计证书。1986年，单位名称又更名为化工部第二建设公司勘测大队，并于1987年4月26日取得了化学工业部颁发的工程勘察证书，1992年6月山西省测绘局颁发了甲级测绘许可证。之后，随着化工部第二建设公司名称的变更，单位名称变更为中国化学工程第二建设公司勘测大队。1993年3月10日，化学工业部批准将中国化学工程第二建设公司勘测大队更名为华晋工程勘察公司，1995年8月30日由建设部进行了工程勘察资格的复查并换发了工程勘察证书（甲级）。

20世纪90年代末，根据党中央、国务院关于国有企业改革改制的文件要求，根据中国化学工程总公司改制工作的总体部署，在中国化工勘察设计协会（现为中国石油和化工勘察设计协会）、建设部综合体改处的支持帮助下，1999年1月华晋工程勘察公司按现代企业制度进行了改制，改制后企业名称变更为山西华晋岩土工程勘察有限公司，1999年4月在建设部进行企业名称变更登记。

公司一路的发展历程，不仅仅只体现在名称的转变上，更是企业发展壮大的象征。华晋公司从最初只有测量专业，到如今具备了承揽大型工程的条件，这是共和国繁荣昌盛的成果，也是华晋公司砥砺前行的硕果。

二、工程业绩

（1）1995年4月，公司承建的山西省煤炭运销总公司培训中心工程勘察荣获化工部优秀工程勘察二等奖。

（2）1999年3月，公司承建的省重点项目——太原市建设银行营业大厦岩土工程勘察荣获全国第六届优秀勘察铜奖。

（3）2003年11月，公司承建的华吉大厦岩土工程勘察荣获中国石油和化工设计协会优秀工程勘察一等奖。该项目建筑面积74000米^2，公司提出采用后压浆桩处理地基并进行了详细的评价计算，这是山西省范围内首次推广使用后压浆桩处理地基。使用后压浆装节约四分之一工程桩，节约地基处理费用25%。之后，该方法在山西省迅速推广。

（4）2005年11月，公司承建的山西焦煤集团五麟100万吨/年焦化工程荣获中国石油和化工设计协会优秀工程勘察一等奖。

（5）2011年7月，公司承建的阳泉15万吨/年优质矾土基均质耐火原料生产线建设工程地基处理桩基工程荣获化工工程建设质量奖审定委员会颁发的化学工业优秀施工项目奖。

（6）2011年11月，公司承建的莫桑比克5000TD水泥熟料工程地形图测绘和太原市区第二次土地调查（城镇部分）Ⅱ标段荣获中国测绘学会颁发的优秀测绘工程铜奖。

（7）2013年7月，公司承建的山西汾西矿业（集团）有限责任公司贺西煤矿选煤厂高边坡及前缘滑坡工程地质勘察荣获山西勘察设计协会颁发的山西省优秀勘察设计一等奖。

（8）2014年7月，公司承建的丽泽花苑住宅小区地基处理与基坑项目荣获中国化工施工企业协会颁发的2014年度全国化学工业建设优秀施工项目奖。

（9）2014年11月，公司承建的运城市盐湖区农村集体土地所有权确权登记项目荣获中国测绘地理信息学会颁发的优秀测绘工程铜奖；公司承建的三千渡南A区岩土工程勘察荣获中国石油和化工勘察设计协会颁发的化工行业优秀工程勘察三等奖。

（10）2014年12月，公司承建的贺西煤矿选煤厂高边坡及前缘滑坡工程地质勘查荣获山西省住房和城乡建设厅颁发的省级优秀勘察设计二等奖。

（11）2015年8月，公司承建的延长气田临镇到子长集输105千米干线工程荣获山西省勘察设计协会颁发的山西省勘察设计一等奖。

（12）2015年11月，公司承建的中国黄金集团内蒙古矿业有限公司乌努格吐山铜钼矿生活区、矿区的构筑物、设备基础沉降观测荣获中国地理信息产业协会颁发的全国优秀测绘工程奖铜奖。

（13）2016年7月，公司承建的佛山市南海新型公共交通系统第四标段钻孔灌注桩工程荣获全国化工工程建设质量奖审定委员会颁发的全国化学工业建设优秀施工项目奖。

（14）2016年12月，公司承建的全国第一次地理国情普查项目（忻州市静乐县等地区）荣获山西省地理信息系统协会颁发的山西省优秀测绘地理工程奖银奖。

（15）2017年2月，公司承建的丽泽花苑住宅小区项目岩土工程勘察荣获山西省住房和城乡建设厅颁发的优秀勘察设计奖二等奖。

（16）2017年7月，公司承建的新疆国泰新华矿业股份有限公司准东经济开发区一期2×350兆瓦机组动力站工程（勘察）荣获山西省住房和城乡建设厅颁发的全省优秀工程勘察二等奖；利用焦炉煤气生产18万吨/年合成氨、60万吨/年硝基复肥项目（勘察）荣获山西勘察设计协会颁发的全省优秀工程勘察二等奖。

（17）2017年8月，公司承建的新疆大全新能源有限公司年产13000吨多晶硅项目（A阶段）桩基工程荣获全国化工工程建设质量奖审定委员会颁发的全国化学工业优秀施工奖。

（18）2018年4月，公司承建的树根桩超级土钉墙施工技术荣获中国化工施工企业协会颁发的化工工程建设科技创新成果二等奖。

（19）2019年，公司《淤泥质地层深基坑支护施工工法》荣获中国化工施工企业协会部级工法。太原华润中心华润大厦T1、T2楼及相应地库岩土工程勘察、潞安集团蒲县后堡煤业有限公司主副井山体滑坡工程岩土工程勘察、盂县香河滨水空间环境综合治理工程盂县中心县城地形图测绘分别荣获山西省勘察设计协会优秀工程勘察一、二、三等奖。

几十年来，公司上下一直秉承着“和谐共赢、塑造精品”的经营理念，干一项工程，迎一片赞誉，交一方朋友，立一座丰碑。华晋人坚信，不差分毫地干好工程，定会成为共和国最忠诚的建设者。

三、实现“大岩土”目标

在未来的发展中，华晋公司将顺应时代发展潮流，积极推进并完成混合所有制改革，使国有资产保值增值，提升员工幸福感；扎实干稳在建工程，奋力开拓优质市场；在管理中寻突破，在创新中寻发展，在发展中寻转型。公司将朝着全面建成小康社会，实现“两个一百年”奋斗目标和中华民族伟大复兴的中国梦努力奔跑，为实现中化二建集团“三年五年规划、十年三十年愿景目标”中长期发展战略努力冲刺，为实现华晋公司“大岩土”的企业目标努力奋进。

（山西华晋岩土工程勘察有限公司　康敏）

第三篇

行业大事记

1950年

10月 中央人民政府重工业部化学工业管理局设计处和东北人民政府化学工业管理局设计处分别在太原市和吉林市组建了太原勘察队、吉林勘察队。

1953年

1月20日 为促进国家化学工业的发展，中央人民政府重工业部作出“关于加强与调整各设计机构的决定”，提出将全国主要化工设计力量集中起来，成立“中央重工业部化学工业管理局化学工业设计公司”。

2月12日 化学工业管理局接收山东玲珑金矿、金牛山金矿，合并组建化工资源综合勘察大队，承担化工矿山的地质勘探任务。

3月27日 中央人民政府重工业部决定，以重工业部化工局设计处、东北化工局设计处和华东化工局设计室为主成立化学工业设计公司，同时将太原勘察队、吉林勘察队合并为化学工业设计公司下属的勘察队。

4月28日 中央人民政府重工业部石油工业管理总局组建石油设计局。

5月1日 轻工业部基本建设局设计公司东北分公司在沈阳市正式成立。

5月1日 我国自行设计、建设的首个抗生素（青霉素）的生产厂——上海第三制药厂建成投产。

6月1日 重工业部化学工业管理局化学工业设计公司正式成立。地址：沈阳市铁西区尚武街十八号。

7月28日 重工业部召开设计工作会议，王鹤寿部长在会上作题为《为掌握正确的设计思想而奋斗》的报告。提出六条内容：（1）设计必须服从国家计划；（2）设计要树立正确的思想；（3）设计是政治、经济、技术的综合体现；（4）设计人员是先进技术的组织者和传播者；（5）设计必须有经济核算观点；（6）设计必须有群众观点。

11月12日 轻工业部基本建设局设计公司东北分公司改名为轻工业部设计公司东北分公司。

本年 河北省轻化工业局设计室成立。

1954年

1月 化学工业设计公司由沈阳迁至北京安定门外御路16号新落成的大楼办公。2月原在上海华东设计室的人员也迁来北京。

4月 苏联援建的156项工程中的吉林肥料厂、吉林染料厂、吉林电石厂开始建设。

6月 重工业部化工局提出化学工业第一个五年计划的发展方针。首先发展氮素工业，以奠定配合国防工业和发展农业的基础；适当发展酸碱、染料工业；加强化学工业与炼焦、石油、有色金属工业的配合；要特别注意国防工业所需化工原料、特种油漆、特种染料的发展。

12月 大连化工厂、大连碱厂、永利宁厂等设计组的设计任务相继完成，化学工业设计公司人员总数达1400人，基本完成了全国主要化工设计力量集结的任务。

12月 化学工业设计公司逐步健全了内部建制，设立了氮肥科、基本化学科、染料科、制碱科、合成橡胶科、机械科、电机科、自动控制科、建筑科、卫生工程科、动力科、总图科、预算科、技术经济科、施工组织设计科、计划科、技术科、国外设计室、翻译科、专家工作组、勘察队及其他行政科室。

1955年

1月11日　轻工业部设计公司东北分公司改名为轻工业部设计公司沈阳分公司；华东分公司改为轻工业部设计公司上海分公司。

2月　重工业部决定将“中央重工业部化学工业管理局化学工业设计公司”更名为“中央重工业部化学工业管理局化学工业设计院”，化学工业设计公司勘察队改名为化学工业管理局化学工业设计院勘察部。

2月　由化学工业管理局化学工业设计院设计并参加制造的2400马力、200大气压的高压氮气压缩机在大连化工厂试制成功，为合成氨的发展创造了条件。

7月30日　第一届全国人大二次会议通过“发展国民经济的第一个五年计划”。“一五”计划指出：在积极地发展化学肥料工业和适当地发展酸碱、橡胶、染料等工业的方针下，建设我国的化学工业。

12月15日　轻工业部设计公司沈阳分公司搬迁到石家庄。

本年　化学工业管理局化学工业设计院依靠自己的设计力量和技术，独立地进行了国内第一个大型氮肥厂——四川化工厂年产7万吨合成氨装置的设计。

本年　化学工业管理局化学工业设计院、石油工业部北京设计院等利用锦西化工厂的基地，设计了国内第一个大型的有机玻璃、聚氯乙烯、苯酚、氯化苯装置，加上为吉林电石厂配套的醋酸装置，被称为建国初期我国有机合成工业的“五朵金花”。其中聚氯乙烯装置生产的产品获得国家工业新产品奖。

本年　轻工业部设计公司沈阳分公司设计的中国第一个合成药项目——东北制药厂年产200吨磺胺噻唑、300吨氯磺酸、6.5吨氯霉素装置建成投产。

1956年

1月16日　轻工业部设计公司沈阳分公司改名为轻工业部设计公司石家庄分公司。与此同时，上海分公司制药工艺科全体及部分设备、土建设计人员调入石家庄分公司。

2月　苏联设计顾问、专家陆续来到化学工业管理局化学工业设计院，负责指导工程设计，同时把苏联化工设计院的组织机构设置分工和设计管理制度等资料，作为专家建议交给该院。

3月22日　《人民日报》发表《大力开展标准设计工作》的社论。社论认为开展标准设计是解决各设计单位面临设计力量不足、见效最快的措施之一。

4月29日　苏联援助的156项重点工程之一的兰州炼油厂开工建设。年加工原油100万吨，总投资1.7亿元。

5月8日　国务院常务会通过《关于加强设计工作的决定》。要求我国的设计力量能够在五年左右的时间内，基本上独立地担负起各部门设计任务，并争取在第三个五年计划期末，使我国设计工作接近世界先进水平。

5月12日　重工业部化学工业管理局、轻工业部医药工业管理局和橡胶工业管理局合并，成立化学工业部，任命彭涛为部长。

5月　化学工业管理局化学工业设计院派冯伯华、黄鸿宁出席在捷克举行的国际氮肥技术会议，在会上发表了我国在合成氨设计中采用“醋酸铜氨液法”的技术报告。

5月 化学工业管理局化学工业设计院派缪天成赴捷克参加苏联及东欧人民民主国家组织的国际硫酸、磷肥生产大会联合秘书处工作。

6月30日 化学工业部成立医药工业管理局。轻工部设计公司撤销，轻工业部设计公司石家庄分公司划归化学工业部医药工业管理局领导。

6月 中国化学工业学会和中国化学工程学会合并，成立中国化学工业和化学工程学会（简称中国化工学会）筹备委员会。著名化学家侯德榜任主任委员。

6月 石油工业部决定撤销石油设计局，成立石油工业部北京设计院。

8月1日 化学工业管理局化学工业设计院橡胶工业设计分院成立。

9月16日 湖南省化学石油工业局设计室成立。

9月29日 接化学工业部《关于成立医药工业设计院的通知》，将轻工业部设计公司石家庄分公司改为医药工业设计院。

10月6日 石油工业部设计管理局批复成立石油工业部抚顺设计院，由石油工业部设计管理局领导。

10月 化学工业管理局化学工业设计院改名为“化学工业部化学工业设计院”。下设氮肥部、有机部、基本化学部和勘察部。院本部代行化学工业部设计司的职能。随后化学工业部设计司决定化学工业设计院下设的四个部改为化学工业设计院氮肥分院、有机分院、基本化学分院和勘察公司。

11月 苏联援建的156项工程中的太原化工厂、太原化肥厂、太原制药厂、太原热电站开始建设。

本年 轻工业部设计公司沈阳分公司设计的第一个抗生素工程项目——上海第三制药厂30吨青霉素扩建工程建成投产。

1957年

1月2日 化学工业部决定撤销设计司，将部属“化学工业部化学工业设计院”改组为“化学工业部设计管理局”。将化学工业部化学工业设计院的三个分院和一个勘察公司，分别组建为氮肥工业设计院、有机化学工业设计院、基本化学工业设计院、橡胶工业设计院、医药工业设计院和勘察公司等六个独立单位，由化学工业部设计管理局领导。

1月 毛泽东主席在全国省、市委书记会议上说：化学肥料厂各省自己开办。大的工厂是必要的，但不要太多。小的更是必要的，不怕多。人都是由小长大的。小的要以有原料和销路为原则，大的要以国力有多大则搞多少为原则。

1月 化学工业部决定，医药工业设计院成为独立的设计机构，更名为“化学工业部医药工业设计院。”

3月 化学工业设计院和上海天原化工厂合作设计研制成功我国第一台大容量立式吸附隔膜电解槽，使我国电解技术从20年代进入50年代水平，成果受到国务院表彰。

5月31日 化学工业部决定，成立化学工业技术委员会，任命侯德榜为主任，职责是：议定化工技术方针政策；审查设计计划任务书、初步设计、老厂改建、扩建和新厂矿建设中的重大技术问题；审查化工试验研究的年度和长远科学研究规划；讨论重大科研、生产、技术、重要技术组织措施项目；决定部内重大技术奖励等。

8月　经化学工业部和上海市商定，将医药工业设计院从石家庄迁往上海市，改名为“上海医药工业设计院”。

9月　根据国家计委提出的“二五”计划基本任务，化学工业部制订了《发展化学工业第二个五年计划纲要（1958—1962年）》。提出，以尽可能快的速度发展化学肥料和合成纤维工业，适当发展基本化学工业、有机化学工业、橡胶工业、医药工业。从我国资源条件出发，统筹规划，全面安排；大中小并举，合理地综合利用资源；自力更生、艰苦奋斗建设我国化学工业的方针。

9月　石油工业部决定广州设计院与抚顺设计院合并。

10月　由苏联援建的新中国三大化工基地之一——吉林化工区的吉林染料厂、吉林化肥厂和吉林电石厂，于1957年10月建成投产。

10月　中共八届三中全会基本通过《1956—1957年全国农业发展纲要》。提出为了实现规定的增产目标，要大力发展化学肥料工业。

11月6日　化学工业部决定，以大连化工厂、大连碱厂设计科为基础，组建“大连化学工业设计研究分院”。

11月　周恩来总理接见石油工业部北京设计院工作的苏联专家及院领导。

12月　吉林省地方工业研究所成立。

1958年

1月18日　化学工业部氮肥工业设计院南京设计分院成立，受氮肥工业设计院和永利宁厂双重领导。

1月　山东省氮肥厂设立设计组，地址在山东历城。

2月19日　中共中央将毛泽东主席提出的《工作方法六十条（草案）》转发全党。第五十二条指出：化肥工厂，中央、省、专区三级都可以设立。中央化工部门要帮助地方搞中小型化肥厂的设计，中央机械部门要帮助地方搞中小化肥工厂的设备。

2月　为加快化肥工业的建设速度，发动省、地、县各级办化肥，化学工业部提出按生产规模和隶属关系，编制出省级、专区级、县级三种类型的定型设计（即通用设计），供各地因地制宜采用。

4月　化学工业设计院编制出年产1万吨钙镁磷肥通用设计。北京化工实验厂、昆明、九江磷肥厂等按这个设计，相继建成钙镁磷肥生产车间。

5月　化学工业部在上海召开全国橡胶工业技术工作会议，制定橡胶工业技术发展纲要，以促进橡胶工业科研设计工作的发展。

6月20日　化学工业部决定调整勘察设计机构，将氮肥工业设计院、基本化学工业设计院、有机化学工业设计院合并，恢复原名“化学工业部化学工业设计院”。院长冯伯华，全院人数三千二百多人。同时，以大连设计分院为基础，建立“化学工业设计院大连分院”；以吉林化学工业公司设计力量为基础，建立“化学工业设计院吉林分院”；以锦西化学工业公司设计力量为基础，建立“化学工业设计院锦西分院”；以兰州化工厂设计力量为基础，在兰州建立“化学工业设计院西北分院”；以南京设计分院为基础，在南京建立“化学工业设计院华东分院”；以天津化工研究所为基础，在天津建立“化学工业设计院华北分院”；在成都建立“化学工业设计院西南分院”；在武汉建立“化学工业设计院华中分院”。八个分院的成立，先后从化工设计院抽调出一千余人。

撤销勘察公司，组成5个综合勘察队，归属大连、华东、西北、华中、西南分院建制。同时抽调六百余人协助地方组建化工设计机构。

6月 天津化工研究院成立，是以研究无机化工及水处理技术为主的综合性科研机构。

6月 衢州化工厂设计处成立。

7月22日 石油工业部四川设计院成立，地址在成都市。石油工业部于当年6月25日决定将玉门设计院分为四川、新疆两院。四川设计院由玉门设计院调川人员、北京勘察设计院抽调的勘察、储运专业人员和石油工业部设计管理局从培训班调配的给排水专业人员组成。

7月 山西省政府决定，成立山西省化工石油设计院，隶属山西省石油化工厅领导。

8月19日 化学工业部医药工业设计院与上海市化工局设计院合并，成立上海化工医药设计院。

8月26日 氮肥设计院南京分院改名为“化学工业部化工设计院华东设计研究分院”。

9月5日 化学工业部化学工业设计院橡胶工业设计分院与橡胶研究所及化学工业部第四机电安装工程处合并，共同组建化学工业部北京橡胶工业研究设计院。

9月 贵州省化工局化工设计研究院成立。

9月 刘少奇主席、朱德委员长、周恩来总理分别到化工展览馆参观了化学工业部举办的化工综合展览。

10月1日 随着国防建设发展对国防化工产品的需要，在化学工业部化工设计院中建立了国防化工设计室——七室。成立时，共有70人，室主任由副总工程师陈鑑远兼任。

10月 为了解决体改和下放后技术力量分散、不利于开展专业技术活动的情况，化学工业部决定在几个设计院成立各专业设计技术中心站。

10月 福建省化学工业设计研究院成立。

11月4日 化学工业部化学工业设计院自行开发设计的年产2000吨氯丁橡胶生产装置，在四川长寿化工厂建成投产。

11月7日 广东省化学工业设计研究院成立。

11月 浙江省化工石油设计院成立。

12月 根据中央关于加速发展化肥工业的指示，化学工业部于1957年安排氮肥工业设计院编制年产5万吨合成氨，配两套8万吨硫酸和一套21万吨硫铵的省级氮肥厂定型设计（简称省-Ⅰ型），于1958年3月完成。当年又组织编制年产5万吨氨配综合法硝酸和11万吨硝铵的定型设计（简称省-Ⅱ型）。这些设计先后在浙江巨化等7个厂采用，并建成投产。同时又编制了年产7500～15000吨烧碱和6000吨聚氯乙烯定型设计。供各地因地制宜采用，为自力更生发展我国的化肥和氯碱工业作出了贡献。

本年 由大连碱厂和大连化学厂的中央化验室合并，组成“大连化工厂设计研究院”。

本年 天津市化学工业设计工程公司成立。

本年 内蒙古自治区轻化工设计院

成立。

本年　新疆化工设计研究院成立。

本年　河南省石油工业局研究设计院成立。

本年　江西省化工管理局设立设计室。

本年　广西化工规划院成立，隶属广西化学工业局。

1959年

2月　为了改进设计方法，提高设计工作效率，各设计院积极开展活版设计。

3月　化学工业部化学工业设计院自行设计的年产6000吨聚氯乙烯定型装置，在天津化工厂建成投产。

4月　青海省化工设计研究所成立。

5月　在湖南省化学石油工业局设计室基础上成立了湖南省化学石油工业局设计院。

8月　化学工业设计院华中分院改名为化学工业部中南化工设计研究分院。化学工业设计院吉林分院改名为化学工业部吉林化工设计研究分院。

9月18日　化学工业部党组决定，将下放华东、华北、广东、内蒙古的水文地质人员集中到兰州，成立化学工业部综合勘察队；将下放西南、中南、大连、内蒙古、广东、广西的工程地质、测量人员集中到南京，成立化学工业部第二综合勘察队，分别由西北化工设计研究分院、华东化工设计研究分院领导。

9月　化学工业部化学工业设计院自行设计的四川化工厂年产7.5万吨合成氨装置建成投产。

本年　山东省氮肥厂设计组更名为山东省化工局设计室，隶属山东省化工局。

1960年

3月　由化工设计院华东设计研究分院设计的我国第一座小化肥厂——江苏六合县化肥厂（年产2000吨合成氨）建成投产。

4月1日　安达设计院成立，隶属于油田基建指挥部。

4月10日　化学工业部党组发布《化学工业技术革命初步规划》，要求在化工生产中广泛应用“超声波”，以四化（机械化、自动化、半机械化和半自动化、管道化）、四新（新技术、新工艺、新材料、新设备）、三无（无废气、无废液、无废物）为中心，开展化学工业的技术革命。各设计院积极行动，下楼出院，开展“双革”活动。

5月　由苏联援建的新中国三大化工基地之一——兰州化工区的兰州合成橡胶厂建成投产。

5月　化学工业部化工设备设计专业技术中心站在上海化工医药设计院成立。

7月16日　苏联政府中断对中国的经济建设援助合同。在化学工业部化工设计院工作的苏联化工专家，于当年8月全部返苏，民主德国专家也随后回国。

7月　化学工业部总图运输设计技术中心站在西南化工设计研究分院成立。

8月　化学工业部自控设计技术中心站在西北化工设计研究分院成立。

9月　湖南省轻工业厅设计室和湖南省化学石油工业局设计院合并成立湖南省轻工化工厅设计院。

10月25日　化学工业部将西南化工设计研究分院、中南化工设计研究分院分别改名为化学工业部西南化工设计研究院、化学工业部中南化工设计研究院。华北化工设计研究分院改名为天津化工研究院。西北化工设计研究分院、大连化工设计研究分院、吉林化工设计研究分院、锦西化工设计研究分院、华东化工设计研究分院分别改名为兰州化学工业公司设计研究院、大连化学工业公司设计研究院、吉林化学工业公司设计研究院、锦西化学工业公司设计研究院、南京化学工业公司设计研究院。

12月 石油工业部北京设计院开始设计大庆炼油厂，它是新中国首座完全依靠自主力量建设的大型现代化炼油厂，揭开了我国独立自主建设大型炼油厂的序幕。

1961年

3月 黑龙江省炼油厂筹建处设计科成立。

4月4日 中央决定把加速发展氮肥工业，列为工业支援农业的一项重要任务。陈云副总理在杭州召开化肥座谈会。对氮肥厂的建设规模，以及建厂的材料供应、设备的定型制造和成套供应等问题进行了研究。这对自力更生发展氮肥工业起了重要作用。

5月8日 石油工业部发出通知，安达设计院更名为石油第五设计院。

6月1日 化学工业部批准西南化工设计研究院在四川自贡建立试验站，开展天然气提氦气的试验工作。

10月28日～11月11日 化学工业部在北京召开全国化工设计研究专业会议，研究各设计研究院的方向、任务、分工、规模、管理体制、物质条件保证等问题。要求对定型设计、工程设计进行调整、鉴定，做好重点工程的因地制宜工作，安排好重大基建项目设计的标准化、系列化。

本年 化工设计院西北分院勘察队改名为兰州化学工业公司设计研究院勘察队。

本年 广西化工规划院撤销，改为广西化学工业局设计室。

本年 山东省氮肥厂设计组更名为山东省化学工业厅化工设计院。

1962年

1月 化学工业部决定，将山西省化工石油设计院由山西省石油化工厅领导改为由太原化学工业公司领导，改名为太原化学工业公司设计院。

1月 江苏省化工研究所设计室成立。

1月 化学工业部化工矿山设计研究院成立，地址在连云港市。

3月 黑龙江省炼油厂筹建处设计科更名为黑龙江省炼油厂设计室。

4月 化学工业部明确南京化学工业公司设计研究院要成为全国硫酸专业研究中心和硫酸、磷肥设计技术中心。将部属中南、西南、北京、上海设计、研究院中从事硫酸、磷肥设计和研究人员共140多人，调入南京化学工业公司设计研究院。

6月 周恩来总理视察吉林化学工业公司设计研究院。

7月17日 化学工业部通知，化学工业设计院华中设计研究分院改名为化学工业部中南化工设计院。

7月 贵州省化工局化工设计研究院拆分为贵州省化工设计院、贵州省化工研究所。

9月5日 国务院批转化学工业部《关于调整与集中部分技术人员充实化工专业设计部门的报告》。报告指出：为适应国民经济发展的需要，适当调整和集中部分技术骨干力量，来充实和加强几个需要保留的化工设计院，使之逐步形成化学肥料、基本化学、有机化学等方面的设计专业“拳头”，是必要的，也是符合保存技术骨干的原则的。

11月1日 上海化工研究院按化学工业部决定，将选矿研究室19人，连同所有设备仪器并入化工矿山设计研究院。

11月16日 化学工业部中南化工设计院改名为化学工业部中南氮肥设计院。

本年 化学工业部建筑设计技术中心站、化学工业部给排水技术中心站成立。

本年 青海省化工设计研究所与机械、农业、轻工业等设计研究单位合并，组成青海省工业厅研究所。

本年 新疆化工设计研究院并入轻工业科学实验研究所。

本年 在江西省化工管理局设计室基础上成立江西省轻化工设计院。

本年 化学工业部西南化工设计研究院朱启亨院长等科研单位代表，受到周恩来等党和国家领导人亲自接见。

1963年

1月 兰州化学工业公司设计研究院与中科院兰州化学物理研究所共同合作开发丁烯氧化脱氢制丁二烯、顺丁橡胶新技术，试制成功供国防工业用的丁苯-30橡胶通过省、部级鉴定。

3月1日 化学工业部与安徽省商定，将原负责淮南氨厂设计的安徽省重工业厅设计院移交给化学工业部直接管理，成立化学工业部淮南化工设计院。

3月29日 朱德委员长在四川省委领导的陪同下，到西南化工设计研究院视察并挥毫题词：掌握综合利用天然气的最新技术，为祖国社会主义建设服务。

3月 化学工业部召开基本建设工作会议，部分设计院院长参加了会议。会上毛泽东、周恩来、邓小平等党和国家领导人接见了全体会议人员。

3月 石油工业部提出在国民经济第三个五年计划期间，做到石油产品“三年过关，五年立足于国内”。

5月 石油工业部广州设计院并入广东省化学工业设计研究院，改名为广东省化学工业设计院。

8月 国务院批准化学工业部引进主要以天然气、轻油、重油为原料，制造合成氨、有机原料及合成材料等石油化工装置16项，以加速化学工业的发展。

9月 化学工业部热工设计技术中心站成立。

10月 太原化工研究所并入太原化学工业公司设计院，设计院定名为太原化学工业公司设计研究院，隶属化学工业部太原化学工业公司。

11月6日 上海市化工局设计室成立。

12月 石油工业部四川设计院的62-2工程（南充炼油厂高滴点地蜡），获国家计委、建委、科委授予的二等奖，这是国内天然气工业建设第一次获国家级奖项。

本年 河北省轻化工业局设计室更名为河北省轻化工业设计院。

本年 安徽重工业设计院成立。

1964年

1月 在原江苏省化工研究所设计室基础上成立江苏省化工设计安装公司。

2月 上海化工医药设计院组建模型设计组，专门从事工程模型设计、制作和推广以及模型元件的供应工作。承担国内外化工、石油化工、医药、农药、轻工行业的设计、施工、生产培训所需模型制作。

3月20日 国家经委批准，地质部江苏省地质局第二地质大队第一分队、辽宁省地质局第三地质普查勘察队划归化学工业部管理。化学工业部在此基础上，成立第一化工地质勘察队、第二化工地质勘察队，从事化学矿的地质勘探任务。

3月 广西化学工业局设计室恢复更名为广西化工设计院。

3月 黑龙江省炼油厂设计室更名为大庆炼油厂设计室。

4月 四川省化学工业研究设计院成立。

5月20日 石油工业部决定将石油第五设计院改名为石油工业部油田建设设计研究院，领导关系仍属于松辽石油勘探局。

5月 化学工业部设备设计技术中心站主编的《化工设备设计》创刊。

5月 化学工业部模型设计技术中心站在化学工业部化工设计院成立。

7月 化学工业部决定抽调抚顺炭黑厂和抚顺化工厂的技术人员，组建化学工业部炭黑工业研究设计所，地点在抚顺市。

11月21日 化学工业部决定，北京橡胶工业研究设计院划归中国橡胶工业总公司领导。

11月 毛主席发出“设计革命”的号召，提出“精心设计、精心施工”的要求，在全国开展了一场设计革命。

12月5日 国家经委批准《化工基本建设组织管理工作改革方案》，将化学工业部基本建设司、设计司、化肥工业建设管理局及有关司局管理基本建设工作的机构和人员，合并组成化学工业部基本建设总公司、基本建设总局，统一管理化工行业的基本建设工作。同时兼管化学工业部基本建设工作职能，实行一个机构两块牌子。

12月 毛主席在全国设计院院长会议纪要上作了重要批示：“要在明年二月召开全国设计会议之前，发动所有的设计院，都投入群众性的设计革命运动中去”。

本年 为了革新以煤为原料的中型氮肥厂工艺流程，降低能量消耗，化学工业部化工设计院在陈冠荣和黄鸿宁的指导下，提出了氧化锌脱硫、低温变换和甲烷化净化合成氨原料气的设计方案，用于石家庄化肥厂三期工程。

本年 化学工业部化工工艺设计技术中心站成立。

1965年

2月12日 化学工业部决定调整科研设计机构，将西南化工设计研究院的研究部分迁往四川泸州，成立西南化工研究院；锦西、吉林、南京、兰州、太原、大连六个化学工业公司的设计研究院的研究部分，分别成立锦西、吉林、南京、兰州化工研究院，太原化工研究所、大连制碱工业研究所。

2月27日 化学工业部对勘察设计机构进行新的调整，并按序列更改设计院名称。化学工业部化学工业设计院改名为化学工业部第一设计院；太原化学工业公司设计研究院改名为化学工业部第二设计院；化学工业部淮南化工设计院改名为化学工业部第三设计院；化学工业部中南氮肥设计院改名为化学工业部第四设计院；兰州化学工业公司设计研究院改名为化学工业部第五设计院；化学工业部化工设计院七室组建为化学工业部第六设计院；南京化学工业公司设计研究院改名为化学工业部第七设计院；化学工业部西南化工设计研究院改名为化学工业部第八设计院；吉林化学工业公司设计研究院改名为化学工业部第九设计院。

2月 大连化学工业公司设计研究院将设计与研究分开，设计部分更名为大连化工设计院。

2月 六四一厂海洋勘探室正式筹建，我国海洋石油开发拉开序幕。

3月2日 化学工业部将医药企业基本建设工作划归中国医药工业公司领导，上海化工医药设计院也划归其领导，业务范围不变。

3月15日至4月3日 全国设计工作会议在北京召开，会议主要任务是总结检查设计工作革命运动的经验。谷牧作了《关于设计革命运动的报告》；会议拟订了《关于改进设计工作的若干规定（草案）》，薄一波、彭真在会议上作报告。

3月 化学工业部决定将大连、锦西、西南化工设计研究院的设计部分和四川化工厂、泸州天然气化工厂设计科部分，并入化学工业部第八设计院。

4月1日 北京橡胶工业研究设计院正式分为北京橡胶工业研究院和北京橡胶工业设计院，两院同时挂牌。

4月15日 化学工业部炭黑工业研究设计所由辽宁省抚顺市内迁至四川省自贡市。

5月 四川省化学工业研究设计院更名为四川省化工设计院。

5月 大连化工设计院与化学工业部第八设计院合并，迁往成都，大连化学工业公司保留设计处编制。

9月25日 石油工业部油田建设设计研究院更名为松辽石油勘探局油田建设设计研究院。

9月 在苏联专家的指导下，由化学工业部第一设计院设计的保定电影胶片厂建成投产。这是我国第一个大型感光材料生产基地。

9月 化学工业部基建总局决定，将太化公司勘察队和锦化公司设计院的测量人员合并到兰州的化学工业部第五设计院勘察队。

10月19日 上海化工医药设计院更名为中国医药工业公司医药工业设计院。

10月 浙江省化工石油设计院与原省工业设计院、省冶金设计院合并，成为浙江省工业设计院。

11月5日～11日 浙江省化工石油设计院在编制省版小化肥通用设计时，自行开发了“低压水洗串联加压碳化生产碳化氨水”新工艺流程。

11月 胜利油田油建设计室成立，隶属油田建设指挥部。

12月30日 化学工业部决定集中第五设计院、第七设计院的勘察力量，第二次组建化学工业部勘察公司，地址在南京市大厂镇。下辖南京勘察队、兰州勘察队、吉林勘察队。

12月 西南化工设计研究院的设计与研究分开，成立了化学工业部西南化工研究院。

本年 黎明化工研究院成立，由化学工业部直属的北京、天津、沈阳、上海化工研究院的部分研究室组建而成。

1966年

1月 化学工业部起重运输设计技术中心站在化学工业部第七设计院成立。

4月6日 化学工业部西南化工设计研究院研究部分迁离成都至纳溪安富镇，正式成立化学工业部西南化工研究院。

5月5日 天津市化学工业设计工程公司更名为天津市化学工业建设公司。

5月31日 化学工业部批准化学工业部第六设计院地址在陕西省咸阳市茂陵地区。

本年 胜利油田油建设计室设计建成胜一注，是油田第一座注地下水注水变电联合站。

1967年

5月 由化学工业部第四设计院承接的石家庄化肥厂Ⅱ期工程设计项目建成投产。该工程为年产合成氨14.6万吨及氮加工，是我国第一套自行设计、制造、安装的全循环尿素的生产装置，也是我国首次研制成功生产多孔粒状硝铵。

6月 六四一厂海洋勘探室设计的渤海1号平台建成投产，标志着我国海洋石油工程建设起步。

6月 胜利油田油建设计室设计建成第一座黄河水处理试验站，开始注黄河水开发油田。

8月 化学工业部勘察公司在南京召开工作会议，对南京勘察队、兰州勘察队、吉林勘察队作业区域进行了划分。南京勘察队负责长江以南地区的化工勘察任务，兰州勘察队负责华北、西北地区的化工勘察任务，吉林勘察队负责东北地区的化工勘察任务。

1968年

7月 广东省化学工业设计院与广东省轻工业设计院合并为广东省轻化工业设计院。

1969年

4月26日 石油工业部胜利炼油厂设计室成立。

6月 化学工业部第一设计院196名职工去燃料化学工业部河南太康“五七”干校，其余人员于10月“战备搬迁”至山西省阳泉市平定县娘子关公社程家村，职工家属也随院全部搬迁。

9月13日 李先念副总理视察石油工业部北京设计院设计的东方红炼油厂。

9月 化学工业部制定“第四个五年计划发展规划草案”，主要任务是：加速大、小三线建设，调整化学工业布局；大搞化肥和农药，促进农业发展；大力发展合成橡胶、工程塑料、合成纤维、医药、化工原料；大力提高设备制造能力。

12月10～25日 化学工业部军管会在北京召开化工科研设计工作会议，讨论了科研、设计、情报、勘察队伍革命化的问题，提出了科研设计体制改革和加强情报工作的意见。

12月31日 石油工业部决定，抚顺设计院搬迁到河南省宜阳县竹园沟（红旗炼油厂厂址）。同时组织一支具有独立设计能力的300人连队，搬迁到湖南省临湘县路口铺（长岭炼油厂厂址），承担设计任务。

12月 化学工业部决定，橡胶工业设计院成建制搬迁到桂林。

12月 石油工业部北京设计院约三分之二的职工陆续迁往湖北，参加江汉油田会战，负责设计荆门炼油厂和武汉炼油厂。

本年 化学工业部第四设计院许光悦研制成功的我国第一台列车不停车、不摘钩、在行驶过程中自动实现称重的

100吨动态计量电子轨道衡，精度达0.27%，获全国科学大会奖。

本年 六四一厂海洋勘探室更名为海洋石油勘探指挥部研究所。

本年 湖北制药厂设计室成立。

1970年

1月3日 化学工业部勘察公司撤销。其中南京勘察队改名为化学工业部综合勘察队，继续归部直管。兰州勘察队、吉林勘察队分别归兰化公司、吉化公司管辖。

4月 化学工业部给排水技术中心站在化学工业部第三设计院成立。

6月22日 国务院决定将煤炭工业部、石油工业部、化学工业部合并组成燃料化学工业部。下设基本建设组，管理设计工作。原化学工业部的设计院名称也随之改名为燃料化学工业部的设计院。燃料化学工业部于7月1日在原石油工业部办公楼正式开始办公。

6月 湖南省轻工化工厅设计院分为湖南省轻工业设计院和湖南省化学工业设计院。

7月 四川石油设计院和大港油田派来工程技术人员共36人调到三二二油田（辽河油田前身）工作，组成三二二油田设计组，隶属油田指挥部直接领导。11月，三二二油田设计组改为三二二油田设计室。

8月3日 沈阳军区和燃料化学工业部遵照国务院、中央军委联合发出《关于建设东北输油管线通知》，组建“八三”工程领导小组，下设会战指挥部具体组织工程建设，由大庆油田设计院和四川石油设计院派人组建管道勘察设计小分队，开始勘察设计国家第一条长距离大口径原油输送管道，即大庆—抚顺输油管线。

9月8日 天津市化学工业建设公司更名为天津市化工设计公司。

11月28日 燃料化学工业部决定，将化学工业部第二设计院、化学工业部第三设计院、化学工业部第四设计院、化学工业部第七设计院，自1971年1月1日起交由所在省管理，实行双重领导，以地方为主。

11月28日 燃料化学工业部决定，成立燃料化学工业部石油化工设计院。

11月 燃料化学工业部经报请国务院批准，将已搬迁至桂林的150余人下放给广西壮族自治区成立广西橡胶工业设计所，实行双重领导以地方为主。

12月21日 燃料化学工业部决定，化工矿山设计研究院自1971年1月1日起下放给江苏省，实行双重领导，以地方为主管理。

12月21日 石油工业部四川设计院更名为四川省石油管理局设计院。

本年 青海省工业厅研究所分设，青海省化学工业研究所成立。

本年 山西省轻化厅化工公司与省煤炭管理局合并为山西省煤化局，山西省轻化厅化工公司设计室随之更名为山西省煤化局化工设计室。

1971年

1月 经国务院批准，兰州石油化工设计院改为由燃料化学工业部和地方双重领导，以地方为主。

3月13日 化学工业部第九设计院归属吉林化学工业公司直接领导，改名为吉林化学工业公司设计院。

3月 山西省煤化局化工设计室与下放到山西的化学工业部第二设计院合并，

组建为山西省化工设计院，原山西省煤化局化工设计室作为山西省化工设计院设计三室。

5月6日 燃料化学工业部决定抽调第一设计院的一部分人员和北京石油设计院约三分之一的人员，组建成北京石油化工总厂设计院。

5月13日 大庆炼油厂设计室更名为大庆石油化工总厂设计室。

8月 化学工业部化工设计院解体，1300多名职工中的大多数人员被分配到石油化工规划设计院、北京石油化工总厂设计院、胜利油田石油化工总厂设计所和天津市化工设计公司等单位，仅留下362人，改名为“燃料化学工业部十二化建公司石油化工设计所”，划归十二化建公司领导。

9月13日 燃料化学工业部通知，化学工业部第六设计院改名为燃料化学工业部第六设计院。

10月8日 “八三”工程会战指挥部在原勘察设计小分队基础上正式组建了勘察设计大队。

10月 周恩来总理赴石油工业部北京设计院设计的北京东方红炼油厂视察。

10月 化学工业部第八设计院下放四川省，改名为四川省化工第一设计院，由燃料化学工业部和四川省双重领导，原四川省化工设计院更名为四川省化工第二设计院。

11月16日 江苏省决定，化学工业部第七设计院改为南京化工设计院。

11月20日 江苏省决定，化工矿山设计研究院改为连云港化工矿山设计研究院。

12月21日 化学工业部西南化工研究院更名为四川省化工研究院。

本年 燃料化学工业部决定，化学工业部综合勘察队改名为燃料化学工业部综合勘察队。随后又划归江苏省化工厅管辖，改名为江苏省化工综合勘察队。

1972年

2月 中央批准引进一批大型化工装置，先后于1973年和1974年，从美国、荷兰、日本、法国引进13套年产30万吨合成氨、48万或52万吨尿素装置，分别建在泸州、大庆、辽河、沧州、云南、赤水、岳阳、枝江、成都、淄博、广州、安庆、南京。

3月29日 化学工业部上海医药工业设计院划归上海市化工局领导后，上海市化工局批示，化学工业部上海医药工业设计院改名为上海化学工业设计院。

3月 燃料化学工业部决定，重新组建化工地质队伍。在河北、内蒙古、辽宁、吉林、山东、河南、浙江、福建、安徽、湖南、湖北、广东、贵州、四川、广西、云南等省、自治区建立了16个化工地质队。

4月11日 抚顺设计院改名为燃料化学工业部第一石油化工建设公司设计研究所。

5月 燃料化学工业部决定，燃料化学工业部十二化建公司石油化工设计所脱离十二化建公司，与北京橡胶设计院合并，恢复“燃料化学工业部化工设计院”名称。

5月 燃料化学工业部决定在山西省化工设计院设立“煤炭化工业务建设组”。

5月 燃料化学工业部决定在四川省化工第一设计院成立“天然气综合利用设计业务建设组”。

5月 燃料化学工业部决定，在燃料化学工业部第六设计院成立化学工程设计技术中心站。

7月18日　桂林橡胶工业设计所改为桂林橡胶工业设计研究院。

7月　兰州石油化工设计院改名为兰州化学工业公司化工设计院。

9月13日　胜利油田油建设计室更名为胜利油田会战指挥部设计处。

9月　化学工业部第三设计院下放安徽省后，定名为安徽省石油化工设计院，隶属安徽省燃料化学工业局领导。

10月26日　“八三”工程会战指挥部将勘察设计大队扩编为设计研究所，人员编制428人。

11月　广东省轻化工业设计院恢复更名为广东省化学工业设计院。

11月　辽宁省石油化工设计院成立。

12月　国务院批准引进4套大型石油化工联合装置，其中，30万吨乙烯及其配套的化工装置建在北京石油化工总厂；其他3套以合成纤维为主的装置分别建在上海、辽阳、重庆。

本年　由燃料化学工业部基本建设组归口管理设计工作转交石油化工规划设计院负责。

本年　由化学工程设计技术中心站主办，经国家科委批准的《化学工程》创刊出版。

1973年

3月　燃料化学工业部决定，第九化建公司设计所（在贵州清镇）归并到燃料化学工业部化工设计院，有120人调到天津。

3月　大庆石油化工总厂设计院成立。同年5月，该院启用新印章。

4月6日　经国务院批准，燃料化学工业部决定成立石油天然气管道局，局下设规划设计处。

4月　燃料化学工业部化工设计院定址天津，4月第一批职工进入天津，7月组织山西程家和贵州清镇两地职工223人陆续迁入天津。

5月12日　燃料化学工业部决定，连云港化工矿山设计研究院改变隶属关系为“双重领导，以部为主”。

6月23日　燃料化学工业部颁发《炼油、化工工厂初步设计内容规定》，于12月1日起在炼油、化工设计系统中试行。

6月　燃料化学工业部应轻工部关于化工设计人员支援纺织院的要求，决定从原第九化建公司设计所的设计人员中抽调从事过维尼纶工程设计的60人支援北京纺织设计院。

6月　华北石油会战指挥部（大港油田）决定，在油建指挥部所属设计室的基础上，组建油田规划设计院，办公地点在大港油田三号院。

6月　长岭炼油厂设计室成立。

7月17日　淮南化工总厂2万吨精甲醇联醇装置建成，一次投料成功。该项目由安徽重工业设计院与南京化工研究院等协作，完成了触媒研制、小试、中试等开发的基础上进行工程设计，首创联醇工艺，并获国家优秀设计金奖。

8月15日　江苏省省委决定，南京化工设计院改名为“南京化学工业公司设计院”，接受南京化学工业公司统一领导。

8月　广东省化学工业设计院更名为广东省石油化工设计院。

10月27日　燃料化学工业部指定上海、沈阳、锦西、天津、北京、晨光、兰州等七个化工研究院和化工矿山设计研究院、涂料工业研究所、北京化工厂等科研院所，为燃料化学工业部标准化工作专业技术归口单位。

本年 江苏省政府将江苏省化工综合勘察队划归南京化学工业公司管辖，改名为南京化学工业公司勘察工程队。

本年 河北省轻化工业设计院更名为河北省石油化工设计院。

本年 在黄岛末站地下油库工程地质勘察中，胜利油田会战指挥部设计处首次利用 DPP-100 型钻机打 100 米深岩石孔获得成功。

1974 年

1月 在江苏省化工设计安装公司基础上成立江苏省化工设计研究所。

2月2日 燃料化学工业部（74）燃财劳字第 142 号文批复，成立管道局设计研究院。

3月 燃料化学工业部化工设计院在山西娘子关的大批人员陆续回到北京，在西郊半壁店办公。

4月5日 燃料化学工业部决定将第一石油化工建设公司设计研究所改名为第一石油化工建设公司炼油设计研究院。

8月 中巴政府签署“中国政府同意帮助巴基斯坦建设一座日产合成氨 170 吨并加工成尿素的化肥厂”协议。燃料化学工业部化工设计院（天津部分）承担此项目的设计。

8月 燃料化学工业部电子计算应用技术中心站成立。

9月12日 燃料化学工业部第一石油化工建设公司油库工程分公司在山东黄岛成立。

9月13日 云南省化工设计院正式成立，隶属云南省石油和化学工业厅。

9月24日 在三二二油田设计室基础上，辽河石油勘探局批准成立辽河石油勘探局油田建设规划设计院。

1975 年

1月20日 国家计委通知燃料化学工业部，建设山东胜利油田至南京输油管道，胜利油田至南京输油管道勘察设计工作全面开展。

1月30日 燃料化学工业部在河北省沧州市第三次组建勘察公司，管辖一大队（南京勘察队，原化学工业部勘察队）、二大队（兰州勘察队）、三大队（燃料化学工业部第一石油化工建设公司）。

2月1日 第四届全国人大一次会议决定，将燃料化学工业部分为煤炭工业部和石油化学工业部。原燃料化学工业部的化工设计院的名称也随之更改为石油化学工业部的化工设计院。

3月 燃料化学工业部化工设计院更名为石油化学工业部化工设计院后，分别在北京西郊半壁店、北京东城区兴化东里、天津北仓三处办公。

4月7日 大庆油田开发研究院和油田建设设计研究院合并，组建大庆石油管理局科学研究设计院。

4月18日 天津市化工设计公司更名为天津市化工设计院。

6月27日 原东北输油管线指挥部（“八三”工程会战指挥部）设计研究所和管道局规划设计处合并，组成中国石油天然气管道勘察设计研究院。

8月23日 中国石油天然气管道勘察设计研究院更名为石油化学工业部管道勘察设计研究院。

10月20日 胜利油田会战指挥部设计处更名为胜利油田设计规划研究院。

12月 华北石油会战指挥部党的核心小组决定，成立中共油田规划设计院委员会。

本年 安徽重工业设计院更名为安徽省化工设计院。

本年 新疆维吾尔自治区石油化学工业局从轻工业科学实验研究所中划出化工科研人员，成立新疆石油化工设计研究所。

本年 胜利油田设计规划研究院在临济长输管线黄河穿越中，采用曲线定管获得成功，在国内尚属首次。

1976年

1月 华北石油会战指挥部决定，对华北油田规划设计院机构进行调整。调整后，机关内设科室5个。直属单位7个：一室、二室、三室、四室、五室、六室、七室（工程研究室），在册职工380人。

2月 华北石油会战指挥部由大港油田迁址河北任丘，华北油田规划设计院随迁河北任丘。

3月 海洋石油勘探指挥部研究所更名为海洋石油研究所。

11月 山西省化工建设公司勘测大队成立。

1977年

2月 石油化学工业部第一石油化工建设公司油库工程分公司地质勘察队和设计室组建地下水封石洞油库建设公司（后更名为石油工业部第七工程公司）勘察设计研究所。

5月18日 胜利油田设计规划研究院设计完成的当时全国最大的污水处理站——坨四污水处理站正式投产。处理站第一次采用虹吸式滤池和斜板隔油装置的新工艺，日处理量4万立方米。

6月 石油化学工业部决定，将石油化学工业部化工设计院原石油化工设计所的人员全部调往大庆，与大庆石油化工总厂设计院合并组建大庆石油化工设计院；原在北京的承担橡胶设计的人员组建北京橡胶设计院；留在天津的原第九化建公司设计所人员，继续留津组建化工设计院。

8月16日 华北石油会战指挥部决定，将华北石油勘探开发研究院和华北油田规划设计院合编为华北石油勘探开发设计研究院。

9月14日 石油化学工业部决定将第一石油化工建设公司炼油设计研究院改称为石油化学工业部炼油设计研究院，直属部领导。

9月 石油化学工业部化工设计院中橡胶设计部分与化工设计院分离后，恢复橡胶设计院建制。

11月28日 四川省石油管理局设计院更名为四川省石油管理局勘察规划设计院。

12月1日 浙江省工业设计院恢复建制并更名为浙江省石油化工设计院。

本年 四川省化工第二设计院恢复四川省化工设计院名称。

1978年

1月16日 石油化学工业部决定，成立化学矿山规划设计院和化学矿山地质研究所，承担化学矿山的规划设计和地质研究任务。20日，石油化学工业部化学矿山规划设计院正式成立，院址在河北省涿州市。

1月17日 石油化学工业部决定，成立化工地质勘探公司，承担大型化学矿的地质勘探任务。该公司下设河北、黑龙江、吉林、内蒙古、辽宁、江苏、安徽、福建、贵州、云南、河南、湖北、广东、广西、陕西、钾盐、物探等17个地质勘探大队。

3月5日 第五届全国人大一次会议决定，撤销石油化学工业部，成立化学工业部、石油工业部。

3月18日 中共中央在北京召开了有6000多人参加的全国科学技术大会。会上隆重奖励了7657项科技成果。

3月 化学工业部成立后，石油化学工业部化工设计院在北京化工部分和天津部分重新合并，恢复使用化学工业部第一设计院名称。总部仍定在天津，人员仍分两地办公。

3月 甘肃省石油化工局设计院成立。

4月 石油化学工业部炼油设计研究院改名为石油工业部炼油设计研究院。

8月2日 化学工业部转发国家建委的通知：山西省化工设计院、安徽省石油化工设计院、湖北省化工设计院、四川省化工第一设计院及桂林橡胶设计研究所为部、省双重领导，以部为主。

8月10日 化学工业部决定，因体制变动，将设计勘察单位的名称进行更改：原石油化学工业部化工设计院改名为化学工业部第一设计院；山西省化工设计院改名为化学工业部第二设计院；安徽省石油化工设计院改名为化学工业部第三设计院；湖北省化工设计院改名为化学工业部第四设计院；石油化学工业部第六设计院改名为化学工业部第六设计院；四川省化工第一设计院改名为化学工业部第八设计院；广西桂林橡胶设计研究院改名为化学工业部桂林橡胶工业设计研究院。

8月10日 石油化学工业部勘察公司分为化学工业部勘察公司（管辖兰州与南京两个勘察队，地址河北沧州市）和石油工业部勘察公司（管辖徐水勘察队，地址徐水）。

8月 海洋石油研究所扩建为石油工业部海洋石油勘探局勘探开发设计研究院。

8月 化学工业部小合成氨设计技术中心站在上海市化工局设计室成立。

9月5日 化学工业部决定：将石油化学工业部化工矿山设计研究院改为化学工业部化学矿山设计研究院。石油化学工业部化学矿山规划设计院更名为化学工业部化学矿山规划设计院。

10月19日 经国务院批准，四川省化工研究院调整为部与地方双重领导，以部为主，更名为化学工业部西南化工研究院。

11月24日 化学工业部批准组建长沙化学矿山设计研究院，承担湖南省和全国化学矿山的科研设计任务。

11月 山东胜利石油化工总厂乙烯工程会战指挥部成立。

12月 北京橡胶研究院与北京橡胶设计院再度合并，恢复“北京橡胶工业研究设计院”建制。

12月 化学工业部橡胶加工设计技术中心站在北京橡胶工业研究设计院成立。

12月 石油工业部北京设计院派往湖北和北京的人员重归建制，命名为石油工业部北京石油设计院。

本年 福建省化学工业设计研究院设计与研究分开。

本年 河南省石油工业局研究设计院更名为河南省化工设计院。

本年 胜利油田设计规划研究院与开封仪表厂合作，设计研制成功我国第一台

LJG-33 型和 BGS-700 型标准体积管，主要技术性能均达到了国外同类产品的先进水平。

1979 年

1月1日 化学工业部环境保护设计技术中心站在吉林化学工业公司设计院成立。

1月 化学工业部工业炉设计技术中心站在化学工业部第一设计院成立。

1月 江苏省化工设计研究所更名江苏省化工设计院。

1月 根据国家计委统一部署，对设计行业实行设计收费试点。

2月7日 化学工业部决定：以黑龙江、内蒙古、陕西、江苏省化工地质队为基础，成立东北、华北、西北、华东化工地质勘探大队，实行双重领导，以化学工业部为主的管理体制。

2月13日 为承担镇海年产 52 万吨尿素装置设计，化学工业部第四设计院派出技术人员到荷兰凯洛格大陆公司，参加联合基础工程设计，学习西方工程公司的设计、采购方法，为在化工系统开展设计体制改革打下了基础。

3月1日 根据石油工业部《对承担外部系统委托的工程项目实行全部收费规定》，四川省石油管理局勘察规划设计院制定了《勘察设计合同和收费试行办法》，统一对外收费标准，开始向企业化迈进。

4月30日 经化学工业部矿山局批准，成立化学矿山规划设计院勘察队。

5月8日 北京市化工研究设计院成立，隶属于北京市化工局。

5月8日 石油工业部决定将石油工业部炼油设计研究院改名为石油工业部第二炼油设计研究院。

5月12日至6月26日 化学工业部派出由部直属设计院院长组成的“化工设计考察组”，赴美国和联邦德国进行设计考察，重点了解国外六家工程公司在组织设计和工程建设方面的经验。这次考察对推进化工设计体制改革起了积极作用。

6月 化学工业部决定，将化学工业部第一设计院北京部分组建为“化学工业部化工设计公司”，定点北京。

6月 化学工业部第一设计院设计的天津化工厂电石工程，石油工业部北京石油设计院设计的大连石油七厂多金属重整装置，化学工业部第三设计院设计的淮南化肥厂联醇装置，获国家基本建设委员会颁发的国家优秀设计金奖。

四川省化工设计院设计的“106 工程低浓度尾气制酸”，石油工业部第二炼油设计研究院设计的浙江炼油厂 120 万吨/年催化裂化装置，获国家优秀设计银奖。

7月 国家医药管理总局成立，上海化学工业设计院改名为国家医药管理总局上海化学工业设计院。

8月1日 四川省石油管理局勘察规划设计院更名为四川石油管理局勘察规划设计院，由四川石油管理局领导。

10月23日 上海市化工局设计室更名为上海化工设计院。

本年 石油化学工业部分为石油工业部和化学工业部后，北京石油化工总厂设计院的石油炼油部分归属石油工业部，总厂设计院改名为燕山石油化学总公司设计院。

本年 新疆石油化工设计研究所更名为新疆化工设计研究院。

本年 山西省化工设计院设计三室改建为山西省化工设计室。

1980年

2月13日 化学工业部第三设计院迁往合肥市，其在淮南的不动产全部移交化学工业部第三化工建设公司。

6月25日 化学工业部颁发《化工新技术开发管理试行条例》。

6月27日 中国石油工程建设公司成立。

8月 化学工业部第四设计院开始采用新的设计程序和方法进行镇海52万吨尿素装置工程设计，通过合作设计的方式，从而更好地了解、掌握凯洛格公司的设计程序和方法，对推行化工设计新体制奠定了基础。

9月 化学工业部决定在化学工业部第八设计院试行设计体制改革，按工程公司和开展总承包进行调整设计生产系统机构，试行设计新体制。

11月 为推进设计新体制的试行，化学工业部基建局邀请荷兰K-C公司设计经理索特到化学工业部第八设计院介绍K-C设计体制和方法。

11月 青海省化学工业研究所更名为青海省化工科研设计所。

12月11日 国家建委发出《关于试行“工程勘察取费标准”的通知》，从1981年1月起执行。

本年 陈冠荣当选为中国科学院学部委员（院士）。

本年 化学工业部化工工程建设标准编辑中心在化学工业部化工设计公司成立。

1981年

4月22日 化学工业部决定，由天津化工研究院、化学工业部第三设计院等单位，成立水质技术服务网，以加强水质管理，减少循环冷却水对设备的腐蚀。

6月11日 山西省化工设计室更名为山西省化工设计院，隶属山西省化学工业厅。

6月 华北石油会战指挥部更名为华北石油管理局，石油勘探开发设计研究院为该管理局所属二级单位。

7月 化学工业部组织化学工业部第四设计院和化学工业部第八设计院，抽调一百多名专业技术和管理骨干，启动编辑《化工设计手册》。

8月 吉林化学工业公司设计院设计的“吉化公司全区污水处理工程-综合污水处理场设计”，石油工业部第二炼油设计研究院设计的“茂名炼油厂酸性污水汽提装置”，分获国家基本建设委员会七十年代国家优秀设计金奖。

华北石油勘探开发设计研究院设计的“任丘油田南部油气集输及任一站工程”，获国家基本建设委员会七十年代国家优秀设计银奖。

10月 化学工业部决定在化学工业部第一设计院成立化工球罐联营公司。

1982年

4月10日～17日 化学工业部在北京召开全国化工基本建设工作会议。会议要求采取有力措施，缩短基本建设周期，并制定了《关于化工勘察、设计、施工、建设单位进行全面整顿的安排意见》。

4月23日 为进行以设计为主体工程总承包制的试点，化学工业部基建局确定江西氨厂改产尿素工程，由化学工业部第四设计院总承包。

6月2日 化学工业部节能技术服务中心站在化学工业部第六设计院成立。

6月8日　化学工业部印发《关于改革现行基本建设管理体制，试行以设计为主体的工程总承包制的意见》，确定化学工业部第四设计院和化学工业部第八设计院为工程总承包试点单位，组建工程公司。

7月　兰化公司设计院划归中国石化总公司领导，改名为中国石油化工总公司兰州石油化工设计院。

12月　石油工业部海洋石油勘探局勘探开发设计研究院开发的海上油田延长测试系统，获国家科委颁发的国家科技成果证书。

1983年

1月6日　国家经委在向国务院报送的关于《中国煤化工技术经济考察团赴民主德国考察报告》中提出，目前关心发展煤化工的部门很多，但真正拥有研究、发展、设计、生产一整套技术力量的只有化学工业部，建议国务院明确把发展煤化工的责任和城市煤气的技术责任下达给化学工业部，煤炭工业部和建设部积极配合。国务院领导原则同意考察报告。

2月2日　国家计委发出《关于颁发"建设项目进行可行性研究的试行管理办法"的通知》指出：可研是建设前期工作的重要内容，是基本建设程序中的组成部分。

3月　由宁夏回族自治区化工设计研究院、轻工设计研究院、机械设计研究院三家合并成立宁夏工业设计院，隶属宁夏回族自治区计划委员会。

5月　福建省化工地质勘探大队工程勘察分队在福州成立。

5月　化学工业部地质勘探公司河南地质大队工程分队成立。

5月　化学工业部勘察公司主持召开首次全国化工系统工程勘察科技经验交流会议，这是我国化学工业第一次大型工程勘察科技活动。

6月30日　国家计委发出《关于开展创优秀设计活动的几项规定》，对开展创优秀设计的活动、标准、评选和奖励等做出规定。

7月12日　国家计委等部门发出了《关于勘察设计单位试行技术经济责任制的若干规定》的通知，并附发了《试行技术经济责任制的若干规定》。从1983年7月1日起，各化工勘察设计单位均试行技术经济责任制，凡承担各项勘察设计任务都签订合同，按国家计委新颁发的统一收费标准收费。

7月　石油工业部北京石油设计院划归中国石油化工总公司领导，更名为中国石油化工总公司北京设计院。

7月　独山子炼油厂设计所成立。

7月　化学工业部勘察公司一大队从化学工业部勘察公司划出，改名为化学工业部勘察大队，与化学工业部勘察公司并列归化学工业部直管。

8月5日　化学工业部决定，在天津化工研究院建立化学工业部水处理技术服务中心。

8月　化学工业部转发国务院关于颁发《建设工程勘察设计合同条例》和《建筑安装工程承包合同条例》。

10月22日　化学工业部颁发《关于化工设计单位开展创优秀设计活动的规定》。

10月　化学工业部开展对压力容器设计资格检查。先后对化学工业部第六设计院、兰州石油化工设计院及化学工业部第八设计院进行了资格检查。

11月24日至12月23日 国家经委批准，将河南、辽宁、吉林、安徽、广东、广西、湖北、云南、河北、福建、贵州化工地质队，由双重领导以地方为主改为双重领导以化学工业部为主的管理体制。

12月16日 北京市化工研究设计院分立后，成立北京市化工设计所。

12月 大庆石油管理局决定，将大庆石油管理局科学研究设计院分开重组，组建大庆石油管理局勘探开发研究院和大庆石油管理局油田建设设计研究院。

本年 河北省石油化工设计院更名为河北省石油化工规划设计院。

本年 吉林省地方工业研究所更名为吉林省石油化工设计研究院。

本年 福建省化学工业设计院更名为福建省石油化学工业设计院。

本年 山西省化工建设公司勘测大队的“6250KN-M高能级强夯首次在我国试验成功大面积应用”项目，获国家科技进步三等奖。

1984年

1月 中国石化总公司决定，石油工业部第二炼油设计研究院更名为中国石化总公司洛阳设计研究院。

3月 石油化学工业部管道勘察设计研究院更名为石油工业部管道勘察设计院。

4月 长岭炼油厂设计室更名为长岭炼油厂设计处。

5月3日 化学工业部基建局决定在化学工业部第四设计院设立化学工业部氮肥设计技术中心，在南京化学工业公司设计院设立化学工业部硫酸和磷肥设计技术中心。

6月1日 燕山石油化学总公司设计院成建制划归中国石油化工总公司，8月10日更名为中国石油化工总公司北京石油化工工程公司，公司由燕山向北京市内转移。

7月18日 化学工业部决定，成立化学工业部环境影响评价咨询服务中心，吉化公司设计院为组长单位。

7月24日 燕山石油化工公司设计所成立。

7月27日～31日 化学工业部在北京召开化工基本建设改革工作会议，着重研究全面推行建设项目投资包干责任制、招标承包制、拨改贷、勘察设计改革、组建承包工程公司，开展干部培养、改革用工制度、改革物资供应办法，大力协同搞好改革等问题。

8月 化学工业部第八设计院设计的“北京第二化工厂PVC汽提装置”，胜利油田设计规划研究院设计的“辛一污水处理站工程”，四川石油管理局勘察规划设计院设计的“佛荫—两路口输气管线工程”，吉林化学工业公司设计院设计的“吉化有机合成厂乙烯、芳烃抽提装置设计”和“吉化化肥厂合成气装置”，上海医药设计院设计的“上海醋酸纤维厂2500吨/年裂化法醋酐装置”，化学工业部第三设计院设计的“南京油脂化工厂1000吨/年化纤钛白工程”，分获国家优秀设计金奖。

四川省化工设计院设计的“氨合成工程节能技改”项目，获国家优秀设计银奖。

9月3日 化学工业部决定将“化学工业部化工设计公司”更名为“中国寰球化学工程公司”。

9月13日 化学工业部第四设计院

更名为中国武汉化工工程公司。

9月18日　国务院印发《国务院关于改革建筑业和基本建设管理体制若干问题的暂行规定》，提出要“大力推行工程招标承包制”，“建立工程承包公司”，“组建具有法人地位、独立经营、自负盈亏的工程承包公司”。

9月25日　化学工业部第八设计院更名为中国成都化工工程公司。

9月　中国寰球化学工程公司根据国家计委和化学工业部的要求，进行设计收费和事业单位企业化管理的试点。

9月　经化学工业部批准，化学工业部第一设计院更名为中国天津化学工程公司，实行自收自支的企业化管理。

11月10日　国务院批转《国家计委关于工程设计改革的几点意见的通知》，提出要“组织工程咨询公司和工程承包公司”，“设计单位除完成设计任务外，对承担任务的范围和组织形式要有新的发展”，“两种公司都是独立核算、自负盈亏的经济实体、具有法人资格”。

11月14日　中国石化总公司（84）建字94号文决定，中国石化总公司洛阳设计研究院组建为洛阳石油化工工程公司。

11月　华北石油管理局决定，华北石油勘探开发设计研究院拆分组建为华北石油管理局勘探开发研究院和华北石油管理局勘察设计院。

11月　衢州化工厂设计处变更为独立核算的衢州化学工业公司规划设计院，为衢州化学工业公司下属独立单位。

12月2日　石油工业部第七工程公司勘察设计研究所撤销，成立石油工业部油田化工设计承包公司，实行独立建制。石油工业部第七工程公司勘察设计研究所地质勘察队更名为石油工业部油田化工设计承包公司地质队。

12月19日　国家医药管理局发文，在原湖北制药厂设计室和重庆医药工业公司设计室基础上，分别组建国家医药管理局武汉医药设计院和重庆医药设计院。

12月23日　辽宁省石油化工设计院更名为辽宁省石油化工规划设计院，并设立丹东分院。

12月　经化学工业部和安徽省政府批准，化学工业部第三设计院由淮南迁往合肥市建院。

本年　山东省化工局设计室更名为山东省化工规划设计院，隶属山东省石油化学工业厅。

本年　江西省轻化工设计院更名为江西省化学工业设计院。

1985年

1月1日　华北石油管理局勘察设计院作为国家首批企业化改革试点单位，成为行业内首个“走出去”实行设计收费、自负盈亏、独立核算的企业。

1月1日　四川石油管理局决定，四川石油管理局勘察规划设计院实行内部企业化试点，在保证完成石油工业部和四川石油管理局任务的前提下，可承接外部任务，逐步达到独立核算、自负盈亏。

1月21日　湖南省化工勘探服务公司成立。

2月　化学工业部在中国成都化工工程公司进行工程总承包试点工作。该公司开始在乐山、富顺县氮肥厂两个4万吨联碱工程进行总承包。

3月15日　根据化学工业部和陕西省的决定，化学工业部第六设计院与陕西省化工设计院合并，正式成立中国西安化工设计公司。

3月26日 化学工业部决定，将化学工业部基本建设总公司更名为中国化学工程总公司，成为独立经营、自负盈亏的经济实体。

4月3日 上海吴泾化工联合公司规划设计院成立。

4月 根据中共中央关于经济体制改革的决定，化学工业部决定将化学工业部第二设计院更名为中国化学工程总公司太原设计公司，化学工业部第三设计院更名为中国化学工程总公司合肥设计公司，化学工业部桂林橡胶工业设计研究院更名为中国化学工程总公司桂林橡胶设计开发公司，化学工业部勘察公司更名为中国化学工程总公司沧州勘察公司，化学工业部勘察大队更名为中国化学工程总公司南京勘察公司。

4月 石油工业部海洋石油勘探局勘探开发设计研究院更名为渤海石油公司工程设计公司。

5月4日 国家计委发出《关于转发镇海石油化工厂尿素装置合作设计总结的通知》。指出这种合作设计是成功的，是利用国内外设计力量共同完成我国工程项目设计的一种重要形式，也是我国设计单位进行国际合作打入国际市场，由封闭转变为开放型的有效途径。

5月13日～6月17日 化学工业部矿山局派出以化工矿山设计研究院院长为组长的五个技术考察组，前往美国、法国、瑞典、奥地利和印度五国考察，并在维也纳与联合国开发署总部签订了援款协议。

5月 化学工业部硫酸和磷肥设计技术中心成立，设在南京化学工业公司设计院。

6月14日 国家计委，城乡建设环保部颁发《工程设计招标投标暂行办法》。

6月21日 化学工业部向国家计委设计局提出成立中国化工勘察设计协会的请示报告。

7月6日 国家计委设计局批复同意成立中国化工勘察设计协会。

8月18日 由长沙化学矿山设计研究院承担设计的山东泰安自然硫第一次喷硫，开创我国钻井热熔系硫先河。

9月7日 由中国武汉化工工程公司实施以设计为主体总承包试点项目，江西氨厂改产尿素及节能工程建成投产。

9月 化学工业部设计情报中心站在天津化学工程公司成立。

10月 中国石油化工总公司北京石油化工工程公司、中国石油化工总公司北京设计院合作开发的顺丁橡胶工业生产新技术，获国家科技进步特等奖。

中国石油化工总公司北京设计院完成的常减压蒸馏装置节能改造技术的应用与推广，化学工业部西南化工研究院完成的“用四塔一次均压变压吸附装置从合成氨驰放气回收氢气”科技成果，渤海石油公司工程设计公司完成的“渤海埕北中日联合开发区A钻井平台模块设计”，分获国家科技进步一等奖。

中国石油化工总公司北京设计院完成的催化裂化节能技术及推广应用，渤海石油公司工程设计公司完成的“渤海5号、渤海7号自升式钻井船设计”，分获国家科技进步二等奖。

华北石油管理局勘察设计院完成的“金属管道塑料外防腐护层三条生产线（ϕ529、ϕ219、ϕ115）研建及系统产品”，吉林化学工业公司设计院的“年产11.5万吨乙烯装置设计”，华北石油管理局勘察设计院完成的“水力活塞泵抽油技术”，分获国家科技进步三等奖。

10月　广西壮族自治区化工设计院更名为广西壮族自治区化工规划设计院。

11月1日　中国化工勘察设计协会在成都召开会员大会，宣告正式成立。会议讨论通过了协会章程，产生了第一届理事会。化学工业部副部长王珉任理事长，基建局原副局长孙予明、基建局副局长何立山任副理事长，化学工程总公司设计管理部主任唐礼民任秘书长。第一批会员单位20个。

12月25日　李鹏代总理向中国武汉化工工程公司颁发镇海石化总厂52万吨尿素装置“国家嘉奖”和“国家优秀设计奖”的奖状和荣誉证书。

本年　大连化学工业公司设计处更名为大连化学工业公司规划设计院。

1986年

1月30日　化学工业部、机械部决定，成立国务院重大技术装备复合肥料领导小组办公室，负责大型化肥（含尿素）项目引进归口和实现国产化的推动管理等工作。

1月　四川省新都县氮肥厂年产4万吨联碱工程建成投产。该工程采用外冷式碳化塔流程与配套设备，是由化学工业部第八设计院集中全国小联碱先进技术和国内新开发的科研成果而设计的。经化学工业部鉴定，认为这套装置是第二代小联碱的代表。并以此为样板，前后建设、改造15套年产4万吨的联碱厂。

2月8日　经石油工业部批准，四川石油管理局勘察规划设计院更名为“石油工业部四川石油勘察设计研究院”，隶属关系不变。

5月10日　中国化工勘察设计协会发文，同意成立化工勘察协会，作为中国化工勘察设计协会的一级组织。

5月27日　石油工业部批准，胜利油田设计规划研究院更名为石油工业部胜利石油勘察设计院。

6月19日　化学工业部授予中国成都化工工程公司、长沙化学矿山设计研究院、西南化工研究院、上海化工研究院等为“全国化学工业思想政治工作优秀企业”称号。

8月7日　国家计委颁发《关于勘察设计单位推行全面质量管理的通知》（计设〔1986〕1463号）。

8月9日　中国化工勘察设计协会工艺配管设计专业分会成立。

8月15日　化学工业部颁发《化工行业工程设计证书分级标准》（〔86〕化基字第757号），其中规定了基本建设项目大中小型规模划分。

10月3日　中国化工勘察设计协会电气设计专业分会成立。

10月16日～29日　为了推动化工设计体制改革，中国化工勘察设计协会在南京召开有院长、总师等120多人参加的设计体制改革研讨会。详细介绍国际通行的设计程序、组织机构、专业分工、设计方法以及以设计为主体的工程总承包的做法。

10月30日　化学工业部第六设计院设计的743工程，四川省化工设计院的“二水法磷酸——中和料浆浓缩法制磷铵新工艺”项目，洛阳石油化工工程公司设计的兰州炼油厂50万吨/年同轴式提升管催化裂化装置，洛阳石油化工工程公司参与的“常减压蒸馏装置节能技术的应用与推广项目”，分获国家科技进步一等奖。

化学工业部第六设计院设计的 659 工程，获国家科技进步二等奖。

洛阳石油化工工程公司设计的格尔木—拉萨输油管线工程，获国家科技进步三等奖。

11 月 由化学工业部第二设计院设计的太原焦化厂年产 45 万吨焦炭工程竣工验收，王震副总理参加了竣工验收典礼。

12 月 6 日 上海吴泾化工联合公司规划设计院更名为上海吴泾化工设计院，隶属于上海市三十万吨乙烯吴泾工程指挥部领导管理。

12 月 原属化工原料公司的上海中原化工设计公司、上海市染料农药工业公司设计室及上海橡胶工业公司设计室合并成立上海化工设计院分院，受上海化工设计院领导。

本年 山西省化工建设公司勘测大队更名为化学工业部第二建设公司勘测大队。

1987 年

1 月 19 日 湖南省化工勘探服务公司更名为湖南省化工地质勘探队工程勘察室。

1 月 长岭炼油厂设计处更名为长岭炼油厂设计所。

1 月 化学工业部第八设计院承担的天津化工厂 PVC 汽提干燥装置设计，中国石油化工总公司北京设计院设计的大连石油七厂催化裂化装置技术改造工程和吉林电石厂 PVC 真空气提装置，上海医药设计院设计的天津中国大塚制药有限公司输液工程，石油工业部四川石油勘察设计研究院的魏荆管线汉江复线工程，石油工业部胜利石油勘察设计院的东营压气站深冷分离工程，分获国家优秀设计金奖。

北京橡胶工业研究设计院设计的“桦林橡胶厂引进 10 万套全钢丝载重子午胎工程”项目，四川省化工设计院“1.5 万吨/年精芒硝工程设计”项目，吉林化学工业公司设计院“吉化公司异丁醛加氢制异丁醇装置设计”项目，分获国家优秀设计银奖。

2 月 2 日 中国西安化工设计公司设计产品重水获国防科工委，国家经委、国家科委颁发的“六项科技成果”特等奖。

2 月 13 日 石油工业部四川石油勘察设计研究院设计的湖北省魏荆管线汉江复线工程，获国家质量奖审定委员会颁发的质量金质奖。

3 月 11 日 化学工业部颁发《工程设计成品文件签署规定》《施工图会签规定》《设计文件内容深度和格式的规定》。

3 月 23 日 胜利炼油厂设计室更名为胜利炼油厂设计所。

3 月 石油化学工业部第一石油化工建设公司油库工程分公司更名为石油工业部华东勘察设计研究院勘察大队。

4 月 1 日 大庆石油化工设计院获得中国石油化工总公司颁发的国家甲级勘察设计单位证书（石化设甲字 0006 号）。

4 月 20 日 国家计委、财政部、建设银行、国家物资局联合发出《关于设计单位进行工程建设总承包试点有关问题的通知》（计设〔1987〕619 号）。确定中国武汉化工工程公司、中国成都化工工程公司、洛阳石油化工工程公司和北京石油化工工程公司等 12 家企业为工程总承包试点单位。

5 月 20 日 中国化学工程总公司合肥设计公司搬迁合肥。

7 月 13 日 中国化工勘察设计协会

化学工程设计专业分会成立。

7月18日　中国化工勘察设计协会建筑设计专业分会成立。

7月21日　中国西安化工设计公司加入中国化学工程（集团）总公司。

7月23日　桂林橡胶工业设计研究院加入中国化学工程（集团）总公司。

7月　化学工业部第六设计院的两项成果（保密），获国家科技进步特等奖。

中国石油化工总公司北京设计院开发的大庆常压渣油催化裂化技术，获国家科技进步一等奖。

化学工业部炭黑工业研究设计所研发的油-油路线新工艺炭黑（N339）生产技术开发研究，石油工业部四川石油勘察设计研究院的天然气制二硫化碳，石油工业部四川石油勘察设计研究院的“天然气制二硫化碳”技术，获国家科技进步二等奖。

9月　上海化工设计院分院改名为上海化工设计所，仍属上海化工设计院领导。

9月　《化工设计手册》（共十五册）正式出版。这是1981年化学工业部决定在第四、第八设计院实行新体制试点的同时，集中专业技术和管理骨干一百多人，先后举办三期“化工设计体制改革学习研究班”，在认真消化、吸收国外工程公司资料的基础上编制而成的。为推行新的设计体制和实行工程总承包试点打下良好的基础。

10月　中国勘察设计协会和中国化工勘察设计协会联合在南京举办首届“工程建设总承包项目经理研究班”。

12月　中国勘察设计协会和中国化工勘察设计协会在成都联合举办首届“工程建设总承包采购经理研究班”。

12月　化学工业部勘察大队的米泉水源地凿井工程，石油工业部四川石油勘察设计研究院的湖北省魏荆输油管线过汉江复线工程，分获全国优秀勘察设计金质奖。

化学工业部勘察大队完成的齐鲁乙烯工程方格网测量、齐鲁石化总公司烯氢氯碱厂地质勘察，分获全国优秀勘察设计银质奖。

本年　中国化工勘察设计协会首次组织编写的《项目管理手册》和《工程总承包文件资料汇编》出版发行。

1988年

3月1日　中国化学工程总公司发出“关于化工勘察设计单位推行全面质量管理的通知”，提出了“推行全面质量管理的安排意见”，拟组织四个检查组分别对各设计、勘察单位进行达标检查，制定了达标检查打分标准。

3月　化学工业部福建地质勘探大队工程勘察公司成立。

4月19日　化学工业部颁发《对化工项目引进方式和各阶段深度的意见》（〔88〕化基字第331号）。提出了工艺软件包、基础设计、基础工程设计和详细工程设计的内容。

5月4日　中国化工勘察设计协会设备设计专业分会成立。

5月9日　中国化工勘察设计协会计算机应用专业分会成立。

7月25日　建设部发出了《关于开展建设监理工作的通知》，对建立建设监理制度、开展建设监理工作提出了初步意见。

7月　中国石油化工总公司北京设计院完成的国家十二个重要领域技术政策的

研究，洛阳石油化工工程公司完成的“大庆石化总厂常压渣油催化裂化技术”，分获国家科技进步一等奖。

中国石油化工总公司北京设计院完成的“带外循环管烧焦罐式高效再生技术”“高性能双级和单级发展型烟气轮机的气动两相流研究与推广应用”，化学工业部西南化工研究院研发的“Z110Y型天然气一段蒸汽转化催化剂”，渤海石油公司工程设计公司完成的“铝-锌-铟系合金牺牲阳极和锌-铝-镉合金牺牲阳极及其化学分析方法”，吉林化学工业公司设计院完成的“ECSS工程化学模拟系统”，分获国家科技进步二等奖。

洛阳石油化工工程公司完成的“全国汽柴油罐储、行车试验”及“汽柴油快速储存安全性测定的研究”，吉林化学工业公司设计院完成的“甲基叔丁基醚（MTBE）法分离碳四馏分的技术开发”，分获国家科技进步三等奖。

8月4日　中国化工勘察设计协会印发、实施《专业分工工作条例》。

9月17日　石油工业部撤销，成立中国石油天然气总公司。

9月17日　中国武汉化工工程公司编制的年产4万吨尿素工程通用设计（初步设计及施工图）通过了化学工业部审查。

10月21日　吉林化学工业公司设计院改组成立吉林化工工程公司。

12月10日　经四川石油局批准，石油工业部四川石油勘察设计研究院实行院长负责制和经济承包制。

12月28日　中国石油化工总公司齐鲁石油化工工程公司成立。

12月　青海省化工科研设计所名称恢复为青海省化工设计研究院。

1989年

4月1日　建设部等五部委印发《关于扩大设计单位进行工程总承包试点及有关问题的补充通知》，确定中国天津化学工程公司、中国西安化工设计公司、中国寰球化学工程公司、中国石化总公司北京设计院等31家企业为第二批工程总承包试点单位。

4月　中国石油天然气总公司四川设计院与重庆大学合作完成的废热锅炉高温硫化腐蚀防护的温控研究，化学工业部第三设计院设计的1000吨/年氯化法（一氧化碳法）钛白工业装置，石油工业部四川石油勘察设计研究院的合作研究项目“地下金属管道交流干扰影响及其防护”，化学工业部西南化工研究院研发的“Z110Y型天然气一段蒸汽转化催化剂”，分获国家科技进步二等奖。

吉林化工工程公司完成的“1.2万吨/年异丁醛液相加氢制异丁醇技术开发”，渤海石油公司工程设计公司完成的渤中28-1油田工程设施基本设计技术改进，获国家科技进步三等奖。

5月31日　大庆石油管理局油田建设设计研究院更名为中国石油天然气总公司大庆设计院。

6月20日　石油工业部胜利石油勘察设计院更名为中国石油天然气总公司胜利设计院。

6月29日　石油工业部四川石油勘察设计研究院更名为中国石油天然气总公司四川设计院。

10月17日　石油工业部管道勘察设计院更名为中国石油天然气总公司管道设计院。

12月　中国石油化工总公司北京石

油化工工程公司设计的扬子乙烯工程年产14万吨聚丙烯装置，化学工业部第八设计院设计的新都县氮肥厂4万吨/年联碱工程，分获国家优秀设计金奖。

中国石油化工总公司北京设计院设计的扬子石油化工公司300万吨/年常减压蒸馏装置、金陵石化公司长江石化厂凡士林精制联合装置，中国石油天然气总公司四川设计院完成的北京天然气罐站工程，吉林化工工程公司完成的甲基叔丁基醚装置，中国石油天然气总公司胜利设计院完成的孤东油田地面建设一期工程，上海医药设计院完成的华北制药厂青霉素钠盐工程，获国家优秀设计银奖。

12月 化学工业部工艺系统设计技术中心站在中国寰球化学工程公司成立。

12月 化学工业部煤化工设计技术中心成立，设在化学工业部第二设计院。

1990年

3月4日 化学工业部长沙化学矿山设计研究院完成的“河南吴城天然碱矿钻井溶液法开采设计”，中国石油天然气总公司胜利设计院设计的孤东油田500万吨产能建设二期工程，分获全国优秀工程设计银质奖。

4月 化学工业部设计现代化管理中心站、化学工业部天然气化工设计技术中心、化学工业部纯碱和氯碱设计技术中心成立，设在中国成都化工工程公司。

8月16日 化学工业部根据国家要求，为解决各直属单位存在的企业、事业不分，性质与名称不符的情况，更改各单位名称：

中国寰球化学工程公司更名为化学工业部寰球化工设计院。

中国天津化学工程公司更名为化学工业部第一设计院。

中国武汉化工工程公司更名为化学工业部第四设计院。

中国西安化工设计公司更名为化学工业部第六设计院。

中国成都化工工程公司更名为化学工业部第八设计院。

中国化学工程总公司太原设计公司更名为化学工业部第二设计院。

中国化学工程总公司合肥设计公司更名为化学工业部第三设计院。

中国化学工程总公司桂林橡胶设计开发公司更名为化学工业部桂林橡胶工业设计研究院。

中国化学工程总公司沧州勘察公司更名为化学工业部第一勘察设计院。

中国化学工程总公司南京勘察公司更名为化学工业部第二勘察设计院。

化学工业部地质勘察公司改名为化学工业部地质总队。

8月24日 燕山石油化工公司设计所更名为北京燕山石化公司设计院。

8月25日 化学工业部陈鉴远、黄鸿宁，中国寰球化学工程公司伍宏业，化学工业部第三设计院吴建生，中国石油化工总公司北京设计院徐承恩，中国石油化工总公司北京石油化工工程公司李全熙，兰州石化设计院刘克非，上海医药设计院张镔、祝仲芬，渤海石油公司工程设计公司曾恒一，中国石油天然气总公司管道设计院周亮臣，获国家建设部授予第一批“全国工程勘察设计大师”称号。

11月14日 建设部〔90〕建设字第593号文《关于全国勘察设计单位开展创“四优”活动的通知》，制定了“优秀工程设计奖评选办法”“优秀工程勘察奖评选办法”“工程设计计算机优秀软件评选办法”和“工程建设优秀标准设计评选办法”。

12月17日 中国石油天然气总公司大庆设计院更名为大庆石油管理局勘察设计研究院。

12月 洛阳石油化工工程公司炼制研究所开发的武钢一米七轧机冷轧工艺用油是“武钢一米七轧机系统新技术开发与创新”的重大成果组成部分。该成果被国家科委评为科技进步特等奖。

中国成都化工工程公司开发的四川省新都县氮肥厂四万吨/年联碱工程设计新技术，获国家科技进步二等奖。

本年 化学工业部颁发《关于实施“中外合作设计工程项目暂行规定”的补充规定》(〔90〕化基字第626号)。

1991年

1月7日 中国石油天然气总公司命名中国石油天然气总公司四川设计院为“石油勘察设计行业气田建设、天然气加工方面指导性设计院”(〔91〕中油基字第9号文)。

2月6日 化学工业部化工矿山设计技术中心站在化工矿山设计研究院成立。

5月 化学工业部第八设计院与印尼KSS公司签订年产15万吨联碱工程合同，实行工程建设总承包。

6月20日 按照民政部《社会团体登记管理条例》的规定，中国化工勘察设计协会决定将下设分支机构名称进行更改：矿山设计协会更改为矿山设计专业委员会；化工勘察协会更改为化工勘察专业委员会；工艺配管设计专业分会更改为工艺配管设计专业委员会；电气设计专业分会更改为电气设计专业委员会；化学工程设计专业分会更改为化学工程设计专业委员会；建筑设计专业分会更改为建筑设计专业委员会；计算机应用专业分会更改为计算机应用专业委员会；设备设计专业分会更改为设备设计专业委员会。

9月9日 湖南省化工地质队工程勘察室更名为湖南省化工地质工程勘察公司。

9月27日 “中国化学工程总公司以设计为主体工程总承包研究会”正式成立。该研究会的秘书处设在化学工业部第四设计院。

9月 渤海石油公司工程设计公司的“渤中28-1油田开发工程设计”“渤中34-2/4油田海底管线工程设计”，化学工业部第八设计院承担的“齐鲁30万吨/年乙烯工程总体设计”，上海医药设计院承担设计的“东北制药厂1000吨/年维生素C车间工程”，独山子炼油厂设计所设计的“独山子炼油厂150万吨/年常减压装置改造”，获国家优秀设计金奖。

中国石油化工总公司北京设计院设计的“金陵石化公司炼油厂年产20万吨临氢降凝工业试验装置”，北京橡胶工业研究设计院承担的“桦林橡胶厂子午胎工程设计”，获国家优秀设计银奖。

11月1日 化学工业部第六设计院的“一五八工程立式生产线研制”项目，中国石油化工总公司北京设计院的“RN-1加氢精制催化剂及工艺”，渤海石油公司工程设计公司的“52000吨浮式生产储油船设计”，获国家科技进步一等奖。

华东设计院、石油工业部油田化工设计承包公司、中国石油化工总公司北京设计院的“催化裂化PV型高效旋风分离器的研究开发”，中国石油化工总公司北京石油化工工程公司的CBL裂解炉技术开发，吉林化工工程公司的“千吨有机硅生产装置技术开发”，获国家科技进步二等奖。

渤海石油公司工程设计公司的“渤中28-1油田工程设施基本设计技术改进”，获国家科技进步三等奖。

12月17日 中国石油天然气总公司管道设计院更名为中国石油天然气总公司管道勘察设计院。

本年 化学工业部福建地质勘探大队工程勘察公司更名为化学工业部福州地质工程勘察院。

1992年

1月1日 建设部颁发《工程勘察设计单位实行收费资格证书的规定》。

1月3日 洛阳石油化工工程公司陈俊武当选中国科学院院士。

1月9日 辽河石油勘探局油田建设规划设计院更名为辽河石油勘探局勘察设计研究院。

1月18日 中国石油天然气总公司胜利设计院更名为胜利石油管理局勘察设计研究院。

1月29日 中国石油天然气总公司四川设计院更名为四川石油管理局勘察设计研究院，隶属关系不变。

2月 华北石油管理局勘察设计院设计的“阿尔善油田100万吨/年地面建设工程”，海洋石油开发工程设计公司的“北部湾涠10-3北油田续建工程”，大庆石油化工设计院的“大庆乙烯工程总体设计”，获建设部颁发的全国第五届优秀工程设计金质奖。

四川石油管理局勘察设计研究院的“川东天然气净化总厂渠县分厂工程”，上海化工设计院的“浦东煤气厂一期工程设计”，获全国第五届优秀工程设计银奖。

3月16日 作为化学工业部直属企业，中国寰球化学工程公司申请注册登记，经国家工商行政管理局核准，颁发了设计行政第一份企业营业执照，成为全国第一个“事改企”的设计单位。

4月 渤海石油公司工程设计公司更名为海洋石油开发工程设计公司。

5月26日 化学工业部决定，表彰在国防化工40年创业中作出卓越贡献的181名同志。其中化学工业部第六设计院陈镒远等13名同志被评为有功人员。

5月 化学工业部曾将各“化学工业部第X设计（勘察设计）院”改名为“化学工业第X设计（勘察设计）院”，由于不利于设计单位的发展和对外业务的开展，决定恢复“化学工业部第X设计（勘察设计）院”名称。

6月5日 经国家对外贸易经济合作部批准，中国寰球化学工程公司、中国石油化工总公司北京设计院、化学工业部第六设计院，首批获得对外经营权。

6月 化学工业部第二建设公司勘测大队变更为中国化学工程第二建设公司勘测大队。

7月9日 上海吴泾化工设计院更名为上海工程化学设计院。

7月20日 北京市化工设计所更名为北京化工橡胶设计院。

7月29日 国务院经贸办批准化学工业部第八设计院更名为中国成达化学工程公司；化学工业部第四设计院更名为中国五环化学工程公司。

8月25日 化学工业部第一设计院更名为中国天辰化学工程公司。

9月5日 化学工业部颁发新修订的《设计工作基本程序》《设计计划管理制度》《设计技术管理制度》和《设计工作

岗位责任制》四项设计管理标准。自11月1日起在各化工设计院实施。

9月10日 根据中石化〔1992〕办字22号文件通知，洛阳石油化工工程公司正式更名为中国石化洛阳石油化工工程公司。

11月1日 化学工业部第八设计院设计的川化国产化20万吨/年合成氨装置，上海医药设计院与高桥石化公司共同承担开发的“SH-1型裂解炉技术开发”，获国家科技进步一等奖。

中国石油化工总公司北京石油化工工程公司完成的“B-02无铬铁系催化剂绝热固定床丁烯氧化脱氢制丁二烯工业化新技术开发”，化学工业部长沙化学矿山设计研究院完成的“全国磷资源开发系统研究”，化学工业部西南化工研究院研发的“C302型（CNJ202型）低压甲醇化剂及其合成工艺”，中国石化洛阳石油化工工程公司设备研究所研究的“SH-1型裂解炉技术开发项目”，获国家科技进步二等奖。

华北石油管理局勘察设计院完成的“天然气润滑轴承透平膨胀机”，海洋石油开发工程设计公司的“辽东湾石油开发区海洋环境综合调查与研究”，获国家科技进步三等奖。

11月6日 经外交部批准，在全国设计行业中，中国寰球化学工程公司首家获“通知签证权”。

11月17日 建设部颁发《设计单位进行工程总承包资格管理的有关规定》。

12月8日 中国石油天然气总公司管道勘察设计院更名为中国石油天然气管道勘察设计院。

本年 独山子炼油厂设计所更名为新疆石油管理局独山子设计院。

本年 石油工业部油田化工设计承包公司更名为中国石油天然气华东石油勘察设计研究院。

1993年

1月 由中国五环化学工程公司设计、上海锅炉厂制造的镇海石化总厂30万吨合成氨装置3号渣油气化炉，通过验收。该装置是国家重大技术装备办公室的攻关项目，填补了国内空白。

2月19日 化学工业部颁发“化工设计专有技术设计收费管理办法”（化基发〔1993〕89号）。

2月21日～23日 中国化工勘察设计协会第二届会员大会在北京召开。会议审议通过了协会第一届理事会工作报告和财务收支报告，选举产生了第二届理事会，化学工业部副部长李子彬任理事长，王文善、刘伯才、崔金存、何立山、范业大、王鹤楼任副理事长；秘书长由副理事长王文善兼任；袁纽、李国琦、唐礼民、陈孝炳任副秘书长。

3月10日 中国化学工程第二建设公司勘测大队更名为华晋工程勘察公司。

3月12日 化学工业部公布1992年度优秀工程勘察设计奖评选结果，其中优秀工程设计（含基础工作）一等奖9项、二等奖35项、表扬13项；勘察一等奖2项、二等奖52项、表扬4项。

3月 兰州石化设计院更名为中国石化集团兰州设计院。

4月8日 湖南省化工地质工程勘察公司更名为化学工业部长沙地质工程勘察院。

4月30日 华北石油管理局勘察设计院更名为华北石油勘察设计研究院。

5月 西南化工研究院成立开发设计

所，为独立核算、自负盈亏单位。

7月 中国成达化学工程公司参加印尼托拉萨公司买方信贷的2台2.5万千瓦机组电站的国际公开招标，在国内外13家公司参加竞争中，以技术方案合理、技术经济可行中标。被化学工业部领导评价为在化工出口设备上“为我国买方信贷开辟了先河”。

9月 中国成达化学工程公司与美国JCC公司合作组建“中美合资四川顺达技术开发有限公司”，在成都举行合同签字仪式。

9月 新加坡胜宝旺工程集团承接了印尼ABS工程，并将工程设计分包给中国寰球化学工程公司，这是该公司自取得对外经营权以来的第一个国外设计合同。

9月 大庆石油化工设计院获得设计单位甲级工程总承包资格。

10月8日 中国石油天然气总公司管道勘察设计院获得国家建设部颁发的第二批设计单位甲级工程总承包资格证书。

10月16日 中国化工勘察设计协会设立现代化设计管理专业委员会、设备专业委员会、电器专业委员会、电子计算机专业委员会、工程经济专业委员会。

10月 长岭炼油厂设计所更名为长炼石油化工设计院。

11月 衢州化学工业公司规划设计院更名为巨化集团公司规划设计院，为巨化集团公司下属独立单位。

12月 江苏省化工设计院设计的“粉锈宁新技术开发”“扑虱灵杀虫剂”项目，分获国家科学技术委员会颁发的科技进步一等奖、二等奖。

化学工业部西南化工研究院研发的“高纯氩及其检验方法”，获国家科技进步三等奖。

本年 中国成达化学工程公司设计的四川化工总厂20万吨/年合成氨技术改造工程，获全国优秀设计评选委员会颁发的国家优秀设计金奖。

本年 中国石油化工总公司北京石油化工工程公司设计的大连石化公司4万吨/年聚丙烯装置，获国家优秀设计银奖。

本年 陈鑑远当选中国科学院院士。

本年 天津碱厂设计所、天津大沽化厂设计所、天津化工厂设计所合并组建天津渤海化工集团规划设计院。

本年 大连化学工业公司规划设计院更名为大连化学工业公司设计院。

本年 炭黑工业研究设计所的“生产炭黑的方法和设备”专利，获中国专利优秀奖。

1994年

1月1日 大庆石油化工总厂决定大庆石油化工设计院与总厂分离，成为独立法人单位。

1月 海洋石油开发工程设计公司更名为中海石油工程设计公司。

3月10日 胜利炼油厂设计所更名为胜利炼油设计院。

5月20日 化学工业部批准，将化学工业部制碱工业研究所更名为化学工业部大连化工研究设计院。

6月3日 中国石油化工总公司北京设计院徐承恩当选中国工程院院士。

8月11日 中国石油化工总公司北京设计院设计的福建炼油厂炼油工程，获全国第六届优秀工程设计特等奖。

化学工业部第六设计院与南京化学工业公司设计院、扬子院共同设计的扬子石化30万吨/年乙烯总体设计，获全国第六届优秀工程设计金质奖。

化学工业部第六设计院单独承担的“45万吨/年芳烃装置国内配套设计项目”，长炼石油化工设计院设计的“4万吨/年柴油非临氢降凝装置”，获全国第六届优秀工程设计银质奖。

9月16日 经化学工业部批准，由化学工业部第一勘察设计院和中国化工勘察设计协会共同出资成立化学工业部桩基检测中心。

9月 化学工业部以化建设发〔94〕197号文下发《关于创建国际型工程公司的规划意见》，这是化学工业部的一项重要决策，对推动部直属设计单位的创建工作，加快与国际接轨，具有十分重要的指导作用。

10月 广东建涛公司年产3万吨冰醋酸工程建成投产。这是湖南化工设计院用自行开发的专有技术设计的国内规模最大的装置，并在全国技术转让已建成20余套装置。

11月4日 建设部决定，从今年第四季度开始，在全国勘察设计单位中开展“转机制、练内功、抓管理、上水平”活动。

11月8日 浙江省石油化工设计院为开展以设计为主的总承包，成立了浙江省华建工程公司。

11月14日～17日 中国化工勘察设计协会在北京举办国际工程采购工作研讨班。由美国帕克德公司采购专家讲课。

11月18日 胜利炼油设计院更名为淄博临淄胜利炼油设计院。

11月20日 化学工业部颁发《加速化工科技成果转化为生产力，促进科研、设计、生产相结合的试行规定》（化建发〔1994〕752号）。

11月21日 在全国勘察设计工作会议上，有138名勘察设计院院长获“1993年全国优秀勘察设计院长”称号，其中化工系统有：何立山（中国寰球化学工程公司）、吴耀梓（中国天辰化学工程公司）、缪大为（中国成达化学工程公司）、邓泽洪（化学工业部第一勘察设计院）、黄咏雪（上海医药工业设计院）。

有121名工程设计工作者获国家建设部授予第二批“全国工程勘察设计大师”称号，其中石油和化工行业有：中国天辰化学工程公司章荣林，中国五环化学工程公司陈以楹，化学工业部第六设计院潘行高，化工矿山设计研究院杨勤盛，中国石油化工总公司北京石油化工工程公司张显林，中国石油化工总公司北京设计院郭志雄，化学工业部第一勘察设计院刘兴辰，中国石化洛阳石油化工工程公司汪景砺，兰州石油化工设计院马恩华，中海石油工程设计公司耿福东，上海医药设计院吴协恭、张启锡，中国石油天然气总公司管道勘察设计院曲慎扬。

12月20日 化学工业部颁发《化工压力容器设计单位管理办法》（化生发〔1994〕883号）。

12月 中国天辰化学工程公司成为全国勘察设计单位首家通过ISO 9001质量体系认证单位。

1995年

2月14日 胜利石油管理局勘察设计研究院设计完成我国浅海地区距离最长、口径最大的海底管线——中心1号平台登陆海底管线。

4月3日 化学工业部公布1994年度化学工业部优秀工程勘察设计奖评选结果。优秀工程设计（包括基础工作）一等奖11项，二等奖21项，三等奖28项；

优秀工程勘察一等奖 2 项，二等奖 5 项，三等奖 10 项。

5月 建设部确定 30 个大型勘察设计单位作为现代企业制度试点单位，中国成达化学工程公司被确定为试点单位之一。

5月 中国成达化学工程公司周光耀、黎明化工研究院李俊贤，当选中国工程院院士。

8月25日 化学工业部根据国家计委批准的《工程咨询单位资格认定暂行办法》和《工程咨询业管理暂行办法》，制定了《关于加强工程咨询资格的管理办法》（化建设发〔1995〕105 号），规定了咨询资格的等级划分及考核条件、专业和服务范围的划分、评审程序、管理与监督等。

8月25日 淄博临淄胜利炼油设计院更名为齐鲁石化胜利炼油设计院。

8月29日 水煤浆气化及国家工程研究中心在鲁南化工（集团）公司成立。该中心以鲁南化工公司为依托单位，由西南化工研究院、西北化工研究院、中国天辰化学工程公司、南京化学工业公司研究院、华东理工大学和清华大学为成员单位组成。

8月31日 化学工业部颁发了《化学工业建设监理工作管理暂行办法》《化学工业建设监理单位资质管理试行办法》和《化学工业建设监理工程师资格考试和注册管理试行办法》。

9月4日 为了促进勘察设计单位多种经营的健康发展，提高单位的经济效益，化学工业部颁发《关于加强化工勘察设计单位分支机构的管理办法》。制定了对分支机构的组建、审批、管理与监督等办法。

9月4日 化学工业部根据建设部开展“转机制、练内功、抓管理、上水平”活动的通知，制定了《化工勘察设计单位深入开展“转机制、练内功、抓管理、上水平”活动的实施意见》（化建发〔1995〕673 号）。

9月4日 化学工业部颁发《化工勘察设计单位改企建制的规划意见》。

9月29日 为了加强化工建设项目初步设计的审查和管理工作，化学工业部颁发了《化工建设项目初步设计审查管理办法》。

9月 石油工业部华东勘察设计研究院勘察大队更名为中国石油天然气华东勘察设计研究院岩土工程处。

11月 中国石油化工总公司北京设计院的“石油重质组分催化裂解（Ⅰ）型制取低碳烯烃工艺及催化剂”，获国家技术发明一等奖。

中国天辰化学工程公司的“水煤浆加压气化及气体净化制合成氨新工艺”，获国家科技进步一等奖。

11月 化学工业部西南化工研究院发明的“变压吸附法从混合气中提取二氧化碳”专利，获中国专利优秀奖。

本年 化学工业部决定，将化学工业部第二勘察设计院更名为中国化学工程南京岩土工程公司。

本年 化学工业部为了进一步推进化工设计单位实行设计新体制，要求各化工专业设计技术中心站积极参与推行设计新体制工作，组织编制各专业设计手册，由设计现代化管理中心站牵头组织举办有工艺系统、化学工程、工艺管道、自控、设备、总图、热工、给排水、起重运输、环保、模型设计等中心站参加的“新体制研讨班”，先后举办了四期，随后各中心站先后编辑出版了一批专业设计手册。对推行设计新体制发挥了积极作用。

本年 上海医药设计院承担设计的华北制药厂青霉素分装车间、昆明制药厂蒿甲醚工程，分获国家优秀设计金奖。

北京燕山石化公司“14 万吨/年高密度聚乙烯装置”，广西区化工规划设计院设计的“南宁化工集团 1 万吨/年山梨醇装置”，分获国家优秀设计银奖。

1996 年

2 月 8 日 化学工业部批准在化学工业部第六设计院基础上成立“中国华陆工程公司”，并改建为企业。

2 月 12 日 对外贸易经济合作部同意中国寰球化学工程公司扩大对外经营范围。包括境内外的国际招标、咨询、勘察、设计、监理、设备材料出口；外派劳务人员；在海外举办各类企业。

4 月 6 日 中国石油化工总公司北京石油化工工程公司完成的北京燕山石化公司 30 万吨/年乙烯改扩建工程总体设计，化学工业部第三设计院设计的铜陵磷铵厂年产 20 万吨硫酸大型国产化装置，北京橡胶工业研究设计院设计的“上海大中华橡胶厂引进 30 万条/年全钢载重子午线轮胎项目”，分获全国第七届优秀工程设计金质奖。

华北石油勘察设计研究院设计的“鄯善油田 50×10^4 吨/年产能建设工程”，中国五环化学工程公司设计的“福建三明化工厂碳铵改产尿素装置”，南化集团设计院的“年产 3 万吨料浆法磷铵通用设计（修改版）”，中国石油化工总公司北京石油化工工程公司设计的“北京燕山石化公司 30 万吨/年乙烯改扩建工程乙烯装置”，分获全国第七届优秀工程设计银质奖。

胜利石油管理局勘察设计研究院完成的油田注水工程优化设计系统，获全国优秀工程设计计算机软件银质奖。

4 月 10 日 经化学工业部批准，由化学工业部第一勘察设计院出资成立化学工业部沧州岩土工程有限公司。

5 月 2 日 中央机构编制委员会办公室批准化学工业部长沙化学矿山设计院更名为化学工业部长沙设计研究院；化学工业部化工矿山设计研究院更名为化学工业部连云港设计研究院；化学工业部化学矿山规划设计院更名为化学工业部华北规划设计院；化学工业部炭黑工业研究设计所更名为化学工业部炭黑工业研究设计院；化学工业部西南化工研究院更名为化学工业部西南化工研究设计院；化学工业部制碱工业研究所更名为化学工业部大连化工研究设计所。

5 月 24 日 化学工业部批复中国化工勘察设计协会成立设计情报专业委员会、设计现代化管理专业委员会、工程建设标准编辑专业委员会、工业炉设计专业委员会、给排水设计专业委员会、热工设计专业委员会、环境保护设计专业委员会、自动控制设计专业委员会。

5 月 为了提高我国化工建设行业项目管理和项目控制的水平，实现在模式、程序和方法上与国际接轨，由中国化学工程总公司组织中国天辰化学工程公司、中国五环化学工程公司、中国华陆工程公司、中国成达化学工程公司、中国寰球化学工程公司等 23 个单位的技术骨干，经过三年多的艰苦努力，自主开发完成了“工程项目综合管理系统 IPMS”。由工程项目管理实用手册 PMM、软件 PMS 和基础数据 PMD 三个部分组成。

6 月 11 日 化学工业部批准化学工

业部第二设计院启用第二名称华泰工程公司，与化学工业部第二设计院名称并用。

7月19日 化学工业部颁发《化工勘察设计行业实行项目经理资格认定和持证上岗的规定》（化建发〔1996〕659号）。

8月25日 中国华陆工程公司设计的上海吴泾化工厂10万吨/年醋酸试车成功，产出合格产品，这是我国首套引进以甲醇和一氧化碳为原料，低压羰基合成法生产醋酸的现代化大型化工装置。

10月29日 化学工业部桂林橡胶工业设计研究院更名为中国化学工业桂林工程公司。

12月 化学工业部为了进一步提高化工设计技术水平和项目管理能力，加快创建国际型工程公司步伐，由化学工业部人事教育司、建设协调司组织由部分设计院院长、总工程师和中心站站长参加的赴美国际工程项目及信息管理培训和考察。先后考察了美国9个著名的工程公司、举办了9个专题讲座。

12月 中海石油工程设计公司设计的"渤海绥中36-1油田试验区开发工程"，中国成达化学工程公司设计的"万吨级PVC糊树脂国产化装置"，分获国家科技进步一等奖。

中海石油工程设计公司的"锦州20-2凝析油气田油气集输技术"，获国家科技进步二等奖。

本年 新疆石油管理局独山子设计院更名为独山子石化总厂设计院。

本年 胜利石油管理局勘察设计研究院完成我国第一个百万吨级浅海油田——胜利海上埕岛油田工程设计。

1997年

1月1日 南京化学工业公司设计院更名为南化集团设计院。

3月5日 化学工业部颁发《关于"九五"期间化工勘察单位深入开展"转机制、练内功、抓管理、上水平、创效益"活动的规划意见》。

4月7日 化学工业部颁发1996年度化学工业部优秀工程勘察设计奖评审结果。优秀工程勘察一等奖2项，二等奖5项，三等奖8项；优秀工程设计一等奖7项，二等奖18项，三等奖18项；优秀设计基础工作一等奖2项，二等奖3项，三等奖4项。

4月 化学工业部郑州地质工程勘察院一院与化学工业部郑州地质工程勘察院二院合并，成立化学工业部郑州地质工程勘察院。

6月7日 国家外经贸部吴仪部长率领外经贸部有关司局长一行15人及省领导到化学工业部第三设计院视察工作，并出席在该院召开的安徽省外经系统座谈会。

8月1日 化学工业部决定将"起重运输专业"更名为"粉体工程专业"，同时将"化学工业部起重运输设计技术中心站"更名为"化学工业部粉体工程设计技术中心站"。

9月2日 化学工业部批准成立化学工业部化工原料矿标准化技术委员会。该委员会的秘书处设在化学工业部连云港设计研究院。

10月22日～25日 中国化工勘察设计协会第二届理事会在西安市召开。选举产生了第三届理事会和常务理事会。袁纽任理事长，何立山、徐正中、刘培林、陈元荪、杜庆堂为副理事长。齐福海任秘书长。

10月26日 中国五环化学工程公司

在国外第一个工程总承包项目——越南临洮磷肥公司年产 26 万吨普钙改造工程试车成功。

11 月 14 日 上海惠生化工工程有限公司成立。

11 月 15 日 化学工业部西南化工研究设计院设立股份有限公司。

11 月 18 日 化学工业部天津化工研究院更名为化学工业部天津化工研究设计院。

11 月 根据化学工业部《化工勘察设计行业实行项目经理资格认定和持证上岗的规定》，中国化工勘察设计协会受化学工业部委托，与设计现代化管理中心站共同组织先后在成都、西安举办工程总承包项目经理培训班。

12 月 1 日 中国石化洛阳石油化工工程公司与兄弟单位合作开发的镇海炼化 80 万吨/年加氢裂化成套技术，获国家科技进步一等奖。

中国石油化工总公司北京设计院完成的“炼厂焦化干气加氢催化剂及其应用技术的开发”，中国石油化工总公司北京设计院完成的“固定床、混相床甲基叔丁基醚（MTBE）合成成套技术”，化学工业部西南化工研究设计院研发的“Z111 型低水碳比转化催化剂”，化学工业部第三设计院设计的“年产 20 万吨硫酸大型国产化装置”，分获国家科技进步二等奖。

12 月 4 日 中国石油化工总公司北京设计院杨启业，中海石油工程设计公司曾恒一，当选中国工程院院士。

12 月 30 日 为适应贵州医药行业 GMP 技改需要，贵州省化工设计院增挂“贵州省医药设计院”牌。

12 月 化学工业部下发化建发〔1997〕70 号文，委托中国化工勘察设计协会承担 24 个全国化工设计技术中心站的组织和管理工作。

1998 年

2 月 16 日 化学工业部决定将现有的各化学工业部化工设计技术中心站分别更名为：全国化工工艺配管设计技术中心站、全国化工建筑设计技术中心站、全国工业炉设计技术中心站、全国给排水设计技术中心站、全国化工热工设计技术中心站、全国化学工程设计技术中心站、全国化工电子计算应用技术中心站、全国化工总图运输设计技术中心站、全国化工粉体工程设计技术中心站、全国环境保护设计技术中心站、全国化工自动控制设计技术中心站、全国化工电气设计技术中心站、全国化工设备设计技术中心站、全国化工模型设计工具技术中心站、全国橡胶加工设计技术中心站、全国化工小合成氨设计技术中心站、全国化工工艺系统设计技术中心站、全国化工设计现代化管理中心站、全国化工设计情报中心站、全国化工硫酸和磷肥设计技术中心、全国化工氮肥设计技术中心、全国化工矿山设计技术中心站、全国化工工程建设标准编辑中心；撤销化学工业部设计概算技术中心站、煤化工设计技术中心、天然气化工设计技术中心、纯碱和氯碱设计技术中心。

3 月 2 日 邹家华副总理在顾秀莲部长、陈士能副部长等陪同下到中国寰球化学工程公司视察。

3 月 5 日 化学工业部沧州岩土工程有限公司更名为中国化学工程第一岩土工程有限公司。

3 月 10 日 化学工业部撤销，将化学工业部与中国石油天然气总公司、中国石油化工总公司的政府职能合并，组建国家石油和化学工业局。

3月12日　化学工业溶解采矿工程技术中心在长沙设计研究院成立。

3月　按建设部的要求，中国化工勘察设计协会从第九期工程总承包项目经理培训班开始，将培训范围从化工、石化行业扩大到国内各行业的勘察设计单位参加培训学习。

6月1日　化学工业部建设协调司发文，暂缓撤销化工部煤化工设计技术中心。

6月　上海化工设计院划归上海化学工业区发展有限公司管辖。

7月1日　吉林化工工程公司随吉林化学工业公司一起并入中国石油集团公司。

7月22日　中国石油工程建设（集团）公司成立。同年10月19日，中国石油工程建设公司更名为中国石油工程建设（集团）公司。

7月27日　中国石油天然气总公司重组，成立中国石油天然气集团公司。

8月5日　中国勘察设计协会〔98〕建设协字11号文决定，将中国勘察设计协会建设项目总承包工作委员会调整挂靠在中国化工勘察设计协会。主任委员由中国勘察设计协会副理事长、中国化工勘察设计协会理事长袁纽兼任。秘书长由中国化工勘察设计协会秘书长齐福海担任。

9月1日　上海化工设计院设计的“上海焦化总厂20万吨/年甲醇装置”，湖南省化学工业设计院的“临湘农药厂2000吨/年叶蝉散工程”，获全国第八届优秀工程设计金质奖。

华北石油勘察设计研究院设计的“鄯善油田气举采油地面建设工程”和“吐哈油田台北凹陷1：5000地形图测量项目”，化学工业部第三设计院设计的“扬子500米^3/时PTA废水处理工程”和“云南红河州磷肥厂12万吨/年磷酸二铵国产化工程”，上海医药设计院承担的上海第四制药厂GMP改造工程和山东新华制药厂片剂车间技术改造工程，化学工业部第三设计院设计的“云南红河州磷肥厂12万吨/年磷酸二铵国产化”，获全国第八届优秀工程设计银质奖。

中国天辰化学工程公司开发的“化工设备CAD施工图软件包（V2.0）”，获全国第八届优秀工程设计软件银质奖。

10月7日　燕山石油化工公司设计院更名为北京燕化石油化工设计院。

10月24日　中国石化洛阳石油化工工程公司更名为中国石化集团洛阳石油化工工程公司。

10月　国家医药管理局武汉医药设计院更名为国家药品监督管理局武汉医药设计院。

10月　由化学工业部第三设计院编制的《10万吨/日城市污水处理厂标准设计》通过国家环保总局审查，并定名为《中小城市污水处理厂（氧化沟工艺）示范工程设计》。

11月30日　连云港设计研究院划归中国蓝星化学清洗总公司管理。

11月　国家石油和化学工业局以国石化政发〔1998〕342号文决定，将化工工程建设设计和标准的管理工作委托中国化工勘察设计协会和中国工程建设标准化协会化工工程委员会归口管理。

12月　化学工业部西南化工研究设计院研发的“变压吸附气体分离技术推广应用研究（推广类）”成果，获国家科技进步一等奖。

上海化工设计院的合成氨生产蒸汽自给技术推广，吉林化工工程公司的《A/O工艺处理吉化混合化工废水》，获国家科技进步二等奖。

12月 化学工业部第二设计院归属中国化学工程总公司。

本年 中国石油化工总公司北京设计院设计的“武汉石油化工厂60万吨/年重油催化裂化装置”“安庆石油化工总厂40万吨/年催化裂解联合装置”，中国成达化学工程公司承担基础设计的“上海化工总厂20万吨/年甲醇项目”，分获全国优秀工程勘察设计评选委员会颁发的国家优秀设计金奖。

中国石油化工总公司北京石油化工工程公司设计的“辽阳化纤公司4万吨/年裂解炉（CBL-Ⅱ型）工程”，获全国优秀工程勘察设计评选委员会颁发的国家优秀设计银奖。

本年 大连化学工业公司设计院更名为大化集团大连设计研究院。

1999年

1月5日 华晋工程勘察公司改制变更为山西华晋岩土工程勘察有限公司。

1月6日 上海工程化学设计院改制并更名为上海工程化学设计院有限公司。上海氯碱化工股份有限公司出资比例51%，上海天原（集团）有限公司出资比例49%。

1月25日 中国化工勘察设计协会组织制定并发布了《全国化工技术中心站工作规定》。

3月1日 按建设部要求，中国化工勘察设计协会在化工行业开展换发建筑工程设计资质证书工作。

3月9日 中国石化工程建设公司、中国石油化工总公司北京设计院、中国石油化工总公司北京石油化工工程公司等6家公司合并，重组为新的中国石化工程建设公司。

3月 黑龙江省化工设计规划院并入中国天辰化学工程公司，更名为中国天辰化学工程公司黑龙江分公司，为非独立法人的二级单位。

3月 海洋石油工程公司组建成立，中海石油工程设计公司更名为海洋石油工程公司设计公司。

4月6日 化学工业部长沙设计研究院整体转制进入中国蓝星化学清洗总公司。

5月 原挂靠在中国华陆工程公司的“全国化工电子计算应用技术中心站”改挂靠到中国成达化学工程公司，并更名为“全国化工计算机应用技术中心”。

7月1日 全国省、市化工设计院院长座谈会在杭州召开。会议传达贯彻建设部有关深化设计体制改革，加强工程项目管理等方面的政策、规定，学习了国务院领导同志的重要讲话，并对当前各院所存在的焦点和共性问题进行了交流研讨。

7月1日 化学工业部西南化工研究设计院由研究事业单位改制为科技型企业，进入中国昊华化工（集团）总公司。

8月 建设部颁发《大型设计单位创建国际型工程公司的指导意见》（建设〔1999〕218号），明确要求大型设计单位要按国际通行模式建立项目管理体系。

9月21日 中国化工勘察设计协会发布1999年度化工行业优秀工程咨询成果奖评选结果。此次评选获奖项目9项，其中一等奖3项，二等奖3项，三等奖3项。

9月 江苏省化工设计院成建制划入中国天辰化学工程公司，名称为中国天辰化学工程公司江苏分公司。

10月20日 中国化工勘察设计协会公布1999年度化工行业优秀民用建筑设

计奖评选结果。申报评选优秀民用建筑设计 39 项，获奖 23 项。其中，一等奖 4 项，二等奖 8 项，三等奖 11 项。

11 月 26 日～27 日　由中国化工勘察设计协会与中国勘察设计协会工程设计计算机应用协会、全国化工计算机应用技术中心共同主办，中石化勘察设计协会、中国医药工程设计协会、中国石油天然气勘察设计协会支持的“计算机支撑软件演示和应用研讨会”在北京举行。

11 月　巨化集团公司规划设计院变更为具有独立法人资格的浙江工程设计有限公司，为巨化集团公司下属全资子公司。

12 月 8 日　中国化工勘察设计协会公布 1999 年度化工行业优秀工程勘察奖、优秀工程设计奖评选结果。获奖 21 项，其中，一等奖 3 项，二等奖 6 项，三等奖 12 项。优秀工程设计获奖 36 项，其中，一等奖 6 项，二等奖 12 项，三等奖 18 项。

12 月 18 日　国务院办公厅转发建设部等部门《关于工程勘察设计单位体制改革的若干意见》(〔1999〕101 号)。

12 月　化学工业部西南化工研究设计院更名为西南化工研究设计院。

12 月　北京橡胶工业研究设计院设计的“年产 30 万套子午线轮胎工业性生产技术”项目，四川石油管理局勘察设计研究院的“Mt 法天然气流量标准装置”，获国家科技进步二等奖。

本年　化学工业部炭黑工业研究设计院全资进入中联橡胶（集团）总公司，更名为中橡集团炭黑工业研究设计院。

本年　山东省化工规划设计院整体加入中国化工建设总公司，更名为中化建山东化工规划设计院。

2000 年

1 月 10 日　中国石油天然气管道勘察设计院和中油管道建设有限责任公司合并重组，组建中国石油天然气管道工程有限责任公司（简称 CPPE）。

1 月 10 日　中国化工勘察设计协会公布 1999 年度化工行业工程设计计算机软件评奖结果，有 12 个软件获奖。其中，一等奖 3 个，二等奖 4 个，三等奖 5 个。

1 月 21 日　中国化工勘察设计协会被国家石油和化学工业局（国石化政发〔2000〕31 号）评选为 1999 年度先进行业协会。

2 月 26 日～27 日　中国蓝星化学清洗总公司召开设计单位重组和改制工作会议，决定组建蓝星设计总院。将长沙设计研究院、连云港设计研究院的设计、科研分开分立，设计部分重组蓝星设计总院、蓝星工程有限公司，两块牌子一套人马。

3 月 7 日　四川石油管理局勘察设计研究院改为企业法人，并更名为四川石油勘察设计研究院。

4 月　海洋石油工程公司更名为海洋石油工程股份有限公司。

5 月 18 日　辽河石油勘探局勘察设计研究院更名为辽宁辽河石油工程有限公司。

5 月 19 日　齐鲁石油化工工程公司与齐鲁石油化工设计院重组更名为齐鲁石油化工工程公司。

5 月　国务院转发了外经贸部、外交部、国家计委、国家经贸委、财政部、人民银行等六部委制定的《关于大力发展对外承包工程的意见》（国办发〔2000〕32 号），明确要求国内承包公司努力实施“走出去”战略，开拓国际工程市场。

7月6日 中国石油天然气管道工程有限责任公司东北分公司成立。

9月5日 中国化工勘察设计协会公布2000年度化工行业优秀工程咨询成果奖评选结果。申报优秀工程咨询成果共23项，获奖项目12项。其中，一等奖3项，二等奖3项，三等奖6项。

9月28日 化学工业部第一勘察设计院划归中国化学工程总公司。

9月 中国化学工程南京岩土工程公司划归中国化学工程总公司。

10月11日 胜利石油管理局勘察设计研究院更名为中国石化胜利油田有限公司规划设计研究院。

10月19日 中国化工勘察设计协会决定撤销全国化工氮肥设计技术中心。

10月24日 根据国务院办公厅转发建设部等部门《关于中央所属工程勘察设计单位体制改革实施方案》。要求在半年内全部由事业单位改制为科技型企业。改革方案中：中国寰球化学工程公司交由中央管理；华北规划设计院进入中国寰球化学工程公司；上海医药设计院及南化设计院进入中国石油化工集团公司，12月上海医药设计院更名为中国石化集团上海医药工业设计院。

10月26日～29日 全国化工设计技术中心站工作会议在北京召开。国家石油和化学工业局李勇武局长、中国化工勘察设计协会袁纽理事长在会上分别做了重要讲话，进一步深入研究有关中心站的机制转换工作并部署中心站下一步的发展计划。

10月 长炼石油化工设计院更名为长岭炼化岳阳工程设计有限公司。

11月 上海化工设计院设计的“镇江化工厂921工程”，化学工业部长沙设计研究院的“贵州开阳磷矿马路坪矿段延伸开采工程设计项目”，中国石化工程建设公司设计的“北京燕山石化200万吨/年重油催化裂化装置”、“茂名三十万吨乙烯工程总体设计”，胜利石油管理局勘察设计研究院设计的“胜利海上埕岛油田200万吨/年产能建设工程”，分获全国第九届优秀工程设计金质奖。

化学工业部西南化工研究设计院设计的“浙江镇海炼油化工股份有限公司60000标米^3/时PSA制氢装置”，中国石化工程建设公司设计的“大连西太平洋石化有限公司200万吨/年常压渣油加氢脱硫装置”“上海高桥石化公司重整-加氢联合装置”“长岭炼油化工总厂7万吨/年聚丙烯装置”，分获全国第九届优秀工程设计银质奖。

12月6日 化学工业部第二设计院李大尚，化学工业部第三设计院陈德华，中国石化工程建设公司余学恒，中国石化集团洛阳石油化工工程公司叶杏园，上海医药工业设计院华峰，被建设部授予第三批“全国工程勘察设计大师”。

12月17日 国家药品监督管理局武汉医药设计院、重庆医药设计院划归中国医药集团总公司。

12月21日～22日 中国化工勘察设计协会在北京召开体制改革座谈会。会议传达贯彻第十四次全国勘察设计工作精神，表彰化工行业优秀勘察设计院长，交流勘察设计单位的体制改革经验。

12月 中国石化工程建设公司的7万吨/年环管法聚丙烯成套技术，获国家科技进步一等奖。

本年 中国石化工程建设公司的100万吨/中压加氢改质成套技术开发及工业化，以及2.5万吨/年碳五分离工业性试验，双获国家科技进步二等奖。

2001年

1月3日 中国化工勘察设计协会被国家石油和化学工业局评选为2000年度先进行业协会。

1月11日 四川天一科技股份有限公司A股股票在上海证券交易所挂牌上市。

1月22日 经国务院批准，外交部授予中国寰球化学工程公司派遣人员临时出国（境）和邀请外国经贸人员来华事项的审批权。

1月 大庆石油管理局油田建设设计研究院更名为大庆油田有限责任公司油田建设设计研究院。

1月 国家人事部、建设部下发“关于发布《勘察设计注册工程师制度总框架及实施规划》及《全国勘察设计注册工程师管理委员会组成人员名单》的通知”（人发〔2001〕5号）。按通知要求，中国化工勘察设计协会牵头组建全国勘察设计注册工程师化工专业管理委员会。注册化工工程师“专业分类”为“化工”，“执业范围”为“化工工程”，“涵盖工程内容”为“化工、石化、化纤、医药、轻化”。

2月5日 国家石油和化学工业局以国石化函〔2001〕5号文同意成立中国工程咨询协会化工专业委员会。

2月27日 中国工程咨询协会以协业字〔2001〕017号文批准，同意成立中国工程咨询协会化工专业委员会，袁纽为中国工程咨询协会化工专业委员会主任。

2月 中国化工勘察设计协会就国外注册工程师状况，组织赴美国、加拿大进行考察。

3月9日 中石油集团公司下发《关于成立中国石油集团工程设计有限责任公司的通知》（中油人劳字〔2001〕94号），中国石油集团工程设计有限责任公司（简称CPE）由中国石油天然气集团公司规划设计总院、四川石油勘察设计研究院、华北石油勘察设计研究院、吉林化工工程公司四个单位联合组建。

随后，吉林化工工程公司更名为中国石油集团工程设计有限责任公司东北分公司。中国石油集团工程设计有限责任公司北京分公司成立。

3月10日 中国石化胜利油田有限公司规划设计研究院设计完成我国海上第一条单壁输油管线。

5月16日 化学工业部长沙地质工程勘察院更名为湖南化工地质工程勘察院，归属中国昊华化工（集团）总公司，由中国明达化工矿业总公司直管。

6月1日 化学工业部第二设计院和华泰工程公司合并更名为化学工业第二设计院，取消华泰工程公司名称，隶属中国化学工程总公司管理。

6月13日 建设项目管理和工程总承包工作委员会向建设部刘志峰副部长汇报了在5月14日召开的专家组工作会议上提出的，对推进我国建设项目管理和工程总承包工作的建议意见。刘志峰副部长在报告上立即批示请俞正声部长阅。俞正声部长随即作了重要批示：“请设计司在总结过去情况的基础上，提出意见。我认为，在涉及工艺设计的建设工程中，应大力提倡以设计为龙头的工程总承包，对其它工程，特别是房屋建筑工程，是否推行这一制度，以及若推行这一制度采取什么方式，需认真研究。总之，笼统的提倡或反对，似都不妥当。”

6月26日 中国石油集团工程设计

有限责任公司西南分公司于成都揭牌。

6月 整体进入中国寰球化学工程公司的化学工业部化学矿山规划设计院，经中国寰球化学工程公司批准，更名为中国寰球化学工程公司华北规划设计院。

7月1日 在庆祝建党80周年大会上，中国石化集团洛阳石油化工工程公司陈俊武院士被授予“全国优秀共产党员”称号，受到江泽民总书记亲切接见。

7月5日 华北石油勘察设计研究院改制更名为中国石油集团工程设计有限责任公司华北分公司。

7月11日 国家医药管理局武汉医药设计院更名为中国医药集团武汉医药设计院。

7月25日 中国化工勘察设计协会公布2001年度化工行业优秀工程勘察奖、优秀工程设计奖、境外优秀设计工程奖、优秀建筑设计奖、优秀基础工作奖的评选结果，包括：

优秀工程勘察奖13项：其中，二等奖6项、三等奖7项。

优秀工程设计奖28项：其中，一等奖4项、二等奖8项、三等奖16项。

境外优秀设计工程奖4奖项：其中，二等奖3项、三等奖1项。

优秀建筑设计奖4项：其中，一等奖1项、二等奖2项、三等奖1项。

优秀基础工作奖12项：其中，一等奖2项、二等奖4项、三等奖6项。

7月28日 由化学工业部第三设计院为主发起组建的东华工程科技股份有限公司挂牌成立。

8月17日 中国化工勘察设计协会和中国工程咨询协会化工专业委员会公布2001年度化工行业优秀工程咨询成果奖评选结果。获奖共12项。其中，一等奖2项、二等奖6项、三等奖4项。

8月 大庆油田有限责任公司油田建设设计研究院改制为大庆油田工程设计技术开发有限公司。

9月 北京橡胶工业研究设计院设计部分注册成立北京橡院兴业化工工程有限公司。

9月 化学工业部桩基检测中心更名为沧州中化桩基检测中心。

10月11日 中国化工勘察设计协会设立上海联络处，挂靠在上海工程化学设计院有限公司。

11月7日 四川石油管理局发文：原四川石油勘察设计研究院资产，整体进入中国石油集团工程设计有限责任公司，原设计院不再作为局属单位并决定予以撤销。

11月上旬 全国勘察设计注册工程师化工专业管理委员会（筹委会）成立并召开筹委会第一次工作会议。经讨论，会议原则同意考试大纲编写指导思想和原则，通过了2002年的工作计划。

11月下旬 全国勘察设计化工注册工程师专业管理委员会（筹）专家组成立。

12月10日 国家经贸委以国经贸委产业〔2001〕1267号文批复，同意中国化工勘察设计协会更名为中国石油和化工勘察设计协会。

12月18日～19日 按照建设部关于全国工程勘察设计资质换证工作的要求，中国石油和化工勘察设计协会组成化工、石化、医药行业初审专家委员会，进行初审工作前的集中培训。

12月19日 中国石化工程建设公司的“大庆减压渣油催化裂化成套技术开发及工业应用”，获国家科学技术进步一等奖。

海洋石油工程股份有限公司的“秦皇岛 32-6 海上大型油田建设工程”，中国石化工程建设公司的“气相法聚乙烯冷凝技术工业化”，获国家科学技术进步二等奖。

12 月　湖南化学工业设计院和湖南省医药设计院合并组建湖南化工医药设计院。

2002 年

1 月 14 日　南化设计院调整隶属关系为中国石化集团公司直属设计单位，更名为中国石化集团南京设计院。

1 月 15 日～17 日　中国化工勘察设计协会第四届会员大会暨经验交流会在北京召开。大会选举袁纽任理事长；何立山、王选洲、丁叮、汪镇安、王子宗、张永成、王卫国、郭云龙任副理事长；荣世立任秘书长。

1 月 18 日～19 日　中国工程咨询协会化工专业委员会成立大会暨工程咨询工作研讨会在北京召开，共有 66 家委员单位 77 位代表出席会议。中国工程咨询协会刘国冬副会长到会作报告。会上，专业委员会秘书处作了《有关工作情况的报告》，通过了《化工专业委员会工作办法》，颁发了 2001 年度化工行业优秀工程咨询成果奖，公布了获得全国优秀工程咨询成果奖的化工项目。

2 月 27 日　民政部以民函〔2002〕26 号文批复，中国化工勘察设计协会更名为中国石油和化工勘察设计协会。

2 月　海洋石油工程股份有限公司在上海证券交易所成功上市。

3 月 15 日　中国工程咨询协会以协业字〔2002〕015 号文批准设立中国工程咨询协会项目管理指导工作委员会，并依托在中国石油和化工勘察设计协会。该指导工作委员会为中国工程咨询协会的内设机构，余健明为主任委员，袁纽为常务副主任委员并主持日常工作。

6 月 26 日　上海医药工业设计院联合中石化上海金山工程公司、上海高桥石化设计院重组后，名称为中国石化集团上海工程有限公司。

6 月　广西区化工规划设计院和广西机械工业设计研究院合并组建成广西工联工业工程咨询设计有限公司。

6 月　中国医药集团联合工程有限公司在重庆注册。

6 月　大庆油田工程设计技术开发有限公司更名为大庆油田工程有限公司。

6 月　经全国勘察设计注册工程师管理委员会批准，成立了由 31 人组成的注册工程师化工专业管理委员会和由 21 位专家组成的专业管委会专家组。

7 月　浙江省石油化工设计院整体改制为浙江省天正设计工程有限公司。

7 月　上海化工设计院由中国寰球化学工程公司、上海化学工业区发展公司、华谊集团三家股东单位投资重组。

8 月 23 日　中国工程咨询协会化工专业委员会公布 2002 年度化工行业优秀工程咨询成果奖。获奖项目共 22 项，其中，一等奖 4 项、二等奖 7 项、三等奖 11 项。

9 月 14 日　化学工业第二设计院发布以院资质与索图公司、院内职工共同出资，组建“化学工业第二设计院宁波科技园区工程有限公司”，成立股份制公司，为该院实现股份制走出第一步。

9 月 26 日　中国寰球化学工程公司更名为中国寰球工程公司。

10 月　中国天辰化学工程公司与新

加坡 Campbell 公司合资成立天津匡宝天辰能源设备技术咨询服务有限公司。

11 月 8 日～24 日 中国石油和化工勘察设计协会组织设计、研究等 20 个会员单位，赴法国、德国、意大利考察学习，访问了法国德希尼布公司、德国伍德公司和鲁奇公司、意大利司南普吉提公司和泰克尼蒙特公司等五个工程公司，考察学习这些公司的组织机构设置、人员配备、各专业的职能和职责，公司的技术开发、工艺包的编制、专利技术的应用情况以及项目管理和工程总承包的具体做法等。

11 月 11 日～14 日 中国勘察设计协会和中国工程咨询协会在北京联合召开了建设项目管理和工程总承包经验交流暨表彰大会。来自全国 219 个单位的 449 名代表参加了会议。国家发展计划委员会副主任姜伟新、李子彬，建设部总工程师金德钧以及有关部委司领导出席会议并讲话。会上向 59 个获得项目管理优秀奖、工程总承包金钥匙奖、工程总承包银钥匙奖的项目经理颁发了荣誉证书。大会全面总结交流了工程咨询和勘察设计行业近 20 年来开展建设项目管理和工程总承包的经验，并举办了成果展览。

12 月 20 日 山东齐鲁石化工程有限公司与中国石化集团兰州设计院协作完成的“齐鲁石化公司丙烯腈厂应用新技术扩能改造”工程设计，中国天辰化学工程公司设计的“上海焦化总厂三联供煤气化工程德士古气化装置”，中国石化集团洛阳石油化工工程公司设计的“茂名石化 200 万吨/年渣油加氢脱硫装置”，中国石化集团上海工程有限公司承担设计的“扬子石化股份有限公司 60 万吨/年精对苯二甲酸（PTA）装置改造工程”，中国石化集团上海工程有限公司参加设计的“华北制药集团年产 1500 吨青霉素生产线工程”，中国石化工程建设公司设计的“上海石化股份有限公司 100 万吨/年延迟焦化装置”，中化建山东化工规划设计院的“潍坊亚星年产 5 万吨 CPE 技改工程”，获建设部颁发的全国第十届优秀工程设计金质奖。

胜利油田胜利工程设计咨询有限责任公司开发的“胜利油田地面建设地理信息系统”，获全国第十届优秀工程设计软件金质奖。

中国石化工程建设公司设计的“天津石化公司聚酯二阶段工程 25 万吨/年芳烃联合装置”“齐鲁石化公司乙烯装置改造”，上海工程化学设计院有限公司设计的“上海氯碱化工股份有限公司聚氯乙烯装置技改增产 10 万吨/年工程项目”，胜利油田胜利工程设计咨询有限责任公司的“SZ36-1 油田二期开发工程陆上终端”，中国石化集团洛阳石油化工工程公司设计的“长岭炼化 50 万吨/年低压组合床重整装置”“镇海炼化 800 万吨/年的炼油工程 300 万吨/年催化裂化装置”，获全国第十届优秀工程设计银质奖。

12 月 贵州省化工设计院更名为贵州省化工医药规划设计院。

12 月 中国石化集团洛阳石油化工工程公司与茂名石化、抚顺石油化工研究院共同开发的“茂名渣油加氢处理成套技术”，获国家科技进步一等奖。

中橡集团炭黑工业研究设计院的万吨级新工艺炭黑生产技术，获国家科技进步二等奖。

本年 内蒙古自治区轻化工设计院改制为内蒙古自治区轻化工业设计院有限责任公司。

2003年

1月22日　中国石油集团工程设计有限责任公司北京分公司与中国石油集团工程设计有限责任公司华北分公司合并，对外统称北京分公司，实行“一套班子、两个分部、统一指挥、独立核算”的管理体制。

1月28日　中国石化胜利油田有限公司规划设计研究院改制更名为胜利油田胜利工程设计咨询有限责任公司。

2月13日　建设部印发建市〔2003〕30号文《关于培育发展工程总承包和工程项目管理企业的指导意见》。

2月　北京橡胶工业研究设计院整体变更为昊华化工（集团）总公司直接管理。

3月11日　中国石油和化工勘察设计协会被国家经贸委（国经贸厅产业〔2003〕24号文）评选为“2002年度先进行业协会”。

3月11日　化学工业部第一勘察设计院更名为化学工业第一勘察设计院。

3月　人事部、建设部发布人发〔2003〕26号文《关于印发“注册化工工程师执业资格制度暂行规定”“注册化工工程师执业资格考试实施办法”“注册化工工程师执业资格考核认定办法”的通知》，全面启动化工专业注册工程师制度。

4月8日　由中国五环化学工程公司等五公司发起成立的“五环科技股份有限公司”举行揭牌仪式。

5月6日　中国华陆工程公司改制为华陆工程科技有限责任公司。

5月15日　中国成达化学工程公司更名为中国成达工程公司。

5月27日　广州石化所属全资子公司中元公司整体并入中国石化集团洛阳石油化工工程公司。

6月13日　中国石化集团公司工程部正式批复组建中国石化集团洛阳石油化工工程公司广州分公司。

6月26日　齐鲁石化工程公司改制更名为山东齐鲁石化工程有限公司。

6月　上海化工设计院更名为上海化工设计院有限公司。

7月　宁夏工业设计院改制成宁夏工业设计院有限责任公司。

9月25日～26日　中国勘察设计协会建设项目管理和工程总承包工作委员会袁纽主任委员率领万柏春秘书长、荣世立副秘书长访问了澳大利亚项目管理学会，双方就扩大两会合作与交流，共同推动亚太地区项目管理事业的发展等事宜进行了磋商，并达成共识。

9月　中国石化集团第三建设公司与中国石化集团兰州设计院合并重组，成立中国石化集团宁波工程有限公司。

10月6日～20日　中国石油和化工勘察设计协会组织化工勘察单位的领导和技术骨干共20人，赴欧洲荷兰辉固工程公司、三角海洋咨询公司和法国德西尼布公司、冯德索尔公司及其岩土工程项目进行了考察学习。

11月5日至7日　中国石油和化工勘察设计协会设立由16人组成的化工行业全国工程勘察设计大师复审专家委员会，在北京召开2003年全国工程勘察设计大师（化工）复审推荐工作会议。

12月　海洋石油工程股份有限公司完成的“中国海上边际油田开发新型平台技术”，中国石化集团宁波工程有限公司完成的“丙烯腈成套工业技术开发”，中国石化工程建设公司完成的“苯和乙烯液相烷基化生产乙苯成套技术开发”“24万吨/年乙烯装置用裂解气压缩机组”，分获国家科技进步二等奖。

12月 中国天辰化学工程公司江苏分公司更名为江苏省化工设计院。

2004年

4月15日 齐鲁石化胜利炼油设计院更名为山东三维石化工程有限公司。

4月24日 中国医药集团武汉医药设计院冉天寿，中国石化工程建设公司李志强，中国成达工程公司曾纪龙，被建设部授予第四批“全国工程勘察设计大师”。

5月 江苏省化工设计院更名为江苏省化工设计院有限公司。

7月8日 北京化工橡胶设计院改制更名为北京石油化工设计院。

7月16日 云南省化工设计院整体改制更名为云南化工设计院有限公司。

9月22日 中国石油天然气管道工程有限公司与大港集团石油工程有限责任公司重组，组建中国石油天然气管道工程有限公司（简称CPPE）。

12月 中国石油集团工程设计有限责任公司西南分公司设计的“大天池构造带地面集输工程”，中化建山东化工规划设计院设计的“烟台万华聚氨酯股份有限公司MDI”，分获全国第十一届优秀工程勘察设计金质奖。

广东省石油化工设计院设计的“泉州肖厝海洋聚苯树脂有限公司10万吨/年聚苯乙烯工程”，中国石化工程建设公司设计的“克拉玛依石化公司30万吨/年润滑油高压加氢装置”“中原乙烯改造工程20万吨/年聚乙烯装置”，东华工程科技股份有限公司设计的“秦皇岛NPK复合肥技改工程”，中国石化上海工程有限公司设计的国家新药筛选中心、上海新药安全评价研究中心，胜利油田胜利工程设计咨询有限责任公司设计的“新滩油田产能建设工程”，分获全国第十一届优秀工程勘察设计银质奖。

12月 化学工业部长沙设计研究院的“罗布泊地区钾盐资源开发利用研究”获国家科技进步一等奖。

海洋石油工程股份有限公司完成的“秦皇岛32-6海上大型油田建设工程”“百万吨级海上油田浮式生产储运系统研制与开发”，南京设计院完成的“大型料浆浓缩法磷铵国产化装置”，分获国务院颁发的国家科技进步二等奖。

2005年

1月10日 大庆石油化工设计院更名为大庆石化工程公司。

2月5日 第十届全国人大常委会副委员长、原化学工业部部长顾秀莲，中国石油和化学工业协会会长谭竹洲、常务副会长李勇武来中国石油和化工勘察设计协会视察工作。

6月 经国务院批准，中国寰球工程公司整体进入中国石油集团公司，中国寰球工程公司先后重组并购了胜宝旺寰球、广东省石化设计院，成立了项目管理公司。

6月 根据大小南化重组部署，南京化工厂设计所和南京化学工业公司氮肥厂设计所、磷肥厂设计所并入中国石化集团南京设计院。

7月12日 昊华工程有限公司（由北京橡胶工业研究设计院的工程设计部分和中化化工科学技术研究总院所属的开发设计所、宇清化工环保发展中心、长天化工设计所四家单位组成）成立，隶属于中国化工集团的中国昊华化工（集团）总公司。

7月15日 胜利油田胜利工程设计咨询有限责任公司总承包的世界上最长、规模最大的海底管线定向钻穿越工程外钓岛—册子岛—镇海海底管道穿越工程获得成功。

11月20日 中国石化工程建设公司完成的“中压加氢裂化技术（RMC）的开发与工业应用”，获国家科技进步二等奖。

11月 新疆独山子石化总厂设计院、基建工程公司重组合并成立独山子石油化工总厂工程公司。

12月 青海省化工设计研究院转制改企，更名为青海省化工设计研究院有限公司。

2006年

1月23日 大庆石化工程公司更名为大庆石化工程有限公司。

4月23日 中国石油和化工勘察设计协会召开五届一次理事会议，选举产生了协会第五届常务理事会。常务理事会由40名人组成。会议选举袁纽为理事长，丁可、王志远、王选洲、闫少春、刘家明、李文绮、李海泉、张永成、汪世宏、汪镇安、郭云龙、董鲁生、褚世仙为副理事长，荣世立为秘书长。

6月 中共中央政治局常委、国务院总理温家宝亲临神华煤直接液化项目工程现场视察。温总理视察时将煤直接液化工程定位为“国家能源安全战略的重要组成部分，是一场伟大的科学实践。”

7月 独山子石油化工总厂工程公司注册成立了具有独立法人资格的新疆独山子方辰石化工程有限责任公司。

10月 中国电子系统工程第四建设有限公司收购河北省石油化工规划设计院。

12月27日 中国石化集团洛阳石油化工工程公司的郝希仁，被建设部授予第五批“全国工程勘察设计大师”。

12月 河北省石油化工规划设计院更名为河北省石油化工设计院有限公司。

12月 中国石化集团上海工程有限公司设计的“65万～70万吨/年乙烯装置改造联合工程”，中国石油集团工程设计有限责任公司西南分公司设计的“大天池构造带地面集输工程”，分获全国第十二届优秀工程勘察设计金质奖。

中国医药集团重庆医药设计院设计的“江西江中制药厂植物药前处理、提取、制药生产线技术改造工程”，中国石化集团上海工程有限公司设计的“高桥分公司800万吨/年常减压蒸馏装置（改造）”，分获全国第十二届优秀工程勘察设计银质奖。

12月 中国石油集团工程设计有限责任公司北京分公司与中国石油集团工程设计有限责任公司华北分公司分开运作。

12月 中国石化工程建设公司开发建设的10万吨大型裂解炉，中国石化集团洛阳石油化工工程公司完成的MIP-CGP开发项目（与石科院合作），获国家科技进步二等奖。

本年 随着中国化工建设总公司并入中国海油石油总公司，中化建山东化工规划设计院更名为中海油山东化学工程有限责任公司。

本年 中国石化集团宁波工程有限公司成立以能源与环保为主要研究开发领域和业务方向的中国石化集团宁波技术研究院，隶属于宁波工程公司管理。

2007年

1月 新疆寰球工程公司（独山子）与中国石油工程建设公司新疆设计分公司（乌鲁木齐）合并，成立全新的新疆寰球工程公司与中国寰球工程有限公司新疆分公司，“一班人马，两块牌子”。

1月 中国石油集团工程设计有限责任公司（CPE）北京分公司与CPE国际部和CPE华北分公司国际业务整合，组建CPE北京分公司国际工程公司。

3月 住房和城乡建设部出台重新修订的《工程设计资质标准》，首次设立了工程设计综合甲级资质，目的是推动大型设计企业向工程总承包和工程项目管理方向发展。

4月19日 根据中国化学工程集团公司的决定，化学工业第一勘察设计院与中国化学工程第十三建设公司重组，重组后化学工业第一勘察设计院保留独立法人地位，划归中国化学工程第十三建设公司管理。

6月11日 中国石油天然气股份有限公司发文，组建中石油东北炼化工程有限公司，将中国石油集团工程设计有限责任公司东北分公司划入中石油东北炼化工程有限公司。

6月22日 北京航天万源煤化工工程技术有限公司成立，隶属于中国航天科技集团公司。同年9月，甘肃省石油化工设计院进入北京航天万源煤化工工程技术有限公司。

6月29日 北京燕化石油化工设计院更名为北京燕山玉龙石化工程有限公司。

7月11日 北京石油化工设计院更名为北京石油化工设计院有限公司。

7月12日 东华工程科技股份有限公司A股股票在深圳证券交易所挂牌上市。

10月23日 西南化工研究设计院持有的四川天一科技股份有限公司56821293股国有法人股（占总股本的23.13%）划至中国昊华化工（集团）总公司，中国昊华化工（集团）总公司成为四川天一科技股份有限公司的第一大股东。

11月9日 山东三维石化工程有限公司变更为山东三维石化工程股份有限公司。

11月26日 上海惠生化工工程有限公司整体吸收合并河南省化工设计院有限公司。

11月 广东省石油化工设计院由中国寰球工程公司、广东省广业工业建设集团有限公司控股，更名为广东寰球广业工程有限公司。

12月11日 华陆工程科技有限公司参与开发、设计的烟台万华聚氨酯股份有限公司“年产20万吨大规模MDI生产技术开发及产业化”项目，获国家科技进步一等奖。

中国天辰化学工程公司完成的“多喷嘴对置式水煤浆气化技术”，中国石化工程建设公司、中国石化集团洛阳石油化工工程公司、天津大学合作完成的“炼油分离过程大型化关键技术系统集成与节能”，中国石化工程建设公司完成的“抽提蒸馏分离芳烃成套新工艺的开发及工业应用”，分获国家科技进步二等奖。

2008年

1月9日 沧州中化桩基检测中心更名沧州中化桩基检测有限公司。

1月24日 中国石油集团工程设计有限责任公司东北分公司更名为中石油东北炼化工程有限公司吉林设计院。

3月 上海华谊集团下属的上海工程化学设计院有限公司、上海太平洋化工集团焦化设计院、上海吴泾化工设计院合并，名称为上海工程化学设计院有限公司。

6月26日 住房和城乡建设部发布2008年第57号公告：中国石油天然气管道工程有限公司、中国石化工程建设公司，获得首批颁发的工程设计综合资质甲级证书。

6月 中国石油业务实行重组整合，成立中国石油工程建设公司技术服务分公司，负责管理中国石油天然气华东勘察设计研究院岩土工程处、青岛中油华东院安全环保有限公司和青岛华油工程建设监理有限公司。

7月6日 中国石油天然气管道工程有限公司设计、中国石油集团工程设计有限责任公司华北分公司参与的“西气东输管道工程岩土工程勘察”项目，中国石油天然气管道工程有限公司设计的“西气东输管道工程”，华陆工程科技有限公司设计的“宁波万华年产16万吨MDI工程”，中国石化集团上海工程有限公司承担的“65万～70万吨/年乙烯装置改造联合工程”，中国石油天然气管道工程有限公司承担的“兰州-成都-重庆输油管道工程设计”，获全国第十三届优秀工程勘察设计金质奖。

中国石化集团洛阳石油化工工程公司设计的“洛阳石化公司70万吨/年连续重整装置改造工程”，中国石油天然气管道工程有限公司设计的“忠县—武汉输气管道工程”，中国石油天然气管道工程有限公司、中国石油集团工程设计有限责任公司华北分公司、西南分公司参与的“西气东输管道工程测量”项目，中国石化集团上海工程有限公司设计的上海中信国健药业有限公司项目，中国天辰化学工程公司完成的“青海碱业90万吨/年纯碱工程——高原地区超大规模纯碱厂的设计”，中国石化工程建设公司设计的“中国石化海南炼油化工有限公司310万吨/年催化原料预处理装置（RDS）”，中国成达工程公司设计的“四川美丰化工股份有限公司合成氨装置优化节能技改工程（600吨氨/日）”项目、“江苏华昌化工股份有限公司环保搬迁项目——高浓度复合肥系列产品”项目，中国石化工程建设公司设计的“中国石化股份有限公司上海高桥分公司800万吨/年常减压蒸馏装置（改造）”“上海石油化工股份有限公司20万吨/年聚丙烯装置”“MARIAN系统二次开发与应用”项目，分获全国第十三届优秀工程勘察设计银质奖。

7月25日 贵州省化工医药规划设计院更名为贵州东华工程股份有限公司。

8月26日 中国天辰化学工程公司更名为中国天辰工程有限公司。

9月17日 中国成达工程公司更名为中国成达工程有限公司。

9月25日 化学部第二设计院更名为赛鼎工程有限公司，隶属中国化学工程股份有限公司。

9月26日 化学工业第一勘察设计院更名化学工业第一勘察设计院有限公司。

9月 上海化工设计院有限公司更名为上海寰球石油化学工程有限公司。

9月 中国化学工程集团公司股份制改造，五环科技股份有限公司改制为中国化学工业五环工程有限公司；中国化学工业桂林工程公司改制为中国化学工业桂林工程有限公司。

12月3日 中国石化工程建设公司完成的“回收炼厂乙烯资源成套工业化技术的应用”，化学工业部长沙设计研究院完成的“年产100万吨钾肥生产技术开发及产业化”，中石化南京设计院完成的“10万吨/年苯胺成套技术研究开发和应用”，分获国家科技进步二等奖。

12月 中国天辰工程有限公司孙铭绪，被授予第六批“全国工程勘察设计大师”。

本年 中国化学工程南京岩土工程公司更名为化学工业岩土工程有限公司。

本年 中国石油天然气第六建设公司并入中国寰球工程公司。

本年 中国石油天然气华东石油勘察设计研究院划归中国石油工程建设公司管理。

2009年

1月7日 大庆石化工程有限公司变更为大庆石化工程有限责任公司。

2月3日 西气东输二线东段工程开工仪式在深圳观澜镇隆重举行。中共中央政治局常委、国务院副总理李克强出席开工仪式并宣布开工。

2月 依托西南化工研究设计院的“全国天然气化工信息站”更名为“全国天然气化工与碳一化工信息中心”。

4月25日 中共中央总书记、国家主席、中央军委主席胡锦涛视察海洋石油工程股份有限公司。

4月 中国化工集团总公司批准由西南化工研究设计院及中国昊华化工（集团）总公司共同出资组建昊华（成都）科技有限公司（简称昊成公司），在新津县工商注册成立。

6月30日 上海惠生化工工程有限公司更名为惠生工程（中国）有限公司。

6月 中国石化集团第二建设公司和中国石化集团南京设计院重组，成立中国石化集团南京工程有限公司。

7月 浙江省天正设计工程有限公司成为中化蓝天集团有限公司下属成员企业。

8月 胜利油田胜利工程设计咨询有限责任公司承担的中石化“十条龙”项目和重大装备国产化项目的科研成果——隧道天然气泄漏激光监测装置成功投入运行，填补了国内天然气泄漏激光监测的空白。

9月2日 根据管道局油管道编〔2009〕17号文件精神，成立中国石油天然气管道局设计公司。为管道局二级单位，按子公司模式管理。

9月29日 胜利油田胜利工程设计咨询有限责任公司更名为胜利油田勘察设计研究院有限公司。

10月20日 甘肃省石油化工设计院改组更名为北京航天万源煤化工工程技术有限公司兰州分公司。

12月14日 国家主席胡锦涛同土库曼斯坦总统别尔德穆哈梅多夫、哈萨克斯坦总统纳扎尔巴耶夫、乌兹别克斯坦总统卡里莫夫一同抵达阿姆河右岸天然气处理厂，出席巴格德雷净化厂供气仪式。胡锦涛在通气仪式上致辞指出“中国-中亚天然气管道项目是中国、土库曼斯坦、乌兹别克斯坦、哈萨克斯坦精诚团结、合作互利的典范。”该项目施工图设计由中国石油集团工程设计有限责任公司西南分公司承担。

12月23日 中国石化集团洛阳石油化工工程公司与石科院、洛阳石化分公司等单位合作完成的“石脑油催化重整成套技术的开发与应用”项目，获国家科技进步一等奖。

中国石化集团上海工程有限公司与上海石化院、华东理工大学合作开发的“乙苯脱氢制苯乙烯关键技术轴径向反应器和新型催化剂研发及应用”，中国石化工程建设公司参加开发的“环己酮氨肟化路线己内酰胺生产工艺成套技术”，获国家科技进步二等奖。

12月 中国石油集团工程设计有限责任公司（CPE）直属子公司北京迪威尔石油天然气技术开发有限公司并入CPE北京分公司。

12月 西南化工研究设计院发明专利“由甲醇生产二甲醚的方法”，获十一届中国专利优秀奖。

本年 中石油兰州石化工程公司、抚顺工程公司、独山子石化工程公司相继划转中国寰球工程公司。中国寰球工程公司陆续对华北院、上海院、广东院、六建公司、兰州院、抚顺院、独山子院进行整合，在新加坡、沙特阿拉伯、加拿大、美国、意大利、阿联酋等国设立子分公司。成为下辖国内外多家子分公司的大型工程建设公司。

本年 辽宁辽河石油工程有限公司更名为中油辽河工程有限公司。

2010年

1月 新疆独山子方辰石化工程有限责任公司更名为新疆寰球工程公司。

1月7日 中国化学工程股份有限公司在上海证券交易所上市。

1月28日 经中国化学工程股份有限公司批准，中国华陆工程有限公司与华陆工程科技有限责任公司实现合并，注销中国华陆工程有限公司，将华陆工程科技有限责任公司变更为中国化学工程股份有限公司直接出资的一人有限公司。

8月31日 陕西延长石油（集团）有限责任公司重组北京石油化工设计院有限公司，重组后北京石油化工设计院有限公司更名为北京石油化工工程有限公司。

9月1日 胜利油田胜利勘察设计研究院有限公司牵头攻关的“管道泄漏检测技术研究”项目中，自行开发的次声波管道泄漏检测技术具有自主知识产权，填补了国内空白，整体技术达到国际先进水平。

10月 中国医药集团联合工程有限公司从重庆市迁入武汉市东湖高新区。

11月29日 中国石油集团工程设计有限责任公司西南分公司的“西气东输工程技术及应用”，获国家科技进步一等奖。

中国石化工程建设公司和中国石化集团洛阳石油化工工程公司合作的“单系列大型化炼油技术集成开发与工业应用”“超大加氢反应器研制及工程应用”，中国石油天然气华东石油勘察设计研究院的“提高轻质油品收率的两段提升管催化裂化新技术”，胜利油田勘察设计研究院有限公司与中国海洋大学共同申报的“海洋工程安全与防灾若干关键技术及应用”，分获国家科技进步二等奖。

2011年

5月24日 中国石化集团洛阳石油化工工程公司的朱华兴，中国石油天然气管道工程有限公司史航，被国家住房和城乡建设部授予第七批“全国工程勘察设计大师”。

8月 化学工业部长沙设计研究院发明专利“用含钾硫酸镁亚型卤水制取硫酸钾的方法”，获第十三届中国专利优秀奖。

9月13日 广州中元石油化工工程有限公司资产划转中国石油化工集团公司，广州中元石油化工工程有限公司名称变更为中国石化集团广州工程有限公司或中国石化集团广州石油化工工程有限公司。

9月17日 中国石油和化工勘察设计协会召开第六届一次理事会议，选举出第六届常务理事36名，其中咨询和设计企业代表31名，勘察企业代表3名，协会和联合会代表2名。选举荣世立为理事长，王志远、刘一横、刘家明、闫少春、吴银龙、吴德荣、汪世宏、赵蕊、俞少俊、耿作孝、程腊春、褚世仙为副理事长，唐文勇为秘书长。推选袁纽为名誉理事长。

9月21日 中国石油和化工勘察设计协会印发《关于公布2011年度化工行业优秀工程咨询成果奖评选结果的通知》（中石化勘设协字〔2011〕213号）。经专家评选和专家评选委员会综合评议、网上公示, 共评选出获奖项目40项。其中一等奖6项，二等奖14项，三等奖20项。

9月28日 北京航天万源煤化工工程技术有限公司更名为航天长征化学工程股份有限公司。

12月20日 中国石油和化工勘察设计协会公布2011年度化工行业优秀工程勘察设计奖评审结果。共评出优秀工程勘察奖18项。其中：一等奖2项，二等奖7项，三等奖9项。优秀工程设计奖34项。其中：一等奖3项，二等奖13项，三等奖18项。优秀建筑工程设计三等奖1项。

12月23日 中国石油集团工程设计有限责任公司西南分公司的“大型高含硫气田安全开采及硫黄回收技术”，中国石化工程建设公司的“重油高效转化的加氢处理及其与催化裂化新型组合关键技术”，分获国家科技进步二等奖。

2012年

2月 中国石油集团工程设计有限责任公司（CPE）岩土工程分公司并入CPE北京分公司。

3月28日 中国石化集团洛阳石油化工工程公司改制后名称变更为中石化洛阳工程有限公司。

4月16日 中共中央政治局常委、全国人大常委会委员长吴邦国到中石化洛阳工程有限公司考察。

4月 中国石化集团公司炼化工程板块重组改制，成立了中石化炼化工程（集团）股份有限公司，宁波工程有限公司股东变更为中石化炼化工程（集团）股份有限公司。

5月1日 中国石化工程建设公司名称变更为中国石化工程建设有限公司。

5月9日 中石油东北炼化工程有限公司吉林设计院更名为中国石油集团东北炼化工程有限公司吉林设计院。

6月28日 上海工程化学设计院有限公司更名为上海华谊工程有限公司。

6月 西南化工研究设计院更名为西南化工研究设计院有限公司。

9月 中国石油化工集团公司对炼化工程业务完成专业化重组，成立中石化炼化工程（集团）股份有限公司，中国石化工程建设有限公司为其全资子公司。

11月19日 中国医药集团联合工程有限公司吸收合并原中国医药集团武汉医

药设计院。

12月19日 中国石化工程建设公司的“特大型超深高含硫气田安全高效开发技术及工业化应用”，获国家科技进步特等奖。

12月27日 中国石化集团洛阳石油化工工程公司发文，自2013年1月1日起，启用“中石化洛阳工程有限公司”“中石化广州工程有限公司”印章。

12月28日 惠生工程在香港联交所主板上市。

本年 中国石化集团上海工程有限公司更名为中石化上海工程有限公司。

本年 中国石油天然气华东勘察设计研究院改组更名为中国石油工程建设公司华东设计分公司。

本年 山西省化工设计院划归山西省国资委，由山西省国有资产投资控股集团有限公司管理。

2013年

3月 中国石油集团工程设计有限责任公司（CPE）直属子公司兴油项目管理公司并入CPE北京分公司。

5月 河北省石油化工设计院有限公司更名为福斯特惠勒（河北）工程设计有限公司。

7月23日 胜利油田勘察设计研究院有限公司更名为中石化石油工程设计有限公司，隶属于中石化石油工程建设有限公司。

9月3日 新疆化工设计研究院更名为新疆化工设计研究院有限责任公司。

9月 上海寰球石油化学工程有限公司更名为上海寰球工程有限公司。

10月30日 湖南化工地质工程勘察院与湖南省化工地质岩土工程公司合并重组。

10月 中国石油和化工勘察设计协会热工设计专业委员会及全国化工热工设计技术中心站挂靠浙江省天正设计工程有限公司管理运行。

11月 中国五环工程有限公司吸收合并五环科技股份有限公司。

11月 中国成达工程有限公司周光耀等发明人研究发明的“外冷变换气制碱清洁工艺”专利，桂林工程有限公司的“复合橡胶挤出机头”发明专利，分获第十五届中国专利优秀奖。

11月 中石化石油工程设计有限公司的国内首个由数字化设计集成系统完成的大型联合站——春风油田二号联一次性投产成功。

12月25日 化学工业部长沙设计研究院的“罗布泊盐湖120万吨/年硫酸钾成套技术开发”项目，获国家科技进步一等奖。

海洋石油工程股份有限公司参与的“海上油田超大型平台浮托技术创建及应用”，获国家科技进步二等奖。

中国石化工程建设有限公司的“全结晶复合孔分子筛催化新材料的创制与工业应用”，获国家技术发明二等奖。

2014年

8月 中国天辰工程有限公司利用自主技术投资、设计、兴建的中国化学系统内首个实业工厂——天辰耀隆己内酰胺工厂建成投产。

9月 中国石油工程建设公司技术服务分公司撤销，注册成立了华东环境岩土工程分公司。

11月 化学工业部长沙设计研究院的专利“一种光卤石反浮选尾矿生产氯化

钾的方法”，获第十六届中国专利优秀奖。

12月12日 海洋石油工程股份有限公司参与的“超深水半潜式钻井平台研发与应用”，获国家科技进步特等奖。

中石化洛阳工程有限公司、中国石化工程建设有限公司、中国寰球工程公司等单位合作开发的“极端条件下重要压力容器的设计、制造与维护”，获国家科技进步一等奖。

中石化洛阳工程有限公司与中国科学院大连化学物理研究所、陕西新兴煤化工有限公司联合研发的“甲醇制取低碳烯烃（DMTO）技术成果”，获2014年度国家技术发明一等奖。

中国石化工程建设有限公司开发的“高酸重质原油全额高效加工的技术创新及工业应用”，中国石油集团工程设计有限责任公司西南分公司开发的“盐下复杂碳酸盐岩气田开发关键技术与规模化应用”，获国家科技进步二等奖。

中石化洛阳工程有限公司与华东理工大学、中国石化股份有限公司镇海炼化分公司合作开发的“重大化工装置中细颗粒污染物过程减排新技术”，获2014年度国家技术发明二等奖。

12月 湖南化工地质工程勘察院吸收合并湖南省化工地质岩土工程公司，湖南省化工地质岩土工程公司注销。

2015年

1月28日 航天长征化学工程股份有限公司在上海证券交易所上市。

5月25日 习近平总书记到中国石油集团工程设计有限责任公司华北分公司EPC总承包建设的舟山国家石油储备基地扩建项目现场调研，亲切接见参建人员代表。

9月9日 中石化石油工程设计有限公司勘察设计的国内同管径穿越长度最大的定向钻——甬台温天然气管道工程瓯江南支定向钻穿越一次性回拖成功。该定向钻创造了世界定向钻穿越江河史上大管径、距离最长的纪录。

9月21日 中蓝连海设计研究院、化学工业部长沙设计研究院、青海盐湖工业股份有限公司共同参与设计的“青海盐湖100万吨/年氯化钾”项目，中国石化工程建设有限公司设计的“中国石化海南炼油化工有限公司800万吨/年炼油工程”，赛鼎工程有限公司设计的“沧州大化年产5万吨TDI工程”，中油辽河工程有限公司设计的“苏里格气田苏10井区10×10^8 米^3/年天然气田地面建设工程”，中国纺织工业设计院设计的滁州安邦聚合高科有限公司聚酯工程，分获全国第十四届优秀工程勘察设计金质奖。

中国天辰工程有限公司完成的土耳其碱矿加工工程项目“海外超大、超质天然碱制重质碱设计”项目，中国石化工程建设有限公司设计的“茂名100万吨/年乙烯改扩建工程64万吨/年乙烯装置”，中石化上海工程有限公司设计的“上海实验动物资源公共服务平台”，中国石油集团工程设计有限责任公司西南分公司的“西部原油成品油管道工程”，中国石油集团东北炼化工程有限公司吉林设计院的“中国石油兰州石油化工公司8万吨/年丙烯酸及11.5万吨/年丙烯酸酯”项目，分获全国第十四届优秀工程勘察设计银质奖。

11月 西南化工研究设计院有限公司发明专利“一种焦炉气制备合成天然气的工艺”，获第十七届中国专利优秀奖。

12月16日 中国石化工程建设有限公司、中石化洛阳工程有限公司等完成的

“高效环保芳烃成套技术开发及应用”，获国家科技进步特等奖。

中国石油工程建设公司华东设计分公司完成的“满足国家第四阶段汽车排放标准的清洁汽油生产成套技术开发与应用”，化学工业部长沙设计研究院参与完成的“青海盐湖低品位难开发钾盐高效利用技术”项目，获国家科技进步二等奖。

12月25日 中橡集团炭黑工业研究设计院改制后名称为中昊黑元化工研究设计院有限公司。

2016年

1月 习近平和沙特阿拉伯国王萨勒曼共同出席沙特阿美中国石化延布炼厂投产启动仪式。中国石化工程建设有限公司全程参与延布炼厂项目执行建设。

6月28日 中国石油集团东北炼化工程有限公司吉林设计院，大庆石化工程有限责任公司整体并入中国寰球工程公司。中国寰球工程公司和中国石油集团东北炼化工程有限公司为基础，整合中石油炼化设计力量，组建成立中国寰球工程有限公司。

7月20日 天津渤海化工集团规划设计院吸收合并天津市化工设计院。

8月16日 中国石油天然气华东勘察设计研究院岩土工程处变更为青岛中油岩土工程有限公司。

10月12日 安徽省化工设计院被中国神华煤制油化工有限公司收购。

11月17日 中国石油和化工勘察设计协会召开第七届一次理事会议。第七届常务理事会由48名常务理事组成；选举荣世立为理事长，选举王新革、王国良、万军、刘一横、孙丽丽、齐福海、李德强、吴德荣、桑广世、袁学民、高飞、韩兵、程腊春、褚世仙14位同志为副理事长，唐文勇为秘书长；推举袁纽为第七届理事会名誉理事长。

11月 中国石油工程建设公司华东设计分公司改组更名为中石油华东设计院有限公司。

12月26日 桂林工程有限公司开发的“侧面锁紧复合橡胶挤出机头”发明专利，西南化工研究设计院有限公司开发的“一种甲醇低压羰基合成醋酸的方法”发明专利，分获第十八届中国专利优秀奖。

12月30日 中国石化工程建设有限公司孙丽丽、华陆工程科技有限公司山秀丽、中国石油天然气管道局设计公司张文伟、中石化洛阳工程有限公司刘昱荣，获国家住房和城乡建设部第八批“全国工程勘察设计大师”称号。

12月 中国天辰工程有限公司开发的“大型高效水煤浆气化过程关键技术创新及应用”，海洋石油工程股份有限公司参与的“材料海洋环境腐蚀评价与防护技术体系创新及重大工程应用”，中石化洛阳工程有限公司参与开发的“重型压力容器轻量化设计制造关键技术及工程应用”项目，分获国家科技进步二等奖。

本年 中海油山东化学工程有限责任公司与海工英派尔工程公司整合重组，更名为中海油石化工程有限公司。

2017年

1月22日 中国石油集团工程设计有限责任公司重组改制，成立中国石油工程建设有限公司（CPECC）。中国石油集团工程设计有限责任公司西南分公司更名为CPECC西南分公司，中国石油集团工程设计有限责任公司华北分公司更名为CPECC华北分公司，中国石油集团工程设计有限责任公司北京分公司更名为CPECC北京设计分公司。

1月23日 中国石油管道局成立中国石油管道局工程有限公司设计分公司，将管道设计院整体划入设计分公司，并以设计分公司名义独立开展经营。

1月 中国石油工程建设公司所属新疆设计分公司（乌鲁木齐）与新疆寰球工程公司（独山子）合并，成立新的新疆寰球工程公司。

5月9日 天津渤海化工集团规划设计院改制更名为天津渤化工程有限公司。

6月7日 中国石油和化工勘察设计协会在北京组织召开首届北京国际工程发展论坛。论坛主题是："一带一路"寻机遇、携手共进谋发展。

10月 山西省化工设计院更名为山西国控环球工程有限公司。

11月28日 化学工业部长沙设计研究院更名为中蓝长化工程科技有限公司。

11月29日 中蓝连海设计研究院名称变更为中蓝连海设计研究院有限公司。

12月4日 湖南化工地质工程勘察院改制后更名为湖南化工地质工程勘察院有限责任公司。

12月6日 中国石化工程建设有限公司完成的"高效甲醇制烯烃全流程技术"，中国石化工程建设有限公司、中石化洛阳工程有限公司等共同参与完成的"煤制油品/烯烃大型现代煤化工成套技术开发及应用"，获国家科技进步一等奖。

中石化洛阳工程有限公司与合肥通用机械研究院等单位合作开发的"重型压力容器轻量化设计制造关键技术及工程应用"，中国石化工程建设有限公司开发的提高轻油收率的深度延迟焦化技术，获国家科技进步二等奖。

12月7日 中油资〔2016〕495号文，同意吉林设计院以现有资产设立全资子公司的申请，吉林设计院重新获得独立法人地位。

12月 西南化工研究设计院有限公司发明专利"一种焦炉气补充二氧化碳液化天然气的工艺"，获第十九届中国专利优秀奖。

12月 湖南化工医药设计院更名为湖南化工设计院有限公司。

2018年

1月 中国神华煤制油化工有限公司设立神华工程技术有限公司，安徽省化工设计院成为神华工程技术有限公司子公司。

1月 化学工业部郑州地质工程勘察院改制更名为中化地质郑州岩土工程有限公司。

10月25日 昊华工程有限公司更名为蓝星工程有限公司，隶属于中国化工集团公司。

11月23日 北京石油化工工程有限公司重组，成为陕西延长石油化建股份有限公司全资子公司。

11月26日 北京燕山玉龙石化工程有限公司更名为北京燕山玉龙石化工程股份有限公司。

12月 中石化洛阳工程有限公司与上海石油化工研究院等合作开发的"稀乙烯增值转化高效催化剂及成套技术"项目，获国家科技进步二等奖。

12月 天津渤化工程有限公司吸收合并天津市化工科技信息研究所。

2019年

1月 中国石油集团东北炼化工程有

限公司吉林设计院更名为中石油吉林化工工程有限公司。

4月　中石油吉林化工工程有限公司开发的“丙烯两步加氧法制丙烯酸的改进工艺”发明专利，获第二十一届中国专利优秀奖。

6月5日　中国国家主席习近平和俄罗斯总统普京，共同见证了中国成达工程有限公司承担的俄罗斯纳霍德卡化肥公司年产180万吨甲醇项目签约，合同总金额近15亿美元。

6月　四川天一科技股份有限公司更名为昊华化工科技集团股份有限公司。

6月　安徽省化工设计院整体划入神华工程技术有限公司安徽分公司。

9月　中国天辰工程有限公司荣获“中央企业先进集体”荣誉称号，袁学民出席人民大会堂举办的中央企业先进集体和劳动模范表彰大会。

11月22日　中国石化工程建设有限公司孙丽丽当选中国工程院院士。

11月26日　陕西延长石油化建股份有限公司国有股权无偿划转的股权过户登记手续办理完毕。之后，北京石油化工工程有限公司控股股东由延长集团变更为陕建控股，实际控制人未产生变化，仍为陕西省国资委。

11月27日　化学工业岩土工程有限公司进行混合所有制和股权多元化改革，通过交易所公开挂牌方式引入投资人，分立后化学工业岩土工程有限公司继续存续，新设的公司名称为南京宁岩工程建设有限公司。

11月30日　昊华化工科技集团股份有限公司收购西南化工研究设计院有限公司，并将昊华化工科技集团股份有限公司成都分公司的资产、人员及业务划转至西南化工研究设计院有限公司。

12月9日　西南化工研究设计院有限公司完成工商变更，具有独立法人资格，重组后的西南化工研究设计院有限公司于2020年1月1日起运行。

12月18日　中国石油工程建设有限公司北京设计分公司参与研发的“中东巨厚复杂碳酸盐油藏亿吨级产能工程及高效开发”，获国家科技进步一等奖。

桂林工程有限公司与无锡宝通科技股份有限公司、北京化工大学共同完成的“特种高性能橡胶复合材料关键技术及工程应用”项目，中石化石油工程设计有限公司的近浅海新型构筑物设计、施工与安全保障关键技术，分获国家科技进步二等奖。